2012

上海工业年鉴

SHANGHAI
INDUSTRIAL YEARBOOK

上海市经济和信息化委员会编

上 海 社 会 科 学 院 出 版 社

上海工业年鉴
编纂委员会

编纂说明

由上海市经济和信息化委员会主编的《上海工业年鉴》是一部全面系统反映上海工业发展、经济运行、技术进步和各种所有制工业企业发展情况的资料性工具书。

2012年版《上海工业年鉴》反映的是2011年上海工业经济发展情况，设置11个栏目：(1) 特载，刊有市领导及市经济和信息化委领导关于上海产业经济发展的重要讲话和文章；(2) 综述，概述了2011年上海工业发展的特点；(3) 专题，记述了全市工业经济运行、高新技术产业发展、电子信息产业、生产性服务业、创意产业、都市产业、工业投资、技术进步、能源节约、环保治理、对外经济合作、国防科技工业、国资国企改革以及中小企业等方面的发展情况；(4) 区县工业，反映了2011年各区县工业的发展情况；(5) 企业简介，介绍了宝钢集团有限公司、上海汽车工业（集团）总公司、上海石油化工股份有限公司等大中型工业企业2011年的发展情况；(6) 上市股份公司，介绍了2011年上海工业类上市股份公司的资产运作、股本结构以及全年主要经济指标；(7) 行业协会简介，介绍了90多个工业行业协会2011年的工作；(8) 大事记；(9) 经济法规，刊载了2011年上海市颁布的有关工业的主要经济法规；(10) 统计资料，刊载了2011年上海工业经济发展的重要统计数据；(11) 企业形象，以彩色版面展示了170多户各类企业形象。

《上海工业年鉴》编纂委员会

2012年7月

上海市委书记俞正声为映瑞光电蓝光芯片点亮

上海市委副书记、市长韩正和全国政协副主席、科技部部长万钢为紫竹国家高新区揭牌

2011 上海市推进智慧城市建设动员大会隆重召开

上海市大力推进信息化与工业化深度融合

上海电气与西门子签定风电项目合作协议

2011年上海市创意设计业推进工作会议

2011创意产业周在长宁新十钢创意集聚区举行

上海近百万人投身文化创意产业

2011 中国国际工业博览会隆重开幕

金奖——先进高强度薄带钢产品

银奖——紧凑型高速机器人

铜奖——大口径高压全焊接球阀

神舟新能源是光伏产业链的重要产业基地（图为太阳能电池片厂）

2011 年节能宣传周隆重开幕

上海超大型风机屹立长兴岛

上汽集团研发新款纯电家用轿车

上汽集团新能源汽车参加工博会展示

氢燃料电池城市客车

上海贝尔为智慧城市建设抓紧新品开发

上海云海数据中心揭牌仪式

华虹集成电路公司设计的IC卡技术是国内领头羊（图为公司测试车间）

上海电气核电设备有限公司制造百万千瓦级核电反应堆压力容器起运交付

全球首台核电 AP1000 稳压器交付使用

浦东临港地区已打造成为一流的具有世界先进水平的高端装备制造基地

2011 年商务机展在上海隆重举行

上海振华重工（集团）公司大力发展港口设备和海洋工程装备

国产商用飞机发动机被命名为“长江发动机”

出口首制20万吨级兰梅号散货轮交付使用

国际先进水平的海洋石油981号命名交付

上海外高桥造船年突破800万载重吨创全国第一

上海宝钢进入世界500强绿色企业排名第359名

中石化三井双酚A装置

上海石化芳烃产能国内领先

张江生物医药基地研发 C 区 (DSM)

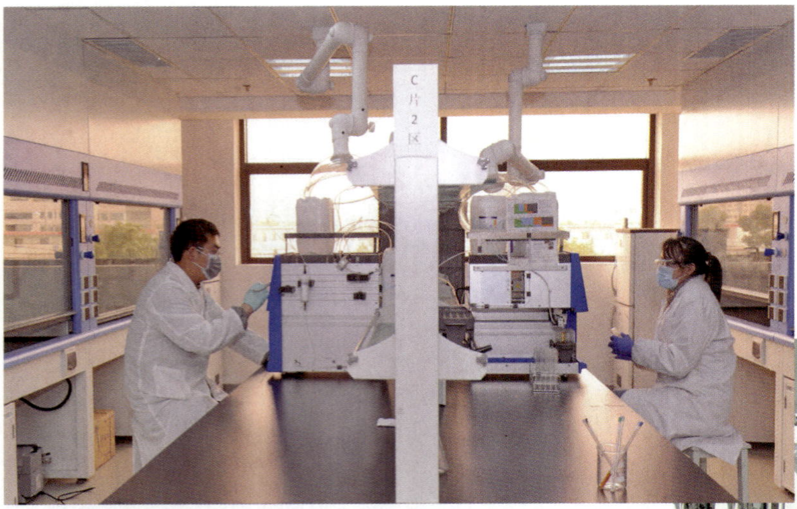

上海医药集团股份有限公司中央研究院实验室

上海雷允上中药加工生产现场

（本栏图片由蔡钧等提供）

目录

特载

综述

专题

区县工业

企业简介

上市股份公司

行业协会简介

大事记

经济法规

统计资料

2012·上海工业年鉴

SHANGHAI
INDUSTRIAL
YEARBOOK

大力推进面向未来的智慧城市建设
——在上海智慧城市建设推进大会上的讲话

韩　正

（2011 年 9 月 7 日）

今天，我们召开全市智慧城市建设推进大会，主要目的是：围绕创新驱动、转型发展，加快推进智慧城市建设工作。下面，我讲三点意见。

第一点意见：充分认识上海建设智慧城市的重要意义

信息化是推动全球经济社会变革的重要力量，信息化水平是衡量一个国家和地区现代化水平的主要标志。加快建设以数字化、网络化、智能化为主要特征的智慧城市，事关上海全局和长远发展。

第一，加快推进智慧城市建设，是上海推进"四个率先"、建设"四个中心"和现代化国际大都市的必然要求。按照国家对上海的战略定位，到 2020 年上海要基本建成与我国经济实力和国际地位相适应、具有全球资源配置能力的国际经济、金融、贸易、航运中心。实现这一目标，上海必须率先加快建设智慧城市，力争在国际大都市竞争中抢占先机、赢得主动。应当说，上海在这方面有条件也有基础，经过持续多年的推进，目前上海信息化整体水平保持国内领先、部分指标达到发达国家先进水平。"九五"基础先行，着力推进信息基础设施建设；"十五"重点突破，促进信息产业和信息技术应用加快发展；"十一五"以"推进信息技术创新和深化信息技术应用"为主线，实施信息化领先发展战略。下一步，必须把智慧城市建设摆在优先位置加以推进，加快迈入国际先进行列，努力成为具有国际影响力和竞争力的世界城市。

第二，加快推进智慧城市建设，是上海实现创新驱动、转型发展的迫切需要。经过改革开放，特别是浦东开发开放以来的 20 年超常规发展，上海进入转型升级的关键期，一些深层次矛盾逐步凸显，必须加快转变经济发展方式。推进智慧城市建设，是上海加快经济发展方式转变的突破口。大力发展信息产业，有利于上海突破资源、能源和环境约束制约，培育新的战略性新兴产业，促进信息化与工业化融合，带动传统产业转型升级，推动制造企业向服务企业转型，加快形成以服务经济为主的产业结构。

第三，加快推进智慧城市建设，是深化实践"城市，让生活更美好"的客观需求。让人民生活更美好、更幸福，是城市建设和发展的根本目的。上海建设智慧城市，就是要使人民群众切切实实感受到城市运行更安全、政府管理更高效、公共服务更完善，使城市更加宜居。信息技术可以提升城市运行管理能级。2010 年，上海成功举办了一届成功、精彩、难忘的世博会，其中，全面运用信息技术和信息系统是世博会重大亮点之一。上海世博会试点、示范应用了物联网、移动通信、多媒体等领域的多项最新技术，如：世博会的门票系统，世博园区的视频监控、抛物雷达等智能安防技术，展馆多媒体演示系统等。要总结、推广世博会信息化示范应用成果，提升城市运行管理水平。信息技术可以提升市民生活质量。要通过深化信息技术在教育、卫生、文化、社会保障、社区建设等民生领域的运用，把优质公共服务更好地延伸到街镇、社区甚至家庭，使市民生活更加便捷。特别要提高郊区信息化水平，运用信息化手段缩小城乡基本公共服务差距，使郊区农民过上更加美好的生活，让郊区农民享受信息社会的实惠、共享改革发展成果。以“无线城市”为例：生活在农村的群众只要有网络和手机，就可以享受信息技术带来的便利，就可享有城市中的多种生活体验。

第二点意见：明确思路，聚焦重点，扎实推进智慧城市建设各项工作

为加快推进智慧城市建设，市委、市政府研究制定了《上海市推进智慧城市建设2011—2013年行动计划》。刚才，宝俊同志已对这个行动计划作了说明。总体来讲，推进智慧城市建设，必须咬住“一个目标”，把握“五个原则”，抓好三项重点工作。

“一个目标”，就是到2013年年底，基本形成“基础设施能级跃升、示范带动效应突出、重点应用效能明显、关键技术取得突破、相关产业国际可比、信息安全总体可控”的格局，为全面完成“十二五”规划提出的信息化整体水平继续保持国内领先、迈入国际先进行列的目标奠定坚实基础。

在推进中要把握好“五个原则”，一要注重提升信息基础设施能级，有序推进发展。二要瞄准经济社会发展需求，善于创新发展。三要抓住重点领域和关键环节，聚焦重要项目抓发展。四要市区联动，鼓励率先发展。五要加强政府引导，坚持企业为主体，充分发挥市场配置资源的基础作用。

要抓住三项重点工作。

第一，加快城市信息基础设施建设。一要积极推进宽带城市建设。加快建设城市光纤宽带网和下一代广播电视网，实现城镇化地区全覆盖，显著提升网络基础设施能级，努力建成全国规模最大的光纤宽带和下一代广播电视网。二要积极构建多层次、广覆盖、多热点的无线宽带网络。加快推进无线局域网热点建设，基本覆盖全市重要的公共场所和服务场所，覆盖密度和质量国内领先。加快推进第三代移动通信网络建设，基本实现城乡全覆盖。全市1兆以上无线宽带覆盖，其中，中心城区和郊区新城、中心镇3兆以上覆盖。三要积极推进通信枢纽和功能设施建设。加快海底光缆系统建设，推进国际、国内互联网出口扩容和互联互通，着力创建亚太通信枢纽。积极推进云计算数据中心、超级计算主机系统等服务型功能设施建设，满足服务本市及周边地区的需求。四要积极推进三网融合试点。全面完成三网融合试点任务，在基础设施能级、试点业务规模、运营管理模式、应用服务水平和重点产业发展方面实现全国领先。

第二，大力推进信息技术示范应用。一要进一步提高城市建设管理的智能化水平。加快推进城市网格化管理、城市智能交通、智能电网等信息化工程，完善地下空间管理信息平台和建设市场管理信息平台；高度重视食品安全、安全生产以及消防、早期预警等，强化信息共享和业务协同，逐步实现管理环节的无缝衔接，切实提高城市运行安全保障能力。二要进一步提高社会和公共事业领域的信息化水平。推进广覆盖、易使用的社会事业与公共服务信息化，让市民享受到信息化带来的个性化服务。比如，要加快建设覆盖全市各级各类公立医疗卫生机构的健康信息网络，为每位市民建立电子健康档案。三要进一步提高政务领域的便捷化水平。推进政务信息资源共享应用，进一步提高行政效率、方便群众办事。关键是要打通政府部门之间的壁垒，推进政府部门信息公开，整合信息资源，让市场主体能及时、便捷地获取政府信息。特别是要按照“透明公开、提高效率、全程监管”的要求，加快推进网上行政审批服务平台建设，力争使并联审批事项网上办理覆盖率达到100%。

第三，大力提升产业自主发展和创新服务能力。一要加快推进新一代信息技术产业发展。要聚焦市场前景好、产业带动强的领域，强化关键技术研发和应用。云计算，要围绕国家云计算试点城市建设，大力实施“云海计划”，在金融、健康、文化等领域，探索建立云计算商业模式，打造亚太云计算中心。物联网，要坚持高端发展，发挥上海在物联网技术研发、产业基础等方面的优势，创新商业发展模式，形成物联网应用市场和相关产业链，

提升上海在国内物联网产业的引领地位。高端软件，要坚持市场导向，重点发展基础软件、工业软件和大型行业应用软件，构建面向重点产业领域的公共服务平台，积极促进智能终端发展。二要加快推进信息服务业发展。积极推进国际航运中心门户网站、国际贸易中心平台建设，实现信息的权威发布、有效聚焦和增值服务。大力推动电子商务在金融、航运、商贸、制造、会展、文化、旅游、农业等重点领域的应用，支持第三方电子商务服务平台发展。推动数字出版、专业资讯、网络视听等形成产业规模。三要加快推进信息化与工业化深入融合。要围绕国家级“两化融合”试验区建设，加快实施产品智能化提升工程、数字化工厂示范工程，加大第三方信息化平台、“数字园区”建设力度，实现生产性服务业和制造业互动发展，着力运用信息技术推动传统产业转型升级。

第三点意见：加强服务，形成合力，营造推进智慧城市建设的良好环境

推进智慧城市建设，是必须全力以赴抓紧抓好的一项全局性重要工作。各部门、各区县、各单位要进一步增强责任感、紧迫感，形成合力，支持、服务和参与智慧城市建设，确保这项工作有力、有序、有效推进。这里，我再提三点要求。

一要进一步形成合力。成立市推进智慧城市建设领导小组，统筹部署全市智慧城市建设工作。市各相关部门要按照职责分工，负责相关领域任务的细化和落实。各区县要按照全市部署，负责本区域的智慧城市建设工作。成立市智慧城市建设专家委员会，建立专家决策咨询机制。强化绩效考核，要分解目标，定措施、定责任，建立考核机制，纳入年度绩效考核体系。

二要充分发挥企业主体作用。凡是市场可以做的，让市场去做，凡是企业可以做的，让企业去做，充分发挥企业的活力和动力。调动央企、地方国资企业、民企和外企等各类所有制企业的积极性。完善以企业为主体、全社会广泛参与的多元投融资机制。

三要完善规划、政策和安全体系。加快编制信息基础设施布局、无线局域网热点布局等专项规划，推进专业规划的全市域覆盖，实现与城乡建设规划的有效对接。抓紧制订出台促进软件产业和集成电路产业发展、促进电子商务发展的政策措施。积极配合市人大，做好本市信息化促进条例的制订工作。夯实信息安全保障基础，确保城市信息安全保障与智慧城市建设同步推进，确保城市信息安全总体可控。

同志们，推进智慧城市建设任务十分艰巨。全市各部门、各区县、各单位要高举中国特色社会主义伟大旗帜，以邓小平理论和“三个代表”重要思想为指导，深入贯彻落实科学发展观，坚定信心，振兴精神，开拓创新，团结拼搏，在市委的领导下，扎实推进各项工作，积极抢占信息化发展的制高点，努力开创智慧城市建设的新局面。

把文化创意产业打造成上海经济新亮点
——在2011年市文化创意产业工作推进会议上的讲话

殷一璀

（2011 年 4 月 2 日）

一、提高认识，统一思想

一是在“十二五”期间，下决心把文化创意产业打造成为上海的支柱产业，在思想认识上还要不断深化。推动文化产业和创意产业融合，市委、市政府已酝酿多年。目前，全世界没有一个城市有一个创意产业然后再融合文化产业，而上海有这样的产业基础，有一批老厂房，以及已有几十个创意园区。怎样把这些东西更好地融合发展，在研究制定上海“十二五”发展规划中，更加感觉到文化和创意产业两者你中有我，我中有你，只有融合才能大发展，大繁荣。所以在充分听取各方意见的基础上，下决心将文化产业和创意产业统筹考虑，提出使用文化创意产业的概念。把原来准备编制的两个规划并为一个规划，同时，建立了由市委宣传部和市经信委共同组建的领导小组和工作班子，发挥方方面面的积极性，共同推进文化创意产业，形成“1 + 1>2”的效应，争取文化创意产业发展实现新的突破。

二是文化创意产业在上海转变经济发展方式中发挥重要作用。上海先进制造业具有雄厚基础。但是文化创意产业是现代服务业的重要组成部分，而且它伴随电子信息革命，汇聚文化、创意、科技、资本、制造等要素迅速崛起，这是一种新业态，有着无限宽广的前景，也越来越为世界各国、各地区所重视。所以，文化创意产业是 21 世纪的朝阳产业。“全球化、新经济、互联网”等趋势和传统意义上的文化产业相结合以后，它会产生巨大经济效益，而且成为引领国家产业创新和发展的重要的力量。从这个角度讲，它是一个新型产业。

三是文化创意产业也是促进经济转型的战略产业。当前，要克服环境资源制约、转变经济发展方式、实现可持续发展，就要培育消耗低、污染少、附加值高、渗透性强的产业。文化创意产业发展战略抉择不仅仅在于产业自身的规模大小，更在于其与三次产业间的融合互动，以及对其他产业的服务和带动；文化创意产业处在产业链和价值链的高端，本身就能带来较高的经济效益；它的核心环节是创新，能够形成孵化作用，带来品牌效应；它能够“跨界”促成不同行业、不同领域的重组与合作，通过注入创意元素，能够使许多传统产业，比如制造业和传统产品提升产业附加值，重新焕发生机。国家非常重视文化创意产业发展。特别是 2010 年 1 月，胡锦涛总书记在视察 8 号桥创意产业园区时指出“创意产业蕴藏着巨大发展潜力，要真正把创意产业打造成上海经济新亮点”，这既是对上海文化创意产业发展的肯定，也是对上海发展文化创意产业提出更高的要求。我们要敢于走独特的道路，按照“创新、融合、提升”的要求，以更大的决心、更大的努力，把文化创意产业打造成重点支柱产业，不断增强上海城市发展的活力和魅力。

国家“十二五”规划明确提出，要繁荣发展文化事业和文化产业，培育新型文化业态，推动文化产业成为国民经济支柱性产业。2010 年，国务院又正式出台了《文化产业振兴规划》，表明文化产业已经成为国家的战略性产业。文化部也出台了《加快文化产业发展的指导意见》，中宣部、中国人民银行等 9 个部门联合下发《关于金融支持文化产业振兴和发展繁荣的指导意见》，对文化产业的重视是前所未有的。现在北京、深圳、杭州等兄弟省市都抓住这个机遇，纷纷把文化创意产业作为支柱产业，大力扶持，发展势头非常强劲，形势逼人。所以，上海在“十二五”时期，选择发展文化创意产业对上海国际大都市未来发展意义重大。我们要统一思想认识，努力把它打造成上海的支柱产业。

二、抓住关键环节，共同推进上海文化创意产业发展

第一个关键环节是推进产业融合。只有与相关产业有效融合发展，文化创意产业才能做大做强。这个认识我们是在不断深化的。现在的创意产业不搞文化，事实上是文化含量不够；而传统的文化产业，融合和开放不够，没有看到它的带动性。我们一定要树立融合发展的观念，以提升产业附加值为导向，在传统产业中融入文化和创意元素，促进科技、金融、贸易与文化创意产业的融合发展，促进三、二、一产业联动发展，推动文化创意产业跨行业、跨部门渗透融合，形成融合型的新业态和产业链，在融合中实现规模化发展。融合之后，我们的天地就非常的广阔。

第二个关键环节是推进重点行业的发展。上海文化创意产业虽然已经形成了超过千亿的产业规模，但在国际上具有核心竞争力的优势产业门类还不多。特别是在产业竞争日趋激烈的形势下，只有“跑得快”，才能在“价值链高端的竞争”中成为优胜者。上海要利用自身独特的禀赋，以实施重大项目为抓手，扎扎实实地培育一些重点行业和产业门类，打造叫得响的文化创意产业品牌，确立上海竞争优势。上海现已确立了十大产业。大家要解放思想，在这十大产业领域里面，我们要一个产业领域一个产业领域地做规划，把一些重点门类、行业搞清楚。在这十大产业中，新媒体有发展势头，设计是一个重头。上海的休闲娱乐业跟旅游连在一起也有发展前途和发展前景。在这十大产业领域里也可以竞争，看看谁能够发展得最快。

第三个关键环节是推进集聚发展。现有的集聚发展园区，需要下决心做好。但是，集聚不是简单的企业扎堆，而是通过空间集聚，企业能够很方便、低成本地获取所需的生产要素、市场信息、服务网络，实现各种产业要素的有机互动，形成规模效益。目前，上海文化创意产业集聚区的建设发展水平参差不齐，处于一个调整升级的阶段。但是在发展过程中，要有意识促进产业集聚。在规划中讲“一轴、两河”非常重要，但不能挂在墙上，要以推动文化创意产业园区为主要形态的产业“组团”。这方面要下大功夫，去培育文化创意产业的增长极。上海创意产业集聚区，不能只停顿在商业房地产阶段。它从无到有，从空仓到满仓，接下来是腾仓和换仓，需要加强它的内涵建设，从有到好地发展。要提升功能，这是创意产业集聚区下一步发展的重中之重。

第四个关键环节是企业创新。企业是文化创意产业中的重要主体，也是“创意产能”输出的主体。文化创意产业一定要以市场为引领，以资本为纽带，让企业在市场竞争中茁壮成长，我们期待上海能够产生一批有竞争力的骨干文化创意企业。现在有两块，一块就是原来有的文化国有企业，它们比重大、实力强，这是一笔很大的财富。上海现在最有上市价值的就是这一块。这一块的任务是加大改革力度，促进企业改制为股份制，有条件的企业就上市。同时支持它们跨地区、跨部门兼并重组，争取形成在全国的领先地位。另一块需要更多的中小企业，这是一个产业链，也就是一个产业生态。因此，我们要进一步扩大开放，引导各类社会资本进入文化创意产业领域，加强与国际机构、企业和资本的合作，特别是在新型产业领域，积极扶持一批“专、精、特、新”和有核心技术、有完备商业运营模式和盈利能力、锐意创新的中小文化创意企业，增强产业发展活力。

三、吸引集聚人才，为文化创意产业发展夯实基础

文化创意产业和其他产业相比，发展更重要的在于人，在于人的智能、技能及其独特的文化创造。往往就是

一个领军人物带动一个团队，撬起一个产业。所以，人才问题是文化创意产业发展的核心。现在，文化创意产业要大发展，至少需要五大类人才支撑：一类是“大师”、“名家”组成的高层次人才，二类是创意活跃、技艺精湛的专业人才，三类是熟悉市场、善于推介和营销的经营人才，四类是具有文化创意企业经营经验的管理人才，五类是高素质行政管理服务人才。从目前情况来看，无论是各类人才的数量还是结构都远远不能满足产业发展要求。现在的情况是，纽约、东京、伦敦这些文化创意产业比较发达的地区，在他们的整个就业人口中，创意产业人才占所有工作人口的比重都是两位数，纽约是12%，伦敦是14%，东京是15%。而上海现在只占1%，同时缺少真正具有影响力、号召力的人，缺少一些具有活力的人。

一是要把集聚领军人物作为重中之重。不吸引全国乃至全球优秀人才资源，光靠本地“原生”是不够的。历史上面，除了“原生”的以外，还要把各地，甚至全世界的领军人物都要吸引到上海来。现在的人才问题，在政策上面，特殊人才要有特殊渠道、特殊政策，包括居转常的政策，都要想办法落实。另外，在创意文化产业中，还要特别注意一种软着陆的人才。文化人才的特点是哪里环境好，哪里有文化，哪里有事业，他就到哪里去了。所以，我们要柔性引进高层次文化创意人才和智力为我所用。

二是着力培养文化创意产业紧缺人才。上海有近48所高校开设了与文化创意产业有关的各类专业。具备从高职到学士、硕士、博士的完整培养体系。现在的问题是这种人才怎么培养。从长远看，为了适应上海新兴媒体、时尚设计、策划咨询、艺术经营、影视动漫、文化贸易等领域快速成长和发展对人才的新需求，我们教育和培训工作的难度很高。为此，要加大教育和培训工作力度。在这方面，一要深化文教合作，促进产学研结合，把教育和培训搞好，相关专业要去调整。二要加强国际合作，重视中外文化创意产业人才的国际交流。三要加强培训，尤其要重视创意人才的培训、认证、开发等服务体系，支持有条件的教育机构、文化创意机构、行业协会、中介组织开展文化创意人才的社会培训。

四、要营造良好环境，让文化创意产业茁壮成长

文化创意产业大都是“轻资产”、“软产业”，大部分为中小企业，甚至是微型企业。但是，其成长是以人的创意为基础的，所以需要各种各样要素的支撑。我们要增强服务意识，千方百计为文化创意企业出主意、想办法、解难题。

一是完善公共服务平台。现在已经有不少平台，而且很多都是国家级的。我们要研究的是这些平台怎么来为文化创意产业的企业，尤其是中小企业服务，让他们能够感受到这种服务。上海文化创意产业园区内各种平台真不少，如国际文化服务贸易平台、文化产权交易平台、创意产业展示与服务平台等，都起了很好的作用。现在看来还要扶持建设一批文化创意产业的公共技术研发、信息咨询、投融资、知识产权、人才培训、展示交易、成果转化、国际交流等公共服务平台，尽快形成覆盖产业上、中、下游的上海文化创意产业服务链。在财政资金方面对这些平台要有扶持。

二是加强金融资本支持。在人财物方面，以往做了很多工作，包括现在的“东方惠金文化产业担保有限公司”、“上海文化产权交易所”、“华人文化产业投资基金”。2010年专门制定了金融支持文化产业发展繁荣的实施意见，推进金融资本与文化创意产业深度融合。所以现在许多社会资本都在摩拳擦掌，准备进入文化创意产业领域，我们要把这些资金真正通过大家的努力吸进来。要研究进一步放宽金融资本支持文化创意产业发展诸多限制的政策，鼓励和支持金融机构创新金融服务产品，切实解决文化领域融资难、资产评估难、版权质押难、投资退出难等问题。同时，做好各个区文化创意产业的引导资金工作。

三是强化知识产权保护。主要反映在三方面，一要完善法规，二要加强执法，三要加强服务。这一块对文化创意产业尤其重要。

四是提供宽松氛围。文化创意产业发展要有包容宽松的文化环境。创意要变成产品不容易，有很多不确定性。在这个过程中，我们要有足够的耐心和允许试错的空间，它不完全是个意识形态问题。导向的正确、文化的安全是前提，每一个企业都要有社会责任感。在这个前提下，各有各的宽容问题。对于国有文化资产的保值增值，有宽容问题，要鼓励创新文化投资方式，现在不要一弄就是国有资产流失。对于民营或个体的文化创意产业项目，在其成长壮大的过程中，可能会出现这样或那样的瑕疵，对此政府要有足够的宽容度，着眼长远发展，加强引导，使其在发展道路上树立正确的发展方向，不能因为有缺陷而一棍子打死，把有发展前景的创新创意项目有意无意地扼杀在成长的萌芽状态。包括文化执法，有事就说事，有事就解决事，该严格执法的就执法，但是不能因为它有瑕疵就一棍子打死，引导它走正确的道路。文化创意产业的发展应加强管理，同时应充分尊重其自身规律，给予创意主体自由发展的空间。还要宽容的是很多新兴的文化创意服务，有别于传统产业，一定程度上也超越了行政管理相关法律法规的范围，对这些创新型文化创意服务，应持宽容、支持、引导态度，鼓励探索和成长，帮助协调各种各样的关系、化解瓶颈。

五、形成协同体制机制，精诚合作发展文化创意产业

一是强化领导小组统筹作用和加强各部门的协作。在市一级层面有领导小组，有 22 个相关委办局参加，加强对本市文化创意产业规划的编制实施、政策研究制定、公共平台建设和重大项目推进等工作。下设办公室。各区（县）要尽快健全工作机构，加强工作力量，完善协调机制，构建畅通各部门、各园区（基地）、企业的工作网。领导小组各成员单位都要把推进文化创意产业发展摆上重要议事日程，

二是充分发挥区（县）作用。推进文化创意产业发展要左右联动，更要上下联动。各区（县）的作用显得尤其重要。现在不少区（县）也成立了文化创意产业领导小组及办公室。市里主要是加强宏观资源配置、空间结构布局、政策环境优化和基础条件配备，做好对区（县）的指导工作，确保重大项目立项实施，特别是国资委要对相关企业闲置厂房仓库的使用提出支持文化创意产业发展的意见，与区（县）一起共同为文化创意产业的发展提供支持。

三是提高行业协会的服务意识。文化创意产业发展必须要有一大批服务于文化创意企业的研究机构、中介机构和行业组织。这是这个产业发展的特性。它们在整合市场资源、提供专业服务、协调行业利益、加强行业自律等方面起着重要作用，这也是政府转变职能、创新产业管理必不可少的条件。我们要制定扶持政策，大力培育服务文化创意产业发展的中介组织，引导更多的社会组织投身文化创意产业领域。行业协会、产业联盟要增强服务能力，主动对接产业发展困境、企业发展难题，通过资源对接，为企业提供更多发展机会。市场中介服务机构要发挥专业服务功能，在资产转让、产权交易、投融资服务、知识产权保护、信息交流等方面为企业提供专业化、个性化服务。

回顾光辉历程 谱写崭新篇章
——在市经济和信息化工作系统庆祝建党 90 周年大会上的讲话

杨 雄

（2011 年 6 月 26 日）

今天，市经济和信息化工作党委召开纪念大会，以创先争优为主题，热烈庆祝中国共产党成立 90 周年。创先争优活动开展以来，市经济和信息化工作系统各级党组织和广大党员坚持围绕中心，服务大局，涌现出了一大批先进典型。在此，我代表市委、市政府向市经济和信息化工作系统各级党组织，向战斗在不同岗位上的共产党员以及离退休老同志致以节日的问候，向获得“两优一先”光荣称号的先进代表表示热烈的祝贺！

一、在中国共产党 90 年辉煌的历史篇章中，上海产业工人写下了浓墨重彩的一笔

经济和信息化系统是上海产业工人集聚的地方，是上海产业工人的排头兵和主力军，今天我们在这里齐聚一堂，回顾党的光辉历史，庆祝党的生日，意义尤其重要。1921 年 7 月 1 日，中国工人阶级先锋队———伟大的中国共产党在上海诞生，至今已走过 90 年的光辉历程，谱写了中华民族发展史上的辉煌篇章，我国经济社会蓬勃发展，国际地位空前提高。90 年的伟大实践雄辩地证明，中国共产党不愧为伟大、光荣、正确的马克思主义政党，没有共产党就没有新中国，没有共产党就没有今天国家的繁荣富强和人民的幸福生活。

上海不仅是中国共产党的诞生地，也是中国产业工人的发源地。上海产业工人队伍从无到有，从弱小到壮大，一直走在中国产业工人发展的前列。作为中国产业工人的优秀代表，上海产业工人在党的领导下，在 90 年风雨历程中，始终发出激昂奋进的时代最强音，在革命、建设和改革的各个历史时期，都发挥了先进阶级的伟大历史作用，始终是民族振兴的开路先锋，是推动经济发展和社会进步的中坚力量。

在党领导无产阶级进行革命斗争的历史进程中，上海产业工人以前赴后继、不怕牺牲的革命精神，始终坚持为中华民族的解放事业进行不屈不挠的斗争。1925 年，在“五卅”运动中，20 多万上海产业工人举行了气势磅礴的大罢工，震撼了中国，震撼了世界。八年抗战中，上海产业工人一批又一批义无反顾地奔赴抗日前线；在解放战争中，上海产业工人联合上海各界人民开展了轰轰烈烈的反饥饿、反迫害的人民民主运动；在黎明前的黑暗时刻，上海产业工人普遍成立护卫队，使上海完整地回到人民手中。

新中国成立以后，在党领导全国各族人民进行社会主义建设的历史进程中，上海产业工人以艰苦奋斗、顽强拼搏的奉献精神，为新中国在一穷二白的基础上建立起独立的、比较完整的工业体系和国民经济体系作出了巨大贡献。当时全国销售的日用工业品有一半以上是上海生产的，上海制造就是品牌的象征，就是质量的保证。在那些难忘的岁月里，我国几乎每一项重大的进口替代工程，都闪耀着上海产业工人智慧的光芒；几乎全国所有在建的重点工程中，都挥洒着上海产业工人辛勤的汗水。直到今天，人们还清晰地记得，上海曾经诞生过第一台万吨水压机、第一台 10 万倍电子显微镜、第一台 2.5 万千瓦汽轮发电机、第一台 2000 匹重型柴油机等重要产品。

十一届三中全会以来，在改革开放、建设有中国特色社会主义的历史进程中，上海产业工人以与时俱进、开拓创新的时代精神，使上海的经济社会发展始终走在全国的前列，成为举世瞩目的国际性大都市。30 万千瓦核能

发电设备、年产 200 万吨炼油设备、120 吨纯氧顶吹转炉、30 万吨合成氨设备、大型运载火箭、人造卫星、导弹、大型计算机等高精尖产品的相继制造成功，铸就了上海产业工人的一座座丰碑。在大力推进产业发展的同时，上海的产业工人不断探索转变经济发展方式的新路，从调整中发展，到发展中调整，再到在发展调整中提升，始终致力于推动上海的经济结构和产业结构不断优化。

历史的实践证明，无论是在民族存亡之秋、历史转折关头，还是在国家建设和改革开放的新时期，上海产业工人都挺立中流，奋斗奉献，在党的光辉历史上写下了浓墨重彩的一笔，用英勇不屈的精神和彪炳史册的业绩，铸就了上海作为中国产业工人摇篮的城市之魂，成为中国工人阶级的领头羊！我们今天在这里召开纪念建党 90 周年大会，就是要回顾党的光辉历程，进一步学习、继承和发扬上海产业工人的光荣革命传统。

二、在完成新的历史使命的伟大征途上，上海产业工人要奋发努力，谱写新的辉煌

新世纪新阶段，中央和市委已经明确了上海的发展目标。胡锦涛总书记在上海视察工作时指出，要从全国大局和国家战略的高度认识做好上海工作的重要性，不断增强使命感和责任感，进一步振奋精神、凝聚力量，着力转变经济发展方式、着力推进改革开放、着力促进社会和谐、着力加强党的建设，加快推进“四个率先”。习近平同志在参加十一届全国人大四次会议上海代表团审议时指出，上海市委、市政府提出的“创新驱动、转型发展”的方针，符合中央精神，切合上海实际，要把创新驱动、转型发展贯穿于上海经济社会发展各个环节和各个领域，以更加奋发有为的精神状态，争取在创新驱动、转型发展方面取得突破。这就要求上海必须积极实施国家战略，主动承担起率先探索的责任，努力为全国改革发展多作贡献。

具体到经济和信息化系统来说，要在“创新驱动、转型发展”上奋发有为、取得突破，就是要紧密结合系统实际，体现“创新、转型”的内涵，深化“创新、转型”的内容，加快发展产业链和价值链的高端环节，更多地依靠知识、智力资源投入，走科技含量高、经济效益好的产业发展道路，在中国特色新型工业化战略中发挥引领示范作用。

但是我们也要清醒地看到，上海的产业发展面临着新的挑战和瓶颈问题的制约。一是资源紧缺。上海地域面积小、人口密集，环境承载力接近极限，新增的工业用地供需矛盾突出。能源消费总量已经超过 1 亿吨标煤，接近 1.2 亿吨，节能降耗压力巨大。二是国际市场波动性和不确定性大大增加。长期以来，上海主要依靠投资和出口拉动经济增长，现在受国际经济形势影响，投资下降，出口增幅放缓，而发达国家的经济复苏还有一个很长的过程。三是物价水平连续上行。近年来国际市场原材料和大宗商品价格不断上涨，原油价格进入历史高位。预计 2011 年因能源、原材料、人力资源价格上涨等因素，上海工业企业将增加成本约 455 亿元。四是企业自主创新能力不足。上海多数企业研发投入占销售收入的比重不到 1%，企业自主创新能力薄弱；部分企业长期以来注重引进先进设备，但引进的消化吸收、二次创新能力较低，企业原创性技术和产品较少，重点产业领域缺乏自主核心技术和自主品牌，真正具有国际竞争力的东西不多。

这些问题的存在，要求我们主动承担起率先探索的责任，努力突破瓶颈，加快“创新驱动、转型发展”，使上海的产业发展继续在全国发挥“领头羊”作用。这是新的历史时期赋予我们上海产业工人的新的历史使命，责任重大，使命光荣。

一是要引导广大职工群众进一步明确自己肩负的历史使命。在新的历史征途上自觉与党中央保持高度一致，树立识大体、顾大局的奉献意识，树立自强不息、艰苦奋斗的使命意识，树立勇攀高峰、开拓进取的创新意识，立足本职岗位，在“创新驱动、转型发展”的重大项目、重点工程、重要工作中勇挑重担、攻坚克难，把继承和

发扬上海产业工人的光荣革命传统体现在思想上、体现在作风上、体现在工作上，展示上海产业工人传承不息的优秀品质，展示新时期上海产业工人的新风采。

二是要打好“两倍增一提升”和智慧城市建设的攻坚战。即推进“战略性新兴产业倍增”、“生产性服务业倍增”和“先进制造业提升”，加快智慧城市建设，加快形成战略性新兴产业引领、先进制造业支撑、生产性服务业协同发展的现代产业体系。在推进战略性新兴产业方面，要紧密对接国家战略性新兴产业规划和政策，大力推进高新技术产业化，力争到2015年，本市战略性新兴产业增加值比2010年翻一番。特别是要聚焦发展高端装备制造业，使上海成为我国装备制造业转型升级、由大变强的实践区和世界高端装备制造的重要基地之一。在推进生产性服务业方面，要以制造业服务化为重点，大力发展总集成总承包、研发设计服务、供应链管理服务、专业维修服务、检验检测服务等领域，加大在优化产业结构、培育专业企业、完善政策等方面的聚焦突破和探索实践，力争到2015年，本市生产性服务业增加值比2010年翻一番，使上海成为全国发展高端生产性服务业的集聚辐射区。在先进制造业改造提升方面，要结合本市产业发展实际，把电子信息、汽车、装备、石化、钢铁、船舶、轻纺、建材等八个行业作为改造提升的重点行业，比照国际先进水平，围绕自主创新和自主品牌、提升能源综合利用水平、两化深度融合、土地集约集聚等，制定具体目标和指标，推动制造业改造转型明显提速，国际竞争力明显提升。在智慧城市建设方面，要抓紧编制完成《上海市智慧城市建设三年行动计划（2011 ~ 2013)》，把“十二五”规划对智慧城市建设的目标、任务、要求具体化，落实下去。继续推进光纤到户建设改造工程，使城市光网尽快进入市民百姓家中；在网络建设上去的基础上，积极推进覆盖城市商务、政务、城市管理和市民生活的智慧应用，降低运营成本；要率先研究、探索并推行第三方运营模式，为“智慧城市”建设提速。

三是要以创先争优推动“创新驱动、转型发展”。创先争优活动是新形势下加强党的先进性建设的有效载体和重要手段。系统各级党组织要以创先争优活动为抓手，进一步夯实党的基层基础建设，进一步发挥基层党组织的战斗堡垒作用和广大党员的先锋模范作用，以党组织带动群团组织，以党员带动身边群众，紧紧围绕“创新驱动谋发展、服务群众促和谐”的活动主题，把广大职工的智慧和力量凝聚到“创新驱动、转型发展”的历史使命上来。要特别重视发挥“两优一先”的先进示范和典型引路作用，及时总结和挖掘先进典型，广泛宣传他们的先进事迹，用身边事教育身边人，在广大职工中形成学先进、赶先进、当先进的浓厚氛围。

同志们，面对新的历史使命，我们要以纪念建党90周年为新的起点，以深入开展创先争优活动为抓手，继承和发扬上海产业工人的优良传统，全力以赴抓好“创新驱动、转型发展”，以优异成绩向党的90周年献礼。

发挥示范引领作用　实现集聚集约发展
——在全市工业区工作会议上的讲话

艾宝俊

（2011年3月2日）

一、充分认识“十一五”期间工业区对上海经济建设和城市发展的重要作用

“十一五”期间，在市委、市政府的正确领导下，在各委办局的大力支持和各区县的直接推动下，上海把工业区作为产业发展的主战场，持续推进工业向产业基地和园区集中；在“东西南北”四大产业基地基础上，推动了一批新型工业化示范基地和开发区建设，积极探索体制机制的创新突破，为全市经济发展方式转变和产业转型提升发展发挥了重要的支撑作用。

1. **一批重大产业基地成为落实国家战略的重要载体。**上海根据国家部署和要求，推动建设微电子、生物医药等国家级产业基地，外高桥等国家级开发区，莘庄等国家生态示范园区，以及上海化工区等国家循环经济示范园区；临港装备、漕泾化工、长兴船舶和海洋工程装备、民用航空等7个基地被工信部授予国家新型工业化示范基地，明确了规划布局和支持政策，成为产业集聚的重点区域；更加突出培育战略性新兴产业和推进高新技术产业化，突出发展高端制造业和服务业，突出行业领域的领先和示范作用，不断提升产业发展能级和核心竞争力。

2. **工业区经济效益和创新发展水平不断提升。**通过引进培育产业链高端和拥有核心技术的重点企业，工业区成为全市创新要素最集聚的区域之一；加强了体制机制创新，开展漕河泾、张江等品牌开发区联动试点，化工区一体化管理等体制改革积极推进；杨浦区通过大学园区、科技园区、公共社区“三区融合”，打造国家知识创新区。目前，全市工业区集聚了1200多家高新技术企业（约占高新技术企业总数的40%），拥有近2万项技术专利；市级以上工业区工业企业实现利润和税收总额分别占全市工业的50%和60%左右。

3. **工业区集聚集约发展水平不断提高。**通过加强规划引导，进一步提高工业向开发区的集中度和土地、能源综合利用效率。2010年全市工业区共实现工业总产值2.26万亿元，产业集中度达到73%；市级以上开发区土地产出达到62.6亿元／平方公里，比“十一五”末增长28%（最高的漕河泾接近300亿元／平方公里）；市级以上工业区万元产值能耗从2006年的0.1208吨标准煤降至2010年的0.095吨标准煤，下降21.4%；全市开发区排污纳管率达到100%。

4. **各区县和工业区出台了一批联动发展政策。**通过制定和出台规划、财税、土地、人才等支持工业区和产业发展的政策，从招商引资、土地指标、存量用地盘活、结构调整等方面进行指导和支持，建立了重点产业项目落地建设的推进机制。同时，建立完善了产业、科技、融资、人才和基础配套等综合服务体系，一批公共服务平台在工业区集聚，发展环境不断完善。

5. **工业区功能形态与城市发展逐步融合。**通过推进全市“两规合一”，确立了104个产业区块，更加重视产业发展与区域发展的融合，促进了产业空间和功能布局进一步优化；卢湾、闸北、杨浦等通过推动旧厂房改造发展文化创意产业和生产性服务业，带动了城区功能提升；张江、金桥、漕河泾等工业区已成为城区发展的重要组

成部分，嘉定、松江、青浦等工业区成为郊区城市化、工业化、现代化的重要推动力量，促进了产业与城市、生态的和谐发展。

二、全面把握宏观经济形势，谋划好“十二五”工业区发展

“十二五”期间，上海工业区发展既面临难得的历史机遇，也面临诸多风险和挑战。总的来说，经济全球化不断深化，高端制造业、跨国公司地区总部等逐步向发展中国家转移；长三角一体化进程正在加速，工业区之间的联动合作更加紧密；上海实现“四个率先”、建设“四个中心”的各项工作深入推进，加快发展高端制造业和推进“智慧城市”建设，使产业和信息化建设面临更多的发展机遇。

同时，内外部发展环境比“十一五”期间更为复杂。一是后危机时代全球外需市场增长放缓，发达国家推行“再工业化”，贸易保护主义重新抬头，对工业区利用外资和外向型企业发展带来挑战。二是国内外产业竞争加剧，低碳、绿色发展潮流要求工业区加快调整转型发展；周边地区利用资源成本等优势加大招商引资力度，工业区发展竞争更加激烈。三是上海的土地等资源、能源、环境制约产业的进一步发展，各类创新资源有待进一步整合，产学研机制有待深化；工业区的土地开发、招商引资等运营模式，以及软硬件配套环境建设有待进一步完善。

“十二五”期间，上海工业区要围绕全市产业和信息化发展的总体目标，聚焦落实国家战略，以“创新驱动、转型发展”作为工作主线，争取成为全市产业集聚集约发展的重要载体、带动区域经济转型发展的重要引擎，发挥好国家新型工业化发展的先行突破效应、对全市产业和信息化发展的引领示范作用。

围绕“创新驱动”，一是推进示范园区建设，落实国家战略，结合培育战略性新兴产业、高新技术产业化和传统制造业改造升级，大力创建国家新型工业化示范基地，推进数字化园区、节能低碳示范园区等建设，培育一批高端引领、产业竞争力强，在两化融合、节能减排、产出效益等方面走在全国前列的示范园区。二是完善产业技术创新体系，围绕新能源、民用航空、先进重大装备等新兴产业领域，争取设立更多企业技术中心、工程实验室、检验检测中心等国家级研发机构和公共服务平台；推进工业区产学研用深度融合，提升产业自主创新能力。三是鼓励推进体制机制创新，加快推进品牌园区建设和工业区联动发展，构建适应工业区发展需求的新型管理体制；推进104个产业区块外195平方公里存量工业用地加快开发利用，198平方公里工业用地改造发展。四是完善政策环境保障，市区两级政府部门要进一步将土地、科技、人才等发展政策向工业区集聚，加快盘活存量用地，实施“腾笼换鸟”；积极吸引国家“千人计划”、本市“领军人才计划”的高层次人才、海内外创业人才等向工业区集聚；支持工业区完善金融、信息化、交通、居住等基础保障，形成安居乐业的和谐环境。

围绕“转型发展”，一是坚持集聚集约发展，推动战略性新兴产业和高新技术产业重大项目向工业区集聚，形成一批符合园区实际、具有特色和竞争力的产业集群；围绕土地、能源等资源节约集约利用，加快淘汰能级低、效益差、贡献小的劣势企业和产业，为高端产业发展腾出空间，争取“十二五”末市级以上工业区土地产出达到70亿元／平方公里。二是推进联动发展，借鉴漕河泾和松江共建光仪电产业园等联动发展的成功经验，进一步加强工业区资源整合，推进招商引资、企业服务、土地开发、园区管理等领域的联动合作；加大品牌、招商、人才、经验等资源的输出与共享力度，鼓励引导优势园区整合周边城镇产业区块实施组团式发展。三是坚持错位发展，根据区域资源优势和产业基础，发展有利于地区经济、园区竞争能力提升和可持续发展的产业，形成科学合理的产业布局和功能定位；各区县建设形成一批具有发展潜力、产业集聚度高、专业领域领先的特色园区，大力推进医疗器械、自动化仪器仪表等特色园区建设。四是推进融合发展，加强工业区与新城、新市镇等联动发展，明确工业区在城镇发展中的功能定位，促进产城融合；推动科技创新、高端制造和生产性服务业等融合发展，体现工

业区生产生活生态的融合发展。

三、开拓创新、形成合力，全力以赴做好 2011 年工业区工作

2011 年是“十二五”开局起步年，全市各方面要围绕市委、市政府的部署要求，切实做好工业区工作。

1. **区县政府要发挥在推进工业区发展中的主体作用**。区县政府要根据全市产业和信息化发展要求，结合区域实际，提升对工业区的管理和服务水平。一是认真梳理和明确各工业区的产业布局和功能定位，以及“十二五”发展目标要求，确保工业区实现“又好又快”发展。二是集聚全区资源，完善服务机制，对企业增资、重大项目落地以及企业生产运营全过程给予政策倾斜和支持。三是积极推进工业区在区县内部、跨区域实现资源整合和联动发展，不断优化资源配置，提升工业区整体竞争力。四是围绕产城融合发展，改善为工业区配套的市政、商业、居住、教育、医疗等设施条件，打造有利于工业区发展的综合环境。

2. **工业区要进一步提高服务水平和优化投资环境**。一是紧紧围绕发展大局，更加突出创新驱动、转型发展，更加突出产业发展的质量、效益和水平，更加突出推进战略性新兴产业和高新技术产业化发展，更加突出资源的节约集约利用，全力推进各项工作落实。二是加大招商引资力度，要及时掌握产业发展的最新动向，围绕产业链建设抓关键项目引资，大力引进跨国公司地区总部和功能性机构落户；不断完善功能建设，实现招商引资、土地开发、企业服务、产业培育等全过程的功能提升。三是切实提高服务水平，工业区管理机构要加强管理创新，进一步提高管理效能和服务水平；工业区要进一步完善服务企业平台，加快推进“智慧园区”建设，不断优化园区投资环境。

3. **相关委办局要加大支持工业区发展力度**。工业区工作涉及面广、难度高、影响大，需要相关政府部门加快转变职能，提升整体工作合力。一是聚焦重大项目建设，把好土地集约利用、项目能耗、环保、能级等准入关，协调解决项目落地难、审批时间长等问题，加快项目落地建设。二是抓紧出台《推进 104 个产业区块外产业结构调整的指导意见》，加强规划导向、分类指导，促进产业升级、资源节约和环境保护。三是进一步研究支持工业区产业发展的政策，对推进工业区“产城融合”发展、工业区实施“二次开发”、“腾笼换鸟”的规划和土地、鼓励科技创新、“智慧园区”建设等，给予政策聚焦和大力支持。

提高认识 协调关系 加快建设
——在市光纤到户建设工作推进会议暨联席会议第一次会议上的讲话

艾宝俊

（2011 年 9 月 7 日）

一、充分认识推进光纤到户建设工作的重要性

金融危机以来，世界范围内的宽带发展空前加速，各国纷纷提出宽带发展计划（如美国提出《连接美国——国家宽带战略》、日本提出《i-Japan 战略 2015》），将高速大容量的宽带网络作为未来国家经济社会发展和应对国际竞争的关键战略性基础设施。对上海来讲，城市光纤宽带网建设是上海“创新驱动、转型发展”的重要支撑。一方面，光纤宽带网建设是本市智慧城市建设的重点建设工程之一，今天下午，市委、市政府将召开全市推进智慧城市建设动员大会，布置未来三年智慧城市建设任务；另一方面，光纤宽带网建设是加快发展云计算、物联网、互联网等战略性新兴产业，推进高新技术产业化的重要内容。

市委、市政府高度重视本市光纤到户建设，将推进光纤到户建设作为城市光纤宽带网建设的关键。3 月 16 日，市政府常务会议原则通过了本市加快推进光纤到户建设的总体考虑。5 月 19 日，市政府办公厅下发了《关于本市“十二五”期间加快推进光纤到户建设的意见》。市经济和信息化委、市通信管理局、市建设交通委、市住房保障房屋管理局等部门通力合作，共同推进；上海电信运营企业、市信投公司和市信产通信服务公司、市信息管理公司等企业，顾全大局，加大投入，创新机制，全力推进光纤到户工作。

总之，我们要充分认识光纤到户建设的重要意义，在前期工作的基础上，着力解决建设中出现的困难和问题，共同推进光纤到户建设，确保按期完成各项任务目标。

二、妥善处理好几个关系

推进本市光纤到户建设工作的总体要求是：集约建设、统一维护、规范管理、加强引导。在推进过程中，务必要妥善处理好以下几个关系：

一是加快推进和规范有序的关系。随着智慧城市建设工作的全面开展，对光纤宽带网建设提出更高的要求，时间更为紧迫，需要进一步加大工作力度，加快推进；但同时，务必要加强管理，注重制度建设，完善建设规范，建立公平有序的竞争环境，完善对光纤到户建设过程中设计、施工、监理、验收、维护等各个环节的管理，提高光纤到户建设的规范化水平，优化建设流程，尽可能减少对市民生活的影响。

二是光纤覆盖和用户接入的关系。2011 年以来，本市各电信企业进一步加大投资力度，积极开展光纤到户建设。截至 8 月底，本市光纤到户完成改造覆盖累计达到 324 万户家庭，提前完成 2011 年累计改造覆盖完成 300 万户的年度目标。这项成绩来之不易，是各部门和各区县通力合作、努力工作的成果。但是，实际发展光纤上网用户还只有 90 万户，只有覆盖户数的 1/3 左右，远远落后于覆盖户数。我们花这么大的力气、成本搞光纤到户，最

终的目的就是要人民群众用上光纤宽带网，分享由此带来的变化和机遇。下阶段，光纤到户工作要在继续提高光纤覆盖面的基础上，想尽一切办法提高用户接入率，让人民群众得到实惠。

三是新建住宅和既有住宅的关系。对于新建住宅，要按照集约化建设、专业化运维、规范化管理的原则，积极探索推行开展第三方专业维护，在通信配套设施建设过程中落实新的光纤到户设计、施工和验收技术规范。对于既有住宅，要继续加快光纤到户改造建设，加强资源开放共享的监管力度，并鼓励利用相关设施资源，提高资源共享水平，努力实现各电信运营企业平等接入，确保最终用户的选择权。

四是政府引导和市场主体的关系。要正确妥善处理好政府与企业之间的关系，各方要各司其职，形成合力。政府部门主要是要做好光纤到户相关规划的编制工作，及时制定或修改相关技术规范和标准，并做好监督落实工作。电信企业要根据企业发展的需要，加大对光纤到户的投资，创新业务品种、优化资费结构，使家庭光纤上网的市场规模不断扩展。建设开发商要全面落实光纤到户、集约建设和平等接入对住宅建筑通信配套工程技术规范提出的新要求。第三方专业维护单位要积极探索、不断完善，为各方提供公平、优质的运维服务。

三、进一步加快光纤到户建设的工作要求

1. 全面完成光纤到户各项目标任务。本市光纤到户的总体目标任务是成为国内通信质量、网络带宽和服务最具竞争力的地区之一，为本市智慧城市建设提供基础支撑。具体目标任务是，到2012年年底，全市要累计完成光纤到户改造覆盖550万户，基本实现城镇化地区的家庭覆盖；到“十二五”期末，全市基本完成光纤到户建设任务，基本实现家庭宽带百兆接入能力全覆盖。联席会议各成员单位、各区县和各有关企业务必要进一步加大工作力度，采取切实措施，按照确定的时间节点，确保按时完成各项目标任务。

2. 积极支持并不断完善第三方运维模式。今天，上海市建筑通信网络有限公司正式挂牌成立，这只是我们进行信息基础设施建设体制和机制创新试点的开始，需要在设计方案审定、质量验收、统一维护等方面加强研究和探索。各部门要大力支持第三方专业维护单位开展工作，市物价部门要加快研究、探索收费机制，制定第三方运维的收费标准；市通信管理局要继续做好跟踪服务，适时出台管理规范性政策。第三方专业维护单位在做好新建住宅的运维工作，理顺关系、积累一定经验之后，积极向新建商务楼宇等领域拓展。

3. 各区县政府要全力支持推进光纤到户建设。各区县政府要按照全市统一要求，切实加大对本区域光纤到户工作的组织推进力度，做好“四个加强”工作。一是要加强领导，各区县要明确分管领导，确定责任部门，建立推进机制，加强服务，如长宁区建立区和街道两级组织推进机制；二是要加强协调，会同各电信运营企业建立沟通协调机制，制定光纤到户工作计划，明确工作进度和目标，如静安区召开街道和居委会的工作协调会；三是要加强宣传，广泛发动，街道、乡镇、居委会和村委会等要加强对光纤到户的宣传，引导各物业公司积极支持光纤到户改造；四是要加强监督，督促先期组织实施光纤到户改造建设的电信运营企业要预留足够的通信管道或光纤资源，满足后期进入的电信运营企业的接入需求。

4. 各部门要进一步形成合力，加大统筹协调力度。刚才，王坚同志宣读了市光纤到户工作联席会议的成员名单。各成员单位既要形成合力，统筹推进，又要根据职责，分工负责。市经济信息化委要加强统筹协调，密切与全市各有关部门、区县的合作，主动为电信企业服务；市通信管理局要进一步加强与国家工信部的沟通，及时反映试点的进展情况，争取国家工信部的指导和支持，并加强行业监管与服务；市发展改革委、物价部门要加强收费指导和价格监管；市建设交通委要在建设标准和技术规范方面加强指导，督促落实；市住房保障房屋管理局要加强对建设开发商、物业公司的指导，配合支持做好光纤到户改造工作。

发挥优势　明确重点　努力推进文化创意产业发展
——在2011年市文化创意产业工作推进会议上的讲话

肖贵玉

（2011年4月2日）

一、本市文化创意产业发展“十二五”规划主要内容

《规划》共分五部分。第一部分回顾了“十一五”时期本市文化创意产业发展情况，第二部分分析了“十二五”及今后一段时期上海文化创意产业发展趋势，第三部分阐述了“十二五”期间本市发展文化创意产业的指导思想、原则和目标，第四部分提出了“十二五”期间本市发展文化创意产业的重点任务，第五部分明确了推进文化创意产业发展的保障措施。下面向大家简要介绍“十一五”期间本市文化创意产业发展情况，并重点围绕“十二五”期间发展目标任务作具体说明。

1．“十一五”期间本市文化创意产业发展回顾

“十一五”期间，本市文化创意产业继续保持良好发展势头。一是产业规模快速增长。2010年实现增加值1620亿元左右，占全市GDP比重9.6%。二是产业结构不断优化。形成了设计、网络信息服务、媒体、咨询策划等一批国内具有领先地位，或具备比较优势的行业门类，涌现出了一批龙头企业，发展了一大批“专、精、特、新”的中小企业。三是空间布局初显特色。率先在全国开创了园区建设与历史建筑保护相结合的发展模式。截至2010年年底。累计认定文化产业园区15家，创意产业集聚区80家，入驻企业超过8200家，从业人员15.5万余人，并初步形成“一轴（延安高架主轴）、两河（黄浦江、苏州河）”的布局。四是政策环境持续优化。先后出台了《上海促进文化产业发展若干意见》、《上海市金融支持文化产业发展繁荣的实施意见》、《上海创意产业发展重点指南》等政策文件，对文化产业和创意产业导向资金的使用管理、集聚区的认定和管理等作出了明确规定。五是产业融合度日益增强。文化创意产业与先进制造业和其他现代服务业相融合，使相关产业能级得到快速提升；文化创意产业与科技的融合，带动网络信息等一批新兴产业的快速发展；此外，与金融、贸易的加速融合，为上海“四个中心”建设提供了重要支持。六是国际交流与贸易成效显著。2010年上海成功加入全球“创意城市网络”，被联合国教科文组织授予“设计之都”的称号。“上海国际创意产业活动周”的国际知名度与影响力不断提升，文化产品和服务的国际贸易连续多年实现顺差。

2．“十二五”期间本市文化创意产业发展目标

“十二五”期间，上海文化创意产业发展工作将聚焦落实胡锦涛总书记的有关指示要求和市委、市政府关于建设上海文化大都市的具体部署，抓住上海建设联合国教科文组织“设计之都”的新机遇，按照“创新驱动、转型发展”的总体要求，以“创新、融合、提升”为发展主线，重点体现“四个着力”：着力营造创新氛围，着力加强高端要素集聚，着力构建产业特色和品牌，着力完善产业服务体系，充分发挥文化创意产业在转变经济发展方式、优化产业结构、提升城市软实力、增强国际竞争力方面的重要作用，成为引领和支撑上海新一轮发展的重要支柱产业。力争到2015年，本市文化创意产业增加值增幅快于服务业平均值，年均增长13%以上，占全市生产总值

的比重达到 12% 以上，战略性支柱产业的作用更加明显。完成一批重大项目建设，建成一批主题突出、特色鲜明、功能完善的文化创意产业集聚区和公共服务平台，成为联合国创意城市网络的重要节点。力争到 2020 年，文化创意产业增加值占全市 GDP 比重达到 14%，基本形成文化创意要素集聚、市场主体活跃、品牌特色鲜明、布局优化合理、带动效应显著的文化创意产业体系，形成文化氛围浓厚、创意活力迸发的产业发展环境，成为亚太地区文化创意产业中心城市之一。力争到 2030 年，文化创意产业成为本市重要支柱产业，成为具有时代特征、中国特色、上海特点和显著国际影响力的世界级文化创意产业中心城市之一。

3．“十二五”时期本市文化创意产业发展重点任务

《规划》围绕“十二五”时期本市文化创意产业发展明确了五项重点任务。

一是重点发展 10 个产业领域。“十二五”期间，重点发展媒体业、艺术业、工业设计业、时尚产业、建筑设计业、网络信息业、软件业、咨询服务业、广告会展业、休闲娱乐业 10 个产业领域。其中，媒体业重点发展广播电视、新闻出版等；艺术业重点发展文艺创作、演艺、电影、动漫等；工业设计业重点发展机械及装备设计、消费品设计等；时尚产业重点发展服装服饰、日用化学品、家居用品等；建筑设计业重点发展城市规划设计、工程勘察设计等；网络信息业重点发展网络游戏、网络视听、数字出版等；软件业重点发展基础软件、工业软件、行业应用软件等；咨询服务业重点发展商务咨询、科技咨询、社会科学咨询等；广告会展业重点发展广告创意策划、展览会与博览会、大型节事赛事活动等；休闲娱乐业重点发展文化娱乐、旅游休闲、休闲健身等。

二是实施一批重点项目。共梳理了基地、平台、活动、功能提升等 4 个方面，涉及 29 个项目。其中，基地类重点建设上海文化创意产业展示交流中心、国家数字出版基地、国家网络视听产业基地、国家动漫游戏产业示范区、环东华时尚产业基地等；平台类重点建设上海市创意产业展示与服务平台、上海文化产权交易所、上海国际文化服务贸易平台、上海市动漫公共技术服务平台等；活动类重点举办上海国际文化创意产业博览会、现有各类节庆会展活动等；功能提升类重点建设“三网融合”试点和下一代广播电视网、设计创新试点示范项目、上海电影产业振兴工程等。

三是优化产业空间布局。根据全市规划的虹桥－浦东空港、黄浦江、中环线三条现代服务业集聚带的布局，综合考虑区域文化创意产业发展现状、前景以及文化创意产业结构调整和发展空间的需求，形成“一轴、两河、多圈”的文化创意产业空间新布局。“一轴”即横贯中心城区东西向的轴线，西起虹桥商务区，东至浦东金桥、张江。东段形成以网络信息产业和动漫游戏产业为主要特征的战略性新兴文化创意产业基地；西段形成以专业会展、广告创意、文化贸易、高端演艺等商务型文化创意服务为主要特征的产业基地。“两河”指黄浦江滨江文化创意集聚带和苏州河滨河文化创意产业集聚带。其中，黄浦江集聚带北起杨浦区，南至徐汇区的黄浦江沿岸，重点发展研发设计、会展、广告、旅游等产业；苏州河集聚带西起普陀区，东至虹口区的苏州河沿岸，加快建设一批以设计、媒体、艺术、广告、动漫游戏等为主体特色的文化创意产业。“多圈”为全市文化产业园区及创意产业集聚区，推动形成若干个国家级文化产业示范基地、工业设计示范基地，数十个文化产业园区和上百个创意产业集聚区。

四是建设现代产业市场体系。充分发挥市场在资源配置中的基础作用，加强资本、产权、技术、人才等要素市场对文化创意产业发展的带动和支撑，重点是完善产业发展格局、拉动文化创意消费、拓展国际贸易等。完善产业发展格局方面，扶持各类市场主体，加快建设现代文化企业制度，支持社会资本进入文化创意产业领域，加快文化创意企业上市步伐，加大文化创意企业著名商标、知名品牌扶持力度，推动形成多种所有制共同发展的文化创意产业开放格局。拉动文化创意消费方面，积极培育和发展文化创意产品和服务的“首发市场”，优化文化创意消费市场载体，丰富文化创意产品和服务，最大限度地满足大众文化创意消费需求。拓展国际贸易方面，依托国际贸易中心建设，加快发展文化创意服务贸易，扩大对外文化传播和交流合作，增强上海文化创意产品和服务的国际竞争力，提升上海城市“软实力”。

五是加强人才队伍建设。重点完善人才培养、引进和服务机制，为文化创意产业实现跨越式发展提供有力的人才保障。深化产学研合作，培养创新型人才。鼓励高等院校及科研机构加强文化创意产业学科建设和理论研究；探索文化创意与技术、管理相结合的教育培养模式，加快创新型、复合型、外向型、科技型文化创意产业人才培养。完善实践培养途径，深化社会培训机制。鼓励文化创意企业、园区、基地建立专业人才实训基地；加强各类文化创意专业培训机构和基地建设，加大重点专业课程开发力度，加强实践培养环节，不断深化文化创意产业的社会培训机制。推进领军人才开发，加快紧缺人才培养。加快研究制定本市高端紧缺文化创意人才认定标准，对经认定的各类人才按其贡献逐步研究推出奖励办法；实施文化创意产业领军人才后备梯队建设计划，建立以项目为导向的培养、资助机制。优化人才引进机制，加强人才信息管理。编制和发布文化创意产业高层次人才开发目录，建立文化创意人才来沪发展绿色通道，完善引进高层次文化创意人才的配套政策；建设高层次文化创意人才信息库，促进文化创意人才的有序流动和健康发展。

围绕上述五项重点任务，《规划》明确提出七个方面的保障措施：一是加强组织领导，健全推进机制。二是加大资金投入和政策创新。三是加强金融对文化创意产业的支持。四是切实加强文化创意产业的统计、发展报告发布、园区规划管理等基础工作。五是加强对文化创意产业的宣传。六是创新知识产权保护和服务体系。七是加强文化创意产业发展法律制度体系建设。

二、2011 年本市文化创意产业发展工作主要安排

2011 年 2 月，市文化创意产业推进领导小组办公室召开区县文化创意产业工作会议，督促区（县）加快建立文化创意产业推进组织体系。目前，13 个区（县）已成立文化创意产业推进领导小组及办公室。同时，会同市委宣传部、市经济信息化委等部门抓紧开展《规划》编制工作。此外，围绕本市文化创意产业发展重大问题，加强与市财政局、市工商局等领导小组成员单位的沟通协调，对年度政策突破和相关课题研究的重点进行了探讨和梳理，并拟定了加大文化创意产业财政扶持力度的初步方案。

2011 年是“十二五”规划建设的开局之年，也是领导小组及办公室成立后的工作元年。办公室将按照领导小组的部署要求，聚焦突破束缚产业发展的关键性、共性问题，协调推进一批重大项目，着力优化产业发展环境，促进文化创意产业持续快速增长。力争 2011 年文化创意产业增加值增幅快于服务业的平均值，达到 10% 以上增幅。重点抓好五方面工作。

一是全面贯彻实施《规划》。《规划》正式实施后，我们将依托相关部门细化 10 个文化创意产业门类的专项实施计划，抓紧实施一批重点项目，聚焦突破重点难点问题，以文件形式把有关目标和任务分解落实到各区县和有关单位；会同新闻宣传部门做好《规划》宣传工作；推动各区（县）结合自身实际制定文化创意发展产业规划。

二是加快推进重点项目建设。实施重大项目带动战略，细化落实和加快启动具有代表性、引领性重点项目建设。基地建设方面，加强对全市文化产业园区及创意产业集聚区的规划建设，不断深化内涵、提升功能、做强产业。平台建设方面，体现和完善服务功能，加强设计创新、投融资、产权版权商标保护和登记交易以及公共技术研发等平台的建设。活动方面，继续发挥已有的上海国际创意产业活动周、国际电影节、艺术节等节庆会展活动的引领作用，加强国际交流合作。

三是加大产业政策突破力度。领导小组成立后，各成员单位根据自身职责加大政策创新力度。市委宣传部、市金融办全力抓好《上海市金融支持文化产业发展繁荣的实施意见》的贯彻实施；市经信委围绕“设计之都”建设，积极向国家争取资源，加快促进创意设计产业发展。市统计局抓紧完善文化创意产业统计制度，确定文化创意产业统计指标体系，加强统计分析和评估。市工商局发布《市工商局关于积极支持企业创新驱动、转型发展的若干意见》，加强对文化创意企业在注册登记、企业名称审核等方面的政策支持。下一步，办公室在抓好已出台政策实施的基础上，还将会同市财政局等加大对文化创意产业发展的财政扶持力度；会同市科委在高新技术成果转化认定等方面加大政策支持；会同市人力资源社会保障局研究编制文化创意产业重点人才开发目录；会同市教委根据调整后的学科专业目录制定新的毕业生留沪政策；会同市规划国土资源局、市地税局等制定有利于文化创意产业发展的土地、税收等专项政策。同时，支持和推动各区县研究制定本地区的产业配套扶持政策。

四是建立健全推进机制。进一步完善本市文化创意产业发展推进机制，充分发挥办公室牵头、组织、协调、督促工作，推动建立领导小组及办公室与市有关部门、区县之间的工作网络，加强对文化创意产业的谋划布局和统筹协调；建立重大事项专报和动态信息简报机制，及时向市委、市政府及领导小组报告本市文化创意产业推进情况。

五是加强课题研究。围绕制约文化创意产业发展的瓶颈问题，通过征集委托或共同合作的方式，组织开展一批重点课题研究。2011 年拟开展上海文化创意产业人才培养模式与学科创新、上海文化创意产业人才现状分析与对策、新兴文化创意行业登记现状和发展对策、文化创意产业统计指标体系、文化创意产业知识产权保护机制等研究项目。

充分发挥“两化”深度融合在调结构、促转型、稳增长中的重要作用

——在全市“两化”深度融合工作会议上的报告

王 坚

（2011 年 12 月 19 日）

自 2008 年工信部授予上海国家级推进信息化与工业化融合试验区以来，在工信部指导支持和市委、市政府部署推进下，上海探索形成了以企业信息化建设为核心，传统产业改造提升和战略性新兴产业发展为主线，政府政策推动和专项支持为引导，高校、科研机构等社会各方积极参与的“两化融合”推进格局。目前，“两化融合”已融入上海经济社会发展全局，与培育战略性新兴产业、改造提升先进制造业、加快中小企业发展等重点工作实现紧密对接，在调结构、促转型方面的作用日益增强。

一、“两化融合”工作总体情况

按照“点上抓企业标杆、线上抓产业联动、块上抓产业集聚、面上抓环境优化”的思路，全方位推进信息技术在工业发展各个领域、各个环节的渗透应用。推进过程中，重点实施“五个突出、五个着力”：

1．突出顶层设计，着力加强“两化融合”总体部署

一是市政府批转发布《关于推进上海信息化与工业化融合促进产业能级提升的实施意见》和三年行动计划，明确了上海推进“两化融合”的目标、任务和工作机制。同时，联合市国资委印发了《关于加强上海市国资国企信息化工作的意见》，对国有企业信息化工作作出明确部署。二是将“两化融合”作为重要任务纳入“十二五”信息化发展规划和“智慧城市”建设方案，“两化融合”发展指数被列入上海信息化“十二五”规划的重点指标。三是对接战略性新兴产业发展和新兴信息技术应用，在三网融合、物联网、云计算等领域的专项发展意见或规划中体现“两化融合”的内容。

2．突出典型示范，着力推进“两化融合”重点项目

发挥政府专项资金的引导和杠杆作用，重点支持骨干企业信息化深化应用、中小企业信息化平台应用、产业园区信息化示范应用、新兴信息技术推广应用、节能减排信息化试点应用等“五类项目”，扩大示范引领效应。如高新技术产业化专项围绕以信息技术为主要支撑的高端产品研制和产业化发展，近三年累计支持“两化融合”项目近 150 个，涉及投资超 110 亿元；软件和集成电路发展专项围绕利用信息技术改造提升传统产业，钢铁、轨道交通、汽车等领域的工业软件研发应用取得了突破；信息化发展专项围绕信息技术在企业研发、生产、管理、营销等环节中的应用，近三年滚动支持了大型客机全球协同研制、自主品牌汽车柔性制造等 60 余个项目，带动投资近 5 亿元；技术改造专项围绕企业装备设施和工艺的信息化改造，着力提高生产效率和产品质量；中小企业发展专项聚焦中小企业信息化应用及中小企业公共服务平台建设。

3．突出联动对接，着力拓展“两化融合”深度内涵

产业链联动方面，加快推进龙头企业信息化应用，促进产业链上下游企业信息化水平的整体提升。如上海电气加强电站、电梯等核心产业信息化，推动新能源、先进装备等领域产业协同发展；上汽集团加强汽车工艺规划与仿真系统开发应用，带动上下游企业工艺开发能力提升。产学研结合方面，依托复旦、交大等知名高校以及宝信软件等企业技术中心，建立了4个“两化融合”研究中心和10个重点实验室，加强“两化融合”相关研究和实践；依托宝信软件、联创汽车电子等设立工业软件工程中心，加快了工业软件的研发和应用。企业对接合作方面，启动实施了推动电子商务企业创新发展、推动中小企业应用电子商务的“双推”工程，推动了近7000家中小企业应用电子商务。

4．突出集聚发展，着力优化“两化融合”区域布局

在加强全市面上推进的基础上，进一步下移工作重心，发挥区县及园区作用。一方面，推动“两化融合”向区县层面延伸，在5个区县推进“两化融合”实践区建设，并根据区县产业特点明确重点实践任务。其中，浦东新区被工信部认定为全国电子商务综合创新实践区。另一方面，推动“两化融合”向产业基地和园区拓展，着力打造“数字园区”，提升综合服务功能和集聚带动效应，如临港装备产业园区编制了《数字化产业园区建设与管理标准》，并作为企业标准在临港集团下属的洋山港等产业园区进行试点推广。

5．突出综合配套，着力改善“两化融合”发展环境

抓指数评估，在全国率先建立“两化融合”发展水平评估体系和指数，为制定调整相关政策或规划提供有力支撑。抓人才培训，在工信部信息化推进司的支持和指导下，建立了国家“两化融合”人才培训基地，并依托市人保局职业培训指导中心等相关单位和企业，构建了首批4个联合培训机构和5个实训点，累计培训高级管理人员逾300人次，应用人员近万名。抓企业服务，加强“上海中小企业”网站和“企业呼声直通车”热线的公共服务功能，中小企业通过网站或热线即可完成政策咨询、项目申报、数据报送等，拓展了政府服务中小企业的渠道。

二、“两化融合”推进工作成效

经过几年的持续推进，本市“两化融合”工作取得积极进展。根据对全市1000余家不同规模的企业调查分析，2010年上海“两化融合”发展指数达到72.3（预计2011年达到75），继续保持全国领先。

一是从单个企业看，“两化融合”有力提升了企业运营水平。通过推进研发设计数字化、制造装备智能化、生产过程自动化、经营管理信息化、流通服务网络化，企业运营质量明显提升。如宝钢集团自主开发了闭环高炉智能专家系统，高炉炉热预报准确度达到95%以上，填补了国内技术空白；上汽集团建成国内首个集成且支持柔性生产的汽车制造执行系统，平均减少45%制造周期。外高桥造船厂将一维码、二维码、RFID等技术应用于物料管理，率先实现船体构建、余料和管子全过程动态管理。

二是从关键环节看，“两化融合”在节能减排等领域实现应用突破。以“两化融合”促进节能减排作为突破口，重点推进信息技术应用。如上海焦化采用综合自动化信息平台实现生产装置实时监控和优化调度，两年内甲醇产量由33.5万吨提高到49.1万吨，综合能耗从49.51下降到48.67。上海氯碱通过对聚氯乙烯生产采取裂解炉余热资源回收、为电机增加变频控制等技改措施降低了产品单耗。此外，同济大学“两化融合”研究中心自主研发的“企业生产和能耗过程耦合建模与能源综合优化系统”列入了《国家鼓励发展的工业领域节能减排电子信息应用技术导向目录》。

三是从产业层面看，“两化融合”加快促进了产业转型。信息技术在先进制造业和现代服务业关键环节、重点领域和骨干企业得到推广应用，带动了上海工业由数量规模型向品牌效益型、由粗放管理向精细管理、由传统制造向先进制造转变。同时，信息技术的不断创新和各项应用的深入拓展，进一步加快了二、三产业融合，促进了上海产业结构优化。2010 年，上海总集成总承包、研发设计等生产性服务业完成营业收入 5300 亿元；工业软件、互联网服务等信息服务业营业收入达到 2532 亿元；电子商务交易额达到 4253 亿元。

三、下一步工作安排

2012 年是“两化融合”迈向深度融合的启动年，也是全面实施“两化融合”发展“十二五”规划的推进年。上海将深入贯彻国家《关于加快推进信息化与工业化深度融合的若干意见》要求，围绕“创新驱动、转型发展”主线，全面落实信息化“十二五”规划以及建设“智慧城市”三年行动计划相关任务，聚焦重点产业、骨干企业、核心区域、关键领域四个层面，推进实施产品智能化提升、工业研发设计创新等 9 项重点工程，加快促进信息化与工业化深度融合，力争到“十二五”期末，“两化融合”指数达到 85。

1．加强分类指导，加快推进企业信息化建设

发挥企业主体作用，分类推进企业“两化融合”实践。中小企业，建立和完善信息化公共服务平台，建设中小企业信息化应用服务网络，支持 IT 企业开发和推广适合中小企业特点的信息化产品；大型企业，鼓励企业实施制造执行系统（MES）、企业资源规划（ERP）、数据挖掘系统、商业智能和决策支持系统等先进信息系统，加快集团管控、系统集成、业务协同和流程再造；行业龙头企业，推动建立全球供应链管理、协同研发设计制造系统和跨地域经营管理系统。

2．着力自主创新，加快推进新兴信息技术产业化

对接战略性新兴产业发展，加强自主创新，加快推进新兴信息技术研发、应用和产业化。高性能集成电路，加快“整机与芯片联动”，重点开发适用于轨道交通、航空、船舶、装备等行业的嵌入式芯片和系统。工业软件，大力发展汽车电子、交通电子、智能终端等领域的核心嵌入式软件平台。物联网，重点突破微型智能传感、虚拟工厂模型和仿真平台等关键技术，拓展在设备远程监控及检修、产品质量追溯、智能电网等方面的应用。同时，加快下一代移动通信网络增值业务、云计算技术和应用服务系统的开发。

3．聚焦重点行业，加快推进制造业信息化改造

结合国家产业调整和振兴规划的贯彻落实，聚焦重点行业和骨干企业，加快推进制造业信息化改造。民用航空，重点推进大型客机、支线飞机、商用飞机发动机和主要机载设备的设计研发、生产制造和客户服务的信息化应用。钢铁产业，着力提高钢铁生产过程的自动化和工艺集成水平。化工产业，加快工艺、装备和管控信息化，提高安全生产、节能生产、绿色生产水平。汽车产业，推广汽车研发生产信息化全覆盖，发展汽车电子，推进车联网应用。装备制造，重点推动新能源装备和先进重大装备向集成化、信息化方向发展。海工船舶，重点推进长兴岛、外高桥数字化船厂建设和海洋工程现代化，都市工业，重点推进信息技术在轻工、纺织、食品工业的广泛应用。

4．服务“四个中心”建设，加快推进服务业信息化升级

推进信息技术在金融、物流及生产性服务业等重点服务行业的应用，加快发展现代服务业。促进金融服务业信息化应用，深化完善各类金融信息系统、市场交易系统、企业信用征信系统；培育行业性第三方电子支付平台，推动手机支付、网络支付、数字电视支付等新型支付渠道建设。促进物流领域信息化应用，建设国际航运中心综合信息平台，大力发展第三方、第四方物流新模式，深入推进洋山深水港、外高桥、浦东空港、西北综合四大重点物流园区以及专业物流园区信息化建设。促进生产型制造向服务型制造转型，大力发展工程总承包、产品租赁、产品远程监测与维护等业务，带动相关信息服务业发展。

5．突破关键环节，加快推进信息技术在节能、安全等领域的推广应用

增强信息技术在工业节能减排、安全生产的保障支撑作用，着力提高工业生产效益。促进节能减排信息技术的研发和应用，支持重大耗能设备的智能控制系统改造、信息技术促进节能增效和清洁生产等方面应用；以冶金、石化、建材等高耗能行业为重点，鼓励企业建立和改造能源管理中心，利用信息化手段加强能源输配和消耗的监控；推进上海能效监控平台后继工程建设。加快信息技术在保障安全生产中的应用，建立食品追溯信息系统，加强危险品流通过程中的信息化监管，切实提高企业信息化应用中的信息安全保障。

2012·上海工业年鉴

SHANGHAI
INDUSTRIAL
YEARBOOK

特载

综述

专题

区县工业

企业简介

上市股份公司

行业协会简介

大事记

经济法规

统计资料

企业形象

2011 年上海工业发展综述

王　坚

一、2011 年工业发展情况

2011 年，上海工业系统按照市委、市政府总体部署，认真落实“六个着力”要求，围绕“创新驱动、转型发展”的工作主线，积极应对复杂多变的外部环境，聚精会神抓落实，集中精力抓推进，完成全年各项目标任务，“调结构、促转型”的效果初步显现。

（一）各项主要指标全面完成

全年产业发展呈现前高后低走势，完成工业增加值 6798 亿元左右，可比增长 7.4%；工业总产值可比增长 6.4%；战略性新兴产业产值增长 11.5%，高新技术产业化产值增长 12.0%；生产性服务业重点企业营业收入 4980 亿元，增长 21.3%。全年工业投资 1283 亿元，与上年基本持平。全年产业结构调整项目 751 项、节约标煤 56 万吨左右，调整危化企业 88 项。预计规模以上工业企业单位增加值能耗下降 7% 以上。

（二）战略性新兴产业和高新技术产业化取得成效

制定新能源装备、大规模集成电路、3 ～ 5 万辆新能源汽车等 11 个重点专项方案；制定《关于推进专项工作的实施意见》，银联、盛大、上海天马以及智能传感器等一批云计算、新型显示和物联网专项获得国家支持；引进东软、腾讯、三一精机、华仪风电等一批新的企业或项目。启动 46 个市级重大项目和 48 个委内重点项目，如映瑞光电 LED 项目、上海石化 1500 吨 PAN 基碳纤维项目、盛大网络的面向互联网云计算平台项目等；已启动的 C919 大型客机研制、商用航空发动机、909 升级改造、MOCVD 和 PECVD 装备、电动汽车等一批重点项目继续推进。建立重大产业项目土地和人才绿色通道机制，落实人才直接落户和办理人才类居住证政策；完善全市高新技术产业化服务体系，制定发布加快推进高新技术产业化人才队伍建设的意见和 10 个重点领域人才发展规划。

（三）生产性服务业加快发展

创建和认定生产性服务业功能区 5 家，新增规划土地面积达 300 公顷。推进落实鼓励制造业分离生产性服务业的财政扶持政策，申请国家营业税改征增值税试点，电子商务“双推”平台新增服务中小企业超 3000 家，电子商务交易额预计突破 5000 亿元，增长 18% 左右。

（四）工业投资和产业基地建设有序推进

重点跟踪推进 10 亿元以上项目 24 个，总投资 840 多亿元，推动三一精机、大众动力总成等新开工项目较快增长；加大技术改造力度，跟踪推进国家级、市级技改重点项目，技改投资占全市工业投资比重达到 53.8%。推动基地园区建设，新增闵行民用航天军民结合、金桥开发区电子信息（ICT）2 家国家新型工业化产业示范基地，工业向 104 区块的集中度达到 73%；全市新增建设用地中高新技术产业化、战略性新兴产业和先进制造业用地占 80% 以上；制定规划产业区块外产业结构调整转型指导意见，分类推进存量工业用地合理利用。

（五）调整淘汰落后产能和工业节能降耗加大力度

推进钢铁、石化重大布局调整项目，完成产业结构调整任务，完成危化企业调整超过年初目标 40% 以上；完成浦东张江、松江九亭两个调整专项，推进嘉定南翔、奉贤南桥、崇明生态岛、宝山南大二期等 6 个重点区域专项。落实工信部下达的淘汰落后产能和“关小”任务，推进差别电价工作。推进工业能效对标、合同能源管理推广等能效工程，聚焦节能技改专项，促进主要高载能产品单耗下降，工业用能占全市比重从2010年56%降至55%。

（六）中小企业发展环境不断改善

出台《上海市促进中小企业发展条例》，做好宣传贯彻工作；完成区县中小企业服务中心组建，初步形成“1+17”全覆盖的中小企业服务网络；全市“专、精、特、新”中小企业达到800家；推动20家中小企业成功上市，支持区县发行3只中小企业集合票据。加大开放发展力度，吸引各类企业总部落户上海，13家央企入驻世博园区，做好外资企业跟踪服务工作。

二、2012年工业的发展环境、指导思想和主要目标

（一）发展环境

2012年，上海工业发展面临复杂多变的内外部发展环境。从国际看，世界经济复苏的不稳定性、不确定性上升，经济低迷可能处于常态。发达国家产业回归与新兴国家出台刺激政策，贸易保护措施扩大，对上海产业转型升级和结构调整带来压力。外需乏力将导致出口增幅进一步下降，对电子、船舶、纺织等行业以及产业链上下游发展带来影响。

从国内看，国家将继续实施积极的财政政策和稳健的货币政策，促进经济结构调整，经济工作保持稳中求进。传统产业产能过剩与新兴产业发展不确定性将长期并存，国内经济形势有下行趋势；需要牢牢把握扩大内需、实体经济、改革创新和改善民生。同时实施营业税改征增值税试点，对生产性服务业发展带来机遇和挑战。

从上海看，全市“十二五”时期发展的目标任务已明确，经济结构进一步优化，发展高端制造业要求更高，逐步形成有利于产业和信息化发展的推进机制。同时，也面临严峻的形势和挑战，经济有下行压力，一季度开局形势尤为严峻；稳定投资需求难度加大，工业投资不足；产业结构调整和节能减排任务更加繁重；中小企业发展面临成本上升、需求下降、融资困难、企业效益等压力和挑战。

（二）指导思想

2012年，工业工作要全面贯彻党的十七届六中全会和九届市委十七次全会精神，按照市委、市政府对全年工作的总体部署，围绕创新驱动、转型发展的主线，全力推进产业发展和信息化建设，加强体制机制政策的创新突破，推进产业结构、投资结构、资源能源结构、布局结构等进一步优化。

（三）主要目标

1．总量规模：全市规模以上工业完成总产值增长5%～6%，工业增加值可比增长5%～6%；制造领域生产性服务业营业收入增长16%左右。

2．结构优化：战略性新兴产业产值增长10%左右，占工业产值比重进一步提高；完成工业投资1300亿元，技术改造投资占工业投资的比重达到56%。完成产业结构调整项目600项，其中危化企业调整120项左右；规模以上工业单位增加值能耗下降3.6%。

3．集约发展：市级以上开发区单位土地产出达到66亿元／平方公里；工业向104产业区块集中度达到75%左右；工业能源综合利用效率提高1个百分点，达到42%。

三、2012年上海工业重点工作任务

（一）推动产业保持稳定增长

推动企业市场供需对接，加强银企对接，协调解决企业资金、融资等问题；组织开展2012年减轻企业负担专

项检查，改善企业发展环境；加大企业运行困难协调力度，加强与海关、检验检疫等沟通，加快企业进出口商检和通关速度。加强经济运行监测分析和预测预警，及时反映增长趋势和重点行业、重点企业发展趋势；加强对转型亮点、新的增长点运行分析，及时提出对策举措；加强运行指标综合平衡，确保完成全年增长目标；重点做好产业转型亮点和运行质量内涵的监测分析，完善统计制度。加强要素协调，保障各类企业用电、用水、用气等需求，保证正常生产和平稳运行；积极争取国家相关部门和能源企业总部支持，争取对上海能源保障的支持；不断完善监测体系，加强对重点煤、油供应情况的在线监测，掌握市场变化；加强资源应急调度，保证汽柴油库存15天以上，保证电煤库存15天以上，争取达到20天；优化电力保障，发挥气电联调作用，做好电力迎峰度夏和迎峰度冬工作，确保城市运行和电网的安全有序。

（二）培育发展战略性新兴产业

按照“聚焦重大项目、聚焦龙头企业、聚焦保障条件、聚焦政策突破”的要求，跟踪推进已启动项目，完成项目的验收评估、持续推进产业化，完善战略性新兴产业推进工作机制。按照有舍有取的要求，明确战略性新兴产业的细分领域，积极争取一批项目进入国家培育发展战略性新兴产业的专项规划和年度计划。借助高新展、工博会等平台展示最新产业化成果。推进实施大规模集成电路、民用航空、云计算、物联网、下一代网络、新型显示、智能电网、新能源高端装备、智能制造装备、新能源汽车和汽车电子和卫星导航11个重点专项。引导企业加大技术创新投入，力争规模以上工业企业R&D投入占主营业务收入比重每年提高0.1个百分点。争取新增3家左右行业龙头企业成为国家技术创新示范企业，争取新增国家认定企业技术中心3～5家左右，新增市级企业技术中心40家左右。重点跟踪支持10家左右企业主导、产学研用紧密结合的合作体，聚焦支持一批新兴领域的产业化联盟，支持一批风险投资、创业投资等参与新兴产业发展。推进技术标准和知识产权战略，完成第二批20家左右知识产权优势企业的创建。鼓励企业制定和实施知识产权战略，支持20个左右本市企业参与的国际、国家及行业重要标准制定。在战略性新兴产业重点领域认定100种左右专利新产品，落实支持政策。用好用足张江国家自主创新示范区、杨浦国家创新型试点城区等政策资源。

（三）推进制造业改造提升

建立重大产业项目协调推进机制，加快推动列入市重大项目投资计划的25个产业项目建设。推进徐工集团临港奉贤基地、上海烟草科技创新园、赛科26万吨／年丙烯腈扩产、华电通用航改型燃气轮机等项目。研究制订《上海市技术改造管理办法》，重点实施技术改造提速、两化融合提速、节能减排提速、制造服务化提速、结构布局优化提速。会同土地主管部门推进工业项目实施定向挂牌。确保全年1.5～1.8万亩产业用地总量规模，新增建设用地聚焦战略性新兴产业和先进制造业，占80%以上。全年力争形成15家左右特色鲜明体现高端的市级新型工业化产业示范基地。进一步优化104产业区块的边界范围，探索规划区块外企业技术改造及转型发展生产性服务业、创意文化产业等政策突破。推进工业用地节约集约利用，争取年内盘活2000亩存量工业用地；推进漕河泾、张江等10家开发区与工业区块进行整合联动发展。

（四）加快调整淘汰落后产能和推进工业节能降耗

发布本市工业调整淘汰落后产能“十二五”规划，出台产业结构调整淘汰指导目录，做好国家下达的关闭小企业等调整淘汰任务。积极推进石化和钢铁产业的调整整合，优化产业布局。实施一级水源保护地企业调整，启动实施外环线内四大工艺和纺织印染企业调整，全力完成工业区外120家左右危化生产企业调整。继续推进宝山南大地区环境综合整治和产业结构调整。实施涉铅企业的调整。力争完成印染、小钢铁、小化工、四大工艺重点行业调整年度任务。持续推进电机、锅炉、S7变压器等通用设备专项节能改造；推广高效电机200万千瓦；开展燃煤、燃油锅炉清洁能源替代；落实300家企业电能平衡和500家企业清洁生产审核；工业固废综合利用率达到96%。制订27项产品能耗限额等节能标准；培育10个能效指标达到国内外先进水平的典型示范企业；开展工业企业单位产品能耗限额执行和落后设备淘汰专项监督检查；落实5万吨标煤以上工业重点用能单位和通信业重点用能单位能源审计工作。实施合同能源管理项目年度节能量达到20万吨标煤；备案节能服务公司达到200家；推进合同能源管理示范试点工作；探索未来收益质押权等融资管理新模式；发展壮大合同能源管理公司企业联盟。

（五）加快生产性服务业等重点领域发展

以营业税改征增值税试点为契机，加快推动企业的组织结构优化与业务流程再造，鼓励专业化分工和社会化合作，提升制造业和生产性服务业融合发展的社会效益。鼓励生产性服务企业以研发设计为引领发展总集成总承包；在电气电站服务、海工总包、检验检测、工程技术服务、工程化学设计等领域培育一批国内领先并具有国际影响力的“上海服务”供应商品牌；推动生产性服务业扩大服务半径，在全国乃至世界范围内开展服务联盟与协作，鼓励集成创新服务，延伸服务产业链，提升整体价值。稳步提升平台服务质量和中小企业应用水平，培育电子商务服务品牌；鼓励新一代移动通信等新技术应用带来的模式创新发展；引导产业园区逐步完善电子商务相关公共服务功能，吸引各类电子商务服务业态向园区集聚。强化功能区载体作用，充分发挥区域经济联动作用，推动生产性服务业集聚发展，带动功能区的二次开发与转型提升；深化生产性服务业功能区复审，推动功能区规范管理和标准化建设，提高功能区公共服务水平。

（六）完善以中小企业为重点的服务环境

支持区县延伸中小企业服务网络，推进“中小企业服务云”建设。完成1000家细分行业领先、具有“专、精、特、新”特点的中小企业培育目标；推进一批关键零部件加工技术的引进消化吸收；推进中小企业园区建设；继续开展中小企业经营管理者培训。加强政银沟通，推进银企合作，建立和深化区域性融资服务网络；继续推进中小企业改制上市培育、发行中小企业集合票据等直接融资；引导担保机构等加大对小微企业信贷扶持。加强与国内外各类中小企业的合作交流与互动对接工作；继续加强政府采购对中小企业的支持。加强和完善中小企业运行监测体系，推动落实“两个不低于三分之一”。落实国家中小企业公共技术服务示范平台适用科技开发用品进口税收政策，推动落实对部分“专、精、特、新”中小企业实行土地使用税减免政策。完善在沪央企联络员平台，发挥人才和高管医疗服务“绿色通道”作用。争取一批央企项目落沪；支持央企结构调整和参与地方企业兼并重组；筹备建立市央企服务联席会议制度。大力吸引集聚发展总部机构，继续吸引跨国公司、央企、国企、民企等总部入驻；跟踪涉及总部转移、重大投资落户、扩大产能等重大项目的外资公司情况，促进上海企业与国外企业交流对接。加强国内合作与对口支援，做好第14届中国国际工业博览会、第5届上海国际信息化博览会，参与长三角区域三省一市的区域合作；与兄弟省市开展产业合作与对接，做好援疆和对口支援工作。

2012·上海工业年鉴

SHANGHAI
INDUSTRIAL
YEARBOOK

特载
综述
专题
区县工业
企业简介
上市股份公司
行业协会简介
大事记
经济法规
统计资料
企业形象

产业经济运行情况

2011年，全市工业系统坚持贯彻市委、市政府“创新驱动、转型发展”的工作要求，坚持不懈稳增长，基本完成各项经济指标，本市工业经济运行在发展过程中更加注重质量、内涵，实现了“三个快于”：一是工业增加值增速快于工业总产值增速1个百分点；二是战略性新兴产业制造业增速快于全市工业现价增速2.3个百分点；三是软件和信息服务业增速快于全市服务业平均水平，全年实现增加值1106亿元，增长17.3%，快于全市服务业增速7.8个百分点。主要特点：

1. 工业生产增速呈现回落态势。全年完成工业增加值6798亿元，可比增长7.4%；总产值31987亿元，增长6.4%。工业生产增速逐步放缓，增加值增速由1月的14.9%波动回落至12月的4.4%，总产值增速由14%回落至0.5%。

从轻重工业看，轻工业完成产值6664亿元，增长7.9%，重工业25323亿元，增长6.1%，轻工业增速比重工业快1.8个百分点。

从中央、市属和区县看，市属工业完成产值5674亿元，增长10.7%，高于全市工业平均水平；区县和中央工业分别完成19056亿元和7041亿元，分别增长6.1%和3.8%。

从不同所有制经济看，外商及港澳台投资企业完成产值19646亿元，增长6.4%；股份制经济完成10342亿元，增长6.8%；国有经济完成1263亿元，增长3.0%。

从主要行业看，装备行业保持较快增长，消费品行业保持增长，但增速回落，原材料行业呈现前增后降的态势，电子行业受国际市场影响，四季度出现下降。13个主要行业中，烟草、汽车、机械等3个行业实现两位数增长，船舶、医药、轻工等3个行业实现增长且增速快于全市平均水平，电力、纺织、电子、石化、有色等5个行业保持增长，钢铁、建材两个行业下降。

从六大重点行业看，共完成工业总产值21333亿元，增长6.5%，具体呈现“两快三慢一降”格局：汽车和成套设备制造业实现两位数增长，分别增长15.5%和13.7%；生物医药、电子信息产业、石油化工及精细化工制造业分别小幅增长6.1%、3.2%、1.9%；精品钢材制造业下降3.9%。

2. 工业转型发展步伐加快。注重推进产业结构调整和转型，加快战略性新兴产业发展，加快传统制造业的改造提升，加快落后产能淘汰，产业转型发展步伐加快。

战略性新兴产业发展较快。全市战略性新兴产业（制造业部分）完成工业总产值7850.4亿元，占全市规模以上工业的比重达24.5%，同比提高0.5个百分点，增长11.5%，快于全市工业现价增速2.3个百分点。软件和信息服务业全年实现营业收入3075.2亿元，增长21.5%。全年战略性新兴产业总规模达到10925.6亿元，实现年初确定的增长目标（按照高新技术产业化统计口径，制造业部分完成产值7326.3亿元，增长12%，快于全市工业现价增速2.8个百分点）。

传统制造业加快转型提升。对重化工业发展依赖减弱，全年四大重化工业行业合计总产值仅增长0.4%，其中钢铁、建材行业分别下降3.9%和3.2%，有色、石化行业分别小幅增长0.9%和1.4%。主动实施产业转移，以劳动密集型为特征的电子计算机制造业全年产值下降1.1%，其中广达、英业达等电子代工企业将笔记本电脑代工产能向中西部地区转移，全年减少产值450多亿元。

上海产业结构与全国产生明显差异。轻工、电子、机械、汽车、电力、烟草、船舶、医药行业对上海工业增长贡献率合计为70%（全国建材、有色、煤炭、石化、钢铁、轻工、纺织行业对工业增长贡献率近70%）；汽车、机械、电子、烟草、船舶等占利润总额的70%（全国钢铁、石化、有色、机械、建材、煤炭等行业利润占70%）。

3. 出口增速回落明显。全年完成工业出口交货值8372亿元，增长3.1%。2011年下半年起，欧洲主权债务危机持续蔓延，世界经济呈下行趋势，外需乏力导致本市工业出口增速回落明显，11、12月工业出口交货值分别下降5.8%、10.7%。

从主要行业情况看，外向度较高的行业受到影响，其中电子、船舶行业（出口交货值占销售产值比重分别约76%和61%）出口下滑较快，出口交货值分别下降2.3%和2.5%。部分行业出口增长较快，钢铁、有色、汽车、机械、石化、轻工等行业出口交货值均实现两位数增长。

4. 运行质量总体保持较高水平。全年工业利润和税收分别完成2176亿元和2277亿元，均保持2000亿元以上的历史高位。工业经济效益综合指数为268.14，同比提高7.12点，全员劳动生产率25.65万元／人，同比增长9.3%，产销率98.97%，保持在较高水平。

工业对全市税收增长贡献率居首。全市税务部门征收的税收收入6828.7亿元，同比增长15.3%，其中工业税收2276.6亿元，占全市税收总量的34.6%，同比增长10.3%，对全市增长的贡献率为22.0%，高于商业、金融、房地产等其他主要行业，居首位。全市纳税前100名企业中有25家工业企业，前10名中工业企业有7家，前3名均为工业企业。

工业企业效益略有下滑。受原油、煤炭、铁矿石、电力、劳动力等成本上升影响，全年工业企业利润下降1.3%；成本费用利润率6.82%，同比下降0.83个百分点；企业亏损面为18%，提高4个百分点。

5．工业投资实现小幅增长。全年工业投资1283亿元，增长0.2%，其中制造业投资增长4.0%。

战略性新兴产业和技改投资力度加大。战略性新兴产业（制造业部分）完成投资488亿元，占工业投资比重达到38%；技改投资690亿元，占比53.8%，比2010年提高3.8个百分点。

重点工业行业投资保持平稳增长。六大重点行业共完成投资698.8亿元，增长5.9%，其中生物医药增长100.6%，电子信息、汽车制造、成套设备分别增长22.8%、6.4%和4.3%，石化及精细化工、精品钢材分别下降4.0%和38.8%。

6．工业能耗降幅明显，全市能源供需平稳。全年规模以上工业单位增加值能耗下降7.84%，主要是高耗能的钢铁、建材行业生产出现下降，石化、有色、电力行业低速增长，低耗能的烟草、汽车行业实现两位数快速增长。全市煤炭消费量5365万吨，增长3.9%，其中电煤3862万吨，增长7.6%。成品油重点企业销售量665万吨，增长3.9%。用电量1340亿千瓦时，增长3.4%，其中工业用电量806亿千瓦时，增长2.4%。天然气用气量54.1亿立方米，增长20.7%。

（吴 畅）

战略性新兴产业和高新技术产业化推进情况

2011年，按照市委、市政府部署，本市努力推进培育发展战略性新兴产业工作，取得了积极进展。

战略性新兴产业（制造业部分）完成工业总产值7850.4亿元，比2010年增长11.5%，增速继续快于全市制造业增速。高新技术产业化（制造业部分）完成工业总产值7326.32亿元，增长12%。软件和信息服务业在数字视听、网络游戏、第三方支付等新业态支撑下，全年实现产业规模3075.2亿元，增长21.5%。全年战略性新兴产业总规模达到10925亿元，实现年初确定的增长目标。

表1 2011年上海高新技术产业化重点领域工业总产值完成情况

领域	工业总产值（亿元）	现价增长（%）
高新技术产业化重点领域	7326.32	12.0
其中：新能源	354.12	40.5
民用航空制造业	66.34	31.1
先进重大装备	1570.80	12.6
生物医药	634.45	10.8
电子信息制造业	1973.25	6.8
新能源汽车	27.46	15.5
船舶及海洋工程	968.18	8.3
新材料	1731.72	14.5

资料来源：上海市统计局。

经过一年多的努力，上海市战略性新兴产业和高新技术产业化工作稳步推进，取得了一批重要创新成果。

1．新能源领域，理想能源批量生产LPCVD和PECVD；空间电源所1MW柔性太阳能电池卷对卷中试线建成；上海交大研制成功百米级高温超导带材。

2．民用航空制造领域，中国商飞总部建设用地已签约，三大中心建设顺利推进，C919大型客机研制将由初步设计转入详细设计；CJ–1000A航空发动机验证机完成概念设计并通过技术评审。

3．先进重大装备领域，国核自仪与马丁公司合作完成核电全数字化保护系统平台原理样机，并启动NRC（美国核管局）认证程序；金属化合物化学气相沉积设备（MOCVD）等高端装备加快推进，中微、理想、中晟等先后推出样机；上海机床厂通过承接国家重大专项，开发纳米精度磨床、复合数控曲轴磨床等高端产品。

4．电子信息制造业领域，909升级改造工程正式投产，55纳米工艺产品开始小批量试产。中芯国际40纳米工艺进行客户认证。联芯科技发布业界首款TD–LTE与TD–SCDMA双模基带芯片。蓝光科技已建成26KK量产线，量产功率型芯片发光效率达100lm/W。

5．新能源汽车领域，国内首款全新开发的荣威E50纯电动轿车正式发布，上海大众首款“天越”自主品牌电动轿车完成样车开发。动力电池具备系统集成能力，航天电源、德朗能、贯裕等完成扩能改造，形成年产5000万Ah的产能。

6．海洋工程装备领域，外高桥公司交付首座3000米深水钻井平台“海洋石油981”号；上海船厂交付国内首艘12缆深水物探船。

7．新材料领域，宝钢的先进高强钢、取向硅钢市场份额扩大，凯鑫森功能性光学膜示范线产品总能力国内第一，产品将填补国内空白。

8．生物医药领域，上海获得国家一类创新药物生产和临床研究批文13个，生物医药专利申请量达到6317件，位居全国首位，重组人尿激酶原、重组抗CD25人源化单克隆抗体和吡非尼酮等创新产品获得生产批文。

2011年，上海市战略性新兴产业和高新技术产业化推进工作在多方面取得重要进展：

从规划导向看，根据本市落实《国务院关于加快培育和发展战略性新兴产业》的总体部署，加强与发改委、工信部等国家部委对接，结合全市“十二五”规划的编制，编制了《上海市关于加快培育和发展战略性新兴产业的实施意见》和《上海市战略新兴产业发展“十二五”规划》，已经市委、市政府批准。

从政策突破看，《张江国家自主创新示范区企业股权和分红权激励试行办法》已经正式发布，信息服务业营业税差额征收试点得到落实；发布《关于促进本市第三方支付产业发展的若干意见》。完善高新技术产业化项目用地“绿色通道”，全年共有59个项目纳入市统筹指标支持高新技术产业化渠道，涉及总投资约400亿元，安排市统筹占补平衡指标4500亩，并推荐50多个项目争取实施定向招拍挂。编制《关于加快推进高新技术产业化人才队伍建设的若干意见》，围绕战略性新兴产业和高新技术产业化重点领域发展实际，编制并发布高新技术产业化8个重点领域以及节能环保、民用航天等10个重点领域的“十二五”人才规划，对10个重点领域的471类岗位人才提出了开发需求。有关部门研究并建立特殊人才引进“绿色通道”，协调解决蓝滨石化、欣丰电子等骨干企业特殊人才直接落户和办理人才类居住证等问题。组织高新技术产业化推进工作先进集体和先进个人评选，进一步推进以创新创业型领军人才为主体的领军人才队伍建设。

从市场对接看，落实首台业绩突破、政府采购等支持政策，推动整机与零部件、产业链上下游之间的对接。如市政府机管局率先采购新能源汽车；推进林泉电机与上汽集团合资合作研制生产驱动电机；组织申通集团与航天电源、思源、纳杰等设备企业对接，推进锂电池等产品进入轨道交通领域；推动天马的显示屏与凯鑫森的功能膜、宏达电子（HTC）的智能终端进行配套对接等。推动国产基础软件在政府部门中的应用，联合市财政局在支出预算工作中明确，政府部门在采购基础软件时原则上至少选择一种国产产品。

从平台建设看，新增展讯通信、一机床、泛亚汽车3家国家认定企业技术中心，累计达到43家；国家新能源机动车产品检验中心、国家智能电网用户端产品（系统）检测中心、国家手机测试平台的能力建设全面展开；上海工业自动化仪表院和电缆所建成国家能源核电站仪表研发与试验中心的核电LOCA装置；海上风电国家质检中心、智能输配电设备国家检测中心、国家LED检测公共服务平台加快筹建。

从示范应用看，通过示范带动市场应用。如新能源汽车，结合“十城千辆”、“私人购买补贴试点”、“嘉定国际电动车示范区”规划，正在推动2000辆各种新能源车辆应用示范；又如TD–LTE，规模技术试验建设取得阶段性成果，顺利完成工信部确定的第一阶段试验目标。中国移动宣布“优先考虑在上海设立研究院，推进TD–LTE产业发展”。

从金融对接看，加大金融服务对新兴产业的支持，本市与国家有关部门联合组建了5只新兴产业创投基金；先后启动新一代信息技术、生物医药两个领域创业引导基金，已签约创新工场等首批12家合作基金，以及针对新能源、新材料、节能环保领域的第二批6家合作基金，预计这18家基金带动资金总规模超过80亿元。

从推进主体看，区县充分发挥了主战场作用，如浦东新区集中开工33个战略性新兴产业项目；闵行区全力打造“大紫竹”国际化创新基地，推进新能源、民用航空制造等战略性新兴产业发展；嘉定区结合“大院大所”回归，培育和推进一批战略性新兴产业项目；闸北区积极推进数据港等重点项目，加快软件和信息服务业发展等；杨浦区积极推进云计算、物联网、智能电网示范工作。金山、奉贤、青浦等区县也积极推动重大项目落地和开工。各种所有制企业投资主体作用增强，商飞、国网等13央企先后入驻世博园央企总部集聚区，入驻业务板块70多个，其中大部分属于战略性新兴产业和现代服务业。

（吴绪成）

附件：关于加快推进上海高新技术产业化人才队伍建设的若干意见

为深入贯彻《国家中长期人才发展规划纲要（2010～2020年）》和《上海市中长期人才发展规划纲要（2010～2020年）》（以下简称“两个《纲要》”），落实《关于加快推进上海高新技术产业化的实施意见》（沪府发[2009]26号），进一步转变经济发展方式，积极培育战略性新兴产业，加快推进高新技术产业化，切实提升上海产业综合竞争力，现就加快推进上海高新技术产业化人才队伍建设提出如下意见。

一、高新技术产业化人才队伍建设的重要性

（一）加快推进高新技术产业化是上海落实国家战略的具体实践。在全球经济逐步走出危机、初显复苏的背景下，世界主要经济体正在聚焦振兴发展的新引擎，集中发展一批以先进技术为驱动力的新兴产业。为积极参与全球新一轮产业技术革命发展，按照党中央、国务院有关发展战略性新兴产业的总体部署，上海结合本地区产业特点，把加快推进高新技术产业化作为转变经济发展方式的主攻方向，作为培育战略性新兴产业的有力抓手。上海推进高新技术产业化的目标是通过集聚创新资源、攻克关键瓶颈、夯实产业化基础，到“十二五”末期，全市高新技术产业化 9 个重点领域的总产值预计可达 16000 亿元左右，年均增长 14% 以上，快于全市工业增速；全市产业技术创新能力保持国内领先，部分接近国际先进水平，高端产业带动作用明显，产业链衔接较为完善，产业布局比较合理，实现重点产业的集约化发展，实现产业的升级转型。

（二）推进高新技术产业化关键在于人才。科学技术是第一生产力，人才是第一资源。推进高新技术产业化关键在于人才，高素质的人才队伍是掌握未来发展主动权的核心。上海发展高新技术产业化的工作目标和规划定位，决定了要有一支达到国际先进水准、适应高新技术产业化发展的高层次专业人才队伍。一方面要通过建设与之适应的人才队伍实现高新技术产业化的战略目标；另一方面通过高新技术产业化培养造就一支承担国家战略任务的高素质人才队伍。不失时机地启动和推进高新技术产业化人才队伍建设，已成为当前落实人才强国战略、推进人才强市、对接“两个《纲要》”、抢占高新技术产业化人才博弈先机、全面推进高新技术产业化的必然选择。

二、上海高新技术产业化人才队伍现状

近年来，上海在高新技术产业化重点领域人才队伍建设方面取得了阶段性的成效，有力地支撑了上海高新技术产业向纵深推进。2009 年，上海各行业从业人员 1064.42 万人，其中与高新技术产业相关行业的从业人员约 476 万人，科技人员 34.56 万人（数字来源于《2010 上海市统计年鉴》）。上海通过引进与培养，积极打造高新技术产业化人才队伍。一是重点实施上海领军人才培养计划。为适应上海推进高新技术产业化的需求，2010 年上海领军人才“地方队”培养计划入选 126 人，其中科技领域占入选人数的 71%。二是加大海外人才引进力度。截至 2010 年，本市入选中央“千人计划”人选共 183 人，其中高新技术产业化重点领域占入选总数的 75%；“上海市浦江人才计划”累计资助 1333 人次（含团队），其中从事科技研发的有 711 人（数字来源于《2010 上海科技进步报告》）。

与此同时，随着高新技术产业化进程的全面深入，人才建设面临着新挑战。一是高新技术产业化领军人才资源仍然不足。高新技术产业化是面向全球的竞争，已经明确的重点领域是抢占行业制高点的重点，而现有人才队伍中具有国际经验、全球眼光、能抢占国际科技产业创新制高点的领军人才资源缺口较大，人才结构亟待改善。二是支撑高新技术产业突破发展的骨干人才尚需集聚。面向高新技术产业化重点领域及重点方向的骨干人才集聚有待加强，具有丰富从业经验、支撑高新技术产业化的骨干中坚队伍急需壮大。三是产业化专业人才基础亟待夯实。上海高校、科研院所、企业拥有各具特色的人才队伍，并逐年充实，但适应于高新技术引领下的企业高端生产制造需要的产业化专业人才基础亟待夯实。四是人才激励与保障机制有待落实。高新技术产业化针对性人才扶持政策尚需聚焦、细化、落实，以市场价值体现人才价值的机制有待突破。

未来几年，上海必须抓住高新技术产业化发展的战略机遇，充分发挥上海产业基础雄厚、科技资源丰富、综合实力强大等优势，通过机制创新和资源集聚，壮大人才资源总量、优化人才资源结构、提升人才资源能级，加快推进适应高新技术产业化发展需要的人才队伍建设。

三、高新技术产业化人才队伍建设的基本思路和总体目标

（一）基本思路。以中国特色社会主义理论体系为指导，深入贯彻落实科学发展观，坚持党管人才原则，坚持人才强国战略，进一步解放思想，以用为本，完善机制，遵循人才成长规律，为高新技术产业化人才队伍建设创造宽松环境；主动衔接和服务国家战略，认真贯彻落实“两个《纲要》”，积极争取示范性、引领性国家人才政策先行先试；聚焦高新技术产业化重点领域、重点项目，围绕产业化、市场化，发挥企业的主体作用，开发利用国内外两种人才资源，大力推进产业化发展需要的经营管理人才、专业技术人才、高技能人才队伍建设；建设领军型、骨干型和产业化专业人才梯队，促进人才总量、结构、能级的全面、协调、可持续发展，建设与上海“十二五”发展规划要求相匹配并适度超前的人才队伍。

（二）总体目标。上海推进高新技术产业化人才队伍建设总体目标是：紧紧围绕加快椎进高新技术产业化的主要目标，在新能源、民用航空制造业、先进重大装备、生物医药、电子信息制造业、新能源汽车、海洋工程装备、新材料、软件和信息服务业等重点领域，不断加大海内外高层次人才引进、培养力度，积极吸引创新、创业人才集聚，在高新技术产业化人才规模、结构、素质、集聚度等方面走在全国前列，将上海建设成为全国战略性新兴产业人才高地。通过“人才十项目”培养模式，加快推进高新技术产业化人才建设“321”梯队发展，即到 2015 年，新增培育 300 名左右的领军型人才、2000 名左右的骨干人才、10000 名左右的产业化专业人才，在全市范围内带动造就一支资源充足、结构合理、素质优良、适应高新技术产业化发展需要的人才队伍。

四、高新技术产业化人才队伍建设的重点任务

结合高新技术产业化重点领域人才需求，为切实增强推进高新技术产业化工作的核心竞争力，提出高新技术产业化人才队伍建设的重点任务：

（一）新能源。新能源是上海高新技术产业化率先突破的重点。将重点培育和引进核电、风电、IGCC、太阳能光伏、智能电网等方向的领军型人才。围绕核岛、常规岛主设备，关键辅助设备、核电站数字化仪控系统；大型海上、陆上风机和关键零部件；IGCC燃气轮机、气化炉、电站系统集成；薄膜、高效晶体硅太阳能电池，太阳能电池核心装备、核心工艺；新能源接入与控制、新能源电站和系统、智能变电站、电力储能等方面加快组建行业骨干队伍。积极吸引新能源领域重点产业化专业人才集聚。到2015年，计划引进、培养具有国际影响力的行业领军人才5～10名，引进海外高层次创新创业人才100名，形成一支3000人左右的行业骨干和产业化专业人才队伍；建立1个国家级新能源产业创新创业基地，2～3个市级海外高层次人才创新创业基地。

（二）民用航空制造业。民用航空制造业代表了上海先进制造业未来发展的高端。将重点培育和引进大型客机、动力装置、机载系统设备、零部件等方向的领军型人才。围绕整机设计和制造、商用飞机发动机研制、机载系统（航电、飞控、电源、燃油、液压、辅助动力、起落架、空气管理、照明、氧气、防火、内饰和水及废水系统等）研制，以及适航取证和审定、飞机租赁、改装和维修等方面加快组建行业骨干队伍。积极吸引民用航空制造业领域重点产业化专业人才集聚。到2015年，通过引进一批、培养一批、储备一批，打造一支达到国际先进水准的人才队伍，力争培养产生若干名两院院士或外籍院士；民用航空人才在“千人计划”中占5%～8%；高技能人才占技能劳动者的比例达到35%～40%；确保人力资本投资占上海民用航空制造业生产总值（GDP）比例达到15%～20%；建设国家级和上海民机高层次人才创新创业基地，建立国内外航空产业人才信息库。

（三）先进重大装备。先进重大装备是支撑高新技术产业化整体提升的基础。将重点培育和引进火电、输配电、轨道交通、重大节能环保与综合利用装备、仪器仪表及控制、基础重大装备、战略性新兴产业专用支撑装备、大型铸锻件等方向的领军型人才。围绕火电系列化机组及核心配套件；特高压输配电；轨道交通车辆、关键零部件、信号与综合监控系统；大气污染、污水治理，垃圾处理，海水淡化成套装备；高档数控机床，印刷机械；微电子装备，工业机器人；大型铸锻件工艺和材料关键技术；工程总承包，设备总成套等方面加快组建行业骨干队伍。积极吸引先进重大装备领域重点产业化专业人才集聚。到2015年，新增培育30名左右的行业领军型人才，200名左右的骨干人才，1000名左右的产业化专业人才。

（四）生物医药。生物医药是上海产业发展重点攻坚的方向。将重点培育和引进生物制品、化学药、中医药、医疗器械、研发外包等方向的领军型人才。围绕生物制药、医疗器械、研发外包等方面加快组建行业骨干队伍。积极引进、培养生物医药研发、生产、医药商业等重点领域懂科技、能经营、会管理的产业化专业人才。到2015年，计划聚集10～15名国际一流的科学家，引进和培育100～150名科技骨干人才和50个初具规模的创新团队，任用200～500名生产制造业、医药商业、服务外包业高级管理人才，培育5.5万名左右生物医药研发和高技能人才，汇聚18万名左右从业人员。

（五）电子信息制造业。电子信息制造业是国民经济的战略性、基础性和先导性支柱产业。将重点培育和引进集成电路、通信和网络设备、新型显示及物联网等方向的领军型人才。围绕集成电路12英寸生产线配套工艺开发、汽车电子等芯片制造工艺、片上系统（SOC）、移动通信芯片等芯片设计、集成电路设备和材料；3G系统设备、智能信息终端；TFT-LCD、OLED、LED等新型显示产品；物联网领域技术和管理等方面加快组建行业骨干队伍。积极吸引电子信息制造业领域重点产业化专业人才集聚。到2015年，各类人才总体规模达到18.5万人；新增培育30名左右领军型人才，200名左右骨干人才，高层次人才规模发展到1000人左右；高级工程技术人员总量大幅提高，结构进一步优化。

（六）新能源汽车。新能源汽车是融入全球低碳经济发展趋势的重要支撑。将重点培育和引进整车、关键零部件两个主攻方向的领军型人才。围绕混合动力汽车、插电式混合动力汽车、纯电动汽车、燃料电池汽车等整车设计、研发、集成、检测和充电技术服务；动力电池、驱动电机、电子控制等三大领域以及电空调、电转向和电制动等辅助系统关键零部件研发和产业化等方面加快组建行业骨干队伍。积极吸引新能源汽车领域重点产业化专业人才集聚。到2015年，形成3000人左右的新能源汽车产业化人才队伍，包括30名左右领军型人才，300名左右骨干人才以及2000名左右产业化专业人才，为新能源汽车发展战略实施奠定基础。

（七）海洋工程装备。发展海洋工程装备是支撑国家能源战略的重要举措。将重点培育和引进高技术船舶、大型海洋油气开采装备、海洋工程作业船和辅助船、关键系统和配套设备、港口装卸运输设备等方向的领军型人才。围绕半潜式、自升式钻井平台，深水钻井船，大洋钻探船，起重铺管船，特大型海上浮吊，大功率中压柴油发电机组，动力定位系统，自升式平台升降系统，油气钻采和生产设备等方面加快组建行业骨干队伍。积极吸引海洋工程装备领域重点产业化专业人才集聚。到2015年，新增培育50名左右领军型人才，300名左右骨干人才，1000名左右的产业化专业人才。

（八）新材料。新材料是先进制造业的基础，重在发展为新能源、民用航空制造业、先进重大装备、生物医药、电子信息制造业、海洋工程装备等领域配套的关键材料。重点培育和引进特种钢、高分子材料、电子材料、新能源材料、稀土永磁材料等方向的领军型人才。围绕钛及钛合金、镍基合金等特种钢；各种高性能特种纤维、有机硅材料等高分子材料；国家集成电路专项配套原材料等电子材料；大型风电复合材料叶片等风电材料、磷酸铁锂等动力电池材料；稀土永磁高效电机及永磁器件等特种材料方面加快组建行业骨干队伍。积极吸引新材料领域重点产业化专业人才集聚。到2015年，新材料产业领域科技人才总量达到4万人左右，比“十一五”期末增加50%；培养和引进30名左右掌握国际领先技术，引领产业发展的领军型人才（其中新型金属材料领域8名、有机高分子材料领域12名、其他领域10名）；造就50名左右能够引领企业跻身国家新材料产业500强、具有国际水准的企业经营管理人才；选拔100名左右技艺精湛的首席技师。

（九）软件和信息服务业。软件和信息服务业是协同推进社会和经济发展的重要纽带。将重点培育和引进软件产业、信息服务业的领军型人才。围绕汽车电子、智能手机、轨道交通等领域嵌入式软件，工业软件，基础软件，云计算，业务流程外包和知识流程外包；网络游戏、网络视听、数字出版、电子商务、金融信息服务业、航运信息服务业、信息基础设施等方面加快组建行业骨干队伍。积极吸引软件和信息服务业领域重点产业化专业人才集聚。到2015年，全市软件和信息服务业从业人员超过60万人，比“十一五”期末增加一倍，人才资源总量持续扩大；拥有本科及以上学历的人员达70%以上，高技能人才占技能劳动者的比例超过50%，人才结构显著优化；人才贡献率超过50%，高于同期全社会人才贡献率平均值。

五、加快推进高新技术产业化人才队伍建设的具体措施

（一）加大海内外高层次人才引进力度。大力推进国家和上海“海外高层次人才引进计划”（简称“千人计划”）等人才发展重大工程，广开识才引才渠道，完善海外高层次人才发现与评估机制，建立“海外人才动态信息库”和“行业人才评估专家库”。以更加有力的措施引进海内外人才，重点定向引进优秀中青年人才，主要是高端产业原创人才、行业核心技术人才、大型项目主管、系统集成人才、高端工艺人才等；积极推进上海国家级海外高层次人才创新创业基地建设，形成具有核心竞争力的“人才特区”；以重大产业化攻关项目为承接载体，鼓励企业通过国际合作聘用外国专家和学者充实科研队伍等方式大力吸引外籍高层次人才来华工作；加大对海内外引进高端人才承担项目的扶持力度，在启动资金，风险创业投资，股权投资体系，项目贷款担保，知识产权抵押融资，统贷平台支持机制上做深做实。在引进国内外先进技术项目的同时，更加重视引进领军人才及团队，落实与之相应的团队建设。完善海外高层次留学人才的政策待遇，对高新技术产业化项目承担主体企业引进学成留学人员给予更大力度的支持。

（二）加强创新、创业人才集聚。充分发挥上海的经济社会环境、科技人文、综合实力等方面优势，以高新技术产业化作为人才成长和施展才华的舞台，运用上海推进高新技术产业化过程中产业、政策、环境等方面的集聚效应，吸引集聚高层次创新、创业人才。积极组织实施具有引领性、创新性和示范性的重大人才工程，以国家科技重大专项、高新技术产业化重大项目为载体，形成促进产业化人才建设的项目集聚；以张江高新区创建国家自主创新示范区为契机，以高新技术产业化产业链建设为载体，形成高层次、高技能人才的梯队集聚；以国家新型工业化示范基地、生物医药产业化基地为载体，形成先进重大装备、精细化学、船舶与海洋工程、民用航空、生物医药等人才高地。

（三）建立人才梯队选拔机制。结合高新技术产业化人才梯队建设的规律和特点，建立人才评估体系和评估标准，破除唯学历、唯论文的倾向，破除论资排辈、求全责备的倾向，倡导以人为本、尊重创新、重视实践、竞争成才、量才施用的观念。坚持公开、平等、竞争、择优的原则选拔培育人才，探索建立和完善人才梯队选拔机制，营造有利于各类人才脱颖而出的良好氛围。大力推进领军人才、高新技术产业化英才、高技能优秀人才和技术创新优秀团队等各类人才与团队的选拔活动，建立和完善选拔机制；加强和完善专家举荐制度；重视非公企业人才的选拔和开发，进一步拓宽人才选拔渠道。

（四）完善人才发展激励保障机制。重视人才发展需求，鼓励企业建立和完善经营管理、专业技术、高技能人才的岗位管理、薪酬管理及职业生涯发展等制度。探索完善企业股权激励制度，支持各类专业人才以知识、技术、能力等参与收益分配；探索期权、期股、延期支付等长期激励手段。加快完善引进人才政策环境建设，市区联手、委办联合，在出入境管理、户籍管理、家属随迁、子女教育、社会保险和医疗保健等方面为高新技术产业化人才提供政策绿色通道；简化居住证办理操作流程，适当延长居住证有效期限，降低办理续期工作负担和成本；协调、推进、落实人才安居工程，在住房安置方面给予政策保障。

（五）强化产学研用人才对接力度。围绕高新技术产业发展主线，以企业为主体，以市场为导向，以项目为抓手，以产、学、研、用为纽带，加大人才培养与产业化的对接力度。推进“人才十项目”的培养模式，推进“校企联盟”行动，在创新技术研发、加快科技成果转化、共建技术创新平台的实践中加快产业化人才培养速度。分领域举办产学研用对接活动，高新技术产业化承担主体企业发布产学研合作攻关需求，高校和研究院所发布成果目录，为高新技术产业化人才和团队发展提供平台。扶持高新技术产业化重点企业建立若干产学研示范基地、博士后工作站，鼓励高校、研究院所的学科建设方向与重点产业发展方向互动，高层次人才培养导向与高新技术产业化重点领域匹配，推动“上海市研究生联合培养基地”建设。

（六）积极推进人才知识更新工程。结合经济发展方式转变和产业结构调整要求，大力倡导行业各类人才终身学习理念，充分利用国际国内两种教育资源，多渠道开展知识更新工程。加大职业培训的国际化力度，以高新技术产业化需求为引领，引进国际知名培训机构，整合优化产业的培训资源。推进终身学习“立交桥”建设，促进各类教育机构横向沟通、纵向衔接，满足人才多样化学习和培训的需要，促进高新技术人才学习成果的互认和衔接，促进知识的渗透和创新的溢出。鼓励和支持企业和社会组织建立“高新技术产业化人才基金”，在重大产业化项目经费中安排部分经费用于人才培训，并督促企业落实人力资源培训经费投入。创造条件鼓励行业各类人才参与学术交流活动，保持对技术发展的跟踪和知识更新。引导企业发挥高等教育、中等教育和职业培训等教育机构优势，帮助企业量身定做培训项目，不断提升企业在职人才的能力和素质。

（七）加快构筑人才服务平台。结合高新技术产业发展要求，充分发挥市高新技术产业化促进中心作用，建立高新技术产业化人才服务机制，为各类高新技术产业化人才提供政策支持和协调服务；建立高新技术产业化联络员服务领军人才制度，定期深入一线调研，了解人才需求，做好人才服务工作；积极推进公共测试、检验检测、财务与融资、人力资源、咨询文秘等服务平台体系建设，为高层次人才创新创业提供有利条件和全方位专业化服务；建立中小企业对接高新技术产业化重点项目的工作机制，加强与科技型民营中小企业的沟通，及时了解具体需求，努力培育大批支撑“专、精、特、新”中小企业发展的人才。

（八）拓展本土人才全球视野。围绕智能电网、网络超算、物联网、可再生能源等战略性新兴产业的发展方向，积极推进国际交流合作项目。鼓励跨国公司在沪设立总部或研发中心，发挥技术溢出和人才溢出效应，提高本土人才的能力。吸引各类国际组织、国际论坛机制落户上海，在互动学习中提升本土人才的国际视野。通过国际信用担保、国际金融服务等手段，支持企业在境外投资设厂、并购控股、设立研发中心，整合当地的人才资源，提高企业的竞争力。完善出国考察、参加国际会议和培训制度，加快提升本土人才的专业技术能力和水平。

（九）壮大高技能人才队伍。进一步解放思想，以企业、行业协会为主体，在高技能人才的技能培养、岗位使用、考核评价、竞赛选拔、技术交流、表彰奖励、合理流动和社会保险等环节进行系统设计与建设。结合高新技术产业化的重大项目和国家示范基地建设，形成一批示范性国家级高技能人才培训基地。鼓励大型企业设立高技能人才培训机构，鼓励企业与高职院校和社会培训机构合作，鼓励企业推行名师带徒、技师研修、企业培训师制度。积极推进各类职业技能竞赛，引导企业开展岗位练兵、技术比武活动，鼓励企业参加国家和本市职业技能竞赛，对取得优异成绩的选手给予表彰奖励，为高技能人才脱颖而出创造条件。

（十）加强党管人才的组织保障。加强和完善党对人才工作的领导，明确落实高新技术产业化人才队伍建设的工作职责，形成齐抓共管、协调配合的工作格局。组织部门牵头抓总，发挥区县在推进高新技术产业化、引进培育人才和团队建设工作中的主战场作用，加快高新技术产业化人才扶持保障政策落地实施；发挥企业在人才工作中的主体作用，依托骨干企业制定高新技术产业化重点领域人才队伍建设规划；发挥行业协会以及工会、共青团、妇联等社会团体发现、凝聚、举荐人才的作用，形成全社会、多方位、多层面合力推进高新技术产业化人才队伍建设的新局面。

智慧城市建设情况

2011年，智慧城市建设各项工作有序开展，形成了良好开局。

一、夯实信息基础设施建设

以加快提升信息基础设施服务水平和普遍服务能力为主线，加大建设投入，着力增强信息网络综合承载能力、设施资源综合利用能力和信息通信集聚辐射能力。

截至2011年年底，全市光纤到户覆盖累计超过400万户以上家庭，光纤接入开通用户超过100万户，全市家庭宽带用户平均使用带宽达4Mbps；下一代广播电视网（NGB）建设累计完成200万用户覆盖。无线局域网（WLAN）总量超过12000处，AP数达70000个；全年完成500处移动通信宏基站站点和800处室内覆盖站点建设，基本实现3G网络全市域覆盖。互联网国际出口带宽增至450Gbps（2006年为40Gbps），互联网省际出口带宽增至2000Gbps（2006年为450Gbps）。完成三网融合第一阶段试点总结和试点评估；完成有线电视网络“一城一网”整合，建成IPTV和手机电视集成播控平台。新增IDC机架2500架，累计达14500架。各项年度建设任务全面完成。

同时，加强建管并举，进一步完善信息基础设施规划、建设和管理。印发了《关于本市“十二五”期间加快推进光纤到户建设的意见》，修订了住宅建筑的通信配套标准，推进光纤到户，在全国率先试行通信配套设施第三方专业维护模式；编制发布了全国首个“公用移动通信基站站址布局专项规划”，并积极推进基站集约化建设；完成“公众无线局域网（WLAN）布局规划和实施策略”研究，完善了建设工程行政审批管理信息基础设施配套工作流程。

二、提升信息感知和智能应用水平

重点推进城市建设管理、城市运行安全、智能交通、社会事业与公共服务、电子政务、信息资源开发利用、促进“四个中心”建设和“两化”深度融合等8个重点专项共47个重点项目。

截至12月底，电子账单公共服务平台已接入13家公用事业单位；高速公路不停车收费系统完成61根专用车道的建设任务；基于市民电子健康档案的卫生信息化工程已完成市级平台以及长宁等6个区县平台主体部分建设任务并实现互联；静安区政府门户网站、市民政局网站初步完成全网无障碍改造，上海图书馆“无障碍数字图书馆”完成建设并开通运行；全市9个区县118个乡镇已启动农村集体“三资”监管平台业务平台建设；法人网上身份统一认证系统、法人共享与应用系统（二期）、航运中心综合信息平台、信息资源目录体系等形成建设方案；信息化和工业化融合指数达到75。

三、推动新一代信息技术产业创新发展

重点推进云计算、物联网、TD-LTE、车联网等新一代信息技术产业发展。年内，启动智慧岛数据产业园、云海数据中心、浦东云计算创新试点区和杨浦云计算创新基地的建设，揭牌成立杨浦区物联网应用示范基地和长宁区物联网创新与应用示范基地。集成电路设计业销售收入再上一个新台阶，达到约150亿元，比2010年增长31%以上；“909升级改造工程”项目完成了月产1万片生产线建设，通过了55nm产品试流片，并逐步进入量产阶段。全年信息服务业经营收入达3000亿元，比2010年增长20%。

四、完善信息安全保障环境

建立信息安全领域重点项目协同推进机制；完成网络与信息安全应急基础平台项目建议书编制报批；完成36家单位所属的50个重要信息系统的安全测评工作并督促整改落实；推进建立政府网站安全管理制度，协调推进信息安全测评认证平台（三期）等重点专项相关方案编制；举办信息安全活动周，组织召开全市信息安全保障工作大会；举办2011年信息安全技能大赛，开展各项安全意识教育培训。

五、优化推进工作机制

2011年，组建了智慧城市促进中心和市网络与信息安全应急管理事务中心。启动智慧城市发展水平评估指标体系研究。启动本市信息化发展地方性法规的立法研究。

（吴南竹）

附件：上海市推进智慧城市建设2011～2013年行动计划

推进智慧城市建设，是上海加快实现创新驱动、转型发展的重要手段，深化实践“城市，让生活更美好”的重要举措，也是上海信息化新一轮加速发展的必然要求。20世纪90年代以来，上海把信息化作为覆盖现代化建设全局的战略举措，经过三个五年规划的持续推进，当前整体水平保持国内领先，部分指标达到发达国家先进水平，一批新兴技术创新成果在上海世博会上得到充分展示和示范应用，这些都奠定了建设智慧城市的基础。为继续合力推进智慧城市建设，依据《上海市国民经济和社会发展第十二个五年规划纲要》，制订本行动计划。

一、指导思想、推进原则、发展目标和任务概要

（一）指导思想

高举中国特色社会主义伟大旗帜，以邓小平理论和“三个代表”重要思想为指导，深入贯彻落实科学发展观，围绕上海加快推进“四个率先”、加快建设“四个中心”和社会主义现代化国际大都市的战略目标，按照创新驱动、转型发展的总体要求，大力实施信息化领先发展和带动战略，以提升网络宽带化和应用智能化水平为主线，着力构建国际水平的信息基础设施体系、便捷高效的信息感知和智能应用体系、创新活跃的新一代信息技术产业体系、可信可靠的区域信息安全保障体系，充分发挥市场机制和企业主体作用，注重政府引导，完善市场监管，大力推进以数字化、网络化、智能化为主要特征的面向未来的智慧城市建设，全面提高城市现代化水平，让市民共享智慧城市建设成果。

（二）推进原则

1．夯实基础，分步推进。把提升信息基础设施能级和夯实智慧应用基础放在突出位置，加强统筹规划、规范管理，加大投入和建设力度；通过分阶段发展，滚动推进实施计划，促进智慧城市建设持续深入发展。

2．创新发展，惠及民生。着眼于促进经济发展方式转变和市民生活改善，大力推进技术、应用、管理及体制机制的创新发展，探索新模式，培育新业态，不断提高城市运行效率和公共服务水平，促进经济社会协调发展，使广大市民、企业切实感受到智慧城市建设带来的实惠和便捷。

3．突出重点，聚焦项目。围绕经济建设、城市运行、社会管理、公共服务重点领域，突出针对性、实效性、可操作性，聚焦公共性、基础性、创新示范性、业务协同性项目，强化阶段目标和建设进度，加快信息技术在城市发展各领域的深入应用。

4．市区联动，示范带动。市和区县两级政府统筹协调推进，支持区县先行先试，加快重点领域、重点区域、重点项目的示范建设，增强辐射和带动作用，促进设施完善、应用渗透和产业发展。

5．政府引导，企业主体。加强政府规划引导，强化政策法规、规范标准建设，完善市场监管，营造公平有序的市场环境。充分发挥市场配置资源的基础作用，坚持以需求为导向，以企业为主体，形成全社会广泛参与智慧城市建设的良好氛围。

（三）发展目标

到 2013 年年底，上海智慧城市建设基本形成基础设施能级跃升、示范带动效应突出、重点应用效能明显、关键技术取得突破、相关产业国际可比、信息安全总体可控的良好局面，为全面实现上海信息化整体水平继续保持国内领先、迈入国际先进行列的“十二五”规划目标奠定坚实基础。具体体现在：

——宽带城市、无线城市基本建成。光纤到户、无线宽带覆盖城镇化地区，实现百兆接入能力全覆盖，家庭平均接入带宽达到 20Mbps，构建起多层次、广覆盖、多热点的无线宽带网络，互联网国际和国内出口带宽分别达到 1Tbps 和 5Tbps，国家三网融合试点任务全面完成，提供随时随地按需接入的宽带服务，成为国内通信质量、网络带宽和综合服务最具竞争力的地区之一。

——信息感知和智能应用效能初步显现。人人拥有电子健康档案，重要食品安全信息实现可追溯，网格化管理基本覆盖全市域，动态交通出行信息多渠道获取，信息技术渗透企业生产经营管理全过程，信息化与工业化融合指数达到 80，电子商务年交易额达到 8500 亿元。基本形成公共服务个性化、城市管理精细化、政府服务便捷化、产业发展智能化的应用格局。

——新一代信息技术产业成为智慧城市发展的有力支撑。到 2013 年，信息产业总规模达到 1.28 万亿元，信息服务业增加值占全市生产总值比重达到 6.2%。在集成电路、通信和网络设备、云计算等领域接近世界先进水平；创新能力大幅提升，掌握一批关键核心技术，形成一批具有国际竞争力和创新活力的企业；把上海打造成为国内新一代信息技术创新引领区和产业集聚区，成为现代信息服务业发展高地。

——信息安全总体实现可信、可靠、可控。城市信息安全防护水平明显提升，网络空间治理、综合监管和应急处置能力明显增强，全民信息安全意识普遍提高，为建成国家信息安全服务高地奠定基础。

（四）任务概要

未来三年，围绕构建国际水平的信息基础设施体系，通过政府规划引导，推动相关企业重点实施宽带城市、无线城市、通信枢纽、三网融合、功能设施 5 个专项，落实完善规划体系、规范建设管理、强化机制建设 3 项重点任务，全面提升上海信息基础设施服务能级。围绕构建便捷高效的信息感知和智能应用体系，重点推进城市建设管理、城市运行安全、智能交通、社会事业与公共服务、电子政务、信息资源开发利用、促进“四个中心”建设、“两化”深度融合 8 个专项，促进城市运行管理水平、经济发展水平、公共服务水平和居民生活质量明显提升。围绕构建创新活跃的新一代信息技术产业体系，以企业为主体，重点实施云计算、物联网、TD-LTE、高端软件、集成电路、下一代网络（NGN）、车联网、信息服务 8 个专项，加强技术研发，推进示范应用，加快产业发展。围绕构建可信、可靠、可控的城市信息安全保障体系，组织实施信息安全基础建设、监管服务、产业支撑 3 个专项，落实信息安全综合监管、完善网络空间治理机制、提高全民信息安全意识 3 项重点任务，确保信息安全总体可控。

二、信息基础设施

充分发挥电信、广电运营企业主力军作用，按照规划引导、集约建设、资源共享、规范管理、满足需求、适度超前原则，以加快提升信息基础设施服务水平和普遍服务能力为主线，加大建设投入，着力增强信息网络综合承载能力、设施资源综合利用能力和信息通信集聚辐射能力。加强信息基础设施规划和建设管理，促进机制完善和模式创新，不断满足市民和企事业单位对改善通信质量和服务水平的要求。

（一）重点专项

重点专项一：宽带城市建设。

加快城市光纤宽带网和下一代广播电视网（NGB）建设，实现城镇化地区全覆盖，显著提升网络基础设施能级，建成全国规模最大的光纤宽带、NGB 城市网络，基本建成宽带城市。

——光纤宽带网。对新建住宅小区和楼宇按光纤到户标准进行建设，对已建住宅小区和楼宇加快光纤到户改造，光纤到户能力覆盖650万户以上家庭。扩容、优化城域网络，提高用户接入和业务承载能力。

——下一代广播电视网（NGB）。完成490万有线电视用户NGB网络改造，具备提供高清电视、高速数据接入和语音等三网融合业务的能力。完成郊区180万有线电视用户数字电视整体转换。

重点专项二：无线城市建设。

构建起多层次、广覆盖、多热点的全市无线宽带网络。无线局域网（WLAN）热点基本覆盖城市重要公共场所，第三代移动通信（3G）网络实现城乡全覆盖，时分同步码分多址长期演进技术（TD-LTE）率先在国内投入试商用，基本建成无线城市。

——无线局域网（WLAN）热点。大力推进全市公共场所、服务场所的WLAN建设，全市WLAN总量超过2.2万处（约13万个AP）。实现公共交通、行政办公、文化体育、公园绿地、旅游景点、宾馆酒店、教育卫生、商业金融等设施的重点场所覆盖率超过80%，接入能力达20Mbps，覆盖密度和质量国内领先。

——第三代移动通信（3G）网络。开展网络优化、技术升级和提高深度覆盖，增加宏基站和室内覆盖系统建设，完善三种制式的3G网络，提升无线宽带数据业务承载能力。基本实现全市1Mbps以上无线宽带覆盖，中心城区和郊区新城、中心镇3Mbps以上覆盖。

——TD-LTE规模技术试验网。完成国家TD-LTE规模技术试验网建设，力争在此基础上实现中心城区和部分郊区城镇的网络覆盖，率先在国内城市中开展TD-LTE试商用。

重点专项三：通信枢纽建设。

继续保持城域网出口容量国内最大，海光缆通信总容量占全国50%以上，进一步提高通信转接能力，增强服务全国及周边国家和地区的能力，积极创建亚太通信枢纽。

——海光缆系统。完成新亚太海光缆（APG）在本市的登陆建设并投入运行，推进跨太平洋直达（TPE）、亚太二号（APCN2）等已建海光缆扩容建设，力争在本市登陆的海光缆通信总容量达10Tbps。

——国际、国内互联网出口扩容和互联互通。加强国际、国内通信系统建设，大幅提高城市网络出口能力，互联网国际和国内出口带宽分别达到1Tbps和5Tbps；支持基础电信运营商通过各自在上海的国际通信节点实现与亚太地区主要电信运营商的网络直连，增强上海通信枢纽能力；鼓励基础电信运营商加强网间直联，增强与其他网络运营商的互联互通能力。

重点专项四：三网融合试点。

全面完成国家三网融合试点任务，在基础设施能级、试点业务规模、运营管理模式、应用服务水平和重点产业发展方面实现全国领先，广大市民充分享受三网融合的成果。

——管理平台。基本建成IPTV、手机电视等集成播控平台及网络信息安全技术管控平台、信息网络视听节目监管平台，完善相关业务功能，做好与国家有关平台的对接，加强与本市网络信息安全综合监测体系的衔接。

——试点业务。深化拓展IPTV、手机电视和基于有线电视网络的互联网接入等试点业务，推进基于有线电视网络的国内IP电话等试点业务开展，促进多屏互动、高清视频、互动娱乐、智能家居等融合业务应用，探索创新管理机制和商业模式。

——业务基地。加快中国电信视讯运营中心手机、电脑、电视等多屏互动平台建设，实现多终端设备交互应用。推进中国移动视频产品创新基地建设，发展手机视频新业务，开发客户端新产品，促进视频业务整合。推进中国联通手机应用商店运营基地建设，完善业务管理平台和开发多种应用功能，整合内容资源，拓展应用领域，发展新型业务运营模式。

重点专项五：功能设施建设。

建设国内领先、国际一流的功能服务型信息基础设施，在国内率先部署规模化商用云计算数据中心，部署运算速度居国际前列的超级计算主机系统，为大力拓展存储、灾备、高性能计算、高精度位置服务等网络增值业务做好基础支撑，满足服务本市及周边地区经济社会发展的需求。

——互联网数据中心（IDC）。多方参与、增大投入，整合资源、合理布局，注重节能环保和服务创新，实现集中式和规模化部署IDC，增强云计算、虚拟存储等高端业务服务能力，全市IDC总机架数力争突破2万架。

——超级计算中心四期。加强部市合作，推进技术和应用研究创新发展，参与研制并引进位居国际前列的超级计算主机系统，完成超级计算中心四期的规划选址，建设与之相适应的运营基地和附属设施，面向科技研发、经济建设和社会发展，不断提升应用服务能级，拓展应用服务领域。

——高精度位置服务平台。以上海GPS综合信息网为基础，完成多站点兼容北斗导航卫星、GPS卫星、GLONASS卫星的建设和改造，建成上海地区CROS（连续运行参考站系统）无线广播平台和高精度位置服务平台，开展多种位置服务应用。

（二）重点任务

构建本市信息基础设施业务发展与空间布局相结合的专业规划体系，做好与国民经济和社会发展规划、城乡建设规划的衔接。加强相关标准规范制定和贯彻落实，完善信息基础设施集约建设和资源开放利用管理。强化政府协调推进机制建设，发挥行业、民间机构作用，形成良好的城市信息基础设施发展环境。

重点任务一：完善规划体系。

落实本市公用移动通信基站站址布局专项规划，做好与市、区县两级控制性详细规划和其他专业规划的衔接；编制和实施本市信息基础设施布局专项规划、无线局域网（WLAN）热点布局规划及实施策略等各类专项规划；落实重要功能区、郊区新城镇的信息基础设施专业规划编制，推进专业规划的全市域覆盖，实现与相应层级城乡建设规划的有效对接。

重点任务二：规范建设管理。

修订和编制新建住宅建筑通信配套技术标准、既有住宅建筑改造技术规范等相关标准规范，探索和推进光纤到户建设中通信配套设施第三方专业维护；将信息基础设施意见征询、方案审核和项目验收等环节纳入本市建设工程行政审批管理程序，确保信息基础设施建设与其他市政设施同步规划、同步建设、同步验收和交付使用。

重点任务三：强化机制建设。

进一步发挥上海推进光纤到户建设、3G 建设、三网融合等工作联席会议机制作用，促进跨部门工作协调推进；探索建立本市通信质量、网络速度和服务的第三方监测和信息发布机制，完善本市互联网交换中心等第三方专业服务机构功能，发挥行业协会、产业联盟的作用。

三、信息感知和智能应用

以用户为中心，以需求为导向，发挥政府引导和带动作用，积极推进社会各方广泛参与，围绕重点领域提升服务水平，加快新兴技术应用，突出信息共享和深度挖掘，大力推进以信息感知、业务协同、系统集成为重点的智能应用，通过应用示范带动新技术、新业态、新模式的推广，使城市运行更安全、经济发展更协调、政府管理更高效、公共服务更完善、市民生活更便捷。

重点专项一：城市建设管理。

围绕城市建设管理中的重点和薄弱环节，利用先进、可靠、适用的信息技术和创新的管理理念，在城市设施维护、建设工程管理等方面，通过强化跨部门数据整合和业务协同，进一步提高城市建设管理的精细化、智能化水平。

——拓展网格化管理系统应用。管理范围拓展至闵行、宝山、嘉定、青浦、松江、奉贤、金山、崇明等郊区县的 600 平方公里城市化区域，完成拓展区域的部件数据调查入库、万米网格和责任网格划分、处置单位联网等工作；管理重心下移至街镇，实施街镇网格化管理拓展，加强城市管理与社区治安、教育、卫生、工商等其他社会管理联动。

——建设并完善专业网格化管理系统。建设水务管理专业网格系统，实现对防汛堤岸、排水设施等重点部位（件）及江河水污染防治、违法侵占堤岸等重点事件的网格化管理；完善市容绿化专业网格系统，实现对生活垃圾、市容保洁、户外广告、景观灯光等领域的管理拓展；完善市政专业网格化系统，逐步将越江设施、掘路管理等纳入网格化管理范围。

——完善建设市场管理信息平台。充分应用已有系统资源，建设本市建设市场管理信息平台，提供建设程序审批、工地现场监管、建设主体管理、建设市场信息服务等应用，实现项目全覆盖、管理全过程、部门全参与、服务全方位的管理目标，实现各管理部门之间的信息互通互用和共建共享。

——建设地下空间管理信息平台。建设地下空间信息基础平台，以中心城区为主要实施范围，完成包括地下综合管线和高架道路、地铁及部分其他地下构筑物的数据建设，开展地下综合管理、地下空间建设风险控制等示范应用；建设地下空间专业网格系统，重点开展对防空和民防设施的防火、防水、治安和非法经营等的网格化管理。

——开展“智能水网”试点应用。建设“智能苏州河”监控系统，整合利用苏州河水文资源、供排水、水利闸站设施等领域的控制传感器，加强与市容绿化、建设交通、地方海事等部门的信息共享，在苏州河水系全方位开展监测预报、事前预警、事中评价、事后评估的业务应用试点，实现水安全智能指挥、水资源智能调度和水环境智能监控；规划建设“智能水网”感知系统，提高雨量、河网水质、水源地和省市边界水量水质、地下水监控等涉水要素的测报能力。

——搞好智能电网示范应用。着眼于解决城市电力峰谷差距大、新能源电力入网难等问题，推进用电信息采集系统、智能电表、电动汽车充电设施、智能变电站等基础设施建设，启动和建设杨浦新江湾城、崇明陈家镇、虹桥枢纽商务区、奉贤南桥新城、临港新城等智能电网示范应用基地，打造智能电网示范城市。

重点专项二：城市运行安全。

围绕城市运行的关键领域，以信息共享和业务协同为基础，逐步实现管理各环节的无缝衔接，减少重复检查和管理漏洞，提升政府监管水平和服务能力。

——食品安全监管和信息服务平台。以肉类、乳制品等为重点领域，深化农业、商务、工商、质监、卫生、食品药品监管等部门涉及食品安全的信息系统建设，进一步提升各部门的食品安全监管水平；整合和集成各部门涉及食品企业监管、食品安全追溯、食品检验和食品风险监测等信息，建设综合的食品安全监管和信息服务平台，实现食品监管信息的充分共享，为各部门无缝监管和辅助决策提供数据支撑，并利用各类贴近公众需求的发布形式和发布终端统一发布食品安全信息，实现食品信息充分共享、惠及公众。

——安全生产综合管理信息系统（二期）。基于一期建设成果，建立多部门协同的安全生产隐患管理共享与应用系统、危化品安全生产诚信系统，以及由专家处置案例、危化品安全特性（MSDS）、应急响应物资构成的应急救援管理系统，构建及时、准确、智慧的安全生产综合监管信息化体系。

——智能化消防数字平台。依托消防专业数据采集终端，实现消防水源分布和应用、重点目标监管等信息的动态采集；应用物联网技术实时掌握消防装备、消防车辆、应急救援设备等灭火救援力量的分布、状态和数量信息，实现全市范围内灭火救援力量的调度；实现与全市重点单位消防监控中心联网，共享消防水泵、水压、探测报警器、防火门、防排烟等消防设施状态、重点部位图像和灭火救援预案等信息，为全市防灾和救灾提供基础信息数据支撑，并提高重点单位自动预警能力。

——多灾种早期预警系统。建设具备多灾种早发现监测、灾害预报预警、预警信息发布等功能的多灾种早期预警系统，做到实时监测、准确预报、及时预警，提高对重大气象灾害及其衍生的突发公共安全事件的应急处置能力。

——安防视频资源共享系统。制定社区视频联网共享方案，推进社区、单位视频资源接入，逐步完善社会治安重点目标、重点场所和道路的视频探头覆盖，依托公安视频系统建设安防视频资源共享平台，推进治安防控视频资源在政府部门间共享，全面提升城市视频资源的整体使用效益。

重点专项三：智能交通。

加强交通各行业间信息共享和交换，提高交通信息化对综合交通组织、运行、管理的支撑作用，建立以道路交通为基础、公共交通为核心、对外交通为外延的智能交通框架体系，为公众、交通运输企业和政府部门提供综合交通信息服务。

——道路交通综合信息应用服务平台。完善现有道路交通综合信息服务平台，实现与闵行、虹桥枢纽等区域交通综合信息平台的互联互通，建设完善交通状态指数参数采集发布系统，通过互联网、广播电视、移动通信等多种渠道，为公众提供道路通行状况等动态交通信息服务。

——公共交通信息服务系统。实时采集轨道交通全网各类运行动态信息和客流数据，提升地面公交动态客流信息采集能力，逐步实现轨道交通与地面公交换乘信息发布；完善公交企业营运调度系统，试点推进公交站点车辆信息预报发布服务系统，提升公交车辆运营效率；完善公共停车场（库）和道路停车的信息采集，完善停车诱导系统和停车换乘（P＋R）信息系统，推进道路停车电子收费和预约停车服务。

——交通管理综合应用系统。整合交通管理各业务系统和静态、动态等交通数据，深入挖掘数据在交通管理决策中的应用；拓展交通指挥调度、事故应急处理系统功能，提高交通指挥协调能力和交通智能诱导能力，提升交通管理水平。

——高速公路不停车收费系统。扩大高速公路不停车收费系统（ETC）的覆盖面，完成所有收费匝口ETC车道部署，实现主线收费匝口ETC车道三进三出的规模，提高收费道口通行能力。

重点专项四：社会事业与公共服务。

以市民需求为导向，在教育、卫生、社区生活服务等公众关注度高的民生领域，推进广覆盖、易使用的社会事业与公共服务信息化，让市民享受到信息化带来的个性化服务。

——基于市民电子健康档案的卫生信息化工程。以政务外网为依托，建设覆盖全市各级各类公立医疗卫生机构的健康信息网络，连通医疗服务与公共卫生服务的相关信息系统；按照卫生部健康档案基本架构和数据标准，通过市、区县两级数据共享和交换平台，遵循自动建档、自动更新原则，为每位市民建立涵盖个人基本信息和主要卫生服务记录的电子健康档案；建立辅助决策和协同医疗服务系统，减少重复用药和检验检查，支撑用药智能提醒，开展影像会诊、远程医疗咨询等医疗服务，提升医疗服务效率和服务质量，为制定医疗卫生发展政策提供辅助决策；建设市民健康服务门户网站，及时发布与市民相关的卫生医疗信息，为市民提供在线健康咨询、健康知识宣教、个人健康档案和检验检查报告网上查询、医疗服务资源网上查询和预约的“一站式”服务。

——数字教育工程。以上海教育资源库为依托，优化教育系统网络基础设施，完善和推广上海教育系统跨校认证与应用，构建覆盖不同教育类型的优质教育资源库，推进优质教育资源校际共享及向社会开放；采用“数字课程资源＋移动学习终端＋教育服务平台”的模式，开展数字化教学试点，促进课程、教学和学生学习方式改革，实现学生自主便捷、高效和个性化学习；以“上海学习网”为依托，为市民提供在线学习、终身学习档案建立等服务，探索建立各类成人教育课程学分和学习成果相互认定、转换的机制及学分银行系统。

——社区生活服务信息化平台。以街道为主体，以社区为单位，建设统一的社区生活服务资源库，探索建立完善的社区生活服务配送系统，建设以老年人、残障人士等群体为重点服务对象的社区生活服务信息化平台，逐步提供就餐、家政、维修等日常生活服务项目。

——电子账单服务平台。进一步推进水、电、燃气和通信等公用事业账单电子化，依托“市民信箱”和“付费通”

平台，构建全市公用事业电子账单服务平台，通过互联网、数字电视、移动终端等多种渠道，为市民提供公用事业账单查询、管理和缴费的“一站式”服务，鼓励市民使用电子账单替代纸质账单。

——市民问诊式虚拟气象台。拓展建设基于高楼、草地、路面、水面等不同环境的城市综合气象体征信息采集网，加强气象信息资源的开放度、共享度，通过互联网、广播电视、移动终端等多种渠道，为市民提供出行、健康、防灾、居家生活等多样化、个性化、互动式的气象信息服务。

重点专项五：电子政务。

以方便公众办事、缩小数字差距、提高党的执政能力和政府行政效率为出发点，加强党政机关间的信息共享，促进业务协同办理，优化服务方式和渠道，进一步提高公共服务的便捷性。

——建设和完善网上党建服务平台。满足党务公开、舆论引导、政策解读、宣传教育等公众信息服务需求；提供视频接待、网上信访、群众建议征集等互动应用；开展在线学习培训、网上组织生活、党内监督、宣传统战等应用；对基层党组织党建工作进行服务和指导。

——人才综合管理服务平台。依据《上海市中长期人才发展规划纲要(2010 ~ 2020 年)》，完善整合上海人才发展环境综合服务门户、重大人才工程管理平台及人才发展管理监控平台，采用网络化的人才信息申报管理模式，积累人才信息库，提供对各类人才发展指标的分析和比对，为社会人才发展和领导决策服务。

——电子文件管理工作平台。建设电子文件管理工作平台，收集整理党委、政府及其职能部门在电子政务平台上形成的各类电子文件，建立一个相对稳定、覆盖面广的文件资料收集网络和运行机制，确保各单位电子文件实现随时形成、随时收集、随时利用。

——网上行政审批服务平台。以透明公开、提高效率、全程监管为总体目标，围绕行政审批事项，推进涵盖市、区县两级的企业注册登记、企业投资建设工程、规划土地审批、电子监察等系统建设运行，规范政府网上审批和服务；建立网上行政服务中心，实现行政审批数据共享、协同办理、绩效管理，并联审批事项网上办理覆盖率达到 100%。

——第二代社会保障卡。依据国家有关社会保障卡的规范和标准，建设技术更先进、功能更全面、基于国产加密算法的第二代社会保障卡系统，将社会保障卡和居住证作为前端载体，实有人口数据库和数据交换平台作为后台支撑，承载相关职能部门的持卡办理事务，为市民提供信息记录、电子凭证、信息查询、身份认证等便捷的公共服务。

——政府网站无障碍改造。依据网站无障碍改造设计规范，推进全市政府网站无障碍改造，力争 50% 政府网站的无障碍水平达到《信息无障碍身体机能差异人群网站设计无障碍技术要求》一级标准，提升视力障碍群体访问政府网站的便捷性。

——市民服务综合热线。逐步整合政府各部门对外服务热线，建设涵盖咨询、投诉、办事等各类功能的统一的市民服务综合热线，形成业务受理、跟踪督办、处理反馈、市民回访的全过程“闭环”管理机制，初步形成非紧急类事务“一号式”热线服务体系。

——农村集体“三资”监管平台。在全市实行农村会计电算化的基础上，依托为农综合信息服务“千村通工程”，建设农村集体“三资”(资金、资产、资源）监管平台，实现集体“三资”管理及运行情况的实时查询、实时分析、实时监管，确保农村集体“三资”保值增值，维护农村集体经济组织和成员的合法权益。

——社区事务综合服务平台。完善社区事务受理、协同办理系统，提供社区事务在线咨询、自助服务、办事进度查询等服务，实现各部门社区事务前台一口受理、后台协同办理，推进服务模式从“一门式”向“一口式”转变；试点并加快推广社区事务“区内通办”，提升社区事务受理的便捷性和透明度。

——法人网上统一身份认证系统。充分利用、整合现有法人数字证书，建设法人网上身份统一认证系统，实现法人数字证书统一管理、一证多用、电子印章加载等功能，进一步完善证书服务渠道和收费模式等机制，为各类法人在不同政府部门、不同业务系统在线办理各类事项提供统一的身份认证服务，为全市各类政府网上办事平台提供信息安全支撑和信任服务保障。

重点专项六：信息资源开发利用。

以信息资源集约采集、充分共享、有序开发为目标，大力推进政务信息资源共享应用，不断完善集中与分布相结合的信息资源体系，促进重点领域基于信息共享的业务协同，探索政务信息资源社会化利用的方式和机制，提高信息资源开发利用水平。

——法人信息共享和应用系统（二期)。基于法人信息共享和应用平台，拓展覆盖所有登记类、资质类、监管类的法人信息，形成多角度、全方位反映各类法人综合信息的数据库，积极推进基于法人信息的食品安全监管、建筑市场整顿、安全生产监管、企业诚信建设、企业投资分析等重点领域的业务应用，实现法人信息的区县共享，逐步向社会提供法人基础信息查询服务。

——空间地理信息共享应用。建设空间地理信息公共服务平台，为政府、企事业单位和公众提供信息浏览、查询检索、信息加载、系统搭建等“一站式”地理信息综合服务；搭建基于统一空间地理参照系的城市空间地理信息共享交换平台，逐步实现全市相关行业空间地理信息的共享和交换。

——信息资源目录体系。按照试点先行、标准配套原则，以市场需求为导向，以应急、交通、工程建设、食品安全监管等领域为重点，开展政务信息资源分类、编目、注册和共享，加快推进政务信息资源目录服务平台和政务信息资源目录标准体系建设，逐步形成集中与分布相结合的政务信息资源体系，促进公共信息资源社会化利用和信息服务业发展。

——中小企业信用服务平台。依托信用服务机构，利用各政府部门、各行业协会、各园区、各电子商务交易平台及各市场主体等在互联网公开的企业信用信息，建设以中小企业信用信息搜索查询为特征的互联网搜索平台，向社会提供便捷的中小企业信用信息查询检索、比对评价等服务。

重点专项七：促进“四个中心”建设。

依托部市合作机制，整合和深度挖掘各方优势资源，打造航运、贸易公共信息平台，促进电子商务与传统产业发展有机结合，拓展电子商务应用，促进“四个中心”建设。

——建设上海国际航运中心门户网站。依托电子口岸平台，整合和链接相关航运服务和管理信息，建设集航运政策发布、监管查询、物流服务、航运咨询、航运交易等于一体的上海国际航运中心门户网站，实现航运信息的权威发布、有效聚焦和增值服务。

——深化电子口岸建设。加快拓展“一单两报”系统试点受益面，不断扩大“全国海关税费电子支付系统”应用覆盖范围，逐步推进检验检疫业务的电子一体化监管，完成中国海事数据备份中心上海基地建设。

——建设中国（上海）国际贸易中心平台。整合国内外贸易及信息服务领域的优势资源，构建贸易信息综合门户，提供以商务资讯、贸易指南、海外市场、招商引资、消费流通、商务服务为主的综合性商务信息服务，并通过建立数据仓库及数据分析体系，满足社会各界对于商务领域信息的个性化需求，实现贸易全环节信息服务功能。

——建设全球贸易投资运行监控预警系统。全面整合上海WTO事务咨询中心已建贸易救济措施监控预警、贸易政策效应分析、贸易运行监控预警等平台，建设全球贸易投资运行监控预警系统，为政府、企业、社会提供各类贸易、投资信息和监控预警服务。

——创建国家电子商务示范城市。推动电子商务在制造、金融、航运、商贸、会展、文化、旅游、农业等重点领域的应用；促进大型企业整合资源，支持面向区域、行业、中小企业的第三方电子商务服务平台发展；促进餐饮、旅游、娱乐、购物等面向消费者的电子商务发展；拓展基于3G、4G、物联网等新技术的移动电子商务应用领域，发展数字电视商务；实施电子商务示范工程，培育50家左右电子商务示范企业和10个左右电子商务产业集聚区；力争2013年全市电子商务年交易额比“十一五”期末翻一番。

——建设浦东国家电子商务综合创新实践区。加快新一代移动通信、物联网、云计算等新技术在电子商务领域的应用推广，创新电子商务服务模式；探索电子支付、物流、信用服务、安全认证等支撑体系建设和电子交易的集成创新；大力推进电子商务产业集聚区建设。

——开展电子商务“双推”工程。结合中小企业需求，聚焦本市重点产业发展领域，遴选一批有影响、有潜力、符合产业发展导向的第三方电子商务平台企业，按照政府财力贴一点、平台企业让一点、中小企业出一点的原则，推动电子商务平台企业创新发展、做大做强，推动中小企业通过第三方平台开展电子商务应用。

——深化推进第三方电子支付。深化银行卡产业发展，做精做深银行卡受理和发卡市场，发展银行IC卡；鼓励多种形式电子支付工具的运用，推动手机支付、网络支付、数字电视支付等新型支付渠道的完善；按照便捷、安全、规范的要求促进第三方电子支付发展，支持更多有条件的非金融支付服务机构取得支付许可；促进电子支付在公共事业、票务、互动娱乐、网络视听、供应链管理、金融服务等领域的应用，加快支付服务业发展。

重点专项八：“两化”深度融合。

推进国家级“两化”融合试验区建设，着眼传统产业转型升级和战略性新兴产业发展，深化产业链信息化应用协同，带动行业信息化能力整体提升；加大第三方信息化平台建设和应用，带动中小企业信息化效能整体提升；加快“数字园区”建设，带动园区内企业信息化水平整体提升。

——产品智能化提升工程。加快嵌入式系统芯片、电子标签、可编程控制器、工业计算机等信息技术在工业产品生产和使用中的应用，提升大型客机和发动机、核电风电装备、新能源汽车、海洋工程装备等战略性新兴产业重要产品，以及数控机床等生产母机和重大成套装备的智能化程度；提高精品钢材、复合材料、石化衍生品等新材料，以及家电、服装、食品等主要消费品的产品附加值。

——数字化工厂示范工程。以骨干制造型企业为重点，推进虚拟仿真、数字模型等关键研发技术应用，推广数字化、自动化、网络化生产控制系统和装备，支持企业在研产供销、经营管理与生产控制、业务与财务流程无缝衔接等领域建设跨平台、跨地域的信息化系统。

——促进产业链协同发展。深化骨干企业基于信息共享、系统集成和业务协同的信息化应用。促进航空、汽车、装备等行业在研发、工艺、制造、服务等环节有效协作；促进钢铁、石化等行业安全有序生产和资源循环利用；促进研发设计、检验检测、总集成总承包和供应链管理服务从制造业中剥离，实现生产性服务业与制造业互动发展。

——产业信息化服务平台。支持行业协会、科研机构等集成各类信息资源，在云计算、中试环境、工业设计、物流、认证检测、能源监测等领域建设面向中小企业的第三方公共服务平台；鼓励大型企业自营信息化平台剥离后发展面向行业的专业性信息化应用服务；依托高校、科研机构和企业，建设产业信息化领域产学研用联动合作平台。

——"数字园区"。以国家新型工业化产业示范基地为重点，建设一批高标准、高水平、高服务能力的"数字园区"。促进产业园区信息基础设施、管理系统和服务平台的标准化、规范化；鼓励云计算、物联网等新兴信息技术在园区管理、企业服务、产业转型、绿色生产等方面的示范应用；支持园区内企业打造"数字工厂（企业）"。

四、新一代信息技术产业

贯彻落实国家发展战略性新兴产业的总体部署，坚持市场先导与政府引导相结合，以企业为主体，以自主创新、产业链集群发展为主线，积极探索新模式和新应用，实现信息产业的可持续发展，保持国内领先水平；在云计算、物联网等新一代信息技术产业领域，对接国家重大专项，推进产学研用协同创新；优化产业发展环境，提升新一代信息技术产业对经济社会发展的渗透作用，带动传统产业转型升级，为智慧城市建设提供技术支撑和产业保障。

重大专项一：云计算。

以自主发展、应用示范为重点，以建设国家云计算试点城市为契机，继续实施"云海计划"，突破自主可控云计算技术，集聚国内外大型互联网企业，在金融、健康、文化等领域，探索建立云计算商业模式，打造亚太云计算中心。

——关键技术研发。在云计算服务器、安全云操作系统、云计算资源管理平台、服务器虚拟化、桌面虚拟化等关键技术领域实现突破，形成具有竞争力的云计算关键技术服务和整体解决方案。

——应用示范推进。以市场化为导向，重点建设："金融云"，支撑金融核心交易、在线支付、银行卡管理等业务；"中小企业服务云"，突出行业性、区域性，为张江园区 IT 企业和中小物流企业提供服务；"健康云"，基于云计算技术构建安全的临检质控、医院管理信息系统；"文化云"，面向互动娱乐、网络视听、网络文学提供服务；"社区服务云"，在杨浦新江湾城试点面向智能家居、娱乐休闲和社区服务的云服务体系，实践"云中生活"；"电子政务云"，整合相关部门资源，运用云计算架构，选择青浦、闸北等区域开展"电子政务云"试点，逐步构建市级"电子政务云"服务平台。

——支撑环境建设。发挥"云海创投基金"作用，加快产业创新；推动云计算企业向闸北云计算产业基地和杨浦创新基地集聚；建设云海创业大厦，高起点规划建设面向全国的云计算展示和体验中心；依托云海产业联盟，加强云计算产业链上下游企业间的信息沟通和业务合作；研究制定云计算相关技术标准和规范；建立产学研用合作联合实验室；依托产业促进机构，开展云计算专业人才培养。

重点专项二：物联网。

坚持高端发展、差别发展、创新发展、协同发展，发挥和提升现有通信和广播电视网络支撑作用，突破关键核心技术，实施应用示范工程，创新商业发展模式，推进物联网产品制造与信息服务业协同发展，带动形成物联网应用市场和相关产业链，提升上海在国内物联网产业的引领地位。

——关键技术研发。实施国家科技重大专项和物联网发展专项，支持本市企业积极承担物联网（传感网）相关任务。深化实施本市高新技术产业化物联网专项，重点支持先进传感器、网关芯片及产品、短距离无线通信芯片及模块、核心控制设备等的研制，提升企业自主创新能力。

——应用示范推进。争取成为国家物联网应用和产业化试点城市。以物联网技术为支撑，加快推进楼宇节能、社区智能安保、医疗废弃物监控、服装行业应用、机场电子围栏（二期）、数字医疗、精准控制农业、危化品管理、食品药品安全监管、智能水网、智能电网、灾害预警、智能交通、电子口岸等应用示范工程建设。

——产业发展环境建设。建设短距离无线通信关键技术测试、无线通信节点及低功耗共性技术开发、微机电系统（MEMS）集成制造技术等平台，提供物联网共性技术研发和产业化服务。以核心技术研发、应用示范和产业集聚为重点，加快产业基地建设。建设嘉定"上海物联网中心"，重点推进核心技术研发和高端产业集聚；建设浦东等区县的物联网产业基地，重点推进产品生产和后台运营支撑服务；建设杨浦等区县的物联网应用示范基地，重点推进应用示范和人才培训。

重点专项三：TD-LTE。

坚持技术先导、应用驱动、开放合作、融合发展原则；推进"国家 TD-LTE 规模技术试验网试点城市"建设；实现关键技术的重大突破，发挥和提升上海在 TD-SCDMA 产业链的集群优势，培育形成完整产业链；探索形成 TD-LTE 业务创新机制，努力将上海建成全国 TD-LTE 的研发及业务创新中心。

——关键技术研发。实施国家科技重大专项，支持本市企业积极承担 TD-LTE 相关任务；组织实施本市高新技术产业化 TD-LTE 专项，加快突破核心技术，重点支持 TD-LTE 多模融合芯片及终端、系统设备、无线终端测试仪器、网络监测及优化平台研发；推进时分双工（TDD）与频分双工（FDD）、TD-LTE 与无线局域网（WLAN）等技术融合产品的研发及产业化。

——应用示范推进。发挥和提升上海世博会全球首个TD-LTE演示网的示范效应，重点支持TD-LTE在移动互联网、云计算、物联网等领域发挥支撑作用；在高端金融商务区、航运集聚区、高科技园区、政务区、校园、医院等重点区域率先应用。加快实施TD-LTE远程医疗诊断平台、救护车、消防紧急救助、无线视频监控、移动多媒体信息互动等应用示范工程。

——加速产业链形成。以建设国家TD-LTE规模技术试验试点城市为契机，加深产业链上下游协同合作，加速研发及商用化进度，形成上海在国内TD-LTE关键领域的领先优势，积极突破海外市场。

——产业发展环境建设。以创新、开放、合作、示范原则，建设张江TD-LTE业务验证平台，开发、验证、演示和推广TD-LTE端到端解决方案，为本市TD-LTE应用示范提供支撑；积极推进TD-LTE产业联盟建设，强化运营商与产业链相关企业的交流和合作机制。

重点专项四：高端软件。

坚持市场导向，重点发展基础软件、工业软件和大型行业应用软件，构建面向重点产业领域的公共服务平台，打造一批行业应用软件解决方案商和产业集聚区，促进智能终端发展，形成具有一定国际竞争力的解决方案和服务体系。到2013年，上海软件产业实现经营收入超过2100亿元。

——基础软件。围绕国家科技重大专项，提升国产操作系统、数据库、中间件和办公软件的技术水平，形成国产基础软件一体化解决方案。培育150家基础软件应用试点企业，在卫生、教育、社区、电子政务、人口信息、能源管理等领域，形成15个以上基于国产基础软件的示范项目，使国产基础软件产品在应用中走向成熟。

——工业软件。重点支持轨道交通领域运行控制、综合监控系统；智能电网领域高级计量体系和需求侧管理系统；数控领域装备专用智能化控制系统；仪器仪表领域基于现场总线技术的智能化仪表；石化领域实时在线质量监管、危险化学品安全监控管理系统；航空领域数字化协同设计制造、数字化试验仿真、客户服务应用系统；船舶领域智能化、异地并行协同精益数字造船与绿色造船。建设行业性仿真测试验证、能源管理服务平台、嵌入式软件研制平台。实现设计研发协同化、制造装备智能化、生产过程自动化、监测管理可视化、测试验证标准化。

——大型行业应用软件。按照网络化、智能化、服务化、可信化软件发展趋势，重点支持分行业ERP、客户关系管理系统；电子政务领域协同电子政务平台、应急指挥系统；卫生领域市民电子健康档案管理系统、面向社区无线智能医疗服务系统；金融领域网络支付系统、网上银行、网上证券、网上保险、网上基金业务系统、金融数据挖掘系统；航运领域综合航运管理系统和公共信息服务平台；交通领域实时路况信息采集、发布和管理；商贸领域商品综合资讯、市场交易、跨行业物流跟踪系统；电信领域通信运营系统解决方案、计费系统。形成20家左右市场占有率高、国内技术领先的行业应用软件解决方案。

重点专项五：集成电路。

坚持两翼齐飞、协同发展原则，以设计和制造为自主发展重点，加大投入力度；积极鼓励外资（包括台资）投资封装业，建立与本市集成电路产业链相适应、互动发展的封装产业；支持集成电路设备和材料业发展，在产业化、商品化方面形成突破。到2013年，本市集成电路产业总规模达到850亿元；设计业依然保持国内领先水平，逐步赶上国际先进水平。

——关键技术研发。继续推动芯片设计和整机联动，大力发展片上系统（SoC）技术，鼓励优势企业达到45～32纳米国际主流水平，重点支持移动通信芯片、数字电视芯片、平板显示相关芯片等优势领域形成系列产品，着力推动汽车电子芯片、高端智能电表芯片等战略性新兴领域的核心部件突破和发展。

——产业能级提升。以“909”工程升级改造项目为抓手，加快12英寸生产线建设，推动制造工艺提升到45～32纳米国际主流水平；重点拓展汽车电子、绝缘栅双极型晶体管（IGBT）工艺等特色代工服务，建立支撑国内设计业发展的工艺体系，为国内设计业发展服务。

——装备材料突破。紧紧抓住国家科技重大专项实施契机，在12英寸介质刻蚀机、硅片清洗机、SOI、抛光液等设备和材料产业化基础上，形成更多点上突破。重点攻克封装用光刻机、硅通孔刻蚀机、无应力抛光机等重大集成电路装备技术和产业化，并在高纯度原材料上形成突破。

——产品结构调整。着力调整芯片产品封装结构，提升球栅阵列封装（BGA）、多芯片组装（MCM）等先进封装的产能比重，加强对硅通孔三维（TSV3D）封装、硅基液晶（LCOS）等新型显示封装技术的研发。

重点专项六：下一代网络（NGN）。

对接国家下一代网络规划，坚持应用引领、统筹协同、自主创新、安全可控原则，加强自主创新，开展政府和电信运营商的先行示范，促进产业链上下游整体向下一代网络演进。构建涵盖系统设备、终端、业务平台和内容等关键环节，核心技术自主可控、具备国际竞争力的下一代网络产业链。

——关键技术研发。积极推动支持IPv6规范的G比特无源光网络（GPON）和以太网无源光网络（EPON）的光线路终端（OLT）、光网络单元（ONU）等产品的研发和产业化；重点支持基于分布式多核技术的 IPv6 高端路由器、电信级以太网交换机、基于万兆高性能的 IPv4/IPv6 下一代互联网关等关键产品的研发和产业化；推动固定、移动融合的多媒体子系统（IMS）设备的产业化。

——规模部署和应用示范推进。依托电信、广电运营商，在宽带城市、无线城市等信息基础设施建设过程中，加快推进光网络规模部署和 IPv6 特色应用试验，积极探索地方政府在网络设备采购、政府网站部署等方面的支持策略；通过应用示范，以产品、网络、信息内容和服务为整体加以推进，带动相关电子信息产品制造和信息服务业协同发展。

重点专项七：车联网。

坚持应用示范、核心突破原则，依托本市电子信息产业优势，加快核心技术突破，培育完善的车联网产业链，建立开放式应用服务平台构架；推进应用示范工程建设，加快技术标准和应用规范的制定。

——关键技术研发。重点包括开发整车网络体系构架和功能强大的网络软件工具及客户化的嵌入式软件模块，基于控制器局部网（CAN）总线的应用开发，网关集成控制模块及车载信息服务（Telematics）通信显示控制模块等，使汽车电子向网络化、智能化应用深入发展。

——核心领域突破。重点包括总线收发器及系统芯片、无线收发芯片、汽车级电子标签（RFID）、氧传感器、雷达传感器、车道偏离传感器等，推动形成集成无线通信、车身网络远程接入服务、车载信息服务平台软件中间件在内的车载信息服务系统综合解决方案，建立车联网与车载信息服务测试验证服务体系。

——关键产品研发及产业化。重点包括 3G、TD-LTE、4G 通信、车际短距离通信、在线整车故障诊断技术、智能导航等相关应用和产品，形成产业链，产生规模效益。在上海形成 1 ～ 2 个以网络运营、技术服务、应用服务、内容服务及用户构成的国内领先并具有国际影响力及有效商业模式的服务品牌。

重点专项八：信息服务。

以发展高端、培育新兴、集聚总部为重点，以优化产业发展环境为抓手，实施信息服务业优先发展战略，继续保持国内领先水平，在网络游戏、网络文学等领域具备国际竞争力，成为国内信息服务业高地。

——网络互动娱乐。支持原创民族网络游戏产品出口，显著提高行业自主创新能力。以单机版游戏和基于新一代移动通信技术的网络游戏为重点，支持研发手机游戏。支持社交网络（SNS）平台开放和商业模式创新。鼓励研发原创动漫产品，提升动漫产业的品牌价值，支持衍生产品的深度开发。

——网络视听。促进视频分享、视频直播（点播）及视频门户等业态共同发展，鼓励网络视听商业模式创新。支持研发基于新一代移动通信技术、下一代广播电视网（NGB）等新传输方式的网络视听内容和原创网络视听内容。

——数字出版。推动电子书产业链各环节对接，实现全产业链发展；建设开放性的综合数字内容平台，整合各类内容资源；鼓励各类阅读终端的整体解决方案研发和品牌建设；探索电子书在教育等领域的试点应用；加快沪版图书、报纸、期刊等内容数字化和平台服务化进程，实现内容的充分共享和利用最大化。

——专业资讯。进一步加强金融专业数据库建设，推进各类经济信息终端的研发和产业化，建立我国金融资讯信息服务平台和全球金融信息服务市场。支持金融资讯服务企业加强产品创新，拓展服务领域，培育具有国际竞争力的金融资讯信息服务机构。培育一批基于航运业务信息衍生的专业信息服务企业，促进港口、航运、物流、监管等信息的开发共享和社会应用。建立并完善商贸信息化应用公共服务和保障体系建设，重点加强基于大宗商品资讯发布、一站式供应链管理平台、贸易领域法律信息服务的专业服务。

——生活资讯。发展面向餐饮、休闲娱乐、购物、旅游等日常消费的生活资讯业，重点建设生活资讯信息平台、生活消费指南平台、资讯传递和商业营销服务平台，加强旅游信息资源开发和资讯服务。

——配套环境建设。建设紫竹国家网络视听产业基地、张江国家数字出版产业基地、智慧岛数据产业园、数字互动娱乐产业园区等专业基地。搭建网络游戏、网络视听、版权交易等专业技术支撑平台。制定网络游戏、电子书、电子课本等相关行业标准。加强网络侵权盗版专项治理，着力解决网络领域的侵权盗版问题。

五、信息安全保障

把信息安全摆在城市安全的突出位置，坚持积极防御、综合防范方针，以保障应用、促进发展、维护稳定为目标，着力夯实信息安全保障基础，切实加强信息安全前瞻性研究，主动应对信息安全新问题、新情况，努力构建健康安全网络环境，确保城市信息安全保障与智慧城市建设同步规划、同步推进、同步落实，确保城市信息安全总体可控。

（一）重点专项

重点专项一：基础建设。

加强信息安全测评认证、统一网络信任体系和应急基础平台等公共基础设施建设，完善基础网络信息安全支撑功能，切实提升城市信息安全的基础防护和应急处置能力。

——网络与信息安全应急基础平台。组建市网络与信息安全应急管理中心，依托国家和本市相关资源，统筹建设应急基础平台，基本建成城域网信息安全综合监测预警、应急指挥支撑和智能终端信息安全状态感知评价等系统，完善信息安全应急处置技术支撑设施，及时应对信息安全突发事件。

——信息安全测评认证平台（三期）。建设无线网络、云计算、物联网等新兴技术安全检测系统、智能卡和工业控制系统安全检测系统、商用密码产品检测系统和涉密信息系统深度检测试验环境等设施，切实提升信息安全综合检测能力。

——统一网络信任体系（二期）。建设无线网络环境下的电子认证系统及其应用接口，及时应对3G、TD-LTE等技术发展；建设电子政务外网电子认证系统和密钥管理设施，完善电子政务外网电子认证服务体系；建设可信数据保全系统、可信时间戳系统和电子认证系统公钥密码算法升级改造项目，提供可信数据保全、可信时间戳、电子签名举证、可信标识等新型信任服务。

——基础网络信息安全保障提升。升级分布式拒绝服务攻击（DDOS）防护平台，提升流量清洗能力，保障银行、证券、保险等重点行业信息安全；加固域名系统（DNS），强化容灾备份能力，保障域名系统（DNS）解析稳定、安全、可靠；完善不良信息拨测系统，建设手机防病毒系统，升级绿色上网服务和基于云计算的病毒查杀服务平台功能，净化网络环境。

重点专项二：监管服务。

实施互联网安全监察支持系统、网络安全专业监管支持系统、政务网络安全防护和灾难备份等项目，进一步提升本市监测互联网有害信息和打击网络犯罪的能力，强化电子政务系统安全保障。

——互联网安全监察支持系统。建设互联网安全监察数据中心和数据鉴定实验室，强化互联网数据中心（IDC）网站有害信息采集和审计，提高公安部门对本地互联网资源基础信息库的整合分析、证据保全和勘查取证能力。

——网络安全专业监管支持系统。建设相关的专业监管系统，加强网络涉密信息的监控和查处，有效监管电子政务网络和互联网密码使用。

——政务外网安全防护和灾备扩容。建设市级政务外网安全监管平台和安全接入防护系统，加强市、区县两级政府部门互联网接入的安全管理和防护，实现区县级政务外网互联网接入口归并到3个以内、市级政务外网互联网接入口归并到5个以内；提升电子政务灾备中心服务能力，实现50家市本级财政单位非涉密信息的灾难备份。

——政务内网安全防护和灾难备份。升级改造市级政务内网平台，改造完善网络和安全基础设施，建设灾难备份系统，加强政务内网的安全管理和防护。

重点专项三：产业支撑。

以国家级信息安全综合服务平台建设为抓手，深入推进信息安全基础研究、科技攻关和高新技术产业化，加快形成社会化的信息安全综合服务体系。

——技术研发。重点突破安全芯片、国产密码算法应用、网络安全综合监控、嵌入式控制系统安全等关键技术，启动支撑云计算、物联网等应用安全的基础研究和共性支撑设施论证，促进信息安全相关产学研用的深度融合。

——产业发展。推进系列安全自主密码智能卡芯片、通信网信息安全与综合管控平台、网站认证与防护等方向的高新技术产业化；建设面向信息安全专业企业的漏洞分析、密码验证等功能性公共服务平台，降低本地区信息安全产品的研发成本，促进信息安全产品和服务创新。

——服务提升。依托国家信息安全成果产业化（东部）基地建设信息安全综合服务“一站式”门户系统，提供在线安全监测、云安全存储、网站实名认证等服务，实现安全集成与监理、监测预警、风险评估、应急响应、安全培训等信息安全服务业集聚；实施国家信息安全服务指南应用示范项目，加强信息安全管理体系认证，规范涉及国计民生重要信息系统安全外包服务，建立信息安全服务评价体系，推动信息安全服务规范运行。

（二）重点任务

进一步优化信息安全监管体制，完善网络空间综合治理，强化专业人才培训和全民意识教育，着力营造文明和谐网络环境。

重点任务一：加强信息安全综合监管。

研究制定本市公共信息系统个人信息保护的相关规定，加强个人隐私保护；研究制定本市公共信息系统突发事件处置和大型活动信息安全保障等相关规定，加大网络与信息安全协调机构的统筹力度；深入落实涉及国计民生等重要信息系统的信息安全等级保护、分级保护、风险评估、安全测评、应急管理、综合检查等监管制度；研究建立针对移动互联网、云计算、物联网等新技术、新应用信息安全评估制度。

重点任务二：完善网络空间治理机制。

建立网络空间综合监测预警和态势研判机制，加强复杂网络环境下的信息安全战略研究；建立互联网有害信息集约采集和共享协作机制，提升工商、税务、质监、金融、出版等部门在互联网上的执法管理能力，督促电信运营企业和信息服务企业切实履行网络监测和信息审核义务；完成政府网站安全管理国家试点工作，实现本市500多家党政机关网站实名认证，推动互联网网站实名认证服务发展。

重点任务三：提高全民信息安全意识。

在涉及国计民生重要信息系统的运维人员、软件和信息服务企业的项目经理中推行信息安全师、注册信息安全专业人员（CISP）等专业资格认证和职业培训项目，完成1000

人次重要信息系统信息安全员的知识更新；定期开展信息安全活动周，组织信息安全技能竞赛，并通过讲座、展览和会议等形式提高全社会的信息安全意识；拓宽网络违法和不良信息的投诉和举报渠道，净化网络环境。

六、主要保障举措

（一）加大投入力度。建立智慧城市建设财政预算投入机制，加强本市相关专项资金向智慧城市建设项目聚焦，加大对前瞻性、公共性、示范性、协同型、创新型项目的支持力度，落实重点项目建设和运维资金保障；创新政府扶持资金支持方式，通过资本金注入、贷款贴息、服务外包补贴、融资担保等形式，吸引集聚民资、外资等社会资本参与智慧城市建设。

（二）优化市场机制。进一步发挥市场优化资源配置作用，吸引各类企业参与项目建设；完善多元投融资机制，拓宽融资渠道，积极吸引风险投资、私募基金；鼓励金融机构加强金融产品和业务创新，加大对企业参与重大信息基础设施和重点项目建设的信贷支持；探索实施职务科技成果股权激励机制，充分调动科技人才创新创业的积极性。

（三）着力科技创新。加大科技创新力度，着力突破感知信息网络融合、高宽带网络、智能分析决策等共性技术。加大对智慧城市建设相关人才的扶持力度，引进培育一批领军型、复合型、专业型人才，形成支持智慧城市建设的智力保障。推进云计算、物联网、通信与网络等领域相关技术、应用和管理标准的建立和实施。加强信息技术和产业领域的知识产权保护。

（四）强化试点示范。积极争取国家支持在相关领域先行先试。通过试点示范，形成带动引领效应；结合区域特色、领域特点和各自基础，组织开展智慧城市试点示范区（园区、街镇）建设，探索新型建设推广模式；聚焦云计算、物联网等新一代信息技术，加快应用示范点和产业化基地建设。

（五）完善政策法规。研究制定智慧城市新技术、新应用、新业态发展的相关政策，制定落实国务院进一步鼓励软件产业和集成电路产业发展若干政策的实施细则，着力突破集成电路保税、互联网服务等政策，加快软件和集成电路产业发展；推进信息化地方综合立法，按法定程序研究制定促进本市信息化发展的地方性法规；出台贯彻落实《上海市促进电子商务发展规定》的实施意见；积极创造智慧城市建设良好政策环境。

（六）营造良好氛围。深入开展宣传，积极推广智慧城市最新研究成果、产品和成功应用案例，扩大示范带动效应。加强智慧城市相关知识普及和应用培训。支持举办各类专业论坛、专业会展等活动，引导相关企业、社会团体、专家学者和广大市民参与智慧城市建设，形成全社会支持智慧城市建设的良好氛围。

（七）开展统计评估。研究建立完善的智慧城市建设统计制度和社会评估体系，依托专业机构，定期开展跟踪分析并发布评估信息。建立三年行动计划的协调落实推进机制和考核机制，并纳入相关部门和区县年度绩效考核体系。

（八）加强组织领导。发挥政府引导带动作用，形成推动智慧城市建设合力。成立市推进智慧城市建设领导小组，统筹全市智慧城市建设工作；领导小组下设办公室，负责日常协调推进工作。成立市智慧城市建设专家委员会，建立专家决策咨询机制。依托相关机构，建立市智慧城市建设促进中心。市各相关部门按照职责分工，负责相关领域任务的细化和落实。各区县建立相应的推进机制，按照全市部署，负责本区域智慧城市建设工作。

重点产业发展情况

2011年，电子信息产品制造业、汽车制造业、石油化工及精细化工制造业、精品钢材制造业、成套设备制造业、生物医药制造业等6个重点工业行业完成工业总产值21332.66亿元，比上年增长6.5%，占全市规模以上工业总产值的比重达到66.7%。

电子信息产品制造业。完成工业总产值7061.96亿元，增长3.2%。从主要子行业看，电子计算机制造业下降1.1%，其因产值占行业比重较大，故对行业影响较大；通信设备制造业增长较快，增长17%。909升级改造工程正式投产，映瑞LED项目开工建设，展讯TD-SCDMA芯片被三星旗舰智能机采用。

汽车制造业。完成工业总产值4080.06亿元，增长15.5%。该产业上半年增速快速回落，下半年平稳回升，利润持续快速增长，全年完成利润732亿元，增长25%。全市汽车行业产值增速快于产量增速2.7个百分点，主要是上汽集团积极调整产品结构，途观、英朗、途安和帕萨特等高单价车型快速增长，增速分别为81.7%、63.5%、48.6%和17.9%。上海通用新君越第二代中混轿车和上汽荣威750中混轿车10月份正式上市，驱动电机和动力电池分别获得美国、法国相关公司大的订单，实现出口。

成套设备制造业。完成工业总产值3826.16亿元，同比增长13.7%。该行业生产增速逐月回落，利润有所下降。从主要子行业生产看，环保与社会公共安全专用设备、集装箱制造、发电机及发电机组制造、矿金矿山等专用设备、起重机运输设备等保持较快增长，产值分别增长51.2%、22.9%、21.8%、19.1%和14.6%。

生物医药制造业。完成工业总产值634.45亿元，增长6.1%。一批重大生物医药产业项目开工建设，国药奉贤基地、中信国健浦东基地、联影嘉定基地等5个投资超10亿元的重大项目开工，有力促进了生物产业发展。

石油化工及精细化工制造业。完成工业总产值3917.26亿元，增长1.9%。前三季度生产增速下滑，四季度出现恢复性增长，利润大幅下降。原油价格受中东地区动荡的影响保持坚挺，大部分化工产品受世界经济低迷的影响出现下降，如乙烯、TDI、MDI等产品价格下降，企业效益下滑趋势加剧。

精品钢材制造业。完成工业总产值1812.78亿元，下降3.9%。受汽车市场增长放缓影响，特别是3月日本地震导致日系车大幅减产的影响，该行业连续10个月下降。钢材价格同比上涨，但受市场因素影响，环比下降，铁矿石和焦炭价格高位运行，企业利润空间受到挤压。

2011年6个重点发展工业行业总产值

	产值（亿元）	增速（%）
6个重点发展行业工业总产值	21332.66	6.5
# 电子信息产品制造业	7061.96	3.2
汽车制造业	4080.06	15.5
石油化工及精细化工制造业	3917.26	1.9
精品钢材制造业	1812.78	−3.9
成套设备制造业	3826.16	13.7
生物医药制造业	634.45	6.1

（刘 平）

国家新型工业化产业示范基地建设情况

在国家重视和上海市政策支持下，2009年以来，上海市已有9个基地获批创建“国家新型工业化产业示范基地”。上海通过推进创建工作，承接国家战略、发展新兴产业、推进资源集约、实施联动发展、完善配套功能，努力使示范基地成为推进产业转型升级的重要载体，成为落实上海“十二五”规划“创新驱动、转型发展”战略任务的重要举措。

一、上海市国家新型工业化产业示范基地总体情况

从产业类型看，9家示范基地示范主导产业都属于重点发展的高新技术产业化和战略性新兴产业领域，是上海实现产业结构优化升级的重中之重。从规模效益看，2011年，9家示范基地实现工业总产值7991.32亿元，比上年增长10.1%，其中示范产业工业总产值5408.1亿元，增长12.7%；实现销售收入11079.64亿元，增长11.2%，其中示范产业销售收入6044.2亿元，增长10.3%，实现利润1108.3亿元，增长20.7%；上缴税金632.2亿元，增长14.6%，已经成为上海产业发展的领头羊。从服务管理看，示范基地着眼于培育园区发展新优势，引进和培育拥有核心技术、高附加值产品的重点企业，加快公共技术和公共服务平台建设。据不完全统计，9家示范基地全年研发投入168.6亿元，有效专利4847个左右，单位土地平均投资额4854.94万元／公顷，单位土地平均产出9395.73万元／公顷，共建设近100家公共技术和公共服务平台。通过公共平台以及示范基地与其他产业园区的“联动发展”，上海示范基地和公共服务平台的辐射和带动效应更加显现。

二、上海推进示范基地发展的主要举措

按照国家走新型工业化道路的部署和要求，上海结合“四个中心”和国际大都市的发展定位，努力突破资源、能源、环境等约束，深入贯彻落实科学发展观，坚定不移走科技含量高、经济效益好、资源消耗低、环境污染少、人力资源优势得到充分发挥的新型工业化发展道路。通过多种措施联动，努力推动国家新型工业化产业示范基地的建设和发展。

1．主动承接国家战略，推进示范基地加快发展

主动对接国家建设新型工业化示范基地战略，积极承担和实施国家科技重大专项，探索形成产业链要素资源集聚、大中小企业协同配套、规模效益和产品质量领先的产业集群态势，促进产业布局优化和提升发展。实施政策聚焦，把现有政策资源向基地集聚，推进国家新型工业化产业示范基地创建工作。

2．大力培育战略性新兴产业，促进示范基地实现创新驱动

充分发挥示范基地在培育发展战略性新兴产业、大力推进高新技术产业化中的载体和平台作用。加强规划布局引导，聚焦重大专项和龙头企业，推进示范基地与大学、科研机构、央企、跨国公司的深度合作，建设创新孵化器、加速器等创新平台和公共服务平台，促进园区生产性服务业发展，不断完善配套服务，加快推进创新驱动。

3．推进工业用地节约集约利用，提高资源利用效率

示范基地坚持“优增量、促存量、提质量”的土地利用

工作方针，推进工业用地节约集约利用。通过严把项目准入关，用好增量土地；充分运用增减挂钩和指标平移等规划土地政策，积极探索存量工业用地二次开发，通过腾笼换鸟等措施，加快盘活存量土地，提高土地利用效率。大力推进工业区外现存工业用地按照“关停、复垦、改造、转移、转型、维持”不同类型，分类推进存量工业用地合理利用。

4．加大品牌园区输出力度，推进示范基地联动发展

加强市区联手、省市联手，以国家新型工业化产业示范基地为品牌引领，推动上海化工区与奉贤分区、金山分区，漕河泾开发区与松江区奉贤区，临港产业区与奉贤南桥新城，张江高新区与金山区等实施联动发展。同时，大力实施园区跨区域整合，深化推进长三角园区之间合作开发，并给予相应政策支持。按照国家新型工业化的发展要求，通过开展开发区综合评价，建立了由产业发展、资源利用、创新发展、投资环境4个指数、11个分项指数以及68个单项指标构成的评价指标体系，促进开发区间的竞争和合作、整合和提升，引导园区实现精细化的深度管理。

5．加强配套功能建设，提升示范基地投资环境

在生产性服务业、“两化”融合、“产城融合”、人才建设等方面，进一步完善园区配套功能，营造良好的投资环境。加强财政资金扶持，张江高新区、上海化工区、临港产业区等示范基地分别设立了市级专项发展资金，用于园区建设和发展。发展生产性服务业，做好生产性服务业在工业区的布局，对国家新型工业化产业示范基地，优先支持建设生产性服务业功能区，推动二、三产业融合发展。推进“两化”融合，推动示范基地建设一批“两化”融合重点项目，推进建设“智慧园区”。强化“产城融合”，着力打造良好的商务、办公、休闲、娱乐环境，完善市政设施建设，促进产业空间和功能布局进一步优化。加强园区人才建设，积极吸引海内外高层次人才向园区集聚，临港产业区实施了国际人才自由港建设；支持园区建设公共租赁房等保障房，完善人才配套居住环境。

三、推进国家新型工业化产业示范基地建设成效显现

在上海市积极推进国家新型工业化产业示范基地建设和发展的前提下，各示范基地认真落实创建工作方案，发展态势良好，示范作用初步显现。2011年，嘉定汽车产业基地示范产业，完成工业产值1936亿元，增长29.3%左右，形成较完善的新能源汽车产业配套体系，特别是地面交通工具风洞中心、国家机动车产品质量监督检验中心（上海）等第一批汽车研发、检测等公共服务平台的建立，大大推进了新能源汽车产业快速发展。临港装备产业基地示范产业，完成工业总产值319.2亿元，增长32.7%，招商引资额在三个“100亿”的基础上，继续保持快速发展的势头，成功签约引进航空配套、节能环保、新能源、海洋工程、精密机床等领域一批高端装备制造业和战略性新兴产业项目。上海航空产业基地在重点建设浦东张江南部产业区、祝桥东部产业区和闵行紫竹产业区的同时，进一步完善临港民用航空配套产业基地的产业布局，持续推进大型客机设计研发中心、总装制造中心、客户服务中心和商用飞机发动机设计研发中心等重大项目。长兴岛船舶与海洋工程装备产业基地，集聚了中船集团、中海工业、振华重工旗下6家大型海洋装备企业，实现工业总产值约471.33亿元，增长20.9%，中船二期已获国家批准即将全面启动建设。

（刘　平）

工业开发区发展情况

2011年，根据上海工业和工业区“十二五”发展规划的要求，上海开发区按照“集中发展、集聚发展、集约发展”的发展思路，着力推进工业向园区集中，紧紧围绕扶持开发区做大做强，促进开发区之间联动发展；着力推进开发区产业集聚发展，围绕推进高新技术产业化和战略性新兴产业发展，聚焦产业基地和重点开发区，提升开发区产业能级；着力推进开发区集约发展，推进腾笼换鸟、提高工业用地利用效率，取得了一定成绩。

一、上海开发区经济运行情况

2011年，本市开发区（按104个产业区块口径，下同）经济运行状况总体良好，经济能级持续提升，生产规模持续扩大；工业集中度进一步提高，工业生产增幅呈现前高后低；产业结构调整取得成效，经济效益出现波动；招商引资实现较快增长，固定资产投资保持增长；上缴税金和吸纳就业保持稳步增长。

（一）开发区经济能级持续提升，生产规模持续扩大

1．开发区经济能级持续提升

2011年，本市开发区克服欧债危机、外需下降和信贷紧缩等因素的影响，实现二三产业营业总收入45285.51亿元，比上年增长17.75%，其中工业企业实现主营收入26561.75亿元，增长11.26%；第三产业实现主营收入18723.76亿元，增长28.38%。开发区经济规模首次突破4万亿元大关，成为本市经济发展的重要区域。

全市二三产业营业总收入超千亿元以上的开发区（产业

基地）有11个，其中上海综合保税区二三产营业总收入超10000亿元，金桥出口加工区和松江工业区超3000亿元，漕河泾开发区、国际汽车城超2000亿元，张江、嘉定、康桥、莘庄、青浦等超1000亿元，成为本市开发区经济能级持续提升的龙头和重要引擎。

2．工业生产规模持续增长

本市开发区工业生产完成工业总产值25269.25亿元，增长10.38%。其中，市级以上开发区完成工业总产值17519.77亿元，增长6.98%；产业基地达到6160.25亿元，增长17.3%；城镇工业区块达到1589.22亿元，增长25.86%。市级以上开发区完成工业总产值占全市开发区的69.33%；产业基地占24.38%；城镇工业地块占6.29%。

从园区分析，开发区生产规模持续扩大，工业生产规模超千亿元以上的开发区有7个，松江工业区（试点园区）规模最大，达到3194.42亿元，其次为金桥工业区，2011年产值达到2275.66亿元、国际汽车城近2000亿元，康桥工业区增长迅速，工业总产值达到1376.56亿元；漕河泾工业区、宝钢基地、嘉定工业区（试点园区）均超过1000亿元。其他接近千亿级的园区，如莘庄工业区、青浦工业园区（试点园区）、高桥石化基地、金山石化基地、上海化学工业区（一体化）工业产值超800亿元；外高桥保税区超700亿元。

开发区工业规模增长较快的有国际汽车城（安亭基地）增长25.70%，浦东康桥工业区增长37.91%，闵行紫竹高新技术产业开发区增长44.99%、浦东临港产业区增长30%。

3．开发区出口交货值保持稳定增长，对外依存度下降

开发区规模以上企业出口交货值实现7472.20亿元，增长2.2%，占全市开发区规模以上工业总产值比重为30.18%，比2010年下降二个多百分点，其中市级以上开发区规模以上企业实现出口交货值6526.92亿元，比上年增加了241.69亿元，本市市级以上开发区出口交货值占工业总产值比重呈下降趋势，反映本市开发区工业企业外向依存度逐年下降。

从园区来看，松江工业区（试点园区）、漕河泾新兴技术开发区和康桥工业区出口交货值超过800亿元，3个园区的工业生产的外向度都超过65%以上。出口交货值排名前10的园区中，有4个园区出口交货值负增长，其中松江工业区（试点园区）、漕河泾新兴技术开发区分别下降11.35%和4.81%。

（二）开发区工业集中度进一步提升

1．工业向园区集中度进一步提高

工业向开发区的集中度进一步提高，全市开发区工业总产值占全市比重从2010年的72.91%提高到2011年的74.68%，提高近2个多百分点。

2．各区县工业向园区集中明显

全市有开发区的12个区县中，工业向开发区的集中度都不同程度提高，其中奉贤区集中度提高较快，提高16个多百分点。徐汇区开发区集中度提升最小，主要是漕河泾新兴技术开发区产业结构调整，二产向三产发展，12个区县中，金山区和松江区集中度很高，超过90%，其次为嘉定区和宝山区，都超过80%。

开发区工业向郊区集中更加明显，浦东新区等9个郊区（包括上海化学工业区）的工业区完成工业总产值24601.50亿元，占比为97.36%。中心城区闸北区、普陀区和徐汇区三个区完成667.76亿元。

2011年上海市各区县工业向开发区集中度（单位：亿元%）

区县	全区县产值	工业区产值	2011的集中度
闸北区	163.65	127.91	78.16
普陀区	244.00	112.69	46.18
徐汇区	633.34	386.50	61.03
浦东新区	8985.15	7039.46	78.35
闵行区	3708.63	2784.93	75.09
宝山区	2643.59	2170.28	82.10
嘉定区	3879.16	3246.63	83.69
青浦区	1405.36	1113.35	79.22
松江区	4007.92	3611.05	90.10
奉贤区	1440.24	1148.23	79.72
金山区	1660.49	1603.28	96.55
崇明县	622.66	493.66	79.28
全市	33834.44	25269.24	74.68

注：各区县集中度以规模以上工业企业数据计算，全市情况以全口径计算。

全市104个产业区块工业产值在各区县分布情况中，浦东新区完成7039.46亿元，规模最大；松江区第二，产值为3611.05亿元，嘉定区为产值规模为3246.63亿元，紧随松江区；闵行区完成工业总产值超过2784.93亿元。

3．开发区行业集中度高，先进重大装备业增长较快

上海开发区33个大类行业中，规模以上工业企业的工业总产值占比超过1%的行业共有16个。其中，前十大行业完成工业总产值212633.4625亿元，占本市开发区工业总产值的85.87%。产值超过3000亿元的支柱行业通信设备、计算机及其他电子设备制造业和交通运输设备制造业保持平稳增长，该两个行业产值占全市规模以上企业工业总产值的41.05%，比上年下降近3个百分点，主要是本市开发区以通用设备制造业、电气机械及器材制造业、专用设备制造业代表的先进重大设备制造业增速高于通信设备、计算机及其他电子设备制造业。排名前10的行业中，专用设备制造业增长19.05%，电气机械及器材制造业增长13.12%，表明本市开发区先进重大装备制造业比重在提升，增长较快。

（三）产业结构调整取得成效

1．产业结构更趋合理，市级以上开发区服务业比重进一步提升

开发区二三产营业收入之比为58.65：41.35，产业结

构趋于合理。其中，市级以上开发区实现第三产业营业收入16405.18亿元，二三产营业收入之比为53：47，国家级开发区二三产之比为33：67，园区服务化趋势非常明显，产业结构调整取得初步成效。

2．高端及战略性新兴产业升级步伐加快

开发区工业生产加快结构调整步伐，大力发展高端及战略性新兴产业，附加值低的产品生产线逐渐向外转移，高附加值产品及战略性新兴产业发展较快。松江工业区、漕河泾新兴技术开发区的电子信息制造业向高端笔记本、服务器、智能手机等转移。如松江的达丰电脑向外转移6条生产线，其在松江的生产产品转向高端。康桥园区智能手机产业高速发展。开发区汽车产业主要集中在国际汽车城、金桥、张江、枫泾等园区，加快新能源汽车、汽车电子、关键零部件等高端发展。新能源产业主要集中在张江、临港、南汇、奉贤、枫泾等园区正在成为主导产业，新能源占园区产值比重不断增加。化工区拜耳、巴斯夫、赛科，3M，青浦英威达、金发科技等新材料产业发展势头良好。以通用设备制造业、电气机械及器材制造业、专用设备制造业代表的先进重大设备制造业增长较快，其中，专用设备制造业增长19.05%，电气机械及器材制造业增长13.12%。

3．园区生产性服务业发展迅速

开发区适应全球制造业服务化、价值链分工向高端发展的趋势，根据国家加快培育发展战略性新兴产业等战略部署，围绕市委、市政府提出的“加快形成以服务经济为主的产业结构”要求，坚持发展服务业与制造业改造升级、产业基地建设完善等相结合，生产性服务业发展迅速。

国家级开发区是本市开发区生产性服务业发展最重要区域，上海综合保税区是本市开发区生产性服务业最重要园区，2011年园区实现生产性服务业营业收入近万亿元，积极推进以营运中心为载体的实体性总部经济发展，已累计批准营运中心180家，市政府认定地区总部25家，这批跨国公司经济总量已占保税区的46%，成为综保区发展生产性服务业、提升产业能级的重要抓手。漕河泾开发区和张江高科技园区生产性服务业实现营业收入超800亿元，重点项目相继完工投入运营。金桥开发区结合优势产业，进一步加大生产性服务业引进力度，促进园区产业结构调整。市级开发区中，市北园区2011年新引进的重大项目11个，相继完成爱生雅、晶澳太阳能、威士伯管理型总部的引进，使园区的总部经济企业实力进一步得到提升，生产性服务业营业收入占比达到33%。漕河泾松江园区以生产性服务业为主导产业，生产性服务业营业收入占比达到70%以上，重点园区的产业转型有力地促进了本市开发区的产业结构调整。

（四）经济效益出现波动，重点园区出现分化

1．工业企业利润出现负增长，增速呈现前高后低

开发区规模以上工业企业实现利润1710.90亿元，增长1.01%，占全市工业企业利润的78.62%。其中，市级以上开发区规模以上工业企业实现利润1294.92亿元，下降1%；产业基地规模以上工业企业实现利润337.62亿元，下降16.09%。全年开发区规模以上工业企业实现利润累计增幅呈现前高后低的走势。

2011年，开发区经济效益出现分化，90个园区（区块）中，利润总额同比下降的园区有54个，占60%，其中有5个园区企业利润为负。

开发区33个行业中，有16个行业利润实现增长，占比48.49%，利润增长最快是烟草制品业，增长57%；其次是饮料制造业，增长56.3%；交通运输设备制造业增长27.7%，专用设备制造业和通用设备制造业增长8%以上，化学纤维制造业扭亏为赢。

有17个行业利润为负增长，其中燃气生产和供应业和石油加工、炼焦及核燃料加工业的工业企业的利润总额为负，通信设备、计算机及其他电子设备制造业下降11.9%，黑色金属冶炼及压延加工业降幅超60%。

2．工业企业销售利润率下降

开发区规模以上工业企业销售利润率为6.52%，其中市级以上开发区销售收入利润率为6.67%，国家级开发区规模以上工业企业销售利润率为9.37%，市级开发区为5.1%，产业基地为5%。

开发区33个行业中，2011年销售利润率五名的是烟草制品业、水的生产和供应业、交通运输设备制造业、医药制造业和家具制造业，分别为30.27%、24.29%、15.14%、12.37%和11.29%。

（五）招商引资实现较快增长，固定资产投资保持增长

1．开发区内外资引进取得较好成绩，合同外资增长较快

市级以上开发区吸引合同外资金额89.04亿美元，增长16.68%，其中国家级开发区合同外资占全市合同外资的62%以上。重点园区招商形势有所改善，陆家嘴金融贸易区吸引合同外资28.74亿美元，张江园区9.69亿美元。紫竹高新技术产业开发区批准为国家级开发区后，招商引资形势较好，全年合同外资增长246.74%，引进合同外资1.92亿美元。

全市开发区落户内资企业注册资金为863.13亿元，同比增长31.51%，其中市级以上开发区落户内资企业注册资金为750.67亿元，同比增长34.09%。

2．固定资产投资保持增长，开发区占全市工业固定资产投资的73%。

开发区完成固定资产投资金额为1495.74亿元，占全市29.52%，增长5.25%，其中市级以上开发区完成1058.60亿元，增长9.10%。排名前5位是陆家嘴金融贸易区、临港

产业区、张江高科技园区、浦东康桥工业区和嘉定工业区，5个园区共完成固定资产投资金额581.71亿元，占总量的38.71%。

开发区累计完成工业固定资产投资金额为946.23亿元，占全市工业投资的73.76%，占开发区全社会固定资产投资的63.26%。市级以上开发区完成工业固定资产投资金额636.7亿元，占开发区工业投资的67.4%。其中国家级开发区工业投资只占其投资的42.10%，工业逐渐在国家级开发区退出；市级开发区完成425.63亿元，是工业投资的重点区域，松江工业区、金山工业区、宝山工业区等都实现较高增长。

（六）上缴税金和吸纳结业保持稳步增长

开发区上缴税金3076.44亿元，增长19.21%，增速保持平稳。其中，市级以上开发区上缴税收2583.31亿元，增长20.02%。开发区单位土地税收达到6亿／平方公里，其中国家级开发区为26.6亿元／平方公里，产业基地为3.6亿元／平方公里。

开发区期末从业人数260.41万人，增长10.49%，市级以上开发区期末从业人数212.01万人，增长7.73%，产业基地期末从业人数14.84万人，产业区块期末从业人数33.56万人。就业人员增长的有嘉定工业区、市北高新服务业园区、青浦工业区等。在保持从业人员增长情况下，开发区人均收入也有增长，全市开发区年人均收入6.1万元，增长16.1%，其中国家级开发区年人均收入11万元，增长10%；市级开发区年人均收入3.70万元，增长12.12%。人均收入较高的有紫竹园区、张江高科技园区、化学工业区、金桥出口加工区、漕河泾开发区、未来岛等园区。

二、上海开发区2011年度主要工作

（一）推进开发区产业转型升级

一是布局了电子信息制造业、新能源汽车及关键零部件、新材料等41个高新技术产业化基地，积极推进战略性新兴产业、先进制造业和高新技术产业化项目建设，确保新增建设用地聚焦以上项目，保证全年1.5万亩～1.8万亩产业用地总量规模。

二是积极扶持开发区制造业向先进制造业升级，设立重点技术改造和节能技术改造专项资金，鼓励企业进行重点技术改造项目和节能技术改造。

三是加快产业转型，积极淘汰劣势企业，实施工业区“二次开发”工程，按照不同类型园区特点，围绕产业转型升级，在发展理念、规划编制、土地利用、项目准入、企业服务等方面推进园区加快转型升级。

四是积极进行产业结构调整，开发区二三产业比重更趋合理，市级以上开发区服务业比重进一步提升，高端及战略性新兴产业升级步伐加快，园区生产性服务业发展迅速。

（二）编制完成全市及各开发区“十二五”发展规划

上海开发区在新的历史阶段的发展，离不开一个有前瞻性和完善的规划做引导。在全市层面，为了编制好工业区“十二五”规划，组织各方面专家对“十二五”工业区发展的外部环境等问题做专题研究，结合各开发区和相关区经委的意见，使全市“十二五”工业区规划与各园区规划进行衔接，使工业区规划和城市规划以及土地利用规划紧密结合。通过规划编制，围绕上海产业发展总体目标，提出上海工业区“十二五”时期的发展定位是努力成为上海经济发展的“双引擎、四平台”，104个产业区块力争实现“5*20”的目标，经济总量实现“五个万亿”目标：新增工业总产值1万亿元、建设10个千亿产值园区、打造10个千亿级产业集群、力争培育100个百亿收入的龙头企业、累计贡献超过万亿税收。在市级层面“十二五”规划编制基础上，各开发区在2011年年底前完成各自园区的“十二五”发展规划，为上海工业区的发展提供了方向和目标。

（三）创新体制机制保障开发区健康发展

上海开发区不断强化体制机制创新，已成为上海“四个中心”建设和综合配套改革的试验区和主战场。全市实施以浦东新区“7+1”、化工区一体化管理、漕河泾和张江等品牌开发区联动等为代表的、一系列管理体制改革探索和实践，有效促进了资源要素的联动整合，保障了开发区健康发展。

3月，国务院正式批复同意上海张江高新区建设国家自主创新示范区，成为我国第三个国家自主创新示范区。张江示范区建设取得显著进展，企业总数从1.1万家增至1.6万家，研发机构从800余家增至1000余家。“十二五”期间，张江高新区在开展先行先试中，“大张江”版图将从目前的一区八园扩至一区十二园。

（四）市级开发区升级工作获得突破

6月，上海紫竹高新技术产业园区获得国务院批复，升级为国家高新技术产业开发区。紫竹高新区努力将园区打造成自主创新产业集聚基地，重点吸引集成电路与软件、新能源、航空航天、数字内容、新材料、生命科学等六大战略性新兴产业的区域总部、研发中心、风险投资公司及高端制造企业入驻。紫竹高新技术产业园区的成功升级打破了十几年来上海没有新增国家级开发区的局面。

上海化学工业区、嘉定工业区、松江工业区和浦东康桥工业园区申请升级为国家级经济技术开发区工作正在稳步推进．这4家市级工业区各方面成绩非常突出，化学工业区和嘉定工业区产业特色鲜明，松江工业区工业总产值为全市最高，浦东康桥工业园区工业总产值也突破1000亿元。化学工业区的升级工作已经基本完成，只待国务院审批，其余3家园区各种材料已基本准备完成，正在上报过程之中。

（五）创建国家新型工业化产业示范基地成果斐然

按照工信部关于开展“国家新型工业化产业示范基地”创建工作的要求，临港装备、长兴海洋装备、化工区、民用航空、张江高科技园区、上海国际汽车城、漕河泾新兴技术开发区、金桥出口加工区、闵行航天等9家开发区已经成功获批国家新型工业化产业示范基地。

9家获批的示范基地在创建工作中，还注重推进示范基地的公共服务平台建设，已投入使用和在建的综合和专业性、研发和应用性、公益和工程性等公共服务平台达到72个，这些服务平台的建设，进一步降低了基地开发成本，缩短了企业技术研发周期，提高了创新发展效率，已成为改善基地投资环境的重要举措。

（六）品牌园区创建工作深入进行

开发区品牌意识进一步增强，在上年首批10家获得“上海品牌园区”荣誉成果的基础上，园区纷纷开展产业特色鲜明、园区品牌建设特点的创建活动。市北高新技术服务业园区、临港产业园区等11家园区成功申报成为第二批上海品牌园区。至此，已有21家园区被命名为上海品牌园区。全市开发区已有200多名学员获得“开发区品牌战略管理人才培训证书”。园区非常重视推进商标培育，加强园区知识产权保护，已先后累计有70余家园区办理了标识和服务类别的商标注册。在漕河泾新兴技术开发区和孙桥农业园区获上海著名商标认定基础上，年内又有外高桥保税区等4家品牌园区成功申报上海市著名商标。

（七）开发区联动发展全面开展

随着上海开发区品牌效应的不断扩散，结合先进园区各种基础资源的日渐匮乏，开发区积极探索联动发展，加快实施“走出去”的探索和实践，形成“区区合作、共赢发展”的多种模式。漕河泾、张江、金桥、临港、莘庄、康桥等开发区与奉贤、松江、金山、嘉定等区的“区区合作、联动发展”模式获得突破。探索打破行政区划、以品牌开发区先进开发理念带动起步较早的老工业区升级转型、二次开发，如临港、漕河泾与金山区政府的合作，与松江佘山老工业区“二次开发”和转型发展合作，与康桥工业区合作开发科技绿洲康桥产业园等。

除了在本市范围之内实施联动发展战略之外，根据国家长三角发展战略，开发区积极实施“走出去”战略，跨地区进行经济合作和产业联动，正在形成新的气候。如本市开发区与江苏盐城的合作，成效非常显著，已共建园区11家，引进各类项目153个，承接产业转移项目71个。

（八）聚焦新兴产业保障项目落地

为落实市委、市政府大力发展高新技术产业化、战略性新兴产业和先进制造业的产业导向，开发区积极推进重点产业基地、开发区高新技术产业化、战略性新兴产业和先进制造业项目建设，协调保障工业发展资源；新增建设用地80%以上聚焦高新技术产业化、战略性新兴产业和先进制造业。全年各开发区共有59个项目纳入高新技术产业化绿色通道，总投资345.1亿元。其中突出的有上海电巴科技有限公司电动汽车充电站设备研发生产基地项目、日月光集成电路制造（中国）有限公司集成电路封装测试生产线建设项目、中航商用飞机发动机研发中心建设等20余个重点产业项目。

（九）工业用地节约集约利用成效显著

在面临土地资源耗竭和产业结构调整等一系列问题的情况下，开发区通过调整产业结构，严把项目准入关，盘活存量土地，土地集约节约水平不断提升。很多开发区制定园区工业节约集约用地的行动计划，采取各种措施。浦东康桥工业园区为了做好园区二次开发，成立领导小组和办公室，专门负责二次开发相关工作。全年盘活存量工业用地300余亩，新增产值20亿元。青浦工业园区经过调查和实地查看，采取“强度”型和“腾笼”型二种土地二次开发模式，至年底，园区二次开发土地面积226亩。

（十）开发区人才高地日渐成型

开发区牢牢把握住国家和上海发展“千人计划”的历史机遇，大力引进国内外高层次人才，将开发区建成上海乃至全国的人才高地。如张江园区就聚集了近千家海外留学生创办的企业。至年底，全市开发区引进国家和上海市级人才1340余人，其中国家级人才434人。

（十一）开发区精细化管理水平获得提升

做好开发区统计和经济运行分析工作是提升开发区精细化管理水平的重要基础。本市工业区统计网络基本建立，高质量完成开发区日常统计工作，按月、按季、按年做好统计数据收集、审核、整理工作，确保数据的及时性、准确性和有效性。年内有71家园区参加开发区综合评价工作，了解园区自身发展状况及存在的问题，明确今后发展和提升管理水平的方向。

（十二）开发区企业服务工作力度不断加强

自2010年起，开发区着手加强开发区企业服务工作，初步建立长效机制，构建多层次服务网络，提高为企业服务的能力。2011年，继续构建企业服务平台，拓展企业服务领域，深入企业服务工作，为提升开发区综合投资环境作出了贡献。如南汇工业园区开展“5+1”系统化企业服务的工作；宝山工业园区不断改进和完善企业服务功能，已建立企业注册登记、项目报批报建等一系列企业服务制度；嘉定工业区充分发挥国家级高科技园区、产业创新区的功能和政策优势，加快园区产业育成中心和企业孵化器平台建设，为企业创业创新搭建平台。

（叶浩军）

产业投资情况

2011年，上海市工业投资呈现如下特点：

一、制造业投资规模创新高

1～12月，本市工业投资保持同比基本持平。其中先进制造业投资平稳增长，完成1108.8亿元，增长4%，总量规模达到历史新高，占工业投资比重为86.4%，比上年提高3个百分点；电力、自来水、煤气生产和供应业完成投资173.5亿元，下降18.1%（见表1）。

表1　2010年、2011年上海工业投资情况

项目名称		2010年数值（亿元）	占比（%）	2011年数值（亿元）	占比（%）
工业投资		1279.9	100	1282.9	100
其中	制造业	1066	83.3	1108.8	86.4
	电煤水生产和供应业	211.8	16.5	173.5	13.5
	采矿业	2.1	0.2	0.6	0.1

二、技术改造投资稳步上升

全市完成技术改造投资达690亿元，占工业投资的53.8%，同比提高近4个百分点。列入市级以上重点技术改造项目共有283项，涉及总投资近358亿元；其中，国家重点技改项目和中小企业技术改造项目共57项，总投资共计97亿元，中央财政补助资金3.03亿元；市级重点技改项目226个，总投资261亿元，补贴资金14.9亿元（见表2）。

表2　2011年上海工业重点技术改造项目分类情况

项目名称		项目数	总投资（亿元）	占比（%）
部分重点行业	汽车	57	90.35	25.3%
	钢铁	6	4.34	1.2%
	装备	75	107.32	30.0%
	电子信息	45	65.4	18.3%
	轻工	66	41.43	11.6%
企业类型	国有企业	43	138.05	38.6%
	中外合资企业	61	69.37	19.4%
	民营企业	179	150.25	42.0%

三、非公经济投资热情上升

全年非公经济完成投资726亿元，增长19.9%，增幅同比上升2个百分点，占工业投资的比重为56.6%。其中外商投资完成309.8亿元，增长21.1%；民营经济完成投资299.9亿元，增长13.7%。国有经济完成投资353.1亿元，下降19.1%，降幅比去年同期缩小5个百分点（见表3）。

表3　2011年上海经济体类别投资情况

项目名称		数值（亿元）	同比增长（%）
国有经济投资		353.1	−18.1
非公经济投资		726	19.9
其中	外商投资	309.8	21.1
	民营投资	299.9	13.7

四、资金来源以自筹为主

全年上海工业投资资金到位1574.8亿元，下降0.7%。其中，各工业企业不断拓宽融资渠道，自筹资金占比不断上升，企业自筹1078.6亿元，增长2.3%，占全部工业投资资金来源的比重为68.5%，同比上升2个百分点，达到近两年新高。受货币政策收紧的影响，国内银行贷款资金167.8亿元，下降16.8%，占比为10.7%，同比下降2个百分点（见表4）。

表4　2011年上海工业投资到位建设资金情况

项目名称		数值（亿元）	同比增长（%）	占比（%）
到位建设资金		1574.8	−0.7	100
其中	企业自筹资金	1078.6	2.3	68.5
	国内贷款	167.8	−16.8	10.7
	其他	328.4	−0.6	20.8

五、支柱产业支撑地位显著

六大支柱产业投资平稳增长，共完成投资698.8亿元，增长5.9%，占工业投资的比重为54.5%，同比提高3个百分点。其中生物医药制造业、电子信息产品制造业、汽车制造业和成套设备制造业4个产业的投资都有增长；石油化工及精细化工制造业、精品钢材制造业两个产业的投资下降（见表5）。

表5　2010年、2011年上海工业支柱产业投资情况

产业类别	2010年	2011年	
	投资量（亿元）	投资量（亿元）	同比增长（%）
电子信息	199.3	244.7	22.8
汽车制造	99.4	105.8	6.4
石油化工	76.1	73.0	−4.0
精品钢材	102.2	62.5	−38.8
成套设备	159.5	166.3	4.3
生物医药	23.1	46.4	100.6
合计	659.6	698.8	5.9

（陈敦）

工业技术进步情况

2011年，上海市积极落实“创新驱动、转型发展”的要求，围绕产业结构优化升级的目标，推进建立以市场为导向、企业为主体、产学研相结合的产业技术创新体系，进一步完善国家级、市级、区级企业技术中心体系建设，积极推进产学研合作，聚焦战略性新兴产业重点领域，推进一批重点新产品、新技术取得突破。

一、加强企业技术中心建设

2011年，推荐9家企业申报国家认定企业技术中心，其中上海机床厂、泛亚汽车、展讯通信等3家企业获得国家认定企业技术中心，累计达到43家；新认定了中航商发、上海发那科、华虹NEC等48家第十七批上海市企业技术中心（见表1），市级企业技术中心累计达到360家。指导区县、集团加强区（集团）级企业技术中心建设，区级企业技术中心达到600家左右，为培育国家级、市级企业技术中心积累了力量储备。组织召开“技术进步与产业升级——技术创新路径研讨会”。同时，振华重工、光明乳业、电气电站等3家企业入选2011年国家技术创新示范企业，并在全国企业技术创新大会上获得授牌，对全市企业技术创新发挥了示范效应。

表1 上海市第十七批企业技术中心名单

序号	企业技术中心名称
1	上海华虹NEC电子有限公司
2	上海华虹集成电路有限责任公司
3	上海机场（集团）有限公司
4	上海普元信息技术股份有限公司
5	桑迪亚医药技术（上海）有限责任公司
6	上海交运汽车动力系统有限公司
7	巴斯夫应用化工有限公司
8	上海康达化工新材料股份有限公司
9	上海奥威科技开发有限公司
10	上海纳尔数码喷印材料股份有限公司
11	中纺投资发展股份有限公司
12	环旭电子股份有限公司
13	日月光封装测试（上海）有限公司
14	上海申光高强度螺栓有限公司
15	上海春竹企业发展有限公司
16	上海寺冈电子有限公司
17	上海申安纺织有限公司
18	上海汇得化工有限公司
19	上海创力集团股份有限公司
20	海隆石油工业集团有限公司
21	上海申和热磁电子有限公司
22	上海光华印刷机械有限公司
23	上海发那科机器人有限公司
24	上海纽荷兰农业机械有限公司
25	上海汇众萨克斯减振器有限公司
26	龙旗科技（上海）有限公司
27	上海凯宝药业股份有限公司
28	上海新晃空调设备股份有限公司
29	上海现代摩比斯汽车零部件有限公司
30	上海双鹿电器有限公司
31	上海九晶电子材料股份有限公司
32	上海汽车地毯总厂有限公司
33	上海通贸国际供应链管理有限公司
34	同济大学建筑设计研究院（集团）有限公司
35	上海城建物资有限公司
36	上海煤气第一管线工程有限公司
37	上海煤气第二管线工程有限公司
38	上海园林（集团）有限公司
39	上海阀门厂有限公司
40	上海大华电器设备有限公司
41	上海圣德曼铸造有限公司
42	人民电器集团上海有限公司
43	中航商用飞机发动机有限责任公司
44	上海东锦食品集团有限公司
45	上海纺织裕丰科技有限公司
46	中船第九设计研究院工程有限公司
47	上海久隆电力（集团）有限公司
48	上海服装集团进出口有限公司

二、引进技术的吸收与创新工作

根据《上海市鼓励引进技术的吸收与创新规定》，组织实施了2011年引进技术的吸收与创新计划项目，聚焦支持引进技术的消化吸收、产学研／产业联盟两个专题，在226个申报项目中，经过评审筛选列入年度计划56个。支持的项目属于战略性新兴产业重点领域，突出了对关键技术攻关的前瞻布局，突出了支持引进国外重大先进技术的消化吸收再创新。

三、推进产学研工作

积极推动产学研合作和科技成果转化，支持本市企业与高校、科研院所进行重大技术联合攻关，突破关键工艺和关键材料，本年度重点支持16个项目。支持中国产学研促进会在上海召开2011年中国产学研合作创新大会，通过《上海宣言》。组织编辑《上海产学研合作实践与探索》案例集，总结37个典型案例，体现了重大技术联合攻关、共建研发机构、组建产学研联盟、搭建服务平台、创建产业技术研究院等多种模式，积极探索适应不同产业特点的产学研融合发展道路。

四、推进企业知识产权工作

2011年，围绕"十二五"时期创建上海市知识产权优势企业工作总体目标，启动2011年度首批知识产权优势企业评选工作，共有7家企业入选（见表2）。支持优势企业参与制定战略性新兴产业领域的国际标准、国家标准和行业标准。

表2 2011年上海市知识产权优势企业名单

1	上海振华重工（集团）股份有限公司
2	上海东富龙科技股份有限公司
3	展讯通信（上海）有限公司
4	上海蓝光科技有限公司
5	上海高清数字科技产业有限公司
6	联芯科技有限公司
7	上海集成电路研发中心有限公司

五、推进专利新产品相关工作

根据《上海市人民政府印发关于进一步加强本市知识产权工作若干意见的通知》（沪府发[2003] 48号）和《上海市人民政府办公厅转发市经委等三部门制订的关于上海市专利新产品认定实施办法的通知》（沪府办发[2004] 50号）的要求，经审核，认定"基于国家密码算法的电子标签产品(HSIC-FRID-032，HSIC-RFID-065)"等41个产品为2011年度上海市专利新产品（见表3）。

表3 2011年度上海市专利新产品（第一批）认定目录

编号	产品名称	企业名称
SHZX111001	基于国家密码算法的电子标签产品（HSIC-FRID-032，HSIC-RFID-065）	上海华申智能卡应用系统有限公司
SHZX111002	重组抗CD25人源化单克隆抗体注射液（规格：25mg/5ml/瓶）	上海中信国健药业股份有限公司
SHZX111003	BL65型智能电网电能计量芯片	上海贝岭股份有限公司
SHZX111004	精密过滤筛网(JPP4-JPP140)	上海新铁链筛网制造有限公司
SHZX111005	MKA84250/15000-H超重型精密数控轧辊磨床	上海机床厂有限公司
SHZX111006	SK-OMS无线示功仪	上海神开石油设备有限公司
SHZX111007	自动多路控制阀	上海开能环保设备股份有限公司
SHZX111008	1.5兆瓦级三相异步双馈风力发电机	上海南洋电机有限公司
SHZX111009	ZCPB油浸式变压器磁屏蔽	上海中标电气有限公司
SHZX111010	高精密温度控制装置(STCP5000W-5/10，STCP10000W-5/10)	上海微电子装备有限公司
SHZX111011	新型节能强电防护纳米导电精（GT-B型、GT-C型）	上海广拓导电材料科技有限公司
SHZX111012	捕探®双变色光刻衍射防伪标识／膜	上海复旦天臣新技术有限公司
SHZX111013	半绝缘全封闭电压互感器(JDZXR-10)	上海大一互电力电器有限公司
SHZX111014	数字电视监测系统SNC603M	上海风格信息技术有限公司
SHZX111015	智能移动存储控制SoC芯片（型号：SSX45）	上海爱信诺航芯电子科技有限公司
SHZX111016	SKY1003-I石油产品运动粘度测定器	上海神开石油仪器有限公司
SHZX111017	OPP（镭射）标签	上海紫泉标签有限公司
SHZX111018	IPVA商业客流分析系统	上海汇纳网络信息科技有限公司
SHZX111019	自动检票机扇门模块	上海华铭智能终端设备有限公司
SHZX111020	NGS-Car转向机	上海采埃孚转向机有限公司
SHZX111021	调光执行器T系列HLA	上海信耀电子有限公司
SHZX111022	空心稳定杆	上海中国弹簧制造有限公司
SHZX111023	ZS-R土木工程抗震检测智能化传感器	上海筑邦测控科技有限公司
SHZX111024	瓶片再生高强PET短纤维成套设备	上海太平洋纺织机械成套设备有限公司
SHZX111025	20KW并网光伏发电专用逆变器（CPSSC20KTL-0）	上海正泰电源系统有限公司
SHZX111026	700MW级水氢氢发电机	上海电气电站设备有限公司
SHZX111027	叠螺式污泥脱水机TECH	上海同臣环保科技有限公司
SHZX111028	1000MW超超临界高压加热器	上海电气电站设备有限公司
SHZX111029	一次性使用防气泡输液器	上海金塔医用器材有限公司
SHZX111030	CA型电车空调	上海科泰运输制冷设备有限公司
SHZX111031	卷叠汽车发电机定子铁芯	上海申意汽车零部件有限公司
SHZX111032	精密无缝钢管（Φ4~76×0.5~8mm）	上海奉贤钢管厂
SHZX111033	合合金塑料电缆桥架PCQA-A、PTQA-A、PPQA-A	上海迅茂实业有限公司
SHZX111034	EF-92(TYM920E)自动烫印模切机	上海亚华印刷机械有限公司
SHZX111035	VM系列高压真空断路器	上海维埃姆电力科技有限公司
SHZX111036	抗环瓜氨酸肽（CCP）抗体酶联免疫检测试剂盒	上海富莼科芯生物技术股份有限公司
SHZX111037	河道淤泥自保温烧结多孔砖(240*115*90mm，200*95*90mm)	上海鑫晶山建材开发有限公司
SHZX111038	铜铝单双面冷复合板带	上海松发合金材料有限公司
SHZX111039	直流无刷大温差风机盘管FPDW-68	上海百富勤空调制造有限公司
SHZX111040	TS-55SV真空离心浓缩仪	上海天呈实验仪器制造有限公司
SHZX111041	壁挂式电子油门踏板EP1005202	上海航盛实业有限公司

（吴绪成）

工业利用外资情况

一、利用外资基本情况

2011 年，上海合同吸收外资和实际吸收外资双双创历史新高。全市共批准外商投资企业项目 4329 个，增长 10.8%；合同吸收外资 201.03 亿美元，增长 31.3%；实际吸收外资 126.0 亿美元，增长 13.3%。

截至 2011 年年底，全市累计批准外资项目 63829 个，吸收合同外资 1952.3 亿美元，实际吸收外资 1190.3 亿美元。其中，累计批准制造业外商投资项目 26890 项，占全市各类外资项目数的 42.1%，吸收合同外资 858.8 亿美元，占全市各类外资项目合同外资金额的 44.0%。

本市利用外资继续保持“三、二、一”的发展态势，2011 年，三、二、一产业项目分别 3913 个、406 个、10 个，占比分别为 90.4%、9.4%、0.2%；三、二、一产业合同外资分别为 164 亿美元、36.7 亿美元、0.3 亿美元，占比分别为 81.6%、18.3%、0.1%。

二、利用外资主要特点

1．总部经济发展成为亮点，总部数量居首

上海总部经济保持良好发展态势，共新设跨国地区总部 48 家，投资性公司 27 家、研发中心 15 家。截至 2011 年年底，外商在上海累计设立投资性公司 240 家，跨国公司地区总部 353 家、研发中心 334 家。跨国公司地区总部和投资性公司数量名列全国第一，外资研发中心数量全国第二。同时，跨国公司地区总部的能级进一步提升，95% 以上地区总部具有两种以上的总部功能，如投资决策、资金管理、研发服务、采购销售等。

2．大项目占主导地位，外资方式和领域有新的开拓

上海批准投资总额 1000 万美元以上大项目 256 个，合同外资 170.2 亿美元，占全市合同外资的 84.7%。截至 2011 年年底，投资总额 1000 万美元以上的外资企业 4853 户，5000 万美元以上的 1268 户。

本市引进外资取得新的突破，创新外资方式取得新的进展，如外资融资租赁投资设立单机单船项目子公司、船舶油污清理公司等，都是业务领域全新的外资项目。

3．信息技术、新能源、新材料等战略性新兴产业利用外资成为新亮点

全年制造业新批项目数下降 22.5%，但合同外资数增长 10.3%，利用外资向先进制造业有序集中，主要是信息技术、新能源、新材料、节能环保等战略性新兴产业成为利用外资新的增长点。新批豪威光电子科技（上海）有限公司投资总额 5000 万美元，从事硅基液晶产品；新批江森自控帅福得新能源电池研发（上海），投资 1800 万美元，从事新能源电池产品及相关技术的研发；惠生（中国）投资有限公司增资 1 亿美元，从事新材料、节能环保产品；日腾电脑配件（上海）有限公司增资 1.35 亿美元，从事电脑配件、新材料开发。

4．外资企业进出口贡献度、吸纳劳动力、产值进一步提高

全年外资企业进出口总额 2923.8 亿美元，约占全市进出口总额的 66.8%。2010 年外商投资运营企业共吸纳就业人员 302.76 万人，约占全市总劳动力的 30%；全年外商投资企业工业总产值 19530.67 亿元，约占全市 63%。

（韩大东）

工业品出口情况

据海关统计，2011 年上海外贸进出口累计 4374.4 亿美元，比上年增长 18.6%，其中出口 2097.9 亿美元，增长 16%；进口 2276.5 亿美元，增长 21%。总量居全国第三，占全国进出口总额 12.0%。

一、机电产品、高新技术产品出口占主导地位

全年完成机电产品出口额 1477.7 亿美元，占出口总额 70.4%，增长 12.7%；高新技术产品出口额 930.8 亿美元，占出口总额的 44.4%，增长 10.7%。在大宗商品及消费类商品进口增速快于出口增速的同时，机电产品和高新技术产品的出口增速仍然高于进口增速。

二、外商投资企业成为出口主力军，民营企业增速加快

外商投资企业完成出口总额 1424.4 亿美元，占全年出口总额的 67.9%，增长 13%；国有企业完成出口总额 348.5 亿美元，占全年出口总额的 16.6%，增长 13.3%；民营企业完成出口总额 308 亿美元，占全年出口总额的 14.7%，增长 35%。

外资企业出口产品主要集中在电子信息、集成电路、计算机等高新技术产业。外资企业出口前三位的分别是达功（上海）电脑有限公司（松江）282.7亿美元，增长25.4%；昌硕科技（上海）有限公司（浦东）89亿美元，增长60%；达丰（上海）有限公司（松江）52.7亿美元，下降44.3%。

三、出口增速低于进口

部分资源类、消费类商品进口增幅较大。如铁矿砂及其精矿进口94.9亿美元，增长37.5%，均价上涨50%左右；成品油进口38.2亿美元，增长48.1%，均价上涨30%左右；钻石进口28.6亿美元，增长70.0%，均价上涨超过50%；此外，汽车（包括整套散件）进口76.1亿美元，增长125.9%；服装及衣着附件进口20.6亿美元，增长70.3%；手表进口18.8亿美元，增长67.9%；葡萄酒进口11.3亿美元，增长74.4%。

四、传统商品出口增速快于机电产品、高新技术产品

上海市出口前10位主要商品表

序号	商品名称	出口额（亿美元）	同比%
1	自动数据处理设备及其部件	497.3	5.0
2	服装及衣着附件	145.9	13.9
3	集成电路	112.8	3.5
4	纺织纱线、织物及制品	63.0	24.8
5	船舶	62.7	1.0
6	电话机	50.7	320.7
7	钢材	44.7	33.5
8	自动数据处理设备的零件	40.9	−0.8
9	汽车零件	31.1	23.5
10	液晶显示板	30.6	11.2

出口前10位主要商品分别为自动数据处理设备及其部件、服装及衣着附件、集成电路、船舶、纺织纱线、织物及制品等，电话机出口增长320.7%，纺织制品出口增长24.8%，自动数据处理设备零件出口下降0.9%，船舶出口增长1.0%。

五、对新兴市场出口增速快于传统市场

积极支持企业开拓海外新兴市场，市场多元化战略进一步显效。对美国、欧盟、日本、东盟市场的出口额占全市出口额的65.0%，其中，美国市场483.9亿美元，占23.1%，增长18.1%；欧盟市场435.7亿美元，占20.8%，增长4.4%，日本239.7亿美元，占11.4%，增长22.0%，东盟市场203.7亿美元，占9.7%，增长14.8%。特别是对日本出口增速较快，增速高出全市6个百分点。对印度、澳大利亚、中东等新兴市场的出口增速高于全市平均水平。对欧盟市场出口持续低迷，全年仅增长4.4%，其中对德国增长0.2%，对法国下降23.8%，表明欧盟市场复苏乏力。受日本地震影响，从日本进口明显放缓，全年进口346.5亿美元，增长12.3%，增幅下降24.3个百分点。

六、区县出口增幅明显，市属工业集团增速高低不均

全市18个区县中，有11个区县的出口增幅为两位数以上。区县出口达到1829.7亿美元，增长13.0%。其中，分列前三位的分别是浦东新区856亿美元，占全市的40.8%，增长18.4%；松江区420亿美元，占全市的20.0%，增长4.8%；闵行区177.8亿美元，占全市的8.5%，增长4.0%。

市属工业集团、控股公司出口额为260亿美元，增长15.4%。全年出口10亿美元以上的有11集团公司，列前三位的分别是上海纺织控股（集团）公司38亿美元，增长19.9%；工业船舶集团35亿美元，下降9.5%；上海电气（集团）总公司30.3亿美元，增长56.1%。

（韩大东、王志佳）

工业产业结构调整情况

2011年，本市产业结构调整工作围绕“创新驱动、转型发展”的工作主线，全市上下形成合力、扎实推进，产业结构调整取得积极进展，超额完成全年目标。

一、实施产业结构调整项目751项

全年实施产业结构调整项目共计751项，减少能源消耗量41.23万吨（其中，市重点项目86项，区县推进项目665项），分别减少二氧化硫909吨、氮氧化物1352吨、COD（化学需氧量）2204吨、氨氮排放156吨。调整项目所属行业主要有：金属加工、纺织印染和服装、印刷包装、四大工艺（锻造、铸造、电镀、热处理）、化工、玻璃和塑胶制品、传统机械、建材和水泥制品等，有利于推进本市产业结构优化和能级提升。

二、推进危化企业调整项目88项

全年实施危化企业调整项目共计88项，其中：关闭31项、停产42项、搬迁远郊工业区15项。涉及减少能源消耗量3.66万吨标煤，减少危险化学品生产、使用、储存当量34.3万吨（其中：剧毒1.52万吨、易燃易爆10.88万吨、其他危险化学品21.9万吨），有效减少了城市安全隐患。

三、完成和启动实施6个重点专项

顺利完成浦东张江、松江九亭两个专项，其中，浦东张江调整103家企业，直接盘活存量土地483亩，节约标煤0.76万吨，腾地用于建设商飞研发中心主体项目；松江九亭调整44家企业，节约标煤0.41万吨，减少年排放废水5万吨，腾出土地用于发展总部经济。加快实施嘉定南翔、奉贤

南桥两个专项，其中，嘉定南翔涉调企业105家，年能耗1.4万吨标煤，占地面积约550亩，调整后老、新镇区分别改造提升为置地生产性服务业基地和企业总部集聚基地；奉贤南桥涉调企业65家，调整后可节约3.11万吨标煤，盘活存量土地952.2亩，用于重点发展先进制造业和生产性服务业。启动实施崇明生态岛、宝山南大二期两个专项，其中，崇明生态岛涉调企业51家，年能耗3.85万吨标煤，通过关停电镀、砖瓦等与环境不符的51家企业，推进生态岛建设；宝山南大二期涉调企业54家，年能耗2.24万吨，通过关停该批企业，继续推进市政府明确的南大地区环境综合整治工作。

四、完成国家淘汰落后产能和关闭小企业工作

一是有序推进本市淘汰落后产能工作。围绕国家关于淘汰皮革、印染等行业落后产能的要求，严格落实责任，加强监督检查，有序推进落实，全年实际淘汰落后产能制革30万标张（超额完成国家下达15万标张任务100%）、印染2181.3万米、化纤0.7万吨，全面完成国家下达的任务。二是顺利完成本市关闭小企业工作。顺利完成工信部和财政部下达的2011年本市关闭小企业计划，对严重浪费资源、严重污染环境、消除安全隐患、调整区域布局的31家小企业实施关闭。

（何海昌）

工业节能减排工作情况

2011年是实现“十二五”节能减排目标的开局之年。全市工业系统提高认识、强化措施、落实责任，将节能工作“做精、做细、做深、做透”，取得了积极成效：一是超额完成工业节能目标，全年规模以上工业单位增加值能耗比上年下降7.84%，超额完成全年规模以上工业单位增加值能耗下降3.6%的年度目标；综合能源消费量比去年减少57万吨标煤，下降1.02%，为完成“十二五”时期节能目标开了一个好头。二是工业能效管理水平进一步提升，推进制定50项产品能耗限额、设备能效和节能管理标准，编制发布《上海产业能效指南（2011版）》；月度监控的重点用能产品单耗范围进一步扩大，电厂火力供电标煤耗下降7.72克标煤／千瓦时，本市在重工业耗能比重相对较高的基础上，整体工业能效保持全国领先水平。三是各项重点工作取得新突破，市节能减排领导工作小组办公室所要求的76项重点工作基本完成：完成高效电机推广26.26万千瓦，被工信部授予国家电机高效再制造示范工程；推进实施合同能源管理305个项目、节约标煤超过12万吨；完成101家企业清洁生产审核验收，工业固体废弃物综合利用率达到95%以上；组织实施节能灯进家庭市政府实事项目，推广高效照明灯具760万只、高效空调50万台，共节约标煤13.2万吨。

一、推进节能标准化体系建设

推进制定50项节能标准，涉及玻璃钢版、铝合金挤压型材等产品能耗限额标准26个，燃煤工业锅炉、通信基站空调等设备能效标准8个，能效对标管理导则、清洁生产审核评估验收通则等节能管理标准16个，至年底前可完成项标准编制工作，其余标准均在2012年上半年编制完成。

二、分解细化节能目标，加强能效监控

一是按照“多因素、分类分解”的原则，分解下发17个区（县）、23个工业集团公司、4家通信业重点用能单位的“十二五”和2011年节能目标；二是利用工业能效监控平台，建立100家年综合能耗较大的重点用能单位预测预警机制重点监控的产品单耗指标由14个增至2011年的16个。

三、编制发布《产业能效指南》

发行《上海产业能效指南（2011版）》，遴选70多种主要产品（工序）的国内外能效标杆值，梳理34个大类行业、169个中类行业的能效平均水平，汇总200多个产品（工序）能耗限额值和准入值，涵盖44个能源品种的参考发热量和参考折标系数，为政府部门制定产业政策、企业能效对标提供标准和依据。

四、强化节能执法监察

一是完成556家工业重点用能单位完成能源利用状况报告，对25家未按时上报能源利用状况报告的企业和两家产品单耗指标超限额标准要求的企业签发责令限期整改通知书，督促企业落实整改。二是开展节能专项监察，监察重点用能单位落后产能、落后设备淘汰情况，48家企业能耗限额标准执行情况，314家公共建筑夏季空调温度控制情况，15大类、1200余台产品能效标识执行情况，150项2011年产业结构调整企业（项目）落实情况。

五、组织实施节能技改专项

一是会同市发改委等部门制定本市高效电机推广及电机高效再制造推广方案和实施细则，被工信部授予国家电机高效再制造示范工程。落实高效电机替代26.26万千瓦、推进变频技术改造4.1万千瓦。二是会同市发改委、市环保局等部门编制“十二五”时期工业锅炉节能减排工作计划，明确“十二五”时期工业锅炉清洁能源替代和节能改造目标及资金扶持办法，推进48台燃煤锅炉节能改造，开展100台轻质燃油、燃气锅炉节能诊断，实现节能 1.1 万吨标煤。三是召开多次专题会议，推进市电力公司等企业高耗能变压器淘汰约 2200 台。

六、积极推行合同能源管理

一是大力拓展节能服务市场，做好节能服务公司备案、管理和推荐工作，截至目前，本市备案节能服务公司数达 174 家（其中 105 家企业符合国家备案条件），已组织实施 305 个合同能源管理项目，节能量 12 万吨标煤以上，其中 77 个项目获得市级财政奖励，项目投资额 1.5 亿元，年节能量 4.8 万吨标准煤，大大超过往年的水平。二是积极创新工作机制，开展未来收益质押权融资新模式试点，推动银行等金融机构为合同能源管理项目创新信贷融资产品、做好信贷服务；推动浦江金融中心新建建筑全生命周期合同能源管理等创新模式试点；支持成立上海市合同能源管理企业联盟，促进节能服务公司项目、技术、人才、资金等优势资源整合。

七、实施节能技改重点项目，把好节能量审核关

一是推进重点节能技改项目 146 个，总投资 9.5 亿元，节能量 25 万吨标煤。二是完成 2008 ~ 2010 年共 310 个节能技改项目节能量审核工作，核定节能量 67 万吨标煤。三是完成 297 家重点用电企业电能平衡验收，挖掘节电潜力 5.96 亿千瓦时。四是完成 63 家企业节能节水专用设备认定，企业享受所得税退税 8040 万元。

八、开展节能宣传培训，推广应用节能产品

一是会同市发展改革委等 17 个相关部门，于 6 月 11 日 ~ 17 日，举办 2011 年上海市节能宣传周系列活动，以“市区结合、上下联动、覆盖全市、面向基层、贴近市民”为主线，开办“节能超市”，展出各类便民、利民的节能环保低碳产品，联动区县、集团开展各类活动 268 项。二是实施节能惠民工程，推广高效空调 50.1 万台、年节电 6000 万千瓦时；实施节能灯进家庭市政府实施项目，推广节能灯 750 万只以上，年节电 3.75 亿千瓦时。三是继续做好节能产品评审推广，组织评审通过 41 项节能产品（系列），年销售额 8.58 亿元。

（张 麒）

工业环保治理情况

2011 年是实现第四轮环保三年行动计划的收官之年，全市工业系统通过源头引导、过程控制、末端防治，积极推动工业环保治理工作取得新进展，圆满完成第四轮环保三年行动安排的各项任务目标。

1．重点区域污染源治理力度不断加大。吴泾工业区完成污染源治理项目 87 项，包括关停严重污染生产企业和生产线 50 项，超额完成吴泾整治规划纲要明确的治理目标。二氧化硫、二氧化氮、可吸入颗粒物、总悬浮颗粒物等污染物的年日均值全部达到《环境空气质量标准》二级标准，优于整治目标值。金山卫化工集中区域梳理并完成了 25 家企业关停调整；上海炼升化工有限公司等 15 家企业完成废水、废气治理任务，第二工业区大气 VOC 自动监测站完成验收投入运行，居民动迁和防护林带建设基本完成。宝山南大地区作为全市产业结构调整重点专项，计划分三期于 2013 年全部完成，目前一期产业结构调整专项基本完成，二期专项方案已经确定，累计关停企业 177 家，腾地约 850 亩。

2．工业污染防治顺利推进。工业区基础设施建设不断加强，第四轮环保三年行动计划共安排 8 个区县 89 个项目，到 2011 年年底 86 项基本完成，其余项目可在 2012 年上半年全面完成。石化企业污染治理项目全部完成，上海石化火炬气回收能力等 3 个治理项目、高桥石化液态烃、汽油氧化脱硫醇尾气治理等两个项目全面完成建设并投入运营。

3．大力实施清洁生产。一是完善组织体系和工作网络建设，编制 2011 年清洁生产工作要点，在 17 个区县经委主管部门的基础上，推动本市 81 个主要的工业园区和 24 个工业集团公司建立清洁生产领导机制和工作网络，为“十二五”时期加大推进力度打下基础。二是联合市环保局，全面启动 537 家企业清洁生产审核，完成 101 家企业清洁生产验收，实施无／低费方案 1295 项，中高费方案 217 项，拉动投资 30.5 亿元，年节能 17.44 万吨标煤，减少 COD 排放 89.6 吨，减少 SO2 排放 1.02 万吨。三是加强规章制度、标准体系建设和审核机构管理，《上海市清洁生产审核机构管理办法》和《清洁生产审核评估、验收通则》完成征求意见稿和初稿，完成 14 家清洁生产审核机构备案。四是在 30 个重点行业开展了清洁生产技术的对接工作，组织评选 2011 年度清洁生产示范项目，组织 4 家企业申报了 5 项工信部“十二五”时期国家鼓励发展的重大清洁生产技术工艺及装备。

4．持续推进资源综合利用。一是加强产业统计和工业大宗固体废物的综合利用，预计全年产生工业固废 2300 万吨左右，其中：冶炼渣 1300 万吨，粉煤灰 550 万吨，脱硫石膏 100 万吨，综合利用率 95% 以上，远高于全国 69% 的平均水平，全年资源综合利用产业产值可达 253 亿元。二是加强资源综合利用政策认定管理，完善认定流程、标准和管理体系，复审通过188家，对其中1/3开展现场抽查工作。三是组织推荐13家综合利用企业申报工信部14项循环经济重大技术示范工程，7家申报工信部22项再制造工艺及装备，5家企业申报国家发改委中央预算内投资资源综合利用技术改造项目。

（张　麒）

电力建设和电力供应情况

一、电力建设情况

截至2011年年底，上海电网内共有发电厂38座、总装机容量2125.825万千瓦，单机容量在10万千瓦及以上的容量共计1973.6万千瓦、占装机总容量的92.84%，其中100万千瓦机组4台、90万千瓦机组2台、60万千瓦机组6台、30万千瓦机组（35万千瓦、40万千瓦）机组22台、10～20万千瓦机组21台；接入500千伏的发电容量为700万千瓦（石洞口二厂120万千瓦，外高桥二厂180万千瓦，外高桥三厂200万千瓦，上电漕泾电厂200万千瓦），接入220千伏及以下电网的发电容量为1425.825万千瓦。

上海电网共有500千伏和220千伏变电站126座，变压器305台，总变电容量7781.3万千伏安，其中500千伏变电站12座（不含石洞口二厂、外高桥二厂、外高桥三厂和上电漕泾电厂），500/220千伏联络变压器31台，变电容量为2850万千伏安；220千伏变电站114座，变压器274台，变电容量为4931.3万千伏安。

500千伏线路49条（含汾三5902线/汾林5912线、牌渡5903/5913线、太徐5923/太行5933线），总长度为1140.215千米（含葛南直流线、宜华直流线、复奉直流线以及林枫直流线上海段）；220千伏线路369条，总长度为3797.092千米，其中架空线3348.083千米、电缆449.009千米。

二、电力供应情况

2011年，电力迎峰度夏工作的要求是“三个确保、一个坚持”（确保居民生活用电不受影响，确保重要用户的用电需要，确保城市运行和电网的安全有序，坚持限电不拉电）的原则，细化有序用电方案，切实落实各项措施，对部分供电瓶颈热点地区，进一步完善有序用电方案，加强与有关区县政府和部门的协同配合，做到有保有限，并在实际运行中不断优化，确保电力迎峰夏度期间全市用电安全、平稳、有序。

1．发用电情况

（1）用电情况

全社会用电量完成1342.73亿千瓦时，比上年的1298.20亿千瓦时，净增长44.53亿千瓦时，增长率为3.43%。最高日用电量5.0699亿千瓦时（7月7日），比上年的5.3489亿千瓦时减少0.2790亿千瓦时，下降5.22%；其中，第一产业完成6.37亿千瓦时，同比增长4.94%；第二产业完成816.74亿千瓦时，增长2.4%；第三产业完成341.30亿千瓦时，增长5.58%。居民生活用电完成175.22千瓦时，增长3.72%；最高日用电量50699亿千瓦时，比上年的53489亿千瓦时下降5.22%。

采取错峰让电、轮休和避峰等负荷控制措施，7月26日共执行有序用电措施142.65万千瓦（其中错峰37.76万千瓦，轮休98.61万千瓦，让电11.92万千瓦，杨行分区开三停四5.46万千瓦）。当日有序用电执行效果考虑同时率90%，即错避峰128万千瓦，经负荷还原后上海电网最高负荷可达2677万千瓦，与上年同样还原后的最高负荷（2670万千瓦）基本持平。

（2）发电情况

全社会发电量完成1025.15亿千瓦时，比上年的942.53亿千瓦时，增加82.62亿千瓦时，增长率8.77%。全年最高出力达1811.1万千瓦，比上年的1776.4万千瓦净增34.7万千瓦，增长1.95%。最高日发电量达36821万千瓦时，比上年的38580万千瓦时减少1759亿千瓦时，下降4.56%。

2．夏季电力供需情况

在迎峰度夏期间，受副热带高压整体偏弱，边缘性、过程性天气偏多，高温日虽不少，但最高气温不高，且受多雷阵雨天气及9号台风“梅花”的外围影响，缺少连续极端高温天气；而上年同期曾出现40℃的极端高温，连续4天≥39℃的强高温过程。本市气温超过35℃以上的天数共达到24天。受极端高温天气为38.3℃（7月3日，为周日）。本市的最大用电负荷达到2548.9万千瓦（7月26日37.9℃），比上年最高用电负荷（2621.2万千瓦）减少72.3万千瓦，下降2.76%，本市的最大出力最高达到1811.1万千瓦，发电量为36821万千瓦（1月18日），用电量为50699万千瓦（7月7日），区外来电最高达到998.1万千瓦（7月27日），最大峰谷差为1051.1万千瓦（7月25日）。

3．冬季电力供需情况

根据市委、市政府关于“三个确保、一个坚持”的要求，电力迎峰度冬工作围绕两个方面展开：一是确保电力供应能力满足本市经济社会发展需要；二是针对局部区域的电力供需矛盾，继续完善各项应急处置措施，确保本市电力运行平稳有序和用电安全。

在迎峰度冬期间，电力总体供需平稳。本市最大用电负荷达到 2135 万千瓦，比上年冬峰 2200 万千瓦减少 65 万千瓦，下降 2.95%。本市发电实际最高出力为 1696.9 万千瓦，区外来电实际最高为 583 万千瓦，发电用天然气最高达 906 万立方米／日。本年度冬期间全市累计用电量 342 亿千瓦时，增长 1.83%。2011 年 1 ～ 2 月全社会用电量累计 222.88 万千瓦，同比增长 1.62%。2012 年 1 ～ 2 月最高平均负荷 1820.8 万千瓦，同比增长 0.19%，2011 年 1 ～ 2 月最低平均负荷 1156.9 万千瓦，同比下降 1.63%。

三、确保电力供应能力和安全稳定运行

1. 稳定本市燃煤机组发电能力。各发电企业精心做好设备检修，加强机组运行状态监控，利用周末、元旦和春节节假日、用电低谷时段及时检修，消除设备缺陷，避免发生用电高峰时机组停机的情况，确保发电设备安全正常运行。

2. 落实好电煤供应。各发电企业高度重视可能发生的恶劣天气和煤炭市场价格波动等情况，精心谋划落实好电煤的采购和储运工作，努力提高电煤库存，确保用电高峰时燃煤机组稳发满发。

3. 确保本市燃气机组顶峰发电能力。市电力公司、燃气发电企业和燃气集团加强沟通协作，根据气温和负荷变化情况做好天然气资源的优化调配，保障燃气机组发电用气供应，确保燃气机组正常顶峰发电。

4. 适度增加市外来电。市电力公司密切跟踪本市电力供需变化，加强与华东电网的协调，必要时适度增加市外来电，确保本市电力供应。同时，要抓紧争取和落实 2012 年的市外来电。

四、完善各项电力应急处置措施

一是继续推进有序用电的长效机制建设，继续完善全市和局部区域的快速减负荷措施，推进全市负控应急预案常态化。二是做到“有保有限”，对高新技术企业、涉及民生和对全市经济贡献较大的企业要确保其用电，切实做好保增长工作，同时要加大对结构调整企业的限电，特别是在电力供需矛盾较大的地方，还要积极落实好有序用电措施。三是继续扩大负控安装范围，研究开展大型空调直接控制措施，努力增加可控负荷容量，降低单个用户的限电深度和频次。四是高度关注电网局部分区的供电瓶颈矛盾，做好应急情况下局部区域实施临时限电的准备，以有效缓解电力供需矛盾，确保城市电网安全稳定运行。

五、制定上海电网节能电发电调度工作实施方案（试行）

为贯彻落实国务院关于“十二五”时期节能减排工作的战略部署，进一步优化发电资源配置，根据《国务院关于印发“十二五”节能减排综合性工作方案的通知》（国发[2011]26 号）、国家电监会《关于完善厂网合同电量形成机制有关问题的通知》（办市场 [2011]47 号）、《国务院办公厅关于转发发展改革委等部门节能发电调度办法（试行）的通知》（国办发 [2007]53 号）和国家发展改革委等八部门《关于加快电力工业结构调整促进健康有序发展有关工作的通知》（发改能源 [2006]661 号），结合本市电力行业实际情况，市经信委牵头会同市发改委、国家电力监管委员会华东监管局，制定了《上海电网节能发电调度工作实施方案（试行）》。

（陈伟丽）

信息化与工业化融合情况

2011 年，上海市按照国家推进信息化与工业化深度融合战略要求，加快“两化融合”与战略性新兴产业发展、高新技术产业化、传统产业改造提升等重点工作对接，召开了全市推进“两化”深度融合工作会议，发布了“两化”深度融合“十二五”规划。在工信部的关心指导和市委、市政府的总体部署下，上海市基本建立起以企业信息化建设为核心，以传统产业改造提升和战略性新兴产业发展为主线，以政府政策推动和专项支持为引导，高校和科研机构等社会各方积极参与的“两化融合”推进格局。“两化融合”发展水平指数达到 75。

一、推进重点项目建设，加强典型示范

积极争取国家支持，主动对接国家部委，积极推荐上海企业和项目进入国家计划。围绕飞机、汽车、海洋装备等关键产品，重点推动完成“大型客机全球协同研制平台”、“集成的支持柔性生产的汽车制造执行系统”、“海洋重工装备 300 英尺水深自升式钻井平台工程研发系统”等项目建设。在云计算专项领域，银联、盛大、华东电脑、交大等 4 个项目获得国家支持；在新型显示专项领域，上海天马获得资助；在物联网专项领域，智能传感器、2.4GHzRFID、物联网安全芯片、M2M 通信模块、物标溯源系统等 8 个项目获得国家支持。

同时，为进一步规范战略性新兴产业项目的储备、筛选与管理工作，切实做到“规划一批、实施一批、储备一批”，开展重点项目储备工作，储备了电气风电、新能源汽车、发电机组、数字造船等一批战略性新兴产业核心产品信息化项目。认定“上海烟草供应链信息系统”等 30 个“两化融合”示范项目。

二、推进数字工厂建设，树立企业标杆

围绕节能减排、安全生产、自动控制、数字研发等关键环节，加快企业信息化建设。市经信委与市国资委联合发布《关于加强上海市国资国企信息化工作的意见》，推进国资国企信息化，围绕重点产业积极扶持并加快推进龙头企业信息化应用，发挥骨干企业的辐射带动作用，促进产业链上下游企业信息化水平的整体提升。上海交大开展“数字工厂”相关理念和关键技术的基础性研究。

在装备产业方面，上海电气加强电站、电梯等核心产业信息化，推动新能源、先进装备等领域产业链协同发展。在汽车产业方面，上汽集团推动汽车工艺规划与仿真系统开发与应用，带动上下游企业工艺开发能力提升。在化工产业方面，上海华谊成立集团信息公司，召开信息化工作会议，统筹推动集团信息化建设。在航空产业方面，中国商飞召开“两化融合”专题现场会，推动大型客机全球协同平台和供应商研制符合性管理系统建设，进一步提高大型客机研发和供应商管理能力，以加快“ARJ21-700 支线飞机数字化客户服务平台”上线。

三、推进区域信息化建设，加快集聚发展

认定临港产业区、漕河泾新兴技术开发区、市北高新技术服务业园区、浦东软件园、杨浦科技创业中心等 5 个园区为首批“数字园区”。以国家新型工业化产业示范基地和市级产业园区为重点，推进产业园区信息化，打造“数字园区”。率先在临港装备、长兴船舶和海洋工程等新型工业化示范基地，以及张江、漕河泾等信息化基础较好的产业基地，推进“两化融合”示范园区建设，支持园区在智能安防、公共服务平台、电子报关等方面的信息化项目建设；研究形成涵盖园区信息化基础设施规划、建设、服务、评估等内容的园区信息化管理规范，制定“数字园区建设与管理规范”企业联合标准，在十余个园区推广应用。

推进“两化融合”实践区建设，认定闸北区为“两化融合”实践区，在该区积极推进数据港等重点项目，加快软件和信息服务业发展。浦东、杨浦、松江、宝山等实践区在电子商务创新集聚、产学研服务、中小企业信息化等方面取得进展，浦东新区开工 33 个战略性新兴产业项目，总投资 136 亿元；杨浦区积极推进云计算和物联网等示范应用。此外，闵行、嘉定、金山、奉贤等区县也积极推动“两化融合”重大项目落地和开工。

四、推进融合机制建设，凝聚推动合力

加强与工信部合作，举办全国“两化融合”深度行上海站活动，扩大“两化融合”工作影响力。工信部组织专家组对上海国家级“两化融合”试验区进行总体验收，充分肯定上海试验区的成功经验和做法。

提升信息化公共服务水平，市中小企业办累计建成 61 家综合服务站、专业服务站和信息化辅导站；新增展讯通信、一机床、泛亚汽车等 3 家国家认定企业技术中心，累计达到 43 家；全面展开国家新能源机动车产品检验中心、国家智能电网用户端产品（系统）检测中心、国家能源核电站仪表研发与试验中心、国家手机测试平台的建设；加快筹建海上风电国家质检中心、智能输配电设备国家检测中心、国家 LED 检测中心等公共服务平台；启动实施推动电子商务企业创新发展、推动中小企业应用电子商务的“双推”工程，累计推动近 7000 家中小企业应用电子商务。

加强产学研合作，依托复旦、交大等知名高校以及上海电气等企业技术中心，建立 4 个“两化融合”研究中心以及自动化仪表研究院、电器科学研究院等 10 个重点实验室，推动一批行业“两化融合”产学研平台项目，从不同领域与环节支撑“两化融合”相关研究实践。

紧抓人才培训，在工信部信息化推进司的支持和指导下，申请建立国家“两化融合”人才培训基地，并依托市人保局职业培训指导中心等相关培训单位，构建首批 4 个联合培训机构和 5 个实训点。实施“两化融合培训宣传计划”，举办“两化融合”高级人才培训班 4 场，应用人才培训班 19 场，累计培训高级管理人员逾 300 人次，应用人才近 2200 人次。

（陆　森）

国资国企改革工作情况

2011年，在市委、市政府的正确领导和相关部门的大力支持下，市国资系统深入贯彻落实《关于进一步推进上海国资国企改革发展的若干意见》精神，抓住机遇、聚焦重点，全力推进国资国企改革发展各项工作，实现了“十二五”时期的良好开局。

一、国资国企保持稳健发展态势

国有经济运行良好，国资总量稳步增长。2011年，本市国有及国有控股企业（含金融保险业）实现营业收入20508.57亿元，比上年增长20.7%；实现利润总额1916.09亿元，增长14.6%。地方国有经济实现生产总值（GDP）4003.28亿元，增长12.8%，占全市GDP（19195.69亿元）的20.9%。本市地方国有资产总量达到12349.61亿元，增长12.1%。

大企业集团发挥主力军作用。上海汽车全年整车销售首次突破400万辆大关，增长12%，远超全国平均增幅，在市场增速趋缓的形势下实现了较快增长，进一步扩大了在国内市场的领先优势。上海电气风电业务稳步发展，新增订单逾60亿元，创历史新高；高效清洁能源业务继续保持百万级超超临界火电设备市场的领先地位；燃机设备产业取得突破，新增订单约47亿元；工业装备方面的电梯业务连续7年保持世界单厂年产电梯第一的纪录。百联集团实现总销售规模2265亿元，利润总额27亿元，位列中国零售业排名第一位和中国500强企业排名第33位。锦江国际所属锦江酒店投资管理的酒店规模总量达到865家，客房总数12.5万间，在*HOTELS*杂志全球300家酒店集团中排名12位，比上年上升1位；锦江旅游在全国百强旅游企业中排名第3位，比上年上升2位。上海建工大力推进产业结构升级、业务联动发展和区域布局优化，全年实现营业额1039亿元，新签合同额1058亿元，在转型发展中成功迈上“千亿级企业”台阶，在“全球225家最大承包商”评选中名列第20位，其商标被国家工商总局评定为中国建筑行业内唯一的“中国驰名商标”。地产集团、上海城投、绿地集团、申江两岸、良友集团等积极参与本市50多个重大市政工程动迁配套商品房、经济适用房等建设以及商业配套，涉及用地面积2100多万平方米，形成“大企业对口大基地”的格局。国际港务集装箱吞吐量首次突破3000万标准箱，货物吞吐量和集装箱吞吐量继续保持世界第一。

企业集团创新发展呈现较多亮点。上海电气成功制造首台国产煤炭气化炉——“煤气化联合循环”（IGCC），对发展我国的清洁能源将具有标志性的作用；成功研制国内首台260型毛纺高速精梳机，在精梳设备制造上取得又一重大突破。上海建工成功制作国内首台大型双壳球罐，重量达125吨，填补了国内在双壳球罐制作领域的一项空白；承建的“东北第一高楼”——沈阳茂业中心创出“液压爬模”、“2.5万立方底板大体积混凝土一次浇筑成功”、“300米超高层混凝土泵送一泵到顶”、“C80钢管柱混凝土浇筑”等多个“第一”。上海城建成功突破国内大型钢筋混凝土管试模具设计、生产质量、技术控制难题，一举实现世界最大口径钢筋混凝土管——直径4米的钢筋混凝土管试生产成功，再创中国钢筋混凝土管制造史上的新纪录；自主研发的“STEC盾构施工信息管理软件”提高了隧道盾构法施工的信息化水平，填补了中国在该环节的技术空白；承建的世界最大规模桥梁顶升工程——同三国道跨横潦泾大桥改造竣工通车，一举打破了世界最长、最重桥梁整体顶升工程两项世界纪录，并被列为国家住建部市政公用与建筑工程科技示范工程。华谊集团旗下双钱集团在2010年成为第一家获得美国环保总署（EPA）Smart Way认证的中国轮胎制造商后，再次推出系列产品FT105、FD405和FR605，具有明显的高效节能环保效应，并实现产业化，引领了国内轮胎行业技术进步。

二、注重优化转型，推进开放性市场化重组

市国资委会同市经信委，制定本市贯彻《国务院关于促进企业兼并重组的意见》的实施意见。制发《关于深化本市国企开放性市场化重组联合工作的通知》，引导企业通过开放性、市场化重组，加快转型发展。实施发电设备成套院与国家核电，临港集团与市工业区开发总公司的重组联合。调整上海纺控与纺织有限的管理体制。完成家化集团整体改制转让。

通过开放性、市场化重组联合，企业集团积极推进优化转型。上海电气在推进建设路桥、金泰公司，与瑞典山德维克、广西柳工联合重组的同时，与德国西门子、法国施耐德、美国斯必克和日本三菱电机等世界著名企业合作发展风电、建筑楼宇节能增效、节能控制技术等项目，加快向“制造商+服务商”转型。光明食品集团对外收购四川全兴酒业、澳大利亚玛纳森食品代理公司，对内整合米业、乳业和糖业资源，加快向“实业+贸易”全产业链集团转型。上港集团与同盛集团合作，加快洋山深水港区一体化经营，从单一“码头装卸服务商”向“综合物流服务商”转型。上海华谊布局内蒙、安徽等资源基地，内部实施一体化管控，取得

成效。部分企业组成“战略联盟”，形成上海国资国企整体优势。上海建工与上海电气在承包国外重大工程项目上开展合作，成效显著。锦江国际与水产集团加强食品冷链合作，延伸高端水产品的产业链，丰富市民的菜篮子。百联集团与绿地集团优势互补，在开拓市场的同时，配套建设商业网点。同时，上海国企与外省市国企、非公经济合作也有新进展。上海城投与杭州城建、江苏农垦合作，构建以上海为中心、辐射长三角核心区域的“创投集群”。上海城建与央企中铁八局、民企龙元建设组成联合体，构建投融资、建筑设计与施工、物业管理“全产业链”。上实集团向民营企业转让五洲药业、新华联制药厂以及马利彩笔。

三、注重价值提升，推进整体或核心资产上市

全市地方经营性国资证券化额超过300亿元，证券化率从年初的30.5%提高到34.7%。企业集团整体上市取得重大突破。上海建工、上汽集团、上海交运完成重组，上海城建获中国证监会批准。上汽集团重组作为2011年A股市场规模最大的并购项目，获全国“2011年典型并购重组案例奖”。完成上港集团、上实集团所属上海医药、光明食品集团所属上海梅林等12家上市公司重大重组，融资160.76亿元。其中，上海医药发行H股7.3063亿股，募资额168亿港元，成为近5年来全球药企最大规模IPO，上海医药由此成为内地首家“A+H”医药类上市公司。徐汇区国资委所属徐家汇商城成为本市第一个登陆中小板的国有控股上市公司。百联集团、国盛集团等成功发行289亿元的短期融资券、中期票据及企业债券。

在国务院国资委、中国证监会的指导下，市国资委会同市发改委、市财政局、市金融办、上海证监局等十多个委办局，共同研究企业集团整体上市后，调整完善国资监管方式。重大重组信息实行知情人登记制度，财务月报信息实行保密承诺。

四、注重科学规范，完善治理结构、构建动力机制

以《公司章程》为载体，进一步规范市国资委与企业董事会，董事会与经理层、监事会等各责任主体之间的职责，光明食品、临港集团、上海仪电、机场集团、申能集团、世博发展等6家企业完成《公司章程》修（制）订。优化董事结构，规范董事会运作，提高公司治理水平。新聘10名外部董事，共有45名外部董事受聘15家企业集团，外部董事的独立意识和专业优势得到充分肯定。注重发挥董事会战略与投资、审计与风控、薪酬与考核等专门委员会作用。落实董事会“选人用人、投资决策、资产处置、考核奖惩”等职权，上海电气、上海建工、东方国际等企业董事会先后新聘30名经营层副职。监事会工作团队重点抓好经营业绩真实性、经营过程规范性、经营者责任性的检查和重大决策执行、审计整改结果后评估，共完成9项重大决策后评估项目。机场集团、百联集团等企业监事会开展对机场集团战略性绩效管控体系、联华超市并购整合华联超市等项目后评估，得到各方高度肯定。

分类完善企业领导人员经营业绩考核和薪酬分配体系。50%的产业类集团董事会实行任期考核，与产权代表年度经营业绩考核、领导班子和领导人员任期综合考评“两个衔接”。完成11家企业领导班子和领导人员任期综合考评，34家企业年度综合考核，45家企业产权代表年度经营业绩考核。

建立“决策规范、结构合理、标准科学、监管到位”的企业领导人员薪酬分配体系。制发《关于进一步完善国有企业领导人员薪酬分配的指导意见》，按照“重在建立机制、与职工收入联动、体现行业特点、分类制定方案”的原则，做到企业领导人员薪酬与职工收入、企业效益“两个挂钩”。积极推进中长期激励，整体上市公司已形成激励方案。加快科技创新激励机制建设，配合市发改委制定并由市政府批转《张江国家自主创新示范区企业股权和分红激励试行办法》。

五、注重合力推进，构建国资监管工作大格局

坚持“统一授权、统一规则、分类监管”原则，完善市属经营性国资“出资监管为主、委托监管为辅”的体制。按照分级管理原则，市区两级国资落实“国家所有、分别代表、指导监督”的监管责任体系。对涉及国资基础管理工作，坚持统一规则、规范运行，全市国有企业统一执行战略规划、财务监管等12类117项制度。搭建信息沟通、事务协调、业务培训平台，提高委托监管单位和区县国资监管业务能力。目前，纳入市国资委快报统计的市属经营性国资达到98%，区属企业达到82%。

根据“责任有主体、行为有规范、问责有对象”的要求，委托监管单位积极推进各自领域国资国企的改革发展。市委宣传部加快文化体制改革，落实国家“三网融合”战略，完成百视通借壳广电信息上市，增强上海文化国资在数字新媒体领域的竞争力。市金融办积极发挥国有资本的杠杆效应和引领作用，聚合境内外资本、汇集国际化专业人才，成功募集并运作230亿元的上海金融发展投资等三个基金。

六、注重夯实基础，推进非主业资产调整、层级收缩、行业收缩和解决历史遗留问题

非主业资产调整继续推进。通过转型发展、改制重组、关闭注销和破产注销等方式，全年完成非主业企业（含壳体企业）调整清理588户。其中，注销和破产385户，占65%，另有近200家中小国有企业股权向民营企业、外资和自然人转让，支持民营企业和中小企业等非公经济发展。上海电气、上海纺织、百联集团等主要企业集团的非主业资产调整任务基本完成。

层级收缩作为面上重点工作继续推进。各企业集团主动梳理层级情况，采取开放性市场化重组、股权提升、事业部管理、清理退出亏损企业等各种方法，推动有效管理层级进一步收缩。至年末，上海纺织、临港集团、兰生集团、长江计算机等企业集团实现有效管理层级上收至三级，国资系统内有效管理层级在三级以内的企业由11家增加至15家。另外，上汽集团、上海建工、上海交运、上海城建等企业集团基本完成核心业务资产整体上市，为下一步压缩集团管理层级创造了条件。

行业收缩继续推进。稳妥退出塑料制品业等6个一般竞争性行业，涉及18家集团58户企业、82.45亿元资产，职工安置8400名。国资行业跨度从年初70个收缩到64个，国资布局进一步优化。

相关政策继续落实，一批历史遗留问题得到解决。土地方面，101幅国有企业划拨土地使用权直接变更申请获得批复，涉及土地面积1080亩，建筑面积70万平米，国资系统内划拨土地变更完成。破产方面，上海电气、华谊集团、上海仪电、上海纺织、上海城建等重点企业集团破产项目稳妥推进。全年进入司法程序的破产项目32个，完成司法终结的项目达到23个，豁免债务13.4亿元，年度破产工作成效创历史新高。

七、注重服务企业，切实提高国资监管效率

市国资委坚持“牢记使命、深化定位、联合委办、服务企业”的工作方针，在重点做好国资“5+1”工作的同时，引导支持企业集团做好突出主业、提高效益、从严管控、集聚人才、企业文化建设等工作。

落实本市及国资国企改革“十二五”规划，36家企业集团完成“十二五”规划，17家企业集团完成新一轮三年行动规划，40家企业集团制定年度实施计划。市国资委系统企业集团全部确定主业，90%以上的新增投资聚焦主业以及战略新兴产业，72%的利润来自主营业务收入。加大重点产业的培育，安排国资收益和财政专项资金92亿元作为企业资本金。全系统319个重大科技开发项目中，50%以上列入国家、部市科技支持计划，1/4项目技术水平达到国际先进水平。

完善以“国资监管信息系统”为核心的信息化管理平台。财务风险预警系统覆盖51家委管企业、80家企业集团重点子公司。集团层面集中管理资金1000亿元，上汽集团、久事公司等资金使用大户集中率达到80%以上。临港集团通过资金集中管理，节约资金成本近2亿元。完成建科院、化工院、锦江航运等5家企业（项目）审计。50%以上的企业集团形成三年一轮领导人员审计计划，全系统开展内部审计20274项，提出合理化建议6441条，增加效益或节约成本3.8亿元。制发《市国资委加强企业土地管理的指导意见》，实行企业土地权证集中管理，土地交易、抵押、出租集中审批。实施评估管理工作检查、项目抽查和交易后稽查“三查联动”。完善以“法律意见书制度”为核心的法律风险防范机制，重大法律纠纷发案率同比大幅下降，涉案金额明显减少。

（曾茂生）

在沪中央企业发展情况

中央企业（以下简称“央企”），是指由中央政府监督管理的国有企业，主要分为三类：一是由国务院国资委履行出资人职责监管的国有企业，主要涉及国家安全、公共产品及服务等重大领域，如航天航空、机电船舶、兵器核能、电信营运等行业；国计民生和资源保障等关键领域，如煤电油运气、粮棉油保障等行业；先进制造业和现代服务业等重点领域，包括相关的工业、建筑、贸易等行业。二是由国务院金融机构监管的国有企业，主要涉及银行、信托、保险、证券、基金、期货等金融行业。三是由国务院其他部门或全国性社会、群众团体管理的国有企业，包括烟草、铁路、广播、电视、文化、教育、出版等行业。本报告主要涉及在上海设立总部、分子公司及办事处等机构的中央企业（以下简称“在沪央企”），以国务院国资委监管的央企为主。

目前，在沪中央企业及以办事处或窗口公司形式设立的分支机构有2500家左右。其中由中央政府监督管理的三级次以上在沪央企共2229家，资产总额92542.44亿元。2011年，由国务院国资委监管的在沪央企有2096家，资产总额24787.1亿元。在沪央企分为两大类：一是总部在沪央企。共有6家，分别是中国交通银行、宝钢集团有限公司、中国东方航空集团公司、中国海运（集团）总公司、中国商用飞机有限责任公司和上海贝尔股份有限公司。同时，由央企控股、注册在沪的上市公司总部有30家，如宝钢股份、东方航空、交通银行、中海发展、中国联通和中船股份等，占上海全市177家上市公司总部的17%。二是分支机构。目前，央企在沪设立的重要生产基地、建设交通单位、研发机构、总部企业和房地产企业有130多家。在沪央企行业覆盖面广，集聚重点领域。

作为国民经济的主力军，央企对我国关系国家安全、国民经济命脉的重要行业和关键领域具有较强的驱动力和支撑力，对地方经济发展具有较强的带动力和影响力。2011年，在“十二五”起步之年，央企成为助推上海“创新驱动、转型发展”的重要“引擎”和重要保障，发展呈现“五个不断放大”的新特点：

一、产业发展的驱动作用不断放大

尽管在沪央企户数占比不高，但规模总量和经济效益分别占全市总量的20%、15%以上。

以工业为例，据上海市统计局统计，2011年，全市规模以上工业央企（年主营业务收入2000万元以上）有147家、从业人员15.49万人，户数和人员分别只占全市规模工业企业总数1.54%和6.1%，但资产和经营规模在全市规模以上工业企业总量中占比较高。其中，资产总额7909.68亿元（比上年增长5%）、工业总产值7141.20亿元（增长3.8%）、主营业务收入7884.06亿元（增长11.2%）、利润总额336.11亿元，分别占全市规模工业企业资产总额的27.1%、工业总产值的22.01%、主营业务收入的21.71%和利润总额的15.45%。

二、行业“龙头”的引领作用不断放大

2011年，央企在全国或本市多个工业行业中产销中规模名列前茅。

钢铁行业，宝钢集团有限公司利润总额、总产量分列全国第一和第三，其中宝山钢铁股份有限公司的工业总产值、出口和利润总额排名上海行业“三个第一”。

烟草行业，上海烟草集团有限责任公司利润总额、出口双双排名全国第一，工业总产值、利润总额和出口囊括上海行业“三个第一”。

船舶行业，各项排名前六名均由央企包揽，上海外高桥造船有限公司排名完工量、销售收入分列全国第一和第二，出口和利润总额均名列上海行业第一；沪东中华造船（集团）有限公司工业总产值列上海行业第一。

机械行业，上海振华重工（集团）股份有限公司工业总产值、出口均名列上海行业第一。

石化行业，中国石化上海石油化工股份公司排名上海行业工业总产值、利润总额“两个第一”；中国石油化工股份有限公司上海高桥分公司工业总产值、出口分别名列上海行业第二和第三。

电力行业，上海市电力公司、华东电网有限公司雄踞上海行业工业总产值前两位；华东电网有限公司、华能国际电力股份有限公司上海石洞口第二电厂利润总额分列上海行业前两名。

电子行业，上海贝尔股份有限公司出口列上海行业第二。

医药行业，上海生物制品研究所有限公司利润总额排名上海行业第二。

三、创新转型的“引擎”作用不断放大

在上海“十二五”发展规划和“创新驱动、转型发展”的开局之年，在沪央企作用明显，贡献较大。

在战略性新兴产业方面，一批重大创新突破项目顺利推进，自主创新能力进一步增强。

民用航空制造领域，中国商飞公司三大中心建设顺利推进，C919大型客机研制由初步设计转入详细设计；CJ-1000A航空发动机验证机完成概念设计并通过技术评审。

先进重大装备领域，国核自仪有限公司与美国马丁·洛克公司合作完成核电全数字化保护系统平台原理样机，并启动NRC（美国核管局）认证程序。

电子信息制造业领域，909升级改造工程正式投产，55纳米工艺产品开始小批量试产；联芯科技有限公司发布了业界首款TD-LTE与TD-SCDMA双模基带芯片。

海洋工程装备领域，外高桥造船公司交付了首座3000米深水钻井平台“海洋石油981”号；上海船厂交付了国内首艘12缆深水物探船。在新材料领域，宝钢集团的先进高强钢、取向硅钢市场份额不断扩大。

据不完全统计（不包括中科院在沪单位和部属在沪高校单位），在沪央企现有博士后工作站近30个，占全市总数30%；企业技术中心42个，占全市总数12%，其中国家级13个、市级29个，分别占全市总数31%和9%。上海还拥有一批科研“国家队”。央企已经成为上海发展战略性新兴产业、企业技术创新的“领头羊”。

在央地合作、联动发展方面，双向战略合作与投资力度逐步加大。市政府与中国石油化工集团公司签订了《关于高桥石化提升调整的战略合作协议》，共同在上海化学工业区内通过新建和搬迁，最终形成2000万吨／年炼油和100万吨／年乙烯及其下游配套加工装置的生产能力；与中国电子科技集团公司签订《战略合作框架协议》，共同推进在沪成立“中国电子科技集团信息服务股份有限公司（暂定）”，计划5年内在嘉定区规划建设1000亩的产业集聚、以自主创新为核心竞争力的信息产业电子科技集团的区域总部并建设总部大厦。2011年，仅中国商飞公司、上海神舟新能源发展有限公司、上海生物制品研究所、宝山钢铁股份有限公司、上海天马微电子有限公司5家央企在沪开工重大产业投资项目9个，投资总额达到384.88亿元。中国石化、东方航空、大唐电信等6家央企已确定2012年落户上海开工及储备的重大产业投资项目7个，合计投资额为754.11亿元。

在创新平台建设方面，央企领衔引进并推进一批国家级创新基地和中心。为配合打造“智慧城市”和推进离岸贸易服务，“上海云海数据中心”一期规划项目已推出，将在洋山保税港区启动，规划面积为320亩，由“数据中心产业区”、“商务运营区”和“扩展区”组成，重点集聚云计算基础设施和相关配套增值服务产业。国内三大通信营运商在港区内都建有核心通信枢纽，将与电子信息制造业、软件及服务业众多央企联手形成覆盖上下游产业的数据产业链，共同开拓高端市场、提升我国信息产业综合竞争力。国家智能电网用户端产品（系统）检测中心、国家手机测试平台的能力建设全面展开；海上风电国家质检中心、智能输配电设备国家检测中心筹建步伐加快。

在总部经济发展方面，一批央企区域性总部、功能性总部集聚上海发展。世博会首块后续规划利用地块——B片区招商引资，共吸引中国商飞公司、宝钢集团、国家电网等13家央企入驻发展总部经济（其中“世界500强”企业有6家），新增业务板块70多个。其中，大部分属于战略性新兴产业和现代服务业；央企所属上市公司总部7个、拟上市公司总部3个。预计央企总部集聚区注册资本总额累计将超过500亿元，“十二五”末年经营收入累计逾1.1万亿元。

在资产重组方面，国药集团以上海医药工业研究院为核心，组建中国医药工业研究总院，在奉贤建设生物制品产业基地。国家核电与上海发电设备成套设计研究院联合重组，建立引进第三代核电技术及自主开发CAP系列核电技术的设备材料鉴定中心。中国博览会公司拟出资500亿元，与上海东浩集团联手打造以服务贸易为主的上海国际会展中心等。

在产业结构调整方面，宝钢集团公司、中国石化上海石化股份有限公司、中国石化股份有限公司上海高桥分公司、中铝上海铜业有限公司共完成11个调整项目，其中9个为上海市重点推进项目，2个为自我加压项目，关闭和淘汰了一批落后产能或高能耗、高污染、高危险产品，累计年节约标煤86921.1吨，为上海市完成年度节能减排目标、实施区域性结构调整作出了重要贡献。

四、“四个中心”建设的支撑作用不断放大

上海“四个中心”和国际化大都市建设，主要靠央企发挥支柱作用。国际金融中心建设，都由央企“挑大梁”。国家五大银行、三大保险公司和几乎所有的证券、基金等，以及招商局集团、中化集团、华能集团等央企旗下的金融机构，都在上海设立分支机构；117家国务院国资委监管的央企有57家在沪设立了财务公司或资金管理机构。国际航运中心建设，以东方航空集团、中国海运（集团）总公司、中国远洋运输（集团）总公司、中国外运长航集团、中国交通建设股份有限集团等为主，再加上招商局集团出资参股上海港务集团40%的股权，中兴泰富和华能集团分别在沪成立新的航运公司，航运实力大增，还有一批实力坚强的船舶、航天航空装备制造企业作后盾。2011年，上海港保持世界第一大集装箱港地位，中海集装箱运输股份有限公司、中远集装箱运输有限公司等央企发挥了关键作用。

五、社会发展的普惠作用不断放大

央企是上海经济社会发展的重要依托、与地方融合发展的重要载体，2011年对上海经济社会发展又作出了多方位的重要贡献。

在创造税收上，2011年规模以上在沪工业央企累计创造税金总额795.52亿元，比上年增长16%，占全市规模以上工业企业税金总额52.72%。

在促进区县发展上，全市央企总体布局进一步优化：现代服务业在中心城区集聚发展，先进制造业在郊区（园区）集群发展，形成了一批由央企领衔的国家高端装备制造产业基地。如国家新型工业化示范基地——长兴岛船舶与海洋工程装备基地，由中船长兴基地（上海江南长兴造船有限责任公司、上海江南长兴重工有限责任公司和江南造船（集团）有限公司三条生产线）、中海长兴修造船基地和振华重工长兴基地构成；临港新城产业区已经或即将入驻中船三井大功率柴油机、中船柴油机配套园和中航商用飞机总装中心等项目；张江高新技术园区入驻大型飞机设计研发中心；闵行区紫竹科学园区入驻大型飞机项目部分研发和客服中心等。这些带动了区县发展，形成并凸显了区域产业发展特色，如浦东新区的电子信息制造、民用航空、海洋装备工程、先进重大装备和现代物流，杨浦区的烟草，闵行区的航天航空，金山区的精细化工，宝山区的精品钢材，崇明长兴岛船舶及装备制造、港口运输等。在沪央企已成为上海区县经济发展、扩大就业的重要支柱。

在城市运行和安全保障上，央企核心保障作用突出。2011年，在煤炭保障上，上海神华煤炭运销有限公司年销售量达到8598万吨，占全市销售总量25.4%，遥遥领先同行其他煤炭经营企业；上海中煤华东有限公司年销售量达到1637万吨，占全市销售总量4.8%，两家公司上缴税收2.8亿元。在成品油供应上，2011年，中石化、中石油和中海油三大央企在沪企业成品油零售量为478万吨，其中汽油299万吨，柴油179万吨，销售量占全市总量95%。中石化上海股份公司、中石化上海高桥股份公司分别生产沪Ⅳ标准成品油150.94万吨和161.25万吨。在电力保障上，上海电力股份和华能集团华东公司发电量连年创历史新高，累计占全市发电总量50%以上。上海电信、上海移动、上海联通等电信运营商对上海城市通信保障和“智慧城市”建设的主力军作用愈益明显。

（马 峰）

中小企业发展情况

按照2011年工信部等四部委印发的中小企业划型标准，据市统计局快报数据显示，截至2011年年底，全市共有中小微型法人企业35.6万户，占全市法人企业总数的99.6%；吸纳从业人员839.2万人，占全市法人企业总数的78.6%；实现营业收入64858.3亿元，占全市法人企业总额的59.4%；实收资本总额为28035.3亿元，占全市法人企业总额的76.5%。

一、2011年本市中小微企业发展基本情况

（一）户数

截至2011年年底，全市共有中小微型法人企业35.6万户，其中，中型企业1.0万户，小型企业7.4万户，微型企业27.2万户。

（二）从业人员

截至2011年年底，全市中小微企业从业人员839.2万人。其中，中型企业从业人员256.2万人，小型企业从业人员340.7万人，微型企业从业人员242.3万人。

（三）营业收入

全市中小微企业实现营业收入总额64858.3亿元。其中，中型企业实现营业收入33500.9亿元，小型企业实现营业收入25588.2亿元，微型企业实现营业收入5769.2亿元。

（四）实收资本

全市中小微企业实收资本达28035.3亿元。其中，中型企业实收资本8273.8亿元，小型企业实收资本10145.5亿元，微型企业实收资本9616.0亿元。

二、2011年中小微企业按三次产业分布情况

（一）第一产业

第一产业中小微企业户数2526户，占全市第一产业数量的99.7%；从业人员5.9万人，占95.8%；营业收入73.5亿元，占75.6%；实收资本63.2亿元，占84.6%。

（二）第二产业

第二产业中小微企业数量达10.1万户，占全市第二产业数量的99.6%；从业人员425.8万人，占79.9%；营业收入20177.4亿元，占49.9%；实收资本6250.3亿元，占68.0%。

（三）第三产业

第三产业中小微企业数量达25.2万户，占全市第三产业数量的99.6%；从业人员407.5万人，占77.2%；营业收入44607.4亿元，占65.0%；实收资本21721.8亿元，占79.4%。

三、2011年中小微企业按注册类型分布情况

（一）中小微企业在全市各注册类型中的地位

在全市国有企业、集体企业、私营企业、港澳台及外商投资企业、混合型企业（除国有、集体、私营、港澳台及外商投资企业以外的所有企业，以下同）中，中小微型私营企业和集体企业在数量、从业人员、营业收入、实收资本上占绝对优势，在全市的比重均在9成以上；中小微型国有企业、港澳台及外商投资企业、混合型企业尽管在数量上优势明显，但在营业收入、吸纳就业等方面不够突出，混合型中小微企业营业收入仅占全市混合型企业的47.3%。

（二）中小微企业注册类型分布情况

中小微企业从数量上以私营企业为主，中小微型私营企业占中小微企业总数的79.5%，遥遥领先其他注册类型的中小微企业；在从业人员上，主要集中在中小微型私营企业和港澳台及外商投资企业，分别占53.8%、23.0%；在营业收入上，主要集中在中小微型私营企业和港澳台及外商投资企业，分别占35.2%、30.5%；在实收资本上，中小微型港澳台及外商投资企业、私营企业、混合型企业分别占36.5%、23.1%、22.4%，比重相对较为均衡。

（三）各类注册类型中小微企业发展情况

1. 中小微型国有企业

本市中小微型国有企业5774户，吸纳从业人员44.8万人，实现营业收入7655.0亿元，累计实收资本4610.4亿元。

2. 中小微型集体企业

本市中小微型集体企业1.1万户，吸纳从业人员37.1万人，实现营业收入1236.2亿元，累计实收资本423.8亿元。

3. 中小微型私营企业

本市中小微型私营企业28.3万户，吸纳从业人员451.3万人，实现营业收入22848.0亿元，累计实收资本6478.9亿元。

4. 中小微型港澳台及外商投资企业

本市中小微型港澳台及外商投资企业3.3万户，吸纳从业人员192.7万人，实现营业收入19787.3亿元，累计实收资本10237.3亿元。

5. 中小微混合型企业

本市中小微型混合型企业2.3万户，吸纳从业人员113.4万人，实现营业收入13331.8亿元，累计实收资本

6284.9亿元。

四、2011年中小微企业资本来源情况

(一)中小微企业资本来源的总体分布

本市中小微企业累计实收资本28035.3亿元。其中,国家资本4322.5亿元,占全市中小微企业资本投入总额的15.4%;集体资本693.6亿元,占2.5%;法人资本8639.1亿元,占30.8%;个人资本5228.4亿元,占18.6%;港澳台商资本2762.6亿元,占9.9%;外商资本6387.1亿元,占22.8%。

(二)中小微企业主要资本来源情况

1.国家资本

中小微企业国家资本为4322.5亿元。从三次产业看,国家资本主要投向第三产业,第三产业中小微企业国家资本3879.1亿元,占中小微企业国家资本总额的89.7%;从注册类型上看,国家资本主要投向国有企业,资本总额为3018.3亿元,占69.8%;从行业大类来看,国家资本主要投向商务服务业、房地产业、工业、金融业、信息传输计算机服务软件业等,5个行业分别占中小微企业国家资本总额的41.0%、25.4%、8.1%、7.0%、6.9%。

2.法人资本

中小微企业法人资本为8639.1亿元。从三次产业看,法人资本投向第三产业的资本总额累计为6949.8亿元,占中小微企业法人资本总额的80.4%,投向第二产业的资本总额累计为1663.2亿元,占19.3%;从注册类型上看,法人资本主要投向混合型企业,资本总额累计为4168.8亿元,占48.3%;从行业大类来看,法人资本主要投向房地产业、商务服务业、工业等,3个行业分别占中小微企业法人资本总额的31.1%、23.6%、17.3%。

3.个人资本

中小微企业个人资本为5228.4亿元。从三次产业看,个人资本投向第三产业的资本总额累计为3738.7亿元,占中小微企业法人资本总额的71.5%,投向第二产业的资本总额累计为1472.2亿元,占28.2%;从注册类型上看,个人资本主要投向私营企业,资本总额累计为4421.8亿元,占84.6%;从行业大类来看,个人资本主要投向批发业、工业、商务服务业、房地产业、建筑业等,5个行业分别占中小微企业个人资本总额的23.2%、18.0%、17.9%、11.1%、10.1%。

4.外商资本

中小微企业外商资本为6387.1亿元。从三次产业看,个人资本投向第三产业的资本总额累计为4522.1亿元,占中小微企业法人资本总额的70.8%,投向第二产业的资本总额累计为1862.5亿元,占29.2%;;从行业大类来看,外商资本主要投向工业、批发业、商务服务业、房地产业、金融业等,5个行业分别占中小微企业外商资本总额的28.9%、23.1%、15.5%、14.0%、9.4%。

(卫丙戌)

电子信息产业发展情况

一、发展运行情况

2011年,上海电子信息制造业领域以科学发展观为指导,以“创新驱动,转型发展”为引领,认真贯彻落实市委、市政府各项决策部署,积极应对复杂多变的经济形势和经济运行中出现的新情况、新问题,努力推进产业结构的优化升级和发展方式的转变,在上年高位增长的基础上继续保持平稳增长。全年完成工业总产值7062亿元,比上年增长3.2%。

1.创新驱动显成效

自2009年上海开始启动高新技术产业化推进工作两年来,创新驱动成效渐显,为进一步促进战略性新兴产业新一代信息技术的发展打下扎实基础。2011年,上海战略新兴产业电子信息制造领域实现工业总产值1973.3亿元,比上年增长6.8%,高于电子信息制造业工业总产值增速3.6个百分点,对电子信息制造业增长的贡献率达到57.4%。年内,上海两家集成电路企业在境外上市(昂宝、新进),展讯TD-SCDMA芯片被三星旗舰智能机Galaxy SII采用,获得中移动终端集采的57%份额。战略新兴产业新一代信息技术重点领域集成电路、通信与网络设备、新型显示已成为产业发展重心,汽车电子、物联网等已成为产业发展的新亮点。

2.转型发展新突破

上海电子信息制造业积极调结构、促转型,着力优化投资结构,同时积极开拓新领域、培育新业态。电子计算机制造业企业在向内地省市梯度转移电脑生产的同时,加大高端服务器产品的生产,主动转型,部分代工厂在收入增长有限的前提下,实现利润较大幅度增长。“909”工程升级改造项目月产能已达到1万片,映瑞LED项目第一批蓝光及绿光LED芯片相继成功点亮,上海蓝光已建成26KK量产线,量产功率型芯片发光效率达100lm/W(@350mA,封装成白光后),物联网应用示范工程有序推进。

3．服务企业促发展

大力推进国家数字电视工程中心、集成电路研发中心、硅知识产权交易中心、电信研究院华东分院、物联网中心等一批公共服务平台建设，做好上海电子信息制造业公共服务，促进产业发展。2011 年，上海电子信息制造业吸引新增投资 244.7 亿元，比上年增长 22.8%，高于制造业投资增速 18.8 个百分点，成为上海制造业新增投资规模第一的支柱产业。全年服务器增长 3.3 倍；打印机增长 44.3%；手机增长近 7 倍，移动通信基站产量增长 63.8%；传真机产量增长 2.2 倍；集成电路产量增长 46.6%。

二、重点行业发展情况

（一）集成电路

据上海市集成电路行业协会对上海集成电路产业 180 家主要企业的跟踪统计，2011 年，上海集成电路产业完成销售收入 629.2 亿元，比上年增长 17.0%（见表 1）。

表 1　2011 年上海集成电路各行业销售收入及增长率

行业	2011 年销售额（亿元）	2010 年销售额（亿元）	增长率
设计业	148.53	113.2	31.2%
芯片制造业	127.79	133.4	−4.2%
封装测试业	286.96	250	14.7%
设备材料业	65.93	41.3	59.6%
合计	629.21	537.9	17.0%

资料来源：SICA 统计网，2012 年 2 月。

近几年来，上海集成电路设计业持续快速增长（见表 2），说明上海集成电路设计逐步趋向成熟，设计企业的规模及销售收入持续增加，同时从 2008 年世界金融危机以来，设计企业将市场转向“内需主导”，调整产品结构等工作也取得了初步成效。

表 2　2006 ～ 2011 年上海集成电路设计业销售收入及增长率

年份	2006	2007	2008	2009	2010	2011
销售收入（亿元）	24.6	36.5	45.9	67.04	113.2	148.53
增长率	68.5%	48.4%	25.9%	46.1%	68.9%	31.2%

由于 2011 年全球半导体市场下滑，海外代工订单大量减少，以代工为主的上海芯片制造业销售额有明显下降，仅为 127.8 亿元，比上年减少 4.2%，其中中芯国际（上海）的销售收入由 2010 年的 54.5 亿元减为 2011 年的 42.5 亿元。上海华虹 NEC 和台积电（中国）由 2010 年的 24.8 亿元和 19.4 亿元分别增至 2011 年的 26.3 亿元和 23.66 亿元。上海宏力、上海先进、上海新进和上海贝岭基本持平，或略有下降。受世界市场影响，封装测试业增长幅度为 14.8%。

在国家科技重大专项 02 专项和上海市经信委、发改委和科委的集成电路专项推动下，上海半导体设备材料企业自主研发的半导体设备和半导体材料开始上市，都有营业收入，全年设备材料业销售额增长 59.6%。

（二）通信及网络设备

《国务院关于加快培育和发展战略性新兴产业的决定》将新一代信息技术定为七大重点发展领域，并致力推动新一代移动通信、下一代互联网核心设备和智能终端的研发及产业化，以及《上海市推进智慧城市建设 2011 ～ 2013 年行动计划》的发布、高新技术产业化物联网专项等国家和市级产业导向及产业化项目的政策扶持、推动下，上海通信与网络设备企业积极把握机遇，创新驱动、转型发展，为社会经济发展提供有力的支撑。

全年完成工业总产值 871.5 亿元，增长 15.5%；实现销售收入 877.7 亿元，增长 14.2%；创造利润总额为 30.4 亿元，增长 12.4%。生产手机 1005.9 万部，程控交换机 164 万线，移动通信基站 490.4 万信道。

1．第三代移动通信及长期演进技术（TD-LTE）

上海作为 2011 年中移动牵头开展“TD-LTE 规模试商用网一阶段暨规模技术试验”工作的 6 城市之一，2011 年主要在外场条件下进行 TD-LTE 同频组网技术的测试验证，上海 TD 产业链上下游企业随着试验及全球范围内试商用的逐步迈进，在 3G 的 TD-SCDMA 技术及长期演进技术即（TD-LTE）领域处于全国领先地位。

上海拥有完整的 TD 产业链，在网络设备方面有：上海贝尔、大唐移动等；芯片开发企业有：联芯、展讯、锐迪科等；终端设计的企业有：上海闻泰、晨讯、龙旗等；网络规划企业有：百林通信等；测试仪器企业有：创远等，均有掌握关键技术的核心企业，产业各环节间具有强大的竞争力和互补协作性。无论网络设备还是终端芯片，上海都占据了重要的市场份额，各种数据都显示，上海已成为国内 TD 移动通信技术最重要的产业基地。

2．下一代网络（NGN）

2011 年 12 月 23 日，国务院总理温家宝主持召开国务院常务会议，研究部署加快发展我国下一代互联网产业。会议明确了今后一个时期路线图和主要目标，2013 年年底前，开展国际互联网协议第 6 版网络小规模商用试点，形成成熟的商业模式和技术演进路线；2014 ～ 2015 年，开展大规模部署和商用，实现国际互联网协议第 4 版与第 6 版主流业务互通。

目前，上海下一代互联网产业已经初具基础，聚集了以运营商及上海贝尔、上海中兴、上海华为等为代表的产业链重点企业，在基于国际互联网协议第 6 版的下一代互联网基础理论研究、关键技术研发及设备产业化、技术试验、人才培养等多方面有所拓展，后续规模化商用和发展已具备良好基础。

3．下一代广电网（NGB）

NGB（Next Generation Broadcasting Network，简

称 NGB）是我国下一代广播电视网，它以有线电视网数字化整体转换和移动多媒体广播（China Mobile Multimedia Broadcasting，简称 CMMB）的成果为基础，以“高性能宽带信息网”（3T Net，T 比特的路由、T 比特的交换和 T 比特的传输）自主创新的核心技术为支撑，将电信网、计算机网和有线电视网三网融合，有线无线相结合，全程全网的下一代广播电视网。

2009 年 7 月 31 日，国家科技部、国家广电总局和上海市政府签订示范合作协议，宣告中国“下一代广播电视网（NGB）”示范网建设率先在沪启动。作为建设 NGB 网络的排头兵，东方有线到目前为止已经完成上海中心城区 150 万户 NGB 示范网建设。预计未来进一步扩大规模，在 3 ~ 5 年时间内，将完成全市 500 多万有线电视用户的 NGB 改造，从而为本市三网融合试点以及建设“智慧城市”奠定扎实基础。如今，NGB 入户网络带宽已达 100M 的接入水平，为高端增值业务，如远程医疗、高清通话等应用提供了技术条件。

4．移动终端

上海在移动终端领域的优势主要集中在 TD-SCDMA 芯片和手机方案设计环节。以联芯科技、展讯通信为代表的 TD-SCDMA 芯片设计公司占到了目前整体市场份额的 50% 以上；以闻泰、龙旗、晨讯科技、华勤等为代表的手机设计公司拥有国内的手机设计的大部分资源。

信息终端产业，作为移动终端的关键、核心组成，对于上海地区经济发展和电子信息制造业的发展具有极大的促进作用，是信息产业发展的重点领域，智能终端领域的产业优势将集中应用于 TD-LTE 及平板电脑领域，继续巩固上海市在终端方案设计领域优势地位，顺应 TD 规模试验步伐，把握市场先机。

（三）新型显示

通过“十一五”前期的努力，上海新型显示产业已初步形成了产业基础，技术和人才集聚效应开始显现，产业规模快速扩展，新技术成果不断涌现，骨干企业迅速成长，市场扩展步伐不断加快。2011 年新型显示高新技术产业化工业总产值达 587 亿元，同比略有增长。薄膜晶体管液晶平板显示器（TFT-LCD）、发光二极管（LED）等领域产业规模不断扩大；有机发光二极管（OLED）、激光显示等产业也不断壮大。

LED：

上海 LED 产业不断蓬勃发展。前端拥有映瑞、蓝光等外延和芯片企业，进行产能扩张。映瑞光电 LED 项目 1 月 5 日开工建设，目前已实现小批量量产；上海蓝光稳步发展，产值也不断提升。后端应用方面，三思的 LED 显示产品已达到国内第一、国际先进水平；LED 路灯、隧道灯等 LED 照明灯具累计销售达 10 万余盏，并中标深圳地铁项目及全国 30 多条隧道 LED 照明灯具项目。亚明已建成年产 20 万套 LED 照明灯生产线，积极扩大 LED 照明市场销售，目前已中标人民大会堂射灯改造项目，又获得上海 6 家超市 LED 灯具改造项目订单。相关配套方面，中微、理想能源、永胜、中晟等 MOCVD 设备生产厂家不断加紧研制，上海 LED 产业链不断完善，产业规模持续扩大。

平板显示：

TFT - LCD 方面，随着大批 TFT - LCD 高世代线的投入，平板显示产业整体竞争激烈，相较于大部分企业亏损严重，上海平板显示产业较为平稳。上海天马保持良好增长势头，并获得国家战略性新兴产业平板显示方面的专项资金支持；中航光电子不断提升产能，技术改造，进行产品优化与转型。

AM - OLED 方面，上海天马 2011 年 2 月 20 日成功点亮第一款顶发射 AMOLED 彩色产品，大尺寸（12.1 英寸）AM-OLED 屏样品 2011 年 10 月在日本横滨国际平面显示器展会上展出并取得较好反响。项目计划于 2012 年 6 月完成，目前正在努力提升产品良率。

激光显示方面，已初步形成激光显示研发和产业集聚基础，以三鑫、广电光显为主的生产厂商不断突破核心技术，扩大产业规模。

（四）汽车电子

国内汽车工业的持续快速增长，有越来越多的汽车采用更多更复杂的电子系统，助推了上海汽车电子产业的集聚与发展。综合市场数据分析，2011 年，上海汽车电子产业规模为 731 亿元，增长 10.4%，占全国市场约 30%，成为业内的排头兵，并凸显以下特点：

1．汽车电子产业区域性聚焦更明显，结构性布局更合理

本市汽车电子产业基本实现产业结构、区域布局的转型调整，形成汽车电子国内最完整的产业链配置；形成嘉定、浦东为集聚区，松江、青浦、徐汇、杨浦、闵行、奉贤等为拓展区的国内汽车电子产业最具规模的区域布局。2011 年，汽车电子区域性聚焦更明显，产品结构布局更合理。诸如：飞乐股份公司收购了国际品牌 AEES 项目、收购了上海德科电子仪表有限公司；上海华东汽车信息技术公司成功收购南京天擎汽车电子公司等，在业务发展上为打造优秀的国际化中高端汽车电子零部件企业打下基础。

产业发展的热点之一，本市已开始进入新能源汽车电子领域的企业主要有 30 多家。其中，上汽瞄准汽车驱动电力化趋势，把加速推进“电控系统”的应用开发作为新能源汽车领域自主创新的重点，达到与整车同步发展的目的。上汽全资子公司捷能汽车技术公司，专注于混合动力和纯电动汽车的动力系统集成和控制集成开发，成功实现了为第一个新

能源产业化项目荣威750混合动力轿车的配套。上海捷新动力电池系统公司已成功建立锂离子电池和配套系统工程应用开发能力、动力电池及模块验证测试能力和电池系统集成能力。

2．形成与国内汽车市场高速发展相适应的汽车电子产业化发展态势

目前上海180余家汽车电子领域企业中，普遍关注的一是自主品牌，二是产品质量。为创出自己的品牌，打出自己的质量，主管部门、汽车电子企业、相关软件企业重视汽车电子软硬件产业链对接及技术，联合突破我国在汽车电子领域的重大核心技术，鼓励产业链分工和协助。分享了软硬件结合在核心技术研发及产业化推进上的经验。上海积极推进汽车电子嵌入式软件的应用工作，首批应用推进试点单位计13家，有利于提升企业汽车电子相关产品其科技含量及市场竞争力。

上海汽车电子芯片产业链本土化进程加快。在构建“汽车电子芯片制造产业化平台”以来，上海先进半导体公司汽车电子晶圆月产能已经超过万片，累计生产汽车电子晶圆逾6万片。

3．开拓车联网与车载信息服务新的产业形态

2011年，在上海智慧城市计划中建立了车联网专项，加强智能车载信息服务系统研发和产业化，探索形成满足用户需求的商业模式，实现替代进口。4月，上海地区成立了跨行业、跨地区、跨部门的“上海车联网与车载信息服务产业联盟”，已有成员单位56家，涵盖汽车整车及汽车电子零部件、集成电路、通信网络、系统软件、信息服务、城市交通、科研院校等产业链主要企事业单位，上汽集团为理事长单位。上海在嘉定区设立了国际汽车城车联网产业基地。

车联网与车载信息服务产业作为一个新的业态，将在“十二五”期间成为物联网与云计算技术应用的主要载体，形成战略性新兴产业的增长点。

三、主要措施成效

（一）集成电路

开展国发4号文本市配套政策的落实工作，积极组织行业调研和座谈工作，本市配套政策即将发布实施。积极支持集成电路先进技术研发，通过高新技术产业化工作的开展，推动中芯国际先进工艺进入到40纳米，目前40纳米工艺已通过认证。全力推进重大工程建设，实现集成电路产业快速发展，推动“909”工程升级改造项目的建设，积极协调台积电扩产项目开工建设，协调落实日月光金桥封装项目的土地问题，年底实现开工建设。全年上海集成电路设计业规模首次超过制造业，实现销售收入150亿元，增长32.5%。

（二）通信和网络设备

主动争取国家战略任务在上海实施，积极吸引优势企业在上海发展，加快形成自主创新的完整产业链。2011年上海成为国家TD-LTE规模技术试验首批6个试点城市。中兴通讯与上海市签订战略合作协议，在沪建设全球TD-LTE业务创新中心。联芯科技发布业界首款TD-LTE与TD-SCDMA双模基带芯片。上海贝尔等一批本地企业成为率先进入TD-LTE规模技术试验的厂商。推进NGB的网络覆盖和应用推广，提升NGB终端的质量和功能的多样化。

（三）新型显示

聚焦重点企业，支持上海亚明灯泡厂建成年产20万套LED照明灯生产线，产业化成果被运用于人民大会堂射灯改造项目。加强产业引导和项目推进，吸引映瑞光电项目落户上海，项目总投资10亿元，目前已小批量生产并形成销售。积极探索市场化推进机制，加强产业推广，参与组织上海市中小企业LED技术应用推广会，为LED中小企业与应用商搭建对话平台。支持的LED应用示范试验项目，实现年节电约247万千瓦时，年节约电费约256万元。

（四）汽车电子

推动上海汽车电子产业向高端突破，支持上海联盛、上海联创在电动助力转向控制系统、柴油电喷控制系统等汽车电子核心领域开展研发和产业化工作。推进产业链对接工作，多次召开了汽车电子软硬件产业对接会及汽车电子芯片产业链对接会，推动产业链企业互动发展，并在高新技术产业化工作中形成了3项产业化对接。

（五）物联网

上海物联网产业相关企业总数超过300家，年产值达到千亿元规模。在RFID、M2M通信芯片和模块、传感器等核心优势领域初步具备了国际竞争力，RFID芯片出货量累计超过18亿颗。M2M模块出货量达到1200万个，约占全球1/3市场份额（据ABI统计数据）。CMOS图像传感芯片的年出货量达到3.5亿颗，占全球市场份额的23%。在应用推广方面，建立起一套国际领先的覆盖全市主要道路的综合性智能交通应用系统。建成世界规模最大的电子围界——浦东国际机场飞行区围界安防系统，上线以来已成功检测到5起非法入侵事件。

（六）国家科技重大专项

积极承担国家科技重大专项任务，加快落实地方配套资金到位。2011年，为核高基重大专项、新一代宽带无线移动通信网重大专项的2008、2009、2010年度本市单位承担的61个课题，分四批落实地方配套资金，共计落实配套8.6亿元，年底前全部到位，有力地支持了国家科技重大专项工作的开展。同时，积极谋划2013年重大专项工作，主动承担工信部01专项2013年课题调研会，组织03专项专家座谈会，为2013年课题申报做好前期准备工作。

（王　雷）

装备产业发展情况

2011年，上海装备制造业在国内外经济形势复杂多变的情况下，贯彻落实“创新驱动、转型发展”的要求，工业生产持续稳定增长，经济效益保持进一步增长态势，取得了“十二五”良好的开局。

一、运行情况

截至2011年年末，上海装备制造业规模以上工业企业共计4500家，占全市规模以上工业企业的45.2%；资产总计为14872.99亿元，占50.5%；从业人员144.10万人，占53.5%，在全市工业经济发展中发挥了重要作用。

1．生产保持平稳较快增长态势

全年装备制造业完成工业总产值17007.31亿元，比上年增长10.7%，占全市工业总产值的52.4%，高于全市工业2.9个百分点，对全市工业增长的贡献率为72.2%，是上海工业发展的中流砥柱。构成上海装备制造业有7个大类行业，其中仅有通信设备、计算机及其他电子设备制造业和仪器仪表及文化、办公用机械制造业增速低于整个装备制造业，分别为3.3%和7.0%；增速最高的两个行业为专用设备制造业和交通运输设备制造业，分别为23.1%和15.5%；通用设备制造业、金属制品业和电气机械及器材制造业保持较快的增速，分别为14.6%、13.2%和10.7%。

2．产销衔接较好

装备制造业完成销售产值16796.59亿元，增长9.3%，产销率保持良好水平为98.8%。受国际市场及部分行业布局调整和转移的影响，出口增速放缓，完成出口交货值6454.26亿元，增长2.1%。从具体行业看，通信设备、计算机及其他电子设备制造业是唯一销售产值增速低于整个装备制造业平均水平的行业，仅为1.2%；增速最快的3个行业为专用设备制造业、金属制品业和通用设备制造业，分别为21.4%、15.1%和13.6%。此外，共有4个行业出口交货值的增速大于销售产值的增速，分别为专用设备制造业、通用设备制造业、金属制品业和电气机械及器材制造业，增速分别为24.2%、21.6%、21.4%和16.3%，这说明这4个行业的国际市场竞争力逐步增强，外向依存度进一步提高。出口下降的是通信设备、计算机及其他电子设备制造业和仪器仪表及文化、办公用机械制造业，分别下降2.1%和1.3%。

3．经济效益稳步提高

装备制造业利润持续稳定增长，完成主营业务收入18004.85亿元，增长7.9%；上缴税金503.99亿元，增长14.3%；利润总额1400.66亿元，增长11.5%，主营业务利润率为7.8%，高于全市1.2个百分点。由于复杂的国际经济环境与国内通胀压力持续上升，装备制造业各行业盈利水平泾渭分明。7个行业中，3个行业利润总额呈快速增长态势，4个行业比上年呈下降态势。其中交通运输设备制造业完成利润总额841.32亿元，比上年增长25.3%，增幅比全行业高13.8个百分点，占整个装备制造业的60.1%。由于计算机产品需求的下降以及上海电子信息布局调整，导致通信设备、计算机及其他电子设备制造业利润下降严重，实现利润总额114.43亿元，下降17.5%，该行业的主营业务利润率为1.9%，比全行业低5.9个百分点；其余5个行业金属制品业、通用设备制造业、专用设备制造业、电气机械及器材制造业和仪器仪表及文化、办公机械制造业增幅分别为12.6%、14.7%、−8.8%、−16.7%和−10.3%。

4．外商及港澳台企业占据主导地位

外商及港澳台投资经济全年共完成工业总产值12883.40亿元，占全行业的75.8%；实现主营业务收入13783.28亿元，占76.6%；资产总计9062.76亿元，占60.9%；利润总额1003.55亿元，占71.6%；从业人员年平均人数为91.50万人，占63.5%。外商及港澳台投资经济不仅主导了装备制造业的发展，在资金运作的效用与单位人员产出效率上也领先整个装备制造业。当年，外商及港澳台投资经济总资产收益率为8.9%，比全行业高1个百分点；人均工业总产值为140.8万元，比全行业高22.8万元。外商及港澳台投资经济利用不超过全行业61%的资产创造了超过全行业75%的工业总产值与主营业务收入，超过71%的利润总额，其资产的运作与产出效率带动了整个装备制造业的发展。

二、主要特点

1．交通运输设备制造业支撑作用明显

汽车制造业和船舶及浮动装置制造业是交通运输设备制造业的“两驾马车”。全年完成工业总产值4816.71亿元，占交通运输设备制造业的96.7%，贡献率为96.9%；实现主营业务收入5745.9亿元，占97%，贡献率为94.5%；实现利润总额为831.82亿元，占98.9%，贡献率为99.5%。

（1）汽车制造业快速增长，消费结构变化明显

2011年，尽管刺激汽车消费的政策密集退市，但汽车制造业仍然延续了产销两旺的态势，其中消费结构正悄悄发生变化。在上汽集团以及上海通用、上海大众等主要车企的快速发展带动下，全年完成工业总产值4131.76亿元，增长16.7%；销售产值4092.26亿元，增长14.1%，产销率为

99%；实现主营业务收入5088.21亿元，增长11%；利润总额795.49亿元，增长25.6%。生产汽车191.57万辆，增长12.8%；销量为189.88万辆，增长12.4%。从汽车的消费结构来看，1.0～1.6排量的家用轿车继续保持快速增长，全年生产量101.28万辆，增长18.9%，占汽车产量的52.9%；销量100.29万辆，增长19%，占52.8%。此外，运动型多用途乘用车（SUV）异军突起，全年产量13.7万辆，猛增88.3%，销量13.62万辆，增长87.3%。

（2）船舶制造结构调整初见效，海工装备创新发展有突破

2011年世界经济复苏疲软，船舶市场持续低迷，船舶及浮动装置制造业在各项发展规划、结构调整和扩大内需的政策支持下，克服困难，交出了一份令人满意的答卷。全年船舶及浮动装置制造业完成工业总产值684.95亿元，增长8.6%；主营业务收入657.69亿元，增长6.2%；利润总额36.33亿元，增长24.2%；民用钢质船舶完工量为1334.69万载重吨，增长9.2%。尽管船舶市场不景气，常规成熟船型的需求量跌入低谷且竞争激烈，但船舶生产企业充分发挥高技术高附加值船舶领域的优势，不断调整船舶生产结构，取得较大突破。海洋工程装备业在创新发展中也取得突破。如外高桥造船公司在成功交付3000米深水半潜式平台后又获得2+3座自升式钻井平台订单；上海船厂继交付首艘12缆物探船后又成功承接中石化公司新订单，同时首次以总承包模式成功签署2艘钻井船合同，实现海洋工程装备总承包模式的突破。

2．发电设备制造结构持续优化

发电设备制造领域的企业保持稳定的发展态势，产业内部结构不断优化调整，继续向清洁能源和新能源领域倾斜，取得较大进展。全年发电机组产量为2889.59万千瓦，增长12.8%，占全国产量的19.6%，其中：汽轮发电机2769.60万千瓦，增长10.8%；风力发电机组119.99万千瓦，增长接近1倍，达90.5%，比重由上年的2.5%提高到4.2%。上海核电行业在引进消化美国西屋公司“AP1000”技术后，努力实践、勇于创新，顺利完成全球首台“AP1000”国产化核岛主设备——“三门核电站”1号机组稳压器，并顺利交货，这标志着在全面推进“三代AP1000”核电装备制造国产化进程中实现了又一重大突破。

3．矿山、冶金、建筑专用设备生产快速发展

矿山、冶金、建筑专用设备完成工业总产值423.43亿元，增长22%；主营业务收入439.76亿元，增长24.1%；而利润总额仅为29.49亿元，下降33.6%，成本及费用的上涨导致效益水平下降严重。从主要产品来看，挖掘、铲土运输机械产量为5.69万台，增长21.7%，其中：挖掘机2.36万台，增长17.4%；装载机2.30万台，增长20%；混凝土机械1682台，增长1.3倍；金属冶炼设备2.22万吨，增长57.3%；金属轧制1.88万吨，增长1.5%。固定资产的投资、保障房建设以及各种灾害重建工作的持续开展，使得工程机械类的产品有较大需求，保持快速增长的态势。

4．装备制造业重点产业基地经济发展态势良好

装备制造业主要产业基地或园区有：临港产业基地、长兴海洋工程及船舶制造基地、闵行基地、安亭汽车产业基地和上海嘉定汽车产业园区。这5个重点产业园区共计完成装备制造业工业总产值2894.55亿元，增长24.5%，占全市装备制造业产值的17%，比上年提高1.8个百分点；主营业务收入2912.14亿元，增长14.1%，占16.2%；利润总额318.22亿元，增长50%，占22.7%；从业人员为12.57万人，增长20.9%，占8.7%。人均工业总产值230.21万元，是整个上海装备制造业的1.95倍；人均利润总额为25.31万元，是全行业的2.6倍。

（陈海林）

重化产业发展情况

2011年，上海重化产业完成工业总产值6617亿元，占全市规模以上工业总产值的21.08%。其中：石油化工完成工业总产值3917.26亿元，占全市工业的11.5%；钢铁完成工业总产值1812亿元，占全市工业的5.35%；有色完成工业总产值492.77亿元，占全市工业的1.45%；建材完成工业总产值395.43亿元，占全市工业的1.16%。

一、石油化工产业发展情况

上海石油化工及精细化工制造业完成工业总产值3917.26亿元，增长1.9%，产值规模在全市工业总产值中的占比稳定在11.5%，在国内石化产值中占比3.47%；全年实现利润119.8亿元，下降49.5%。

前三季度，石化行业的生产增速持续下滑，至第三季度时，生产一度出现负增长；从四季度开始生产出现恢复性增长。全年利润大幅下降。2月份以来生产增速逐月回落，从7月份开始出现下降，11和12月恢复增长。原油价格受中东地区动荡的影响保持坚挺，但有近8成化工产品价格受世界经济低迷的影响出现下降，如乙烯、TDI、MDI等产品价格下降，企业效益下滑趋势加剧，其中上海石化利润同比下

降72%，高桥石化全年亏损22亿元。

（一）上海化学工业区

2011年，上海化工区经济发展总体平稳，下半年以来，受国际原油价格高位震荡、化工产品市场行情下滑等因素影响，化工区主要化工产品价格出现明显回落，导致相关企业减产，加上受“9·8”赛科火灾事故影响多套企业装置停产，对化工区生产运营和经济指标产生一定的影响。

化工区完成销售收入947亿元，增长8.8%；完成工业总产值870.9亿元，增长8%；招商引资12.05亿美元，增长69.7%；完成固定资产投资58.2亿元，下降12.1%；上缴税金40.19亿元，下降10.3%；能源消耗总量为0.897吨标准煤，下降10.3%。截至12月底，累计批准项目总投资180.95亿美元，累计完成固定资产投资973.6亿元。

1. 围绕“十二五”规划，谋划起步年工作

谋划做好“十二五”起步年的各项工作，为上海化工区的长远发展奠定坚实的基础。一是召开化工区开发领导小组第十次会议。根据会议要求，化工区紧紧围绕“十二五”发展目标，加大招商引资力度，加强安全生产监管，加快项目建设进度，进一步做大做强化工产业，进一步提升化工区作为国家新型工业化产业示范基地的影响力和带动力。二是编制完成《上海化学工业区“十二五”（2011～2015年）发展规划》，明晰“十二五”发展目标和规划，着力打造“1+4”产业组合，即以炼化一体化项目为龙头，形成乙烯、丙烯、碳四、芳烃等四条产业链。三是举办“上海化工区开发建设十五周年暨‘创新驱动、转型发展’项目签约仪式”，总投资额达670多亿元的21个项目集中签约，其中投资额超10亿元的项目共有11个，上海华谊（集团）公司签约项目、上海电力股份有限公司投资项目投资额分别达116亿元、260亿元。四是推进化工区升级为国家级经济技术开发区取得重大进展，已上报国务院待批。五是按照环保部、科技部、商务委三部委同意上海化工区建设国家生态工业示范园区的批复要求，启动创建国家生态工业示范园区的验收准备工作。六是做好主要化工生产区和环境风险缓冲区1公里限制带动拆迁工作，为园区“十二五”发展拓展空间。七是进一步加强园区环境安全和管理，组建化工区环境监察支队，负责辖区内执法、排污申报登记、信访调处等事项。

2. 围绕重点项目推进，加大招商引资力度

一是推进拜耳上海化工区一体化基地建设，管委会与拜耳材料科技（中国）有限公司签订关于共同推进拜耳上海化工区一体化基地合作备忘录，拜耳公司从2011年开始实施其“五年计划”，扩大位于化工区的拜耳一体化基地，新增投资约10亿欧元。发展公司与赢创德固赛特种化学（上海）有限公司签订合作意向书，赢创公司把化工区作为投资的首选地，并在今后5年，新增投资约2.5亿美元。二是炼化一体化项目取得实质性进展。10月17日，市政府与中石化在京举行《关于高桥石化提升调整的合作协议》签字仪式，国家发改委已同意炼化一体化项目列入《国家重点产业生产力布局和调整规划》。化工区积极做好炼化一体化项目对接工作，推进各项工作有序开展。管委会和发展公司分别成立化工区推进炼化一体化项目工作组，明确分工，研究、推动炼化一体化项目各项工作。三是按照国家安全监管总局提出的“核定总量、优化存量、严控增量”要求，协助国家石油和化工联合会安委办项目组，邀请拜耳、巴斯夫公司国际光气安全专家，做好化工区光气风险安全评估后续工作，科学核定园区的光气总量，完成《上海化学工业区光气极端事故风险论证报告》。四是加快项目推进。赛科公司投资2.95亿美元的26万吨／年丙烯腈扩产项目、中石化和三井公司投资2.9亿美元的40万吨／年苯酚丙酮扩产项目获得核准并开工建设，拜耳公司25万吨／年TDI项目顺利投产，西萨公司40万吨／年苯酚丙酮项目、汉高公司胶黏剂项目开工建设。

3. 围绕安全发展年主题，狠抓安全生产监管

按照年初确定的安全发展年主题，狠抓安全生产监管，园区安全生产继续呈现总体受控、持续稳定的良好态势。一是强化企业安全生产主体责任意识，与区内42家生产经营单位和金山、奉贤两个分区发展公司签订2011年度《上海化学工业区安全生产工作责任书》。二是在法定节假日和本市重大社会活动前夕，管委会领导带队，安委会各成员单位组成联合检查组，对区内企业进行安全检查，共查出问题37项，发出整改意见书6份，限期整改9项。三是挂牌成立化工区安全技术服务办公室，对园区312家承包商队伍进行安全准入审核、备案和培训，在全国化工园区率先开展对承包商队伍的安全管理。四是“9·8”赛科火灾事故发生后，化工区反应迅速，各单位应急联动，迅速控制险情，受到市领导的肯定。为避免“9·8”赛科火灾等类似事故的再度发生，管委会认真反思事故原因，针对园区企业2005年左右开始生产，到现在部分设备、零部件已达更新阶段的特点，召开安全生产工作会议，开展安全隐患排查专项整治活动，要求园区企业进一步提升安全发展理念，对生产管线、阀门、螺栓及垫片进行一次集中检查和更换。同时，针对“9·8”赛科火灾事故应急处置中还需要进一步提高的环节，研究出台《重大事故状态下化工区公用工程及产业链上下游企业应急处置操作程序》、《上海化学工业区建设项目试生产（使用）方案备案规定》等五项操作程序和三项规定。

（二）上海石化

2011年，上海石化生产经营情况总体平稳，主要技术经济指标完成水平有较大提升。全年加工原油1086.67万吨，增长3.29%；生产成品油574.57万吨，增长6.92%；乙烯91.01万吨，丙烯48.17万吨，分别下降6.45%、7.91%；

对二甲苯 92.31 万吨，增长 9.81%；塑料树脂 109.79 万吨，下降 3.16%；生产合纤单体 94.62 万吨，下降 0.41%；合纤聚合物 66.42 万吨，增长 3.26%；合成纤维 25 万吨，下降 1.42%；累计发电 30.63 亿度，增长 3.44%；商品总量 1075.85 万吨，增长 5.35%；实现营业收入 956 亿元，增长 23%；实现利润总额 12.92 亿元，利税总额约 98 亿元。

1．全面推进六期工程建设，加大技术和产品开发力度

本着又好又快的目标和要求，全面推进六期工程建设，确保工程安全、进度、质量始终处于受控状态，全年完成固定资产投资 32.26 亿元。炼油改造工程主体装置实现阶段建设目标，1500 吨／年 PAN 基碳纤维一阶段炭化氧化部分项目实现中交，1 万吨／年异戊烯装置已投料开车，5 万吨／年乙醇胺装置、2# 氧化、2#、3# 芳烃节能改造等项目均按计划节点有序推进，10 万吨／年 EVA 项目可研报告上报总部。1# 乙烯改造项目可研报告已通过咨询评估。金昌公司 3 万吨／年改性聚丙烯增量改造项目投料开车；岩谷 8 万吨／年二氧化碳扩建项目基本具备开工条件。全年申请专利 44 项，获得授权专利 34 项。7 项成果获得集团公司及上海市 2011 年度科技进步奖，9 项高新技术成果转化项目获政府专项扶持资金 1975 万元。上海石化总厂涤纶二厂工程荣获国家 30 年经典工程奖。

2．积极推进系统优化挖潜，主要经济技术指标稳步提升

充分发挥炼化一体化优势，紧紧把握市场机遇，坚定不移做大总量，确保炼油、化工重要生产装置高负荷运行。其中 3 月，原油加工量首次突破 100 万吨。顺利完成 13 套生产装置 3138 个项目的检修工作，其中以乙烯线为主的二阶段生产装置停车检修，践行经济、环保的理念，实现停车物料低排放。以效益最大化为目标，继续实施系统优化挖潜，制定 21 个年度优化项目，通过天然气替代液化气和制氢原料、做好乙烯原料结构的调整优化、催化油浆和环保油污泥综合利用等措施，取得了较好的经济效益。全年通过实施系统优化，增效约 8 亿元。同时，继续强化专业技术管理，组织开展加热炉达标竞赛，全年加热炉平均热效率为 91.45%，比 2010 年提高 0.2 个百分点。公司主要经济技术指标达标率为 97.17%。

3．节能减排工作不断深化

外排废水综合达标率 99.83%，COD 总量 0.21 万吨，在生产总量扩大的基础上，COD 总量下降 16%，固体废物总量下降 10.8%。生产用水减少 451.72 万吨，下降 7.83%（未完成下降 10% 的年度目标），工业废水排放量下降 13.8%。完成公司级以上安全环保及隐患治理项目 44 项，投入 1.06 亿元。

（三）高桥石化

2011 年，高桥石化完成销售收入 716 亿元，上缴税收 94.1 亿元，化工、动力板块及投资收益实现利润 11.54 亿元，炼油板块亏损 28.82 亿元；加工原油及原料油 1049 万吨，下降 2%；其中汽油产量 177 万吨，增长 6.6%，柴油产量 400.9 万吨，下降 2.3%。生产各类化工产品 85.3 万吨，下降 6%；发电 9.5 亿度，下降 6%，供热 1120 万吉焦，下降 2%。

1．科技创新成效显著

一是加大技术投入。组织及参与科研项目 99 项，投入科研经费 1933 万元。成功开展 SZorb 国产吸附剂应用、降低丁苯橡胶废胶率等技术攻关，提高装置生产运行水平。二是加快产品研发。成功生产 HVI Ⅲ（4）润滑油基础油，填补国内空白；实现 ABS 部分牌号国产原料完全替代进口，降低生产成本；启动耐热性 ABS 新牌号项目建设，开发高舒适性汽车用环保聚醚多元醇、聚醚灌浆材料等新产品，提高市场竞争力。三是推进 QHSE 管理体系建设。在相关部门的共同努力下，公司 QHSE 管理体系顺利通过第三方审核，获得认证证书。四是加强信息化建设。存续部分 ERP 项目通过总部验收，SAP-HR（人力资源系统）上线运行，合同管理系统、公文管理系统项目建设稳步推进，网上业务处理系统不断优化，视频会议系统日趋成熟，充分运用信息化提升管理水平。

2．合资合作取得突破

与日本三井合作的 40 万吨／年苯酚丙酮装置作为公司“十二五”首个开工项目正式动工奠基，7.5 万吨／年三元乙丙橡胶项目已签订合资合同和相关章程，5 万吨／年丁腈橡胶项目已签署合作备忘录，为提升公司化工板块的差异化优势奠定了基础。

3．老区调整稳步实施

80 万吨／年连续重整装置实现开车一次成功，为提升公司汽油质量、优化炼油资源平衡奠定坚实基础，为润滑油系统改造项目画上圆满句号；制定完成本公司“十二五”环保规划和炼油节能规划，编制提高液化气质量、SZorb 扩能改造、航煤加氢“扩瓶颈”等项目可研报告，推进了柴油质量升级、海滨汽柴油出口等项目前期准备工作；积极实施产业结构调整，关停 BIPB、环氧丙烷、烷基化等装置。

4．突破重点规划，突出创新驱动，提高企业发展质量

一体化项目正式启动。10 月 17 日，上海市政府与中石化集团公司正式签署关于高桥分公司提升调整合作协议，为公司“高桥调整和漕泾拓展两翼齐飞”的发展战略注入新内涵、提供了新机遇；漕泾炼油化工一体化项目已列入国家“十二五”发展规划。公司成立一体化项目领导小组和项目部，明确各自的职责和分工，保障项目有序推进，目前，项目各项前期工作在有序地开展中。

（四）华谊集团

2011 年，华谊集团完成总产值 467.5 亿元，增长 7%，

为全年预算目标的103.9%；完成主营业务收入420亿元，增长16.7%，为全年预算目标的107.7%；实现利润总额22亿元，增长223.5%，为全年预算目标的293%；

1．加强运营管理，核心产品产量稳步增长

以集团51套重点装置及核心产品为重点，加强产销衔接，严控非计划停车，确保装置“安稳长满优”运行，努力实现稳产高产，全年集团产销率达到103.8%，非计划停车率下降21%。核心产品产量大幅提高：甲醇完成62万吨，增长6.3%；醋酸完成58.9万吨，增长5.2%；丙烯酸完成23.6万吨，增长16.2%；丙烯酸丁酯完成18.6万吨，增长29.2%；全钢胎完成630万条，增长3.8%；聚四氟乙烯完成7374吨，增长1.8%。其中甲醇、醋酸单月产量突破6万吨，创历史新高。

2．深化一体化运作，强化供应链管理

积极推进吴泾基地资源整合，形成吴泾供氯碱中压蒸汽、氯碱供焦化氢气以及焦化供氯碱氧氮气等直供业务的定价新机制。完成焦化向氯碱直供氧氮气一体化项目，降低生产成本500万元；实现焦化和吴泾的动力煤采购储运一体化；实施吴泾综合整治蒸汽管网改造项目，提高区域整体运营水平。完成漕泾地区公用工程在不同企业间用量的合同转移，与中法水务、漕泾热电多次协调，解决化工区部分遗留公用工程（PVDF、顺酐）合同问题，节约成本1200万元。深化大客户战略合作，先后主动拜访中石化、中化国际、神华集团，并与中化国际、中石化华东销售分公司签订战略合作协议，召开有杜邦、中石化、宝钢、宇通客车、三菱商事、拜耳材料科技、中集集团等20多家著名企业集团代表参加的2011年大客户座谈会，进一步发挥集团整体优势，提升集团核心产品的市场影响力。在供应链管理方面，在采购管理一期项目取得成效的基础上，启动采购管理二期项目，与埃森哲合作，对集团采购管理“深化、转型、落地”。集中采购品类由2010年的八大类扩大至28类，涉及采购金额2.2亿元，采购均价下降5.6%，节约采购成本1210万元。

3．加快结构调整，积极推进节能减排

按照《上海市产业结构调整协调推进工作责任书》的要求，完成铬黄颜料厂、上硫公司、海福公司、申井公司的关停。积极实施吴泾地区环境综合整治三年行动计划，完成氯碱公司工业废水达标后纳管排放、关停了小空分装置及重油锅炉。实施氯碱PVC厂空压机余热回收、吴泾乙酸乙酯装置循环风机电机改变频、三爱富常熟精馏塔改造等33个节能技改项目，年减少能耗4.7万吨标煤。此外，按照年初下达的24只主要产品原材料和能源消耗计划指标，实施对标管理，加强重点监控和月度分析。全年集团综合能耗334万吨标煤，下降1%；万元产值能耗0.707吨标煤，下降11%。各类污染物排放量进一步下降，其中化学需氧量削减3%，氨氮削减5%，二氧化硫削减6%。

4．聚焦重点科研项目，科研成果取得新进展

年初确定的10个重大科研项目进展良好。其中，20万吨／年本体ABS项目一期工程作为上海市新材料产业的重大国产化攻关项目建成投产，实现集团在新材料领域的新突破；自主技术研发的万吨级氯化聚氯乙烯（CPVC）工业装置成功投产，填补了我国高端CPVC树脂市场的空白；与杜邦合作的新型环保制冷剂HFO–1234yf成套技术研究和工业化示范项目已打通流程，进入试生产阶段；2万吨／年高吸水性树脂（SAP）工业化示范装置已基本建成；乙二醇工业化装置正加紧建设，预计2012年5月投入试运行；甲基丙烯酸甲酯（MMA）成套产业化技术已通过5万吨／年工艺包审查。此外，双钱集团FE轮胎继2010年成为国内首家获得美国环保总署SmartWay认证的中国轮胎制造商后，率先实现产业化；试四赫维公司与杜邦合作的QC64和DBC80产业化项目取得新突破，成为企业经济效益新的增长点。

二、钢铁产业发展情况

2011年，上海精品钢材制造业贯彻落实国家和上海市出台的各项政策措施，积极开拓创新，基本化解了国际金融危机的负面影响。全年完成工业总产值1812亿元，下降3.9%；钢材2482.8万吨，增长0.5%；粗钢2225万吨，与上年基本持平。

由于市场需求不足，全年钢铁行业生产连续10个月下降，同时利润大幅缩水。全年实现利润额61.5亿元，下降60.2%。受汽车市场增长放缓影响，特别是3月日本大地震导致日系车大幅减产的影响，该行业连续10个月生产下降。钢材价格上涨，但受市场因素影响，铁矿石和焦炭价格高位运行，企业利润空间受到挤压。其中，汽车板中的普冷板受鞍钢、武钢等企业产能扩张的影响，下半年以来价格持续下跌；受船舶行业影响，中厚板需求减少；受家电出口下降影响，相关板材生产下降。

受欧元区债务危机升级、国内投资增速放缓、房地产调控政策密集出台以及主要下游用钢行业需求回落等因素影响，钢材价格持续走低。全年本市精品钢材制造业处于低位徘徊，钢铁行业月度产值始终处于零或负增长水平。

（一）钢铁行业

1．高端产品市场表现出色

依托宝钢集团，全年冷轧汽车板实现销售454.8万吨，保持50%的市场份额；超高强钢在国际知名汽车厂认证取得突破；海外汽车板战略客户不断增加，全年出口量增长86%。电工钢市场影响力持续提升，首台采用宝钢高磁感取向硅钢制造的84万千伏安／500千伏主变压器在三峡地下电站正式并网运行，打破了我国大型变压器用高等级取向硅钢完全依赖进口的局面。独有领先产品比例不断提升，宝钢所拥有的

独有产品比例占其全部产品种类的比例达到12.5%。

2．精品钢开发不断取得新进展

宝钢集团研发投入率达2.0%，知识产权申请量稳中有升，专利申请2287项，其中发明专利783件（占34%），科技政策收益额8.87亿元。在国际上率先实现第三代先进高强钢-QP钢的工业化生产；九大类24种超高强钢产品实现稳定生产。高等级取向硅钢和高牌号无取向硅钢品种不断拓展，尤其是高磁感取向硅钢(B27R085)实现批量生产，产品性能达到国际先进水平，并通过南网认证。

3．节能减排成效显著

由节能减排工作所带动的经济和社会效益逐步显现。在生产过程节能减排方面，实现吨钢综合能耗596公斤标准煤，优于计划5公斤标准煤；万元产值能耗0.85吨标准煤，较计划下降4.5%；实现同比节能量39.1万吨标准煤，超额完成30%；SO2和COD排放量分别为3.3287万吨和1829吨，较年度计划少排放20%和31%。集团内多家单位通过了国家能源管理体系认证和清洁生产审核，能源管理系统能力得到提升，清洁生产水平进一步提高。

（二）宝钢集团

2011年，宝钢集团全年运行良好。尽管钢铁行业受需求增速回落、成本上升和产能过剩的影响，呈现高成本、低盈利的运行特征，导致一些钢铁单元没有按期完成年初制定的预算目标。但是宝钢的钢铁产业继续保持业内最优的市场地位，实现营业收入总额2703亿元，利润96.6亿元。宝钢集团在沪钢材产量为2285.5万吨，增长1.8%。全年营业收入3133亿元，在世界500强中排名第212位，较上年排名上升65位。

1．技术创新工作得到国家和社会的认可和好评

入选“中国十大创新型企业”。通过整合研发体系资源，优化宝钢研究院架构，已开始组建中央研究院的准备工作，决定成立宝钢研究院理事会和学术委员会，在服务宝钢股份的基础上，更多地服务于集团其他钢铁企业和各多元产业。完成汽车用钢国家重点实验室筹建，积极申报薄带连铸等技术中心，组建“装配式钢结构民用建筑产业技术创新战略联盟”，在行业内形成很好的反响，进一步扩大了宝钢技术在国家层面的技术影响力。

2．国际化步伐加速，海外钢铁供应链建设实现突破

海外钢铁投资项目“目标明确、主动出击”。开展东南亚、澳大利亚、北美、欧洲等地多个钢铁项目前期工作，熟悉国际资本市场并购规则，提高公司开展海外并购项目的论证、研判能力。为完善海外钢铁供应链建设，海外营销体系积极推进海外加工中心建设。宝钢意大利项目进入商业计划执行阶段，印度、泰国及韩国等海外加工中心建设也在加紧推进。

为充分利用海外研发资源，在澳大利亚建立“宝钢—澳大利亚联合研发中心”，这标志着宝钢研发体系国际化对接迈出了实质性的一步。

三、有色金属产业发展情况

1．有色金属生产平稳较快增长

2011年，上海有色金属产业生产经营状态整体仍保持小幅增长态势，但受到有色金属价格下跌、终端需求下滑及上海产业结构调整影响，各品种产量增减不一，产业利润出现下滑。从统计快报数看，行业主营收入达501.56亿元，增长16.55%；利润总额11.72亿元，下降0.943%。其中常用有色金属冶炼行业利润下降54.82%。2011年，铜冶炼利润下降64.39%，铅锌冶炼利润下降53.48%，铝冶炼利润降幅为23.5%。

由于2011年太阳能产业产能过剩，订单大幅下降，单晶硅产量下滑49.18%，而生产能耗较高的多晶硅由于产业结构调整，也被全部关停。

2．技术改造情况

中铝上海铜业有限公司10000吨铜箔项目已进入调试阶段；萨帕铝热传输（上海）有限公司新一代铝复合翅片材料已试制成功；上海晶盟硅材料有限公司“低温重掺磷硅外延片”已产业化。

四、建材工业发展情况

2011年，上海建材行业完成产值395.4亿元，下降3.2%；利润出现小幅下降。其中技术含量较高的新型建材产品如技术玻璃行业产值上升较快，其余传统建材行业出现不同幅度下降。

2011年上海建材生产经营情况概览表

项目		单位	数值	同比(%)
主营收入		亿元	419.9	10.1
产值		亿元	395.4	-3.2
利润总额		亿元	19.2	-6.4
产品	水泥、石灰、石膏制造	亿元	35.7	-2.0
	水泥和石膏制品制造	亿元	176.2	-7.7
	砖瓦、石灰和其他建筑材料	亿元	86.1	-14.0
	平板玻璃制品	亿元	2.6	-4.2
	技术玻璃制造	亿元	79.9	18.1
	玻璃纤维增强塑料制品	亿元	14.8	0.7

（许振华）

都市产业发展情况

2011年，上海都市产业坚持“创新驱动、转型发展”工作要求，整体实现平稳增长，全年增幅呈现前高后低走势。

一、2011年都市产业运行情况

1. 工业生产平稳，增速趋缓

上海轻纺产业3715家规模以上工业企业实现工业总产值5585亿元，可比增长6.2%；占全市工业总产值比重17.6%，比上年提高0.2个百分点。轻工行业实现工业总产值4709.7亿元，可比增长6.7%，与全市工业整体增幅持平。重点行业中，食品行业实现产值969.9亿元，可比增长4.4%；家电行业实现总产值391亿元，可比增长10.2%。受新能源电池带动，电池制造业增长最快，可比增长43.4%。纺织行业实现工业总产值876亿元，可比增长3.3%。其中纺织服装制造业占据半壁江山，产值410亿元，可比增长5.1%。

2. 内销增速快于出口，轻工出口好于工业平均

轻纺产业实现销售产值5477亿元，增长9.9%；其中出口1276亿元，增长8.8%；内销增长10.2%，高于出口。轻工行业实现出口交货值1034.9亿元，增长10.5%，高于全市工业出口增速7个百分点。其中家电行业出口增长14.6%，技术先进的变频压缩机和家电整机出口比例显著上升。纺织行业实现销售产值858.4亿元，增长6.8%；实现出口240.7亿元，增长2.1%，内销增速明显快于出口增速。其中纺织服装制造业内销同比增长11.7%。

3. 各行业均实现盈利，行业内部日趋分化

轻纺产业实现利润369.6亿，增长2.73%。轻工行业利润总额295.1亿元，微增0.8%，全部子行业均实现盈利，但过半子行业利润下降。主要行业中：在龙头企业老凤祥带动下，工艺品制造业利润增长41.6%；家具制造业以创意设计提升产品附加值，在销售产值持平情况下，利润增长31.5%；日化行业受原材料价格大幅上涨影响，利润下降33.6%。纺织行业在结构调整中加快转型，实现利润74.50亿元，增长11.4%。但行业内部日趋分化，盈利企业盈利额和亏损企业亏损额均增长。得益于衣恋、美邦等龙头企业带动，服装制行业利润增长17.4%。

4. 有关主要问题

一是各项成本快速上升。棉花、稀土荧光粉等各种原材料价格大幅度波动令企业措手不及，影响企业正常生产；劳动力成本上升影响劳动密集型行业；融资困难导致企业财务成本上升，企业申请银行贷款困难。二是国内外不利因素增加。国际形势复杂多变影响轻纺产业出口，外贸型加工企业经营困境日益凸显；房地产交易量减少影响室内装饰用品、家具、家电等行业需求；食品安全问题、家具行业诚信问题、日化产品的安全问题影响行业前景。三是市场竞争日趋激烈。轻纺产业准入门槛相对较低，容易发生同质化竞争，部分子行业产能过剩情况已经出现；零售渠道商场超市各种收费和摊派名目繁多，企业纷纷探索电子商务模式，进一步完善营销网络。

二、2011年都市产业发展重点工作推进情况

1. 规划引领，完善经济运行监测机制

加强规划研究，完成《上海市都市产业发展“十二五”规划》；完成《上海工业结构调整“十二五”规划》、《上海市工业生产力布局和产业转移指导目录》中轻工、纺织部分内容编写，通过规划明确发展和调整重点，为下一步产业转型发展提供指导；完善都市产业经济运行监测机制，编写都市产业经济运行季度分析报告。

2. 重点行业服务管理情况

食品行业重点推进食品工业企业诚信体系建设。组织开展食品工业企业诚信管理体系建立及实施要求、评价标准等宣贯和培训工作；在乳制品和调味品行业进行诚信体系建设试点工作，完成两个行业的《诚信评价准则》和《诚信管理体系建立及实施要求》编写。完成乳制品工业项目（企业）审核清理工作，建立乳制品工业企业动态监督工作机制。认真落实市食安委专项工作，配合完成各项食品安全整顿检查工作，部署打击食品非法添加和滥用食品添加剂行动工作。

家电行业继续做好家电下乡管理工作，参与研究制定家电下乡标识卡管理相关政策；与财政、商务部门共同完成家电下乡标示卡增加申领的初审工作；完成《家用、商用饮用水处理设备安装维护服务规范》地方标准。

工艺美术行业认真组织第六届中国工艺美术大师评审上海市推荐工作，推荐11名上海市工艺美术大师参评并做好相关材料和作品的报送工作；组织上海市第三届工艺美术精品评审工作，组织中国工艺美术馆馆藏作品征集活动。

3. 设计研发与技术改造推进情况

借助上海加入联合国“创意城市网络”、打造“设计之都”的契机，推动轻纺企业加大设计研发和技术改造工作力度，推动第三方设计企业和行业中介机构为企业开展服务。总结提炼上海设计新模式，通过举办展览会、拍摄宣传片，对通过工业设计提升产品和品牌能级的新老品牌加强宣传。如老凤祥加强设计研发，推出核心产品应对市场竞争；上药

集团传承龙虎牌清凉油中药护理理念，开发“舒醒”牌提神醒脑时尚用品。上工申贝重点研发机电一体化产品，开发高技术含量、高附加值产品，焕发生机；明凯集团与上海大学合作成立技术中心，研发LED光源产品实现产品升级，同时改造自动化流水线，提高生产效率并降低人工成本；海立集团开发风电空调等特种产品拓展市场，中日家电改造生产线生产600L以上家用双门冰箱；制皂集团通过差异化竞争增强盈利能力。

4．品牌建设与知识产权保护情况

响应工信部工业企业品牌建设工作要求，推动轻纺企业自主品牌建设，推动复活一批老字号品牌。衣恋集团研究细分市场，针对不同群体和需求推出相应个性化品牌，现同时运营近20个品牌，2011年产值达到43亿元；家化集团打造双妹、佰草集、六神等多个品牌，通过中高端产品将企业毛利率保持在较高水平；佰草集系列产品年销售增长40%，全国已开设超过2000家门店，并通过国际化妆品连锁店丝芙兰进入了法国、荷兰等欧美市场。上海宏源照明电器与欧司朗之间的专利侵权纠纷案，历经6年最终取得完胜，不仅以事实驳倒了欧司朗的侵权起诉，还反诉了欧司朗的专利无效，对国内企业重视知识产权问题有着重要启示。

5．高新技术产业化与两化融合工作情况

继续推进高新技术产业化项目实施，推动芳砜纶、绝缘纸、碳纤维等高性能纤维项目的产业化，积极指导企业与中科院上海分院、东华大学等科研院所加强产学研联合攻关，拓展产业链，完成芳砜纶项目后评估及产业化目标。推动消费品企业两化融合工作，支持光明乳业生产线管理系统等项目实施开展。

6．产业梯度转移与产业兼并重组情况

推动纺织和食品企业将生产基地向苏北和中西部省市转移，部分企业向海外拓展生产基地。上工申贝公司完成向浙江的产品结构转移；松江埃驰汽车地毯公司为奔驰轿车和面包车等企业建立配套分厂，2011年销售收入达到1亿元，目前又赴沈阳为面包车企业建立配套分厂；照明企业集中在苏北的盐城、建湖和浙江东阳等地建立生产基地。光明集团对部分下属企业进行融资重组。光明乳业拓展对外投资，一是在德州建成莫斯利安生产线，将产能从100吨／日提升到600吨／日；二是在新西兰购得信联51%股份，设计年产5万吨高端婴幼儿配方奶粉。

7．行业产业链延伸发展情况

推动包装行业探索产业链向销售包装和物流包装二端延伸，整合上下游行业资源。销售包装重点关注创意设计、食品安全、低碳发展和旅游食品包装；物流包装发展“一站式整体包装服务”、“二次创意包装式中介服务”和“整合采用第三方物流包装”三个方向。推动企业业务向产品相关领域衍生，如上海民乐一厂结合文化产业发展契机，组建民乐乐团进行演出，建立艺校开办民族乐器学习班，以文化营销方式拉动企业产品销售。

（陈建林）

创意产业发展情况

2011年4月2日，市委、市政府召开了上海市文化创意产业推进工作会议，明确了上海创意产业发展目标和方向。市经信委紧紧围绕“创新驱动、转型发展”的要求，聚焦打造设计之都，以规划编制为抓手，以设计创新为切入点，不断推进创意产业集聚区内涵式发展，全面推进创意城市建设。

全年文化创意产业预计总产出6000亿元以上，比上年增长10%以上；增加值1940亿元，增长15.8%，占GDP10%。

一、编制和发布文化创意产业发展“十二五”规划

按照市委、市政府的有关要求，联合市委宣传部，共同制定了《上海市文化创意产业发展“十二五”规划》，并于7月正式发布。《规划》首次对文化创意产业进行规范性解释，并对产业发展路径作出部署。《规划》明确把文化创意产业作为上海支柱型产业，确立了创意产业的重要地位。

二、建立文化创意产业领导机制

推动建立市区两级文化创意产业工作推进机制，建立起以市文创办为枢纽，以各成员单位和各区县为结点的工作信息网络。市经信委与杨浦区共建联合国教科文组织“创意城市网络”（上海）推进办公室，与上海创意产业展示与服务平台管理中心形成有机联动，确立了办公室对外合作交流、人才培训、重点项目推进、宣传活动等服务功能。

三、加强创意产业推进政策研究

联合市委宣传部和市统计局研究制定了《上海市文化创意产业分类目录》。会同市发展改革委、市教委、市科委等12部门印发《上海市促进创意设计业发展的若干意见》，明确设计产业重点推进领域。开展工信部设计创新示范试点方案的编撰工作。组织编制《上海市推进文化创意产业相关政策汇编》；开展文化创意产业纳入增值税扩围试点的政策调研，做好试点落实过程中相关问题的跟踪反馈。联合市人力资源社会保障局开展编制《上海市文化创意产业人才开发目录》。联合市教委制定加大力度培养文化创意产业人才和人

才培训基地的相关措施，落实文化创意产业相关专业毕业生留沪政策。研究突破文化创意企业注册登记制度。联合市工商局专题研究文化创意产业相关重点领域的国民经济行业归属，规范企业名称登记、经营范围表述，并加强注册登记、税收核定、统计分类、产业支持政策等工作的衔接。

四、梳理和推进一批重点项目

根据《规划》提出的形成"一轴、两河、多圈"的文化创意产业空间新布局，共梳理130个项目，其中国家级7个、市级20个、区县103个，确定27个重点项目，作为重点跟踪，协调推进的对象。

五、进一步优化创意产业发展环境

推进上海国际设计创新材料馆、设计之都展示与交流平台等一批项目建设，有5个项目获得市服务业引导资金支持。促进创意设计的对接服务，成立上海市创意（设计）产业投资基金联盟，联盟管理的资金折合人民币282亿元，将重点关注和支持创意设计产业的项目投资。与阿里巴巴集团合作开展设计企业与制造企业对接，推进上海设计企业与长三角地区特色产业基地对接。依托《解放日报》等主流媒体，对创意产业动态、成果、人才、企业、展会、论坛和节庆活动等方面进行系列报道；创建《创诣Grand Design》杂志；完成《上海设计之都》和《上海创意产业集聚区》宣传片制作；编辑出版了《上海设计印象2011》。

六、形成创意产业人才培训和培养机制

联合团市委实施"2011年度上海青年高端创意人才促进计划"，选拔10名青年高端创意人才。开展"青年创意日"活动，与2万余名市民进行创意互动。联合市妇联评选10名"上海市优秀女设计师"并获"三八红旗手"称号，另有20人荣获"巾帼英雄"称号。依托同济大学和东华大学两个上海创意产业人才培训基地，举办两期围绕创意管理和时尚管理的高级研修班，为上海创意产业发展提供人才储备。

七、推进创意产业集聚区健康发展

新认定12家市级创意产业集聚区，使市级认定的创意产业集聚区达89家，总建筑面积超过315万平方米，入驻企业8395家，从业人员17.83万人，同比增加14.81%。集聚区总营业收入为829.94亿元，同比增长23.36%；总税收53.64亿元，增长86.90%。其中总营业收入超过1亿元以上的集聚区共有65家，占上报集聚区总数的76.47%，涌现出一批围绕区域产业定位，结合城区改造，提升和打造一批特色鲜明、主题突出、三区联动（园区、社区、街区）效应好，并且在全市创意设计产业布局中发挥重要作用的产业集群。如在环同济的基础上，重点打造设计一批项目，进一步提升环同济的产业能级，打造成上海建筑设计的核心区。黄浦区结合街区改造，依托原有创意产业集聚区的基础，整体规划江南智造一区六园的产业形态，提升产业集聚度，打造成上海设计产业核心区。长宁区完成环东华时尚创意产业集聚区的整体规划。静安区正积极整合相关资源，对昌平路设计产业集聚区（带）进行整体规划。全市创意产业集聚区内共建设224个公共服务平台，主要涉及产品展示、人才培训、投融资、政策咨询服务、宣传推广等方面，集聚区服务水平显著提升。同时，不断完善集聚区统计制度，提升集聚区服务功能。建立集聚区网上季度统计上报制度，及时对集聚区经济运行情况进行监测分析，启动集聚区资源共享平台建设。

八、开展系列创意产业交流活动

成功举办第七届上海国际创意产业活动周，活动周以"创意生产力"为主题，举办了上海创意产业国际论坛、上海创意产业博览会和"创意生产力－设计新模式展"等系列展览展示活动，共吸引了来自国内外近6万人次的观众前来参观。举办2011年度上海国际室内设计节活动，来自10个设计之都的组织和设计师代表共同签署《设计之都合作发展倡议书》。参加在韩国首尔举行的联合国教科文组织网络年会，加强网络组织成员单位的交流学习和合作。在意大利中国文化年期间，组织召开"米兰上海周创意产业论坛"，与100家意大利企业进行交流洽谈，有4个合作项目进行签约，达成10多项合作意向。推动中意两国合作共建的国家级设计创新研发中心和服务平台——"中意设计创新中心"落户同济大学。

九、推动时尚产业发展

依托长宁、静安、黄浦、松江等区推进一批以时尚产业为主题的集聚区建设。积极推动长宁区、松江区与中国时尚同盟、兄弟省市时尚产业集群的战略合作。举办2011中国时尚同盟时尚发布活动，探索建立长三角乃至国内外的时尚产业链。聚焦纺控、美邦、拉夏贝尔、博士蛙、家化等重点企业，加大设计创新、技术改造、品牌建设、两化融合推进力度。引进诺奇、鲁泰等一批服装服饰类龙头企业。引导推动广大中小企业加大自主创新和自主品牌建设力度。

（吴栋林）

生产性服务业发展情况

2011 年，是本市生产性服务业取得新突破的一年。全年全市制造业领域的生产性服务业重点监测企业完成营业收入 4980.2 亿元，比上年增长 21.3%；实现利润 394.3 亿元，增长 23.1%。生产性服务业在推动上海产业转型、提升上海产业能级上发挥了积极作用。

“十二五”期间，上海生产性服务业将围绕总集成总承包服务、研发设计服务、供应链管理服务、金融专业服务、专业维修服务、节能环保服务、检验检测服务、电子商务及信息化服务、专业中介服务、培训教育服务等 10 个重点发展领域，制定一系列推进政策，力争到 2015 年，生产性服务业增加值占服务业增加值的比重达到 60% 以上，制造业领域生产性服务业营业收入比 2010 年翻一番。

围绕“十二五”时期生产性服务业发展重点，2011 年发展情况如下：

一、服务功能不断加强

目前，上海集聚了一批提供总集成总承包、研发设计、检验检测、数据处理、品牌运营、咨询培训等一体化解决方案服务的生产性服务企业总部。2011 年，总部经济加快集聚，累计达到 927 家，其中跨国公司地区总部 353 家，投资性公司 240 家，外资研发中心 334 家，服务功能不断增强。

二、生产性服务业联盟成立并召开首届生产性服务业发展论坛，创刊《上海工业～生产性服务业增刊》

6 月 28 日，上海生产性服务业联盟召开联盟成立大会暨首届生产性服务业发展论坛，同时创刊《上海工业—生产性服务业增刊》杂志。生产性服务业联盟为本市生产性服务业企业和行业搭建了更加广阔的交流、服务平台，更好地促进和推动了上海生产性服务业发展，营造了学习、交流、创新、探索、合作的氛围。

三、功能区发展稳中求进

功能区围绕“创新驱动、转型发展”，进一步加快产业转型，同时吸引行业内具有引领作用的企业向功能区集聚，形成特色鲜明、错位竞争的态势，做到立足上海、服务全国、辐射全球。

全年创建和认定生产性服务业功能区 5 家，新增规划土地面积达 300 余公顷，进一步推动生产性服务业集聚发展，促进产城融合，提高功能区管理水平和服务能力。截至年末，共有重点推进和重点创建的生产性服务业功能区 28 家，总占地面积为 4208.36 公顷，集聚了一批国际国内知名的企业。其中 23 家功能区已供应国有建设用地 2218 公顷，已开工建设的共 160 公顷，竣工房屋面积 728.93 万平方米，累计完成固定资产投资 259.33 亿元，为上海的生产性服务业发展提供坚实的发展空间。2011 年，全市 23 个重点推进的生产性服务业功能区营业收入合计 2988 亿元，增长 52.9%；实现税收 102.6 亿元，增长 66.45%；截至年底，功能区累计引进外资项目 670 个，合同外资金额 17.2 亿美元。

2011 年，根据有关要求，在区县年度评估的基础上，市经信委、市发改委、市规土局和市环保局对 2009 年本市首批重点推进的 19 家生产性服务业功能区开展两年一次的复审工作，全面了解和掌握功能区的建设和推进情况，建立完善“建管并举，提升功能，加强服务，合力推进，优胜劣汰”工作机制，形成用地集约、产业集聚、功能集中、服务集成的发展格局。上海生产性服务业联盟受托负责相关培训、检查汇总、专家评审、材料分析整理等具体工作。

结合生产性服务业联盟成立和首届生产性服务业论坛召开，组织 2010 年以来批复的 9 家生产性服务业功能区在《解放日报》上进行了集中宣传；促进功能区的学习交流活动，做好（无锡）工业博览园来沪调研上海生产性服务业功能区的有关工作；帮助西郊生产性服务业功能区与虹桥商务区管委会做好有关沟通工作，使西郊生产性服务业功能区明确其在虹桥商务区中的规划定位；做好对相关人员的培训，推进功能区开展统计直报工作。

四、政策支持

2011 年，上海发布《关于试行鼓励制造业分离生产性服务业若干财政扶持政策的通知》和《进一步鼓励支持制造业主辅分离促进生产性服务业加快发展的财税政策意见》，鼓励本市先进制造业分离生产性服务业，提升制造业企业的核心竞争力、促进生产性服务业加快发展；设立总集成总承包工程等专项引导资金项目，进一步推动经济发展方式的转变，促进生产性服务业的大力发展；全面实施推动电子商务企业创新发展、推动中小企业应用电子商务工作，加以资助资金，助力中小企业电子商务发展。

11 月，《关于在上海市开展交通运输业和部分现代服务业营业税改征增值税试点的通知》（财税 [2011] 111 号）出台，“46 号文”中的扶持对象即从先进制造业企业分离出来从事研发设计、检验检测、信息服务、总集成总承包和供应链管理服务的生产性服务业企业，基本都纳入了本次营业税改征增值税试点的范围。围绕生产性服务业推进工作重点，多次召开会议，及时组织行业协会、区县部门、试点企业等开展不同形式的座谈、培训、调研及政策宣贯活动，结合企业实际研究试点政策实施细则，跟踪试点政策的效果并反馈企业诉求，深入分析试点政策对产业发展的影响，做好本市财政扶持政策与试点政策的过渡衔接工作。

五、建立完善生产性服务业统计制度

根据国家统计局发布的国民经济行业分类标准（GB/T4754–2011），对生产性服务业行业分类进行调整，研究并建立生产性服务业部门统计制度，调整、完善生产性服务业重点领域统计制度，建立2011年新的统计监测制度，为落实相关税收政策提供产业分类依据。

对各区县、有关集团公司所属生产性服务业及制造业企业发展生产性服务业的情况进行调查，反映本市生产性服务业的发展规模、结构、比例和速度，了解掌握制造业和生产性服务业融和、协同发展的现状和趋势，为制定相关产业政策提供依据。

六、制造业与生产性服务业融合发展课题研究

市经信委经济运行处、生产性服务业处会同市统计局工业交通处和社会科技处以及上海生产性服务业联盟联合成立课题小组，采用实地、座谈和课题问卷调研表三种形式开展对上海制造业与生产性服务业融合发展的课题研究，通过对上海制造业与生产性服务业融合发展现状、业务特点、存在问题和发展趋势进行分析，深入准确地了解上海制造业与生产性服务业融合发展态势，并为下一步的发展提出措施和建议。

七、总集成总承包服务

4月，市经信委生产性服务业处重新编制《上海市总集成总承包项目支持指南》，并在市经信委网站进行公布。

全年企业申报总集成总承包专项资金扶持项目149个，专项资金累计支持61个项目（其中第一批支持29个项目，第二批支持32个项目），扶持项目数占申请项目总数的41%；149个项目投资总额计251.4亿元，企业申请专项资金累计2.27亿元，使用专项资金计2000万元，扶持资金占企业申请资金总额的8.8%。

八、进一步推动物流信息化发展

9月，工信部、中物联在郑州举办“2011中国物流与采购信息化推进大会暨物流企业CIO峰会”；10月，工信部信息化推进司召开“重点行业企业供应链协同应用示范工程”研讨会；11月，市经信委联合浦东新区经信委举办“全国电子商务和物流信息化干部培训班”。

按照俞正声书记和韩正市长的批示精神，会同市有关部门，通过座谈会、深入重点快递企业密集调研，梳理分析当前本市快递行业发展面临的主要问题，并提出解决问题的有关建议，形成《关于推进本市快递产业发展的工作建议的报告》，为解决快递业发展中遇到的困难、推动本市快递业健康发展提供了依据。同时，加快推动本市大型制造业集团内的供应链管理（物流）服务分离，推动企业物流更加专业化、社会化、市场化。

九、电子商务与信息化服务

全年本市电子商务年交易额达到5401亿元，增长27%。11月，国家工业和信息化部发布《电子商务“十二五”发展规划》，并在上海举办全国电子商务和物流信息化干部培训班。上海市作为全国21个城市之一，被批准列为国家首批电子商务示范城市。

在“双推”活动期间，10家“双推”平台企业新增上海中小企业客户3430家，参与“双推”各类培训宣讲活动的本市中小企业超过15000家，“双推”期间10家“双推”平台企业新增全国企业客户超过6.5万家，截至年底，全市已有近9000家中小企业获得“双推”专项资金补贴，为促进电子商务与中小企业融合创新发展，营造良好的电子商务市场发展环境起到了积极作用。

十、专业维修服务

开展上海专业维修服务现状和发展课题研究，编制《上海专业维修服务现状和发展对策研究报告》，指出广泛认同设备维修的社会化和专业化，维修机构轻型化和人员配备精简化渐呈趋势，设备的日趋先进促进专业维修市场的发展。分析了专业维护高技术含量、高素质人才、高特种作业、高服务半径的特征。

十一、检验检测服务

围绕“培育主体、完善体系”，重点发展面向战略性新兴产业的第三方检验检测认证服务。市经信委与市质量技监局建立了联合工作机制，开展检验检测平台建设、检验检测功能区认定、争取国家级检测机构落户上海、检验检测机构资源统计等工作。与市质量技监局、市统计局联合发布《关于开展本市2010年检测资源年报统计工作的通知》，对本市检验检测机构进行统计调查，并将其统计结果纳入了生产性服务业统计体系。加大检验检测领域资金和税收优惠支持力度。在“总集成总承包工程专项引导资金”中，将一站式检验检测服务也作为总集成总承包重点方向给予支持，并支持了上海石化检测等企业。在“制造业集团主辅分离促进生产性服务业发展财税政策试点”中支持了上海电气输配电试验中心有限公司、上海宝钢工业检测有限公司等企业。

（陈琦芳）

对口支援与合作交流情况

2011年，按照“创新驱动、转型发展”的要求，市经济信息化委以“发展调整中提升”为主线，围绕大力推进高新技术产业化及“智慧城市”建设等工作，积极融入与长三角区域、各重点省市、对口支援地区的合作交流，结合复杂多变的国际经济形势与国内经济运行的新变化、新情况对区域经济带来的影响，注重工作的敏感性、主动性和坚韧性，在区域合作交流中以产业发展为重点，兼顾融合兄弟省市的产业特点与优势，共同促进改造和提升传统制造业、加快优化调整产业结构、推动“两化”融合、推进节能减排和淘汰落后产能等开展了一些区域合作交流的工作，总结如下。

一、对口支援西部地区情况

1．做好新疆喀什来沪挂职干部的管理服务。根据援疆工作计划，新疆喀什地区四县14名干部于3月下旬抵沪开始为期半年的挂职锻炼。市经信委落实11个工业园区安排挂职干部挂职，并保障挂职干部在沪工作、生活、学习等方面的服务，建立挂职干部在沪的联系、汇报、集中考察与培训等方面的日常管理制度与机制，并在挂职启动和结束时分别为挂职干部组织举办入职培训和总结培训。

5月，上海市政协举办“援疆招商招工招生工作”专题座谈会。组织新疆喀什来沪挂职干部座谈会、组织挂职干部考察相关工业园区、企业等。

2．推动落实沪疆工业园区共建工作。落实上海11个工业园区与喀什四县8个工业园区的共建，在签订《园区共建合作协议》的基础上，围绕上海工业区为新疆喀什工业区制订园区规划、市场调研、项目落地、产业培育、科技创新、人才培训、确定定期互访及商务会议机制等方面进行合作推进。

3．协调落实投资喀什项目。组织、协调上海建材、上海闽龙、上海大山合等相关企业项目落户新疆喀什，推进项目的规划、基建、投产等事项，推动落成项目的后续融资、市场、销售等实际问题的解决与协调。

4．组织、参与上海喀什文化周等相关专题会议、专题活动。9月，上海援疆指挥部在上海举办“我们喀什好地方”为主题的上海喀什文化周相关活动，市经信委主办“新疆玉石文化展览”，并于后期参与组织“新疆喀什经济开发区（上海）服务中心挂牌仪式”。

5．牵头组织参加“中国新疆2011产业转移系列对接大会”。6月，市经信委组织上海化工、建材、食品、电子、装备、纺织、新材料、新能源等生产型企业参加工信部与新疆自治区联合在乌鲁木齐举办的“中国新疆2011产业转移系列对接大会”。各企业参与相关专题发展论坛、产业转移交流、产业对接活动。上海市经信委与自治区经信委在会上签署《产业转移合作协议》。

6．新疆来沪培训大学毕业生应用软件培训。为进一步提高对口支援地区群众的综合素质，促进维族等少数民族青年的就业。9月，市经信委联合上海海洋大学、中标软件有限公司为喀什97名在沪进修少数民族大学毕业生举办“中标普华维哈柯文办公软件应用培训班”，并协调中标软件有限公司向上海海洋大学及受训学生赠送了国产基础软件。

7．开展西部地区干部专题培训。根据上海市对口支援与合作交流工作领导小组办公室2011年度计划项目，5月，市经信委在沪举办“2011高新技术产业化发展培训班”，为期15天，来自新疆、西藏、云南等六省区的50名学员参加培训。5月，组织师资力量赴新疆喀什为当地干部就双语办公软件进行为期3天的培训，培训人数达到120人左右。9月，组织师资力量赴西藏日喀则为当地干部举办藏文办公软件应用培训，培训人数100人左右。10月，组织师资赴青海果洛地区举办藏文办公软件应用培训，培训人数40人左右。

8．推动援建都江堰市后续工作。市经信委与都江堰市政府、都江堰市经信局等共同开展援建都江堰后续工作的推动，促进企业间的产业合作，建立互访机制，协助都江堰市政府来沪举办“援建情、感恩心——都江堰市投资推介会”等活动。

二、参与推动长三角区域合作情况

在江、浙、沪、皖三省一市党委、政府主要领导、常务副省市长、各重点合作专题组等层面的会议制度框架下，市经信委参与信息组、信用组、产业转移组等专题组的具体工作。

1．参与年度重点工作的审议与确定。2011年为安徽省轮值方，先后在安徽池州市、安庆市、芜湖市、黄山市召开2011长三角地区合作与发展联席会议办公室会议。会议分别讨论并审议《联席会议建议方案》、《年度工作报告》、《长三角合作与发展共同促进基金设立方案（讨论稿）》、《长三角地区合作与发展指数发布的机制（讨论稿）》等重大事项，各重点专题组确定年度主要工作目标。

2．推动重点专题组的具体工作。涉及市经信委重点专题组的主要工作为推动公开发布《长三角信息化合作“十二五”规划》、推动区域信息化应用、拓展长三角地区信息化联动建设的范围和水平、促进电子口岸的资源共享与业务协同、扩展“信用长三角”网络共享平台、制订开发企业债券信用风险管理系统、开展企业信用管理示范创建、四地数据互备工作、高速公路收费系统和交通信息联网建设、推进长三角医疗、社保信息一体化和合作交流信息化平台的建立、推进信用服务机构备案互认、共同举办“信用长三角”第三届高层研讨会等。

三、开展国内重点省市产业合作活动情况

1．以产业发展为基础，开展与重点省市合作对接活动。5月，市经信委协助贵州省政府在沪举办“赴上海招商引资项目推介活动”。6月，市经信委协助山西省政府在沪举办“上海—山西企业合作交流座谈会暨合作项目签约仪式”等系列活动。9月，市经信委和福建经贸委在福州举办两次沪闽产业项目对接活动，梳理排摸出43个合作项目，并在“闽沪产业对接项目签约大会”上顺利组织第一批约10个项目签约，投资总额约130亿元。11月，市经信委参与工信部、河南省共同举办的“第二届中国郑州产业转移系列对接活动暨召开产业转移指导目录交换意见座谈会”，会议期间，与河南省工信厅签署《产业合作协议》。12月，邀请安徽、福建、江苏、河南、山东等区域的政府驻沪办事处及企业参会，共同探讨跨区域产业合作的先进做法与现存问题，为外省市来沪企业协调解决融资、市场、销售等问题。根据市委、市政府的要求，参与江苏大丰市光明园区的产业转移与合作事项，做强大丰市光明产业园区，力争做成示范园，目前正在调研及项目重新规划中。

2．以互补共赢为目标，组团参加赴外重点展览会。5月，市经信委代表上海市政府组织企业参加第十四届中国（重庆）国际投资暨全球采购会（“渝洽会”），该展由国家商务部、国务院三峡办、重庆市政府等主办。上海作为主办单位之一，在主会场设立“上海馆”，采用特装集中展示上海高新技术产业化项目，展示面积达500平方米。10月，市经信委组织企业代表团参加在广西南宁举办的第八届中国——东盟博览会，并在当地举办相关系列产业对接活动。

（韩大东）

政策法规建设情况

2011年，为了进一步加强本市经济和信息化领域依法行政工作，围绕产业发展和信息化推进中的工作重点，市经济和信息化政策法规建设取得了新进展。

一、聚焦重点，做好地方性法规起草和规范性文件制定工作

根据《上海市经济信息化委2011年政策法规工作计划》，确立促进中小企业发展、“智慧城市”建设、节能减排等重点领域，扎实做好立法工作。

（一）配合市人大相关委员会，积极开展地方性法规立法工作

1．关注中小企业法制建设，确保本市第一部中小企业地方性法规的顺利出台。完成中小企业地方性立法工作，4月12日，市人大常委会第二十六次会议表决通过《上海市促进中小企业发展条例》，为本市促进中小企业发展提供有力的立法保障。

2．为本市“智慧城市”建设提供立法支持，启动了《上海市信息化条例》的立法调研。该项工作任务列入2011年市委工作要点，《上海市信息化条例》立法调研项目也列入市人大2011年立法调研计划。该立法项目年内开展多次调研，多方听取意见，初步形成立法草案和立法调研报告框架，并已向市人大常委会法工委提交立法专项论证报告。

3．配合产业和信息化工作的深入开展，稳妥推进相关重点地方性法规项目的调研工作。围绕工作重点，集中解决相关领域的立法难点问题，深入开展地方性法规立法的前期研究工作，启动了促进战略性新兴产业发展条例、供用电管理条例、社会信用体系建设条例等多项地方性法规立法储备项目的调研工作，形成了初步调研报告和立法草案。

（二）严格规范性文件制定流程，加强对政策性文件的法律审查力度

1．根据全市规范性文件清理结果，完成1件市政府办公厅规范性文件的修订工作。市经信委会同市烟草专卖局等11部门启动并完成对沪府办发[2000] 7号文的修订工作，《市政府办公厅转发市经济信息化委等十二部门关于进一步加强本市涉烟非法经营行为综合治理实施意见的通知》（沪府办发[2011] 42号）已于2011年8月4日发布。

2．严格规范性文件制定流程，完成3件委规范性文件的审查发布程序。一是《上海市重要电力用户供用电安全管理办法》已经过市经信委主任办公会议审议通过，在会同华东电监局修改完善后，年内完成会签和发布工作；二是会同市国资委、市财政局、市工商局、市知识产权局、市版权局等部门发布《上海市知识产权优势企业认定办法》（沪经信法[2011] 846号2011年12月13日发布）；三是完成对《上海市知识产权优势企业资金管理办法》的法律审查流程，争取近期报请委主任办公会议审查。此外，《上海市争创国家

新型工业化产业示范基地管理办法》等已启动立法工作，形成初步草案并进入规范性文件制定程序。

3．加强法律审查，会审4件由报请市政府发布或者委牵头发布的政策性文件。包括：《上海市人民政府办公厅关于本市“十二五”期间加快推进光纤到户建设的意见》（沪府办发［2011］20号）已于2011年5月19日发布；《上海市经济信息化委等12部门关于促进本市创意设计业发展的若干意见》（沪经信都［2011］282号）已于2011年5月27日发布；《上海市人民政府贯彻〈国务院关于促进企业兼并重组的意见〉的实施意见》（沪府发［2011］55号）已于2011年9月10日发布；《上海市政府办公厅转发市经济信息化委等四部门制订的〈关于推进上海规划产业区块外产业结构调整转型的指导意见〉》（沪府办发［2011］51号）已于2011年10月18日发布。

（三）做好“十二五”法治建设规划编制工作，开展相关法律基础调研

1．积极谋划，推进《上海市产业和信息化法治建设“十二五”规划》编制工作。依据国家和本市相关规划要求，牵头并组织人员参与编制工作，听取相关单位、行业协会及企业的意见，依托上海市企业法律顾问协会和上海市信息法律协会组织编制的，经过前期调研、组织起草、衔接论证以及委领导审查等程序，已形成《上海市产业和信息化法治建设“十二五”规划》规划草案，并于2011年11月9日通过专家论证，年内完成报送审查和发布工作。

2．集中专业力量，开展工业和信息化领域政策法规汇编编制工作。组织相关协会参与，收编国家和本市有关经济和信息化16个重点领域现行有效的法律、法规、司法解释、规章、规范性文件以及相关政策性文件394件，年内完成汇总、统稿和编辑印刷工作。

二、依法开展对地方性法规实施情况的评估检查，严格执法程序，加强行政执法工作

1．开展执法人员培训，组织系统单位行政执法证的考试工作。组织开展对委业务处室、区县经（商）委和相关单位执法人员的执法业务培训，通过专家讲课、执法人员上岗考试等方式，重点在规范执法程序、建设高效的执法队伍方面加强组织建设，共有52人通过笔试取得上海市行政执法证。

2．加强对电力等领域的行政执法工作的指导和监督。通过“案审会”、委相关业务处室提前介入等方式加强对市电力执法办行政执法案件的法律审查力度，严格行政执法流程，重点加强了对电力执法案件中法律文书的审查。全年受理行政处罚案件24件，其中，以市经信委的名义做出行政处罚决定21件。

3．加强对重点地方性法规贯彻实施情况的评估检查。分层次、多领域开展《上海市促进中小企业发展条例》的宣传贯彻工作，组织开展该法规释义的编写工作；配合市人大相关委员会，组织制定检查方案，依法开展对《上海市保护电力设施和维护用电秩序规定》执行情况的后评估。

三、突出重点、讲求实效，认真做好系统“六五”法制宣传教育工作

1．认真做好系统法宣办公室的日常工作。召开系统法制宣传教育年度工作会议，总结“五五”普法工作，汇总系统相关单位2010年法治宣传教育工作总结；召开“六五”普法工作启动会，组织下发国家、本市以及本系统“六五”普法规划以及2011系统法制宣传教育工作要点。

2．组织系统有关单位开展“五五”法宣评选先进工作。系统法宣办主任陈潜同志获国家“五五”普法先进个人表彰，系统法宣办获本市“五五”普法先进集体表彰，上海电信获国家“五五”普法先进单位表彰；系统11家单位和23名个人分获本市“五五”普法先进集体和先进个人表彰。

3．有序开展相关法制宣传教育专项工作。启动对系统法宣领导小组成员的人员调整，组织系统先进单位和先进个人的颁奖及交流工作会议；组织获得国家及本市“五五”普法表彰的集体及个人的奖牌发放及“六五”普法启动工作座谈会；开展“宪法宣传周”系列法制宣传教育活动；组织系统21家重点单位召开企业合同审核制度的设计和实践交流会。

四、确保日常法律事务工作的有序开展，稳步推进委各项依法行政工作

1．继续推进委行政审批改革工作。根据全市统一部署，组织对委电力、节能、成品油管理、软件等9个领域的行政审批事项开展行政审批业务手册和办事指南的编写工作；对国务院征求有关行政审批项目取消或调整建议以及本市建设工程竣工验收并联服务操作规程、网上行政审批管理办法、行政审批信息资源共享目录等涉及行政审批改革内容的相关文件草案和征求意见稿提出修改意见；对经济和信息化领域区县行政审批清理情况进行两次确认，经核对最终对目录中保留的6项行政审批予以确认。

2．积极做好地方性法规、规章和规范性文件的清理工作。做好对所涉的市政府及办公厅规范性文件的清理确认工作；以通告形式向社会公布规范性文件清理结果，包括继续有效的文件目录46件、决定废止的文件目录4件、宣布失效的文件目录8件；继续做好由市经信委参与发文的市政府相关委办局规范性文件清理意见的审查和答复工作；根据工信部的要求，会同相关部门积极开展对阻碍企业兼并重组相关文件的清理工作；根据市人大和市政府法制办要求，对市经信委所涉地方性法规、市政府规章、市政府规范性文件和委内规范性文件开展行政强制规定专项清理工作。

3. 加强市经济信息化机关以及区县相关部门的行政复议和行政应诉工作。处理涉及相关区县和业务处室的行政诉讼案件2起，一审、二审共计出庭4次。为进一步加强行政复议和行政诉讼工作，向各区县经委、商委和信息化委下发《上海市经济信息化委关于进一步加强经济和信息化领域依法行政工作的通知》(沪经信法［2011］280号)，对区县有关部门提出加强依法行政工作的相关要求。

4. 其他日常法律事务工作有序开展。贯彻全市推进依法治市工作会议精神，进一步加强市经信委依法行政工作。有序开展征求意见答复、合同审核等其他法律事务处理工作，共完成答复或者研提各种立法、政策征求意见50余件，合同审核45件，领导交办以及其他各类法律事务工作60多件。此外，指导市企业法律顾问协会开展企业法律顾问注册等相关工作，指导市信息法律协会开展换届工作。

(刘新宇)

“十二五”工业发展规划编制情况

工业发展“十二五”规划(以下简称“规划”)是指导本市工业发展的行动纲领，是市委“十二五”规划建议和市政府“十二五”规划纲要有关内容的深化和拓展。自2009年8月启动规划编制工作，历时2年多时间，规划已正式对外发布。

1. 编制过程：根据全市统一部署和要求，本市工业发展“十二五”规划编制过程大致分为四个阶段：

一是规划思路形成阶段(2009年8月～2010年2月)，深入调研，开展前期研究，组织规划大讨论活动，召开专家座谈会。

二是规划初稿形成阶段(2010年3月～5月)，建立规划编制工作机制，吸收前期成果，对规划主线、目标、布局、重点、任务等进行深化研究，形成规划初稿。

三是修改完善阶段(2010年6月～10月)，征求各方面的意见，听取各区县、各部门以及人大、政协、行业协会的建议。

四是衔接论证阶段(2010年11月～2011年底)，组织召开专家论证会，与国家“十二五”规划纲要、工信部“十二五”工业转型升级规划和市“十二五”规划纲要进行衔接，进一步吸收行业规划最新内容。2011年11月、12月先后通过市政府常务会议和市委常委会审议，12月底以市政府100号文正式印发。

2. 规划框架：《规划》共分为七部分。第一部分回顾“十一五”发展成效，总结基本经验，剖析存在问题，重点分析了工业在全市经济社会发展中的地位和作用；第二部分分析判断“十二五”工业发展所处环境；第三部分提出“十二五”工业发展的指导思想、原则和目标；第四部分提出“十二五”工业发展的重点内容；第五部分提出“十二五”工业发展的空间布局；第六部分从10个方面提出“十二五”工业发展的主要任务；第七部分提出“十二五”规划实施的政策保障。

3. 总体思路：深入贯彻落实科学发展观，按照高端化、集约化、服务化，推动产业融合发展，加快形成服务经济为主产业结构的发展方针，充分发挥科技、人才、金融、信息、品牌等优势条件，坚持创新驱动、转型发展，以发展调整中提升为主线，以“双倍增一提升”为重点，加快构建战略性新兴产业引领、先进制造业支撑、生产性服务业协同发展的现代工业体系，促进“生产型制造”向“服务型制造”方向发展，不断提高产业国际竞争力，为上海建设“四个中心”、全面提升国际经济中心城市地位作出重要贡献。

4. 主要目标：《规划》提出定性和定量两类目标。定性目标方面，5年阶段性目标是使上海成为全国率先转变工业发展方式的先行先试区、战略性新兴产业的创新引领区、高端生产性服务业的集聚辐射区；中长期目标则是将上海打造成为全球高端智造中心之一。定量目标方面，《规划》淡化了工业总产值等总量规模目标，强化了经济效益、结构优化、创新能力和资源环境目标，具体设置了4类14项指标。一方面新增了工业增加值率(比2010年提高2.5个百分点)、技术改造投资占全部工业固定资产投资比重(2015年达55%)、战略性新兴产业增加值(比2010年翻番)、生产性服务业(制造业领域)营业收入(比2010年翻番)、工业企业研发投入占主营业务收入比重(2015年达1.5%)等反映效益、结构和创新的指标；另一方面突出了工业园区单位土地产值(保持全国领先水平)、单位工业增加值能耗(完成国家和本市下达目标)、工业能源综合利用效率(比2010年提高5个百分点)、单位工业增加值用水量(比2010年降低30%以上)等资源环境的指标。

5. 发展重点：《规划》提出，“十二五”时期大力推进“双倍增一提升”(即“战略性新兴产业增加值倍增”、“生产性服务业(制造业领域)营业收入倍增”、“先进制造业转型提升”)。具体而言：一是在培育和发展战略性新兴产业方面，以本市高新技术产业化9个重点领域为基础，对接国家战略性新兴产业的7个重点领域，提出“十二五”聚焦发展新能源、新一代信息技术、生物医药、先进重大装备、民用航空航天、高端船舶和海洋工程装备、新材料、新能源汽车和节能环保产业。二是在优化提升先进制造业方面，加大技术创新和技术改造力度，提升汽车、成套设备产业核心竞争力，促进电子信息产品制造业转型升级，优化钢铁、石化等基础产业产品结构，提升都市产业能级。三是在促进制造业领域生产性服务业发展方面，重点发展总集成总承包、研发设计、检验检测、专业维修、供应链管理服务、金融专业服务、节能环保服务、电子商务与信息化服务等领域。

6．空间布局：《规划》提出，按照构建形成“带状引领、基地聚焦、组团发展”总体布局的要求，加快工业向产业基地、市级以上开发区等规划产业区块集中，推动规划产业区外存量工业用地转型升级。“带状引领”是指重点建设具有世界一流水平的临海沿江工业发展带；“基地聚焦”是指加快发展一批国家新型工业化产业示范基地（如临港装备基地），培育壮大一批占领技术制高点的战略性新兴产业基地，改造提升一批基础条件较好、相对成熟的产业基地（如宝山精品钢材基地），着力调整一批受环境、能耗等条件制约的传统产业基地（如高桥石化地区、吴淞工业区）；“组团发展”是指统筹规划产业区块和新城建设，推动南汇、嘉定、松江、青浦、南桥、金山、城桥等新城与规划产业区块融合发展。

7．保障措施：《规划》提出10个方面的重点任务，作为“十二五”时期推进工业发展的主要抓手。包括：一是以实施重大专项工程为抓手，实现战略性新兴产业发展新跨越；二是以完善产业技术创新体系为重点，增强工业自主创新能力；三是以优化投资结构为重点，提高工业投资效益；四是以园区和产业基地建设为重点，推动工业集聚发展；五是以实施能效提升工程为抓手，提高工业能源利用效率；六是着力调整淘汰落后产能，加快工业结构战略性调整，推进小型零星钢铁、传统纺织印染、有色金属冶炼、皮革糅制企业全部退出，完成水泥、砖瓦行业整体调整，基本完成零星化工及危险化学品、铅酸蓄电池企业调整，严格四大工艺准入并规范布局，推进医药原料药及中间体等行业产能压缩，推进高桥石化提升调整和宝钢吴淞地区结构调整，为转型发展腾出空间；七是推进二三产业融合，促进工业高端化发展；八是推进信息化与工业化深度融合，实现工业能级提升；九是大力促进中小企业和民营经济发展，增强工业发展活力和实力；十是扩大对内对外开放，强化工业辐射能力。此外，《规划》从国家、市级层面提出了“十二五”推动工业发展的政策需求。

（刘　平）

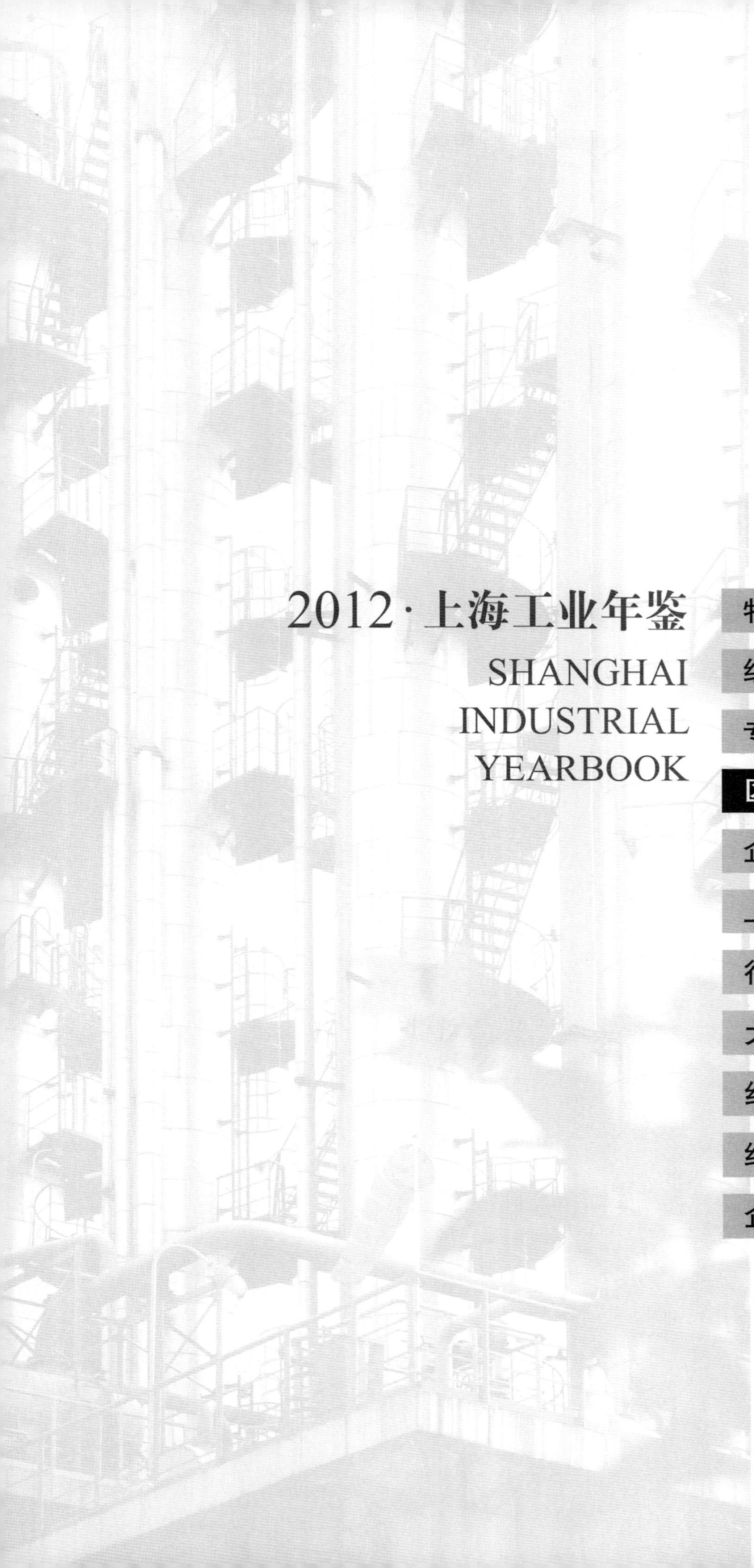

2012·上海工业年鉴

SHANGHAI
INDUSTRIAL
YEARBOOK

区县工业

浦东新区工业

【概况】

2011 年，浦东新区工业企业克服国际经济不景气的外部环境的影响，保持良好产销衔接，加快优化工业结构转型步伐，完成工业总产值 9253.61 亿元，占全市工业的 27.3%；产值比上年增长 10.6%，增幅比全市工业平均水平高 4.0 个百分点；实现销售产值 9140.59 亿元，增长 11.3%，工业产销率 98.8%；出口交货值 2385.66 亿元，占全市工业的 29.5%，出口交货值增长 11.7%，增幅比全市工业高 8.6 个百分点。

【2011 年发展情况】

一、各种所有制工业全面增长

外资工业完成总产值 5639.94 亿元，增长 14.0%，高于总产值增幅 3.4 个百分点，对新区工业的贡献率近 80%。其中，外商独资企业完成工业总产值 3192.47，增长 21.1%，占全区工业比重 34.5%，比上年提高 4.2 个百分点。内资工业完成总产值 3613.66 亿元，增长 5.3%，增幅比内资工业低 8.7 个百分点。在内资工业中，股份制企业产值 2584.38 亿元，占内资企业的 71.5%，增长 5.8%；国有和私营企业产值分别为 922.72 亿元和 626.82 亿元，增长 3.6%、9.0%；集体和股份合作制企业，产值分别为 262.83 亿元和 256.48 亿元，增长 2.1% 和下降 1.3%。

二、重点行业持续发展

“三大三新一优化”产业产值为 6675.49 亿元，占全部工业的 72.1%，增长 12.8%。其中：电子信息制造业、汽车制造业和成套设备制造业三大产业产值分别为 2529.86 亿元、1454.49 亿元和 1048.28 亿元，增长 22.6%、8.2% 和 9.3%。与上年相比，电子信息制造业和汽车制造业增幅下降 16.4 个百分点和 28.3 个百分点；成套设备制造业增幅上升 5.5 个百分点。

生物医药、航天航空和新能源三大新兴产业产值 340.50 亿元，增长 6.8%。航天航空、新能源产值为 4.31 亿元和 52.28 亿元，分别增长 87.8% 和 18.6%。受国家实施新药典、基础药物、抗生素分类管理等政策的影响，生物医药产值 283.92 亿元，增长 4%。

传统产业石化及精细化工制造业产值 1266.32 亿元，增长 4.9%。

三、产品出口略有上升

全年工业出口交货值 2386.66 亿元，增长 11.7%，占销售产值 26.1%，较上年略有上升。从经济类型上看，内资企业出口交货值 479.78 亿元，下降 5.2%；外资工业 1905.88 亿元，增长 17%。从产品出口行业结构看，“三大三新一优化”的产品出口交货值 2019.38 亿元，增长 11.9%。其中，三大产业出口交货值 1879.41 亿元，增长 13.6%，高于平均水平 1.9 个百分点。电子信息产品制造业和汽车制造业的产品出口增长 19.9% 和 16.9%，成套设备制造业产品出口依然下降，但降幅有所收窄。三新产业中生物医药和新能源出口均呈下滑态势，新能源产品出口下降 21.9%。石化及精细化工产品因国际原油价格不断波动和国际市场需求减少，出口下降 7.9%。

四、区域发展情况良好

新区重点开发区、乡镇和浦东其他地区（街道）工业总产值分别为 5299.45 亿元、2193.86 亿元和 1760.30 亿元，分别增长 15.4%、10.1% 和 3.6%，占浦东工业总量的 57.3%、23.7% 和 19.0%。重点开发区产值比达一半以上，增速高出浦东工业平均值 4.8 个百分点，对浦东工业的贡献率达 82.1%，拉动浦东工业产值增长 8.7 个百分点。金桥出口加工区和康桥工业园区产值分别为 2275.66 亿元和 1372.58 亿元，增长 10.2% 和 43.3%；临港新城工业区和南汇工业园区产值增长 22.8% 和 27.9%；外高桥保税区、张江高科技园区和国际医药园区主要产业受日本地震和泰国水灾的影响，产值分别增长 3.8%、下降 2.5%、下降 2.2%。乡镇企业近年来新项目投入少，全年产值 2193.86 亿元，增长 5.1%。其中增速达到或超过浦东工业平均值的仅 6 个乡镇企业，占比不到 1/4；有 3 个乡镇产值比上年有所下降；16 个乡镇产值呈 10% 以下的低增长。其他地区工业主要是中央属、市属大企业，产业涉及石化、造船和港机，受国际金融危机后续影响，船舶、港机市场一直处于低迷状态，影响了该地区的工业生产发展。

另外，从区属工业来看，区属规模以上工业实现总产值5035.53亿元，增长12.7%，占浦东工业总量的54.4%，占全市区县工业的26.4%。由于原材料价格居高不下，人工成本提高，人民币汇率上升，产品因市场原因下降多于上升，企业盈利空间进一步受到挤压。全年区属规模以上企业实现利润总额260.24亿元，下降5.4%，占浦东工业总量的35.45%，生产获利率明显低于浦东工业平均水平。

五、重点企业生产有升有降

新区工业总产值排名前100位企业的产值为6758.80亿元，增长13.7%，增幅比浦东工业平均值高2.1个百分点，占浦东工业总量的73.0%。其中20户大企业产值4811.17亿元，增长14.5%，增幅高于“百强”企业1.8个百分点，占浦东工业总量52.0%。20户企业中产值排名第一的是上海通用汽车有限公司，产值达755.26亿元，占浦东工业总量的8.2%；产值最小企业是松下等离子显示器有限公司，产值56.64亿元。在“20强”企业中，汽车制造业5户，全年产值1109.77亿元。随着小排量汽车的优惠政策到期和汽车下乡的补贴取消，从下半年起，汽车生产企业产值增幅逐步回落，5户企业平均增幅仅3.0%，且有2户企业呈负增长。电子信息产品制造业7户，产值1655.48亿元，占浦东工业总量的17.9%，平均增长29.1%。主要是个别大企业生产放量和产品结构调整，产值实现高增长，拉动了大企业的产值增幅。由于欧债危机，个别企业在欧洲的出口订单取消，年产值有所下降。成套设备制造业3户，产值454.11亿元，增长1.6%。主要是受国际金融危机后续影响，行业复苏缓慢，订单不足，导致生产能力放空。石化及精细化工制造业2户，产值761.83亿元，其中生产饮用水瓶原材料的企业在2011年有新建成的生产线投入生产，而且因日本地震需要大量的饮用水瓶，给企业带来一定的商机。生物医药制造业1户，产值59.20亿元，增长5.6%。

六、经济效益明显下降

由于受国内外经济发展放缓，以及生产量减少，人力费用增加等影响，企业经济效益明显下降。主营业务收入10357.64亿元，增长12.5%（上年为22.5%）；利润总额736.18亿元，下降5.5%（上年增长53.4%）；亏损企业亏损额53.37亿元，增长83.9%（上年下降62.0%）；税金总额373.99亿元，增长1.7%（上年为11.1%）；应收账款13551.1亿元，增长15.7%（上年为5%）；产成品存货367.59亿元，增长28.5%（上年为21.7%）。年末工业经济效益综合指数283.38点，上升15.65点。

【2012年发展趋势】

2012年，预计实现总产值9900亿元，比上年增长7.7%，其中区属规模以上企业产值5300亿元，增长5.3%。工业出口交货值2480亿元，增长4.2%；销售收入11100亿元，增长7.7%；利润总额770亿元，增长4.5%。

一、分解目标，落实责任

继续对规模以上工业产值进行月度目标分解，各开发公司、镇、园区紧紧咬住目标任务不放松，创新工作方法，强化应对措施，破解工作难题。

二、做好重点企业跟踪服务

把占新区工业产值总量70%以上的“百强”企业作为重点服务对象，密切关注其经济运行情况和生产经营中的困难、问题，及时与有关部门协调和沟通，加大对这些企业的支持和综合服务力度。

三、确保新建项目尽快形成产出

促进在建项目早日建成投产，确保拟建项目尽早开工。对2012年可能形成产值的25个项目实行紧密跟踪，积极服务，使项目尽快形成一定的产出。

四、狠抓招商不放松，确保投资持续增长

为形成新的产业增长点，切实做好央企招商工作，让更多的央企落户浦东，成为浦东工业发展坚实的后续力量。

（毛　韻）

徐汇区工业

【概况】

2011年，徐汇区工业积极应对企业业务外迁、出口需求低迷的不利影响，紧紧抓住创新驱动、转型发展，工业运行基础经受了考验。全年实现规模以上工业总产值632.1亿元，比上年增长3.3%。工业产销率达到99.0%。实现工业利润52.4亿元，增长5.9%。完成工业税收29.4亿元，增长1.2%。

【2011年发展情况】

一、主要产业规模继续扩大

全年电子及通信设备制造等高新技术产业实现产值242.7亿元，增长2.7%，占全区工业总产值的比重38.4%，与上年持平。高新技术以外的产业中，金饰品制造业持续快速增长，因国际金价走高拉动投资和消费，产值增长27.7%。汽配制造业小幅增长，随着鼓励汽车消费的政策陆续退出，产值增长3.2%。

二、漕河泾开发区稳步转型

在电子信息、新材料、生物医药等一批优势企业的带动下，漕河泾开发区徐汇部分实现产值292.6亿元，占全区工业总产值的比重46.3%，对徐汇区工业的发展继续起重要作用。与此同时，开发区内现代服务业集聚区建设稳步推进。年底，已入驻中外企业100余户，从业人员近万人，入驻率超过90%，吸引了众多中外企业的地区总部及研发设计中心入驻。

三、高新技术产业化着力推进

年内，制定实施《徐汇区关于加快推进高新技术产业发展的扶持意见》，进一步聚焦科技进步对区域经济社会发展的支撑作用，同时提高扶持力度，为全区高新技术产业的发展创造良好的环境。全年累计扶持高新技术产业化重大项目和战略性新兴产业培育项目50个，配套国家、市级重大项目20个，扶持资金总额8400多万元，重大项目未来形成产值超36亿元。

四、企业创新能力不断提升

年内龙旗科技成功申报市级企业技术中心单位，普华软件等6户企业成功申报区级企业技术中心单位。松下半导体等两户企业获得市重点技术改造项目计划支持，普天邮通等4户企业获市总集成总承包项目支持。东升新材料等4户企业获得国家中小企业发展专项资金，芯索芯片等14户企业获市中小企业发展专项资金，广联电子等6户企业获得市地方特色产业中小企业专项资金的扶持。

五、产业园区建设持续推进

推进西岸等3个园区的建设。开展年度产业园区星级评定工作。关港都市工业园等两个园区被授予5星级。2577创意大院等7个园区为4星级。D1国际创意空间等11个园区为2到3星级。进一步提升产业园区主打产业集聚度。中核浦原、核工业设计院等的新能源及其相关产业能级进一步提升。仪电总部、普天邮通科技园等的新材料和新能源总部、研发办公、市场营销等机构进一步集聚。关港都市工业园、华泾工业园以及北洋地块的纳米新材料、精细化工、节能环保材料及相关产业进一步发展。

六、节能降耗工作深入开展

召开工作例会和大会，部署节能工作，落实目标责任制。在“十一五”的基础上，完善能耗统计分析，提高分析的针对性、有效性。加快能耗实时监测平台的建设，加强重点用能单位的实时监测和管理。组织开展节能专项培训，提升重点用能单位自身节能管理能力。制定并发布《徐汇区节能降耗资金管理办法（试行）》等节能政策，拓展节能降耗工作机制。加大执法检查，综合运用多种手段推进节能工作。全面启动“绿色滨江”、“绿色漕开发”、“绿色商圈”、“绿色华泾”等具有徐汇特色的低碳示范区建设。

【2012年发展趋势】

2012年，徐汇区预计实现工业总产值645亿元，比上年增长2.0%。

一、全力营造企业发展良好环境

1．加强与重点企业的沟通。关注区内重点企业，通过集中走访、下基层日、召开座谈会等形式，主动了解在当前经济形势下企业可能会遇到的困难和问题。针对企业反映的问题和困难，召开专题会议逐一尽量解决。

2．加快企业服务体系建设。推进中小企业服务中心建设，健全中小企业服务网络，以企业服务中心为落实中小企业政策的主渠道，加强综合协调和服务。发挥融资平台和中介组织作用，支持其开展各类专项服务，不断改善中小企业发展的外环境。

二、加快推进高新技术产业发展

1．做好新政策的宣传和执行。充分发挥新政策的引导作用，营造激励企业自主创新的政策环境。在执行过程中，注重提高各项政策的针对性和有效性，引导和支持资源向高新技术企业集聚，着力提高企业的自主创新能力，增强核心竞争力，进而做大做强。

2．关注高新技术产业化项目实施。重点跟踪、检查一批企业和项目，并就完成的项目组织验收。积极做好市、区高新技术产业化相关项目的申报工作，不断加快高新技术产业化重点项目的推进步伐。安排充足预算支持资金，大力推进市级高新技术产业化项目申报工作。

3．推进企业技术中心建设工作。申报市级2户以上、区级10户以上企业技术中心建设。积极组织和推荐企业申报国家级、市级各类自主创新项目，落实资金匹配政策，为自主创新项目提供资金支持。

4．发挥科技引导基金导向作用。通过引导基金投资，区政策性产业扶持资金与民营资本、国家资本、国际资本等各种性质的资金建立密切联系，发挥金融资本在高新技术企业集聚进程中的作用，化解高新技术企业在发展中的投融资困境，为区高新技术产业发展创造更优的环境。

三、积极提升园区功能和能级

1．提升功能。关键是强化对入驻企业的综合服务功能，组织符合条件的入驻企业申报品牌企业和产品的认定等，以满足入驻企业需要的体现“增值、增效、增质”的双赢服务项目，提升管理层次和水平。

2．提升能级。要求园区管理公司全部通过ISO质量管理体系认证，重视构建产业集群，提升每个园区主打产业的集聚度，努力实现符合园区产业功能定位的企业比重每年有10%的提升，每个园区每平方米的销售收入和每平方米属地企业税收较上年有10%～20%的增长。

四、深入开展节能降耗工作

1．不断完善节能目标责任制。通过合理确定能耗指标，落实各系统领域节能目标责任签约制度，明确各相关单位责任，坚决实行“问责制”和“一票否决制”。

2．继续落实产业结构调整项目。初步确定调整上海联合光盘有限公司，关闭1条生产线，涉及员工20人，预计可节约标煤1369吨。

3．积极提高节能工作信息化水平。年内正式上线运行徐汇区节能降耗长效管理平台，定期出具分析报告。推进节能项目网上申报及能耗指标分析系统建设，实现节能项目的信息化管理。

4．进一步开展徐汇“四个绿色”建设。完成徐汇滨江能源规划。在徐家汇商圈大力推进合同能源管理，探索能源委托管理商务模式。推动漕河泾开发区内分布式供能系统上马。调整华泾地区工业小区和零散企业，发展生产性服务业和现代服务业。

5．大力推进合同能源管理。充分调动金融机构、节能服务公司和企业的积极性，结合本年度的节能技改工作，通过加强能源总量控制，鼓励和推动企业采用合同能源管理模式进行节能改造。

6．继续做好专项领域节能。推进已完成电平衡的企业后续节能工作，力争实现节约标煤5000吨。对高能耗落后机电设备制定淘汰计划，力争完成44000千瓦高效电机推广工作。进一步推进区燃气油锅炉节能工作，按照合同能源管理模式实施锅炉节能改造。

（罗友山）

长宁区工业

【概况】

2011年，长宁区工业经济稳步发展，全年实现工业总产值71.7亿元，比上年增长5.3%；实现工业销售产值68.3亿元，下降1.1%；工业产品产销率95.2%，下降9.3个百分点。

【2011年发展情况】

一、推进企业技术进步和科技创新

积极组织46户企业申报市级重点技改项目、高新技术产业化等各类专项扶持资金项目，主要包括国家中小企业专项扶持资金、市中小企业专项扶持资金、市重点技术改造项目、市高新技术产业化项目、市引进吸收与创新项目、市总集成总承包项目等，21户企业被批准，共获得专项扶持资金2754万元。

二、做好节能减排工作

梳理2010年重点企业能耗情况，分析能耗变动原因，做好能耗情况分析、预测等相关工作。做好迎峰度夏有序用电工作，建立区有序用电领导小组，摸清企业用电情况，对于菜场、宾馆和生产工艺需要连续运行等重要企业给予全力支持，千方百计确保居民生活不受影响和重点企业用电需求。开展高效照明产品推广工作，向居民推广节能灯20万只。

三、推进中小企业改制上市工作

先后出台《关于推进长宁区中小企业改制上市培育工作的意见》、《长宁区推进中小企业改制上市扶持办法》等政策措施，建立由分管区长任召集人的区推进中小企业改制上市联席会议制度，建立由区商务委等部门参加的协调联络机制，形成培育推进工作的组织架构，完善、改制上市培育工作及改制上市专业服务网络，建立中小企业改制上市培育信息库，全面推进我区中小企业改制上市工作。年内中国证监会受理弘基、华虹计通、中颖电子、春秋航空等4户企业首次公开发行股票的行政许可申请材料，并向4户企业反馈补充材料的意见，举行见面会。

四、成立市中小企业融资市场

在市经信委及中小企业办的大力支持下，区商务委、国资经营投资公司与市中小企业办、市中小企业服务中心共同发起成立上海市中小企业融资市场。该平台是专门针对中小企业“缺钱”，金融机构“渴贷”而度身定制的融资平台，已有30多家银行签约入住，为中小企业融资搭建服务平台。

五、成立区中小企业服务中心

区中小企业服务中心推出受理中小企业的政策咨询，为中小企业提供创立和发展的各项服务。在全市率先将区中小企业服务中心职能向街道、镇延伸，在全区街道、镇建立区中小企业服务中心街道、镇分中心。

六、“法华525”创意园被评为市创意产业集聚区

全年全市新认定12家创意园区为本市创意产业集聚区，长宁区“法华525”创意园位列其中。至此，长宁区市级创意产业集聚区已增加到13家。

七、区政府与上海现代服务业联合会签订合作框架协议

6月22日，区政府与上海现代服务业联合会签订合作框架协议，充分发挥上海现代服务业联合会服务经济、联系广泛的综合优势，在本区大力发展现代服务业，特别是创意产业，形成政府与行业组织有效合作、协同发展的创新机制，共同为推进上海现代服务业的发展贡献力量。今后双方将就上海创意产业博览会、现代服务业课题调研、专业推介展示

等方面展开进一步的合作。上海现代服务业联合会会长周禹鹏，长宁区委副书记、区长李耀新等参加签约仪式。

八、举办第二届中国时尚同盟活动

10月17日，第二届中国时尚同盟活动在长宁区举办。全年的发布活动达17场，较上年增长近6倍。论坛以“全球语境与中国价值”为主题，围绕“时尚之都建设”、“新生代消费”、“负责任的时尚”等时尚产业的关注热点展开。国家工信部、纺织工业协会、市经信委及区政府有关领导出席活动。

九、举办2011上海国际创意产业活动周

10月26日～11月1日，由市委宣传部、市经信委指导，区政府特别支持，上海创意产业中心、市现代服务业联合会、市创意产业协会主办的“2011上海国际创意产业活动周”在长宁区新十钢（红坊）创意园、国展中心、世贸商城、龙之梦万丽大酒店成功举办。本届“活动周”以“创意生产力”为主题，包含国际论坛以及众多展览展示活动，其中近3万平方米的展示面积开创历届“活动周”规模之最，上海创意产业博览会、上海国际主题乐园产业展览会、创意生产力上海新模式展、红坊ZAI设计主题展、长宁文化创意品牌展等倾情展示，各有各的精彩。全国政协副主席厉无畏，副市长艾宝俊，联合国教科文组织特使、市现代服务业联合会会长周禹鹏，市政府副秘书长肖贵玉等市领导以及区领导李耀新、杲云等出席开幕式。在闭幕式上，市委宣传部、市经信委授予长宁区“突出贡献奖”，“活动周”组委会授予长宁区商务委“组织贡献奖”。

【2012年发展趋势】

2012年，长宁区委将大力推进工业能级提升。积极开发、储备一批产品技术含量高、经济效益好、节能环保的新型工业项目；继续加强节能减排宣传和导向，提高全民节能环保意识；完善中小企业公共服务体系建设，大力培育和扶持“专、精、特、新”中小企业发展；着力推进创意产业集聚区的稳步发展。

（张亦易）

普陀区工业

【概况】

2011年，普陀区区属工业销售产值达234.9亿元，比上年增长9.2%。至年末，全区区属规模以上工业企业共106户，全年共完成工业销售产值208.6亿元，增长9.3%；完成主营业务收入217.2亿元，增长10.5%。106户企业中，全年销售产值实现增长的有74户，占总数的69.8%；销售产值增长超过20%的有30户，占总数的28.3%；年销售产值超过1亿元的有35户，占总数的33%；超过10亿元的有5户，占总数的4.7%。

【2011年发展情况】

一、出口稳步增长，产销率总体平稳

至年末，涉及出口的区属工业企业有42户，其中26户出口交货值实现增长，占总数的61.9%；16户增长超过20%，占总数的38.1%。全年区属工业出口交货值累计达20.5亿元，增长7.7%，呈稳中有升趋势；产品销售率为99.95%，下降0.24个百分点，总体保持平稳。从行业来看，金属制造行业产品销售率最高，达到103.29%，包装印刷纸制品业为100.78%，机电制造业为99.79%，精细化工业为98.18%，服装服饰业为98.00%，医药制造业为90.09%。

二、各所有制企业均实现增长，外商控股企业增幅领先

各所有制企业实现不同程度增长。其中，规模以上外商控股工业企业增幅领先，完成工业销售产值62.9亿元，增长12.5%；规模以上国有控股工业企业完成84.1亿元，增长10.2%；规模以上港澳台控股工业企业完成21亿元，增长7.6%；规模以上私人控股工业企业完成25.6亿元，增长5.2%；规模以上集体控股工业企业完成14.9亿元，增长1.7%。

三、受制于原材料成本上升，工业利润率有所下降

全区区属规模以上工业企业实现利润23.6亿元，下降4.5%。从全区情况看，区属规模以上工业企业主营业务成本为165.7亿元，增长14.2%；与主营业务收入增速相比高出近3.7个百分点；主营业务成本占主营业务收入的比重为76.3%，提高2.5个百分点。从以上数据可以看出，工业企业受能源、原材料价格不断上涨的影响，生产成本不断增加，成本增幅超过主营业务收入的增幅，挤压了利润空间，致使盈利能力进一步下降。

四、六大主要行业4增2降，金属制造业增幅最大

全区六大主要行业累计实现工业销售产值208.7亿元，增长10.5%，占全区区属工业销售产值的88.7%。其中机电制造业占40.4%，印刷包装纸制品业占22.1%，精细化工业占11.2%，医药制造业占6%，金属制品业占6.8%，服装服饰业占2.2%。4个实现增长的行业分别是机电制造业、包装印刷纸制品业、金属制造业和服装服饰业。其中，金属制造业增幅最大，该行业全年实现工业销售产值16.1亿元，增长29%；机电制造业实现工业销售产值95亿元，增长15.5%；包装印刷纸制品业实现工业销售产值52亿元，增长9.1%；

服装服饰业实现工业销售产值5.1亿元，增长17%。精细化工业和医药制造业则呈现小幅下滑，其中精细化工业完成工业销售产值26.3亿元，下滑4.7%；医药制造业完成工业销售产值14.2亿元，下滑2%。

【2012年发展趋势】

一、工业总量可能有所下滑

2012年，随着桃浦生产性服务业功能区产业结构调整的力度加大，几户规模较大的工业企业将迁出本区，将造成区工业总量的下滑。

二、工业增速将有所放缓

受世界经济增长放缓对工业企业产品出口需求下降的影响，以及原材料、用工成本的进一步上升，将使区工业经济运行的不确定性更为突出，预计区工业增速将有所放缓。

（李 杨）

闸北区工业

【概况】

2011年，闸北区商务委以“创新驱动、转型发展”为核心，加快推进经济转型升级和增长方式转变，着力保增长、扩内需、调结构、降能耗。全年工业经济呈现生产平稳较快增长、经济效益大幅提高、产业结构进一步优化的良好格局。全区规模以上工业总产值实现163.65亿元，比上年增长14.8%，高出全市8.4个百分点；其中区属规模以上工业产值实现90.25亿元，增长14.3%；工业销售产值实现163.79亿元，增长13.7%；完成出口交货值20.71亿元，增长8.7%。

【2011年发展情况】

一、重点行业、重点企业支撑作用明显

全区工业企业共涉及18个行业，全年六大主要行业通用设备制造业、交通运输设备制造业、电子通信业、电气机械及器材制造业、专用设备制造业、印刷业累计完成工业产值136.5亿元，占全区工业产值的83.4%。其中，交通运输设备制造业工业产值完成44.7亿元，增长24%；通用设备制造业完成36.4亿元，增长6%。

全区76户规模以上工业企业中，年产值达到亿元以上的企业有33户，其产值占到规模以上企业产值的88.9%。全区工业正在向规模化、专业化、集聚化发展。其中，迅达（中国）电梯有限公司立足自主创新，不断开发新产品，全年完成产值20.17亿元，增长12%。市属工业中的上海飞机制造有限公司长期为波音、麦道公司生产机翼等零部件，全年完成产值15.66亿元，增长46%。

二、产业结构进一步优化

1．生产性服务业发展较快。年内11户生产性服务业抽样企业累计营收近15亿元，增长21.14%。全区生产性服务业实现区级税收超12亿元，增长27.9%，占全区税收总额的20.2%，占比较上年提高3.2个百分点。

2．创意园区能级逐步提升。创意仓库、工业设计园、名仕街、新慧谷等9个创意产业集聚区，总建筑面积达18.01万平方米。各集聚区依据自身发展和功能定位的要求，主导产业特色鲜明，创意仓库以城市规划、建筑设计和环境设计等为主，并引进投融资公司为企业提供资金服务；名仕街以服装设计、品牌推广和时尚发布等为主，被工信部命名为上海唯一的“中国中小企业品牌示范基地”，并成立了全国首家上海文化产权交易所品牌交易中心；合金工厂以研发设计创意、动漫游戏开发、文化传媒创意与影视制作等为主。2011年已通过年审的创意产业园区共入驻企业339户，实现营业收入21.6亿元，上缴税收1.49亿元。

3．都市型园区结构调整成果显现。以“整合、调整、转型”为目标，引导都市型园区开展以服务外包、设计、咨询为主的产业调整。同时推广先进技术，降低生产成本，增强企业自我消化和自我改造能力，促进生产各环节形成互相配合、合理高效的管理网络，确保园区市、区两级税收均保持两位数增长。目前，18个都市型工业园区入驻企业709户，从业人数9963人；全年实现税收总额超4亿元，增长27.8%；上缴区级税收近亿元，增长24.8%。园区税收属地率明显提高，税收属地率达75%。

4．节能减排有序推进。推动以节能工程为重点的节能技术改造，开展“政府补贴高效照明产品”推广工作，共计推广节能灯具23.58万只，完成市政府下达23万只推广任务，圆满完成市政府“千万节能灯进家庭”实事工程。组织上海彭浦特种耐火材料厂、上海铁路通信工厂、上海工程机械厂、上海电器股份有限公司人民电器厂、大润发闸北店及大宁店等申报区节能减排专项扶持资金，共获40.8万元扶持资金。

三、科技创新工作效应增强

1．市北园区集聚效应持续增强。市北高新技术服务业园区以现有的产业集聚为基础，大力发展总部经济，形成以生产性服务业为支柱的产业发展格局，加快发展具有核心竞争力和区域特色的创新型产业集群。园区经济总量、综合实力不断提升。全年税收总额达30.5亿元，上升35.6%。其中区级税收9.5亿元，增长41.7%，占区级税收的15.83%。上海市云计算产业基地揭牌1年来取得丰硕成果，落户基地的云计算企业达到68户，总注册资本超过15亿元，总营业收入突破20亿元。

2．企业自主创新能力增强。年内组织37户企业申报国家技改、市重点技改、市高新技术产业化、市企业技术中心、市专利新产品、市总集成总承包等国家和市各类技术创新、技术改造项目，共获得扶持资金3644万元。组织申报、验收区级企业技术中心6个，获得扶持资金60万元。

四、促进中小企业发展力度加大

1．加快推进中小企业上市工作。先后组织4批12户企业参加市中小办主办的改制上市知识培训，市证监局、上交所、深交所及中介机构资深专家进行内容丰富、实用性和针对性强的授课培训。为积极培育上市资源，在对区域内有上市意向的企业进行排摸以后，选择一批符合国家和本市产业发展导向、成长性良好的企业，建立了闸北区拟上市企业资源库。资源库中已有上市意向的企业已达27户，其中有10户左右的企业正按照上市要求，积极规划发展。年内，有两户企业正式进入上市程序，其中上海梁江通信系统股份有限公司已完成辅导期，相关材料已由中国证监会受理；同时根据《关于推进闸北区企业上市工作的实施意见》的相关规定，为上海梁江通信系统股份有限公司落实上市前两个阶段的专项扶持资金120万元；鼎捷软件有限公司已完成改制，进入上市辅导期。初步估计到“十二五”期末，区内将有3～5户企业上市。

2．认真组织申报市经信委“总集成总承包”项目。上半年，申报卡斯柯信号有限公司“上海轨道交通12号线信号系统总集成总承包项目”，并通过专家评审，获得40万元的资金扶持。下半年，申报上海野马环保设备工程有限公司“浦东新区黎明垃圾填埋场2期库区污染防治委托改造及运营服务”和上海环境工程设计研究院有限公司“常州中发炼铁有限公司烧结机烟气脱硫工程”，专家将进行评审。已累计成功申报总集成总承包项目4个，共计获得140万元资金扶持。

3．组织企业申报国家和市重点技术改造项目。年内组织上海数据港有限公司申报国家重点技改项目1个，总投资6000万元，已通过审批，获国家支持资金500万元；组织上海铁路通信厂有限公司等7个单位申报市重点技改项目，总投资2.23亿元，通过初审项目4个，另1个项目转报高新技术产业化项目。

五、都市型产业园区招商引资效益显著

做好园区招商引资工作，协助园区制定引进入驻企业的各项优惠条件，要求租赁企业全面排摸、随时掌握园区内空置面积情况，每月将园区内空置面积向有关方面发布。同时，促使园区在招商中严格按照区域产业导向和功能定位开展招商，力求以园引资，以资建园，为园区制定招商引资配套政策做好参谋，吸引更多优质企业入驻，努力实现税收属地。全年引进内资1.98亿元、外资356万美元。

【2012年发展趋势】

2012年，闸北区将进一步转变经济发展方式、深化结构调整、加快跨越式发展，要深入贯彻科学发展观，把握上海加快“四个中心”建设和服务业综合改革试点的发展机遇，充分发挥市区合作机制的作用，善于利用市级资源，按照“南高中繁北产业”的总体发展战略，以推进结构调整和发展方式转变为主攻方向，以“创新驱动、转型发展”作为核心，大力推进全区现代服务业发展，进一步优化产业结构和产业布局，为全面实现“十二五”既定目标奠定扎实的基础。全年预期实现区规模以上工业产值171.8亿元，比上年增长5%；其中区属规模以上工业产值94.7亿元，增长5%。

一、加快发展生产性服务业

1．开展服务业能级提升细分课题研究。根据区“十二五”规划纲要明确的四大重点产业，抓住国家加快推进战略性新兴产业，以服务业综合改革试点为引领，对全区服务业从发展现状、经济贡献度、发展条件分析、未来趋势等方面，对细分行业开展分析和研究，提出切合上海产业发展导向、符合闸北实际，具有较强科学性、前瞻性、合理性的行业发展建议。重点大力推动生产性服务业发展，促进高新技术产业化；结合区内老厂房改造和都市型工业园区产业能级提升，鼓励引进外部资源，开展多种形式的合作，引导产业园区加强技术创新，大力发展文化创意和电子商务等新兴产业，积极服务中小企业，打造新型产业集聚区。

2．大力推进特色文化创意产业园建设。以上海打造“智慧城市”为引领，积极参与上海“创意城市网络”和“设计之都”建设。按照《闸北区文化创意产业发展“十二五”规划（送审稿）》的要求，积极引进具有国际竞争力的文化创意骨干企业和文化创意产业领军人才，重点发展研发设计、网络信息、软件服务、广告会展、休闲娱乐等五大产业，努力构建“三片”、“三线”和“多点”的文化创意产业发展局面。重点聚焦大宁中心广场2期、印刷媒体园（原上海第一石油机械厂）等项目建设，积极打造市级或国家级文化创意产业示范基地。

3．加快打造电子商务园区，引导和促进园区向特色化、专业化方向发展。积极引进电子商务企业、尤其是总部型电子商务企业，促进电子商务企业集聚；推动电子商务企业参与区内老厂房改造，打造电子商务专业园区；利用我区位于市中心的区位优势，积极在旧厂区建设城市配送中心，增强电子商务企业快速服务能力。

二、进一步提高工业和生产性服务业利用外资质量和水平

围绕“南高中繁北产业”发展战略，积极做好工业和生产性服务业及高新技术产业及重点项目引资工作。重点集聚管理型、投资型、结算型跨国公司地区总部，争取新引进生产性服务业和高新技术产业跨国公司地区总部，提高工业和生产性服务业及高新技术产业外税对全区税收的贡献率。积极引导、鼓励外资进入信息技术、科技研发、电子商务和金融服务、专业服务业等领域，进一步提高工业和生产性服务业利用外资的质量和水平。

三、以技术创新推动企业做大做强

加快自主创新和高新技术产业化步伐。大力实施国家及市技术改造重大项目，推动要素驱动向创新驱动发展，支持推动上海鼎捷软件等创建市区级企业技术中心。引导企业研发自主专利，争取年内申请专利新产品若干项。加大以企业为主体的产学研联合推进力度，支持格尔软件、亨通光电科技等产学研联合项目建设。积极争取市自主创新与高新技术产业发展专项资金和市级创业投资引导基金。

四、全力推进节能降耗工作

1．加快产业结构调整步伐，支持、鼓励国家重点发展的产业。将节能降耗与产业结构调整、淘汰劣势企业结合起来，大力发展以商务服务、咨询服务、物流服务、设计创意为主的生产性服务业。

2．加强重点用能企业管理。强化重点用能企业目标责任考核制度，完善重点企业评价考核标准和考核办法，落实支持政策体系和激励措施，进一步推进节能减排目标落实到实处。

3．推动节能工程为重点的节能技术改造。依靠科技进步，加快工业节能技术改造，挖掘节能潜力，进行专项节能技术改造。继续做好高效照明产品推广工程政府实事项目。加大合同能源管理推进力度，在区域企事业单位中推进实施合同能源管理项目，指导、支持合同能源服务公司加强内部管理、加快核心技术研发、加速自身发展。

（曹济南）

虹口区工业

【概况】

2011年，虹口区将稳增长、促转型作为工业经济稳定发展的主攻方向，根据全市产业定位和区产业特点，高新技术产业化和战略性新兴产业的培育和发展已成为虹口传统制造业转型发展的重要途径。通过积极应对复杂多变的国际、国内经济形势，立足区产业特点，借助“后世博”效应，鼓励企业技术创新和进步，稳妥推进工业经济转型。至年末，传统箱包、制衣、棉纺等行业企业18户，数量比往年明显减少，工业结构不断优化。在中心城区“退二进三”产业发展的大趋势下，全区工业经济继续保持稳定发展势头。

【2011年发展情况】

一、工业经济运保持平稳增长

全年完成工业总产值63.78亿元，比上年增长6.5%；出口交货值7.98亿元，增长0.8%；销售收入74.44亿元，增长18.7%；实现利润大幅增长，达8.90亿元，增长34.4%；按照税收口径，全年税收落地企业共793户，完成三级税收5.7亿元，增长12%，经济指标逐步转好。总体来看，全区工业经济运行呈现出“一个稳定、一个大幅”的态势，即在企业数量稳定的基础上，工业总产值稳定增长，工业利润实现两位数大幅增长，企业经济逐步回暖，金融危机影响逐渐消退。

二、企业科技进步能力不断提高

鼓励工业企业以技术改变传统工艺，以创新带动产品革新，积极摆脱传统生产经营模式，根据自身特点，加强研发团队培养，稳步推进以节能环保、新材料、新能源为主的战略性新兴产业和市高新技术产业化九大重点领域为重点的转变。一是开展一批企业重点技术改造。上海辛克试验机有限公司、华东电力试验研究院有限公司等企业积极申报技改项目，项目总投资达4868万元，最终获得市重大技术改造项目资金补贴351万元。二是认定一批企业技术中心。鼓励企业积极打造技术创新团队，提升研发创新能力，新认定上海富运运输机械有限公司、上海华菱电站成套设备有限公司等5家区级企业技术中心，区级财政补贴100万元。三是新兴产业蓬勃发展。全年市高新技术产业化项目及区战略性新兴产业项目共7个，总投资1.8亿元，获得市区2级财政支持1601万元。通过政策支持，鼓励企业通过自身科技创新与进步加快转型步伐，为区域经济增长提供新亮点。四是全年区企业项目备案22个，投资金额达1.2亿元，涉及工业领域的项目5项，备案总投资额近5000万元，多为产品科技进步和改造类项目。

三、节能减排工作上新台阶

一方面为25户重点用能单位，通过政府公开招标方式，

对区内工业、旅游业、楼宇、学校、医院等重点行业进行能源审计，分析评价用能单位本身的能源利用状况和水平，查找节能潜力；另一方面根据全市的统一部署，大力推进“绿色照明工程”。年内在8个街道向居民推广33万只高效节能灯，还积极配合在区域内办公楼、医院、学校、宾馆饭店、商场超市、生产车间等大宗用户中高效节能灯的推广。

四、创意园区蓬勃发展

创意园区建设逐步形成规模和特色，产生了良好的经济和社会效益。由于园区数量的增长和老园区入驻率的上升，园区经济呈稳步快速增长态势。现有创意产业园区26家，其中市级创意产业集聚区12家，园区总建筑面积44.07万平方米，入驻企业1260户，整体入驻率达到78%，从业人员1.6万人。平均产业集聚度为83.4%，重点发展研发设计、节能环保、信息服务、数字媒体、文化时尚等产业。全年园区共实现三级税收6.18亿元，比上年增长31.8%。花园坊节能环保园、1933老场坊、中图蓝桥等一批特色鲜明的创意园区更是吸引了国内外各界人士参观，仅上述3家园区年内接待参观近千余人次。

【2012年发展趋势】

2012年，虹口区将继续鼓励企业转型发展，引导企业加强科研透入，培养人才队伍，加强产品竞争力，提升企业品牌地位。

一、把加快工业企业转型发展作为工业经济运行的首要任务

一是加强新兴产业培育。传统工业转型的主要方向是发展以节能环保、新能源、新材料为主的战略性新兴产业和高新技术产业化重点领域行业，根据自身产业特点和产业转型的需要，充分发挥闲置老厂房资源，目前已经建成的一批创意园区，为传统工业企业的转型提供了优质的载体资源，同时，还有如上海环境能源交易所、上海能效中心等一批功能性机构入驻本区，要继续发挥好园区和功能性机构的作用，为企业转型发展做好服务。二是加强产业结构调整。根据中心城区发展现代服务业的总体要求，继续稳步推行对区内“两高一低”工业企业的“关停并转”调整工作，计划外迁1户工业企业。三是整合优势资源。继续加强对土地等资源的整合利用，加强异地经营企业服务，重点是盘活闲置厂房，实现腾笼换鸟。

二、把鼓励和引导企业科技创新作为工业经济运行的重要支撑

企业转型的关键是通过自身科技能力和创新能力的提升。一方面要做好企业项目申报工作，及时了解企业动态，做好项目辅导，抓好项目初审，完善扶持政策，鼓励企业积极申报符合自身特点的各类政府项目，提高项目申报成功率，尤其在重大技术改造、高新技术产业化等项目申报方面力争有新的突破；另一方面建立项目储备库。根据企业项目申报以及走访企业，发现优质项目纳入区项目储备库，建立长效可持续的机制。

三、把夯实基础、加强企业服务作为工业经济运行的有力保障

加强企业服务，尤其是抓好对重点企业的服务工作，充分理解和运用《虹口区培育发展战略性新兴产业若干措施》和《虹口区加强科技创新能力建设若干政策》，为传统制造企业提供政策方面的辅导，推动其转型发展，并根据区产业发展特点，加强对异地经营重点企业的服务。尤其做好对上海日用－友捷汽车电气有限公司、上海普利特复合材料股份有限公司等一批生产基地外迁的重点企业的跟踪服务，采取灵活措施，让重点企业更方便的获得政府政策支持。

（金鉴钢）

杨浦区工业

【概况】

2011年，杨浦区以加快转变经济发展方式为主线，以促进产业经济发展为中心，优先发展以现代设计、科技金融为主导的知识型现代服务业；优先发展以软件和信息服务业为主导的高新技术产业和培育发展战略性新兴产业；提升转型都市型工业；提升发展商旅文体服务业。统筹做好稳增长、调结构等各项工作，经济呈现稳定较快增长态势，经济运行状况总体良好。现有规模以上工业企业109户，实现工业产值963.18亿元，比上年增长19.03%，工业产值总量和增幅位列中心城区第一，增幅在全市位列第二。全年杨浦工业实现销售收入957.68亿元，增长19.30%；利润177.94亿元，增长15.49%。工业企业涉及烟草、交通运输设备、通用设备、非金属制造、通用设备及计算机、电气机械、食品制造、专用设备制造、电力生产及供应、金属制品、纺织及纺织复制品、印刷业、仪器仪表等13个行业。

【2011年发展情况】

一、工业经济运行呈现前高后低态势

1～9月，全区规模以上工业企业总产值772.73亿元，比上年增长21.86%；实现销售收入765.34亿元，增长21.24%；实现利润120.92亿元，增长7.30%。进入4季度

后，经济出现下滑态势，产值逐渐减少，4季度工业产值为190.45亿元，较3季度下降26.51%。

二、沿江及主要工业企业健康发展

区内现有沿江及主要工业企业37户，全年产值为920.03亿元，比上年增长18.82%，占规模以上工业企业产值总量的95.52%；实现销售收入914.63亿元，增长19.49%，占规模以上工业销售总收入的95.51%；利润179.19亿元，增长17.47%，占规模以上工业总利润的100.70%，说明区主要工业企业产销两旺，呈现发展势头强劲的良好态势。

三、产业能级稳步提升

工业企业积极参与国家创新型试点城区建设，为加快技术创新和产业升级的步伐，年内申报国家和本市各类专项共80余项。列入国家级专项的有3项，分别是上海柴油机股份有限公司、上海安全印务有限公司和上海天跃科技股份有限公司，这3项国家重点技改项目投资总额超过5.4亿元，中央补助超过5000万元。上海电缆厂有限公司、上海工具厂、上海拖拉机内燃机有限公司等7户企业的相关项目列入市重点技改项目，项目投资总额超过4亿元。上海教育软件、复旦微电子两户企业的相关项目列入市高新技术产业化重点项目。年内上海纺织裕丰科技有限公司和同济大学建筑设计院（集团）有限公司新增为上海市企业技术中心，同时有4户企业获上海市服务外包重点企业称号。这些项目的实施，将进一步促进杨浦产业能级的提升。

四、结构调整有序推进

认真贯彻执行科学发展，依靠创新驱动，坚持淘汰落后产能，加快经济结构战略性调整。为进一步推动“三高一低”企业的结构调整，认真开展区内零星化工企业的排查工作。全年完成衡峰氟碳、松森特殊金属、鹿鸣服饰、申联电气、巨力金刚石、上海无线电设备研究所金属表面处理车间等7户企业的结构调整工作，减少能耗1893吨标煤，腾出土地9803平方米，顺利完成市府下达的考核任务。

【2012年发展趋势】

2012年，工业增长将继续保持平稳有序的态势，预计增速在10%左右，全年规模以上工业产值可以达到1050亿元。尽管面临的国际经济环境复杂多变，但是区内经济增长的内动力正不断增强。将有一大批技改项目投入使用，尤其是上海烟草（集团）有限公司、上海柴油机股份有限公司、上海拖拉机内燃机有限公司、上海机床厂有限公司、上海工具厂有限公司等企业，经过结构调整和转型发展，核心竞争力大幅提高，产品的市场占有率大幅提高。同时，高新技术产业如上海电缆厂、上海医疗器械厂、上海大亚科技等企业订单充足，发展态势良好。

一、以创新为驱动，加快转型发展

优先发展以现代设计、科技金融为主导的知识型现代服务业，优先发展以软件和信息服务业为主导的高新技术产业和培育发展战略性新兴产业，努力实现产业转型。坚持把发展电子信息业、云计算、智能电网、物联网、节能环保等战略性新兴产业放到重要位置，努力推进信息化与工业化融合，降低高耗能产业结构比重，提升全区经济整体竞争力。积极推动软件产业、信息服务业等发展大跨越，形成和不断壮大现代服务业产业群。加快服务企业的平台建设，真正以科技主导经济发展，以创新驱动经济发展，加强技术创新，改进生产工艺，提高产品的技术含量和附加值，顺应国内外市场和客户需求，开发适销对路的产品，提升产品品牌价值，提高经济效益。

二、加强调查研究，进一步加大政策指导和服务力度

加强对政策的学习研究，增强指导企业运用政策的能力。建立重点企业联系制度，掌握企业发展状况。对专项资金的使用情况进行跟踪、调研，建立服务企业数据库。引导和支持创新要素向企业集聚、促进科技成果产业化。推进多层次企业技术中心的建设，形成一批拥有自主知识产权的核心技术和主导产品。加强为中小企业的服务，组织中小企业政策信息培训，提高企业规避市场风险的能力；支持传统产业升级改造和新产品、新技术的开发应用；引导、鼓励企业开展技术引进、吸收与创新；重点支持重大技术改造项目和技术创新项目。鼓励和支持优势产业的骨干企业做大做强做优。把品牌建设与产业发展紧密结合起来，进一步提升产业能级。

（殷亚萍）

黄 浦 区 工 业

【概况】

2011年是原黄浦区与原卢湾区“撤二建一”之年，全年都市工业指标完成情况仍然分别统计汇总，由于受多种因素影响，都市工业发展总体情况喜忧参半。

原黄浦区加快推动黄金珠宝产业，大力发展文化创意产业，加强企业科技进步和技术改造，都市工业继续呈快速发展趋势。全年完成工业总产值286.39亿元，比上年增长27.0%；完成销售收入281.40亿元，增长24.1%；产销率完

成98.3%；完成工业利润15.45亿元，增长28.5%。其中“旅游纪念品”产业持续保持快速增长，实现生产产值176.29亿元，增长29.7%；实现销售收入222.64亿元，增长30.7%。

原卢湾区都市工业全年累计完成工业总产值83.19亿元，比上年下降2.5%。其中服装行业完成工业总产值5.87亿元，下降4.2%；体育用品行业完成工业总产值2.73亿元，下降2.8%。累计完成工业利润0.81亿元，下降14.9%。

【2011年发展情况】

一、品牌培育显现成效

原黄浦、卢湾两区长期坚持实施品牌战略，市区联手合作，不断加强政策扶持力度。2008～2011年，落实给予企业品牌奖励和发展项目的专项扶持资金总计9518.8万元。其中市“加快自主品牌发展”专项资金1500万元，市“支持中华老字号企业创新发展”专项资金3530万元以及“黄浦区推进品牌创新发展”专项资金4488.8万元。由于政策到位，新黄浦区的品牌得到长足发展。至年末，拥有各类品牌293个。其中：中华老字号96家，占全市53%；中国驰名商标20个；上海市著名商标95家；中国名牌5家5项产品；上海名牌77家86项产品。黄浦重点品牌企业向外拓展市场的力度不断增强，辐射范围不断扩张，至年末，已发展连锁经营网点合计17539个，海外网点24个。如“古今”内衣已在全国各地设立了23个分公司、15个区域一级代理商，并拥有1516家商业营销网点，覆盖到整个中国市场。

二、珠宝产业一枝独秀

在市经信委的支持下，黄浦区近年来着力于黄金珠宝创意园区建设，初步制定了上海黄金珠宝创意园区建设的发展规划，确定了发展思路与发展目标、任务、产业导向、重点项目及配套政策。同时，精心组织黄金珠宝产业的各类活动，先后组织“2011上海国际时尚珠宝首饰节”活动，积极组团参展第46届全国旅游纪念品交易会，做好第三届“玉龙奖”评选活动及老凤祥、城隍珠宝等企业举办的各类珠宝首饰活动，有力提升了黄浦区珠宝饰品产业、企业的形象和品牌，促进产业持续保持快速增长。如2011年老凤祥工业总产值超过150亿元，增长26.9%，占到老黄浦工业总量的一半以上，成为名符其实的“中国黄金珠宝第一品牌”。

三、食品工业方兴未艾

杏花楼集团依托品牌效应，发展食品工业，建成占地100亩，60000平方米建筑面积的两大食品工业基地、杏花楼、新雅、功德林、沈大成四个规模型的食品厂，并建立国家标准的产品质量管理体系及辐射长三角地区的产品销售连锁网络，使以杏花楼月饼、新雅半成品方便菜肴为代表的特色产品进入千家万户，全年月饼的生产总值达7亿元。杏花楼集团的经营业绩快速增长，全年营业收入达到19.5亿元，名列中国餐饮百强企业排行榜前15名之列。

四、创意产业加快发展

2011年创意产业集聚区的重点工作是加快推进创意产业集聚区的结构调整和招商引资，吸引了一批有实力的企业，如幸福码头积极引进国内外总部型、品牌性企业。至今，已引进巴富士游艇码头、尚臻家居设计、香港得利保家居设计、澳门珠宝设计展示、澳大利亚建筑设计公司等国内外知名公司，建立起以金融延展服务、品牌展示、发布、管理为主体的总部型客户群。

五、依托科技抢占高地

恒源祥大力加强产学研相结合的技术创新体系建设，建立国内第一家人体数据资料库，开发填补国内空白的新型纳米羊毛制品。由于其所开发的多项新技术、新产品以及所开展的系列科研项目、软科学项目均已达到国际国内先进水平，先后被认定为市级和国家级企业技术中心，并被认定为高新技术企业。三枪（集团）公司以坚持追求卓越作为品牌发展动力，努力拥有中国一流的市场调研、设计开发和生产完整研发的能力，每年都能领先推出紧贴国际流行时尚的高品质内衣系列新品，并连续15年保持全国市场同类产品销量第一，市场综合占有率第一。

六、坚持品牌诚信形象

新黄浦区的老字号食品品牌企业非常注重维护中华老字号的金字招牌形象。坚持诚信经营的经商原则、规范服务的操作要求和面行大众的市场导向，把食品安全放在首位。2011年上海发生染色馒头事件后，市政府把生产放心馒头的任务交给了黄浦区的杏花楼食品厂，并订立君子协定50天后上市。杏花楼食品厂的员工经过50天的奋战，从方案制定、机器定制、场地准备、设备安装、产品研发，全部完成。6月17日，当天就有10万只馒头进入各大超市供应，受到市民欢迎。该厂生产量已达到每天18万只，品种也从高装馒头、刀切馒头增至花卷馒头、豆沙馒头。

【2012年发展趋势】

一、工业经济目标

规模以上企业完成工业总产值力争保持7%的增长速度。

二、工作措施

一是积极推进企业技术创新，认真落实国家、市政府有关对企业技术创新的扶持资助政策，推动区重点行业企业的技术升级。二是贯彻市产业结构调整政策，加强监控、调整企业生产过程中的高能耗、污染有害情况，进一步优化产业结构。三是加强工业经济运行监测，做好对重点企业的跟踪、预测、预警、服务工作，确保企业生产经营过程中的合理用电用能。四是制定实施新黄浦品牌发展“十二五”规划及三年行动计划，修改完善品牌扶持政策，进一步推进自主品牌加快发展。

（吴培民）

静安区工业

【概况】

2011年，静安区实现工业总产值38.22亿元，比上年下降1.52%；实现工业销售产值38.06亿元，下降0.93%。文化创意产业实现税收26.62亿元，增加28.18%，占全区总税收的12.24%；文化创意产业营业收入为274.65亿元，增加17.35%。至年末，静安区共有文化创意产业园区18个，建筑面积18.43万平方米，入驻企业250余户，从业人员4370余人，文化创意产业进入快速发展阶段，逐渐成为支撑区域经济发展的支柱产业之一，对区域经济转型发展的贡献度进一步提高。期间，服务中小企业工作机制不断完善，节能减排工作稳步推进，企业自主品牌创新能力不断提高。

【2011年发展情况】

一、注重创新，文化创意产业发展有新突破

1．编制文化创意产业发展“十二五”规划。先后召开8次专题调研会、10多次规划编制内部讨论会等，走访市文创办、市经信委、市文化局及区发改委、区统计局、区规划局、区文化局等市及区相关职能部门，广泛深入研讨和听取各方面意见和建议，形成文化创意产业发展“十二五”规划送审稿，并顺利通过专家评审。

2．推进创意产业园区建设和招商。推进800秀招商工作，协调市文创办落户800秀；协调源创创意园顺利完成1期招商工作，并推进园区2期改造和招商工作，协调诺安1919、武定路881园区、江宁路511园区改建工作；协调、推进安垦、源创2园区申报市级园区并顺利通过“上海市创意产业集聚区”的命名，静安市级创意产业集聚区已达9家。召开文化创意产业园区立项审核会，顺利通过诺安1919、武定路881创意园区的立项申请。

3．促进创意园区可持续发展。组织区域创意园区申报市级文化创意产业项目，组织时尚设计类企业、园区申报区科技创新项目，组织企业申报2011年青年高端创意人才候选人、市创意设计领域“三八”红旗手暨优秀女设计师候选人。与区知识产权局合作，开展区域创意产业知识产权专题调研，推动区域知识产权保护有序展开，营造良好的企业发展外部环境。接待联合国工业发展组织亚太区首席代表一行考察安垦创意园区及荷兰孵化器；接待奥地利斯地里尔州经济和文化事业部长一行参观考察安垦和800秀创意园区。同时，还在800秀园区举办系列重大活动，包括协助举办2011上海国际时装周活动；组织举办主题为“智汇设计，时尚都心”的2011福布斯·静安南京路论坛，汇集包括世界创意产业之父约翰·霍金斯、法国奢侈品专家科特·亚历山大、复旦管理学院院长陆雄文在内的众多商界、艺术界、设计界、学术界等文化创意领域专家学者。

二、注重转型，进一步提升对中小型企业的服务水平

1．组建区中小企业服务中心。定期走访调研区内中小企业，了解企业发展实际情况，重点考察尚未进入“专、精、特、新”范围内的中小企业，并加强对小微型企业的运行监测，及时与银行等多方进行沟通，协助企业解决融资难等问题。着力完善区内中小企业公共服务平台体系建设，通过平台发布产学研合作交流信息、展会信息，为中小企业间、中小企业及大型企业间合作和企业市场开拓提供广泛信息渠道。掌握企业融资需求意向，为中小企业提供融资信息、改制上市政策、信用担保政策等咨询服务，改制上市后备企业4户。

2．聚焦“专、精、特、新”企业。鼓励中小企业大力推进自主创新，通过不断完善工作机制，对接市、区政策等，积极主动为中小企业提供个性化的服务，促进中小企业功能转型，产业升级。按照区主导产业的发展定位，对软件和信息服务、先进制造业、现代服务业企业开展重点调研，年内有42户企业成为市“专、精、特、新”企业。

3．协助企业申报扶持资金。组织企业申报申请国家和市级7个类别的专项扶持资金，分别为市重点技术改造项目、地方特色产业项目、市第二批中小企业专项资金项目、市引进技术的吸收与创新计划项目、国家工业转型升级技术改造重点项目储备和市商务委第二批中华老字号资金项目、市级公共服务示范平台项目，还配合区发改委申报服务业发展引导资金申请。对拟上市企业做好培训组织工作。鼓励创办科技型、资源综合利用型、节能环保型等中小企业，支持中小企业发展高新技术产业、战略性新兴产业；联合区属各相关职能部门，为创业人员提供政策咨询、创业培训等指导和服务。

4．推进老字号企业开发电子商务领域。加强对区域老字号企业的调研，着重了解老字号企业在推进电子商务方面的举措，推进老字号企业电子商务的运用。九百集团已成立集团层面从事电子商务运作的公司，在淘宝商城开设旗舰店。

三、深入推进商务楼宇（商业设施）节能减排

对商业重点用能单位下达年度节能目标责任书。承担818商厦、新时代、中创3栋楼宇能源审计工作。推进上海

商城综合性节能技改项目的实施，做好与项目实施相关的协调工作，上海商城对中央空调系统进行节能优化改造，项目完成后计划节约标煤973吨；协调东方海外大厦实施冷暖空调机组和配电、管路系统改造节能项目，计划节约300吨标煤。加强对节能减排相关政策的宣传，做好高效照明产品推广工作，累计向区内5个街道73个居委会推广节能灯具15万多个。

【2012年发展趋势】

一、不断提升创意产业发展质量

以打造上海时尚创意产业示范区为目标，有效配置和整合区域载体资源、时尚品牌、专业人才、专业机构等时尚要素，集聚重点板块、重点项目、重点活动，不断提升静安时尚能级。一是继续推进创意产业载体建设。改造升级现有园区，加强创意园区招商工作，着力引进时尚创意品牌。协助推进诺安1919、武定路881创意产业、江宁路511改建及招商工作。协助推进源创创意园区的招商工作。进一步加强昌平路"静安创意产业集聚带"名牌区域的功能调整。二是密切关注创意类企业发展。孵化和培育一批对经济转型有贡献、自主创新有能力的中小微创意型企业。关注静安高端商务楼宇的外资创意类企业招商入驻。主动对接市经信委、商务委、中小企业办，了解扶持政策措施，争取相关政策对创意产业的支持，以项目建设来提升自主原创、集成创新的能力。三是利用多方资源推进创意产业发展。协调区相关部门，发挥区文创办统筹协调的职能，着力营造良好的创意型企业创业和成长环境。充分发挥创意产业协会的平台作用，加强与媒体的合作，宣传静安特色的文化创意产业，组织系列创意活动，形成具有一定影响力的文化创意新地标。

二、不断提升对中小企业的服务水平

完善中小企业服务中心的组织架构，推进中小企业服务中心体系建设。加强对区域中小企业的服务工作，完善区域中小企业发展指导和协调机制。研究制定具有针对性、可操作性和区域特点的扶持政策和措施，为中小企业的发展营造良好的外部环境。一是加强制度建设。完善中小企业服务中心的各项制度，包括服务中心内部管理制度、项目申报等业务流程及企业沟通机制。建立相关部门和企业例会制度。完善经济运行分析制度，通过对企业运行状况的分析，及时调整服务方式和内容，为区领导提供决策依据。二是健全区域中小企业数据库。强化基础工作，健全企业基础数据库，包括区域中小企业基本情况数据库、"专、精、特、新"企业数据库、"专、精、特、新"预备企业数据库、改制上市企业数据库等。三是继续提升服务水平。对接国家、市的各项扶持中小企业的政策，完善区域中小企业相关政策，推进中小企业政策服务平台的建设。与各金融机构合作，推动区域银企合作，共同构建区域中小企业融资服务平台。构筑为中小企业提供法律、会计、信息服务的平台。加强中小企业培训和品牌培育工作。

三、推进绿色低碳商业商务区建设

继续推进商业商务楼宇节能减排工作，促进低碳商业商务实践区建设，加强用能设施技术改造的指导工作，应用高效节能产品和技术有效降低能耗，完成年度目标任务。做好高效照明产品的推广工作。

（王　娟）

宝山区工业

【概况】

2011年，宝山区以"结构调整、发展提升"为主线，积极转变经济发展方式，全面推进产业能级提升，二三产业融合发展、各项工作有序开展，顺利完成各项目标和任务。全年完成区域工业销售产值2744亿元，比上年增长9.9%，其中区属工业销售产值完成1335亿元，增长13.9%；区域工业固定资产投资完成109亿元，其中区属工业固定资产投资完成41.7亿元；全年工业综合能耗总量61.6万吨标煤，工业万元产值能耗下降12.3%；生产性服务业营业收入达到2200亿元，增长13%。

【2011年发展情况】

一、全面推进产业结构调整

一是开展工业园区综合评估工作。按照三大类14个单项指标体系对企业进行评估，407户园区内参评企业初步评估结果是优良企业117户，占比28%；一般企业138户，占比34%；较差企业152户，占比37%，形成《宝山区工业园区企业评估报告》。全年调整企业73户，减少能耗3万吨标煤，腾出土地近800亩。二是开展重点区域结构调整。根据"十二五"规划总体要求，积极配合相关部门做好吴淞工业区、南大地区和富锦工业小区等重点区域的调整工作。南大地区1期产业结构项目上报市经信委79个，至年末，共调整75户企业，获得市级扶持资金5000万元。三是推进高新技术产业化。围绕新能源、新材料等重点产业领域，加快引进和建设高新技术产业化项目，全年共引进高新技术产业化项目12个，总投资35.4亿元。加大政策聚焦扶持力度，申报上海克朗宁技术设备有限公司、上海钢之源电子交易中心有限公司等4个项目列入市高新技术产业化计划，申报上海普安柴油机有限公司、法众轨道交通运输设备（上海）有限公司等8个中央和市重点技术改造专项，获得扶持资金5293万元。四是提升企业自主创新能力。着力推进区域创新能力建设，构建以政府推动、企业主体、市场导向、产学研相结合的科技创新体系。全年创建市级企业技术中心两家，区级企业技术中心3家。通过产学研合作，有11项专利产品获市政策扶持，投产后预计新增产值18亿元。

二、加快推进生产性服务业发展

围绕重点发展五大产业，重点打造25个专业载体，重点培育50个骨干企业的“50255”发展目标，加强调查研究和集聚区评估工作，大力推进生产性服务业载体建设、功能完善和产业集聚。一是加强调查研究。组织编写《传感器技术促进宝山企业转型》、《转型发展，整合提升—宝山钢铁服务业发展研究报告》、《上海市工业和信息化领域服务业发展报告——宝山篇》等6篇研究报告。二是推进生产性服务业集聚区评估工作。从产业定位、开发建设、产出贡献、功能配套、生产性服务业发展水平等方面，开展生产性服务业功能区评估工作，完成对国际节能环保园、智力产业园、钢领及钢铁金融服务产业园等4家功能区的评估。三是加快推进生产性服务业载体建设。在市经信委的大力支持下，在区相关职能部门和各街镇的共同努力下，全区共有经国家、市授牌的专业载体9个，生产性服务业功能区数量排名全市第二，其中上海国际工业设计中心和半岛1919于8月被认定为市级创意产业集聚区，同时推荐上海动漫衍生产业园等3家园区获评上海市品牌建设优秀园区。

三、强化节能降耗工作成效

建立完善节能工作机制，深入推进实施“节能五色管理法”，重点推动三大节能，大力发展循环经济。一是完善工作机制。研究制定宝山区2011年工业节能重点工作安排和工业节能考核细则，分解节能降耗综合能耗控制目标和万元产值能耗下降率目标。二是深入推进“节能五色管理法”。制定《关于进一步在工业企业推广“节能五色管理法”的实施意见》，将管理对象由年耗能1000吨标煤以上扩大至年耗能500吨标煤以上的企业，占全区规模以上企业综合能耗量超过85%，201户重点用能单位中146户实现综合能耗和万元产值能耗双下降。三是重点推动三大节能。结构节能方面，通过实施电力加价收费制度等措施，对年耗能万吨以上的上海海豹水泥集团公司、上海三水金属制品有限公司和优耐德引发剂（上海）有限公司实施结构节能，项目调整后年耗能将减少10万吨标煤。技术节能方面，对全区26户重点用能单位实施十大节能工程改造项目40多个，节能量约1万吨标煤左右，其中南极光钢铁（上海）有限公司等11个项目推荐申报市节能技改专项扶持，节能量达6800吨标煤。管理节能方面，全区通过实施管理节能累计达1万吨标煤，其中粤海纺织印染有限公司、宝山冶金辅料有限公司等在管理节能方面成效显著。四是大力发展循环经济。对46户资源综合利用企业开展现场检查和享受国家资源综合利用政策认定工作，推进宝山工业园区、月浦工业园区一批具备条件的企业实施集中供热，推进无燃烟煤区建设。

四、着力服务中小企业

以创造中小企业发展良好环境为出发点，深化政策咨询与宣传、融资服务、企业与信息交流、教育与培训的“四大服务平台”建设，加快推进中小企业发展。一是完善工作机制。建立由区经委牵头，18个区政府职能部门、15个街镇（园区）和33个经济发展区参加组成的服务企业“18+15+33”工作网络，明确责任分工，健全例会和信息报送制度，建立企业诉求处理工作规范。二是加强对中小企业的融资服务。推进中小企业改制上市培育工作，锁定13户拟上市重点企业，其中上海海隆石油工业集团有限公司于4月在香港联交所上市，募集资金达9.54亿港元。组织协调中小企业开展集合票据发行工作，上海欧际柯特回转支承有限公司等3户企业入围，发债额达2.2亿元左右。三是继续办好高新技术产业化论坛。紧密结合当前经济形势、国家发展战略和区域产业发展趋势，采取综合类与专题类相结合、专家学者主题演讲与企业家介绍实用案例相结合等多种形式，及时为企业解读政策、提供市场信息，举办中小企业发展扶持政策专题培训会和贯彻落实《中小企业发展条例》精神、解读宝山产业发展政策暨2011年宝山工业年鉴发布会2期高新技术产业化系列论坛。四是加强政策支持。年内4户企业获得国家中小企业成长发展专项资金项目支持，争取中央财政补贴资金共计810万元。其中，上海施耐德日盛机械（集团）有限公司、上海杰盛无线通讯设备有限公司等3户企业分别获得2011年国家中小企业发展专项资金固定资产建设类技术改造项目支持，上海银兴担保有限公司获得2011年国家中小企业发展专项资金担保业务补助项目支持。

【2012年发展趋势】

2012年，宝山区工业系统将按照“加快转型发展、深化城乡统筹，为全面推进现代化滨江新区建设而共同奋斗”的总体要求，努力做到“结构调整有新突破，产业发展有新面貌，‘智慧城市’建设有新亮点，服务能力有新提高”。

一、主要目标

力争工业销售产值达到1400亿元，比上年增长5%；工业固定资产投入35亿元；淘汰落后产能项目45个，区域调整盘活存量土地资源1000亩；工业规模以上企业综合能耗控制在71万吨标煤以内，万元产值能耗下降7%左右。

二、主要措施

（一）加快结构调整转型工作

1．优化产业布局。研究制定《宝山区贯彻落实“沪府办51号文”加快产业布局转型调整的实施意见》和《宝山区产业布局调整转型三年行动计划》，明确北部区域为“稳定、改造、提升”区，区域内企业在稳定发展基础上，以改造提升为主；南部区域确定为“转型、转性、转移”区，区域内企业原则上以关停、转移、转型、转性为主，支持和推动二十冶上海钢结构有限公司等重点企业向园区转移发展，推进中远化工等重点地区、轨道沿线企业转型调整，腾出土地发展与城市相融合的现代服务业等产业。

2．加大结构调整力度。按照“大调整、大发展”思路，根据产业发展布局，加大结构调整力度。一是加快淘汰落后产能。稳步推进落后低效产能的退出，全年力争关停高能耗、高污染、低效益企业45户。加大重点行业企业的关停力度，重点推进能耗高、污染重的零星化工、危化行业企业淘汰关停和调整退出。全年计划关停调整危化品行业企业18户。二是鼓励工业园区整体调整转型。重点以发那科智能机器人及自动化系统产业化为核心，推动顾村工业园区转型建设上海机器人产业园，完成产业园咨询策划报告，制定具体推进方案，研究启动部分地块调整转型及园区公共服务平台的建设。同时加快研究其他工业园区的调整转型工作。三是加强企业转型调整。鼓励产业区块外优势企业向工业园区集中，加强与上汽、电气等集团公司的合作，推动其在宝山的优势企业向园区集中发展，重点聚焦中国铝业股份有限公司、中国成套设备进出口有限公司和江南造船厂等转型调整项目。

（二）加快培育战略性新兴产业

1．推进高新技术产业化发展。新能源和新材料领域方面，重点扶持上海汉虹精密机械有限公司、上海申和热磁电子有限公司等8户新能源企业，推进宝钢高牌号无取向硅钢生产线项目投产。重大装备领域方面，推进上海璟德电气股份有限公司5000台整流变压器和电抗器项目、上海欧兰特管道泵制造有限公司天然气往复式撬装压缩机研发制造等项目建设。电子信息产业领域方面，推进五矿物流（上海）有限公司五矿发展华东物流总部暨规模化物联网应用示范工程等项目建设。争取各级产业发展政策扶持资金6000万元。

2．确保重点项目用地需求。进一步规范项目用地指标申请程序，完善项目评审机制，加强对工业项目综合评估，切实做好年度新增市统筹用地指标的申报，优先为重点项目争取用地指标。

（三）加快先进制造业项目建设

1．加快推进重点项目建设。一是推进总投资63亿元42个待建项目开工，排定项目各项手续办理的时间节点，加强跟踪、协调、推进，督促项目按时间节点开工建设，力争12个项目上半年开工，22个项目下半年开工，重点推进12个集中启动的先进制造业项目的建设。二是推进总投资39亿元23个在建项目建设，通过召开项目推进会，协调相关部门解决项目建设过程中存在的问题和矛盾，确保项目按时竣工。三是推进招商引资工作，加强同在沪央企的合作，开展工作调研，积极引进先进制造业项目。

2．促进企业技术进步和品牌建设。以技术进步为动力，提升一批企业的创新能力，力争创建市级、区级企业技术中心3～5家。加快技术的引进、消化和吸收，推动一批技术水平国内领先、国际先进的专利新产品的产业化，力争完成10项。加大传统产业的技术改造力度，实现制造业的快速转型发展，工业技术改造投入力争达到5亿元以上。实施品牌战略，培育一批品牌企业，力争创中小企业名牌、市著名品牌、商标15项，提升产业竞争优势。

（四）推进生产性服务业集聚发展

1．大力发展文化创意产业。加强蕰藻浜沿线、沪太路沿线、滨江沿线存量房地资源盘活利用，储备一批区级文化创意产业载体，形成文化创意产业发展格局，筹划成立区文化创意产业联盟。加快推动上海动漫衍生产业园、上海国际工业设计中心等3个市级创意产业集聚区的建设和功能完善，进一步提高园区的产出效益。推动动漫大场成立园区管委会，加快启动与上海工程技术大学科技园的合作事宜，积极帮助动漫产业园争创国家级动漫产业综合示范园；大力发展工业设计产业，重点推进上海国际工业设计中心材料馆开业和工业设计平台建设。

2．积极发展软件与信息服务业。加快推动我区软件与信息服务业高新技术产业化基地建设，积极帮助淞南复旦软件园高新技术产业基地争创市级信息服务业基地；积极帮助基地内企业争取国家、市、区相关政策支持，做好重点企业的培育扶持工作。

3．促进载体建设和功能完善。建立经委、街镇、园区三方联动机制，加快钢领等4个市级生产性服务业功能区建设和功能完善，推动mysteel、兆民云计算等一批具有产业公共服务平台性质的重点项目建设，积极帮助区内重点产业领域内的骨干优秀企业争取国家、市、区有关政策与资金支持。制定我区产业引导政策，聚焦7个载体和50户重点企业，加强运行分析和产业监测。

（五）促进节能降耗工作有序开展

1．加强节能降耗管理机制建设。加强企业调研，确定年度宝山工业节能目标和工作要点。做好重点用能单位节能指标分解，制定考核办法，落实“区、街镇、企业”3级责任制，明确节能责任主体和工作措施。

2．加大节能降耗管理工作力度。加大“节能五色管理法”应用力度，对年耗能500吨标煤以上用能单位做好“能效色块”对标工作，坚持“抓大不放小”的原则，分类对重点用能单位开展不同的节能措施，综合运用法律、行政、经济等手段开展结构节能、技术节能、管理节能工作，全年力争实现工业节能5万吨标煤。进一步用好“差别电价加价收费”制度，推进高耗能、高污染、低产出的企业实施结构调整，加快企业“能效色块”梯度提升，实现企业产品能级提高，切实转变经济发展方式。大力发展节能环保产业，重点推进上海国际节能环保园载体建设和招商引资工作。

（六）营造中小企业发展良好环境

围绕1个中心、1个机制、1个论坛、1个网站的“四个1”建设目标，深化企业服务，营造中小企业发展良好环境。重点培育“专、精、特、新”中小企业总数达到100户，小微企业经济运行监测样本数达50户。推进中小企业公共服务平台建设，重点建设5～10家公共服务示范平台。进一步办好高新技术产业化论坛，计划举办4次论坛活动。拓展中小企业融资渠道，继续做好中小企业改制上市培育工作，争取上海相宜本草化妆品有限公司等3户企业上市，组织开展我区第二批集合票据发行工作。积极做好中小企业发展专项资金项目管理，重点扶持一批科技型、创新型企业。

（宝山区经济委员会）

闵行区工业

【概况】

2011年，闵行区围绕“全面调结构，深度城市化”发展主线，加快转变经济发展方式，主要经济指标平稳增长，产业结构调整力度增强，二三产业共同发展，为“十二五”期间全市“都市功能优化区”功能定位的实现奠定了基础。全年实现工业总产值4003.07亿元，比上年增长4.3%。

【2011年发展情况】

一、加快产业结构调整

明确各镇、街道、工业区是调整项目的责任单位，构建“调结构”条块联动机制。主动对接市级有关部门，加大在重大项目落地、劣势企业退出、社会保障、先进制造业和现代服务业发展等方面的产业配套政策和资金支持力度。建立区内相关职能部门“调结构、促转型”联席会议制度。在条块联动机制基础上，年内完成118户企业的产业结构调整工作（降耗48938.74吨标煤），消除危险因子10363吨。其中符合市标准的推进项目为84项（降耗40632.79吨标准煤）。

二、坚持先进产业导向，大力推进重点项目落地开工

1．聚焦重点发展领域，加快培育发展战略性新兴产业。新能源产业方面，如中国华电与美国GE能源集团合资“航改型燃气轮机项目”前期工作顺利推进，中国华电“燃气热电冷三联供改造项目”落地，上海新华东光电技术研究所项目顺利开工等。民用航空航天产业方面，总投资20亿美元的中航—通用电气航空电子系统项目落地。中航商用飞机发动机研发中心开工建设。中国商飞客户服务中心2期工程结构封顶等。先进重大装备产业方面，高斯印刷包装装备产业基地及高速、精密卷筒纸胶印机产业化建设项目等加快推进。总投资3.86亿元的上海电气“整体煤气化联合循环（IGCC）及大型电站锅炉关键制造能力提升技改项目”顺利推进等。电子信息产业方面，新进芯微电子成功登陆纳斯达克，其“功率、模拟和数字集成电路设计研发和生产制造项目”2期工程即将竣工投产。上海东港数据处理有限公司金融数据分析系统研发及产业化项目启动等。生物医药产业方面，“强生”2期扩建项目竣工投产。天伟生物医药公司创新药物制剂生产基地通过市高新技术产业化项目认定。梅生医疗等重点生物医药产业化项目建设按计划推进。新材料产业方面，投资9000万美元的埃克森美孚上海研发中心落成。波士胶亚太研发中心开工。战略性新兴产业成为发展新热点，总投资3亿美元的印度第一大软件公司印孚瑟斯落户紫竹，紫竹高新区国家级网络视听产业基地开工，土豆网、优酷等网络视听企业入驻等。

2．高度重视民生消费需求，着力推动民生轻工业走新型发展之路。充分利用已有较好的轻工业发展基础，进一步发挥民生轻工业在繁荣市场、稳定物价、扩大内需、增加出口、保障就业等方面的重要作用，不断提高经济结构“抗波动性”和“成长性”。百事可乐亚洲研发中心项目顺利开工。年缴税20亿元的衣恋集团1期项目竣工，2期项目已完成土地出让。光明乳业“日产2000吨乳制品中央自动控制技术生产线项目”按建设进度推进，建成后，将成为全球最大日产乳制品企业。关系到国计民生的轻工业对区财政贡献超过15%。社会消费品零售总额达495亿元，比上年增长12.5%，居全市前列。

三、合理利用土地资源，引导产业发展

建立对经营性地块出让的提出项目准入、产业意见制度，对现代服务业产业发展进行合理的业态布局。积极推进形成战略新兴产业的定向供地机制，全力推进重大产业项目落地工作，对符合产业导向的高新技术产业项目积极引导，推进对已申请的31个市高新技术产业项目认定，27个项目经市“三委两局”认定为高新项目，采取定向挂牌方式出让

获取相关土地，带动项目总投资246亿元，总用地规模为1563亩，其中获得市统筹土地指标110亩，确保了高新优质项目在我区落地发展。

四、积极申报企业技术改造项目

为加快工业结构调整升级、促进企业技术进步，鼓励企业改走内涵式发展的路子，充分发挥政策的引导作用，组织申报并列入国家重点产业振兴和技术改造项目1个，获得国家、市级扶持资金600万元；市重点技术改造项目26个，获得市级扶持资金9598万元。

【2012年发展趋势】

2012年，全区工业经济发展预期目标是工业总产值4200亿元，比上年增长5%；力争实现合同吸收外资16亿美元，实际到位外资12亿美元；新增内资注册资金300亿元。

一、把发展放在突出位置，千方百计稳增长

继续保持产业投资总量规模，全力以赴保落地、促开工、促投产，加大招商引资力度，完善重大产业项目推进机制，优化产业投资环境。一是保项目落地。把握工业用地出让审批权限下放到区里的重大机遇，落实至少30%以上土地指标用于产业发展，进一步完善工业用地定向供地机制和方法，缩短项目审批周期，不仅对高新技术产业重大项目，对一批非高新技术产业类的优质项目也要确保顺利落地。二是促项目开工和竣工投产。协调做好项目前期工作，推动中航民用航空电子产业园、北斗卫星导航应用产业基地、华电通用航改型燃气轮机、高斯印包机械基地、印孚瑟斯上海产业园区等前几年签约落户的高新技术产业龙头项目按期顺利开工，中航商发1期、中航商飞客服中心2期、百事可乐亚太研发中心、新进芯等项目竣工投产，形成区域经济新的增长点。三是稳定区内优质企业和项目。对区域经济贡献度大且优惠政策期已过的区内优质企业和项目，要进一步研究出台针对企业和企业高管的奖励扶持政策，使企业在我区安心发展。四是提高项目招商质量。按照区委、区政府要求，加快组建区招商服务中心，进一步强化区级层面的招商统筹能力，全面提升我区招商质量和水平。五是抓住2011年营业税改征增值税试点的窗口期机遇，积极引进优质内外资服务业项目，丰富区域内企业的所有制类型，积极推动服务业资源优化配置和专业细分，推动服务业高端业态和新兴服务业发展。

二、服务实体经济基本需求，全力以赴为企业

紧紧围绕“稳增长”要求，切实做好作为“稳增长”主体的企业的服务工作，营造“亲商、爱商、重商”的发展氛围，确保经济平稳健康较快增长。一是深化高效的企业服务体系建设。建立区领导联系企业制度，落实企业服务工作机制，进一步提升行政审批效率，扩大并联审批范围，积极引导各类社会组织服务企业，加强公平诚信市场体系建设等。二是积极解决发展中的共性化问题。鼓励重点企业扩产扩容，推动工业用地转型发展，深化区域合作机制，完善配套服务设施等。三是量身定做个性化服务。继续对国有企业、外资企业和民营中小企业等不同类型的企业提供更为个性化的政府公共服务，重点关注区内作出重大贡献的优质企业和纳税大户，不断优化企业的生存和发展环境。

三、聚焦发展高端制造业，坚定不移强基础

一是继续加大四大产业园区和产业基地建设。加快推进紫竹高新区重点项目建设；推动闵开发与周边地区进行深度项目化合作；优化提升漕开发浦江高科技园的产业能级和产出水平；推动莘庄工业区园区建设和产业发展上能级、上水平。二是继续推进高新技术产业向产业链高端集聚。壮大民用航空航天、新能源、生物医药等六大高新技术产业，重点打造软件业、智能电网等战略性新兴产业链。三是继续重视服装、食品等轻工产业发展。提升企业规模和能级，推动我区的轻工企业向总部型企业成功转型。

（刘文娟）

嘉定区工业

【概况】

2011年，嘉定区工业经济总体保持平稳较快增长态势，重点行业稳步增长，汽车零部件产业首次突破千亿级规模，工业固定资产投资创历史新高，企业自主创新能力不断加强，产业发展方式进一步转变。

【2011年发展情况】

一、工业经济平稳较快增长，对全市贡献继续提升

全年工业企业生产总体保持平稳较快增长。从月产值看，除1季度因节假日因素影响，月均产值少于300亿元以外，其余各季度月均产值均超过300亿元。特别是进入4季度以后，产值攀升势头更趋明显，单月产值均超过340亿元。本年度，区在地规模以上工业企业累计实现产值3879.2亿元，排名全市第三，比上年增长18.3%，增速排名全市第二。嘉定工业经济占全市比重达到12.1%，较上年提升1个百分点。

二、企业生产持续向好，重点企业队伍不断壮大

重点工业企业生产经营形势较好，亿元企业规模和数量继续扩大。全区产值累计超亿元企业达到456户，比上年增加36户。产值超亿元企业累计实现产值2166.1亿元，增长21.3%，快于全区规上工业产值增幅5.4个百分点，占全区规模以上工业经济总量的84.2%。年产值10亿元以上的企业达到47户，增加10户。在德尔福派克成为区第一户年产值超过50亿元的制造业企业后，年内又新增安谊车轮、延锋伟世通汽车座舱和小糸车灯3户企业跻身50亿元企业行列，区内年产值50亿元以上的企业达到4户。

三、汽车零部件产业迈上新台阶，对全区经济拉动作用显著

年内国内整车行业出现降温，全国汽车产销量仅小幅增长0.84%和2.45%，但区汽车零部件行业仍然实现23.3%的增速，快于全区平均水平7.4个百分点。全区汽车零部件行业累计实现产值1064.7亿元，成为区第一个千亿级产业集群，占全区工业经济总量的41.4%，比上年底提高4.4个百分点。分析汽车零部件产业保持较快增长势头的主要原因，一是上海大众和上海通用产销量均保持较快增长，有力带动了汽车零部件企业生产。例如：安谊车轮、大陆泰密克、天合汽车零部件等零部件企业年产值增幅均超30%。二是新投产项目作出积极贡献。如：大陆泰密克新工厂投产后，企业产能得到提升，产值比上年增长30.2%；大众动力总成2期项目于6月竣工投产，发动机生产能力提升至60万台，年产值增长26.8%。

四、工业固投再创新高，项目建设有序推进

1．投资主要流向支柱行业。四大支柱行业完成固定资产投资85亿元，占投资总量的77.2%。其中，汽车及零部件行业完成固定资产总投资56.7亿元，增长45.8%，占全区工业固定资产投资总额的51.5%，增速和占比均位列各行业之首。其他三大行业中电子电器业完成投资11.2亿元，机械设备制造业完成投资9.1亿元，金属加工业完成投资8亿元。

2．技改升级类项目明显增多。全年发生固定资产投资项目中有163个为技改和升级类项目，占全区项目固投总量的一半左右，年度累计投资47.9亿元，增长36.8%，占工业固定资产投资总额的43.5%，提高7.2个百分点。此外，全区共有56个立项技改项目，计划总投资22.1亿元，达产后预计将新增产值110多亿元。

3．项目建设加快推进。全区已供地的115个项目中，共有22个项目建成投产，15个项目竣工。此外，汇众汽车车桥系统、卡耐新能源等42个项目正在施工建设，优镨绿能、爱莱莉化妆品等36个项目正在办理手续中。

五、企业自主创新不断加大，产业转型步伐不断加快

1．高新技术企业队伍继续壮大。年内有47户规模以上工业企业被新认定为高新技术企业。高新技术工业企业数扩大到169户，占规模以上工业企业总数的12.2%；全年共实现产值877.8亿元，占全区规模以上工业产值的34.4%。

2．科技研发水平继续提高。人民电器、东锦饮品等5户企业获批市级技术中心，坦达轨道、埃锡尔数控机床、美农生物科技等15户企业获批区级技术中心。至此，全区已有各级企业技术中心126户，其中国家级1户、市级51户、区级74户，总量位居全市前列。

3．技术改造和引进吸收步伐加快。年内，共有两个国家级、37个市级重点技术改造项目获专项资金扶持；1个国家级、6个市级项目获重大技术装备研制专项资金扶持；19个项目获高新技术产业化项目专项资金扶持；市引进技术的吸收与创新计划项目达到13个。我区企业获得各项产业扶持资金达到3.3亿元。

【2012年发展趋势】

一、继续加大企业服务力度，增强企业应对复杂形势的能力

不断提升区内企业自主发展能力，通过技术创新、品牌打造、能级提升等途径，紧扣宏观形势发展，积极采取应对措施，不断加大对优质企业和有潜力企业的服务和扶持力度，实施龙头企业帮扶政策等措施，发展和壮大一批具有自主知识产权和品牌实力的优质企业，进一步做大和做优制造业。

二、优化腾笼换鸟机制，进一步加快战略性新兴产业发展步伐

在土地资源紧张的情况下，把劣势企业淘汰与优势项目引进更加紧密地结合起来。在积极争取市点供土地的同时，通过淘汰劣势企业腾出土地资源，建立全区一盘棋的土地资源统筹使用机制，把有限的土地资源优先供给对产业发展具有引领性作用的重大项目，特别是战略性新兴产业项目，促进这些项目早落地、早开工、早投产，为工业经济发展不断注入新鲜血液。

三、注重不同产业门类培育，建立起更加完善的工业经济产业体系

在实施做强先进制造业的战略过程中，对已经具有相当规模的汽车零部件产业，从提升产业附加值着手，注重提升行业企业的技术含量和盈利能力，进一步充实和完善产业内涵。在发挥好汽车零部件产业对全区工业经济引领作用的同时，注重培育和壮大制造业其他行业门类，特别是对重大装备制造业、高端电子电器、战略性新兴产业等，要着力引进配有优质的项目和企业，尽快形成具有一定规模和能级及抗风险能力的制造业产业体系。

（郑元章）

金山区工业

【概况】

2011年，金山区紧紧围绕“创新驱动、转型发展”的工作主线，着力抓好招商引资增后劲，推进项目落地促发展，继续增强技术创新能力，推动产业结构调整和转型升级。全区工业经济克服各种不利因素，呈现增长较快、质量较高、效益较好等良好态势，实现“十二五”经济发展的良好开局。全区实现工业总产值1288.3亿元，比上年增长15.75%，其中规模以上企业完成产值926.5亿元，增长16.53%；工业性投入90.19亿元，增长26.7%；合同外资3.14亿美元，增长18.58%，经济小区税收收入58.25亿元，增长26.6%；备案（核准）的技术改造项目87只，总投资16.08亿元。

【2011年发展情况】

一、注重把握产业经济走势，产业经济运行稳健

金山区把防通胀、保增长、保稳定作为年度工作的首要任务，进一步加强全区产业经济的运行监测，提高经济运行分析的深度和广度，确保经济平稳健康发展。全区实现工业总产值1288.3亿元，增长15.75%，其中规模以上企业完成产值926.5亿元，增长16.53%。工业经济贡献率得到快速提升，实业型税收首次突破百亿元大关，全年实现税收132.34亿元（含属地征管），增长5.63%，占全区税收总额的62.17%。

二、注重产业规划，产业集聚度进一步提高

1. 加快产业基地建设，8个产业集群发展全面提高产业集聚水平。区政府下发《关于加快特色产业基地建设，推进产业转型升级的工作意见》，按照构建“3+2+3”产业体系的发展要求，以重大项目带动和科技创新为强大支撑，加快特色产业基地建设，8个产业集群建设得以积极推进。全年8个产业集群实现产值686.98亿元，占规模产值74.2%。

2. 重点支柱产业发展继续巩固提升，对产业经济的贡献度进一步提高。全区精细化工、汽车及零部件、机械电子、食品加工和新型纺织品等5个重点支柱产业实现产值728.3亿元，占规模产值比重为78.6%。

3. 战略性新兴产业继续积极推进并取得稳步发展。全区战略性新兴产业实现产值244亿元，增长25.6%，占全区工业总产值、规模产值的比重分别达18.9%、26.3%，分别提高3.7和5个百分点。其中，新材料、生物医药领域增速均超过20%，海洋工程装备领域继续保持快速增长，达19.36%。

三、注重结构调整，产业发展能级提升

坚持以经济结构调整和转变发展方式为重点，鼓励企业走内涵式发展道路，积极推动企业技术改造、品牌建设、节能减排等工作，进一步提升产业发展能级。一是加强技术改造。全区备案（核准）的技术改造项目87只，总投资16.08亿元。二是推动企业品牌建设。目前，全区拥有中国驰名商标3件，中国名牌产品4项，“中华老字号”2件，市著名商标33件，市名牌产品47项，市中小企业品牌产品31项，市中小企业品牌企业7户。共有85只技改项目获得财政奖励，共可获得国家、市和区级财政资助2.77亿元。三是做好节能减排和淘汰落后产能工作。全年完成淘汰落后产能（生产线）50项，节约标煤1.6万吨；全面完成列入市重点产业结构调整专项的4户皮革企业调整任务；组织48户企业开展清洁生产审核试点工作；完成推广使用节能灯35万只。全区规模企业能源消耗92.3万吨，增长3%，万元产值能耗率0.118，下降6.58%。四是加快战略性新兴产业发展，积极组织企业申报金山区高新技术产业化领域企业。

四、注重项目推进，工业经济投入积极有效

严把项目准入关，做好项目的预审评估、项目备案和核准工作，有序推进重点产业项目。全年评审工业项目158个，通过139个，项目投资总额累计235亿元，计划用地8052亩；共受理核准和备案的申请515个，办结510个，项目总投资216亿元，其中核准外资项目30个，备案内资项目480个；全年新开工项目120个，开工率达87.6%。

五、注重产业链招商，项目结构优化

坚持量质并举，内外兼顾，重点在完善招商引资工作制度和优化环境上下功夫，签约项目的行业和规模结构继续优化。出台《2011年金山区招商引资工作意见》，精心组织2011年“金山之夏”投资环境推介会，进一步宣传金山发展环境；进一步加大招商引资工作力度，积极引导“招商引资”向“招商选资”转变，从单纯引进个体项目的传统招商模式向有利于产业集聚和产业链形成的招商新模式转变。进一步完善招商引资项目信息库建设，构建与完善招商引资信息平台，提高产业链招商的针对性。加大和多个相关部门的沟通协调，合力推进重点项目落户。全区内外资签约项目共计259个，计划投资总额约291亿元，增长12.3%，完成全年目标200亿元的145.7%。其中：内资签约项目217个，外资签约项目42个。签约项目中，土地出让项目共133个，投资总额275亿元，项目平均投资额2.1亿元，计划总用地

面积约8625亩，项目平均投资强度约318万元／亩。签约项目的投资领域主要集中在新材料、机械电子、生产性服务业以及食品加工等领域。

六、注重内外并举，外资外经转型继续取得突破

全区新批准外资项目104个；投资总额（含增资）7.65亿美元，增长16.4%；全年合同外资累计实现（含增资）3.14亿美元，增长18.58%，外资到位资金1.54亿美元。全区进出口总值49.57亿美元，增长16.75%。其中：出口增速12.35%，进口增速20.74%，进口增速较出口高出8.39个百分点，全区进出口贸易逆差累计已扩大到4.17亿美元，创下历史新高。一般贸易出口快于加工贸易，全区一般贸易项下出口增速达16.2%，较加工贸易项下出口增速（7.8%）高出8.4个百分点。贸易方式转型正在加快。

七、注重环境优化，服务型经济成果丰硕

服务型经济已经成为经济发展中一支重要力量。全区综合服务型经济实现税收收入58.25亿元，增长26.6%，新增注册企业22053户。

八、注重机制体制建设，企业服务工作有成效

年初，成立金山区中小企业服务中心。针对企业融资难的问题，积极帮助企业搭建银企沟通的平台和桥梁，同时，开展金山区中小企业集合票据试点工作，推进中小企业改制上市工作，积极帮助中小企业拓宽融资渠道。全区上市企业共5户，其中，华峰超纤于2月上市；85户后备培育库企业中，有30户是重点培育企业，年内已有8户企业完成股改工作；通过搭建银企平台等途径，为17户企业解决了近1亿元的授信。小微企业监测工作有序开展，首批中小企业集合票据试点发行工作进入申报阶段。

【2012年发展趋势】

2012年，金山区将围绕“稳增长、调结构、促平衡、创特色”总体思路，继续突出加快经济发展方式转变和经济结构调整主线，以创新驱动、提质增效为着力点，强化经济运行监测，推动产业集聚，加快招商引资和项目推进，大力推进节能减排，全力保持全区工业经济平稳较快发展。

一、强化运行监测，不断完善服务体系建设

针对复杂严峻宏观经济形势，正确研判外部环境变化对保持经济平稳较快发展的有利条件和积极因素，努力规避或消除政策或环境带来的不利影响。进一步强化对重点产业、重点行业和重点项目的运行监测力度，并加强对市场、出口、效益、库存等要素指标进行监测分析，准确把握全区经济运行态势，及时发现经济运行中出现的新情况、新问题，采取积极应对举措。同时，继续加快服务体系建设，提高综合服务能力和水平。进一步加强“专、精、特、新”、新增长项目的服务和规模企业培育工作，建立健全区镇领导结对联系规模企业制度，发挥企业服务工作机构和服务网络作用，及时协调解决企业的个性化需求，使其真正成为政府服务企业的第一窗口和主渠道。

二、强化招商引资和项目推进，不断促进产业集聚

进一步加大招商引资工作力度，在注重质量与集约、集聚的前提下，围绕重点产业基地建设，有目的做好招商引资和项目落地工作，提高产业集聚度。一是进一步完善招商引资工作机制，改进招商方式，逐步实现由“招商引资”向“招商选资”和“产业招商”转变；积极搭建区级招商项目共享平台和“区区”合作平台，完善引资政策，推动先进制造业向重点园区发展；进一步深化招商引资激励机制，着力推进总部经济招商，力争吸引重大项目和龙头企业落户金山，并积极鼓励企业“二次创业”。二是继续完善项目跟踪服务机制，加快项目推进。及时掌握项目动态，尤其重点抓好列入市重点推进项目和亿元以上项目的开工建设。充分利用市级“绿色通道”机制，加快项目前期手续办理进度，加快改扩建、迁建、技术改造项目的早产出、多产出，力争2012年实现3个“100”，即实现开工项目100个，竣工项目100个和工业到位资金完成100亿元。三是着力突破外向型经济发展瓶颈。积极转变外贸增长方式，优化外贸产业结构，走可持续发展的外向型经济之路。以加快上海金山日本企业园建设为契机，寻求新思路、新方法，努力提高全区工业的外向度，提高制造业能级。

三、强化结构调整，不断提升产业能级

积极引导现有企业加强技术改造和实施品牌战略，鼓励企业通过技术创新、拥有自主知识产权、发展品牌经济，提高企业核心竞争力，实现经济结构调整和产业的优化升级。通过加强对技改投资的产业导向、加快推进企业自主创新步伐、实施“品牌战略”、推进企业改制上市、加强年耗1000吨标准煤以上重点耗能企业的管理工作等途径，加快产业结构调整，不断提升产业发展能级。力争2012年，技术改造投资额达到16亿元，争取有40个以上的项目申报各类专项资金项目；新增金山区企业技术中心15个，新增上海市企业技术中心2个；新增市著名商标3件、名牌产品5项、中小企业品牌产品8项；有4户企业向证监会申报上市材料。

继续推进调整淘汰落后产能和工业节能降耗，走资源节约型道路。完善节能减排目标责任考核办法和专项资金管理办法，加强工业节能技改和清洁生产审核。重点加强对年耗1000吨标准煤以上重点耗能企业的管理工作，加快产业结构调整，不断提升产业发展能级。年内安排调整项目40个，削减年耗标煤1.6万以上。

四、强化环境营造，不断探索服务型经济转型升级新途径

继续努力发展服务型经济，牢牢抓住发展这根主线，进一步营造环境，稳定总量，抓好增量，不断提高服务型经济

的管理水平，努力让服务型经济继续为全区经济总量多作贡献。具体在提高招商质量上狠下工夫，重视招商选资，并根据各小区特色、8个产业集群发展需求来招商。按照现有规模和实际情况，制定各小区招商策略，加大对总部经济、楼宇经济、结算中心等的招商力度，积极探索经济小区由“政策型招商”向“服务型招商”的转变。同时，紧紧抓住本市增值税扩围试点这一机遇，积极拓展现代服务业在外省市的招商新途径。

五、强化企业服务，促进中小企业健康发展

继续完善服务体系建设。完善区镇2级服务中心建设，依托企业服务工作机构和服务网络，加强对战略性新兴产业的企业、“专、精、特、新”中小企业等服务。建立反映中小企业经营困难的运行监测预警机制，密切监控中小企业因欠薪、裁员、结构调整等引起的不稳定因素，加强协调，及时疏导。加强市、区、镇3级服务机构工作合力，及时协调解决企业的个性化需求，使其真正成为政府服务企业的第一窗口和主渠道。

（徐卫民）

松江区工业

【概况】

2011年，松江区坚持创新驱动、转型发展，按照工业发展“十二五”规划和“保增长、促转型”的目标要求，积极实施工业经济倍增计划，加快建设高新技术产业化基地，不断提升制造业能级，大力发展生产性服务业，有力推动工业化进程。全年实现工业总产值4225.28亿元，比上年下降2.6%。规模以上工业企业实现销售收入4010.08亿元，下降2.9%。电子信息、现代装备、精细化工、新材料、生物医药五大主导产业实现工业产值3298.55亿元，下降5.7%，占全区工业总产值的78.1%；高新技术产业化（制造业部分）实现工业产值633.50亿元，增长8.1%，占全区工业总产值的15%。实现工业利润144.53亿元，下降7.2%。实现工业税收112.72亿元，增长6.3%。工业固定资产投入80.06亿元，增长25.3%。

【2011年发展情况】

一、主攻调整，产业发展更加优化

根据全区产业“十二五”规划加大调整力度，在重点发展电子信息、现代装备、精细化工、新材料、生物医药五大主导产业的基础上，增加新能源、软件和信息服务两大主导产业，形成“5+2”产业格局。大力推进智能电网、电子信息、新能源、先进重大装备四大高新技术产业化基地建设，广达集团、中电电气、正泰电气、正泰电源、龙工机械、国基电子、比亚迪汽车、日进机床、斐讯数据通讯等一批代表新兴战略性产业的龙头企业实现重大突破，其中，广达集团的“云计算”开始启动，中电电气年产值超过60亿元，正泰电气的110千伏变压器中标国家电网。从产业发展战略高度狠抓区块整体改造，九亭黄亭工业小区经过改造调整，完成原有企业关、停和迁移，盘出土地305亩纳入北部商务区，新引进项目年产值规模达到10亿元；11月，车墩镇莘莘学子创业园列入市重点区块改造项目；下半年，把永丰街道玉树路西片区、松江工业区1期列入调整计划；对九亭、泗泾、洞泾、中山等街镇沪松公路沿线产业进行调研，重新定位，实施改造。把项目评估准入标准调整为“三个50”，即每亩平均投资密度不少于50万美元、平均出让价格不少于50万元、平均产出税收不少于50万元。全年31个项目通过评估，总投资97.6亿元，亩均投资密度65.73万美元，预期亩均产出税收106.97万元；5个项目列为市“一新三重”项目，获得市统筹土地指标390亩，总投资24.45亿元。年内，淘汰劣势企业121户，腾出土地1226.4亩、厂房面积46.3万平方米，从2005年以来累计淘汰劣势企业820户，盘活土地1.5万亩，引进优质企业395户；松江工业园区升级为国家经济技术开发区由市政府正式上报国务院，升级范围包括松江工业区新桥、车墩、小昆山、石湖荡4个分区及上海国际中小企业城；10月，松江区与中国纺织工业协会合作建设的中国纺织服装品牌创业园举行开园仪式，规划土地2000亩，项目1期工程基本完成，已入驻山东鲁泰、达利丝绸、浙江雅莹等10多户行业龙头企业。

二、注重培育，自主创新更加广泛

制定关于鼓励和促进科技创业实施意见、关于财政扶持企业发展政策的实施意见，加大扶持和培育力度。年内，区财政下拨自主品牌建设专项资金308万元、企业技术改造专项资金5816万元、企业上市融资专项资金350万元、高新技术产业化重点项目专项资金739.5万元、产学研扶持资金65万元。全区获得国家和市技术改造、高新技术产业化重大项目、总集成总承包、中小企业开拓国际市场等各类扶持资金5877万元，其中，国家和市级重点技改项目获得扶持资金4978万元。新建区级企业技术中心17户，研发投入4.77亿元；新增市级企业技术中心4户，市区2级企业技术中心累计94户，其中市级21户，区级73户。6月29日，上海新阳半导体材料股份有限公司在创业板上市；11月25日，金安国纪科技股份有限公司在中小企业板上市；全区 3 户企业向中国证监会上报发行股票申请材料，9 户企业完成股改进入辅导期，18 户企业明确改制上市意向。新增市著名商标 4 件，复评为市著名商标 14 件，全区市著名商标累计 47 件，分属 46 户企业；新增市名牌产品企业 13 户，复评为名牌产品企业 28 户。

三、加强引导，二三产业更加融合

认真贯彻落实松江区推进生产性服务业发展的若干意见和实施办法，出台《松江区推进生产性服务业发展专项资金使用管理细则》，编制《松江区文化创意产业发展规划及三年行动方案》和《松江区物流项目准入评价指标体系》，成立区文化创意产业推进领导小组，召开生产性服务业功能区建设工作座谈会，组织相关园区负责人参加第三届国际服务贸易大会和考察北京中关村总部基地、798 艺术区、751 时尚设计广场等产业载体。漕河泾开发区松江生产性服务业功能区累计落户企业 160 户，实现产值 20.4 亿元，纳税 1.58 亿元；上海浦江源生产性服务业功能区累计落户企业 216 户，实现产值 34.63 亿元，纳税 1.57 亿元。8 月，创异工房、时尚谷被认定为市创意产业集聚区，加上泰晤士创意产业集聚区，全区已建立 3 个市级创意产业集聚区；12 月，泰晤士文化产业园、叁零 · SHANGHAI 文化创意产业园列为第二批上海市文化产业园区授牌单位。上海仓城胜强影视文化创意产业园区已落户影视文化创意企业 710 户，年产影视作品 200 多部（集）以上，营业收入大于 5000 万元的影视文化企业有 30 多户，其中，赵宝刚、李冰冰、海清等明星在园区内设立工作室。普洛斯物流园营运以来，已引进百安居、上海会成、全盛物流、嘉里大通、凡客诚品等一批知名物流企业；维纶松江物流园经过发展，以新科安达、铱力、易买得等物流企业为基础，打造物流资源营运平台。积极争取上海西南物流基地规划落地，出台准入标准，家洁安、明江物流、维成物流等企业将落户该园区，努力打造高品质园区。

四、坚持质量，招商引资更加有力

制定《松江区主导产业优势企业产业链项目招商指导目录》、《松江区四大产业重点目标企业招商指导目录》、《松江区招商引资工作发展目录》，成立松江区招商工作联系会议，增设区经委招商服务科，聘请 3 家招商顾问单位和 3 名招商顾问，举办招商工作实务培训班和招商信息管理系统培训班，编写《招商简报》，开通“松江招商网”和“松江招商服务热线”，组织重点园区参加招商展会，坚持“政府招园区、园区招企业”招商模式，着力引进大项目、带动性项目和产业链相关项目。上半年，漕河泾开发区松江高科技园建成标准厂房和科研楼 23 万平方米，引进 150 多户企业，其中，必维国际检验集团、上海途泰工业工具有限公司等一批符合产业导向的科技企业落户园区。5 月，总投资 2900 万美元的上海永大吉亿有限公司开工建设，达产后预计年销售收入 6.7 亿元。9 月，总投资 3 亿元、年产值达 15 亿元的中饮餐饮有限公司早餐加工中心落户车墩镇。台积电增资 6.75 亿美元，累计总投资达到 17.87 亿美元，成为大陆最大的 8 吋晶园企业。下半年，总投资 10 亿元的合肥国轩高科动力能源有限公司落户松江工业区西部新区，建成后预计年销售收入 50 亿元、年产税 1.25 亿元。年内，全区招商洽谈项目 484 个，总投资 118.87 亿元；签约项目 1197 个，总投资 79.19 亿元，其中，电子信息项目 35 个，现代装备项目 49 个，精细化工项目 2 个，生物科技项目 4 个，新能源项目 4 个，软件与信息服务项目 25 个，生产性服务业项目 201 个；累计引进跨国公司地区总部 6 家、跨国投资性公司 3 家；引进工业内资项目 1208 个，总投资 24.49 亿元。

五、狠下措施，节能减排更加扎实

区委、区政府把节能减排列入 2011 年度街镇、园区目标责任考核内容，主要考核调整“三高一低”企业、提升土地产出水平、盘活存量土地资源 3 个方面。区政府把大力推进节能减排列为重点工作，区办转发《松江区“十二五”镇、街道、园区节能目标分解方案》，区与各街镇园区签订“十二五”期间节能减排目标责任书，召开松江区 2011 年节能减排推进工作大会。区经委安排专门力量督促重点用能企业制定年度节能目标和落实节能目标责任，加强能源消耗统计监测和重点用能单位管理，推进重点节能工程及节能技术改造项目的实施，开展重点用能单位能源管理人员业务培训，强化对能源利用状况的监控和分析。年内，全区年用能 2000 吨标煤及以上重点用能工业企业进一步健全能源管理岗位，年用能 5000 吨标煤及以上重点用能工业企业能源审计率达 100%，《能源利用状况报告》上报率达 100%；全区调整劣势企业减少年能耗折合标煤 3.22 万吨，减少年废水排放 11.99 万吨，减少年废气排放 84 立方米，减少年烟尘排放 9.9 吨。在工业领域积极推进工业过滤节能改造，完善“批项目、核能源、重环评”制度，工作重心从单纯节能降耗向提升效益、拓展空间转变，实现能源的实质性下降和污染物的减排。全区设立 4 个节能减排和环保标准化建设示范点，不断完善技术标准体系，加快技能产品开发，降低成本，有序推进资源节约标准化，其中，正泰电气股份有限公司通过建立示范点以后，生产的节能产品使配电变压器空载能耗下降 65%。

六、坚持拓展，外资内资更加壮大

认真总结近几年全区外向型经济和民营经济取得的发展成果，从经验和教训中寻找发展规律，以内贸与外贸相结合、内资与外资相结合、对内与对外相结合，拓展发展领域和发展功能。年内，加大引进和利用外资力度，新批准外资项目124个，总投资21.24亿美元，比上年增长52.1%，其中增资17.03亿美元；合同外资8.42亿美元，增长19.9%，其中增资6.44亿美元。全区外资新设和增资项目投资1000万美元以上有30个，外资第三产业项目新增71个，外资增资项目新增110个，外资规模以上工业企业新增30户。进一步做大出口总量，全区外贸出口总额419.99万美元，增长4.8%，其中，"三资"企业外贸出口额412.33万美元，内资企业外贸出口7.66万美元。不断加强对内合作，8月，区内昊海化工科技股份有限公司、回天化工新材料有限公司与山西省长治市的长治潞城市惠智焦化有限公司、九元活性石灰有限公司签订企业合作协议。以外向型经济为主的松江工业区实现工业产值608.13亿元，增长9.3%；实现外贸出口额18.33亿美元，增长21.2%。松江出口加工区实现工业产值2076.92亿元，下降13.7%；实现外贸出口额373.49亿美元，增长3.7%。年内，新发展民营企业11068户，全区民营企业累计62583户，净增6918户。民营企业新增投资27.45亿元，净增4.11亿元，增长17.6%。民营企业实现销售收入2946.71亿元，净增498.2亿元，增长20.3%；实现民营经济税收93.03亿元，净增6.65亿元，增长7.7%。民营企业户均纳税14.87万元，吸纳劳动力37250人，其中本地劳动力16953人。

七、营造环境，服务企业更加深入

连续开展企业服务年活动，制定《2011年松江区企业服务年活动实施意见》，推出90项重点服务内容和措施，全区16个街镇、园区和32个区职能部门参加企业服务年活动，解决企业实际困难和整改企业提出的意见400多项。区委、区政府领导多次走访创新型企业、重点骨干企业、规模型企业、高新技术企业和改制上市企业，鼓励企业加快发展；区人大、区政协组织视察中小型企业和成长型企业，支持企业开展自主创新；各街镇、园区党政班子定点联系企业2000多户，指导企业优化产能。针对日本地震、用电紧张、融资困难等情况，区召开5次有100多户企业参加的座谈会，面对面帮助企业解决具体困难。区政企互通平台发布政策信息224条、市场信息17条，受理咨询和求助28件，企业满意率达100%。区工商分局推出12条服务措施，区税务局开通税企通网站，区环保局对重点企业环保设备配备和运行组织专人服务，区食药监局对50多户高风险医疗器械经营企业进行培训，区人保局与30多户重点骨干企业以及高新技术企业开展人才政策面对面交流和宣讲，区知识产权局举办企业专利辅导讲座，区质监局开展"百家企业服务计划"活动，区工业企业联合会和区外商投资企业协会向佘山镇23户重点企业宣传各项扶持政策。6月29日，建有6进6出12条通道的松江出口加工区新卡口启用；6月30日，全面完成2095户外商投资企业网上联合年检；8月、9月，区经委组织17户企业分别参加第八届中国国际中小企业博览会和第一届中国国际新材料产业博览会；9月，"松江区企业家沙龙"成立；11月9日，松江中小企业融资服务中心开业；11月23日，上海加工贸易边角料交易服务中心开业；11月，召开松江区企业设立登记网上并联审批工作推进会。年内，区财政信用担保贷款额达到3.8亿元，增长23%；区中小企业贷款信用担保中心提供担保贷款11.82亿元，增长38.1%；7户小额贷款公司提供贷款20.21亿元。

【2012年发展趋势】

2012年，松江区按照"稳中求进"的首要任务，以创新驱动、转型发展为动力，结合工业化、城市化新的趋势，深入落实科学发展观，加快转变经济发展方式，紧紧围绕产业发展规划和工业经济倍增计划，着力提升存量、提高增量，确保全区经济平稳健康发展。

一、主要目标

完成工业总产值4350亿元，比上年增长3%；工业增加值610亿元，增长6%。完成出口产品总额440亿美元，增长4.8%；合同外资4.5亿美元，外资到位资金4亿美元，工业固定资产投入62亿元。

二、主要措施

1．提高产业结构调整水平。根据区土地利用总体规划和市经信委产业区块布局，对松江产业布局发展，尤其是区块布局和功能定位加以进一步完善。以规划为先导，制作松江区产业规划手册，指导各街镇园区落实产业发展规划和产业结构调整，加强沪松公路沿线产业调整和开发，加大区块调整力度，加快行业调整。年内调整劣势企业不少于80户，腾出土地不少于1000亩，增加区块改造不少于2个。摸清规划土地使用情况，制定违规工业用地处置方案，对闲置土地和厂房资源充分利用，建立产业结构调整评价体系。

2．提高高新技术集聚水平。引导企业走"广达集团为代表的产品转型升级"和"斐讯数据通讯为代表的自主创新发展"途径，支持代工企业向价值链高端发展，壮大市高新技术企业、市科技"小巨人"企业、市创新企业和品牌企业、著名商标企业。加快四大高新技术产业化基地建设，推进新能源汽车、智能电网示范项目建设，争取先进重大装备、电子信息产业基地得到市命名和挂牌，全年制造业高新技术产业化实现产值725亿元，增长15%。

3．提高招商引资创新水平。全面推行"政府招园区、园区招企业"招商模式，坚持"3个50"项目评估准入标准，以"区区合作、品牌联动"推进招强引优，着力引进大项目、带动性项目和产业链相关项目；同时，把招商引资贯穿于整个新的产业发展体系，与产业升级、产业优化、产业集聚有机结合，实现招商成效最大化。建立和健全招商引资合作机制，不断增强松江招商网功能，做大招商服务平台，充分发挥招商信息和资源共享作用，营造良好招商氛围和环境。

4．提高产业园区建设水平。以漕河泾松江经济园“区区合作、品牌联动”为模式，鼓励产业园区根据自身实际和特点进行功能转型，优化产业能级，催生园区发展活力，增加新的经济增长点。认真总结和推广漕河泾开发区松江经济园区建设发展经验，推动和加快“二次开发”，提高土地利用率和产出率；同时，以张江高新区扩区为契机，发挥优势，建设若干个有规模、有实力、有影响的重点产业园区。进一步落实松江工业园区向国家级经济技术开发区升级的各项措施，成为优化产业园区开发利用的重要动力，引领转型发展。制定产业园区管理办法，建立园区发展联席会议制度，加强考核和经济运行分析，使园区建设更加规范。

5．提高生产性服务业水平。依托松江新城发展功能，借助虹桥枢纽建设，加大生产性服务业发展力度，使产值、税收、利润所占比重明显增加。聚焦扶持政策，推动相关重大项目落地和建设，使生产性服务业功能区成为二三产业融合发展的重要载体。全面实施松江区文化创意产业发展规划及3年行动计划，健全物流项目准入评价指标体系，总结发展服务外包成功经验，大力发展创意产业、总部经济、现代物流和总集成总承包，积极培育泰晤士小镇、时尚谷、创异工房等创意产业集聚区，加快上海西南物流园区建设。

6．提高外资内资发展水平。外资工作，要充分发挥松江外向型经济优势，鼓励外资增资和外商投资，引导外贸与内贸相结合，推进加工贸易向一般贸易转化。一方面尽快落实永裕医药、日野电子化学等增资和中山汽车租赁项目，增加外资利用规模；另一方面支持外贸企业产品进入国内大型超市，拓展内销渠道；再一方面组织外资企业参与全国性进出口商品展会和订货会，进一步扩大市场。同时，建立内外贸产品信息资源库，丰富外商投资企业协会活动内容，用足用好中小企业国际市场开拓资金。内资工作，要全面贯彻落实《上海市促进中小企业发展条例》，结合实际，把发展民营经济作为重点，充分调动民营企业在自主创新、品牌建设、产学研合作、技术改造、优化传统制造业、科技投入、改制上市、掌握核心技术等方面的积极性，不断增强市场竞争能力，使民营经济税收在全区税收总量中稳中求进。

7．提高管理服务企业水平。把松江企业服务年活动深入开展下去，健全和创新服务长效机制，通过政企互通平台让企业了解和掌握更多政策信息、政务信息和市场信息，在完善融资服务中心和边角料交易中心建设的同时，加快设立检验检测平台和模具设计中心，形成多层次服务网络。发挥区财政担保机构和区担保中心在贷款担保中的主渠道作用，利用和整合3家社会担保公司和7家小贷公司融资资源，有效缓解企业融资困难，贷款担保和融资总量均增长10%。切实抓好企业安全生产，建立和完善企业纳税督导制度，监管异地注册企业，减少亏损企业和亏损总额，加强在建项目跟踪指导，开展民间融资和担保机构合规审计，营造良好投资环境。

（方炳云）

奉贤区工业

【概况】

2011年，奉贤区完成工业总产值1682.86亿元，比上年增长15.88%，其中2000万元以上规模企业976户，完成总产值1441.24亿元，增长20.5%，占全区比重85.67%；工业产值超亿元企业有292户，完成产值1144.36亿元，占全区规模企业产值的比重79.4%；实现工业增加值345.43亿元，增长12.5%；实现销售收入1415.95亿元，增长20.5%；实现利润总额77.20亿元，下降2.6%；实现税收80.58亿元，增长17.2%。

【2011年发展情况】

一、表彰“区财富百强企业”

4月，区政府召开2010年度财富百强企业表彰大会，授予上海广电电气（集团）股份有限公司等100户企业2010年度“奉贤区财富百强企业”称号并予以表彰。入选“财富百强”企业纳税总额39.26亿元，占区税收总额的33%。

二、9户企业入榜上海民营企业100强

9月，市企业联合会发布“2011上海民营企业100强”公告，区内9户企业榜上有名，分别是上海浦东电线电缆（集团）有限公司列13位，上海恒逸聚酯纤维有限公司列24位，上海超日太阳能科技股份有限公司列36位，上海海亮铜业有限公司列45位，上海永进电缆（集团）有限公司列49位，伽蓝（集团）股份有限公司列74位，上海水星家用纺织品股份有限公司列81位，上海新航星投资集团有限公司列82位，上海柘中（集团）有限公司列92位。

三、7户后备上市企业参加培训

3月4日，阿波罗、天阳、德朗能、温龙、铭源、索谷、大山合等7户上市后备企业，参加了第一批为期3天的上市专题培训。按照“储备一批、辅导一批、改制一批、上市一批”的梯序计划，启动并实施区内企业上市培育工作。

四、举办上海（奉贤）智能电网产业发展说明会

5月6日，由市经信委、区政府、上海电器行业协会共同举办的“上海（奉贤）智能电网产业发展说明会”在浦东嘉里大酒店隆重召开。上海电力智能网办公室、德朗能动力电池、中发集团等3户企业作了专题演讲。市、区、镇、开发区有关领导、行业企业界和新闻界近200人参会。“十二五”期间，奉贤区将在上海乃至全国率先建成产业集聚度高、产业链完整、产业规模大的智能化电网产业基地。

五、编制工业投资3年滚动指导性计划

为配合国家重点技术改造地方配套专项、市级重点技术改造专项、节能技改等专项建立后备项目库，区编制完成工业投资3年（2011～2013）滚动指导性计划，共收录总投资500万元以上项目168个；总投资405亿元，其中固定资产313亿元，新增销售收入905亿元。

六、调整落后产能企业58户

年内，共完成调整落后产能企业58户包括危化企业5户。其中，关闭41户（危化企业3户），停产8户，搬迁6户（危化企业1户），转产企业3户（危化企业1户），涉及职工2230人，降低能耗折合标煤7574吨，减少危险化学品当量2.1865万吨，盘活土地700亩。

七、工业固定资产投资额首破百亿

年内，完成工业固定资产投资124亿元，增长19.24%，技改资金到位16亿元。氰特表面技术（上海）有限公司新建航空工业材料项目、上海德朗能电池有限公司磷酸铁锂动力电池技改项目、上海联吉合纤有限公司年产10万吨聚酯生产线柔性化改造项目，总投资3.7亿元，建设投资3.5亿元，获市级重点技改专项资金2838万元。

八、1006户企业完成外商投资企业联合年检

4月起，经年检各部门通力协作，历时3个月全面完成2011年外商投资企业联合年检，确保了年检数据的准确、完整和质量。

九、区经委落实企业“迎峰度夏”

6月13日，召开奉贤区“迎峰度夏”工作会议，通报区用电基本情况和部署2011年“迎峰度夏”工作，布置全区2801户工业企业进行轮休、错峰，并要求各镇、开发区认清形势，做到精心组织、科学调度，解决好电力供需矛盾，杜绝电力外损、偷盗等情况发生。电力公司启动常规、高温及应急3项措施，确保完成工业经济增长目标。

十、6户企业节能降耗项目获市节能专项资金计划

8月，市经信委公布2011上海市节能技术改造项目专项资金计划第一批名单，氰特表面技术（上海）有限公司等6户企业节能降耗项目列入其中，上述项目总投资3997.89万元，预计年节约标准煤8790吨。

十一、中小企业服务网站开通

12月，区首个面向中小企业的服务网站——“上海市奉贤区企业管理服务中心网”正式开通。网站共设政策法规、网上办事、最新公告、工作动态、服务体系、重点企业名录、诉求直通车等10个栏目，及时为区内企业提供政策、项目、培训、宣传等方面的指导性、规范性服务，发挥为奉贤区中小企业服务的功能。

十二、27户企业获市“品牌企业／服务”称号

12月，市第五届中小企业“品牌企业／服务”评选揭晓，全区共有27户企业荣获本年度市“品牌企业／服务”称号，总数占全市的13.7%。其中，17项产品获制造业类“品牌产品”，获奖企业大多为具有自主品牌的高新技术、节能环保、新能源、新材料类企业，品牌建设趋向“专、精、特、新”发展。

【2012年发展趋势】

2012年，以转变经济发展方式为主线，坚持科学发展观，按照“创新驱动、转型发展”的理念，“转方式、调结构、提能级”工作要求，着力在调整优化结构、做强新兴产业、突破重点项目、扩大外引内联、深化企业服务等方面下功夫，全力推进“三化二建设”。

一、主要目标

规模以上工业企业完成产值1650亿元，比上年增长15%；工业固定资产投入130亿元，增长5.7%，其中技术改造投入15亿元。合同外资4亿美元，外资到位3.2亿美元；外贸出口64亿美元，增长15%。

二、主要工作

1. 大力培育新兴产业。实施大产业培育工程，以太阳能光伏热能产业等高技术产业为重点，加快建设形成高新技术产业化基地，研究制定延伸产业链的产业扶持政策。新材料等四大高新技术产业基地实现产值400亿元以上。

2. 进一步开拓国内外市场。加大企业“走出去”的扶持力度，推动产品出口与对外产业转移联动，制定和落实鼓励企业开拓国内外市场的各项政策措施，组织企业参加境内外各类重要展会，规避贸易壁垒。

3. 抓好一批工业重大项目。紧紧围绕项目前期工作、项目建设、项目竣工等各个重要环节，建立三一重工、徐工科技等重点项目跟踪推进工作机制。加强重大项目筛选和储备工作，建立和完善重大项目投资库。

4. 加大企业服务力度。积极开展小微企业运行监测工作，建立重点中小企业库，强化中小企业发展的基础。进一步健全完善扶持政策体系。加强“专、精、特、新”和重点中小企业培育监测机制。

5. 加大有效投入。进一步激发民间投资热情，研究完善加快民间投资的政策，出台鼓励企业两次创业的政策措

施。

6．提高投入产出效率。提高土地资源的集约利用水平，使投资对经济的拉动从外延规模增量的投入为主，逐步转化为内涵功能的提升为主。

7．提升企业自主创新能力。强化对引进技术的消化、吸收和再创新，以技术创新和机制创新为动力，着力顺应信息化发展新趋势，实施企业电子商务推进工程。

8．大力发展生产性服务业。抢占现代服务业发展制高点，以与制造业融合发展为途径，引导制造业企业将内部服务活动外部化，发展具有高融合度的研发、设计、咨询、物流、金融、服务外包等高端生产性服务业。

9．招商引资有新突破。重视招商选资，以世界500强和跨国公司、国内行业龙头企业和央企、大型民营企业为引资重点，推动“三资齐上”。引进一批大项目、好项目。引进“地区总部”、“研发中心”和“服务外包”等新型外商投资形态。出台相关政策，保护吸引外资的积极性。

10．园区集聚功能有新突破。建立园区基础资料库，提升园区管理机制，组建全区工业园区管理协调机构，进一步加强园区建设的指导，抓好园区规划的实施。

11．加强节能减排工作。研究、规划、指导、部署全区节能工作，落实节能工作目标责任制，建立节能目标评价考核体系和固定资产投资项目节能评估和审查制度；加快淘汰落后工艺、技术和设备，推进节能技术进步。

12．加强队伍建设。提高驾驭市场经济的能力，注重调查研究，勇于开拓创新。形成全方位、多层次、紧密型的中小企业服务体系。

（袁新良）

青浦区工业

【概况】

2011年，青浦区以转变经济发展方式、加快推进“一城两翼”建设为主线，坚持“创新驱动、转型发展”，抓推进、抓落实，在克服种种不利因素后，工业经济仍然取得较快发展。全年实现规模以上工业总产值1412.1亿元，比上年增长12.5%，完成任务目标的100.4%；完成工业固定资产投资59.2亿元，增长15.6%，完成任务目标的105.7%。

【2011年发展情况】

一、进一步强化招商引资工作

年内成立招商引资工作领导小组，统筹引导招商引资工作。一是制定《青浦区2011年度各镇（街道）招商引资考核计分细则》，将招商引资目标任务分解到各街镇和园区，并签订目标责任书；二是继续实施每月全区招商引资进度公布制度，激发各单位投入招商引资工作的积极性和创造性；三是完善有关产业政策，助推招商引资工作深化发展。出台《青浦区关于盘活闲置厂房专项补贴实施办法》，对利用闲置厂房发展“9+5”产业、生产性服务业，以及符合区产业发展导向的企业，给予适当的租金补助，促进闲置厂房盘活。制定《青浦区关于盘活存量闲置工业用地的实施意见》，促进土地资源的合理配置和集约利用。

二、完善中小企业服务工作机制

5月9日，成立“青浦区中小企业服务中心”。5月1日，开通青浦区中小企业服务热线，主要接受政策咨询和服务引导。开展《上海市促进中小企业发展条例》宣讲，先后举办5期企业融资、改制上市、集合票据等相关中小企业发展政策说明会。开展“中小企业服务月”活动，分5期召开中小企业运行分析座谈会，向市推荐21户企业作为小微企业运行监测对象。组织部分中小企业参加以“战略新兴产业合作与发展”为主题的全球CEO高层会议。

三、政策助力，推进企业技术改造迈大步

1月，出台《青浦区加快推进企业技术改造实施办法》。每年安排1000万元财政资金，鼓励企业运用高新技术改造传统产业或引进先进技术及新型装备，在形式上除原有贷款贴息外增加了项目资助方式。全年核准／备案区级技术改造项目85个，完成任务目标的212.5%；备案总投资30.09亿元，完成任务目标的501.5%。全年组织竣工验收4批区级技术改造项目，28个项目通过验收。年内，申报中央投资重点产业振兴和技术改造项目3个，获批2个、总投资5.58亿元；申报中央投资中小企业技术改造项目9个，获批6个、总投资1.67亿元；经区技改项目管理小组联合评审，分两批批准市重点技术改造项目24个、备案总投资14.44亿元；批准节能技术改造项目4个、总投资0.18亿元、节约标准煤3113吨。以上项目共计36个、备案总投资21.87亿元。

四、试点区域调整，淘汰劣势企业成效良好

年内，出台《青浦区产业结构调整专项补助办法》，明确区与镇（街道、开发区）财政资金分担比例，加大区财政对产业结构调整的支持力度；鼓励推进“重点专项调整区域”，鼓励利用调整后的区域发展“9+5”高新技术产业和生产性服务业。全年完成产业结构调整项目184个，完成计划数（55个）的334.5%。其中，关闭项目132个、搬迁50

个、其他项目2个，减少能耗3.01万吨标煤；8个项目为市危险化学品企业调整项目，3个项目为市产业结构调整重点项目。同时，在徐泾镇、朱家角镇、香花桥街道和西虹桥公司开展了“重点专项调整区域”试点工作。

五、重点工业项目建设有序推进

全年新开工项目45个，完成任务目标的150%；竣工项目71个，完成任务目标的355%；投产项目22个，完成任务目标的220%。至年末，现有办理土地储备项目70个，用地2956亩、投资175.2亿元；办理建设手续项目123个，用地2970亩、投资132.3亿元；在建项目86个，用地2157亩、投资76.7亿元；竣工项目48个，用地534亩、投资17.8亿元。

六、着力推动金融创新服务，扶持企业发展壮大

继续推进中小企业改制上市，年内先后有汉得信息、永利带业、天玑科技、巴安水务4户企业成功上市，自2009年以来已有8户企业成功改制上市，累计募集资金48.6亿元；推进中小企业发行集合票据，交通银行青浦支行确定2户企业、发行额为1.60亿元，并上报交易商协会；进一步完善与落实相关政策。9月，区经委、区财政局联合出台《青浦区支持企业债券融资实施办法》，对发行企业债券过程中发生的中介服务费用给予补贴。根据《青浦区关于推进中小企业改制上市的试行意见》文件精神，兑现改制上市企业扶持资金。

七、积极开展服务中小企业工作

按照市经信委、市中小企业服务中心等部门的要求，积极组织企业申报扶持资金，做好推荐服务相关工作。推荐上海安技防伪技术服务有限公司等12户企业申报“2011年上海市中小企业发展专项资金”；推荐开利泵业（集团）有限公司等3户企业申报“国家中小企业发展专项资金”；推荐26户企业申报“2012年度上海市特色产业中小企业发展专项资金”。2010年度推荐的9户企业，获批“2010～2011年度上海市特色产业中小企业发展专项资金”，并获得中央财政专项扶持资金1370万元。按照市经信委《关于加快促进“专、精、特、新”中小企业创新驱动、转型发展的意见》文件要求，经推荐评审，共有89户企业被认定为“专、精、特、新”中小企业，占全市首批认定“专、精、特、新”中小企业的11.1%。同时，亚士创能科技（上海）股份有限公司等13户企业的商标被认定为“上海市中小企业品牌产品／服务”；推荐上海金发科技发展有限公司等16户企业申报“工业企业品牌培育试点企业”；推荐上海沪工电焊机（集团）有限公司等4户企业为“非公经济企业品牌发展典型案例”；推荐上海华魏光纤传感技术有限公司等4户企业申报“上海市知识产权优势企业”。

【2012年发展趋势】

加快推进转变经济发展方式、加快推进“一城两翼”建设，全力推进产业结构调整和转型升级，促进现代产业体系建立，确保工业经济平稳健康运行。

一、主要目标

规模以上工业总产值比上年增长9%，达到1539亿元；实现工业固定资产投资61亿元；引进内资实体项目投资额25亿元，到位资金20亿元；引大引强引实企业80户；产业结构调整项目55个；盘活闲置厂房4万平方米；企业技术改造项目40个、总投资6亿元；清洁生产审核验收企业10户。

二、主要工作

1．推进招商引资工作。一是抓机制体制建设。建立区级招商机构，统筹协调各单位招商引资工作，从实际出发，形成工作合力，让招商更有效。加强招商宣传，创新招商方式，提高招商的有效性和精确度。二是抓产业载体建设。通过“政策聚焦、服务聚焦、资金聚焦”，扎实推进十大工业园区、四大高新技术产业化基地、两大生产性服务业功能区以及园中园（基地）等产业载体建设，做实做大做强产业载体使其名实相符，实现载体建设与招商引资相互促进。三是抓政策体系完善。设立招商引资专项资金，加快研究出台招商引资的专项政策，包括总部企业和引大引强引实企业认定标准；进一步落实全区合力招商机制，在案例分析研究的基础上修改和完善区域内企业迁移利益分配机制政策措施；进一步健全和完善招商引资考核体系，使考核机制更加侧重于招商工作的针对性和有效性，凸显招商引资工作在促转型、调结构上的重要驱动作用。

2．推进工业经济和高新技术产业化发展。一是加强经济运行监测和分析。重点关注5亿元以上产值企业和上年度纳税百强企业，按照季度工作任务目标，密切关注经济运行态势，及时解决经济运行中出现的问题。二是加快推进产业项目落地建设。建立重大项目推进季度例会制度，加大协调服务工作力度，推进项目的办理进程，加快在建项目建设。三是推进生产性服务业发展。加快二三产业融合发展，促进制造业服务化，加快推进工业园区和华新两大生产性服务业功能区建设，协调推进项目落地建设。四是继续推进传统产业升级转型。支持企业技术改造、改制上市、引进技术吸收与创新以及信息化与工业化融合，做好相关项目的资金拨付、审核验收以及审计工作。五是扶持中小企业发展。重点扶持“专、精、特、新”中小企业发展，加强中小企业运行调查研究和走访，关注国家和本市中小企业特别是小微企业扶持政策导向，加快推进落实，促进中小企业发展。

3．推进产业结构调整、节能降耗和资源盘活。一是完善工作推进机制。建立产业结构调整工作推进季度例会制

度，按照时间节点有计划推进，及时协调解决工作中遇到的问题。二是强化考核奖惩机制。研究起草产业结构调整与节能降耗专项考核政策，实现自我加压，增强各单位工作推进的积极性。三是加快推进“重点专项调整区域”。加快徐泾镇等4家单位的“重点专项调整区域”产业结构调整试点工作，争取1～2个项目取得突破性进展。四是推进重点能耗企业降耗。加强重点能耗企业能源利用监测和分析，推进企业实施节能技术改造和清洁生产，督促企业节能降耗、减排增效。五是推进规划产业区块外产业结构调整转型。贯彻落实市经信委等4部门制定的《关于推进上海规划产业区块外产业结构调整转型的指导意见》文件精神，加快推进产业结构调整和转型升级。六是推进闲置工业土地、厂房资源盘活。落实《青浦区关于盘活闲置厂房专项补贴实施办法》政策措施，对利用闲置厂房发展“9+5”产业、生产性服务业以及符合我区产业发展导向的企业，给予适当的租金补助。鼓励各街镇和开发区因地制宜通过嫁接招商、二次开发、转型升级等多种措施盘活资源。

（陆国平）

崇明县工业

【概况】

2011年，崇明县工业深入实践科学发展观，在引进数据产业、调整产业结构、服务中小企业等方面取得一些成效，较好完成各项目标任务。至年末，全县纳入统计口径的工业企业有795户，其中2000万元以上规模企业121户，从业人员43474人。累计完成工业总产值457.8亿元，比上年增长21.6%，完成年度目标的102.2%。完成销售产值449.1亿元，增长20.9%，产销率为98.1%。其中规模以上企业实现利润13.5亿元，上缴税金7.7亿元；11户海洋装备企业实现工业总产值295.3亿元，增长26%，占总量的64.5%，工业经济主力军作用更加显现。

【2011年发展情况】

一、六大支柱产业“四增二减”

全年六大支柱行业实现工业总产值388.8亿元，比上年增长25.7%，占全县总量的84.9%。交通运输设备制造业行业景气指数回升，业务量和结算价格有所攀升，实现产值277.8亿元，增长29.2%；黑色金属冶炼及压延加工业通过企业技改，产能释放，实现产值16.9亿元，增长132.4%；通用设备制造业随着部分配套企业转型，业务量开始放大，实现产值50亿元，增长12%；电气机械及器材制造业市场竞争激烈，增速开始放缓，实现产值15.6亿元，增长14.5%；金属制品业受汇率和原材料价格上涨影响，实现产值19.8亿元，微降0.1%；纺织业由于外需减少，实现产值8.7亿元，下降2.5%。

二、乡镇工业发展不平衡，园区亮点频现

全县18个乡镇实现工业总产值439.63亿元，增长21%，占全县总量的96%。从增幅看，18个乡镇有3个单位负增长；从完成目标看，有7个乡镇未完成全年目标数。园区经济集聚效应逐步体现，长兴产业基地从10月开始将沪东中华阀门厂纳入统计口径，总量放大，实现产值2.68亿元，增长507.1%；工业园区实现产值12.9亿元，增长26.4%；富盛开发区实现产值1.6亿元，增长15.5%。

三、重点产业、重点地区建设加快推进

被认定为全国12个国家船舶出口基地之一，将进一步推动崇明船舶和海洋装备出口的持续较快发展。上海智慧岛数据产业园经市政府批准设立，并成功举办园区揭牌启动仪式，并草拟《长兴海洋装备产业基地创业投资引导基金管理暂行办法》。创建陈家镇生产性服务业功能区获市经信委批准同意，陈家镇现代服务业集聚区已列入全市新增5个服务业集聚区项目之一。

四、淘汰落后产能和工业节能降耗工作力度不断加大

1．淘汰落后产能。根据市经信委要求，集中推进铸造、危化、小化工、黑色金属冶炼加工和橡胶制品等五大类“两高一低”行业的调整淘汰，全年淘汰落后产能企业30户，节约标煤约4700吨，腾出土地约81亩，拨付市县专项扶持资金500万元左右。生态岛重点调整专项经市联席会议审议通过，淘汰落后产能企业51户，拨付市、县专项配套资金4000万元左右。

2．工业节能降耗。全县规模以上工业企业万元产值能耗为0.15吨标准煤/万元，下降7%。开展4吨燃煤锅炉节能改造调查，推进申港漂染、云峰纸箱等企业燃煤锅炉的节能技改项目，指导港沿造纸厂实施合同能源管理，完成14户企业的清洁生产审核验收。推广高效节能灯30万只。

五、工商投资保持适度规模，盘活存量初显成效

全县工业投资完成13.24亿元。备案、核准工商领域投资项目106个，总投资31.94亿元。工业向园区集中联席会议审议通过7户企业入驻工业园区和富盛开发区，总投资10.6亿元。乡镇盘活存量土地25块，其中引进实体企业18户，老企业技改7户，共计盘活土地410亩，项目总投资2.43亿元。

六、服务企业工作受到好评，企业技术创新和品牌建设得到加强

1．服务企业。成立县中小企业服务中心，各项服务工作有序启动。核定2010年度县级扶持工业企业发展专项资金项目131个，涉及企业87户，扶持资金共计1845.8万元；拟定新一轮《崇明县促进工业企业发展暂行办法》。被认定市"专、精、特、新"企业18户，全县共计26户。推荐两户企业申报2011年市重点技术改造专项资金项目，并获专项资金2494万元。

2．技术创新和品牌建设。冠军食品有限公司和大陆酿造有限公司获国家商务部认定的"中华老字号"称号。组织7户企业申报市品牌产品企业，其中5户企业获批。组织运良集团和大通仪表申报市重大装备研制专项项目，并获专项资金150万元。

【2012年发展趋势】

2012年，根据产业发展新要求，进一步加快转变经济发展方式，以聚焦重点、热心服务、转型发展、稳中求进为主线，坚持做到"三个加大"，即加大重点区域建设力度，发展高端产品，提升配套水平，加强招商引资，抢占产业发展制高点和新的增长点；加大中小企业服务力度，改善融资环境，构建服务平台，推动政策落地，增强中小企业发展活力和动力；加大产业结构调整力度，淘汰落后产能，培育新兴产业，盘活存量资源，推进产业升级和生态环境的和谐发展。

一、主要目标

完成工业总产值486亿元，比上年增长8.5%；实现工业投资40亿元。调整淘汰落后产能企业10户，节约标煤1000吨左右。规模以上工业企业能耗总量控制在25万吨标煤以内，万元产值能耗下降6%左右。

二、主要措施

1．聚集吸引部市资源，合力推进数据产业园建设。制订发布产业园招商、奖励、人才引进、住房等扶持政策，吸引国内外企业和高端人才入驻。明确公司股东组成和注册资本金，完成公司组建工作，引进充实高层经营管理人才。编制园区控制性详细规划，争取9月底通过审批。按1期1阶段开发建设目标，努力落实1期资本金10亿元。加大产业园的宣传力度，以信息数据产业龙头企业、上市公司为目标，力争与1～2户行业内大企业进行入驻签约。启动行政办公服务中心、部分目标客户办公楼（研发楼）等项目的开工建设前期工作。

2．做强海洋装备产业，全力推进"一体两翼"建设。一是促进海洋装备产业加快发展。建立"国家船舶出口基地"和"国家新型工业化产业示范基地"协调机构，积极配合协调海洋装备企业能级提升和项目建设。举办长兴岛海工论坛，扩大海洋装备岛的影响。二是推进长兴产业基地建设。编制基地信息化建设中远期规划。推进中央商务区、海洋科技港等生产性服务业功能区项目的规划和建设。调研"海洋装备保税物流园"建设的可行性，为海洋装备生产提供配套服务。三是提升崇明工业园区能级。做好园区总部经济园的创建工作，适时启动4号地块建设。加速推进园区产业高端化改造，促进园区产业转型，提高园区单位土地产出率。加快园区形态开发，加大对金融服务业、科技服务业、大型商贸服务业、文化创意等高端产业的引进力度。四是加快富盛开发区建设。进一步依托光电子产业基地和长兴海洋装备岛战略定位，积极引进高端产业以及相关产业的配套项目。

3．建立机制形成合力，促进中小企业健康发展。一是把融资作为服务中小企业的核心工作。加强银企对接沟通，协调解决重点企业运行中的应急资金缺口问题，保障企业正常生产经营和社会就业稳定。协调有关部门发挥县中小企业贷款担保协会和小额贷款公司的作用，帮助小企业拓宽融资渠道，逐步改善全县中小企业融资环境。二是完善中小企业服务体系。发挥县中小企业服务中心引领作用，引导乡镇、产业园区建立中小企业服务机构，逐步形成全覆盖的中小企业服务网络。探索开展中小企业公共服务平台建设。完善乡镇联系制度和科室进企业送服务活动，重点加强对小微型企业的服务。三是推动政策落实。帮助中小企业申报各类国家、市级专项扶持资金项目。制定出台新一轮的扶持企业发展政策，争取年度扶持项目150个以上。加大各级扶持政策的宣传力度，缓解信息不对称现象，实现政策的"阳光普照"。

4．改造提升传统工业，推进产业投资和项目落地。一是加大产业投资力度。做好实体企业招商工作，严把引进项目质量关，大力推进工业向园区集中，重点推进11个总投资亿元以上新项目的开工建设。鼓励企业以技术改造提升自身"造血"功能，实施产品升级换代、工艺流程再造、引进先进技术等3类重点技改项目，全年力争推进80项，预计总投资10亿元左右。二是推动企业技术创新和品牌建设。推荐企业申报国家和市级企业技术中心和创新能力建设项目。推荐2～3户企业申报市知识产权示范企业。推荐申报市级专利新产品6～8个，促进本县工业产品由产业链低端向高端提升、由价值链低位向高位提升。支持企业创建国家级、市级品牌项目，组织8～10户企业申报市级品牌产品，提升产业能级。三是盘活存量工业用地。按照各乡镇产业发展方向，大力支持乡镇通过招商引资盘活存量，引入符合产业导向、带动就业的实体企业，努力引进生产性服务业和其他服务业项目，全年争取新引进、盘活企业不少于20户。

5．调整淘汰落后产能，抓好工业节能降耗减排。一是继续淘汰落后产能。着重加大对区域能耗高、污染重、危险大、群众反映强烈的劣势企业的淘汰关停和退出。淘汰

落后产能企业10户，5月启动第一批5户，9月启动第二批5户。发挥乡镇主体作用，妥善解决好人员分流、土地利用等难点问题，引导企业转型发展。二是加强工业节能降耗减排。协调乡镇、园区加大对其所辖区域工业企业节能降耗管理力度，控制能耗总量。加强对重点用能单位的能源消耗监控工作，继续开展能源审计。推进十大节能工程，开展电能平衡、锅炉热工测试和节能技改、企业对标、清洁生产审核等工作，继续推进合同能源管理。

（陈　彪）

2012·上海工业年鉴

SHANGHAI INDUSTRIAL YEARBOOK

宝钢集团有限公司

【概况】

宝钢集团有限公司（简称“宝钢”）是当今世界现代化程度最高、生产规模最大、品种规格最齐全的钢铁联合企业之一，是国家授权投资的机构和国家控股公司，对授权经营范围内的国有资产向国务院国资委承担保值增值责任。注册资本510.83亿元。总部设在上海市浦东新区浦电路370号。

宝钢（1993年前称上海宝山钢铁总厂）始建于1978年12月23日，是中国改革开放的产物。1985年9月15日，由国家投资建设的一期工程建成投产；2000年，由企业自筹资金建设的三期工程全部完成，跻身世界千万吨级特大型现代化钢铁企业行列。1998年11月17日，联合重组上海冶金控股（集团）公司和上海梅山（集团）公司；2007年4月28日，重组新疆八一钢铁有限公司；2008年6月28日，成立广东钢铁集团有限公司；2009年3月1日，并购宁波钢铁有限公司；2011年8月22日，签署重组韶钢、广钢相关协议，广东钢铁重组取得阶段性进展。

宝钢以钢铁为主业，生产高技术含量、高附加值钢铁精品，已形成普碳钢、不锈钢、特钢三大产品系列，广泛应用于汽车、家电、石油化工、机械制造、能源交通、金属制品、航天航空、核电、电子仪表等行业。宝钢还着力发展相关多元产业，重点围绕钢铁供应链、技术链、资源利用链，形成了资源开发及物流、钢材延伸加工、工程技术服务、煤化工、金融投资、生产服务等六大相关产业板块，形成了相关多元产业和钢铁主业协同发展的业务结构。

【2011年经济工作情况】

宝钢完成工业总值（现行价格）3501.21亿元，工业销售产值3527.22亿元，资产总值4738.20亿元，流动资产1638.97亿元，流动负债1584.52亿元，资产负债率42.80%，流动比率1.03，营业总收入3162.45亿元，营业成本2800.61亿元，产品销售费用46.90亿元，管理费用164.24亿元，实现利润总额181.51亿元，净资产收益率达到5.67%。全年完成铁产量4009.27万吨，钢产量4427.13万吨，商品坯材产量4329.42万吨。

宝钢连续第八年进入美国《财富》杂志评选的世界500强榜单，位列第212位，并当选为“全球最受赞赏的公司”。标普、穆迪、惠誉三大评级机构分别给予A、A3、A-，前景展望为稳定的最新信用评级，使宝钢成为全球钢铁行业信用评级最高的企业。截至2011年年末，宝钢员工总数为116,702人，分布在全球各地。

年内，宝钢荣获第二届中国工业大奖；荣获第六届“中华慈善奖”之“爱心捐赠企业”称号，这是宝钢第三次被授予“中华慈善奖”；荣获“中央企业参与2010年上海世博会突出贡献奖”；荣获“第十二届全国职工职业道德建设标兵单位”称号，并被授予全国五一劳动奖状；荣获“中国十大创新型企业”称号。

年内，宝钢“特薄带钢高速酸轧工艺与成套装备研究开发”项目获2011年中国冶金科学技术奖特等奖；“先进高强度薄带钢产品、工艺及设备”项目获2011中国国际工业博览会金奖；8个参展项目在第五届波兰华沙国际发明展上获7金1银。

钢铁行业受需求增速回落、成本上升和产能过剩的影响，总体呈现高成本、低盈利的运行特征。在这种形势下，宝钢的钢铁主业继续了保持业内最优的市场地位；多元产业也取得了令人欣喜的成绩，整体表现良好，产业结构和发展前景越来越清晰，逐渐成为宝钢新一轮发展的助推器、平抑钢铁行业波动的稳定器。

一、巩固战略产品市场地位，拓展盈利空间

宝钢继续保持50%的市场份额；超高强钢在国际知名汽车厂认证取得突破；海外汽车板战略客户不断增加，全年出口量大幅增长。电工钢市场影响力持续提升，首台采用宝钢高磁感取向硅钢制造的84万千伏安/500千伏主变压器在三峡地下电站正式并网运行，打破了国内大型变压器用高等级取向硅钢完全依赖进口的局面。

二、提升资产运行效率，探索绩效改革

宝钢将“着力提升资产运营效率”作为一项重点工作。采取以EVA为核心的绩效指标体系，既体现回报股东的要求，又反映对全部资产使用效率的要求，为资产运营效率的运作明确方向。

三、环境经营工作取得良好成绩

为支撑环境经营工作，宝钢重点产品全生命周期评价体系已经初步建成，具备了LCA技术定量化环境绩效评价能力。完成围绕环境经营战略开展的“环境会计理论和实践研究”的项目。首次召开了“绿色宣言发布会”，发布了通过第三方审核的五大类钢铁产品环境声明，公布产品环境绩效，编制了《环境友好产品手册》，发布《绿色采购指南》。

【2012年发展趋势】

2012年，宝钢生产经营目标是：铁产量4414万吨，钢产量4840万吨，坯材产量4742万吨，营业收入3460亿元，利润总额171亿元。

宝钢钢铁主业将狠抓各项基础管理，提高市场反应度，强化产供销一体化协同，优化原料和产品结构，以提升钢铁主业的综合竞争力。多元产业将继续加速开拓外部市场，提高独立经营能力，挖掘潜力，不断完善宝钢的合力型产业结构。

宝钢将以环境经营为导向，培育未来的竞争优势。围绕“推进节能减排，实现绿色生产制造；开展生态设计，开发环境友好产品；整合环境技术，发展绿色环境产业”三大任务，实施环境经营战略。

宝钢将继续按照2010～2015年新一轮的发展规划，通过提升技术领先、服务先行、数字化宝钢、环境经营、产融结合五方面的能力，实现从钢铁到材料、从制造到服务、从中国到全球三大转变，从而实现成为钢铁技术的领先者、绿色产业的驱动者以及员工与企业共同发展的公司典范的公司愿景。

（张文良、金　荣）

上海汽车集团股份有限公司

【概况】

上海汽车集团股份有限公司（简称上汽集团，股票代码600104）是国内A股市场最大的整车上市公司，截至2011年年末，上汽集团总股本达到110亿股，市值超过1500亿元。目前，上汽集团主要业务包括整车、零部件的研发、生产、销售，以及汽车金融、物流、车载信息、二手车等汽车服务贸易业务。2011年，上汽集团实现国产整车销售401万辆，比上年增长12%，高于国内汽车市场平均水平9.5个百分点，市场占有率达到21.4%，继续保持国内汽车市场领先优势。其中，乘用车265.1万辆，增长16.4%，高于国内乘用车市场平均水平7.6个百分点；商用车136万辆，增长4.3%，高于国内商用车市场平均水平13.3个百分点。同时，上汽集团以2011年度合并销售收入672.5亿美元，第8次跻身《财富》杂志世界500强企业行列，排名第130位，较前一年上升21位。

【2011年经济工作情况】

一、高效率推进集团重组整体上市工作

为贯彻落实上海市国企改革发展的相关精神，2011年，上海汽车集团股份有限公司通过向特定对象发行股份，实施业务与资产重组，实现整车、零部件、服务贸易等全产业链资产的整体上市。重组完成后，上汽集团的资产证券化率超过99%，在国内大企业集团中处于领先地位。此次重组项目荣获了由上海证交所评选的，并由中国证监会和国务院国资委领导颁发的“2011年典型并购重组案例奖”。

通过此次资产重组，上汽集团进一步整合了自身汽车产业链的业务资源，有助于充分发挥协同效应，增强上汽产业链整体竞争优势，进一步提升公司的核心竞争能力和国际经营能力。

二、加大整车市场开拓力度

2011年，上汽集团实现整车销售401万辆，继续保持国内汽车市场领先优势。上汽集团所属三家主要合资整车企业上海大众、上海通用、上汽通用五菱年整车销量均再次突破100万辆，在各自细分市场中保持领先优势。

1．上海大众顺利实现产品结构和经济效益的“双升级”。面对产能不足等困难，上海大众集中各种资源打通瓶颈，重点提升途观、新帕萨特等强势产品的产能，努力满足市场需求。扎实开展主动营销和精准营销，VW品牌针对不同车型不同阶段采取差异化市场策略，努力促进整车销售；斯柯达品牌发布了全新品牌标识，加快跻身国内主流品牌的步伐。全年实现整车销售116.5万辆，同比增长16.4%。

2．上海通用深入挖掘“多品牌、全系列”的整体优势，继续领跑中国乘用车市场。雪佛兰品牌加大产品覆盖，推出爱唯欧、科迈罗、沃蓝达等新车型，发布重量级新车迈锐宝，打造“全系列”品牌形象。别克品牌结合SIDI新动力总成的推广，改善油耗口碑；推出新君越混合动力轿车和君威2.0GS，提高品牌科技含量。凯迪拉克品牌积极探索电影营销，创新推出凯迪拉克“盾”服务品牌，实现品牌形象和销量同步提升。全年实现整车销售123.1万辆，增长18.5%。

3．上汽通用五菱在加快推进战略转型的同时，全力开拓微车市场，巩固扩大传统市场领先优势。在新业务拓展方面，宝骏630产品8月份成功上市，销售情况逐月走高，宝骏“可靠的伙伴”的品牌形象得到初步树立。在微车市场拓展方面，面对市场快速下滑的挑战，适时采取了促销策略，快速抢占市场份额，全年实现整车销售130.1万辆，增长5.4%，远超行业平均水平，其国内微车市场占有率达45%，比上年末上升7.3个百分点。

三、全面深化自主创新能力建设

作为建设核心竞争能力的主要平台，上汽集团在加强自主创新能力建设的道路上越走越坚定。至2011年年末，上汽集团共有研发人员近1.3万人，占全部从业人员的7%，其中自主品牌乘用车研发人员队伍达到近2000人。同时，上汽集团不断加强上海、南京和英国长桥三地联动的自主品牌乘用车全球研发体系建设，完善GVDP全球整车开发流程，严格控制产品开发的每一个环节，为自主品牌产品按时保质投放市场提供了坚强的体系保障。2011年，上汽集团共获得国家科学技术进步奖二等奖3项，中国汽车工业科学技术进步奖一等奖1项、二等奖2项、三等奖6项，上海市科学技术进步奖二等奖1项、三等奖5项；全年获得专利授权数量达到871件，增长16%。在继续加快发展乘用车自主品牌的同时，上汽集团在商用车自主品牌建设，合资企业自主品牌建设，以及新能源汽车产业化方面，也取得了积极进展。

1．自主品牌乘用车。上汽集团乘用车公司顺利推出荣威W5、新MG3两款新车型，完成第一代产品的布局。年中，还推出“宅捷修”服务品牌，积极塑造上汽自主品牌差异化竞争优势。同时，进一步强化开发体系建设，完善市场快速响应机制。全年实现销售16.2万辆。

2．自主品牌商用车。在前期收购英国LDV轻型商用车相关资产，整合集团优势资源和欧洲先进商用车技术的基础上，2月，上汽集团成功推出商用车自主品牌“MAXUS大通”，取意“大智融天下，通达铸成功”，这是继荣威和MG品牌后，上汽集团面向商用车领域推出的国际化品牌。3月，上汽商用车公司正式揭牌成立，首款产品MAXUS大通V80于9月正式上市销售，市场反映良好。

3．合资品牌自主研发。上汽通用五菱自主研发的宝骏630产品于8月成功上市后，销售情况逐月走高，宝骏“可靠的伙伴”的品牌形象得到初步树立。同时，近两年，上海大众、上海通用等合资企业相继推出自主研发产品朗逸、新赛欧等，用户反映良好，年内已快速成长为细分市场主流车型。

四、加大新能源汽车产业化力度，完成阶段性目标任务

上汽集团认真贯彻国家能源战略，瞄准汽车驱动电力化趋势，重点加快推进混合动力和电动汽车产业化，并推动燃料电池汽车研发升级和示范运行。根据上汽新能源汽车阶段性产业化目标，2011年荣威750中混轿车正式公布售价、投放市场，并享受政府补贴3.2万元；纯电动车和荣威550插电强混两个整车项目也在有序推进的过程中。同时，在新能源关键零部件产业链建设上也取得积极突破，集成式起动机、发电机、驱动电机和电力电子等关键零部件项目正在按计划推进。

五、零部件业务竞争力不断加强

上汽集团的零部件业务经过20多年发展，已形成门类较齐全、产业链较完整的零部件产业体系。上汽集团所属华域汽车系统股份有限公司（简称“华域汽车”，股票代码为“600741”）拥有国内产品最多、品种最全、合作发展最好、应用开发能力最强、客户覆盖最广、业务规模最大的汽车零部件供应链体系，主要业务涵盖汽车内外饰件、金属成型与模具、功能件、电子电器件、热加工件、新能源等六大板块。至2011年年末，华域汽车合并总资产为421.8亿元。上汽集团零部件业务通过与全球13个国家和地区的30余家国际领先零部件厂商合资合作，先后组建80余家零部件企业；不断巩固与国内外整车企业的战略合作关系，在全国25个区域，建立63家零部件配套基地，实现就近供货配套，并在此基础上深入推进“中性化、零级化、国际化”发展。

六、探索创新服务贸易业务模式，不断提高增值能力

上汽服务贸易板块围绕“两业联动，生产性服务业做精做强；两端延伸，消费性服务业做实做大”的整体发展战略，不断深化汽车物流、国际商贸、零售服务、信息服务、创意节能、生活服务等六大板块的发展架构，着力提升专业能力：加快创新汽车物流运作模式，至年末，整车物流形成常规570万辆，满负荷660万辆的运作能力，口岸物流在全国四大水路滚装口岸排名第一的基础上，领先优势进一步扩大；不断优化物资贸易供应链体系，加大对外业务开拓力度，与钢铁原材料、化工原料等领域的客户深化合作，新开发数十个合作项目；围绕降低集团整车制造能耗标准，深入研究和发掘节能服务产业链价值机会，全力开拓节能服务业务。

七、努力探索国际经营

上汽集团进一步加大国际经营拓展力度，整车出口销量实现较快增长，全年累计出口整车6万辆，增长224%。同时，继续以英国和印度两个整车基地为桥头堡，积极拓展海外市场，努力探索海外经营，取得一定成效。年内，国务院总理温家宝和上海市委书记俞正声考察了上汽在英国的海外基地，对上汽海外经营的发展模式给予积极评价。

【2012年发展趋势】

2012年是上汽集团重组整体上市后，正式运转的第一年。上汽集团将继续保持昂扬的斗志，围绕“转变思想抓契机、转攻关键争排头、转战市场谋发展”的工作主题，埋头苦干、砥砺奋进，以稳中求进、苦练内功、提高能力为工作主线，立足国内汽车市场新形势，力争全年整车销量再创新佳绩；立足汽车行业发展新趋势，扎实提高创新能力，各款自主品牌新品和新能源汽车产品顺利投产上市；立足国际汽车产业新格局，扎实抓好现有项目运营，培养提高国际经营能力；立足集团重组新变化，不断增强各业务板块间的协同发展，确保重组后各项工作平稳运转、顺利起步，取得良好经营业绩。

（倪立诚）

中国石化上海石油化工股份有限公司

【概况】

中国石化上海石油化工股份有限公司（简称上海石化）位于上海市金山区，占地面积9.40平方公里，是中国最大的炼油化工一体化综合性石油化工企业之一，也是中国第一家股票在上海、香港、纽约三地同时上市的股份制企业。上海石化前身为创建于1972年的上海石油化工总厂，1993年6月改制为上海石油化工股份有限公司，2000年10月，更名为现名。上海石化下设炼油部、烯烃部、芳烃部、化工部、腈纶部、涤纶部、塑料部、热电部、物资供应部、销售部、储运部、环保水务部、公用事业部和精细化工部以及质量管理中心、统计中心、保卫部、总务部、培训中心、新闻中心、员工交流安置中心等单位，并由上海石化投资发展有限公司管理对外投资企业。至2011年年末，上海石化总资产311.10亿元，在册员工总数1.57万人。上海石化具有一次加工原油1400万吨／年（综合加工原油1200万吨／年）、乙烯84.5万吨／年、有机化工原料326万吨／年、塑料树脂97万吨／年、合纤原料114万吨／年、合纤聚合物59万吨／年、合成纤维34万吨／年的生产能力。上海石化主要生产石油制品、中间化工原料、合成树脂及塑料制品、合纤原料及合成纤维等四大类产品。

【2011年经济工作情况】

2011年，面对复杂多变的外部形势，上海石化按照中国石化集团公司和上海市的工作部署，以“重举旗帜，再站排头”为目标，以“保安全、争效益，抓改革、强管理，调结构、促发展”为工作主线，生产经营情况总体平稳，主要技术经济指标完成水平有较大提升。全年加工原油1086.67万吨，比上年增长3.29%；生产成品油574.57万吨，增长6.92%；乙烯91.01万吨，丙烯48.17万吨，分别减少6.45%、7.93%；对二甲苯92.31万吨，增长9.81%；生产塑料树脂及共聚物（不包括聚酯和聚乙烯醇）109.79万吨，下降3.16%；生产合纤单体94.62万吨，下降0.41%；合纤聚合物66.42万吨，增长3.26%；合成纤维25万吨，下降1.42%；累计发电30.63亿度，增长3.44%。完成工业总产值（现价）858.73亿元，增长23.03%；实现营业收入956.01亿元，增长23.22%；实现利润总额12.92亿元，利税总额99.75亿元。获全国模范劳动关系和谐企业称号，连续第三次获全国文明单位称号。

一、完善HSE工作制度和措施，安全环保工作总体平稳

上海石化坚持把安全环保工作放在首位，深化“我要安全”主题活动，建立领导干部带班制度，加强对合作商和直接作业环节的安全监管，分步实施生产区域全封闭管理。启动LDAR（泄漏检测与修理）试点，有效控制VOC（挥发性有机化合物）排放和装置泄漏，异味治理取得初步成效。制定《上海石化安全生产事故行政责任追究规定》，加大对领导干部事故责任追究力度。全年外排废水综合达标率99.83%，COD（化学需氧量）总量3738吨，在生产总量扩大的基础上，COD总量下降36%。第9次蝉联中国石化集团公司安全环保先进单位。

二、推进系统优化挖潜，降本增效成效显著

上海石化发挥炼化一体化优势，坚定不移做大总量，确保炼油、化工重要生产装置高负荷运行。3月，月原油加工量首次突破100万吨。完成13套装置检修，其中乙烯线为主的生产装置停车检修，实现物料低排放。以效益最大化为目标，采取天然气替代液化气和制氢原料、乙烯原料结构调整优化、催化油浆和环保油污泥综合利用措施，取得较好的经济效益。全年通过实施系统优化，增效约8亿元。继续强化专业技术管理，组织开展加热炉达标竞赛，全年加热炉平均热效率为91.45%，比上年提高0.2个百分点。调整贷款结构，降低资金成本，拓宽融资渠道，减少利息支出，全年财务费用大幅度下降。

三、推进六期工程建设，技术和产品开发取得成果

上海石化全面推进六期工程建设，全年完成固定资产投资32.26亿元。炼油改造工程主体装置实现阶段建设目标，1500吨／年PAN基碳纤维一阶段炭化氧化部分项目实现中交，1万吨／年异戊烯装置投料开车，5万吨／年乙醇胺项目、2号氧化、2号和3号芳烃装置节能改造项目按计划有序推进。碳纤维T－300研发项目通过中国石化集团公司鉴定；双峰聚乙烯管材专用料（YGM091T）通过国外PE80等级认证；聚丙烯输液瓶专用料（GM750E）和丙丁无规共聚聚丙烯系列产品填补了国内空白；完成工业丝用阻燃聚酯切片新产品研发，成为国内唯一用连续式生产该系列产品的企业；开发生产NEP型聚酯切片；涡流纺用涤纶短纤维新产品实现产业化；抗起球腈纶实现规模化生产。全年生产新产品45.05万吨，合成纤维差别化率达到58.16%，合成树脂新产品和专用料率达到84.68%，重点项目计划完成率达到98%，申请专利44项。7项成果获得中国石化集团公司及上海市2011年度科技进步奖，9项高新技术成果转化项目获政

府专项扶持资金 1975 万元。

四、注重供产销衔接，“拓市场”和“压库存”取得成效

上海石化坚持“以销定产、以产定供、以产促销”的原则，保障产品销售收入“应收尽收、应收早收”。完成硫磺集中销售移交、欧Ⅴ柴油投放香港市场、NEP 聚酯切片产品首次出口欧盟。全年产品出口量同比增加 14.23%，出口额同比增加 26.94%。产品产销率为 99.76%，货款回笼率为 99.81%。物资采购严格按照中国石化集团公司框架协议签订要求，提高框架协议覆盖面，全年签订框架协议 401 份。扩大授权集中采购种类，组建“三剂”化工料授权集中采购中心。与 42 家供应商签订储备合作协议，着力培育主力供应商；建立 2 ~ 3 小时物流供应圈、代储代销、供应商寄售、供应商库存等新型储备模式，使占用库存变为控制库存。年内总库存下降 28%。

五、推进管理体制改革，一体化体系建设和信息化工作达到阶段目标

上海石化实施质量管理、财务管理、环保水务管理、统计计量管理、档案管理、检维修预结算的体制改革，形成“公司 - 管理部 - 装置（车间）”三级管理模式，明确管理层级和职责，统一了二级单位内部组织机构设置；一体化管理体系建设工作全面启动；推进经营管理、生产营运、信息基础设施与运行维护三大平台建设和应用。7 月，中国石化集团公司内部关联交易平台系统上线，实现内部交易信息集中管理。9 月，炼化一体化 PPIMS 建设项目投入试运行。11 月，生产执行系统 MES 系统建设项目通过中国石化集团公司验收，实现了物料“日平衡、旬确认、月结算”、能源“日跟踪、旬平衡、月结算”的目标。荣获“中国石化‘十一五’信息化先进单位”，企业信息化水平为 A 级。

【2012 年发展趋势】

2012 年，上海石化按照中国石化集团公司和上海市的工作部署，以建设“国内领先、世界一流”炼化企业为目标，凝心聚力，加快发展，加强安全环保管理，加强生产经营优化；加快六期建设发展，加快管理体系完善；提升员工队伍综合素质，提升企业文化引领作用，为公司“十二五”发展奠定坚实的基础。

一、加强安全环保和职业卫生工作，夯实生产运行基础

抓好现场安全管理和安全责任追究，推广施工作业现场标准化管理，把好合作商准入关，有序推进生产区域全封闭管理；确保设备本质安全，完善设备信息管理系统（EM），保证长周期生产；全面推广安全风险识别（HAZOP），开展全员“查找身边风险活动”；推进环保治理和异味整治，优化完善 LDAR（泄漏检测与修理）后续检测数据的记录及分析，消除厂区（正常生产状态下）异味。完成固体废物集中管理，完成 5 号、6 号炉二次脱硫项目和 3 号、4 号炉低氮燃烧器改造。

二、优化生产经营，千方百计提高经济效益

抓好原油采购和加工管理，降低原油采购成本，保持装置长周期满负荷运行。提升生产经营优化能力和水平，优化中间原料资源配置，努力提高“三烯”总收率。推进炼油和化工生产的节水减排和污水回用，向节能减排要效益。加强物资供应和产品销售，力争年末库存占用资金控制在 4 亿元以内。开展六期工程增量产品市场推广及应对工作，提升产品市场竞争力。

三、加快六期工程建设和新产品开发步伐，促进企业持续有效发展

确保炼油改造项目 2012 年开车；碳纤维项目达到计划节点。抓紧 1 号乙烯改造项目前期工作，力争 2012 年项目启动。加强“销售 - 开发 - 生产”结合，生产差异化产品。确保 PAN 基碳纤维成套技术开发等 7 项重点项目按计划实施，推进热收缩膜用高结晶速率聚乙烯专用料、吸湿快干聚酯产品、超细旦抗起球腈纶等新产品开发，加大碳五产业链、环氧乙烷下游和碳纤维等高附加值产品开发力度。持续推进信息化建设和应用，强化炼化一体化 PIMS 系统、炼油全流程优化模型和企业信息门户应用。

四、完善管理体系，提高精细化、标准化和科学化管理水平

加快一体化管理体系建设，修订相关程序文件和管理制度，确保年内完成质量、环境和职业健康卫生的认证工作。建立更加科学合理的指标考核体系，加大安全、环保、质量、稳定工作考核力度，加大成本费用和效益指标考核权重，降低各项成本费用。建立健全异常管理模式，完善应急管理体系。规范对改制企业的管理和支持，促进改制企业的安全、稳定、健康发展。

五、提升员工队伍综合素质，营造稳定和谐发展环境

完善人才成长通道，促进人才有序流动、优化配置。加大职工培训力度和广度，开展业务比武和技能竞赛活动。加大干部培养和竞争性选拔力度，加大党政干部之间的岗位交流。提炼和丰富企业文化内涵，深化职业道德规范教育实践活动，注重将员工的个人目标与企业的发展目标统一起来。切实关心职工生活，注重对职工的人文关怀和心理疏导，努力让员工更有激情，更加自豪地工作；更有尊严、更加幸福地生活。

（万　军）

中国石化股份有限公司上海高桥分公司

【概况】

中国石化股份有限公司上海高桥分公司（含中国石化集团资产经营管理有限公司上海高桥分公司，以下合并简称高桥石化公司）的前身是上海高桥石化公司，成立于1981年11月，是我国第一个跨行业、跨部门的特大型经济联合体，隶属于中国石油化工集团。

高桥石化公司占地面积420公顷，共有76套生产装置，可生产300余种产品，主要产品有汽油、航空煤油、柴油、润滑油基础油、石蜡、合成橡胶、有机化工原料、合成塑料以及精细化工产品等，公司拥有年原油加工能力1250万吨，年化工产品生产能力100万吨，自备电厂具有装机容量19.5万千瓦。公司现有职工6137人。

高桥石化公司加强对外经济合作与交流，先后与世界著名大公司如德国巴斯夫公司、美国加德士公司、日本三井石化株式会社、韩国SK公司等分别成立了合资企业。

【2011年经济工作情况】

2011年，高桥石化公司实现工业总产值718亿元，比上年增长19.59%；实现销售收入716亿元，增长19.33%；实现利税76.83亿元，下降34.44%。

全年加工原油1049万吨，下降2.1%。汽、煤、柴、润四大类石油产品672.56万吨，下降1.51%，其中汽油增长6.7%，柴油下降1.3%，航空煤油下降3.2%，润滑油基础油增长9.3%。化工产品总量85.3万吨，下降3.1%。其中，苯酚产量21.87万吨，增长2.8%；丙酮产量13.6万吨，增长3.3%；橡胶产量17.02万吨，增长0.7%；聚醚产量15.1万吨，下降14.9%；DCP产量2.3万吨，增长6%。发电量9.5亿千瓦时，下降6.1%。

高桥石化公司全力落实安环措施，修订完善各单位、各部门、各岗位的安全环保职责，划分管理责任区域，明确安全环保管理的责任主体、监督主体和执行主体。推进领导干部现场带班，落实公司班子和处级干部工余时间安全督查，完善HSE观察机制、设立HSE集中观察日，共有18035人次实施观察，提出建议15134条。推广“七想七不干”安全工作方法，落实施工作业“三清楚一到位”要求，全面开展“查找身边十大薄弱环节”活动。推进设备和工艺“跑冒滴漏”专项治理，强化源头控制。全年投资1.8亿元，实施26个安全环保隐患治理项目，建立隐患排查治理快速响应机制。

高桥石化公司优化原油采购，以提高性价比和满足装置适应性为原则，优化油种选择、优化资源利用，挖掘增效潜能。优化产品结构，开展炼油板块全流程分析测算，多产高附加值产品；针对阶段性需求变化，调整化工产品产量计划；按照“以汽定电”原则，优化机炉运行方式，满足生产用能需要。高桥石化紧贴市场需求，抓好产品销售，首次实现了低硫柴油出口澳门，全线贯通航煤管输虹桥国际机场流程。

高桥石化公司发展建设取得重大突破，在上海化工区新建炼油化工一体化项目顺利起步，各项前期工作全面展开。高桥老区结构调整稳步实施，80万吨／年连续重整装置实现开车一次成功；与日本三井化学株式会社合作的40万吨／年苯酚丙酮装置作为“十二五”首个开工项目正式动工奠基、就7.5万吨／年三元乙丙橡胶项目签订合资合同和相关章程，与俄罗斯西布尔公司就5万吨／年丁腈橡胶项目签署合作备忘录。

高桥石化公司组织及参与科研项目99项，投入科研经费1933万元。成功开展SZorb国产吸附剂应用、降低丁苯橡胶废胶率等技术攻关，提高装置生产运行水平；成功生产HVI Ⅲ（4）润滑油基础油，填补了国内空白；实现ABS部分牌号国产原料完全替代进口，降低生产成本；启动耐热性ABS新牌号项目建设，开发高舒适性汽车用环保聚醚多元醇、聚醚灌浆材料等新产品，提高了市场竞争力；QHSE管理体系顺利通过第三方审核，获得认证证书。

高桥石化公司结合扁平化管理新体制、新机制的运行实际，修订、颁布新版《职责划分手册》、《规章制度》和《工作程序、业务流程手册》，健全完善制度体系，为巩固改革成果、优化工作流程、规范业务行为提供了必要的制度保障。以推进“强化基础管理年”活动为抓手，切实加强各项基础管理工作。将“比学赶帮超”由生产经营领域推广到企业管理的各个方面，建立健全相关指标体系，并把部分指标纳入绩效考核体系，落实经济责任制考核。

高桥石化公司坚持以人为本，加强队伍建设。推进实施完善薪酬分配制度和人才成长通道建设改革，开展定岗、定编、定员工作，完善“三支队伍”职位序列，健全“三支队伍”人才成长通道，优化薪酬分配体系、建立职工收入正常增长机制。改进职工培训机制，推进培训资源管理库建设，启用培训实时报名系统，引入培训学分管理制，实现培训的系统、量化管理。公司补充医保基金、帮困基金共出资569.2万元，为1652人次困难职工“雪中送炭”，“金秋助学”计划为96名困难职工子女提供了助学补助，并扩大了大病保障范围和补助标准，帮助职工减轻疾患负担。开展慢性病摸底调查，推进职工健康管理档案建设；提高职工工作餐标准，减免了个人费用支付；继续推进职工短途疗养，完成了首轮短途疗休养。

【2012 年发展趋势】

2012 年，高桥石化公司工作的总体要求是，坚持以科学发展观为指导，紧紧围绕打造“世界一流”的总目标，抓安环、促减排，实施绿色低碳战略，抓优化、促增长，谋取最佳经营业绩，抓拓展、促调整，推动发展转型升级，抓改革、促创新，完善运行体制机制，抓基础、促管理，提高企业治理水平，抓队伍、促和谐，发挥人力资源潜力。

按照总体要求，确定主要经营目标是：完成原油加工量1160 万吨，力争化工产品总量 90 万吨，确保发电总量 10 亿度；全面完成其他各项技术经济指标及考核目标。

主要效益目标：实现利润 16.73 亿元，其中，上市部分14.58 亿元，未上市部分 2.15 亿元；上市部分确保完成吨油完全加工费用 235.7 元、化工吨产品完全加工费用 2180.5 元的成本指标，未上市部分管理、销售、财务等费用确保控制在总部下达指标范围内。

主要质量安全环保目标：以防范安全和环境污染事故为重点，实现上报事故为零，一般事故同比减少 50%；职工职业健康体检率 100%，无急性中毒和慢性职业病发生；外排工业废水达标率 >98%，外排废水 COD 下降 3%，新鲜水用量下降 3%，危险废物妥善处置率 100%；产品出厂合格率100%，上级抽检符合率 100%，顾客满意度≥ 85。

主要改革管理目标：按照中国石化改革创新的整体部署，配合推进专业化重组、一体化管理、内部市场化运作等相关工作；进一步梳理管理薄弱环节，持续优化体制机制；不断深化基础管理，全面推进“比学赶帮超”，提高企业管理水平。

主要发展建设目标：有序推进漕泾拓展，稳步开展炼油化工一体化项目前期工作；积极实施高桥调整，落实柴油质量升级及安全环保、节能减排治理项目，推进化工板块产业结构调整；大力推动合资合作，加快 40 万吨／年苯酚丙酮装置建设，力争 7.5 万吨／年三元乙丙橡胶正式动工、与俄罗斯西布尔公司合作项目成立合资公司。

重点抓好以下工作：

一是以风险防控为核心，着力抓好安全环保。二是以经营优化为抓手，着力提升创效水平。三是以转型升级为重点，着力坐稳高桥、拓展漕泾。四是以改革创新为动力，着力提高管理水平。五是以激发潜力为目标，着力加强队伍建设。

（陈建浩）

上海电气（集团）总公司

【概况】

上海电气（集团）总公司是中国最大的综合性装备制造集团之一，其历史可追溯到中国最早的机器电气工业。上海电气集团前身是上海市机电工业管理局，1995 年改制为上海机电控股（集团）公司，1996 年改制为上海电气（集团）总公司。

作为上海电气集团的主体部分，上海电气集团股份有限公司 2005 年在香港联合证券交易所上市，2008 年在上海证券交易所首次发行 A 股股票。2011 年上海电气集团总资产 1529 亿元；净资产 409 亿元；主营业务收入 907 亿元；净利润 40 亿元。用工总数 6.8 万人。上海电气集团拥有 7 家上市公司，其中，1 家 H ＋ A 股公司、1 家 H 股公司，5 家 A ＋ B 的境内上市公司。

上海电气集团与西门子、ABB、阿尔斯通、三菱、施耐德等跨国公司共同投资建立 60 多家中外合资企业，主营业务涉及电站、输配电、电梯、交通运输设备、冷冻空调、制冷压缩机、工厂节能、建筑节能等产业。

上海电气集团拥有电站、重工、输配电、轨道交通设备、电梯、机床、印刷机械、制冷压缩机、机械基础件、工业自动化等产业，具有设备总成套、工程总承包和提供现代装备综合服务的优势。

上海电气集团核心竞争力不断增强，自主创新能力不断提高，成功制造了中国第一台 6000 千瓦火电机组、世界第一台双水内冷发电机、中国最大的 12000 吨水压机、世界第一台镜面磨床、中国第一台 30 万千瓦核电机组、中国第一根大型船用曲轴、中国第一台百万千瓦超超临界火电机组。

【2011 年经济工作情况】

2011 年是实施“十二五”规划的第一年，也是集团再次创业的第一年，集团按照“开好局、起好步、见实效”的总体要求，积极推进“再次创业”提出的各项任务，在不确定因素比较多的情况下，实现确定的各项指标；在外部环境趋紧的形势下，总体持续发展能力有所提高；“再次创业”形成了共识，新的发展方式开始起步。

一、技术进步取得新的进展

1．构建新的研发体系。集团召开科技创新体系建设工作会议，调整和优化了中央研究院功能定位和领导班子，中央研究院与电站、重工、输配电等主体产业更加紧密结合，初步形成了符合上海电气实际的科研体系架构。在调整中央研究院功能定位的同时，成立了科技管理部，使科技管理的职能覆盖到整个集团。

2. 推进一批重大技术攻关项目。集团组织实施 34 项重大科技攻关项目，其中国家级项目 3 项、工信部科技重大专项 7 项、上海市高新技术产业化项目 17 项。“1200MW 级超超临界机组研制”、“抽汽型 100 万千瓦超超临界机组研制”、“核岛主设备研制及产业化”、“天津 IGCC 示范工程”、“重型装备大型铸锻件关键技术研发及产业化”等一批重点科技攻关项目都取得了一定的进展。

3. 积极进入新的领域。对接国家战略性新兴产业规划，围绕水处理、太阳能热发电、高压变频器、节能、空冷等，启动 9 个前瞻性、战略性项目，这些项目有的已经组建合资公司，有的正在论证之中，有的正在跟踪。在空冷方面，与美国斯必克组建合资企业，将致力于空冷设备及汽水分离器的制造；在工业节能领域，成立上海电气菱电节能公司；在自动化领域，组建自动化事业部，同时在 IGBT、变频器、海水淡化、太阳能热发电等方面积极开展工作，进行技术、信息、人才等储备。

二、经济运行质量总体提高

尽管国内外经济形势比较严峻，上海电气按照“再次创业”目标，认真抓好“十一五”起步之年的经济工作，经济运行继续保持平稳增长态势，盈利水平稳步提高。

1. 经济效益增长快于速度增长。2011 年，集团累计完成主营业务收入 906.95 亿元，比上年增长 9.64%，完成预算目标的 101.43%；实现企业利润合计 40.12 亿元，增长 23.64%，完成预算目标的 100.88%；毛利率 18.20%，增加 1.4 个百分点，为预算的 102.82%；应收款 228.42 亿元，为预算的 101.38%；存货为 260 亿元，为预算的 95.22%。

2. 重点企业继续成为支撑集团发展的亮点。电站集团销售首次突破 400 亿元，主营业务收入 405.74 亿元，增长 13%；净利润首次突破 20 亿元，净利润 20.97 亿元，增长 23.7%；燃气轮机实现跨越式发展，从 2010 年的 3.57 亿元销售，上升到 2011 年的 25.13 亿元，增长 6.03 倍。三菱电梯实现营业收入 114.5 亿元，增长 12.0%；净利润 9.77 亿元，增长 12.95%。三菱电梯成立 25 年来，累计产销电梯 32 万多台，累计实现销售收入 933 亿元，已经连续 7 年保持了世界单厂年产电梯第一的纪录。

三、管理创新进一步深化

1. 现代管理扎实推进。在锅炉厂、汽轮机厂、发电机厂等世界级工厂内推进供应链建设、物流优化和数字化存货管理，建立更加科学合理的采购、物流、生产、库存等的数据模型和方法。上锅厂库存管理从原来的按月计划排产，缩短到按周计划排产，降低库存 40%。发电机厂推进“准时制生产”，降低运行和管理成本 7500 万元。汽轮机厂找到 173 个断点，在供应链管理方面实现了从局部诊断到系统诊疗。

2. ERP 项目取得预期效果。KOA 办公系统基本实现全覆盖，视频会议系统已经正式启用，数据中心已经建成。在股份公司总部和重工集团推进 ERP 项目，梳理了 30 万条数据，改进和优化了 382 个业务流程，统一了数据编码体系，实现了集团主数据标准化，完成 SAP 系统原型的搭建。

3. 安全生产上新的台阶。年内集团请中国安全生产科学院作《上海电气现代安全监督管理体系策划》咨询，根据咨询报告，集团健全和完善各项规章和制度，实施企业安全生产标准化达标工作，执行“白、黄、红”三色整改单制度，全年安全生产事故得到有效控制，生产安全死亡事故同比下降 66%，重伤事故下降 50%；轻伤事故下降 45.71%，火灾事故下降 70%。

四、商业模式创新取得良好进展

1. 海外工程取得新的突破。上海电气印度公司正式运作。大力开发沙特、伊朗等中东市场，其中伊朗塔巴斯机组项目是上海电气首个以人民币计价、支付的海外工程合同，有效规避了汇率风险。积极推进海外工程国际融资，近两年海外融资总量超过 25 亿美元。

2. 合资合作取得新的进展。与阿尔斯通的电站锅炉合资项目，已经进入尽职调查阶段；与西门子风电合资合作项目，经过艰苦谈判，已经正式签约；与三菱合资的菱电公司有较好的起步，承担了上重厂工厂节能可视化项目；与施耐德公司签署节能合资意向书和示范项目意向书，第一批 10 个依托项目已经启动；与国家电网公司合作的输配电装备公司已经正式挂牌启动；与上海电力公司、中国科学院上海硅酸盐研究所投资组建的钠硫电池公司已经开始运作。

3. 主体产业联动逐步启动。集团按照 onecompany 的理念，积极推进电站、重工、输配电三个主体产业之间的联动，成立了主体产业联动领导小组和办公室，将风电部职能从产业发展部转移到经济运行部，推进锻件内部配套，全年配套金额超过 5 亿元，推进输配电变压器产品与电站工程的配套，一个项目已经确定，其他项目正在进行中。同时建立了电站、输配电海外市场联动机制。

【2012 年发展趋势】

一、加强管理，切实提高经济效益

一是加强以质量管理为主的基础管理和现场管理，二是加强以现金流管理为主的财务管理。

二、推进技术进步，提高核心竞争力

围绕 700 度煤电、超导、四代核电、储能、分布式能源等，确定一批重点科技攻关项目，推进科技创新体系运作，提高研发经费使用效果。

三、推进商业模式创新，抓好收购兼并和新一轮合资合作

按照战略先行的要求，加强收购兼并和新一轮合资合作的战略研究。抓好正在谈判的项目。加强新企业的管理，形成更多有主导权的管理方法。

四、深化人力资源管理，为可持续发展提供支撑

按照总量控制、结构优化、效能提高的要求，进一步改善人力资源结构，提高高端人才比重，提高人均产出效率。加强核心员工队伍建设，抓好培训工作。

（肖玉满）

上海华谊（集团）公司

【概况】

上海华谊（集团）公司是由上海市人民政府国有资产管理委员会授权，通过资产重组建立的大型企业集团，前身为成立于1957年4月的上海市化学工业局，1995年12月28日改制为上海化工控股（集团）公司，1996年11月重组改制为上海华谊（集团）公司，集团总部位于上海市徐家汇路560号。集团所属全资和控股企业有20多家子公司，其中双钱集团、氯碱公司、三爱富公司为上市公司，双钱集团、氯碱公司同时发行A、B股。集团拥有8家设计、研究院所，3家国家级企业技术中心、5家市级企业技术中心、1家上海市工程研究中心，并设有博士后科研工作站。集团总资产438亿元，净资产193.8亿元。集团按照产业门类主要为“煤化工、轮胎、新材料、精细化工、生产服务业”五大业务，产品涉及基础化学品、清洁能源、橡胶制品、塑料、涂料、染料和颜料、氟化工、试剂、助剂、医药中间体、生物化学品、化工设备等十几大类约近万种。

华谊集团是上海化学工业发展有限公司的主要股东之一。

华谊集团名列2011年中国企业500强年度排行榜第218位，2011中国制造业企业500强第109位，2011上海企业100强第24位。

华谊集团坚定不移地实施“走出去”战略，充分发挥集团品牌、技术、管理、人才等优势，在资源富集地区建立了五大生产基地：在江苏如皋建设了全钢子午胎项目，在重庆双桥建设了全钢载重轮胎及橡胶制品生产基地，在江苏常熟建立了氟化学品生产基地，在安徽无为建立了煤基多联产精细化工生产基地和轮胎制造基地，在内蒙古鄂尔多斯达拉特旗建立了大型资源型化工生产基地。

华谊集团注重吸引外资和加强对外合作，与杜邦、米其林、亨斯迈、卡博特、巴斯夫、拜尔、阿科玛等国际著名化工公司合资建立了中外合资合作企业。还与宝钢、中石化、神华集团等国内著名企业建立了合作关系。

华谊集团拥有“上焦”、“吴泾”、“申峰”、“双钱”、“飞虎”、“回力”、“眼睛”、“光明”、“牡丹”、“一品”、“白象”等众多的著名品牌。

【2011年经济工作情况】

2011年是实施“十二五”规划开局之年，面对复杂多变的宏观经济环境和日趋激烈的市场竞争，全体干部员工按照市委、市政府“创新驱动、转型发展”的工作部署，以创新强管理，以改革促发展；围绕集团董事会确定的“十二五”规划目标和年度工作目标，狠抓HSE体系建设，确保安全环保始终处于受控状态；抢抓市场机遇，强化运营管理，深化一体化运作，努力提高经济运行质量；加快科技创新体系和重点项目建设，不断提升产业能级。

华谊集团主要经济指标完成情况创历史新高：完成产值467.5亿元，比上年增长7%，为全年预算目标的103.9%；主营业务收入420亿元，增长16.7%，为全年预算目标的107.7%；实现利润总额22亿元，增长223.5%，为全年预算目标的293%。

华谊集团综合能耗334万吨标煤，下降1%；万元产值能耗0.707吨标煤，下降11%。各类污染物排放量进一步下降，其中化学需氧量削减3%，氨氮削减5%，二氧化硫削减6%。

华谊集团牢固树立“安全环保是化工企业的生命线”的观念，尽心尽职，全力以赴做好HSE工作。年内，集团无工伤死亡事故，无火灾、爆炸、泄漏、中毒事故，无重特大环境污染事故，无重特大职业病危害事故，未发生对社会造成影响的重大集访事件，集团安全环保反恐维稳总体处于受控状态。集团安全环保消防投入5.89亿元（其中，安全投入1.81亿元，环保投入4.08亿元）。

华谊集团围绕“十二五”发展规划，加快重点项目建设，年内，完成固定资产投资51亿元，其中市内14.3亿元、市外36.7亿元，完成董事会确定的预算目标。重点项目的顺利推进，为集团“十二五”经济增长提供了支撑。

华谊集团科技投入7.8亿元，为年度预算的103%。围绕“十二五”技术创新规划和十大科研攻关项目，完成专利申请88项，技术秘密认定52项，年内实现新产品产值9亿元，推动了产业链高端升级。

华谊集团面对原材料价格持续上涨且波动加剧（特别是集团主要原材料煤炭、天然橡胶、乙烯丙烯价格大幅上升，与上年相比增加成本达 16.8 亿元），主要产品市场竞争日益激烈的严峻形势，集团注重发挥整体优势，加强产销衔接，深化“一体化”运作，核心产品产量稳步增长，经济效益明显提升。

华谊集团贯彻上海国资国企“要坚持开放性、市场化重组联合，积极清理非核心业务，推动优势资源向主业集中”的要求，分类推进产业整合，加快企业清理，使主业竞争力得到明显增强。年内集团累计完成 58 户企业的销户工作，超额完成国资委下达的考核指标。集团企业数压缩到 274 户，集团资源进一步向核心主业集聚。

华谊集团推进管理变革，加快“两个集中”和信息化建设步伐，完善内控体系建设，推动集团向“战略管控与运营管控并举”转型，进一步提高了管控效率和风险防范水平。完成华谊集团（香港）公司收购众山投资公司持有的双钱集团如皋公司 23.33% 股权和双钱集团重庆公司 10% 股权，增强了主业控制力。完成 6 项股权转让工作，涉及金额约 3.7 亿元。通过集中融资和资金集中，节约财务费用 2.34 亿元。通过加强“三基”管理，大力开展多层次、多主题的专业培训，加快人才队伍培养；完善集团薪酬考核体系，以人为本，关注民生，员工人均工资增长 18.1%。集团信访维稳工作，年内信访总量下降 46%，来访人次和集访批次更是大幅下降，各类不稳定矛盾均处于受控状态。

一、狠抓 HSE 体系建设，确保集团安全环保总体处于受控状态

1．落实各级安全责任，抓好安全生产。认真贯彻落实国务院相关文件精神，明确集团安全生产八项工作目标和十项工作要点，与 19 家二级子公司、直属单位签订《2011 年集团安全风险抵押责任书》，并将安全风险抵押考核范围从“集团、二级单位、直属单位的党政主要领导”扩展至“安全管理人员和一线班组长”，与集团全体从业人员签署《HSE 责任承诺书》，通过风险抵押，将压力层层传递。继续推行各级领导干部定点联系班组制度，推行重大隐患治理和重大事故查处督办制度，对安全问题突出的二级单位推行约见谈话警示制度，夯实了集团各级安全责任体系。

2．加大安全环保投入，整改隐患，提高本质安全度。完成焦化公司 20 万吨 / 年甲醇装置可燃气体在线监测、吴泾公司罐区消防泡沫系统改造、氯碱公司华胜厂废水汽提塔、丙烯酸公司丙一氧化联锁系统改造等 17 项安全技措和环保污染治理项目。结合“三基”工作，全面推行《作业安全观察卡》、《安全巡检卡》的现场安全检查制度，并举行危险化学品泄漏事故处置演练和消防应急疏散演习，提高一线安全管理人员、操作工的事故防范、安全隐患排查和应急处置技能。组织开展三轮 HSE 大检查以及针对危化品储罐区、危化品运输等环节的专项检查，整改率达 99.7%。全面推行危险化学品企业安全标准化达标工作，提前一年实现市安监局安全标准化达标工作目标。

3．培育企业安全文化，提高全员安全意识。开展多层次、多类别的安全培训，变“要我安全”为“我要安全、我能安全、我会安全”，先后举办“集团高级管理人员 HSE 培训”和二级单位分管副总经理、HSE 部门经理参加的 HSE 培训，还面向基层一线员工举办各类安全培训。开展主题为“安全责任，重在落实”的“安全生产月”和“我要安全，万名员工安全万里行”活动，班组参与率达 100%。征集安全关注图片，印发《环保宣传画册》，并发到班组和管理人员手中，让安全成为员工的工作方式和生活习惯。

二、切实抓好运营管理，深化“一体化”运作，经济运行质量稳步提升

1．加强运营管理，核心产品产量稳步增长。以集团 51 套重点装置及核心产品为重点，加强产销衔接，严控非计划停车，确保装置“安稳长满优”运行，努力实现稳产高产。年内，集团产销率达到 103.8%，非计划停车率同比下降 21%。核心产品产量创历史新高。

2．深化“一体化”运作，强化供应链管理。推进吴泾基地资源整合，形成吴泾公司供氯碱公司中压蒸汽、氯碱公司供焦化公司氢气及焦化公司供氯碱公司氧氮气等直供业务的定价新机制。完成焦化公司向氯碱公司直供氧氮气“一体化”项目，降低生产成本 500 万元；实现焦化公司和吴泾公司的动力煤采购储运“一体化”；实施吴泾基地综合整治蒸汽管网改造项目，提高区域整体运营水平。深化大客户战略合作，进一步发挥集团整体优势，提升集团核心产品的市场影响力。供应链管理，启动采购管理二期项目，强化对集团采购管理，节约采购成本 1210 万元。

3．加快结构调整，推进节能减排。按照《上海市产业结构调整协调推进工作责任书》的要求，完成铬黄颜料厂、上硫公司、海福公司、申井公司的关停。实施吴泾基地环境综合整治三年行动计划，完成氯碱公司工业废水达标后纳管排放、关停小空分装置及重油锅炉。实施氯碱公司 PVC 厂空压机余热回收、吴泾公司乙酸乙酯装置循环风机电机改变频、三爱富公司常熟企业精馏塔改造等 33 个节能技改项目，减少能耗 4.7 万吨标煤 / 年。

三、分析产业链竞争力，精心编制三年行动计划，扎实推进基地重点项目建设

1．分析产业链竞争力，编制集团三年行动计划。开展核心业务产业链行业现状和发展趋势、技术经济指标、市场及标杆企业、竞争对手、潜在竞争对手的跟踪调研，完成全国氟化工发展现状和趋势调研、丁基橡胶产品调研、乙烯 /

丙烯／丙烷资源调研、安庆醚前液化气深加工项目的前期调研，为项目科学决策提供保障。按照集团“十二五”总体规划目标，制定12家核心企业《“十二五”规划备案表》，明确各业务板块的发展目标和重点项目。编制完成集团《三年行动计划》，并将《三年行动计划》执行情况纳入各业务板块年度经济指标考核体系，为集团实现“十二五”规划目标确定路径和时间表。

2．加快项目前期审批。完成安徽华谊产业园项目可行性研究报告的编制，并启动外部报批工作。审查批复双钱集团安徽回力公司项目的可行性研究报告、双钱集团重庆公司技改项目以及双钱集团如皋公司（二期）扩建项目的初步设计。审查批复三爱富公司常熟企业新建项目的可行性研究报告和常熟三爱富中昊公司项目的初步设计。编制完成氯碱公司华胜四期项目可行性研究报告。启动安庆醚前液化气深加工项目可行性研究报告的编制前期工作。审查批复涂料公司涂料添加剂项目建议书、功能性车辆和预涂卷材系列涂装材料项目可行性研究报告。审查批复天原集团烟台汽车零部件项目、装备工程公司奉贤生产基地项目可行性研究报告；编制完成推动集团生产性服务业转型发展的上海华谊永达国际汽车广场项目的可行性研究报告。

3．推进重点项目建设。年内，安徽华谊产业园基地作为“皖江城市带承接产业转移示范区”建设的重点项目，一期项目主体装置完成主要节点计划，甲醇、醋酸、醋酸乙酯装置完成中交，全面进入开车准备阶段；焦化公司4号工程（产品结构调整多联产项目）完成桩基施工，进入土建施工和设备安装；安徽回力公司项目按计划节点推进；双钱集团重庆公司技改项目建成达产；双钱集团如皋公司项目完成一期阶段性目标；氯碱公司16万吨／年氯的三次循环利用项目完成中交，化工区码头扩建项目即将建成投用。

4．完善制度，提高项目管理水平。编制完成集团《规划和总图管理暂行办法》，修订完成《规划管理暂行办法》、《项目内部论证资料编制规定（试行）》和《投资项目后评价管理规定》。强化对建设工程项目资金、工程建设进度及HSE等方面的管控，修订完善《关于工程项目建设开工前若干工作的暂行规定》、《建设工程综合检查细则》和《重大建设项目奖励办法和实施细则》。强化合格施工承包商、合格建设工程监理承包商、合格招标代理机构的年度评审。落实竣工验收业主责任制，完成焦化焦炉干熄焦节能环保项目，以及氯碱公司技改、储运项目竣工验收。

四、加强科技创新体系建设，科研项目产业化取得新进展

1．加强集团研究院建设，深化科技资源“一体化”。加强科技部、研究院、情报所“三位一体”的科研项目推进管理机制，依托集团重点科研项目，组织成立氯化氢制氯气催化剂、醋酸新型催化体系开发与应用、醋酐催化剂回收工艺开发及应用、耐热改性ABS新产品开发、新型含氟材料聚合釜开发及应用、大型列管反应器优化设计与制造及军工配套急需的酚醛树脂胶粘剂联合开发等7个联合攻关组，加快项目研发速度。在集团数字图书馆一期试运行和二期建设的同时，初步建立集团科技情报信息的“一体化”平台。

2．聚焦重点科研项目，科研成果取得新进展。10个重大科研项目，20万吨／年本体ABS项目一期工程建成投产；自主技术研发的万吨级氯化聚氯乙烯（CPVC）工业装置成功投产；新型环保制冷剂HFO-1234yf成套技术研究和工业化示范项目试生产；2万吨／年高吸水性树脂（SAP）工业化示范装置基本建成；乙二醇工业化装置正加紧建设，2012年5月将投入试运行；甲基丙烯酸甲酯（MMA）成套产业化技术已通过5万吨／年工艺包审查。

3．加强生产过程的技术创新，提高装置运行水平。完成丙烯酸高空速催化剂的工业化生产和应用，降低生产成本5000万元／年；实施3万吨／年丙烯酸装置改造项目，装置产能提高30%，年新增利润5000万元；实施6万吨／年丙烯酸丁酯装置改造项目，装置产能提高50%，年新增利润3000万元；实施三爱富公司四氟乙烯（PTFE）技术改造项目，在降低能耗和物耗的同时，取得较好的经济效益，并为新建装置提供了技术支撑；吴泾公司与研究院合作开发的羰基合成醋酸低水催化剂，装置产能提升至23.5万吨／年，降低生产成本100元／吨。

4．坚持“开放、合作”，加强对外技术合作交流。围绕集团重点科研开发项目，以工业催化、分离工程、过程优化、化工装备等专业技术领域为重点，“请进来，走出去”，组织28次技术交流与讲座，21次参观交流与学术会议，与来自美国工程院、中科院上海有机所、清华大学、北京大学、吉林大学研究院、亨斯迈公司、NASYS公司、日本东邦工业株式会社、拜耳公司等国内外知名专家学者，开展交流和合作，进一步加强了与高校、研究院所及跨国企业的产学研合作。

五、进一步深化产业整合、加快企业清理，实现国资国企改革阶段性目标

1．深化产业整合，打造产业发展平台。煤化工板块，按照“煤化工产业整合‘三步走’”的工作思路，焦化公司、吴泾公司人员分流安置方案高票通过职代会程序，人员分流工作平稳有序推进。轮胎板块，完成华谊集团（香港）公司收购众山投资公司持有的双钱集团如皋公司23.33%股权和双钱集团重庆公司10%股权，增强了主业控制力。精细化工板块，实现华原公司和试四赫维公司的业务重组，完成南大化工厂和南通天同公司核心产品的产业转移。地产服务业板块，将中远公司划转至实业公司托管，将华向公司划归企发

公司托管，将合成树脂所划归投资公司托管。

2．加快小企业清理，止住“出血点”。围绕企业清理任务工作目标，完成赛璐珞公司、试剂公司、华亨厂等5户壳体企业的破产终结工作，集团参股企业上海武峰塑料公司、境外全资公司默特克（英国）也进入司法破产程序。

3．继续推进市场化开放性重组。完成华谊生物公司100%股权转让、太平洋生物公司98.39%股权转让等6项股权转让工作；完成建设公司60%股权转让的审计评估，并公开挂牌。此外，按照集团产业、布局和企业调整工作的要求，集团收购企业和转让股权工作正在推进中。

六、加快“两个集中”和信息化建设，不断提高集团化管控水平

1．加快“两个集中”，“产融结合”平台建设成效初显。集团首次召开金融工作会议，为集团与银行和券商的深度合作奠定良好的基础。与宁波银行上海长宁支行、南京银行上海分行、民生银行上海分行、农业银行上海分行签订“银企”战略合作协议，累计获200亿元的综合授信额度；完成40亿元短期融资券及5亿元中票的续发，进一步拓展融资渠道。集团“产融结合”平台建设成效初显：华谊集团小额贷款公司正式运营，业务平稳有序推进，累计放贷1.5亿元，实现利润超过400万元；集团财务公司的筹建申请获国家银监会批准；华谊集团（香港）公司利用集团在境内银行的信用额度、发挥香港融资成本低的优势，通过“内保外贷”业务，向香港农行、工银亚洲分别募集4000万美元和2000万元美元信用证额度；打通集团下属核心企业与华谊集团（香港）公司境外贸易业务流程，实现贸易额3000万美元，初步构建集团一体的金融运作平台。

2．加快推进“4+1”信息化项目。按照“六统一”的原则，全力推进集团信息化管理体系建设。上半年，从提高集团化管控效率出发，组建“信息管理部”，负责集团信息化工作的规划与管理，并与宝信、石化盈科两家公司合资组建“华谊信息技术公司”。加快推进“4+1”信息化项目。此外，与中国电信、埃森哲、思埃普（SAP）公司签订战略合作协议和商务合同，引进先进的管理理念和专业优势，为集团信息化战略目标实现创造条件。

3．运用审计结果，进一步健全风险防范体系。完成34家企业2010年度的财务决算审计和17家企业经营业绩考核审计。按照《2011年集团监审计划》，完成工程项目、销售与收款、检修费用等为主要内容的专项监审。坚持“制度＋科技”，依托信息化手段，以节点防控为重点，制定集团废旧和闲置物资管理平台升级方案，加大资产资金、采购销售、物资处置等重点环节和问题易发多发领域的管控力度。按照《2011年上海市“小金库”专项治理工作实施方案》的要求，认真开展“小金库”专项治理，对202家企事业单位开展复查，复查面达到100%。

七、加强“三基”管理，加快人才队伍建设，进一步激发集团发展的内生动力

1．加强“三基”管理。制定《集团“三基”工作检查评分手册（试行）》和《集团“三基”工作评价细则（试行）》，两次组织对24家二级单位所属基层单位“三基”工作的综合检查，通过检查、整改、提高，初步建成以“三基”工作标准为核心的基层管理标准化体系，各单位的基础管理意识、基础管理水平和生产现场面貌得到显著提升。

2．加强培训，打造与集团发展战略相适应的人才管理体系。按照“总量控制，优化结构”的要求，加快管理整合，人均劳动生产率超过170万元，超过行业平均水平。继续实施严格的集团人员招聘管控机制，按照“先业内后业外”的招聘原则，规范实施招聘人员审批流程。统一组织到复旦大学、华东理工大学、浙江大学等6所知名高校专场招聘，吸引优秀大学生加盟集团，为集团长远发展储备人才。以“差别化、专业化”为原则，实施由620多人次参加的中高级管理人员战略管理、品牌管理、战略性思维培训；坚持“重在实践锻炼、强化管理技能培训”的原则，加强后备队伍建设，通过岗位交流、委派、挂职、海外实习等形式，提高青年干部应对复杂局面、解决实际问题的能力，效果明显。此外，还开展以人力资源管理、财务知识、大客户管理为主要内容的专项培训。

3．完善集团薪酬考核体系，进一步激发集团发展内生动力。集团始终坚持“员工收入与企业效益增长同步”原则，努力提高员工收入。集团员工人均工资增幅达18.1%。按照“1+X+Y”的结构要求，在上半年制订并发布《集团二级单位绩效管理办法细则》的基础上，制定《集团子公司高级管理人员薪酬管理制度（试行）》及《集团子公司高级管理人员年度经营业绩考核办法（试行）》，完善集团考核激励机制。

八、关心员工，关注民生，确保员工根本利益

1．关心员工，努力构建和谐劳动关系。上半年，集团行政与工会签订《集体合同》，保障员工权益。在推进企业调整过程中，积极履行国有企业的政治责任和社会责任，重视创造岗位，让员工充分就业；对于期望自主创业的员工，坚持按照政策许可的最高限度给予补偿，确保企业调整改革稳步推进。

2．关注民生，推进“和谐稳定华谊”建设。进一步完善“一般困难机制帮、突出困难重点帮、突发困难及时帮”的帮困送温暖工作格局，年初充实帮困资金2012万元，国庆前夕集团又出资300万元，向离岗员工发放一次性补贴。年内，使用帮扶金额675.91万元。推进职工互助保障计划的参续保工作，做到4项职工互助保障计划参保全覆盖。

【2012 年发展趋势】

2012 年，华谊集团主要经济目标是：在确保安全生产的前提下，力争超额完成“十二五”规划确定的 2012 年各项经济指标，即产值达到 470 亿元，主营业务收入 420 亿元，利润总额 8 亿元。固定资产投资 22 亿元，安全环保消防要投入 5.48 亿元，科技投入 8.5 亿元，综合能耗 334 万吨标煤，万元产值能耗 0.707 吨标煤，节能技改项目年减少能耗 4.7 万吨标煤，各类污染物排放量进一步下降，其中化学需氧量削减 3%，氨氮削减 5%，二氧化硫削减 6%。

华谊集团以“强化两个创新，推进结构转型”为主线，积极构建“一个华谊，全国业务”发展新模式；鼓足干劲，再接再厉，努力开创“创新发展、高端发展、跨市发展、一体化发展”新局面。重点抓好八项工作：

1．全面落实安全生产主体责任，切实提高安全环保工作整体水平，确保全集团无生产安全工伤死亡事故，无重大火灾、爆炸、泄漏、中毒事故，无重特大环境污染事故，无重特大职业病危害事故，不发生对社会造成影响的重大集访事件，确保安全环保防恐维稳处于可控状态。

2．发挥集团整体优势，强化供应链管理，进一步提高经济运行质量，发挥集团整体优势，加强对产业链上下游资源的掌控，继续加大“一体化”运作力度，加强“三基”管理。

3．加快“跨市发展”和兼并重组步伐，努力探索主业成长新模式，全力推动焦化公司产品结构多联产项目、安徽回力 1500 万条／年高性能半钢子午胎项目建设。确保丙烯酸安庆碳四深加工、精细化工金山基地等项目如期开工；加快落实安徽无为二期等一批“十二五”规划重点项目的前期工作，为实现 2013 年集团主业销售收入阶段性目标提供支撑。

4．以改革促发展，进一步加快产业整合，努力推动集团核心资产证券化，要按照国资国企改革的总体要求，继续深化产业整合和企业清理。通过整合、创新、升级，进一步精干主业，通过吸收、合并、清理，进一步收缩管理层级，止住“出血点”，力争年内消除四级次以下企业，为集团核心资产证券化创造条件

5．深化管理创新，着力构建与集团战略转型相一致的管控模式，要通过优化管控模式，加快建立与集团战略转型相适应的管控模式，实现集团战略控制协同化、资本价值最大化、经营活动最优化。

6．扎实推进人才队伍建设，积极打造人力资源管理新优势，要进一步加大高端人才、关键人才的培养引进力度，增加骨干人员薪酬，努力激发集团发展内生动力。

7．关心职工，关注民生，扎实推进和谐劳动关系建设，在集团加快发展、加速转型过程中，要重视发挥职工主力军的作用。各级领导要在凝心聚力上有新思路，在关心职工、关注民生上有新举措。

8．在企业改革发展调整过程中，要切实维护职工权益，努力促进企业和谐稳定。

（祁崇元）

上海纺织（集团）有限公司

【概况】

上海纺织（集团）有限公司是一家以科技为先导，品牌营销和进出口贸易为支撑，以纺织先进制造业和时尚产业为依托，拥有较完整的纺织服装产业链的集科工贸为一体的企业集团，同时也是上海最大的国际贸易集团。近年来，上海纺织集团以“成就无限科技梦想、编织多彩时尚生活”为使命，以“致力于成为中国现代纺织的领航者和全球客户信赖的服务商”为愿景，积极探索了一条坚持“科技与时尚”发展理念，努力推进传统纺织制造业向设计、研发和品牌服务等高端提升、二产向生产性服务业和现代服务业延伸的战略转型之路，逐步形成了以先进制造业与现代服务业相融合、科技与时尚相辉映的高端纺织产业的新格局。

上海纺织集团现拥有总资产 233 亿元，员工 1.7 万人。在 2011 年公布的中国企业 500 强中排名第 220 位，中国纺织服装行业百强企业第 3 位，中国进出口 500 强排名第 54 位，中国纺织品服装出口排名第 1 位。

【2011 年经济工作情况】

2011 年，上海纺织集团坚持“创新驱动、转型发展”，进一步发挥集团优势，加快调结构、转方式，积极应对严峻的经济形势，主要经济指标均超额完成，为“十二五”实现了良好开局。全年实现主营业务收入 422.87 亿元，比上年增长 19.12%；实现利润总额 7.77 亿元，增长 19.35%；进出口 50.83 亿美元，增长 21.89%（其中：出口 38.05 亿美元，增长 20.03%，进口 12.78 亿美元，增长 27.80%）；应收账款周转天数 15 天，同比加快 1 天；存货周转天数 24 天，加快 2 天。

一、进一步推动外贸转型

1．构建集团贸易服务平台。与上海海关签署共建合作

伙伴关系谅解备忘录；与上海出入境检疫检验局保持良好沟通机制；与日本丸红株式会社、中国银行上海市分行、外高桥集团签订战略合作协议；与中国纺织品进出口商会签订合作协议；与锦安公司签订外贸信息化战略合作协议；与中国信保、UPS分别签订战略合作协议补充协议。

2．加快海外贸易平台建设。香港永伟公司与飞马、装饰、原料、华申等四家外贸企业及联吉开展境外业务合作。申达美国公司、CROSSRIVER公司、米索卡公司等三家美国企业效益进一步提升。

3．继续加大对贸易的政策支持力度。给予外贸企业中信保保费、资信调查费、特装费、境外展补贴、服装打样费等各类补贴1371.8万元；执行创意园区支持外贸的租金减免政策，减免租金63万元。

4．加快贸易业务转型发展。申达外贸加快品牌内销步伐，全年实现销售2.3亿元，增长45.0%；新联纺争取进口贸易的各类许可，进口超过1.5亿美元，增长上升30%；上实国贸培育钢材内贸等新型业务，新增营业额3亿美元；纺织装饰由阻燃、抗静电防护面料供应商转型为阻燃防护工装成衣供应商。

二、进一步推动制造业升级

1．加快产品调整升级。裕丰科技加大对下属企业和部门的整合，实施扁平化管理和网格化营销，平台优势进一步增强；德福伦加大产学研力度，开发咖啡纤维等高附加值新产品，进一步提升为客户的增值服务能力。

2．产业用纺织品业务发展态势良好。汽车内饰板块加快在全国的扩张步伐，为宝马配套的铁岭分厂进入试生产，为上海大众配套的南京分厂批量生产，仪征分厂完成征地；开发了奔驰、宝马等中高端车型配套产品。新材料板块加大研发力度，申达科宝的船布、沼气膜结构等产品毛利率水平高达20%。

3．应对棉花价格波动取得成效。组织相关企业就棉价走势进行3次专题研讨，提出控制原料采购节奏、合理调整原料及产成品库存等措施，规避了原料采购的风险。

三、进一步提升时尚产业运作水平

1．强化品牌终端建设。新增三枪门店195家、Elsmorr门店11家、家纺专柜12家、海螺门店52家、EY门店3家。Prolivon在淮海中路、南京西路等高档商圈开设4家新门店，赞助第14届国际泳联世界锦标赛1600套正装，获得组委会的高度肯定。

2．加强园区品牌运作。通过资源整合，时尚文化、时尚生活、时尚设计等三大园区品牌顺利挂牌。上海国际时尚中心启动了招商工作，承办各类大型活动30余场，星光上海－华谊ELLE之夜、2011上海旅游节开幕式等活动社会反响热烈。

3．办好上海时装周。上海时装周正式升级为国家级商贸文化活动，与华谊兄弟、时尚芭莎等进行合作，国际知名设计师Vivienne Westwood亲临现场，意大利、美国及中国本土多个品牌进行20余场作品发布；举办Mode Shanghai（上海国际时尚服饰展览会）。

四、进一步强化科技创新能力

1．加强科技创新建设。上海纺织集团1000万元技术专项扶持资金重点投向葆莱纤维派丝特系列、里奥竹纤维、芳砜纶纤维等产业化项目。新增3家市级技术中心。推进纺研院承担的国家纺织产业创新支撑平台（检测和标准分平台）建设。卓越工程师教育联合培养基地列入教育部第一批“卓越工程师教育培养计划”名单。

2．重点条龙项目取得进展。葆莱纤维派丝特系列产品在广交会、华交会上受到客户的青睐；里奥竹针织产品、家纺产品获得了市场好评；芳砜纶开发消防战斗服、电焊服等系列产品，并在过滤市场取得突破。

3．抓好知识产权工作。全年申请发明专利30项、实用新型专利11项、外观专利149项；获得发明专利授权16项（芳砜纶获得3项国际专利授权）。与国家知识产权局、市知识产权局协调，有效应对芳砜纶遭遇杜邦专利恶意封堵的事件。

五、进一步加强总部建设

1．编制上海纺织集团三年行动规划。完成2011～2013三年行动规划的编制，经过数轮专家评审后正式上报市国资委备案。

2．重点投资项目有序推进。完成投资4.5亿元，其中核心业务板块63个项目完成投资4亿元。大丰园区织布一期项目竣工投产；完成智力产业园一期项目，二期项目立项；上海国际时尚教育中心教学大楼结构封顶；申达科宝扩建年产800万平方米复合新材料项目完成进口设备招投标。

3．提升总部管控能力。财务信息化系统资金模块上线，确定财务风险监控系统实施方案；推进集团现金池工作。推进企业工资集体协商工作，召开人才工作会议。推进了控股、有限公司的重组工作；完成集团资产证券化框架方案；企业销号24户，管理层级收缩至3级。推进人力资源信息化、物业经营信息化等项目的建设。实施“1+3”法律事务管理制度。

【2012年发展趋势】

2012年，上海纺织集团的总体思路是，认真贯彻中央经济工作会议精神，坚持“创新驱动、转型发展”，积极应对复杂多变的经济形势，努力把握机遇，围绕落实上海纺织“十二五”规划和三年行动计划，发挥集团的整体优势，加速产业转型升级步伐，提升集团核心竞争能力，加快推进上海纺织的新一轮发展。

1. 以优化贸易结构为核心，加快外贸转型。继续加快推进外贸转型；进一步强化风险防范；加强海外贸易平台建设；强化研发、打样和检测中心的建设。

2. 以做强产业用纺织品为重点，加快制造业升级。继续支持制造企业改造升级；做强产业用纺织品业务；探索"小生产、大贸易"的发展模式；做好节能减排工作。

3. 以构建配套服务商为目标，加快时尚产业发展。继续加强老字号品牌建设；推动原创服饰品牌发展；做好对品牌企业和纤维品牌的政策扶持；进一步强化时尚产业服务平台的建设和运营能力；提升上海时装周、会展的运作能力；提升时尚产业运营主体的专业化水平。

4. 以聚焦三条龙项目为引领，加快科技创新步伐。继续加大科技投入力度；加强创新体系建设；推进中央研究院建设；深化产学研合作；抓好知识产权工作。

5. 以推进信息化建设为抓手，加快管理能级提升。继续强化对企业经济运行的指导工作；加大对企业的资金支持力度；加快推动重点投资项目建设；提高人力资源管理水平；抓好财务管理建设；提升审计管理工作；深化资产经营管理工作；提升集团信息化水平；推进法制建设；抓好安全生产管理工作。

（詹理敏）

上海医药集团股份有限公司

【概况】

2011年是实施"十二五"规划的开局之年，是上海医药集团股份有限公司（简称上海医药）A+H股的元年。上海医药面对激烈的市场竞争、多变的行业政策影响及诸多不利因素，以A+H股成功发行为契机，围绕去年初抓"三条主线"的工作重点，推进产业结构调整，转变经济增长方式，促进整合价值提升，实现了产业的持续健康发展，兑现了对股东、市场的承诺。上海医药集团营业收入达到549亿元，比上年增长41.78%；营业利润为28.74亿元，增长31.72%；归母净利润为20.42亿元，增长40.24%。

【2011年经济工作情况】

一、上海医药多渠道构建营销网络

2011年，上海医药推进重点品种聚焦战略，58个重点品种实现较好增长，40个产品居IMS（艾美仕市场研究公司）医院终端排名前三。年内，受全国基本药品招标降价、一系列药品持续降价、抗生素限用等因素影响，上海医药以普通药品、基本药品、低价药为特征的品种结构受到较大冲击。对此，公司各药品生产企业在坚持做好原有主渠道销售市场的同时，逐步关注转向非政府药品招标市场，探索多渠道药品营销，挖掘处方药品的零售药房市场；发展流通大市场、民营医院及农村乡镇诊所的市场；倡导普通药品市场的深度分销；拓展国际市场潜力。公司分销业通过并购，初步构建了全国三大重点区域分销网络。公司协同营销平台建设取得新的进展，集团内工商协同对接覆盖福建、山东、湖北、常州、台州等地10个企业。政府公共事务联动集中平台依托公司及各核心企业具有的属地公共事务优势，建立招标、医保、物价等重点公共事务的协作网络。年内，10家企业13个大宗药材品种通过集中采购平台累计采购金额超过6000万元。

二、上海医药深化并购重组

年内，上海医药以总对价35.69亿元完成对中信医药实业有限公司（简称中信医药）100%股权的收购，4月，将其纳入上海医药报表合并范围，中信医药更名为上药科园信海医药有限公司。上海医药2010年收购的福建省医药有限责任公司、广东中山医医药有限公司、台州医药有限公司、上海余天成医药有限公司、上海医药众协药业有限公司、上药山禾无锡医药股份有限公司等已全部纳入并表范围，并进行内部整合，推进业务对接。公司还并购珠三角区域的深圳中南药业公司、佛山市大翔医药有限公司、珠海康拓医药有限公司、汕头万德医药有限公司等。年末，公司以51%的股权控股上海金和生物制药有限公司，发展抗肿瘤药物原料。公司对抗生素业务涉及的资产、业务、财务进行全面整合，于9月完成对上海新亚药业有限公司的96.9%股权及上海华康医药有限公司100%股权的收购，抗生素业务如期完成重组进入上市公司并实现并表。公司继续推进内部并购整合，完成青岛国风药业股份有限公司自然人股权收购，公司持股比例超过2/3；启动常州药业股份有限公司内部职工股收购；开展对已收购的赤峰蒙欣药业有限公司、赤峰艾克制药科技股份有限公司后续整合工作。上海信谊药厂有限公司下属企业股权重组整合；医械批发业务转让给上海医药分销控股有限公司；华氏大药房股权整合入上海医药分销控股有限公司。

三、上海医药H股上市

5月20日，上海医药H股上市。本次H股IPO(首次公开发行股票）募集资金，总额为160.14亿元港币（含超额配售募集资金)，扣除相关发行等中介费用后，募集资金净额折合127.28亿元。H股发行后，公司股权结构发生重大变化，总股本从19.92亿股扩大到26.89亿股，境外投资者所持股占总股本的28.48%，公众流通股占总股本的56.24%。募集资金的40%将用于扩大、加强分销网络及整合现有的分销网络，包括归还CHS（中国健康系统有限公司）的收购款；30%将用于战略性收购制造业务及现有制造业务的内部整合，包括收购抗生素业务；其余30%部分，将分别以10%的额度用于产品研发平台、信息技术平台的建设和补充营运资金。

四、上海医药促进研发转型

年内，上海医药研发投入经费超过工业销售额的4%。公司获得临床批文2个，获得生产批文5个，产业化上市12个品种，在研项目217项。公司中央研究院统领下的总、分院建设启动，信谊药厂有限公司、新亚药业有限公司、中西三维药业有限公司、常州制药厂有限公司所属的4个分院成立。总、分院已在6个项目上开展合作并取得阶段性成果。公司承担的10个国家“重大新药创制”科技重大专项、“十一五”计划的第一、第二批项目完成技术验收，获得国家相关资金如国家新药创制专项产学研联盟基金、上海医药专项等科研基金的扶持。年内，公司与复旦张江生物医药股份有限公司签订新药研发的战略合作协议，将在未来6年出资1.8亿元共同进行4个创新药物的研发和产业化的全面合作。4个创新药物合作进展顺利：光动力抗肿瘤化合物多替泊芬、硫酸长春新碱脂质体（LVCR）启动I期临床试验；组高亲和力TNFa受体融合蛋白申报临床；重组人淋巴毒素α衍生物进行II期临床试验。公司与辉瑞制药有限公司、韩国东亚制药株式会社等国际知名制药企业建立了战略合作关系，在药品研发、注册、商业化等方面开展合作。同时，公司还启动以中央研究院为主体、突出后续抗体开发产业化能力的抗体药物自主研发平台建设。

【2012年发展趋势】

2012年，上海医药将充分认识和评估外部环境及内部现实情况可能带来的各种机遇和挑战，以“两个转变”为抓手，加强战略谋划，增强应对能力，深化内部整合，培育核心能力，调整管控模式，提升营运质量，加大工业并购，深化分销布局，在结构不断优化、风险有效控制的基础上，实现经营业绩的稳定增长，全面完成2012年的各项经营工作目标。

（黄郁波）

上海仪电控股（集团）公司

【概况】

上海仪电控股（集团）公司（简称仪电控股）是经上海市人民政府批准，接受上海市国有资产监督管理委员会授权的国有资产经营公司，是具有独立法人资格的国有独资的控股集团公司。

仪电控股坚持科学发展观，努力转变经济增长方式，以“产业清晰、经营稳健、创新发展、富有社会责任感的国内一流企业集团”为目标，实施“三步走”发展新战略，实现资源优化和最佳配置，提高主业的竞争能力和经济效益，增强企业自主创新能力和发展后劲，把产业做好，把业绩做好，把资产质量做好，努力打造成具有国际化经营管理能力的大型企业集团。

【2011年经济工作情况】

2011年，仪电控股坚持科学发展和“创新驱动、转型发展”的总体要求，突出“在调整中加快发展”的工作主线，努力克服出口和内需市场疲弱、资源价格和成本上升等各方面困难和挑战，聚焦“三三”战略，解放思想，积极进取，扎实工作，在发展、改革、调整各方面较好完成了年初制定的目标和任务。

一、主要预算指标完成情况

2011年，控股公司合并口径营业收入完成98.90亿元，完成预算目标的104.1%，比上年增长4.27%；主营业务收入完成93.47亿元，完成预算目标的104.64%，增长7.28%。利润总额完成12.03亿元，完成预算目标的106.79%，同比增长51.52%；归属于母公司的净利润完成5.14亿元，完成预算目标的123.98%，同比增长89.63%。净资产收益率9.80%，比预算目标提高1.92个百分点，同比增长4.60个百分点。

二、重点工作进展情况

（一）突出战略聚焦，推进资源整合，加快主业发展

一年来，仪电控股公司和各产业板块坚持突出战略聚焦，积极推进内外部资源整合，加大兼并收购力度，加强对外合作，加快重点战略项目的实施，加快主业发展，努力增强主业竞争力和发展后劲。

1．电子制造业

照明电子：继续实施圣阑实业股权收购项目；拟合资成立江苏哈维尔喜万年照明有限公司，打造HID照明产品新基地；建湖二期项目完成建设；电感工厂完成搬迁；固汞项目

正式投产；新建技术中心即将封顶；与美国科锐、台湾大友等国际照明企业开展深度合作。

汽车电子：完成德科电子股权收购；初步完成对线束业务的整合；黄渡三期汽车电子产业园区建设如期推进。

消费电子：积极谋划开发智能电视业务；完成智能机顶盒软件开发，拓展机顶盒市场份额；对SMT业务在实施托管中提高运营质量。

智能电子：积极探索体制机制改革创新；厂房扩建改造项目如期推进；实施对浦江公司的托管，为整合打造智能卡产业链创造条件。

科学仪器：实施重组电化学、分析仪器和物光业务，改革体制机制，加快科学仪器业务后续发展的方案，先后成立仪电科学仪器、仪电分析仪器和仪电物理光学仪器公司；引进技术专家并合资成立电化学传感器科技公司，提升产品技术档次。

特殊电子：认真规划业务布局；积极研究并启动对电子制造板块的拉动工作。

2. 信息服务业

聘请罗兰贝格公司制定战略规划，完成收购系统内信息服务业相关公司股权，引进20多名专业人才。根据战略规划，启动内部业务整合，推进与中科院上海高等研究院以及国内外企业的战略合作，规划并启动IDC等重点项目，加强与系统内部其他板块的业务互动和交流。为促进信息服务板块的快速发展，控股公司与日本SBI控股株式会社（软银投资）签订合作意向，共同设立专业从事信息服务业投资和并购咨询业务的信息产业基金和基金管理公司。

3. 商务不动产业

通过委托经营和代建方式，初步形成仪电系统不动产资源由华鑫置业集团及所属企业集中开发、管理的机制。漕河泾区域的漕宝路161～163号、宜山路711号开工；田林路200号、宜山路825～827号、桂林路406号、苍梧路16号已完成规划并丘；苍梧路25号完成改造。金桥区域的一区彩钢板房改建项目开工；二区三期主体项目完成。松江区域进入项目立项及方案设计阶段。张江区域的剑腾公司土地厂房正落实规划工作。另外，宛平路88号、外滩204号、控江1677号等项目也相继开工。项目拓展工作得到适时推进，拱北项目收购谈判基本完成；物业拓展已签租约5250平方米。不动产处置计划基本完成；企业清退工作得到有力推进；非主业退出工作按节点实施。

4. 非银行金融服务业

历经4年的努力，仪电控股与摩根士丹利合资的摩根士丹利华鑫证券公司完成筹备工作，通过市证监局验收，并获得中国证监会关于投行业务资格的核准，于6月10日正式挂牌开业。

华鑫证券制定后合资时期战略规划纲要，通过实施营业部向金融产品和营销平台转化、建设营销体系和投资顾问队伍，积极推进经纪业务转型。第一单IPO项目在深圳创业板成功发行；证券资产管理业务从零起步，年内管理规模突破3亿元；自营业务在控制风险的同时获得稳健收益；研发工作也取得重要成果；华鑫证券与摩根士丹利在非投行业务领域开展深度合作，摩根士丹利的QFII业务在华鑫开始运作，国际业务开局顺利。华鑫期货公司积极营销拓展客户。摩根士丹利华鑫基金公司通过持续营销、新发基金等措施，推动资产管理规模上升。

（二）充分发挥上市公司壳资源价值，顺利完成广电信息重大资产重组

与东方传媒合作，顺利完成广电信息重大资产重组。首先，积极支持并实现上海文化产业资源（百视通新媒体）的借壳上市，为上海文化产业的改革发展作出贡献。其次，仪电控股作为大股东，充分发掘上市公司壳资源的价值，取得丰厚的资本收益，为夯实控股公司资产、提升主业运行质量提供了机会。再次，上市公司重组前后的股票价格在资本市场上得到正面反应，为市场投资者带来较大收益，控股公司继续持有的部分股权仍有不小增值空间。此外，为仪电控股根据未来发展战略，梳理内部产业布局和资源、打造全新的信息服务平台创造了有利条件。

（三）坚持“科技兴企、人才强企”理念，加强科技创新和人才工作

仪电控股进一步贯彻落实第三届科技大会精神，坚持以科技创新促进产业发展，积极落实各项科技政策，加大对技术创新项目的支持力度，推进技术创新体系建设。

全年电子制造和信息服务业企业科技投入达到2亿元以上，增长11%，科技投入占销售收入的3.5%左右；申请知识产权130项，增长18%，其中发明专利达50项，并有2项申请国际发明专利；争取政府资金支持4000多万元；29家企业通过高新技术企业认定和复审；9个品牌通过上海市名牌产品复审；亚明公司获上海市质量金奖。

一年来，仪电控股落实科研预算资金，完善对科技工作的考核激励办法，将科研预算执行情况列入子公司总经理年度考核；制定实施重点研发（新产品）计划，跟踪和推进各级科研重点项目；加大对技术创新项目的支持力度，对技术上有重大突破、开创利润增长点、以技术链带动内部产业链形成、促进内部产业互动共进的技术开发项目，给予技术开发专项经费支持，全年对质谱仪、电子印刷、LED照明等7项重点科技创新项目给予800万元技术开发专项经费支持；聘请系统内外13位专家成立技术专家委员会，并成立汽车电子专业分会，围绕聚焦产业发展，以多种形式积极为重大科研项目和投资项目决策提供技术咨询和服务；建立竞争情

报平台，先后完成多份专题报告，并提出发展建议；进一步落实和完善鼓励科技创新和科研人才的配套政策，经专家评审，对2010年度符合科技政策奖励条件的8项获政府资助的技术开发项目、1项科技进步奖、2项上海名牌、2项国家标准、12项发明专利给予科技政策奖励资金340万元。

为引导企业加大对人才的投入，鼓励企业大胆引进外籍专家、关键人才，招录、培养一流大学优秀毕业生，仪电控股制定并施行《关于聘用外籍专家经费资助的管理办法》和《关键人才引进和优秀大学生引进资助的管理办法》。

（四）坚持市场化原则，大力推进体制改革和机制创新

为适应仪电控股管控模式和运行管理的需要，公司本部实施定机构、定职能、定编制、定岗位职责、定岗位级别、定人员和薪酬的“六定”工作，进一步优化岗位设置和人力资源配置。

仪电控股组织对仪电电子、仪电信息、华鑫置业、华鑫证券等产业集团经营班子岗位的公开选聘工作。由仪电控股相关领导、相关部门负责人以及外部董事组成面试小组，对选聘对象逐一进行面试，配齐配强产业集团经营班子，为今后的工作打下了坚实基础。

（五）加强经济运行监控，推进全面预算管理和全面风险控制体系建设

经过一年的运行，仪电控股包括业务预算、资本预算和财务预算在内的全面预算管理体系框架基本完成，科研预算、人工成本预算的细化和完善使全面预算的资源整合功能得到体现。

仪电控股坚持每月召开经营例会、经济运行分析会，每季度召开制造业板块工作例会，使经济运行情况跟踪和预算执行情况的分析评价形成制度化，跟踪分析评价内容不断细化，确保完成全年预算目标。

为控制和防范经营风险，仪电控股对子公司的应收账款、存货指标重点关注。财务部、制造业事业部和审计监察部三部门联合对子公司应收账款和存货水平实施监控管理，在布置子公司自查的基础上进行重点抽查，并通过KPI考核机制将职责落实到子公司经营层。

（六）调整工作平台加快整合，非主业调整工作取得重要进展

积极稳妥地推进仪电商社、有色集团和广电资产三个调整工作载体组织架构和人员的整合，努力发挥功能归并、资源统筹、提高效率、降低成本的作用。随着广电资产公司更名为仪电资产集团，同时对仪电商社、有色集团、仪电社保中心实施托管，标志着仪电资产经营管理集团成为系统内非主业资产经营和处置、职工就业和再就业以及对协保、下岗、退休和部分离休干部提供专业化服务的统一平台。

（七）实施仪电控股INESA品牌规划和推广，深化企业文化建设

根据实施仪电控股新战略、推动国际化运营、打造优秀企业文化的需要，实施并完成品牌规划咨询项目，正式推出充分体现仪电控股历史传承，体现仪电人面对新世纪目标追求、价值取向的新品牌标识——INESA。公司召开INESA品牌推广动员大会，组织专题培训，制定并实施INESA品牌推广工作计划，年内完成标识更新、品牌手册完善、司标揭牌与升旗仪式、《仪电控股》报和仪电网站改版等工作。

为弘扬先进、树立典型，进一步倡导弘扬“命运、责任、利益、荣誉”共同体的核心价值观和“成员企业要以仪电控股为荣，干部员工要以仪电人为荣”的文化认同，仪电控股在全系统评选表彰16位“建功仪电新战略标兵”，并集中进行先进事迹宣传，在系统内营造积极向上、追求卓越、奋力开拓、努力创新的良好氛围，干部员工对仪电新战略和企业文化的认同度明显增强。

【2012年发展趋势】

2012年是仪电控股实施“三三”战略进入第二阶段即实施国内资源整合的第一年，是三大主业驶入快速健康发展轨道的重要之年。

一、经营工作指导思想

深入学习贯彻中央经济工作会议和市委九届十七次全会精神，牢固树立“创新驱动、转型发展”的理念，紧紧围绕仪电“三三”战略和“十二五”规划目标，坚持科学发展，努力转变经济发展方式，以“抓质量、优结构、促规模”为工作方针，推进观念创新、科技创新、业务创新、体制机制创新和管理创新，坚定不移地推进战略实施，聚精会神地抓好主业发展，坚持不懈地打造核心竞争力，努力实现仪电控股主业规模和经济效益的较快增长。

二、主要预算目标

根据仪电控股2011～2013年三年行动规划，2012年控股公司合并口径的主营业务收入初步确定为101.4亿元，与上年同口径相比（去除重组和并购因素）增长20%以上。归属于母公司净利润为5.5亿元，增长7%左右。

三、重点工作

1．完善发展战略，进一步加大投资和兼并收购力度，加快主业发展。

2．进一步加大科技创新力度。

3．进一步加大人才引进、培养和使用力度。

4．进一步加大体制机制创新力度。

5．进一步加大INESA品牌宣传推广力度，深化企业文化建设。

（陈 栋）

长江计算机（集团）公司

【概况】

长江计算机（集团）公司创建于1987年3月，是国家计划单列企业集团，是我国早期计算机工业的重要基地。近年来，长江集团通过大力调整产业结构、不断创新管理体制和机制，逐步形成软／硬产品结合、研发与制造结合、应用与服务结合的新型的产业结构和布局所构成的综合优势，成为上海市信息产业的主体企业。

【2011年经济工作情况】

2011年，长江集团在市国资委的指导帮助下，集团领导带领全体员工紧紧围绕“凝聚价值，实现突破”的经营主题，实现主营业务收入58980万元；完成考核净利润1200万元，其中：归属于母公司所有者的净利润1400万元；净资产收益率达到11.31%，全面完成国资委下达的考核指标。总体经营效益、质量有所改善，企业经济得到平稳有序的发展。

一、做精业务，促进重点业务和关键技术成长

（一）注重市场的拓展和延伸，重点业务有进展

1．石油领域：全年成功进军吉林、辽宁市场，加油卡系统已覆盖到6省2市，继续保持中石化最具竞争力的地方集成商和运维商的地位；同时，参与中石化加油卡保平稳提升项目、总部查询平台项目、查询系统运维服务项目，为深入行业，拓展加油卡其他业务打下基础。

2．交通领域：一是全年OBU市场占有率继续拓展，年销售达11万台，产品销售逐步从上海向浙江、北京、江苏等地延伸；二是高速公路及联网收费系统的运维服务业务有拓展；三是轨道交通运维在已有两条线路运维的基础上，实施室内大屏维护向室外LED屏维护延伸，中标昆明市轨道交通工程AFC系统、ACC系统采购及安装项目，同时积极拓展系统应用于北京、福建等省市。

3．智能楼宇：明确大型企业与区域拓展业务模式，事业部重点围绕商飞开展业务，新成以烟草、振华港机、航天等为主要客户，从工程向设计延伸，中标延福大厦楼宇智能设计；业务覆盖面继续扩大，涉及酒店、厂房、办公。同时，在汽车领域以及文化、医疗等领域均有进展。市场拓展成效显著，承接的新项目达10项，涉及沈阳、烟台、上海、无锡和临港等地。

（二）注重技术创新和积累，构筑企业核心竞争力

1．以ETC不停车收费管理系统为核心，完成“自由流技术不停车收费系统”研制，采用全芯片控制的TQXS6-OBU-S40型研发，有效提升产品质量；进行光幕模式ETC系统、网口模式RSU和并列双车道ETC系统的研发，提高了ETC车道过车速度。在完成国家核高基项目《电子控制器在线状态监控支撑平台》研制基础上，集团制定针对乘用车信息服务（4S店）、商用车智能管理（油耗管理）形成《乘用车一站式信息化服务》初步方案，车辆油耗管理取得技术突破。完成“基于物联网的高清视频电子警察及卡口系统研发和产业化”项目和轨道交通应急响应系统开发。

2．围绕中石化加油结算系统，完成上海市高新技术产业化重点项目“中石化新一代自助式加油站”的研发，以加油卡联网结算为核心业务，向增值业务、相关业务延伸，包括各地新站建设、运维服务、自助充值终端、网上和电话自助支付服务平台以及加油机维修、非油品便利店建设等“一站式”服务。

3．完成国家863重大项目“虚拟外翻可视化关键技术及在胃肠道肿瘤诊断中的应用”的研制，推进医疗仪器产品中医舌面像分析系统以及脉像模拟手的开发，产品开始推向市场。同时，“基于云服务的智能跨行业知识管理平台”、“基于运计算的北美幼儿托管信息服务平台”、“基于协同运作的汽车制造执行系统”、“卫导通警务安全智能手机”等项目申报了国家及市相关委办专项。

4．通过技术研发和项目实施，逐步掌握和积累一批关键技术：获得自主知识产权20件，其中：发明专利两件、实用新型专利5件、外观设计1件、软件著作权12件。培育两家科技创新小巨人企业，并通过市科委验收。两项成果获上海市科技进步奖。两项成果获优秀软件产品。

（三）注重资源整合，积极探索企业间业务协同模式

围绕经营工作目标，积极探索构建以集团业务部门为牵头，事业部、亚太、新成公司、东海二产等其他企业参与的重点业务发展与特色技术提升的支撑平台。组织子公司在智能交通领域联合开展科研任务的基础上，初步形成《城市智能交通信息服务》整体业务分析。在国家核高基等重大项目研制过程中，通过目标分解，逐项明确重点工作的内容、分工、责任人与时间进度，联合攻关，确保了重大项目的按时完成。围绕医疗、航空／航天、酒店等行业重点客户，组织下属企业市场和技术人员共同梳理相关子系统的行业特点，初步形成面向和航空行业的业务框架和解决方案以及涵盖数字化医院整体的解决方案。

二、做细管理，促进经营基础和质量的提升

（一）健全企业管理制度，完善法人治理结构

1．精心部署，有序推进制度建设。通过整理、汇总、梳理，集团制度由原147项调整为103项；其中需修改45项制度、新增15项；通过明确时间节点和责任部门，有序进行推进。

2．抓住重点，规范企业经营决策制度。完善法人治理结构，经反复讨论和修改，完善集团“三重一大集体决策制度”及其流程。

3．注重制度的系统性。通过修改完善《董事会议事规则》、新增《总裁办公会制度》等制度，进一步完善公司法人治理结构，建立起董事会、党委会、总裁办公会相互独立、职责明确、协调运转、有效制衡的运行机制，不断规范董事会、党委、经营班子的决策程序；同时，在投资管理、财务管理、内审管理、干部提拔等方面，注重与三重一大制度的联系和对接，相继完善、修改、新增相关实施细则和流程，初步形成具有长江特色的横向配套、纵向贯通的管理制度体系。

（二）完善全面预算管理，提高经济运营效率

1．抓预算指标制订的科学性。优化企业预算编制、审定、协调、调整和反馈等管理工作规范体系，并通过“预案、草案、正式方案”三个阶段，上下充分沟通，最终确定全年主要经营目标。

2．抓预算执行过程管理。成立“预算管理有关工作推进小组”，一是做好每月KPI管理基础数据的提供工作，二是建立财务预警例会制度，深化国资财务主要指标预警分析，加强对财务主要指标的预警反映、原因分析、措施建立及跟踪反馈工作，使得风险可控，管理有效；三是开展主要子公司财务风险预警预测试，为建立集团财务预警管理模式打好基础。

3．探索建立符合企业经营特点的财务管理模型。建立“项目成本概预算管理”，通过建立“集团企业财务指标对标体系”，即“企业三年平均、集团优秀企业、国资委管理、上市同类企业”四标杆，帮助企业通过对比找差距，同时透过数据指标学习到优秀、先进企业管理方法和经营理念，使预算执行更具科学性和可操作性。

（三）优化KPI管理过程，提升企业经营质量

在2010年集团主要企业试行KPI管理基础上，强调主要企业应健全KPI管理机制。重点回顾和分析集团及合并企业主要核心指标，如主营业务收入、利润总额、经营性现金流量、应收账款、存货等指标的完成情况、预算执行情况。重点突出核心主体企业的经济运行分析，注重主体企业经济运行的过程分析，关注经济运行的关键问题以及制约因素，重点关注重点科技研发项目进展、重大市场拓展项目信息、新业务拓展情况、资产重组、资本投入项目实施情况、企业清理等项目进展情况，分析存在问题、落实改进措施、确保目标实现。

（四）完善内审管理体系，规范企业经营行为

1．改进内部审计监督模式。实现内审监督两个转变。即审计业务，从财务审计向管理审计转变，首先从内审计划编制入手，把企业应收账、存货、合同管理等列入审计项目；其次，审计监督重点，从绩效审计向行为规范审计转变，突出企业合法合规经营、财务内控规范、廉洁从业规范等方面的审计。

2．实施经营者任期经济责任审计。通过审计，对企业经营者履行经济责任情况作出了评价，对履职期间存在的问题提出了审计整改建议；同时，加强检查和落实审计整改事宜，使整改工作体现及时性和严肃性。

3．法务为企业经营提供法律支持与服务。通过参与企业重大经营决策、重要制度审核、合同审核、处理经济纠纷，确保企业依法依规经营，促进企业和业务的健康发展。

（五）调整总部薪酬结构，建立绩效评价机制

1．制定总部薪资体系和管理制度。建立以关键绩效指标（KPI）和岗位胜任能力为核心的员工绩效评价体系，通过年初各岗位重点工作目标分解，双月绩效面谈回顾，半年度绩效评价等各环节工作的开展，使员工清晰各自岗位的年度重点工作目标和要求，并在年度工作进展中有计划、有步骤、有目标地推进工作，有效提升工作效率和质量。

2．建立新的薪酬激励机制和方案。在结合各岗位市场薪资价位标准的基础上，制定集团新的薪资体系和相配套的薪资管理制度，进一步发挥薪资在激励方面的作用。

3．完善经营者目标激励考核方法和有效的绩效薪酬体系，制定《子公司经营者经营目标绩效评价管理指导意见》，并完成2011年度长自、新成、东海、船用、事业部等企业经营者考核及薪酬激励方案。

（六）注重安全监督管理，实现安全履职目标

一是明确责任主体，并列入经营者考核的一项重要内容，与绩效考核相结合，实行“一票否决制”。二是落实岗位培训。提高企业安全管理人员的专业知识、业务水平和整体素质，为企业有效履行安全生产主体责任、加强安全生产队伍建设和相关资质的提升维护提供保证。三是强化安全检查。根据市有关部门工作要求，制订和部署集团开展安全生产大检查。从而为保障集团安全生产处于受控状态创造了条件。

三、做实资产，提升资本促进产业发展价值

（一）通过资产重组和资本投入，促进核心业务形成和发展

根据集团发展战略，集团启动对现有资产的结构调整。

一是对亚太、亚泰公司资产进行重组，年初成立公司重组筹备小组，咨询中信证券和立信会计师事务所，开展企业重组专题讨论；完成财务审计和资产评估，为后续的资产整合和重组奠定了基础。二是为推动集团智能交通产业发展壮大，积极筹备智能交通公司组建工作，开展专项调研和专题论证，进行公司组建的沟通，形成公司组建的初步方案。三是完成对新成公司股权的调整、清理和转让，资产公司收购新成公司20.3%的股权，根据企业的经营发展状况，再确定后续的股权转让调整方案。

（二）调整优化融资结构，有效保障企业正常经营

1．拟订“统一授信、资金集管”工作方案。经过与相关银行多次沟通、谈判，集团获得4000万元综合授信及5800万元资金借款，流动资金日均持有量在1亿元以上，确保了集团重点业务开展的需求；借款规模从11600万元压缩到5800万元，下降100%，贷款合作银行从5家减少到两家，下降60%，不同程度优化了信贷结构，提高了资产使用效能。

2．探索建立集团“现金池”管理。在大量调研的基础上，形成集团“现金池”具体操作思路，完成《集团“现金池”实施方案》，实施集团重要业务资金管控的标准化、规范化、一体化，健全资金过程管理的实时监督工作。

3．以重要企业重点项目为依据，充分发挥集团统一筹措资金对重点项目的服务支撑职能。

（三）完成债务清理工作，集团资产得到有效夯实

在2010年债务清理取得重大成效基础上，认真梳理历史债务形成的原因及现实状况，吸取经验和教训，订立不同谈判和实施方案，按时间节点完成与电气9000万元历史债务资本重组、585万元买断终结所欠“东富”2615万元债务、以“960万”终结东海公司欠“上行”近1500万元借款本金利息等债务及山东路资产诉讼查封事宜。至此，集团将近两年的历史债务重组工作全部完成。

（四）推进企业清理，解决历史遗留问题和控制潜在风险

根据集团确定的清理方案，完成长江东海、通贸进出口、恒力物业、鑫达等20户企业的股权退出和转让以及企业的关闭工作。同时，强化计提减值准备资产的后续管理，制订计提减值准备后的相关资产处置管理办法，组织完成企业准则日下各项资产减值“登账造册”，为下年度全面开展“不良不实资产”清理打下了基础。

【2012年发展趋势】

2012年，长江集团的指导思想和基本思路：“凝聚价值，实现突破”。凝聚价值——以优质的市场、客户、需求凝聚发展价值；以增值业务、关键技术、优秀人才凝聚竞争力价值；以双赢理念、良好业绩凝聚经营价值；拥有充满激情活力的集团核心价值观；实现突破——业务增长、技术提升、管理改进、团队优化取得突破。

业务发展的定位：以成长性、战略性为方向，寻求产业链上核心业务价值定位，谋取关键技术、产品等竞争资源和优势；业务价值的体现在于系统方案、关键技术和特色服务能力的结合。

一、围绕企业发展的核心主业；重点突出新业务、增长业务的拓展和投入；促进重点项目、客户、业务价值的实施体现；确保年度主要经营目标的有序实现和经营质量的平衡提升。

二、坚决以能源、交通、楼宇三个板块为重点，完成资产、业务的整合；以系统、软件、终端结合为结合加大技术、人才、资金方面投入；以消除重叠、浪费为原则，提升智能楼宇产业的协同和增值价值。

三、以全面经营预算管理和目标绩效管理的改进为重点，通过逐级分解细化进行落实，强化过程管理有效性，提高经营预算的准确率。

四、重点加强经营团队、核心员工的技能培训和业绩考核，提升能力；突出业务需求、开发市场能力，优化和再造组织机构和职能；有针对性地完善和建立股权激励、任期考核、目标绩效的长效机制。

（袁钱英）

上海航天局

【概况】

上海航天局，又称上海航天技术研究院、中国航天科技集团公司第八研究院，创建于1961年8月。

上海航天局是中国航天科技集团公司所属的三大航天型号总体研究院之一、中国航天科技工业的重要组成部分。主要从事航天型号工程项目的研究、设计、试制、试验和生产，业务领域主要涉及导弹武器系统、宇航系统（运载火箭、人造卫星、载人航天、深空探测）、航天技术应用产业和航天服务业。

上海航天局以本部为运营总部，辖有22家企事业单位。其中航天型号总体、总装单位6家，制导、控制、电子、动力、电源、技术基础等专业技术研究所6家，以民为主的航

天企业6家，航天服务企业4家。控股上海航天汽车机电股份有限公司（600151）。

2011年年末，上海航天局有从业人员17100余人。其中，从事航天型号科研生产人员10870余人，从事航天技术应用产业和航天服务业人员6230余人。全局有技术人员7665人，其中：工程院院士3人，国家级、部级专家110人；研究员365人，高级工程师1221人；博士318人，硕士2536人，本科生3113人。设有1个博士后科研工作站，3个一级学科硕士授权点。

【2011年经济工作情况】

2011年，是实施“十二五”规划的开局之年，也是上海航天局的“规划推进年”。上海航天局以科学发展观为指导，以“创先争优”活动为契机，围绕“保军促民”中心工作和“规划推进年”的重点要求，强化规划宣贯和推进实施，深化调整改革，持续拓展市场，加快机制创新，圆满完成了以神舟八号与天宫一号空间交会对接任务为代表的各项航天型号研制试验任务，经济运行情况良好，各项工作成效显著，荣获“全国文明单位”荣誉称号，为“十二五”全面快速发展开创了良好局面。

一、经济指标全面完成

2011年，上海航天局实现总收入216.6亿元，比上年增长18%；实现营业收入165亿元，增长13.1%；实现利润22.2亿元。资产总额达到358.9亿元，净资产收益率20.8%。实现EVA（经济增加值）17亿元。

二、型号任务圆满成功

圆满完成天宫一号目标飞行器与神舟八号飞船的交会对接任务。按计划完成各型号防空导弹武器系统研制生产任务。圆满完成“神剑－2011”等国内外重大军事演习保障任务。长征二号丁、长征四号乙等4枚火箭成功发射，共将6颗卫星送入预定轨道。其中，长征二号丁运载火箭连续15次成功发射，继长征四号乙之后，再次获得航天科技集团公司授予的“金牌火箭”荣誉称号。遥感卫星十三号卫星成功发射升空，稳定运行；萤火一号火星探测器完成发射。多个新型号导弹武器和卫星立项研制或开展立项综合论证。长征二号丁火箭正式获得土耳其GK－2卫星和委内瑞拉遥感卫星的国际发射服务合同，实现上海航天局运载火箭对外发射服务零的突破。

三、能力建设成绩显著

全面完成十大航天工程建设项目论证及国家批复工作。2011年累计获得军工固定资产投资批复20.37亿元。全年完成军工固定资产投资建设超10亿元。28项国防科工局项目全面通过竣工验收。全年民用产业固定资产投资建设完成竣工验收20项。信息化建设实现和三大卫星发射基地联网，高性能计算中心计算能力突破10万亿次／秒。

闵行航天城第八设计部、八〇五所主体工程完成建设，八〇二所、八〇三所工程开工建设。位于广德六〇三外场试验基地的八〇二所目标特性试验场建设进展顺利。

全面启动“核心技术攀登工程”，深入开展“十二五”核心技术规划论证，梳理确定核心技术70项，投入自主研发经费1亿元，重点支持核心技术、背景型号攻关和技术创新平台建设。“航空航天器电磁环境效应重点实验室”获上海市立项。2011年获国家和省部级科技进步奖12项。全年申请专利651项，授权199项，国际专利申请取得零的突破。建成国内首条柔性薄膜电池中试线，完成动力锂离子电池装车试验。国防973项目和国防基础科研重大项目进展顺利。

上海、内蒙、连云港三大光伏产业基地基本建成，500兆瓦当量的垂直一体化产业链初步形成。意大利3个海外电站共计17.6兆瓦建成发电。张掖18兆瓦、嘉峪关27兆瓦光伏电站建设顺利推进，11兆瓦“金太阳”电站项目获得批复。1500万安时动力锂离子电池项目全面建成并通过验收。航天浦江机电装备园区建设顺利推进。

下拨人才专项经费4882万元，人才队伍能力建设推进有力。新增国家“千人计划”人选2人。2011年到岗博士113名、硕士702名、本科生340名。开展科技人才创新团队和“首席技师工作室”建设，评选出首批局级52名学术技术带头人和10名首席技师。

四、调整重组继续深入

以提升卫星总体能力为目标，完成卫星总体设计部和卫星总装试验部分线运行。实施卫星太阳电池阵的专业调整；局热表中心正式运行；培训中心的改制。上海航天工业总公司改制为上海航天工业（集团）公司方案获得航天科技集团公司批复。上海航天实业有限公司吸收合并上海航天物业管理有限公司、上海航天酒店管理有限公司并实现实体化运行。上海航天工业总公司吸收合并上海航天供销总社的工作基本完成。上海新力机器厂、上海新新机器厂、上海航天液压控制系统有限公司三个企业完成整合重组、搬迁和恢复生产工作。上海仪表厂有限公司正式退出美能达OEM业务。按计划推进了上海珂纳电气机械有限公司的停业清理。全年共完成了上海航天房地产投资发展有限公司、深圳市上航物业管理有限公司等28家公司的清理。

五、战略规划扎实推进

全局紧扣“规划推进”的年度工作主题，成立战略管理委员会并召开首次会议，部署落实“十二五”战略规划。下发《企业化、市场化转型指导意见》，明确企业化、市场化转型的实施途径和分类指导要求。全面完成“十二五”规划的宣贯解读，“1+19+20”规划体系的战略引领作用初步显现。

各条线和各单位围绕“十二五”规划积极开展工作，全年型号立项、能力建设、经济运行、改革调整、管理转型、职工收入等规划目标基本实现。作为全局“十二五”期间软实力建设核心内容的“十大体系”、“十大工程”相继完成方案研究工作。

六、技术基础管理加强

全方位推进精细化质量管理，编制《航天型号精细化质量管理要求（2011版）》，加强产品保证、型号出厂预查、预审和质量问题归零管理、外包产品质量控制，完善质量问题举一反三平台。质量管理体系持续改进。群众性质量管理活动深入开展，全年4个QC小组获国优成果，上海航天局荣获“全国质量管理活动优秀企业”荣誉称号。

深入推进工艺振兴计划。工艺队伍得到加强，1人被聘为国防科工局工艺专家，1人被聘为集团公司首席专家，多人入选集团公司工艺专家和学术带头人。围绕“十二五”工艺发展规划，太阳电池工艺技术中心挂牌成立，投入技术基础经费3726万元，完成93项工艺改进、工艺预研、工艺攻关项目的实施和验收，落实上级工艺研究项目25项，工艺保证和技术支撑能力不断提升。

稳步推进“全周期、全范围”物资管理体系建设。元器件供应商管理成效显著。以空间砷化镓太阳电池研制项目为代表的“核高基”重大专项取得突破。

安全生产、保密保卫、后勤保障工作成效显著，10家单位通过了国家一级保密资格认证现场审查，完成了24次重大型号外场试验铁路运输、后勤服务保障。

【2012年发展趋势】

2012年，是上海航天局深入落实航天科技集团公司党组“三足鼎立”战略布局、全面实施“十二五”发展规划的十分重要的一年，是深入推进上海航天局企业化、市场化转型，全面提升科学管理水平极为关键的一年。2012年，上海航天局有多项国家重大专项处于深化论证和国家批复阶段，一大批型号处于立项、研制、批产、试验的关键阶段，航天技术应用产业和航天服务业处于巩固调整重组成果、提高经济运行质量的关键时期。上海航天局要以科学发展观为指引，贯彻落实集团公司党组2012年一号文件、年度工作会议、型号工作会议精神，以转变经济发展方式为主线，以保成功、促发展为基本目标，深入推进企业化、市场化转型。紧扣“创新提效”年度工作主题，坚持创新发展、转型发展、科学发展，进一步夯实管理基础，增强发展后劲，提升经济运行质量，推动全局发展质量再上新台阶。

一、主要目标任务

确保神舟九号空间交会对接任务圆满成功。确保长征二号丁、长征四号乙／丙运载火箭10次发射，其中长征二号丁2次对外发射服务取得圆满成功。确保风云二号F卫星等各项航天型号发射和飞行试验圆满成功。

实现总收入210亿元，营业收入190亿元，利润12亿元，成本费用率96.5%，全员劳动生产率26万元／人。

二、主要工作措施

1. 优化型号管理模式，提高科研管理水平；
2. 稳健推动产业建设，积极防范经营风险；
3. 持续推动规划落地，加快实施能力建设；
4. 大力实施创新驱动，充分激发创新活力；
5. 深入推进队伍建设，全面提高干部素质；
6. 大力加强财经管理，努力把控发展质量；
7. 着力优化组织管理，完善集团管控模式；
8. 持续强化技术基础，不断提高支撑能力；
9. 大力加强综合管理，夯实转型管理基础；
10. 事实发挥党群组织优势，全力维护和谐发展。

（陈嘉芬）

中国商用飞机有限责任公司

【概况】

中国商用飞机有限责任公司（简称中国商飞公司）是由国务院国资委、上海市人民政府、中国航空工业集团公司、中国铝业公司、宝钢集团有限公司和中国中化股份有限公司共同出资组建的有限责任公司，注册资本为190亿元，公司注册地在上海。中国商飞公司是实施国家大型飞机重大专项中大型客机项目的主体，也是统筹干线飞机和支线飞机发展、实现我国民用飞机产业化的主要载体。

2011年，中国商飞公司全力推进C919大型客机、ARJ21新支线飞机研制和公司发展建设的各项工作。C919大型客机项目通过国家级初步设计评审，转入工程发展阶段。ARJ21新支线飞机试验、试飞和适航取证工作取得重大突破，完成取得型号检查核准书（TIA）前全部试验试飞任务。

能力平台建设快速推进。总部基地选址浦东世博园区，设计研发中心15万平方米的综合试验室、设计研发大楼等已经竣工，总装制造中心九大单体建筑全部封顶，客户服务中心7万多平方米的二期工程封顶，公司在上海地区“一个总部、三大中心”的战略布局基本形成。

人才队伍建设取得丰硕成果。员工数量从组建时的3800人增加到7100多人，累计引进各类海外人才669人，其中，长期聘用专家58人，13人入选中央“千人计划”，2人入选上海市“千人计划”，3人入选国家外专局“高端外国专家项目”。

不断探索和完善“主制造商—供应商”模式，基本建成“以中国商飞公司为核心，联合中航工业，辐射全国，面向全球”的民机产业链。全国22个省市、200多家企业参与了大型客机研制，22所高校参与了大型客机技术攻关和科研课题研究。

【2011年经济工作情况】

一、C919大型客机项目研制情况

2011年，C919大型客机项目通过工业和信息化部组织的国家级初步设计评审，标志着C919大型客机项目圆满完成了预发展阶段工作，全面转入工程发展阶段，开始详细设计工作，实现了年度工作目标。目前，已经确定飞机总体技术方案，冻结了技术状态。实现设计目标，机体结构详细设计数据开始发往制造单位。后压力框等七大部段研制静力试验和机构功能试验基本完成，初步设计风洞试验、结构选型试验和结构强度研发试验等工作全部完成。确定制造总方案、工艺总方案和客户服务总方案，实现了首件装机零件开工制造。启动中机身等4条装配生产线研制，开展了全动飞行模拟机等训练设备研制工作。签署动力装置和部分机载系统研制和采购合同。28项关键技术攻关已经完成，38个材料国产化项目立项研制，30%的材料国产化和国产标准件试验件的研制基本完成，复合材料结构强度分析等多项技术达到或接近国际先进水平。适航审定工作全面展开，召开首次型号合格审定委员会（TCB）会议，确定了适航审定基础，颁布了设计保证手册。市场营销工作取得重要进展，分别与四川航空、工银租赁、交银租赁、中飞租赁签署启动用户协议，全年新增订单115架，累计订单215架。

二、ARJ21新支线飞机项目研制情况

2011年，ARJ21新支线飞机试验、试飞和适航取证工作取得重大突破，完成取得型号检查核准书（TIA）前全部试验试飞任务。研制批4架试飞飞机累计安全试飞2181小时。完成颤振、失速速度、最小离地速度等高难度试飞科目。全机静力试验及鸟撞试验全部完成。全机疲劳试验、襟缝翼疲劳试验完成5000循环，完成80%地面符合性验证试验。突破122项技术难关，基本冻结了飞机构型，为后续试飞工作扫清了障碍。适航取证能力进一步提升，完成80%符合性报告编制，完成26项美国联邦航空局（FAA）影子审查项目，欧洲航空安全局（EASA）完成维修大纲审查。首架交付与客户服务工作全面推进，工程技术支援体系、数字化客户服务平台投入试运行。新增12架飞机订单，与缅甸航空签订2架订单，与河北航空签订10架意向订单，累计订单达252架。首架交付飞机已完成全机对接，开展了全机气密／淋雨试验。第二架交付飞机正在进行机头、机身、机翼的装配工作。

【2012年发展趋势】

2012年，是中国商飞公司实施发展战略和发展规划的关键年，形势更加复杂，任务更加艰巨，时间更加紧迫，既面临着千载难逢的重大机遇，也面临着前所未有的困难和挑战。

一、总体要求

按照国务院大型飞机重大专项领导小组的安排和部署，以科学发展为主题，以两大项目研制和能力建设为主线，以创先争优为动力，继续以最高标准推进C919大型客机项目研制，以最大决心推进ARJ21–700飞机取证交付，以最快速度推进三大平台和六大能力建设，全面加强人才队伍建设、企业文化建设和党的建设，全面履行企业社会责任，继续保持稳定发展、安全发展、快速发展，圆满完成2012年各项任务，以优异成绩迎接党的十八大胜利召开。

二、主要任务

1．发挥战略引领作用，全面实施公司发展战略和发展规划。

2．坚持最高标准，打造自主品牌，扎实推进C919大型客机项目工程研制。

3．以坚定的信心和决心，打通研制流程，全力推进ARJ21新支线飞机适航取证工作。

4．以保障两大型号研制交付节点为目标，加快推进四大中心建设和能力设施建设。

5．以建设高素质干部队伍和科技人才队伍为重点，引领企业科学发展，加快人才队伍建设。

6．继续深化国际合作与技术交流，在全球更广更深地聚合产业要素和资源。

7．完善规章制度体系建设，提高公司运营效率，着力打造高效的运行体系和有效的监督体系。

8．深入推进创先争优活动，切实加强企业文化建设，发挥党建思想政治工作保障体系作用。

（李志超）

上海建筑材料（集团）总公司

【概况】

上海建筑材料（集团）总公司是国有独资的产业集团，被列为上海100强企业。集团直接投资并列为合并报表范围的企业65户，其中全资企业13户，控股企业52户，另有9个参股公司和3个事业单位，集团从业人员为9874人。

上海建材集团合并口径资产总额130.4亿元，负债总额67.3亿元，净资产63.1亿元，资产负债率为51.59%。2011年，集团完成营业收入52.6亿元。

上海建材集团核心业务主要是玻璃、水泥及以风力机叶片、岩棉为主的新材料。主营业务还涉及复合材料、墙体材料、防水材料、化学管材的生产经营以及建材贸易、装饰装潢施工、仓储物流等。集团下有耀皮玻璃（600819）、棱光实业（600629）两个上市公司。此外，集团与美国欧文斯科宁及德国伊通等世界著名跨国公司合资建立工厂，专业生产驰名全球的玻璃棉制品、加气混凝土等。

【2011年经济工作情况】

一、切实抓好经济运行，努力实现预算目标

2011年，建材行业供大于求的矛盾十分突出，市场竞争日趋激烈，各种不利因素逐渐增多。司属各企业迎难而上，精心组织生产销售，确保了经营平稳健康发展，取得了较好的经营业绩。集团当年完成主营业务收入比上年略有增长，实现归属母公司净利润比上年增长70%以上。

1．玻璃板块销售规模进一步扩大。耀皮公司积极抢占高端市场，在国内分别承接上海中心大厦、深圳能源大厦、成都国际金融中心等一批重大工程，并且在美国、卡塔尔、科威特、毛里求斯等国家承接一批工程，显示了较强的竞争力。玻璃板块当年完成销售收入占集团总销售收入的53%。

2．水泥板块取得了较好的经营业绩。水泥企业抓住价格回升的良好机遇，充分发挥产能，实现满产满销，特别是在改革管理上下功夫，在产业布局上取得新的突破，通过在新疆莎车合作建立上海建材隆基水泥公司，在安徽芜湖合作租赁经营瑞信水泥公司，在福建实施中转站扩建项目，在本市闵行积极探索配制水泥发展，进一步扩大生产规模，全年销量达到258万吨，完成销售收入10.6亿元，双双创下历史新高。

3．岩棉产品成为集团重要的经济增长点。上海新型建材岩棉有限公司狠抓产品研发和技术改造，强化市场开拓工作，经济效益成倍增长。近年来高端岩棉产品以其防火、保温、隔热、环保的特点受到客户的广泛青睐，岩棉公司加强产品宣传，加强产品推广力度，销售十分火爆，目前产品供不应求，特别是开发成功的船用岩棉产品，跻身于国际高端市场，进一步提升了产品附加值。

4．装潢流通板块继续保持良好经营水平。百姓装潢公司在房地产市场低迷的形势下，经营团队勇于开拓创新，积极探索经营方式，通过办会展、下社区、拓工程等各种渠道，广泛争取客户订单。去年公司通过加强内部管理、开展万家客户大回访等活动，进一步提升企业形象，公司获得行业中唯一的上海市质量管理奖，并在逆境中取得了创纪录的经济效益。

二、坚持创新转型，发展工作取得新进展

2011年，上海建材集团列入投资计划的项目共18项，实际完成项目总投资12.9亿元，竣工9项，在建5项，正在进行前期工作的4项。在耀皮常熟压延玻璃二期项目、天津工程玻璃二期项目、新疆水泥购并项目建成投产和万安公司回转窑节能技改项目完成的基础上，天津浮法玻璃二期项目、大丰岩棉项目、仪征汽车玻璃项目、东台风力机叶片项目等一批重点项目正在实施之中，特别是白龙港资源综合利用示范基地项目经过艰苦努力，克服不少难点问题，在详规审批、股权结构等方面都取得了较大突破。

为增强集团发展后劲，提升行业地位，集团提出建立“1+3”的科研管理体系，即由集团层面设立科研管理中心，负责科技项目的立项、协调、管理，按照集团产业转型的要求，以耀皮公司、上玻院、白龙港项目为基础分别设立3个科研中心。同时，集团完善科技管理委员会和技术专家委员会。科研管理体系的形成，将提高科研工作的集中度，促使科研工作规范化、常态化，推动科研工作迈上快车道。2011年，集团重点科研项目得到全面推进，耀皮公司成功研发的三银低辐射镀膜玻璃、太阳能电池盖板减反膜玻璃已实现批量供货，将成为企业新的经济增长点；岩棉公司开发的A60船用岩棉产品填补了国内空白，打破了国际上少数企业垄断的格局，市场前景看好；上玻院研制的2兆瓦风力机叶片已获得订单120套；迷彩色沥青瓦使单层瓦已取得工程应用约6500平米；水泥公司依靠自主技术承建的金山污水处理厂污泥深度脱水工程已调试成功，该项目将为白龙港项目的实施积累更为成熟的经验，并为水泥产业转型发展开辟了一条新路。低反射高效遮阳低辐射镀膜玻璃获上海市科技进步三等奖，集团各企业全年共申请15项专利。

三、实施结构调整，资本运作取得新突破

为了认真贯彻中央和市委、市政府关于援疆工作的要求，集团以购并的形式在新疆莎车控股成立上海建材隆基水泥有限公司，既支援新疆建设，又扩大水泥规模。该年产100万吨水泥项目已于9月点火生产，得到市领导和相关部门的高度肯定，被市领导总结为“五个一项目”，即第一个国有资本与民营资本携手的援疆项目；第一个利用上海资金、技术、人才优势整合当地资源嫁接的援疆项目；第一个由单一产品为基础发展形成产业链的援疆项目；第一个年内达产达标的援疆项目；第一个发挥国有企业支柱作用保供应、稳价格、促发展的援疆项目。

结合市有关部门提出的要求，集团对上海白水泥有限公司实施调整，果断关停白水泥生产线生产，年中又对棱光公司多晶硅生产线进行调整，妥善安置分流数百名职工。按照收缩战线的要求，实施美标公司、美特公司等企业的股权转让；关停立时工程公司等一些亏损企业。积极做好三类企业清理工作，在前两年完成150余户壳体企业销壳任务基础上，集团有关部门和企业克服困难，善于攻坚，又完成53户壳体企业销壳任务。

集团确定将不动产资源开发列入发展战略，将其作为集团发展的重要资金来源，按照“开发一批、清理一批、提升一批、变现一批、储存一批”的思路，确定了重点推进计划目标并付诸实施。全年共取得不动产租赁收益近4000万元。

四、加强内部管理，国资监管取得新成效

集团以预算管理为抓手，及时跟踪分析企业经济运行情况，针对一些突出问题进行专题分析，会同企业有的放矢地采取措施解决存在的问题，以保证预算得到较好落实。近年来，集团根据国盛集团的要求，制定和完善一系列内控制度，并汇编成册，将开展内控测评工作作为2011年重点工作，先后完成对耀皮汽玻公司、水泥公司、新材料公司、岩棉公司、耀华玻璃钢公司的内控测评工作，对加强国有资产监管，防范风险起到积极推动作用。

集团在“十一五”期间圆满完成市政府下达的万元产值综合能耗下降35%的考核目标后，在“十二五”开局之年再接再厉，坚持不懈落实节能责任制，并通过结构调整、技术改造、精细管理进一步挖潜，2011年万元产值能耗达到0.51吨，比2010年0.53吨下降7%，为完成“十二五”时期下降15%目标奠定了良好基础。

五、加强队伍建设，和谐企业建设迈上新台阶

集团制定《关于加强企业科技人才培养、使用、引进和激励的指导意见》，推出薪酬分配多轨制、技术要素按贡献参与分配、“协议工资”和柔性引进、科技领军人才津贴、内部职称评聘等五个方面举措，不断完善科技激励机制，助推企业科技创新工作迈上新台阶。

集团高度重视扶贫帮困工作，不断完善和规范帮困救助机制，行政专门拨款100万元充实帮困基金，并由工会牵头，建立完善生活、医疗、就业和助学等四大帮困机制，通过领导带头、点（节假日）面（平时）结合、爱心募捐、深化结对、互助保障等举措，实施帮困工作的全覆盖。2011年集团工会等各级组织共资助困难职工数千人次，发放各类帮困金100多万元。

【2012年发展趋势】

2012年，上海建材集团经济工作总体要求是：认真贯彻中央经济工作会议和市委九届十七次全会精神，全面落实国盛集团工作会议要求，把握好稳中求进的总基调。围绕创新驱动、转型发展，聚焦核心产业加快推进项目建设和科技创新，优化产业结构和产业布局，不断提高核心竞争力；加强经营管理，不断提升科学管理水平，促进经营稳步增长；大力推进不动产资源开发，集聚资金为发展提供保障；加大改革调整力度，实行跨地区联合重组，不断优化资源配置；加强精神文明建设和企业文化建设，坚持以人为本，持续改善民生，努力建设和谐企业，以优异成绩迎接党的十八大召开。

重点抓好以下七个方面工作：一是大力推进项目建设，努力实现可持续发展；二是着力开展技术创新，不断提升竞争优势；三是切实加强基础管理，确保经济稳步增长；四是努力抓好资源开发，为发展提供资金保障；五是不断深化改革调整，进一步优化资产结构；六是积极实施人才战略，加快人才高地建设；七是始终坚持以人为本，促进和谐企业建设。

（朱宏才）

上海市机械设备成套（集团）有限公司

【概况】

上海市机械设备成套（集团）有限公司前身上海市机械设备成套局，成立于1959年。经中共上海市委、上海市人民政府批准于1999年改制为有限公司。

成套集团系国内大型企业，拥有工程总承包、国际国内招标、进出口代理和外经权、甲级国家设备成套、甲级工程

咨询等 20 余种资质，近三年，集团经营规模年均达 155 亿元，跻身国家物资流通企业综合实力百强行列。

50 多年来，成套集团为国家和上海市重点工程、重大技改项目，实施过上万个项目，提供千亿成套设备，积累了丰富的设备集成经验，集聚了宝贵的专业人才。多年来，连续评为上海市合同信用最高等级 AAA 级企业，多次荣获上海市重点实事立功竞赛优秀公司、全国设备成套系统先进单位称号。

经过多年发展，成套集团的业务范围已从设备成套扩展到工程总承包与设备集成、招标代理、进出口贸易、国内贸易、设备租赁、工程监理、汽车销售与维修、工程咨询、项目管理、典当等领域。

成套集团将充分发挥整体优势，增强核心竞争能力，坚持创新发展，秉承企业经营理念“诚信服务、合作共赢”共创未来。

【2011 年经济工作情况】

成套集团以科学发展为指导，不断改变传统的经营模式，加快转变经济增长方式，逐步调整经济结构，在努力保持传统业务稳定发展中，不断拓展和培育新的业务，完成各项经济预算目标，经营规模和利润总额继续保持增长态势。2011 年，完成经营规模 235.7 亿元，利润总额 5861 万元。

一、经济运行继续保持发展态势

1．招标业务继续保持持续增长。针对竞争愈加激烈的市场形势，充分发挥广大员工的积极性和创造性，不断规范招标工作流程，开展专项检查，促进诚信服务，加强制度建设，强化内部管理，组织员工教育和业务知识培训，提高员工综合素质，维护企业品牌，彰显企业实力。招标业务的延伸与拓展取得良好业绩，全年委托招标项目共计 2524 项，完成招标项目 1759 项（其中：国际招标项目 513 项、国内招标项目 1246 项）；完成招标委托金额总计 23.77 亿美元（其中：国际招标金额 8.97 亿美元、国内招标金额 97.67 亿元）；完成中标金额总计 20.39 亿美元（其中：国际招标金额 7.67 亿美元、国内招标金额 82.67 亿元）；招标节资额达 3.38 亿美元，节资率达 14.23%。

2．进出口业务转型创新取得良好业绩。面对欧债危机和汇率波动的影响，按照市委、市政府“创新驱动、转型发展”的要求，加快转变经济增长方式，不断调整产业结构，实现“两个转变，创新发展”的目标。进出口公司在业务开拓中，积极寻求转型方向，拓展业务新领域，探索业务新模式。大宗贸易稳步进展，以“进口煤货物代理”的方式，对进口煤炭在目的港的通关提供打包服务，上海轨道交通 12 号、13 号线信号系统项目的进口程序正式启动，出口伊朗的 3500 立方／小时挖泥船按期交货，代理的医用设备进口业务保持稳定，政府采购项目医疗设备稳步增长，技术服务形成特色。

3．工程总承包业务开拓新市场，呈现良好格局。各工程业务部门，按照“十二五”发展规划要求，依托集团品牌优势，转变观念，转型发展，积极参加市场竞争，在巩固本市业务的同时，开拓国内外市场，逐步形成新的业务领域，呈现良好格局。年内，签约工程合同 23 份，签约金额 7.24 亿元。其中设备供货安装合同 11 份，合同金额 4.2 亿元；项目管理 12 份，委托管理金额 3.05 亿元，签约合同个数同比增加 35%，合同金额同比增长 72%。

山东微山县工程项目顺利进行，并不断深化。其中，湿地公园一期标段、南阳水苑装修等 8 项工程已经完成，微山县实验中学、双桥公园等 9 个项目正在施工中，另有 5 个项目在做前期准备，7 个项目处于规划和策划阶段。河南龙宇新增 40 万吨醋酸配套建设工程及惠州普利斯通轮胎厂成型机安装工程一举中标，BOT 项目江阴周东污水处理厂运行正常，达到了预期的经济效益。上海白龙港城市污水处理厂扩建二期工程生物反应沉淀池主要设备采购与安装，上海轨道交通 12 号、13 号线一期工程停车场设备供货及服务项目，安徽水环境改善项目怀远涡河北岸城区环境治理工程水管项目。

4．国内贸易业务经营模式的调整取得突破性进展。汽车销售 4S 店，积极探索新的经营模式，明显提高销售规模和经济效益，整车销售 985 余辆，销售额达 1.3 亿元。同时，扩展汽车销售直营店，目前郑州日产南汇航头直营店已开张营业。为了扩大汽车销售的市场占有率，集团正在积极筹备长安福特汽车品牌专营店。

与此同时，开辟惠普、飞利浦、美的等数码产品和白色家电国内的采购和销售业务，黑色金属产品的经营完成前期准备工作。

5．咨询服务业务的发展已进入新阶段。咨询服务业务立足市场，努力拼搏，加快经营思想转变，探索和开拓咨询服务发展新思路，树立“为业主服务，对业主负责”的观念，以质量为核心，以强化管理为手段，保持和推动业务有了新的发展。

监理公司全体员工努力进取，“打造一流品牌”强化内部管理，随着资质的提升，构筑很好的业务平台，民建项目大幅度提高，承接仪电集团等一系列有影响的项目。

昆明危险废物处理处置中心项目，按施工要求逐步完成项目内容，整个焚烧线已点火成功。

二、转型驱动，创新发展，形成基本思路

集团根据市委、市政府提出的“创新驱动、转型发展”和加快转变经济增长方式的总体要求，着眼于打造一流的设备集成服务企业，形成基本思路，并作了积极的探索，转型创新工作已有重大进展，核心业务的结构调整取得成效，形成比较明显的特征，具体体现为“转型、转业和转移”。转型：坚持转型不转向的原则，注重向三大核心业务功能性的两头延伸和创新，增加集团产业链的长度和宽度。转业：坚持培育新型产业在污水处理、租赁业务、外内贸业务方式调整等取得积极进展。转移：坚持地域性转移，抓紧落实集团“走出去”战略的配套措施，加大开拓国内和国外新市场的力度。目前，集团在山东、云南、贵州、福建、湖北、河南等地都承接了工程和业务。

三、强化内部管理，提升整体素质

完成集团各项管理制度和岗位设置、岗位职责的梳理、修订、制订、汇编印制工作，并组织专题培训。注重项目承接前的风险分析和评估，强化集团经济委员会对工程项目承接、投资、合作等技术经济问题的前期论证和评审。

继续实行财务预算制度，严格执行、规范资金使用的程序、审批、使用过程中的监督，注重可控性、计划性，定期监控预算执行情况，及时采取纠正措施，加强应收款管理，降低经营风险。初步完成构建集团EAS财务系统，进一步促进集团财务管理规范化、高效化。

完善投资管理工作，完善投资工作的规范流程，理顺国有产权关系，加快对外投资的清理工作。

规范国有资产的管理，集团于2010年末引进RFID固定资产管理系统，并于2011年年初进入开发调试阶段，使固定资产管理纳入规范化管理系统。

用科学发展观来指导内部审计工作，结合集团纳入上海建工上市公司的要求，从制度上规定和完善内部监察审计工作的规范和程序，积极有效地开展效能监察工作，督促企业对外部审计发现的问题进行整改。

四、建立和完善人才培养和考核体系

根据“十二五”人力资源的管理规划，安排年度培训计划，建立专项培训经费，集团层面先后组织530人次参加各项培训。其中有60人通过各类专业资格考试获得专业技术证书，提高了培训的实效性。

建立健全考核体系，继续完善考核制度体系，建立考核与工资奖金分配的联动机制，加大人才引进力度，建立人才资源数据库和分析机制，发挥对经济工作的支持功能，对集团各类资质的申报和年审工作中发挥了积极作用。

五、关心群众生活，建设和谐企业文化

集团在提高经济效益的同时，十分注重关心群众生活和提高职工收入，较大幅度提高员工的工资奖金水平和福利待遇。

继续做好离退休老干部和困难职工的关心工作，组织老干部到集团学习和活动，关心照顾他们的生活，夏送清凉，冬送温暖，同时落实各项政治待遇，为他们安享晚年和生活保障创造良好的条件。

重视企业文化建设，强化企业品牌和形象的宣传、摄制，重新编印集团的宣传片和样本。编制并下发员工手册，积极营造生动活泼的企业氛围，为集团进一步发展，发挥积极向上的推动作用。

【2012年发展趋势】

2012年，集团以党的十七届五中、六中全会精神和中央经济工作会议要求为指导思想，继续贯彻市委、市政府“创新驱动、转型发展”的工作要求，努力做到“加快两个转变，实现创新发展”的工作目标，做好“三提高、三推进”工作，即提高集团设备集成服务能力，提高集团科学管理水平和内控体系的完善，提高企业经济效益和员工收入水平，推进集团增长方式的转变和调整，推进人才培养规划的实施，推进企业文化建设和创建文明单位活动。

一、经济指标

经营规模为140亿元，利润总额达5060万元。

二、主要任务和目标

1．坚持一个核心，全面完成年度经济预算目标

坚持以预算目标比上年预算目标增长10%为核心要求，全面完成各项经济指标，结合经济实际采取相应措施。

2．围绕两条主线，推动业务创新转型，提升设备集成服务能力，即以创新转型和全面提升设备集成服务能力为两条主线。增强创新转型意识，力争取得新的突破；提升设备集成服务能力。

3．突出三个重点。即实施“走出去”战略、提高风险控制能力、加快人才培养引进。

4．优化四个平台。即企业文化建设平台、政策措施支撑平台、对外合作交流平台、关心员工工作和生活平台。

（刘岳峻）

上海烟草集团有限责任公司

【概况】

上海烟草集团有限责任公司是一家以卷烟工业为主的多元化、集约化、现代化的大型国有企业。2011年，公司实现税利779.59亿元，其中利润203亿元。公司被中央精神文明建设指导委员会评为2011年“全国文明单位”；被上海市企业联合会、企业家协会、经济团体联合会评为2011年度

“上海企业100强”第14位、“上海制造业企业50强”第8位；被上海市慈善基金会、上海市精神文明建设委员会评为第五届上海市“慈善之星”；被中国烟草总公司评为“全国烟草行业服务品牌建设先进单位”。

公司拥有一流水准的卷烟工业企业以及烟草储运、印刷、机械、材料等配套工业企业，并涉足商业、物流产业以及宾馆酒店、金融保险等行业。2003年和2004年，公司先后与北京卷烟厂和天津卷烟厂实现战略性联合重组。

目前，公司出品的主要卷烟品牌有："中华"、"熊猫"、"红双喜"、"中南海"、"牡丹"、"上海"、"大前门"、"江山"、"恒大"、"孟菲斯"等。多年来，以"中华"卷烟为代表的集团名优品牌以其高知名度和高品质赢得全国卷烟消费市场的推崇，并始终保持畅销不衰。

【2011年经济工作情况】

2011年，紧紧围绕烟草行业"卷烟上水平"基本方针和"532"、"461"品牌发展目标，上下同心，和搏一流，积极推进集团"1+3"品牌发展战略，加快实施"中华"品牌"百万千亿"工程，全面落实"卷烟上水平"各项工作，着力提升集团整体竞争实力，确保集团持续健康发展。

一、高度重视集团发展战略，着力抓好生产经营工作，经济效益实现快速增长

公司抓住发展机遇，加强战略谋划、科学决策，结合新的形势与要求，明确提出把"发展、改革、规范"作为"十二五"工作主线，切实做到手笔要大、机制要活、管理要严，努力彰显集团发展力、制造力、创新力、凝聚力。聚焦品牌发展，从全局和战略高度，提出坚持技术和市场"两个维护"，实现高端和低焦"两个突破"，努力推进"中华"品牌"百万千亿"目标的新提升。

积极落实产销目标计划，合理配置和统筹协调各类资源，强化经济运行分析和调控，努力提高经济运行质量。全年集团完成卷烟产量266.03万箱，比上年增长1.9%；卷烟销售282.29万箱，增长4.6%；实现工商税利779.59亿元，增长24.7%，其中工商利润203亿元，增长17.2%；公司净资产达到789.23亿元，增长12.4%，实现了"十二五"时期的良好开局。

二、加快推进"1+3"品牌发展战略，持续加强市场建设，品牌培育取得重大突破

基本实现"中华"品牌"百万千亿"目标。持续深化品牌培育与市场维护，确保"中华"品牌规模持续扩大、价值大幅提升。全年"中华"卷烟累计商业销量达到94.06万箱，商业批发销售收入实现1011亿元，基本实现"百万千亿"目标。

着力推进"中南海"、"红双喜"、"熊猫"品牌发展。围绕"保持特色、着力创新、优化结构、全面提升"的要求，不断提升"中南海"品牌的档次和品牌价值。全年"中南海"卷烟商业销量达到37.42万箱，同比增长0.8%。继续保持国内混合型卷烟第一品牌的地位。稳妥推进"红双喜"与广东"双喜"的品牌发展合作，共同签订品牌发展合作《框架协议》；继续推进品牌整合，"上海"、"江山"纳入"红双喜"品牌系列；积极推动品牌合作生产，与安徽阜阳、山东青岛和河南南阳烟厂共完成15.67万箱的合作生产任务，产品质量保持稳定一致。全年"红双喜"卷烟实现商业销量92.98万箱，增长23.7%。进一步扩大"熊猫"品牌市场影响力；全年商业销量达到0.54万箱，增长14.2%。

持续提升市场营销水平。在市外市场上，聚焦"中华"品牌发展，深入推进精准营销，不断提升工商协同营销水平，呈现出"体系更严、范围更广、分析更深、运作更实、把握更准"的新特征，更好地满足市场需求；围绕引导消费，探索实施驱动营销，着力转变产品策划、推广等营销方式，推动品牌培育和市场拓展。在市内市场上，着力把握需求、促进消费，知名品牌和低焦油产品培育取得积极进展；稳步推进营销创新课题研究，不断优化信息化业务流程，加强网上订货、网上配货，创新营销能力得到进一步提升；着力提高网络建设软实力，持续提高客户服务水平，积极建设工商共同面向消费者的现代卷烟营销体系。在海外市场上，积极探索"走出去"发展模式，抓好"红双喜"在港委托加工合作项目，稳步推进"落地生产、落地销售"；抓好俄罗斯"金鹿"项目，进一步加强与日本烟草的合作，不断加大海外拓展合作力度。全年集团卷烟境外销售17.2万箱，增长2.1%，其中"中华"卷烟出口4.04万箱；卷烟出口创汇达到1.4亿美元。

三、大力推进技术创新，"中华专线"实现投产试运行，集团自主创新能力持续增强

精心组织开展各类科研项目。以重大专项为抓手，围绕中式卷烟品牌核心技术的提升，选定并启动卷烟减害降焦、增香保润等一批高起点、高水平的研究项目；以项目为组带，开展重大项目带动战略，积极推进集团重大专项实施，取得阶段性进展。不断加强知识产权管理，申报国内专利31件、软件著作权1件、国际专利1件，并全部获得受理。同时，认真做好产品质量监督工作，实施安全检测能力拓展，全面开展烟草添加剂、烟用材料、烟叶原料样品安全性指标等检测、排查工作，加快构建产品质量安全体系。

深入推进重点品牌技术开发维护。围绕"高端低焦"，全面做好"中华"产品开发和维护工作，经过两年精心研制的大"中华"已上市试销；"中华"(6mg)等新品的研发工作稳步推进。以低焦低害、提升结构、满足市场为方向，软"红双喜"(8mg)完成开发上市，"红双喜"(5mg)、(3mg)研发工作取得阶段性成果。围绕混合型、高科技和

走出去发展的目标，实现“中南海”（蓝色时光）、硬“中南海”（1mg）等四大产品上市。以“高端引领”为方向，初步完成新品“熊猫”中样试制，积极开展有机“熊猫”卷烟研发。全年集团卷烟焦油加权平均值 11.1mg，下降 0.1mg；焦油量 8 毫克／支以下卷烟累计生产 55.49 万箱，商业销量 52.96 万箱，分别增长 48.6% 和 46.8%。集团产品综合质量得分 91.2，同比上升 0.5；消费者综合满意度为 87.54。

大力推进技术改造工程。“中华专线”，通过三年时间建设，全面完成建安工程，有效开展专业设备安装调试和产品工艺调试工作，实现了投产试运行。浦东科技创新园区项目实现挂牌运作，有序推进各项筹备工作，获得国家局批复立项，被列为上海市重大工程项目，将为集团和“中华”品牌的进一步发展提供强有力的科技支撑。北京卷烟厂技改项目顺利实现整体竣工验收；天津卷烟厂二期、营销中心改造项目实现开工建设。加强节能减排，全年集团三地四厂产值综合能耗 5.32 千克／万元，下降 28.8%；产量综合能耗 3.01 千克／万支，下降 12.7%；化学需氧量下降 15.6%，二氧化硫排放下降 92.8%。

进一步加强信息化建设。编制集团 ERP（企业资源计划）和物联网应用规划，为配套重大技术专项做好各项前期准备工作；全面推进集团 MES（制造执行系统）建设，积极构建数字化工厂；加强数据主题分析利用，提升决策支持水平；加快企业门户平台和数据应用分析平台建设，着力提升安全运维水平和信息化基础管理水平，抓好集成整合运用，更好地以信息化支撑集团化管理。

四、切实加强“基础年”各项工作，不断夯实管理基础，集团生产经营和市场管理更加严格规范

切实加强董事会建设工作。完成集团公司更名改制，并以此为契机，构建企业法人治理结构。加强董事会工程投资、物资采购、宣传促销管理委员会，预算委员会和薪酬委员会建设，建立健全董事会各项工作制度，推动公司重大决策的科学化、程序化、制度化。

有序实施组织机构调整。通过成立物流管理处，有效推进了集团现代物流建设规划和物联网专项研究；加强协调，有序实施海烟物流卷烟分拣扩容项目、天津卷烟厂烟叶仓库建设等，为进一步提升物流保障能力打下扎实基础。通过建立集团职工培训中心，建设金燕培训基地，加大培训资源整合力度，持续深化完善集团分层分级的培训管理模式，为提高集团整体培训质量、提升队伍素质提供了保障。

进一步深化内部监管。建立健全集团“工程投资、物资采购、宣传促销管理委员会”的咨询决策机构，不断完善工作规程，做好相关制度的制修订工作。建立健全集团“办事公开民主管理”体系，积极推进试点单位建设，初步形成具有示范作用、可操作的模式、流程和规范文件。按照全面审计要求，制定集团公司全面审计自查、复查方案，提出针对性建议，落实各项任务要求。完善审计委派制，建立审计监督长效机制，进一步发挥“免疫系统”作用。深入开展“小金库”和公务用车专项治理工作。

高度重视抓好专卖市场监管。始终保持打假高压态势，进一步加大打私打假工作力度，开展大规模专项整治行动；以“网络终端无假烟”为目标，探索建立市场综合监管新模式，着力提高市场净化率；持续加强专卖内管工作，初步形成具有上海烟草特点的专卖内管体系。2011 年，全市各级烟草专卖部门共查获非法卷烟 79.58 万条（其中假冒卷烟 41.33 万条），总案值 12015.6 万元；破获部级督办案件 3 起，符合国家局标准网络案 21 起；全市卷烟市场净化率 98.6%。协助公安机关抓获涉烟犯罪嫌疑人，被刑事拘留 193 人，有 98 人被依法追究刑事责任。市局再次荣获“全国卷烟打假工作特殊贡献奖”。

持续深化基层建设。按照“基础年”工作要求，卷烟工业企业紧紧围绕集团“1+3”品牌发展，严密组织、精心安排、合理调配，深入推进柔性化组织、精细化管理，更加注重现场连着市场，着力抓好精准生产，持续提升产品质量，有力地推动了集团品牌发展；积极开展“基础管理提升”活动，扎实推进技术和管理进步，不断完善指标体系、推进各项创新工作，持续提升了工厂综合竞争能力。全市商业企业强化目标管理，注重关键绩效指标表现，主体意识进一步增强，市场竞争能力和经营管理水平得到新的提升。各配套企业坚持服务集团主业、服务品牌发展，统一思想，凝聚力量，整合资源，突出重点，扎实推进包装印刷、物流配送、滤棒制造、薄片生产等各项工作，不断提升基础管理水平。

不断夯实管理基础。围绕集团品牌发展战略，推动原料保障工作，主动参与、深度介入烟叶基地单元建设，完成原料采购 287.48 万担。抓好计划管理、产品品控、合作生产工作，服务精准营销，探索精益制造，努力解决生产过程中的重点难点问题，全力保障完成“中华”等重点品牌产量、质量目标任务。实现集团工商质量管理体系的一体化运作，初步形成集团化的管理体系运作机制，顺利通过上海质量体系审核中心的认证审核。持续深化集团预算管理工作，加强成本费用控制，完善资金监管体系，确保集团资金安全受控。重视加强多元化投资管理，以优化经营结构、提升经营质量为指导思想，初步形成集团“十二五”多元化发展工作规划。开拓市场营销、深化基础管理，着力提升宾馆酒店业服务、管理水平。持续加强队伍建设，增强服务能力，营造三产管理中心和谐稳定氛围。认真贯彻国家和行业有关安全生产工作要求，推进安全生产“一岗双责”制度建设、安全生产标准化建设、技防设施建设和安全文化建设，努力构建“全员、全过程、全方位”的安全生产格局，全年未发生重

大安全生产事故和职业健康危害，保障了集团安全生产稳定受控。

五、全面加强队伍建设，不断深化集团文化，干部职工队伍整体素质不断提高

切实加强思想作风建设。积极推进“四好”领导班子、先进党组织和优秀共产党员创建工作，抓好创先争优活动各项工作落实。以“走出去、请进来”等方式，注重抓好党组中心组联组学习活动，积极推进学习型领导班子、学习型组织建设，提高党员领导干部思想理论水平。加强作风教育，组织集团1000多名科级干部、纪检监察干部和部分重点岗位人员分11批开展思想作风建设专题培训，进一步提升思想道德素质。扎实开展机关“作风年”活动，积极营造“讲责任、讲奉献、讲纪律”的良好氛围。

持续深化干部队伍和人才队伍建设。加大竞争性选拔干部力度，坚持“德才兼备、以德为先”用人标准，实施正处级、副处级和机关科级岗位的公开竞聘，努力使竞争上岗成为集团干部选拔任用的重要方式。结合干部竞争性选拔工作，注重加强干部交流、组织交流。进一步加大“两高”人才队伍建设力度，逐步实施综合管理、专业技术、技能操作等岗位的分类管理；实施高层次专业技术职务聘任工作，聘任首席研究员，研究员、副研究员，首席技师；有两名技术人员入选行业重大专项首席专家。全面开展“大培训、大练兵、大提升”活动，集团有6名选手获得由国家局授予的“全国烟草技术能手”称号。

坚持抓好党风廉政建设。认真贯彻落实全国烟草行业纪检监察工作会议精神，切实落实党风廉政责任制，引入廉政风险管理，进一步健全标准化惩防体系建设。认真落实廉洁自律有关规定，加大重点领域、关键环节廉政监督力度，严格规范权力运行。坚持勤俭办企业的方针，严明纪律，严格要求，加大监督检查力度。继续开展巡视工作，深入了解基层情况。

深入开展企业文化建设。精心组织以“中华传奇六十载，传世中华一百年”为主题的“中华”品牌60周年系列宣传活动。通过举办“中华”品牌文化咨询会、建设“中华”品牌文化展示厅等，对内进一步凝聚人心，对外进一步树立企业和品牌良好形象。全面开展“海烟”服务品牌建设，按照“品牌化塑造、体系化建设”的思路，确立了海烟服务“1357金字塔”服务模式，着力挖掘服务品牌建设亮点，广泛宣传、传播企业精神。积极践行“两个至上”行业共同价值观，进一步梳理集团“和搏一流”企业文化架构体系，着力发挥企业文化对企业发展的助推作用。以加强班组创建活动、开展劳动竞赛、培育劳模先进群体为抓手，积极培育员工“现场主动、职业自觉”精神。不断深化员工合理化建议活动，发挥员工工作热情与智慧。坚持以人为本，拓展职工关爱渠道，进一步提升集团凝聚力。抓好烟草学会工作，加强学术交流，活跃学术氛围，推广成果应用；完成《上海烟草志（1993 ~ 2003）》的出版、发行工作。切实做好中国烟草博物馆服务接待、陈列展示、征集保管和安全保障工作，进一步树立良好窗口形象。

不忘“报效国家、回报社会”，营造企业和员工、企业和社会和谐发展的良好局面。2011年，向“中华慈善教育基金”再次捐款1000万元。向云南、福建等烟叶基地捐款1380万元，帮助当地救灾助学，进一步树立了上海烟草负责任的企业形象。

【2012年发展趋势】

2012年，全面落实“卷烟上水平”的基本方针和战略任务，围绕“重在持续、重在提升、重在引领”的发展要求，贯彻“发展、改革、规范”的工作主线，聚焦以“中华”品牌“百万千亿”工程为核心的“1+3”品牌的新一轮发展目标，积极实施素质提升、创新驱动、转型发展的工作思路，解放思想、精益求精、职业自觉，着力促进自主创新能力的全面增强，着力促进发展方式的有序转变，着力促进整体素质能力的更大提升，着力促进产品结构的优化升级，持续推进“五个上水平”，提高发展的质量和效益，支撑上海烟草协调稳定可持续的和谐发展。

2012年的企业目标简称为“1351”，即聚焦一个发展主题——促进“1+3”品牌持续健康发展；增强三项发展动力——文化引领、创新驱动、队伍素质；提升五大能力——市场营销能力、精益制造能力、基础管理能力、风险管控能力、和谐发展能力；实现一个目标——保持持续健康发展，实现“百万千亿”新提升。

一、聚焦转型发展，切实保持集团品牌竞争地位

一是保持“两个稳定”，持续提升“1+3”品牌竞争实力。稳定品牌发展的市场份额；稳定品牌的市场价格。二是着眼“三个一代”，积极构建“1+3”品牌发展机制。着力形成“销售一代、培育一代、研发一代”良好格局。聚焦“百万千亿”新提升目标，保持“中华”品牌平稳较快增长；推进产品结构优化升级，提高“中南海”品牌形象和价值；着力提升结构、减害降焦，彰显“红双喜”品牌个性和特色；充分挖掘“熊猫”品牌文化内涵，牢固树立中国最高档卷烟品牌形象。三是加强战略管理，不断完善“1+3”品牌发展规划。审视并完善集团“1+3”品牌发展规划；健全集团品牌战略管理系统架构；注重品牌管理程序的梳理和优化。

二、增强发展动力，着力提升集团核心竞争力

一是坚持文化引领，努力为集团发展提供强大的精神动力。不断完善集团文化架构体系；切实加强“海烟”服务品牌建设；持续推进优秀学习团队建设；注重抓好“文化落地”各项工作。二是着力创新驱动，努力为集团发展提供坚

实的科技支撑。强化技术创新；完善集团管控模式；提高资源配置效率。三是提升队伍素质，努力为集团发展提供有力的人才保证。提升领导干部队伍素质；完善“两高人才”培养机制；提高职工培训工作水平；发挥党组织积极作用。

三、提升工作能力，全面增强集团整体素质

一是提升市场营销能力。二是提升精益制造能力。三是提升基础管理能力。四是提升风险管控能力。五是提升和谐发展能力。

四、坚定发展目标，努力确保集团持续健康发展

注重物质文明和精神文明的协调发展，充分展示上海烟草集团良好的企业形象。

（吴敏竹）

中铝上海铜业有限公司

【概况】

中铝上海铜业有限公司是中国铝业公司控股子公司，于2006年8月28日在上海注册成立。公司注册资本122,324万元，落户于上海市宝山区泰和路1088号，占地总面积42万平方米，建筑总面积17万平方米。公司董事长张程忠。公司由5个股东共同发起设立，分别是中国铝业公司、上海仪电控股（集团）公司、上海有色新材料（集团）有限公司、上海长江有色金属现货市场、上海闵马投资管理有限公司。

公司从事铜加工和有色金属进出口业务等，主要产品为铜及铜合金板、带、箔、型和复合材。铜材产品牌号全、种类多、规格齐、技术标准水平高，产品被广泛应用于电子信息、电力设施、汽车、船舶、航天航空、国防工业及重大装备等领域。

公司充分利用合作各方在资源、技术、品牌、经营、市场等方面的优势，重点发展有色新材料产业，服务于上海先进制造业和现代服务业，并加快在上海建设精品铜材生产基地。

“十二五”期间，公司将以全方位深度结构调整为动力，确保初步实现“做精板带箔，走高端铜加工之路”的战略转型，呈现一个观念先进、机制创新；研发前瞻、生产精细；经营灵活、风控规范；人才集聚、队伍稳定；组织扁平、管理高效的焕然一新的上海铜业。

【2011年经济工作情况】

2011年，公司认真贯彻落实中铝公司、中铜公司的总体工作要求和公司董事会工作安排，以科学发展观为指导，深入开展创先争优活动，坚持把全方位深度结构调整作为主要抓手，把管理改革创新作为重要支撑，把提高经济运行质量和效益作为主攻方向，把加快项目建设和企业发展作为新的动力，统一认识，重振信心，明确责任，狠抓落实，经济运行总体保持平稳有序态势。

公司主要经营指标完成呈现“有增有减”的不平衡态势，主要技术经济指标尚属平稳，取得新的进展：

一、控亏增盈工作不断深入

公司将2011年确定为“管理改革年”，通过一系列管理改革措施，不断深入推进控亏增盈工作，促进生产经营和企业发展任务的实现。

1．强化市场开拓，推进“三个联动”。面对宏观调控、银根收紧和市场竞争加剧的严峻态势，公司积极调整产品结构和用户结构，强化市场开拓，推进“三个联动”。一是新老线联动，以新促老，以老带新。以高精度铜板带项目新线生产装备和技术优势以及对供坯质量的高标准要求，促进老线的产品质量提升；以老线的资源，带动新线拓展市场。二是内外贸联动，发挥整体功能，优势互补。积极开拓出口市场，通过外贸信用证进口电解铜，发挥整体优势。三是期现货市场联动，挖掘价格功能，风险受控。充分运用期货套期保值和现货交割的联动机制，充分利用好期货市场远期价格发现功能，规避和控制电解铜价格波动风险，更好地服务用户，拓展市场。加大白铜带、插片铜带等产品市场开发力度，推进差异化营销策略，根据不同市场需求抓好售前、售中、售后服务。

2．积极挖潜，加大降本力度。具体做法：一是充分利用分时电价政策，实施可中断负荷设备“避峰用谷”和部分企业错峰上班措施，减少电费支出，2011年，公司平均电价同比下降0.034元／千瓦时。开展合同能源管理，实施空压机余热利用节能技改项目，节能降耗。二是加强原料验收和入库管理，从源头抓好质量控制，降低金属消耗。三是改变炉渣铜处理办法，提高金属综合利用率。四是加大银票支付力度，减少财务费用支出。

3．落实“双百亿”要求，控制应收账款，压缩存货，加快资金周转。一是在资金趋紧的形势下，进一步控制应收账款规模。截至12月末，主业营运的实际应收账款同比下降15.46%。二是抓住铜价高位行情的机遇，进一步压缩存货，降低金属占用，压缩成品库存，减少流动资金占用。12月末，产成品库存同比下降29.8%。三是盘活资金存量，提高资金周转效率，确保企业生产经营现金流不断。

4．实施采购招投标新制度，完善风险防范机制。对零星辅料及备件采购实施比质比价采购原则，降低采购成本。对大宗辅料采购进行统一招标、集中采购。控制原料采购风险和降低采购成本。逐步建立各项风险防范机制。

5．加强管理费用控制，提高预算执行力。各项管理费用均控制在预算范围内，同比有所下降。

6．积极研究政策、争取政策，向政策要效益。经积极争取，在上海市经信委、财政局、统计局等部门支持下，公司获得上海市产业结构调整奖励资金851万元。同时，积极争取上海节能减排和科研新品的政策支持。

二、企业基础管理不断夯实

根据中铝公司全方位深度结构调整和强化基础管理的总体要求，2011年实施的管理改革措施是公司成立以来最多的一年。

1．稳妥推进一板带厂体制改革和供销分公司管理改革。将一板带厂调整为板带一工区和板带二工区，精简管理部门和减少管理层级，探索竞争上岗新机制。积极推进供销分公司管理改革工作。调整营销机构，实施中层干部和销售人员公开竞聘，优化营销人员激励机制，推进敏感岗位的轮换岗交流机制。

2．积极稳妥地推进管棒厂业务转型工作。按照上海市节能减排总体规划，压缩长期严重亏损并难以扭亏的管棒线产品，将其业务转型为铜材精整分条、包装、储运等生产性服务业。启动招商引资和增加创收的前期准备工作，充分利用好存量资源。

3．强化质量管理体系建设。开展产品质量缺陷展示活动和班组长座谈会，进一步增强全员质量意识。结合质量月活动，规范一线员工的作业行为，加强生产过程控制，持续质量改进，稳定和提高产品综合成材率。

4．加强生产、设备、计量、班组建设等基础管理工作。深化违章行为综合治理。开展“红旗设备”评比活动，降低设备故障率。探索和完善统计管理工作，规范统计表式和统计口径，不断提高统计数据质量。强化检斤计量管理，重新梳理并制定相关原料验收和计量管理制度，完善相关管理流程。加大现场清洁生产的检查、督促、考核管理力度。积极开展班组劳动竞赛。

5．持续改进招投标管理。将招标和评标分离，完善招投标信息渠道，向有效的物资采购要效益。

6．加强生产运行管理。强化生产、供应、销售等环节的有效沟通和协调，提升生产运行效率，产品交货期明显加快。

7．推进信息化建设。修订和完善信息化管理制度。有序实施高精度铜板带项目MES系统。年内，公司被中铝公司评为信息化工作先进企业。

8．推进科技研发工作。制定并完善科技研发项目管理制度。《引线框架铜带成品率提高关键技术研究》被列入2011年度中铝基金重大科技专项计划。《汽车同步器齿环新材料及新制造技术的开发》、《高强高导Cu-Sn合金材料研制》被列入2011年度中铝基金重点项目。

9．启动和完成企业全面风险管理体系建设工作。制定和完善信息化、法律事务、军工保密、计量工作等管理制度，认真开展各类审计及效能监察工作，构建大监督管理体系。

10．完善财务管理体系建设。建立新板带财务核算模式，控制项目预算，规避汇率风险。

三、板带项目新厂新办不断加快实施

公司明确高精度板带项目建设新厂新办的总体要求，即观念创新化、生产精细化、组织扁平化、机制市场化、风控规范化、研发前瞻化、管理高效化。探索性开展“新厂新办”实践，取得阶段性成效，向做精加工、效益领先的目标积极迈进。

1．高精度铜板带项目投资按节点进度有序推进实施。该项目2011年完成固定资产投资35366万元。项目厚带生产线已进入试运行阶段，全年完成产量601吨。薄带生产线也将贯通，压延铜箔生产线全面进入安装调试阶段。同时，积极做好各单项验收工作，为全面竣工验收做好准备。

2．新厂新办取得阶段性成效。高精度铜板带项目积极探索“新厂新办”的有效途径，突出体制创新。一是聘请日本惠比寿公司管理团队经营管理高精度铜板带分公司，7月起日方管理团队开始工作，实施全面管理。二是高精度铜板带分公司新进员工须经公司竞聘或社会招聘考核录用，用制度逐步实行与市场接轨的新机制。三是按先进企业管理理念，强化产品质量控制。推进现场5S管理，优化作业环境。积极实施高精度铜板带产品市场推广工作。着手为项目达标达产做准备。四是按生产流程实行大工种操作方式，要求一岗多能，加强员工全面培训，提高劳动者技能。

四、激励机制不断完善

公司进一步加强人才队伍建设，完善多渠道的成才之路，抓好五级工程师、技师职务竞聘上岗工作。开展技师、高级技师任职资格考评专业培训、外来务工人员职业技能培训、管理人员计算机技术培训、公司涉密人员保密工作岗前培训等各类员工培训。进一步推进分配制度改革创新，确立职工收入增长向一线岗位、关键岗位倾斜的分配导向，严格按绩效考核。

根据高精度板带分公司生产经营需要，做好人员培训、人力资源保障和储备工作，严格控制用工总量，严格控制人工成本。

坚持市场化导向，加大力度探索职工竞争上岗新机制，严格实行试用期和合同到期员工的考核评价制度，逐步规范员工岗位退出机制，在留住有用人才的前提下积极引导合理的人员流动。

五、实事工程不断落实

公司推进和实施企业实事工程，落实公司领导干部接待日制度，完成食堂内部装修，积极实施职工休息室标准化建设，进一步加大对困难职工的帮扶力度。

六、党的建设和思想政治工作不断推进

公司按照中铝公司党组、市经信工作党委要求，以迎接建党90周年和中铝公司10周年为动力，深入开展创先争优活动，大力推进思想政治工作，推动企业科学发展。

1．深化创先争优活动。围绕公司中心工作，积极开展创先争优劳动竞赛和“立足岗位作贡献，创先争优当先锋”等主题活动。公司创先争优工作得到中铝公司和上海市经信党委创先争优活动办公室肯定。

2．开展建党90周年系列活动。在全公司开展“两优一先”评比表彰和宣传活动，启动党史知识竞赛和红歌传唱活动，营造了迎接建党90周年的浓厚氛围。

3．推进学习型党组织建设。以创建学习型党组织为抓手，坚持每月一期党委中心组学习，各级党组织召开党员民主生活会，积极推进“四好”班子建设和干部队伍建设。

4．不断夯实党建基础。及时进行基层党支部筹建改选，加强了党员积极分子培训和党员队伍建设，推出基层党支部创先争优活动园地建设。

5．确保管理改革稳步推进。

【2012年发展趋势】

2012年是实施“十二五”规划承上启下的重要一年，也是公司“转型发展年”。工作指导思想是全面贯彻党的十七大和十七届五中、六中全会精神，深入贯彻落实科学发展观，认真落实中铝、中铜公司工作会议的总体要求和公司董事会的工作安排，坚持“调整结构、做精板带、盘活资源、转型发展”的工作方针，坚持走高端铜加工发展之路，促进企业科学发展，全面完成年度各项工作任务。全年整体工作突出“一个中心、两个支点”，即一个中心是指以经济效益为中心，两个支点是指职工队伍建设和机制改革工作。

一、主要经济目标

1．产销量：43200吨；

2．营业收入：98.89亿元；

3．利润总额：186万元；

4．流动资产周转次数：2.2次；

5．销售收入资金回笼率：100%；

6．安全生产：完成中铝公司和上海市下达的安全考核指标，千人负伤率小于1‰，无重大安全生产责任事故；

7．高精度铜板带项目全线贯通。

二、重点管理工作

1．坚定信心，坚决打赢控亏增盈攻坚战；

2．攻坚克难，全力推进新厂新办；

3．运营转型，切实提高管理效率；

4．创新驱动，加快实施转型发展；

5．转换机制，真正调动广大职工工作积极性；

6．创先争优，进一步推进党建工作。

（邱子雄）

上海船舶工业公司

【概况】

上海船舶工业公司是中国船舶工业集团公司（简称中船集团）在上海及苏、皖地区的派出机构，主要任务是受中船集团委托，对中船集团在上海及苏、皖地区的企事业单位进行必要的管理、协调、监督、服务等职能。

上海地区集中了中船集团绝大部分骨干船厂，造船产量约占全集团造船总量的80%以上，技术和管理水平在国内处于领先地位，具有较强的国际竞争力，承担着我国机电行业出口创汇和海军装备生产的重要任务。

通过多年的发展，上海船舶工业具备建造吨位大中小型，技术含量高中低档的各类用途水上及水下军民用船舶产品、海洋工程产品和配套设备和产品的开发能力、技术能力、生产能力。产品种类从普通油船、散货船到具有当代国际水平的化学品船、客滚船、大型集装箱船、大型液化气船、大型自卸船、液化天然气船、超大型油轮（VLCC）及海洋工程等各类民用船舶与设施。同时在大型钢结构制作等多方面具有优势。

在做大做强造船主业的同时，积极发展壮大修船业、船用配套以及钢机构等非船业务。能够从事从一般海损坞修到大工程改装修理，建造了多型号、多系列的大型船用中、低速柴油机，在其他配套产品的开发生产上也取得了骄人的业绩。积极参与上海和全国各地城市的基础建设，先后承接建造了上海南浦、杨浦、徐浦、卢浦大桥，上海东方明珠、上海大剧院、浦东国际机场、八万人体育场等为代表的大型市政工程的钢结构制作和安装以及地铁、隧道盾构的制作及维修，为市政建设作出了重大的贡献。

上海船舶工业公司将在中船集团领导下，为把中船集团公司建设成为产融一体、最具竞争力的世界一流船舶集团作出新的贡献！

【2011 年经济工作情况】

2011 年，上海船舶工业积极应对复杂严峻形势，围绕“十二五”规划制定的目标，努力转变发展方式，积极推进结构调整，进一步做强做优主业，实现“十二五”开局年的平稳健康发展。

一、主要经济指标再创新高

上海船舶工业实现造船总量和经济总量的平稳增长，造船完工量突破 1300 万载重吨，工业总产值继续在 600 亿元以上。

主要经济指标如下：全年完工船舶 105 艘。完成造船产量 1330 万吨，比上年增长 9.8%；全年完成工业总产值 644 亿元，增长 9.9%；实现销售产值 644 亿元，增长 9.9%；完成出口交货值 376 亿元。完成柴油机 195 台，增长 28%；功率 260 万千瓦，增长 21%。全年承接各类合同金额 360 亿元（其中，签约新船订单 430 万吨）。（以上数据不含上海其他除中船集团外企业）。

其中，外高桥船厂公司全年造船完工总量达到 36 艘／814.8 万载重吨，再次刷新中国船厂年造船完工总量的纪录，成为我国第一家年造船完工总量突破 800 万载重吨大关的船厂；江南造船、沪东中华、上海船厂也均克服多方面困难，实现造船总量的同比增长。船舶配套企业中，沪东重机、中船三井等也进一步扩大产量。

二、结构调整积极推进

沪东中华造船公司自主研发 16 万～ 22 万立方系列 LNG 船，并成功接获美孚公司 2+2 艘 LNG 船的建造订单，这是中国制造 LNG 船首次获得国外船东订单，实现出口零的突破；上海船厂加大船型研发力度，推出宽体 3500 箱以及 4800 箱集装箱船系列；外高桥造船、江南造船等也积极开发满足市场需求的新一代散货船及油轮。

船舶配套企业也积极适应市场变化，加快自主开发的步伐。科研院所积极主动与船厂合作，在新一代万箱级集装箱船型开发、大型 VLCC 优化升级和大型主流船型设计和市场经营方面均取得突破。在钻井平台、钻井船等海洋工程方面也取得新的突破。

三、改革管理再上台阶

1．降成本。上海地区各企事业单位积极推进成本工程，通过优化生产流程，加强成本精细化管理，积极应用新工艺、新设备等各种措施降低成本。

2．提效率。上海地区各企事业单位通过加强新工艺、新技术的研究和推广，吸收、消化日韩等先进船厂的管理经验，优化生产流程设计，推进精益管理，提高生产效率。

3．节能减排。上海地区各工业企业单位认真落实节能减排目标责任，积极推广应用节能减排先进管理经验，实施节能减排技术改造，持续提高节能减排工作员工参与度。在前两年全面开展能源审计基础上，大力推进清洁生产审核、电平衡测试等工作，努力夯实基础，全年节能减排主要指标达到年度考核目标要求。

【2012 年发展趋势】

2012 年，上海船舶工业计划完成工业总产值超 600 亿元，造船计划完工 1300 万吨以上。全年，上海船舶工业重点把握好三方面要求：一是要千方百计促增长；二是要全力以赴强管理；三是要主动作为谋发展。重点落实六方面工作：全力确保完成生产经营任务；大力提升企业管理水平；持续加大科研创新力度；加快推进产品结构和业务结构的优化调整；切实加强人才队伍建设；努力促进企业和谐稳定。

（张水灿）

上海化学工业区

【概况】

上海化学工业区为国家级经济技术开发区，位于杭州湾北岸，规划面积 29.4 平方公里，是以石油化工及其衍生产品制造为主的现代化产业基地，主要发展石油化工和天然气化工系列产品、精细化工产品、合成新材料和综合性深加工产品。2011 年，上海化工区经济发展总体平稳，工业产值和销售收入稳步增长，招商引资大幅提升。全年，化工区（包括金山、奉贤分区）共完成工业总产值 870.9 亿元，销售收入 947 亿元；引进项目投资 12.05 亿美元，完成固定资产投资 58.2 亿元；区内注册企业实现利润 25.9 亿元，实缴税金 40.19 亿元；万元产值能耗 0.897 吨标准煤／万元。截至年末，化工区累计批准项目总投资 180.95 亿美元，累计完成固定资产投资 973.6 亿元。

【2011 年经济工作情况】

一、狠抓招商，全力推动新一轮发展实现良好开局

10 月 21 日，上海化工区举行开发建设 15 周年回顾暨“创新驱动、转型发展”项目签约仪式，回顾总结园区 15 年开发建设经验，谋划推动未来 5 年新一轮发展。仪式上，共

有总投资额670亿元的21个项目集中签订投资和建设协议，为实现“十二五”规划持续稳定发展夯实基础。一是坚持不懈推动，重大项目取得实质性进展。积极把握时机与国家有关部委、市政府有关部门以及中石化、高桥石化等企业联系沟通，主动协助开展炼化一体化项目各项前期工作。在各级领导的关心支持和各方紧密配合努力下，市政府与中石化于10月17日正式签署关于高桥石化提升调整的合作协议，确定“十二五”期间中石化在化工区重点建设炼化一体化项目，包括年产2000万吨炼油和100万吨乙烯等装置。二是积极主动配合，重点项目实现建设和投产。积极与各项目业主保持良好沟通，主动提供有关服务，配合解决相关问题，着力落实项目建设和运营条件，确保拜耳一体化基地年产25万吨TDI装置、欧诺法年产1.65万吨丁吡胶乳项目在年内建成投产，西萨苯酚丙酮、中石化三井苯酚丙酮、汉高工业胶粘剂和金属表面处理剂等项目按计划启动建设。三是全力以赴落实，招商引资保持稳定良好态势。通过分解细化年度计划、定期跟踪进展情况、经常拜访项目业主、了解掌握投资动态等努力，有力推动中石化三井苯酚丙酮、赛科丙烯酸扩建、3M三期胶带和热熔胶、彤程橡胶助剂、纳克合成基础油和润滑油、宁柏迪增资、优尔稀增资等项目获批落户，赢创德固赛异氟尔酮、拜耳掺混料等项目上报待批，继续保持招商引资工作稳定发展的良好势头。此外，目前密切跟踪的后续储备项目共59个，涉及投资总额146亿美元。同时，从高投入高效率、低消耗低排放的标准出发，严把招商门槛，坚持招优选强，婉拒和劝退15个不符合要求的项目，确保引进项目质量，增强了持续发展后劲。

二、围绕主题，狠抓安全生产监管总体受控平稳

按照年初确定的“安全发展年”主题，狠抓安全生产监管，园区安全生产继续呈现总体受控、持续稳定的良好态势。一是签订安全生产工作责任书。强化企业安全生产主体责任意识，与区内42家生产经营单位和金山、奉贤两个分区发展公司分别签订2011年度《上海化学工业区安全生产工作责任书》。二是组织安全生产联合检查。在法定节假日和本市重大社会活动前夕，园区安委会各成员单位组成联合检查组，对区内企业进行安全检查，共查出问题37项，发出整改意见书6份，限期整改9项。三是成立安全技术服务办公室。对区内312家承包商队伍进行安全准入审核、备案和培训，在全国化工园区率先开展对承包商队伍的安全管理。四是稳妥处置“9·8”火灾事故。事故发生后，化工区反应迅速，各单位应急联动，迅速控制险情，得到市领导的肯定。为避免“9·8”赛科火灾等类似事故的再度发生，化工区认真反思事故原因，针对区内企业2005年左右开始生产，目前部分设备、零部件已进入更新阶段的特点，召开安全生产工作会议，开展安全隐患排查专项整治活动，要求园区企业进一步提升安全发展理念，对生产管线、阀门、螺栓及垫片进行一次集中检查和更换。同时，针对“9·8”赛科火灾事故应急处置中的薄弱环节，研究出台《重大事故状态下化工区公用工程及产业链上下游企业应急处置操作程序》、《上海化学工业区建设项目试生产（使用）方案备案规定》等五项操作程序和三项规定。

三、加快收储，积极推进土地经营落实计划任务

管委会、园区土地储备中心和发展公司密切配合，着力推进土地收储和管理工作，确保落实项目用地储备，积极协调土地成本认定，加快推动地块转让出让，研究调整土地销售价格，较好地满足了招商引资和项目建设的计划要求。一是年度土地储备任务加紧落实。围绕获批的《化工区2011年度土地储备计划》，公司会同管委会积极配合园区土地储备中心推进土地收储的各项工作。在主动与市发改委、市规土局、市财政局等政府部门以及金山区、奉贤区政府协调沟通的不懈努力下，完成西区3平方公里围垦地块的土地权属转移，以及C5-1地块的土地收储，取得相关产证，为满足炼化一体化和中石化三井三元乙丙橡胶等项目用地需求做好准备。同时，B4-1、B5-1、F5等地块的收储工作也正在抓紧推进之中。二是土地开发成本认定基本完成。下半年起，公司与管委会、园区土地储备中心以及专业审价单位密切协作，认真细致地开展西区和北区土地开发成本认定工作，并通过与管委会相关部门的反复沟通协商，就成本认定标准和分摊原则基本达成一致意见，为今后落实前期建设资金还贷和确定园区后续开发模式打下了基础。目前，西区和北区成本认定已经基本完成，债权债务认定及后续建设的相关协议也已完成拟订，未征用地块的基础设施建设委托协议正在拟订之中，以确保后续开发建设顺利推进。三是土地销售价格调整正式实施。从化工区土地开发实际成本变动情况出发，参照同类地区土地价格，经过认真细致的调查研究和可行性分析，对园区土地使用权挂牌转让的起始价格进行了调整，自10月1日起执行。同时，主动向管委会汇报交流、争取支持，积极做好与投资客户的沟通说明，确保招商工作平稳开展。

四、修订办法，区域联动切实提高管理服务水平

推进化工区管理办法修订工作，修订后的《办法》适用范围扩大到化学工业区和金山分区、奉贤分区，为区域联动发展提供了法律依据，进一步明确管委会接受市有关行政管理部门的委托，统一实施投资、规划、建设等领域的行政审批职能。在区域联动方面，一是召开三区一体化联席会议，总结一体化管理启动以来取得的工作成绩，目前，三方已就化工区产业发展与区域联动合作工作初步达成合作方案。二是加强长三角地区化工区交流合作，11月24日，召开“上海化工区、南京化工区、宁波石化经济技术开发区合作发展

第一次交流会议”，通过《三地化工区合作发展方案》。在提高管理服务水平方面，一是优化审批程序，推进网上审批和网上服务工作，促进项目审批的公开透明、效率提高。二是简化企业增资小项目的核准、备案，在规范审批的同时根据项目性质和问题原则程度，采取先批后补、说明承诺等形式解决项目实际困难。三是协调市发改委、市经信委等部门，帮助部分企业申请办理内外资项目鼓励类确认。四是加强与市规土局的沟通协调，落实化工区的用地审批职能。五是进一步完善国有资产管理机制，健全国有资产管理工作流程，为驻区单位提供后勤保障服务。

【2012 年发展趋势】

2012 年是深入推进“十二五”规划实施的关键一年。上海化工区要牢牢抓住创新驱动、转型发展，按照市领导“提升上海化学工业区能级、水平和规模”的要求，聚焦炼化一体化项目，狠抓招商引资和安全生产，践行责任关怀理念，加强党的建设，抢抓机遇、开拓奋进，加快“两个基地”建设，确保全年完成招商引资 20 亿美元，销售收入 1000 亿元，工业总产值 950 亿元，固定资产投资 60 亿元，能耗总量控制在 850 万吨标煤，保持园区经济平稳健康发展和社会和谐稳定，以优异成绩迎接党的十八大胜利召开。

一、聚焦重点项目，在推动园区经济平稳较快增长上下功夫

积极配合做好各项前期准备工作：一是会同市发改委、市经信委做好炼化一体化项目审批跟踪和沟通中石化的工作。二是启动炼化一体化项目用地收储，积极做好公用配套、下游延伸等工作。三是加强与市炼化一体化项目组对接，建立定期会议制度，编发《上海化工区推进炼化一体化项目工作情况》。四是配合做好 1 公里限制带动迁工作，加强与市网宣办等有关舆情主管部门的沟通，建立定期沟通机制，做好舆情应对工作。同时，积极推进其他重大项目，力争亨斯迈光气项目获得国家安监总局的支持批准，努力完成亨斯迈、拜耳、德固赛、3M、孚宝等企业增资项目的核准，协助做好赛科增资项目，推进英威达己二胺项目的核准工作，推动园区经济平稳较快增长。

二、狠抓安全监管，在确保园区平稳运营上下功夫

一是强化隐患排查，重点对在用的危险化学品运输管道等特种设备及附件设施进行集中清查，全面开展在线检测和安全评估。二是建立健全承包商安全管理档案，加强承包商队伍的安全准入管理，对承包商作业环节进行动态管理。三是推进安全生产标准化建设，力争化工区重点危化品企业到年底全部达到安全标准化二级，其他危化品企业全部达到安全标准化三级。四是加强化工区的应急保障能力建设，建设“体系完整、机制完善、反应迅速、处置高效”的应急管理示范基地。五是完善园区应急管理监控监测网络，重点在光气化生产装置集聚区域构建全天候、全覆盖的监控网络，数据信息与应急响应中心实现互联互通。与此同时，强化“发展是第一要务、稳定是第一责任”的理念，建立重大事项社会稳定风险评估机制；进一步加强与金山区、奉贤区信访部门的协调与合作，建立突发事件信访协调处理机制，及时掌握并妥善处理化工区及周边地区的不稳定因素。

三、加强环境保护，在推动园区生态发展上下功夫

按照《国家生态工业示范园区管理办法（试行）》、《国家生态工业示范园区建设考核验收规则》等要求，做好国家生态工业示范园区的各项验收准备工作，确保国家生态工业示范园区创建成功。在做好化工区 VOC 总排放量监测、估算工作试点工作的基础上，全面推进挥发性有机物（VOC）排放总量监测、估算工作，为“十二五”期间的 VOC 总量工作奠定基础。组织开展环境污染事故应急处置演练，提升园区环境事故应急处置能力，快速准确实施救援。继续对区内企业实行探伤备案管理制度，并至少每半年对放射源单位进行现场监督检查。加强环境监测，启动园区环境监测网络建设，整合环境监察支队、医疗中心及园区企业等各类监测力量，完善园区环境应急监测体系。

四、深化行政改革，在提高行政效率上下功夫

借鉴国外工程管理的先进理念，进一步梳理建设项目开工建设的前置条件，严格管理标准、简化管理环节，不让许可程序成为项目开工建设的瓶颈或障碍。加强与市发改委、市经信委、市规土局、市环保局等部门的沟通，简化项目审批流程，推进行政审批事项网上办理，提高行政透明度。按照市行政审批改革方案的要求，进一步完善建设项目行政管理程序，并结合化工区实际情况，理顺机制、明确职责、优化程序、提升效能，积极办理项目规划、土地、建设等前置审批许可手续，确保园区招商引资项目顺利落地建设。着力解决建设项目审批的关键环节，尽快打通上海化工区土地储备、出让的全流程，确保园区项目审批、建设顺利进行。

五、践行责任关怀，在促进园区和谐发展上下功夫

践行责任关怀理念，开展责任关怀课题调研，制定化工区责任关怀实施方案，下半年，召开责任关怀推进大会，布置落实责任关怀工作。以“区域互联、友好互临、结对互助”为载体，进一步深化“好邻居、双结对”活动，探索和推进区域间的共建共享发展机制，使周边地区更好地理解化工区的建设发展，共享化工区建设发展成果。按照《上海化工区、南京化工区、宁波化工区化工区合作发展方案》，加强三地在产业发展、园区管理、安全生产、环境保护、责任关怀等方面的合作，做好责任关怀、安全生产、能耗统计三个课题的调研。

（方　敏）

上海市电力公司

【概况】

上海市电力公司是从事上海地区电力输、配、售的特大型企业，统一调度上海电网，参与制定、实施上海电力、电网发展规划和农村电气化等工作，并对全市的安全用电、节约用电进行监督和指导。上海市电力公司管辖的上海电网位于长江三角洲的东南前缘，北靠长江，东临东海，与江苏、浙江两省接壤。供电营业区覆盖整个上海市行政区。截至2011年年末，上海市电力公司直接管辖各类电网企业、发电企业、施工、科研、医院、能源服务、培训中心等单位24家。公司在职职工13749人；代管单位3家，职工1535人。

【2011年经济工作情况】

至年末，全市发电装机容量为1965.54万千瓦，35～800千伏变电站851座，变电容量12443.17万千伏安；年发电量1026.33亿千瓦时，售电量完成1070.60亿千瓦时，比上年增长4.14%。在上海市委、市政府以及国家电网公司党组的坚强领导下，公司坚持以科学发展观为指导，紧紧围绕“一强三优”现代公司发展战略，迎难而上，开拓创新，在安全供电、电网建设、优质服务、经营管理、依法治企、体制改革、科技创新以及“三个建设”等方面都取得了长足进步。全面履行企业社会责任，主动服务地方经济发展，圆满完成建党90周年纪念活动、世游赛等重大保电和迎峰度夏安全生产任务，加快推进皖电东送特高压工程等重点项目以及智能电网建设。公司首获全国文明单位荣誉称号，市政风行风测评中连续10年获得第一，蝉联全国供电可靠性金牌企业第一名，实现了“十二五”良好开局。

一、安全供电再上新水平

全面实现2011年全年安全生产工作目标，未发生重大及以上电网、人身和设备事故，供电可靠性达99.983%。圆满完成建党90周年纪念活动、世游赛等重大保电和迎峰度夏安全生产任务。强化电网调度运行，实现供电公司层面全面“调控一体化”，强化设备运行管理，实现公司层面状态检修全覆盖，国内首个实用化故障抢修管理（TCM）系统实现供电区域全覆盖，强化安全管理，深入开展隐患排查整治和现场反违章工作，加强发电厂涉网运行管理和高铁、轨道交通等重要用户安全管理，强化应急队伍建设和培训演练，建成公司应急指挥中心。

二、电网发展迈上新台阶

国家电网特高压规划和上海电网“十二五”规划纳入上海市能源和电力发展“十二五”规划。配合推动淮南—浙北—上海特高压工程获国家核准并开工建设，淮南—南京—上海特高压交流工程上海段环评工作顺利完成。组建电动汽车服务公司和电力能源服务公司，城际互联沪杭高速枫泾服务区充换电站建成并通过国家电网公司验收，嘉定安亭、奉贤南桥新城充换电站开工建设。电力光纤到户率先取得新突破，与东方传媒集团、上海联通联手打造“互视通”品牌，完成3个居民小区的电力光纤到户试点，试点开通宽带和视频业务。500千伏静安（世博）地下变电站获鲁班奖。

三、优质服务再创新佳绩

坚持“你用电、我用心”，不断深化“四个服务”，扎实开展“塑文化、强队伍、铸品质”供电服务提升工程，学习贯彻新“三个十条”，深化“电力服务进社区”主题活动，提升客户满意度。线损综合治理成效显著，线损总量可控，为保障公司经营业绩发挥了重要作用。积极应对“电费”风波，认真提高服务质量，减少工作差错，加强政府沟通和媒体宣传，进一步夯实营销服务基础。全年新装、调换智能电能表240万台，改造计量装置1.13万个，采集系统覆盖率达到30%；营销稽查监控管理系统运营展示模块上线运行。公司在全市窗口行业社会公众满意度测评中荣获“六连冠”，连续五届荣获“上海市文明行业”称号。95598热线服务进入最受欢迎夏令热线前三名。

四、经营管理取得新实效

全面加强财务资源管控，严格投资管理、成本管理和资金管理，完善财务标准体系，企业年金资产投资收益率在国家电网公司系统内位居第一，连续第四年荣获AAA级资信等级。开展清仓利库、仓储管理和配送体系建设，物资保障能力明显提升；在国家电网公司系统内首批完成电子商务平台推广上线和电子评标室建设；采购合同签订完成率、及时性和准确性均达100%，废旧物资处置实现收入7000万元。国际业务积极开拓，全年实现合同金额7960万美元，尼日利亚配电网及电厂私有化投标技术服务项目取得阶段性成果。

五、科技信息工作取得丰硕成果

年内，亚洲首条柔性直流输电示范工程成功投运；钠硫电池进入产业化新阶段；电动汽车充放储一体化电站系统及示范工程获国家863计划立项批复并启动建设。获国家科技进步二等奖1项；获国家电网公司科技进步奖15项，其中特等奖1项、特别奖1项、一等奖3项，为公司历年最好成绩。上海信息灾备中心建成并通过验收，实现应用级容灾并获“白玉兰”奖和11项发明专利。GIS地理信息平台、非结构化数据管理平台等试点项目通过国家电网公司验收。完成人财物集约化系统、输变电设备状态监测系统等系统推广部署。启动全透视智能数据监控分析系统建设。ERP系统获电力行业“十一五”信息化十大成果奖。

【2012年发展趋势】

2012年，上海电力公司工作总的要求是：深入学习实践科学发展观，坚决贯彻国家电网公司党组和上海市委、市政府决策部署，坚持以创建“两个一流”为目标，以“两个转变”为主线，以安全稳定和优质服务为前提，大力推进“三集五大”体系和坚强智能电网建设，深化改革创新、依法治企和“三个建设”工作，全面提升发展质量、管理效率和经济效益，高水平完成全年目标任务，加快建设“一强三优”现代公司。

一、夯实基础管理，确保安全稳定和优质服务

继续落实新《条例》要求，持续开展“两抓一建”活动和安全隐患排查治理工作，以“三铁”反“三违”，健全安全生产问责、激励和约束机制。深化状态检修、技术监督和缺陷管理，做好配网建设和运行管理工作。加强营销管理，推动出台非居民业扩定额收费政策、重要用户管理办法及分类导则。加大反窃电宣传力度，规范查处行为。加快营销稽查监控系统和营销稽查监控室建设。开展节能发电调度，推进清洁发展机制（CDM）项目。加强优质服务，坚持“四个服务”宗旨，全面落实“三个十条”，坚持“你用电、我用心”，深化供电服务提升工程，创新服务模式，优化服务流程，规范服务行为，健全客户诉求管理机制，完善电力社区服务体系，建设网上营业厅，推广电子账单，全面提高服务质量和效率。

二、加快坚强智能电网建设，统筹各级电网发展

加强电网规划和前期工作，开展“十二五”规划滚动调整，推进特高压和重点工程建设，全力配合推进淮南－浙北－上海特高压工程建设和淮南－南京－上海特高压工程核准工作。坚持配电网建设与改造相结合，制订配电网建设与改造规划，加大投资力度，开展充分利用原有站址和小型化、大容量设备进行升压扩容的专题研究。科学安排主变超载和输变电线路扩容改造计划，争取在两年内完成核心区域不达标的进户线、低压出线、电度表、高能耗变压器和重要用户“假双回”以及供电半径大、供电可靠性差的电网改造工作。推进用电信息采集系统建设、智能电表安装应用以及非居民用户电能计量装置标准化改造工作。优化电动汽车充换电运营模式，推进嘉定安亭集中充换电站和南桥新城充换电站等基础设施和服务网络建设。深化“电力光纤到户”商业化试点与推广应用，探索智能电网用户端建设推进机制，开展电力光纤到户、智能商业楼宇等智能电网建设运营模式和商业运作模式的战略研究。

三、加强经营管理，提升经济效益和管理水平

强化经营管理工作，加强投资优化和效率、效益分析，严格投资管理、成本控制和过程监控，强化月度评价考核。积极争取有利的财税政策，进一步做好增收节支、降本增效管理，努力完成国家电网公司下达的利润目标。强化“三电”工作，积极落实居民阶梯电价政策，争取建立合理的电网电价形成机制，争取出台电动车充电定价机制，加快推进增值税扩容的研究和试点工作。强化电费风险预警，做好电费回收；深化线损治理，继续加强反窃电工作；大力开拓市场，确保完成年度售电目标。加强质量管理和监督，深入实施资产全寿命周期管理，建立覆盖各业务环节的全面质量监督体系，健全量化管控机制。深化对标，不断健全指标体系，加强动态跟踪，找准差距，明确目标，制定改进计划，完善量化管控流程。

四、全面实施科技兴企和人才强企战略

优化科技创新和科研支撑体系。加强国家电网公司命名实验室试验能力建设，积极申报国家级实验室；初步建成上海电力能源转换工程研究中心；发挥博士后工作站作用，积极支持仿真分析、能源转换、电磁环境、带电作业等重点优势技术领域科技创新团队建设。加大电动汽车充放储一体化电站系统、移动式百兆乏级STATCOM示范工程、大电网规划及运行控制和智能电网专题研究等重大工程技术攻关力度。依托储能技术与装备公司平台，推进钠硫电池产业化工作。加强公司创新成果和自主知识产权保护，做好报奖和专利申请工作，积极参与标准制订。大力推动故障抢修系统、电网规划信息系统、线损精细化系统建设与应用，实现各业务环节之间的数据共享和流程互通。加强人才统一管理、优化配置。加大人才竞争性选拔和引进力度。依托公司重点工程项目，加强科技攻关团队和人才梯队建设，推行首席技师制度，建立技能专家工作室，健全人才考核评价和薪酬激励体系，选拔培养科技领军人才和高级经营管理人才。

（李　谅）

上海漕河泾新兴技术开发区

【概况】

上海漕河泾新兴技术开发区是国务院批准设立的首批经济技术开发区、高新技术产业开发区，也是国家级出口加工区、中国服务外包示范基地和国家新型工业化产业示范基地。

在国家有关部委的关心指导和历届上海市委、市政府的正确领导下，历经20多年发展，漕河泾开发区已成为全国高新技术产业发展最早和集聚度最高、现代服务业发展最快、优化调整产业结构和自主创新的示范基地，发展与效率指标始终位居全国开发区之首。

【2011年经济工作情况】

2011年是实施“十二五”规划开局之年，漕河泾开发区深入贯彻落实党的十七届五中、六中全会和中央经济工作会议以及上海市委九届历次全会精神，坚持“创新驱动、转型发展”，以获批“国家新型工业化产业示范基地”为契机，以创建“国家生态工业示范园区”为抓手，切实加强安全生产，着力提升服务水平，完善优化园区环境，大力扶持自主创新，促进二、三产业和内外资并举发展、融合发展，实现了“十二五”发展良好开局。

一、总体经济平稳增长，综合评价继续名列前茅

开发区除工业增加值、进出口总额略有下降外，其他各项主要经济指标继续增长，全年实现销售收入2331.6亿元，比上年增长6.5%（其中第三产业收入突破1069.4亿元，增长32.1%，占总销售收入比例达到45.8%）；地区生产总值（GDP）达752.5亿元，增长12.3%（其中第三产业增加值超过411.7亿元，增长33.5%）；税收收入65亿元，增长11.7%。

开发区获“国家海外高层次人才创新创业基地”授牌，被认定为首批上海市“数字园区”和首批“上海市信息服务产业基地”，并再次通过“上海市著名商标”和“上海品牌园区”认证复评。在商务部国家级经开区的投资环境综合评价体系中，漕河泾开发区位列第八，其中发展与效率指数蝉联第一。开发区总公司获“上海市五一劳动奖状”荣誉称号，开发区科技创业中心被授予“2010年度亚洲最佳企业孵化器”称号。

二、贯彻“大招商”方针，促进产业优化升级

开发区进一步实施“大招商”战略，本着“统一品牌、跨区布局、多点联动、协同发展”的原则，统筹本部、浦江、松江、临港、海宁、盐城等区域，发挥联动效应，在进一步突出二、三产业并举和内外资并举等方面均取得新的突破。全年开发区新引进项目389个，其中外资项目59个；新增注册资本约15.2亿元，其中外资5800万美元。

7月6日，开发区举行首次大招商推介会暨项目签约仪式，签署内外资项目10个，总投资额2.9亿美元，其中8个为世界500强项目。通过每季度举行大招商例会，整合招商资源，形成统一对外推介、统一品牌宣传的招商平台。全年各园区间互相推介项目72个，涵盖电子信息、汽车、新材料、新能源等产业；成功完成佛吉亚、百事、福彩中心、科华生物、都福等5个项目签约，另有近20个项目在积极洽谈中。

三、构建“大服务”体系，提升园区服务水平

2011年，开发区提出构建“大服务”体系，这是开发区在“十二五”开局，按照上海市委、市政府“创新驱动、转型发展”的要求，在充分研判宏观形势和产业发展态势以及国内外高科技园区转型路径的基础上，审时度势提出的一项新战略举措，也是漕河泾开发区品牌战略的协同战略。

8月15日，开发区“服务集成平台”正式启动，同时成立专门负责服务平台建设的企业服务部。“服务集成平台”将汇聚区内外的服务资源，为企业提供包括政务服务、创新创业服务、人才服务、商务服务等各项服务，不断改善开发区服务质量。年内，开发区还与区内现代服务业企业腾讯、统一星巴克、杉德公司等签署战略合作协议，以“客户需求为导向”完善开发区服务体系，用创新的服务模式、创新的服务手段去服务创新的企业。

四、完善“双创”服务体系，加大自主创新扶持力度

2011年是“创新创业新三年行动计划”的开局之年，开发区以建设国际孵化中心为契机，进一步完善“双创”服务体系，不断推动原创型企业发展，加快创新型科技产业园区建设。

年内，开发区新认定高新技术企业27家，区内经认定的高新技术企业达到244家，占全市的7%；区内企业专利申请量1710项，同比增加29.1%，其中发明专利795项，占比46.5%，累计申请专利7790件。

12月21日，集科技创业苗圃、大学生创业园、留学生创业园、国际企业孵化器、科技企业加速器于一体的漕河泾开发区国际孵化中心正式启用，这是开发区致力于创新驱动、转型发展、发展原创经济的重要载体，也是努力打造第六代品牌孵化器、推动自主创新品牌拓展的重要举措。年内

累计孵化企业1004家，孵化面积41.6万平方米，已培育36家企业成为市“科技小巨人”。为帮助中小企业解决融资难问题，开发区融资平台总规模增至1.25亿元，全年批准52家（次）企业贷款申请，发放贷款1.41亿元，无坏账、无逾期还款现象；对46家拟上市重点企业开展个性化辅导服务，万达信息、淘米网络、新进半导体、谱瑞科技4家企业年内上市，开发区已上市企业总数增至34家。2011年，开发区完成知识产权试点园区验收、开发区知识产权统计服务平台建设，形成上海首个园区知识产权管理系统。

五、推进“三大园区”建设，完善综合投资环境

为全面完善园区综合投资环境，开发区继续推进生态园区、智慧园区、国际园区“三大园区”建设。

生态园区建设方面，开发区初步实现了“产业高端、资源高效、生态安全、机制创新”的创建目标，完成了国家生态工业示范园区规划指标并顺利通过市级验收；获评“节水型工业园区”。

智慧园区建设方面，开发区被认定为首批5家市“数字园区”之一；与中国移动上海公司签署《战略合作框架协议》，完成19个办公楼宇和厂区的宽带接入和无线热点覆盖工程并开通应用。

国际园区建设方面，截至2011年，漕河泾开发区在国内外的友好园区数量已增至44个，其中国外17个，国内27个，进一步加强了与友好园区的双向交流和人员互访。

【2012年发展趋势】

2012年，漕河泾开发区将继续抓住科学发展这个主题和加快转变经济发展方式这条主线，牢牢把握发展实体经济这一坚实基础，牢牢把握经济平稳较快发展这一大方向，全面贯彻党的十七大和十七届历次全会，中央经济工作会议以及上海市委九届十七次全会精神，按照中央提出的“稳中求进”发展总基调，坚持“创新驱动、转型发展”，坚定不移遵循“五个并举”的发展原则，即坚持二三产并举、内外资并举、产业发展和科技创新并举、经济发展和环境协调并举、“引进来”和“走出去”并举，全面推进“一区六园两分区”建设，以优异成绩迎接党的十八大召开。

一、以“三箭齐发”为重点，打造服务特色

开发区以“商务服务”、“双创服务”和“人才服务”“三箭齐发”为重点，打造具有漕河泾开发区特色的“大服务”体系。

1．商务服务。从客户的服务体验出发，构建“四大服务平台”（综合信息服务平台、协同响应服务平台、品牌拓展服务平台、互动推介服务平台），协同区内外服务资源，全面提升对客服务协同响应效率；通过网络化电子商务模式，结合实体经营商铺，实现园区商业服务功能的全面覆盖；通过联盟服务商伙伴，向各分园区延伸商业服务项目。

2．双创服务。聚焦产业发展和科技创新，聚焦原创型企业，不断提升双创服务水平。立足“国际孵化中心”，构建创业苗圃、企业孵化器和创新创业园三个层次的“双创基地”；发挥知识产品（上海）集散中心和产业转移促进中心（商务部上海基地）作用，促进科技成果项目转化和产业项目双向转移；进一步扩大政策覆盖面，为开发区企业提供更为全面、系统、专业的“双创”服务，开拓开发区科技创新的新局面。

3．人才服务。以获批国家海外高层次人才创新创业基地为契机，构建人力资源综合服务体系，继续打造创新创业型人才高地。全面推广“阳光人事代理”服务系统，健全“人事专员”服务模式，开发网上“自动配置系统”，完善网上服务功能，打造专业人才网站品牌。同时整合培训资源，成立开发区培训中心，为广大企业、员工提供更加专业、优质的培训服务。

二、以“三大园区”为抓手，提高管理水平

根据开发区发展的新情况、新要求，2012年要进一步充实、丰富“生态园区、智慧园区、国际园区”建设内涵，不断完善园区综合投资环境。

1．“生态园区”。以“高端产业、低碳发展”为理念，全面推进“国家生态工业示范园区”建设。重点做好“国家生态工业示范园区”国家验收工作；构建示范园区数据库，完善生态工业示范园区信息平台；建立高效现代产业生态体系，实现“一区多园”的生态功能衔接，加强电子信息产业中生产制造企业的节能、节水改造和特征污染物控制，加强园区商务楼宇的节能改造，开展节约型园区建设。

2．“智慧园区”。以获评首批上海市“数字园区”为契机，继续推进园区3G网络覆盖、公共热点无线覆盖及新一代“城市光网”建设；建设集通信、信息和高智能化为一体的满足高科技企业需求的智能办公楼宇；建设智能化交通管理系统，进一步改善园区交通状况。

3．“国际园区”。推进国际园区建设进一步深入。继续在园区规划、设计、建设、经营、管理、服务等多领域加强国际间的交流与合作；进一步深化与国际姐妹园区的交流，拓展项目对接和人才交流；以“国际孵化中心”建设为契机，加强孵化器国际化进程。

三、以“品牌提升”为动力，增添发展后劲

开发区不断推进科技产业园区的建设、发展、创新和实践，在开发模式、规划建设、招商引资、创业孵化、园区服务等方面进行探索和实践，形成了漕河泾开发区独特的品牌和核心竞争力。重点要以“品牌提升”为动力，增添发展后劲。

1．聚焦品牌要素建设，拓展开发区品牌内涵。以漕河泾开发区现代服务业集聚区、科技绿洲、浦江高科技园、松

江高科技园等园区建设为载体，提升开发区高品质工业地产、高端物业管理、创新创业服务、人才高地平台等园区功能，进一步丰富和拓展漕河泾开发区的品牌内涵，提升国家级开发区的品牌地位和影响力。

2．聚焦服务标准建设，提升开发区品牌竞争力。区内各项服务标准的确立是开发区品牌建设的高级阶段，又是开发区品牌核心竞争力提升最有力的支撑和落脚点。要以各项服务标准建设为抓手，夯实并进一步提升开发区品牌竞争力。通过“标准化”工作，传承开发区文化，为开发区及公司发展注入新的活力。

3．聚焦品牌联动发展，实施开发区“走出去”战略。要充分发挥先发效应和示范效应，以区区合作交流、品牌引领联动为抓手，稳步实施“走出去”战略，完善“理念互动、项目对接、紧密合作”三个层次的合作模式；加强与上海市内兄弟开发区的交流合作，积极探索“区区合作交流、品牌引领联动”合作模式；加强国际间的交流合作，使开发区始终具有国际化的眼光和视野，增添发展后劲。

（任　朕）

上海市工业区开发总公司

【概况】

上海市工业区开发总公司于1986年由上海市人民政府批准成立，直属上海市经济委员会领导，是受政府委托，承担全市工业区开发建设任务的企业。2009年10月，根据上海实施国资监管全覆盖的精神，划转上海市国有资产监督管理委员会管理。

总公司成立以来，由经营管理走向市场运作，先后完成了漕河泾微电子工业区、桃浦地区重污染综合治理改造等项目。在普陀、杨浦等地区建成三个都市型工业园区；以控股和参股等形式开发建设住宅商品楼盘，建设徐汇区徐汇新城小区、杨浦区三湘四季花城小区、君欣豪庭小区、松江三湘四季花园小区、闸北紫兰苑小区（二期）、普陀区桃浦新村小区、静安区四季公寓和闸北志园公寓等共计208万平方米房产的房地产板块；在桃浦工业区建立两座公益性的集中供热中心，在普陀区桃浦建立涉及仓储、理货、停车及货物配载等功能的物流板块；以主要代甲方管理、投资咨询、招商引资、招标投标、工程建设、园区管理、物流配送等服务的中介服务板块，形成了完整工业产业链，具备为上海工业战略性结构调整和工业区开发建设提供优质配套服务的整体功能，同时为总公司创造比较稳定持久的经济收益。

【2011年经济工作情况】

2011年是实施“十二五”规划的开局之年，上海市工业区开发总公司以贯彻落实科学发展观为抓手，转变思想观念，服从全局抓调整，坚定步伐促发展，紧紧围绕年初提出的“安全、调整、效益”三大工作目标，坚持以安全为基础，以调整为动力，以效益为根本，落实安全、调整、经营、管理等各项措施，确保安全稳定不松手、推进结构调整不松劲、狠抓经营管理不松懈，为全面完成全年经济工作目标奠定坚实的思想基础。

2011年，总公司经济收入实现11864万元，经营利润达到2816万元，净资产收益率为5.95%。

一、服从上海国资国企改革的大局，做好推进总公司资产调整整合工作

7月以来，总公司根据市国资委加强国有资产监管的总体安排，推进总公司本部的资产重组调整工作，年内已完成工商变更各项手续，总公司正式加入上海临港经济发展（集团）有限公司，成为其全资子公司。

从国资委对总公司资产的调整部署来看，将稳步实现总公司与临港集团的资源整合，实现产业的优势互补，为总公司积极发挥工业地产开发优势，探索产业发展的创新思路，将起积极作用。

二、抓住产业结构调整之机遇，加快内部调整，稳步推进企业转型

总公司及各企业在上海国资国企调整的大背景下，紧紧抓住上海“创新驱动，转型发展”和桃浦地区现代服务业转型机遇期，积极发挥资金优势和资源优势，加快企业内部调整，适时调整产业结构，稳步推进企业转型，为总公司注入了新的活力。

1．加强充实所属企业领导班子，企业实现平稳过渡。经总公司党委班子研究决定，上半年，分别对万隆、热力、北方、君欣房产等公司的领导班子进行充实调整。这次经营班子的新老交替，实现平稳交接，大家以“思想统一、积极投入、取长补短、努力进取”的姿态，积极主动应对经营中困难，想方设法解决各种问题，使生产经营和日常管理更趋完善，全部超额完成年初确定的各项经济工作目标任务。

2．推进产业结构调整，企业注入发展活力。遵循“在调整中发展、在发展中调整”的主基调。随着桃浦生态城控制型详规基本确立，总公司及各相关企业积极做好调整这篇文章。热力公司2号热力站的产业结构调整工作拟定了调整时间表和方案，正按照各时间节点的安排，逐步有序推进；

万力公司积极实施布局优化和园区局部调整改造，通过腾笼换鸟引进服务类企业，提升园区入驻企业层次。万伟公司通过租赁客户的调整，租赁费大幅度提高，增加了企业经济效益。其他有租赁业务的企业以安全为目的，以发展为目标，不断调整退出不符合园区产业发展导向的租赁企业，为企业可持续发展奠定了基础。

3. 理顺资产关系，实现资产资金集聚。总公司根据国资改革“三个集中、三个收缩”的原则，积极推进产业的梳理和资产的集聚。“闵北项目”已完成交易；原物资公司加油站股权划转到万隆公司的各项工商变更手续也在有序进行中。招标咨询公司也实施了清算准备工作，待时机成熟，将进行内部转让。

三、加强安全管理，把握安全关键环节，坚持向管理要效益

各企业始终把加强企业安全作为加强企业管理的首要任务来抓，坚持“大安全”的经营理念，把安全意识融入到整个经营活动中，努力确保企业的生产安全、资金安全、资产安全、经营安全，为建设平安和谐的企业做出极大的努力。

1. 坚持以安全为先导，落实安全责任制，健全防控措施，努力确保企业安全运行。各企业坚持完善安全工作“一把手”责任制度，进一步落实责任意识，做到主要领导亲自抓，负总责，并层层责任分解，完善安全工作机制和网络，做到安全监督全覆盖。一年来，总公司及各企业吸取上海“11 · 15”重特大火灾事故教训，积极推行安全责任考核，实施有职必有责，失职必追责制度。总公司与各企业加强安全巡检、现场抽检、难点频检，发现隐患坚决整改，积极落实安全防范措施，确保了企业的安全。

2. 进一步落实资产安全，落实风险控制机制。总公司层面的重大投资和项目管理上，始终坚持“三重一大”集体决策机制，做到决策有预案、有分析，确保投资决策的准确性和科学性。一年来，涉及重大决策议案事项就达6件。与此同时，加强对外投资企业的资产质量管理，做到投资收益及时回笼；关注企业大额度资金的流动和使用状况，建立项目立项、上报、备案制度，确保了资金处于受控状态。各企业结合自身特点，在认真分析市场对企业的影响基础上，关注经营安全，落实监管措施；关注经营环境变化，落实应收账款的管理，减少坏账等现象；关注租赁企业动态，加强合同管理，实施保证金制度，化解生产经营过程中的一些不安全、不稳定因素，着力提高企业抗风险能力。

四、加强企业经营管理，想方设法提高企业经营效益

各企业认真贯彻总公司“向管理要效益、向调整争效益、向挖潜增效益、向安全保效益”的思想，克服危机，迎难而上，在确保安全、有序调整的前提下，不断拓展经营渠道，不断加强企业经营管理，确保生产经营持续平稳发展。

热力公司在面临能源上涨、企业成本大幅上升的逆境下，坚持从管理着手，抓源头控成本，抓原料控价格，抓维护保运行，防堵漏减损耗，提服务抓反馈，努力减少企业亏损，尽力承担好社会责任。

物流企业（如万隆、北方商城）坚持挖潜重实的理念，用好用足现有资源，提高产出率；调整工作流程，提升管理能力；与同行对标，找差距求改进，不断提高服务意识；加强车辆现场管理，试行绩效挂钩考核激励机制。上半年，万隆公司被道路运输行业协会授予2010年度“守法、诚信”企业。

工业园区（如万力都市、万润企业、万伟公司）强化基础管理，完善管理制度，控制经营风险；积极招商，尽量缩短招退租衔接期，克服了客户退租带来的损失；及时引进层次相对较高客户，提升企业形象，确保租金稳中有升，继续保持较高出租率。

房产项目（如景秀置业、浩华公司）在继续抓好剩余商铺和车库的销售同时，积极推进项目的结算和后期清理工作。君欣公司按照二期项目的进程，积极稳妥地配合政府做好搬迁工作及项目施工，做到规范有序，确保工程高质量。

五、坚持以人为本，努力关心职工生活，共享企业发展成果

1. 以纪念建党90周年活动为契机，开展系列活动。总公司系统组织“挺进大别山”红色之旅，重温党的历史，开展党史教育，进一步提高党员、干部的信仰和责任感。深入推进“创先争优”活动，积极发挥党员、基层党组织在生产经营中的带头作用。各企业结合建党90周年开展各种纪念教育活动，并结合企业生产经营活动，着力开展以“抓安全、降成本，促效益”为主题的群众性活动，形成积极向上、团结协作的良好氛围。

2. 关心职工生活，实现企业发展与职工利益同步提高。各企业坚持把关心职工生活作为企业经营者的一种责任落实到实际工作中。各企业在经济发展同时，按照走小步、不停步的原则，为职工增加工资，保持企业发展与职工生活同步提高。总公司本部、万隆、万力公司、北方商城等企业均为职工增加工资。其次，各企业从关心职工身体入手，落实职工体检，做好职工疗休养等实事，为员工提供一个体面的工作和生产环境；对特殊困难的职工及家庭积极开展帮困送温暖，并将关心员工生活，帮困结对活动作为一种制度，一项经常性的工作落实到日常工作中。

【2012年发展趋势】

2012年，经济工作的总体要求是在临港集团的领导下，认真贯彻落实党的十七大六中全会和中央经济工作会议精神，以邓小平理论和“三个代表”重要思想为指导，深入贯彻落实科学发展观，紧紧抓住资产重组整合的有利时机，把

调整转型作为总公司新一轮发展的驱动力，围绕临港集团的战略目标和自身企业的发展实际，继续抓好安全工作，确保资金、经营环境和人员的安全；继续突出产业的结构调整，逐步明晰总公司产业定位；突出经营效益，提高经营管理质量，提升产业能级，确保总公司经济实现平稳有序增长，以优异的成绩迎接党的十八大胜利召开，奉献企业应尽的责任。

一、工作方针

明晰公司战略定位，加快产业调整转型，突出公司安全责任，实现企业科学发展。

二、经济目标

营业收入 12159.60 万元；利润总额 2793.80 万元。

三、工作思路

一是突出“稳”字，狠抓企业安全保障工作，确保企业平安。重点是落实安全生产责任制，夯实企业安全基础，建立安全工作标准和预案，确保企业资金管理、企业生产环境和职工人身生命安全。

二是突出“调”字，加快企业结构调整工作，明晰公司定位。重点是抓住上海市国资委对总公司实施战略重组，融入临港集团的契机，集聚资金、资源优势，推进调整转型，明确产业定位。

三是突出“进”字，抓好企业经营管理工作，增强企业动力。重点是优化存量结构的发展，进一步提升企业的运行质量，增强企业的发展后劲。巩固完善产业链，继续发挥产业链拾遗补阙的功能，提高企业的经济效益和经营能力。

四、工作要点

1．融入集团发展战略，明晰企业自身定位，谋发展；

2．加快推进企业结构调整，促进公司转型发展；

3．积极拓展经营能力，提高工作质量，创造新业绩；

4．按照集团资产管理的要求，加强企业管理，实现管理创新；

5．继续抓好公司干部、职工队伍建设，调整人员结构，为总公司可持续发展提供人才支撑。

（岳　平）

上海临港产业区

【概况】

开发建设临港产业区是上海市委、市政府着眼于提升产业能级，培育新的经济增长极，提高城市国际竞争力作出的一项重大战略决策。上海临港产业区 2004 年正式启动建设，规划面积约 241.7 平方公里，主要分为重装备产业区、主产业区、综合区、物流园区、临港奉贤分区五大功能区块，以及配套产业发展的五镇都市型产业园区。

临港产业区坚持高起点、高标准、高质量开发建设，紧紧围绕主导产业，以发展高端重型装备制造业为核心，注重优势产业集群打造，注重自主创新和产业结构升级，始终把高新技术产业化作为产业发展的生命线与核心工作，走新型工业化和自主创新的道路，在项目选择、产业准入、产业集聚、基地建设等方面紧密衔接、深入贯彻国家和上海市的产业发展战略，通过“联合大集团、引进大项目、建设大基地”的方式，积极引进高端制造业项目，在《国务院关于加快振兴装备制造业的若干意见》（国发 [2006] 8 号）提出的我国重点突破的 16 个装备制造业发展领域中，上海临港产业区的产业项目涉及 8 个，充分体现国家战略、上海优势和国际核心竞争力。2010 年，上海临港装备产业区正式获得国家工业和信息化部批准，成为首批国家新型工业化产业示范基地。

经过 8 年多开发，临港产业区已经从初创阶段进入到全面发展阶段，形成一定的产业基础和规模，新能源装备、大型船用关键件、汽车整车及零部件、海洋工程装备、大型物流装备和工程机械、飞机发动机及其配套等装备产业和现代航运物流产业、保税展示与贸易、服务贸易与服务外包等现代服务产业联动发展的框架基本形成，并呈现出“又好又快”、“和谐发展”的良好势头。

8 年多来，临港产业区累计引进产业项目近 200 个，项目总投资 770 多亿元，项目达纲产值将超过 1200 亿元。

为了进一步增强装备制造业项目整合国际产业链和供应链的能力，优化发展装备制造业所需的配套资源，始终高度重视发展各类功能性配套设施和服务：

基础设施配套方面，污水处理厂、路网、电力、上水、雨污水、燃气、电信等各类设施非常齐全。

物流配套方面，加快建设保税和非保税物流仓库，已经引进马士基、中远、中海 DHL、德国全球货运、川崎汽船、卡特彼勒物流、普洛斯、叶水福、飞利浦物流等国内外领先的物流运营商和配套供应商，切实增强装备制造业基地整合国际国内供应链的能力，有效降低装备制造业的运输和采购成本。

在产业服务配套方面，依托临港物流服务中心、保税港管理服务中心等功能性设施，大力吸引国内外优秀的专业服务商入驻，实现生产性服务业在空间的集聚，为制造业企业提供各类生产性服务和一体化解决方案。

在生活服务配套方面，统筹产业区所在的五个镇的发展，加快建设大型邻里中心，实施以公交线路、加油站、住宅、商业、餐饮、医疗、教育等多种功能设施为主要内容的商贸开发方案，泥城、芦潮港、书院等分城区的新镇框架基本形成。

“十二五”期间，临港产业区将在全市总体战略部署的指导下，进一步优化空间布局，将区域功能的综合化与产业配套的专业化紧密结合，使生产、生活与生态三要素互为支撑、和谐共生，实现各区域功能联动、产业互补、有序开发，可持续发展。

【2011 年经济工作情况】

2011 年，临港产业区坚持“创新驱动、转型发展”，积极落实“生产、生活、生态”三生融合发展理念，经受住全球复杂多变的经济环境挑战和自身体制调整的双重考验，在市委市政府、区委区政府的坚强领导下，凝心聚力、攻坚克难，全力保持开发建设不冷不慢、不停不乱，圆满完成各项目标任务，实现“十二五”良好开局。全年完成工业总产值 456.5 亿元，比上年增长 30%；超额完成固定资产投资 123.8 亿元，增长 18.4%；引进产业投资总额 104.9 亿元，增长 4.1%；实现税收收入 35.1 亿元，增长 19%。

一、重大项目加快推进，集聚效应不断增强

1．全力推进项目建设。以高端制造、极端制造、自主制造为特征的“临港制造”品牌开始凸显，对外影响力逐步增强。年内，以三一精机、映瑞光电为代表的一批龙头项目开工建设，临港高端产业的集群效应进一步增强；以三一重机、申能燃气电厂为代表的一批重大产业项目正式投产，完成产值 70.7 亿元，为临港产业发展注入新的活力；以中船三井、卡特彼勒为代表的一批已投产企业生产稳定，企业生产利用率达到 95%，生产能力进一步发挥。在管委会各成员单位、浦东新区、奉贤区的大力支持帮助下，映瑞光电一期实现当年开工、当年投产的全国同行业最快速度，成为全国技术最先进的 LED 研制企业。三一精机项目正式开工，成为全国最大的单体智能型高端数控精密机床工厂。2011 年临港产业区主导产业集聚度达到 76.8%，高新技术产业化产值率达到 71.2%。

2．加快推进高新技术产业化。围绕高新技术产业化重点领域，加强重点项目的跟踪服务，中船柴油机配套园、中曼石油、华通输配电、伦茨二期、兄弟活塞等被确定为高新技术产业化项目定向挂牌。积极搭建科技创新平台，推动成立上海电气临港基地院士专家咨询中心和电气核电企业工程技术中心，发挥专家资源优势，开展技术创新服务，推动企业自主创新。到年末，重装备区及奉贤园区已投产的 34 家企业中，高新技术企业 15 家，占 44%。

二、招商引资成效显著，产业功能不断拓展

1．落地项目超过百亿。加强战略招商，依托现有产业基础，加大招商力度，推动产业链衔接配套。4 月，成功举办“创新驱动、活力临港”2011 年上海临港产业区发展战略性新兴产业发布会，中航商飞发动机、中船柴油机配套园、徐工工程机械等 24 个高端装备制造业和战略性新兴产业项目签约落户，涉及航空配套、节能环保、新能源、海洋工程、精密机床、LED 芯片、智能电网等多个领域，项目投资总额超过 120 亿元。目前，24 个项目中 22 个已全面启动，基本实现重大产业项目“当年签约、当年落地”。

2．产业项目储备充足。加强项目储备，继战略性新兴产业发布会后，积极洽谈先进半导体、美国康宁新能源发动机陶瓷部件、浙中建设海洋工程关键件、天合石油二期、LED 封装、天津建科等一批项目。目前，产业区待落地项目近 20 个，投资总额超过 90 亿元，在谈项目 16 个，投资总额近 170 亿元，涉及新能源、民用航空、新材料、特种装备等多个产业，为 2012 年开发建设奠定基础。

三、基础设施全面跟进，配套功能不断完善

1．基础设施体系超前构筑。重装备区东港区 2 万吨级公共口岸码头工程加快推进，完成投资 3.9 亿元，水域部分基本完工，陆域部分正式开工，满足重大装备、工程机械运输和出口的迫切需求。奉贤园区一、二期市政道路及配套工程项目完工，三期市政道路按照节点目标正常推进。大芦线航道项目完成投资 3.2 亿元，工程建设基本完工。老镇区供水集约化改造全面推开，完成投资 1.5 亿元。芦潮港内河港池项目开工建设。临港大道主产业区段按计划节点正常推进。

2．配套功能日臻完善。23 万平米“先租后售”公租房一期、双控双限房、泥城生活广场、芦潮港商务研发中心、华亮商业广场、书院体育服务中心、祥实商办楼等一批配套项目陆续开工，奉贤园区产业中心、芦潮港商品房一期、商业服务综合楼、书院海天广场等项目加快推进，产业区居住、商业、文化、教育等配套功能不断完善。

3．民生保障工作扎实有效。加大动迁安置工作保障力度，确保动迁安置房建设和销售工作平稳有序。加强离地农民就业指导，组织召开 6 次临港地区就业招聘会，为企业用工搭建平台。年内，新增动迁安置房销售面积 4.22 万平米，安置人口 1406 人；新增就业岗位 11326 个，超额完成年度目标 120%。

四、规划引导逐步强化，土地管理不断加强

1．园区规划进一步优化。编制完成临港产业区城乡总体规划和土地利用总体规划，使“两规”实现有效衔接。积极落实产业区“十二五”规划发展思路，开展《奉贤园区产业区块土地利用和规划实施情况》等课题研究，形成专题成果。加强详细规划管理，对万祥、泥城、奉贤园区一期等控详规划进行评估修编，对临港“先租后售”公租房、三一重工、徐工机械等地块进行控规局部调整，满足近期项目建设需要。

2．土地集约利用水平不断提高。坚持“优增量、促存量、提质量”，积极推进工业用地节约集约利用，用好增量土地，保障重大产业项目便捷落地。年内，办理农转用项目64个，新增建设用地295公顷；办理储备供地30个，储备面积168公顷；出让土地24幅，117.15公顷，缴纳出让金11.37亿元。

【2012年发展趋势】

2012年是深入推进“十二五”规划实施的关键一年，更是承上启下、继往开来的重要一年。根据市委书记俞正声、市长韩正的指示精神，2012年，临港产业区工作主题确定为“开工年”和“招商年”，围绕出形象、显功能、聚人气，以培育和发展战略性新兴产业为主线，以重大项目为抓手，以综合区开发为突破，以完善配套功能为重点，全力以赴保开工、抓招商、优布局、强服务，加快形成开发建设新态势，推动临港产业区开发再上新台阶，为上海“稳增长、调结构”作出积极贡献。

临港产业区工作目标是“四个确保”：

——确保固定资产投资170亿元，比上年增长37.3%。其中：重装备区、物流园区、奉贤园区完成150亿元，综合区完成20亿元。

——确保招商引资项目总投资250亿元，增长138.3%。其中：重装备区、物流园区、奉贤园区完成150亿元，综合区完成100亿元。

——确保工业总产值新增150亿元，达到607亿元，增长32.9%。其中：高新技术产业化产值率达到70%以上。

——确保税收收入同比增长18%，达到41.4亿元。

工作重点将围绕“三个打开”，即打开产业门类、打开开发区域、打开开发机制，实施“五个着力”：

1．创新机制、协调各方，着力推动重大项目开工建设。力推一批项目落地，力推一批项目开工，力推一批项目投产。

2．拓展领域，提升能级，着力培育发展战略性新兴产业。立足国家战略，依托上海优势，利用浦东资源，积极对接国家战略性新兴产业发展规划和上海“9+3+2”高新技术产业化领域，延伸拓展产业门类，形成新的产业竞争优势。

3．优化布局，强化引导，着力启动综合区开发。进一步优化空间布局，实施南北区域相向聚合的发展战略，通过南北系统对接，加快推进产业集群发展，实现功能互补、资源共享。

4．完善配套，提升功能，着力营造良好的投资环境。以双控双限房、“先租后售”公租房建设为重点，加快推进一批功能配套项目建设，为产业集聚、人才引入、功能提升提供有力支撑。

5．加强服务，促进融合，着力形成开发建设新态势。积极推动区域联动，建立健全区区联动、区镇联动、产城联动的工作机制，将资源优势转化为区域整体的竞争优势。

（焦　敏）

光明食品集团

【概况】

光明食品集团是2006年8月经上海市委、市政府批准组建的，集现代农业、食品制造、商贸流通为一体的大型国有综合性食品产业集团。集团拥有光明、大白兔、冠生园、梅林、石库门、和酒等多个知名品牌，以及农工商、好德、可的、伍缘、第一食品商店等近5000家零售门店，旗下有光明乳业、金枫酒业、上海梅林、海博股份4家上市公司。

集团组建5年来，坚持以科学发展观为统领，以打造国内一流、国际有影响力的食品产业集团为战略愿景，致力于打造“从田头到餐桌”食品全产业链，聚焦食品核心业务，不断强化产业布局，改革发展取得较大成效。集团位列2011中国企业500强第77位、中国制造企业500强第29位、中国企业效益200佳第61位。

【2011年经济工作情况】

2011年，集团以邓小平理论和“三个代表”重要思想为指导，以三年战略目标为引领，坚持用科学发展观统领改革、发展、稳定全局，按照“发展、转型、整合、提升”的工作主基调，聚焦核心主业，加快对外并购，持续推进转型，深化产业协同，加强内部管控，注重改善民生，促进和谐发展，较好地完成了各项年度目标，为实现三年战略打下了坚实基础。全年集团实现营业收入超过750亿元。

一、聚焦战略围绕目标，大力拓展市场空间

集团紧扣三年发展战略，聚焦核心主业，大力拓展市场空间，核心业务对集团整体规模、绩效得到进一步提升。

乳业：持续加大科技投入，不断推出拥有自主知识产权的新产品；聚焦重点产品，加强市场营销，莫斯利安、优倍等明星产品的快速成长带动了整体销售额的提升，也进一步改善了产品结构。

糖业：积极发挥全产业链经营优势，进一步深化全国网络布局，积极推进上游资源的并购，努力拓展终端客户，进一步完善大客户管理体系，保持糖业产业的持续稳定发展，糖业产业的市场影响力和行业地位进一步提升。

酒业：积极开发新品，加大黄酒产品结构的调整，中高端产品的销售收入比重接近60%；进一步优化渠道管理，加强市场网络建设，有序推进市外市场的拓展工作，实施多酒种发展战略，投资控股四川全兴酒业，全兴新品系列已正式上市。

连锁零售业：农工商超市集团加快了拓展新门店的步伐，同时积极进行业态创新，开办沪上首家红利会员店，并积极开拓电子商务业务，通过多元化业态进一步做强做大。第一食品连锁公司加快由传统的食品零售专业店向现代食品零售专业连锁的转变，并首次走出上海，在南京、泰州开设门店，积极布局长三角地区。

品牌代理业：根据宏观环境和市场需求的变化，积极调整代理品牌结构，加强市场拓展和布局，实现稳健增长。

综合食品业：积极开展产品结构调整，拓展营销思路，推进网上商铺、电话购物、品牌专卖新渠道销售。糖果、罐头、蜂制品、药酒等主要业务的营业收入总体增长速度超过20%。

现代农业：围绕现代农业“五三计划”，按照高效、生态发展要求，积极调整农业发展规划，增强农业基础建设和设施保障能力，加快农业产业转型，不断优化发展模式，产品的市场竞争力、影响力持续提高。

二、持续深化转型，提升企业核心竞争力

集团以提升核心竞争力、实现可持续发展为重点，不断推进以科技、品牌、网络、资源为要素的商业模式转型，不断强化对产业链上关键资源的控制，推进产业联动和对外战略合作，使商业模式转型工作不断得到深化。

品牌建设工作取得新突破。“和”酒、“城隍”珠宝首次获得“中国驰名商标”称号，还有一大批产品和服务活动获得上海名牌、上海市著名商标称号。截至年末，集团共获得国家级品牌荣誉13项次，上海市级品牌荣誉77项次。

科技创新工作取得新成效。国内唯一的乳业生物技术国家重点实验室正式揭牌，光明乳业还通过国家技术创新示范企业的认定。年内，集团共计实施各类科技项目271项，申报各类自主知识产权105件，获得上海市科技进步一等奖、二等奖各一项。

三、制定实施“五三”行动计划，努力实现现代农业新突破

集团制定“五大突破、三个百万”计划，即用3年左右时间，在粮食、生猪、饲料、蔬菜、种源等方面实现“五个突破”，培育“三个百万产业”。具体就是，实现年销售粮食100万吨、年供应上海市场生猪100万头、年经销奶牛饲料100万吨、年供应上海市场蔬菜50万吨，成为全国有影响的种源农业基地，建立“从田头到餐桌”的全产业链体系和质量安全追溯体系，保障食品质量安全，发挥大型国有企业集团保障上海市主副食品供应的主力军作用。集团召开动员大会，从上而下制定实现集团农业“五三计划”的任务目标和工作措施，各单位按照计划，认真组织、积极落实，“五三计划”第一年工作进展良好，全部完成预定目标。

四、加强资产整合工作，提升综合实力

组建专业化的光明米业公司并对相关农场进行资产、业务整合，形成“种、加、销”一体化的完整产业链，提升米业的整体实力，使米业成为集团战略发展的新经济增长点。

完成梅林股份资产重组。梅林股份通过非公开发行的方式募集资金，收购集团下属综合食品类资产，利用上市公司平台，促进集团综合食品产业进一步做强做大。

制定实施2011年度非主业、有所不为企业退出计划。经过近几年努力，基本完成减少行业跨度工作，基本完成压缩层级工作，集团系统基本形成4级管控体系。

五、加强投资管理和对外并购，增强企业发展后劲

集团成功开展一系列的收购兼并项目，其中，收购了澳大利亚综合食品品牌运营商和分销代理商——玛纳森食品公司75%股权，进一步加快集团的国际化经营步伐；完成对四川全兴酒业67%股权的收购，使集团成功进入白酒行业，实现多酒种经营的重大突破。这一系列项目的成功并购，为集团未来的持续发展奠定了扎实基础。

【2012年发展趋势】

2012年，集团经济工作的总体思路是以邓小平理论和“三个代表”重要思想为指导，认真贯彻落实党的十七届六中全会和中央经济工作会议精神，深入贯彻落实科学发展观，围绕集团三年战略目标，保持奋发向上的工作激情，按照“发展、转型、管控、协同”的工作主基调，聚焦核心主业，拓展增长空间；深化升级转型，创新增长模式；完善内控体系，建立防范机制；提升协同水平，发挥整体优势；加快资本运作，增强发展动力；推进对外并购，实施国际战略；加强文化建设，广泛凝聚人心；注重改善民生，构建和谐企业，全面完成三年战略目标，为实现“十二五”规划目标奠定基础。

一、主要经济指标

营业收入力争实现900亿元。

二、主要任务和措施

1．聚焦主业，进一步做强做大核心业务。正确把握宏观经济形势的走向，继续聚焦核心主业，对标国内领先企

业，以打造行业龙头企业、提升产业能级为目标，继续推进重点产品销售收入过10亿元、核心主业销售收入超百亿元的工作。同时抓好产品结构调整，加快培育性产业发展，培育新的经济增长点。

2．深化商业模式转型，进一步提升企业核心竞争力。要以"提升核心竞争力、实现可持续发展"为目标，以科技创新为引领，以品牌建设为支撑，以资源控制为手段，持续深化商业模式转型，并在总结成功模式基础上升级，切实提升产品附加值，不断提高企业绩效。

3．以深入推进"五三"计划为中心，进一步加快现代农业发展。深入推进现代农业"五三计划"，全力抓好集团粮食生产，夺取粮食丰收。加强科技兴农工作，提高科技贡献率。加强农业基础和项目建设。加强循环农业建设，进一步提高生态农业水平。

4．以实现融资为重点，进一步推进资本运作。充分发挥上市公司再融资的功能，进一步盘活存量资产，加快资产变现，探索建立产业发展基金和海外并购基金，为产业发展和对外并购提供多渠道资金保障。

5．抓好"投资"和"并购"，进一步提升发展后劲。密切关注宏观经济形势变化，深入研究分析产业发展趋势，坚定不移聚焦发展战略，围绕加快发展的主题，推进重大项目建设、核心主业并购、制度体系完善、投资机制创新等方面的工作，确保实现战略目标。

（傅为民）

上海三爱富新材料股份有限公司

【概况】

上海三爱富新材料股份有限公司成立于1992年9月9日，注册资本34722万元，地处上海市西南郊华谊（集团）公司吴泾化工区，是国内规模较大、品种最全、历史悠久的集科研、生产、经营一体化的有机氟化工企业。

三爱富公司是专业从事氟聚合物、氟精细化学品、氟制冷剂等各类含氟化学品的研究、开发、生产和经营的高新技术企业，是中国氟化工最大的研究开发基地，是中国氟化工产业创新战略联盟理事长单位、中国氟硅有机材料工业协会副理事长单位、有机氟专业委员会主任委员单位。

三爱富公司前身是1960年4月16日成立的上海市合成橡胶研究所；1980年5月，更名为上海市有机氟材料研究所；1992年8月，由上海市有机氟材料研究所相关资产改制成立为股份制上市公司，并于1993年3月16日在上海市证券交易所成功上市。

目前，三爱富公司拥有三大基地：上海吴泾基地、江苏常熟基地、内蒙古基地，两家中外合资企业、一个国家级技术中心。公司产品广泛应用于工业、农业、国防、航空、医药、民用等各个领域。

【2011经济工作情况】

2011年上半年，氟化工市场承接2010年的上升态势，同时国际、国内经济回暖使得市场对氟产品的需求加大，无论是化学品还是聚合物市场，都一路高歌猛进。公司抓住这千载难逢的机遇，以开拓市场、服务客户为宗旨，稳步提升产品售价，虽然经历了日本大地震、国际石油价格上涨等不利因素，仍然不断刷新月度销售收入和利润新高。下半年，随着同行间产能的不断释放，加上国际经济的不稳定以及国内房地产、汽车等行业的持续疲软，公司氟化学品市场受到严重冲击，主要产品的价格一度急速下降。但公司不断加大走访重要客户力度，全力维护大客户、重要客户份额，因此，公司内外贸均创历史纪录。

主营业务收入方面，完成10.68亿元，比上年增长48.4%。出口方面，完成3225万美元，增长55.0%。利润方面，实现利润总额3.37亿元，增长716.2%。至年末，公司总资产达12.88亿元。

公司特别重视"三基"工作和HSE管理，相关整改措施及时到位。为进一步增强公司在安全、环保和职业健康方面的管理力量，将原先的安全督察室更名为安全环保部，并对其职能、岗位设置和人员制备进行完善和充实。为了加强"三基"管理，根据华谊（集团）公司等各级单位检查出来的问题，公司对照"三基"管理检查细则，扎扎实实进行整改。年末，公司开展"保安全，稳运行，全员行动80天"主题活动，夯实公司HSE管理基础，提升公司HSE管理水平，切实提升全员HSE的理念和执行力。

生产管理方面，公司增加关键特殊工序控制指标，并通过扩大控制范围，增强各级管理及操作人员对装置的控制力度。另外，公司通过梳理报警连锁，规范DCS安全报警等措施，提高装置运行的安全水平。在加强现场检查、不断改善现场管理的同时，通过"检修作业表"的实施，以及对压力容器、压力管道等管理制度的修订完善，将设备管理的三基工作推向更深层次。

科研方面，公司加快资源优化整合，重视含氟精细产品开发工作，同时进行含氟聚合物的攻关工作。另外，依托公司内部省级工程技术中心的研发力量，开展节能减排和工艺优化工作，协同华东理工大学，共建院士工作站，增加科研投入，加快新产品开发。

项目管理方面，公司深入进行工程研究，不断强化工程项目管理及技措技改项目力度，成立工程技术部，确定了工程项目管理、工程技术管理、工程技术研究、工程设计四大线条体系，着力解决生产过程中的瓶颈问题，为生产装置的稳定优化运行提供技术支持。

【2012 年发展趋势】

2011 年，国家陆续出台了一系列关于氟化工产业的政策和措施，对氟化工产业发展加以规范和扶持，整个中国氟化工行业遇到了前所未有的机遇。虽然 2011 年公司取得了历史上最好的经营业绩，但仍要清醒地认识到，随着国内外同行的进一步扩张，新进入竞争对手对项目的大手笔投入，以及氟化工行业下游客户受到国家宏观政策调控影响及其自身产品市场需求的下降，将对公司 2012 年的经营带来一定的困难。根据实际情况预测，2012 年公司主营业务收入目标为 9.0 亿元，利润总额目标为 2.2 亿元。

在新的一年里，公司要高度关注宏观经济政策对产品出口带来的影响，同时，要继续保持盈利、稳固发展，提高增长态势，抓住行业高速发展契机，加速重点产品销售，加大销售一体化，进一步提高企业盈利水平。面对原材料价格上涨、成本大幅提升的趋势，公司要冷静看待当前的市场，进一步建立对原材料和主要产品市场的动态研究与分析，科学把握原材料及产品的价格走势。

继续落实安全责任制，加强安全体系建设，加强 HSE 体系建设，强化安全教育，加强安全督查，整改安全隐患，加强日常安全管理，加大“三基”管理，确保安全生产。同时加大产品差异化销售，加强技术支持队伍的建设和对外合作，聚焦重大项目建设，强化技措技改工作，围绕主营业务和核心产品，提升产品附加值，进一步体现 3F 品牌价值。

按照“高端发展、跨市发展、创新发展、一体化发展”的原则，通过加强“三基”管理，加快科技进步，加大工艺优化，加快项目建设，加强资源掌控等措施，做长氟化工产业链，全面做好各项工作，努力为“十二五”目标的最终实现打下坚实基础。

（吴军辉）

中航商用航空发动机有限责任公司

【概况】

中航商用航空发动机有限责任公司（简称中航工业商发公司）是国家大飞机发动机重大专项的总承制单位，承载着让装配“中国心”的国产大飞机早日翱翔蓝天的光荣使命。公司成立于 2009 年 1 月 18 日，由中国航空工业集团公司、上海电气（集团）总公司、上海国盛（集团）有限公司共同出资组建，最终注册资本金为 60 亿元，注册地为上海。

中航工业商发公司的主业范围包括：商用飞机动力装置及其相关产品的设计、研制、生产、试验、销售、维修、服务、技术开发和技术咨询等。公司使命：以航空强国为己任，振兴民族航空发动机产业，为世界提供持久绿色动力。公司发展总目标：成为具有国际竞争力的商用航空发动机供应商，打造“素质引擎”文化与品牌。公司战略定位：做振兴民族航空发动机产业的主力军；做体制机制与管理模式创新的开拓者；创建中航工业航空发动机人才培养基地；创建国家海外高层次人才创新创业基地。

中航工业商发公司下设设计研发中心、总装试车中心、客户服务中心、维护与大修中心四大业务中心。公司规划在上海市建设闵行区和浦东新区（临港）两个基地，占地约 1700 亩，建筑面积约 90 万平方米，总投资约 114 亿元。随着公司发展和业务开拓，公司还将设立其他业务中心的产业基地。

【2011 年经济工作情况】

2011 年，中航工业商发公司在中航工业集团和上海市政府的正确领导和大力支持下，积极融入上海地方经济圈和世界航空产业链，集聚资源，突破关键，紧紧围绕“大客发动机项目研制”这条主线，在体系能力、人才队伍及条件保障建设等各方面取得了突破性进展。

一、经营发展方面

1. 认真研讨公司战略和顶层规划，明确战略目标。2011 年，公司严格践行中航工业“两融、三新、五化、万亿”发展战略，明晰公司战略和顶层规划，完成公司“十二五”规划发布，同时，积极融入区域发展经济圈，将公司产品产业规划融入上海市航空发动机产业规划。在此基础上，进一步明确公司战略目标，为后续工作安排指明了方向。

2. 优化管理架构，全面提速基础体系和信息化建设，确保公司运转。公司根据总部和研发中心运作和项目推进实际，优化总部组织机构和设计研发中心内部结构。建立职责清晰、制度有效的管理架构。同时，在现有管理架构的基础上，全面提速基础体系建设，规范清晰合理的业务流程，保障了公司运营。具体工作包括：构建一体化的卓越绩效质量管理体系、加快知识产权体系建设、快速推进档案情报体系建设、初步构建具有商发特色的保密体系、加快信息化平台建设等五大方面。

3．加强党群组织团建设，打造商发特色的“素质引擎”文化。公司以素质引擎文化建设为核心，开展丰富多彩的党建和群众活动。开展以“学党史、讲党课、强党性”为主题的纪念建党 90 周年活动和纪念中国航空工业建立 60 周年活动。组织开展“重走红军之路，坚定理想信念”主题活动、“唱响中国心”合唱比赛，推进“素质引擎”领导力培训、结对帮学活动。同时，还完成直属党委、纪委、党支部的组建；召开职代会，选举产生工会；召开团代会，选举产生公司团委。在党工团组织的共同努力下，公司群众文化活动蓬勃开展，组织首届体育文化节，首批集中成立 7 个员工文体社团，陆续举办篮球、足球、羽毛球、台球等丰富多彩的活动。

4．加强人才队伍建设，实现人才引进年度目标。年内，公司启动面向全球的人才招聘工作，吸引海内外经营管理、项目管理与设计研发类成熟人才。

二、科研生产方面

中航工业商发公司在国产大型客机发动机研制等相关项目方面主要开展以下工作：

1．将国产大客发动机第一型产品命名为“CJ-1000A”，中文名称为“长江”航空发动机，大客发动机验证机代号为“CJ-1000AX”。

2．制定验证机研制程序、实施管理办法等规范性文件，规范验证机研制过程。

3．完成项目研制需求分析和定义阶段工作。

4．完成项目研制概念设计阶段工作。

5．全面启动关键技术攻关。

6．启动材料、工艺和试验研究工作。

7．大力推进工程设计、标准化、适航等体系建设。

8．全面推进研制保障条件建设。闵行基地建设稳步推进，101 总部及研发大楼 A 区已封顶，被评为 2011 年度上海市重大工程文明工地。临港基地建设规划，将于 2012 年 2 月开工建设。

【2012 年发展趋势】

2012 年，中航工业商发公司建设与项目研制将迎来崭新的发展机遇，将转入全新的发展阶段。主要工作包括：

1．大客发动机验证机项目研制。

2．开展研制保障条件建设。

3．健全工程设计体系与信息化平台建设。

4．科研与技术开发能力建设。

5．夯实人才队伍与组织管理建设基础。

（柳　宁）

上海航空发动机制造股份有限公司

【概况】

中航工业上海航空发动机制造股份有限公司隶属于中国航空工业集团公司，于 2004 年 12 月由上海航空发动机制造厂整体改制，原中国航空工业第一（集团）公司等 8 家单位为共同出资方，注册资金为 15301 万元，注册地为上海市宝山区顾村工业园区富联路 1058 号，厂区面积为 19 万平方米。2011 年公司从业人员 1279 人，其中：专业技术人员 155 人，具有中高级专业技术职称 46 人。公司现有 630 吨以上压机 22 台，大中型数控加工中心 9 台，焊接生产线 13 条，配有悬挂焊机、凸焊机、气体保护焊机等各型号焊机，焊接机器人 68 台，三座标测量机 5 台，三坐标划线机 1 台。

公司在山东烟台和辽宁沈阳分别设有控股子公司。

公司早期承担“运十”飞机涡扇八型（WS-8）发动机的研制任务，自 20 世纪 80 年代初起，转型从事民品生产，走上了“军转民”发展之路，逐步进入汽车零部件制造领域。公司目前的主营业务是中高档轿车车身结构件的制造，是上海大众汽车公司、上海通用汽车公司的主要战略供应商之一。

公司依靠汽车行业，着力发展汽车车身和同工艺类型钣金冲压件、焊接总成、模具和非标的生产，在非标设计、机械加工、冲压、焊接、材料试验、模具制造等方面具有优势，是集“冲、焊、模”一体化的中高档汽车车身结构件的重要生产企业。

【2011 年经济工作情况】

2011 年是实施“十二五”规划的开局之年，也是为公司长远发展打基础、上水平的关键一年。面对汽车市场的较大冲击，公司沉着应对，顽强拼搏，加大技改技措力度，不断扩大生产规模，以调整产业结构实现发展，经过全体员工的共同努力，超额完成董事会下达的指标，实现“十二五”的良好开局，为后续发展奠定了扎实基础。

公司实现营业收入 20.1 亿元，比上年增长 21%。

一、顺利完成烟台、沈阳两子公司厂房基建和生产线搬迁工作

烟台投资项目于 2010 年 8 月开工，经过 8 个月的建设，

2011 年 4 月整体工程竣工。9 月，新厂房 405 车型自动化焊接生产线完成搬迁并正常投入批产。沈阳一期投资项目于 2010 年 8 月实施；2011 年 9 月，项目竣工验收；10 月，完成从租赁厂区的整体搬迁并正常投入批产。

二、围绕“成本年”的工作主线，持续推进降本增效工作

1．加大原材料的替代范围，加强外协零件供应商的管理，调整外协冲压件、焊接件加工费。

2．以部分车型延产新开模具为契机，组织开展价值工程（VAVE）工作。模具优化零件数 44 个，材料已切换零件数 26 个，节省大量原材料。

3．做好增收节支工作。根据实际情况，将贴息率 10% 银票改为国内信用证贴息率 7.2%，降低资金成本，提高企业的经济效益。

三、夯实基础管理工作，提升整体竞争力

1．顺利通过军工三级保密资格现场审查认证。启动军工三级保密资格认证工作。5 月，上海市军工保密资格认证委审查组对公司进行军工三级保密资格现场审查，以 93.4% 的成绩通过现场审查。6 月，上海市军工保密资格认证委下发文件，批准公司成为三级保密资格单位。

2．坚持以人为本，实现企业与员工的和谐发展。公司调整员工工资，完善管理岗位人员考核办法，将考核结果与薪金调整相挂钩，起到一定的激励作用。完善公司的用人机制，在公司内部实施公开竞聘上岗，为职工提供施展能力的舞台。同时，健全劳务派遣工激励机制，将优秀的劳务派遣工吸收为公司的正式员，与之签订劳动合同，努力构建和谐的劳动关系。

3．狠抓落实，广泛动员，顺利通过 6S 现场审查。公司大力推进 6S 管理，成立推进办，充实工作小组成员，制定重大难点项目的专项计划方案，修订完善 6S 管理手册，加大宣传培训力度，提高员工素养。12 月，顺利通过中国航空工业集团公司 6S 现场审查认证。

4．加强安全生产工作，创造安全稳定的工作环境。公司与 3 个专业厂、9 个职能部门、两个子公司签订安全生产责任书，强化“一岗双责”体系，坚持做到“业务谁主管、安全谁主抓、责任谁承担”，并将责任落实到“横向到边，纵向到底”，把安全生产工作抓紧、抓实、抓细。结合“6S”工作，认真开展安全大检查，最大限度地消除事故隐患和各类违章，积极创造安全稳定的工作环境。

5．落实信息化规划，提升信息化水平。公司编制信息化发展规划，启动人事信息管理系统共享平台的建设，把分散在公司的职工信息实行统一、集中、规范的收集管理，组建人事信息管理系统共享平台，实现个人信息、绩效信息、奖惩、工资、社保、培训等自助查询，提高人力资源管理的信息化水平，目前系统正处于试运行阶段。同时，完成了公司办公系统软件的升级，2012 年 3 月，新 OA 办公系统已正式运行。

四、做好文化宣传工作，加强企业文化建设

2011 年是中国航空工业创立 60 周年。公司以庆祝中国航空工业创立 60 周年为契机，做好宣传工作，充分展示航空人的良好风貌。同时，结合 6S 体系审核，通过航发报、宣传栏等方式，加大对中航集团文化的宣传力度，引导员工内化于心、外化于行，焕发出文化引领发展的新活力、新成效。

【2012 年发展趋势】

2012 年是深入推进“十二五”规划实施的关键一年。公司将贯彻落实中航集团公司“两融、三新、五化、万亿”的发展战略，以中航集团公司 2012 年度峰会精神为指引，以“质量效益年”为抓手，夯实基础，开源节流，降本增效，以蓬勃向上的朝气、敢闯敢试的勇气和开拓进取的锐气，推动公司更好更快的发展。

主要经济目标：实现营业收入 15 亿元。

主要工作：完成沈阳、烟台固定资产投资项目的审计，适时启动沈阳二期和三期投资项目；全力抓好市场开拓工作，在加大现有市场开发力度的同时，开拓高附加值产品市场；完善企业基础管理标准的编制，推进三地管理标准化的实施；坚持质量为本，加强质量管理工作，以质量促效益，向质量要效益，努力构建质量效益型企业；积极推进节能减排工作，持续推进企业“绿色供应链”体系建设；千方百计降本增效，严格控制企业各项费用开支；启动信息化三地共享平台，搭建 VPN 信息网络；根据人力资源规划配置人才，做好人才的招聘、引进工作，全面做好工资调整和绩效考核，使员工以“积极进取，志在超越”的精神投入工作，促进企业的更好更快发展。

（戚晓丽）

上海华东电网信息通信有限公司

【概况】

上海华东电网信息通信有限公司（以下简称通信公司）是华东电网有限公司的全资子公司，于 2011 年 8 月 18 日正式成立，主要承担华东电网信息和通信系统的安全运行、技术支持、工程建设、系统研发和信息化专业管理。公司以“信息通信技术使电网更坚强”为宗旨，贯彻“做优管理，

做实基础，做强主营，做精服务”方针，深入推进各项工作，在建设“电网坚强、资产优良、服务优质、业绩优秀”（简称“一强三优”）的现代公司建设中不断奋进。

【2011 年经济工作情况】

2011 年是通信公司起步之年，面对电网发展方式与企业发展方式的双重转变，公司坚持科学发展理念，把握电力信息通信事业规律，在主要领域取得良好业绩。

1．在信息、通信运维方面，始终坚持以电网安全生产为目标，以安全体系建设促进安全运行，确保各项运行指标达标，为电网安全运行提供安全可靠畅通的通信保障，为公司运营提供可靠的信息系统服务，2011 年，通信公司负责运维的各类带宽通信业务通道总计已达 2360 多条，各类业务信息系统 60 个，均保持无安全责任事故记录。

2．在建设工程方面，通信公司以信息通信支撑电网运行生产企业经营管理为核心，积极承担相关信息系统开发和电网配套通信工程项目，为企业管理信息化和电网发展提供优质服务。公司在国家电网公司内部率先完成生产信息系统迁移至容灾中心，配合国家电网公司开展大容量骨干传输网建设、华东区域通信容灾建设、皖电东送特高压通信工程等重大项目。

3．在信息化建设方面，通信公司牢牢把握核心功能定位，强化科技创新支撑，充分挖掘电力信息资源价值，深入开展信息领域的技术创新和自主研发，配合世界一流电力调度建设完成一系列重要项目的自主研发与实施，为坚强智能电网发展、国家电网公司信息化建设提供了强有力的支撑。

【2012 年发展趋势】

2012 年是实施“十二五”规划承上启下的重要一年，随着坚强智能电网和实施人力资源、财务、物资集约化管理，构建大规划、大建设、大运行、大营销（简称“三集五大”）体系的加快建设，通信公司发展与变革也将不断提速，会在多个方面积极推动工作优化提升。一是优化组织架构，完成管理体系适应性调整。二是积极参与智能电网和“三集五大”体系建设，搭建好华东区域信息化工作交流平台。三是以做好信息和通信系统的运行维护为根本，围绕安全目标进一步排查梳理影响系统安全的隐患和缺陷。四是适时开展科研或建立实验室等可行性研究，培养专业的运行和管理型人才，积极探索新形势下华东电网信息通信专业发展的新道路。

（上海华东电网信息通信有限公司）

上海上电电力运营有限公司

【概况】

上海上电电力运营有限公司（以下简称运营公司）成立于 2008 年 1 月 18 日，系上海电力股份有限公司旗下全资子公司，为中国电力投资集团公司三级单位。运营公司前身是成立于 1897 年的上海南市发电厂（当时称南市电灯厂），是由中国人自己创建的第一座华人电厂。2007 年 9 月 29 日，南市发电厂因“上大压小、节能减排”和上海“世博会”而关停，所属运行人员并入组建中的运营公司。运营公司的成立，填补了上海电力在电厂运营服务方面的空白，为电厂的经营和发展提供了技术和人才的保证。

运营公司是一家以电力运营服务为主要经营活动的企业，拥有丰富的电厂运行管理经验，先后承接上海电力股份有限公司系统内、外众多电厂运行管理项目，形成以具备百万千瓦机组脱硫、化学和风电运维管理为核心技术的专业品牌，并在市场中逐渐处于区域性优势。目前。运营公司拥有五大生产项目部，分别是位于上海的漕泾发电项目部、漕泾热电项目部、外高桥项目部、安徽淮南田集项目部和浙江天台山风电项目部。2010 年 7 月 28 日，随着上海电力股份有限公司技能培训中心的成立，这个由运营公司合署管理的员工教育培训机构拥有 100 万、60 万、30 万燃煤仿真系统和较为先进的软硬件设施，是运营公司创建“专业化公司、职业化队伍”重要的资源平台。

作为上海电力股份有限公司电力运行服务窗口，运营公司在打造新型现代电站服务企业的过程中，将按照“抓发展、增盈利、促和谐”的方针，以上海电力百年历史为文化底蕴，以“安全、规范、高效、文明”为服务理念，以“创新机制、转型发展”为战略纲领，做强、做大电厂运行服务，用专业化、标准化、规范化管理和优质、诚信的服务，实现和谐共赢。

【2011 年经济工作情况】

运营公司在打造现代电站服务企业的过程中，突出“发展”与“创新”的重要作用，通过创新促转型、维稳谋发展，不断开拓外部资源、做精现有项目，以期实现“专业化公司、职业化队伍”目标。

一、坚持发展第一战略，以绩效为导向，打造专业化公司

1．树立创新发展意识，拓展核心资源项目

2011 年，运营公司成立“发展与战略”工作小组，突

出“创新发展”在今后工作中的首要地位。在制定《运营公司企业发展战略规划书》上明确未来发展“三大核心转变”，即探索由管理服务模式向实体化方向转型的可能；经营目标从短期利润向追求长远利益最大化转变；经营方式由劳务输出型向管理输出型转变。大力拓展能源服务市场，提升企业价值品牌，这是运营公司突出发展战略的重要方面之一。

2．建立关键绩效机制，突出节能减排效果

为适应专业化企业发展需要，运营公司在完善员工业绩考核的同时，重点对实施关键绩效机制（KPI）进行探索。针对运营公司下属项目部布局在各个电厂且相对独立的特点，把关键绩效考核分解成行政管理、生产运营、人力资源、财务控制、客户满意度、业主考核等特色指标，这些以突出生产服务型特点的细分指标，将以季度和年度相结合的形式实现对各项目部的考评，实现考核与效益挂钩。

在确保电力生产安全的前提下，运营公司在节能减排方面也取得实效：所属安徽田集项目部通过规范管理、科学调整，使两台除尘器均提高至99.86%以上（安徽电科院实测），每月平均可多节电40多万千瓦时；漕泾发电项目部在保证脱硫合格率基础上，利用系统调节，取得每月平均减排二氧化硫4821.5吨、节电160多万千瓦时的成绩，在获得经济效益的同时，更赢得了社会效应。

二、以培训为载体，铸就职业化队伍

运营公司把培养员工岗位胜任能力作为班组培训的核心考核指标之一。除强化班组长综合能力培养外，还提倡员工“一岗多能”的岗位发展导向。通过多种激励机制，让更多班组员工达到全能值班，承担起更高生产责任，实现岗位价值。

【2012年发展趋势】

2012年是中国电力投资集团公司“三步走”战略第二步目标的重要一年，也是上海电力股份有限公司推进“四个转变”的关键之年。运营公司将以科学发展观为统领，以“创新机制、转型发展”为战略纲领，以“安全、规范、高效、文明”为服务理念，进一步提升创新发展在企业中的战略地位，多渠道拓宽资源，在做强现有资源的同时，做大运行服务规模。筹备伊拉克华事德电厂运行管理项目，并以新项目为契机，加强专业化整合及管理创新，把运营公司逐渐打造成具有可持续发展的现代电站服务企业。

（上海电力运行有限公司）

沪东重机有限公司

【概况】

沪东重机有限公司是研制大功率船用柴油机的专业化企业，位于上海市浦东新区，占地面积12.7万平方米，注册资本24亿元。

沪东重机是我国最早研制大功率船用柴油机的生产企业。早在20世纪50年代，公司开始研制国产船用大功率柴油机。1958年研制成功我国首台6ESDZ43/82船用大功率柴油机、1965年中国首台万匹机7ESDZ75/160通过国家鉴定，1969年我国海军护卫舰主机E390V中速大功率柴油机又研制成功。改革开放后，通过引进中、低速大功率柴油机专利技术，先后制造出MAN、WÄRTSILÄ、S.E.M.T.系列多种机型的专利产品。1989年研制出2700TEU集装箱船的主机7RTA84，2003年研制出30万吨油轮的主机7S80MC，2005年研制出国内首台智能型柴油机，2006年研制出3500TEU集装箱船的主机7K90MC-C。

沪东重机获得DNV船级社ISO9001质量管理体系和新时代GJB9001A-2001产品质量体系的认证。

2011年，沪东重机分别通过国家级企业技术中心和上海市高新技术企业复审，通过国家最高级别“AAAA级标准化良好行为企业”的验收。

【2011年经济工作情况】

1．市场状况。受金融危机冲击，全年造船市场出现量价齐跌，新船价格持续走低的局面，船用柴油机市场竞争异常激烈，公司面临接机难、交机难和盈利难的状况。

2．经营业绩。全年完成工业总产值356285万元，比上年增长8.1%；完成出口产值8068万元，增长44.9%；全年实现营业收入336900万元，下降3.9%；出口创汇1223万美元，增长47.3%。

此外，完成低、中速柴油机145台/155.1万千瓦，功率产量比上年增长21.8%，年产量创历史最高水平，完成新开发机型8台/8.5万千瓦。完成地铁盾构机11台。

3．技术进步。完成6S50ME-C8、7S60ME-C8、6RT-FLEX48T-D、6S50ME-B9四款智能型，5S50MC-C7T2、6RT-FLEX60C-BT2两款节能环保新机型研制。

2010年9月，沪东重机研制成功的“7RT-flex68B船用低速智能型柴油机”被列入国家重点新产品计划，RT-flex68型柴油机被评为“上海市高新技术成果转化项目百佳”，“S60ME-C型柴油机”、“RT-flex58型柴油机”两个项目被认定为上海市成果转化项目。

沪东重机的科研项目《船用柴油机数字化集成制造平台

技术开发研究》获得中船集团公司科技进步一等奖；《核级大功率应急发电机组关键技术开发与应用研究》获得中船集团公司科技进步二等奖；《船用柴油机多级柔性生产计划协同管理体系的构建与实践》获得上海市企业管理现代化创新成果一等奖；《创建柴油机动态跟踪评估体系》获得船舶企业优秀管理成果一等奖。

沪东重机承担的国家科技部支撑计划《LNG 船用动力装置预研》课题通过验收。完成双燃料发动机关键零部件和系统的技术消化和国产化设计，完成动力装置试车辅机系统的技术研究及设计，建立 LNG 船用双燃料发动机的标准体系框架。

同时，获得专利申请 38 项、专利授权 30 项、软件著作权登记 11 项。

4．从业人数。年末，沪东重机从业人员 1338 人，其中各类专业技术人员 629 人，本科以上学历 408 人，教授级高工 13 人，高级职称 90 人，中级职称 128 人，高级技师 4 人，技师 36 人。

【2012 年发展趋势】

2012 年，沪东重机主要工作目标是：工业总产值预定 35 亿元，柴油机产量力争有新的突破。主要工作措施是：全力以赴开拓市场抢订单；切实做好降本增效工作；确保完成中速机任务；“转方式、调结构”积极应对新一轮挑战；加快产品多元化结构发展；强化各项基础管理工作。

（於玉泉）

上海外高桥造船有限公司

【概况】

上海外高桥造船有限公司成立于 1999 年，是中国船舶工业集团公司旗下上市公司——中国船舶工业股份有限公司的全资子公司。公司规划占地总面积近 500 万平方米，岸线总长度超过 4 公里，拥有上海江南长兴造船有限责任公司、上海外高桥造船海洋工程有限公司两大子公司，加上公司本部共计三大建造基地。通过努力探索建立现代造船管理模式，公司造船总量已连续多年位居国内第一，并跻身世界造船业三强行列。

公司成立以来，以“保持经营生产稳定、构建精益管理体系、提升持续发展能力、促进增长方式转变”的经营策略，稳健经营，创新管理，使企业始终保持“快速、持续、稳定发展”的良好态势，造船总量年平均增长率高达 42%。公司主要产品有好望角型散货船，阿芙拉型成品／原油轮、超级油轮（VLCC）、海上浮式生产储油装置（FPSO）、深水半潜式钻井平台、自升式钻井平台等。

【2011 年经济工作情况】

2011 年，受国际金融危机的持续影响，造船业面临极为严峻的考验。公司积极应对市场挑战，坚持科学发展，以“稳定经营生产节奏，提升精益管理水平，转变经济增长方式，增强持续发展能力”为核心，在造船总量和发展质量上取得新的进步，在逆市中实现新的发展。全年造船完工总量达到 36 艘 /814.8 万载重吨，再次刷新中国船厂年造船完工总量的纪录，成为我国第一家年造船完工总量突破 800 万载重吨大关的船厂，为“十二五”中国造船业的再次腾飞注入强劲的动力。

4 月，由公司投资建设的海洋工程建造基地，位于杭州湾的上海外高桥造船海洋工程有限公司完成第一期工程，目前已全面投入使用，未来将成为我国具有国际竞争力和影响力的专业海工制造企业，成为上海乃至全国重要的海工装备开发、设计和建造基地。

5 月，公司成立设计研究院，下设研发、生产和海工设计所。设计研究院借助该公司国家级技术中心这一平台，以“绿色低炭、节能减排”为主攻方向，在产品研发方面，积极开发引领市场需求的新船型，努力形成“生产一代、开发一代、储备一代”的产品研发梯度。目前，两型 18 万吨级散货船、30 万吨级 VLCC 原油轮、万箱级集装箱船、15．9 万吨级苏伊士型油轮等船型开发、合同设计基本完成并已推向市场。

12 月，由公司设计、建造的，被列入国家中长期科技发展规划重点项目、国家“863”高科技发展规划重点项目、国家重大科技专项，有“南海明珠”美誉的世界第六代深水半潜式钻井平台“海洋石油 981”，圆满完成海上钻井系统试验及各项钻井前联调任务，已投入使用。“海洋石油 981”的成功建造，不仅是我国海洋石油工业发展历程中迈出的历史性的一大步，也标志着我国海洋石油工业实现从浅水向深水的历史性的跨越。

【2012 年发展趋势】

2012 年，由于船舶工业自身的特点，金融危机对造船业的滞后影响将全面显现，造船业面对的市场环境将更加严峻。公司将按照中船集团公司提出的“做强、创新、转型、突破，努力建设最具竞争力的世界一流船舶集团”的目标，以“管理创新，降本增效、转变作风，着眼长远”为指导方针，采取坚决果断的措施，作好应对困难和风险的各项准备，强调外延和内涵的协调发展，突出环境经营的理念，续写船舶工业发展的新篇章。

（谢莎莎）

江南造船（集团）有限责任公司

【概况】

江南造船（集团）有限责任公司创建于清朝同治四年（1865 年），创建时名为江南机器制造总局，其后历经江南船坞、海军江南造船所，1953 年更名为江南造船厂，1996 年改制为江南造船（集团）有限责任公司。她是中国民族工业的发祥地、中国近代工业的起点、中国产业工人的摇篮，我国大型骨干造船企业之一，海军装备建设的中坚力量，现为中国船舶工业集团控股的全资子公司。

【2011 年经济工作情况】

江南造船与长兴重工完成具有重大历史意义的整合与融合工作，为江南做大做强打下坚实基础。这一年也是造船业深受市场寒流侵袭的一年，“保交船、抢订单、降成本”工作面临十分严峻的挑战。全体干部员工齐心协力，顽强拼搏，通过一致努力，基本完成年初制定的各项目标，初步实现“十二五”良好开局。

江南造船围绕企业中心，不断加强生产、经营管理，强化技术创新，推进成本控制，加强党建和思想政治工作，确保了全年任务完成。全年交船 26 艘，承接订单 7 艘，完成造船吨位 238.6 万载重吨，工业总产值达 184.5 亿元，实现利润总额 2.9 亿元。其中，江南造船交付船舶 12 艘，完成造船吨位 84 万载重吨，实现造船产值 103 亿元，首次突破百亿，利润总额 1.5 亿元。长兴重工交付商品船 14 艘，完成造船吨位 154.9 万载重吨，工业总产值 81.2 亿元，实现利润总额 1.4 亿元。

【2012 年发展趋势】

2012 年，江南造船经营生产总体目标是：交船 41 艘，完成造船生产 312 万载重吨，实现工业总产值 185 亿元，利润总额 2.5 亿元。

工作总体思路：以江南造船与长兴重工一体化管理运行为契机，认真贯彻集团公司 2012 年工作会议精神，强化落实“保交船、抢订单、强管理、谋发展”各项措施，全面履行保军品和稳增长责任，深入推动江南造船与长兴重工的融合发展。

（陈桂明）

沪东中华造船（集团）有限公司

【概况】

沪东中华造船（集团）有限公司是 2001 年 4 月由原沪东造船厂与原中华造船厂合并重组成立的，它是中国船舶工业集团公司下属既建造军、民用船舶，又制造船舶和船用柴油机配套件的综合型集团公司。公司总部位于上海浦东新区，主要生产区域分布在上海东部的黄浦江两岸。

沪东中华具有雄厚的造船实力和丰富的造船经验，为国内外船东建造过 LNG 船、LPG 船、大中型集装箱船、化学品船、滚装船、油船、散货船、军舰和军辅船等多类军用及民用船舶。产品除满足国内用户需要外，还远销亚洲、欧洲、美洲、非洲、大洋洲等 40 多个国家和地区，深受国内外船东的好评。公司首制 LNG 船于 2008 年 3 月 31 日完工交船，打破了少数先进造船国家在 LNG 船建造上的垄断局面，填补了国家空白，标志着公司的生产技术和运行能力达到国际一流水平。

沪东中华拥有国家级的技术中心，科研开发力量雄厚。公司信息化技术先进，在普遍使用瑞典 TRIBON、美国 PTC/CADDS 船舶设计系统软件和 CAD/CAM 技术的基础上，自主研发了具有完全知识产权的 SPD 船舶设计软件，全面建立沪东中华 HZ-CIMS 技术。公司具有可靠的质量管理体系，先后通过中国新时代质量认证中心 GJB9001A-2001 军品质量认证和美国 ABS 船级社 ISO9001 民品质量认证；公司以先进的造船理念，全面推进“HSE（职业安全健康）”管理，通过了英国劳氏质量认证公司的 GB/T24001-ISO14001 环境管理体系、OHSAS180011 职业健康安全管理体系的审核认证。

沪东中华努力建设“具有造船行业特色、新时代特征、沪东中华特点”的企业文化，确定“团结拼搏、争创一流”的企业精神和“自觉奉献、追求卓越”等企业基本理念。公司全面实施“数字造船、绿色造船”的发展战略，努力建设世界一流造船基地。

【2011 年经济工作情况】

2011 年，沪东中华继续贯彻执行中船集团公司“保交船、抢订单、强管理、降成本、防风险、谋发展”18 字方针，按照公司“先做强、再做大”的工作思路，抓好成本工程和各项管理工作，进一步优化体制机制，推进工艺、技术进步，全面提高公司运行效率和经济效益。

2011 年，沪东中华完工船舶 28 艘 178 万吨，完成工业总产值 133.44 亿元，完成工业增加值 19.6 亿元，实现营业收入 131.6 亿元，实现利润总额 3.5 亿元，超额完成年初制定的各项生产经营和经济技术指标。

面对严峻的市场形势，公司加大高技术船舶产品的研发，不断优化主流船型和成熟产品，积极调整产品结构，有力地支撑了经营承接。公司自主研发 16 万～22 万立方系列 LNG 船，并成功接获美孚公司 2+2 艘 LNG 船的建造订单，这是中国制造 LNG 船首次获得国外船东订单，实现出口零的突破。中海集运 4+2 艘 10000TEU 集装箱船的承接，更进一步巩固和提升了公司在国内外超大型集装箱船建造领域的领先地位。

体制优化方面，公司通过对调整后的新体制进一步进行磨合和完善，使新的生产体制顺利运行，并发挥出应有的优势。同时，按照中船集团公司关于沪东中华对长兴二期管理“一体化、全覆盖”的要求，公司成立了长兴二期体制工作小组，就长兴二期的体制、机制和生产流程进行前期的策划与设计。

新工艺新技术方面，公司年初推广策划 15 项课题，并得到顺利实施和推进。精度管理方面，通过实施攻关，无余量率得到改进，三大主力船型无余量率进一步提高。通过体制优化和先进制造技术的不断推进，公司造船生产效率得到了提高。

技术改造方面，国土资源部批准长兴二期工程后，整个工程逐步推进，以船舶配套基地技术改造一期项目为重点的技改工作也同时得到了积极的推进。

【2012 年发展趋势】

2012 年，沪东中华工作指导思想：以科学发展为指导，以加快造船发展方式转变为主线，以提高效率、效益为中心，坚持“保军、精常、攀高、扩非”八字方针，加强产品研发和市场营销，大力推进先进制造技术的应用，继续深化成本工程建设，积极推进 5S 管理，做大投资企业，全面完成“26135”目标，为企业“做强做大”，实现“十二五”发展规划奠定基础。

主要经济指标：完成造船 26 艘 168 万吨；完成工业总产值 135 亿元；完成营业收入 128 亿元；实现利润总额 3.3 亿元；经营承接 143 亿元。

主要工作目标：开拓高端市场，确保军品任务，扩大配套业务，多渠道承接订单；深化精度管理，加强工法研究，改进工艺技术，更好地提高效率；优化成本体制，真正形成倒逼机制，强化责任考核，多方面降本增益；开拓外部市场，勇于探索实践，做大配套产业，为主业多作贡献；以 LNG 船为契机，推进 5S 管理、落实安全责任，建设安全新文化。

（刘　燕）

上海航海设备有限责任公司

【概况】

上海航海设备有限责任公司（SMEC）是由历史悠久、在船舶业享有盛名的中国船舶工业集团公司（CSSC）下属的上海航海仪器总厂利用数十年军工技术成果开发成功的主要民品和军民共用产品的经营实体改制组建的现代企业。公司早在 1996 年 11 月就通过了 ISO9001 质量认证，公司主营船用设备及机舱自动化系统、液压元件及系统、机电一体化设备等，制造质量在国内堪称一流。

【2011 年经济工作情况】

2011 年，上海航海设备有限责任公司完成工业总产值 11776 万元，其中：出口产值为 733 美元。销售收入 10828 万元，税利总额 602 万元，利润总额 311 万元，完成船用产品 378 船／套，产值达 8446 万元，完成非船产值 3330 万元。2011 年公司平均从业人员 205 人。

公司继评为上海市高新技术企业和上海市科技小巨人（培育型）企业后，又继续申报 6 项专利。公司新产品新型智能化模块开发及船舶机舱自动化系统的应用，被市经信委纳入《2011 年度重大技术装备研制专项项目》；新产品非晶合金带剪切生产线，被列为上海市高新技术成果转化项目。公司用于船舶驾控台配套的航行灯／信号灯控制系统通过 CCS 后 2011 年已实现批量装船。公司研制开发的机舱监测报警系统、桥楼航行值班报警系统等产品取得重要进展，即将进行船检。

公司主导产品二通插装阀控制阀组在用于 500T 棉花液压打包机的基础上，又进一步开辟了新领域——用于废旧汽车处理打包设备的液压控制阀组。船用液压舱盖系统实现装船218套（其中出口配套160套）。除此之外，公司研发的用于船舶舵机、锚绞机等液压控制阀组已被各大船舶辅机厂选用。公司新研制开发的手动比例流量方向复合阀系列已试制成功，即将替代进口批量提供用户。

【2012年发展趋势】

2012年，上海航海设备有限责任公司坚持以科技创新为宗旨，注重新技术、新领域的开拓和发展，利用雄厚的技术力量和先进的管理机制，不断充实、调整产品结构，加强机电一体化产品的开发，加强船舶辅机液压控制系统的开发，加强具有自主知识产权的船舶自动化设备的开发，以“一流的产品，一流的服务”奉献用户，再创辉煌。

（刘国跃）

上海船厂船舶有限公司

【概况】

上海船厂船舶有限公司隶属于中国船舶工业集团公司，为其旗下五大造修船基地之一和三大海洋工程装备制造基地之一。拥有国家级认证企业技术中心，属于上海市高新技术企业，获得中国船级社ISO9001:2000、ISO14001、OHSAS18001认证证书。公司历史可追溯到1862年。主要生产区域分布在上海市黄浦江西岸及长江口崇明岛南岸，占地总面积约163万平方米，码头岸线总长约2750米。主要造船设施有7万吨级船台一座，110米×190米海洋装备工程港池一座，8万吨级干船坞、3.5万吨级干船坞各一座，5.3万平方米船体加工车间、3.2万平方米造船焊接车间，2500吨大型单臂浮吊船及其他大型起重设备若干。主要修船设施有10万吨级浮船坞、4万吨级浮船坞各一座。拥有完备的造修船、海工配套设施，拥有船舶制造三维设计系统SB3DS等10余项高端自主知识产权专利，具有上海市钢结构、网架工程施工一级资质证书。

【2011年经济工作情况】

2011年，在经济形势复杂多变、船市持续低迷的情况下，公司经济总量仍然保持小幅增长态势，各项管理工作持续推进，为实现“十二五”良好开局奠定较好基础。4月，交付当时亚洲首艘最新一代12缆地球物理勘探船，创造了从合同签订到完工交付时间相隔不足两年的一流建造速度，奠定公司在国内物探船建造领域的领先地位，也为公司“十二五”产品调结构开了一个好头。

公司完成工业总产值比上年增长3%，销售收入突破70亿元，增长20.4%，实现利润，增长1.5%。经营承接中型集装箱船和海工钻井船项目实现新突破，至年末，公司手持新船合同328万载重吨、164亿元。公司造船完工18艘、109.5万载重吨，连续两年突破100万吨。完成修船产值18000万元，修理完工出厂共100艘，其中外轮64艘，实现创汇2337万美元。公司平均从业人员（本工）3800余人。

【2012年发展趋势】

2012年，公司将继续积极应对严峻形势，奋力拼搏，稳中求进，创新思维深挖潜，平稳发展调结构，精细管理控成本，形成合力保交船，努力实现工业总产值和销售收入双双突破70亿元，造船完工23艘、130余万载重吨。

（高长生）

中海工业有限公司

【概况】

中海工业有限公司按照中国海运（集团）总公司专业化重组的改革进程，1998年6月，中海工业有限公司由在北京的中交船业迁址更名到上海，是中国海运（集团）总公司的一级子公司，是中国船舶工业行业的重要成员。中海工业以五大业务板块为主营，即中海修船、中海造船、中海海工、中海船艇和江海联运。分别在长三角和珠三角地区拥有多家国内外具有声誉的大型化船厂和专业公司。中海工业以完善的现代化管理和专业化服务，已成为诸多世界著名船运公司的战略合作伙伴。

经过多年的发展，中海修船拥有总坞容量达85万吨，其中，30万吨级船坞1座、20万吨级船坞1座、4～8万吨级船坞4座、4万吨级以下船坞4座。中海造船拥有100万吨级干船坞2座、8万吨级干船坞1座、7万吨级斜船台1座。目前，中海工业现有在职员工4500名和分包商20000人，同时拥有一支适应现代修造船发展的管理精英和专业技术团队。

【2011年经济工作情况】

2011年，中海工业面对修船市场激烈的竞争，进一步调动经营总部和三家修船厂的积极性，继续巩固老市场，着力拓展新市场，全年完成造船产值 15.46 亿元，完工 24 艘，118 载重吨。完成修船产值 16.47 亿元，修船 746 艘，其中外轮 388 艘，并出色完成 14000TEU“达飞卡瑞尔”轮的海损修理工程等重要项目，为中海工业修理大型集装箱船创立了品牌。为应对修船市场的不景气，修船厂着手引进非修项目，努力做大总量，保持企业均衡生产和队伍稳定。

【2012 年发展趋势】

2012 年，中海工业总体要求是：坚持改革，增收节支，苦练内功，做优品牌，提高绩效，积极推进修造船基地建设，强化风险防控，完善体制机制，增强综合实力，确保企业安全稳定，为中海工业平稳发展创造条件。主要措施：一是进一步发挥修船统一经营优势，做强品牌做优产品。二是进一步加强财务管理，防范财务风险。三是进一步实施创新驱动，促进产业链互补。四是进一步推进修造船基地建设，提升持续发展能力。五是进一步加强人力资源管理，形成梯队集聚人才。六是进一步推进精细化管理，加强防控提高效率。

（钱　华）

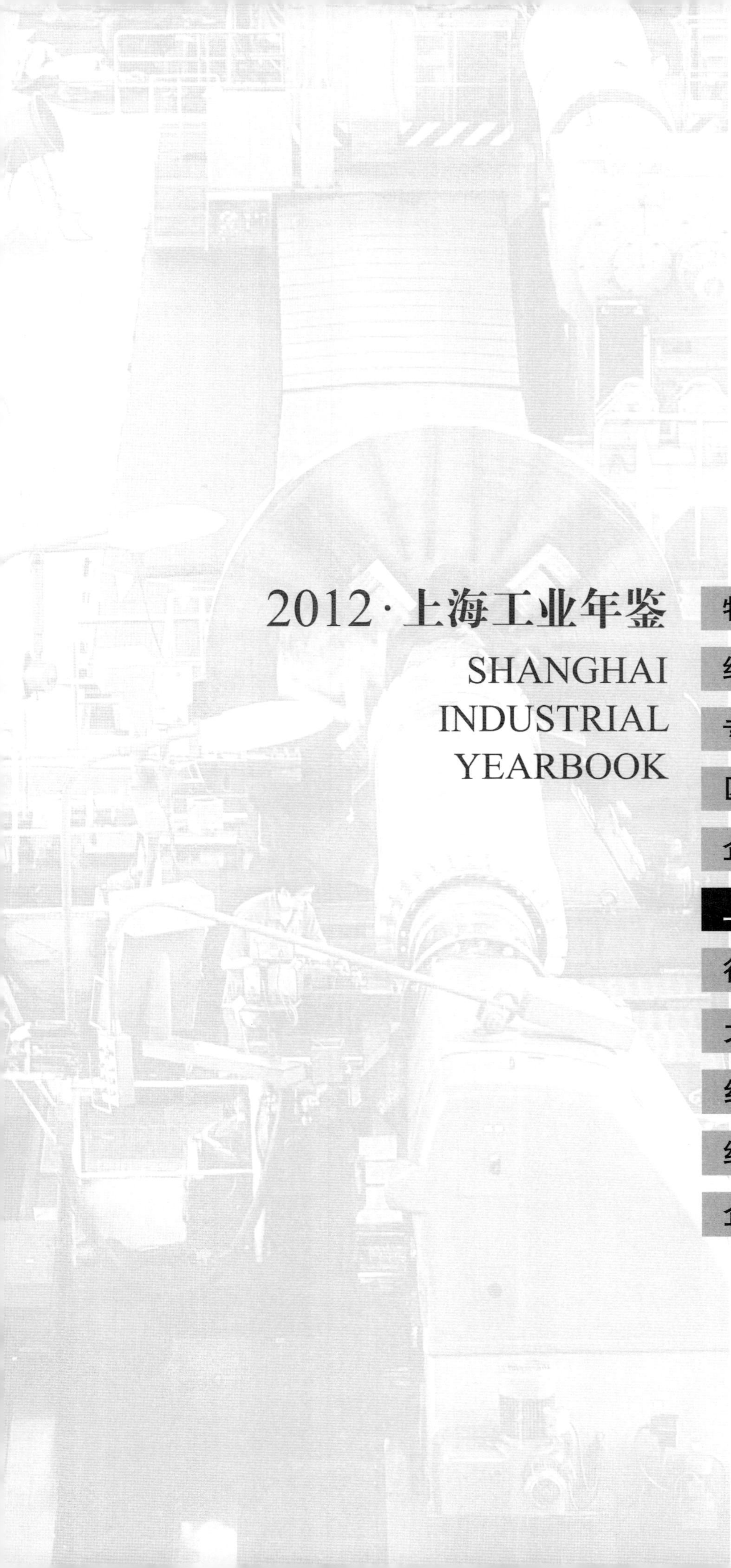

2012·上海工业年鉴

SHANGHAI
INDUSTRIAL
YEARBOOK

- 特载
- 综述
- 专题
- 区县工业
- 企业简介
- **上市股份公司**
- 行业协会简介
- 大事记
- 经济法规
- 统计资料
- 企业形象

上海工商类上市公司行业分类

序号	代码	公司简称	行业	序号	代码	公司简称	行业
1	002022	G 科华	制造业 - 生物药品制造业	48	600608	ST 沪科	信息技术业 - 通信及相关设备制造业
2	002028	G 思源	制造业 - 输配电及控制设备制造业	49	600610	SST 中纺	制造业 - 专用设备制造业
3	002058	威尔泰	制造业 - 仪器仪表及文化、办公用机械制造业	50	600612	老凤祥	制造业 - 其他制造业
4	002158	汉钟精机	制造业 - 普通机械制造业	51	600614	鼎立股份	制造业 - 橡胶制造业
5	002162	斯米克	制造业 - 陶瓷制品业	52	600615	丰华股份	制造业 - 食品制造业
6	002252	上海莱士	制造业 - 生物制品业	53	600616	金枫酒业	批发和零售贸易 - 零售业
7	002278	神开股份	制造业 - 石化及其他工业专用设备制造业	54	600617	ST 联华	制造业 - 化学纤维制造业
8	002324	普利特	制造业 - 塑料零件制造业	55	600618	氯碱化工	制造业 - 化学原料及化学制品制造业
9	002328	新朋股份	制造业 - 金属制品业	56	600619	海立股份	制造业 - 电器机械及器材制造业
10	002346	柘中建设	制造业 - 水泥制品和石棉水泥制品业	57	600623	双钱股份	制造业 - 橡胶制造业
11	002451	摩恩电气	制造业 - 电器机械及器材制造业	58	600626	申达股份	制造业 - 纺织业
12	002454	松芝股份	制造业 - 交通运输设备制造业	59	600628	新世界	批发和零售贸易 - 零售业
13	002486	嘉麟杰	制造业 - 纺织业	60	600629	棱光实业	制造业 - 非金属矿物制品业
14	002506	超日太阳	制造业 - 其他电子设备制造业	61	600630	龙头股份	制造业 - 纺织业
15	002527	新时达	制造业 - 电器机械及器材制造业	62	600636	三爱富	制造业 - 化学原料及化学制品制造业
16	002561	徐家汇	制造业 - 日用百货零售业	63	600637	广电信息	制造业 - 日用电子器具制造业
17	002565	上海绿新	制造业 - 纸制品业	64	600654	飞乐股份	信息技术业 - 通信及相关设备制造业
18	002568	百润股份	制造业 - 化学原料及化学制品制造业	65	600655	豫园商城	批发和零售贸易 - 零售业
19	002605	姚记扑克	制造业 - 文化用品制造业	66	600656	ST 博元	批发和零售贸易 - 综合业
20	002636	金安国纪	制造业 - 文化用品制造业	67	600676	交运股份	制造业 - 交通运输设备制造业
21	600019	宝钢股份	制造业 - 黑色金属冶炼及压延加工业	68	600679	金山开发	制造业 - 交通运输设备制造业
22	600061	中纺投资	制造业 - 化学纤维制造业	69	600680	上海普天	信息技术业 - 通信及相关设备制造业
23	600072	中船股份	制造业 - 专用设备制造业	70	600688	S 上石化	制造业 - 石油加工及炼焦业
24	600073	上海梅林	制造业 - 食品制造业	71	600689	上海三毛	制造业 - 服装及其他纤维制品制造业
25	600081	东风科技	制造业 - 交通运输设备制造业	72	600695	大江股份	制造业 - 食品加工业
26	600104	上海汽车	制造业 - 交通运输设备制造业	73	600757	ST 源发	制造业 - 服装及其他纤维制品制造业
27	600149	华夏建通	制造业 - 普通机械制造业	74	600781	上海辅仁	制造业 - 纺织业
28	600150	中国船舶	制造业 - 专用设备制造业	75	600818	中路股份	制造业 - 交通运输设备制造业
29	600151	航天机电	制造业 - 交通运输设备制造业	76	600819	耀皮玻璃	制造业 - 非金属矿物制品业
30	600171	上海贝岭	制造业 - 电子元器件制造业	77	600822	上海物贸	批发和零售贸易 - 商业经纪与代理业
31	600196	复星医药	制造业 - 医药制造业	78	600824	益民商业	批发和零售贸易 - 零售业
32	600210	紫江企业	制造业 - 其他制造业	79	600826	兰生股份	批发和零售贸易 - 商业经纪与代理业
33	600272	开开实业	制造业 - 服装及其他纤维制品制造业	80	600827	友谊股份	批发和零售贸易 - 零售业
34	600278	东方创业	批发和零售贸易 - 商业经纪与代理业	81	600833	第一医药	批发和零售贸易 - 零售业
35	600315	上海家化	制造业 - 化学原料及化学制品制造业	82	600835	上海机电	制造业 - 电器机械及器材制造业
36	600320	振华重工	制造业 - 专用设备制造业	83	600836	界龙实业	制造业 - 印刷业
37	600420	现代制药	制造业 - 医药制造业	84	600838	上海九百	批发和零售贸易 - 零售业
38	600490	中科合臣	制造业 - 化学原料及化学制品制造业	85	600841	上柴股份	制造业 - 普通机械制造业
39	600500	中化国际	批发和零售贸易 - 商业经纪与代理业	86	600843	上工申贝	制造业 - 专用设备制造业
40	600517	置信电气	制造业 - 电器机械及器材制造业	87	600844	丹化科技	制造业 - 化学原料及化学制品制造业
41	600530	交大昂立	制造业 - 生物制品业	88	600848	自仪股份	制造业 - 仪器仪表及文化、办公用机械制造业
42	600555	九龙山	制造业 - 服装及其他纤维制品制造业	89	600850	华东电脑	信息技术业 - 计算机制造业
43	600597	光明乳业	制造业 - 食品加工业	90	600851	海欣股份	制造业 - 皮革、毛皮、羽绒及制品制造业
44	600601	方正科技	信息技术业 - 计算机制造业	91	601607	上海医药	制造业 - 医药制造业
45	600602	广电电子	制造业 - 电子元器件制造业	92	601727	上海电气	制造业 - 电器机械及器材制造业
46	600604	*ST 二纺	制造业 - 专用设备制造业	93	900935	阳晨 B 股	制造业 - 专用设备制造业
47	600605	汇通能源	制造业 - 普通机械制造业	94	900953	凯马 B	制造业 - 交通运输设备制造业

上海工商类上市公司

序号	代码	公司简称	资产总计	股东权益	主营业务收入	利润总额	净利润
1	002022	科华生物	120175.32	97869.16	87389.04	28439.88	22674.90
2	002028	思源电气	379192.55	266266.61	195985.46	19282.71	15381.66
3	002058	威尔泰	25495.70	19353.14	13264.42	1605.42	1329.21
4	002158	汉钟精机	98601.46	66588.74	86044.36	16752.84	14401.06
5	002162	斯米克	190676.63	69361.01	91043.07	-18569.76	-18152.58
6	002252	上海莱士	100953.01	91464.20	56738.58	23551.00	20035.46
7	002278	神开股份	149121.76	115625.56	61015.98	9303.93	8002.02
8	002324	普利特	132100.35	113143.03	92623.71	10375.27	8803.82
9	002328	新朋股份	270090.88	210725.63	140890.08	7347.90	6381.19
10	002346	柘中建设	108070.00	96434.43	46151.26	7869.06	6058.93
11	002451	摩恩电气	92670.70	62527.57	44620.85	636.45	581.75
12	002454	松芝股份	263977.25	184247.28	153613.09	29554.56	23164.91
13	002486	嘉麟杰	115518.46	94334.83	85569.82	8765.88	7348.90
14	002506	超日太阳	668611.60	290451.80	333258.10	-3856.50	-5478.88
15	002527	新时达	135158.17	124155.36	65729.37	13518.07	11226.73
16	002561	徐家汇	210835.75	160238.11	218756.77	36936.95	25469.07
17	002565	上海绿新	186253.50	149220.24	107242.80	16904.29	13675.40
18	002568	百润股份	62320.94	60914.79	11793.07	5441.54	4648.17
19	002605	姚记扑克	88850.00	75678.54	65494.58	9759.89	7254.44
20	002636	金安国纪	214669.07	126552.29	202828.59	9897.88	7672.42
21	600019	宝钢股份	23109974.58	10649549.09	22250468.47	926012.54	736196.00
22	600061	中纺投资	135391.02	58496.59	301371.25	2043.76	1675.71
23	600072	中船股份	239394.64	141743.84	150312.06	5072.77	3820.63
24	600073	上海梅林	424979.81	180821.04	573410.30	18130.62	14978.15
25	600081	东风科技	204128.71	62346.35	258454.49	20326.04	13751.69
26	600104	上海汽车	31863318.10	10236231.47	43309548.43	4202816.28	2022186.65
27	600149	*ST 建通	35823.52	31117.94	657.18	6354.30	5240.77
28	600150	中国船舶	4975047.41	1780450.92	2869937.40	287224.80	225235.69
29	600151	航天机电	998922.36	263133.56	238716.50	-7800.68	1479.15
30	600171	上海贝岭	199975.72	171213.21	60075.91	3509.61	3186.97
31	600196	复星医药	2229081.82	977186.30	648554.08	172666.13	116560.76
32	600210	紫江企业	1013034.77	375559.37	822775.51	70420.52	52551.34
33	600272	开开实业	97676.15	34473.84	79718.95	4412.81	3857.87
34	600278	东方创业	524788.01	239694.15	1565460.70	31333.10	18999.89
35	600315	上海家化	254678.34	175875.53	357660.76	45225.88	36125.40
36	600320	振华重工	4405946.56	1524137.00	1912925.10	4776.47	3029.43
37	600420	现代制药	149232.84	81482.06	170262.33	16958.76	12003.25
38	600490	*ST 合臣	31891.30	10225.84	29605.22	-260.47	-260.31
39	600500	中化国际	2555669.93	629905.76	5529127.57	123922.91	77518.86
40	600517	置信电气	183758.83	122777.38	127946.08	23851.19	16419.26
41	600530	交大昂立	169434.63	136161.06	35094.01	6248.07	5560.25
42	600555	九龙山	292191.76	179838.89	38934.77	8293.04	7467.45
43	600597	光明乳业	737401.50	245151.99	1178877.93	24047.90	23784.16
44	600601	方正科技	627789.80	423407.19	622183.57	18699.07	15227.58
45	600602	广电电子	277875.35	230457.44	93674.28	15164.86	15203.18
46	600604	ST 二纺	83622.39	16929.67	71089.96	1603.47	1501.86
47	600605	汇通能源	80838.23	46853.72	212588.03	1346.97	587.54

2011年度经营情况之一

单位：万元

序号	代码	公司简称	资产总计	股东权益	主营业务收入	利润总额	净利润
48	600608	*ST沪科	37209.50	-5821.55	30923.68	2103.45	1646.72
49	600610	SST中纺	36500.74	17403.01	9914.61	533.77	564.33
50	600612	老凤祥	727659.00	216855.04	2112639.72	91112.96	52294.23
51	600614	鼎立股份	236852.03	82539.64	111824.40	6056.70	5403.33
52	600615	丰华股份	56729.70	49127.86	11487.56	-1830.78	-1508.71
53	600616	金枫酒业	147125.99	117532.53	104241.36	18585.09	14096.79
54	600617	*ST联华	1793.36	-5976.62	2559.65	2363.62	1651.40
55	600618	氯碱化工	600792.94	272620.26	576252.60	22713.53	22977.33
56	600619	海立股份	711640.41	178693.62	817777.39	29658.53	17423.40
57	600623	双钱股份	892504.06	227161.60	1092663.23	11719.46	17668.30
58	600626	申达股份	316527.60	193202.49	664566.57	27479.73	21577.66
59	600628	新世界	556825.33	206327.18	322276.50	30000.57	21368.41
60	600629	棱光实业	118147.30	78188.44	47586.10	4007.86	3679.89
61	600630	龙头股份	255861.08	146267.34	452778.51	6185.98	4615.37
62	600636	三爱富	355858.29	153008.91	461044.78	117174.88	73147.98
63	600637	广电信息	311621.50	258900.11	133546.52	40835.62	35510.08
64	600654	飞乐股份	215216.93	129114.81	132153.86	11427.47	10294.85
65	600655	豫园商城	1225893.69	509055.52	1660403.57	104698.38	85497.39
66	600656	ST方源	50537.18	4612.73	53.40	-7349.45	-7349.45
67	600676	交运股份	567367.35	258121.17	654727.29	35217.90	19081.43
68	600679	金山开发	116880.07	57777.82	102538.64	426.61	408.33
69	600680	上海普天	231853.49	143437.26	113030.24	1481.72	1115.26
70	600688	S上石化	3111008.50	1811248.30	9560124.80	129229.10	94441.40
71	600689	上海三毛	107125.61	40757.54	246529.85	2035.94	1848.93
72	600695	大江股份	60964.85	24617.04	61563.88	6163.33	5235.11
73	600757	*ST源发	398054.46	260718.60	261122.89	29014.42	28011.09
74	600781	上海辅仁	71076.38	24729.57	32617.37	2996.13	2019.55
75	600818	中路股份	72461.81	36472.51	67577.47	2569.70	1676.55
76	600819	耀皮玻璃	655644.44	205869.98	242110.02	8879.42	7743.71
77	600822	上海物贸	902846.58	167029.69	8057191.55	14276.66	10627.47
78	600824	益民集团	231359.94	144344.28	218657.53	19417.60	13564.27
79	600826	兰生股份	220442.65	162228.53	129032.23	5276.60	5222.35
80	600827	友谊股份	3688988.13	1098339.25	4701515.76	261899.51	139179.55
81	600833	第一医药	79420.61	42240.35	126832.71	5201.33	3674.87
82	600835	上海机电	1791042.23	593384.62	1450237.90	135201.99	71148.03
83	600836	界龙实业	342295.95	42317.76	116219.04	1676.59	694.98
84	600838	上海九百	100687.33	69579.89	16596.88	10694.99	10659.21
85	600841	上柴股份	401085.64	218098.11	463495.53	22433.22	20730.69
86	600843	上工申贝	153001.98	69816.01	157868.77	13950.03	11266.51
87	600844	丹化科技	395808.03	97891.91	55723.38	-39120.31	-29442.02
88	600848	自仪股份	151587.39	17222.12	102729.38	710.35	628.34
89	600850	华东电脑	95565.33	28097.00	185574.37	4659.39	1933.73
90	600851	海欣股份	396630.57	275543.17	126243.41	6643.51	3815.39
91	601607	上海医药	4766782.29	2307847.22	5489987.25	303510.21	204223.85
92	601727	上海电气	1791042.23	593384.62	1450237.90	135201.99	71148.03
93	900935	阳晨B股	219076.78	49554.44	40189.48	4169.27	1760.19
94	900953	凯马B	411731.47	97352.31	583898.34	9892.62	2355.36

上海工商类上市公司

序号	代码	公司简称	每股收益	每股净资产	净资产收益率	每股经营现金净流量
1	002022	科华生物	0.46	1.99	23.17	0.4465
2	002028	思源电气	0.35	6.06	5.78	-0.22
3	002058	威尔泰	0.11	1.55	6.87	0.06
4	002158	汉钟精机	0.66	3.46	19.07	0.4496
5	002162	斯米克	-0.43	1.66	-26.17	0.164
6	002252	上海莱士	0.74	3.36	21.91	0.65
7	002278	神开股份	0.31	4.42	6.92	0.09
8	002324	普利特	0.33	4.19	7.78	-0.27
9	002328	新朋股份	0.21	7.02	3.03	0.51
10	002346	柘中建设	0.45	7.14	6.28	0.28
11	002451	摩恩电气	0.04	4.27	0.93	-0.37
12	002454	松芝股份	0.74	5.91	12.57	0.0765
13	002486	嘉麟杰	0.35	4.54	7.79	0.31
14	002506	超日太阳	-0.10	5.51	-1.89	-2.03
15	002527	新时达	0.56	6.21	9.04	-0.06
16	002561	徐家汇	0.63	3.85	15.89	0.73
17	002565	上海绿新	0.68	6.99	9.16	6.99
18	002568	百润股份	0.62	7.61	9.59	0.46
19	002605	姚记扑克	0.91	8.09	9.59	1.08
20	002636	金安国纪	0.36	4.52	6.06	0.31
21	600019	宝钢股份	0.42	6.08	6.91	0.69
22	600061	中纺投资	0.04	1.36	2.86	-0.23
23	600072	中船股份	0.08	2.96	2.70	0.109
24	600073	上海梅林	0.42	3.63	8.28	0.07
25	600081	东风科技	0.44	1.99	22.06	0.6628
26	600104	上海汽车	1.83	9.28	19.76	1.833
27	600149	*ST 建通	0.14	0.82	16.84	0.2258
28	600150	中国船舶	2.12	16.80	12.65	-2.29
29	600151	航天机电	0.02	2.75	0.56	-0.609
30	600171	上海贝岭	0.05	2.54	1.86	0.036
31	600196	复星医药	0.61	5.13	11.93	0.17
32	600210	紫江企业	0.37	2.61	13.99	0.669
33	600272	开开实业	0.16	1.42	11.19	-0.066
34	600278	东方创业	0.47	5.97	7.93	0.23
35	600315	上海家化	0.85	4.16	20.54	0.82
36	600320	振华重工	0.01	3.47	0.20	0.35
37	600420	现代制药	0.42	2.83	14.73	0.4731
38	600490	*ST 合臣	-0.02	0.77	-2.55	0.0261
39	600500	中化国际	0.54	4.38	12.31	0.63
40	600517	置信电气	0.27	1.98	13.37	0.41
41	600530	交大昂立	0.18	4.36	4.08	-0.009
42	600555	九龙山	0.06	1.38	4.15	0.08
43	600597	光明乳业	0.23	2.34	9.70	0.09
44	600601	方正科技	0.07	1.93	3.60	0.0775
45	600602	广电电子	0.13	1.96	6.60	-0.0292
46	600604	ST 二纺	0.03	0.30	8.87	-0.0499
47	600605	汇通能源	0.04	3.18	1.25	-0.1588

2011年度经营情况之二

单位：元、%

序号	代码	公司简称	每股收益	每股净资产	净资产收益率	每股经营现金净流量
48	600608	*ST沪科	0.05	-0.18	-28.29	-28.29
49	600610	SST中纺	0.02	0.49	3.24	-0.09
50	600612	老凤祥	1.20	4.97	24.11	-0.2025
51	600614	鼎立股份	0.10	1.45	6.55	-0.4069
52	600615	丰华股份	-0.08	2.61	-3.07	0.35
53	600616	金枫酒业	0.32	2.68	11.99	0.27
54	600617	*ST联华	0.10	-0.36	-27.63	-0.24
55	600618	氯碱化工	0.20	2.36	8.43	0.614
56	600619	海立股份	0.29	2.96	9.75	0.39
57	600623	双钱股份	0.20	2.55	7.78	1.064
58	600626	申达股份	0.30	2.72	11.17	0.3207
59	600628	新世界	0.40	3.88	10.36	0.72
60	600629	棱光实业	0.12	2.25	4.71	0.324
61	600630	龙头股份	0.11	3.44	3.16	-0.09
62	600636	三爱富	2.11	4.41	47.81	3.205
63	600637	广电信息	0.63	2.32	13.72	0.97
64	600654	飞乐股份	0.14	1.71	7.97	-0.02
65	600655	豫园商城	0.60	3.54	16.80	-0.757
66	600656	ST方源	-0.39	0.24	-159.33	-1.92
67	600676	交运股份	0.26	2.84	9.19	0.45
68	600679	金山开发	0.01	1.63	0.71	-0.022
69	600680	上海普天	0.03	3.75	0.78	0.02
70	600688	S上石化	0.13	2.52	5.21	0.345
71	600689	上海三毛	0.09	2.03	4.54	0.3291
72	600695	大江股份	0.08	0.36	21.27	-0.038
73	600757	*ST源发	0.46	2.51	10.74	0.29
74	600781	上海辅仁	0.11	1.40	8.17	0.15
75	600818	中路股份	0.06	1.25	4.60	-0.06
76	600819	耀皮玻璃	0.11	2.82	3.76	0.39
77	600822	上海物贸	0.21	3.37	6.36	-2.65
78	600824	益民集团	0.19	1.97	9.40	-0.037
79	600826	兰生股份	0.12	3.86	3.22	-0.14
80	600827	友谊股份	0.85	6.68	12.67	2.16
81	600833	第一医药	0.16	1.89	8.70	0.1106
82	600835	上海机电	0.70	5.80	11.99	1.51
83	600836	界龙实业	0.02	1.35	1.64	-0.1
84	600838	上海九百	0.27	1.74	15.32	-0.0731
85	600841	上柴股份	0.43	4.54	9.51	0.99
86	600843	上工申贝	0.25	1.56	16.14	0.1586
87	600844	丹化科技	-0.38	1.26	-30.08	0.452
88	600848	自仪股份	0.02	0.43	3.65	-0.03
89	600850	华东电脑	0.11	1.64	6.88	0.2036
90	600851	海欣股份	0.03	2.09	1.51	0.0037
91	601607	上海医药	0.84	8.58	8.85	0.66
92	601727	上海电气	0.70	5.80	11.31	1.51
93	900935	阳晨B股	0.07	2.03	3.55	1.01
94	900953	凯马B	0.04	1.52	2.42	0.38

上海工商类上市公司 2011 年度资产总额排序

单位：万元

序号	代码	公司简称	资产总额		序号	代码	公司简称	资产总额	
			2011 年	2010 年				2011 年	2010 年
1	600104	上海汽车	31863318.10	22884235.90	48	600826	兰生股份	220442.65	256017.82
2	600019	宝钢股份	23109974.58	21606510.37	49	900935	阳晨 B 股	219076.78	217504.62
3	600150	中国船舶	4975047.41	5143430.96	50	600654	飞乐股份	215216.93	172318.87
4	601607	上海医药	4766782.29	2816902.02	51	002636	金安国纪	214669.07	149406.02
5	600320	振华重工	4405946.56	4528712.63	52	002561	徐家汇	210835.75	157063.43
6	600827	友谊股份	3688988.13	2128505.22	53	600081	东风科技	204128.71	167297.35
7	600688	S 上石化	3111008.50	2915810.40	54	600171	上海贝岭	199975.72	193258.57
8	600500	中化国际	2555669.93	2480845.16	55	002162	斯米克	190676.63	184266.37
9	600196	复星医药	2229081.82	1682013.58	56	002565	上海绿新	186253.50	84467.50
10	600835	上海机电	1791042.23	1518764.83	57	600517	置信电气	183758.83	197533.71
11	601727	上海电气	1791042.23	9821184.10	58	600530	交大昂立	169434.63	131543.81
12	600655	豫园商城	1225893.69	1027287.93	59	600843	上工申贝	153001.98	163062.34
13	600210	紫江企业	1013034.77	963506.98	60	600848	自仪股份	151587.39	130474.54
14	600151	航天机电	998922.36	789740.97	61	600420	现代制药	149232.84	113563.26
15	600822	上海物贸	902846.58	815123.58	62	002278	神开股份	149121.76	127902.04
16	600623	双钱股份	892504.06	845338.59	63	600616	金枫酒业	147125.99	139451.99
17	600597	光明乳业	737401.50	597454.95	64	600061	中纺投资	135391.02	95450.15
18	600612	老凤祥	727659.00	548334.41	65	002527	新时达	135158.17	132960.48
19	600619	海立股份	711640.41	658903.40	66	002324	普利特	132100.35	119155.02
20	002506	超日太阳	668611.60	446659.06	67	002022	科华生物	120175.32	108691.58
21	600819	耀皮玻璃	655644.44	647346.74	68	600629	棱光实业	118147.30	135051.88
22	600601	方正科技	627789.80	699583.14	69	600679	金山开发	116880.07	129827.78
23	600618	氯碱化工	600792.94	561372.22	70	002486	嘉麟杰	115518.46	106741.80
24	600676	交运股份	567367.35	494966.25	71	002346	柘中建设	108070.00	100298.25
25	600628	新世界	556825.33	504350.66	72	600689	上海三毛	107125.61	122841.58
26	600278	东方创业	524788.01	301472.42	73	002252	上海莱士	100953.01	93032.56
27	600073	上海梅林	424979.81	216098.64	74	600838	上海九百	100687.33	98929.16
28	900953	凯马 B	411731.47	387005.77	75	002158	汉钟精机	98601.46	87952.27
29	600841	上柴股份	401085.64	404686.55	76	600272	开开实业	97676.15	109057.16
30	600757	*ST 源发	398054.46	9342.19	77	600850	华东电脑	95565.33	81652.64
31	600851	海欣股份	396630.57	466945.45	78	002451	摩恩电气	92670.70	79879.93
32	600844	丹化科技	395808.03	399132.54	79	002605	姚记扑克	88850.00	68042.12
33	002028	思源电气	379192.55	410608.10	80	600604	ST 二纺	83622.39	83397.29
34	600636	三爱富	355858.29	304415.39	81	600605	汇通能源	80838.23	81861.92
35	600836	界龙实业	342295.95	259826.92	82	600833	第一医药	79420.61	78817.90
36	600626	申达股份	316527.60	288774.33	83	600818	中路股份	72461.81	74311.20
37	600637	广电信息	311621.50	293716.25	84	600781	上海辅仁	71076.38	63050.23
38	600555	九龙山	292191.76	284128.60	85	002568	百润股份	62320.94	17568.20
39	600602	广电电子	277875.35	248471.21	86	600695	大江股份	60964.85	66274.95
40	002328	新朋股份	270090.88	239382.03	87	600615	丰华股份	56729.70	72387.85
41	002454	松芝股份	263977.25	230778.34	88	600656	ST 方源	50537.18	16685.87
42	600630	龙头股份	255861.08	257948.18	89	600608	*ST 沪科	37209.50	39525.88
43	600315	上海家化	254678.34	212234.43	90	600610	SST 中纺	36500.74	36438.95
44	600072	中船股份	239394.64	237337.91	91	600149	*ST 建通	35823.52	31015.72
45	600614	鼎立股份	236852.03	190046.50	92	600490	*ST 合臣	31891.30	33662.95
46	600680	上海普天	231853.49	219847.80	93	002058	威尔泰	25495.70	22748.05
47	600824	益民商业	231359.94	209632.78	94	600617	*ST 联华	1793.36	6063.20

上海工商类上市公司 2011 年度总股本排序

单位：万股

序号	代码	公司简称	总股本		序号	代码	公司简称	总股本	
			2011 年	2010 年				2011 年	2010 年
1	600019	宝钢股份	1751204.81	1751204.81	48	600061	中纺投资	42908.29	42908.29
2	600104	上海汽车	1102556.66	924242.17	49	600630	龙头股份	42486.16	42486.16
3	600688	S 上石化	720000.00	720000.00	50	600315	上海家化	42301.10	42303.21
4	900953	凯马 B	643000.00	64000.00	51	600826	兰生股份	42064.23	28042.82
5	600320	振华重工	439029.46	439029.46	52	002162	斯米克	41800.00	41800.00
6	601607	上海医药	268891.05	199264.33	53	002561	徐家汇	41576.30	34576.30
7	600601	方正科技	219489.12	219489.12	54	600278	东方创业	40172.44	32000.00
8	600196	复星医药	190439.24	190439.24	55	600838	上海九百	40088.20	40088.20
9	600827	友谊股份	172249.58	47211.64	56	600848	自仪股份	39928.69	39928.69
10	600500	中化国际	143758.96	143758.96	57	600680	上海普天	38222.53	38222.53
11	600655	豫园商城	143732.20	143732.20	58	600149	*ST 建通	38016.00	38016.00
12	600210	紫江企业	143673.62	143673.62	59	600610	SST 中纺	35709.15	35709.15
13	600555	九龙山	130350.00	130350.00	60	600679	金山开发	35361.97	35361.97
14	600851	海欣股份	120705.67	120705.67	61	600629	棱光实业	34799.98	28999.98
15	600602	广电电子	117294.31	117294.31	62	600636	三爱富	34722.78	34722.78
16	600618	氯碱化工	115640.00	115640.00	63	600608	*ST 沪科	32886.14	32886.14
17	600637	广电信息	111373.61	70886.46	64	600836	界龙实业	31356.34	31356.34
18	600150	中国船舶	106009.05	66255.65	65	600081	东风科技	31356.00	31356.00
19	600597	光明乳业	104919.34	104919.34	66	600530	交大昂立	31200.00	31200.00
20	601727	上海电气	102273.93	1282362.67	67	002454	松芝股份	31200.00	24000.00
21	600835	上海机电	102273.93	102273.93	68	002328	新朋股份	30000.00	30000.00
22	600151	航天机电	95747.47	95747.47	69	600818	中路股份	29222.54	29222.54
23	600623	双钱股份	88946.77	88946.77	70	600420	现代制药	28773.34	28773.34
24	600844	丹化科技	77862.06	77862.06	71	002636	金安国纪	28000.00	21000.00
25	600654	飞乐股份	75504.32	77504.32	72	002252	上海莱士	27200.00	27200.00
26	600824	益民商业	73196.32	73196.32	73	002324	普利特	27000.00	13500.00
27	600676	交运股份	73139.59	73139.59	74	002278	神开股份	26152.33	21793.61
28	600819	耀皮玻璃	73125.01	73125.01	75	900935	阳晨 B 股	24459.60	24459.60
29	600626	申达股份	71024.28	47349.52	76	600272	开开实业	24300.00	24300.00
30	600695	大江股份	67630.57	67630.57	77	600833	第一医药	22308.63	15934.74
31	600171	上海贝岭	67380.78	67380.78	78	002158	汉钟精机	21807.45	18172.88
32	600517	置信电气	61870.50	61870.50	79	002565	上海绿新	21360.00	10000.00
33	600619	海立股份	60274.41	60274.41	80	002486	嘉麟杰	20800.00	20800.00
34	600614	鼎立股份	56740.26	56740.26	81	600689	上海三毛	20099.13	20099.13
35	600604	ST 二纺	56644.92	56644.92	82	002527	新时达	20000.00	20000.00
36	600757	*ST 源发	55217.22	55217.22	83	600656	ST 方源	19034.37	19034.37
37	600628	新世界	53179.93	53179.93	84	600615	丰华股份	18802.05	18802.05
38	002506	超日太阳	52720.00	26360.00	85	600781	上海辅仁	17759.29	17759.29
39	600073	上海梅林	49862.74	35640.00	86	600850	华东电脑	17103.15	17103.15
40	600822	上海物贸	49597.29	49597.29	87	600617	*ST 联华	16719.48	16719.48
41	002022	科华生物	49227.75	49227.75	88	600605	汇通能源	14734.46	14734.46
42	600841	上柴股份	48030.93	48030.93	89	002451	摩恩电气	14640.00	14640.00
43	600072	中船股份	47842.96	39869.13	90	002346	柘中建设	13500.00	13500.00
44	600843	上工申贝	44888.68	44888.68	91	600490	*ST 合臣	13200.00	13200.00
45	002028	思源电气	43968.00	43968.00	92	002058	威尔泰	12473.77	6236.88
46	600616	金枫酒业	43867.15	36555.96	93	002605	姚记扑克	9350.00	7000.00
47	600612	老凤祥	43593.15	33533.19	94	002568	百润股份	8000.00	6000.00

上海工商类上市公司 2011 年度净资产排序

单位：万元

序号	代码	公司简称	净资产		序号	代码	公司简称	净资产	
			2011 年	2010 年				2011 年	2010 年
1	600104	上海汽车	13311631.68	6617573.93	48	600680	上海普天	143098.72	142570.04
2	600019	宝钢股份	11346999.63	10472204.76	49	600530	交大昂立	141214.59	105768.00
3	601607	上海医药	2598146.57	912630.65	50	600517	置信电气	138821.51	131165.46
4	600150	中国船舶	1948605.44	1594773.50	51	002636	金安国纪	137961.36	54862.40
5	600688	S 上石化	1838258.40	1791360.00	52	600654	飞乐股份	134624.12	117806.57
6	600320	振华重工	1550312.74	1527822.52	53	002527	新时达	126182.44	117041.43
7	600827	友谊股份	1363358.28	269531.28	54	600616	金枫酒业	118324.89	92121.01
8	600196	复星医药	1137082.76	841741.44	55	002278	神开股份	117952.03	110919.69
9	600500	中化国际	882854.38	583661.38	56	002324	普利特	113143.03	105570.99
10	600835	上海机电	782606.19	549211.00	57	002022	科华生物	102586.36	90086.78
11	600655	豫园商城	534047.27	456924.66	58	600614	鼎立股份	100086.58	77144.06
12	600601	方正科技	423407.19	410576.35	59	002346	柘中建设	96434.43	91240.35
13	600210	紫江企业	420320.64	357028.95	60	600420	现代制药	94762.93	72221.08
14	600151	航天机电	355437.86	268667.40	61	002486	嘉麟杰	94747.65	90509.18
15	600676	交运股份	297364.48	198939.70	62	002252	上海莱士	92727.29	83120.92
16	600623	双钱股份	293331.54	223078.50	63	600081	东风科技	85148.68	52439.77
17	002506	超日太阳	291479.24	306802.01	64	600843	上工申贝	80445.22	60092.47
18	600597	光明乳业	283482.53	232920.93	65	600629	棱光实业	79841.13	75399.96
19	002028	思源电气	282297.41	300301.44	66	900935	阳晨 B 股	76661.65	47696.22
20	600851	海欣股份	275543.16	303912.74	67	002158	汉钟精机	76105.86	66512.74
21	600618	氯碱化工	274810.92	250522.49	68	002605	姚记扑克	75678.53	28450.25
22	600637	广电信息	266794.35	129048.79	69	600679	金山开发	69844.30	59468.22
23	600757	*ST 源发	265997.48		70	600838	上海九百	69579.89	59166.17
24	600278	东方创业	264457.82	163200.00	71	002162	斯米克	69552.11	89772.38
25	600612	老凤祥	250395.28	165613.72	72	002451	摩恩电气	62527.57	62110.16
26	600619	海立股份	246444.33	162138.16	73	002568	百润股份	60914.80	11848.23
27	600602	广电电子	242460.03	215821.53	74	600061	中纺投资	58716.52	56638.94
28	600819	耀皮玻璃	241655.67	201020.65	75	600836	界龙实业	56466.76	41703.93
29	002328	新朋股份	240497.62	219345.31	76	600615	丰华股份	49127.85	50577.51
30	600841	上柴股份	219862.64	202690.52	77	600605	汇通能源	46853.72	45986.25
31	600628	新世界	210228.90	191447.74	78	600833	第一医药	42941.08	42886.76
32	600626	申达股份	208948.57	176613.71	79	600689	上海三毛	42620.53	39965.11
33	600073	上海梅林	196348.89	75913.20	80	600818	中路股份	38047.09	35359.27
34	600636	三爱富	193441.82	78612.37	81	600850	华东电脑	35357.51	27024.69
35	002454	松芝股份	192614.53	178164.87	82	600272	开开实业	34451.92	31225.50
36	600844	丹化科技	187465.93	127304.47	83	600149	*ST 建通	31542.36	25877.49
37	600555	九龙山	184257.64	175972.50	84	600781	上海辅仁	29744.45	22731.89
38	600822	上海物贸	180468.18	156727.44	85	600695	大江股份	28506.63	19545.23
39	600315	上海家化	178172.14	149753.35	86	002058	威尔泰	19840.23	18398.80
40	600171	上海贝岭	172867.40	169125.76	87	600490	*ST 合臣	17987.45	10428.00
41	002561	徐家汇	162807.26	99598.34	88	600610	SST 中纺	17510.67	20711.31
42	600826	兰生股份	162140.28	192373.74	89	600848	自仪股份	17174.25	16770.05
43	002565	上海绿新	150925.34	41430.30	90	600604	ST 二纺	17104.04	17044.46
44	600072	中船股份	149975.58	139781.17	91	600656	ST 方源	4612.73	-36165.30
45	900953	凯马 B	146680.31	94720.00	92	600608	*ST 沪科	631.48	-15785.35
46	600630	龙头股份	146336.86	141691.34	93	600617	*ST 联华	-5976.62	-7690.96
47	600824	益民商业	144896.69	135193.61	94	601727	上海电气	-5114885.87	2705785.23

上海工商类上市公司 2011 年度主营业务收入排序

单位：万元

序号	代码	公司简称	主营业务收入		序号	代码	公司简称	主营业务收入	
			2011 年	2010 年				2011 年	2010 年
1	600104	上海汽车	43309548.43	31248548.63	48	002328	新朋股份	140890.08	128153.18
2	600019	宝钢股份	22250468.47	20214915.24	49	600637	广电信息	133546.52	213420.61
3	600688	S 上石化	9560124.80	7759118.70	50	600654	飞乐股份	132153.86	115572.22
4	600822	上海物贸	8057191.55	5795323.68	51	600826	兰生股份	129032.23	139197.86
5	600500	中化国际	5529127.57	3969194.69	52	600517	置信电气	127946.08	151640.94
6	601607	上海医药	5489987.25	3741106.61	53	600833	第一医药	126832.71	114747.57
7	600827	友谊股份	4701515.76	3105242.20	54	600851	海欣股份	126243.41	123190.92
8	600150	中国船舶	2869937.40	2985536.88	55	600836	界龙实业	116219.04	149398.19
9	600612	老凤祥	2112639.72	1431086.73	56	600680	上海普天	113030.24	84993.90
10	600320	振华重工	1912925.10	1711617.74	57	600614	鼎立股份	111824.40	77614.44
11	600655	豫园商城	1660403.57	1207023.38	58	002565	上海绿新	107242.80	82385.94
12	600278	东方创业	1565460.70	595468.93	59	600616	金枫酒业	104241.36	97804.93
13	601727	上海电气	1450237.90	6317586.20	60	600848	自仪股份	102729.38	97491.94
14	600835	上海机电	1450237.90	1325997.88	61	600679	金山开发	102538.64	90672.07
15	600597	光明乳业	1178877.93	957211.10	62	600602	广电电子	93674.28	52482.77
16	600623	双钱股份	1092663.23	909462.54	63	002324	普利特	92623.71	80740.02
17	600210	紫江企业	822775.51	644585.41	64	002162	斯米克	91043.07	100168.46
18	600619	海立股份	817777.39	640197.39	65	002022	科华生物	87389.04	78131.58
19	600626	申达股份	664566.57	595618.58	66	002158	汉钟精机	86044.36	69789.00
20	600676	交运股份	654727.29	547831.43	67	002486	嘉麟杰	85569.82	68568.76
21	600196	复星医药	648554.08	455542.17	68	600272	开开实业	79718.95	86689.78
22	600601	方正科技	622183.57	816779.28	69	600604	ST 二纺	71089.96	46718.57
23	900953	凯马 B	583898.34	617023.45	70	600818	中路股份	67577.47	63224.36
24	600618	氯碱化工	576252.60	573650.14	71	002527	新时达	65729.37	50196.55
25	600073	上海梅林	573410.30	220387.44	72	002605	姚记扑克	65494.58	56679.38
26	600841	上柴股份	463495.53	483139.85	73	600695	大江股份	61563.88	70961.52
27	600636	三爱富	461044.78	309560.62	74	002278	神开股份	61015.98	44298.68
28	600630	龙头股份	452778.51	353141.39	75	600171	上海贝岭	60075.91	58807.18
29	600315	上海家化	357660.76	309395.66	76	002252	上海莱士	56738.58	48335.71
30	002506	超日太阳	333258.10	268664.93	77	600844	丹化科技	55723.38	30866.05
31	600628	新世界	322276.50	303008.98	78	600629	棱光实业	47586.10	75726.52
32	600061	中纺投资	301371.25	184530.84	79	002346	柘中建设	46151.26	27633.59
33	600757	*ST 源发	261122.89	63036.22	80	002451	摩恩电气	44620.85	35745.05
34	600081	东风科技	258454.49	230666.77	81	900935	阳晨 B 股	40189.48	19761.22
35	600689	上海三毛	246529.85	165321.90	82	600555	九龙山	38934.77	929.56
36	600819	耀皮玻璃	242110.02	268563.86	83	600530	交大昂立	35094.01	33898.44
37	600151	航天机电	238716.50	248850.42	84	600781	上海辅仁	32617.37	27671.60
38	002561	徐家汇	218756.77	204471.69	85	600608	*ST 沪科	30923.68	32337.60
39	600824	益民商业	218657.53	186570.49	86	600490	*ST 合臣	29605.22	81088.79
40	600605	汇通能源	212588.03	151726.29	87	600838	上海九百	16596.88	15050.77
41	002636	金安国纪	202828.59	189338.82	88	002058	威尔泰	13264.42	11871.67
42	002028	思源电气	195985.46	187723.36	89	002568	百润股份	11793.07	10887.59
43	600850	华东电脑	185574.37	151095.68	90	600615	丰华股份	11487.56	28128.91
44	600420	现代制药	170262.33	142296.36	91	600610	SST 中纺	9914.61	11639.25
45	600843	上工申贝	157868.77	167790.56	92	600617	*ST 联华	2559.65	786.84
46	002454	松芝股份	153613.09	130143.75	93	600149	*ST 建通	657.18	600.00
47	600072	中船股份	150312.06	137476.04	94	600656	ST 博元	53.40	3922.85

上海工商类上市公司2011年度利润总额排序

单位：万元

序号	代码	公司简称	利润总额		序号	代码	公司简称	利润总额	
			2011年	2010年				2011年	2010年
1	600104	上海汽车	4202816.28	2668439.08	48	900953	凯马B	9892.62	30870.36
2	600019	宝钢股份	926012.54	1707623.30	49	002605	姚记扑克	9759.89	9441.53
3	601607	上海医药	303510.21	217253.66	50	002278	神开股份	9303.93	9049.42
4	600150	中国船舶	287224.80	323611.77	51	600818	中路股份	8879.42	1840.02
5	600827	友谊股份	261899.51	112704.21	52	002486	嘉麟杰	8765.88	7444.59
6	600826	兰生股份	261899.51	10621.65	53	600555	九龙山	8293.04	3231.59
7	600196	复星医药	172666.13	120195.13	54	002346	柘中建设	7869.06	5065.43
8	601727	上海电气	135201.99	412256.80	55	002328	新朋股份	7347.90	18305.10
9	600835	上海机电	135201.99	124814.79	56	600851	海欣股份	6643.51	1625.41
10	600680	上海普天	129229.10	-8794.25	57	600149	*ST建通	6354.30	-33929.00
11	600500	中化国际	123922.91	121312.21	58	600530	交大昂立	6248.07	5425.11
12	600654	飞乐股份	104698.38	11134.13	59	600630	龙头股份	6185.98	6648.09
13	600612	老凤祥	91112.96	56318.22	60	600689	上海三毛	6163.33	1826.47
14	600210	紫江企业	70420.52	90648.02	61	600614	鼎立股份	6056.70	7781.14
15	600315	上海家化	45225.88	30232.48	62	600637	广电信息	5843.28	11017.98
16	600636	三爱富	40835.62	15612.72	63	002568	百润股份	5441.54	4984.33
17	002561	徐家汇	36936.95	31846.67	64	600824	益民商业	5276.60	17356.50
18	600656	ST博元	35217.90	280.63	65	600833	第一医药	5201.33	4132.85
19	600278	东方创业	31333.10	13675.10	66	600072	中船股份	5072.77	6140.61
20	600628	新世界	30000.57	27587.26	67	600320	振华重工	4776.47	-84760.89
21	600619	海立股份	29658.53	25524.02	68	600850	华东电脑	4659.39	3559.89
22	002454	松芝股份	29554.56	29459.90	69	600272	开开实业	4412.81	3258.61
23	600695	大江股份	29014.42	2184.39	70	900935	阳晨B股	4169.27	955.88
24	002022	科华生物	28439.88	27708.60	71	600629	棱光实业	4007.86	7156.97
25	600626	申达股份	27479.73	25615.36	72	600171	上海贝岭	3509.61	2343.42
26	600597	光明乳业	24047.90	24096.26	73	600757	*ST源发	2996.13	69662.21
27	600517	置信电气	23851.19	43965.15	74	600781	上海辅仁	2569.70	3327.13
28	002252	上海莱士	23551.00	22090.16	75	600617	*ST联华	2363.62	1674.33
29	600618	氯碱化工	22713.53	10465.27	76	600608	*ST沪科	2103.45	2557.03
30	600841	上柴股份	22433.22	11884.64	77	600061	中纺投资	2043.76	2658.50
31	600081	东风科技	20326.04	24390.41	78	600688	S上石化	2035.94	345374.40
32	600822	上海物贸	19417.60	13237.85	79	600836	界龙实业	1676.59	4092.18
33	002028	思源电气	19282.71	71909.05	80	002058	威尔泰	1605.42	1536.98
34	600601	方正科技	18699.07	29578.35	81	600604	ST二纺	1603.47	-9365.84
35	600616	金枫酒业	18585.09	18771.44	82	600679	金山开发	1481.72	2422.08
36	600073	上海梅林	18130.62	-318.50	83	600605	汇通能源	1346.97	966.43
37	600420	现代制药	16958.76	15405.83	84	600848	自仪股份	710.35	878.90
38	002565	上海绿新	16904.29	13240.05	85	002451	摩恩电气	636.45	3538.26
39	002158	汉钟精机	16752.84	15852.94	86	600610	SST中纺	533.77	867.53
40	600602	广电电子	15164.86	15647.86	87	600676	交运股份	426.61	33323.50
41	600819	耀皮玻璃	14276.66	24443.22	88	600490	*ST合臣	-260.47	1790.94
42	600843	上工申贝	13950.03	5583.68	89	600615	丰华股份	-1830.78	3561.38
43	002527	新时达	13518.07	9471.31	90	002506	超日太阳	-3856.50	26347.73
44	600623	双钱股份	11719.46	22397.42	91	600655	豫园商城	-7349.45	88537.66
45	600838	上海九百	10694.99	2913.27	92	600151	航天机电	-7800.68	16765.02
46	002324	普利特	10375.27	11823.93	93	002162	斯米克	-18569.76	3500.78
47	002636	金安国纪	9897.88	13178.74	94	600844	丹化科技	-39120.31	50.87

上海工商类上市公司2011年度每股收益排序

单位：元

序号	代码	公司简称	每股收益		序号	代码	公司简称	每股收益	
			2011年	2010年				2011年	2010年
1	600150	中国船舶	2.12	3.94	48	600623	双钱股份	0.20	0.33
2	600636	三爱富	2.11	0.13	49	600618	氯碱化工	0.20	0.12
3	600104	上海汽车	1.83	1.61	50	600824	益民商业	0.19	0.17
4	600612	老凤祥	1.20	0.93	51	600530	交大昂立	0.18	0.19
5	002605	姚记扑克	0.91	1.02	52	600833	第一医药	0.16	0.19
6	600827	友谊股份	0.85	0.63	53	600272	开开实业	0.16	0.11
7	600315	上海家化	0.85	0.65	54	600654	飞乐股份	0.14	0.14
8	601607	上海医药	0.84	0.69	55	600149	*ST建通	0.14	-0.89
9	002454	松芝股份	0.74	1.12	56	600688	S上石化	0.13	0.38
10	002252	上海莱士	0.74	0.68	57	600602	广电电子	0.13	0.13
11	601727	上海电气	0.70	0.22	58	600826	兰生股份	0.12	0.33
12	600835	上海机电	0.70	0.65	59	600629	棱光实业	0.12	0.25
13	002565	上海绿新	0.68	0.65	60	600850	华东电脑	0.11	0.08
14	002158	汉钟精机	0.66	0.76	61	600819	耀皮玻璃	0.11	0.27
15	600637	广电信息	0.63	0.15	62	600781	上海辅仁	0.11	0.13
16	002561	徐家汇	0.63	0.56	63	600630	龙头股份	0.11	0.14
17	002568	百润股份	0.62	0.72	64	002058	威尔泰	0.11	0.21
18	600196	复星医药	0.61	0.46	65	600617	*ST联华	0.10	0.10
19	600655	豫园商城	0.60	0.47	66	600614	鼎立股份	0.10	0.11
20	002527	新时达	0.56	0.53	67	600689	上海三毛	0.09	0.08
21	600500	中化国际	0.54	0.47	68	600072	中船股份	0.08	0.11
22	600278	东方创业	0.47	0.31	69	600695	大江股份	0.08	0.02
23	002022	科华生物	0.46	0.46	70	900935	阳晨B股	0.07	0.03
24	600757	*ST源发	0.46	1.54	71	600601	方正科技	0.07	0.12
25	002346	柘中建设	0.45	0.30	72	600818	中路股份	0.06	0.08
26	600081	东风科技	0.44	0.52	73	600555	九龙山	0.06	0.01
27	600841	上柴股份	0.43	0.28	74	600608	*ST沪科	0.05	0.06
28	600073	上海梅林	0.42	0.01	75	600171	上海贝岭	0.05	0.02
29	600019	宝钢股份	0.42	0.74	76	600605	汇通能源	0.04	0.03
30	600420	现代制药	0.42	0.38	77	600061	中纺投资	0.04	0.05
31	600628	新世界	0.40	0.37	78	002451	摩恩电气	0.04	0.24
32	600210	紫江企业	0.37	0.47	79	900953	凯马B	0.04	0.27
33	002636	金安国纪	0.36	0.48	80	600851	海欣股份	0.03	0.01
34	002486	嘉麟杰	0.35	0.36	81	600680	上海普天	0.03	-0.23
35	002028	思源电气	0.35	1.26	82	600604	ST二纺	0.03	-0.16
36	002324	普利特	0.33	0.74	83	600836	界龙实业	0.02	0.05
37	600616	金枫酒业	0.32	0.30	84	600610	SST中纺	0.02	0.02
38	002278	神开股份	0.31	0.36	85	600848	自仪股份	0.02	0.02
39	600626	申达股份	0.30	0.43	86	600151	航天机电	0.02	0.16
40	600619	海立股份	0.29	0.24	87	600679	金山开发	0.01	0.02
41	600838	上海九百	0.27	0.07	88	600320	振华重工	0.01	-0.16
42	600517	置信电气	0.27	0.52	89	600490	*ST合臣	-0.02	0.09
43	600676	交运股份	0.26	0.24	90	600615	丰华股份	-0.08	0.16
44	600843	上工申贝	0.25	0.10	91	002506	超日太阳	-0.10	1.09
45	600597	光明乳业	0.23	0.19	92	600844	丹化科技	-0.38	0.02
46	600822	上海物贸	0.21	0.21	93	600656	ST方源	-0.39	0.05
47	002328	新朋股份	0.21	0.53	94	002162	斯米克	-0.43	0.08

上海工商类上市公司 2011 年度净利润排序

单位：万元

序号	代码	公司简称	净利润		序号	代码	公司简称	净利润	
			2011 年	2010 年				2011 年	2010 年
1	600104	上海汽车	2022186.65	1372852.35	48	002278	神开股份	8002.02	7834.51
2	600019	宝钢股份	736196.00	1288908.33	49	600819	耀皮玻璃	7743.71	19415.88
3	600150	中国船舶	225235.69	260852.57	50	002636	金安国纪	7672.42	10080.25
4	601607	上海医药	204223.85	136825.29	51	600555	九龙山	7467.45	1132.00
5	600827	友谊股份	139179.55	29798.39	52	002486	嘉麟杰	7348.90	6150.64
6	600196	复星医药	116560.76	86365.39	53	002605	姚记扑克	7254.44	7105.72
7	600688	S 上石化	94441.40	270373.40	54	002328	新朋股份	6381.19	15755.00
8	600655	豫园商城	85497.39	67273.29	55	002346	柘中建设	6058.93	3912.81
9	600500	中化国际	77518.86	67008.65	56	600530	交大昂立	5560.25	5800.47
10	600636	三爱富	73147.98	4598.89	57	600614	鼎立股份	5403.33	6467.53
11	601727	上海电气	71148.03	281949.90	58	600149	*ST 建通	5240.77	-33796.87
12	600835	上海机电	71148.03	66571.88	59	600695	大江股份	5235.11	1276.92
13	600210	紫江企业	52551.34	67844.70	60	600826	兰生股份	5222.35	9230.45
14	600612	老凤祥	52294.23	29219.41	61	002568	百润股份	4648.17	4292.58
15	600315	上海家化	36125.40	27563.07	62	600630	龙头股份	4615.37	5754.17
16	600637	广电信息	35510.08	10618.17	63	600272	开开实业	3857.87	2670.38
17	600757	*ST 源发	28011.09	85192.60	64	600072	中船股份	3820.63	4427.31
18	002561	徐家汇	25469.07	19421.70	65	600851	海欣股份	3815.39	1523.84
19	600597	光明乳业	23784.16	19437.56	66	600629	棱光实业	3679.89	7216.47
20	002454	松芝股份	23164.91	22875.33	67	600833	第一医药	3674.87	3032.44
21	600618	氯碱化工	22977.33	14137.18	68	600171	上海贝岭	3186.97	1669.22
22	002022	科华生物	22674.90	22525.85	69	600320	振华重工	3029.43	-69483.80
23	600626	申达股份	21577.66	20139.44	70	900953	凯马 B	2355.36	17307.85
24	600628	新世界	21368.41	19864.85	71	600781	上海辅仁	2019.55	2243.05
25	600841	上柴股份	20730.69	13632.53	72	600850	华东电脑	1933.73	1422.37
26	002252	上海莱士	20035.46	18549.83	73	600689	上海三毛	1848.93	1561.45
27	600676	交运股份	19081.43	17332.54	74	900935	阳晨 B 股	1760.19	682.40
28	600278	东方创业	18999.89	9965.41	75	600818	中路股份	1676.55	2311.08
29	600623	双钱股份	17668.30	29059.20	76	600061	中纺投资	1675.71	2111.42
30	600619	海立股份	17423.40	14388.20	77	600617	*ST 联华	1651.40	1674.33
31	600517	置信电气	16419.26	31981.77	78	600608	*ST 沪科	1646.72	2117.14
32	002028	思源电气	15381.66	55435.38	79	600604	ST 二纺	1501.86	-9103.58
33	600601	方正科技	15227.58	24085.47	80	600151	航天机电	1479.15	13855.46
34	600602	广电电子	15203.18	15172.69	81	002058	威尔泰	1329.21	1315.23
35	600073	上海梅林	14978.15	268.69	82	600680	上海普天	1115.26	-8776.02
36	002158	汉钟精机	14401.06	13733.75	83	600836	界龙实业	694.98	1707.53
37	600616	金枫酒业	14096.79	13138.88	84	600848	自仪股份	628.34	588.36
38	600081	东风科技	13751.69	16385.10	85	600605	汇通能源	587.54	416.06
39	002565	上海绿新	13675.40	10392.90	86	002451	摩恩电气	581.75	3053.18
40	600824	益民商业	13564.27	12303.67	87	600610	SST 中纺	564.33	886.94
41	600420	现代制药	12003.25	10811.14	88	600679	金山开发	408.33	746.44
42	600843	上工申贝	11266.51	4516.19	89	600490	*ST 合臣	-260.31	1128.53
43	002527	新时达	11226.73	8010.16	90	600615	丰华股份	-1508.71	3019.49
44	600838	上海九百	10659.21	2879.24	91	002506	超日太阳	-5478.88	22043.63
45	600822	上海物贸	10627.47	10276.64	92	600656	ST 方源	-7349.45	937.09
46	600654	飞乐股份	10294.85	10805.83	93	002162	斯米克	-18152.58	3352.35
47	002324	普利特	8803.82	10055.33	94	600844	丹化科技	-29442.02	1358.84

上海工商类上市公司 2011 年度每股净资产排序

单位：元

序号	代码	公司简称	每股净资产		序号	代码	公司简称	每股净资产	
			2011 年	2010 年				2011 年	2010 年
1	600150	中国船舶	16.80	24.07	48	600626	申达股份	2.72	3.73
2	600104	上海汽车	9.28	7.16	49	600616	金枫酒业	2.68	2.52
3	601607	上海医药	8.58	4.58	50	600210	紫江企业	2.61	2.49
4	002605	姚记扑克	8.09	4.06	51	600615	丰华股份	2.61	2.69
5	002568	百润股份	7.61	1.97	52	600623	双钱股份	2.55	2.51
6	002346	柘中建设	7.14	6.76	53	600171	上海贝岭	2.54	2.51
7	002328	新朋股份	7.02	7.02	54	600688	S 上石化	2.52	2.49
8	002565	上海绿新	6.99	3.97	55	600757	*ST 源发	2.51	0.00
9	600827	友谊股份	6.68	5.71	56	600618	氯碱化工	2.36	2.17
10	002527	新时达	6.21	5.77	57	600597	光明乳业	2.34	2.22
11	600019	宝钢股份	6.08	5.98	58	600637	广电信息	2.32	1.82
12	002028	思源电气	6.06	6.83	59	600629	棱光实业	2.25	2.60
13	600278	东方创业	5.97	5.84	60	600851	海欣股份	2.09	2.52
14	002454	松芝股份	5.91	7.21	61	900935	阳晨 B 股	2.03	1.95
15	601727	上海电气	5.80	2.11	62	600689	上海三毛	2.03	1.99
16	600835	上海机电	5.80	5.37	63	600081	东风科技	1.99	1.67
17	002506	超日太阳	5.51	11.63	64	002022	科华生物	1.99	1.83
18	600196	复星医药	5.13	4.42	65	600517	置信电气	1.98	2.12
19	600612	老凤祥	4.97	4.94	66	600824	益民商业	1.97	1.85
20	600841	上柴股份	4.54	4.22	67	600602	广电电子	1.96	1.84
21	002486	嘉麟杰	4.54	4.33	68	600601	方正科技	1.93	1.87
22	002636	金安国纪	4.52	2.12	69	600833	第一医药	1.89	2.69
23	002278	神开股份	4.42	5.09	70	600838	上海九百	1.74	1.48
24	600636	三爱富	4.41	2.26	71	600654	飞乐股份	1.71	1.52
25	600500	中化国际	4.38	4.06	72	002162	斯米克	1.66	2.14
26	600530	交大昂立	4.36	3.39	73	600850	华东电脑	1.64	1.58
27	002451	摩恩电气	4.27	4.24	74	600679	金山开发	1.63	1.68
28	002324	普利特	4.19	7.82	75	600843	上工申贝	1.56	1.34
29	600315	上海家化	4.16	3.54	76	002058	威尔泰	1.55	2.95
30	600628	新世界	3.88	3.60	77	900953	凯马 B	1.52	1.48
31	600826	兰生股份	3.86	6.86	78	600614	鼎立股份	1.45	1.36
32	002561	徐家汇	3.85	2.50	79	600272	开开实业	1.42	1.29
33	600680	上海普天	3.75	3.73	80	600781	上海辅仁	1.40	1.28
34	600073	上海梅林	3.63	2.13	81	600555	九龙山	1.38	1.35
35	600655	豫园商城	3.54	3.18	82	600061	中纺投资	1.36	1.32
36	600320	振华重工	3.47	3.48	83	600836	界龙实业	1.35	1.33
37	002158	汉钟精机	3.46	3.66	84	600844	丹化科技	1.26	1.64
38	600630	龙头股份	3.44	3.34	85	600818	中路股份	1.25	1.21
39	600822	上海物贸	3.37	3.16	86	600149	*ST 建通	0.82	0.68
40	002252	上海莱士	3.36	3.03	87	600490	*ST 合臣	0.77	0.79
41	600605	汇通能源	3.18	3.12	88	600610	SST 中纺	0.49	0.58
42	600072	中船股份	2.96	3.51	89	600848	自仪股份	0.43	0.42
43	600619	海立股份	2.96	2.69	90	600695	大江股份	0.36	0.29
44	600676	交运股份	2.84	2.72	91	600604	ST 二纺	0.30	0.30
45	600420	现代制药	2.83	2.51	92	600656	ST 博元	0.24	-1.90
46	600819	耀皮玻璃	2.82	2.75	93	600608	*ST 沪科	-0.18	-0.48
47	600151	航天机电	2.75	2.81	94	600617	*ST 联华	-0.36	-0.46

上海工商类上市公司2011年度净资产收益率排序

单位：%

序号	代码	公司简称	净资产收益率		序号	代码	公司简称	净资产收益率	
			2011年	2010年				2011年	2010年
1	600636	三爱富	47.81	5.85	48	002486	嘉麟杰	7.79	6.83
2	600612	老凤祥	24.11	17.64	49	600623	双钱股份	7.78	13.03
3	002022	科华生物	23.17	25.04	50	002324	普利特	7.78	9.52
4	600081	东风科技	22.06	31.25	51	002278	神开股份	6.92	7.06
5	002252	上海莱士	21.91	22.51	52	600019	宝钢股份	6.91	12.30
6	600695	大江股份	21.27	6.54	53	600850	华东电脑	6.88	5.26
7	600315	上海家化	20.54	18.42	54	002058	威尔泰	6.87	7.16
8	600104	上海汽车	19.76	20.75	55	600602	广电电子	6.60	7.02
9	002158	汉钟精机	19.07	20.62	56	600614	鼎立股份	6.55	8.38
10	600149	*ST建通	16.84	-130.60	57	600822	上海物贸	6.36	6.56
11	600655	豫园商城	16.80	14.72	58	002346	柘中建设	6.28	4.29
12	600843	上工申贝	16.14	7.52	59	002636	金安国纪	6.06	22.61
13	002561	徐家汇	15.89	22.51	60	002028	思源电气	5.78	18.45
14	600838	上海九百	15.32	4.87	61	600688	S上石化	5.21	15.09
15	600420	现代制药	14.73	14.94	62	600629	棱光实业	4.71	9.58
16	600210	紫江企业	13.99	19.00	63	600818	中路股份	4.60	6.53
17	600637	广电信息	13.72	8.23	64	600689	上海三毛	4.54	3.91
18	600517	置信电气	13.37	24.39	65	600555	九龙山	4.15	0.64
19	600827	友谊股份	12.67	3.14	66	600530	交大昂立	4.08	5.48
20	600150	中国船舶	12.65	16.35	67	600819	耀皮玻璃	3.76	9.66
21	002454	松芝股份	12.57	13.22	68	600848	自仪股份	3.65	3.54
22	600500	中化国际	12.31	11.48	69	600601	方正科技	3.60	5.87
23	600835	上海机电	11.99	12.13	70	900935	阳晨B股	3.55	1.43
24	600616	金枫酒业	11.99	9.02	71	600610	SST中纺	3.24	4.28
25	600196	复星医药	11.93	10.25	72	600826	兰生股份	3.22	4.80
26	601727	上海电气	11.31	10.44	73	600630	龙头股份	3.16	4.06
27	600272	开开实业	11.19	8.55	74	002328	新朋股份	3.03	7.48
28	600626	申达股份	11.17	11.42	75	600061	中纺投资	2.86	3.72
29	600757	*ST源发	10.74	9.91	76	600072	中船股份	2.70	3.17
30	600628	新世界	10.36	10.38	77	900953	凯马B	2.42	15.94
31	600619	海立股份	9.75	8.86	78	600171	上海贝岭	1.86	0.99
32	600597	光明乳业	9.70	8.34	79	600836	界龙实业	1.64	4.10
33	002605	姚记扑克	9.59	24.98	80	600851	海欣股份	1.51	0.50
34	002568	百润股份	9.59	36.23	81	600605	汇通能源	1.25	0.91
35	600841	上柴股份	9.51	6.72	82	002451	摩恩电气	0.93	4.92
36	600824	益民集团	9.40	9.10	83	600680	上海普天	0.78	-6.15
37	600676	交运股份	9.19	8.72	84	600679	金山开发	0.71	1.26
38	002565	上海绿新	9.16	26.15	85	600151	航天机电	0.56	5.16
39	002527	新时达	9.04	6.94	86	600320	振华重工	0.20	-4.55
40	600604	ST二纺	8.87	-53.41	87	002506	超日太阳	-1.89	7.19
41	601607	上海医药	8.85	14.98	88	600490	*ST合臣	-2.55	10.76
42	600833	第一医药	8.70	7.07	89	600615	丰华股份	-3.07	5.96
43	600618	氯碱化工	8.43	5.64	90	002162	斯米克	-26.17	3.74
44	600073	上海梅林	8.28	0.35	91	600617	*ST联华	-27.63	-21.95
45	600781	上海辅仁	8.17	9.88	92	600608	*ST沪科	-28.29	-13.29
46	600654	飞乐股份	7.97	9.43	93	600844	丹化科技	-30.08	1.07
47	600278	东方创业	7.93	6.11	94	600656	ST博元	-159.33	-2.59

上海工商类上市公司 2011 年度每股现金流量排序

单位：元

序号	代码	公司简称	每股经营现金净流量		序号	代码	公司简称	每股经营现金净流量	
			2011 年	2010 年				2011 年	2010 年
1	002565	上海绿新	6.99	0.66	48	002162	斯米克	0.16	0.01
2	600636	三爱富	3.21	1.12	49	600843	上工申贝	0.16	-0.15
3	600827	友谊股份	2.16	7.13	50	600781	上海辅仁	0.15	0.10
4	600104	上海汽车	1.83	2.70	51	600833	第一医药	0.11	0.25
5	601727	上海电气	1.51	0.38	52	600072	中船股份	0.11	-0.14
6	600835	上海机电	1.51	1.75	53	600597	光明乳业	0.09	0.51
7	002605	姚记扑克	1.08	1.01	54	002278	神开股份	0.09	0.11
8	600623	双钱股份	1.06	0.29	55	600555	九龙山	0.08	-0.15
9	900935	阳晨 B 股	1.01	0.35	56	600601	方正科技	0.08	0.09
10	600841	上柴股份	0.99	0.73	57	002454	松芝股份	0.08	0.20
11	600637	广电信息	0.97	0.11	58	600073	上海梅林	0.07	-0.01
12	600315	上海家化	0.82	0.78	59	002058	威尔泰	0.06	0.40
13	002561	徐家汇	0.73	0.88	60	600171	上海贝岭	0.04	0.10
14	600628	新世界	0.72	0.90	61	600490	*ST 合臣	0.03	-0.03
15	600019	宝钢股份	0.69	1.08	62	600680	上海普天	0.02	-0.22
16	600210	紫江企业	0.67	0.73	63	600851	海欣股份	0.00	0.05
17	600081	东风科技	0.66	0.22	64	600530	交大昂立	-0.01	0.04
18	601607	上海医药	0.66	0.85	65	600654	飞乐股份	-0.02	-0.07
19	002252	上海莱士	0.65	0.74	66	600679	金山开发	-0.02	0.01
20	600500	中化国际	0.63	0.44	67	600602	广电电子	-0.03	-0.06
21	600618	氯碱化工	0.61	0.54	68	600848	自仪股份	-0.03	-0.02
22	002328	新朋股份	0.51	0.61	69	600824	益民商业	-0.04	0.19
23	600420	现代制药	0.47	0.40	70	600695	大江股份	-0.04	-0.07
24	002568	百润股份	0.46	0.66	71	600604	ST 二纺	-0.05	-0.13
25	600844	丹化科技	0.45	0.24	72	600818	中路股份	-0.06	0.12
26	600676	交运股份	0.45	0.52	73	002527	新时达	-0.06	0.18
27	002158	汉钟精机	0.45	0.55	74	600272	开开实业	-0.07	0.19
28	002022	科华生物	0.45	0.49	75	600838	上海九百	-0.07	-0.08
29	600517	置信电气	0.41	0.25	76	600630	龙头股份	-0.09	0.06
30	600819	耀皮玻璃	0.39	0.38	77	600610	SST 中纺	-0.09	-0.04
31	600619	海立股份	0.39	0.77	78	600836	界龙实业	-0.10	-0.27
32	900953	凯马 B	0.38	0.40	79	600826	兰生股份	-0.14	0.03
33	600615	丰华股份	0.35	0.64	80	600605	汇通能源	-0.16	-0.03
34	600320	振华重工	0.35	1.18	81	600612	老凤祥	-0.20	-0.62
35	600688	S 上石化	0.35	0.59	82	002028	思源电气	-0.22	0.39
36	600689	上海三毛	0.33	-0.04	83	600061	中纺投资	-0.23	0.04
37	600629	棱光实业	0.32	-0.48	84	600617	*ST 联华	-0.24	-0.04
38	600626	申达股份	0.32	0.06	85	002324	普利特	-0.27	-0.39
39	002636	金安国纪	0.31	0.63	86	002451	摩恩电气	-0.37	-0.81
40	002486	嘉麟杰	0.31	0.21	87	600614	鼎立股份	-0.41	-0.08
41	600757	*ST 源发	0.29	0.04	88	600151	航天机电	-0.61	-0.51
42	002346	柘中建设	0.28	0.00	89	600655	豫园商城	-0.76	0.39
43	600616	金枫酒业	0.27	0.39	90	600656	ST 博元	-1.92	-0.20
44	600278	东方创业	0.23	0.25	91	002506	超日太阳	-2.03	-1.74
45	600149	*ST 建通	0.23	0.01	92	600150	中国船舶	-2.29	11.81
46	600850	华东电脑	0.20	-0.72	93	600822	上海物贸	-2.65	-1.81
47	600196	复星医药	0.17	0.11	94	600608	*ST 沪科	-28.29	-0.05

2012·上海工业年鉴

SHANGHAI
INDUSTRIAL
YEARBOOK

上海市经济团体联合会

上海市经济团体联合会（上海市工业经济联合会），成立于1991年3月。2008年9月，经市有关部门同意，上海市工业经济联合会同时使用“上海市经济团体联合会”的名称。上海市经团联（市工经联）是上海经济类行业协会、专业性协会、经济团体联合组织，以及相关的企业、经济研究单位、大专院校和经济界知名人士等自愿组成的联合性的非营利性的社会团体法人。现有会员310多户。其中经济类行业协会、专业性协会会员169家，企业会员150多户。行业协会会员基本涵盖了包括机械、电子、汽车、计算机、通信、电器、仪器仪表、化工、生物医药、轻工、纺织、服装、有色金属、建材等工业领域，以及金融、物流、商业医药、汽车销售、信息服务、贸易、会展等生产性服务业和现代服务业。企业会员主要由中央在沪企业，以及上海各行业中有影响的领军企业和在全国知名的民营企业组成。

2011年主要工作：

一、为上海产业转型发展大局服务

1．开展调查研究，当好参谋助手。针对上海产业发展的重点和发展中的难点、热点问题，积极开展调查研究，及时反映行业、企业诉求，提出意见建议。同时，参与和接受政府相关部门重大课题研究，为政府经济管理当好参谋、助手。年内进行了“上海传统产业（轻纺）的改造和提升”、“上海企业‘走出去’”、“加强社会组织建设，促进行业协会发展”、“促进和培育上海战略性新兴产业”、“发展特色创意产业，加快推动上海制造业由‘制造’向‘创造’转变的思考与建议”、“着力转变发展方式，推进上海高端装备制造业发展”等6个课题的调研。

2．组织高层论坛，发布重要观点、信息。主办的上海浦江经济系列论坛和参与举办的中国国际工业博览会专题论坛，已成为具有市经团联特色的品牌工程。年内组织举办5次大型论坛，出席论坛的政府领导、国内外专家学者、著名企业家及协会代表，围绕本市经济、产业发展的热点问题发表真知灼见，对促进经济发展起到参谋作用。

3．组织节能减排JJ小组活动，促进绿色发展。继续积极推进节能减排(JJ)小组活动。在2010年开展节能减排JJ小组活动试点基础上，新增上海汽轮机厂有限公司等30余户单位作为试点单位，共有试点单位77户。各试点单位积极申报节能减排项目，组建200余个项目小组，立项课题210个，共计1300人次参加活动。组织参加节能减排JJ小组活动的相关人员共500余人进行培训，协助市技监局等相关部门完成地方节能标准的申报及制定。同时，编辑出版发行《节能减排小组活动钢铁行业篇》、《节能减排小组活动装备制造行业篇》和《上海市节能减排JJ小组活动案例集（二）》；筹备编辑出版《上海市节能减排JJ小组活动案例集（三）》；推介发行《节能减排小组活动化学化工篇》；举办“能效管理现状及发展趋势”论坛；举办“上海市城市资源综合利用现状及政策研讨会—办公室（JJ）小组活动”研讨会；出席“全国石油和化工行业节能技术交流及融资大会”。

4．开展企业社会责任推进工作。为了进一步推进企业履行社会责任的工作，会同主席团32户成员企业联合向本市企业发出“履行企业社会责任，推进经济社会发展”倡议，并编辑出版《企业社会责任报告编写指南》、《社会责任指南上海市工经联（1.0版）》和《ISO26000社会责任指南标准问答55题》；举办4期《ISO26000社会责任指南》标准培训；组织召开企业社会责任发布会等。

5．开展区域性合作，促进共同发展。10月27～28日，在中国工经联的指导和支持下，组织和承办2011年长三角地区工经联联席会议。10月8～10日，参加在北京召开的2011年直辖市工经联联席会议。立足上海、服务全国，为外省市来上海招商引资牵线搭桥，已与常州、东台、宜兴、太仓等县市的招商部门合作，举办恳谈会、招商会、产业对接会等活动。

二、发挥联合会作用，做好为协会、企业的服务工作

1．加强服务和促进行业协会发展的工作。深入学习和推进落实市委、市政府《关于进一步加强本市社会组织建设的指导意见》精神，认真组织行业协会学习领会《指导意见》精神，并组织召开多次行业协会秘书长座谈会。开展对行业协会发展的研究，为政府制定实施细则提建议。市经团联行业协会发展研究会，组织相关行业协会完成11项关于行业协会发展的课题研究，提出对策和建议，并报市政府相关部门，供制定上海行业协会发展实施细则作参考。在此基础上，10月31日，举办“行业协会发展论坛”，发表研究成果。认真制定市经团联发挥枢纽作用的方案。在认真总结工作的基础上，从推进党的建设、业务建设和合作共治等3个平台及加强自身建设等方面，提出工作建议，并报市委、市政府相关领导及相关部门。开展行业协会规范化建设评估工作。按照全面开展行业协会规范化建设评估的要求，正式启动行业协会规范化建设评估试点工作。制定行业协会规范化建设评估试点工作方案，确定评估工作委员会人员组成及试点单位，并听取20多家行业协会对规范化建设评估标准的意见。不断完善和拓展市经团联信用管理服务系统。对“上海市经济团体联合会信用管理服务系统”，丰富基础数据库资料，完善信用信息上传发布的申报流程，并对网络用户提供技术支持和咨询服务，管理会员网上注册系统，增进会员单位之间的信息互通和经验交流。推进行业统计工作。受市统计局委托，按要求初步建立起一支比较具有专业知识的统计队伍，摸索出比较适合为行业协会服务的产品指标体系。

2．加强为企业发展需求服务的工作。进一步拓展为会员单位服务的功能，认真开展4项评比活动：一是2011年上海市企业管理现代化创新成果评审，共评出创新成果152项；二是2011年上海领军人才选拔工作；三是2011年上海工业和商业领军人物评选，经各单位推荐和评选委员会评审，共评出20位工商领军人物；四是开展2011年“企业诚信创建”活动。组织举办高层次大型专题报告会，邀请国内知名专家学者发表演讲，帮助企业和行业协会了解宏观经济形势和国家产业政策。年内先后举办关于企业社会责任、台海形势、经济形势、国学与国运等专题报告。搭建为会员企业四大服务平台，即企业经济纠纷仲裁服务平台、知识产权服务平台、信息服务平台、对外交流合作平台。

3．组织开展社会服务活动。组织发动行业协会与杨浦区政府共同举办“行业协会大学生专场招聘会”和春季、秋季“大型综合人才招聘会”等活动，取得很好效果，得到行业协会和企业的高度评价。经市劳动就业中心同意，建立“青年见习基地”。“青年见习基地”共安排150多名大学生到46家行业协会见习，受到行业协会和学生的普遍好评，连续3年被市人社局评为“市优秀青年见习基地”。

三、加强党建工作，确保党在社会组织中的政治核心地位

市工经联党委围绕“创新转型谋发展，服务群众促和谐”的主题，以“岗位行动、家园行动、志愿行动”为抓手，开展“四比四看”活动为载体，不断提升各级党组织的党建水平和党员队伍的整体素质，加强基层党支部书记的培训，加强党员队伍的管理和教育，加强对入党积极分子的教育和培养，年内发展12名新党员。市工经联党委结合创先争优活动“再动员、再部署、再承诺”的要求，积极开展党建调研，多次组织党支部书记和党员交流座谈会，进一步深入推进“创先争优”活动。为加深对党的理想信念的认识和理解，举办纪念中国共产党成立90周年党史知识竞赛、庆祝建党90周年表彰大会暨文艺演出和摄影展，开展先进党组织、优秀共产党员推荐评选工作，编辑出版反映协会党组织创先争优先进事迹的宣传册子。4月起，市工经联党委在上海市信息服务行业协会党委开展党务公开工作的试点。8月，召开党务公开工作动员会。11月，召开党务公开工作推进会，就全面推行党务公开工作提出明确要求，作出全面部署。

（夏　雨）

上海市创业投资行业协会

上海市创业投资行业协会成立于2000年11月17日，是由从事创业投资、投资管理、咨询和中介服务企业、金融证券机构、律师和会计事务所以及其他相关单位自愿组成的行业性非营利社会团体组织。现有团体会员近160户。

2011年主要工作：

一、突出创业投资重点，开展项目对接活动

根据当前创投行业普遍存在的“找项目难”的问题，坚持把会员单位的难点作为协会工作的重点来抓，利用自身优势条件和政府、开发区、创业中心等联络渠道，广开门路，积极挖掘项目资源，全年共举办13场项目对接会，重点选择具有良好增值空间和发展前景的早中期高科技项目，优先推荐国家“十二五”期间重点发展的新一代信息技术、生物医药、新材料、新能源、节能环保、高端装备制造业和新能源汽车等七大战略性新兴产业的项目，其中不少项目获得创业投资机构的青睐。

二、聚焦行业关注热点，举办会员信息沙龙

十分关注市创投行业出现的新情况、新动向，及时聚焦行业“热点”，邀请有关专家就行业动态和政策法规进行演讲和解读。围绕本市创业投资机构关注的政府引导基金、国资创投股权转让、红筹回归、新三板市场以及外资股权投资机构管理等“热点”问题，共举办6场会员信息沙龙，充分沟通政府和有关部门与会员单位之间的的信息交流，收到广大会员单位的欢迎和首肯。

三、展示创业投资亮点，开展创投风采宣传

2011年适逢上海市创业投资行业协会成立10周年和上海创业投资起步20周年，协会把开展“上海市创业投资风采”系列宣传作为年度重要工作和为会员单位服务的重要举措。通过《解放日报》、《上海科技报》等媒体，进行以“创投之路”、“创投之星”、“创投之声”和“创投业绩”为特色的系列宣传，从不同的视角，向全社会展示上海创投行业优秀创投家和创投企业的“亮点”。全年在《解放日报》和《上海科技报》刊登了头版头条新闻和专版报道近20篇，为扩大上海创业投资的社会影响，宣传创业投资在科技成果产业化中的助推作用，弘扬上海创投企业和创投家勇于探索的精神发挥了积极作用。

四、举办高层创投论坛，创建行业协会品牌

6月，协会作为长三角创业投资峰会的主办方，在杨浦区创智天地成功举办“2011中国长三角区域创业投资峰会暨投融资洽谈会”，副市长沈晓明等领导出席会议并发表讲话。国内外100多家知名创投机构和200多户高科技企业参加会议。10月，邀请300多位国内外专家和知名创投人士，在锦江小礼堂成功举办以“创业投资与转型发展”为主题的高层研讨会。协会已连续5年举办高层次、高规格、权威性的国际论坛，受到国内外同行的广泛关注，创出上海创投行业高层论坛的知名品牌。

五、拓展合作交流渠道，增强对外联络功能

6月，应台湾创业投资同业公会的邀请，组织会员单位一行10人到台湾访问，与台湾主要创投企业和研究部门以及证券交易所等机构进行广泛接触，加强两岸创投同行的合作交流。7月，组团到吉林省考察洽谈投资项目，对吉林市的30多个创新企业进行考察了解。随团考察的创投公司对其中的一些项目很感兴趣，正进一步跟踪接触。另还组织创投机构先后与江苏镇江市和浙江平湖市政府就其推介的项目进行洽谈，拓展对外合作渠道。

六、开展创投课题研究，为政府提供决策建议

针对市科委下达的课题项目《上海市创业投资发展状况与政策研究》，组成课题组，经过几个月的深入调研，顺利完成课题研究任务。这项课题对认清上海创业投资的历史、现实和发展方向发挥了积极作用。

七、加强协会内部建设，强化行业自律管理

为健全和完善协会内部管理，加强协会规范化、制度化建设，实现创建星级协会的目标，年内，修订完善《秘书处工作职责》、《秘书处工作人员岗位职责》和协会财务、档案管理制度等10项规章制度，提升了内部管理水平。

为规范上海创业投资行为，维护行业整体形象，促进上海创投行业健康发展，协会吸取国内外创投行业加强行业自律管理的经验，率先起草并经会员大会审议通过《上海市创业投资行业自律管理公约》，这也是我国创投行业制订的第一部地方性《行业自律公约》。

八、完成政府委托任务，助推创业投资发展

在市发改委的领导和指导下，承办本市创业投资引导基金的专家评审工作。根据《上海市创业投资引导基金管理办法》，组建评审专家库，制定严格的评审办法和保密规定。在对申请政府引导基金的35户单位进行专家评审中，做到政府主管部门、评审专家和被评单位“三满意”。同时，还受托承办并按时完成上海创投企业的备案登记年检和上海创投行业统计工作。

（陆家庆）

上海市工业合作协会

上海市工业合作协会（以下简称“上海工合”）成立于1983年11月，是中国工业合作协会的地方组织，协会形成组织健全、关系紧密的市、区二级协会体系，拥有二级工合协会团体会员单位近400户。

2011年主要工作：

一、克服困难，共谋发展，经济实力显著增强

2011年，上海工合二级组织的会员企业共完成产销总额209.4亿元，实现利润15.4亿元，上缴税金8亿元，分别比上年增长86.9%、71.3%和54.6%。除了企业，千方百计降耗促销、转型发展外，主要是各区工合充分利用政策优势、主动出击、筑巢引凤、扩大招商、扶持创新的结果。

二、市工合主要负责人实现新老交替

原理事长王志宽同志因年龄和健康等原因提出辞呈，3月10日，经理事会和会员大会民主程序，由陈启豪同志正式担任市工合理事长，王志宽同志被聘为名誉理事长。在协会秘书处和各区工合的积极配合下，市工合新班子继承老班子的好传统，各项工作做到不断、不乱，有条不紊地正常进行。

三、上下共同努力，促进杨浦工合顺利诞生

在老工业城区杨浦区建立工合组织是王志宽理事长等领导的夙愿，并为之操心多年。市工合秘书处和王乾德老顾问等做了大量工作，最后在区委书记亲自关心下，区统战部、商务委主要领导直接牵头，经数月精心筹备，5月23日，杨浦工合正式成立，一批有实力、有地位、有发展前途的企业纷纷加盟，开创了上海工合组织发展的新局面。

四、重视党建，明确方向，倡导社会主义核心价值观

在加强党建方面，闵行工合是当之无愧的标兵。闵行工合党组织承担积极开展区委布置的大量党建方面的工作。党总支和下辖的14个支部，长期坚持开展“双爱三维护”教育（业主爱员工、员工爱企业，维护企业正常经营、维护员工正当权益、维护企业合法权益）；在“两新”组织中开展党的一系列工作，做到确保民企健康发展、确保企业家健康成长；实行党群工作一体化，充分发挥工会、共青团作用，在所有企业中开展各种行之有效的“创先争优”、互助友爱、融洽劳资关系活动，确保企业和谐稳步发展。为此，被授予闵行区委“五好两新先进党组织”荣誉称号。

青浦工合积极参与社会光彩事业，主动关心灾区重建工作，支援贫困地区的办学，把党的思想教育和优良传统融合于各项工作之中。

市工合也十分注重党建工作，党总支根据市工经联党委的部署，坚持“三会一课”制度，发展新党员，大力发扬学习万商羽绒公司党支部创先争优的先进经验。

五、发扬统战光荣传统，拓展工合影响的广度和深度

青浦工合的“五大联盟”（即以老领导、老工合人为主体，组建“工合之友”联谊会形式的社会联盟；民营企业家为主体的经济联盟；跨地区、跨系统的大联合式地域联盟；一二三产共同发展的产业联盟；与工商联、工会、科协等10家社团组织定期交流的社团联盟），为工合组织影响迅速扩大、经济实力不断增强，发挥了重要作用。

市工合积极争取市委统战部的重视关心，《浦江同舟》杂志数次登载我们介绍工合的文章。在纪念辛亥革命100周年之际，市工合与农工民主党联合举办隆重的专题报告会，复旦大学历史系原主任吴景平教授应邀作专题演讲，市工合作题为“继承辛亥革命精神、共同致力振兴中华”的主旨报告。

六、发展新会员，组织考察交流活动，壮大队伍，增进友谊

年内先后发展稳健房产、江河幕墙、嘉进物流等优质公司加入市工合，并先后组织会员单位赴苏北盐城和台湾的考察访问活动；召开两次常务理事会；徐汇工合积极承办第五次区工合理事长联席会议；中秋节，市工合举办工合老同志迎国庆赏中秋联谊会。市工合金融投资部会同青浦有关部门积极筹建上海工合系统首家小贷公司，已有重大进展。

七、开展先进评选工作，提高工合人士的积极性

经各区工合推荐，市工合评出先进区工合两家，重点表扬1家及6位优秀工合工作者和38位优秀企业家，进一步调动广大企业家和工合干部的积极性，增强工合组织的凝聚力。在中国工合创新发展表彰大会上，康裕敏、王志宽、周裕德和孙定法等同志先后被授予中国工合杰出贡献奖，江河幕墙公司、惠工缝纫机三厂等单位被命名为中国工合创新企业。

八、坚持办好工合报，不断扩大工合影响

《上海工合报》目前是全国工合系统唯一的一份报纸，已连续办报7年。大家赞之为高举旗帜的好形式、宣传工合的好教材、指导工作的好参谋、介绍经验的好材料、养生保健的好帮手。今后要继续做到旗帜鲜明、方向正确、凝聚力量、求真务实、扎实推进、再创辉煌。

（周裕德）

上海漕河泾新兴技术开发区企业协会

上海漕河泾新兴技术开发区企业协会成立于1998年9月，是由上海市漕河泾新兴技术开发区发展总公司等企业发起，漕河泾开发区内各企事业单位自愿组织起来的社会团体。会员单位349户，下设集成电路、通讯、金融、软件和现代服务业、人力资源专业委员会等。

2011年主要工作：

一、夯实基础，稳步扎实开展专业委员会工作

针对因人事变动、企业变化，无法正常展开活动的集成电路、通信、软件3个专业委员会状况，5月，集中走访3个专委会的重点企业，并与企业领导充分沟通、协商，调整了专委会的主任人选和工作班子。同时，为了进一步推进集成电路、通信、软件专委会间的合作与交流，7月，与市科协、市经信委等联合组织“推进信息化与工业化深度融合，带动战略性新兴产业创新发展”为主题的系列活动，包括主题研讨会、成果展示、专题培训等活动。金融专委会、法律专委会、人力资源专委会、现代服务专委会、汽车研发与零部件专委会分别根据会员单位提出的需求展开主题活动，其中汽车专委会还组织1次赴内蒙古通辽开发区考察活动。根据生物医药产业在漕河泾开发区已初步形成以3M为龙头，复星医药、科华生物、柯惠医疗器材制造、德耐宝、固耐宝、之江生物科技等一批骨干企业组成的生物医疗产业集群。结合园区生物医药企业发展实际情况，经精心筹划，4月，成立生物医药专委会，加强开发区生物医药企业间交流和合作，共同推进开发区和上海的生物医药产业的进一步发展。

二、整合政府、社会、企业各种资源服务园区和企业，积极争取政府政策与资金支持

1．继续整合开发区内会员单位和企业的仪器设备，深入开展仪器共享服务平台建设。在2010年14户企业205台仪器为企业提供1126次服务的基础上，2011年参加企业扩展到17户，共有各类仪器285台，为园区企业提供3566次服务，服务金额达2225万元，取得了较好效果。

2．主动加强与各级政府以及市行业协会的联系和合作，争取政府和社会的支持。与市科协、徐汇区相关委办局、区区合作办公室、虹梅街道等加强联系、沟通，争取他们的支持和帮助，还与市集成电路行业协会、市通信协会、市生物医药协会、上海开发区协会等近10多家行业协会开展各种形式的交流与合作，举办生物医药研讨会、园区安全专题研讨会、职工体育新发展研讨会、诚信宣传月系列活动、两化融合系列活动等。活动不仅得到政府资金支持，还对促进开发区高新技术产业发展和协会工作的开展发挥了积极作用。

三、营造漕河泾开发区文化氛围，铸造“瞩目漕河泾”创新文化节品牌

深入贯彻实施《全民健身条例》，结合开发区内企业职工积聚的特点，围绕“职工体育新发展”主题，开展园区企业文化体育工作，促进企业经济发展，增强员工体质，构建和谐园区。与徐汇区体育局合作举办2011瞩目漕河泾创新文化节体育系列活动，如拔河、篮球、乒乓、羽毛球和由园区企业赞助的飞利浦杯网球邀请赛，职工体育发展论坛等。负责承办由开发区总公司、徐汇区政府、闵行区政府联合主办的“唱响漕河泾”歌咏比赛，共有102户企业1000多员工参与。

四、开展园区公益事业性工作

一是继续深入推进再生电脑公益行在园区的开展，至10月10日，在开发区内以漕河泾开发区发展总公司、捷普科技、文思创新等企业为代表的25户爱心企业、单位已累计捐赠废旧电器1665台（其中电脑主机620台，显示器728台，笔记本电脑85台）。二是继续办好“相约漕河泾”青年联谊活动，进一步拓展思路，与相约漕河泾俱乐部及尚格心理咨询公司联合推出“周有情感热线”、“月有派对活动”、“季有旅游专场”3项新举措，扩大参与者的社会接触面，拓宽其交友渠道。年内共举办5场活动，有260人参加。三是组织3M中国、贝岭股份、捷普、液化空、上海空间推进研究所、专利商标事务所、航空无线电电子研究所等7户单位共同参加植树活动。四是协助育碧公司将一批可利用的办公桌捐赠给开发区内社区学校、敬老院、医院、大学生创业企业、浦江园区民营企业，共捐赠办公桌400个、办公柜135个。

五、为企业健康发展创造良好综合性服务环境

坚持服务开发区的发展大局，以企业为本组织各类活动，帮助企业增资、融资、扩建选址、人才引进，协助解决重要人才户口，配合落实政府政策，协调解决企业发展中遇到的劳资纠纷、商检质检、工商年检、企业入驻和政务咨询、维护企业信息安全和稳定等，为企业健康发展创造良好的综合性服务环境，使协会真正成为“温馨的企业之家”。

六、打造园区良好诚信环境，培育园区企业诚信文化

5月，按市社会诚信体系发展规划精神，为推进开发区企业诚信体系建设，促进园区内企业积极参加“守合同，重信用”评比活动，创建诚信企业，与徐汇区科委会、区工商管理局和区合同信用促进会共同在开发区内联合举办“2011年创建诚信企业宣传月”活动，活动于9月闭幕。10月，与市征信办联合举办园区诚信漫画展宣传活动。

七、争取多方支持，加强与开发区总公司联系合作

与党办、办公室联合开展开发区“瞩目漕河泾创新文化节”活动，协助筹建“今日漕河泾”展示厅的布展；开发区工会积极支持组队参加系列体育比赛；建设部、征地办和园艺公司联合协助解决企业在征地区域仓库租用所遇到的实际困难；与招商中心共同参与接待兄弟开发区和帮助企业扩展选址考察；计财部、审计室和创业中心热情指导帮助协会改进财务管理和办理大张江基金申报、合作举办讲座等；配合园区管理服务中心、园区企业服务部、物业管理公司共同参与对开发区餐饮的管理和参加改善开发区服务环境的调研，及对再生电脑的捐赠工作等。根据总公司大服务工作要求，配合总公司开展百户企业走访活动，深入企业了解企业需求，深受企业欢迎。

八、加强协会组织建设，优化内部管理

1．加强松江、浦江两个分会的管理，积极发挥分会主观能动性，发挥桥梁纽带作用。松江分会于5月16日成立，成立初就发展了89户园区企业会员，并结合园区实际开展一系列服务会员、服务园区的工作，如开展业务培训专题讲座、举办“政企联谊会、银企合作沙龙”活动、搭建大型人才交流平台，帮助企业招聘人才、解决疑难问题，开展园区篮球、拔河等文化体育活动，为凝聚企业、活跃园区文化氛围作出贡献。浦江分会也在配合浦江园区发展、服务园区企业上做了大量工作。打造园区文体活动，组织开展“精彩漕河泾，活力浦江”体育系列活动，包括长跑、篮球等7个项目，共有30多户企业1000多人次参与。策划组织2011年度浦江园区企业高层高尔夫联谊活动，加强企业管理层间的沟通，以便及时掌握企业信息，更好地开展服务，还开展安全出行文明乘车志愿者活动和再生电脑公益行活动等。

2．3月，召开三届三次理事会，明确全年工作。5月，走访闵行紫竹园区商会向兄弟协会学习宝贵经验。在中秋节，举办庆国庆迎中秋的联谊会。

3．坚持秘书长工作例会制度，充分调动和发挥兼职副秘书长的积极性与作用，讨论和商议协会重要事项与工作，年内共召开3次会议。

4．发挥园区科协组织作用，做好为园区科技工作者服务。

5．加强协会财务基础工作，严格遵守财务制度，认真做好现金管理和每月的统计中心代管人员工资发放及社保、公积金、税务申报等。做好会员单位会费收缴工作，收到企业会费184户。制定和健全财务管理制度，规范大张江资金与侨界联合会专项资金管理。

6．做好会员梳理和发展工作，加强会员登记，进行统计确认。目前共有会员349户。

（王　晖）

上海市乡镇企业协会

上海市乡镇企业协会成立于1987年12月，是由办在上海市乡镇区域内、以农村劳动力为主体的企业和在城市开办的承担支援农业义务的企业自愿组成的跨行业、跨所有制的非营利性的社会法人团体。现有会员单位241户。

2011年主要工作：

一、排忧解难

帮助企业培训和输送技术和管理人才。为帮助企业提高市场竞争能力和整体素质，对7户企业中的63位人员进行培训，其中46人达到中初级技术职称水平，获得市农委农口系统颁发的资格证书；还成功地为1户企业引进高级管理人才，实现协会业内管理人员的流动。

二、把握政策导向

办好通讯和协会网站，及时为企业提供政府的最新政策法规，以便企业能充分把握政府政策。年内为企业培育市科技小巨人企业1户，市高新技术成果转化项目1户，其他项目两户，共获得政府资助资金385万元。

三、加强合作

在协会核心层面经常进行互动，增进了解与互信，加强与兄弟省市乡镇企业协会间的合作，实现区域经济互补，共同发展。

四、弘扬先进

受农业部、中国乡镇企业协会委托，先后进行“改革开放30年”、“创业带动型”优秀企业及优秀企业家评选，共评出8户企业、9名个人。

五、拓展市场

多次组织国内外的考察交流，利用世博会契机，同十几个兄弟省市密切了关系，并组织企业家赴美国、英国、土耳其、印度、泰国、柬埔寨等国考察交流。

六、积极承办课题调研任务

在市经信委的组织安排下，完成《“走出去”“引进来”》课题调查。通过课题调研了解企业对政府的诉求，向政府反映，发挥企业与政府间的桥梁作用，为政府决策提供基层信息。

（戴荣兰）

上海市股份合作制企业协会

上海市股份合作制企业协会成立于2008年1月18日，是以股份合作制企业为主自愿组成的跨行业、非营利性的社会团体法人。现有会员单位60多户。

2011年主要工作：

一、完成第二届理事会的换届改选工作

10月，开始换届改选筹备工作。11月28日，在上海市中小企业服务中心举行换届改选，会议选举并通过第二届会长、副会长、秘书长、理事会成员。换届改选工作得到多方的支持和关心，同时报请市经信委和市社团局审批，并于12月23日完成所有审批手续，顺利完成换届改选。年内共召开理事会全体会议3次。

二、举办专题研讨会，寻求更好的发展体制和机制

为使股份合作制企业在“十二五”规划实施落实中有新的发展转型机遇，适时解决或缓解股份合作制企业存在的一些特殊问题和困难，协会多次举行大型、小型的深化改革专题研讨会，请市发改委综合改革处、市经信委、市高院、市工商局和研究院的领导和专家、部分企业和公司，针对股份合作制企业在深化改革中遇到的问题进行专题探讨，取得了较好的实效和共识，并从理解问题、分析问题角度切入，在理论上对股份合作制进行再认识等等。市级领导和部门对股份合作制深化改革的支持力度给了协会巨大的信心和力量，协会将综合各方意见和建议，建立更好的处事机制和方法，继续做好桥梁和协调服务工作。

三、服务围绕企业需求走，争取效果最佳化

充分发挥政府和企业之间的桥梁纽带作用，积极做好相关服务工作，在会员单位中，协会工作和诚信度得到大家的认可和信赖。有些企业甚至通过全体股东大会决议来邀请协会参与该企业的深化改革工作，是对协会工作最好的认可。

四、提升服务工作内涵，注重学习和精炼沟通技巧

在认真学习各项关于股份合作制企业政策和指导意见的基础上，协会自编《上海市股份合作制企业深化改革政策汇编》一书，无偿发给各个会员单位和上访、来访人员，共同学习领会和执行，依法办事，提升了协会服务质量，维护了各方的合法权益，获得事半功倍的效果。在接待和沟通中，注重谈话的技巧和用词，学会在接待中以最快的分析和思索寻找到诉求点和切入点，并针对重点诉求做好细致工作。年内多次受长宁区、杨浦区等政府信访办的邀请，参加政府与企业的协调会。

（朱桂芬）

上海市企业法律顾问协会

上海市企业法律顾问协会成立于2004年10月29日，是由上海市企业法律顾问、有关人士及有关单位自愿参加，经社团登记管理机关核准登记，具有法人资格的专业性、非营利性社会团体。

2011年主要工作：

一、组织6次理事会活动，增强沟通交流和联谊

1．2月16日，协会在国际贵都大饭店召开第二届理事会第二次会议，听取和审议相关工作报告，通过两项发展壮大协会的决议；会后召开“光明之夜”2011年迎春联欢活动。

2．5月26～6月2日，组织部分理事赴台湾考察，了解台湾企业法治工作情况，增强与台湾同行以及协会理事之间的联系交流。

3．5月31日，组织20多个理事单位参加新加坡捷培森咨询（上海）有限公司举办的“第五届公司法律顾问年会”。

4．9月15～24日，与市国资委法规处组织部分理事单位和有关企业赴新疆考察交流，为对口援疆地区喀什提供法律帮助。

5．10月16～21日，与市经信委政策法规处组织部分理事单位赴重庆考察调研企业法制建设工作。

6．11月24～25日，组织部分理事到无锡航天疗休养基地开展1次体检疗休养活动。

二、组织两次大型论坛演示活动和10次中小型研讨活动，积极为会员提供切磋提高的机会

1．2月25日，与中国国际经济贸易仲裁委员会、香港国际仲裁中心和金杜律师事务所、史密夫律师事务所，在豫园万丽酒店联合举行“模拟香港国际仲裁庭”演示活动，出席观摩、学习活动的理事和会员达180余人，取得圆满成效。

6月27日，与被评为英国2010年度最佳律所的英国BLP（博问）律所及上海锦天城律所合作，在锦江小礼堂举办有90位理事单位和会员参加的“国内外企业法律顾问制度及实务研究”高级论坛，受到各方的欢迎。

2．年初，向广大会员发出研讨活动菜单征询意向，根据广大会员的需要，全年组织10次业务研讨会：1月，举办“国际贸易合同签订中应注意的法律问题”、“人民调解法与调解实务”、“合同管理中的法律风险控制实务”、“贷款管理新办法”4场研讨会；5月，举办“企业名称与商标冲突的侵权认定和责任承担”和“企业股权收购中的所得税筹划问题”两场研讨会；8月，举办“物流企业常见的法律问题及应对措施”和“信用卡的债权保护与风险防范”两场研讨会；9月，组织10多人赴深圳参加中国人力资源管理协会举办的人力资源管理热点研讨会；11月，举办“建设工程违法分包合同纠纷处理法律实务”研讨会。上述研讨会内容丰富多彩，适应不同企业不同专业的需要，共有700余位企业同志参加。

三、开展系列业务培训活动，努力为企业法务人员提高业务素质服务

1．组织4次大型继续教育培训。协会努力提高讲座质量，打造继续教育培训品牌：1季度邀请金融专家王世豪副会长作关于“后金融危机时代的热点经济问题及企业兼并重组法律问题”的演讲；2季度举办“上海市审理劳动争议案件新政策解读”培训，特邀劳动法律专家唐毅律师主讲；3季度举办“关于《公司法》司法解释”讲座，特邀长宁区法院邹碧华院长主讲；4季度举办“企业法律顾问诉讼技巧与实务”讲座，从北京请来清华、中国人大的客座教授吕良彪律师主讲。出席4次培训的企业法律顾问共达2500余人次。

2．举办3次市场化培训班。3月，举办“《工伤保险条例》解读及实务操作”培训班，邀请劳动法律专家唐毅律师和徐守军律师主讲，50余人参加。4月，组织会员赴泰州举办“《上海市职工代表大会条例》解读”培训班，邀请市总工会周永宝副部长主讲，48人参加。8月，组织会员赴江西婺源举办“建设工程合同纠纷案件诉讼代理法律实务”培训班，邀请建设工程法律专家周吉高律师主讲，30人参加。

3．开展8次企业内训活动。接受委托，为上海振华重工（集团）股份有限公司、上海建工集团海外事业部、百联集团有限公司、宝钢发展有限公司、上海新干通通讯设备有限公司、上海开伦造纸印刷集团有限公司、海博有限公司、上海港口管理中心等8户企业组织开展内部员工培训，课程内容包括合同管理、公司治理、《物权法》、人力资源管理、《公司法》等，得到了企业教育部门和法律部门的好评。

四、做好企业法律顾问执业资格管理工作，协调职称评定事宜

与市职业能力考试院一起组织协调3家教学单位，开展2011年度企业法律顾问执业资格考试的报名、培训和教材发放工作，为考生提供系列服务，以利于不断壮大企业法律顾问队伍。上海有1472人报名参加全国企业法律顾问的执业资格考试。

协会本着认真细致为企业法律顾问服务的精神，采取各项方便会员有效措施，全年共为近1500名的企业法律顾问办理注册备案、费用交纳、社会公告等工作。

为了解决企业法律顾问的职称评定问题，与市经济职称管理部门多次沟通协调，打通企业法律顾问申报经济师和高级经济师的通道，并安排资深企业法律顾问参加市高评委专家班子，更好地为全市企业法律顾问服务。

五、发挥中小企业公共法律服务平台作用，为中小企业服务

与市促进中小企业发展协调办公室开展合作，开设“中小企业公共法律服务平台”，积极为促进中小企业发展提供法律帮助。在组织4次企业法律顾问大型继续教育培训的同时，并发出千余封信函，邀请有关中小企业免费参加讲座，努力提高中小企业管理人员的法律业务水平。此外，还专门为中小企业开展免费专题讲座，如：9月28日，举办“上海市促进中小企业发展新政策解读”讲座，80户中小企业出席；10月19日，举办“中小企业融资与风险控制”讲座，近百户中小企业出席；12月8日，举办“应收账款催讨技巧”讲座，80余户中小企业派员出席。还积极为中小企业提供法律咨询，牵线搭桥协调解决有关法律难题，受到有关企业的好评。

六、办好会刊、业务学习资料和协会网站

全年出版6期《企业法律顾问》会刊和6期《业务学习资料》。会刊进一步丰富栏目设置，每期突出1个主题，增强了导向性。同时，提高稿费标准，以体现知识价值和促进提高稿件质量。着力提升网站质量，及时更新网页内容，使其内容更加丰富、实用、及时、活泼，信息量与指导性、可读性有了新的提高。

七、接受政府委托，认真开展相关课题调研工作

受市经信委的委托，认真做好《上海市经信委系统“十二五”法制建设规划》的调研起草工作；积极做好数十万字的《工业和信息化领域法律规范汇编》的搜集编辑工作。

还以《国内外企业法律顾问制度研究》作为课题研究项目，投标申报2011年度市经信委行业协会发展专项资金，拟围绕企业法律顾问制度建设中的现状、问题和对策，组织力量认真开展课题调研和报告撰写。

八、进一步健全协会工作机制，规范各项内部管理

一是建立半年1次的会长例会制度，坚持每季度1次的秘书长办公会议制度和每周1次的秘书处工作例会制度，重大事项集体讨论决策，秘书处有长计划、短安排，有条不紊地组织开展各项活动。二是加强财务管理，调整和培训会计人员，每月进行1次财务情况分析，增强与财政税务部门的沟通，努力增收节支，使2011年的收支情况要好于2010年。三是加强内部管理，如制定《协会档案管理办法》，规范与加强协会档案管理工作。四是做好人的思想政治工作，建立激励机制，调动工作人员的积极性和创造性。6月23日，秘书处还与市经信委、国资委和光明集团法务部门的同志一起赴浙江上虞，开展参观革命遗迹活动。

（陈露洁、滕志凌）

上海市质量协会

上海市质量协会（原名“上海市质量管理协会”）成立于1982年9月，是由致力于质量事业的组织和个人自愿参加组成的专业性的非营利性社会团体法人。

2011年主要工作：

一、开展形式多样的质量宣传活动，营造重视质量的良好氛围

1．组织开展市质协系统“质量月”活动。围绕“质量关系人人、人人关心质量”等主题，制作质量月宣传画发放到企业，开展质量宣传活动。组织第六届“我与质量”少儿绘画赛活动，画赛得到江苏质协、广州市质协等兄弟质协的支持，共收到来自全国18个省市少年儿童的作品近750幅，其中包括来自台湾地区、残疾人康复中心的少年儿童，经专家评审推荐一等奖8名、二等奖30名、三等奖50名。会同团市委，组织主题为“我与质量同成长”的第六届上海少年儿童质量夏令营活动，来自《少年日报》、雏鹰网的小记者和少年科学院的小院士等100余位少年儿童参加。

2．围绕市民的衣食住行等生活质量和社会民生热点，开展公益性社会测评与调查。重点开展上海市场家用空调器顾客满意研究、认证认可全国公众认知状况调查、夏令热线、老年人服务、上海家政服务等6项社会公益调查活动。其中，上海家政服务现状调查在市妇联指导下，会同市家政行业协会共同开展，结果显示公众对家政服务业的认知日趋理性，行业地位得到显著提升。但与需求相比，目前家政服务质量尚待提高。

3．向全市女质量工作者发出倡议，组织召开迎“三八”女质量工作者座谈会。3月7日，以“质量点亮美好生活”为主题，召开女质量工作者座谈会，来自本市各行业企业代表50余人参加会议。会上，58位女质量工作者被授予“上海优秀女质量工作推进者”、“上海优秀女质量工作者”荣誉称号。会议向全市女质量工作者发出倡议，积极投身质量事业，用质量点亮美好生活。

二、搭建质量推进平台，帮促中小企业提升质量管理水平

1．贯彻落实《上海市促进中小企业发展条例》，按照国家和上海市对中小企业服务平台建设的要求，建立“中小企业质量管理公共服务平台”，主要服务功能为质量宣传、质量推进、教育培训、调查评价、体系认证等。2011年该平台被市经信委命名为“上海市中小企业服务示范平台”。年内组织编写出版《中小企业ISO9001指南》等“中小企业质量丛书”，对100位中小企业领导进行质量意识培训，在300户中小企业中进行先进质量管理方法的培训，培训3000多名质量管理和技术人员，还以“质量诊所”形式，主动走访嘉定、松江等区中小企业，进行免费现场质量管理诊断，提供改进建议。

2．主办QC小组成果擂台赛，展示一批节能环保绿色成果和服务质量改进成果。会同市总工会、团市委和市妇联，组织“正泰杯”QC小组成果擂台赛，共吸引来自全市电力、建筑、钢铁、交通、汽车、通信、机械、航天等26个行业的194个QC小组参赛，近500名代表参与。本届擂台赛体现出节能环保的绿色成果多、服务质量改进成果多、创新管理成果多的特点。其中，节能减排、降本增效方面绿色QC成果占总数的60%，全市各行业推荐市优秀QC小组295个，有25个小组获得全国优秀QC小组称号。

3．组织区域质量协会质量推进工作研讨活动。3月24～25日，举办区县质协秘书长质量工作研修班，来自16个区县质协会长、秘书长参加研修活动，就“卓越绩效模式”、“管理体系的建立和实施”、“全面质量管理”等进行研讨，推动区县中小企业质量管理。4月30日，承办华东地区质量协作网会议，会同华东六省质量协会，与企业交流质量推进工作经验，共同提高华东地区质量推进工作水平。

三、深入推广先进质量方法，引导企业追求卓越质量

1．按照中国质协工作要求，积极推进企业贯彻实施《现场管理星级评价标准》。活动有力促进企业进一步实施卓越绩效管理，有效应用SPC、5S等质量方法和工具，树立现场质量标杆，并得到电气、汽车、电子、船舶、轻工、通信、物业等行业企业领导高度重视，在生产一线普及推广，比学赶超。年内共有25户企业49个现场参加现场管理星级评级活动，经评选，来自上海的15个企业生产服务现场被评为全国星级现场。15个班组荣获全国质量信得过班组荣誉称号。

2．组织开展卓越绩效模式宣贯活动。通过组织标准培训、专题交流、座谈研讨等各种形式，鼓励企业学习、导入卓越绩效模式。在各行业质协、区县质协、集团公司及有关部门的支持配合下，推荐20户企业为上海市实施卓越绩效管理先进企业，10户企业申报年度上海市质量管理奖，14户企业开展自我评价申请质量奖复评。此外，还积极帮助企业加强管理体系建设，如帮助上海申通地铁集团加强运营体系建设，组织审核专家，10余次深入地铁维保中心，现场服务站点等，实施现场审核整改。

3．深入开展质量技术奖励工作。经市科委批准，设立“上海市质量协会质量技术奖”。经有关专家对申报材料的评审，上海汽车乘用车分公司“新MG3（ZP11）车身尺寸合格率提升及车身尺寸质量优化”和上海卷烟厂“SPC的应用创新及过程的智能化控制”两项成果获得上海市质量协会质量技术奖一等奖；上海投资咨询公司“从质量屋到责任屋——运用QFD方法构建工程咨询企业社会责任管理模型”等5项成果获二等奖；泛亚汽车技术中心有限公司“豪华商务车五星安全性能的稳健开发”等12项成果为三等奖。

四、开展调查研究，服务质量推进工作

1．受国家质检总局的委托，开展质量强国战略研究。年内根据总局领导要求，收集分析美、德、日等发达国家，俄罗斯、印度、巴西等金砖国家的质量发展政策、规划，结合我国经济社会发展特点和质量现状，访谈有关专家学者，进行分析研究，并开展质量强国战略全国社会公众认知状况调查，涉及20个省市，收集样本5000个，意见建议2400余条，调查研究报告递交国家质检总局，引起高度重视，作为总局递交国务院“质量发展纲要研究课题报告”的重要内容。期间，总局总工程师张纲、质量管理司司长田世宏等领导专程来沪听取“质量强国战略研究”课题汇报。

2．开展上海食品工业企业诚信体系建设现状调查。年内，工信部发布有关食品企业建立诚信管理体系的标准和实施意见。为了解上海食品企业诚信管理体系建设的现状，通过对824户企业进行自我评价问卷调查，结果显示，上海食品工业企业诚信管理成熟度为681.78/1000。4月15日，为此组织“质量安全，诚信为本”为主题的部分食品企业座谈会，进一步推进食品加工企业强化质量诚信意识，提高管理水平。调查分析结果和座谈内容得到政府有关部门、媒体和社会的高度关注。

3．受市总工会委托，开展企业班组建设现状调查。调查涉及全市129个区、县、局产业工会，1000家基层企业工会和10000个班组，收到有效问卷9416份。调查表明，各级领导重视班组建设工作，初步形成上海3个“六”班组建设新特色。在此基础上，配合市总工会，编写15万字的《班组长岗位培训教程》。在全市班组建设推进会上，得到市人大副主任、市总工会主席钟燕群高度评价。

五、围绕企业质量管理创新，不断探索认证和评价新领域

1．承办“世界认可中国日”主题活动。6月9日，国家质检总局与市政府主办的“世界认可中国日”主题活动在上海举行。活动期间，在协会承办的“探索认证新领域，服务创新与发展”专题活动中，国家认监委认可监管部主任生飞、中国认证认可协会秘书长赵宗勃等分别就认证新领域的研究与推进、企业社会责任、服务认证等专题进行演讲。活动吸引300多户认证企业参加，宝钢股份等企业代表作交流发言。根据国家认证认可主管部门的要求，在认证新领域方面进行有益的探索和实践。经国家认监委批准，积极落实机械行业能源管理体系认证试点工作，1月，向上海日立电器有限公司颁发通用机械行业第一张能源管理体系认证证书。另上海重型机器厂、上海锅炉厂等先后通过试点认证。

2．推进企业树立社会责任理念。为进一步贯彻落实韩正市长在“上海企业社会责任推进会”上的讲话精神，帮助企业了解履行社会责任的国际发展最新趋势，配合市经团联，翻译8万多字的ISO26000《社会责任指南》国际标准，编写《社会责任指南问答55题》。根据国资委关于企业履行社会责任的要求、中国工经联的“企业社会责任指南”意见，组织编制《企业社会责任指南》(1.0版)，开发“企业社会责任标准、报告和评价”培训课程，配合市经团联对近100位行业协会秘书长进行导入培训，蒋以任会长非常重视，亲自到培训班进行动员。至今已连续举办6期企业社会责任企业培训，有500多名企业管理者参加，并与国资委，轻工等行业协会联合开展企业专题培训。

3．组织召开企业高层领导报告会。配合市经团联，邀请美国国家工程学院院士、国际质量科学院院士、香港城市大学校长郭位，举办主题为“创新在于探索”的报告会。本市有关行业骨干企业的300余名领导、管理人员参加。

六、参与国际质量界学术交流，跟踪全球质量管理发展

1．成功举办第八届上海国际质量研讨会暨国际质量科学院院士论坛。本次会议主题为“质量、创新、包容性增长”，大会得到市政府及国家质检总局、工信部、市经信委、市质监局的高度重视，并得到国际质量科学院等国际质量组织的大力支持。会议期间，亚太质量组织为表彰全球质量作出卓越贡献的专家，向中国工程院刘源张院士颁发费根鲍姆终身荣誉奖，向上海电力、上海七建颁发全球卓越绩效奖企业奖。大会组委会授予中国质量协会陈邦柱会长，市经团联蒋以任会长，国际质量科学院荣誉院士哈林顿博士，国际质量科学院荣誉院士、中国工程院院士刘源张教授上海白玉兰质量特殊贡献奖，并向8位国内外专家、企业家授予第五届上海白玉兰质量贡献奖。还组织部分院士、代表参观2011中国国际工业博览会、上海世博会回顾展，到上海海立集团等企业实地走访，以让国外质量界同行见证上海企业的质量管理水平。

2．应邀参加第55届欧洲质量组织年会暨世界质量大会。本届会议主题为“在新时代中引领全球质量”。大会引起世界各国质量界的高度关注，来自国际质量科学院、亚太质量组织等质量组织以及中国、美国、日本、巴西、印度、新加坡等40多个国家和地区的共400多位代表出席大会。中国质协会长陈邦柱、国家认监委副主任车文毅、河南省副省长徐济超、工信部科技司副司长沙南生等领导出席大会。唐晓芬会长在会上作主题为“老年和残疾人服务质量管理研究与实践”的专题演讲，引起各国专家代表的重视和欢迎，美国质量会长大卫·斯帕恩、国际质量科学院副院长坂塚悦功等国际质量界著名专家全程听取演讲，对上海市质量协会的研究和实践给予高度评价。会后，代表纷纷索要演讲的PPT和《特奥会质量规范管理》一书。

3．应邀参加2011年世界质量与改进大会暨美国质量学会第65届年会。本次会议在美国宾西法尼亚匹兹堡市举行，参会代表来自世界47个国家2500余人。会议主题为“质量的新角色：成熟质量工具在未来的应用”。国务院参事、国家质检总局张纲总工程师、质量管理司田世宏司长等领导出席。会议期间，唐晓芬会长应邀出席国际质量科学院（IAQ）院士会议，并分别与美国质量协会大卫·斯帕恩会长、国际质量科学院沃森院长等就制造业质量与质量创新、公共服务质量、质量教育培训、中小企业质量管理等进行会谈交流。

七、打造学习型组织，进一步加强协会自身建设

1．组织开展“红色之旅”活动。在建党90周年之际，组织部分党员、入党积极分子开展系列主题教育活动。组织党政班子成员和部分中层干部到中共一大会址参观学习；组织党员和入党积极分子分赴延安、遵义，开展红色之旅主题教育活动。7月1日，举行中国共产党成立90周年纪念活动，唐晓芬会长带领全体党员重温入党誓词，并对“创先争优活动‘优秀共产党员’、‘优秀党务工作者’、‘先进党支部'"进行表彰。

2. 进一步深化城乡党组织结对帮扶工作。以"关注社会民生，关爱弱势群体"为主题，组织党员、团员青年赴结对帮扶对象崇明县横沙乡民建村，把质量工作理念和服务带到农村。党员、团员青年还走访村里5户困难居民家庭和困难老党员家庭，送上慰问品和慰问金。

3. 加强学习型组织建设。为进一步提升全体员工的个人素质和业务能力，在加强日常学习的基础上，先后邀请国际质量科学院沃森理事长、郭位院士、市人大财经委副主任委员俞国生等作主题报告，拓宽干部员工的眼界和思维。

（上海市质量协会）

上海市节能协会

上海市节能协会成立于1985年3月21日，是使用能源、生产能源和生产用（节）能产品的企业单位，能源管理、科研、设计、教育、信息等事业单位，社区管理单位及有志于节能事业的个人自愿组成的全市节能行业专业类非营利性的社会团体法人。下设分布式供能专业委员会、合同能源管理专业委员会、制冷冷冻节能专业委员会、汽车工业工作委员会、化工行业工作委员会、纺织行业工作委员会、电气行业工作委员会嘉定区联络站、崇明县联络站等9个分支机构。现有团体会员758户。

2011年主要工作：

一、规范协会管理，按时召开理事及理事长会议

1月14日、4月20日、8月9日、10月25日，分别召开七届四次理事（扩大）大会及七届八次、九次、十次、十一次理事长会议，规范协会管理，加强理事会对协会的领导作用。各次会议审查并通过协会2010年度及1、2、3、4季度工作报告，财务报告及下阶段的工作计划等。会议认为协会认真贯彻落实国务院"十二五"节能减排综合性工作方案的精神，攻坚克难、开拓创新、扎实工作，较好地完成各季度及全年的工作计划，为促进和推动本市节能降耗工作发挥了积极作用。

二、紧扣重点、联系实际，努力推进节能减排各项工作

1. 全力以赴，圆满完成"上海市节能宣传周"系列宣传活动各项工作。在市经信委的领导下，与节能和综合利用系统等8户单位共同参与年度"上海市节能宣传周"系列活动的策划、准备和实施，确保市节能宣传周活动于6月11～17日与全国同步成功举行。宣传周期间，组织开展各类活动共计268项，其中市级举办活动8项；各委办局举办活动25项，各区县举办活动142项；各企业、集团公司举办活动86项、各社区举办活动15项。声势浩大、形式多样的宣传周活动使节能减排的理念深入人心并广为传播，收到家喻户晓的效果。

2. 积极开展合同能源管理调研、交流和对接工作。积极配合市政协经济委员会开展对本市合同能源管理的视察、调研等有关活动，认真做好有关各项工作；会同市合同能源管理办进行"合同能源管理"项目、案例及一些热点问题的调研、交流活动；利用上海第六届节博会的平台，组织发布本市第二批50个合同能源管理项目信息，并开展主业单位与节能服务公司的洽谈、对接活动；组织开展解决中小企业融资难专题活动，邀请中国银行及有关保险机构推介针对解决中小企业融资难的融资品种，并在合同能源管理中引进保险机制，受到多方欢迎。年内在此平台上已实现数个合同能源管理项目融资合同的签约，取得初步成果。

3. 认真开展2011年"上海市节能产品"的评审、推荐工作。受市经信委委托，开展"上海市节能产品"的评审、推荐工作，年内先后开展4批评审，有53户企业的65项（系列）产品申报参加"上海市节能产品"评审，经专家组评审和评委会批准，共65项产品（系列）通过评审。据初步统计，该65项产品（系列）涉及国家十大节能产品系列，形成内销228.99亿元、外销2.50亿美元的市场效应。此项工作不仅有力推广了节能产品的应用，也有利于促进本市节能产业的健康发展。

4. 积极推动分布式供能工作。协会分布式供能专委会宣传、贯彻、落实国家关于分布式供能工作的各项政策，年内着重开展政策标准的研究和项目建设方案优化咨询工作，分别举办"分布式供能系统工程示范项目发布会"、"上海分布式供能国际论坛"等多项活动，进一步推动上海分布式供能工作的积极开展。

5. 有序推进高能耗变压器节能改造进程。多次组织召开高能耗变压器改造专项工作会议并开展实地调研，全面了解全市各主要用能集团公司高能耗变压器节能改造计划和完成情况，交流探讨进一步加快推进改造步伐的措施与办法，为下一步针对性地制定方案和措施提供可靠依据。

6. 开展上海市节能产业调研工作。组织召开本市节能制造企业发展形势和任务研讨会，开展对节能制造企业调研，下发调研表，走访有关企业，经努力已有88户企业参与调研，相关整理、统计、编制工作正按计划进行，为进一步促进上海节能产业的发展、全面了解企业现状创造条件。

7．开展《上海市产业结构调整淘汰类指导目录》编制工作。受市经信委结构调整推进处的委托于11月下旬开始着手进行《上海市产业结构调整淘汰类指导目录》的汇总编制工作，多次邀请各行业专家讨论、沟通和调研，经反复讨论，结合上海实际和特点，按照更为严格的节能环保标准原则，完成《上海市产业结构调整淘汰类指导目录》初稿的上报工作。

8．积极配合市经信委节能与综合利用处认真参与市政府的有关提案、人民来信来电的答复工作。

9．做好国外、外省市有关部门和企业的接待、交流工作。先后接待美国、英国、荷兰、西班牙、比利时、日本、意大利等国，及合肥市政协和经委、广东顺德节能协会及兄弟省市有关节能减排企业的来访和交流。通过交流，对国内外节能减排工作的新经验、新措施、新技术、新进展有进一步的了解，拓宽开展节能减排工作的思路。

10．《上海节能》杂志、“节能降耗动态”和网站工作正常、有序。克服困难，确保《上海节能》杂志按时出版发行，质量并有所提升，经“上海市期刊编报质量检查”确认杂志差错率有较大幅度下降。为配合“上海市节能宣传周”活动，杂志在5、6、7月连续3期开设“合同能源专栏”，为推动合同能源管理工作发挥了积极作用。上半年，还先后召开《上海节能》杂志编委会会议、《上海节能》杂志特约通讯员等工作会议，为提高杂志质量创造条件。协会“上海节能网站”版面更新后运行情况良好，全年累计访问87463人次，共发布节能信息近400条、国家和本市有关政策36件、能效有关标准3本。网站还增设“文件下载栏目”、“节能产品专栏”等窗口，有效提升网站的可视性和便利性，也加强了会员单位、社会各界与协会的联系。

三、开展“三项服务”工作

1．组织多种形式活动，覆盖全体会员。协会举办各类活动58次，发出通知3451张，覆盖全部会员单位，并重视关注邀请新申请入会会员单位参加。

2．完成4个节能技改项目节能评估报告的评审工作。按照国家发改委《关于固定资产投资项目节能评估和审查的暂行办法》，先后组织专家对“上海港宝钢全天侯产成品码头工程”、“宝钢新日铁汽车板有限公司酸杂机组改造工程项目”、“上海宝闵工业气体有限公司上海焦化8万吨／年醋酐生产线配套工程项目”及“宝山钢铁股份公司中厚板分公司氧气站新增400t/d液化装置”节能评估报告进行评审，受到有关方面的肯定。

3．认真举办“上海节能”沙龙活动。先后举办以“进一步搞好年度协会工作”、“推进节能产业发展”、“积极参加节能产品评审活动”、“促进合同能源管理发展”等为主题的沙龙活动，营造认真交流节能减排经验和为节能减排工作献计献策的良好氛围，为推动企业节能管理工作、促进协会做好服务发挥积极作用。

4．积极开展节能培训工作。与有关单位合作，举办国标“能源管理体系要求”（GB/T23331）等各项培训活动共6期，系统化、专业化的培训有效提升企业能源管理人员的综合素质，为各企业开展节能工作创造条件。

5．开展有关节能课题的研究。年内开展各节能课题的研究，并取得较好成果，有《上海市发电企业节能技术对标及节能潜力》课题；《开展推进本市高能耗电力变压器节能技改管理工作》课题；《家庭低碳生活方式的推进策略》课题；《上海市重点用能单位节能管理办法》课题等。

四、抓好协会自身建设，促进协会健康发展

1．加强政治理论学习。认真组织学习胡锦涛总书记在庆祝中国共产党成立90周年大会上的重要讲话；组织观看《建党伟业》电影等活动，增强坚持党的领导坚定信念。

2．进一步加强会员单位发展工作。年内发展会员单位73户，其中合同能源管理单位23户、分布式供能单位3户、其他方面单位47户。目前会员单位已达758户。

3．专家库建设初见成效。经努力，协会专家库初具规模，其组成人员包括各大集团公司、企事业单位、大专院校、科研机构、行业协会等各方面，汇集新能源、锅炉、空调、照明、家电、分布式能源、电力、钢铁、石化、化工、机械制造、汽车、建材等产业方面专家约200余人。

4．认真做好财务审计等各项工作。先后完成2010年节能产品评审财务专项审计、2011年节能宣传周专项财务审计，以及协会全年财务审计等工作，受到有关财务部门的肯定。

5．完成办公地点迁往虹口区花园坊上海节能环保产业园区的搬迁工作。

6．加强秘书处建设。秘书处新增两名成员，加强秘书处年轻化和知识化建设。

（毛雄飞）

上海市包装技术协会

上海市包装技术协会成立于1978年10月28日，为上海市包装行业企事业单位与科技工作者自愿组成非营利的社会团体法人。现有团体会员400余户。下设纸容器包装委员会、塑料制品委员会、包装印刷委员会、木制品包装委员会、绿色包装委员会、包装设计委员会、金属容器委员会、包装机械委员会、包装标准委员会、包装工程师分会等10个专业委员会。

2011年主要工作：

一、抓调研、拓思路、探索行业转型发展

1．为了引导上海包装业在“十二五”期间可持续地健康发展，组织专家专题研讨行业转型发展方向，完成编制《上海包装行业“十二五”发展规划》。

2．为推动包装行业转型发展，加快发展物流包装，在市经信委、市商委、市科协的支持下，组织上海商学院、上海大学、协会、企业等专家成立课题组，完成“上海发展物流包装的对策研究”课题研究。在完成课题的基础上，召开“发展上海物流包装服务业战略研讨会”开展深入的研讨。

二、鼓励企业创新，促进行业技术进步

1．继续支持包装企业实施高新技术项目。受市财政局委托，认真开展2011年上海地区包装行业高新技术研发资金项目的申报工作，做好动员、调查、咨询、申报、推荐、上报以及培育等工作，共有4户单位的项目获国家无偿资金扶持。

2．积极开展科技评价工作，与4户企业签订科技评价合同。

3．配合市人事局和考试院完成本市2011年度包装工程师资格考试与培训工作，21名专业技术人员经考试合格获包装工程师任职资格。

4．为加快创建包装创意设计产业集群，整合协会资源，协助界龙集团筹建上海国际包装印刷创意总部园。

5．为推动运输包装设计水平和进一步培养包装专业设计人才，与济丰包装（上海）有限公司共同主办2011“济丰杯”校园运输包装设计创意大赛。

三、抓热点、树品牌，推动行业健康发展

1．倡导低碳包装、转变增长方式。开展弘扬低碳包装理念系列活动，以实现“绿色低碳”为目标进行宣传、演讲和研讨。在江浙沪包协联合主办、市包协承办的2011长三角发展产业发展论坛上，开展“低碳包装发展”论坛主题活动。在企业筹建“木览坊”科普展示馆的过程中，积极给予配合和支持。在中国科协会员活动日期间，召开“绿色包装在行动——绿色包装交流会”，并对被评为“2011年上海市优秀绿色包装”的企业进行授牌发证。

2．重视食品包装安全，推动旅游食品发展。在上海科技论坛举办期间，召开“食品包装安全研讨会”，邀请专家就食品包装卫生安全性方面的常见问题进行深入分析，并提出多项具体措施与建议。《新民晚报》对研讨会刊登了详尽报道。为推动旅游包装产品的发展，携手相关行业协会开展了系列活动。在“2011上海国际印刷包装产品交易会”期间，携手旅游、食品、茶叶、粮油等协（学）会共同搭建交流洽谈的平台，举办“旅游食品包装产业发展研讨洽谈会”。在2011上海旅游节期间，与食品、旅游协会、食品学会共同组织开展“2011上海特色旅游食品评选”活动，还联合举办“互动·融合·发展，加快旅游、食品、包装创意业融合发展论坛”。

四、搭平台、重服务、探寻行业发展新路

1．协会和下辖纸委会积极推动“行业集中采购服务平台”，探索行业发展的新形式。

2．发展包装文化创意产业，与界龙集团积极参与2011上海创意产业博览会，搭建包装创意展示厅，重点展示包装创意设计代表性的优秀作品。

3．作为联合主办单位，积极参与2012年的北京国际包装博览会的筹备工作。

4．加强国内外包装同行的交流。组团赴香港进行包装印刷发展商务考察；纸委会组织会员赴韩国进行访问；与浙江等10家包装协会进行互动交流活动；长三角论坛期间，在宁波包协的支持下，组织部分会员单位参观亚洲浆纸业、雅戈尔集团股份有限公司。

五、加强协会自身建设，发挥桥梁纽带作用

1．为创建市科协“311学会建设工程”协会，正切切实实地按照市科协制定的目标要求，努力成为市科协30个示范性现代社团之一。

2．发挥理事会领导作用。3月25日，在紫江企业召开常务理事会，会议讨论了协会2011年重点工作。充分发挥副会长单位的作用，加强保持与联络员的联系和沟通，增强与副会长单位的合作，认真做好服务工作。

3．认真做好日常工作。两次召开各专委会秘书长与各包装集团联络员的工作会议；定期召开秘书长工作会议。协会领导和有关专委会秘书长，深入包装企业调研，加强沟通服务。

4．各专委会积极开展工作，服务企业。纸容器包装委员会定期召开形式多样的交流会，协助企业代办中国包装联合会“可回收标志”领证的手续，开展2011“上海纸包装行业的产品质量评优展示活动”；木委会筹建木包装专业网站，探索中小企业融资新渠道，构建网络培训平台；绿色包装委员会继续开展市优秀绿色包装评选，与协会共同召开“食品包装安全”论坛活动；包装印刷委员会以委员会主任工作会议为平台，加强企业沟通交流，共同探讨新一轮包装印刷业的发展。塑料包装委员会建成上海软塑包装企业联合中心，打造交流、探讨、合作的平台；包装设计委员会召开主任会议，商讨设计委组织建设工作，推荐界龙为设计委主任单位，努力征集会员企业优秀设计作品，参加创博会。

5．继续做好信息服务工作，重点做好每年6期的《上海包装》杂志和《纸包装工业》刊物，以及每月1期的《上海包装》信息报的出版工作。

6．充分发挥协会党工作小组的重要作用，加强党支部的党员教育。

（舒仁厚）

上海市环境保护工业行业协会

上海市环境保护工业行业协会成立于1992年11月，是由从事环保产品生产、研制、教育以及技术服务等企事业单位自愿组建的跨部门、跨所有制的非营利性具有法人资格的社会团体。现有会员企业198户。

2011年主要工作：

一、加强协会自身建设和管理

1．积极整合和发展行业会员。抓住市环保工业企业基本情况全面调研的契机，加强与本市重点骨干环保工业企业的联系，继续做好发展新会员工作，年内吸收新会员6户。同时，重视发展具有代表性的应用型企业成为会员，以利于本市环保工业产品的生产技术和应用技术的发展相结合，成为涵盖全市环保工业主导力量的行业协会。

2．完善环保工业专家库的工作。吸收近年来涌现出的中青年专家进入协会专家库，发挥业内专家对会员企业的技术交流和咨询指导作用。在完善环保专家库工作的同时，积极发挥专业组的技术交流和互助合作作用。

二、完成年度课题评审

据市经信委要求将《上海环保工业”十二五“规划》作为重点课题，多次召集课题组开会，在调研本市注册登记的各类环境保护生产企业和咨询企业的基础上，根据本市环保工业的现状及周边地区环境保护的主要问题、国家环保标准的变化趋势及其总量控制的要求，提出本市环保业的发展战略建议。

三、继续推进环保工业行业科技创新

继续推进科技创新，瞄准当前节能减排的热点、难点问题，通过信息互动、技术交流等方式，促进企业新工艺、新技术、新装备的科研开发工作，提升上海环保工业的科技水平和能效、加快发展环保服务产业，使本市环保工业水平得到有效提高。协会在推广科技创新、新技术、新工艺方面，主要做了两项工作。一是推动上海恒年环保新材料有限公司与成都科森、欣欣墙体设备、翰维石膏砌块经过资产技术整合，共同研发出轻质墙体材料及石膏砌块等二代产品，获得国家专利和科技创新成果，并在国内近百家工程中得以应用，入选“奥运工程”。汶川地震后，该公司加入灾后重建促进会，任常务理事单位，为灾后重建、国家保障性住房建设和我国墙体改革事业作出了贡献。二是推动上海乾瀚环保科技公司致力于“低温等离子体技术”作用于有机废气、含异味过饱和湿气、恶臭气体等的研究、治理、完善，突破治理“低浓度、大气量、高湿度”工业废气的关键技术，建立以“低温等离子体技术”为核心的组合式净化工艺，摸索出适合中国“工业污染”的治理模式，成为国内外运用“低温等离子体技术”治理废气的先导企业之一。

四、发挥协会综合功能，努力为会员服务

1．组织国内外技术交流和做好行业咨询工作。1月18日，与韩中环境技术促进会及韩国电力公司共同举办“韩国电力脱硝技术研讨会”，政府部门、专家学者及电力企业科技人员共有60人参加。会后，还多次组织韩国电力技术人员和宝钢电厂的交流。3月29日，参与举办“北京2011科学技术与低碳社会高峰论坛”。中国社会科学院、国务院发展研究中心资源与环境政策研究所、清华大学、北京大学、世界银行集团环境顾问、澳大利亚昆士兰州环境与资源管理部首席科学家、世界观察所高级研究员等20位领导专家作精彩报告。会后，安排澳大利亚昆士兰州环境与资源管理部首席科学家、世界观察所高级研究员等一行与上海社科院及上海环境科学研究共同探讨气候变化问题。5月5～7日，2011上海国际环保展在浦东国际博览中心举办，作为协办单位积极参与展览会的组织工作及环保新技术的交流工作。6月1日，主办“2011（第四届）中国上海国际节能环保论坛”，欧盟北丹麦办公室率丹麦各大城市市长及环境部长一行34人共同参与。9月1～7日，协会领导对新疆建设兵团、伊犁州进行访问。新疆建设兵团建设、环保局长钟波、伊犁州常委祖农对访问表示热烈欢迎，希望上海环保新技术对新疆正在开展的大建设提供帮助。11 月 9 日，与市科技新闻协会在锦沧文华大酒店联合召开新闻发布会，就地沟油危害及目前处理难度进行通报，并介绍有关治理设施，发布会引起巨大反响，国家科技部、环保部、发改委、中央电视台、香港卫视等纷纷来电，了解情况，市民反应热烈。

2．配合全国节能宣传周上海宣传活动。6 月 11 ～ 18 日，全国节能宣传周上海宣传活动开始举行，协会积极组织企业参加活动，上海申华声学装备有限公司在节能超市展出的新产品“通风隔声窗”，引起参观者很大的兴趣和反响。

（周树鹍）

上海市室内环境净化行业协会

上海市室内环境净化行业协会成立于 2006 年 8 月，原名为上海市室内环境净化协会，是由从事环境净化、洁净室的设计、工程施工、设备制造、生产、研发、咨询、服务、测试及其他相关的企业自愿组成的专业性质的非营利性社会团体法人。

2011 年主要工作：

一、参与产业及区域经济发展，规范行业、发展产业，贯彻行业自律

1．在行业自律方面有所突破。以检测治理企业为基准，从会员做起，整治行业的不规范行为，开展“夏日净化”百日行动。在有关政府部门领导下，认真组织实施，通过走访调查、协助企业自检、集中整治等手段，在打击虚假检测治理公司和做虚假宣传的企业中取得显著成效，基本完成“夏日净化”百日行动任务。其中需整改的 17 户企业经过 3 个月的整顿，11 户已基本达到规范宣传的要求。

2．在市经信委支持下，组织撰写《上海市洁净施工定额技术导则》政府购买项目，计划于 2012 年上半年完成。协会已组织多方走访企业、调研定额现状及政策、召开专家研讨会、多次组织企业召开《上海市洁净工程施工定额技术导则》交流会。

3．以室内环境治理服务等级资质审核为抓手，在新的《上海市室内环境治理企业服务资质等级认定暂行办法》实施后，2010 年获得治理服务资质的企业共计 16 户。经培训、淘汰、筛选及复审，目前获得治理服务资质的企业共 17 户。其中一级服务资质企业 8 户，二级服务资质企业 3 户，三级服务资质企业 6 户。

4．在市建筑业管理办公室的指导和支持下，持续开展施工能力评定工作，努力发展企业获得洁净工程施工评定证书。年内新增 3 户企业，目前为 14 户。

5．参加市“知荣辱、讲文明、迎世博、建诚信”活动组委会开展的市诚信企业创建活动。秘书处设立“诚信企业创建办公室”，对会员企业进行诚信评估，评选出诚信创建企业 12 户，其中两户为三星级诚信创建企业。

6．开办室内环境治理员班，共 4 期，培训学员 104 人次。另开办工业洁净“中级”培训班，共 4 期，培训学员 71 人次。

7．积极加强公共场所室内空气品质评价工作，年内复检换牌大楼 1 幢。

8．开展行业调研对业内企业展开有针对性的调研。包括：净化行业企业产品专利现状调研；产学研调研；净化行业的标准化现状调研；洁净行业调查报告；过滤材料市场调研报告等。

9．参与制定《洁净室用擦布》行业标准，组织专家评审、技术指标测试单位的联络及建议收集，还参与对《空气过滤器用滤料》标准参编企业的征询工作。

二、搞好行业服务、会议展会、行业交流

1．年内组织免费技术交流会近 10 次，为企业寻找商机、搭建平台做好服务。

2．共参加洁净及相关专业技术论坛、研讨会等 10 余次，参加各种展览 10 余次。其中，主、协办行业内专业技术论坛和展览会 4 次，参加国际论坛暨展览 3 次。1 月，参展美国暖通空调净化展览会。3 月，参展第十届慕尼黑上海电子展；举办第十二届中国清洁展暨第八届上海国际室内环境与产品展览会；举办第二届上海国际室内环境技术论坛。4 月，参展第二十二届中国制冷展。5 月，参观上海绿色建筑人居环境博览会；参会防静电、净化新产品、新技术研讨会；参加第四届“中国环境与健康宣传周”活动。6 月，世界原料中国展 &P-MEC 机械展；举办 2011 中国制药行业洁净技术国际研讨会，参会人员 226 人。9 月，主办参展参会第十届洁净室研讨会暨产品展示。10 月，参展第十六届中国医药工业展，首次设立洁净专区；参展 2011IC-China 展览会；在远大馆主办空气品质与健康论坛，参会 120 人；主办制药与洁净国际技术研讨会，参会 200 多人；参展第十四届上海国际非织造材料展览会；参观第十四届中国洁净展。11

月，参会第二届中美国际过滤与分离技术研讨会。

3．吸纳新入会企业 37 户。其中，理事会新增两户副会长单位，1 户理事单位。

4．为会员免费推荐业务项目 56 次。包括治理，检测，除臭除虫、净化剂及净化材料、空气净化器、洁净室施工工程、公共商务楼空气净化系统、新风系统等项目。

三、加强协会自身建设

积极完善内部组织构架，新增 1 位副秘书长，负责协会日常业务项目。在年度计划中确立近远期发展目标，力求推陈出新，满足企业多元化的需求，并做好服务。组织理事单位赴浙江上虞召开二届三次理事会，会议期间进行新技术、新产品的探讨及实地参观，丰富了会议形式。注重党建工作，积极发展党员。目前，1 名正式党员已转入协会支部，1 名预备党员转正，1 名积极分子吸收为预备党员，所有年轻人都递交了入党申请书。同时，加强对协会工作人员的培训及职业教育，完善岗位制度，改善就业待遇，增强员工凝聚力。开设协会微博及飞信，将信息快速、有效地传递给会员单位，以便更好地沟通与交流。坚持办好会报、会刊。

（陈　玲）

上海市机电设备招标投标协会

上海市机电设备招标投标协会成立于 2004 年 8 月。是由从事机电设备招标代理业务的机构和与招标投标活动相关的机电设备制造企业及供应商、咨询单位、设计研究机构、高等院校等自愿组成的非营利的社团法人组织，现有会员单位 42 户。

2011 年主要工作：

一、加强行业自律，制订行业规程

为贯彻落实《招标投标法》，加强行业自律，健全行业制度，引导规范本市机电设备招投标市场主体工作行为，推动本市机电设备招标投标事业有序健康科学发展，在市经信委有关部门领导的关心和支持下，结合本市机电设备招投标工作实际，组织部分会员单位和人员编制《上海市机电设备招标投标工作规程（试行）》，并于 12 月完成，将在 2012 年 2 月 1 日起试行，以此作为加强行业自律、开展检查和评比活动的一项制度。

二、开展招标师考前培训，提高人员技能

协会连续 3 年获得中国招标投标协会认定的全国招标师职业水平考试培训机构资格，被列入全国前 10 名推荐单位。年内参加考试的培训人员全科通过率约 26%，高于本市 25.72% 的合格率水平。

三、增强服务功能，深化服务于会员

1．发挥网站平台作用，提供信息服务。5 月 4 日，协会网站开通，并建立信息员队伍，制订《协会网信息员管理制度》。广大会员大力支持网站建设和维护工作，秘书处自运行起收集和发布招标公告、会员工作动态、政策法规、协会工作动态，以及学习交流文章等信息，尽力做到信息发布及时、内容全面新颖、可看性强、点击率高。

2．发挥《简报》作用，强化信息服务。坚持每月编制协会《简报》，全年出简报 12 期，力求内容不断创新，突出刊载我国招投标行业关切热点、相关的国内外经济形势、政策法规、实务案例、论坛等内容，较全面反映目前招投标现状和发展趋势，为会员单位及有关部门提供具有行业特色的信息支持和帮助。

3．开展先进评比活动，促进会员更好地为经济建设服务。开展优秀集体、优秀建设者、优秀组织者评选推荐活动，向市立功竞赛设备赛区办推荐和上报上海国际招标有限公司项目 1 部、上海通信招标有限公司业务部为优秀集体，上海翔波工程咨询有限公司邵林科、上海市上投招标公司朱奕嘉、上海通翌招标代理有限公司唐琦为优秀建设者，上海浦东机场进出口公司刘衍彬为优秀组织者。树立典型、争先创优，促进会员单位更好地服务于本市重大工程建设和经济建设，作出贡献。

4．反映行业诉求，为政府制定政策法规提供支持。制订和颁布《招标投标法实施条例》是招标投标行业十分关注的热点，年内国家有关部门在上海地区召开《招标投标法实施条例（草案）》修改征求意见会，部分会员单位负责人应邀出席会议且对《草案》修改内容提出看法，会上协会介绍了本市开展国内机电设备招投标工作情况和行业诉求，得到国家政府部门领导的高度重视和肯定。

四、加强自身建设，着力不断创新

积极贯彻落实市经信委《关于做好 2011 年“小金库”专项治理工作的通知》精神，认真按照上级部门要求，开展“小金库”专项治理复查工作，增强遵纪守法和廉洁自律自觉性，促进财务管理水平上台阶。开展本市机电设备招投标行业现状和发展调研，得到市经信委有关部门领导的高度重视和大力支持。

（董红生）

上海市设备管理协会

上海市设备管理协会成立于1986年5月，具有独立的社团法人地位，现有会员单位936户，下辖仪电、化工、医药、纺织、轻工、宝钢、船舶、电气、维修、调剂、状态监测和金山等12个行业工作委员会或代表处。

2011年主要工作：

一、开展全国和上海市设备管理优秀单位、优秀工作者表彰活动

根据中设协关于《组织开展设备管理优秀单位和工作者的表彰活动》要求，开展设备管理国优评选表彰活动，并经市纠风办等部门批准，同步开展上海市设备管理优秀单位和优秀工作者的表彰活动。在各局、控股集团公司设备主管部门和各行业工作委员会及各区县经委（商委）的支持下，经企业自报、行业推荐和专家现场调研评审，有114户企业获得第九届上海市设备管理优秀单位的荣誉称号，120位个人被评为第五届上海市设备管理优秀工作者，并推荐其中24户企业为第九届全国设备管理优秀单位，22位个人为第五届全国设备管理优秀工作者。8月23日，在上海烟草集团召开表彰会议，并在《解放日报》、中国东方设备网和《上海设备管理》杂志上公布获奖名单。通过评优活动，交流总结各企业设备管理的先进经验，增进与企业的沟通与联系，进一步推进上海的设备管理工作。

二、围绕经济结构调整，推进专业维修等生产性服务业发展

围绕市经信委关于《上海先进制造业和生产性服务业发展情况及“十二五”规划》的要求，承担市经信委下达的《上海专业维修服务现状和发展对策研究》专项资金课题项目，通过对国外设备维修专业市场研究，国内社会化、专业化、市场化设备维修发展现状的调研，总结国内外设备专业维修服务市场构建的经验；同时，对本市各类设备维修企业开展实地调研，进一步摸清上海设备维修行业和企业维修服务外包的现状、市场需求及今后专业市场的发展方向，对当前存在的问题进行分析探讨，提出本市专业维修服务的目标定位、发展思路和对策建议，项目成果得到市经信委有关部门领导及专家的较高评价，对推进上海专业维修服务市场的规范发展具有积极意义。还为配合开展增值税扩围改革试点，按市经信委生产性服务业处的要求，对各类维修企业进行较为密集的调研，采集有关数据、听取业内企业意见，提交分析和建议，以期通过降低税负，促进经济结构调整，支持专业维修等生产性服务业发展。此外，为支持本市专业维修服务的发展，在市经信委的关心和支持下，将“数控设备维修人才”、“液压机械设备人才”、“电气控制技术人才”等设备维修人员纳入本市紧缺人才引进专业，并制订相应的条件要求，为本市设备维修人才的队伍建设提供基础支持。

三、开展设备工程与管理的交流研讨和学习考察活动

1．4月26日，在上海船舶工艺研究所召开“设备节能改造与新技术应用”交流研讨会，对工艺节能、变频等节能技术的应用、能源计量控制和能源审计、合同能源管理等进行经验交流和研究探讨，使技术成果得到进一步推广和应用。

2．6月10日，在中国船舶科学研究中心上海分部召开“创新技术在绿色制造中的应用”交流研讨会，对设备维修和技术改造中新技术的应用进行专题交流考察和探讨，通过加强产学研合作与交流，积极推广应用先进适用的新技术和新设备，拓展创新的视野，通过技术创新和装备现代化推动产业升级和绿色制造不断前行。

3．12月23～24日，在浙江天台召开设备管理经验交流暨2011年宣传工作会议。会上，部分骨干企业的代表作交流发言，并对协会工作提出建设性的意见和建议。

四、加强与兄弟省市设备管理协会的交流合作

1．4月26日，无锡市设备管理协会来沪工作交流，就合作事宜达成广泛共识。5月6日，山东省设备管理协会交流考察团来沪交流考察，协会在上海外高桥造船有限公司组织召开“沪鲁企业设备维修与管理经验交流座谈会”，部分骨干企业代表参加交流座谈。5月10日，天津市设协有关领导来沪就设备维修资质和安全认证等工作进行交流。

2．7月，在沧州市设备管理协会、天津市设备管理协会、北京设备管理协会和陕西省设备管理协会支持下，协会有关领导分别对河北、天津、北京、陕西等地的设备专业维修市场发展现状进行调研考察。

3．10月，组织部分会员单位赴重庆市学习考察，在重庆市经信委和重庆市设协的组织和主持下，考察团与重庆市部分骨干企业领导进行座谈，就设备维修管理模式、社会化设备维修保障体系的构建、设备的前期管理、TnPM管理、6S管理、信息化管理等议题进行广泛的交流探讨，并实地考察格力电器（重庆）有限公司等企业。

五、规范和持续推进本市设备维修市场建设

按照新修订的《上海市设备维修企业资质等级认证管理办法》、《上海市设备维修企业安全生产合格证认证管理办法》，切实提高服务与协调管理水平，积极推进本市设备维修市场各项工作稳步发展。全年完成设备维修企业资质初审 67 户、复审 146 户、年审 334 户；全年对 126 名设备维修安装企业的安全生产分管领导和专职安全干部开展安全生产的教育培训，有 119 户企业经安全机构审核获得“安全生产合格证”。

六、发挥协会优势，为企业提供咨询、培训等服务

1．在做好设备资产评估的基础上，探索和实践设备技术鉴定的新领域，并与部分行业建立设备技术鉴定的长期合作伙伴关系。全年完成设备资产评估项目 88 项，评估设备 3035 台（套），设备原值 28550.8 万元，评估净值 6831 万元；完成设备资产技术鉴定 24 项。

2．根据企业的需求，组织举办各类设备管理专业岗位培训和专题培训，全年举办 4 期注册设备维修工程师培训班，培训 266 人；与有关单位合作举办 4 轴数控龙门铣、数控加工中心操作人员的技能培训和机电液一体化维修技术培训及“设备管理岗位资格”培训，为提高企业设备操作与维修人员的技术水平提供基础支持。

（夏仁海）

上海市新材料协会

上海市新材料协会成立于 2000 年 12 月，是上海市从事新材料工作的企业、高等院校、科研院所自愿组成的跨部门、跨所有制的非营利的行业性社会团体法人。现有会员单位 305 户，下设产业部、信息部、专家工作部和办公室，并成立有粉末冶金分会、硬面技术分会、青浦产业基地分会和无机新材料、降解材料、改性塑料专业委员会及标准化技术委员会。

2011 年主要工作：

一、以服务为宗旨，不断开拓创新取得一定成效

现有会员单位 305 户，业内企业覆盖率达到 56%，会员单位累计工业总产值约占本市新材料工业总产值 80% 以上。因近几年长三角地区的新材料产业发展很快，外省市不少产品与我市产业形成上下游产业链，为此，成立泛长三角地区产业联盟，吸收泛长三角地区政府、开发区基地、新材料协会加入。同时，本市一些专利公司、商标代理公司、融资公司等也应自身发展需要参加了本会。

二、坚持科学发展观，做好协会换届工作

按照章程，选举产生第三届理事会和新一届理事会会长、副会长以及理事会成员，圆满实现协会领导新老交替、工作与时俱进的新格局。原工程院院长徐匡迪，上海市副市长艾宝俊及市工经联会长蒋以任等领导为协会成立 10 周年发来贺信和致词，希望协会认真探索、奋勇拼搏，再创新业绩。

三、密切关注产业发展动向，当好政府决策的助手和参谋

在市经信委的指导下，紧紧抓住“十二五”期间的发展机遇，结合上海实际，在产业发展规划、人才引进培育、产业基地运行和重大项目落地等方面开展大量调研工作，对新材料产业与产品的经济决策和经济立法向政府主管部门提出建议，鼓励和推动新材料、新产品进入市场。目前已编制完成市经信委关于《上海新材料产业“十二五”发展规划》、《上海新材料人才“十二五”发展规划》、《上海新材料产业人才开发目录》等课题；编制完成市发改委《2011 上海市新材料产业发展报告》课题；市科委《2010 年上海战略性新兴产业发展报告》课题。已组织力量启动市经信委提出的《上海市新材料产业基地发展运行机制的调研报告》、《上海市新材料高新技术产业化信息平台》等课题。

四、推动新材料领域高新技术产业化，鼓励新产品进入市场

根据市经信委和市科委关于大力推进新材料高新技术产业化的要求，积极参与市高新技术产业化重点项目的协调、跟踪、推进和服务工作，发挥新材料领域科研、教学的优势，推进产学研用结合，加快科研成果转化，参与市知识产权联盟活动，维护和协调各方的合法权益。并针对“十二五”期间新材料重点项目的战略性新兴产业的配套对接，着重培育新材料领域新的增长点，对发挥新材料引领作用的重点企业进行重点调研，及时为企业提出项目切实可行的建议方案。特别是年内接受市经信委、市科委下达的有关难题跟踪任务以来，对加快推进产学研合作起到积极推动作用，并积极争取市委政策研究室、市发改委有关新材料领域发展方面的新课题。

五、发挥桥梁纽带作用，助企业创新、促企业发展

年初，组织各分会、专委会及部分理事和会员单位代表参加 2011 协会（同济）工作会议，部署和落实全年工作重点。会议就企业“关于按市场化原则，规范和发展行业协会”和“合同签订过程中常见纠纷处理方法”等普遍关注的问题请专家演讲。市发改委高新技术产业处通报“上海‘十二五’高新技术产业规划”情况，对战略性新兴产业中新材料的界定和发展提供了指导意见。

为帮助会员科贵公司科技成果产业化，主办召开“自愈型混凝土（砂浆）外加剂及应用产业化研讨会”，邀请市经信委有关领导、大学教授、专家及用户、投资公司等30余名嘉宾出席会议。还积极参与市科促会等单位联合举办的“加强企校合作、实施《助推计划》，促进高校科技（新材料）成果转化”和“上海首届材料企业家与高校材料学院院长高峰论坛”等专场活动，与企业家、学者就产学研的合作模式、产业人才的培养途径、企业与院校的需求对接等问题，进行沟通与交流。

六、发挥分支机构的积极性，推进新材料发展

粉末冶金分会与上海金属学会、机械工程学会等联合举办“2011中国（上海）国际粉末冶金与工业陶瓷展览会”和“2011上海国际粉末冶金新材料、新技术、新装备高峰论坛”以及“稀土的应用及国际贸易争端”报告会等活动，推动上海粉末冶金行业科技进步和产业升级。

青浦产业基地分会积极开展中小企业技术创新资金项目申报、“创建和谐劳资关系”以及专利工作培训等活动，帮助企业排忧解困，引进专业材料检测认证实验室，为企业提供材料检测、科技与法律咨询等服务，促进青浦区特色产业发展。

改性塑料专委会借助市科委对信息化平台项目的支持，实施资源信息共享系统整合，以实现为中小企业跨地区服务。组织申报有关“万吨级聚烯烃基功能母粒关键技术、装备研发及产业化”项目，积极贯彻市科委推进产业联盟孵化器建设工作。

硬面技术分会和降解专委会积极参与江苏高淳科技园区的学习交流、组织会员单位参与课题建议与申报，帮助中小企业开展“产学研用”等方面都取得了较好的工作成果。

七、加强产学研用运行机制，推进公共合作交流平台建设

组织专家制修订新材料产品技术、质量行业标准，组织和参与新材料产品鉴定，推荐名牌产品；开展经济技术咨询、培训、交流、攻关，促进产业体制和技术创新；推进本市公共服务平台建设。

会同华谊（集团）、宝钢集团及有关高校在上海科学会堂联合主办“2011中国国际新材料产业发展论坛”。全国政协常委、市工经联会长蒋以任和市经信委副主任周敏浩分别在会上作致词和讲话，论坛围绕“节能环保、创新发展”的主题，邀请20位著名学者、企业家分别作精彩生动的专题报告，赢得与会同仁的一致好评。为配合论坛，参与主办的“第二届中国国际新材料工业展览会”暨“第八届中国玻璃纤维复合材料展览会”在上海世博展览馆同期举行。还组织会员单位参与2011上海国际汽车制造技术及装备与材料展览会，会长单位华谊（集团）率旗下12户企业参展，其汽车配件一体化供应链产品，成为展会上亮丽的风景线。

八、加强泛长三角地区的合作与发展，共同推进新材料产业

牵头联合组建“泛长三角新材料产业发展战略联盟”，7省2市20余户企事业单位，包括高校院所及工业园区加盟。还组团企业和经济开发园区代表20余人赴哈尔滨参加“首届中国国际新材料产业博览会”活动，并参加由黑龙江省新材料协会倡议成立的中国新材料产业发展战略联盟。联盟的成立为“十二五”期间加强国内新材料产业区域合作，资源共享，推动产业结构优化升级，保障国家重大项目建设，参与国际间的竞争与合作等提供了技术创新和长效合作的运行模式。还积极参加行业星级评估试点工作，为会员单位举办创新人才培训，积极开展“诚信企业”活动，中高级技术职称评定、标准化工作也有序进行。党支部积极开展争先创优、建党90周年纪念活动，推行党务公开、“党员承诺誓言”、“党员结对子”等活动。

（魏安卿）

上 海 电 子 商 会

上海电子商会（上海电子制造行业协会）成立于2002年4月，为上海市电子产品研发、生产制造、加工和流通服务行业企事业单位自愿组成的跨部门、跨所有制的非营利的行业性社会团体法人。现有各种所有制会员单位260户，下设流通分会、智能化设备专业委员会和表面贴装专业委员会。

2011年主要工作：

一、做好行业统计工作，反映企业诉求，为政府决策提供参考

受市经信委委托，每月收集、整理行业的运行数据，并就企业反映的共性问题，及时整理写出分析报告向政府相关部门反映，获得积极回应。同时，还注重就国际上发生的大事件对本地电子业的影响，及时进行分析，如日本地震、泰国洪灾后，我会相继写出《日本电子制造业产业转移特点及我们的对策》、《泰国洪灾对计算机行业的影响》等分析文章，得到相关部门的重视与好评。

二、开展中小企业沙龙活动，为企业间合作、交流提供平台

坚持每季1次开展中小企业沙龙活动，请市中小企业协调办的领导到会宣讲政策，现场解答项目的审报事项。通过沙龙活动，不仅使企业学习到中外合资企业先进的管理方法，同时也促进了企业之间的合作与交流，不少企业还因此找到产品供应商或产品生产合作伙伴，受到广大会员企业的欢迎。

三、继续推进企业诚信创建活动

在市诚信创建办的领导下，在会员企业中积极推进诚信创建企业评选，经审核批准，年内又有20户企业获“市诚信创建星级企业”和“市诚信创建企业”称号。同时，还利用“上海电子制造行业诚信建设平台”及时发布行业预警，宣传会员企业在诚信创建活动中的经验，在行业中营造“以诚信经营为荣，失信为耻”的氛围，推动行业健康发展。

四、筹备协会半导体照明应用专业委员会

根据会员单位的特点及浦东张江产业园半导体照明企业相对集聚的情况，发起筹建“协会半导体照明应用专委会”，得到多户企业的响应，目前各项组织筹备工作已就绪，相关材料已报请市有关部门审批。

五、强化信息平台作用，及时为会员企业提供行业动态信息服务

协会“上海电子网”每日及时发布行业动态信息、产业研究报告、事件点评等，在会员和行业中具有较大的影响。每月1期的会刊《上海电子信息》则注重收集、整理行业中的热点、难点和趋势，尤其是新兴产业如LED、新型显示、平板电脑、物联网等国内外最新动态和趋势，以其及时、准确、翔实、丰富的信息量获得会员单位欢迎，也赢得业内领导、专家的肯定和赞誉。

六、协办“上海国际物联网大会之车联网论坛”会议

受中国电子商会和上海现代展览公司委托，参与协办“上海国际物联网大会的车联网论坛”，并组织浦东新区、嘉定区等50多户企业参会，通过论坛，企业及时获取车联网技术和了解发展前景，还与整车企业开展交流，为产业链企业合作搭建了平台。

七、开展国内外合作交流

先后接待四川省驻沪办事处、香港贸发局、河南电子市场、韩国贸易社等，扩大合作与交流。

八、完成协会搬迁工作

在张江产业园区管委会的支持与帮助下，3月，顺利搬迁至张江产业园区。入驻园区后，得到园区内相关企业的关注，先后接待金碟软件、宝信软件、火速科技等多户区内企业来访，并根据其要求，开展产品推广会，与会员企业交流合作等，得到欢迎，这些企业新入会也为协会发展注入新的活力。

（朱伟民）

上海市计算机行业协会

上海市计算机行业协会成立于1988年5月，是上海市及周边地区的计算机行业及相关单位自愿组成的非营利性的社团法人。现有会员单位近550户。

2011年主要工作：

一、保持服务企业方式创新、提升服务品质

1．举办“长三角耗材企业家联谊会”，关注行业发展，学习交流，促进长三角耗材企业的合作与共同发展。

2．联合上海服装行业协会共同主办召开“2011服装行业物联网技术应用研讨会”。

3、参加国务院参事在上海召开的入世后对我国行业影响的调研会议，就本市计算机行业机构帮助企业应对入世面临的问题向国务院参事、上海市参事室进行介绍和建议。

4．在业内开展企业信用评估体系建设及企业信用评估工作，该信用评估体系已通过市经信委的验收。

5．与企业网联合主办的“云计算高峰论坛”在上海展览中心举行。

6．在2011上海软件外包峰会上，与日本近畿信息产业协会签署合作备忘录，并为相关与会单位搭桥，同日方企业对口洽谈，取得良好的效果。

7．参与主办并组织会员企业参加“2011国际打印耗材展览暨论坛”。

8．召开3次会长会议及五届五次理事会，商讨为会员服务思路方式。

二、建立健全与政府部门沟通机制，促进有利于产业发展的政策出台

1．编写《上海市智慧城市构件化标准化的研究探讨》、《上海市服务外包研究》等调研报告，为行业健康发展进行理论研究。

2．建立上海知识产权（专利信息）公共服务平台计算机产业知识产权服务平台。

三、开拓新服务领域，引导行业健康发展

1．协会司法鉴定所成立，开展业务第一年，接受委托案件共6件，鉴定工作得到所有委托人的一致好评，积累了经验，为今后发展打下基础。

2．协会电子信息产品再利用促进中心对旧电脑的回收、再制造、销售以及处置企业开展资质审核，推动本市旧电脑再利用行业的规范和发展。

3．与从事再生资源行业的相关企事业单位共同组建“废旧家电资源化产业技术创新战略联盟”，致力于解决再生资源产业关键节能环保技术的创新开发和产业化问题。

（许　可）

上海市信息服务业行业协会

上海市信息服务业行业协会（原上海市互联网信息服务业协会）成立于2001年1月18日，是由本市信息服务业企业自愿组成的非营利性社会团体。下设9个专业委员会、4个中心、3个联盟、1个分会、1个工作组、1个办公室和1个基金会。其中，9个专业委员会为企业信息化应用推广工作委员会、社区信息化应用推广工作委员会、数码互动娱乐专业委员会、动漫产业专业委员会、网络教育专业委员会、数字内容专业委员会、移动互联网专业委员会、数字出版专业委员会和金融信息服务专业委员会；4个中心为上海市互联网违法与违规信息举报中心、上海信息服务人才培训中心、上海数字内容产业促进中心、上海市数字健康信息中心；3个联盟为上海市电子书产业发展联盟、上海市严肃游戏产业发展联盟、反盗号绿色联盟；1个分会是上海浦东新区数字媒体行业协会；以及全国信息技术标准化技术委员会电子书标准工作组交互平台专题组、中国青少年数字创意行动组委会办公室、中国扶贫基金会信息扶贫专项基金。

目前，上海具有影响力的ICP、ISP、ASP和一些著名网站，以及部分信息服务企业都参加本会。

2011年主要工作：

一、多管齐下，全方位服务会员

全年开展各类论坛、沙龙、讲座等活动30余场，并推出两个主题系列沙龙，一是上海市电子书产业沙龙，二是《社会保险法》解读会，广大会员单位积极参加，得到普遍认可。

在倍受社会关注的第十届“上海IT青年十大新锐”评选活动中，协会推荐的会员单位维鹏信息技术（上海）有限公司董事长兼CEO张毅斌以第一名的成绩获得“上海IT青年十大新锐”称号，在10位获奖人中有7位为我会员单位的青年企业家。在市中小企业办举办的2011年上海中小企业“品牌产品／服务”推荐活动上，共推选20户会员单位参与评选，有17户企业获奖。

与上海主流刊物《生活周刊》共同策划，推出“云时代的数字领袖——创新型城市中的新业态领军人物”系列报道。活动不收取任何费用，在业内选择对社会有突出贡献的企业家、行业领军者、具有发展潜力的新兴企业家及社会名流，加以宣传报道，借此提升行业形象。至年末，共推荐东软集团副总裁刑波、快钱CEO关国光、携程副总汤澜、金蝶软件（中国）副总裁章勇等24位企业领导接受专访，并相继发文刊载。

二、开拓创新，举办专业活动

继连续两年成功承办“上海推进高新技术产业化软件和信息服务业活动周”后，经市经信委及相关方反复协商，决定将“活动周”更名为“2011信息服务业（上海）论坛”，并交由协会主办。10月26日～11月22日“论坛”举办，“论坛”由开幕式、展览展示和系列论坛3个板块组成，分有9个专业论坛和展览会，内容涉及软件和信息服务业各个领域，主要包括数码互动娱乐、软件、移动互联网、数字出版、三网融合、云计算等，参与人数达2.6万人次。“论坛”与以往相比内容更专业，气势更恢宏，受到各方领导和社会各界好评。

7月29日，在2011中国手机定制合作论坛上，市经信委副主任邵志清和市通信管理局巡视员李振坤共同为“IS风云会”揭牌。“IS风云会”是协会对会员沙龙活动的创新和改革，望以此为纽带，提升上海信息服务业企业间的凝聚力，带动相关产业的发展。至年末，共举办4期“IS风云会”，每期会场都吸引众多年轻的IT从业人员，他们纷纷表示“现在上海也有中关村的味道了”。

5月，协会举办的“第二届大学生数字创意创业大赛”在虹口区930创意产业园落下帷幕，大赛共吸引16441名创业者报名参赛，收到有效创业方案167份，大赛官网浏览量达45万人次，参赛项目涵盖动漫、平面设计、网络、科技创新、视频、游戏、音乐等诸多概念领域。经层层选拔评比，共产生10个优秀创业项目，获奖选手不仅获得5～10万元奖金，还享受免费入驻国家数字出版基地（虹口园区）大学生创业苗圃1年的优惠扶持待遇。

三、把握方向，深入开展行业研究

组织艾瑞咨询、上海电信等相关业内专家与企业家，开展上海信息服务业新业态、新模式的研究，经讨论与研究，初步形成《上海信息服务业新业态、新模式发展报告》初稿及分报告《关于网络团购情况调研及其对策建议》和《软件和信息服务业助力打造“智慧城市”》。

7月，在全市开展软件和信息服务业“新业态、新模式、新应用金点子”征集活动，活动期间，收到企业、院校踊跃投来的大量方案，协会组织来自政府、协会、高校、企业的10位业内专家对方案进行认真评审，评出艾瑞咨询集团杨伟庆的《洞察用户数字行为，助力智慧城市运营》、盛大文学的《云中书城》、快钱关国光的《深化现代电子支付应用，助力电子商业发展》等20个获奖作品。

针对网络团购不断出现的投诉问题，上半年进行1次团购调研，并形成报告。同时，在市经信委、市工商局的共同支持下，举办“2011网络团购产业发展研讨会”，就铺天盖地的线下广告投放、创建“中国特色”网络团购产业、定位团购网站战略和发展思路、规范行业行为等焦点问题开展激烈讨论。

根据市经信委关于电子书联盟“要多开交流会、对接会”的指导意见，联手上海市电子书产业发展联盟举办5场电子书产业沙龙活动，编发11份电子书产业动态，及时为电子书产业企业提供行业信息，反映联盟工作动向。还与“联盟”积极参与承担全国性标准制定工作。根据工信部信标委对本市下达的制定《电子书服务平台》和《电子课本和电子书包》标准的工作要求，组织由“盛大文学”主导的《电子书服务平台》“标准”工作组和由华东师大主导的《电子课本和电子书包》“标准”工作组。“标准”制定工作得到市经信委和工信部信标委的肯定，并努力将《电子书服务平台》标准列为国标委项目，成为国家标准。

四、积极探索，加强管理力度

为促进城市服务体系的责任建设和服务机构的质量提高，进一步改善上海的生活环境、商务环境和市容市貌，在“迎世博上海城市公众满意度调查活动”的基础上，牵头主办“上海城市公众满意度调查活动”，作为公益性活动，以通过定期的调查和发布，在本市企业中增强公众满意度意识，提高企业服务水平。

在市文广局、市经信委指导下组织起草的《网络游戏行业服务规范》于8月正式定稿，并通过市质监局验收，填补了国内网络游戏行业相关服务规范的空白。

关心重视会员单位的企业文化建设，组织秘书处全体工作人员参观考察5173网站基地，看到5173企业文化魅力，审视文化产业对经济社会发展的重大意义，也为协会更好地服务会员单位，帮助会员单位建设企业文化提供宝贵的经验。

五、三个坚持，确保党建工作有效性

协会党委坚持社会组织党建与新经济组织党建的互动发展、坚持党务与业务工作的互促共进、坚持党建和工会、团组织联动推进，开展“创先争优”等各项活动，积极探索“两新”组织党建工作的规范性，有效性。

为纪念中国共产党成立90周年，党委开展重温党史系列活动，每日以电子邮件形式将党史系列内容发送到各支部，并根据行业特点和IT从业人员的专长，开展庆祝建党90周年各党支部网上视频文艺汇演活动。通过网上推荐，选出最佳节目，在“七一”庆祝大会上登台表演。

协会党委还积极向广大党员和从业人员宣扬奉献精神，提高社会责任意识，先后两次组织企业、机构前往革命老区江西安福县金田乡中心小学开展信息扶贫活动，向该校赠送了100台电脑。

在广大党团员共同努力下，评获市经信工作系统优秀党务工作者1名，协会团支部荣获团工委五四红旗团支部称号。还荣获市工经联党委优秀党员称号4名、先进党委称号1家、先进党总支称号1家、先进党支部称号1家。协会党委在“七一”庆祝大会上表彰优秀共产党员、优秀党务工作者24名，先进党支部6家。

六、提高地位，集体、个人获荣誉

年内，协会各项工作都取得一定的成效和突破，赢得多个集体和个人荣誉。在市工经联举办的庆祝建党90周年表彰大会上，协会党委在全市100多家行业协会中脱颖而出，荣获“先进党组织”称号，秘书长马海湧荣获“优秀党员”称号；数码互动娱乐专委会连续3年蝉联“全国优秀动漫游戏协会”称号；秘书长马海湧光荣当选为杨浦区第十三届政协委员；秘书长助理钱建英光荣当选为闸北区第九次党代会代表。

（秦文庆）

上海通信广播电视行业协会

上海通信广播电视行业协会成立于1985年，为本市通信广播电视设备开发、制造和服务行业企事业单位自愿组成的跨部门、跨所有制、非营利的行业性社会团体法人。现有各种所有制会员单位100余户。

2011年主要工作：

一、加强行业诚信体系建设，开展“诚信企业创建活动”

年初，向市“企业诚信创建”组委会提出成立“诚信企业创建办公室”的申请，并获批。3月，与市“企业诚信创建”活动组委会共同下发《关于在本行业全面启动上海市“企业诚信创建”活动工作的通知》，至年末，已有12户会员单位经评审成为市“诚信创建企业”。

二、深入开展行业节能减排“JJ小组”活动

经协会组织动员，已有9户企业积极参与、开展市节能减排（JJ小组）活动，并与市节能减排（JJ小组）活动指导委员会免费为企业提供市节能减排小组活动相关知识、操作方法的培训，于年底将（JJ小组）活动项目成果统一推荐上报市（JJ小组）活动指导委员会。

三、发挥“上海市行业质量工作促进会”作用，提升行业的质量管理水平

1月25日，由市质监局、市经团联、市现代服务业联合会、通信广播电视协会等19个协会共同发起组建“上海市行业质量工作促进会”，并积极配合市质监局做了三方面工作。一是年初收集和了解业内具有代表性企业的质量状况、质量信息，进行分析，撰写《上海市通信广播电视行业质量状况分析报告》上报市质监局、仪电控股（集团）公司。二是协助市质监局对地方标准《企业质量信用分级评价准则》草案在业内的评价试点工作，选择20户会员企业参加试点。内容包括对试点企业进行标准宣贯和培训、信息收集与行业初评、组织研讨、形成评价报告，并报市质监局审定。20户试点单位按照测评结果为A级9户、B级9户、C级2户。三是与市质监局和标准化院共同举办《企业质量信用分级评估准则》研讨会。上海普天、飞乐音响、索广电子、索广音像、贝尔股份、广电富士、松下微波炉、夏普电器等单位纷纷围绕研讨会主题提供许多宝贵的有价值的参考建议。在此次“标准”评价试点中，上海普天邮通科技股份有限公司是本市100户试点企业中得分最高的企业。协会因在2011年度企业质量信用等级评估工作方面的积极参与与配合，获得市质监局领导的肯定和表扬，并于2012年市质监局年度工作会议上作经验介绍。

四、举办2011“第三届上海国际数字标牌及大屏幕显示、触摸查询技术展会”，加强国际间交流

6月22～24日，与中国电子视像行业协会大屏幕投影显示分会、上海市多媒体行业协会在上海国际展览中心共同主办“2011第三届上海国际数字标牌及大屏幕显示、触摸查询技术展会”。展会吸引包括三星、松下、LG、TCL、飞利浦、英特尔、三菱、夏普、NEC等众多国际著名厂商，以及上海广电电子、广电信息、上海广擎广电科技有限公司等上海品牌企业纷纷参展。据统计，本届优秀参展商超过170家，其中海外展商60余家。本届展会以新品展示、技术交流为亮点，以期通过相互观摩交流促进三网融合、物联网、云计算产业的发展。

五、加强与政府及有关部门合作，承接政府有关课题

1．受市经信委委托，承接《3D电视发展趋势研究》课题，望通过此课题研究，为政府建言献策，更好地推进产业驱动创新、转型发展。

2．受市质监局委托，承接《LED产品出口欧盟技术培训及行业协会应对TBT机制建设研究》课题，以行业协会为平台开展技术研究，为企业提供技术性贸易措施领域的信息及相关服务，并在业内开展培训和交流。此项研究将为建立以行业协会为核心的民间应对机制提供示范。

3．年内申报市经信委的“2012年度社会诚信体建设资金专项”，已获预审通过。

六、加强协会服务平台建设，不断完善和提高服务功能及服务水准

1．提升协会服务功能，搭建法律咨询服务平台。上海维诚信用风险咨询有限公司山田律师事务所加盟协会，并受聘为协会的法律顾问单位，拓展协会为企业服务的内容，凸显专业优势协助企业风险控制，提供应收账款的坏账外包服务；免费提供法律咨询服务，为企业排忧解难；提供公益性的企业风险管理和法律法规培训。

2．面对新形势，不断学习，开展行业培训。为企业中高级管理层举办“提高风险防范意识，认真解读《公司法》有关规定”的专题讲座；结合降低资产运行风险需求，为企业财务和销售管理人员举办“逾期应收账款管理和催收技巧”专题讲座；结合近几年新劳动法律法规颁布新形势，为企业人力资源部门、人事经理专题举办“转变用工管理，适应新法变化”法律讲座等。

3．服务企业，开展企业中高级技术职称评定工作。积极按照市工程系列仪表电子专业高评委的通知精神，开展协助企业申报中高级技术系列职称工作。年内报名申报中级职称有4名，高级职称有3名。协助上海广电通讯网络有限公司和上海广电富士光电材料有限公司完成两名技术人员高级职称的申报评审，已获通过。

4．组织推荐“2011年度上海市企业管理现代化创新成果”。继续开展市企业管理现代化创新成果的推荐工作，经推荐、评审，上海松下微波炉有限公司获“2011年度上海市企业管理现代化创新成果二等奖”，上海索广电子有限公司、诺基亚西门子（上海）、上海广联电子有限公司获“2011年度上海市企业管理现代化创新成果三等奖”。

5．提出产业发展建议。结合“十二五”产业转型发展的大好时机，受上海仪电控股（集团）公司委托，撰写《三网融合的产业机遇》建议，上报仪电集团领导。

6．加强对民营企业的关注和服务。一是走访企业，了解需求。陆续走访丰宝电子信息科技、梅兰日兰、冠林西科姆、广擎光电、迪生通讯电脑、迪星电子系统、声跃广播电视、汇迪电子、广电维修技术服务、广电对外技术合作等单位，加强和完善沟通联系渠道，并努力协调解决其融资困难。二是传递信息，提供资源。10 月 28 日～ 11 月 28 日，本市举办“2011 上海市中小企业服务月”活动，是市政府整合社会资源，帮助中小企业进一步营造良好的企业发展环境、提升强化服务企业功能，提升竞争能力的一次重要活动。协会及时组织参与，受到企业的欢迎。

7．成立专业委员会。根据产业发展新形势，经市经信委和市社团局的审核批准，成立触摸查询技术专业委员会。

8．积极发展会员。年内发展上海三星真空电子器件有限公司等 7 户企业入会。

9．做好行业统计工作。将每季度产品的产销量、每半年产业现状及经济趋势分析及时公布在协会网站及刊物上，为政府和企业的宏观决策提供参考建议。积极组织开好年度统计会议，总结工作表彰先进。

10．加强和完善网站建设，充实会刊内容。2011 年，协会网站新增诚信建设板块，介绍企业诚信创建活动及建设情况，对诚信企业作广泛宣传报道。此外，上海市组委会在东方网首页辟有诚信频道，可直接查询我会的诚信创建企业名称和介绍，协会的《通广信息》刊物也以文字报道、照片等进行宣传。

11．加强自身建设，进一步完善协会规章制度。遵照市社团局《关于全面推行社会组织规范化建设评估工作》及《关于开展行业协会评估工作的通知》的文件精神，积极加强自身制度建设，修订《秘书处工作职责》、《秘书处工作人员岗位责任制》、《秘书处一室三部职责范围》等三大类 14 项日常管理制度，协会规范化建设迈出了坚实的一步。

（程明华）

上海市通信制造业行业协会

上海市通信制造业行业协会成立于 2002 年 3 月，是由上海贝尔股份有限公司、上海大唐移动通信设备有限公司、上海普天邮通科技股份有限公司、诺基亚西门子通信（上海）有限公司、上海光通信公司、联芯科技有限公司、上海华为技术有限公司、中国电信股份有限公司上海分公司、上海闻泰电子科技有限公司、英华达（上海）电子有限公司、希姆通信息技术（上海）有限公司等单位自愿组织的行业社团组织。

2011 年主要工作：

一、服务各级政府，履行决策参考职能

1．承接政府各类报告、课题。年内已完成《电子信息技术在“三网融合”中的应用和产业升级调研》、《上海下一代网络（NGN）产业发展研究》、《关税调整意见调研报告》、《2011 年浦东新区通信制造产业发展报告和日常服务》等课题编写工作。正开展《无线移动互联技术及其在智慧外滩中的应用研究》、《上海市电子信息制造业发展研究报告(2011)》、《物联网中的短距离无线通信技术和产业发展研究》等课题的撰写及推进工作。

2．拓展服务政府新模式。根据市人大财经委和市工经联对“十二五”期间产业转型，培育战略性新兴产业，围绕出台相关政策向市领导作专题汇报，反映企业诉求；配合市经信委开展 TD-LTE 领域和物联网领域企业调研工作，针对物联网行业开展统计工作，整理物联网在硬件、软件、系统集成方面的初步企业名单，并以问卷形式有针对性地对部分企业开展物联网相关情况调查，做好基础工作；配合市经信委开展《上海市推进智慧城市建设 2011 ～ 2013 年行动计划》方案的前期企业征询座谈会，广泛听取产业链企业意见。

二、服务会员企业，助力行业发展

1．充实会员队伍，新发展 26 户会员单位。年内共发展上海鼎为软件技术有限公司等 26 户会员单位。希姆通信息技术（上海）有限公司、上海恒为信息科技有限公司、上海广联电子有限公司、上海创毅讯联通讯科技有限公司 4 户单位已申请成为协会理事单位。4 月 8 日、5 月 10 日，分别召开三届五次理事会和三届三次会员大会，理事和会员积极参与。

2．创立上海 TD-LTE 产业技术创新战略联盟，并申报科委项目。牵头组织本市 TD 产业链的 29 户单位，以上海 TD-LTE 产业技术创新战略联盟的名义共同申报市科委的《上海市 2011 年度“科技创新行动计划”产业技术创新联盟》项目，已成功立项，将于 2014 年验收。

3．组织项目申报，开展专题辅导。组织相关企业申报《2011 年度电子信息产业发展基金》、《2011 年上海市重点技术改造专项资金预备项目》、《“新一代宽带无线移动通信网”国家科技重大专项》、《2011 年上海市重点技术改造专项资金预备项目》等专题项目，对企业需求开展政策解答和专题辅导，年内共协助企业申报项目约 30 多项。

4．对接中小企业，开展个性化服务。为上海创远仪器公司成功落实引进人才工作；对诺基亚公司起诉华勤公司专利侵权案件，在市经信委、市商委领导的关心指导下，积极与市知识产权局、硅知识产权服务中心共同为企业提供咨询服务；为上海同耀通信技术有限公司开展对口政策咨询工作；根据众达信息公司石化领域示范项目开展，为其寻找相应技术研发和产品选型工作；为会员单位美弗信公司出谋划策，提供融资评估服务和企业自身形象设计等。

5．开展社会诚信体系建设及人才服务。与资深咨询公司合作，为企业提供诚信报告。参与市“诚信活动月”主题活动，并签署由市征信办发起的诚信誓词承诺。组织企业参加第二届“2011年上海市计算机、通讯、电子、集成电路行业专场招聘会”，为企业招聘提供适合的人员。

三、开展对外交流，扩大行业影响

1．召开物联网论坛。11月2日，由市经信委、长宁区政府主办，协会参与承办的“2011年物联网产业发展（上海）论坛”在龙之梦丽晶酒店隆重召开，国家工信部、市政府相关委、办、局和区县的领导与会，产、学、研、用相关单位近600余人参加会议，共同探讨物联网在智慧城市建设各行业中的应用及上海物联网产业未来发展之路。

2．多次召开TD-LTE专题研讨会。5月18日，由中国移动上海有限公司为盟主单位、协会牵头发起的“TD产业技术创新战略联盟上海分会”及“上海TD-LTE产业联盟”正式揭牌成立。5月、9月、10月，先后召开以“上海市TD-LTE产业发展研讨会”、“2011TD-LTE网络创新研讨会”、“上海市TD-LTE产业发展与应用研讨会”为主题的专题研讨会，围绕推动国家TD-LTE规模技术试验网建设，加快TD-LTE产业发展、业务应用、平台建设等分享发展进程，展望未来前景，探索合作机制。

3．组织企业参展。11月，在市经信委指导下，组织7户物联网企业参加第十三届中国国际高新技术成果交易会中由国家工信部主办的“物联网技术与应用专题馆”展示，通过宣传片、展板介绍、实物展示等集中展示上海企业风采。

4．开展行业交流。组织企业与新西兰领事馆共同举办“新西兰信息通信产业论坛暨交流会”。与上海现代时尚产业促进中心共同召开“打造时尚品牌产品追溯平台座谈会”，帮助企业申报时尚产品和现场咨询。

5．发挥移动终端专委会职能。下属移动终端专委会利用专业领域行业优势，开展多项工作。一是在黄浦区科委、市科创中心的大力支持指导下，引进华东电信研究院华东分院，打造长三角地区移动终端行业的风向标。二是5月27日、28日，组织部分终端厂商、会员单位赴扬州召开“2011年上半年企业沙龙”，进行专题交流。三是10月28日，与洛阳市政府、上海集成电路设计创业中心在洛阳龙门东山宾馆联合举办“首届中国移动终端产业链高峰论坛暨上海张江国家自主创新示范区洛阳基地、上海集成电路设计创业中心洛阳基地揭牌仪式”。

四、完善内部建设，提升服务功能

1．开展专题调研。围绕物联网、智能终端、TD-LTE等产业热点，有针对性地开展系列专题调研活动，走访业内企业60余户，及时掌握通信行业发展态势。

2．开展行业统计。为摸清行业家底，开展重点骨干企业每季度统计调查工作，目前已初步建立会员单位运营数据库，将收集到的企业运营情况录入数据库，按季度进行更新。

3．完善对外宣传、服务功能。网站全面升级、改版，并于12月正式投入试运行，通过网站宣传平台，展示协会形象、提供信息服务。全年编撰分发协会简报12期、月报12期、浦东新区经信委简报8期、信息汇编52期，及时传达行业政策、企业动态、协会工作及相关资讯。

4．公平贸易实务。配合市商务委开展系列公平贸易工作，如涉外知识产权专利案件协调、关税调整调查、组织企业参加第七届中国产业国际竞争力论坛，召开专利预警培训等，并与专业机构合作编制完成《上海通信制造业知识产权与标准制订报告》。由于在公平贸易工作推进过程中，使4体联动机制得以充分发挥，取得实效，12月28日，协会获得市商务委颁发的“第二批上海市行业协会公平贸易工作站”证书。

5．加强党建工作，创建学习型组织。认真做好协会党建工作，坚持以党十七大精神和“三个代表”重要思想为指导，以“工作争先、服务争先，业绩争先”为目标，培养“学习优、作风优、素质优”工作队伍为重点，开展“明晰岗位职责、压实工作责任、强化能力建设、全力服务会员”的创先争优活动。

（潘国妹）

上海电子元器件行业协会

上海电子元器件行业协会成立于1989年5月，是本市及周边地区电子元器件企事业单位自愿组成的跨部门、跨所有制的非营利的行业性社团法人。现有会员单位140余户。

2011年主要工作：

一、保持政府沟通

继续与市经信委、市社团局、市经团联保持联系，为政府提供服务。出席2011电子信息制造业行业协会秘书长工作会议，提供“2011年上海电子元器件产业发展简析”报告；完成市经信委《2011年上海信息化年鉴》“新型元器件产业”章节的组稿与撰写、市社团局《上海市行业协会名录》的修订工作、市经信委《2011年上海市重点技术改造项目重点支持目录（征求意见稿）》要求，并提出修改意见；参与完成市经团联行业协会研究委员会软课题《指导意见，加强社会组织建设研究》调研与撰写。协会获得上海城市公众满意行业创建单位荣誉。

二、凸显月刊服务

在《电子元器件》月刊上，除了继续定期对行业经营情况统计分析和开展市场需求、发展趋势分析，供会员企业参考外，还积极宣传市政府《关于进一步促进中小企业发展若干意见的实施意见》等相关政策，包括对ISO26000《社会责任指南》国际标准的推介。新增“经营之道”、“技术交流”栏目，并充实“会员风采”栏目，介绍会员单位先进事迹、工作经验、企业特色。

三、申报政府项目

宣传政府创新政策，组织会员单位参加中小企业融资服务暨扶持政策等宣讲会。为会员提供技改、系统集成项目咨询服务，成功立项5个，还推荐4户会员企业参评获得市名牌与著名商标。申报2011年上海市行业协会发展专项资金项目，《2011年度上海电子元器件行业发展报告》已获批立项。

四、完成项目验收

完成上海市软件和集成电路产业发展专项资金项目《上海电子元器件行业发展分析与趋势预测》、《上海市电子信息产品制造业监测分析研究》与《2010年上海市电子信息产品制造业运行分析报告》软课题项目，并通过验收。

五、牵头产学研

牵头上海大学微电子研究与开发中心、自动化系等与会员企业开展产学研项目合作，签署科技项目服务协议。

六、行业协会合作

先后与上海塑料行业协会、市交通电子行业协会、上海电子制造业行业协会在举办展览、论坛、沙龙上开展合作，取得良好效果。

七、活动丰富多彩

开好会员大会、理事会议、6个专业委员会会议等，举办各类交流、活动、培训、讲座共24次。如举办第三届“金陵杯”高尔夫友谊赛、与山田律师事务所联手举办两场2011年系列法律讲座。还为申报职称评定的会员单位相关人员进行咨询、辅导30余次，做好有关人员高级职称资料申报工作。

八、办好工博会、电子展

圆满完成组织相关企业参展“2011中国国际工业博览会”和“第78届中国电子展”。

（宣祥光）

上海市软件行业协会

上海市软件行业协会成立于1986年6月，是国内最早成立的软件行业协会之一，下设软件质量管理与过程改进、软件服务、软件知识产权、嵌入式系统与软件、开源软件和教育软件6个专业委员会，会员单位超过1200户。

2011年主要工作：

一、以落实文件精神为抓手，产业服务工作取得新成效

1．积极宣贯国家软件产业政策，启动产业发展新黄金10年。2月，国家《进一步鼓励软件产业和集成电路产业发展的若干政策》（即4号文）发布伊始，立即与市经信委、发改委、商务委、证监会、科委等政府部门组织上海主要软件领军企业举行政策研讨座谈会，深入研讨和宣传文件内容与精神，将国家最新产业政策精神传达到广大软件企业。随后，积极走进浦东、长宁、青浦、普陀等区县，与各区县软件产业主管部门联手举办多场活动，深入宣讲，获得广大软件企业的热烈响应。

2．参与政府产业政策制定，为落实制定文件实施细则建言献策。多次派人分赴北京、杭州、广州等地参与工信部、中国软件行业协会等组织的调研及有关“4号文”实施细则的研讨会，努力表达上海软件企业对有关实施细则的具体意见，多次协助市经信委起草书面政策建议呈送相关部委，为上海争取有利于产业发展的政策环境。参与上海“4号文”配套软件产业政策制定工作，反映行业诉求。按市经信委、发改委要求，一面深入软件企业实地调研，一面分赴北京、深圳等软件产业发达省市进行政策研究，为政府制定上海软件产业政策建言献策。开展软件企业增值税退税和利税情况调查，为政府相关决策提供依据；多次出席市政府软件产业政策专题会和协调会，反映行业状况，履行代表使命。

3．继续认真做好“双软”认定工作。年内认定上海软件企业386户，登记软件产品3634个。全年年审共通过1652户企业，登记进口软件产品25个，均创历年新高。继续大力推进“上海软件行业公共服务平台”建设项目，正式开通“双软认定申报平台”，取得积极效果。

二、聚焦做大产业，大力弘扬产业亮点

1．成功组团参展第十五届中国国际软博会。5月，组织数十户上海软件企业集体亮相第十五届软博会，成为本届展会最吸引人的展区之一。工信部部长苗圩、副部长杨学山亲临上海展区参观，CCTV-2、中国软件网等媒体也对上海展区进行重点报道。

2．软件名城再创品牌，2011上海国际软博会隆重举行。10月，参与承办的2011上海国际软件和数字内容博览会隆重举行。协会组织上海软件专区的布展工作，全面展示上海软件产业发展的成就和上海软件企业发展的特点与实力，展现上海软件产业与企业的良好形象，受到政府和社会各界的关注与肯定。

3．积极开展行业优秀评选活动。8月，举办“2011年度软件收入20强、上海明星软件企业、优秀软件产品、优秀软件企业家等评选活动”，吸引全市160户企业申报。本次活动共评选出经营型明星企业51户，出口型明星企业19户，创新型明星企业65户，成长型明星企业23户，领先型明星企业10户，新业态明星企业5户，还评出年度优秀软件产品145件和年度优秀软件企业家10位，并在第三届上海软件创新论坛暨软件质量管理和过程改进年会上，举行隆重的颁奖仪式。

三、以服务企业为已任，进一步强化协会服务能力

1．创新工作机制，大力开展金融服务。在市经信委的指导和帮助下，与上海农商银行达成协议，由上海农商银行给予我会30亿元的授信，用于支持上海软件企业和软件相关服务机构的融资发展。4月起，与农商行科融中心积极合作，通过多种方式推进授信服务工作。至今已有展唐、翰纬、飞为、软中、蓝鸟等20多户企业拿到贷款或正在经办中。

2．贴近企业需求，继续做好培训特色服务。年内共组织培训17次，达533人次，惠及企业253户次。力求做到“高质量、低价位”，所有培训一般均免费，或为限制报名人数、控制课程质量而仅收取少量费用。各项培训工作受到广大软件企业的热烈欢迎。

3．关注产业发展热点，继续办好《软件产业与工程》。全年《软件产业与工程》共出版6期，全国公开发行约22000份，共计发表各类文章103篇，其中工程类论文28篇，刊物知名度不断提高。

4．探索创新，全方位助力企业发展。年内除承担市社会诚信体系建设专项项目与《软件企业研发费用加计扣除操作实务》课题项目研究任务外，还发挥行业专家资源优势，参与制定电子行业标准《软件工程软件功能规模测量方法－功能点计数》，并顺利通过评审。还组织推荐会员单位广泛参与上海中小企业“品牌产品／服务”、市企业管理现代化创新成果奖、市著名商标等活动评选，全方位助力企业发展。

四、以铸造协会品牌为目标，办好创新论坛和国际性会议

1．成功举办首次来华召开的第五届世界软件质量大会。10月31日～11月4日，由协会作为第一承办单位的第五届世界软件质量大会在上海成功举行，获得各方赞誉。该会议是目前国际上最高层次的软件质量专业性会议，由ASQ、EOQ和JUSE三大著名洲级质量组织联合发起，每届大会轮流在各洲召开。本届大会在“齐心协力，追求卓越”的理念号召下，来自世界各地软件企业、国际软件组织、高校等400余位代表汇聚一堂，15个国家的68位海外专家参加本次会议。

2．继续办好软件创新论坛、软件质量管理与过程改进年会。11月3日，举办2011上海软件创新论坛暨软件质量管理与过程改进年会。上海软件创新论坛已举办两届，本届论坛以“创新、服务、提升”为主题，吸引了来自上海软件企业近200位代表出席，市经信委、科委、商务委及区县软件主管部门领导出席本次论坛。本届论坛还纳入了上海软件界另一品牌会议——上海软件质量管理与过程改进年会，以便上海软件业更多从业人员能分享软件质量领域的热点议题和前沿知识。

（姚宝敬）

上海仪器仪表行业协会

上海仪器仪表行业协会成立于1988年6月4日，现有会员单位139户。

2011年主要工作：

一、积极推动产业发展

1．推动重点企业在培育发展中取得新进展。以推进“十二五”行业发展的要求，将向市经信委推荐的22户“十二五”期间重点培育企业，列为重点加强联系，关注企业的产品研发动态，凡政府部门有对口的项目申报信息，都在第一时间及时沟通，使其能及时申报或提供特别帮助。如某龙头培育企业因故超过申报期限，协会出面帮助其在网上申报，在已截止的情况下申报成功，获得资金支持。在年末召开“重点培育企业座谈会”，总结企业在2011年发展中取得的新进展。包括一批自主知识产权产品应用实现突破；一些企业不断拓展产品的应用领域，开发出一批新产品并得到国家和市场认可；积极实施重点科技开发和产学研项目；部分企业形成较强的自主创新能力。

2．启动“上海船舶与海洋工程自动控制系统产业发展”专题工作。为顺应全球船舶工业的发展趋势和市场需求，促进我国从“造船大国”走向“造船强国”，提出未来上海船舶与海洋工程自动控制系统产业的新战略及新举措，与上海船舶工业行业协会联合向市经信委申请获批专项资金项目《上海船舶与海洋工程自动控制系统产业发展研究》。通过课题研究，提出产业链上下游单位联合开发的合作机制。以课题研究为契机，把开展专题工作列为4季度重点，尽快为企业搭台，使企业与船舶、海洋工程的需求对接，提高仪控产品在船舶与海洋工程中的自主化配套率，拓展仪控产品的应用领域，促进上海仪控产业的发展。为使相关会员单位了解控制系统、仪器仪表在船舶海洋工程的应用和发展趋势，12月13日，假座上海科学技术开发交流中心会议室召开“控制系统仪器仪表在船舶海洋工程的应用和发展趋势专题报告会”，相关会员单位的领导、技术人员出席会议。会上，上海船舶工业行业协会副会长兼秘书长杨新发、中国船舶工业集团公司上海船舶研究设计院研究员周振南、上海船舶运输科学研究所研究员侯馨光分别作专题演讲。会议有关报道，被中华工控网、中国科学仪器网、中国自动化网、中国传动网、中国仪器仪表信息网、中国仪表网、中国传感器网等30多个网站转载，受到社会的关注。

3．为仪电控股制造事业部撰写咨询报告。应上海仪电控股（集团）公司制造事业部的要求，撰写题为《顺应市场需求，大力发展环保、食品安全仪器及专业传感器》咨询报告，对上海精密科学仪器有限公司拓展市场提出建议，供仪电控股领导参考。

4．挖掘高新技术产业化和科研项目。深入了解企业发展情况，发现企业亮点，挖掘高新技术产业化和科研项目，组织企业项目申报，争取政府支持，积极向市有关部门推荐。

二、发挥服务功能，有效服务会员单位

1．开展诚信企业创建活动。积极向市征信工作组委会推荐数十户企业为创建对象，年内7户企业评为“诚信创建企业”，5户企业升级为“星级诚信创建企业”，5户企业升级为“二星级诚信创建企业”。

2．积极推荐优秀发明参加选拔赛。向第二十四届上海市优秀发明选拔赛组委会推荐11户会员单位的11项发明。

3．为会员单位组织科技成果鉴定会。组织召开“上海海得控制系统股份有限公司HDM型能量回馈装置科技成果鉴定会”。

4．帮助企业申报著名商标。为7户会员单位、3户非会员单位作申报著名商标的推荐意见。经市著名商标认定委员会审议，有4户会员单位和两户非会员单位成功认定上海市著名商标。

5．帮助企业推动科技创新。申请成立上海研发公共服务平台行业协会服务站，提升协会服务企业的能力，同时帮助有关企业获取“科技114创新服务礼包”。

6．开展公平贸易工作。成为市商委牵头的18个行业公平贸易工作站之一，并组织会员单位参加市商委组织的专题会议、公平贸易相关知识培训和加入国家商务部数据直报系统。

7．积极完成市诚信体系建设专项。会同第三方专业机构上海维诚信用风险咨询有限公司，结束2010年本会承接的“上海市诚信体系建设专项资金项目（第三批试点）”的后续工作和验收准备。

8．发布第二次信息发布会资料。

三、有效有序开展日常工作

1．换届改选后，根据新章程召开六届一次理事长会议，听取秘书处的工作汇报和打算，审议通过《上海仪器仪表行业协会理事长会议议事规则》和有关事项，商议确定重点工作。

2．召开统计工作会议，布置2010年度行业统计年报工作，通报行业统计信息，交流企业统计工作经验。

3．按时出版发行《上海仪器仪表》，并将“简讯”和“价格信息”升级改版为《上海仪器仪表简讯价格信息（电子版）》，增加了信息量，除向固定读者发送邮件外，还在网站上公开发布，扩大了读者面。

4．依托社会资源与社会培训机构，建立较为密切的联系，组织会员单位参加社会培训机构组织的各类培训。

（鲍亦廉）

上海照明电器行业协会

上海照明电器行业协会成立于1996年10月，是由上海地区为主从事照明电器产品研发、生产、经营的工商企业及其他相关企事业单位自愿组成的跨部门、跨所有制、非营利的行业性社团法人。现有会员单位110户。

2011年主要工作：

一、组织业内活动，引领产业发展

1．6月2日，由协会发起，与市照明学会、复旦大学电光源研究所共同主办首届“2011上海照明科技及应用趋势论坛”在复旦大学隆重召开。中国照明电器协会理事长陈燕生及来自市政府领导、照明行业的资深专家、知名高校教授、设计院所、检测机构和全国各省市的照明生产企业等450余名代表出席论坛。论坛上，20位照明界资深专家、企业代表就“照明产业如何创新驱动”、“如何发挥上海的高科技优势及人才培育特色转型发展”等作精彩的演讲，既充分肯定LED照明的发展前景，又中肯地提出在当今LED热中值得注意的问题，使与会代表深受启发，为企业规划未来，把握市场指点了方向。期间，组织近30户企业通过最新产品及成功案例的展示，显示企业无论在控制系统还是LED散热、显色指数、产品款式上都有显著的提高。本届论坛共收集论文74篇，较全面地反映照明行业的现状及发展趋势，新理念、新思路、新技术及成功应用的效果，为照明业同行开拓了思路，提供了有价值的指导。

2．加强与兄弟协会、学会和企业的合作交流。组织和动员会员企业参加国内外专业照明展、论坛、讲座、展会。通过活动，为企业提供传递信息、研讨技术、把握市场、展示品牌、开拓市场的机会，使企业能够及时了解国内外市场的技术信息、发展趋势，提高参与市场竞争的能力。全年组织会员企业参加业内各项论坛、展览10余次。

3．与市轻工业工会联合会合作，举办2011年“上海轻工杯”LED新光源灯具时尚创意设计大赛。5月，开赛就得到社会各届从事创意的设计人、设计爱好者、各专业院校师生以及轻工各行业广大职工的积极响应和广泛参与，大赛共收到设计作品103件，经大赛评委会评审，9件作品分获LED新光源灯具创意设计一、二、三等奖，22件作品获得优胜奖。大赛还助推了学校与企业的产学研合作，上海大学与明凯照明合作开发的课题“基于纳米结构高反射涂层的新型LED室内灯具”获得市科委立项，并获得科研经费资助。

二、拓展服务平台，提升服务水平

1．加强网站建设，丰富网页栏目内容。年内通过对网页栏目和版面的不断调整和完善，每月以滚动形式从不同角度反映行业、协会和会员企业的动态、热点、亮点和服务信息，网页点击量逐月上升，成为向社会传递行业动态、市场信息、新品开发、科技成果、工作交流、国内外行业发展动态、会员企业基本信息和产品推荐的平台，扩大了协会的影响力。

2．建立信息员队伍，拓宽信息来源渠道。在会员单位推荐的基础上，建立行业信息员队伍。3月17日，召开信息员工作会议，拓宽行业信息来源渠道。《上照简报》全年报道会员单位新闻信息近48条、会员风采22条、协会活动19条、行业新闻21条、服务信息13条。因企业及时提供大量信息，丰富了网页和《简报》内容，《简报》从原每月4版扩增到6～8版。

3．组织开展专项培训，推动行业诚信体系建设。协会申请的《加大信用管理培训力度，促进绿色照明产业健康发展》项目获得市社会诚信体系建设专项资金的支持。3月，实施培训计划，至年末，已培训14场，参加培训1800人次，占培训计划90%；单位受益面达70%。通过培训，推动企业参与市“企业诚信创建”活动，有7户企业分别荣获市“诚信创建企业”称号。

4．走访企业，了解会员企业的动态和需求。年内先后参加锐高5周年庆典；亚明“飞乐音响总部暨亚明公司技术中心新大楼奠基开工”仪式；亚明·科锐战略联盟签约仪式；雷士·科锐战略联盟签约仪式；宏源知识产权侵权案总结、庆祝会。组织业内企业赴江苏参观明凯、亚明、立德企业，以及宏源无极灯道路照明样板工程，通过现场交流和互动，看到行业发展的亮点、重点和难点，了解企业迫切需要的政策和需要解决的困难，也增强了为企业做好服务的责任感。

三、加强自身建设，增强协会活力

1．积极为会员单位提供所需的服务。先后参加上海企联“2011年职工最低工资标准”意见听取座谈会，反映企业的心声；召开轻工行业职业技能培训鉴定工作咨询会，将有关信息传递给会员企业；组织部分会员企业参加2011GMC制造商总裁高峰论坛，让企业经营者了解到最新的经营管理理念；组织参加2011江苏建湖接轨上海暨新特产业投资说明会和上海／重庆都市型产业园区招商发布会，将当地的投资政策传递给企业。为企业评优、升级出具相应的证明。申请成为工信部中国半导体照明／LED产业与应用联盟发起单位，以便更及时地向会员企业转达相关政策和信息。

2．积极做好新会员的发展工作。全年发展新会员17户，其中LED企业10户，外地企业7户，并主动关心他们的需求，牵线搭桥，传递行业信息。

3．加强自身建设。先后参加市社团局举办的“提高秘书长能力建设学习班”、市工经联和市质量协会举办的“企业社会责任”培训班、行业协会沙龙论坛和市经团联开展的“创先争优”活动，以及建党90周年系列活动。

（俞黎明）

上海市信息家电行业协会

上海市信息家电行业协会成立于2002年3月，为上海市信息家电行业企事业单位自愿组成的跨部门、跨所有制的非营利的行业性社会团体法人。现有会员单位103户。

2011年主要工作：

1．跟踪、收集国内外信息家电行业发展动态信息，根据行业发展动态和趋势，编写反映信息家电行业实时状况的报告。除及时向张江集团提供季度“信息家电行业动态”外，还提供了《上海信息家电行业发展报告》蓝皮书；同年，配合上海电子学会“电子行业产业发展”调研，提供“上海信息家电产业发展的对策与措施”和“上海信息家电产业发展现状与前景展望”详细资料；在“信息家电行业‘十二五’发展规划建议”基础上，着眼于信息家电产业的转型发展，撰写《上海发展新光源电视的建议》、《基于三网融合的家庭网关发展趋势研究》等调研报告；针对上海近年大规模进行有线数字电视整转中出现的一些问题，向市文广局有关部门报送《上海有线电视整转中有关技术性问题的调研报告》；完成市经信委下达的《2011年上海信息化年鉴》“数字音视频部分”的编写。

2．4月，完成“新型显示终端产业发展研究”课题的调研报告初稿。4月8日，该报告在接受由市经信委主持召开的中期专家评审会上获得通过，并根据专家提出的意见和建议作进一步的修改。10月24日，市经信委在市府大厦主持召开“新型显示终端产业发展研究”结题验收评审会，上海索广映像有限公司、上海数字电视国家工程研究中心、上海广电电子科技有限公司、上海天智电业发展有限公司、上海国茂数字技术有限公司负责领导参加评审，在详细听取课题组项目综合情况汇报后，一致认为该项目已完成计划任务书规定的研究内容和目标，同意通过验收。

3．借助第十五届上海彩电节平台，举办“电视电脑化智能无穷大——展‘智能电视’风貌”活动，受到彩电企业的高度重视，海信、海尔、康佳、长虹、TCL、创维、松下、夏普、东芝、飞利浦、三星等11个中外品牌的18台智能电视机参加展示，其中11台在上海商务中心家电城专门开辟的“智能电视”展示厅展出，并在6个双休日安排11位专家现场为消费者剖析“智能电视”的特色。与此同时，18台智能电视机样照、简介连续1个月在协会网站、上海商务中心家电城网站和现代服务业联合会网站上进行宣传。

4．多次召开彩电企业会议，向企业汇报行业动态，产业发展趋势，与大家共同展望发展前景，共谋产业发展途径。年末的“迎接3D高潮，共谋彩电产业新一轮发展”工作会议，更是受到彩电企业领导的高度重视，海信、海尔、康佳、长虹、TCL、创维、松下、索尼、东芝、三星等10户中外彩电企业的11位领导参加会议。会上，协会通报了央视3D频道即将试播的消息，并就携手彩电企业共同推动3D产业与市场发展近期工作设想作汇报。上海文广新闻传媒集团特邀代表就央视3D频道开播的“技术、时段、节目、规模”等有关事项及上视的3D频道开播打算，向大家作了介绍。

5．依托第七届张江科技文化节平台，7月7日，与上海张江高科技园区管委会、张江集团联合主办以“新一代显示技术及应用”为主题的“第四届上海数字电视发展论坛”。特邀中国工程院院士、著名光电子专家庄松龄先生作主题报告，我国科技人才千人引进计划引进专家、复旦大学教授徐敏先生作“超高清成像技术”专题报告，协会就推进上海新一代显示产业发展提出具体建议，广电光显、三鑫科技、力保科技、超精密公司等单位的专家就新一代显示技术及其应用进行深入的交流和探讨。

6．为更好地推进数字家庭产业发展，积极组织智能家居有关企业组建 RANIS（居住区信息系统网络互联技术）产业联盟，针对现今居住区安全信息系统技术标准不统一，系统无法互联互通，效率低，成本高，维修难等问题，组织联盟企业专家共同编制《居住区信息系统网络互联技术规程》，并顺利通过市建交委、科技委主持召开的“规程”送审稿技术审查。“规程”不仅为从事居住区智能化设备研发的相关企业开创具有统一协议、统一网络的通用互动平台，经实施必将为推进“十二五”规划智慧城市建设缩短进程，为惠及广大市民发挥更好的作用。目前，该“规程”已被批准为上海市地方标准。

7．通过“行业峰会”、“上海数字电视发展论坛”等形式，向会员企业通报国内外音视频产业的发展动态与趋势；通过参与、协办“2011 香港电子展”、“2011 中国上海国际‘三网融合’技术与应用展览会”、“2011FOBTV 全球广播通信大会”、“第十七届上海电视节白玉兰论坛——‘寻找地面数字电视运营整体解决方案’专业技术交流会”等重要展会、论坛活动，拓展会员单位视野和交流合作的深度、广度。重视对会员企业的技术业务培训，积极落实国家“653”工程，组织专家编写《数字电视显示与增强技术》和《信息家电网络控制技术》课程的教材和课件，被列为市工业和信息化人才继续教育办公室公布的专业课程。

8．针对社会上出现“电视棒”等具有网络接收功能的非法卫星接收产品，在有关生产企业中开展“严禁具有网络接收功能的卫星广播地面接收设施生产经营”的专项整顿工作，组织技术人员编写识别非法卫星接收设备的专门培训教材，邀请专家对各区县市场整顿专业人员进行现场培训，受到市有关部门的好评。协会作为上海研发平台行业协会服务站首批成员，积极将政府的各项创新资源与服务推送到企业，努力推广“科技 114 工程”，通过为企业提供贴心服务，支持和帮助企业开发新技术、新产品，帮助企业了解国内外技术产业发展动向，利用专家资源为企业解决技术难题，为企业联系上下游合作伙伴等。在协会的导引与直接相助下，有关企业在国内率先研发成功大屏幕激光背投彩电、率先开发出激光和 LED 混合光源的投影电视墙、开发了激光超短焦投影仪、开发成功激光投影机引擎、生产出激光手机投影机。

（解　放）

上海市电子商务行业协会

上海市电子商务行业协会成立于 2002 年 4 月 13 日，是由从事电子商务的企事业单位按照自愿平等原则组成的，具有独立法人资格的非营利性行业组织。会员单位涉及与电子商务相关的细分行业达 20 多个，包括贸易流通、交易服务、技术支持、电子支付、物流配套、安全认证、消费资讯、教育培训等多个领域。现有会员近 250 户。

2011 年主要工作：

一、发挥枢纽作用，推动行业发展

1．协助政府落实“双推”工程的组织和宣传工作。一是落实“双推”平台企业的申报、遴选。与有关方面合作，组织 72 户在业界享有相当知名度的第三方电子商务平台企业参与申报，并组织有关专家对候选企业进行评审。通过市经信委专项资金申报网、专家评审和网上公示，最终遴选出上海电气、火速、快钱等 10 户企业作为 2011 年“双推”工程的认定平台企业。行业类别涉及综合服务、电子支付、建材家居、节能照明、设备采购等专业领域的电子商务应用。二是协助对“双推”认定平台企业的资料收集和报送。由协会牵头，定期组织收集、汇总各平台企业的有关统计数据、证据等材料，动态跟踪认定的 10 户第三方电子商务平台企业新增企业用户情况，并及时将相关资料转发专业机构，供其进行监测，为落实政府对中小企业电子商务应用资助补贴提供依据。至 9 月底，已确认并得到政府专项补贴的新增中小企业近 4000 户，“双推”工程在 2010 年基础上再上新台阶。三是组织“双推”工程宣传服务。定期向认定平台企业征集“双推”进度工作小结，配合市经信委生产性服务业处汇编刊发 5 期《电子商务“双推”工作动态》，及时反映平台企业推动电子商务创新应用的成果和落实“双推”工作的进展。联系《IT 时报》等公共媒体，对 2011“双推”启动大会及相关活动进行专版报道，扩大宣传影响，并在协会网站、期刊等安排重点宣传。组织平台企业和代表性中小企业，对“双推”工程实施效果进行总结，协助市经信委汇编出版《上海“双推工程”掠影》。

2．推进专委会工作机制建设。一是组建制造业领域电子商务专委会。已确认为制造业专委会成员的 43 户单位涉及通用设备制造业、黑色金属冶炼和压延加工、交通运输设备制造、电气机械及器材制造、食品制造、医药制造、纺织业和制造业信息服务业等 15 个类别。二是电子支付专委会工作引领产业发展。在中国人民银行公布的《支付业务许可证》两批共 40 户企业名单中，上海地区占 14 户，银联商务、通联支付、快钱、迅付、汇付、东方电子支付、杉德、付费通、上海银联等电子支付专委会成员均榜上有名。为配合市经信委统计工作，电子支付专委会主任单位协调各委员单位，完成电子支付行业1、2季度行业数据统计工作，为电子支付专业委员会完善相关制度安排，加强对上海电子支付行业指导和管理，提供了数据依据。

3．组织开展行业统计工作。一是扩大统计样本量。上半年，在继续完善统计分析数据库，优化分析方法，提升行业分析能力和数据质量基础上，努力挖掘统计样本新增长点，通过吸收新会员、建立联系会员制度，新增统计样本量同比增加12%，实际完成对230户行业代表性电子商务企业的统计数据上报。目前，已着手组织全年统计申报准备工作，预计统计样本量有望超过250个。二是开展统计分析，编制统计分析报告。组织有关机构，对采集到的电子商务统计数据进行核实、比对，并按行业进行分类汇总和研究。定期将相关材料整理汇编，撰写年度本市电子商务企业统计分析报告，报送市经信委。经核准后，再将分类分析数据返回给市统计局、各相关委办局。三是组织业务培训。配合市经信委等部门，于7月在泰州组织对70多户电商企业和会员单位的统计专职人员进行集中培训，邀请生产性服务业处相关领导解读统计相关政策、统计指标内容和统计基本方法等，回答统计过程中的常见问题，发放培训教材，对于规范统计填报的操作流程和提高统计数据准确性起到积极的促进作用。四是提出统计工作改进意见。为更准确地把握电子商务行业特点，提高统计针对性，经向有关单位多次反映，市统计局等相关部门已着手研究对统计指标体系的改进工作。协会专门组织电子支付企业座谈会，约请汇付天下、迅付、快钱等知名企业，搜集对统计指标项目的修改意见，结合近年来统计工作掌握的情况，向市经信委有关部门提交对在用电子商务经营统计报表的修改建议材料。

4．深入开展诚信环境营造和推动诚信体系建设实践探索。一是继续推广诚信承诺登记制度。连续多年在电子商务园区开展企业诚信承诺登记。根据虹口北外滩开业园区要求，自2008年起，为入驻园区的网上卖家办理诚信承诺登记手续，登记造册并颁发诚信承诺登记证书，每年还进行有效性和复合型年审。年内，为虹口园区22户企业办理注册登记或年审换证手续。此外，还为宝山智力产业园区的24户诚信联盟企业办理了电子商务诚信承诺登记。二是配合政府诚信创建活动。针对商务部等9部门展开“关于网络购物领域打击侵犯知识产权和制售假冒伪劣商品”行动，在协会网站、期刊发布相关信息，组织企业座谈，开展走访调研，帮助受到点名的会员企业积极落实整改和上报相关证明材料。还主动联系市政府相关部门，汇报开展“双打”宣传等行业自律工作，征求指导意见；接受《IT时报》等媒体采访，从行业监管、企业自律和技术角度提出建议看法，表明支持政策规定和自觉履行行业自律义务的态度。三是探索长三角、珠三角地区诚信合作机制。与浙江、江苏等省10家电子商务协会共同签署电子商务长三角诚信倡议，探索在长三角及更广泛地区间建立电子商务信用信息互联、互通、互认的合作机制。还与广东省南方电子商务创新服务中心交流推动电子商务诚信建设经验，并专程前往广州，考察在建的广东省国际电子商务信用服务平台，达成以区域电子商务诚信环境建设为目标的战略合作协议。四是推进诚信环境建设。按市经信委有关领导的指示，组织相关单位，在前期理论研究、实地调查和试点实践的基础上，重点对近40个具有行业代表性的电子商务企业进行走访、座谈调研；召开由知名电商企业家和著名高校学者参加的专家讨论会，对上海电子商务诚信环境建设方案进行可行性论证，提出“三个步骤”的实施构想和建议，供政府部门决策。

5．深化园区服务，推动产业集聚和服务辐射。一是完善协会驻园区办事机构职能。参照在虹口园区的工作方式，在智力园区设置管理办公室，安排专职人员常驻园区，配合园区管理机构，开展诚信建设、人才服务、政策咨询、项目申报、品牌创建、信息交流等多种服务支撑工作。二是落实对园区综合配套服务。通过组织企业座谈会、上门走访、问卷调查等形式，重点开展对园区入驻企业经营状况和服务需求调研；举办“消费者心理分析”、“创业接力沙龙”等各种专题讲座，促进园区企业学习交流；组织企业参加网货交易会，帮助园区企业拓展商机；组织企业参加品牌创建、政府项目申报，帮助园区企业提升行业影响力；利用协会宣传工具，重点报道园区企业的特色亮点。采纳园区管理单位意见，在虹口园区建立在线沟通机制，利用QQ、MSN等即时通讯工具，向园区企业发布行业资讯、专家服务预约、活动通知等服务信息50多次，显著提高了对企业服务效率，受到园区管理单位和企业欢迎。三是落实对园区人才建设服务。应企业发展需要，协助智力园区组织大型人才招聘会，联系东华大学、上海商学院等10多家院校和培训中心推荐350多名学生参加双向选择，部分获得录用；11月12日，再次配合园区组织相关企业参加“2011年宝山区电子商务与动漫人才招聘会”，联系多所高校，组织大学生前往应聘。还将具有专业资质的市电子商务培训中心等培训机构推荐给智力园区，为园区企业提升从业人员素质提供培训支持；组织“电子支付行业发展现状与趋势”等讲座，为园区中小企业提供专业知识学习分享机会。四是落实对园区诚信环境建设服务。为虹口、智力园区近50户企业办理诚信承诺登记或换证手续；配合园区管理机构受理对园区企业的投诉服务；配合园区管理机构围绕“第三方诚信维权”开展对园区企业仓库检查的见证监督等专项服务；举办“聚焦电商发展、打造诚信品牌”法律专题座谈，聘请知名律师为企业提供法律援助。根据智力园区的服务需求，组织专家研究并提出园区诚信建设中期规划；设计和编制企业信用评分标准、诚信评分表及说明、诚信评价实施工作流程，以及供企业信用评估使用的企业信息采集表等一系列配套文件，帮助园区建立起适用的诚信评价体系和管理机制。

6．开展行业调研，为政府和企业搭建沟通平台。一是配合政府相关部门调研活动。接待市委政策研究室调研，重点反映上海电子商务民营企业发展现状，汇报企业在政策扶持、资金支持、人才配套、环境支撑等方面的主要困难，提出解决措施或建议；参加市发改委组织的服务业行业协会形势分析座谈会，汇报本行业发展状况和特点，反映在诚信建设、物流规范和扶持政策等方面存在的问题和应对措施；接待浦东新区经信委调研，为推动“智慧浦东”建设和创建国家电子商务创新实践区，完善浦东电子商务综合发展规划提供方案建议；配合市经信委情况摸底，组织对150多户企业开展增值税扩围调查。二是组织企业调研。组织号百、爱姆意、火速、迅付、融道网等15户知名电子商务企业，参加“电子商务信用服务平台”专题座谈会，研讨构建上海电子商务第三方信用功能性平台可行性方案；还组织相关单位重点走访东方钢铁、号百商旅、平安保险、市民信箱、付费通、快线等企业，就联合共建电子商务第三方信用平台征求意见，形成调研材料上报市经信委相关处室。先后多次走访爱姆意等10多户制造业相关企业，讨论筹建制造业专委会事宜，听取各方意见；召开制造业专委会成立准备会，与主任和副主任企业代表见面，交换专委会成立及今后主要工作开展打算等。

7．组织电子商务竞赛活动。一是举办大学生电子商务三创赛。与市高校电子商务协作组联合主办2011年“金算盘杯”第三届全国大学生电子商务三创赛上海赛区的比赛。围绕“创新、创意及创业”主题，采用网站建设和营销策划结合，提交创新、创意或创业计划书和答辩形式，为大学生提供模拟实战、锻炼提升的平台。二是协助职业技能竞赛活动。配合虹口区人社局，组织明凯照明、瀚明信息、上海热线等企业员工报名参加“2011上海市职业技能竞赛活动”，以促进中小、小微电子商务企业员工提高劳动技能。成绩合格者将获得相应的职业资格等级证书，并可申报更高等级职业资格鉴定。

二、组织行业论坛，加强合作交流

1．组织行业论坛和专题会议。一是举办发展趋势国际研讨会。7月28日，在上海大厦举办“聚焦电子商务发展，打造国际电商交流平台”为主题的“2011上海电子商务发展趋势国际研讨会”，重点围绕电子商务的物流、支付、供应链等支撑环节进行交流研讨，探索电子商务发展的新模式、新趋势。研讨会邀请到美国DOBA公司、易观国际和上海交大的电子商务专家、知名学者作主题演讲，并与到会企业代表进行互动交流。美国领事馆商务处代表和市经信委生产性服务业处领导到会致辞。会员单位及部分特邀电子商务企业代表180多人参加研讨会，来自长三角地区的部分电子商务协会也应邀出席本次活动。二是举办长三角电子商务协会秘书长联席会议。6月中旬，组织发起和主办的首届“长三角区域电子商务协会秘书长交流会”在崇明岛召开。来自上海、浙江、江苏的10家电子商务协会秘书长，共谋长三角区域电商产业发展合作机制。会议达成合作交流框架协议；签署长三角电子商务协会诚信倡议书；明确秘书长联席会议作为长效机制统筹安排；探讨信用、支付、物流、安全等支撑体系的合作方式；初步研究促进三地电商人才资源交流的合作机制等。

2．开展行业交流与合作。一是造访商务部。6月，访问商务部信息化司。向商务部有关领导介绍协会贯彻国家商务部等九部委“双打”行动的工作情况，就共同推进电子商务产业规范发展和电子商务诚信体系建设进行重点交流。商务部领导对协会为促进上海电子商务产业发展所做的各项工作给予充分肯定，介绍了国家有关部委大力营造电子商务诚信环境，推进产业规范发展的政策和思路，并表示愿意进一步加强与地区行业组织的合作，通过制度性安排和专项工作计划，更好地发挥协会在标准研究、统计口径规划化等相关领域的作用。二是与各省市电商协会频繁互动。6月，邀请浙江、江苏等地的9家电子商务协会聚首浦江，明确长三角地区电子商务协会的战略合作机制，签署合作协议，有力推动长三角电子商务区域联动。年初先后接待浙江嘉兴、嘉善电子商务协会来访，交流服务会员、服务社会、协会建设经验，就合作发展达成共识。为此，组织会员企业参加在嘉兴举办的网货交易会，嘉兴电子商务协会也组织地区企业参加上海组织的电子商务发展趋势国际研讨会。此外，还相继走访中国电子商务协会、北京市电子商务协会，接待中国国际电子商务促进中心、武汉、南京、苏州、成都、黑龙江等电商协会的来访，建立以电商协会为纽带覆盖长三角、珠三角、京津地区、华中地区和西南地区等近20个电子商务协会的联络沟通机制。三是重点开展与广东省南方电子商务创新服务中心战略合作。5月，接待广东省南方电子商务创新服务中心的调研，着重就双方关心的电子商务信用公共服务平台建设等交换意见和看法，探讨开展跨区域诚信合作的可行性方案，达成长期战略合作协议。9月，又南下广州，考察广东省国际电子商务信用服务平台建设情况。掌握广东省快速推进电子商务信用公共平台建设的重要信息，并据此向市经信委领导提交关于在上海构建电子商务第三方信用平台的考察报告。

3．会员队伍持续发展壮大。至10月底，现有会员已发展到近240户，注册会员150户。新加入协会的知名企业包括号百商旅、上海大宗农产品、方正国际软件、平安养老保险、慧聪网、溯天珠宝（“钻石小鸟”）、化工宝等。

三、开展行业研究，提供决策依据

1．组织编撰《2010～2011上海市电子商务发展报告》。一是召开专家会议，把脉发展趋势。组织电子商务专家座谈会，邀请来自复旦大学、上海交大、上海理工、上海大学等知名高校的学者，研讨“十二五”时期上海电子商务的发展方向，以及新形势下的电子商务理论和实践创新面临的重大机遇和挑战等战略问题，为编撰行业研究报告提供理论依据。二是开展企业调研，组织案例征集。为充分反映上海电子商务行业的实际情况，精心挑选具有行业代表性的电子商务企业作为案例征集对象，涉及制造业、商贸业、都市产业、信息产业、文化创意产业、金融服务业等相关领域。通过上门走访、邮件通信、组织座谈等各种方式，开展对企业应用电子商务发展成果的调研，编制企业案例征稿通知和案例编写要求，发送到案例征集企业，以获得最有价值的第一手材料。三是组织编写团队，编撰发展报告。组织包括资深电子商务专家、企业家、学者参与的研究团队，成立编写组、统稿组、专家组，分工合作，落实编撰各项工作。参与编撰工作的包括复旦大学、上海交大、上海大学等高校及协会会员单位。

2．组织开展电子商务第三方信用功能性平台建设可行性研究。联合知名电子商务企业，探索构建电子商务信用公共平台的创新试点。走访调研东方钢铁、号百商旅、快钱、市民信息、火速、平安保险等近40个知名企业，听取企业意见；收集汇总北京、浙江、江苏、广东、福建等兄弟省市在电子商务诚信平台建设方面的信息资料，进行分析比较；实地考察广东省国际电子商务信用服务平台的建设情况；组织电子商务诚信方面的资深专家，会诊建设上海电子商务信用第三方功能性平台的可行性方案；协调有关电子商务企业，开展诚信平台项目试点。经过大量研究、准备，结合实际情况，提出进一步推进上海电子商务诚信环境建设的3个步骤实施设想。

3．组织平台企业立法调研。受市经信委委托，开展“电子商务平台企业管理办法立法调研”课题的研究。组织上海商学院等研究机构，对涉及电子商务平台企业运营、使用、监管等方面进行调查研究，参考大量文献资料，对国内外主要地区电子商务交易监管机制和法律法规进行比较和分析，结合上海电子商务“十二五”发展规划，提出制定上海电子商务平台企业管理办法的立法建议和草案。

四、打造公共平台，深化会员服务

1．组织会员交流活动。9月，作为协办单位，组织虹口北外滩开业园区的天卷、宋合、陶木、博亦、固圆康、嘉怡堂等6户电子商务企业参加在浙江嘉兴市举办的首届网货交易会。帮助参展企业在展会现场进行商品展示、宣传，所带展销商品销售一空，扩大了企业影响，开阔了眼界，拓展了商机。撮合跨区域商务合作。应第一钢市有关领导要求，通过浙江省电子商务协会，联系到浙江钢铁网，帮助两户钢铁电子商务的骨干企业建立联系渠道，为实现跨区域的强强联合，扩大市场营销渠道，创造条件。介绍武汉市电子商务协会参观考察智力园区，宣传庙行电子商务服务有限公司在园区管理方面的经验，促进两地企业交流合作。组织电子支付相关专题交流活动。举办“电子支付行业发展现状与趋势”专题讲座，邀请中国银联领导和易观国际的资深专家，发表权威观点，与智力园区孵化器中心、合驿、安畅、纽莱福等企业进行互动交流。组织电子支付产业发展规划座谈会，邀请快钱、汇付天下、涵银、环迅、付费通等相关企业，座谈机遇和挑战，从政府、行业、企业不同层面提出对产业发展的希望或建议，并汇总整理后上报政府相关部门参考。定期举办全体会员大会，安排迎春联谊活动，促进会员单位互相沟通、增进友谊。组织会员参加“红色之旅”活动。纪念建党90周年，配合号百商旅公司，组织16户会员单位参加“穿越90载，重游红色之路”活动。

2．组织会员参加品牌创建活动。一是组织38户会员单位参加中小企业品牌评选。经企业申报、区县各级委办和行业协会推荐、专家和政府有关部门层层评审、社会公示，上海大宗农产品、虹迪物流、环迅、宝尊电商、百胜、商派等14户成员单位入围2011年度市中小企业“品牌产品（服务）”名单。二是推荐会员精英参选“上海IT青年十大新锐”和“上海领军人物”。通过动员和推选，又有10多位会员单位的精英代表进入候选大名单。百姓网CEO王建硕、新蛋信息技术总经理胡卫新、瑞庭董事长梁伟平和快钱总裁助理姚猛等4人成功入围第十届“上海IT青年十大新锐”20强名单。组织“2011上海领军人物”选拔工作座谈会，邀请携程、爱姆意、东方钢铁等10多户会员单位，解读评选政策，为申报单位提供推荐意见。三是会员单位获得商务部示范企业称号。积极参加商务部等有关部委组织的电子商务示范企业申报和评选工作，致力于打造全国电子商务的优秀品牌。在商务部近期公布的全国87户电子商务示范企业中，有10户来自上海，其中8户为协会会员单位，为上海钢联、东方钢铁、新蛋、携程、东方希杰、亿贝、百联、家帝豪等。

3．组织会员参加政府项目申报。一是提供项目申报信息和开展推荐咨询服务。组织会员单位参加政府专项资金项目申报，帮助会员单位获得政府政策扶持和资金资助，协会通过跟踪政府部门相关网站和联系对口人员，及时掌握专项资金项目信息，利用协会网站发布，或通过电子邮件、传真、电话等形式，告知相关单位。年内发送申报信息100余次。还安排专人一对一咨询或组织专题解读会等，为企业解答项目申报相关要求和注意事项；对具备条件和有申报意愿的会员单位给予申报推荐或申报辅导支持。推荐会员企业参加市经信委信息化发展专项资金项目、市中小企业发展专项资金项目、上海市加快自主品牌建设专项等。二是一批会员单位成功获得政府项目支持。东方电子支付、付费通、上海数字认证中心、市民信箱、互联网中心、蚁族、慧聪、明凯照明等15户会员单位获得年度市信息化发展专项资金支持；上海钢联电子商务股份有限公司获得2011年上海市中小企业发展专项资金项目支持；斯迪尔的“钢铁交易综合管理服务平台”、新跃物流的“物流汇中小型陆运物流企业服务平台”、上海钢联的“我的钢铁”网络综合信息服务平台被认定为年度“上海市中小企业公共服务示范平台”。

4．开展企业培训服务。举办“消费者心理分析”讲座，邀请国家级心理咨询师为30多户电商企业作主题演讲，从消费者动机、消费者知觉和消费者态度三个角度，对消费行为进行深度剖析，帮助企业掌握消费者心理和需求，从而找到企业在差异化市场环境中的生存发展途径，具有一定的实际应用价值。组织“创业接力”沙龙，协会专家与来自易迅网、光速创投、创业接力担保的嘉宾分别作精彩演讲，针对创业型企业普遍关心的电商产业发展趋势、创业投资和资本运作、后团购时代的电商格局等热点问题，与到会企业听众进行探讨和互动，虹口园区部分企业也应邀参加了沙龙活动。举办电子商务诚信法律专题讲座，邀请长期从事电子商务法律研究的知名律师，围绕电子商务领域的诚信服务、网络环境下知识产权保护、融资及资本运作等主题，通过重点案例分析，阐述电商企业只有建立诚信服务意识才能永续经营的价值理念，易迅、悦为、安畅等10多户企业代表聆听演讲，并与嘉宾进行互动交流。开展园区“网上创业竞赛”活动，为提高园区企业网上创业知识，实践创业带动就业的宗旨，12月2日，由协会虹口工作站和上海鑫晔管理公司共同组织“网上创业竞赛”活动。活动通过虹口工作站QQ群平台进行，共有35户企业参加活动，以让园区企业能更便捷及时了解国家和地方的新政策、学习到实用的创业技能和解决创业中碰到的实际问题。

5．组织实施电子商务宣传。一是做好协会网站和刊物宣传。通过网站的“公共栏”、“重要信息”、“行业动态”、“政策指南”、“企业文化交流”等栏目，为会员单位提供政策信息、行业动态、项目申报服务信息和企业交流平台，会员单位可免费在网站发布消息和获取各种资讯。定期汇编《电子商务资讯》月刊，刊载会员企业的宣传报道和专访近60篇。期刊寄送会员单位和政府相关部门，并作为交流材料发送长三角地区电子商务协会。二是利用公共媒体广泛传播。与《IT时报》合作，开设电子商务专版，宣传报道上海电子商务行业发展动态，刊发“双推工程专版”、“制造业电子商务专版”等，在社会上产生了较大影响。还定期邀请和组织上海电视台、《解放日报》、《文汇报》、新浪网、搜狐网等主流媒体，参加协会举办的电子商务推广活动宣传报道，充分利用公共媒体专业性强、权威度高、受众面广的特点，扩大会员企业的社会影响力。三是向政府相关部门主办的刊物投递稿件。协会设置信息联络员，参加市经信委、市社团局组织的信息联络员培训，配合市经信委建立行业系统内的通讯员联络机制，定期组织宣传稿件。向工信部主办的《国家电子商务工作简报》寄送反映上海电子商务行业发展和协会工作的宣传材料。7月，该《简报》刊登“2011长三角区域电子商务交流会召开”的新闻材料，详细报道大会盛况。向市社团局不定期投递宣传稿件，通过《行业协会动态》专刊反映上海电子商务行业发展和协会工作开展情况，发表有关长三角电商交流大会、上海电子商务趋势国际研讨会、行业协会推进上海电子商务诚信体系建设等专栏文章。还定期向市发改委、市经信委、市工经联等管理机构发送年度电子商务行业发展状况总结材料。

（上海市电子商务行业协会）

上海家用电器行业协会

上海家用电器行业协会成立于1985年8月，为上海市家用电器行业企事业单位自愿组成的跨部门、跨所有制的非营利性的行业性社会团体法人。现有各种所有制会员单位550户。下设家用中央空调、家电维修、水家电等3个专业委员会。

2011年主要工作：

一、以“服务”为宗旨，充分发挥桥梁、纽带作用

1．走访企业，了解企业，倾听企业的呼声，走访三菱电机等主要生产单位和中小服务企业，对走访中了解的情况和听到的呼声，积极进行协调和解决。针对上海中日电器公司生产的新产品500升冰箱在办证过程中遇到的问题，及时邀请有关领导和专家到生产现场，了解和解决技术上的问题，请有关部门出具相应证明，保证了企业新产品的开发和生产。在走访水家电企业中，了解到办证难、办证过程不清的情况，及时向相关部门反映和寻求解决办法，并组织专题会议，请专家讲解，得到会员单位的好评。秘书处和各专业委员会共走访120多户会员单位。

高温季节，为保证市民的正常用电，市供电部门对很多企业实行限电，而此时正是家电下乡企业生产的关键时期。协会根据企业反映，及时反映到有关部门，建议将这些单位的限电时间适当延后。在政府部门的支持下，为“尊贵”等公司解决用电问题，保证了企业的正常生产。

2．注重推进信息建设，提高利用信息传播为会员服务的水平。在《上海家电报》、《中央空调》、《水家电专刊》和《上海家电网》进行广泛宣传，得到了业内人士和会员单位的认可。在各会员单位的支持下，组建统计、中央空调、水家电等各支通讯员队伍，为信息服务打下良好的基础。统计工作还得到市统计局、经信委和工经联的好评，被市统计局评为本年度二等奖。

3．做好为会员单位和社会的服务工作。主动承担起行业信息“前哨站”职责，及时为企业提供最新的行业动态，年内组织各类活动12余次。1月，组织举办聚蓝、AO史密斯、中纯、蓝景膜等4户水家电企业新产品介绍会，推动和促进水家电企业间的合作和交流。还与海立集团共同主办“海立睿能空气源热泵”的新技术、新产品介绍会，让与会代表对新品性能、节能情况有个深刻的了解，加强上下游企业间的了解和合作。安排三菱电机在相关会议上专题介绍节能、高效的新品，提升人们节能意识和对节能产品的认知度。

二、加强与政府、相关协会的合作，为企业、社会服务

1．与市技监局12365中心、质量协会共同对2010年在上海市场销售比占前15名的空调品牌的市场满意度进行第四次测评，得分是80.33分，比2009年有所提高，三菱电机、格力、大金名列前三。还对上海市场2010年销售比占前15名的平板电视机进行市场满意度测评，得分为76分，其中索尼、夏普均在前二。

2．与上海电子协会共同举办2011年“消费与维权”大型咨询活动。还协助相关部门认真做好各类投诉和咨询的接待。在家电维修市场混乱的情况下，联合电信“114”，整顿参与列上“114”的维修企业，对维护消费者合法权益起到了良好的作用。共接待各类投诉咨询近450起。其中，咨询家电以旧换新、维修价格的达300多起，协会直接协调解决投诉52起。

3．国家实行的空调惠民工程于5月结束。在惠民工程活动中，三菱电机、大金、日立家用、富士通等上海主要空调生产企业积极参与活动，推动节能产品进入寻常百姓家庭，带动消费，促进生产。还与市消协、节能协会、苏宁电器共同开展为期1个月的节能空调再补贴活动，既拉动了消费，也推动了节能产品的推广。

4．3月，参加由上海行业协会沙龙与深圳市机械行业协会共同举办的“两岸三地行业协会论坛”，在会上作“规范行业、落实职能，发挥行业协会服务功能”的主题交流。还与中国家电协会、山东、广东、安徽、浙江、顺德、宁波等省市行业协会建立多方位的合作和交流机制，促进家电行业的发展。

三、开展各类技术培训和举办工程设计大赛，提升行业从业人员的素质

1．先后举办制冷初级、中级工，水家电初级、中级工和各类上岗证、特种作业证班共9个，参加培训500多人。6月，由协会组织的第七期制冷空调维修工程师班进行考试，有49人参加，30人通过，取得相应证书。

2．在市职业能力竞赛组委会支持下，首次组办制冷和电工的中、高级工的技能竞赛，在杨浦区科技管理学校的共同参与下，10月，对参赛的137人进行赛前培训，并分别进行理论和实物考试，共有63人取得制冷和电工的中、高级工的证书。

3．中央空调专委会连续10年举办“家用／商用中央空调优秀工程设计实例”大奖赛活动。在海立集团和奇士企业的支持下，在举办“奇士杯”优秀工程设计实例大奖赛的基础上，增加“海立睿能杯”空气源热泵优秀论文大奖赛。经专家评审，颁发“海立睿能杯”优秀案例奖4名、创新应用奖2名、优秀设计奖5名；中央空调“奇士杯”优秀案例奖6名、优秀设计奖4名。通过大奖赛活动，为广大会员提供技术交流平台，提高了企业知名度，也为广大技术人员提供了交流学习的机会。

四、认真做好标准的制定和宣传贯彻工作

为了规范企业服务工作，根据市质监局标准化处要求，结合水家电行业情况，将《家用和类似用途饮用水处理设备服务规范》多次进行修订。经专家评审，该《规范》被市质监局批准为上海市地方推荐标准，并于8月正式实施。

五、开展诚信企业创建，推进品牌建设

积极开展诚信企业创建工作，推进企业诚信建设，弘扬企业诚信文化，树立企业良好社会形象。有47户会员单位通过星级诚信企业的评定和创建诚信企业的审定。

协会始终把开展品牌战略工作作为服务企业、推进行业产品结构调整和产业发展的主要工作，推荐4户会员单位申报上海市名牌；康福特、玖间堂等获中小企业名牌；开能、合丰、森中、中日、华生等获上海市著名商标。

六、组织会展活动，扩大视野和信息交流

组织企业参加各类家电展会，开拓市场、扩大影响。组织近20户家电和水家电企业参加荷兰阿姆斯特丹国际水展，大大提升消费者对企业产品知晓率和满意度，拓展与海内外客商的业务联系，并通过展会平台了解新产品、新技术和新市场新渠道。积极协助中国家电协会主办2012年家电博览会，有 10 户会员单位参加本届博览会。

七、加强自身建设，发挥专委会作用

在市工经联党委领导下，党支部组织党员认真学习党的十七届六中全会精神，开展"创先争优"活动，将支部工作融入协会日常工作，党支部被评为工经联系统先进党支部。

根据协会章程和专委会工作条例，结合协会实际工作，完善和充实各项管理制度。3 个专委会认真做好为会员单位服务，发挥在企业节能减排工作、产业结构调整、推进技术进步方面的推动作用。积极做好新会员发展工作，新发展会员单位 55 户，目前会员总数已达 530 户。

在市轻工业联合工会的指导下，家电协会在组织开展职工教育、技术培训等方面发挥积极作用，并认真做好员工关心工作，开展帮困扶贫活动，在保发展、调结构、促转型中充分发挥工会组织的作用。

八、认真做好行业协会评级工作

根据民政部对行业协会整治要求，按照评估标准，协会从基础条件、内部治理、工作绩效、社会评价等 4 个方面进行综合自查，经半年自查，已完成文件资料综合管理和自评小结。

（李富春）

上海空调清洗行业协会

上海空调清洗行业协会成立于 2007 年 7 月，原名为上海空调风管清洗协会，是国内首家以净化空调风管、节约能源、防止疾病传播、保障公众健康为宗旨，实现行业自律管理的非营利性的社会团体法人。现有会员单位 179 户。

2011 年主要工作：

一、审时度势，做好协会更名工作

年内国家卫生部公布《公共场所卫生管理条例实施细则》，其中对公共场所集中空调的使用提出了强制性卫生要求；同年市政府发布《集中空调通风系统卫生管理办法》在全市推行；空调运行的卫生、健康为人们所重视，公共建筑集中空调的清洗在全市掀起新潮。众多企业投入到这一新兴服务业，会员数量迅速递增，总量达到行业的 90% 以上。6 月，协会审时度势，在换届之际，号召会员企业抓住时机，服务社会，规范经营，增进效益；8 月，在二届二次会员大会上一致通过原协会更名为上海空调清洗行业协会。10 月，经市经信委审核，市社团局批准，成为全国首家空调清洗协会。

二、倡导空调清洗理念，做大产业服务

努力宣导空调清洗的新观念，组织宣贯会、座谈会，与产业性行业协会合作召开专题推介会，开通 58886667 电话热线等形式，贯彻卫生部与本市专项文件，宣传集中空调通风系统卫生常识。年内集中空调清洗服务已从公共场所广泛渗透到办公、产业、居住等高层楼宇。协会组织管理的"上海空调清洗公共服务平台"，深入社区现场服务，以发放诚信服务卡等方式，使家用空调的科学清洗普及率达到历史新高。与人们健康息息相关的空调清洗新型服务行业，日益被社会接受。

三、举办高峰论坛，推动行业进步

11 月，主办空调清洗、节能、安全卫生的高峰论坛，获得市人大及市经信委、法制办、卫生局、社团局等政府部门的大力支持，全国各地近 200 家空调清洗机构，空调消毒、净化、节能单位和集中空调使用单位与会参加。会上，澳大利亚、日本等国外企业带来的空调清洗、消毒、节能新产品、新技术让国内企业产生浓厚的兴趣。同时，经媒体宣传，灌输空调卫生、健康、节能理念，增强了空调清洗行业的影响力。

四、提高行业管理水平，推进企业诚信建设

重视企业诚信建设，积极引导入会企业参加本市企业诚信建设活动，年内 68% 的会员企业成为市企业诚信建设的星级单位；9 户企业的集中空调清洗工程在行业性评比活动中获得"诚信优质工程"殊荣。组织举办第八期集中空调通风系统清洗项目经理培训班和第十八期操作工培训班，开办首期集中空调水系统清洗项目经理培训班，年内共有 200 余人获得集中空调清洗岗位合格证书。还与空调清洗服务平台合办分体空调清洗培训班，为社会培养一批家用空调清洗的合格员工。组织由教授、高级技术人员组成的专家委员会对清洗机构的人、财、物、能力等方面作出评价，向社会推荐各类等级的空调清洗机构，以行业公布、社会认可的方式，规范行业发展。

（江正湧）

上海冷冻空调行业协会

上海冷冻空调行业协会成立于 1985 年 12 月，是以生产制冷空调设备的企业为主，包括有关科研、设计、院校、工程安装、维修及商贸等企事业单位和社会团体自愿组成的跨地区、跨部门的行业组织。现有各种所有制会员 284 户，分布在机械、电子、轻工、航天、航空、商业、建筑等多个部门。

2011 年主要工作：

一、坚持市场化方向，为会员单位服务

1．为会员单位提供产品展示平台。4 月 7 ～ 9 日，与中国制冷学会、中国制冷空调工业协会、北京贸促会、上海市制冷学会在上海国际博览中心共同主办“2011 中国制冷展”。展出面积 8 万余平方米，分 7 个展馆，33 个国家与地区的 1068 家厂商参展，有近百个国家和地区的专业观众和用户 5 万多人前来参观，为企业提供了高品质的展示交流场所和全球专业贸易采购平台。大金、瀚艺、俊乐、双良、柯耐弗等会员企业参展，各企业的领导和专业人员踊跃前往参观学习。

2．为会员单位建立职业技能竞赛比武擂台。协会专门设立本市制冷设备维修工、中央空调系统操作员两类比赛基地。共有 34 户单位 151 人参加培训比武，26 名选手获得制冷设备维修工中级工证书，其中 8 名晋升高级工；19 名选手获得制冷设备维修工高级工证书，其中 3 人晋升技师。4 月，市人社局等六部委召开“上海市职业技能竞赛活动总结动员大会”，协会荣获“2010 上海市职业技能竞赛活动优秀组织奖”。

3．为会员单位开办各类培训班。开展制冷设备维修工安全技术上岗证培训，25 名制冷设备维修工经培训合格，取得安全上岗证。开办企业法人代表和安全管理员培训。50 名企业法人代表和安全管理员参加培训，经考核 46 人获得市安监局颁发的“安全生产合格证”。6 月，举办劳动合同法培训班，共有 11 户单位 22 人参加培训，不少为单位的领导或人事经理，取得较满意效果。

4．为会员单位建言献策。1 月，组织 25 名专委会专家赴会员单位上海柯耐弗电气有限公司进行新春团拜活动，活动中听取公司产品介绍及生产销售情况，并参观生产现场和产品陈列室。专家们对柯耐弗取得的成绩表示赞赏，也为企业发展提出多条建设性的建议。正月十五，受会员单位上海富田空调冷冻设备有限公司邀请，组织专家 23 人前往与企业员工共度元宵。期间，专家教授们和协会工作人员就公司发展建言献策，相互交流，气氛热烈。

5．为会员单位宣传报道扩大影响。不断扩大信息员队伍，从原来的 20 人增加到 30 人，建立通讯员工作会议制度，定期汇报、交流工作，提高工作质量，并对工作突出的通讯员予以适当奖励。年内召开两次通讯员工作会议，探讨、交流工作经验，加深感情，收到良好的效果。1 ～ 7 月，信息部共收到企业通讯员文字稿近 70 多篇，以及大量图片，使用率达 99%。

6．为会员单位提供技术和管理各项服务。6 月，在银发大厦举办《实用制冷与空调工程手册》再版发行仪式，“手册”第二版发行，适应了制冷空调技术进步和工程应用的新形势，得到行业各单位的关注和欢迎，为从事冷冻空调行业的专业人员提供不可多得的技术支持。受会员单位上海柯耐弗暖通节能设备有限公司委托，组织专业人员帮其撰写制订《“水力模块”产品企业标准》，并对公司相关人员进行标准、专利知识培训。积极支持上海三冷冷气工程有限公司组织退休高级技师为社会发挥余热，搭建制冷空调技术免费咨询平台；提供解决三和大厦中央空调冷冻设备使用冷冻油的技术咨询；为松江大学城游泳馆机房间设备维护保养提供咨询。为会员单位工程技术人员申报职称提供具体指导，进行一对一服务，获取高级职称 1 人，中级职称 6 人。

二、坚持市场化方向，摸索途径和方法的结合

1．调整部分会员单位。对两年未缴会费的 32 户企业作自动退会处理。至 7 月，有 51 户企业申请入会，现有会员单位 284 户。

2．规范工程安装维修企业，开展资质认证。1 ～ 7 月，新申请办理资质认证企业 23 户，满 3 年进行复审的企业 22 户。在协会办理资质认证的企业共 273 户，其中 A 级有 91 户，B 级 95 户，C 级 87 户。

3．开展小企业安全生产评估，颁发《安全生产合格证》。上半年，有 29 户企业申报办理安全生产评估，经上海电气安全生产检测中心安全评估合格，获得《安全生产合格证》。年内总共已有 130 户企业获得《安全生产合格证》。

4．推进“优质工程”和“节能减排示范项目”评选。有 20 户企业 22 个项目，参加“优质工程”评选申报，经专家评审，有 19 个项目被评为“优质工程”。开展节能减排示范项目评选，组织专家对“上海期货交易数据中心开利冷机群节能优化项目”进行验收，评为业内首项“节能减排示范项目”。

三、坚持市场化方向，拓展协会行业的服务功能

1．承接政府交办任务。受市能效中心委托，牵头制定《水源多联式空调（热泵）机组能郊限定值、能效等级》和《水源高温热泵能效限定值、能效等级》两个地方标准，并将工作内容及要求通知有关企业，征集起草单位和参与单位。

2．发挥协会桥梁作用。推进企业清洁生产工作，按照市推进清洁生产办公室要求，制定相应的实施意见。会员单位一冷开利的通惠工厂经申报列为清洁生产的推进单位。转发市有关节能产品的推荐通知，下发有关冷冻空调产品制造企业，已有上海富田空调冷冻设备有限公司和堃霖冷冻机械（上海）有限公司上报热泵机组和离心式冷水机组等节能产品，待审批后列入国家节能产品目录。受会员单位上海事必达特涂装备工程有限公司、上海汉福空气处理有限公司、上海天菡空气处理有限公司的委托，对“船厂用组合式转轮除湿机组”是否需办生产许可证事宜，组织有关专家、国家冷标会人员、生产许可证评审员召开评议会，并撰写会议纪要，送国家质监检验检疫总局质量管理司、国家工业产品生产许可证办公室、市、区质监局等部门，为企业建言解惑。

3．创建诚信企业。在行业内开展“创建诚信企业”活动，新增星级创建企业 8 户，共有诚信企业 65 户。

4．加强协会自身建设。起草制定《协会各部门工作目录》和《协会部门承接服务项目管理办法》等，并提交常务理事会审议。办好协会网站，充分发挥网站快速及时的宣传作用，发动企业通讯员及时为网站提供信息。如大金空调、开利公司、三花、瀚艺、日立电器等单位信息，能快速、及时地在网站进行发布。还在网站上专门设立文件与资料下载功能，方便企业。如安装维修企业资质认证、安全评估、职称评审等文件资料均可下载，受到企业的欢迎和好评。

（上海冷冻空调行业协会）

上海锅炉压力容器行业协会

上海锅炉压力容器行业协会成立于 2003 年 12 月 8 日，是集锅炉和压力容器的设计、制造、销售、安装咨询服务的相关企业、院校、研究院所自愿组成的行业性社会团体。现有会员单位 86 户。

2011 年主要工作：

一、坚持三个服务，充分发挥协会功能

1． 坚持服务政府，为政府决策献计献策。年初，市经信委装备处听取本市机械、汽车等行业协会关于“产业发展、结构调整”的意见，市节能办专程来协会调研锅炉压力容器的节能减排工作情况，协会积极反映行业情况，并提出如何推进此项工作的相关意见，反映了企业在推进工作中碰到的问题和希望政府给予政策支持的要求。

聚焦国家“经济发展战略，探索行业发展”，在业内广泛发放调研表，深入各会员单位，了解企业依靠科技进步，产品“有所创新、有所发展”情况。同时，了解企业实施“节能减排”及“企业改革、结构调整”的成果，并通过简报形式进行报道；另外，组织撰写专题报告，围绕市经信委工作重点，接受政府委托，以“瞄准战略性新兴产业、调整传统型锅炉行业”项目课题展开工作，预计 2012 年 1 季度完成。

2．坚持服务社会，为造就和谐社会而努力。为进一步推进“节能减排”工作顺利进行，组织专家小组分批为广东佛山三水恒益电厂的机组人员进行专业培训。通过培训使学员对超临界机组性能、运行、维护检修等特点有进一步的了解，得到学员好评。推进大机组“节能减排”，向会员分别介绍有关“变层分段多煤形给煤装置、复式相变换热器、燃油、燃气锅炉、尾部节能装置、膜法富氧助燃”等节能减排技术，以造福环境、社会。

国家对锅炉压力容器产品除安全性外，增加了能效考核。协会上海特种设备监督检察技术研究院承担该项目，协会组织专家对能效考核办法和细则广泛听取意见。对于许多社会单位在采购、使用中遇到的诸多问题，本着“服务好社会”的精神，作不厌其烦的解答，受到大众欢迎，也为企业节能减排产品作宣传和推荐。

3．坚持服务企业，提升企业竞争力。努力办好协会简报，通过简报向会员介绍政府政策、企业治厂经验、节能减排新技术，刊载本市细化引进人才、降低人才居住证申办门槛的政策、引进人才申请落户政策解读等信息，介绍民营企业持续经营的经验，提示某地“民营企业借贷愈演愈烈，金融风险凸显”等问题，受到企业欢迎。为帮助企业提高经济效益，还着重推介申港压力容器有限公司把“节能减排、环保”作为企业发展重点，通过“工业用水的循环利用、雨水的收集利用、钢板的多次原料综合利用”、发明压力容器油漆的自动喷涂专利，以及通过“通风排吸”改进技术，节约环保，降低成本，提高经济效益的情况报道。对于民营企业因“人才引进的户口、房子”等难留人问题，积极向政府反映争取政策扶持。年初，有单位急需人才，协会即与杨浦区人才交流中心联系，在“2011 春季新年大型人才招聘会”上参加招聘。针对锅炉压力容器行业普遍存在“制造周期长、资金垫资大、应收账款多”的问题，协会法律咨询部积极为会员单位服务、化解矛盾，及时收回应收账款，使企业“死账变成活账”。

二、完善统计工作，运用统计分析，为企业提高效益

开展统计工作，按照统计法要求做到“及时、准确”，运用统计分析，找出影响行业发展的问题。针对锅炉压力容器行业合同周期长、制品库存量多、占用资金周期长，容易造成应收账款多，资金汇拢慢，影响企业经济效益的情况，提出制订合理的信用标准、收款政策，大力推行货款责任制，有效压缩应收账款的占用。同时，提出千方百计增加销售，减少原材料采购进量，做到库存量合理，确保资金加快周转等办法，使企业从管理中提高经济效益。

三、强化培训工作，为提高企业技术水平与管理水平增力

举办贯彻合同法《正确履行合同，防范坏账风险》培训，由山田律师事务所资深主任律师为会员单位讲解合同运作过程中应注意的种种问题。列举大量案例防范合同风险，深受会员单位的欢迎。与上海机械工程学会压力容器管道分会举办“承压设备焊接评定行业标准”宣贯学习班，由参加编写焊接标准的专家进行授课，学员们受益匪浅。

四、学习贯彻市委、市府关于《进一步加强社会组织的建设的若干意见》，推进行业协会建设

认真贯彻《关于进一步加强本市社会组织建设的指导意见》精神，在市工经联组织下，开展《完善法人治理结构和内部管理制度，增强协会服务企业、规范行业、发展产业的能力》课题研究，并在明晰法人治理结构；加强协会的理念建设；提高协会权威性和公信力；完善内部管理，建立透明高效的内部管理制度；为行业协会增添活力，实现合理的人才选聘机制；确保行业协会正常运作，强化协会的筹措资金能力；在制度上做好安排，提高协会的服务水平等方面提出7项建议，课题在文章框架、征求意见稿上均得到工经联领导的好评。

贯彻落实市委、市政府《加强社会组织建设的若干意见》，积极加强自身建设，认真组织学习，依法办会、廉洁办会，并对协会自律制度进行自查，在此基础上完善与修订协会财务制度，严格执行，确保协会健康发展。

（周国仁）

上海市电力行业协会

上海市电力行业协会成立于2004年9月28日，是由上海市电力企事业单位自愿组成的跨部门、跨所有制的非营利的行业性社会团体法人。现有电网、发电、电力建设和工程施工、电力设备制造和物资供应、科研院校等会员单位151户。

2011年主要工作：

一、坚持办会方针，推动工作进步

3月30日，在锦江小礼堂召开第二届理事会第三次会议，审议协会工作以及秘书处提交的重要议案。会议充分肯定协会2010年工作，明确2011年工作思路及四项主要任务，审议通过2010年会费使用情况及2011年预算报告，通过有关副秘书长调整议案，增补部分理事。

5月27日，上海现代服务业联合会会长周禹鹏一行7人来协会调研，在听取协会工作汇报后，高度评价协会对上海经济与社会发展所作出的贡献。

8月，接会长单位上海电力股份有限公司通知，董事长、原协会会长及法定代表人周世平调京任职，该公司董事会已选聘王运丹担任董事长。根据协会《章程》和市社团局有关社团法人变更的相关要求，为在电力迎峰度夏期间尽可能减少对电力企业生产工作的影响，经市社团局登记处同意，采用电话确认和书面表决的方式召开第二届理事会第四次会议，征询理事对选举王运丹为理事、常务理事、会长（法定代表人）事项的意见。经45户理事单位全部确认并书面回复同意，在报经市信委和市社团局审核批准后，于10月底完成法人的变更手续和证照变更。11月29日，新会长王运丹莅临秘书处检查、指导，对协会工作提出新的要求。

二、践行服务宗旨，发挥行业协会特色

受市发改委委托，组织相关单位对《上海市年度发电量预期调控计划编制办法》进行研讨，并于3月完成起草工作。按照市经信委的工作部署，在2010年牵头成立课题组，开展对《上海电网节能调度实施细则和操作制度》的研究，至10月，该实施细则和操作制度通过市发改委、经信委、物价局和华东电监局等部门组织的评审；根据该细则以及市经信委的相关精神，协会对涉及相关发电机组的关闭课题正组织专家作进一步论证。根据国家发改委的要求，市发改委、物价局委托协会组织开展“可中断电价和高可靠性电价”的课题研究，该课题已形成初步方案，在征询相关单位和专家的意见后，由市发改委牵头赴京作专题汇报，受到国家发改委相关部门的肯定。针对国家发改委提出的对电网企业实施需求侧管理考核的课题，受市发改委、经信委委托，会同市节能监察中心等单位着手启动研究工作。

为推进本市智能电网产业发展，积极筹划上海市智能电网产业联盟的组建工作，并在智能电网产业联盟的章程、组织体制架构、产业基地选址及挂牌等筹备事务上形成方案，在协会层面上为联盟的组建作好准备。

根据市政府办公厅《上海市第二轮新编地方志编纂规划》和市地方志编纂委员会《上海市志（1978 ~ 2010）编纂实施方案》文件精神和要求，8 月 3 日，由市电力公司负责牵头承编、协会负责参编的《上海市志（1978 ~ 2010）· 工业分志 · 电业卷》的编纂工作启动仪式隆重举行。市电力公司、市地方志办公室、华东电网、上电股份、华能上海分公司、申能股份、上电建设等单位约 100 余人参加会议。预计《电业卷》的编纂工作将历时 5 年左右。

受市电力公司委托，组织专家对 2010 年度科技信息项目符合国家有关“五新”（新产品、新工艺、新技术、新材料、新设备）抵税政策情况进行专题评估，并组织编制《上海电力“十一五”综合统计资料汇编》；在市经信委、华东电监局、市安监局等部门的指导下，完成市电力公司委托的《上海地区用户高压配电装置安全运行管理规范》编制工作，并已通过送审。在全国节能宣传周期间会同市节能协会举办“上海发电节能技术交流会”，并配合节能协会开展“上海发电企业节能技术潜力研究”工作，取得积极效果。协会下属职业安全健康技术中心为市电力公司及下属机构、企业编制“承包商施工企业安全性评价”等两项标准，并受托对电力公司信通中心、检修公司电缆专业等进行安全性评价。

作为实施新能源推进战略的重要举措，3 月，在市发改委能源处的主持下，组织对“上海东海大桥 100 兆瓦海上风电示范项目”进行竣工验收。根据海上风电场的建设特点，按照相关验收规程要求，成立竣工验收委员会，并分别组建技术专家组和综合专家组，对设计、施工、监理、运行和技术经济管理、前期文件、专项验收、质量、安全监督等进行预验收。经过由 21 名专家组成的竣工验收委员会的严格审查，东海大桥 100 兆瓦海上风电示范项目顺利通过最终验收。

经会员单位下属的闸电东海电力工程有限公司、吴泾电力工程有限责任公司、上海佳信电力工程有限公司等企业的反映及呈请，就这些企业在锅炉维修许可资质申办或复证中所涉及的员工身份证实事宜，与市质监局进行接洽，并先后走访和致函该局进行说明，建议从保障本市发电机组安全稳定运行、实现电力生产“迎峰度夏”目标出发，由这些企业的上级单位出具证明，证实维修人员在编情况，以满足资质许可的相关条件。目前，闸电东海和吴泾电力工程两户企业的锅炉维修许可资质申办、复证已顺利通过。

三、加强行业交流，促进持续发展

坚持做好 QC 小组和卓越绩效模式的推进工作。1 月，召开 QC 小组活动工作会议，对 QC 小组活动的开展情况进行回顾总结，对成果发布、评选及推荐进行部署；会议审定了成果评审办法及发布单位。3 月，再次召开成果评审、发布预备会议，确定发布纪律、评审和评分办法，组织评委评审成果材料。在各电力单位自下而上逐级进行发布、评审并推荐的基础上，3 月 9 ~ 10 日，召开 2011 年 QC 成果发布会，共计 29 项成果在会上进行发布，获奖优秀成果经推荐参加市质协、中国水电质协等单位组织的成果评审和成果擂台赛，上海电力股份有限公司吴泾热电厂的两项成果获得国家级荣誉称号，36 个集体和个人获得省部级荣誉称号。此外，还组织对相关企业申报实施卓越绩效模式先进企业、现代化创新成果等各奖项进行评审和推荐。

在行业统计方面，按月组织编制有关行业统计数据，相关统计成果分别发送会员企业、兄弟省市行业协会，并每月通过《上海电力行业信息》发布，以扩大行业协会统计信息的服务效应，促进统计信息共享。为有效加强和规范行业统计管理，建立电力供需分析工作机制和组织体系，4 月，组织电力行业统计人员赴贵州进行交流研讨和考察活动，增进统计专业队伍间的沟通、交流和学习，为行业统计工作水平的提高创造条件。11 月，召开发电企业统计年报工作会议，总结 2011 年发电统计成果，部署年报统计及 2012 年统计定报工作。

协会教育培训部针对厂网分开改革后的特点，积极构筑行业教育培训平台，坚持工作例会制度，加强业务指导和信息交流，促进业内教育培训资源和成果共享。指导各培训基地和培训单位积极完成培训大纲和教材的编写，其中包括闸电燃机的《值班员培训大纲》、丛欣公司的《社会五大工种教学大纲》、石洞口燃料基地的《燃料运行人员培训教材》等，对这些培训机构加强自身建设和基础工作起到推动作用。指导并协助上电股份、上海电建、华能上海检修公司等单位开展各类技术比武、岗位竞赛、首席技术人才评选等活动，指导闸电燃机培训基地承担全国燃机电厂技术比武工作，促进业内员工学习热情的提高及业务能力的提升。年内协会教育培训网络各成员企业组织开展的生产技能、管理知识等方面的培训规模达 5 万多人次（含社会人员培训），各类技能鉴定的规模达到近 3000 人次。

协会信息调研部注意及时发布政策动向、行业动态及会员单位信息，定期做好《上海电力行业信息》的编印和协会网站的管理工作。根据会员企业的需要，在《上海电力行业信息》中增加有关创新发展、节能环保等行业热点的信息报道，充实论坛、交流等方面的内容，增设反映电力行业内外案件审理情况的“法庭内外”等新栏目，注意反映中小电力企业的信息和广大干部职工关心的热点问题，同时在版面设计上尽可能采用图文并茂的形式，以增强可读性。在网站建设上加强信息报道的及时性，并结合行业与协会的发展对固定版面进行优化和调整，增加了理事单位网站的链接及会员企业的信息。

积极参加中国电力企业联合会和相关分支机构、市工经联、上海现代服务业联合会等召开的会议和开展的活动，并保持密切的联系。先后接待中电联专职顾问、原秘书长王永干和中电联党组成员、秘书长王志轩，协助中电联成功举办第八届上海国际电力设备及技术展览会，成为中国水利电力质量管理协会第五届理事会理事。继续协办中国国际工业博览会，与工博会组办单位联合举办“新能源与电力电工展”，积极推荐电力行业优秀企业参展并组织专业观众参观展览会，连续两年荣获“中国国际工业博览会优秀组织奖”。再次协助广东粤电集团有限公司组织70余位管理技术骨干来沪与外高桥第三发电公司交流节能技术管理等方面的经验。

重视开展会员企业及协会专业网络的沟通和交流活动，组织企业家进行考察，在统计、信息、教育培训等专业领域对网络成员进行培训、交流并组织参观、考察，举办第七届“电力协会（勇顺）杯”桥牌邀请赛，促进会员企业间的联谊和交流。

继续深化社会团体“小金库”专项治理工作，顺利通过有关审计单位在编写年报和法定代表人变更时对协会财务状况进行的审计，通过市社团局的年检审查。注意做好会员企业会籍的动态管理，按期收取会费，规范会费支出管理。现有会员单位151户。

（朱辛放）

上海市汽车行业协会

上海市汽车行业协会成立于1996年，为上海市汽车行业企事业单位自愿组成的跨部门、跨所有制的非营利的行业性社会团体法人。现有会员单位319户。

2011年主要工作：

一、夯实服务基础，做好会员服务工作

1．关注市场，提供信息。组织专家编写和出版《2011年度汽车市场分析预测》蓝皮书，并向会员企业作推介和赠送。主动与市经信委等有关部门反映汽车市场发展走势，针对年内市场销售波动情况，积极提出相关建议。统计信息部编报每月全国及上海市的产销分析和预测，定期上报市统计局所要求的分析报表。利用每月工作例会向各分会和专业委员会通报市场信息，以各种渠道向会员企业发布相关市场信息。发挥网站、会刊信息传播作用，定期发布月度汽车市场分析报告，网站每天更新和发布协会相关信息和动态，全年共发布各种信息1300多条。召开年度统计和信息年会，表彰奖励12名先进统计员和6名先进信息员，组织会员企业统计员23人参加市经团联举办的统计业务知识培训。

2．深入推进节能减排工作。围绕“政府主导、企业主体、协会推动”工作方针，宣传和推广试点单位的做法和成果，推动行业面上JJ小组活动的深化。会同上汽培训中心、上汽经济质量运行部联合举办上海节能减排JJ小组相关操作知识培训班，来自26个单位的共75人参加培训。协会JJ小组活动得到市经团联的肯定和奖励。发挥上汽生产经营公司的专业人才优势，做好牵线搭桥工作，帮助上海中国弹簧厂和上海汽车制动系统公司节能照明改造项目的实施。铸造分会发挥行业专家的作用，先后组织专家开展现场节能技术改造调研4批17人次，组织3批专家计8人进行企业技术咨询服务。

3．发挥专家委员会和分会作用。组织专家30余人赴南汇参观，向专家通报“十二五”发展规划目标及协会重点工作，听取专家的意见和建议。组织专家开展“汽车零部件产学研合作”课题研究，经市经信委评审通过。汽车铸造分会发挥理事长单位的作用，为5个会员单位进行企业诊断和咨询，开展江、浙、沪学习互动，组织交流3次计47人次。专用车专业委员会定期召开工作会议，组织会员开展工作交流和课题汇报，结合专用汽车新产品公告管理等要求，与检测中心联合召开政策发布和培训会。动力总成分会举办汽车引擎控制国标学术研讨会，实施长三角地区轻型汽车排放检测比对，开展节能车型的检测抽查，参与上汽LDV项目试验及申报，与同济大学联合开展“发动机及热车管理系统仿真与优化”课题研究。

4．结合各阶段工作重点，定期走访会长单位和重点企业，全年走访会员单位10多户，在各分部以召开座谈会、走访会员等形式，加强沟通，听取意见和建议。

5．配合市经团联推进品牌评选工作。年内有4户会员单位申报品牌产品。

二、以五大平台为依托，提升服务能级

1．深化和完善“二会二中心”平台的服务功能。每季度四方定期围绕各自的工作重点，交流信息，落实项目，明确进度，协调行动。充分利用上汽培训中心的优质资源，共同举办“市场形势报告会”、“节能减排培训”、“企业知识产权战略报告会”、“企业管理知识讲座”等活动，为会员企业提供各类培训。与机动车检测中心联合召开“上海市改装车、专用车行业会议”，学习传达工信部文件精神，全市20多户专用车企业的40余位领导参加。与“二中心”共同举办专用车技术管理业务培训活动，35名会员企业的专业人员参加培训和交流。为推进上海新能源汽车的发展，四方联合成立专用车新能源发展专业课题组，并开展调研的各项准备活动。上汽培训中心和上海机动车检测中心充分发挥各自的优势，开展双方间的人员、业务培训、讲座、共建等互动活动。

2．积极构建上海研发公共服务平台中介服务网络。利用协会年会和专用车专业会议等场合，宣传和推介服务平台的功能和作用，在会员企业中发放科技创新服务卡和服务指南手册50多份。与模具等7家行业协会联合承担公共服务平台下达的科研项目，开展资源调查、企业推荐、指导使用等工作，并进行阶段性小结。推荐上海机动车检测中心参加市公共服务平台，成为其子平台，帮助中小企业会员利用平台资源提升产品竞争力。

3．参加市商贸委组织的公平贸易情况通报和工作交流活动。推进上海进出口公平贸易汽车行业工作站的运行。

4．建立协会经济合同仲裁汽车工作站，进行服务功能的推介，并帮助有关企业妥善解决合同纠纷。

5．加强机动车出口检测认证服务平台的推介和服务。上海机动车检测中心建立的“机动车出口认证平台”完成国外认证标准解读资料200份，协会利用全国省市汽车行业协会秘书长联席会议的机会，积极宣传和推介，使其资源能更好为长三角地区及全国出口企业服务。利用检测中心搭建的“公告参数技术平台”为专用车企业的新产品开发提供信息和帮助。

三、做好政府委托工作，开展课题调研活动

深化《上海专用车现状和发展研究》的课题调研，在完善“建设工程类”和“冷链物流类”两个分课题的基础上，完成总课题的编写。配合市经信委有关部门推进“工业化和信息化”两化融合的实施，发放调查表80多份。开展“上海专用汽车新能源发展”课题的前期准备工作，成立课题领导小组和工作班子，明确课题的调研方向和时间节点。完成向市发改委编制《上海市国民经济和社会发展报告》和中国汽车技术中心编制《中国汽车工业年鉴》提供上海汽车行业发展专题报告及企业统计报表。按时完成市统计局要求的汽车行业月度统计报表汇总工作并及时上报。为市经信委编制《上海市工业年鉴》提供协会工作报告，并每月上报全国乘用车市场分析资料。联系会员企业，配合市商委做好商务部的产业安全数据直报工作。

四、加强与产业链等行业协会间的合作

与汽配流通、汽车销售、汽车维修等4个协会共同参与“3·15国际消费者权益日”活动，在现场接受消费者的咨询。定期召开上海汽车产业链协会秘书长联席会议，互通信息，交流工作，合作共赢。配合上海塑料行业协会举办第二十五届中国国际塑料橡胶工业展览会的推介活动，组织有关专家作介绍塑料在汽车上的应用及发展趋势演讲，组织会员企业参观和业务洽谈。会同汽配流通协会和维修协会参加上海工具行业协会举办的“五金工具品牌发布”论坛，开展汽车行业与五金工具企业之间的对接活动。组织会员企业参加模具协会的技术交流和采购洽谈等活动。参加中汽车会和各省市汽车行业协会联席会议，参与协会间的工作交流和合作洽谈。组织会员企业参加印中商务洽谈等对外合作活动，还与墨西哥、西班牙、马来西亚、澳大利亚、中国台湾等国内外同行开展合作交流。

五、加强协会组织建设和秘书处自身建设

制订年度协会工作计划，开展目标进度分解，落实工作和时间进度。坚持每月1次工作例会制度，定期总结工作，互通信息，明确要求，落实计划。召开四届六次理事会和四届五次会员大会，结合会议进行会员梳理，做好新会员的发展工作。开展党支部“创先争优”活动，组织党员开展“承诺书”活动，进行党员群众的评议。同时，积极开展党务公开活动，制订活动计划，党支部被市经团联党委评为先进党支部。加强会费收缴工作力度，会费收缴率逐年提高。

（练维洁）

上海船舶工业行业协会

上海船舶工业行业协会是由上海及周边地区涉及船舶及其相关企事业单位自愿组成的跨地区、跨部门、跨所有制的非营利行业性社会团体法人。现有会员单位122户，涵盖船舶制造、修理；船舶技术设备的设计、研究；经济贸易和教学等领域。下设法律、铸锻、计算机3个专业委员会，另有游艇、设计、生产管理、统计4个专业工作小组。

2011年主要工作：

一、以规范化建设为契机，努力深化协会自身建设工作

1．抓换届改选，推进协会组织建设。

2．抓调查研究，了解企业需求与困难。

3．抓规范化建设，促进协会自身建设。

二、发挥协会桥梁纽带作用，坚持服务为宗旨，多为政府、行业、企业办实事

1．为政府服务。在完成上海市船舶产业发展“十二五”

规划建议方案基础上，继续完成市经信委委托的工信部及市统计局的行业统计工作。根据上海“加快推进本市战略性新兴产业”的要求，汇总提出七大类项目建议。提出建立上海船舶科技创新联盟的立项建议。受市有关部门委托开展上海海洋工程产业、船舶自动化课题研究。代表行业向政府及有关部门提交游艇按长度征税、上海船舶创意企业和品牌培育、船舶工业设计创新示范企业建设、船舶行业人才需求、上海船舶行业企业研发现状及需求等调查和建议。提出有关江苏、广东等省市关于游艇产业及园区的发展规划和建议。

2．为行业服务。结合行业热点、难点、共性问题，联合业界同行，组织举办各类论坛会、研讨会，开展行业交流、研讨，推进产学研合作。配合 IMO 新规则的实施，与中国船级社上海分社、上海造船工程学会联合组织召开“船舶公约与规范发展及其对行业影响研讨会”，得到船企的高度关注和积极参与。参与市研发公共服务平台船舶行业协会服务站建设，集聚行业专家、实验室、研发中心、大型仪器设备的资源优势，为行业内外企事业单位开展科研工作提供科技服务。与浙江省船舶行业协会、江苏省船舶工业行业协会联合主办“第二届（2011）中国造船与国际船舶交易峰会”。

3．为企业服务。根据成员单位特点，开展行业战略架构、企业发展方向研究，提供有关政府扶持政策和资金、融资、公共服务平台等针对性的服务。开展企业管理现代化创新成果、第二届上海市工商业领军人物、青年高端创意人才等行业评选和推荐；组织船舶行业创意成果展示；进行两化融合情况调查等活动，助推行业技术创新和管理创新。受企业和机构委托，开展、参与中国游艇市场发展情况、世界及中国游艇业概况与分析、上海船舶工业发展报告、上海年鉴、上海工业年鉴、上海浦东年鉴、《船舶志》、中国船舶工业年鉴等课题研究和编写。参与船舶工业污染物排放标准、重点工业行业 VOCS 排放及控制标准、GBS 和船上噪声防护标准、帆船检验指南等评估论证和技术标准制定。帮助企业走出去、引进来，拓展市场，组织国内企业 60 人次赴美、日、澳游艇展考察、参展、采购，深化与海外同行的交流合作；为企业收购世界顶级游艇公司和与海外豪华邮轮公司合作设计、开发、建造牵线搭桥，并提供咨询、评估服务。推进区域合作，组织成员单位参加“2011 年上海企业跨区域合作推介洽谈会”、“南通港口经济洽谈会”，赴南通中远川崎和熔盛重工等参观考察和交流。举办第十六届中国国际船艇及其技术设备展、高性能船学术报告会、游艇经济发展暨景观水系资源开发论坛会、游艇供需对接洽谈会、RINA 上海分会技术会议等专题展览和会议，深化行业合作与交流。推进法律、铸锻、计算机等专委会及游艇、设计、生产管理、统计专业工作小组工作，丰富和深化服务内容。配合海事部门推进行业标准和规范的修订、实施，推进行业诚信建设和企业社会责任建设行为规范。坚持做好《船舶行业信息》、《玻璃钢船舶信息》等刊物的编辑和发放；每年召开 1 次通讯员工作会议。

（赵　岚）

上海有色金属行业协会

上海有色金属行业协会成立于 2002 年 1 月 8 日，是由上海及周边地区有色金属行业同业企业及其他经济组织自愿组成、实行行业服务和自律管理的跨部门、跨所有制的行业性社会团体。现有会员单位 102 户，基本覆盖上海地区主要的有色金属骨干企业。

2011 年主要工作：

一、推进行业产业结构调整，做好行业转变发展方式的大文章

1．编制产业调研报告，规划 3 年行动方案。2 季度，承接市经信委下发的关于编撰《上海有色金属行业产业结构调整调研报告》的项目。为了能全面反映行业的整体状况，为市政府决策提供第一手参考资料，秘书处精心组织、周密安排，全方位开展调查研究。一是向生产企业下发 130 份结构调整意见征求表。二是先后走访不同类型的 28 户企业，并召开东、南、西、北 4 片区企业的座谈会。三是听取相关部门和专家的意见，于 12 月正式形成《上海有色金属行业产业结构调整的调研报告》和《上海有色金属行业三年行动计划方案》。《行动方案》的主要任务：一是调整有色金属产业布局。其中“十二五”期间减少（包括冶炼在内的）有色金属产能 30 ～ 40 万吨，减少用能 5.05 万吨标煤，腾出工业用地 60 ～ 80 万平方米。二是突破关键技术，发展高端产品。突破压延铜箔、有色金属复合材料、异型材等工艺技术，加强高端材料的研制，实现高端新材料产业化。形成 3 个生产基地，即以嘉定、宝山为主的箔材金属复合材料加工基地；以松江、青浦为主的硅材料生产基地；以金山或浦东新区为主的管材和型材生产基地。同时要求有色金属加工企业纳入各区县工业园区建设规划之中。三是完成对落后产能的调整。按照国家和市产业结构调整要求，按产品能级、工艺技术水平、能耗限额达标情况，以及与国家新兴战略产业对接程度，对分布在全市各区县的有色金属加工企业分阶段进行调整。历时4年，3个阶段，涉及企业总计248户。

2．举办前沿技术论坛，引导企业产品升级。4月，与有色网合作举办“2011上海有色金属技术与产品市场前沿论坛”，为与会企业家对接高端发展领域的产品，提供最新思路。9月，积极组织上海飞轮有色新材料有限公司、上海交大轻金属轻精密成型国家工程研究中心有限公司、上海晶盟硅材料有限公司等产品亮相第一届中国国际新材料产业展览会，体现了上海有色行业的科技水平和实力，引起同行们的高度关注。

3．制订能耗限额标准，助推企业节能减排。与上海有色金属标准化技术委员会共同承接市质监局下发的《铜精炼单位产品能源消耗限额》、《铝箔单位产品能源消耗限额》、《再生铝单位产品能源消耗限额》、《铝合金建筑型材单位产品能源消耗限额》、《变形铝及铝合金铸造锭、铸轧卷单位产品能源消耗限额》等5项上海市地方标准研制项目，着力推动上海有色金属产业节能减排的发展。3月，召开“以节能标准化工作推动上海有色金属行业产业结构调整”的全行业会议，全面启动上海有色金属单位产品能耗系列标准的研制工作，推出《节能标准化工作三年行动计划暨2011年度的实施方案》。5月，与市标协对26户单位31名相关技术人员及能耗标准起草人进行“标准的结构和编写与能耗标准编制”为内容的培训。年内，有20多户主要企业和4个政府部门及社会组织的60余人（次）参加“铜精炼、铝合金建筑型材、再生铝、铝箔、变形铝及铝合金铸造锭”等单位产品能源消耗限额的研制、起草和评审。这些标准的制定，为推进全行业的节能减排、淘汰落后产能提供了依据和技术支撑。

二、推动电子交易平台建设，延伸现代生产性服务业的产业链

1．不遗余力积极推进，促成公司注册成立。7月1日，以北方工业和大新华物流等公司组建的上海有色金属电子商务有限公司注册成立。电子交易平台以交收、融资、物流、信息四大服务为特色。其中，平台的融资服务以“便捷的在线融资申请、3小时内到款制度、分期赎货”等全新的现货交易模式，受到业内人士的极大关注。艾宝俊副市长在听取汇报后非常关注电子交易平台的盈利模式，嘱咐协会要将好事做好。

2．规范电子交易平台，建立信用管理制度。年初，承接市经信委信用管理处下发的开发“上海有色金属现货电子交易平台诚信体系建设的项目”。在B2B的现货电子交易平台上建立诚信管理制度，并同步实施进行，这在国内尚无先例，项目研制难度较大。协会与制度编制单位华予信公司历时8个月，先后制订“信用管理制度”，“信用评估制度”和“评估要素”等制度。并召开“上海有色金属现货电子交易平台信用评估制度点评座谈会”，听取市征信办、上海正信方晟等8户资信公司专业人士的评估意见，不断完善各项制度。同时，在交易平台上建立交易商的诚信档案。建立交易商的个人信用档案，可在第一时间警示和防范平台、交易商可能出现的风险。此举充分体现了电子交易平台“安全、诚信、高效、便捷”的理念。

3．规范企业经营行为，倡导守信受益风气。9月，参加由市诚信办、市征信管理办公室主办的2011年上海“诚信活动月”主题活动。，与28家行业协会一起作为市首批宣誓遵循“诚信誓词”的单位参加签约仪式，并在“诚信誓词”上签字，为进一步推进社会信用体系建设，营造“守信受益、失信惩戒”的社会环境，起到引领作用。

三、积极应对国际贸易摩擦，畅通政府支撑企业应诉的大背景

1．成立应对工作小组，谋求合作沟通桥梁。2010年年末，成立上海有色金属行业专家委员会应对贸易摩擦工作小组。同时，派员去北京向中国有色金属工业协会学习取经，共同研究在后金融危机时期应对贸易摩擦的措施，促进有色金属行业持续健康发展。

2．反映出口企业诉求，维护企业正当权益。会员单位上海爱邦铝箔制品有限公司、萨帕铝热传输（上海）有限公司、上海龙阳精密复合铜管有限公司均受到反倾销贸易投诉，协会及时邀请中国有色金属工业协会领导一起到企业现场办公，针对不同情况，一方面积极与用户联系沟通，在谅解的基础上，再进行解释，妥善地解决贸易摩擦，使企业的出口贸易回到正常轨道；另一方面，鼓励企业积极应诉，并将成功的经验传递给企业，聘请美国律师，赢得诉讼，解决了争端，使出口贸易顺利进行，避免了损失。

3．政府部门鼎力支持，畅通应对诉讼渠道。市经信委、市商务委和市标准化协会的领导十分关心并协助、指导协会工作，建议企业采用国际标准，减少和避免贸易争端，提高自身乃至整个产业的竞争力。市商务委还在协会设立上海市进出口公平贸易行业工作站，为企业构建应对国际贸易摩擦的平台。

四、继续办好行业会议，不断营造交流和互动的大环境

1．4月19日，与有色网在上海银河宾馆联合主办“2011上海有色金属技术与产品市场前沿论坛”，130余位代表分享了前沿最新技术。

2．5月19～20日，与有色网联合主办的“2011（第六届）上海铜铝峰会”在上海东锦江大酒店举行，与会代表近1000名。

3．5月26～27日，与有色网联合主办的第六届“2011上海铅锌峰会”在上海东锦江大酒店举行。27日下午，与上海期货同业公会共同主办“铅锌期货论坛”，期货同业公会派出最好的演讲嘉宾。会议吸引了1000余名代表参加。

4. 6月20～21日，与富宝资讯联合主办的“2011上海废金属峰会”在上海银河宾馆举行，150余名代表出席会议。

5. 6月20日，由镍钴分会与中国镍钴网联合主办的第一届“2011上海有色金属行业协会镍钴分会镍（钴）市场研讨会”在东方航空宾馆举行。出席会议的有包括金川集团国际贸易分公司在内的60余户企业和100余位镍钴产业链的企业代表。

6. 与申银万国期货有限公司、新加坡泰拉宾（Terrapinn）公司、新湖期货有限公司联合协办“申银万国期货有色金属论坛”、“2011世界废金属大会”和“2011中国铝产业经济50人高峰论坛”，为现货、期货人员互动交流提供信息平台。

五、不断提高办会效率，提升社会影响力

1. 增补理事健全班子，搭建会长沙龙平台。一是完善理事会成员单位结构。6月，三届三次理事会增补东方希望集团等8户单位为三届理事会理事单位，增补8位同志为理事会理事。增补后的理事结构更合理，代表性更强。二是开好会员大会，增强沟通交流。1月，上海有色金属行业迎新春年会、三届二次理事会在花园坊隆重举行。年会聘请11位同志为专家委员会委员，授予上海长亚机械设备有限公司铝合金挤压棒材为2010年度行业“名优产品”称号；9位同志被授予技术职称资格证书。同时，协会成立了镍钴分会。三是召开副会长会议。9月，三届一次副会长联席扩大会议上成立上海有色金属行业会长沙龙，选出第一届会长沙龙会长。

2. 发挥专委会作用，扎实做好基础工作。专委会专家，为提高行业技术专业人员的整体素质，先后到飞轮实业、鑫冶铜业、鑫云贵稀、帅驰实业、五星铜业等企业，上门为80余名职称评审申报人员辅导。经评审，14户单位中42人通过审核，成为行业的专业技术骨干。有色标委会审议通过上海中捷有色金属有限公司制定的《铝硅铁合金》等8项企业产品标准，审议通过上海金藏物资有限公司加工的《100mm×100mm桶装电解镍板》的企业产品标准。计量专委会承担编撰《贯彻市政府关于对相关产业调整和振兴规划质检部门（有色金属行业）实施方案的研究课题》中的编辑工作。由市质监局设立在本会的第一届上海市有色金属标准化技术委员会进行换届改选，经市质监局领导批准，成立第二届上海市有色金属标准化技术委员会，任命新标委会主任。

3. 壮大协会服务功能，拓展服务企业平台。12月，在继续办好《上海有色金属信息》周报，理顺上海有色网有色协会专区、中国镍钴网有色专区版面和内容的基础上，正式开通上海有色协会网。另外，通过上海联合产权交易所交易，全资收购了上海市有色金属计量监测站。

（史爱萍）

上海铝业行业协会

上海铝业行业协会成立于1989年3月，是上海及长三角地区从事铝材、铝制品、铝冶炼的生产企业和铝产业链中的装备、贸易、科研等相关企事业单位自愿组成的行业性社会团体。现有会员223户，主要来自上海、江苏、浙江两省一市。

2011年主要工作：

一、走访会员，做好发展会员、服务会员、巩固会员工作

积极发展新会员，全年发展新会员50余户。在发展新会员同时，坚持分片联系会员制度，大量走访会员单位和接待来访会员，每月不少于30户，并实行走访会员书面报告制度和会员来访书面报告制度。通过走访，了解会员需求，开展各项服务，进一步巩固会员队伍。年内为苏州博能炉窑科技有限公司等会员单位进行业务对接；为宁波市威尔金属有限公司等30多户会员单位进行技术服务；为恒秀等3户会员单位与大专院校牵线搭桥，签订产学研协议，争创高新技术企业；先后3次在会员单位进行节能减排JJ小组培训；配合国家商务部和市商务委做好反倾销、反补贴案例的跟踪和应对；组织多户会员单位参加上海应用技术学院应届毕业生招聘会；在会员单位中全面启动“上海市企业诚信创建活动”，其中上海捷如重工机电设备有限公司等4户单位荣获“二星级创建诚信企业”称号，上海神火铝箔有限公司等3户会员单位荣获“创建诚信企业”称号。

二、创建合作平台，拓展服务功能，满足会员个性化需求

充分利用和整合政府资源、社会资源、大学资源、会员资源，汇集各方力量，与会员单位以签订合作协议的形式，创建服务平台，提供个性化服务。与上海创驰企业管理咨询有限公司合作，先后为永杰新材料股份有限公司、华东铝业有限公司上海中捷有色金属有限公司等10余户会员单位进行商标注册、创建著名商标和驰名商标建设服务；与上海仁信保险经纪有限公司合作，为有意向的企业引进风险管理顾问；与中磊会计事务所合作，为准备上市的企业做好前期辅导工作；与市能标委联系和合作，做好能源标准制订工作；与上海应用技术学院联合开办"铝加工本科班"，培养专业人才；与江阴周庄金属交易所合作，为需要挂牌交易的会员提供咨询；与安徽省濉溪经济开发区合作，为需要新建项目的会员提供投资服务；在市商务委公平贸易处指导下，开展应对国际贸易摩擦有关知识和法律的学习、宣传、调研工作。

三、开展技术职称评审工作，促进企业人才储备和技术进步

4月、10月，分批进行专业技术任职资格评审。经评审，有100人分别获得高级、中级、初级专业技术职称任职资格。职称评审工作为鼓励企业员工刻苦学习知识，勤奋钻研技术，推动企业的人才储备、技术进步和创新发展，起到了积极的作用。

四、加强机构建设，积极推荐符合条件的单位进入理事会

在2010年增补5个理事成员的基础上，年内又增加13个理事成员。目前协会共有50个理事单位，其中副理事长单位14个、理事单位35个。每年召开两次理事会议，听取并审议秘书处工作汇报，审议决定重大议题议案，决定协会发展的重大方向和主要工作目标。还建立每月1次的理事长和秘书长定期工作交流机制，主动接受理事长的指导。

五、加强协会专家队伍建设，发挥协会技术引领作用

年内专家委员会增补5位业内资深专家，专家委员会成员增至44位，涵盖铝行业各门类、各学科、各专业，其中包括清华大学等6所高校的9位教授，为企业技术进步提供了广阔的产学研合作交流平台。6月，举办专家委员会五届四次全体会议，并成立"铝箔专业委员会"和"复合材料专业委员会"。专委会积极发挥在推进行业技术进步和产业发展中的引领作用。如派出教授级高工，对南通华特铝热传输材料有限公司的检测人员进行现场指导；为萨帕铝热传输（上海）有限公司进行专项技术鉴定；为宁波市威尔金属有限公司起草项目咨询报告；组织带领有关会员企业进行《铝合金挤压型材单位产品能耗限额》上海市标准的制定工作；编印出版《2011年论文集》，收入论文27篇，并被中国科学技术信息研究所（国家工程技术图书馆）录藏。

六、选出新一届理事会，开创工作新局面

9月21日，举行五届九次理事会议，审议并通过《五届理事会工作报告》、《关于上海铝业行业协会换届改选工作的准备情况的说明》等文件。22日，协会第六届会员大会暨2011中国长三角铝业高峰论坛在沪隆重举行，选举产生第六届理事会、理事长、副理事长、秘书长。

七、加强内部建设，提高办会能力

制订和完善《协会工作人员考勤制度》、《实行协会工作人员全员劳动合同的管理办法》、《上海铝业行业协会办公室工作职责》等管理制度和工作条例，坚持每周1次工作例会，每月1次月度工作总结和计划会。还坚持工作例会后请专家讲解铝加工方面的知识，提高工作人员铝业知识水平。加强信息平台建设，全年编印协会《会刊》6期，编发《秘书处工作汇报》42期，"上海铝业网"每日更新信息近20条。正常开展党建工作，年初党支部制订《2011年"创先争优"工作计划》和《党员廉政守则》，如期出版《铝协党建》。

（范垦程）

上海市电镀协会

上海市电镀协会成立于1984年6月，是上海地区电镀企业及相关的电镀设备、材料、设计、科研、教学和经营以及与电镀有关的单位组成的行业社团法人。现有会员单位270户。下设电子电镀、热镀锌、台资企业、老电镀工作者、青年工作者专业委员会和清洁生产办公室。

2011年主要工作：

一、教育培训

1．为金山、宝山、松江地区20多户企业培训电镀操作工95人。

2．为浦东新区、闵行、奉贤等区，用自编《电镀三废处理和环境保护》教材，培训150多名环保操作技术人员。

3．为加强推进清洁生产的发展，推荐13人参加国家清洁生产审核师培训，12人获得资质证书，并和上海清洁生产推进办合作培训81名清洁生产内审员。

4．继续贯彻含氰剧毒化学品、危险化学品的运输、储存、使用的要求，规范对企业的各项要求，坚持持证上岗、定期检查，在区、县、集团、控股公司等50多户企业进行120多人次的岗位复训。根据政府有关部门的要求，对易制毒化学品从业人员360多人进行培训；对企业法人、主管人员和涉及危险化学品从业人员40多人进行推荐参训。

二、行业自律

根据国家工信部和市有关部门的要求，制定企业准入制度。为了保证本市电镀企业在环境保护、安全生产、疾控防治、节能减排、文明生产等方面规范有序，年内对符合准入条件企业发放45张3年期的准入证，对28户要求整改或在清洁生产审核过程中可能进行产业结构调整的企业发放1年期准入证，并在审核中邀请各区、县、集团、控股公司有关领导、专家，对企业共提出300多项技术、管理等方面建议，为企业改造、综合素质提高，产生良好效果。

三、组织行业间的学习交流

组织热镀锌工作委员会联谊会、电子电镀上海国际论坛、青年电镀工作交流学习会、老电镀工作者重阳敬老会等，还组织150多人次赴江苏、浙江等地进行考察学习；组织长三角地区电镀行业协会交流会；接待北京、天津、沈阳、贵州、兰州、太原等行业协会的代表来沪传经送宝。

四、服务企业

1．与上海市机械工艺研究所实验室联合为行业79户企业做槽液分析、耐应力、结合力、厚度、空隙力、电位差、耐腐蚀力、金相等测试170多批次，为产品合格率提供可靠的科学依据。

2．协会技术咨询热线为企业提供100多次的技术咨询，并为众多的企业解决生产中碰到的技术难题。

3．与上海轻工研究所合作生产的镀镍废水回收装置在推广使用中，取得了令人满意的效果，为72户电镀企业安装了131套镀镍废水回收装置，共从废水中回收镍89吨，镀镍废水回用率达到70%以上。既节省水费，又节约废水处理成本，每年可为电镀企业节水约70万吨，减少用水成本700多万元，减少重金属对环境的污染和废水的排放，从废水中回收金属镍，为企业取得了环保和经济效益。

4．年内网站进一步升级，作了4次大改动。《上海电镀》杂志编辑出版6期近30万字，及时报道行业动态、政策法规、技术信息、企业管理经验等，较好发挥了服务窗口作用。

5．积极编写《上海电镀发展史》。多次组织研讨会、座谈会，访问众多电镀工作者，查阅大量档案报纸及书刊，整理大量文字资料，年内完成初稿。

6．协办国际荷兰水处理展、中国表面工程国际展，组织瑞士菲希尔公司新技术、新产品测试仪器的推广会，组织美国安美特公司绿色环保产品推广会，组织加拿大魁北克市燃烧技术节能设施推广会等，让企业认识更多环保的节能新技术、新工艺、新设备。

五、服务政府

1．完成市政府要求制定的上海市电镀行业“十二五”规划，为行业发展、政府的产业结构调整提供相应的依据和合理的目标。

2．完成市公安局、市经信委、市安监局交办的116户单位含氰剧毒化学品、危险化学品的使用量的审核工作。

3．完成市禁毒办、市公安局缉毒支队要求的易制毒化学危险品从业人员的复训工作。

4．完成市环保局、市清洁生产推进办交办的33户清洁生产审核工作。在28户清洁生产审核工作中，企业共投入8769.2万元，提出73项中高费方案，395项无低费方案，全年取得经济效益10814.7万元，节约1511万度电、水40183立方、天然气284立方米、蒸汽295吨。减少排放COD25吨，减少二氧化硫排放29.2吨，减少废水57278，得到市环保局、市经信委的好评。

（王纪民）

上海钢管行业协会

上海钢管行业协会成立于2000年4月。现有会员企业46户，遍布上海、江苏、浙江两省一市。下设不锈钢管专业委员会和专家技术委员会。

2011年主要工作：

一、服务国家长三角战略，推动长三角钢管行业协会的筹组

随着上海产业结构的调整，长三角区域经济与上海联动发展，江、浙两省的钢管企业发展迅猛，并逐渐形成浙江松阳、杭嘉湖地区和江苏无锡、扬州、盐城地区等钢管生产企业集聚区。目前，长三角地区已有钢管企业近千户，产能约占全国钢管产能的1/3，并集中全国一半以上的核电、化工、高压锅炉、油井、医药卫生等高质量钢管的生产能力。长三角钢管企业在生产、技术和产业链上紧密连接，在人才、市场和资源配置方面互为融合，目前协会会员中约1/3来自江、浙两省，而江、浙两省至今没有钢管行业组织，为促进区域经济合作，在服务长三角、服务长江流域、服务全国中发挥重要作用。协会不断利用各种会议的机会，分别向市经信委、民政局和民政部分管领导多次进行筹组长三角钢管行业协会的口头汇报。

年初，民政部门正式通知协会递交申请报告。协会在宝钢股份的大力支持下，由宝钢股份牵头，江、浙两省行业内具有一定代表性的20余户钢管企业共同发起成立长三角钢管行业协会。协会还派员进京向国资委、中钢协等领导部门汇报筹组区域性行业协会的情况，得到上述部门的支持。5月，协会申请成立中国长三角钢管行业协会的报告，获市经信委批复同意成立。目前，正会同市社团局与江苏、浙江省经信委进行沟通，以获取其同意批复。

二、服务行业公平贸易，协助企业应对“双反”诉讼

6月，了解到欧盟正准备对我国进行不锈钢管的“双反”调查，立刻向市商委汇报，并同时通知相关企业，力争抢在欧盟公布信息之前做好应对准备，还联合江、浙有关企业，共同做好应对准备工作。由于准备充分，9月30日，欧盟委员会对原产于中国的不锈钢无缝管进行反倾销立案调查消息公布后，涉案企业纷纷应诉，极大地有利于抗辩工作，相关企业还获得数额不等的政府反倾销补贴。

协会被商务部命名为全国27个公平贸易基层工作点之一，被市商务委授予第一批“上海市进出口贸易行业工作站”。年内还受邀参与本市有关公平贸易规范性文件的起草讨论工作，共开展4次有关国家对我国“双反”诉讼的法律培训工作。

三、服务政府当好参谋，拓宽协会服务领域

多次受政府委托，协助政府完成行业管理和行业调研工作。受市经信委委托，组织编写《上海钢管产业“十二五”发展规划建议》。受市社团局委托，为其完成重大课题《区域行业协会建设可行性研究》，提供研究资料。

四、加强企业信息交流，坚持办好展会、网站和会刊

与中国金属学会冶金展合作，连续举办七届“上海国际钢管工业展览会”。规模从以往的1.2万平方米，扩展至5万平米，在国内外获得巨大影响。期间，举办“第三届中国钢管技术与市场论坛”，邀请国家商务部、中国钢铁工业协会领导作钢铁工业形势和钢管反倾销实务报告，核电、海洋工程、锅炉、石化等行业专家作有关需求方面报告，西马克的德国专家介绍了该公司最新轧管设备。协会还与中国钢结构协会钢管分会共同举办“天津国际钢管工业展览会”，帮助企业拓展市场。

协会网站发布行业信息9600多条，钢管行情信息8300多条，协会和会员动态200多条，传播钢管知识和发布供求信息100多条，网站的点击率不断攀升，独家信息不断地被业内其他网站转载。

《上海钢管行业简报》已出版234期，《简报》通过宏观信息、国内外行业动态和协会动态3个栏目，给会员提供近期钢铁行业趋势、钢管产业技术信息和协会、会员动态。

五、服务企业品牌建设，引领产业优化升级

通过“上海名牌”及“上海著名商标”的推荐和建设，引导会员企业优化升级。经积极推荐和辅导，会员企业中拥有“上海名牌”6个，“上海著名商标”4个。年内，会员单位上海申花、上海佳艺、上海天阳、奉贤钢管、亚泰钢管5户企业通过“上海名牌”评审，1户企业成为协会的重点培育对象。

六、服务会员企业员工，开拓培训、职称评定新渠道

落实无损检测及材料化验的专门培训机构，经其培训可发给中国无损检测学会岗位证书，目前已为多户会员企业培训了无损检测和材料化验技术人员。与上海职业能力考试院建立有关职称评定的工作联系，将按照本市技术职称评定统一规定，协助会员企业申报中、高级专业技术职称。还可通过中钢协，为会员企业申报评定高级专业技术职称。

七、积极发展会员企业抓好协会自身建设

年末，按章程要求，顺利完成换届改选工作。新选出15户常务理事单位，5户副会长单位。现有会员单位46户。

（蒋秋生）

上海市焊接协会

上海市焊接协会是1986年经上海市民政局批准成立的市级专业协会，下设行业管理、教育培训、交流出版和组织建设等4个专业委员会。现有会员企业243户。

2011年主要工作：

一、服务企业，加强技术、人才、信息服务

1．为企业解决生产中的焊接技术难题服务。积极为企业开展技术服务、技术咨询，帮助解决企业产品生产、技术改造中遇到的重大技术问题和质量问题。全年组织技术力量，先后完成数十项重要项目的焊接工艺评定工作，解决企业生产中的关键焊接技术难题，保障了项目的上马和出口。同时，帮助企业进行重大工程的技术攻关服务。如：5月，承担上海电气电站设备有限公司上海发电机厂的25CrNi4MoV钢锻件发电机轴补焊技术研发的服务项目，以解决上海发电机厂大型发电机转子补焊的技术难题。7月，派员在阿联酋富吉拉海湾工地进行现场焊接技术咨询和服务指导，帮助上海博强机械制造工程有限公司解决工程项目的焊接技术问题，确保这项将延误的工程按质按时完工。

2．为企业培训焊接人才服务。协会培训工作先后通过三方面的资质复审：4月28日，通过市安监局的焊接安全生产培训资质复审；9月6日，通过美国焊接学会专员对AWS国际注册焊工的培训资质的“全方位”复审；11月9日，又通过中国船级社上海分社专家对协会开展CCS焊工技术培训资质的复审。全年共培训AWS、EN（欧盟）、ISO（国际焊工）、CCS（中国船级社）焊接工标准和焊接安全操作、

等级工等各类焊接技工 1250 人。

3．开展各项技术交流服务。10 月 18 ～ 20 日，派出 13 人参加在镇江市江苏科技大学召开的第 11 届华东 6 省 1 市焊接技术交流会。为协办好交流会，协会按照确定的“先进装备制造的焊接技术”主题，组织征集了 23 篇交流论文。在期间召开的第十六次全国焊接学术会议上，协会副理事长吴祖乾博士被授予“2011 年中国焊接终身成就奖”的荣誉。6 月，组织会员单位参加在上海举办的第十六届埃森焊接和切割展览会，在了解国际市场焊接新产品、新技术和新材料的同时，展示上海焊接行业广大企业最新研发的焊接产品和焊接技术，扩大名优焊接产品的市场销售。展会期间，配合中国焊接协会筹备在上海召开“创新做强”焊接国际论坛、2011 中国焊接产业论坛和中日韩国际焊接论坛。中国工程院院士关桥和世界知名的焊接专家作“航空航天制造工程中焊接／连接技术的创新发展”、“对轻合金材料低温连接的新进展”等报告。论坛还就“先进焊接设备”、“先进焊接工艺与系统”、“绿色焊接与材料”等专题和以焊接自动化为主题，采取“对话”互动形式，进行报告、讨论、交流。另在江苏科技大学召开沪津两市焊接协会第十二次交流会。围绕“自动化焊接”的主题，进行探讨和交流。

4．积极提供各种信息服务。先后到上海索德、南通振康、无锡哈德瑞、无锡第一电焊机、上海沪通、上海沪东、上海沪光、索益科技、昆山华恒、苏州佰乐、上海正泰、上海正特、通用重工、上海东升、大西洋焊材、梅达焊接、慎诚公司、金刚材料、司太立等 19 户会员单位调研，向企业传达协会工作和国家方针政策，进一步加强与会员单位的沟通联系，了解企业的需求，促进协会改进工作方式，拓宽服务领域。并把杂志和网站作为服务企业，反映企业呼声、传达政府政策、交流中外技术、提供市场信息的重要平台。与市焊接学会共同研究落实进一步办好杂志的措施，进一步改进和加强网站建设。2011 年《上海焊接》杂志和上海焊接网在内容、质量、报道的时效性、服务企业的针对性方面有所提高。

二、规范行业，加强产品质量教育和行业安全生产

1．加强行业产品质量管理。2010 年，市质量技监稽查总队查出本市 9 户企业（8 户为非会员企业）生产的交流焊机质量不合格，主要是实际电流调节范围低于铭牌所示范围。协会为此多次召开会议，进行行业产品质量警示教育，要求广大会员企业引以为戒，深刻吸取教训，坚持质量第一、技术创新、依法经营的理念，真正把产品从行业间的低价竞争转到技术、质量、服务竞争上来，规范焊接产品市场的有序竞争，以切实维护上海焊接行业的形象和声誉。

2．加强行业安全生产。利用各种会议、技术交流活动、基层调研等途径，要求会员企业加强安全生产负责制，从思想观念、技术工艺、生产加工、物流运输、售后服务等各个环节切实健全和落实各项安全生产管理制度，并有专人进行监督检查。年内焊接设备生产企业、焊材生产企业和配件生产企业的会员单位中没有发生因违章操作而引发的安全生产事故。

三，发展产业，推进技术创新和开发高效节能减排新产品

1．完成产业结构调整研究课题。3 月，完成市经信委专项资金研究项目《上海焊接行业产业结构调整优化升级研究》课题。在课题研究中，协会先后开会进行专题研究，修改完善课题框架，还邀请焊接切割设备、焊接材料，以及汽车、造船、锅炉、钢结构等行业的 20 多名专家人进行研讨，形成课题报告，为当好政府助手，帮助政府规划上海工业发展，调整和优化产业结构提供决策依据。

2．开展行业名优产品评选。为搞好 2011 年第六次行业名优产品推荐工作，协会于 3 月、4 月和 8 月 3 次召开专家组会议，研讨以技术创新、节能减排为重点，进一步完善和落实行业名优产品评选。从对推荐的焊机产品 12 个指标考评打分、实地试焊、专业检测等情况看，参评的焊机技术含量和质量水平比往年有新的提高。经实际试用、打分考核和产品检测，并经六届八次理事会通过，共评出 12 户企业生产的 35 种产品为本年度市焊接行业名优产品。根据国家权威检测部门的建议，协会在行业名优产品评选中将增加对产品节能指标的考核，以促进行业技术水平的提高和产品结构的优化调整。

3．组织新产品演示交流。11 月 25 日，和东升集团联合举办 2011 东升焊接集团新品演示交流会，重点演示东升集团 2011 年研发的“焊接交流王”焊机、工业逆变气体保护焊机数字化逆变埋弧焊机、数控式气体保护焊机和数控切割产品等 5 种新产品，同时组织现场交流，要求企业走技术创新发展各种节能、减排、绿色的焊接产品道路，以促进上海焊接行业的整体技术水平和产品能级的提升。

（柳国炎）

上海市气体工业协会

上海市气体工业协会成立于2007年1月19日，是由本市及与本市气体工业相关的专业气体生产、气体储运、气体经营、空分装备、承压设备制造、相关仪器仪表和零配件制造，以及科研单位、检测中心和大专院校等相关企事业单位，并包括在本专业领域内具有一定影响的个人自愿组成的专业性非营利社会团体法人。下设焊工考试委员会，主要负责特种设备企业的焊工考试。

2011年主要工作：

一、协会重要会议和活动

1．3月18日，在中国科学院上海学术活动中心召开第二届会员大会，129名代表出席会议。根据议程安排，就《第一届理事会工作报告》和《财务收支决算报告》、修改后的《章程》、《协会经费收支管理办法》、《第二届理事会理事单位候选名单》等作相应的报告和说明。根据《第二届理事会理事选举办法》，采用无记名等额投票选举方法，选举产生第二届理事会理事。

2．3月24日，参加市质监局在上海广电集团会展中心召开的2011年上海市标准化工作会议，听取全国标准化工作会议和上海市标准化工作联席会议第六次会议的精神，明确上海标准化项目申报的情况和要求。

3．6月1日，参加“行业协会发展研究专业委员会”学习讨论市委办公厅文件《关于进一步加强本市社会组织建设的指导意见》的会议。

4．6月14日，参加总装后勤部试验装备与军交运输局在北京召开的“300m3液氢储罐”投标厂家研制技术方案评审会。

5．7月20～23日，在成都组织并召开“爆破片与爆破片装置制造企业制造许可证换证评审工作研讨会”，国家质检总局修长征处长、中国气协气专委王为国秘书长及各爆破片企业负责人参加会议。

6．8月1日，根据市质监局特设处的要求，在上海气协会议室召开《TSG_R4002-2010移动式充装许可规则》实施的研讨会，对许可评审细则进行讨论。

7．8月15日，周伟明秘书长作为授课老师在上海市特种设备监督检验技术研究院就新颁布的TSGR4002-2011《移动式压力容器充装许可规则》进行宣贯，本市各充装单位百余人参加培训。

8．8月20～26日，协会一行9人，参加中国特种设备检验研究院在贵阳举办的“移动式压力容器充装鉴定评审人员考核培训班”，根据《关于公布新增或增项特种设备行政许可鉴定评审人员名单的通知（质检特函[2011] 104号）》，9名评审员已全部通过考核。

9．11月22～28日，在长沙承办全国锅炉压力容器标准化技术委员会的“2011年C类压力容器设计审批员培训考核班”，近百名学员参加了培训考核。

10．12月20日，参加市经信委在上海能效中心召开的“上海市经济信息化系统社会组织工作会议”。

11．12月30日，参加市工经联在上海市经济管理干部学院召开的传达市委九届十七次全会精神的会议。

二、参与标准制修订工作

1．主持编写的GB/T18442.1-GB/T18442.6《固定式真空绝热深冷压力容器》等6项国家标准批准发布。

2．完成GB/T5458《液氮生物容器》、GB14174《大口径液氮容器》及GB16774《自增压式液氮容器》等3项国家标准的上报审批工作。

3．完成GB567.1-GB567.4《爆破片安全装置》和GB/T14566.1-GB/T14566.4《爆破片型式与参数》等8项国家标准报批稿的修改工作。

4．完成《深冷容器——高真空多层绝热用材料》、《深冷容器－气体与材料的相容性判定导则》等两项国家标准的标准立项和起草工作。

5．完成《承压设备安全泄放装置选用与安装》、《承压设备安全附件应用导则》等两项国家标准的标准立项和起草工作。

三、参与安全技术规范的制修订

1．完成TSGR0005《移动式压力容器安全技术监察规程》的制定，且已正式颁布。

2．完成TSGR0005《移动式压力容器安全技术监察规程》编制说明的编制。

3．参与TSGR6001-2011《压力容器安全管理人员和操作人员考核大纲》制定，且已正式颁布。

4．参与TSGR4002-2011《移动式压力容器充装许可规则》制定，且已正式颁布。

5．参与TSGZF003-2011《爆破片装置安全技术监察规程》制定，且正式颁布。

6．参与TSGZ7004-2011《特种设备型式试验机构核准规则》制定，且已正式颁布。

四、参与国家和地方的科研专项工作

1．参与“承压设备安全附件标准体系研究及重要标准研制”质检公益性行业科研专项工作。

2．参与“深冷容器气体与材料的相容性试验方法研究及相关标准研制”质检公益性行业科研专项工作。

3．参与市质监局科技专项“承压设备安全泄放装置（安全附件）国家标准研制”。

4．参与《液氮生物容器》、《大口径液氮容器》及《自增压式液氮容器》3项国家标准修订工作，成功申报市经信委的行业协会发展专项资金。

5．参与“深冷容器——气体与材料相关标准研究与制定”项目，成功申报市科委科研计划项目。

五、作为低温工作组秘书处承担单位，参与ISO/TC220国际标准化事务

1．低温工作组代表我国SAC参与对ISO/TC220投票决议工作。

2．撰写《低温容器国际标准引用中国相关材料牌号》的提案。

六、积极协助企业获得政府资助、提高企业参与标准制修订的积极性

七、面向政府与行业的服务、管理工作

1．参加中国工业气体协会气瓶专委会制造许可证评审。

2．作为授课老师为压力容器设计鉴定评审人员讲课。

3．负责上海市焊工培训和考试工作。

4．与同行间的学习交流。

5．编辑出版《上海气协简报》。

6．举办上海地区气体分析工资格证书培训考核。

（施锋萍）

上海市热处理协会

上海市热处理协会成立于1984年，是以热处理企业为主和相关联的设计、科研、教育等有关单位，热处理设备制造企业和热处理工艺材料生产企业自愿参加组成的社会团体。现有单位会员367户。下设真空、感应、控制气氛热处理和表面改性技术等专业委员会。

2011年主要工作：

一、加强协会自身建设

1．积极组织协会秘书处人员，参加联合支部的学习和争先创优等各项活动，参加各项社会大事的讨论，认清形势，转型发展。

2．大力推进行业清洁生产重要性的宣传，指导企业进行清洁工作，找到清洁工作在企业内的重点，促进企业对搞好清洁生产的主动性和积极性的提高。秘书处培训了清洁生产评审师两名。

3．建立网站，把协会重要工作、企业先进的经验特别是节能减排的先进事例、政府的重要信息在网上发布，增添与企业间沟通的有效途径，拉近企业与协会的距离。

4．重新修订行业的准入标准，提高门坎，促进企业提高社会责任感，促使企业技术管理、安全管理、现场管理和节能减排、环境保护的能力和水准的提高。

5．顺利完成换届改选工作，秘书处人员进行相应调整。协会设副理事长10名，常务理事27名，理事81名。新当选的协会理事长和秘书长都实现了年轻化，并修订协会章程和有关规章制度。

二、做好政府参谋

1．完成编制上海热处理行业“十二五”规划，大力进行宣贯。

2．配合市经委产业结构调整调研工作，弄清行业厂、点数量，对未纳入行业管理的厂、点进行宣传与指导，使之尽快纳入行业管理。

3．认真做好对新建、扩建、迁建热处理厂、点的设点事前论证工作，建议企业选用先进的节能节材的智能化高质量的热处理设备，使得这些热处理厂、点能成为本市热处理行业比较先进的企业。

4．组织专家按市质监局、市能标办要求，编写市热处理生产工序能耗限额，进一步规范热处理生产。

5．主动完成政府交办的各项工作。

三、达标评审常抓不懈

以行业热处理厂、点基本生产条件评审为抓手，为政府加强业内企业管理搭建最佳平台。评审工作3年进行1次。年内共评审64户企业，合格后发放达标证。通过达标验收，企业的管理、质量、安全、环保、节能减排等方面，都有一定的提高，确保行业健康运行。

四、努力服务企业

1．认真做好企业达标评审的指导工作，使企业达到一次性验收合格。

2．及时为企业解决困难服务，解决企业生产技术问题、设备节能改造问题，推介先进的热处理工艺技术。如，帮助上海申光高强度螺栓厂等企业针对产品选用合适的热处理设备，帮助热处理设备制造厂推广先进的热处理设备等。

3．认真搞好技术培训。为40多户企业的热处理工进行上岗资格技术培训，人数达到178人。编制高级热处理工评审资料；与上海应用技术学院联办热处理中级工 3 个培训班，81 名学生获得金属热处理中级工证书，100% 被企业录用。

4．组织技术交流。通过各专业委员会开展针对性行业技术交流，如组织采用节能环保型热处理淬火介质的技术交流，请上海德润宝、好富顿、南京科润等企业技术专家，介绍水溶性淬火介质，以减少油的使用起到环保节能的效果，得到企业的欢迎。感应加热专业委员会和真空加热转热委员会及可控气氛专业委员会也分别举办了技术交流。还和兄弟协会搞好协会沙龙，与国内相关协会互通信息，推广国内外先进技术。

5．认真搞好协会通讯，向会员传达市政府有关精神和要求，及时把握形势，提高企业的管理水平和竞争力，促进企业不断发展壮大。

（冯　亮）

上海市轻工业协会

上海市轻工业协会成立于 2007 年 6 月，是由轻工各专业行业协会、大中型企业集团（公司）、科研院所等自愿组成，跨所有制的非营利性社会团体法人。现有会员单位 200 余户。

2011 年主要工作：

一、市领导亲临调研，促进本市轻工进步

9 月，经协会推荐，市委书记俞正声同志先后到中国第一铅笔有限公司、上海民族乐器一厂、上海红双喜集团、上海表业有限公司等企业调研，了解企业发展情况。俞书记在调研时表示，这些企业都是当年国内著名的、产品深受消费者喜爱、全国老百姓至今没有忘记并关心的上海传统品牌企业，企业能够坚持到今天并不断发展十分不易。俞书记对企业作出的努力和取得的成绩给予充分肯定，希望这些企业进一步按照市场规律配置资源，深化改革，调整结构，保护和发展好民族品牌，做大做强自主品牌，提升竞争力；政府有关部门和区要及时了解企业发展中碰到的瓶颈问题，加大解决困难的力度，千方百计帮助企业，使企业发展得更好。俞书记对上海轻工品牌企业的关注，使大家深受鼓舞，也提振了市政府有关委办局对轻工业的关注度。协会按照俞书记的要求及批示精神，以扶持上海民族乐器一厂、上海表业有限公司发展为重点，配合政府部门开展工作，努力促进本市轻工行业的创新驱动、转型发展。

7 月 20 日，协会第二届第一次会员代表大会和二届一次理事会下午在上海新天鹭会议中心举行。全国政协常委、市经团联会长、市轻工协会名誉会长蒋以任，中国轻工业联合会副会长兼秘书长王世成，市经信委副主任邵志清，市社团局副局长徐乃平，会长王宗南出席大会并讲话。大会审议并通过第一届理事会工作报告、财务收支决算报告、修改后的《上海市轻工业协会章程》与会费收取和使用规定，选举产生 80 人组成的第二届理事会。二届一次理事会推举产生了会长、常务副会长、副会长、秘书长、副秘书长，聘请了名誉会长和协会顾问。

二、协助政府调研，推动行业发展

协助市委、市政府领导及有关部门开展对上海轻工业调整发展进程中重大问题的调研，助推上海轻工业的创新和转型。应政府购买服务的需求，承接调研课题，提出意见和建议，形成《上海轻工业产业结构调整和优化升级的研究》课题研究报告，承担《上海轻工业转型提升重点及路径研究》课题。广泛宣传会员单位，扩大上海轻工业的社会影响，通过新闻媒体、《上海轻工业》杂志、协会网站、会员通讯、各类年鉴等多种途径，多角度宣传上海轻工业，并重点总结推广了海立集团、数字产业集团的典型经验。

三、搭建服务平台，发挥桥梁作用

搭建和巩固为企业服务的五大服务平台，拓展企业与政府的双向通道，争取政策支持和资金扶持。其中科技创新服务平台，在市级技术中心认定、市引进技术消化吸收创新项目、市重大产业化项目等许多方面，积极为企业牵线搭桥；组团参加上海科技创新成果展，举办“上海轻工杯”LED 新光源灯具时尚创意设计大赛，参与协办上海国际室内设计节、上海创意产业博览会和工博会“传统轻纺产业的转型发展”论坛。构筑质量品牌服务平台，召开“上海轻工行业 2011 年质量月座谈会”，表彰轻工业企业、经营者和产品。经济运行服务平台，组织参展上海新春大联展、华交会、广交会、第三届中国（大连）轻博会，并取得成功。用电用水服务向节能减排包括人员培训和节能标准制定新领域拓展。年内业内 21 户企业被列入市府节能减排实施名单，协会举办能源管理师岗位能力培训，参与塑料薄膜、机制纸、啤酒（直接制订）能耗标准的制定，并被评为年度市节约用水管理先进集体。信息统计服务平台，首次按年度、半年度和季度提出《上海轻工行业经济运行分析报告》，开展对行业经济运行情况和趋势的深度分析。经营者和人才队伍服务平台，举荐海立集团沈建芳荣获上海领军人才称号，石力华、费钧德当选市工商业领军人物。开展上海轻工工程系列专业技术职务的评审，通过高工 63 人、工程师 397 人。

四、开展培训，打造窗口，创建和谐企业

以特有工种职业技能培训鉴定工作为重点，开展教育培训工作，举办民族乐器中级工培训班。接办《上海轻工业》杂志，使杂志成为引领消费、宣传时尚、扩大上海轻工品牌和会员企业社会影响的宣传窗口。按照“平稳接收、抓紧筹备、按期出版”的方针，集协会之力办好杂志，组建杂志社理事会，如期出版4期杂志，质量逐期提升。大力推进劳动关系和谐企业创建活动，与轻工业工会联合会共同下发《关于进一步推进劳动关系和谐企业创建活动的意见》，并重点推进，评选出上海惠工缝纫机三厂等6户单位为“2011年度上海轻工行业劳动关系和谐示范企业”，上海美加净日化有限公司等30户单位为“2011年度上海轻工行业劳动关系和谐企业”，上海印钞有限公司董事长孙建华等17位同志为“2011年度上海轻工行业员工之友”。举办“推进企业社会责任体系建设”沙龙论坛，并为企业编制《社会责任报告书》提供帮助。

五、了解会员需求，组织丰富活动，加强自身建设

加强与会员单位的沟通联系。通过调查研究、召开座谈会、专业行业协会秘书长联席会，了解会员单位的需求。协办中轻联三届二次会长扩大会议。协助安排市委、市政府、市政协多项活动。夯实会员单位基础，积极发展新的会员单位，提升协会的覆盖面和代表性。党支部发挥战斗堡垒作用和党员的先锋模范作用，积极开展创先争优活动，组织学习党的十七届六中全会精神，进行反腐倡廉警示教育，开展党务公开等各项工作。

（范伟民）

上海市摩托车行业协会

上海市摩托车行业协会成立于1995年，是以上海市生产、销售、研制摩托车的企业单位自愿组成的跨地区、跨部门、跨所有制的非营利行业性社会团体。现有团体会员54户。

2011年主要工作：

一、发展产业方面

积极配合政府主管部门，通过走访、座谈方式，对本市摩托车企业进行调研，了解企业的困难和诉求。通过市经团联积极搭建与政府沟通的平台，代表行业向政府部门反映行业意见，并和全国摩托车商会和信息网积极互动，从税收政策上扶持摩托车行业发展，呼吁调整相关政策。针对上海轻摩市场本地产品占有率偏低的现象，与车管所一起，召集主要厂家座谈沟通，增强企业积极性，引导本市企业新产品快速占领市场。还邀请有关领导与协会理事和部分企业进行座谈，就摩托车行业的发展前景和政策导向进行沟通，得到会员单位的欢迎。

二、服务企业方面

1．为更好地服务企业，以协会专家组为核心，各专业公司为基础，开展对摩托车生产企业的受托服务，包括产品造型设计、企业文化培训、技术服务等。

2．利用互联网，办好《摩托车行业信息》，为会员单位提供信息服务。

3．为企业申报著名商标，开展评比先进企业活动，上报行业推荐评比材料。

4．组织有关企业，筹建在沪举办摩托车及配件展览活动。

三、规范行业方面

配合车管所，对上海轻摩市场存在的问题进行探讨，提出规范市场的意见，并通过组织有关销售企业沟通座谈，学习相关政策，认真做好整改。针对销售市场萎缩，竞争激烈的困难局面，组织行业摩托车营销经验交流，请业绩好、作风正、有开拓精神的企业现身说法，介绍经验。

做好换届改选工作。11月20日，召开第五届会员大会，选举产生第五届理事会，修改章程，并选举产生新一届会长。

（徐生杰）

上海市自行车行业协会

上海市自行车行业协会成立于1988年11月，为本市自行车行业企事业单位自愿组成的跨部门、跨所有制的非营利的行业性社会团体法人。现有各种所有制会员单位148户。下设电动车专业委员会。

2011年主要工作：

一、召开五届四次理事会，努力安排好年度工作

1月12日，在上海金庭庄园酒店城堡召开五届四次全体理事会议，部署2011年的行业协会工作。会议认真听取了协会“创新驱动、转型发展，努力实现上海自行车产业的结构调整和产品的升级换代”的工作报告和《上海市自行车行业“十二五”发展规划建议》制订情况的介绍，讨论关于《碳纤维复合材料在自行车上的应用研究报告》、《锂离子电池与电动自行车研究报告》两个课题进行立项专题研究的情况等。理事们对年度工作展开热烈讨论，为新一年协会工作开展奠定良好的基础。

二、组织同台湾自行车业界面洽，为振兴海峡两岸自行车产业共商对策

1月，根据海峡两岸经济合作架构协议（ECFA）精神，台受惠“贸协”的自行车产业业者，组成ECFA早收产品拓销团，抵达大陆，与批发业者及专业进口商接触，以期建立大陆通路。台湾台北世贸中心组织台自行车界数次组团来沪，并到协会拜访，受到热情接待，宾主双方进行热情的交流。台湾客人还在协会领导的陪同下，参观骓驰（上海）自行车有限公司等企业。拜访中，协会领导向台湾同行介绍了上海自行车行业的现状及发展态势，台湾客人当即表示，要利用好“ECEA”机会，发展台湾和上海等地自行车产业的合作关系，为海峡两岸自行车发展共图大业。协会向台湾客人赠送《骑游上海》书籍和中国自行车协会出版的《骑行风尚》杂志。此后，还组织凤凰、永久、骓驰等上海自行车生产企业参加由市商务委、上海国际商会、台北世界贸易中心联合组织的“ECEA早收产品采购效益说明会”，并与台湾自行车贸易访问团进行洽谈。

三、积极开展专项课题调研，为产业转型提升提供科学的参考依据

做好《碳纤维复合材料在自行车上的应用研究报告》、《锂离子电池与电动自行车研究报告》两个重要课题的专题研究，协会特此成立由行业专家组成的攻关小组。在3个多月时间内，专家组不辞辛苦，到骓驰（上海）自行车有限公司、江西中投新能源有限公司等生产碳纤维自行车或锂离子电池的企业进行参观学习和调查研究，通过对10户企业的参观学习和与有关技术人员的座谈，掌握一手资料，拓展专题研究思路，为课题顺利完成奠定了基础。3月，完成初稿。4月7日，在上海清水湾大酒店召开《自行车产业结构调整和优化升级》项目课题座谈会，协会顾问委员会、技术专家委员会及部分企业负责人出席会议，市经信委都市产业处、市经团联、市轻工协会等领导也应邀前来指导工作。与会专家分别对《碳纤维复合材料在自行车上的应用研究报告》、《锂离子电池与电动自行车研究报告》项目课题展开充分的讨论，并提出修改意见。《碳纤维复合材料在自行车上的应用研究报告》、《锂离子电池与电动自行车研究报告》课题的完成，将对上海自行车产业的定位和转型提升，有着十分重要的意义。

四、组织部分生产企业参观台湾国际自行车展，寻找差距，开拓视野，寻求创新发展

继与苏州自行车电动车行业协会缔结“友好协会”后，为扩大双方的工作联络，3月中旬，联合组团赴台，参观第24届“2011台北国际自行车展览会”。参观团由19位企业家组成，在台期间除参观展会外，还与台湾同行进行交流和探讨。

五、召开年度“原产地标志”工作会议，为拓展上海产品在全国市场占有率做出努力

召开2011年度“原产地标志”工作会议，听取大家对2010年“原产地标志”认定工作的意见和提出进一步搞好认定工作的要求。会议首先对2010年标志使用情况进行分析，并指出原产地标志企业要做出榜样，努力做好原产地标志宣传工作，特别要办好企业网站，开展有奖促销活动，吸引广大消费者。

六、按照中国自行车协会的要求，积极做好国际自行车展期间来宾的接待服务工作

以“低碳出行、骑乐无穷”为主题的第二十一届中国国际自行车展览会，于5月4～7日在上海浦东新国际博览中心隆重举行，展会吸引来自16个国家和地区的1200户企业共同参与。根椐中国自行车协会总体部署和要求，协会继续承担展会宾客的吃、住、行、迎送接待工作，秘书处按照宾客服务内容及服务标准，认真做好接待服务工作。接待人员高度重视安全防范工作，严格按照宾馆、车辆、用餐的安全责任制度执行，保证宾客人身安全，确保展会工作的顺利完成。

七、召开“上海市电动自行车企业工作会议”，加深电动自行车生产企业对2011版新《助力车产品生产许可证实施细则》的理解

5月24日，在上海新东纺大酒店组织召开“上海市电动自行车企业工作会议”。会议传达公安部、工信部、国家工商总局、国家质监检疫总局等四部、局联合下发的《关于加强电动自行车管理的通知》；听取“上海市电动自行车行业质量状况分析及企业获证后存在的问题”报告；市技监局介绍“上海市电动自行车生产许可证管理”的有关情况。会上，协会技术专家还对生产企业作开展2011版新《助力车产品生产许可证实施细则》的宣贯培训，受到一致好评。

八、认真策划筹备，圆满完成“2011年大学生红色之旅”（上海段）的骑行活动

根据安排，这次“低碳行动骑行中国”2011大学生红色之旅（上海段）骑行活动由协会具体负责落实，并获得上海凤凰自行车有限公司的独家赞助，复旦大学、上海海事大学学生组成20人的骑行队伍。7月3日上午，举行出发仪式，骑行队途经中共一大会址，同时进行学习参观，弘扬红色革命文化，倡导低碳生活。

九、走基层、关心企业，慰问看望高温一线职工

7月，会同市轻工工会姚志贤主席等一行前往上海尚毅自行车有限公司和上海大天电动车有限公司慰问生产一线职工，并在公司经理的陪同下，与职工进行亲切交谈，还向职工发放高温慰问品。

十、继续开展“诚信企业”创建活动，为行业诚信建设做出努力

经努力，上海新大洲电动车有限公司、上海弘展自行车部件有限公司、上海海宝特种电源有限公司、上海安乃达驱动技术有限公司、上海雅鸽实业发展有限公司等5户企业继2010年被评为市“诚信创建企业”单位后，又光荣评为市“诚信企业”。8月，秘书长亲自带队，冒着酷暑，将证书和铜牌送达获证单位，表示最热烈的祝贺。

十一、加强基础建设，对协会网站、杂志进行改版，为企业提供及时正确的产业发展信息

年内对“上海自行车网”网站进行再次改版，增加“视频信息”、“企业导航”、“专题新闻”等新栏目，使网站内容更直观形象。《自行车动态》杂志增加了专业性、技术性内容，更加适应企业的需求。网站、杂志改版后，为行业提供大量产业信息，并为企业完成历年电动自行车重新登记备案、生产许可证年审工作提供极大便利，得到企业的赞扬和肯定。

（郭建荣）

上海市玩具行业协会

上海市玩具行业协会成立于1986年7月，是上海地区从事玩具生产、经营、科研、院校（幼教）等单位及相关企事业单位为主体自愿组成的跨部门、跨所有制、行业性的社会经济团体。

2011年主要工作：

一、开展培训与调研工作，为行业企业服务

1．质量管理培训。年初，与国家玩具质检检验中心联合召开全市玩具质量大会，近60%的玩具生产、经营企业质量负责人和商场经理参加。大会介绍我国玩具行业的状况及生产走势；通报2010年国家抽查反映的问题；宣讲国家质检总局有关法规和主要出口国家（地区）的新法规和政府指令。

2．召开出口企业质量安全工作会议，共有50多户出口企业82人参加会议。该工作连续3年得到市出口商品检验检疫局浦江分局、市出口商品检验中心的全力支持，由其派出资深专家结合2010年全国476起召回案例（涉及12种玩具、18个国家），重点讲解欧、美、日本等玩具主要进口国的相关政府规定，特别是有关包含19种重金属元素及使用增塑剂材料的有关法规与标准，为企业避免贸易纠纷减少经济损失起到极为有效的提示和防范作用，受到广大企业的认可。

3．开展3项调研工作。开展关于“上海轻工业（玩具行业）转型提升重点及途径研究”项目，得到市经信委的支持与资助；关于“本市玩具（婴童用品）出口企业遭受国外技术性贸易措施影响及应对方法研究”项目，简称“TBT”项目，获得市技质监局的批准与支持，将作为2012年主要任务完成；完成国家质检总局质量监督司通过中国玩具协会布置的“针对媒体揭示国产玩具对邻苯二甲酸酯微量元素（DEHP）及增塑剂（BET）使用没有限制”的报道，提供行业现状调查报告与建议。

二、搭建各种平台，为企业提供商机

1．主办、协办五届玩具及儿童用品展览会。主办“第十六届中国（上海）国际玩具展暨第47届玩具博览会”；协办“中国第十届国际玩具、模型展”；作为指导单位协办由市委宣传部、市经信委为支持单位的“2011年上海国际主题乐园产业展览会”；协助上海塑料行业协会组织“第24届中国国际塑料橡胶工业展览会”；组织企业参与由市经信委、市商务委资助的“中国家居产业博览会全球系列展”，巡展涉及阿联酋、约旦、埃及与波兰4国。

2．贯彻品牌战略，为企业创建品牌提供服务。协助上海玩具进出口有限公司、上海大阿福童车责任有限公司、上海孩子王儿童用品公司等3户企业申报“上海市著名商标”，其中“上海玩具公司司标”和“大阿福”商标获得通过。

3．设立“上海市玩具行业诚信企业办公室”，为企业创建“诚信企业”服务。年内有4户企业创建工作获得升级认定，为进一步提升行业诚信度打下良好基础。

三、参与各种社会活动，提高协会社会公认度

1．配合市总工会、轻工工会联合会组织企业参加上海市职工科技创新成果展。其中，上海闻通信息科技有限公司的“智能语音插座”获一等奖，智能语音玩具获得二等奖，上海大阿福童车公司开发的环保低碳多功能童床获得三等奖。

2．受聘为市就业指导中心专家组成员，连续11年利用业余时间，对再就业人员、微型企业进行上门指导、咨询及贷款审核等服务活动。

3．参与市教育局关于《上海市幼儿园木制积木玩具标准》的制订工作。

4．设立幼教玩具研究工作室，由两名华师大幼教专业教授、两名教育局幼教工作者、两名协会同志参加组成。工作室结合本市幼儿园教育大纲，开发“1100”型绿色积木，火车鸣鸣叫拼板图书两个产品，并落实企业，形成批量生产，为幼教事业服务。

5．认真做好国内外来电、来访接待工作，扩大协会的社会影响。年内共接待美国、巴西、韩国、印度、香港等5个国家（地区）22人次的来访，以及无数国内咨询。

6．开展地区间行业互动，谋求共同发展。采用“走出去，请进来”形式开展交流活动，分4批组团赴广东、浙江、江苏、山东等省市学习考察。10月，在本市召开全国玩具行业联谊会，12个省市60多位兄弟协会领导齐聚上海交流经验，增进友谊。

四、加强内部建设工作

认真做好内部季刊《上海玩具信息》的编印发送工作，目前已出版357期。按《章程》要求全年召开5次理事会议，并召开八届六次理事会，调整常务副会长和1名理事，增设1名顾问。发展新会员企业两个，为上海木玩世家玩具有限公司和鸿利（深圳）玩具制品有限公司。按期完成年度社团组织年检、年度所得税清算工作和市经信委、经团联布置的“上海市2010年工业年鉴大事记”上报材料。

（魏彬武）

上海电器行业协会

上海电器行业协会成立于1987年，是以上海地区电器行业的企事业单位及其他经济组织自愿组成的行业性的非营利性社会团体法人。

2011年主要工作：

一、组织开展行业第七次名优产品评比活动

评比中共有42户企业97个系列品种被评为上海电器行业2011年名优产品。同时，开展企业技术咨询工作，共有21位业内专家下厂参与咨询达150余人次，帮助企业解决一批生产制造和试验检测试验过程中的技术问题。通过评审活动，发现不少先进经验。评比结束后，组织召开两次企业经验交流会。还做了大量的向社会宣传推荐名优产品工作，取得了较好社会效益。

二、开展培训工作

根据企业的要求，对行业内各类专业人员开展大量培训工作。举办6次智能电网的技术讲座，6位专家分别按专题向企业技术人员讲解智能电网的基本知识，共有400余人次参加培训；针对成套装置类产品生产中存在的问题，对有关工厂的技术人员、车间管理人员进行专题培训，提出解决问题的针对性措施，受到广泛欢迎；编制成套装置生产的技术规范，并对相关技术人员组织专题培训；举办有关诚信建设的培训，交流诚信企业创建经验，宣讲有关创建诚信企业的要求和具体做法；还对企业统计人员组织两次培训，提高其专业知识水平和业务能力。

三、主办第一届中国国际智能电网技术和产品展览会

5月5～7日，该展会在上海新国际博览中心成功举行，展出面积达13000平方米，共有306户国内外企业参展，21000余人观展。同时，还举办10多场技术论坛，从多个角度论述智能电网建设现状和发展趋势，并进行广泛技术交流，受到与会者的欢迎。

四、抓好企业诚信建设工作

目前，共有54户单位成为诚信企业创建单位。其中，16户为创建单位，35户为1星级诚信企业创建单位，两户为2星级诚信企业创建单位，1户为3星级诚信企业的创建单位。在业内，各企业诚信意识有明显提高。

五、加强企业调研工作

年内对10多户企业进行专访，了解企业发展动态，帮助企业解决一些问题；加强与兄弟省市输配电产业和行业协会的联系和交流，先后走访南京电器行业协会和南京自动化有限公司、重庆电器行业协会、四川电器行业协会。同黑龙江、浙江、江苏等地行业协会也建立联系。通过交流经验、互换信息，达到共同发展的目的。

六、加强协会自身建设

创建协会网站，已成为协会与社会交流的窗口；每季度编制印发《上海电器行业简讯》，让大家及时了解协会动态，传递各类信息；组建和完善联络员和统计员队伍；强化内部制度建设。

（马学能）

上海市锻造协会

上海市锻造协会成立于1984年6月，是由上海及周边地区的锻造企业及相关企业事业单位自愿组成的跨地区、跨部门、跨所有制的非营利的社会团体法人。现有团体会员220家，遍及上海及江苏、浙江、安徽、山东、福建等省市。除专业锻造企业，还涉及锻压设备、加热设备制造、工艺技术、原辅材料、研究开发等相关企业及大众院校、研究院所。

2011年主要工作：

一、配合市政府推动产业结构调整

1．配合市经信委完成四大工艺经济结构调整有关课题的调研工作。课题围绕本市锻造行业基本情况，实施对锻造企业的纳管措施、淘汰落后产能可能面临的问题，同“十二五”规划和经济结构调整结合起来，认真分析行业发展现状、存在的主要问题，就企业生产经营中存在的热点难点问题，为制订四大工艺结构调整具体措施和实施方案提供决策参考依据。

2．为推动经济结构调整和节能减排工作的开展，根据市质监局要求，组织企业技术和管理人员以及业内专家制订锻造能源消耗标准。为此成立锻造能源消耗标准制订工作小组，从下半年开始制订《钢质热模锻件能源消耗限额》标准，开了8次专题会，进行6次文件修改，两次专家评审，于12月28日完成送审稿。

3．对上海地区锻造企业2010年能源消耗情况进行调查统计。本市共有锻造企业134户，据对其中87户耗能情况及相关数据的统计，从业人员7500人，年产锻件52万吨，平均每吨锻件耗能0.55吨标煤，每万元产值耗能0.33吨标煤。数据反映2010年能耗较2009年有所下降。

4．与宝山区经委一起，积极推进宝山区锻造行业“十二五”期间调整方案，召开专门会议，排定企业调整的具体计划，确定完成调整指标的措施。

二、召开六届四次会员大会

3月9日，在江苏东台国际大酒店召开六届四次会员大会暨东台投资情况说明会，共有120多名代表出席。会议总结2010年工作，提出2011年工作的目标。会上进行经验交流，部分企业作主题发言。期间，代表们还参观了东台磊达钢帘线有限公司和东台新闵重型锻造有限公司。

三、举办第八届华东六省一市塑性加工和模具技术交流年会

7月17日，华东六省一市第八届塑性加工与模具技术交流年会在上海华美达中土酒店举行。会议内容丰富，有关专家作“金属热成形模拟与工艺优化”、“传统锻造业的升级与创新”、“液压成技术开发及产业化”、“日本锻造技术发展现状”等主题报告，进行了冷、温、热锻造工艺与模具技术和冲压、注塑工艺与模具技术的分组交流。期间，代表们还参观了上海爱知锻造有限公司和上海重型机器厂有限公司锻造分厂。会议共收集25篇论文，发布12篇具有一定水平的技术论文。

四、扎实推进节能降耗

通过多种形式，深入企业宣传节能降耗和清洁生产的重要意义，积极推广节能降耗的先进经验，如：推荐节能型炉窑和节能、节材效果好的新型生产设备，推动淘汰落后的生产设备和工艺，特别是耗能高的老旧燃煤加热炉，提高企业采用电加热、天然气加热的比重。同时，抓住企业进行设备升级改造的契机，推广蓄热式加热和节电装置的使用，取得较好的效果。

五、继续做好锻造企业达标工作

以企业达标为抓手，结合产业结构调整和节能减排工作，按照《上海市锻造企业基本生产条件》的要求，认真组织评议评审，全年共有36户锻造企业通过评审，取得企业达标证书。

六、加强信息工作

做好企业信息的收集、整理、分析、处理和使用，提高获得政府信息的能力，充分发挥利用信息价值。认真做好《上海锻压》通讯的出版发行，在栏目中，特别突出节能减排的内容。

七、促进产学研合作

牵线搭桥、积极推动，促成上海交大、上海工程技术大学与上海重型机器厂、上海爱知锻造有限公司、上海运良企业发展有限公司及上海东芙冷锻制造有限公司建立或正在建立有效的产学研合作方式。

八、加强交流活动

5月，参加全国第五届冷温精锻技术交流会；6月，参加在天津举办的全国锻压行业秘书长联席会议，相互交流经验、沟通信息；指派人员到北京，参与国家锻造行业“十二五”发展规划的编制，提出意见和建议；接待德国32个企业的专家，并组织参观上海爱知锻造有限公司和上海纳铁福传动轴有限公司，进行双边技术交流；6月中旬，还组织部分企业的厂长、经理赴欧，观摩德国第十届热工技术展览会。

九、完成锻压专业委员会的换届改选

12月16日，会同市机械工程学会锻压专业委员会召开会员代表大会，总结第八届锻压专业委员会4年来在促进技术交流、信息交流、技术创新方面的工作情况，选举产生由李名尧教授为主任委员的12人组成的第九届锻压专业委员会。

（韩英华）

上海重型装备制造行业协会

上海重型装备制造行业协会成立于2004年12月，原名是上海冶金矿山机械行业协会，于2005年12月29日经市民政局、市社团局批准更名为上海重型装备制造行业协会。

2011年主要工作：

一、推进行业结构调整，以做强做大产业为己任

1．发挥行业专家委员会的作用，进行行业调研，完成市经信委项目课题。受市经信委委托，在上年编制《"十二五"上海重型装备制造行业发展规划建议》的基础上，充分发挥行业专家委员会的作用，精心组织、周密安排、全方位开展行业调查，以核电核岛成套设备、大型船用曲轴、大型铸锻件、冶金轧钢设备四大块，完成《在推进高新技术产业化中上海重型装备制造行业的问题瓶颈及政策研究》课题，对本行业在高新技术产业化中瓶颈问题进行详情调研和分析，并提出发展策略和政策建议。

2．进一步在行业中推进节能减排JJ小组活动，并组织专家撰写节能减排小组活动丛书——《节能减排JJ小组活动——装备制造业篇》。年内进一步扩大JJ小组活动的会员单位，包括开展"办公室绿色办公JJ小组活动"，开展节能减排JJ小组活动培训和交流活动。上海重型机器厂有限公司成立能源管理体系贯标认证、能量系统优化工程、节能型变压器替代3个JJ小组，企业将JJ小组活动列入企业的"综合考评管理细则"，进行项目完成状况考核，取得积极的节能环保效果。

在市节能减排JJ小组活动办公室和市经团联的支持和指导下，组织业内专家，编写40万字的《节能减排小组活动丛书——节能减排JJ小组活动装备制造业篇》，成为国内最新的装备制造业节能减排技术培训教材和工程技术人员有用的技术参考书。

3．积极参与举办高端展览会和技术论坛，引导企业产品升级。9月，积极参与由中国金属学会、宝钢集团有限公司、市金属学会主办，行业协会理事单位上海申仕展览服务有限公司承办的"第十六届上海国际冶金工业展览会暨技术论坛会"，为与会企业家对接高端装备制造业的发展和创新，提供最新思路。展会上，会员单位上海建设路桥机械设备有限公司、上海重矿连铸有限公司展位得到参观者的好评。5月，受奉贤区政府投资管理服务中心委托，合作举办"工程机械及其配套产业研讨会"，协会组织专家就工程机械及其配套产业的国内外发展趋势，行业分析、技术特点等进行了讲解。

二、努力为会员服务，逐步构建各类服务平台

1．构建人才发展服务平台，开展职称评审与继续教育工作。在市职业能力考试院的指导委托下，开展对技术人员的多种业务培训和继续教育。协会牵头，加强大学与企业合作，深入企业现场对大学毕业生进行继续教育培训，培训人员达200多人次。

2．与市商务委合作建立"上海市进出口公平贸易工作站"平台。市商务委首批在协会设立"上海市进出口公平贸易工作站"，成为上海重型装备制造企业构建应对国际贸易摩擦和维护产业安全的平台，帮助会员单位按照国际通则、规则管理企业，建议和引导企业采用国际标准，提高企业管理水平，减少和避免贸易摩擦和争端，以提高企业自身乃至整个产业的竞争力，建立起行业与政府相关部门沟通平台和产业损害预警机制。11月10～11日，组织有关会员单位参加由商务部、市政府联合主办的"第七届中国产业国际竞争力论坛会"，开幕式上举行"集成创新、全球视野，寻找竞争优势新源泉"征文活动颁奖仪式，协会征文稿荣获案例三等奖，是省市协会唯一的获奖单位。

3．与市科委合作建立"上海研发平台行业协会服务站"。与上海研发公共服务平台开展对接服务，建立"上海研发公共服务平台上海重型装备制造行业协会服务站"。以行业共性技术、特点为基础，联动业内企业，构建行业内部、行业之间的科技技术资源共享平台。年内，平台两次向业内企业发放创新服务大礼包，并组织有关企业到市研发公共平台进行现场学习，接受具体业务指导。为企业在科技研发和科技创新方面的需求，及时提供科技资源和科技服务。还组织中小企业与上海第二工业大学、上海应用技术学院建立产学研对接服务，并联合行业内重点实验室、工程技术研究中心、检测中心等，增强产学研技术合作动力，为集聚上海重型装备制造产业技术创新的资源搭建平台。

4．在市统计局的委托与合作下，建立"行业统计产业分析平台”。依法开展行业统计工作，并在会员企业中建立起一支高素质的统计分析员队伍。统计工作荣获市统计局颁发的“2011 年度工业统计综合评比二等奖”，始终坚持每年举办 1 次统计培训和年会活动。

5．初建行业质量工作服务平台。1 月，在市质监局牵头下，由市经团联、19 家协会共同发起组建“上海市行业质量工作促进会”。在市质监局领导和市行业质量工作促进会的具体指导下，积极开展行业质量工作，对会员企业质量工作进行服务，对行业重点产品质量进行跟踪和协助，还对业内企业进行“上海市著名商标认定”材料审核认定，并推荐上报市工商局商标处，推动行业的质量工作不断向前。

三、不断提高办会效率，加强省市交流，提高行业协会在社会的影响力

1．充分利用协会网站、杂志、简讯等多种手段，增强信息服务。坚持办好双周刊的《上海重型装备制造行业简讯》，全年出刊 24 期，刊登在协会网站，并及时反映协会和政府、行业、会员的信息，还不定期出版行业通讯（杂志）。为拓宽信息渠道，多视角为会员单位和行业服务，快速传递政府有关部门的信息，及时向会员单位提供技术、法规政策资讯，与浦东新区“政务服务、公共资源、信息共享平台”实现对接，并与市科委支持的研发公共服务平台网络对接，以实现“资源共享、平台共建、服务共管、效益共赢”目标。

2．加强省市交流，拓展学习渠道，不断提高协会办会能力和社会影响力。与鞍山市政府、鞍山市工经联、鞍山市装备制造业协会；铁岭市政府；抚顺市政府；四川省招商引资局，绵阳市和江油市有关协会保持良好的信息交流和人员互动。在长三角地区，组织会员单位分别到宁波、象山、上虞、长兴、湖州、苏州、嘉兴、南通、东台、太仓、平湖、海安等地进行学习、考察和交流。通过与兄弟省市的交流，促进协会工作的发展和进步。

3．加强内部基础管理，增强党务公开，不断提高协会自身建设水平。党支部积极开展“创先争优活动”和“党务公开活动”，充分发挥政治核心作用，不断增强内部基础管理，通过党务公开活动，完善管理制度。

（唐　波）

上海起重运输机械行业协会

上海起重运输机械行业协会成立于 2004 年，是以起重运输机械行业企、事业单位为主，自愿组成的跨地区、跨部门、跨所有制的非营利的行业性社会团体法人。会员现有起重运输机械制造、配套、安装维修以及政府授权的职能部门共 106 户，其中上海会员企业有 83 户，外地会员 23 户。下设 4 个专业委员。

2011 年主要工作：

一、做好会员证书换证和发展会员工作

年初，着手开展会员单位两年一度证书换证工作，经清理和深入了解，有 6 户公司，因经营者健康、场地动迁、行业竞争激烈等原因，出现企业关停或转行提出退会，仍有 100 户会员企业进行换证。年内新发展会员 11 户，其中 3 户服务型企业入会为行业发展提供技术支持，促进了企业管理水平的提升。

二、组织会员企业与长三角地区的互动交流活动

1．3 月 24 日，“2011 年对接长三角宁波市象山县投资合作洽谈会”在上海锦江饭店隆重召开。上海科轻起重机械有限公司、上海新鑫金属材料有限公司、上海启领机电设备有限公司、上海港联机械有限公司等会员企业负责人出席会议。

2．4 月 8 日，2011 年长三角地区重点企业投融资交流会在本市港鸿大酒店召开，卓轮（天津）机械有限公司上海分公司、上海新鑫金属材料有限公司、上海启领机电设备有限公司、上海港联机械有限公司等会员企业负责人出席会议。

3．5 月 18 ～ 19 日，市经团联组织相关行业协会、企业赴江苏东台市参加“东台第三届沿海发展合作恳谈会”。协会组织上海港联机械有限公司、上海起重电机厂一分厂等会员企业赴东台市参加此次活动。活动得到会员的欢迎和好评。

三、为会员企业发展做好项目评审和新产品鉴定工作

1．2 月 25 日，参加上海宝松重机集团在盐城射阳基地举行的“宝松起重机械发展——各方专家评鉴会”，协助企业总结经验，指出努力方向。

2．4 月 23 日，受上海辛格林纳新时达电机有限公司委托，对该公司研制的“AS700 系列四象限港机专用变频器”组织专家进行新产品技术鉴定。评审组专家认真听取产品研制报告、检测部门和使用部门的测试报告、上海科技情报研究所查新报告，审阅项目全部文件，并赴现场进行实地考察，经认真讨论，专家们对项目提出具有一定高度的评审意见，对企业在加强研发走自主创新道路的做法和产品的先进性及推广前景作出充分肯定。会后，协会还为该技术的推广及应用做好宣传、推荐工作，为支持配套件企业发展，推进行业技术进步，加强业内技术合作发挥积极作用。

四、推进行业品牌建设，支持会员企业做好商标注册和著名商标认定工作

积极制定和实施商标战略，通过网络、通讯、走访，加大宣传力度，进一步做好商标发展、管理和保护工作，为行业发展作出贡献。5月，完成上海豪力起重机械有限公司、上海雄风起重设备厂有限公司著名商标重新认定上报工作，向市工商部门推荐、介绍企业在取得著名商标荣誉后，再接再厉，在商品质量与服务、企业经济效益提高等方面取得的成果。年内做好对会员企业上海佩纳沙士吉打机械有限公司著名商标认定的前期材料上报、振华重工驰名商标的申报认定工作，力争更多的会员企业取得著名商标荣誉。通过品牌建设，进一步扩大会员企业市场份额。

五、推进技术标准制定工作

积极支持企业技术创新，协助企业做好产业标准的沟通、协调工作，帮助企业申报制定行业标准，争取行业话语权，推动企业真正成为技术标准实施主体，扩大企业在行业技术标准制定上的影响力，不断提高企业核心竞争力。在协会的指导下，上海市优乐博特自动化工程有限公司完成“真空搬运吊具”和“软管式真空吊机”的企业标准制订，正着手国家标准的制订；上海正申金属制品有限公司起草了“钢丝绳绳端——套管压制索具”国家标准，协会参加了专家讨论会，还利用网站及时发布征求意见稿，进一步听取、收集、反馈有关专家意见和建议。

六、办好行业通讯，做好门户网站日常维护工作

在《行业通讯》会刊上开辟协会活动、新会员单位介绍、企业交流、经营与管理和健康话题栏目；在协会网站上开辟协会动态、行业政策、国际交流、专题介绍、行业动态、政策文件等窗口。上半年《通讯》出刊3期，刊登行业活动信息16条，企业动态信息12条，经营与管理文章10篇；网站发布行业信息20条，企业信息16条，并利用各种研讨交流会契机宣传政策，使政府对产业发展的宏观引导真正为企业了解，为企业所用。

七、承接课题，配合政府当好参谋

1．积极做好“重大技术装备研制专项”申报工作。市经信委《上海市重大技术装备研制专项申报工作》通知一发布，协会及时通过网上发布，重点通知，针对性地开展宣传介绍和指导服务。至5月底，上海振华重工（集团）股份有限公司、上海辛格林纳新时达电机有限公司等会员单位已在规定时间内完成材料申报工作。目前，项目已初审通过，进入评审程序阶段。

2．学习贯彻《指导意见》，加强行业协会组织建设研究。4月29日，市委、市政府颁发《关于进一步加强本市社会组织建设的指导意见》。协会积极参与市工经联组织的“学习贯彻《指导意见》，加强行业协会组织建设研究”工作。

八、开展上海市“企业诚信创建”活动，做好会员企业诚信档案组建工作

根据市“企业诚信创建”活动组委会文件精神，协会二届八次理事会决定，在行业内积极开展“创建诚信企业”活动。12月1日，在新华社区青年中心召开“行业企业诚信创建工作”会议，并由市“企业诚信创建”活动组委办副主任王维作“企业诚信创建培训”的专题辅导，35户会员企业，近40人参加会议。会后，有23户企业及时按照要求上报有关材料，有19户企业进入评估阶段。协会拟通过开展建设信用管理体系、开展行业信用评价，建立行业信用档案，提升行业社会地位，规范行业，为疏导起重运输机械产业链间的合作提供合法利益保障。

九、开展起重机械质检人员的认定和培训工作

10月24～25日，在上海市特种设备检测检验院指导、帮助下，针对全市起重机械制造、安装、改造、维修、使用企业的已聘质检人员举办第一期起重机械质检人员培训班，协会邀请市特种设备监督检验技术研究院任教授课，分别对《起重机安装改造重大维修监督检验规则》和《起重机安装检验实施项目》进行宣讲，以此推动本市起重机械质检人员持证上岗，进一步提升质检人员技术水准。39户起重机制造、安装、改造、维修、使用企业的101名起重机质量检验人员参加培训。经考试学员成绩全部合格，由协会颁发起重机械质检人员培训合格证书，并进行网上公示。

十、拓展联系渠道，加强协会间的合作交流，提高协会服务会员的能力

积极争取政府支持，成为市商委确立的第二批上海进出口公平贸易行业工作站、上海工商联团体会员、上海市中小企业服务联盟成员，并加强与兄弟协会间的联系和合作，拓展协会服务功能。积极参加市工经联组织的“加强行业协会组织建设研究”工作”，经常保持与市贸促会、重机协会、非织造协会、模具协会、工具协会、电梯协会、机电协会等兄弟协会的联系和沟通，积极参与市行业协会沙龙活动，虚心学习取经，开展业务对接，为提升行业服务水平奠定基础。

十一、召开二届八次理事会，酝酿换届改选工作

各理事对秘书处工作表示满意，初步拟定2012年换届后理事为22人，在原18户理事单位的基础上新增4户，设会长1名，副会长8名，秘书长1名。要求秘书处进一步广泛征求意见，鼓励会员单位推荐或自荐理事，认真做好下一届的改选准备工作。

（陆焕新）

上海市建筑材料行业协会

上海市建筑材料行业协会成立于1986年12月，为本市建材工业和相关教学、科研、设计、流通行业企事业单位自愿组成的跨部门、跨所有制、非营利的行业性社会团体法人。现有会员单位1300余户，包括建筑节能材料、新型墙体、地板、厨柜、陶瓷卫浴、采暖、门窗、涂料、防水材料、管材管件、建材流通等单位。

2011年主要工作：

一、推进标准规范

首次开展“上海市建筑绿化行业施工等级评定”，评出甲级施工企业4户，乙级1户。继续开展“上海地面辐射采暖施工等级评定”工作，组织编写《上海地面辐射供暖技术规程》。配合政府相关部门开展上海市应用技术规程（图集）的立项、申报和编制工作，共完成47个新编项目、18个修编项目、8个延期项目的申报和批复。

二、深化诚信自律

将质量诚信手册、产品统一质保书、质量诚信考核从本市新型墙体和建筑节能材料行业向建筑钢材、陶瓷卫浴、厨柜衣柜、地板等行业延伸，推进行业诚信自律。组织编写《上海市非粘土块类墙体材料行业产品质量诚信管理研究》课题报告，向全行业发出《履行企业社会责任，推进建材行业发展倡议书》等。开展采暖系统技术施工上岗证、《社会责任指南》（ISO26000）及《企业社会责任报告指南》培训。

三、扩大品牌影响

完成上海名牌（2011）建材行业初审工作，43户建材企业获年度上海名牌，完成市工商局针对市著名商标（2011）企业意见征询，21户建材企业获上海市著名商标；帮助会员开具市场占有率证明；继续组织上海建材行业名优、技术革新奖评审推荐；组织地板、厨柜、采暖、建材精品、信得过产品的市场推荐，编辑推广建材市场分布图。

四、创新服务平台

举办“第七届中国（上海）国际建筑节能及新型建材展览会”；举办多场材料和建筑等新产品、新技术论坛。办好《建材行情》会刊和《上海厨柜》、《上海地板》、《上海采暖》、《建筑绿化》年刊，及上海建材信息网网站。组织企业到北京、河南、江西、浙江、台湾、澳大利亚、新加坡、韩国等地参观考察。加强媒体对接，召开各种论坛、发布会。接待来自西班牙、法国、美国等国相关组织的交流来访。

五、践行民主办会

遵循民主办会、企业家办会原则，选举出第六届理事会理事、正副会长；完成建筑陶瓷、厨柜衣柜、地板、采暖、新型墙体和建筑节能材料、流通、建筑钢材分会换届。打造秘书处建材、会展、信息、品牌“4个中心”；积极开展党支部“创先争优”活动。

（肖　琴）

上海市纺织机械器材行业协会

上海市纺织机械器材行业协会成立于1994年8月，是以上海地区的纺织机械器材企业单位为主，吸收江苏、浙江、安徽纺机企业参加的社会团体。

2011年主要工作：

一、加强协会自身建设

1．认真学习贯彻市委、市府文件《关于进一步加强本市社会组织建设的指导意见》，组织理事单位认真领会精神，振奋精神、克服困难、积极推进，进一步加强行业协会建设，推进工业经济类社会组织的发展，促进会员承担社会责任，为上海经济社会和谐发展作贡献。积极参加市经团联组织的为贯彻《上海市促进行业协会发展规定》实施细则而开展的“建立政府购买服务机制，为社会组织发展提供支撑”课题研究。认真参与调研，积极建言，并形成文稿，由起草单位在“尊重行业协会主体地位，发挥行业协会积极作用”行业协会发展专题论坛上发表。

2．认真学习，宣传“企业社会责任”。《ISO26000社会责任指南》是促进企业和谐发展、承担社会责任的重要指导文件。秘书处首先认真学习《社会责任指南》，其次在协会期刊《纺机信息》和网站上刊登国际标准ISO26000《社会责任指南》问答题，向会员单位广泛宣传，并组织会员单位参加市经团联组织的“社会责任指南”培训。同时，将此作为经常性的履职工作，随时为会员单位进行服务和开展咨询工作。

3．认真清理小金库。根据市经信委《关于做好2011年

“小金库”专项整理工作的通知》精神，认真复查，按时汇报，不设小金库。

4．延期换届改选。第三届理事会任期于12月18日到期，但主要会员单位因企业搬迁提出延期改选，经理事会同意，并报市经信委核准，市社团管理局审定，决定换届改选工作延期1年进行。

5．组织编写上海市志纺织业卷中纺织机械和纺织器材篇。组织中纺机、一纺机、二纺机、远东钢丝针布、太平洋纺织机械成套设备有限公司、良纺纺织机械专件有限公司，撰写《1978～2010年企业发展沿革和大事记》，报送上海纺织协会。

6．编写行业发展报告。认真组织编写《2010年上海纺织发展报告》中的纺织机械器材部分。

二、服务企业、服务会员单位

1．组织会员参加“上海市中小企业融资政策解读会”。在中小企业面临市场开发难、融资难的情况下，组织会员企业参加市经信委、市金融办公室组织的“2011上海市中小企业融资服务暨扶持政策演讲会”，让企业对本市新融资政策有进一步了解。

2．组织会员参加上海国际纺织工业展览会。上海国际纺织工业展览会是展示上海纺织机械工业整体水平的重要舞台，协会积极组织业内主要纺机企业并以“太平洋机电集团有限公司”的名义参展。展会面积近1600平方米，展示了新颖精梳机、国内锭数最多的带集体落纱的细纱机，以及新颖的剑杆织机、喷气织机，获得用户的好评，并获不少意向定单。

3．组织会员参加形势报告会、论坛等。组织会员企业参加市工经联、市宣传党校举办的国际国内形势报告会，参加“中国工业博览会”传统轻纺产业转型发展论坛、企业社会责任论坛、“中纺圆桌”上海论坛，为会员单位拓宽经营思路创造条件。

4．组织会员参加内部控制与企业发展研讨会。组织会员单位参加市工商联主办由新加坡著名会计事务所主讲的“企业内部控制与发展研讨会”，以借鉴国内外企业成功“内控”的范例，为其所用。

5．组织会员参加“突发事件处置”报告会。为企业、社会维稳，平抑、处置突发事件，特组织会员企业参加市宣传党校举办的报告会，做到有备无患。

6．推荐会员单位参加“上海城市公众满意企业调查”。

7．组织会员企业参加中国纺织机械器材工业协会举办的行业统计工作会议和经营工作会议。

（严立中）

上海市模具行业协会

上海市模具行业协会成立于1994年12月，为上海市模具行业及相关企事业单位自愿组成的跨部门、跨所有制的非营利行业性社会团体法人。现有各种所有制会员单位596户。下设经营管理、技术、模具标准件、模具材料、信息及联络、价格工作、汽车模具、教育培训、特种加工和资深专家等10个专业委员会和“华威”模具培训中心。

2011年主要工作：

一、加强基础工作建设，拓宽协会服务功能

1．拓展网站服务功能发挥会刊宣传作用。全面更新网站，增加新闻速递、副会长单位宣传栏目，且与专业模具网站、模具人才培训网站及兄弟行业协会网站进行链接，以便广大会员单位及时了解国内外最新信息，并利用网站发布刊登产品推介、信息合作、人才招聘等。会刊及时报道行业、企业信息，邀请业内专业人士通过会刊“人物专访”、“模具技术”、“模具信息”等栏目发表对行业发展的看法，积极向业内企业家、专家、学者、工程技术人员约稿，进行模具技术工艺、管理、发展等方面交流和探讨。此外，还应企业要求刊登会员介绍、新书出版、业务合作等信息。

2．发展会员单位21户。协会工作取得一定成绩，许多企业通过协会网站和其他渠道了解协会，希望借助协会平台扩大影响，拓展业务，年内申请入会的企业有21户。

3．走访会员单位，加强与企业联系与沟通。与常务理事、理事、会员单位建立联络制度，全年专访、电话联络会员单位380余次，及时了解企业需求，掌握最新信息，加强沟通与友谊。

4．加强协作，帮助企业拓展业务。上半年，为模具及模具相关企业介绍模具和零部件加工、模具设计、模具材料采购等各种业务80余次，涉及会员单位及模具企业上百户，不仅为模具企业拓展业务渠道，也为委托单位解决困难。

5．召开会长会议，执行协会章程。6月24日，召开四届六次会长工作会议，听取秘书处上半年工作情况汇报、下半年的工作打算，审议、通过四届六次常务理事会的议程，布置、落实下半年工作内容。12月27日，在金山斌盛电子机械有限公司举行协会四届七次工作会议，分析当前的经济形势和模具行业状况，总结2011年协会工作，提出2012年工作主题，讨论“调整和增补理事、常务理事、副会长”单位名单，决定2012年1月17日召开四届四次理事会。

6．开展统计工作。组织人员对所有会员单位发放统计表，对企业基本状况、总产值、固定资产、年度公司计划、要求和建议进行全面了解并汇总，为社会提供正确、完整的行业基本情况，更好地为社会、政府、行业服务。

7．落实秘书处工作制度，检查各部门职责。制定工作制度及6部1室的部门职责，每月召开1次全体成员会议，每周召开1次主任及秘书长工作会议，检查跟踪工作落实情况，加强秘书处自律与工作规范。

8．学习外地经验，开拓服务职能。7月20日，应大连市模协邀请赴大连学习考察，受到大连模协、模具园和原大连市魏富海市长的热烈欢迎和盛情接待，了解到大连市政府对模具发展的优惠政策和具体措施，以备参考。

二、发挥桥梁作用，为企业和社会服务成效显著

1．参办国际模展，提升企业形象。6月2～5日，"2011中国国际模具、模具设备及相关工业展览会"在上海新国际博览中心隆重举行，展会面积达3.5万平方米，来自海内外15个国家与地区的800余家厂商在展会亮相，众多著名企业纷纷展示最新产品，共有近5万名中外观众参观展览。作为参办单位，协会共组织60户企业，联合12家上海兄弟行业协会所组织的15户用户单位参展，还应主办方委托，负责展会期间所有场内技交会的组织工作，保证了每场技交会的成功举办，受到主办方和技交会演讲单位的好评。

2．举办"热冲压关键技术和快速热循环高光注塑技术与应用"技术论坛。6月2日，协会技术委员会在上海新国际博览中心举办"热冲压关键技术和快速热循环高光注塑技术与应用"论坛，邀请上海交大、山东大学、哈尔滨工业大学、宝钢集团技术中心、华中科技大学的5位知名教授进行技术演讲，为会员单位工程技术人员传递最前沿模具技术信息，由于论坛会内容新颖，贴近企业需求，会场内座无虚席。

3．举办"先进特种加工技术在现代制造中的应用"技术交流会。6月3日，协会特种加工委员会在上海新国际博览中心举办"先进特种加工技术在现代制造中的应用"技术交流会。由上海东洋炭素有限公司、安田亚司达（上海）机床贸易有限公司、三菱电机自动化（上海）有限公司、上海祥仁新材料有限公司分别介绍精密高速切削新技术与电加工技术发展趋势及高速切削刀具涂层技术等，受到广大企业、技术人员的欢迎。

4．举办2011模具界联谊会，增进友谊与感情。6月2日，在上海亚繁龙门大酒店举行"2011模具界联谊会。"中国模协、全国各地模协、市工经联、市部分行业协会领导、展览公司、协会会长单位，共计120余位嘉宾出席联谊会，加强了上海与各地模协的友谊。

5．编著《上海模具工业发展史》。成立收集上海各行业模具发展史工作小组，拜访业内知名专家张鼎丞、倪大可、彭根馨、吴晓培，召开轻工系统、仪电系统、化工系统、航天系统的座谈会，动员广大的模具界老专家提供珍贵历史资料和照片，并成立编写小组，进行汇总编写，现收集工作已基本完成，争取2012年完成初稿。

6．组织参加"上海行业协会沙龙"活动。年内参与组织行业协会沙龙活动6次，相关协会利用沙龙平台活动7次。12月28日，在常熟召开2011上海行业协会沙龙工作会议，并讨论通过2012年活动主题。

7．建立公共服务平台。与市科委研发公共服务平台联合建立模具行业协会服务站，多次开展活动和召开座谈会，帮助会员单位利用政府资源和政策的扶持，增强科研开发能力和抗风险能力。

8．开展"诚信企业"创建活动。与市企业诚信创建活动组委会联合在业内开展市诚信企业创建活动。得到广大会员单位积极响应。有34户企业通过活动组委会最终审定。其中，13户创建诚信企业、7户诚信企业、1户星级企业、13户2星级企业。

9．加强与同行业间交流与合作。接待天津、河北、四川、安徽、广州、江苏、无锡、昆山、黄岩、南京、余姚、宁波、成都、大连、福建、厦门等地模协与代表团，拜访陕西、西安、余姚、宁波、宁海、深圳、温州、江苏、无锡、昆山等地模协，加强与各地模协的交流、合作。

10．合办华东6省1市第八届塑性加工和模具技术年会。7月17日，与市锻造协会、上海交大模具CAD国家工程研究中心在上海中土大酒店联合主办华东6省1市第八届塑性加工和模具技术年会，共有80余人出席会议，为加强华东6省1市模具、锻造行业的技术交流与合作，提升行业的技术进步与发展起到积极的推动作用。

11．举办"2011最新德国模具材料应用技术研讨会"。7月17日，由协会主办，信昌精密模具（上海）有限公司承办的"2011最新德国模具材料应用技术研讨会"在上海宾馆隆重举行，共有150余人出席会议。

12．举办2011模具界重阳敬老联谊会。9月29日，在龙门大酒店召开"2011上海模具界重阳敬老联谊会"，共有60余人出席，老同志们纷纷表示一如既往地支持协会工作，为编写《上海模具工业发展史》积极提供资料、照片和信息。

13．协办第十七届华东地区模协（扩大）联席会。9月15日，协助厦门市模具行业协会在厦门武警疗养院举办第十七届华东地区模具协会（扩大）联席会，出席会议的有华东地区各省市、区、县模具协会秘书长，还有重庆、湖南、河北、泊头、成都等地模协秘书长和《模具工业》杂志主编。

中国模协秘书长专程到会讲话，各地秘书长和《模具工业》主编先后发言，进行交流，还就行业发展达成共识，形成纪要。

14．开展本市模具行业重点骨干企业评定工作。根据四届五次会长工作会议通过的关于《开展上海模具行业重点骨干企业评选办法》开展评选工作，年内评选出上海精密塑料模具重点骨干企业6户，上海汽车覆盖件模具重点骨干企业5户。并通过网上公示确认。

15．开展“2011职称资格认证”的评选工作。10月30日，组织专家对企业申报资料齐全、符合要求的人员进行初审、答辩，评议后经协会技术职称评审委员会审定，评出工程师8名、助理工程师4名。

16．支持会员单位开拓国内外市场。充分利用协会社会资源帮助会员单位在外地开展各种活动。如5月27日，参加上海东洋碳素有限公司宁波分公司在宁波举办“携手相依、诚信共赢”10周年庆典活动，高度赞扬东洋碳素为中国模具行业发展所作的贡献。9月5～8日，组织15户会员单位参加由国家商务部、市政府共同主办的中国（上海）国际跨国采购大会，参会汽车配件供应商超过了260余户，有近50户企业有采购模具的需求。为支持上海凌力特殊钢发展有限公司开拓外地市场，12月16日，在厦门国际航空港花园酒店举办由上海模协、厦门模协、上海凌力总部主办的“欧洲路奇霓优质模具钢应用技术研讨会”，近百人参加会议，以便厦门模具界对凌力公司有较多了解，使其能为模具企业在模具选材及加工方面提供支持帮助。

各专业委员会积极开展活动，为会员企业服务。经营管理委员会：3月24日，在金贸大厦召开“模具企业设备融资租赁交流会”，帮助会员单位多渠道拓展融资环境，解决现金流紧张的困境。10月26日，在亚虹塑料模具制造有限公司召开企业管理工作会议，研究在没有增值税政策扶持的情况下，模具企业特别是民营企业如何在管理上开拓思路、引进机制，对行业和企业发展有重要启迪作用。技术委员会：6月2日，在上海新国际博览中心举办“热冲压关键技术和快速热循环高光注塑技术与应用”技术论坛会，为业内工程技术人员提供最新模具技术信息。7月17～18日，与上海锻造协会、上海交大模具CAD国家工程研究中心联合举办“华东6省1市第八届塑性加工和模具技术年会”，为会员单位进行模具技术交流提供良好平台。9月21日，召开主任、常务秘书工作会议，专题讨论2012年举办“第五届模具应用技术论坛会”内容和会务工作，制定具体计划。信息及联络委员会：在国际模展期间，收集当今国际最新模具技术信息，通过协会网站、会刊进行交流与探讨。资深专家委员会：组织全体委员在国际模展期间参观展览会，了解模具行业现状和发展趋势。专家们还为协会编著《上海模具发展史》提供大量的资料和信息，并积极参与协会举办的职称资格认证评定工作会。特种加工委员会：5月27日，参与上海东洋碳素有限公司举行宁波分公司10周年庆典活动。6月3日，在上海新国际博览中心举行“先进特种加工技术在现代制造中的应用”技术交流会。10月30日，支持协助大量电子设备有限公司举办20周年国庆庆典活动。汽车模具委员会：4月11日，与市汽车工程学会、市汽车行业协会在上汽大厦举办联席会，希望通过三方长期合作，增强汽车主机厂与汽车模具企业之间的了解，加深信息互通，以提高我国汽车模具行业技术水平。12月22日，在上海赛科利汽车模具技术有限公司举办“汽车企业与汽车模具企业对接”会，开展沟通、对话，探索汽车模具企业健康、持续发展的思路和方法。教育培训委员会：2月22日，在上海工业技术学校召开会议，总结2010年工作，制定布置今年的工作计划，对解决模具行业人才匮乏，培养企业所需高素质专业人才进行探讨。价格工作委员会：4月22日，召开工作会议，就“冲压模具验收标准”的制定工作进行探讨、布置及工作落实。材料委员会：5月31日，参加上海大学先进模具材料和表面概况了解专业与江阴宏晟重工集团有限公司举办的新产品发布会，会上发布推出SDP1和SD2738超大截面预硬型塑料模具钢。8月23日，与中国模协材料委员会在兰州共同举办“第六届模具钢学术会议”，30余位专家、学者出席会议，评选出31篇优秀论文。代表们通过交流，了解目前国内外模具钢开发、研制的动态，以及生产技术水平与国外的差距，探讨改进的措施，并建议成立模具材料网络平台。11月17日，配合协会与信昌公司，举办“2011最新德国模具材料应用技术研讨会”。标准件委员会：组织专家开展调研“压铸模标准模架附加机构”标准制定的工作。为贯彻和推动行业标准化理念，12月7日，召开主任工作会议，研究讨论当前国内市场情况。要求2012年在行业内全面推广模具标准化，包括塑料模和压铸模标准化工作，联合外地模协，开展多种“标准化”活动，推动模具标准化的应用。

（刘德普）

上海市工具行业协会

上海市工具行业协会成立于1987年10月，是以上海地区工具行业为主体，吸收江苏、浙江等地区企业加入，并由生产、科研、经营等单位自愿参加的行业组织，为多元化经济的社会团体法人，现有会员单位135户，约占上海地区工具企业数的62%。

2011年主要工作：

一、走访企业，听取意见，努力创新工作

1. 完成换届改选工作。成立换届领导小组和工作小组，走访兄弟协会学习换届成功经验，先后4次召开会员座谈会，近60户企业出席会议，走访20多户单位，召开理事扩大会，全部准备就绪后上报上级部门。在市经信委和市社团局的获准下，5月30日，召开六届一次会员代表大会，产生新一届的理事会，圆满地完成换届改选工作。

2. 成立上海轻工业工会联合会工具行业分会，加强企业社会责任感。8月，在上海轻工业工会联合会指导下，配合上级工会开始筹建工具分会的准备工作。筹建过程中，进行大量的调研工作，并对理事会中建有企业工会的22户单位宣传辅导、阐明成立行业工会的意义、目的，使企业了解在行业成立工会，也是加强企业管理，增强企业凝聚力，促进企业发展的重要工作。组织部分企业负责人，参加以“诚信、责任、和谐、发展”为主题的“上海轻工行业推进企业社会责任体系建设沙龙论坛”，增强企业履行社会责任感。条件成熟后，12月17日，正式成立上海轻工业工会联合会工具行业分会。

3. 发展新会员，促进转型发展。年内吸收6户有规模有市场的企业，淘汰清退了几家衰亡企业。

二、加强内联，整合资源，做好基础工作

1. 针对工具行业标准混乱、标准老化或无标生产的现象，在徐东海会长的带领下，会同相关职能部门，多次走访江、浙、沪一带优秀企业，了解行业的现状，配合全国工具五金标准化中心，加强完善各类标委会宣传标准化生产的重要性，协助编辑出版《工具信息与标准》专刊；依靠行业内的标杆企业，如诺霸精密机械（上海）有限公司、上海田野工具（集团）有限公司、上海沃施园艺股份有限公司、上海振兴经济发展有限公司、宁波安拓实业有限公司等，制定相关工具标准，引导企业按标生产；针对市场假冒伪劣工具多，恶性竞争激烈的情况，在市工商和市技监部门的领导下，配合轻工部五金工具质量监督检测上海站，对市场工具类产品抽检，褒优罚劣，起到净化市场的作用；针对企业经营中缺乏信誉、相互拖欠账款多的情况，与上海维诚信用风险咨询有限公司合作，先后举办5场“企业信用知识普及”、“客户资信调查和科学授信”、“应收款的风险管理和催收”法律专题讲座，约有80多户（次）会员单位参加讲座，一些单位还主动联系协会和维诚公司，进行专题咨询。针对特殊情况，秘书处同志还陪同律师走访企业，释疑解难。

2. 大力推荐业内规模企业参加全国工具五金标准化中心，在标准化中心的关怀指导下，按工具门类，品种逐步建立制标小组，引领行业的规范化发展，例如：宁波安拓实业有限公司、上海沃施园艺股份有限公司、诺霸精密机械（上海）有限公司、上海世达机械工具厂有限公司、文登威力公司等都成为该行业的标杆企业和国标的制订企业。

3. 积极推进研发公共服务建设，将研发平台的服务内容、扶持政策，各种资料，利用座谈会、讲座和走访的形式发到会员单位，并在协会网站上发布，让企业充分了解和利用政府各类扶持政策。

4. 组织企业参观兄弟行业，共同组织信息发布会、技术讲座、采购互助等，例如：与上海船舶行业、上海汽车行业、上海热处理协会以及上海润滑油品行业协会共同开展对话、走进、携手的活动，为企业拓宽眼界，创造合作机会。

三、走出家门，探索跨地区合作、拓展内外市场

1. 在会长的亲自带领下，组织全国轻工工具五金质监上海站、全国工具五金标准化中心、《工具信息与标准》杂志社，会同上海市工具工业研究所，走访山东临沂五金市场、成都五金市场、重庆五金市场、上海九星五金市场等大卖场，进行广泛的调研，探知工具五金行业的现状及其发展方向，并同成都万贯集团达成合作意向，为上海工具行业走向西南地区建立阵地。

2. 搭建平台，开拓市场，为企业寻找商机，组织100多户（次）企业参加中国五交化商业协会、中国五金制品协会、全国轻工总会和上海贸促会等组织召开的上海、郑州、广州、成都以及越南河内的国际五金博览会，收获良多。

3. 与上海部分行业协会会同深圳市机械行业协会共同在深圳市举办“2011年两岸三地行业协会发展论坛”，会上兄弟（商）协会的专家、学者发表众多论文，论坛规模大、影响广、效果好。

四、创先争优，强责守信，提升企业素质

1. 组织企业积极参加品牌建设和诚信建设活动，先后推荐昆杰公司、骏马气动工具公司、锐奇工具公司申报“上海著名商标”评选，并获得成功；17户企业参加市“企业诚信创建”活动，其中三星级两户，二星级5户，推动了企业的诚信建设。

2．强化企业社会责任，有21户企业参加“2011年上海城市公众满意度企业”活动，15户企业参加“2011年中国企业创新成果活动”，其中有安拓公司、约纳森公司、海盐联合钢锯厂3户会员企业获得“2011年企业创新成果奖”。

3．与《中国精品五金》杂志社共同建立的“中国五金品牌联盟”，面向全国五金工具行业的各大企业和品牌企业，每年召开论坛和年会，交流经验、沟通信息、提供平台、互帮互学，获得业内企业的欢迎和好评。1月，在年会上有近百户企业，计150多位老总主动参加会议，介绍经验，发布论文，气氛十分热烈。

4．配合政府部门做好行业统计、专项基金的工作，认真学习市委、市府颁发的《关于进一步加强本市社会组织建设的指导意见》，学习“两新”组织党建工作的意见。在建党90周年之际，组织党员和秘书处同志参观嘉兴南湖革命历史纪念馆。

（张寿菊）

上海市化工行业协会

上海市化工行业协会成立于1997年6月18日，是由从事化工生产、流通、施工、科研、设计、教育及服务等活动的企事业单位自愿参加组建的非营利性的社会团体。现有260户会员单位。

2011年主要工作：

一、为会员服务工作

1．信息服务。办好网站和会刊，在协会网站、《通讯》杂志上发布大量的行业信息，向市社会工作党委、市经信委、市经团联的网站和刊物供稿发布文章和信息34篇。完成会员单位2010年各项经济指标的排序，在第2期《通讯》上发布。为中国石化联合会《经济分析》杂志提供“2010年上海石化行业经济运行简况”，已被刊登在杂志第6期上。召开2011年信息工作委员会年会，并组织与会委员参观“2011年荷锐水处理展”。协助国家工信部、中国石化联合会推荐“工业化和信息化两化融合”先进企业和个人。召开“2011年度化工行业经济运行座谈会”，分析行业经济运行情况。面向企业，做好“网站”和《化工通讯》征询工作，取得较好反响。

2．培训服务。积极开展易制毒化学品、危化品和安全管理人员培训。举办易制毒化学品管理人员初训班7期，参加培训680人；举办易制毒化学品管理人员复训班6期，参加培训804人；举办危险化学品从业人员培训班17期，参加培训2122人次；举办生产经营单位厂长、经理、安全管理干部培训班4期，参加培训350人次。培训部受请上门办班的有通用电气、上海涂料、华谊聚合物、国际油漆、芬美意、吴泾化工、海事大学、中科院等8个单位。还为会员单位举办“财务管理培训班”、“国家级信息师培训班”等。年初，培训部顺利通过市安监局的培训资质重审。

3．市场服务。对上海化工行业品牌开展调研和宣传，将14户荣获2010年上海名牌产品、上海著名商标的企业和产品、商标载入协会网站和《通讯》，广泛进行宣传，扩大影响。收集2010年中石化上海石油化工股份有限公司、中石化高桥石油化工公司、上海华谊集团公司、中石化集团资产管理有限公司、上海宝钢化工有限公司等45户企业的123种主要化工产品的生产量、销量、销售额、出口量的数据，进行分析汇编。收集十大化工类产品的121篇文章和8万字市场信息资料，集中汇编印刷成《2011年化工市场预测》刊物，发放到260多户化工企业和有关部门。根据市质监局、市工商局对年度申报上海名牌产品、上海著名商标的推荐要求，做好对上海吴泾化工有限公司、上海丙烯酸有限公司、上海焦化有限公司、上海回力鞋业有限公司、上海沪江生化工有限公司、上海马陆化工有限公司、华东理工大学华昌聚合物有限公司的申报材料、证明材料的审核和推荐工作。组织召开“2011年上海化工行业上海名牌产品工作会议”，与会的有45户化工企业分管领导和代表共60人。积极开展2011年上海化工行业“质量月”活动和宣传工作。组织召开“2011化工行业上海名牌后续管理工作会议”，共有荣获2010年上海名牌产品和申报2011年上海名牌产品的52户企业领导和代表出席，共62人。

4．科技服务。为推进化工科技创新，促进节能减排工作，推动产学研合作，召开“2011年化工协会科技工作会议”。组织20户企业的领导、工程师及协会科技工作委员会委员30多人赴台塑宁波石化公司参观考察和技术交流。组织对上海金属丝网制品公司研制的“高效节能除沫器”新产品进行技术鉴定。与市教委科技发展中心组织召开“第十三届上海化工企业—上海高校双边技术交流对接会”，有40多户企业领导和代表参加会议，并参观了工博会。

5．节能减排。宣传推广节能减排合同能源管理，帮助企业提高技术改造、科技创新能力，开展转变经济增长方式等宣传活动。年内举办4期节能减排JJ小组培训，共290人参加，其中3期为上门培训。组织65户单位分管领导、工程技术人员、环保部门、水务部门共140人，参观“2011年国际水处理展览会”，并参加论坛活动。参加市工经联召开的节能减排JJ小组工作交流会议，重点介绍动员企业开展JJ小组活动的做法。

6．组织大型活动。参加市工业行业协会沙龙，组织16个行业协会秘书长共22人赴深圳参加“两岸三地行业协会发展研讨会”。还组织本市12个行业协会参加的考察团一行15人，到西安市与陕西省工经联及对口的省行业协会负责人，进行交流。参加金山区政协、科委和科协共同举办的“十二五”发展讲座，受邀作“上海化工行业现状与‘十二五’发展”的专题报告。组织60多户会员单位举办“上海化工产业现状与发展”报告会。由我会主办、山东省石油化学工业协会承办的“第八次中国华东地区化工协商会议”在山东省东营市举行，华东5省1市的化工行业协会、化工专业协会、地级市化工协会、政府主管部门以及特邀企业（园区）代表，共84人参加会议。帮助中国石化工业联合会质量安全环保部开展“十一五”全国石油和化工环保先进单位、优秀经理（厂长）、先进工作者评选活动。组织市电机协会、上海谊超化工咨询公司、杭州科创控制技术有限公司参观“第十二届亚太国际塑料橡胶工业展览会”。召开“化工行业零星化工企业调结构、转方式”座谈交流会。接待摩根士丹利亚洲有限公司带领的外商投资者来访交流，具体介绍了上海化工行业调结构、转方式情况和投资环境。应邀参加中欧易制毒化学品管制经验研讨会，在会上介绍经验。

二、为政府服务工作

1．协助政府加强易制毒化学品监管，每月向政府有关部门提供统计报表汇总。

2．协助政府加强危化品管理，协会控股的谊超化工咨询公司为生产经营企业做安全评价报告，完成经营单位安评139户，完成生产及新建、改建项目安评106户，落实安全生产许可证换证48户。

3．承接市经信委的委托，编制647户“零星化工企业调整规划”。

4．为市经信委提供化工行业每月经济运行分析报告、年度行业经济运行报告及2012年预测。

5．市商务委、上海检验检疫局授予协会设立“技术性贸易预警服务站”，并承担有关工作。

三、加强协会的自身建设，提升协会的素质与功能

1．党支部带领全体党员和工作人员赴南汇周浦镇申茂电磁线厂参观学习，学习陆惠芳董事长的“芳菲人生”先进事迹。

2．开展“创先争优”活动，党支部被市工经联党委评为“先进党支部”，郝玉华同志被评为市经信委党委的“优秀共产党员”。

3．庆祝建党90周年，为让党员感受革命历史教育，党支部组织协会、谊超公司党员、群众同赴浙江四明山走红色之旅。

4．迎接建党90周年，党支部要求党员回顾入党誓言，每位党员和入党积极分子都书写承诺书，接受群众的监督。

5．组织党员到市化工环境保护监测站学习交流党支部工作经验和党员发展做法，还与电机协会党支部建立对接关系，开展交流和学习。

6．参加由市工经联党委举办的“庆祝中国共产党建党90周年表彰大会暨文艺演出”，协会党支部受到大会表彰，协会选送的精彩节目参加演出，获得“优秀组织奖”和“优秀演出奖”。

7．第4次修订《管理制度》和工作人员《岗位职责》，为加强管理提供制度保证。

8．选送4名工作人员参加全国和本市的业务培训。

9．年内发展12户会员单位。

（江　荣）

上海市润滑油品行业协会

上海市润滑油品行业协会成立于2005年6月，是由润滑油、脂的生产、研发、质检、销售、服务等企事业单位自愿组成跨部门、跨所有制的非营利性行业社会团体法人。现有会员单位98户。下设添加剂专业委员会。

2011年主要工作：

一、会员发展及组织建设

目前，会员单位已达98户。添加剂专委会委员单位34户。年内发展新会员单位15户，补充发展添加剂专委会委员单位7户。召开两次理事会会议和专委会主任会议1次。新增理事单位3户、专委会副主任单位1户，增设常务副秘书长1名、副秘书长两名，并对章程进行修订。另修订完善秘书处休假考勤制度。10月，换届改选党支部，选出新任支部书记。

二、走访考察，尝试创新

协会工作以创新驱动、转型发展为着力点，促进会员间沟通、合作。根据会员单位数量多、跨域大，开展以划区域方式集中对会员单位普访和对部分会长、理事单位征询造访的新尝试。4月15～28日，在上海、南京，苏州地区首先分批进行，共有49个会员单位参加。5月，补充召开7户会员单位座谈会。通过访谈了解会员企业产品、发展前景，及面临的困难，为更好服务明确了方向，也让会员单位了解协会工作重点。搭建地域性座谈平台为促进会员间密切联系、实施补缺互利、推进产业链发展发挥了积极作用。

三、规范程序，深化、拓展行业推荐应用认证

经协会审核批准生产“推荐应用产品”的企业，在与协会签订协议后，由协会授予证书、统一标识，并接受社会认同和监督。目前，已有7户企业的18个产品荣获“推荐应用产品”贯标、认证，28000张标贴给予贯标产品包装。年内组织专家直赴会员企业进行交流、诊断服务。

四、优势互补，倡导行业沙龙活动

8月，与市热处理协会联合举办题为“金属加工技术交流活动”的协会沙龙活动。选择金属加工润滑技术为载体，凭借沙龙平台，与相关行业协会及其所属重要企业进行对接交流，促成服务联动。

五、组织筹办行业性专业职称评审、评定

依据会员企业实际需求，做好行业性专业职称评审、评定准备工作。一是做好社会职称申报、代办工作；二是组织开展行业内专业技术职称评审、认证。在各项准备工作完成的基础上，行业性专业职称评审工作将于2012年3月正式启动。

六、开展培训与检测服务

重点开展专项培训、系列培训。组织油品分析化验初级、中级培训各两次，质量工程师中级培训两次，共培训120人次。开辟科研、生产、销售、检测专题培训和技术交流，组织开展第二次实验室能力比对，共有23个单位参加，比对项目为润滑剂极压性能测定（四球法)。3月1日，组织技术要领与适用性技术研讨，探讨3种试验数据离散性大的原因。3日16日，联合上海市石油学会、中机维协机械工程分会合作举办“润滑剂极压性能与四球法技术交流会”，进行总结、分析。培训部编写的《四球法测定润滑剂极压性能结果的因素分析》在第十届全国摩擦学大会作论文宣读并受到极大关注。另为会员单位南京古田化工有限公司进行“金属加工液基础知识”专题培训，共有19人参加。10月，与PerkinElmer公司合作举办油品分析检测专家研讨会，近60人参加。组织学员参观上海赛科石化公司、中石化润滑油上海研发中心的分析检测实验室，学习先进，规范检测。还应管理部门要求，组办“品牌产品／服务”推荐活动；推荐参加第二届上海市工商业领军人物评选；对接市经团联，将我会特色项目纳入知识更新工作序列和继续教育工作体系。

七、《信息》出版与网站发布

全年按时出版12期《上海润滑油信息》。编辑出版《2011年上海市润滑油品行业协会大事记》。召开第10次信息员会议，50余人参加。上半年，网站进行系统调整、改进后，网站注册用户数量增加1倍，访问量也有相应提高。急需发布的消息辅用短信群发，体现服务的快速与简便。

八、技术服务

1．持续刊载《刊授课堂》。《刊授课堂》自2008年3月在《上海润滑油信息》上开办至今，已连续刊载40篇。内容涉及技术依据、质控要点、标准变更、创新研究和高新应用开发等内容。

2．承应技术咨询。为业内企业提供专业性、策略性、市场趋向应对性建议；为关联行业、企业提供择油、用油依据。全年接待来访约50人次。

3．多方位开展业内、国内外专业性技术交流或行业间对接交流。开展业内交流，使会员企业得以扩大市场影响，了解趋势，准确定位；行业间的对接技术交流，有利于拓宽产品推荐、展示的渠道，主导行业创新、发展。

4．开展技术论坛与会展活动。参与组织中国国际润滑油展和论坛活动。在十二届润滑展中，主办外场润滑油高峰论坛、内场产品应用推介会、金属加工润滑技术研讨会，协办爱车绿色养护倡议等活动，依托展会促进行业区域性经济联动，扩大协会工作基础。

（张　军）

上海防静电工业协会

上海防静电工业协会成立于2004年9月，是由从事防静电产业的企事业单位自愿发起组成的专业性、跨行业、跨地区的非营利性社会团体法人。现有会员单位85户，覆盖长三角地区的服装、地板、包装、耗材、设计、装备设备等领域的骨干企业。下设标准委员会、专家委员会和具有独立法人资格的“上海工业静电技术研发服务中心”，负责技术咨询、检测、评估、组织培训、项目开发等。

2011年主要工作：

一、热心为会员服务，促进行业发展

1．联系、服务会员。年内走访会员单位32次，加强沟通联系。会刊免费刊登46户会员单位名片，扩大企业影响。召开会员座谈会，介绍国际标准新动态。向会员企业介绍有关会展和国家有关支持中小企业政策。

2．组织会展、论坛。5月11～13日，第二十一届中国国际电子工业展在上海光大展览中心举行，协会与励展、ACT雅时公司合作设立防静电和洁净专业展区，主办防静电专业研讨会。22个理事单位中有17个报名参展，参与会展各项活动的会员有42个。协会租用展台，免费展览24户会员单位产品资料，接待了俄罗斯、加拿大、泰国等国客户。5月12日，在展区举办防静电和洁净专业研讨会，出席会议专业人员约200人次，3天会展发送会刊约1000本。

3．参与制定标准。11月8日，由工信部电子工程标准定额站会同有关参编单位在北京召开标准审查会，审查《防静电工程施工与质量验收规范》送审稿。协会作为参编单位出席，参编会员单位还有上海电子工程设计研究院、金华天开、深圳中明等公司。11月10日，由协会理事长单位晨隆公司牵头、协会参与编写的国标《纺织品服装系统穿着时静电性能测试方法》初稿讨论会在杨思举行，参与编写的单位还有佰洁、国家纺织制品质量监督检验中心、3M中国公司、金华天开、诺基亚西门子通信（杭州）公司、北京京东方显示技术公司、上海华力微电子公司等。

4．接受政府委托项目。向市经信委提出建立行业信用服务体系的项目申请。9月21日，报告批准并签约。秘书处邀请市企业信用互助协会介绍有关信用理念，建立项目工作组。10月18日，与华予信企业信用征信公司签约，合作完成建立防静电行业企业信用档案项目。11月25日，理事会议通过有关建立企业信用档案工作方案，并发电子邮件给所有会员单位，根据程序确定凯得丽等10户公司为第一批试点单位，有关信息在会刊、网上进行宣传。结合国务院10·19常务会议精神，中国将建覆盖全社会征信系统，全面加强诚信建设。12月21日，华予信公司等对试点单位联络员培训。第一批建立企业信用档案工作将于2012年4月底前完成。

二、与政府部门、经团联等合作、沟通

1．拜访市质监局、市中小企业办。3月7日，拜访市质监局标准化处，汇报协会工作，沟通有关标准制定及建立国家、地方标准委员会要求信息。3月9日，出席市质监局地方标准委员会建标座谈会并代表协会发言，约见市质监局领导，进一步汇报协会参与制定国家、地方有关标准工作进展。8月18日，拜访市中小企业办，汇报协会工作，了解政府有关支持中小企业政策信息，并将有关信息发送会员单位。9月，与市经信委签订购买服务协议，成立“防静电行业准入条件”项目工作班子，确定调研单位，听取意见，收集材料，2012年3月完成初稿，征求会员、专家、协会负责人意见。4月，定稿送市经信委。

2．积极参加市社团局、人社局、经信委、经团联等举办的培训、活动。年初，访问经团联，汇报有关建湖防静电产业园区设想；分别参加市社团局举办的2011年行业协会会长、秘书长能力建设培训班；参加市人社局举办的职称工作业务培训、继续教育培训，以及市经团联组织的行业协会社会责任培训班、行业协会发展研究会专题学习和信息员培训班等。

三、发挥培训、检测、咨询等专业优势，服务社会

1．职称申报培训。4月25～27日，举办1期“静电专业职称申报培训”，报名参加12人，经复习、开卷考试及专家评审，取得静电高工职称1人、工程师职称3人、助理工程师职称6人。秘书处建立了第一批培训讲师资料库，为了充分利用社会资源，还分别访问海事大学、东华大学环境学院（松江校区）、上海工业自动化仪表研究院，商讨合作培训的可能性。

2．专业咨询、检测业务。协会接到专业咨询、联系检测业务共49批次，主要为防静电地板、地坪、接地检测。此外，还有要求检测屏蔽袋电压、面料防电磁辐射、检测印刷机械及印刷纸质表格、车间ESD防护体系设计、购买静电放电仪器、了解市场需求、评估、开具产品铝合金地板防静电证书、认证鉴定产品质量等。

3．专题研究，开拓服务新领域。10月18日，召开专题工作会议，邀请协会部分技术人员，针对专业服务中新问题，研究在检测、培训和标准宣传方面发挥优势服务会员、服务社会的途径。

四、加强协会自身建设

1．组织建设。年内有13户单位加入协会。出版会刊4期，寄送约5000本。加强网站管理，增加栏目，及时更新内容。编写季度工作简报（电子邮件版）发协会理事单位、中心监事等。

2．联系兄弟协会。分别拜访上海塑料、建材等行业协会，并与电子制造等15家行业协会交流会刊。

3．“中心”换证。下辖上海工业静电技术研发服务中心登记证书有效期至3月9日，经向市经信委、市社团局多次咨询，4月，领取“中心”新证。

（熊衍元）

上海市标准化协会

上海市标准化协会成立于1981年4月，是从事全市标准化工作的社会团体法人。下设组织、科普学术、教育培训、技术咨询等工作委员会，并拥有纺织、汽车、机电、轻工、化工、船舶、仪电、航空、宇航、有色、能源、信息、情报、印刷包装、粮油、花卉苗木、蔬菜、饲料、种植、水产、医药、建材和服务等23个标准化专业委员会，现有团体会员200余户，个人会员1000余名。

2011年主要工作：

一、开展学术研讨，组织交流活动，举办专业讲座

1．开展国际学术交流。11月16日，与美国国家标准协会联合主办2011中国国际工业博览会科技论坛－经济全球化与标准化国际研讨会，出席研讨会的有国内外标准化技术专家200余人。国家标准化管理委员会、国家质检总局、市质监局、欧盟委员会、美国商务部、美国驻华大使馆标准官等官员或专家，以及世界贸易组织贸易与环境司、国际电工委员会、欧盟等相关国际组织和UL、上海电气等国内外著名企业的专家作主题演讲。

2．组织标准化优秀学术论文评选。开展“转型发展与标准化”为主题学术论文征集活动，从43篇涉及汽车、航天、核电、船舶、有色、食品、旅游等领域的论文中评选出优秀论文19篇，将获奖和入围的共36篇论文汇集成册，编印了《2011年上海市标准化学术论文集》。根据中国标准化协会关于开展第8届全国标准化论坛优秀论文评选活动的要求，选送了45篇论文，有22篇入选《第七届中国标准化论坛论文集》，协会再次获得论坛组委会颁发的优秀组织奖。受市质监局委托，进行2011年度上海市标准化优秀学术成果奖的评审，从125项标准化论文和研究成果中，评选出69项优秀学术成果。

3．所属专业委员会根据行业需要，组织开展权威性的标准化理论交流和研讨活动。

4．推介先进典范，组织团体会员赴标准化创新示范企业参观学习，提高标准化水平，增强企业核心竞争力。

二、服务“四个中心”，为城市发展提供标准化技术支撑

1．承担参与本市地方标准制修订，受市教委委托，起草制定《中小学、幼儿园安全防范管理基本要求》，这是全国首个校园安全的强制性地方标准，现该标准已发布实施。承担《电力电缆制造过程中的综合能耗》、《集装箱海运船舶能源单耗》等地方标准制定。

2．承接服务类标准体系建设项目和节能减排标准体系建设项目10余项。

3．受市质监局委托，共完成1630项企业标准备案工作。

4．根据国家有关食品标识标签的规定，接受食品企业委托，完成食品标签认可2189项，并为36个单位起草编写了125份企业标准。

5．经市科协组织考核，取得上级部门授权认可的标准化科技水平评价机构资格。在汽车专业委员会的支持下，完成上海汽车变速器有限公司系列变速器总成、双龙集团DSH系列悬臂双螺旋型混合机标准化水平评价。通过水平评价，帮助企业完善科技成果固化转型，为政府和市场提供权威的科学依据。

三、做好教育培训工作提高专业人员素质

1．受市人事局和市质监局委托，协会培训中心继从2005年起连续7年开展上海市标准化工程师资格考试考前培训，年内共培训130人，并接受245人考试报名。

2．进行标准化人员岗位培训，约500名标准化人员接受上岗资格培训。

3．针对节能、食品安全等，开展国家标准宣贯培训，重视解决企业实际问题。

四、加强与会员和企业的信息交流，加大标准化事业的宣传力度，提高全社会对标准化工作的认知度

1．办好《质量与标准化》杂志、《标准化协会通讯》和协会网站，密切与会员的联系交流，扩大对社会和企业的标准化宣传。

2．做好庆祝世界标准日的宣传工作。每年的世界标准日（10月14日），国际标准化组织、国际电工委员会和国际电信联盟都会联合发布世界标准日主题和祝词，协会围绕主题开展各种形式的庆祝和学术交流活动，宣传国际标准化工作发展的进程，参与国际标准化活动，提高上海标准化工作对国家标准和国际标准的贡献率。

（沈为民）

上海橡胶工业同业公会

上海橡胶工业同业公会成立于1986年12月，是由上海、江苏、浙江地区橡胶加工及其相关企业自愿组成的跨地区、跨部门、跨所有制的行业性社会团体法人。现有会员企业118户。

2011年主要工作：

一、认真开好八届二次会员大会

4月21～22日，在浙江天台卧龙山庄隆重召开八届二次会员大会。94位代表认真听取并审议通过公会《2010年度工作总结和2011年度工作计划》和《2010年度财务决算和2011年度财务预算》报告。大会增补上海兵颖实业有限公司杨春江总经理和上海樊利实业有限公司范正耿总经理为八届理事会理事，并向在“企业诚信创建活动”中获得荣誉称号的企业颁发证书和铭牌。上海兴闳泰实业有限公司等3户企业在会上作交流发言。

二、走访调研，服务企业，增强公会凝聚力

先后走访调研企业70余户次，了解企业当前生产经营状况和发展前景，从中发现可供业内学习借鉴的先进典型，如双钱集团载重轮胎公司的节能减排、富大集团公司和回力鞋业公司的“创新驱动、转型发展”等先进事例，并召开行业专题会议、推进企业工作。同时，十分关注企业遇到和急需解决的实际问题，有针对性地提供帮助和服务。如樊利实业公司在沈阳开展输送带项目，急需懂设备、会组织生产和经营管理的人才，公会及时为其推荐落实；上海胶带橡胶公司三角带厂搬迁需寻找地方，公会不仅为其牵线搭桥，还派员专程陪同企业领导到江苏泰安、启东等地考察；上海康艳橡胶制品公司成功研发生产丁基、丁晴、氯丁和三元乙丙再生胶，需要开发和拓展市场，秘书处专程上门为其策划，指导其完善产品检测，建立企业标准等，还特意为其撰文在会刊上发布“康艳公司自主研发生产特种再生胶”的信息，为产品上市进行宣传；远东钢丝针布公司生产设备上的胶辊，遇到强力不够的难题，公会技经委及时派出专业工程师帮助其克服技术难题等，在实际工作中，公会凝聚力不断增强。

三、召开行业节能减排推进会

6月24日，在双钱集团载重轮胎公司召开节能减排工作现场交流会，业内22户重点企业30余位代表听取载重轮胎公司节能减排工作采取的措施和取得成果介绍，并到锅炉间、废水处理、泵房和生产车间参观。与会同志纷纷表示公会要抓好节能减排工作，并同载重轮胎公司约定在实施过程中再次登门学习取经。会后，上海五同同步带公司立即进行锅炉改造。

四、认真搞好会刊编辑、出版和网页更新工作

会刊《橡胶同业》栏目基本为“要闻”、“会员中来”、“信息传递”三大板块，全年出版12期，约16万字，“要闻”着重传递党和政府有关政策法令、重大会议精神、领导讲话、公会工作动态；“会员中来”着重宣传报道企业动态、生产经营管理经验和新产品介绍；“信息传递”着重传递市场行情、原辅材料价格等，很受读者欢迎。同时，通过与网站挂靠单位的配合和协作，网页内容做到及时充实和更新。

五、加强公会自律，及时完善领导班子

年内对秘书处人员进行分工，明确岗位责任制，把工作责职落实到个人，保证公会工作规范有序开展。八届理事会由于成员单位和人事的变化出现理事会缺额和副理事长变更的问题，秘书处创新工作思路，在不违背章程，向社团管理部门办妥手续，及时加以充实完善。同时，认真做好公会年检工作，按时上报并获得核准。

六、召开专题会议，推进行业工作健康发展

7月20日，在富大集团公司召开产品和产业结构调整经验交流会。富大公司和回力鞋业公司，先后介绍企业在产业结构调整和经营方式转变方面的经验，树立“办法总比困难多”的观念，增强与会厂长经理克服困难的决心。7月26日，在秘书处召开行业统计工作会议，对进一步开展和做好行业统计工作进行部署、提出要求。8月30日，在上海五同同步带公司召开“企业诚信创建活动”推进会。会上市创建办王维副主任就诚信创建工作重要性和创建活动现状、管理措施及发展情况作报告，提高会员企业参加诚信创建活动的积极性，已有51户会员企业参加活动，并获得相应的荣誉称号。协助上海贸易会展有限公司举办“2011年国际橡塑产业高峰论坛会暨产品展示会”。组织15位代表出席会议，10户企业展示产品，扩大行业和企业的影响。

七、做好新会员发展工作

积极发展本市橡胶及相关企业入会，并把工作进一步做到长三角地区。年内先后发展东恒化工有限公司、金讯化工贸易有限公司、矢野精密机械有限公司、远东钢丝针布责任有限公司、海花橡塑制品有限公司、和承特种橡胶有限公司、东源企业发展股份有限公司等11户企业入会，其中，金讯、海花、和承为浙江和江苏企业。

（王宝根）

上海涂料染料行业协会

上海涂料染料行业协会（原上海染料农药工业行业协会）成立于1987年1月，是由长三角地区染料、涂料、颜料、助剂及其他经济组织为主自愿组成、实行行业服务和自律管理的跨部门、跨所有制非营利的行业性社会团体组织。现有会员单位159户。

2011年主要工作：

一、加强对行业的服务功能

4月25日，召开会员大会并就涂料行业的科学发展专题发布信息，邀请中国涂协的老领导老专家王擢作“涂料行业要走创新驱动、转型发展之路”演讲，请金力泰、申德欧、上海开林造漆厂、上海造漆厂、国际油漆法规事务、巴斯夫涂料公司等企业分别就“卓越绩效体系”、“品牌建设”、“水性涂料”、“木器玩具漆”、“涂料的法规”、“汽车涂装”等话题发表演讲，引导涂料行业向生态环保、节能方向发展。

10月18～19日，会同浙江涂料工业协会，在格林威智登公司的组织下在上海虹桥举办“2011亚太绿色工业涂料峰会”，并组织40多位专家、代表参加峰会，阿克苏诺贝尔、PPG、三棵树等单位的20多个专题报告，对推进涂料绿色化进程起了积极作用。

不断推荐会员单位的高端产品，带动技术进步。8月18日，组织上海大学有关专家和本会涂料方面专家及立邦公司、中南公司等单位在奇想青晨新材料科技股份有限公司召开“涂料高级弹性乳液产品推介会”，请何元博士作“结构型微粒乳液制备”技术报告，协会专家库成员分别发表评论，对提升产品技术水平起了积极推动作用。

二、推进染料、颜料的生态、绿色环保进程

积极推广会员企业在染料、有机颜料、无机颜料、食用色素、油墨、涂料、色浆、中间体、助剂等方面优质产品，特别是在生态环保、节能、技术提高、质量改进方面的好产品，并在协会专业网站、《上海染料》期刊及《协会通讯》上发布信息，加大宣传力度。雅运公司的“匀可灵”助剂、“双龙”拼混设备等被推荐为市著名商标和市名牌产品。“光明牌”、“飞虎牌”、“眼睛牌”、“泗联牌”、“牡丹牌”等油漆油墨再次通过“市名牌产品”的复评。

4月25日，年会邀请全国染协理事长王擢发表“染料生态发展”的讲话，协会副秘书长作“全国染料工业十二五规划纲要”演讲，请中化天津孙景辉副总作“染料产业发展”的报告，纺织学会卢润秋高工、《上海染料》主编章杰、纺织大陈荣圻教授、东华大学宋心远教授、华东理工沈永嘉教授、交大代光辉教授、龙盛章建新副总、星浩公司杨军浩高工、华戈公司程德文高工、沈阳院何岩彬高工、下沙恒升严一高工等专家从不同角度就染颜料及中间体的绿色发展发表演讲。

11月10～11日，组织会员单位参加第七届中国产业国际竞争力论坛。11月28～29日，“2011中国印染和染化料行业生态安全及可持续发展论坛”在苏州召开，协会高级顾问章杰高工、陈荣圻教授、天祥集团王建平副总、东华大学奚旦立教授、龙盛集团总工欧其、协会秘书长等，分别就“有效实施纺织供应链的生态安全管控的难点和措施”进行研讨和交流。

在市经信委指导下，开展“有机颜料产品结构优化”的调研项目；在市科委指导下，对捷虹公司“高档有机颜料及预分散颜料”科技项目进行推荐，并选入市科研项目。在中国染协领导下，7月18～22日，在北戴河承办“有机颜料行业年会暨技贸洽谈会”，中国染协秘书长田利明作“颜料转型发展”报告。承担有机颜料专委会的日常工作，10月24～28日，在上海成功举办“第十二期有机颜料技术应用培训班”。

“颜料制造工”将增补到国家职业大典。在中国染协张燕琛高工指导下，协会办公室主任兼中国染协有机颜料专委会秘书长戴秀英在《上海染料》主编、百合花、珠海东洋油墨、红妍公司、龙口联合公司、双乐公司、富林特公司、丽王公司、争妍公司、金阳公司、山东宇虹公司、捷虹公司等企业的支持下，积极开展“颜料制造工”有关信息的采集，为职业大典中增补“颜料制造工”工种作出努力。

三、涂料、染料互相促进，共同发展

1．在市经信委信用处指导下，进行“信用档案”项目的建设工作。3月10日，与雅运公司联合召开“信用档案”专项会议。目前，已有121户会员单位建立信用档案。

2．开展市企业诚信创建工作。在市企业诚信创建办指导下，共有17户企业荣获“上海市企业诚信创建”单位称号。

3．共同推进企业的清洁生产审核工作。会员上海涂料有限公司巴斯夫涂料公司、捷虹公司、雅运助剂公司分别通过市清洁生产的市核工作，协会还对多户企业进行清洁生产预评估的指导。

4．开展品牌建设，力推产品上水平、上等级。年内百合花集团的有机颜料荣获“全国驰名商标”。协会受市工商局委托，对“光明”、“金力泰”、“匀可灵”、三银制漆“图形”、“汇宇”、“图博可特”6个单位的6项产品作推荐意见，向市名牌办公室推荐“双龙拼混设备”等产品为市名牌产品。还与通达公司对有关企业争创中国驰名商标进行专题调研。

5．推动“ISO26000社会责任”工作的展开。会员立邦涂料公司首家在涂料行业公布社会责任报告，协会在通讯、网站上大力宣传“立邦”经验。6月29日，组织会员单位参加市经团联、市质量管理学院举办的“ISO26000社会责任指南标准培训班”。

6．搭建学习平台、建设学习型行业协会。积极联系社会公共学习平台，利用双休日和业余时间为会员单位领导、管理人员、技术人员提供优良的学习机会，先后组织20多场次学习活动。

四、拓展20项功能，提升协会服务水平

1．技术咨询服务。开展技术、工艺、标准、检测、新品开发、操作规范等现场服务与咨询，为发展有机颜料、新建项目的立项、技术攻关等提供咨询及服务。

2．职称申报服务。开展企业工程技术人员、经济管理人员职称申报和培训服务工作，以及其他特殊人才培训工作、人才招聘服务工作。

3．品牌建设服务。开展“各省市名牌产品”、“各省市著名商标”、“高新技术产业自主创新品牌”、“中国名牌”、“中国驰名商标”的培育和推荐工作。

4．市场对接服务。努力开展会员企业与国内外市场的信息交流和业务对接、上下游产业链构建工作。

5．企业诚信创建活动和信用风险管理服务。与市“企业诚信创建”活动组委会办公室、市信用服务行业协会合作开展企业诚信创建活动，与上海仁信保险经纪有公司合作提供应收帐款风险管理、风险转移、贸易融资服务。

6．网站建设服务。为会员单位制作网站网页提供帮助，根据企业要求实现网站链接，根据企业需求，定时向会员单位发布各类信息。

7．信息平台服务。充分利用协会信息宣传平台《诚信企业展示平台》、《上海染料》、《协会通讯》和每年的“有机颜料行业年会暨技贸洽谈会”，为企业提供服务。

8．技术培训服务。举办有机颜料技术应用培训班，并根据企业需求，专家库教授、专家到企业现场指导和举办培训。

9．产学研互动服务。积极开展企业与高校研究所的产学研互动、项目合作、人才培训、课题研究、科研成果转化、技术攻关等服务工作。

10．国际交流服务。协助企业做好国际涂染颜料、油墨、塑料工业的信息传递、人员交往、项目洽谈、技术交流和国内外商务考察服务。

11．开发区、化工工业园区的合作服务。与新材料化工产业园等合作，从产业链、绿色、低碳化工出发，开展化工园区的建设。

12．青年见习基地服务。在市工经联指导下，设立青年见习基地，接纳大学生到协会实习、锻炼。

13．统计服务。在中国染协、涂协和市统计局指导下，开展染颜料、涂料、油墨、塑料统计工作，为行业、企业提供服务。

14．广告服务。常年开展广告服务业务，欢迎企业在《上海染料》、年会《论文集》上刊登广告，拓展产品市场。

15．清洁生产审核服务。与市绿色工业促进会、清洁生产办公室、市环境科学研究所合作，为企业开展清洁生产审核工作提供服务。

16．会展服务。与上海国际展览服务公司合作，每年在上海举办中国国际染料、有机颜料、纺织化学品展览会，并实施“走出去”战略，到国外办展，加强涂料展的支持力度。

17．创建学习型组织平台服务。参加市委党校、科技协会、新民咖啡馆、人民大学等单位的专题报告会，更新知识，进行业务充电。

18．“碳足迹”管理服务。与中国染协有机颜料专委会、天祥集团合作，为有机颜料企业提供发展低碳经济，做好“碳足迹”管理服务工作。

19．开展公平贸易工作站工作。在市商务委指导下，建立工作站，为进出口企业开展公平贸易工作提供服务。

20．标准化工作。在市技监局指导下，开展标准化工作，为提升企业产品质量做好服务。

（郑家琨）

上海印染行业协会

上海印染行业协会成立于1987年10月8日，是以上海及长三角地区从事纺织印染的国有、集体、民营、合资企业为主，以及与印染业相关的单位、科研院所、大专院校等自愿组成的跨行业、跨部门、跨地区的行业性社会团体法人。现有会员单位61户。

2011年主要工作：

一、加强行业协会党的建设

11月15日，召开上海纺织协会党总支成立大会暨纺织协会党支部和棉纺织、印染协会党支部的选举大会。在上海纺织集团有限公司党委工作部具体指导下，严格按照党章，在各支部采取差额选举支部委员的基础上，采用公推直选的民主方法选举委员，这也是市经团联社团组织系统第一次公推直选，协会19名党员全部出席，党总支委员和支部委员全部当选，受到市经团联党委的充分肯定。12月12日，市经团联党委正式批复同意选举结果。协会党组织的成立，为协会党建和发挥党员先锋模范作用奠定了基础。

二、探索行业协会在新形势下的新模式

为有利行业整体调整和发展的需要，改变纺织系统行业协会各自分割的模式，进行了联合重组方面的尝试。目前，上海纺织系统10个专业行业协会组成联合会形式（上海纺织协会），各专业行业协会在专业技术、产业定位、行业标准、企业服务方面努力发挥各自积极的作用，充分发挥纺织产业链协会的合作、协调作用，取得积极的成果。

3月29日，上海棉纺织、印染行业两个协会联合召开五届四次理事会，协会领导、理事会组成人员以及纺织行业兄弟协会的领导共20余人出席会议，会议就2010年工作总结和2011年工作打算，听取理事会成员意见；原上海纺织工业局梅寿椿局长应邀出席会议并讲话。

三、转变职能，成为政府与企业间的纽带和桥梁

年初，为市经信委提供上海纺织印染产业结构调整和淘汰落后产能的意见和建议，得到市政府有关部门的肯定，并在市经信委、市环保局、市统计局和各区县经信委的支持帮助下，与上海印染行业协会合作编制最新的《上海纺织印染行业结构调整方案》，8月4日，市经信委副主任邵志清等领导专门听取纺织、轻工两个协会有关轻纺产业结构调整的编制汇报。12月27日，在市委九届十七次全会第一次大会上韩正市长专门提及纺织印染行业的调整重点。

强化产业结构调整，淘汰落后产能，年内上海有19户印染企业实行关停并转，协会对其中部分印染企业调整，特别进行指导和帮助。

四、引导企业开展产业转型升级

3月1日，陪同上海衡昌纺机设备厂施锦褆高工赴嘉兴浙江永新印染厂，商议推广节能先进技术中支辊轧车事宜。4月15日，协会专委会率有关人员赴绍兴走访浙江亚太印染有限公司，考察太阳能在印染企业应用项目。6月9日，走访理事单位和晓印花有限公司，了解企业生产经营情况，相互沟通，并就节能减排、清洁生产等技术事项进行交流。7月28～30日，受上海和晓印花有限公司委托，就和晓印花有限公司异地搬迁，印染设备资产评估、印染生产基础设施评估和搬迁工程项目评估等，组织专业技术人员进行市场调研和开展各项评估工作。8月11日，走访民营企业会员上海信孚印染有限公司，了解企业停产后有关事宜。8月18日，走访上海王港华纶印染有限公司和上海沪邦印染有限公司，了解印染企业生产现状和经营情况。10月31～11月9日，应上海沪邦印染有限公司之邀，牵头会同上海沪印染整技术有限公司对上海沪邦印染有限公司主要生产设备开展市场评估，协助企业做好停产处理事宜。

五、发挥协会人才和技术优势，努力提升为行业、企业服务的深度

继成立上海印染行业专家委员会，将建立棉纺织专家委员会，协会还设立“长三角纺织人才交流协作中心”和“长三角纺织设备调剂中心”，通过这些专家的努力，积极参与全国大型纺织印染技术交流会、科技论坛、国际纺织展览会交流会等活动。1月19日，召开迎新春专家委员会座谈会，新老领导和各印染生产企业、东华大学及兄弟行业老、中、青技术专家，共40余人出席迎春活动。3月28日，作为特邀嘉宾出席第二届中国（上海）国际印花工业展开幕式并参观展览会。4月23～25日，“信龙机械第十届全国印染行业新材料、新技术、新工艺、新产品技术交流会”在上海虹口世纪大酒店举行，来自全国各地印染企业、研究院所及相关行业的250余位代表出席会议。作为大会主要支持单位，协会领导出席会议，并应邀参观“第十一届中国国际染料工业暨有机颜料、纺织化学品展览会”。6月12～14日，由协会等4家单位共同主办的“全国染整新技术环保化学品和节能减排实用新工艺交流研讨会”在沪江宾馆举行，来自全国各地印染行业等单位代表100余人出席，会议环绕印染行业科技进步、技术创新、节能减排、调整印染产品结构、新型染化料在企业应用等主题，进行交流研讨。6月14日，第15届上海国际纺织工业展览会在浦东上海新国际博览中心隆重开幕。协会陪同出席“全国染整新技术环保化学品和节能减排实用新工艺交流研讨会”代表参观展览会。7月28日，参加“第四届长三角纺织产业协同创新论坛”，会上，上海纺织控股集团公司总裁朱勇发表“创新驱动催生上海纺织新跨越”主题报告。9月23日，举办由上海“中大·洁润丝”冠名的上海印染新技术交流研讨会暨上海印染2011年会，来自本市印染企业及相关行业、大专院校、研究院所等单位的90余名代表出席会议，协会名誉会长潘跃进出席会议并讲话，奚新德秘书长通报有关纺织印染行业产业结构调整、节能减排政策、印染行业现状及印染企业运行情况等，会议还安排5个专题技术报告，共同交流研讨，会议气氛热烈。9月27日下午，率部分会员企业领导出席市政府合作交流办在华亭宾馆召开的“创新驱动、转型发展——2011年上海跨区域合作推介洽淡会”。10月15～17日，中国印染行业协会印花专业委员会2011年会在常熟国际饭店举行，来自全国各地印染企业、专家、学者等300多人出席会议，协会为主要支持单位在会上作国家特殊职业工种（印染行业）职业培训教材编写情况汇报。11月22日，“2011亚太纺织工业领袖论坛”在福朋喜来登酒店举行，奚新德秘书长受邀作“把握好‘调整’机遇，坚定走‘发展’之路——综观上海纺织20年从调整到发展的历程”演讲。12月25日，与上海纺织工程学会共同组织召开“现代纺织新技术发展动态”报告会暨2011年上海市纺织工程学会棉纺专业委员会年会，邀请太平洋机电集团代表介绍西班牙国际纺织机械展览会情况，棉纺织行业协会通报纺织行业的经济形势和上海纺织产业结构调整情况和信息，与会老专家进行座谈和发言。

六、参与并承担上海地方标准的制订工作

与上海纺织节能环保中心共同申报上海地方标准《化纤单位产品能耗限额》、《印染布单位产品综合能耗限额》项目，已在年内完成。8月1～2日，赴江苏句容参加由上海纺织节能环保中心举办的上海市地方（印染、化纤）行业能耗标准制定研讨会。9月27日，举办上海市地方（印染、化纤）行业标准制订工作会议，会议由上海纺织节能环保中心主持，协会汇报标准制订进展情况，台湾（远方）工业有限公司有关代表受邀出席会议。11月28日，举办上海地方标准《化纤单位产品能耗限额》、《印染布单位产品综合能耗限额》征求意见稿定稿会。12月1～2日，在浙江长兴国际大酒店举办沟通会，向市效能中心汇报上海地方标准《化纤单位产品能耗限额》、《印染布单位产品综合能耗限额》制订情况，协会领导及参与制订的有关同志出席会议，并对标准的制定情况和修改意见作了说明。

七、继续承担国家职业资格培训教程（印染行业特殊《十四套》工种）培训教材的编写任务

8月15日，组织编写的国家职业标准（印染特殊工种）培训教程《印染烧毛工》由中国纺织出版社出版，并向全国发行。11月16日，与中国印染行业协会印花技术专业委员会共同组织国家职业标准（印染行业特殊工种）培训教程编写人员前往昆山市昆山力展印花纺织品有限公司进行实地考察和交流。12月10日，组织编写的国家职业标准（印染特殊工种）培训教程《印染水洗工》，由中国纺织工业出版社出版并向全国发行。

八、编写行业发展白皮书

在上海纺织协会及其他专业行业协会的共同配合下，完成《上海纺织白皮书（2009～2010年）》首发后，6月30日，正式发布《2010年上海纺织白皮书》，市经信委、统计局、社团局、经团联、海关等领导参加会议，《白皮书》得到社会各方的好评和赞扬。市经信委高度评价协会发布白皮书的做法和经验，并在市经信委年度总结会上进行表彰，加以推广到生物、医药、电子、轻工等各行业。

为建设上海纺织公共信息服务平台，按照上海纺织集团有限公司和《上海纺织志》编委会的要求，积极配合按时按质地完成《纺织志》编纂工作。

积极发挥技术和人才优势，借助上海纺织研究院的公共信息服务平台网站，发布协会信息和资料，建立协会同政府、全社会及会员单位的纽带和桥梁。

九、以“规范行业，发展产业，服务企业”为宗旨，开展服务工作

随着上海纺织行业的调整和发展，产业结构已有很大的改变，为规范行业协会的机制和制度，进一步扩大会员单位，向长三角地区以及中西部发展，年内发展会员单位6户，主要分布在长三角地区。

十、加强协会自身建设

不断完善各项管理制度，加强协会自身建设，积极参加市社团局、市经团联、市经信委的各类经济活动分析会、报告会、培训班，参加“企业社会责任论坛”、“上海浦江经济论坛”、“创新驱动、转型发展——2011年上海跨区域合作推介洽淡会”、“社会责任培训班”等活动，及时了解各种信息和政策，学习其他行业协会的经验和做法，共同探讨新形势下加强协会内部治理和增强创新活力的途径。

（王祥兴）

上海塑料行业协会

上海塑料行业协会成立于1990年2月，是以本市塑料及相关企业为主，自愿组成的跨部门、跨地区、跨所有制的非营利行业性社会团体。现有会员单位200余户，涵盖石化、化工、轻工、机电、建材等系统的国有、民营、合资、独资企业和相关高校、科研院所，覆盖塑料树脂、塑料制品、塑料助剂、塑料模具和塑料机械等整个塑料产业链。下设聚氯乙烯制品专业委员会、塑料包装专业委员会、工程塑料专业委员会和技术咨询部。

2011年主要工作：

一、按要求做好换届改选

11月3日，召开四届五次理事会，审议通过四届理事会工作报告、章程修改说明、财务收支决算报告及第五届理事会候选人、候选会长、副会长、秘书长候选人名单等系列文件，审议通过《上海塑料行业协会四届五次理事会会议决议》，并上报政府有关部门审批，12 月 8 日，顺利召开协会五届一次会员大会，进行换届改选，产生新一届理事会会长、副会长、理事。

二、继续推进品牌战略，搞好行业名优评选

进一步完善修订《上海塑料行业名优品牌评选办法》。经评审，荣获本年度行业名优品牌共有 26 户企业的 33 个产品（或系列）。其中，有 14 户企业被命名为“2011 年度上海塑料行业名优品牌企业”。协会不但努力做好行业名优品牌的培育、评选，还加强跟踪，鼓励已获行业名优品牌的企业不断提升自身品牌建设，积极申报、争创“上海市名牌产品”、“上海市著名商标”、“上海市中小企业品牌企业、品牌产品”，推进上海塑料行业的技术进步及产业发展。

三、开展业内专业技术人员职称评审认证

坚持面向企业、着重创新，强调专业技术能力，严格执行公开、公平、公正的评审原则。年内完成对 20 户企业申报的 93 名技术人员的职称资格认证评审，其中，高级工程师 13 名、工程师 37 名、助理工程师 43 名。

四、组织编制《塑料薄膜单位产品能源消耗限额》

牵头组织制订上海市地方标准，建立《塑料薄膜单位能耗限额》标准起草小组及工作小组，组织召开 4 次制标工作会议、1 次组长会议；结合上海地区塑料薄膜生产的产品品种，确定“标准”涵盖范围为低密度聚乙烯树脂薄膜、双向拉伸聚丙烯薄膜、双向拉伸聚酯薄膜等 3 种产品，并于 11 月底前分别完成征求意见稿、标准送审稿。

五、开展企业诚信创建活动，推进行业诚信体系建设

年初，下发《关于在本行业开展上海市企业诚信创建活动的通知》，至年末，共有 54 户会员企业参与创建活动。其中，荣获“四星级诚信创建企业”4 户，“三星级诚信创建企业”6 户，“二星级诚信创建企业”10 户，“一星级诚信创建企业”12 户，“诚信企业”10 户，“诚信创建企业”12 户。在推进活动中，协会荣获“优秀组织者”和“优秀行业诚信企业创建办公室”荣誉。协会“诚信建设网络管理平台”在多次评选中名列前茅。

六、协助雅式展览服务有限公司成功举办“中国国际橡塑展”

由副会长单位雅式展览服务有限公司主办、协会协办的“中国国际塑料橡胶工业展览会”已成为世界第二、亚洲第一专业展。协会利用各种渠道广泛宣传，组织业内企业参观、参展、出席推荐会，组织华东 6 省 1 市同业协会、业内龙头企业赴广州参加开幕式和参加展会论坛；组织本市 19 个塑料用户协会利用各自会刊、网站及各种会议进行宣传、推介，大量寄发展会预览及参观券，撰写各用户行业应用塑料的现状及发展趋势。

七、开展国内外塑料业界技术交流与合作

积极参加“‘十二五’上海民营中小企业绿色经济发展论坛”，出席“2011 年中国塑料可持续发展国际峰会”、“北京福田汽车原材料市场研究管理会议”、“2011 年新起点塑料高峰论坛暨 2010 年塑料十佳评选颁奖盛典”、“中国国际模具工业展”、“陕西－上海两地行业协会工作交流会”，参加“中国新疆 2011 产业转移系列对接活动”，出席第十一届中国塑料交易会。

八、发挥政府和企业间的桥梁纽带作用

通过每月 1 期的《上海塑料通讯》会刊和主办的上海塑料网，广泛宣传党和国家的重大方针政策、各级领导重要讲话精神、国内外塑料业界的专业信息，为会员单位及业内企业提供资源共享的平台；按时上报《2010 年上海产业和信息化协会发展报告》；参与《中国塑料工业年鉴》的编制；完成《上海市社会团体年检报告书》；参加行业协会规范化建设评估工作准备工作；积极发展新会员，扩大行业覆盖面；拜访会员单位，增强协会凝聚力。

九、不断加强协会自身建设，发挥专委会作用

1．党支部在市经团联党委直接领导下，积极参加创先争优活动。9 月 27 日，召开预备党员转正支部大会。党支部再次荣获“先进党支部”称号。

2．依照章程召开会长办公会、理事会会议、会员大会等，做好年终工作总结、年度工作计划及各项日常活动的组织实施工作。

3．聚氯乙烯制品专业委员会、塑料包装专业委员会、工程塑料专业委员会，围绕产品结构调整、节能减排，以多种形式进行交流，促进了相关产业的发展。

（李思倩）

上海日用化学品行业协会

上海日用化学品行业协会成立于 2005 年 12 月 9 日，是由化妆品、洗涤用品、口腔护理用品和香精香料四大专业行业组成。现有会员单位 180 户。

2011 年主要工作：

一、制定地方标准，规范行业行为

1．1 月 27 日，市质监局颁发了由我会发起组织起草的地方标准《上海市化妆品专业专卖店（柜）服务质量规范》，《规范》从管理、环境、人员、商品管理和服务等9个层面要求对化妆品专业专卖（柜）进行规范化运作。“标准”颁布后得到广大化妆品企业的大力支持，国际著名化妆品公司欧莱雅、宝洁、联合利华、安利、雅芳、强生、花王以及上海家化、伽蓝集团、相宜本草、媚兰化妆品公司等企业均派员参加由协会组织的培训贯标活动。目前，已有上海家化佰草集SPA生活体验馆、资生堂（上海）、恒龙广场专卖柜、八佰伴专卖柜、梅隆镇广场专卖柜、日本诚美化妆品有限公司美罗城专卖店、相意本草专卖柜、上海新高姿化妆品有限公司松江专卖店、上海媚兰化妆品有限公司美丽课堂专营店等15家化妆品专业专卖店荣获服务规范示范店（柜）光荣称号，经企业申请，协会审核批准授予证书和店牌。

2．与上海轻工研究所有限公司共同发起，由上海家化联合股份有限公司、伽蓝集团股份有限公司、上海相宜本草化妆品有限公司等联合起草《上海市化妆品企业清洁生产管理规范》，经市质监局批准列入2011年第二批地方标准的立项，目前已进入征求意见稿阶段。该“标准”的制订将对本市化妆品企业清洁生产、生产许可证制度以及节能减排、资源设备、能源的综合利用起到重大推动作用，对于推进我国不仅是化妆品消费大国，而且是化妆品生产制造大国和强国目标将起到重要作用，也对我国在国际上承诺减少碳排放有重要的意义。

二、承接政府职能，发挥助手参谋作用

1．受市经信委委托，承接组织撰写关于《国际化妆品产业转移新形势及对上海化妆品工业发展的影响及对策建议调研报告》，报告按化妆品产业链从研发设计、生产制造、市场营销等环节着手研究分析，特别是对上海周边制造基地有否向外转出的倾向和趋势，以及产业转型发展升级空间和我国化妆品业特色定位问题，提出对策建议。

2．随着人民生活水平的提高，在洗涤品市场传统的肥皂、香皂发展速度减退，而沐浴液、洗发液、洗衣液增速飞快。越来越多的国际品牌进入中国和上海市场，协会作为上海进出口公平贸易工作站，及时向政府传递行业状况和企业诉求，通过对本市市场的调研，分析上海产业发展的瓶颈与核心竞争力，对加强本土企业品牌的支持力度提出对策建议，并形成《关于洗涤用品行业国际跨国公司在中国市场影响力》的专题调研报告，提供作为提高进出口公平贸易竞争力和反垄断的有力依据。

三、从源头夯实行业基础管理工作

举办日化企业检验员岗位知识培训，针对行业出现的“霸王”二恶皖事件、在沪销售的广东化妆品含药物激素和某婴儿化妆品含致癌防腐剂等重大安全卫生典型案例，以及正在修订的《化妆品生产许可证实施细则》，协会安排行业资深高级讲师讲授日用化学品检验员在原料、半成品、成品检验方面如何适应国家法规的基本要求、方法和最终把关的内容，会同市质监局质检院食品化妆品检测所、市食品药品监督所等负责人讲解当前国家和本市对化妆洗涤用品、香精香料、牙膏等产品在安全质量方面的要求以及监管动态，得到会员单位的大力支持，有80多位质量经理参加培训，并获得考核证书。

四、参加市创意产业联席会议，努力发挥在产业创新驱动、转型发展中的作用

为贯彻落实《上海市文化创意产业发展“十二五”规划》，积极参加2011年本市创意产业每季召开的联席会议，汇报行业在创意产业中的产供销特点，进行行业发展趋势分析，推举创意设计产业和时尚产业中的典型案例；并向联合国教科文组织“创意城市”（上海）推进办，推荐上海家化佰草集和双妹《上海设计形象书籍》案例；推荐青年设计创意人才上海彤颜化妆品公司总经理琚建伟的典型案例，推荐上海家化联合股份有限公司包装设计室主任、佰草集图案主设计师石芸为上海市三八红旗手、优秀设计师和上海市巾帼英雄设计师立功奖等；推荐上海家化和上海华银等企业积极参与上海市时尚创意产业管理人才高级研修班的培训。还着力通过协会平台对化妆品、洗涤用品产业与创意产业融合渗透进行产业、政策研究，做好产业统计、产业宣传、人才集聚等综合服务工作。

五、组织企业参加贸易合作洽谈和展览展销活动

集聚行业平台优势，组织15户化妆品企业参加由市工经联推举的日本贸易合作洽谈。组织12户企业参加北京2011中国国际妇女婴儿用品展览会，中国强生、上海家化、上海华银、上海相宜本草、上海伽蓝集团、上海白猫股份有限公司、雅丝兰黛上海贸易公司、上海制皂公司、上海轻工研究所有限公司等参加展会，以精品、名品，新品见诸于北京展会舞台。

六、组织参加2011第六届日化行业联合会议

10月30日，2011第六届日化行业联合会议在苏州召开。协会作为主办方之一，组织40多户企业参加会议，准备了丰富的交流演讲。上海日化研究所李琼博士发表关于《提升化妆品标准水平》论文；上海理日科技有限公司徐峰副总经理介绍化妆品企业信息化和工业化融合的一体化工程；中国日化院上海分院、上海发凯化工有限公司董万田总经理作“糖苷类绿色表面活性剂产业化”的介绍；上海美博会主席桑敬民介绍化妆品发展趋势。上海代表的精彩发言获得与会代表热情赞赏，有力促进区域合作和行业沟通。

七、参与建立市消保委日用化妆品专业办公室

随着化妆品在我国由奢侈品转为人民必需品，从大卖场到各专业门店、电视导购到网上订购，越来越多消费者在享受到快捷、方便、专业服务的同时，各类投诉也随之增长，为了保护消费者的合法权益，在消保委的组织下，由行业协会配合消保委建立日用化妆品专业办公室，并在全市销量最大的欧莱雅、宝洁、玫琳凯、安利、雅芳、资生堂、强生(中国)、诚美媛、上海家化等 11 个企业建立专业办公室网点单位，促进售后服务往更深层发展。

八、参与本市化妆品不良反应监测网络工作

12 月，由上海市食品药品监督局率先在国内启动化妆品不良反应监测网络，全市有 7 家化妆品不良反应监测医院，分别为华山医院、市第二人民医院、徐汇区中心医院、长宁区中心医院、普陀区中心医院、杨浦区中心医院、上海市中西医结合医院，同时行业协会作为监测网络单位，如发现消费者使用化妆品出现疑似不良反应的，必须及时向食药监督部门反映，并建议消费者至化妆品不良反应监测机构就诊确认，从而使化妆品安全监管落到实处，充实了社会责任体系。

九、精心打造企业服务平台，提升自身建设能力

充分利用为企业服务平台，关注于单个企业不能做，政府不好做，行业协会能够做的工作，努力做到与国际市场接轨，积极开拓适应市场为企业服务的项目。年内按国际惯例为企业开具 60 多份出口销售证明，为 10 多个品牌进行顾客满意度市场测评，参加数个企业餐具洗涤剂和牙膏的生产许可证审查等。协会共召开 3 次理事会议，其中一次邀请到英国展览公司总经理霍金来介绍当前塑料包装设备在世界上的发展趋势和特点；一次在中国日化院上海分院上海发凯化工有限公司现场召开理事会，讨论行业发展和新原料运用的前景。上海发凯化工有限公司将高新技术实现产业化和大手笔、高起点、规模化的企业运作，让全体理事对行业发展有了更多的认识和信心。还根据市社团局关于《贯彻实施民政部社会组织评估管理办法》的通知，积极完善自律机制，做好行业协会规范化建设评估工作，并制定相应的规章制度，完善学习制度和党务公开等支部建设工作。

（金 坚）

上海医疗器械行业协会

上海医疗器械行业协会成立于 1987 年 3 月，是全市医疗器械行业企事业单位自愿组成的跨部门、跨所有制的非营利性的行业性社会团体法人。现有会员单位 624 户。下设经营工作委员会、口腔工艺专业委员会、植入介入专业委员会等。

2011 年主要工作：

一、推进科技创新，争取政策扶持

1．3 月 30 日，在青松城大酒店召开协会五届四次会员代表大会暨年会。会上，提出《创新驱动、起步开局、再创辉煌——2011 年行业科技发展行动方案》，方案对行业科技发展的现状作了分析，并结合产业“十二五”规划的总体思路和重点方向，提出推进科技创新要做好的几方面工作。

2．积极协助企业开展产业技术创新战略联盟建设工作。4 月 8 日，召开“产业技术创新战略联盟建设沟通会”，邀请政府有关部门负责人就“联盟建设”工作，进行专题答疑沟通。会后，将 11 户企业的初步申请意向向政府有关部门汇报。经初审，新建力新、昊海、上手、奥普、爱申等 5 个产业技术创新战略联盟。

3．编制 2011 年上海医疗器械产业化项目申报指南，向市科委推荐 8 户企业的 15 个项目，得到政府的支持。在获知最新政策动向后，多次及时通过电话通知、内部资料传递、传真和网站发布等方式，将政策扶持重点向会员通报，帮助企业争取政策支持，为推进技术创新、产业结构调整服务。

4．推进创新基金项目的申报工作。由于信息不对称或对申报程序不甚了解，一些科技型中小企业错过了部分政策支持机会。为了提供专业辅导平台，邀请市科协对外交流公司为部分会员单位作专题辅导，为 9 户企业按需提供一对一的个性化服务，年内 4 户企业有望得到政府的创新基金支持。

5．为推进本市医疗器械行业和科研院所、医院的产学研医深度融合，提高企业自主创新能力，加大科技成果的本地转化力度，探索科研项目管理体制机制创新模式，市科委决定征集本年度生物医药领域产学研医合作项目牵头企业。在协会引导推荐、企业认真参与下，经评审程序，昊海、诺诚、奥普、跃进、爱申、徽创、佩尼等 6 户企业被正式列为年度行业产学研医合作项目牵头企业。

6．9 月，在上海交大医学院组织举行产学研医沙龙与成果对接洽谈会。对接项目由医学院拿出部分科研经费与企业合作，在 2013 年年末由医院完成新产品临床验证，企业完成新产品注册，以此促进上海医疗器械产业发展、促进产业自主创新和科研成果产业化进程。这次交大医学院拿出 28 个项目，有 19 户企业对其中 17 个项目感兴趣，并出席对接会。会后，协会对初步达成合作意向的项目，积极与包括药监管理部门在内的有关领导进行沟通，并对项目进度、要求、目标进行事前评估、指导，争取政府有关部门能够提前介入项目，加快项目产业化的速度，积极做好服务和支持工作。

二、配合医改进程，做好物价初审

1．帮助企业能顺利取得医保编码，积极配合市医保办对可单独收费的医疗器材试行编码工作。同时，对在推进中企业碰到的困难提供及时帮助。

2．主动邀请市发改委对部分生产经营医院临床所需二类医用敷料企业进行调研，并提出专题报告，争取部分二类医用敷料产品能列入价格申报系列，帮助企业拓展产品市场。

3．加强与医保办及医保事务管理中心的沟通和联系。年初，在协会理事会议上，及时传达并讲解市人社局、医保办文件，帮助企业解决医保办对可单独收费的医疗器材实行编码管理漏缺部分的弥补工作，配合医保办完善基本医疗保险结算项目工作。

4．根据协会年内建成网上产品价格申报受理系统的工作要求，年初组建工作小组，经前期调研、方案制定、程序开发、内部试运行，基本建立系统注册、申报、审核等功能。目前，经对部分企业“网上申报”培训后，已进入企业试运行阶段，明年正式投入运行。

三、拓展产品市场，组团考察参展

3月，组团参加在土耳其伊斯坦布尔举行的“2011年第18届伊斯坦布尔国际医疗器械展”，上海浦卫医疗器械厂有限公司等11户企业共17人参加展会。4月，组织上海展团参加在深圳举行的“第65届中国国际医疗器械博览会(CMEF)”，上海展团参展单位共146户，展出面积2241平方米，协会以“规范服务，尽心努力”为目标，圆满完成各项布展、参展、住宿、交通等工作，赢得了参展单位与观众的好评。5月18日，受国药励展的委托，组织70余户企业参加国药励展公司、中华口腔医学会联合举办的“2011年中国口腔设备器材展览会”前期拓展推介会。5月，组团参加在巴西圣保罗举行的“第18届巴西国际医疗器材展览会”，上海三申医疗器械有限公司等6户企业共11人参加展会。6月，组团参加在台北举行的“第2届海峡两岸健康暨医疗展览会”，上海雄捷医疗器械有限公司等23户企业共44人参加展会。9月，组团参加在曼谷举办的“2011年泰国（曼谷）国际医院及医疗设备展览会”，上海手术器械厂、上海卫生材料厂、淞行实业等8户企业共18位代表参加展会。9月，组织义齿生产企业参与协会组办的口腔专业展会（南京）推介会、展览会及全国性口腔设备展览会，收集、了解市场信息和企业展示情况，解决展会问题，为企业交流与合作牵线搭桥，协会口腔专委会下近10户会员单位设位参展。10月，组团参加在福州海峡国际会展中心举办的第66届中国国际医疗器械博览会（CMEF）暨第13届中国国际医疗器械设计与制造技术展览会（ICMD），上海参展企业共145家，展出面积2214平方米，本着“规范服务，百分百努力”的原则，结合主办方提出打造CMEF医疗行业“云”平台的目标，圆满完成第66届医博会上海展团各项工作。11月，组团参加在德国杜塞尔多夫举办的“第43届国际医疗器械及设备展(MEDICA)”，本市20多户业内企业的38位成员根据不同需求，拜访了康德莱、力康、医疗集团、医疗股份等参展企业，与各国参展商进行广泛交流，收集了大量市场资讯。

四、举办技术讲座，提升技术能级

1．组织各类论坛、研讨会、参展活动，加强行业交流。3月，配合慕尼黑展览（上海）有限公司，组织并参加“2011国际医疗电子创新”论坛活动。在论坛上，协会作“医疗器械产业状况与发展思考”主题发言。4月，会同深圳市创意时代会展有限公司，在上海国际会议中心组织召开“2011第四届中国国际医疗器械电子技术大会”，来自上海及其周边地区400余位代表参加大会，协会作主题发言。6月10～11日，在上海金山化学工业区举办“2011年植入介入器材发展与创新研讨会”。会议邀请药监、医保办等政府部门领导和临床专家、各大医院设备科负责人及87户会员单位参加，共140余位代表出席会议。6月，与市生物医学工程学会共同组织50多家单位（包括高校、研究机构、生产单位）的工程技术人员，参加在华亭宾馆召开的“2011年研华嵌入式设计论坛”，进一步推广嵌入式技术在医疗器械产业的应用。10月，市经信委组织以移动医疗为主题的2011年上海市TD-LTE产业发展与应用研讨会，协会副秘书长王云龙在会上作“移动医疗发展的思考与建议”报告，业内31户企业负责人出席会议。11月，2011中国国际工博会隆重开幕，协会事前通过电话预约方式通知企业并组织参观，有近30户企业70余人到会参观。

2．积极进行调研，听取企业执行政策文件中的问题和要求，搭建话语平台，组织小型研讨会，与政府部门面对面沟通和交流。10月、11月，先后组织2次小型沙龙会议。一是召开“2011年医保编码沙龙会议”，邀请市医保办和市医保事务管理中心及23户企业代表参加，政府领导与企业代表进行面对面的互动，直接听取和了解企业在贯彻、完善医保编码及医保编码审批、管理工作中所遇到的问题和建议；二是组织2011年“物价”沙龙会议，与发改委（物价局）收费管理处就有关物价问题面对面的交流和讨论，解决企业在物价申报中的问题和要求。

五、加强诚信建设，实施品牌战略

1．4月，与市“企业诚信创建”活动组委会共同组织举办“企业诚信创建”基础培训，业内72户企业参加培训学习。7月，76户会员企业填写《上海市诚信创建企业档案》，递交创建诚信申请，协会审核后，经第三方企业信用评估，报市“诚信创建”活动组委会批准，76户企业获得诚信创建企业的称号。其中，42户获“三星级诚信创建企业”称号，20户获“二星级诚信创建企业”称号，5户获“一星级诚信创建企业”称号，9户获“诚信创建企业”称号。协会获得市年度诚信创建活动“最佳组织者”称号。

2．开展2011年上海医疗器械名优产品（第六次）的评选工作。有51户企业续报（申报）91个产品，其中42户企业续报72个产品，8户企业首次申报10个产品。对首次申报企业，组织人员进行企业现场考查审核，对评审产品材料采用电子版本形式递交专家组评审。最终，有51户单位的89个产品通过评审，报请市食品药品监督局稽查处听取意见后，上报上海医疗器械名优产品评选委员会，核准通过。

3．组织开展“最受欢迎的上海医疗器械产品评选（设备仪器类）”活动。年初经上海医学会临床工程分会年会等进行投票评选，选出“双十佳”产品，并在《解放日报》、《新民晚报》和东方网等几十家媒体进行宣传，《世界医疗器械》杂志对获奖企业进行采访和跟踪报道，取得良好的效果。7月下旬，开展2011年度最受欢迎的上海医疗器械产品（耗品类）评选工作，通过与各专委会、分会的合作，做好宣传、发动工作，已有19户企业44只产品参与评审。

4．由市中小企业办推进的2011年上海中小企业“品牌产品”推荐活动，得到业内企业广泛响应。日前，市促进中小企业发展服务中心组织专家进行评审，上海凯利泰医疗科技有限公司、上海银京医用卫生材料有限公司、上海蓝怡医疗器械有限公司等10户参加评审，获得较好成绩。

六、搭建职教平台，完善评价体系

3月，依托中国医学装备协会的知名度和影响力，合作成立中国医学装备协会上海培训中心，受理上海及华东地区的大型医学装备上岗培训。与上海医疗器械高等专科学校合作，根据市人社局职业培训要求，开展“X射线机电气组装调试工、医疗器械检验工、医用电子仪器修理工”3个职业的资格培训开发工作，现方案和鉴定题库已获通过，每个职业的理论题库超过300题，操作题库超过30题，达到标准题库标准，鉴定机构已基本通过审核，即将签约。同时，还建立具有较高水准40余人的医疗器械考评员队伍。目前，协会已正式列为上海劳动局企业内高技能人才培养试点协会。与上海医疗器械检测所合作举办GB9706《医用电气设备第一部分：安全通用要求》培训班，共有64名学员参加培训。举办YY/T0316–2007《医疗器械风险管理对医疗器械的应用》的培训班，得到学员们肯定。与市食药监局培训中心等合作，开展“注册申报”、“无菌医疗器械检（化）验员”等项目的培训，得到主管部门首肯和生产企业的欢迎。根据口腔义齿生产操作人员的上岗培训要求，年内共举办3期口腔义齿上岗培训班，约130人次参加培训学习和考核。为使更多会员单位了解协会受理工程系列职称评定工作情况，年内共举办两期职称评审辅导会，共有72名学员参加辅导。年内高级职称申报10名，通过9名；中级职称申报15名，通过15名。

七、发挥专业特色，提供精细服务

1．不断加强植入介入器材专委会的网页建设，强化信息联络员队伍建设，现有114户单位参加，共有130个网络信息员。信息员定期和不定期地提供企业情况和国内外的最新动态，形成较完善信息网络，确保网页正常运行。

2．根据市食药监局的监管要求，年内举办贯彻《上海市定制式口腔义齿生产质量管理实施细则》的政策辅导学习班和《关于进一步加强本市医疗器械经营储运环节质量监管工作的通知》宣讲会。同时，多次参加市食药监局的监督检查活动，协助和配合政府进行各项监管工作。

3．不断加强与会员单位联系，积极参与有关行业发展的各类活动，专委会连续参加由中华医学会、中华医学会骨科学分会、中国工程院医药卫生学部等联合主办的中华医学会第十一、十二、十三、十四届骨科学术会议暨第四、五、六、七届COA国际学术大会。会议期间，深入了解骨科领域的发展与创新，参与企业的各类活动，增强情感联系。

4．开展对企业建立规范管理、体系建设、现场管理等方面的咨询服务。年内口腔义齿专委会为4户企业提供申办产品质量体系认证和产品注册的咨询服务；先后给4户新办企业、4户搬迁企业和10户注册证到期企业，进行医疗器械质量体系的现场指导，提高了协会的凝聚力。

5．组织企业开展跨地区的互动与交流。年内口腔义齿分会组织8户企业前往河南洛阳明涛科技开发有限公司（齿科材料企业）进行参观学习、交流，加深企业间的友谊，促进了合作。还接待浙江省食药监局及部分口腔医院院长的来访，联系前往部分会员企业参观，得到来访者的好评。

6．协会经营工作专委会利用社会培训机构的资源，组织专委会成员单位参加“营销知识培训”，帮助企业提高营销人员的业务水平。

7．从上海功能定位、行业现状和需求等考虑，经会长办公会议提议，开展筹建上海医疗器械商会的调研工作，因市商会暂停产业商会审批，协会经营工作委员会履行产业商会职能，正常开展工作。

八、广泛开展交流，开拓产业发展

1．分别组织近百户会员企业，参加金山生物医药园区、江苏无锡、锡山医药园区、江苏淮杨生物医药园区、江西进贤医疗器械产业基地招商咨询推介活动，为行业产品转移、企业规摸扩展提供信息。接待芬兰、丹麦、奥地利、墨西哥、西班牙、意大利、日本、加拿大等驻沪商务机构来会拜访，根据外方要求，对相关企业作介绍，具体业务由企业商谈。与台湾工业研究院，对两地医疗器械产业状况进行交流，寻找进一步加强合作的切入点。

2．注重加强与会员单位的联系，建立不定期走访重点单位的制度，先后走访复兴、博进、吉顺、康德莱、跃进、银京、契斯特、金塔、贝特、雄捷等企业，掌握和了解企业经营动态等，增强亲和力和凝聚力。

九、强化管理意识，提高服务能力

1．本着“积极稳妥，保持总量，改善结构，逐年提高”的精神，年内新发展72户会员单位，清退59户会员单位，至10月末，会员单位总数已达624户。同时，增补7户副会长单位，7户常务理事单位。

2．年内召开1次年会、两次理事会、两次常务理事、两次会长办公会。按照自主办会、民主办会、规范办会的要求，继续实行副会长轮职参加协会办公会制度，每月办公会纪要及时发送各位副会长，听取建议和要求。还为理事、常务理事、副会长提供体检和中医冬令膏方。

3．为提高统计工作质量，充实统计力量，于5月、12月两次召开统计工作会议。加强统计员队伍的建设和企业的沟通联系，完善统计网络，使统计工作得以进一步理顺，做到将十大类产品的产销情况每月汇总整理分析，提高了统计数据的准确性、及时性和完整性，为行业发展提供参考数据。

4．上半年，在部分会员单位的提议下，协会与高校、医院和社会科研机构积极沟通，建立协会以院士为领衔的专家库。目前，入库专家按十大类分组，60多位专家涵盖了科研、教学、临床、政府和企业等各方面人才，为企业发展出谋划策。

5．加强协会信息化管理。3月，《上海医疗器械简讯》进行改版，增加企业宣传彩页，充实原创信息，增加美观性和可读性。4月，网站页面进行改版，更新图片新闻形态，调整栏目版块。下半年，《简讯》增加4张彩色内页，年信息刊登量超过500条，发行量近10000本。网站年信息发布量近2000条，点击率超过50000次。

6．信息中心在医学卫生远程公司（白玉兰网）的帮助下，安装共享服务器，加强内部信息传递和管理，推进协会内部自动化、网络化办公，设立各部门对应的文件夹，设制密码登录，为信息共享、文件传送、部门备案提供了便利。

7．秘书处新增两名工作人员，充实培训和统计工作的力量。通过人员的合理配置，改善秘书处的人员结构。

8．6月30日，邀请部分历届名誉会长、正副会长、顾问座谈和指导工作。老领导对协会工作表示肯定，并鼓励协会工作人员不断创新办会理念、拓展服务功能、提高办事能力、增强忧患意识、注重行业特点、聚焦协会优势，实现新的发展。

9．根据市社团局、经团联要求，开展4A级行业协会申报评定，对协会基础条件、组织建设、工作绩效、社会评价四大类、16项、104个指标进行自评，初评达到4A标准，现接受市主管部门和第三方专家评审。

10．贯彻落实《关于进一步加强本市社会组织建设的指导意见》，在市经团联组织下，与兄弟协会一起研讨学习，在市社团局、经团联会议上，作“尊重社会组织主体地位，发挥社会组织积极作用”的交流学习体会。

11．1月20日，在市经团联和市工经联召开的表彰大会上，协会被光荣评为2009～2010年度上海市先进行业协会，已连续5次获此殊荣。协会执行会长吴汝康被评为上海市先进协会工作者。

（吴汝康）

上海市生物医药行业协会

上海市生物医药行业协会成立于2002年12月，是由上海及相关省市生物医药企业、相关大学、科研院所和产业园区等单位自愿结成的社会团体。现有会员单位205户。

2011年主要工作：

一、立足行业发展环境，有侧重地开展服务

1．积极发挥窗口作用，做好信息传递和培训工作。一是邀请市经信委、市科委、市商务委等部门分别就“中小企业创新资金”、“科技小巨人”、“火炬计划”、“服务外包”、“技术引进吸收与消化”等方面进行政策宣讲和解读。二是联合上海张江创新学院、上海生物医药科技产业促进中心、上海医药集团股份有限公司、上海张江生物医药基地公司等5家单位共同创办“生物医药大讲堂”技术系列讲座，共12期，围绕产业发展趋势和政府宏观政策、新药研发、GMP和药品质量、生物医药服务外包等方面开展学习和交流，促进生物医药企业通晓行业情况，提升本市生物医药从业人员的业务素质。三是2011年对“上海市生物医药行业协会”网站进行全新改版，开辟会员服务专栏，会员登录后可下载历年上海生物医药企业相关数据和资料，并特设英语学习平台。1～12月，共出版期刊《生物技术产业》12期，发布医药信息简报（电子版）50期，更新网站信息3000余条。

2．加强行业合作，推进产业进程。一是积极帮助生物医药产业基地招商引资，促进生物医药科技成果转化。与漕开发企协联合成立“漕河泾开发区生物医药专业委员会”，并聘请原国家食药监局副局长任德权担任协会的高级顾问。推进河北华安生物药业有限公司口服幽门螺旋杆菌疫苗项目落户奉贤基地等12项合作项目，加速生物医药的科技成果向产业化转化的进程。二是承担项目评审和推荐工作。作为专家组成员参与市各委办局的项目评审工作，包括市商务委服务外包重点企业复审以及本年度“服务外包产业发展专项资金”申报的审核、市科委“科技创新行动计划”生物医药领域产学研医合作项目的评审和推荐、市科委高新技术企业认定、市科技小巨人工程、市科技型中小企业技术创新基金、浦东科协委托的“一会一品”、交通大学医学院医学转化研究项目等推荐工作。三是组建以饶子和院士为主任，15名中科院、工程院院士在内的新一届“谈家桢生命科学奖”奖励委员会和专家评审委员会，并顺利完成第四届谈家桢生命科学奖评审工作，评选产生两位谈家桢生命科学奖成就奖获奖人和10位创新奖获奖人。

3．积极开拓市场，推动项目的国际合作。一是积极推动业内企业实施“走出去”战略。建立与国际相关行业协会对话的机制，提高与国际同行共事的能力，推动业内企业参与国际竞争与合作，以获取更多的发展资源与更大的发展空间。3月，组织会员单位赴比利时、意大利、丹麦3国学习考察并参加欧洲生物2011年春季大会，取得了一系列成果，包括产品代理、项目对接、召开交流研讨会等。二是组织企业参与国内外盛会，显示企业能量。搭建行业交流平台，通过举办各种类型的研讨会、交流会和展会等，为企业提供展示形象和水平的机会，拓宽与外界联系的渠道。主办和协办包括第13届上海国际生物技术与医药研讨会在内的10多项专业性会议，其中“第三届中国医药行业人力资源管理高峰论坛”经过3年发展，已成为具有一定影响力的专业性HR管理者盛会。

4．发挥资源优势，提供产业研究咨询服务。积极参与、协调政府有关部门对生物医药产业发展的调研工作，承担多项生物医药产业发展研究课题。如顺利完成市经信委下达的《上海市生物医药产业发展“十二五”规划》编制工作，并通过专家组验收；完成市科委下达的《新医改背景下上海生物医药产业的布局研究》报告；还完成《浦东新区生物医药产业化推进方案研究》、《张江生物医药产业发展研究报告》等课题研究。

5．走访会员加强调研，反映行业的热点与问题。走访调研43户会员企业，与会员建立畅通稳定的沟通渠道，了解会员关注的共性问题，及时向有关部门反映企业的意见和呼声，为政府决策提供参考，向会员宣传产业政策。走访中，注重了解行业热点与企业需求，尽力帮助会员解决难点问题。比如，针对中小企业融资难的问题，协会主动搭建金融资本和产业资本对接的平台；针对生物制药行业税收、委托加工体制机制、药品定价制度、药品招标采购等中小企业反映较为集中的问题进行了梳理、汇总与分析，并在相关会议和研究课题中提出建设性意见。

6．强化社会责任建设，提升协会的社会公信力。以诚信企业建设为抓手，创造行业的诚信环境，提高企业的整体素质和综合竞争力，提升协会的社会公信力。参与市民政局和社团局主办的“行业协会自律与社会责任”研讨会，并组织业内有代表性企业围绕企业的社会责任做交流发言。在保证和提升产品和服务质量上发挥重要作用，组织会员单位参加申报市长质量奖和质量金奖的评选活动，积极参与市著名商标的评比活动。

二、加强制度建设与创新，夯实协会发展的基础

1．坚持秘书处一体化管理。加强党建与业务工作的结合，将支部党建工作与秘书处每周例会相结合，形成一手抓思想工作，一手抓行政工作的一体化管理模式。

2．坚持秘书处群众监督。秘书长根据会长会议年初通过的年度工作计划，确定目标管理，定性、定量地将年工作计划层层分解，落实到人，并上墙公开，接受管理部门、会员企业和员工的监督。

3．完善秘书处用人制度。办公室根据岗位的实际需求面向社会公开招聘，并进行初步筛选，再由秘书长会议进行审核，通过后由秘书长批准，报会长备案。协会制定员工培养和成长激励制度，出资派秘书处人员在外学习和接受相关专业技能的培训。

4．坚定不移地搞好党建工作。顺利完成党支部换届改选，年内新增1名预备党员，培养1名入党积极分子。目前共有党员8名。

5．壮大会员单位队伍。年内新发展22户会员单位，会员数已从成立之初的87户增加到205户。

6．与政府沟通，提升协会地位。建立与政府相关部门的汇报和联系制度，向市经信委、市民政局有关领导及时汇报协会工作及行业发展情况；参与承担市社团局牵头的上海市行业协会能力建设课题研究；会长参加市社团局主办的市行业协会会长研修班，并做主题发言，展示近两年来协会在健全民主管理制度，增强协会的活力方面的经验和做法。

7．严格财务管理。继续保持严格管理，财务状况呈现良好。在全国“小金库”专项治理检查中，经市审计局审计，未发现存在“小金库”和违纪情况。

（陆　赟）

上海医药行业协会

上海医药行业协会成立于1987年1月5日，为上海市医药工业为主的企事业单位自愿组成的跨所有制的非营利的行业性社会团体法人。现有会员单位240户。下设生物技术专业委员会、药品包装材料专业委员会、药用辅料专业委员会和医药机械专业委员会。

2011年主要工作：

一、围绕会员单位需求，积极开展咨询、培训服务

1. 组建专家委员会，深化协会服务内涵。经广大会员单位踊跃提名，秘书处遴选，会长会讨论，网站公示等程序，在年度会员大会上，正式组建市场和品牌、cGMP、价格管理、新技术新剂型、信息化管理、环境和职业健康安全（EHS）6个专家委员会，聘任74位专家。专家来自43户会员企业，62%高级职称，56%硕士以上学历，都具有深厚的专业理论基础和丰富的实践经验。新组建的6个专家委员会，加上原有60多位《上海医药》杂志的编委、特约编委等，协会已形成拥有130多位各类专家的专家库，大大提高了为会员企业服务的能力和水准。无论在信息服务、新版GMP的培训服务，还是会员企业的药品价格和招投标等咨询服务，专家委员会都发挥了较好作用，深获会员企业好评。

2. 加强为会员企业的培训服务，逐步建立协会行业培训服务平台。一是组织新版GMP培训。3月1日，新版GMP正式实施。为帮助会员企业学习、理解和实施新版GMP，加深了解新增内容和要求，与市生物医药促进开发中心联手，在3月下旬至8月中旬，有计划地组织专家（培训师），为会员企业有关管理人员，进行连续5个月的新版GMP专题培训。培训重点是质量风险管理、变更控制、偏差处理、纠正和预防措施（CAPA）、药厂质控实验室GMP流程及控制点等5个专题。由于专题多是新版GMP新增内容和要求，有些内容和要求在国际先进国家也仅实施数年，所以深受会员企业欢迎，报名参加人数踊跃，共有59个会员企业的质量部经理、QA与QC经理、生产车间主任、有关专业管理人员等近900人次参加。培训做到与可操作性、互动研讨、现场咨询、企业培训师培训相结合，实实在在地帮助会员企业正确学习、理解和实施新版GMP，提高会员企业GMP的能力和水平。很多企业认为，通过2011年新版GMP的5个专题培训，为加快实施新版GMP，从观念理念、方法技能、信心决心等方面都有新的提高。二是组织药物经济学知识培训。举办“药物经济学简介及其应用”讲座，聘请复旦大学公共卫生学院卫生经济教研室主任叶露教授授课，40多位会员企业总经理等高管参加听课。叶教授结合国内外许多经典案例，对药物经济学知识作深入浅出的讲解，听课领导们深受启发、耳目一新。

3. 组织会员企业赴国内外制药企业学习考察，拓展发展思路。7月，组织26户会员企业的40多位代表，赴连云港开发区考察学习恒瑞、豪森、康缘、正大天晴等4户医药企业，企业的创新研发、市场拓展和现代化管理等方面的经验和强劲发展势头，震撼所有代表，切身体会到这四大药企以其“强、大、新”的独特优势，领跑同行业的风貌；代表们也从各自角度看到差距，明确了发展方向。11月，组织部分会员企业领导赴印度考察。印度是仿制药大国，协会组织部分会员企业领导赴印度孟买、德里、GOA等地考察MICROLABSLIMITED、ACG等印度著名公司和企业，包括制药、制药机械、胶囊生产等企业。不管大小企业，这些企业首创首仿的“创新思想”、深入人心的“CGMP”理念，全员上下认认真真、扎扎实实做事精神，给赴印学习考察的企业领导们留下深刻印象。

二、增强对会员单位的价值回报，不断拓宽信息服务的网络

协会信息部和《上海医药》杂志注重团队建设，吸纳专业人才，坚持专家办刊，积极发挥联系制药企业和用药医院（医生）的桥梁纽带作用，不断提升为制药企业和医院服务能力。一是加强对外合作，提升协会信息影响力。通过《上海医药》杂志和市卫生工作者协会共同举办上海市基本药物临床应用培训，有10282位社区医生参加培训，考试合格率99%。与上海医药商业协会共同举办首席药师培训，共有300余名药师接受皮肤、妇科、眼科专业培训。与市药学会举办继续教育，共有1800余名医生获得二类学分。与市健康教育所共同录制IPTV家庭药学专栏，已完成3期制作拍摄。与市食药监局合作开辟不良反应专栏。二是打造以《上海医药》杂志为核心的系列服务产品。《上海医药》杂志形成立足“药”、面向“医”、搭建“医工商”沟通平台的特色，已成为医师、药师、药学工程师的指导参考书。今年2011年，杂志新增“杜博士”、“继续教育”等专栏，入选美国《化学文摘（CA）》，并被上海科技期刊协会评为“优秀期刊”、“优秀责任编辑”，“继续教育”栏目累计已有1800位读者参与答题并获学分。经有关部门认可参加杂志社主办的学术会议可获得学分。在会员单位支持和协会信息部努力下，杂志发行量突破1万册，读者遍布全国30个省市。还为外省市医院搭建沟通桥梁，解决业务技术问题，为会员企业提供个性化服务，受到广泛欢迎。

三、维护会员单位正当权益，扎实推进政府委托服务

1．药品生产价格服务，充分反映实际情况。就上海基药招标中企业普遍反映的问题，以专题文件形式，向政府部门反映企业呼声和协会看法，要求从上海医保实际出发择取质优、价格合理的药品中标，得到政府有关部门认同，受到会员企业的首肯。坚持沟通桥梁作用，对有些问题积极向政府部门反映，如基药招标中许多药企反映上海品牌药落标、唯低价中标、量价挂钩未兑现等问题，专门撰写有关材料报送分管副市长，得到市领导肯定。由于原材料涨价等因素，一些企业难以维持正常生产的品种，协会调研后将有关情况反映到国家发改委，希望既要满足患者用药需求，又要维持企业的正常效益，维护了药企利益。

2．科技服务，探索新形式。一是科学技术服务以新的形式加强协会对会员企业服务，取得显著成效。举办新技术、新剂型专家讲座暨技术成果发布会，为大家传递新的研发信息。大家认为专题讲座对企业有很大的现实意义，希望协会多举办类似发布会。组织新药研发人员学习考察上海医药临床研究中心，搭台 GMP 和 GCP 进行成功对接。二是完成 2011 年度上海名牌申报推荐的初选和专家评审。共有 30 户企业的 34 只产品申报上海市名牌，经初审 29 户企业的 33 只产品获推荐。10 月 20 日，协会组织专家进行评审，有 25 户企业的 29 只产品获得专家评审通过。三是拟订制药行业信息化建设基本要求。为更好贯彻新版 GMP 理念，提高药品质量，在广泛深入药企调研基础上，紧紧依靠专家，完成《制药企业生产、质量全过程监控和追溯的行业基本要求》（标准）的初稿，并及时上报市经信委专题立项，得到市经信委支持，目前正与会员企业共同积极推进这项工作，也是协会首次制订行业标准。

（高福定）

上海中药行业协会

上海中药行业协会成立于 1989 年 12 月，是以上海市中药工商企业为主体的社会团体。现有会员单位近 2200 户，会员企业覆盖率达到上海市中药行业企业总数的 97%。

2011 年主要工作：

一、加强服务与沟通，推进产业结构转型升级

1．调研新版药典实施情况，克服生产经营难点。为充分了解 2010 版中国药典的实施情况，对部分品种存在药典标准与实际情况的差异进行调研，根据数据汇总整理，撰写《上海部分经营和生产 42 个品种中药材及中药饮片二氧化硫检测情况汇总报告》、《关于对中药饮片重金属检测列入跟踪检查项目的建议》等专题报告，分别向市药监局及国家药典委反映企业面临问题和困难，转达企业的诉求，提出相关建议。药监部门听取协会建议后，采取了过渡性的管理措施。

2．加强中药饮片质量管理，提升行业整体水平。10 月，配合中国中药协会在上海主办“全国中药饮片生产 GMP 研讨会”。会议期间，与会代表对 GMP 条款进行研讨，梳理生产过程中的症结，提出许多具有可操作性的建议。

针对中药材价格不断上涨及中药饮片质量下降的现状，积极配合市药监局对中药饮片生产企业的生产及质量情况进行跟踪，并多次召开饮片专业委员会扩大会议，就饮片企业加强 GMP 管理，确保饮片质量进行讨论，对目前饮片企业及饮片市场存在的困难和问题以及应对措施，专题报告市药监局。

3．深入调研行业动态，稳定中药市场价格。针对上半年中药材价格大幅上涨的情况，开展饮片价格调研；配合医保局对 604 个新增医保中成药品种价格进行梳理；配合市物价局对基药价格进行确认，核对了 15000 多条记录。共对 45 个中成药品种、129 个规格进行调价；对 83 个中药饮片进行调价，上调幅度 42.48%。

4．组织企业赴韩、南美等国考察，加强与国外同行交流。应韩国农水产物流通公社邀请，9 月，组织部分会员单位参加“2011 韩国锦山人参博览会”，对高丽参原产地市场进行深入的了解，并获知不同品牌韩国产人参的生产和研究现状，为日后丰富本市参茸市场的品牌和品种结构打下基础。11 月，组团考察巴西、阿根廷的医药市场，并与阿根廷执业药师协会进行交流，目前，中医药在南美虽然影响不大，但发展前景远大，对方迫切希望与中方合作推广中医中药。

5．推进中药品牌战略，提升行业整体水平。年内通过继续开展驰名商标、领军人物、零售业十大杰出人物、商业服务品牌、商业技术能手、商业销售能手、行业品牌产品与名优产品评选，积极发展商业零售领域的诚信创建等活动，推动企业在生产、经营各个环节打造优良形象，为扩展市场积蓄实力。

6．适应国家统计职能变化，加强行业统计分析。商业统计管理由原工信部转为商务部管理。为使统计工作更有针对性地反映中药特色服务的经济价值，多次召开统计工作会议，健全统计员队伍，部署包括工业、商业、医保、柜台方、煎药等各服务领域的统计工作，并将通过协作、整合，促使中药行业经济统计数据更为全面、准确，为本市中药行业健康有序发展提供服务。

二、争取政府政策支持，发展中药服务经济

1．柜台方纳入医保与扩大试点。柜台方是中医药为民服务的传统项目，深受广大人民群众的欢迎。在与有关政府部门积极沟通和在市食品药品监督管理局支持下，首批26家药店开展32只“中药柜台方”的销售试点。8月，又有58家药店纳入“中药柜台方”的销售。经向市政府有关部门呼吁，使首批26家试点“中药柜台方”销售纳入了医保结算范围。

2．配合开展第十二批医保定点药店扩展工作。为方便参保人员就近购药，满足外来从业人员配购药品需求，市人社局组织开展第十二批医保定点药店的扩展工作，协会作为工作小组成员参与多个区县的布点走访工作，充分发挥熟悉企业情况的优势，着力配合医保部门完成医药定点药店的扩展工作，据悉第十二批108家医保药店将在2011年年底正式公布。

3．承接《中成药》杂志编辑部。《中成药》杂志作为国家级的医药行业核心期刊，是具备优质无形资产的信息平台，对行业学术水平的提升起着积极的作用。通过努力，成功将《中成药》杂志的主办单位变更为上海中药行业协会。我会将通过调整人员配备，创新办刊理念，提升刊物质量，进一步提高《中成药》杂志在行业的地位，为丰富协会职能、拓展服务功能起到促进作用。

三、发挥行业优势作用，强化企业自律机制

1．规范定制膏方生产经营，促进膏方市场健康发展。近年来“传统定制膏方”市场的扩张趋势明显，本市经营定制膏方业务的企业（包括民营医疗机构）越来越多。共有57户企业提出达标认证申请，协会组织有关专家对申报企业的硬件设施和管理措施逐一进行现场验收，对8户企业提出整改意见，有54户企业已分别通过验收，向社会公示。同时，为确保定制膏方的质量，开办4期定制膏方加工培训班，并为3户企业上门开设培训服务，共有184位学员通过考试获得定制膏方操作的上岗证书。还对6户企业进行生产现场的检查，并召开定制膏方现场交流会，确保定制膏方质量。

2．规范煎药管理，提高服务质量。随着中药煎药费用列入医保范围，中药煎药的服务量猛增，各医疗机构纷纷将煎药服务延伸到饮片生产企业及零售药店，协会根据卫生部、国家中医药管理局关于《医疗机构中药煎药室管理规范》的有关规定，修改制定《上海中药行业中药煎药管理办法》，并对95户提供中药煎药服务的单位（包括4户民营医疗机构）进行检查；还举办两期中药煎药岗位培训班，共有90人通过煎药相关知识和技能的培训考核。

3．开展中药饮片小包装色标统一制定工作。国家中医药管理局下发关于中药饮片统一色标的工作，考虑到上海实际情况，会同市中医药发展办公室并协调医疗机构，对18户中药饮片企业进行调研，提出上海中药饮片统一色标的实施方案，避免了中药饮片企业小包装耗材浪费和管理困难的问题，既做到中药饮片小包装统一规范，又提高企业生产与管理效率。

4．配合政府规范管理，发挥协会桥梁作用。配合医保管理部门联合编写非处方药医保销售限量标准、协助开展医保编码制定工作；配合医保和药监部门开展双规制药品在医保药店登记销售的工作，以及落实各项医保药店监督检查工作中。

四、完善行业培训工作，提高各类专业水平

1．开展专业等级工培训与再教育工作。全年共开办技能等级工培训13个班共506人。其中，中高级占53%。此外，为提高中、高级技能学员的业务水平，在市人社局的支持与推动下，与市技师协会联合开办“中药经营师”与“高级中药经营师”再教育课程，计划在两年内对行业中技师与高级技师进行全覆盖的再教育工作，第一期83个学员通过培训，并获得政府的培训补贴。

2．对中药饮片质量检验专业人员培训。随着2010版药典的实施，为提高饮片生产企业的质量检测能力和水平，组织饮片企业质检人员进行专业培训，邀请有关专家授课，讲解“实验室认可、规范管理、试验误差”的方法，并对2010版药典与往年药典、地方炮规标准内容进行对比和解释。

3．落实学员享受政府补贴的政策。为更好地促进社会就业，凡具有本市常住户口的人员，参加市人社局发布的政府补贴培训职业或工种课程，经鉴定合格后，均可享受政府提供的50%～100%的培训费用补贴。由于外来务工人员对政府的扶持政策了解不够，协会加大对相关补贴政策的宣传，以创造更多的培训就业机会。

（赵　婷）

上海保健品行业协会

上海保健品行业协会成立于1985年7月5日，是由生产、经营保健品等相关产品企业及有关事业、科研单位与科技工作者自愿组成的行业性的非营利性社会团体法人。现有会员185户。

2011年主要工作：

一、加强科技创新，开展科普宣传

为了填补保健食品市场空白，上海春芝堂生物科技有限公司、上海海斯莱福保健食品有限公司、上海金好尔保健食品有限公司、上海诺金科生物有限公司等自主开发近40余种保健食品并获得批文，有力提高了保健品产业的整体科技水平，满足了广大消费者对科技含量高、功能明确的保健产品的需求。

保健品社会消费特点，就是产品销售须经科普教育这一环节，让消费者了解慢性非传染性疾病形成原理，懂得用科学的保健食品进行功能调节，达到“治未病”的目的。上海量健生物科技发展有限公司、上海誉康国际健康连锁机构等20多户企业月月举办健康讲座，通过科普教育，让消费者掌握祖国养生文化知识，普及生命科学中对心脑血病、癌症、糖尿病、骨健康疾病的预防知识，以便有针对性选择适合本人的保健产品。

二、强化诚信建设，实行行业自律

组织企业认真学习《上海保健品行业协会行规公约》，教育企业和从业人员坚持“三不”，即对保健食品不作夸大宣传，对健康食品不作虚假宣传，对生产企业保证不违法添加化学药品。3月15日，与《上海商报》联手在徐家汇举办3·15国际消费者权益日活动，有15户企业参加咨询活动，受到广大消费者的欢迎。坚决贯彻国务院办公厅《关于严厉打击食品非法添加行为，切实加强食品添加剂监督的通知》，组织39户上海保健食品生产企业向全行业提出《承担社会责任，坚持诚信自律的倡议书》，并在上海各大报纸刊登，收到良好的社会效果。

三、开展合作交流，实现共赢发展

11月9日，发起主办的中国泛长三角健康食品协会联席会议第七次（杭州）会议在杭州市新侨饭店召开。30家各地协会和企业出席会议，杭州市经信委和杭州市食品工业协会领导到会致词，协会会长作总结发言。会议讨论了企业社会责任议题，并一致通过《增强企业社会责任，促进保健产业发展倡议书》。

四、举办展示活动，树立行业形象

1月，先后两次举办冬令进补农产品展销会；6月23日，举办首届国际营养保健品展；10月15日，协办世界健康博览会；11月，协办上海首届妇女婴童健康博览会。各展会组织近30多户企业参展，展示最近科技成果和保健产品，增强了消费者的购买热情。

五、加强自身建设，提升协会地位

1．服务企业。克服人手少，任务重，要求高的困难，年内为企业服务达100多次，帮助企业排忧解难，在服务中提升协会地位和形象。

2．开展培训。7月，举办首届保健品指导师培训，讲授动植物营养素、维生素、矿物质、氨基酸、脂肪酸等方面知识，已有141位学员获得保健品指导师的上岗证书。

3．自我管理。1月1日，协会脱离原资助企业，走上自负盈亏、自我管理、自我约束道路，并更名为上海保健品行业协会。9月15日，召开第六届会员大会，选举产生第六届理事会理事、常务理事、副会长、会长。新一届领导班子承前启后，将更好地带领行业企业加快保健品产业发展，加强行业自律，使协会真正成为企业和政府的桥梁、纽带。

（上海保健品行业协会）

上海硅酸盐工业协会

上海硅酸盐工业协会成立于2003年12月5日，是由上海及长三角地区从事陶瓷、玻璃、晶体、耐火材料、无机生物与环保材料、无机涂层及膜材料生产、设备、检测仪器等制造企业，以及与之相关的大专院校、科研和设计咨询机构组成的社会团体。

2011年主要工作：

一、服务会员企业，促进产业进步

3月29日下午，在中科院上海硅酸盐研究所，召开校企对话交流会。来自同济大学、华东理工大学、东华大学、上海大学、上海应用技术学院无机材料专业的负责老师和学生代表，以及协会 10 多户会员企业的代表 40 余人参加会议。会议为今后上海地区无机材料产学研项目的衔接和人才的推介，搭建了平台。

为加强与长三角地区相关企业的联系，帮助它们申报专利或有关项目，7 月中旬，协会秘书长一行 3 人前往江苏省宜兴县部分精细陶瓷生产企业进行走访，增进对宜兴地区精细陶瓷产业方面情况的了解，也对相关企业申报专利和创新企业进行引导。11 月中旬，还专门组织部分精细陶瓷会员企业座谈交流。

为进一步摸清上海地区精细陶瓷产业的现况，2010 年下半年协会承担市经信委下达的“上海精细陶瓷产业现况与未来发展趋向”调研项目，在秘书处的积极组织和推动下，该项目于 4 月圆满通过市经信委组织的专家组评议。项目为上海地区精细陶瓷产业的现状提供相关信息，为产业发展方向提出建议。

年内，有 1 户会员企业获“国家中小企业创新基金”项目；两户会员企业获当地政府“中小企业创新基金”项目支持；1 户企业通过“国家中小企业创新基金”项目验收。此外，全年会员单位共申报 45 项国家专利。其中，发明专利 5 项；实用新型 38 项；软件著作两项。还有部分会员企业获得省、市多项名牌产品称号。

二、开展对外交流，拓宽合作渠道

3 月中旬，秘书长与协会有关专家一行 4 人，前往本市玻璃、玻璃纤维、玻璃钢行业协会进行交流，就开展合作、推进产业的技术进步与发展达成初步的意向。6 月下旬，协会会长率“上海硅酸盐工业协会访问团”，前往江苏阜宁县、建湖县和宝应县进行走访交流，与当地部分企业和政府有关部门的负责人进行座谈，为开展企业区域间的合作交流提供有效信息。

10 月中旬，会长率精细陶瓷代表团前往日本进行参观访问，在东京都参观“日本国际陶瓷综合展览会”，并与多户参展的日本企业就新型精细陶瓷产品，以及相关产品的技术指标、性能及应用等进行咨询和讨论。在名古屋市，代表团应邀参观日本则武陶瓷公司的生产基地及部分生产车间。参观访问日本精细陶瓷中心的部分研究室和实验室，与中心的科研人员进行座谈交流。最后，应邀去濑户市的成田制陶公司参观交流。此行不仅学到和了解精细陶瓷产业方面的许多新知识和新的管理理念，结识新的同行，还增强了做好精细陶瓷产品的信心。

11 月中旬，韩国精细陶瓷访问团一行 14 人，在协会秘书长等工作人员的陪同下，专程去江苏省宜兴市进行参观访问。访问期间，参观宜兴 3 户特种陶瓷生产公司，并与宜兴市丁蜀镇政府有关部门领导及陶瓷公司的负责人进行交流。

三、参加各类活动，扩大协会影响

组织会员企业参与“第 22 届上海国际玻璃工业技术展览会”的观展和参展工作，并组织会员企业参与“2011 国际玻璃熔制技术研讨会”。

11 月 5 日，应江苏省硅酸盐学会特种陶瓷分会邀请，协会一行 6 人，参加在常熟市召开的“江苏省硅酸盐学会特陶分会第 25 届学术年会”。11 月 17 日，由协会和韩国精细陶瓷协会共同主办的“第二届中韩精细陶瓷产业技术研讨会”，在中科院上海硅酸盐研究所召开。韩国精细陶瓷访问团一行 16 人专程来沪参加会议，来自中科院上海硅酸盐研究所、上海硅酸盐工业协会部分会员单位近 20 多位代表参加会议。会上，有 4 位专家作专题报告。会后，中韩双方还就精细陶瓷产业合作交流等事宜进行了座谈讨论。

另外，协会应邀参加市有关行业协会的换届改选会，参加上海节能信息网等单位共同主办“2011 上海高科技节能技术及产品推介大会”，以及上海中欧化工制造商协会等单位共同主办的“第五届国际汽车塑料及创新材料发展论坛”。通过会议，同相关行业协会和单位增进了解、建立联系、扩展影响。

为了扩大协会的影响，为企业交流合作搭建平台，与上海时空展览有限公司签署共同举办“2012 年上海国际工业陶瓷展览会”协议。9 月下旬，双方又在上海技贸宾馆专门召开展览会筹备工作座谈会，部分外省市硅酸盐学会和本市高校、企业界的代表参加会议。

四、搞好自身建设，办好网页会刊

改进网站网页内容，及时把一些新材料和技术的内容在网页上发布，供会员企业参考。同时，针对企业需求和形势发展，增添本行业国内外最新的发展情况介绍，以及刊登部分会员企业获得各类奖项的情况。协会始终坚持为会员企业做好服务，以促进产业发展为目标，认真做好每项工作，并对有些项目的联系与申报，实行无偿服务，同时对已获得国家或地方中小企业创新基金项目资助的企业，予以跟踪管理，及时引导和帮助企业在管理方面进行改进提高。此外，协会在资产、财务、日常事务管理等方面进一步完善，做到规范化管理。

（张　申）

上海纺织协会

上海纺织协会是由上海纺织集团公司、东方国际（集团）有限公司、上海恒源祥（集团）有限公司、东华大学及11家纺织服装相关专业协会（学会）等27个发起人单位，经市经信委和市社团局批准，于2008年12月17日成立，为上海纺织行业跨地区、跨所有制的非营利性的社会团体法人。下设时尚产业分会、产业用纺织分会、毛纺织分会和品牌发展、知识产权保护专业委员会。现有会员单位近500户。

2011年主要工作：

一、加强党的建设和健全运营模式

在市经团联党委的领导和指导下，11月，成立上海纺织协会党总支，选举采用公推直选的民主方法，开创市经团联社团组织系统首次公推直选党组织的成功先例，受到市经团联党委的充分肯定，为协会党的建设和发挥党员先锋模范作用奠定基础。

二、发布《2010～2011年上海纺织产业发展报告》（白皮书）

市经信委、统计局、社团局、经团联、海关等领导参加发布会，《报告》为内部发行，在原有基础上增加总部经济篇、企业篇和会展篇等新篇章，得到社会各方的好评和赞扬。市经信委高度评价协会发布白皮书的做法和经验，在市经信委年度总结会上进行表彰，并推广至生物、医药、电子、轻工等各个行业。

三、加强政府与企业间的沟通，为政府和企业提供更好的服务

1．配合市质监局、市行业质量促进会共同组织召开部分纺织各行业协会、商业协会座谈会。市质监局及有关处室领导与行业协会一起商讨纺织品质量安全和协会自律问题。

2．参与市经信委编制上海纺织产业结构调整的“十二五”规划。编制完成《上海纺织产业结构调整“十二五”规划》、《上海纺织印染行业结构调整方案》，市经信委副主任邵志清等领导专门听取协会的编制汇报，韩正市长在市九届十七次全会第一次大会上也提及纺织印染行业的调整重点。参加国家工信部召开的纺织行业发展情况调研座谈会，并就全行业出现的困难、问题和宏观调控政策对企业的影响，及促进行业发展提出建议。

3．参加市政府有关部门的制标和建库工作。根据市政府关于节能减排和应对气候变化的工作安排和“沪质技（2011）438号文”，承接《涤纶短纤每吨综合能耗》和《印染布单位产品能源消耗限额》的地方标准修订。参与市经信委组织编制的《上海市产业结构调整指导目录（2011版）》、《国家产业结构调整指导目录（2011版）》中有关纺织部分的目录审核、修改和编制。根据国家工信部的意见，向市经信委“上海市纺织清洁生产专家库”推荐相关专家。

4．参加市经信委消费品行业经济运行分析季度例会，发布上海纺织行业经济运行分析报告。在棉花、信贷和市场等方面向政府和媒体及时反映企业的意见，受到政府和媒体的重视，并与市经信委签订上海市消费品行业经济运行监测委托服务协议。

5．推荐优秀企业参加《卓越绩效评价准则》国家标准培训和市政府质量奖申报培训。组织上海埃驰汽车地毯声学元件有限公司、红富士家纺有限公司等4户会员企业参加培训。

6．实施人才战略，建设纺织强国。10月21日，东华大学召开全国纺织服装院校长及企业家高端论坛，会上成立全国纺织服装师资培训和专业发展中心，作为协会与学校共同合作的教育培训机构，发挥双方优势，使“中心”逐步成为我国纺织服装师资培训与专业发展的基础，及协会、企业、学校联合培训纺织服装师资的纽带。

四、发挥协会在长三角地区的集聚协调作用

1．在浙江海宁经编产业园召开第3次秘书长联席会议，海宁经编园区领导汇报了海宁经编的成功发展经验，并与上海纺织协会就加强合作取得共识。

2．先后参加江苏海安在上海举办的投资说明会和海安第二届艺术博览会。协会邀请市经团联副会长姜光裕一起参加海安第6届青墩文化节和海安2011年金秋经贸洽谈会，与南通市市长、海安县县委书记、县长等领导进行亲切交流。海安县滨海新区代表团拜访上海纺织协会，与协会就信息交流，加强双方纺织企业之间的合作签订协议，并将率团参加2012年3月在上海举办的上海国际时装面料展。

3．主办或协办“第四届长三角纺织产业协同创新论坛”、浙江长兴县的“纺织转型升级培训”、“传统轻纺产业转型发展高峰论坛”等。

五、加强国际和地区之间合作与交流

纳米比亚全国委员会副主席蒙萨率国家代表团在市人大杨定华副主任陪同下，由协会陪同参观三枪康桥基地，市妇联副主席黎荣，全国妇联国际部部长邹晓巧同行参观。

庆祝中巴建交60周年，巴总领事哈桑参加协会一届三次理事会并致词。巴基斯坦贸易发展署率巴成衣服装出口商代表团与协会组织的外贸企业、上海服装品牌企业在巴基斯坦总领馆进行对接交流。还组织 20 户会员企业参加巴基斯坦家纺面料洽谈会。

继上年组团访问土耳其后，组织近 50 户企业参加由土耳其纺织进出口协会主席国家展团负责人率团的 2011 商务洽谈会。双方就共同关心的合作模式、信息流通、贸易渠道进行友好洽谈，取得一致意见。协会作为嘉宾还参加土耳其建国 88 周年的国庆庆典活动。

法国巴黎工商会上海代表和法国共维森总经理博特蓝访问协会，就合作交流进行沟通。

与台北世界贸易中心、市商务委联合举办 ECFA 采购说明会，台湾包括内衣、袜类、布料等 22 户企业和我会邀请的 38 户企业参加会议和洽谈。还组团参加在台湾举办的 ECFA 商机媒合洽谈会，运用 ECFA 免税政策，为大陆、台湾企业拓展市场提供机会。

组织企业参加中国意大利纺织服装新型战略研讨会，协会副秘书长代表协会演讲“上海纺织发展现状及未来”。Commision Dyehouse 是意大利高档面料供应企业，意向投资中国，协会安排相关两户企业进行对接，并就面料供应提供市场。

组织 6 户会员企业参加由联合国和 WTO 共同组织，由国际贸易中心主办的“非洲中西部棉花生产商和出品商买家——卖家见面会”，为会员企业提供合作机会。

召开中国与巴西时尚研讨会。巴西贸促会、纺织协会、设计师协会、鞋业协会等 8 位高官参加会议，协会介绍中国商业环境和零售市场，巴西介绍巴西的时尚产业和发展情况，并就巴西产品进入中国市场进行交流。

六、发挥各专业协会和分会的作用，扩大协会的凝聚力、影响力和战斗力

协会时尚分会编制并发布《上海纺织创意园区百强企业名录》；产业用纺织分会发布上海产业用纺织品主要企业产品目录等内部情况资料；在上海科技节中，与纺织工程学会举办申安杯知识竞赛，并出版专刊；组织近 100 户企业参加中国纺织工业协会在上海举办的中纺圆桌论坛；与谱尼测试集团联合举办国际纺织品环保要求及热门法规研讨会，80 户企业参加会议；与上海清江照明工程有限公司就推广 ZJZ 智能装置服务节能减排合作签署协议。

配合举办“上海国际服装纺织品贸易博览会”和“国际时尚服饰展览会”，共为展会招商 15 个。还接待福建长乐郑祖英副市长率领的 200 家企业代表团参观上海纺机展。

与市经团联共同筹建协会京剧沙龙，在市经团联庆祝建党 90 周年上演唱并获奖。

按照市史志办和纺织编纂办的要求，按时按质地完成《纺织志》中非国有企业的编纂工作。

（章微玲）

上海长三角非织造材料工业协会

上海长三角非织造材料工业协会成立于 2004 年 1 月 9 日。现有会员单位包括长三角地区 4 省 1 市的 164 户非织造材料及相关单位。

2011 年主要工作：

1．走访行业内重点企业、了解在应对金融危机中企业面临的困难与诉求，向政府反映企业的困难与诉求，千方百计地帮助会员单位克服困难、化解危机；为行业和企业传递大量应对危机、调整产品结构、谋求新发展的信息和服务。

2．完成政府委托撰写振兴产业的专项研究报告，为产业用纺织品及非织造材料的发展战略出谋划策。年内完成上海纺织工业发展白皮书（2010 年）有关产业用非织造材料分报告（现已发行）；完成并呈报市经信委委托的《上海非织造材料产业技术创新、产业化及产业结构调整研究》项目；申报及立项市经信委委托撰写的《上海及长三角地区产业用纺织品／非织造材料发展战略研究》。

3．6 月，与全国非织造科技信息中心联手在长沙召开“2011 年化纤、非织造材料行业战略联盟研讨会”。

4．参与组织在上海世博会主题馆举办的 2011 第十四届上海国际非织造材料展览会；协助组团参展及观摩欧洲国际非织造材料展览会。

5．9 月 7 ～ 9 日，在山东威海组织召开“2011 非织造材料创新及产业应用发展论坛”，来自业内 70 余户企业的近百位代表出席论坛，分享行业信息和沟通交流，获得业内同仁的一致好评。

6．继续在长三角地区开展技术职称的申报与评审及统计工作。12 月，对涵盖长三角地区 12 户会员单位的 37 名技术人员职称申报材料进行评审。评审中，按照评审基本资格条件，讲学历，又不唯学历，对长期在非织造材料的产品研发、机械设备研发、技术管理等岗位上作出过较大贡献，因多种原因创业后没有评过职称的专业技术人员和主要经营管理人员，无低一级职称，符合破格申报的，可以不受学历等限制，直接申报中级职称。对获得国家级或省、市、部级科学技术奖的专业技术人员以及高新技术成果转化人员可申报高一级专业技术职务任职资格，对在获奖项目和成果转化实施工作中业绩突出者，可不受学历和资历的限制，破格申报并参加相应的专业技术职称评审。共评定初、中、高级专业技术人员37名。其中，助理工程师6名（上海），工程师19名（上海14名，江苏5名），高级工程师12名（上海5名，江苏7名）。年内，协会统计工作月报、季报、年报正常有序进行，并利用统计数据为企业需求提供个性化服务。

7．参加市经团联等部门倡导的节能减排活动“JJ”小组试点工作。继续贯彻节能减排“JJ”试点工作推进计划，在行业内深入学习、传达《关于在本市有关重点领域试点开展节能减排改进小组活动的通知》精神，发挥协会的推动作用，年内试点企业已增至5户。

8．为会员单位提供服务。继续为行业中的高新技术企业复审及申报提供服务。3月、6月，分别组织企业参加“上海应用技术学院材料工程系2011毕业生就业专场供需洽谈会”及常州纺织服装职业技术学院“2011毕业生专场供需洽谈会”，帮助企业招聘合格人才。

9．组织申报并获批立项制订地方标准《非织造布企业单位产品能源消耗限额》。

10．发展5户新会员单位。

11．加强信息工作。出版6期快讯，并更新网站网页；已初步建立协会数据库。

（曾　健）

上海内衣行业协会

上海内衣行业协会原名上海针织行业协会，成立于1987年，并于2002年12月更名为上海内衣行业协会。现有会员单位111户，涵盖针织服装、内衣、袜品、手套等主要企业。

2011年主要工作：

一、组织开展行业主要企业的经济运行统计工作试点

在各理事单位大力支持下，此项工作作为长期困扰协会无法解决的难点，取得突破性进展，已有近40户企业积极参与，这是行业管理职能转变后行业发展的需要，也为政府提供决策数据。

二、创建诚信企业，担当应有社会责任

以政府部门提供的数据为依托，推进行业开展创建工作。创建过程中，按市政府的文件要求，不评比、不乱收费，由第三方用科学的数据来体现出企业的诚信和价值。已有10户企业率先获得诚信企业称号，以此为起点，逐步向全行业的企业推广。

三、为业内出口企业服务

及时向35户出口企业服务，提供国际市场纺织品出口数据的信息报告，了解掌握最新贸易动向，预警出口风险，充分发挥协会公平贸易工作站作用。积极推进新原料、新技术运用，提高出口产品附加值，努力推广麻浆纱新原料，经艾谷针纺针品有限公司等企业技术攻关，成功打进美国市场，提高了企业经济效益。

四、开展行业品牌推进工作

上半年，为4户企业提供“市名牌产品”、“市著名商标”复评工作的相关证明材料。下半年，应市工商局要求，相应提供三枪、帕兰朵、东珠等企业市著名商标的证明材料，为5户企业提供技术和法律咨询服务，为8户企业提供经贸互动服务渠道和信息、市场预测分析等服务。

五、协办各类展会、论坛，扩大行业影响力

1月，与上海展览中心、相关行业协会、商委组织第六届新春大联展。3月，与浙江各袜业协会联合举办第六届中国（上海）袜子采购交易会。9月，协助市商务委、经团联组织会员企业参加上海市国际购物节。11月2日，组织业内5户著名企业参加“传统轻纺产品产业的转型发展”论坛。11月10日，组织参加第七届中国产业国际竞争力论坛等系列会展和论坛。

六、加强企业信息互动，促进行业共同发展

上半年，组织16户企业30多人在湖北组织召开协会2011年信息工作会议，开展信息互动交流活动，促成企业间多项合作成果。其中，700创意园成功输出楼宇管理的新经验、新模式，为光明厂创造了可观的经济效益；其还将对伊势顿商务楼输出创新的酒店式管理。会上，新原料新产品、超市营销、产品新标、管理创新等方面的互动交流，促进了企业间的转型发展步伐。9月5日，还组织会员企业组团赴北欧4国考察交流。

七、发挥桥梁作用，配合落实上级主管部门下达各项工作

1．配合中国针织工业协会在业内开展《申报“纺织之光”2011年度中国针织内衣创新贡献奖奖励项目》，并发文通报相关企业积极参予。配合市经信委开展行业劳动力资源现状的调研，对10户代表性企业进行采信分析，呈报分析报告，向政府反映企业的困难和诉求。配合中针协和上海纺织工会，组织全国性的大圆机操作练兵，11月23日，上海赛区在“三枪”举行，协会推荐3户企业6位技术能手参加初赛。

2．认真做好市经信委和经团联的《工业年鉴》工作。配合市纺织协会抓好《上海纺织白皮书》的撰写。推荐两户优秀企业参与《上海纺织志》的编写，并为《上海纺织志》组织《上海内衣行业协会志》的编写工作。

八、加强协会自身建设

调整精简，提高工作效率。行业虽面临困难，会费收缴工作仍取得预期目标。党支部在区党工委领导下，按期进行支部改选，不断提高在协会工作中的战斗堡垒作用。

（陈国琪、陆　珊）

上海市家用纺织品行业协会

上海市家用纺织品行业协会（原为上海市纺织复制行业协会）成立于1988年10月，是由毛巾被单、纺织装饰、手帕和制线织带业的企事业单位自愿组成，不受地区、部门和所有制限制，非营利性的社会团体法人。现有团体会员100户，其中，民营企业占85%，理事单位34户。下设毛巾被单（含纺织装饰）、手帕、制线织带等3个专业委员会。

2011年主要工作：

一、开展品牌建设，提升行业软实力

1．抓好上海名牌与著名商标的评审。及时将信息告知企业，对10户企业、12只品牌出具证明材料和推荐意见，还主动与市技监局和市工商局联系沟通，协调关系。协会下属企业现有上海名牌12项、上海著名商标15项。

2．组织创意设计论坛活动。6月，在“2011上海国际室内设计节”召开之际，举行上海家纺设计论坛。与会专家分别作主题发言，罗莱家纺、龙头家纺介绍设计创新的经验，研发、设计单位展示服务信息。上海室内装饰协会的领导和设计师代表应邀出席会议，并进行互动交流。

3．组织企业参加有关展示评比活动。组织1户企业参加上海创意产业博览会、两户设计单位参加中国家纺画稿交易会，8户企业参加迎春展销会。及时将开展中国纺织服装企业竞争力500强评比信息传递给企业，水星、罗莱、小绵羊、红富士、东隆等5户企业获得“2010～2011年度中国纺织服装企业竞争力500强”殊荣，水星家纺还获得“2010～2011年度中国家纺行业竞争力10强企业”的称号。

二、开展质量兴业活动，提高行业质量水平

1．开展质量调查。协助中国家纺协会对17户床上用品企业和3户毛巾企业的质量情况进行调研，按时按质完成调查任务。总体上看，上海家纺企业被质量技术监督部门抽查产品合格率明显高于全国行业平均水平，但标识纤维含量成分与实际不符、PH值超标、色牢度不合格等问题依然存在。

2．开展质量培训。3月，举办产品质量培训会，请上海纺织技监所所长就上海家纺产品的质量现状、问题、原因和对策措施为企业老总上课，并针对产品和服务质量上存在的问题，加强落实管理措施。

3．加大质量宣传。组织质量工作研讨和交流活动，邀请内野和小绵羊等企业介绍质量工作经验，积极努力传播家纺产品科学消费常识、家纺产品新标准，还组织企业参与中国家纺协会的征求被、被套规格标准修改意见工作。

三、开展诚信创建活动，维护行业竞争秩序

1．继续开展诚信企业创建工作。4月，与市诚信创建办联手，对40多户企业的诚信工作联络员进行培训。年内又有44户企业经自愿申请、协会推荐，通过了信用征信公司评估，获得三星级诚信企业27户、二星级诚信企业6户、一星级诚信企业10户、诚信创建企业1户。9月，组织部分企业参加上海市诚信活动月主题活动。

2．完善和执行行规行约。3月，在召开的会员大会上，12户会长单位联名发出“规范有序竞争，履行行规行约”倡议书，在人才培养、质量兴业、诚信建设、有序竞争上，提出具体要求，在同行企业中形成既是竞争对手，又是合作伙伴的良好氛围。

3．做好诚信项目验收工作。11月29日，由市征信办组织的专家小组，对《加强诚信体系建设，推进家纺产业发展》项目进行验收。专家小组认为协会开展诚信体系建设各项活动取得较好效果，同意通过验收。

4．加强诚信管理平台建设。秘书处与企业联动，共同做好网络管理平台诚信排行、人员风采、标准警示等版块的有关工作，并推荐部分企业参加城市公众满意度评议。

四、深化经济运行分析，积极应对困难挑战

1．坚持开展统计分析。两次编报行业经济运行情况分析报告，尤其是年中分析报告，增加了经济运行质量指标分析内容，对企业分类也细化调整，指导企业利用行业经济数据总结经验、加强管理。

2．参与产业安全数据直报。5月起，组织龙头、水星、小绵羊、红富士、佳谊5户企业将床单、床罩、被子、毛巾、毯子、窗帘六大类产品，每月向商务部直报，为政府提供产业安全数据分析，加强产业损害预警工作。

3．参与《上海纺织产业发展报告》编写。3月，完成《上海纺织产业发展报告》家纺篇的编写工作。

4．开展统计员培训。1月，请市统计局对企业统计员进行业务培训。10月，协助中国家纺协会在上海纺织职工大学举办统计员培训班，本市有9户企业的财务、统计人员参加培训。

五、依靠政府部门力量，发挥桥梁纽带作用

1．努力参与上海创意文化产业建设。组织企业参加有关培训和活动，罗莱家纺的设计创新经验编入《上海设计印象》一书。协会还向市经信委申报《上海家纺产业结构调整研究》课题，并获得项目专项资金。

2．依靠市商务委公平贸易处，维护出口企业在国际竞争中的利益，反映企业困难和诉求。经积极争取，上海家纺协会被市商务委授予"公平贸易行业工作站"。

3．与上海检验检疫局合作，成为首批"技术性贸易措施预警服务站"。开展对纺织装饰、奥力福实业等10户外贸企业进行国外技术性贸易措施对中国企业影响的调研，把企业反映的问题、建议向WTO事务办公室呈报。秘书处还陪同其对东隆纺织和红富士家纺公司作"碳排放"调研。

4．加强与中国家纺协会的联系，获得指导与合作。4月，组织20余户企业参加中家纺协会在上海召开的五届二次理事（扩大）会议；5月，组织6户企业参加中家纺协会在山东淄博召开的专业市场渠道创新研讨会；11月，组织配合10余户企业参加中家纺协会在佛山召开的五届常务理事扩大会。12月，协助中家纺协会组织8户企业的总经理参加第八期中国纺织企业经营管理者调查问卷。

5．利用社会力量，为企业提供服务。与上海山田律师事务所共同成立上海家纺协会法律咨询部。9月15日，举办法律讲座，并为企业提供法律咨询服务。

六、提升刊物和网站，积极编写纺织志

4月，对《上海家纺》月刊进行改版升级，增加国内外家纺业发展动态、科技信息，以及会员企业发展经验的报道，并在封面、封二、封三与封底进行企业与产品形象的宣传。同时，加快更新网站的信息。编纂《上海市志·工业分志·纺织业卷》，龙头、罗莱、水星、小绵羊、红富士、福沁、宽紧带、内野等企业积极配合，在较短时间里完成市府交办的编纂家纺行业发展与协会发展史料的任务。

七、加强协会基础建设，提升协会服务能力

1．加强秘书处自身建设。在人手较少的情况下，整合秘书处、专委会的组织作用，尽力为会员企业办实事和排忧解难。协会党支部认真开展争先创优活动，被市工经联党委评为先进党支部。

2．加强民主办会、集体办会。协会重大问题都在理事会上讨论决策，由秘书处积极落实；坚持定期召开会长会议、理事会、会员大会制度；结合实际，组织推进企业和产业发展的各种活动。

3．努力发展新会员。年内共发展12户新会员企业，包含设计单位、纺织商业企业、咨询公司等。

（吴淑仪）

上海市室内装饰行业协会

上海市室内装饰行业协会，成立于1987年10月15日，是由本市从事室内装饰及产品制造、室内设计、科研院校相关企事业单位自愿组成，跨部门、跨所有制的非营利性社会团体法人。现有会员900余户。

2011年主要工作：

一、成功举办第二届"2011上海国际室内设计节"

6月22～27日，协会承办的"2011上海国际室内设计节"在上海举行，它是联合国教科文组织命名上海"设计之都"之后，一年一度连续举办的第二届大型国际性室内设计交流活动，也是《上海市文化创意产业发展"十二五"规划》列入规划发展的1项重要活动。9个"设计之都"室内设计组织代表，国际室内建筑师和设计师团体联盟，亚太设计中心、美国国际设计协会等组织代表都积极参与、支持，并签署《"设计之都"合作发展倡议书》，有力提升了"设计节"国际化水平和地位。十届全国人大常委、中国室内装饰协会名誉会长陈士能，市人大副主任吴汉民，原市政协第九届副主席朱达人，市经信委主任王坚等领导，以及来自世界10多个国家、港澳台地区设计师，全国各有关省市行业协会代表、企业代表约250人出席开幕式。

"设计节"举办"2011上海国际室内装饰和室内设计精品展"、"2011上海国际室内装饰流行趋势发布会"、"中国首届竹材装饰推广高峰论坛"、"全球华人室内设计师高峰论坛"、"2011上海国际室内装饰产品和材料流行趋势发布会暨低碳环保节能装饰高峰论坛"等主题活动。还首次设立上海"金座杯"国际室内设计最高荣誉奖。来自意大利、美国、西班牙、日本、中国以及港台地区的270件参赛作品中，产生10个金奖、10个银奖、8个优秀奖。上海、港台地区分别获得3个金奖；意大利、西班牙、日本获得4项金奖。本届“设计节”得到市政府、各行业的充分肯定，并得到“国际室内建筑师和设计师团体联盟”高度评价。期间，“亚太设计中心”与上海建配龙企业集团签署合作框架协议，共同为上海室内装饰、设计师走向国际搭建广阔的平台。

二、推进行业星级认定发展

从提升企业市场核心竞争力方面开展星级认定和升级。以企业发展转型、质量、安全、诚信度为指标，帮助企业通过星级认定来增强持续发展的内涵。年内共有11户企业分别被认定为3星、4星、5星级企业，并对部分“星级企业”开展调研、复审，促进企业提升发展。

三、诚信创建工作取得新的成效

行业诚信体系建设与“上海市企业诚信创建活动组委会”实行对接，并在东方网的帮助下，建立“上海市室内装饰行业诚信建设网络平台”，形成行业、企业齐抓共创的新模式，不断提高创建水平。在往年基础上，又向“市创建会”推荐27户企业参加市级创建活动，有24户被评为市级诚信体系单位，其中，诚信企业8户，创建企业16户。

四、完成《2011版室内设计合同》的制订和应用

在市工商局的支持下，完成新版《2011版室内设计合同》修订工作。12月15日，在上海科学会堂召开2011版《上海市室内设计合同示范文本》推广试用大会暨新闻发布会。新版设计合同对原有合同作了较大调整，突出装饰公司与消费者之间的权利与义务，细化设计图文资料内容，且明确中途变更，设计师必须征得消费者同意。既维护消费者利益，也保障设计师、企业的经营利益，更强调设计对施工安全、质量、环保低碳等方面的操作标准。新版设计合同公信度高，得以广泛应用，取得了实效。

五、装饰工程质量、消防报监机制得到进一步的完善

与市室内装饰质监检测站、市消防局合作，在完善、健全室内装饰施工质量检测、消防报监登记做了大量有效工作，使企业报监难、验收难瓶颈得到畅通，报监登记有了对口备案。

六、开展消防、安全定期检查和岗位培训

对资质企业和新入会企业强调消防验收审核制，吸取“11·15”特大火灾事故教训，制定有关计划，年内开展两次消防、安全生产大检查，开展“安全生产认定”动态抽查，强化谁主管谁负责的责任制。同时，持续开展施工员、质量员、安全员、电工、电焊工的岗位配套培训。

七、开展设计与企业的产业联动

为推进“后世博”低碳绿色环保装饰应用发展，5月，与美国针叶材出口联盟在上海银星皇冠假日酒店共同举办“美国住宅技术和建筑装饰材料产品研讨会”，重点围绕绿色环保、创新建材、节能门窗技术、户外景观设计和材料等的介绍。

8月25～26日，组织有关会员赴安吉孝丰召开六届四次会员（代表）大会和安吉—上海竹装饰产业信息交流会。期间，参观浙江永裕、天振、鑫凤等5户竹产业生产企业，对“以竹代木”材料、产品在室内装饰中的应用有了深度了解。这是中国室内装饰协会授予安吉县为“中国竹材装饰装修产业基地”、浙江“永裕”等10户企业为“中国竹材装饰装修产品推荐企业”、上海“荣欣”等10户企业为“竹材装饰装修推广应用企业”称号之后的一次大型装饰产业链交流活动。

为加强室内设计师与国际新型软装窗饰的合作交流，推进以设计引领产业发展，9月、10月，先后3次组织有关设计师在亨特窗饰超级精品廊（红星美凯龙真北店）开展“软装窗饰设计师沙龙”活动，参观精品廊窗饰，共同体验亨特家居智能化系统，交流分享设计心得与经验。

八、加强企业从业人员岗位培训

积极把设计师资格培训与职称评定结合起来，年内共培训8期设计师，培训人数477名；高级设计师2期，65名；监理师1期，35名；高级监理师1期，33名；工人上岗培训4期，89名。积极与上海工程类职称考核委员会合作，持续3年开展国家工艺美术师职称资格考试、评定，组织5名设计师参加中级工艺美术师职称考试。

九、开展上海、全国装饰企业评优活动

4季度，开展“上海市室内装饰行业评优表彰”和中装协“全国室内装饰行业评优表彰”工作，召开两次动员会议。共有30户企业参加上海、全国评优活动，经评审，获得上海地区43个奖项，分别被评为“优秀企业”、“优秀设计机构”、“优秀设计作品”、“优质工程”和“优质环保材料产品”。在此基础上，向中装协推荐，争取评为全国优秀称号。

十、组织企业领导、设计师赴台湾考察学习

2010年12月，应台湾室内设计装修商业公会全联会的邀请，组织23户企业的总经理、设计师赴台湾考察学习，加强两岸室内装饰行业的友好交流，对共同促进室内设计、装饰的后世博低碳、环保、节能和高端室内设计起到推进提高作用。

十一、健全室内装饰网站、会刊宣传建设

调整、改版室内装饰网站，充实设计师、项目经理培训、资质企业登录、诚信体系建设等服务信息发布；改版《室内装饰》会刊，编制工作定期正常化，强化行业信息动态发布，扩大社会影响力，提高服务政府、服务社会、服务会员的信息传播效率。

（上海市室内装饰行业协会）

上海工艺美术行业协会

上海工艺美术行业协会成立于1996年2月，为本市工艺美术生产、经营、科研、教育、设计及服务行业企事业单位自愿组成的跨部门、跨所有制的行业性社会团体法人，现有会员单位400余户。下设红木雕刻专业委员会、旅游纪念（礼）品专业委员会。

2011年主要工作：

一、传统工艺美术保护工作

1．“三项评审”等工作稳步推进。评审认定60件上海市工艺美术精品，其中玉雕11件、牙雕5件、漆木雕刻7件、石雕3件、竹刻6件、陶瓷4件、金属工艺12件、抽纱刺绣8件、民间工艺4件。推荐上海市第六届中国工艺美术大师申报者，至申报截止期，符合条件申报者共有39人。8月22～29日，举行申报者申报作品公开展示活动。9月8日，在上海工艺美术职业学院进行现场考核。9月中上旬，召开评审推荐工作会议，推荐出本市第六届中国工艺美术大师的申报者。市经信委、市文广影视局、市人社局相关处室及各部委监察室领导参与了全过程，并对评审推荐工作给予高度肯定。年内，继续举办本市大师展：“海上艺缘”——刘硕识、李铁民、陶昌鹏、黄跟宝作品展，“海派神剪”——赵子平、奚小琴剪纸艺术展，“珠翠华光”——陆莲莲珠宝首饰艺术展，“明心见性”——丁伟鸣雕刻艺术展；后扩展到外省市大师——河南省郭爱和大师2011年三彩艺术釉画作品上海展。与《东方早报》副刊、《理财一周》合作，陆续登载《中国工艺美术大师系列》专题报道。

2．积极参与工艺美术行业交流合作。中国工艺美术馆在全国启动征集、收购馆藏品工作，5月，上海发起馆藏作品征集活动，共征集30件（套）工艺美术品；9月24日，“第七届中国工艺美术行业年会”在贵阳举行，协会应邀参加；10月27～31日，第十二届中国工艺美术大师作品暨国际艺术精品博览会在杭州和平国际会展中心举行，上海展团共有50个展位，20户企业参展，64件作品参评，其中获8件金奖、8件银奖、8件铜奖和16件优秀奖，获奖高于全国水平。

3．工艺美术行业国际交流工作成果明显。5月，协会两个专业委员会应市创意产业展示与服务平台的邀请，赴意大利米兰参加由意大利贸促局举办的“意大利中国文化年—米兰上海周创意产业论坛”。7月，协会随中国工艺美术协会代表团赴美国参加“第八届圣达菲国际民间艺术市场”，受到圣达菲市市长、副市长的亲切会见。

4．工艺美术行业中高端人才培训工作又有新进展。11月12～13日，顺利举办第7次初、中级工艺美术专业任职资格考试。协办由中国工艺美术协会主办的中国工艺美术植物纤维编织艺术（国家级培训）高级研修班和中国工艺美术红木古典家具（国家级培训）高级研修班，分别于4月和7月在上海工艺美术职业学院举行，通过两次研修班，学员间建立起交流沟通的平台，达成跨区域的跨品种新品研发、人才培养、技艺交流、经营合作等意向，并还促成院校设计创意、新品研发和企业人力资源间的优势互补。

5．各类专业展览各显神通、异彩纷呈。相继举办“精美绝伦华丽传世”——上海老凤祥原创·经典·时尚首饰展、“徐家汇源”元宵节文化展示活动——绒线编织手工技艺表演、“饰·说新语”复旦大学上海视觉艺术学院珠宝首饰专业作品展、首届上海民间艺术成果展、“紫苑豪侠”——葛军陶瓷艺术作品汇报展、“纸的艺术”——中韩师生作品汇报展、惟面唯肖——2011“上海面人赵”艺术传承展、“漆艺·漆意”——2011海峡两岸艺术交流展等。

二、产业发展工作

1．红标委、红木雕刻专业委员会如期完成工作计划。年初启动制订《标准》工作，经收集资料、讨论研究起草《红木家具零售服务规范》，并上报市质监局标准化处，参加立项答辩会等。11月，正式收到市质监局《关于下达2011年第四批上海市地方标准修订项目计划的通知》，立项获得通过。年内完成第四届上海市红木家具标准化技术委员会人员的调整工作；进一步落实“上海市红木家具真品标志”的工作；跟踪“上海海派红木艺术博物馆”筹备进度，目前该馆已进入后期布置陈设阶段，预计2012年下半年正式对公众开放。

2．旅游纪念品专业委员会工作按计划推进。3月，积极参加在天津举办的第46届全国工艺品、旅游纪念品暨家居用品交易会。举办2011上海旅游节“老凤祥杯”旅游纪念品设计大赛。9月26～28日，在上海展览中心举行2011上海旅游节上海纪念品（礼品）博览会。12月15日，在上海宾馆召开旅游纪念（礼）品流行趋势发布会，发布“2012年旅游纪念（礼）品流行趋势”主题关键词为“海派文化、生肖龙年”，材质关键词为“创新科技、绿色低碳”，色彩关键词为“金黄主色、洋红为辅”。在市旅游局指导下，会同上海旅游纪念品产业发展中心、上海旅游行业协会对有关“上海旅游纪念（礼）品特许授权店”事宜进行多次商议，并起草《上海旅游纪念（礼）品特许授权店的管理办法》，为突显特许授权店的优势，市旅游局决定申请特定商标标识，并于2011年年底在上海老凤祥外滩店试点运作，将在上海市旅游节期间向全市各主要景点、宾馆授权全面运作。

三、基础建设工作上新台阶

按市经信委的要求，每月做好统计工作，每季度做好统计报告，并就红木家具和旅游纪念品两个方面做了相关的统计工作；据市经信委职改办的相关规定，于11月完成《上海市工艺美术行业人才现状和培养情况的调查报告》初稿；10月29日，长三角16+n城市工艺美术行业协会联合体上海会议在徐汇行政公寓召开，会上就2012年在台北举行工艺美术展览进行深入探讨，并一致同意在上海翰慧文化传播有限公司设立"联合体"的又一个办公室。与上海翰慧文化发展有限公司合作筹办的上海传统工艺美术图书资料情报中心，正在积极构建中。

（朱建中）

上海市家具行业协会

上海市家具行业协会成立于1994年1月，为本市家具工业、商业和相关教学、科研、设计、材料行业企事业单位自愿组成的跨部门、跨所有制、非营利的行业性社会团体法人。现有会员448户。

2011年主要工作：

一、用好媒体平台，交流行业动态，展示企业风采，引导行业健康发展

加大投入，专心致志办好月刊《上海家具》杂志，于8月进行改版。改版后《上海家具》由黑白版改为大16K全彩页版，内容上也加以扩容与丰富，在保留并突出"行业动态"栏目的前提下，增设"家具人生"、"百姓谈家具"、"热点聚焦"、"消费指南"等栏目，并采用免费向社会定向发行的方式，使这份专业的内部刊物，在传达行业讯息的同时，变得更通俗易懂，有利于宣传、普及行业知识，引导理性消费，在社会受众间产生更大的影响力，成为行业、企业与消费者沟通、互动的桥梁。"达芬奇事件"之后，在家具行业乃至全社会呼唤企业诚信，倡导市场诚信的大氛围中，《上海家具》肯定并强调了上海家具市场诚信的主流，宣传优秀企业，提倡诚信经营。还定期向会员单位赠送《中国家具协会通讯》，为面向全国乃至全球市场的广大上海家具企业获取准确、客观、全局的业内信息提供途径。

"上海家具网"是协会对外宣传的网上平台，充分利用网络覆盖面广、实时高效的特点，及时传达行业资讯，宣传行规行约，已成为全国消费者了解上海家具市场的重要渠道。

二、结合杂志宣传、培训教育、专技职称评审，做好行规行约及家具标准化的宣贯工作，加强行业自律和市场规范，促进产业整体提升

加强行业自律与市场规范，主持制订的行规行约成为申城家具市场的行为准绳，在引导家具行业的良性竞争和健康发展中起到了关键作用。用好《上海家具》杂志和"上海家具网"两个平台，做好家具标准化和行规行约的宣贯，使行规行约深入人心，促进市场规范稳步提高。

年内举办卖场销售人员培训班20期，培训人员920人次，目前沪上各主要家具卖场营业员持证上岗率达95%以上。通过销售人员培训，将行规行约的宣贯牢牢扎入第一线，培育、优化销售人员队伍，强化服务意识，提高家具营销水平，为家具市场的规范和诚信把好第一关，取得较好成效，赢得业内广泛好评和支持。

协助会员企业培育人才、留住人才、用好人才，继续开展上海市家具行业专业技术职称的评审工作。各单位共推荐45人申报中级和初级职称，经专家评审组审核、研究，有17人取得工程师（中级）职称，10人取得助理工程师（初级）职称。

三、圆满完成第五届理事会换届改选工作

7月28日，圆满完成第五届理事会的换届改选工作。为确保换届改选的顺利进行，于2月便着手筹备，一方面拟定改选方案，组织财务审计，向上级主管部门申请报批；一方面在《上海家具》杂志上连续登载、通报换届改选的工作要求和筹备情况，并通过走访企业、召开座谈会等形式，广泛听取会员单位意见，以无记名等额投票方式，从第五届理事会105个理事单位中选举产生理事长1名、副理事长22名和常务理事39名。新一届理事会汇集上海家具行业的中坚力量和领军企业，为上海家具行业优化产业布局，加快结构调整，促进产业提升，加强行业规范和自律，为行业进一步繁荣发展打下坚实基础。年内新发展会员单位22户。

四、加强红木家具专委会工作，促进上海红木家具产业的整体提升，集中力量打造上海地域品牌

受全球经济危机影响，中小家具企业面临比较严峻的生存压力，但红木家具因其精与贵，兼具收藏和文化价值，上海规模以上的红木家具生产企业普遍反映受到的市场冲击相对较小。由于红木家具市场产品良莠不齐、市场规范度不足的情况仍有存在，上海红木家具业的发展应更好发挥区域优势，经仔细酝酿，协会决定重启并加强红木专委会的工作。在协会理事长带领下，秘书处逐一走访、调研相关企业，了解市场情况，听取意见，并专门召开红木家具企业负责人会议。强化红木专委会的职能，加强对红木家具企业的引导和管理，加强市场研究，掌握行业动态，通过组织专业培训、展会、交流等活动，加强业内企业的沟通与互动，提升自主创新能力和管理水平，促进产业升级转型，立足上海，集中力量发挥地域优势，提升上海红木家具的整体形象。红木专委会工作的铺开，也为2012年协会探索成立办公家具和软体家具专委会，以专业条线实现行业管理，提供重要借鉴。

五、配合市消保委和技监局等有关部门，开展行业大检查，监督、规范行业行为

在由市消保委和技监局等有关部门组织的行业检查活动中，充分发挥协会在整顿、规范市场，加强社会监督，普及家具消费知识方面的重要作用。参加“消保委帮你找家具”的“3·15”主题服务活动，推荐以亚振、居雅欧韵等为代表的10户上海诚信家具生产企业与市消保委签约，郑重作出诚信承诺。积极参与由市消保委牵头的上海家具市场大检查、“质量月”、红木家具鉴别会等社会活动，规范企业经营行为，宣传普及家具消费常识，营造和谐消费环境。

“达芬奇家具事件”震动全国，协会在第一时间召集申城最具影响力的16户家具商场负责人召开座谈会。会上，与会者明确肯定了上海家具市场规范、诚信的主流，并就事件对整个家具行业的影响发表看法，作出深刻反思。协会同时下发《关于开展“认真清理上海家具市场进口品牌家具来源和严格规范产品标识标注”的整顿意见的通知》，重申并强调行规行约，要求各商业企业对进口品牌家具开展自查、清理，规范经营行为，争当行业标兵，共同维护好行业形象。

六、立行业典范，树行业形象，为宣传优秀企业搭台唱戏

鼓励企业加大自主创新力度，支持企业的品牌建设，在会员单位申报市著名商标、名牌产品的过程中，协会积极给予支持，为企业出具市场占有率评估证明。年内“艺尊轩”品牌获上海市著名商标称号。经协会推荐，震旦、亚振、太亿等6户企业获得中国家具协会优秀企业的荣誉。

每年在上海举办的中国国际家具展已跻身世界三大家具展之一，协会对展会工作高度重视，积极协助和发布展览信息，及时采集展览效果。

七、推进“企业诚信评价活动”，展示上海家具企业诚信兴商的坚定决心与良好风貌

继续推进开展“企业诚信评价活动”，作为“家协杯”活动的升级和延伸，活动得到会员企业的热烈响应，共有38户企业参加，比2010年新增5户。强化企业诚信意识，尊重消费者，向全社会亮出上海家具行业“诚信兴商”的决心和行动。积极参与2011“诚信兴商宣传月”活动，企业代表宣读4条诚信承诺，34户家具企业共同签字承诺，充分发挥行业协会的引导和协调作用，构建起全社会的诚信文明。

（黄莅国）

上海宝玉石行业协会

上海宝玉石行业协会成立于1996年5月，是由珠宝、玉石行业及相关教育、科研、鉴定机构的企事业单位自愿组成的跨部门、跨所有制的非营利的行业性社会团体法人。

2011年主要工作：

一、抓好第三届“玉龙奖”作品评选活动

为更好地弘扬海派玉雕文化，时隔10余年，协会恢复并成功举办“玉龙奖”作品评选。活动得到会员单位和行业同仁大力支持，广大会员和玉雕大师纷纷参赛，活动立足上海，本着“选料要精，工艺要好，创意要新，总体要美”的标准，以“创新、兼容、开放和雅俗”的特点征集作品，参赛作品整体体现了高水准。评选坚持公开、公平、公正与严肃、严谨、严格的原则，评出一批金、银、铜奖和最佳创意奖、最佳工艺奖；共有10名35岁以下参赛人员获新人艺术奖，吴德昇大师获“特别荣誉奖”；首度设立的“最受公众喜爱奖”成为活动的亮点。境内外媒体纷纷报道上海恢复“玉龙奖”。2011上海第三届“玉龙奖”作品评选活动为打造海派玉雕标志性、示范性奖项，奠定扎实基础，取得良好的社会效应与美誉度。“玉龙奖”评选也成为行业发展的重要推手，带动了产业发展，以及教育培训、检测鉴定等多项工作。

二、鼓励技术进步，推出上海玉雕大师评审

3月，协会正式出台《上海宝玉石行业协会关于开展上海玉雕大师评审的实施办法》，首次组织开展对行业玉雕从业人员的技术资格评审。经专业评审委员会评审，于12月底上网公示的有上海特级玉雕（终身）大师两名、上海特级玉雕大师13名、上海玉雕大师32名、上海玉雕师37名。

三、持续做好诚信与规范建设工作

努力推进商务诚信和社会诚信建设，按照商品“质量保障、标识规范、销售诚信、服务特色”的基本要求，规范管理，推进放心店建设，在中国珠宝玉石首饰行业放心示范店和上海行业放心店基础上，产生三星级市诚信企业9户、二星级1户、市诚信企业3户。

年内，就综合商场内店铺的诚信建设开展试点。与云洲古玩城共同试行商场内部店铺“诚信之星”评选，13家创建“诚信之星”经营商户成为诚信经营的表率，全年没有发生1例买卖纠纷，营业额稳步提升，起到示范作用，产生良好社会效应。还和玉道玉器公司加强交流沟通，鼓励并肯定他们开展星级月评，规范玉器商铺经营管理的努力。6月，会同中宝协在上海共同完成中国珠宝玉石首饰行业放心示范店店长培训，为放心示范店企业做大做强、促进营销管理人才的培养和进步助力。上海老凤祥、老庙黄金、明牌银楼、钻石小鸟等单位40余人参加，培训班共有来自各地的46户企业118名学员。另依托鉴测专业委员会专家，对新修订的珠宝玉石名称与鉴定、钻石分级等国标，组织了两次专题宣贯，得到广大会员与商家的欢迎，与会人员超过200人次。与市消保委等一起，连续7年开展行业自律检查。通过通讯、网站和专业媒体，不断加强对诚信企业的推介和宣传。扎实抓基础，努力促管理，从社会责任高度抓诚信规范重点，推进行业与企业品牌形象建设。

四、开展多项会员服务活动

努力满足会员的多种需要，促进会员的凝聚交流，年内组织各类活动8次，有珠宝广告摄影讲座、三网合一电子商务介绍、电子商务第三方支付平台沙龙、祖母绿宝石讲座、澳宝推介沙龙等；主办或指导、协办各类展览展示和活动14次，有上海玉器节、钻石文化节、玉雕炉瓶展、婚庆博览会、慈善义拍、检验员技能竞赛、翡翠赌石、珠宝首饰商贸功能区建设启动、白玉斗玉会、创意产业展览会等。继续发展与国（境）外的交流沟通。2月，组团赴台湾进行考察交流活动；4月，宴请来访的台湾珠宝工业同业公会；9月，与澳大利亚朋友交流澳宝；10月，接待马达加斯加法国工商会工作访问；12月，拜访斯里兰卡新任驻沪领事。年初，开始应用手机群发功能，加强与会员的沟通，方便活动的开展。

（包富樑）

上海市乐器行业协会

上海市乐器行业协会成立于2009年2月，是由上海生产、经营各类乐器的企业以及相关的专业院校等自愿组成的非营利性的社会团体法人。现有团体会员单位40户。

2011年主要工作：

一、召开年会、理事会，听取意见和建议

年初，召开行业年会，向全体会员汇报协会年度工作，倾听会员单位对协会工作的意见和建议，为协会年度工作开展打下扎实的基础。年中，又召开理事会，各理事交流企业上半年的经营状况和对市场分析，并对协会下一步工作提出意见和建议。

二、为会员单位和行业服务

1．构建服务企业平台。秉承为企业服务宗旨，帮助上海民族乐器一厂创建品牌，主动协助企业开展产品市场占有率的调查工作，依靠协会工作平台，客观公正地提出报告，为企业创品牌提供服务。

2．为配合上海钢琴有限公司扩大钢琴的销售市场和份额，协会网络部帮助上海钢琴有限公司创建钢琴直销网站，在最短的时间完成网站建设，并拿出一套完整的网络推广方案，受到公司领导的好评。

3．指导和帮助企业参加市有关方面组织的企业诚信创建活动。会员企业积极参加，上海钢琴公司、上海民族乐器一厂、上海柏斯琴行、上海海音琴行、上海蒙德罗琴业有限公司等企业被评为公众满意企业，提高了企业的知名度，扩大了社会影响。

4．承担起接待顾客对乐器质量的投诉工作，维护乐器市场正常秩序。上海地区消费者对标有外国标识的钢琴质量问题投诉比较集中，当接到投诉，协会认真听取消费者意见，切实帮助顾客解决实际问题，并结合乐器保养，介绍基本常识，受到顾客欢迎，也保护了会员企业的信誉。

5．为会员单位提供信息服务。依托市经团联、市工经联、市咨询业行业协会、市中小企业服务中心等社会团体，联合举办市场经济、财务、企业管理等一系列辅导讲座，帮助企业了解和掌握更多的信息和政策，如“中小企业财税的有关政策”、“信用风险”、“企业风险管理流程”、“中小企业技术创新有关政策”等，受到会员企业的欢迎。

三、协助中国乐器协会办好上海国际乐器博览会

上海国际乐器展历经10年发展，展会展览面积已达7.8万平方米，共有29个国家和地区参展商1400余家，与德国法兰克福展、美国NAMM展，堪称世界三大专业乐器展览会。会员单位柏斯琴行、上海民族乐器厂、上海钢琴有限公司、玛珂琴业有限公司、上海口琴总厂和上海国光口琴厂等单位积极参展。展会期间，协会领导走访各有关展商，了解收集组织工作情况，并在展会结束后即向上海国际展览中心有限公司提交情况报告，反映参展商对展会的评价和工作改进建议，得到上海国际展览中心有限公司领导的好评。

四、抓好钢琴调律师的鉴定工作，为企业发展培养专业人才

在培训、鉴定钢琴调律师技能等级工作中，协会作为全国钢琴调律师鉴定站上海分站，负责华东地区6省1市钢琴调律师工作。年内组织开展钢琴调律师技师鉴定工作1次，共有8名2级技师，2名高级技师通过。另开展调律师的鉴定工作2次，有52名初级调律师，28名中级调律师，19名高级调律师通过。其次，受市人社局委托对上海地区钢琴调律师进行鉴定，共组织6批鉴定，有85名初级调律师，37名中级调律师，29名高级调律师获得通过。协会通过调律师技术等级鉴定工作，不仅培养壮大钢琴调律师队伍，提高职工的技术职能等级，也为企业发展培养大批专业技术人才。

五、组织全国钢琴调律师技术讲座大型活动

10月12日，组织钢琴调律师技术讲座，并邀请美国钢琴调律师协会的注册钢琴技师黄智炜先生作钢琴调音和整音的技术讲座，推进钢琴调律师整音、调律的技能与国际的接轨。

六、适应市场需求，成立“艺术培训中心”

针对上海儿童和中老年艺术培训市场的发展现状，做了大量的调研工作，在提篮桥街道文化中心的配合下，深入社区，宣传乐器乐理知识，介绍乐器保养知识，开展艺术培训，在支持群文活动方面迈出新的步伐，受到社区居民的欢迎。“艺术培训中心”积极扩大生源，争取尽早形成规模。

七、推动口琴行业的发展和影响

协助上联口琴会举办“口琴进入中国”90周年纪念活动，多次联系演出场地，提供口琴会举办各种活动，并接纳中华口琴会加入协会团体会员。

八、参加市工经联举办的行业协会工作发展专题讨论

为贯彻市人大即将出台的行业协会工作条例，积极参与市工经联组织的研讨活动，并从行业协会的性质、地位、工作内容以及职责等各方面提出要求，促进协会工作更加规范发展。

九、继续开展“争先创优”活动和党风廉政建设

党支部与上级党委签订廉政建设条约，监督党员干部遵纪守法、勤政为民，积极开展“党务公开”活动，制定工作规划，取得初步成效。

（范志华）

上海市钟表行业协会

上海市钟表行业协会成立于1996年4月，为上海市钟表、钟表配件及计时仪器行业企事业单位自愿组成的跨部门、跨所有制的非营利的行业性的社会团体法人。现有各种所有制会员单位80多户，涵盖上海钟表制造、营销、科研、教育、培训等方面的精干主体。

2011年主要工作：

一、推进行业产业的结构调整，提高上海钟表业的整体水平

为推进行业产业的结构调整，结合钟表“十二五”发展规划，走上海钟表精品化、经典化、时尚化的发展道路，提高上海钟表业的整体水平。9月9日，与上海工程技术大学艺术设计学院共同组建“上海钟表创意设计工作室”。“工作室”的建立为上海钟表行业的发展提供了产学研合作的公共服务平台，利用高校设计人才资源与企业产品开发相结合，推动上海钟表向时尚化发展。“上海钟表创意工作室”启动以来，得到钟表企业的支持和好评，先后由上海摩士达钟表进出口公司、上海兴利电子有限公司、上海恒保钟表有限公司等单位在平台上进行交流和接洽。

10月21日，上海工程技术大学艺术设计学院马新宇院长与上海恒保钟表有限公司就手表外观设计项目进行会谈，双方都认为利用“上海钟表创意设计工作室”平台，能为双方提供良好的互动与资源共享的空间，为配合上海恒保钟表有限公司向中高档机械手表发展，丰富其款色和品种，双方初步达成开展合作的意向。

11月，董国璋会长带队考察参观上海市工业技术学校，该校模具实训中心，数控实训基地等能为企业提供具有一流的技术支持，企业十分欢迎。以生产上海牌手表而著称的协会副会长上海表业有限公司倪海明总经理表示要通过技术引进加快淘汰落后的加工设备和工艺，引进技术人才，提升员工的技术水平，要利用好学校的技术设备、人才师资资源为企业服务，推动上海牌手表向高端发展，并与上海市工业技术学校初步达成校企联合的意向。

根据本市在“十二五”期间加快发展时尚产业的要求，协会根据市经信委提出的《上海时尚产业发展报告和政策建议》项目，撰写了《上海时尚产业发展报告和政策建议——时尚钟表发展》专题报告。《报告》介绍了上海时尚钟表发展的状况、国外时尚钟表的发展情况，以及上海发展时尚钟表的建议和设想，也提出在时尚钟表的发展中存在需要解决的瓶颈问题和建议。

9月20日，市委书记俞正声等一行来到上海表业有限公司就上海牌手表的发展进行调研。俞书记听取了会长董国璋关于上海牌手表发展情况的汇报，并指出生产中高档机械手表确实是一个发展方向，要掌握核心技术，提高竞争力。从俞正声书记对上海牌手表的多次讲话中感受到市委、市政府对老品牌的关心和重视，以及品牌建设的重要性和迫切性。

二、完成协会换届改选工作，建立新一届理事会

5月24日，在上海影城举行四届一次会员大会，大会以无计名投票方式选举产生新一届理事会，共24人当选新一届理事会成员。大会由张卫副会长主持，蔡辉明秘书长代表第三届理事会向大会汇报5年来理事会所做的工作及协会的财务收支报告。袁伟建副会长代表理事会对协会章程的修改作说明。大会审议并一致通过《上海市钟表行业协会第三届理事会工作总结》、《2006～2010上海市钟表行业协会财务收支报告》和《上海市钟表行业协会章程修改说明》。新一届理事会选举产生会长和副会长。在新一届理事会中，有民营企业7户，股份制企业6户，国有企业6户，沪港合资3户，外资企业两户。

三、开展交流活动，宣传和传递钟表信息

9月，组织10多户企业30余人的代表团参加香港国际钟表展活动。

与上海工程技术大学艺术设计学院共同组建的“上海钟表创意设计工作室”于9月19日在上海工程技术大学举行揭牌仪式。董国璋会长与上海工程技术大学校长汪泓等校领导就钟表创新设计的课题进行交流。

组织部分理事单位考察上海兴利电子有限公司，与企业进行交流。

11月2日，董国璋会长带队考察参观上海市工业技术学校，并与王立刚校长等校领导进行交流。

12月14日，董国璋会长带队考察参观上海大学海亚克钟表学校，并与海亚克钟表学校教授、《国际手表杂志》编辑总监沈振军及陆舰教授等，就瑞士钟表的技术发展等进行交流。

组织安排上海牌、钻石牌手表参加2011中华老字号博览会，上海牌手表作为老字号热门品牌，参展几天每天不断补货，以满足消费者需求。

参与《国际精表杂志》举办的国际精表大赏活动，通过专家评选和网络投票评选出最佳男士腕表、最佳复杂机芯等24类48款腕表，其中著名品牌有百达菲丽、江诗丹顿、肖邦、伯爵、卡地亚等。

先后接待北京钟表协会、西安轻工钟表研究所、广州市钟表商会、香港贸易发展局上海办事处、法国驻上海总领事馆商务处、历峰集团商业有限公司等单位的来访。

四、协会其他工作

1．发展会员企业。先后发展克恩——里伯斯（太仓）有限公司、上海青蓝钟表有限公司、上海以特精密仪器有限公司等10户企业成为新会员。

2．参与完成《中国计时仪器通史》的编写工作。历时两年完成承担的编写工作，编写该书第七篇《钟表用元器件》、第八篇《钟表用材料设备仪器》部分，共有10多万字及图片。还提供上海地区手表、时钟的发展资料文字近8万字及图片。7月，该书在深圳会展中心举行首发仪式。

3．开展钟表的鉴定工作。应消费者的要求，开展钟表鉴定工作，主要以真伪、价值鉴定为主，受到消费者的欢迎。全年消费者送鉴手表近70只，实际鉴定手表近40只，以天梭、浪琴、欧米茄居多，确认近1/4为仿制品。

4．参与上海牌手表进一步发展的调研工作。多次参加市政府相关处室领导调研上海牌手表的工作会议，并撰写相关的通讯报道、情况通报等。

（蔡辉明）

上海市纸业行业协会

上海市纸业行业协会成立于2003年8月，为本市纸业行业企事业单位及相关企事业单位自愿组成的跨部门、跨所有制、非营利的行业性社会团体法人。现有会员单位70余户。

2011年主要工作：

一、发挥上海世博会后续效应，促进行业发展

上海东冠纸业有限公司在世博会上成功推出“自由森林”生活用纸后，进一步扩大生产，拓展北方和南方市场，产品进入超市和大卖场。上海安兴汇东纸业有限公司的办公用纸继世博会受到好评后，扩大生产拓展市场，进一步推出绿色环保型办公用纸，促进环保意识消费的升华。利乐（中国）在世博会上捐赠由回收废牛奶盒制成的环保长椅后，又推出环保型办公文体用品，促进环保理念进一步提升。

二、服务会员企业，支持帮助企业开展各项工作

1．为企业争创名牌主动提供服务。上海安兴汇东纸业有限公司的“汇东牌”和“恩倍牌”商务办公用纸、上海金大塑胶有限公司的“金舟牌”环保型压敏胶复合材料、上海东冠华洁纸业有限公司的“洁伴牌”卫生纸等4个产品被评为市名牌产品。

2．为企业推进技术进步、探索创新提供服务。8月，组织专家对东冠纸业从芬兰引进的两台新月型2580m/m卫生纸机进行技术先进性评估；10月，又向金山区环保局宣传推荐该公司的先进环保理念和介绍该引进设备先进性。东冠纸业的环保型生活用纸和安兴汇东纸业的环保型商务办公用纸在市场上得到好评。协会推荐其环保型产品参加上海轻工科技创新展览会，并获得有关奖项。上海安兴汇东纸业有限公司的“全能纸管家”采用一站式服务，大大提高了企业营销工作效率。协会向中国轻工业联合会推荐此项管理成果参加现代化成果管理奖评选，被评为现代化成果管理三等奖。

3．为推广企业综合利用提供服务。利乐（中国）有限公司环保意识十分超前，不仅致力于产品生产，还致力于产品回收利用。协会多次在大小会议上宣传表彰利乐公司的环保理念和行动，并在《纸业动态》和上海纸业网上刊登利乐公司撰写的《综合利用》文章。

4．为企业节能减排积极提供科学依据。深入企业了解节能减排工作的进展情况，并进行指导，得到企业好评。

5．为企业生产经营活动排忧解难。对企业在生产经营活动中遇到的困难，如资金不足、成本上升等，想企业之所想，倾力相助。

6．支持企业开展文化建设，加强舆论宣传。在主办的《纸业动态》上，出版特刊或以重要的篇幅报道上海开伦造纸印刷集团有限公司、上海殷泰纸业有限公司等单位的企业文化建设情况。

三、全面开展诚信企业创建工作，18户企业荣获诚信企业称号

10月14日，组织会员单位参加市企业诚信创建办举办的诚信创建业务培训，并进行书面考试，参训人员全部通过考试。4季度共有8户企业得到晋升，其中4户诚信创建企业晋升到一星级，4户一星级创建晋升到二星级。

四、建言献策，当好政府助手

每年向政府提供第一手的统计数据、调研报告，为《上海工业年鉴》、《上海工商年鉴》、《上海经济年鉴》、《上海经济团体联合会年鉴》提供资料和撰写条目。牵头编写产品综合能耗限额标准《上海机制纸及纸板单位产品综合能耗限额地方标准》。12月，完成《新闻纸和食品包装纸板单位产品综合能耗限额地方标准（送审稿）》，并为市经信委有关产业导向目录，提出修改意见。同时，进一步做好行业统计工作，及时完成各级统计部门下达的统计报表上报工作，认真做到数据正确、上报及时。年末召开行业统计工作年会，邀请市统计局和有关部门专家莅临指导，促进统计工作更好地开展。

五、做好进出口公平贸易试点工作

组织会员单位参加商务部和市商务委组织的各项活动和工作。参加市商务委举办的进出口公平贸易培训班，撰写上报《上海纸业行业产业安全运行报告》，组织会员单位参加由商务部和市政府主办的第七届中国产业国际竞争力论坛。

六、民主办会，自律办会

按照章程民主办会、自律办会。召开协会二届三次理事会和第七次会员大会。年初，在上海科学会堂召开部分企业负责人迎春茶话会。还召开行业老科技人员座谈会，听取意见，进一步努力办好行业协会。

七、开展国际交流活动

支持上海中贸国际展览有限公司和德国慕尼黑博览集团联合推出的第十二届中国国际环保废弃物及资源利用展览会和第十二届中国国际给排水水处理展览，组织会员单位前往观摩学习交流。由市环保工业协会牵线搭桥，陪同欧盟代表团参观访问上海殷泰纸业有限公司。

八、努力办好《纸业动态》和上海纸业网

全年共出版《纸业动态》13期，特刊1期；并及时更新上海纸业网内容，做好日常维护，受到读者好评。

（王承稼）

上海石材行业协会

上海石材行业协会成立于2002年12月，为本市石材加工、贸易、工程、石材养护、石材机械与工具、石材造景与雕刻、人造石、砂石行业企事业单位自愿组成的跨部门、跨所有制的非营利的行业性社会团体法人。现有各种所有制会员单位820户，其中93%为民营企业，7%为外资企业。下设石材养护、石材造景与雕刻、人造石、石材机械与工具等4个专业委员会及砂石分会等。

2011年主要工作：

一、办好杂志网站，了解会员需求，扎实做好会员服务工作

1．定期召开会议，规范民主办会。召开会议、加强沟通和交流、按制度办事、民主决策。年内召开各种形式的座谈会、交流会5次，会长会议3次，常务理事会1次，理事会两次。

2．全面提升“金石通”网站。“金石通”网站是协会的重要工程，已录有900户石材企业8000多条产品信息，还将争取更多石材企业上网，每天浏览量已达上千人次。还将通过专业媒体、展会宣传，跟企业直接沟通，动员争取更多行业人士的关注，扩大网站影响力。同时，开发石材电子商务，集合石材、矿品、机械、工具、养护、人造石等产品，通过开设网上石材展厅与商户进行供求洽谈和商品展示，开辟企业宣传和产品促销新渠道。将协会办公系统上网，试行把协会文件、通知、资料上网并供下载，逐步从人工邮发向网上过渡，使网站服务成为协会工作的新亮点。

3．改版《上海石材》会刊。以《上海石材》100期为契机，全面改版升级杂志。一是充实杂志内容。除了行业报道、协会工作，增加专业技术类文章，开辟矿山、机械、人造石、养护等专栏，大量增加市场分析、企业报道等一线动态文章，使杂志的技术含量和可读性增加。二是争取更多广告。根据行业特点和企业要求，大幅增加石材企业和新产品广告内容，使杂志跟企业经营紧密结合，成为企业经营的必备手册，也可争取到更多经费支持杂志发展。三是做好编辑排版，提高杂志印刷质量。在每期的编辑、排版、印刷上下大工夫，特别是更新扫描和排版设备，保证石材样品的图案清晰准确，逐步做到杂志的全彩色印刷。四是增加发行量，做好发行工作。目前每期发行量达到6000本，还与房产协会、装饰协会、建设工程咨询协会的会刊并刊发行。《上海石材》现也已发行到外省市的各大石材市场，对于本市主要石材市场、骨干企业，坚持每期送达，加强与企业交流。

4．为会员着想，切实解决企业困难。针对石材上海口岸进口检验报关标准、石材备案检测、企业资质等问题，积极与相关部门沟通协商，争取行业的有利地位。在工程质量、企业用工、石材买卖、债务纠纷上，参与协调及出具证明共38次。对反映到协会的企业困难、案件及投诉，通过专人负责，年内协会协调劳动纠纷事件两起，解决两起；工伤事件两起，其中1起为死亡纠纷；市民投诉9起，解决8起；业内企业间纠纷5起，成功解决5起；协调石材供方与工程方纠纷7起，成功6起；向仲裁委、法院和市建交委等有关部门出具技术鉴定报告4份；作为专家参与工程招投标6起；为企业进行矿山开采、机械和石材采购提供技术和市场咨询7份；帮助解决企业扩厂用地指标1起；新争取石材备案21户，石制作劳务分包3户，以石材为主的幕墙装饰三级5户，二级2户，一级1户。

5．明确形势，积极应对金融危机。紧紧依靠骨干企业，上联政府，下通企业。邀请市商务委、市经信委、市建交委、浦东新区、市工商联、市商联会、市工经联等领导和专家一起走访会员企业，多次召开企业座谈会，深入一线了解企业实际情况和经营困难；挑选代表性企业，每月进行企业经营情况统计，并撰写分析报告，附相关数据，上报市发改委、市商务委、市建交委、市工商联等有关部门；对国家出台的支持中小企业、支持民营经济发展的政策，分两次将各种相关政策汇编入册，发给会员；还外请专家召开形势讲评会帮助企业明确形势，增强信心，及时调整方向，渡过难关。

二、加强培训，培育品牌，全面提升行业能力

1．做好培训工作，提高石材行业员工技能。在市人力资源管理部门和市建交委的支持下，目前石材专业培训已覆盖石材加工、石材工程项目管理、石材养护、石材工程设计、石材施工5个大类，形成初、中、高3个等级的完备体系，累计培训初级人员310名，中级人员212人，高级人员45人。除此之外，积极拓展外省市石材专业培训市场，分别在北京、广州、武汉举办石材专业培训班，受到当地石材企业的欢迎；还鼓励并支持中国石材协会、全国石材商会、北京石材商会、河南石材协会在当地举办各类石材培训，输出教材、教师、考纲等内容，支援中国石材培训市场，共同提高行业整体水平。应上海建筑业管理部门和市人力资源管理部门的要求，区别于其他建筑建材业岗位资格每年轮训的规定，对持证上岗人员实行两年1次轮训考核确认，已形成较完善的培训考核体系。

2．积极培育企业品牌，增强石材企业软实力。每年举办金石奖、CISE中国石材业风云榜、诚信先进单位评选等，主动与市名牌办、市著名商标办联系，并与市工商联、工经联、商联会、现代服务业联合会、商标协会、建科院、消保委、质监局、工商局等相关评委单位沟通联络，积极推荐优秀石材企业每年参评市著名商标、市名牌产品。目前，已有4户企业荣获市著名商标，6户企业荣获市名牌产品。经努力，石材行业已纳入市商务委的品牌促进工程，动员鼓励优秀企业进行品牌职业人培训；开设企业品牌讲座，辅导企业注册商标，进行品牌管理；推荐石材企业参评“上海建材行业技术革新奖”，有两户企业获奖；推荐企业参加市建设工程安质监督站牵头举办的“世博及其配套工程质量管理、技术创新论文征集活动”，并有两篇论文获奖。

3．大力推动石材企业能力等级评定工作。历年来共评定石材加工能力企业67户、工程能力81户、石材养护施工能力39户。根据行业发展和评定的实际情况，经专家论证和理事会通过，两次修改提高能力等级评定标准。石材企业能力等级评定工作得到市建管部门的高度认可，在企业管理、工程招投标、贸易洽谈等领域对石材企业能力有了来自第三方的评判依据，提升了石材企业在建筑产业链中的地位。

三、以石材工程应用为抓手，树立先进，规范行业

1．成功举办长三角金石奖，为优秀石材工程树立典范。在成功举办六届上海金石奖的基础上，在市建交委、市协作办、江苏沪办、浙江沪办、江苏建管局、浙江建管局的支持下，自2009年开始，上海石材行业协会、江苏省装饰装修行业协会、浙江省建筑装饰行业协会一起主办长三角金石奖，至今已成功举办三届。长三角金石奖每年参评工程数量不断增长，工程质量有很大的提高，已被业内广泛接受，影响力和权威性越来越大，为上海石材行业争取更大市场空间，在长三角联动、产业链联动等方面进行了有力探索。

2．积极推荐优秀企业参与重点工程。积极推荐优秀企业参与世博工程。经协会参与联系，有6户企业参与世博工程；积极鼓励企业参与地铁建设，在协会推荐下，有8户会员单位成功中标各类地铁项目。在虹桥枢纽建设中，有相当大的石材需求量，已有4户会员企业参与；上海迪斯尼项目，也有不少石材需求量，协会正积极联系中。

3．配合政府宣贯"22条"文件精神，完善石材工程管理体系。通过发文、讲座、讲评等方式，在行业内认真宣贯2011市府1号文"22条"精神，要求企业严格遵守石材备案、质保书、现场验证单、石材供料示范合同、诚信手册、石材标准等一系列措施和制度，确保石材工程的安全质量。与市建管办、市质监局、市建筑建材业市场管理总站、市受理服务中心、市安质监总站保持密切联系，主动参与行业管理工作。每年配合市建设工程安质监总站完成石材工程质量大检查，对检查进行分析，召开专题讲评会，表彰优秀企业，通报不良工程和企业，在业内反响强烈。

4．围绕石材工程应用，开展石材工程质量评估试点。石材工程专业性强，技术要求高，而建设部门的专业设置和管理方面比较欠缺和薄弱，造成石材工程安全质量隐患多。为此，经过论证和筹备，组织专家队伍，建立评估体系，对石材工程，特别是石材幕墙工程从设计到竣工进行全过程的专家跟踪咨询评估，业主、施工企业、石材企业三方得利，目前工作还在试点中。

5．做好石材企业诚信考核工作。开展诚信手册管理、会员征信、信用评定、诚信考核、诚信发布工作。一是制定出一批行业信用制度。二是建设石材行业信用信息自动申报系统。三是在石材行业进行信用现状评估并发布。在此基础上，评定诚信50强，并将前10名诚信名单报市安质监总站通报表扬；对年度诚信不合格企业，报市安质监总站取消备案证，清出上海市场。

四、大力宣传行业，努力拓展石材行业市场空间

1．成功举办第八届中国石材业风云榜。由全国工商联石材商会、全国石材媒体联盟等主办，协会具体承办的风云榜活动已进行到八届，每年发布中国石材业前列企业的调查排行结果，举行隆重的颁奖晚会、各类峰会、论坛，规模大、影响广、层次高，促进了行业交流，树立标兵，振奋行业精神，成为中国石材行业的盛会和企业宣传品牌、展示形象的重要平台。

2．加强行业宣传。石材业处于建筑产业链的末端，石材作为独立行业，其专业水准认可度不高，社会对石材使用在放射性、节能环保、安全性、性价比等方面还有很多误区，为此，协会通过召开和参加各种论坛会议、发表文章、编辑出版资料等方式加强行业正面宣传。年内共举办论坛峰会两次；参加各种政府和行业会议并发表演讲和发言共4次；发布《正确认识石材放射性问题》等专题报告；在《解放日报》、《文汇报》、《新民晚报》、《中国建材报》、《建筑时报》、《房地产时报》、搜房网、新浪网、东方网等发表石材文章7篇；编辑发行《正确认识和科学使用天然石材》知识手册两万册；编辑和发行《石材养护知识手册》8000册。

3．编辑中国石材业发展报告、年鉴等资料。每月发布上海石材市场主要品种指导价，除了行业发布，还报市建筑建材业造价管理部门；编辑出版《年度中国石材业发展报告》；出版《中国石材业双年鉴》（2009～2010版）；编辑出版《中国石材机械工具采购指导》等书籍和资料，为行业积累资料，为企业经营决策提供参考。

4．定期交流，促进合作。借助中国贸促会上海分会、中国贸促会浦东分会、市工商联等平台，与各国驻沪领馆、国外石材机构、企业的交往也越来越多。先后组织意大利石材上海研讨会、葡萄牙石材上海推广会、德国石材加工企业合作交流会等，促进国内外同行相互了解，增进双方友谊。带队出国考察和参展，先后组织意大利维罗纳展、意大利石材机械考察团、迪拜石材展、会长美国考察团、土耳其石材采购团等。组织石材企业国内参展，包括上海举办的Stonetech展、莱州展、青岛展、北京展、云浮展、厦门展、水头展。扩展产业链合作，与市房产商会、市建筑学会、市装饰协会、市建筑师与建材企业家联谊会、现代设计集团等合作，先后召开石材与设计师交流会、陆家嘴"玫瑰之约"矿品发布会、"海龙机械"石材机械研讨会、捷云人造石建筑师联谊会、（广州）石材养护论坛、石材工程信息发布会等，共7场专题会议。

五、构建行业文化，承担社会责任

1．引导企业积极投入光彩事业等公益活动。4年来，会员单位共有455户企业在各种场合捐款，涉及帮困、助学、环保、家乡建设、基金会等，共计金额1527万元。汶川地震，协会及部分会员单位向四川、甘肃等地震灾区捐款达220万元。

2．有序发展上海市慈善基金会石全石美基金。在市慈善基金会的支持下，协会成立上海市慈善基金会石全石美基金。至10月底，捐款已达147.8万元，目前基金正探索更为有效运作方式。

3．成功举办"龙人杯"第二届歌唱比赛，企业响应积极，有30户以上企业派人参加，经过初、复赛，最后决出6位优秀选手。

4．加强党建。党建工作和业务工作相互促进，联合党支部除定期学习，积极发挥党员先进模范作用，还积极与会员单位党支部、相关协会党组织进行沟通联谊，为行业和协会工作献计献策。年内新发展正式党员两名，预备党员两名，两名同志被吸收为积极分子进入考察阶段。

（上海石材行业协会）

上海都市型工业协会

上海市都市型工业协会成立于2001年6月，是以本市从事都市型工业生产、经营的企业以及有关高校、科研机构等事业单位自愿组成的跨部门、跨所有制、非营利的行业性社会团体法人。

2011年主要工作：

一、抓好都市型工业园区结构转型，努力发展生产性服务业和创意产业

1．围绕市委、市政府关于加快转变经济增长方式和大力推进产业结构调整的指示，通过协会《简讯》、网站及组织各项活动，向会员单位宣传精神。

2．为推动“园区”转型，加速存量房产的“腾笼换鸟”和新盘的招商速度，在上海都市产业网特设“房产服务”栏目，由协会园区房产服务中心具体操作，将园区存量房产信息在网上发布。

3．进一步规范和提高园区的物业管理水平，根据建设部制订的工业区物业管理标准，结合上海都市型工业园区的实际情况，结合引导园区招商、转型的方向，制订了《上海都市型产业园区物业管理标准及评分细则》（以下简称《标准》）。

4．推动“园区”转型工作，通过不断抓各种典型，召开现场经验交流会，扎扎实实地将该项工作推向深入。

5．与兄弟省市开展都市型工业园区建设发展的经验交流与双向互动。

6．积极参与调研，努力向政府反映上海都市型工业发展情况。

二、千方百计，主动为会员单位服务

1．充分发挥信息的辐射效用，积极为企业提供信息服务。每月1期的《简讯》，及时向企业传递国家宏观调控信息和有关行业发展的方针、政策、行业活动，开展企业形象宣传，得到会员单位的肯定。

2．为会员企业实施品牌战略、质量管理搞好咨询服务，积极推进质量品牌工作。

3．利用社会资源，主动为企业提供职称申报评定、劳动保障咨询等服务。

三、加强协会内部建设，规范协会运作，提升协会服务能力

加强制度建设，完善和制定10项规章制度，并在二届二次理事会上获得通过。

（刘志勇）

上海市糖制食品协会

上海市糖制食品协会成立于1988年6月，是由上海地区从事食糖、糖果、巧克力、糕点、饼干、冷冻饮品、休闲食品、馅料生产经营企业和科研院所、大专院校等单位自愿参加组成的，跨部门、跨所有制的非营利的行业性社会团体。现有会员106户，涵盖了上海市场90%中西糕点的经营大户和食糖经营龙头企业，囊括上海现有的15户经营焙烤食品、糖制食品的中华老字号企业。

2011年主要工作：

一、努力服务企业，促进行业发展

1．做好节令市场预测。通过调查研究，收集各种相关数据，了解市场信息，把握食品市场走势，及时写出冷饮、月饼和春节市场的分析预测及工作设想，分别于3月28日、4月29日、11月25日刊登在《上海糖制食品信息》上，为企业决策提供参考。

2．召开信息例会。交流沟通各企业落实食品安全整治工作情况、夏令食品供应状况、月饼产销动态、元旦春节工作等，为企业提供原料价格、商品价格、产品研发、营销举措及市场动态多方面的信息。

3．办好行业信息的采、编、写与发送。全年共发《上海糖制食品信息》23期，刊登各类稿件信息136篇，专题资料4份，统计分析4份，及时为会员提供各种信息。其中，有4篇被上海和全国有关报刊和信息刊物选登，为行业发展发挥宣传作用。

4．办好协会网站，及时更新内容，全年共发信息160份，发布行业重大信息、政策法规、市场趋势分析等。

5．开展优秀企业家评选。由企业申报，秘书处初审，七届二次理事会投票审议通过，评出10位“2009～2010年度优秀企业家”，为行业发展树立标杆。

6．为企业排忧解难办实事。年内为30余户企业提供50余次咨询、协调服务。例如：指导规范生产、解答有关政策法规、为企业人才需求牵线搭桥，为企业产品开发提供建议，提供原料最新价格信息等，帮助企业发展，深受企业的欢迎。

7．年初，组织会员企业开展“千店迎春大促销”活动，取得兔年春节销售开门红。

8．与光明集团联手举办“2011年上海月饼节”，开展多项活动。4月27日，召开“2011年上海中秋月饼市场预测暨月饼原料信息发布会”，40余户企业60余人参加，4户企业出样展示最新的月饼馅料，加强供需双方的交流。会上4户企业先后发言，并承诺向月饼生产企业提供优质的馅料，一流的服务。会上，协会对月饼市场趋势作出分析和预测，还向13户获得“2011年上海名特优食品”称号企业颁发奖牌。7月5日，召开“2011年上海月饼节、购物节工作会议”，4户企业在会上作“搞好月饼产销，确保食品安全”的交流发言，协会对月饼节、购物节工作作具体部署。7月28日，组织2011年“光明食品杯”名特优月饼质量交流活动，48户企业的187种月饼被评为2011年“光明食品杯”上海名特优月饼，并于8月5日在劳动报上表彰公示。8月13日，在中环百联商城举办“2011年上海月饼节开幕式暨光明食品杯上海名特优月饼颁奖仪式”，现场有27户知名企业展示250余种月饼及包装，并有60余种获奖产品供消费者免费品尝，与消费者形成互动，为提升上海月饼生产企业形象起到良好的宣传作用。开展市民手机短信有奖评选“我最喜爱的月饼品牌”活动，吸引众多市民踊跃参加，杏花楼食品餐饮股份有限公司的月饼荣获“2011年最佳口味品牌”和“2011年最受欢迎品牌”两项桂冠，上海玉佛禅寺素食有限公司的净素月饼荣获“2011年最具特色品牌”。10月13日，召开“2011年上海市月饼产销工作总结会”，4户企业作交流发言，协会作月饼产销工作总结汇报。2011年上海市月饼总产量为2.35万吨、销售额为21.9亿元，分别比上年上升4.4%和9%。会上，向产量和销售额前15名的18户企业颁发荣誉证书，向荣获市民手机评选上榜的两户企业及行业推荐荣获上海市场“最热销鲜肉月饼企业”“真老大房”颁发荣誉证书。

二、培育名优品牌，提高行业竞争力

1．做好传统节日商品宣传，及时报道销售热点。在春节前，宣传企业迎春新产品和营销新举措；清明节、端午节前发布青团、粽子信息；夏季来临前报道冷饮相关信息、中秋来临前，介绍会员企业月饼产品研发等信息，并在清明节、端午节、中秋节后，及时统计青团、粽子、月饼的销售情况，进行分析和跟踪报道，引导企业不失时机发展节令食品生产，拓展上海节令食品市场，并为来年的节令食品产销提供参考。

2．开展青团质量交流。3月4日，组织第四次青团质量交流活动，16户企业27种青团被评为“上海优质青团”；3月11日在《劳动报》登报公示。3月14日，召开“2011年青团高层会议”，会上5户企业发言，并为获奖企业颁奖。通过交流弘扬清明传统文化，宣传青团品牌产品，提升青团的制作技术和管理水平。

3．开展上海名特优糖制食品评选活动。4月8日，经专家评审，有13户企业的21种产品荣获“2011年上海名特优食品”称号，其中有6款产品连续3年、5款产品连续6年荣获“上海名特优产品”称号，协会于4月20日在《劳动报》登报向社会公示，利用上海购物节向社会广泛宣传推荐上海名特优产品，提升企业和产品知名度。

4．培育知名品牌。积极支持会员企业争创著名商标和名牌企业。推荐企业申报著名商标。经市工商局审核，红宝石、功德林、元祖、杏花楼、新雅5户企业荣获“上海市著名商标”（其中有复评的，有新审核的）。目前，会员单位中中国名牌产品1户，中国驰名商标两户、上海市著名商标13户，上海市名牌产品6户，上海市名牌服务1户。

三、加强行业自律，规范企业产销

1．开展食品安全宣传，加强食品安全管理。自发生“彩色馒头”事件，上海开启了“五个最严”的食品安全整治工作。4月28日，发出“搞好食品安全整顿工作的通知”；6月14日，发出“夏令食品产销做到三重视”要求，要求企业确保夏令食品安全。同时，在各种会议和下基层时反复提醒企业加强学习，健全制度，提高贯彻执行食品安全法的自觉性，强化食品安全的管理，促使食品安全自律工作进一步深化。各企业也经受到史上最严的多部门、多机构的轮番检查，确保市场食品安全。在2011年中秋月饼市场抽查中，会员企业合格率达到100%，取得优异的成绩。

2．继续搞好冷饮价格协调工作。协会是市冷饮价格协调委员会主任单位。3月24日，牵头召开第三十一次冷价委工作会议，市发改委商价处领导和委员11人参加。会上，协会介绍冷饮主要原料的行情，分析预测上海冷饮市场的特点和销售趋势，商议冷价委的工作，提出以“诚信经营”为中心的工作设想，做到“四个坚持”，得到与会者的赞同。4

月28日，报道各企业在“料、费、工”全面普涨的严峻形势下，通过内部挖潜和调整通路价等措施，达到不调价、少调价，保持上海冷饮市场价格平稳，受到市发改委的肯定。11月23日，牵头召开第32次冷价委工作会议，市发改委商价处负责人亲自参加，共同总结冷价委全年工作。

3．组织会员企业参加上海食品添加剂协会举办的“食品安全和食品添加剂研讨会”，共有7户企业29人参加。

四、加强自身建设，促进协会发展

1．开好理事会和会员大会。2月24日，召开七届二次理事会。理事们审议通过“2010年工作总结”、“2011年工作计划”和协会“十二五规划”；投票评选出“2009～2010年优秀企业家”10名。4月14日，召开了七届二次会员大会，70户企业参加，大会表决通过“2010年工作总结”、“2011年工作计划”和“十二五”规划，并为荣获2009～2010年优秀企业家颁发奖杯。

2．3月，完成年度社团年检工作。

3．搞好行业统计工作。及时做好2010年度产销统计，2011年春节、青团、粽子、月饼和冷饮产销统计，并进行跟踪分析报道，让会员企业了解更多市场信息。

4．认真履行各项职责，努力为企业服务，加强行业自律，为行业发展作出贡献，得到社会各方好评，被市商联会评为“2009～2010年度先进集体”。

5．努力发展新会员。在严格整顿食品生产企业，不少企业关门停业的情况下，发展新会员3户。

（仲梅丽）

上海市汽车销售行业协会

上海市汽车销售行业协会成立于2003年10月15日，是由上海汽车销售行业企事业单位自愿组成的跨部门、跨所有制的非营利的行业性社会团体法人。现有会员企业284户。

2011年主要工作：

一、关注行业形势，当好参谋、助手

1．深入企业进行调研，组织专家专题讨论，拟写《面对车市降温和产业调整，汽车流通业如何应对》课题报告。报告从6个方面阐述汽车市场的趋向，并提出4点建议，为企业发展策略调整提供参照依据，也为政府决策提供信息服务。

2．受市质监局委托，组织专家完成适应汽车销售特征，科学、合理、公正评价企业的《上海汽销服务业名牌评价规范》，推动上海名牌推荐工作，完善培育上海名牌的长效机制，发挥协会服务功能。同时，还为市质监局制定《上海名牌管理办法》的配套与补充规定。

3．召开汽车销售形势探讨会，就目前销售形势及产业发展趋势，与全国乘用车联席会共同召开“汽车销售发展形势互动探讨圆桌会议”，生产商和经销商直面探讨2011年销售形势特征和分析预测，以互动交流的形式，各抒己见，解决当前的热点、难点，并从中吸取经验。

二、推进品牌战略，培育服务品牌

1．做好“上海名牌”推荐工作。协助申报企业完成材料整理，报区质监局审核合格后，组织专家对申报企业进行评审，年内已有8户企业通过评审，其中，新培育两户，并推荐上报市名牌推荐办。

2．继续推进诚信服务建设。引导企业积极参与诚信服务星级企业评选活动，创建优质服务环境，努力塑造一批诚信服务企业，促进行业诚信体系建设。年内评出诚信服务五星级企业17户、诚信服务四星级企业8户、诚信服务企业10户。

3．开展行业优质服务评选活动。弘扬先进、树立典型，在业内开展优质服务先进集体、优秀经理、销售能手和技术能手评选活动，评出2011年度优质服务先进集体企业10户、优秀经理9名、销售能手11名、技术能手8名。在申报市商联会优质服务评选活动中，获得商业服务品牌（柜组）1个、商业服务品牌（个人）1名、商业技术能手1名、商业销售能手1名。

三、发挥服务功能，扩大协会作用

1．举办第四届上海汽车销售服务节。抓住汽车销售金九银十旺季及上海购物节契机，借助市、区商联会和媒体资源，联合举办第四届上海市汽车销售服务节，推动汽车消费，为上海购物节锦上添花。

2．举办企业老总联谊会。年内举办4次“联谊会”，以讲座、茶话会、研讨会等方式，并注入新的内容，如邀请专家讲授汽车市场销售形势、讲解营销新理念、研讨协会工作重点等，受到与会者的好评。

3．加强信息沟通，拓展信息来源。努力办好网站和《汽销行业》内部刊物。召开通讯信息员会议，从中拓展新信息的来源；与兄弟协会互换信息，开拓信息资源；在与会员企业沟通中，采集信息素材，充实网站、会刊的信息内涵。其中载录的每月乘用车销售排行分析、协会工作简报、会员企业成果、车市新政策及动态、兄弟行业协会经验等，为企业、行业提供了及时的信息服务。

4．组织国内考察。8月，组织会员企业考察内蒙古呼伦贝尔等城市，了解汽车市场及当地人民生活，从中寻找商机，为企业向内地发展积累素材。

5．机动车登记服务专业委员会工作。在市车管所的业务指导下，进一步促进机动车登记服务站规范化建设。坚持每月1次主任工作会议制度，发挥服务站、协会和车管所三方之间的联系与沟通，促进各项工作的实施。以“创新延伸服务窗口”为专题，开展调研，进一步规范机动车登记服务站的办事制度、服务标准、操作流程和服务环境。开展互查活动，分组对查，相互交流，加深友谊，使服务站的工作更加完善。专委会还与两户电脑公司协调合作，对数据专线设备维护工作进行统一管理，使系统随时处于正常运行状态。组织落实发放全国版机动车环保检验合格标志的前期工作，确保新环保标志的实施。

四、加强自身建设，提升服务能力。

坚持会议制度，做到大事要事必经理事会议审议，认真听取理事意见和建议，切实落实理事会议决定；定期召开工作例会，安排部署阶段性工作。不断提高工作人员服务意识，增强专业业务知识培训和服务能力。抓好统计、信息员队伍建设，增强联系沟通，发挥他们的积极性和参与度。加强和兄弟协会的联系，做好信息沟通和互换，不断提高信息数量和质量。做好网站、会刊的编发工作，在网页制作、会刊编辑上更贴近企业的要求，为扩大会员企业市场影响力服务。发挥专家组成员作用，重点结合产业发展，发挥专家在市场、管理、技术等方面专长，开展调研和咨询服务。加强会员管理工作，做好会员资料汇编及更新，积极发展新会员。年内被中国汽车流通协会评为2011中国汽车流通行业杰出贡献奖，被市商联会评为“2009～2010年度先进集体”。

五、结合工作实际，抓好党建工作

加强党支部建设，坚持“三会一课”制度，对党员进行党建知识和形式教育，组织党员和员工认真学习党的十七大文件，联系协会工作特点，领会十七大精神，提高党员和员工的综合素质。开展创先争优活动，在业内开展优质服务先进集体和个人评选活动。抓好党风廉政建设，与市商联会党委签订《党风廉政建设责任书》，把廉洁从政各项要求落实到工作各个方面。

（苏翔伟）

上海市消毒品协会

上海市消毒品协会成立于2004年2月，是我国唯一的消毒行业协会。现有会员单位57户，主要来自上海、浙江、江苏等省市，也有其他省市和外国的消毒企业。下设市场协调、标准化和政策法规3个工作委员会，以及皮肤粘膜消毒和水消毒两个专业委员会。

2011年主要工作：

一、服务会员企业

1．提供咨询服务。为会员单位、国内外消毒企业，以及社会人群提供大量无偿咨询服务，从消毒产品和技术、消毒防病方法、消毒产品研发和检验、消毒产品市场准入和监督等方面，作详细解答。

2．参观考察和技术指导。3月12～13日，应理事单位江苏天一健消毒剂有限公司邀请，进行参观考察。薛广波会长为公司作题为“消毒企业人员必备知识和技术”讲座，并对天一健公司的发展规模和新厂区建设，表示赞赏，给予很好的评价。3月26日，应深圳市发改委和卫生局医院建设中心的邀请，考察深圳市医院建设，并对医院建设中消毒感染控制设施的建设提出建议。会后，又和多位在建医院院长和领导座谈医院消毒问题，并向他们推荐许多新的技术。3月27日，薛会长和秘书长应邀考察深圳市第三人民医院，参观该院消毒设施、消毒制度和不同对象的消毒方法。3月28日，应邀考察深圳市安多福消毒高科技股份有限公司，参观生产车间，薛会长对公司取得的迅速发展表示祝贺，对公司医用消毒剂生产区和兽药消毒剂生产区的建设表示赞扬，回答员工提出的问题，并对公司的发展提出建议。5月，应理事单位润兴消毒药业有限公司邀请，参加润兴消毒药业消毒保洁服务中心在山东济南的成立仪式，薛会长为润兴公司和服务中心的管理人员进行针对性的讲课，收到很好的效果。该服务中心主要从事家庭和企事业单位的承包消毒和保洁服务，同时销售消毒产品，集保洁和消毒于一体，这一新的尝试，薛会长给予高度评价。5月30日，应邀考察上海康美电子技术有限公司，对其研制的新产品新型环氧乙烷灭菌器获得卫生部批准上市表示祝贺，鼓励企业在产品推广上取得好的成绩。9月6日，应吉林省疾病预防控制中心邀请，赴集安为吉林省消毒和医院感染培训班讲课，讲述现代消毒学进展和医院消毒新技术，对国内外消毒学的发展、医院消毒的新技术等进行介绍，并推荐会员单位产品，希望在医院消毒新技术应用上有新的突破。9月8日，应理事单位吉林省辽源市广而洁消毒剂有限公司邀请，对公司进行考察。薛会长在公司领导的陪同下参观生产车间，并对公司标准的厂房、先进的机器设备、严格的管理给予高度评价，对公司的发展提出建议。11 月 22 日，应德国舒美公司邀请，参加德国舒美公司亚太区技术中心落成典礼，参观技术中心的实验室，并对技术人员在消毒试验方面提出建议。

3．帮助会员单位解决困难和问题。为会员单位提供大量政策、理论和技术咨询，在会员单位技术创新、市场开发、经营管理、人员培训、企业间的沟通和协调等方面，给予大力支持和帮助；还对许多会员单位进行深入考察，增进了解，有的放矢地为企业解决存在的问题和困难。考察中，发现企业经营管理经验及时宣传推广，对共性问题及时研究解决办法，涉及政策和监督管理方面的问题，及时向政府有关部门反映，密切协会和企业的关系，明确了协会的工作方向。

二、规范消毒行业

1．开展诚信单位建设，提高企业的自律行为。始终以《消毒企业行规行约》要求会员单位自觉遵守和履行约定，建设诚信企业良好形象。目前，上海方金消毒技术有限公司已成为上海市“诚信企业”单位。

2．编制发布技术规范和行业标准。在市卫生局、协会专家和会员单位的支持下，开展我国第一部《传染病消毒技术规范》的策划和组织工作，已完成大部分稿件的编写，《规范》列入市卫生局 3 年行动计划项目立项，将在 2012 年由中国标准出版社出版发布。

3．评审国际消毒灭菌标准和国家消毒标准。薛会长参加评审了国际标准化组织（ISO）消毒灭菌标准委员会（TC198）的部分送审“标准”，并应邀参加国家标准委 TC200 腾冲审标会议，参评国家消毒标准。

4．组织完成《现代消毒学进展》的编写，人民卫生出版社即将出版。此书介绍国内外消毒学研究的新观点、新理论和新技术，将对我国消毒行业技术创新、消毒产品的推广应用，起到指导作用。

三、发展消毒产业

1．进行消毒行业交流。召开“全国消毒行业发展研讨会”，进行专题交流发言和讨论，对行业发展提出许多很好的意见和建议。协会对会上提出的问题，及时向有关部门反映，与有关专家进行探讨。

2．举办消毒专业系统培训班，提高消毒企业理论和技术水平。举办“全国消毒学理论和技术高级培训班”，许多著名消毒学专家任教作精彩的学术报告，所有学员经考试均取得优异成绩，并获得证书。培训班为行业培养了 1 批优秀消毒学技术人才，为我国消毒学术和消毒行业的发展起到积极推动作用。

3．支持新技术研发。对会员单位创新开发消毒灭菌技术和产品改进、提高，给予大力支持，为传染病预防、医院感染控制、突发生物事件的应急处理，作出贡献。积极建议和呼吁使用效果可靠、安全、环保的消毒产品，为企业研发新产品和改进老产品献计献策。积极宣传和推广使用新技术酸性氧化电位水消毒、电解活性氧消毒水供水系统、消毒型中央空调、低温蒸汽－甲醛灭菌器、等离子体灭菌器、环氧乙烷灭菌器、复方过氧化氢消毒剂、二氧化氯消毒剂、二甲基乙内酰脲类消毒剂、碘伏消毒剂、复方醇类消毒剂、复方季铵盐消毒剂、聚六亚甲基胍消毒剂、生物消毒剂，以及其他性能优良的环保型消毒剂。

4．推荐消毒产品。针对市场上消毒产品和抗菌卫生用品质量良莠不齐，积极开展消毒产品推荐活动，经专家评审，推荐信得过的消毒产品和卫生用品，并在中国消毒信息网和《中国消毒信息报》上发布。

四、加强宣传工作

1．完成对中国消毒信息网和《消毒信息报》的改版和更名工作。6 月，网站正式改版，改版后网站内容更加广泛。目前，网站点击率已达 120 多万人次，受到消毒行业内外的广泛关注，成为会员对外宣传的窗口和平台。

2．继续办好“家庭卫生防病消毒”有线电视系列专家讲座，向广大群众传播消毒知识和技术。

（李　华）

上海市酿酒专业协会

上海市酿酒专业协会创建于 1989 年 2 月，是由上海市专门从事酒类生产和经营相关的企业及有关酒类科研、教育等单位自愿组织的跨部门、跨系统的行业组织，为具有法人资格的社会经济团体。现有会员单位 85 户，涵盖上海市啤酒、黄酒、葡萄酒、白酒、老白酒、配制酒、洋酒等所有酒种的生产企业和部分酒类经销商，其中酒类生产企业占上海合法酒类生产企业的 50%，包含国有、三资、私有、股份合作等性质的企业，其会员企业的产量占全市酒品产量的 95% 以上。下设酿酒科技咨询服务部。

2011 年主要工作：

一、实施名牌战略，在行业内开展酒类商品的各类评选活动

1. 组织开展上海市名优（酒类）食品评选活动。除继续推选酒类行业五大市名牌产品外，与上海食品协会合作，推荐和评选 29 只产品为市名优食品，得到企业和市商务委的好评。

2. 组织申报并获得上海市驰名商标。年内申报 4 户会员单位的 4 个酒类商品商标获得市驰名商标的称号。

3. 与市商联会等协会共同发起组织“上海酒类市场‘金樽奖’”评选活动，将市场优质产品推荐给广大消费者，引导消费，帮助企业优质产品能更畅通、更便捷地进入家庭，提高消费者对酒水的认知度，促进消费。

二、开展食品安全的活动，提高行业食品安全的意识

1. 发起并组织召开酿酒行业食品安全会议。会议邀请市连锁经营行业协会、市餐饮行业协会等相关行业协会和流通企业的代表，以及协会所有生产企业共同商讨酒类商品的安全之策，还邀请市酒类专卖管理局、市质监局领导、专家作专题报告，开展交流互动活动。

2. 组织会员企业展开自查、自纠的安全落实行动。本市发生染色馒头食品安全事故后，协会迅速发起行业食品安全自查、自纠行动，推广落实食品安全经验和措施，消灭盲点。还在业内组织落实食品安全责任人（食品安全信息员）制度，要求每户会员企业必须落实食品安全责任人，全程监控生产环节，确保行业生产的每一升、每一瓶酒质量安全可靠，不发生食品安全事故，为市政府提出的创建全国食品安全城市目标努力。

三、与市质监局召开啤酒瓶安全使用协调会议

应本市啤酒企业反映啤酒瓶使用周期问题的要求，与市质监局共同召开啤酒行业有关啤酒瓶安全使用的沟通协调会。市质监局食品生产监督处和 5 户啤酒生产企业的领导和负责人参加会议。协会代表啤酒行业在会上提出 3 点看法，与质监部门商榷。生产企业提出提高啤酒瓶产品质量和在业内制定统一的回收利用检查、检测制度等意见。市质监局通报了对本市啤酒瓶进行安全检查监督的情况，明确认可两年以上的啤酒瓶可用，但要求企业必须分批次检测，确保使用安全，还特别强调非标瓶严禁使用等执法原则。协会建议希望各啤酒会员企业制定更完善、完备的啤酒瓶检测、检查规程，建立啤酒瓶回收利用检查、检测数据库，加强啤酒瓶回收利用管理，便于检查监督。

四、参与对企业的“清洁生产”工作的审定

为全面贯彻落实国家《清洁生产促进法》，完成节能减排 20% 的任务，积极参与市经信委、环保局、环科院共同组织的对全市酿酒行业“清洁生产”的预审和审查工作，提出本市啤酒、黄酒等行业企业清洁生产有关数据和标准的参考意见。先后帮助 3 户会员企业通过“清洁生产”的审定或预审，达到国家“清洁生产”企业的标准。

五、信息与咨询

1. 全年向业内及相关行业和政府部门发送《上海酿酒简讯》24 期；协会网站专业信息更新 1M 字节；向媒体发布 29 条业内信息。

2. 为上海亚太、三得利中国投资公司、上海青岛、金枫、皇轩、神仙、10 多户崇明老白酒企业等会员企业和日本朝日、麒麟、三得利、三菱商事等公司，以及美国、匈牙利、阿根廷、西班牙、意大利、澳大利亚等驻沪领事馆、酒协、商务处提供咨询服务 51 家次、86 人次。

3. 为政府 5 个相关部门提供行业发展情况和产销市场信息，以及行业的技术专业性方面信息。

4. 组织业内中小企业参加市中小企业融资政策解读、服务会议和活动，为中小会员企业解决融资困难提供有效的帮助。

5. 依照中国酿酒工业协会布置和国家统计要求，按月按级按年对上海酿酒行业的生产、销售及酒类市场的信息进行统计和分析，并将统计信息上报中国酿酒工业协会、中国食品工业协会、国家有关部门。同时，也向会员单位、市商务委相关部门、市酒类专卖局提供此类信息。

六、参与编写有关行业的书籍、文章和资料

参与编写《上海食品工业发展 30 年》中“上海酒业改革发展 30 年”篇章，此书已于 1 季度出版；参与由市商务委和酒类专卖局组织编撰的《上海市酒类产品流通市场“十二五”规划》；参与市商务委组织制定《上海市食品流通市场的服务标准》中的“上海市酒类食品流通服务标准”；参与编写《2011 年上海工业年鉴》、《2010 年上海市商务年鉴》等的上海酿酒工业篇和酒业篇；参与编写《2010 ~ 2011 年中国酿酒工业年鉴》上海地方篇和《中国食品工业年鉴》上海篇。

七、参与行业相关的公共社会事务

年内涉及酒类行业的社会热点较多，诸如名酒的涨价、假冒、投资、保值、拍卖等，引起公众的关注和参与。协会作为行业组织，义不容辞发挥专业优势，解决公众疑惑，普及消费常识，引导消费，维护良好的市场秩序，从而也促进行业的发展。先后与上海电视台纪实频道《科技密码》栏目组、上海人民广播电台新闻综合台《活到 100 岁》栏目组合作制作酒知识视频、音频等节目相继播出，并在平面媒体上发布 20 多篇有关酒的鉴别、收藏、包装、拍卖等内容知识文章。还应邀在高校举行酒与消费的报告会，在大学生中推广普及酒的文化。为满足社会日益增长的对高端生活追求，还面向社会，开办酒与生活品味的讲座，引导社会成功人士、高端消费人群对酒的消费与追求。开展“TOP10WINE”

推荐活动，与“Winekee”葡萄酒网络商务公司合作，在法、意、澳、西、美等国驻沪使领馆商务处的大力支持下，共同开展网络推选10款性价比最高的进口葡萄酒，得到数万网民的响应和参与，推动葡萄酒的消费。

八、主办“上海国际葡萄酒与烈酒展览会”，及协办相关活动

1．举办第六、第七届“上海国际葡萄酒与烈酒展览会”，首次在1年内举办两届展览会，来自20个国家的390多家参展商参展，吸引4000多专业人士前来参观、洽谈。同时，还举办一系列的报告会、讲座、品酒等活动。

2．与多家协会共同组织开展新加坡“WFA”上海巡展活动，10多户外商和本市近百家经销商参与论坛、讲座、品酒和交流、洽谈等活动。

九、组织会员企业参加大学生招聘专场活动

响应市政府号召解决大学生就业问题，组织会员企业参加由杨浦区政府和市经团联组织的“上海应届大学生招聘专场”活动，9户中外企业招聘80多个职位，涉及酒类等销售、行政、食品检验和化验、质量控制等专业工种。

十、进一步加强与国外的交流

加强与国内外同行的交流，尤其是与法国、意大利、西班牙、美国、匈牙利、澳大利亚等国外同行的联系更密切，活动也更多，与外国驻沪机构的交往也越来越多，有法国食品协会、美国农贸处、西班牙商务处、意大利贸易处、德国工商大会、法国亚玛内克白兰地联盟等。组织会员企业有选择地参加在沪举行的大型国际食品展，如法国爱博（SAIL）展览集团主办的“第七届上海国际食品、饮料展”、“第九届上海国际饮料、食品及技术博览会”、“中国国际水处理设备展”、“2011意大利三大葡萄酒产区国家展”等专业性展览，促进中外同行交流，为企业寻找、发现商机提供机会及服务。

十一、遵章办事，开展协会基础工作

依照章程，召开四届三次理事会和四届三次会员会议，按照程序通过有关决议和章程赋予的义务。积极发展会员，扩大行业的覆盖面，年内发展美国瓶皆宝贸易（上海）公司、上海信天游光葡萄酒业有限公司、上海王宝和大酒店有限公司、上海名酒酒厂等5户企业。

（吴建华）

上海市物流协会

上海市物流协会成立于2007年4月，是由上海市物流和商贸流通企业及相关单位组成的跨系统、跨部门、跨所有制的非营利性社会团体法人。现有会员单位近千户。

2011年主要工作：

一、全力配合政府落实促进物流业发展的政策措施

“国九条”发布和“营改增”实行后，全力配合政府物流主管部门，积极推动物流业发展政策措施的贯彻落实。一是及时组织物流企业座谈会，听取意见，表达诉求。10月起，配合市发改委、市商务委分别3次召开重点物流企业和中小型物流企业座谈会，共有32个企业的43名企业高管和经营、财务部门负责人参加，并根据企业反映税改后税负可能增加的呼声，分别汇总7点意见和8条建议上报政府，受到相关部门重视和关注。二是及时组织税收政策辅导报告会，解读政策。11月28日，举办税收政策辅导报告会，组织仓储、运输、货代、快递等物流企业参加，有130余名代表到会，财税局资深专家作详尽辅导，解答代表们现场提出的18个问题，协会还编印《税改政策汇编》计两万余字，发给企业参考。此外，还推荐骨干物流企业参加国家财政部、商务部有关税改座谈会，组织15户物流企业填报国家商务部的税改问卷调查，为完善税改政策措施，确保更好实施发挥作用。

二、圆满完成协会换届改选

10月25日，在上海展览中心友谊会堂举办换届改选大会，全国政协常委、市经团联会长蒋以任，中物联副会长蔡进，市商务委和物流主管部门领导及260多户物流企业代表出席大会。会议总结协会4年来工作，提出今后工作建议，选举产生新一届理事会。

三、加强为会员企业服务

一是首次举办高级物流师培训试点班，为企业培养一批高级人才。5月，42名学员（其中企业高管占85.7%）经考试合格，获得国家人社部颁发的高级物流师证书。二是A级物流企业首次超越百户。受中物联委托承担上海地区A级物流企业评估，至年末，本市国标A级物流企业达105户，其中5A级、4A级物流企业55户，占总数的52.4%，占比高居全国前列。三是首次举办上海物流界迎新年联谊会。12月27日，协会主办，市口岸联合会、市交通运输协会、市国际货代协会、市仓储协会、市物流企业家协会协办的上海物流界迎新年联谊会成功举办。市发改委、市经信委、市商务委等政府物流主管部门领导到会，来自本市和江、浙两省的近60户重点物流企业和江、浙、沪10余个城市的物流协会代表聚集一堂，交流经验、沟通情况、增进友谊、团结合作、促进发展。

四、促进行业管理和发展

年内协助政府开展行业管理，完成三件大事。一是积极参与第二届全国物流行业先进集体、劳动模范和先进工作者的评选推荐，配合政府评选出3个全国物流行业先进集体和20名全国物流行业劳动模范。根据政府要求，加入市评选工作领导小组和评选工作办公室，并承担制定计划、起草方案、宣传发动、走访企业、审核材料、汇总上报、布置公示、检查落实、带队进京、做好保障等一系列工作，圆满完成任务。二是积极参与全国制造业与物流业联动（“两业联动”）示范项目的评选推荐，配合政府评选出9个国家级“两业联动”示范项目，配合政府参加全国示范项目的评选推荐工作全过程，积极协助做好参评、统计、上报等相关工作。10月，国家发改委、工信部等部门在南京召开大会正式发布，还出版优秀案例集，在30个优秀案例中，上海入选4个。三是由协会首倡的“5·6”长三角物流节正式启动，成为江、浙、沪物流行业共同的活动日。5月6日，在南京市举行的长三角现代物流联动发展大会上，江、浙、沪3地政府和协会正式启动“5·6”物流节。同日，还与“物流汇”及政府有关部门在本市梅赛德斯——奔驰文化中心共同组办上海“5·6”物流活动日，近500余户物流企业代表参加，取得圆满成功。

（朱泽榕）

上海工业设计协会

上海工业设计协会（原上海工业设计促进会）成立于1993年3月，是由上海工业系统从事产品设计的企事业单位、工业设计工作者等设计专业人员自愿联合组成的跨行业、非营利和专业性的社会团体法人。

2011年主要工作：

一、认真实施“十二五”规划，推进创意设计业发展

1. 认真学习领会，共同推进发展。多次召开设计企业、设计院校及设计创意园区的设计师和企业家参加的学习座谈会，学习传达市文化创意产业工作推进会议精神，结合学习温总理的《政府工作报告》，学习国家和本市颁发的“十二五”规划等文件精神，牢牢抓住这个新机遇，以“创新、融合、提升”为发展主线，进一步解放思想，开拓创新，把握主动权，为上海创意设计业发展和“设计之都”建设，促进从“中国制造”到“中国创造”和“中国设计”转变作出努力。

2. 积极配合政府推进创意产业园区的建设。联手上海纺织控股（集团）公司借助上海第一幢都市型工业楼宇（园区）成立10周年之际，举办“上海第一幢老厂房改造10周年座谈会”。座谈会邀请当年参与老厂房改造的市、区政府和集团公司等领导及以设计为主的创意产业园区的代表，共同畅谈企业在老厂房改造中坚持创新驱动、转型发展，做好产业结构调整的感想。同时，大家表示要努力把已建的创意产业园区打造成品牌园区，使其更富有生命力、凝聚力和影响力，共同为推进上海“创意城市，设计之都”建设而共同努力。

3. 在8号桥时尚生活中心集团的支持下，会同上海11所高校设计学院在朱家角水都南岸创意新市镇举办首届“2011年上海高校设计创意毕业作品展”，众多来自上海高校的应届毕业生设计作品，突破常规，融入中国元素，以大学生的独特视野，设计出与众不同的创意类作品，为打造新锐设计师构建良好的公共展示平台。展示活动期间，还举办3期“发展工业设计”论坛，邀请行业中著名设计大师、行业领军人物演讲，得到高校设计专业师生与设计师们的肯定。根据本市各界创意设计人士要求，协会在8号桥二期创意产业园区又作了为期15天的第二次展示。期间，市经信委党工委书记周国雄及市政协、市教委和黄浦区吴成副区长等领导相继参观作品展，给予较高的评价。据统计，此次展示活动共有8000多人参加。

二、配合上级部门，加强设计创意人才队伍建设

1. 积极配合市有关部门开展“2011年上海青年高端创意人才促进计划”的实施工作。协助做好推荐工作，会员上海意田工业设计公司刘力丹荣获“2011年度上海青年高端创意人才”称号，上海圣博华康文化创意投资股份有限公司副总裁励凌峰、上海工艺美术厂厂长孙佩、上海德必文化创意产业发展有限公司总裁贾波荣获“2011年度上海青年高端创意人才”入围奖。

2. 积极配合市妇联等部门开展上海市优秀女设计师评选活动。经评选会员刘力丹荣获市优秀女设计师称号，并命名为市三八红旗手；王杨、黄尉荣获市优秀女设计师入围奖，命名为市巾帼建功先进个人。

3. 完成《上海创意设计人才现状及政策研究》课题报告。组成课题组，制定课题计划，深入调查研究、召开座谈会、发出问卷调查等，广泛收集整理国内外创意设计人才相关资料，听取企业、院校和政府相关专家意见，完成课题报告，为政府研究制定上海创意设计人才扶持政策和上海工业设计发展资金的建立与完善提供依据。

4．积极配合中国工业设计协会组织的“2011 年度中国设计业十佳评选活动”。会员上海龙域工业设计有限公司、上海指南工业设计有限公司被评为“中国工业设计十佳设计服务机构”，上海汽车集团股份有限公司技术中心被评为“中国工业设计十佳最具创新力企业设计中心”，华东理工大学艺术设计与传媒学院院长程建新被评为“中国工业设计十佳教育工作者”。

三、开展各类设计创新大赛和设计创新论坛活动

1．会同上海海琛国际贸易公司共同举办“爱可乐”国际箱包设计大赛。从全国参赛作品中评审出金奖 1 名，银奖两名，铜奖 3 名，以及优秀奖 12 名和入围奖 29 名。设计大赛的成功举办，增强了我国箱包创新设计能力，提升了“爱可乐”箱包设计内涵与外延的先进性、时尚性、环保性，提高了“爱可乐”品牌的知晓度与美誉度，促进了箱包企业的可持续发展。

2．积极配合中国五金制品协会开展“2011 年金勾奖卫浴五金（水龙头、花洒类）创新设计大赛”，大赛期间收到来自全国参赛作品 780 多件，56 件实物作品，获奖作品在上海新国际展览中心 E2 馆进行展出，吸引众多国内外的设计师及采购商、观众的浓厚兴趣，也得到国际五金联合会秘书长、北美五金零售商协会首席执行官比尔的高度评价。

3．配合上海电气（集团）股份有限公司共同主办“‘上海电气杯’第十届工业设计大奖赛”、“2011 上海电气‘三维设计’大奖赛”、“2011 上海电气‘资源优化高效利用’创意创新大奖赛”。大奖赛历时 3 个多月，共收到全国各地报名表 225 份，作品 257 幅，实际参赛人数达 350 多人。“上海电气杯”工业设计大奖赛是落实与推动上海大力发展机械及装备设计的行动与实施载体，对进一步大力培养我国工业设计创新人才与创新能力有着不可估量的作用。

4．与上海创意产业中心共同主办“第六届最成功设计大赛”，共吸引 349 件优秀作品参赛，由设计行业的领袖、先锋和教育家们组成的国际评审团评选出 83 件获奖作品，反映出上海设计师设计创新能力与设计能力不断提高。

5．在中国工博会组委会、市经信委、黄浦区政府的领导和支持下，协会成功举办“2011 中国国际工业博览会——工业设计与设计之都”为主题的发展论坛。论坛邀请国内外著名设计师及相关嘉宾 5 人演讲，演讲嘉宾以“创新观念、探新思路、开新局面”为理念，分别从“设计与产品创新”、“从设计系统谈创新力”、“加快发展装备设计、推动产业转型发展”、“工业设计在传承中创新”、“推动制造业创意产业发展，促进上海制造业由“制造”向“创造”转变”等 5 个方面来探讨工业设计产业的发展方向，共同推进上海“设计之都”的目标建设。

四、加强国内外设计界交流，共建学习交流的平台

应邀参加宁波市举办的“2011 年和丰创意节开幕式暨创意产业合作发展高峰论坛”；应邀参加江苏省工业设计协会成立暨 2011 工业设计与制造业升级国际论坛；与香港设计中心共同举办沪港两地设计师、设计企业、设计院校互动交流；受邀参加芬兰在沪举办的“赫尔辛基 2012 世界设计之都上海设计周”活动。

五、加强自身建设，做好服务会员的各项工作。

确立服务意识，深入走访会员，听取设计企业、设计院校及设计师们的需求、建议与意见，当好政府联系会员的桥梁与纽带，年内发展 29 户新会员。加强上海设计创意中心队伍建设，在建立和完善上海设计创意中心理事会制度的基础上，召开上海设计创意中心主任会议，充分发挥设计创意中心在推进上海打造“创意城市，设计之都”的积极作用。按照可操作性，公正性、合理性的原则，在充分听取理事会意见后，制定《上海工业设计协会会费标准与管理办法》，在集思广益的基础上设计确定了会标。

（陈建萍）

上海市会展行业协会

上海市会展行业协会成立于 2002 年 4 月，是由上海市从事会议、展览及相关业务的企事业单位自愿组成的跨部门、跨所有制、非营利性的行业性社会团体法人。现有会员 478 户。

2011 年主要工作：

一、履行“代表”职能，承担政府交办工作，为行业发展提供决策参谋

1．认真落实“十二五”规划，全力协助市商务委制订鼓励上海会展业发展的若干政策措施。年初，积极配合市商务委，召集部分国有、民营、中外合资、外商独资等会展相关企业负责人，组织参加展览主（承）办企业、展示工程企业、场馆企业、会展配套服务企业专场座谈会。受市商务委委托，4 月，起草《关于加快上海会展业发展（展览方面）的若干意见》报市商务委。同时，在市商务委调研组座谈会以及多种场合上，积极向相关领导呼吁应尽快优化展览项目审批程序、出台鼓励本市会展业发展的优惠政策和扶持措施。

2．积极配合市政府相关部门，参与推进虹桥国家会展平台建设工作。1月9日、12月26日，是部、市共建的中国博览会会展综合体项目框架协议的签字仪式和开工仪式举行之日。经市商务委领导全力推动，协会坚持不懈地呼吁，反复论证报告，终于使多年制约本市会展业发展的瓶颈取得实质性的突破，实现了上海会展业的展馆梦。协会会长等领导应邀参加该项目落户上海的签字仪式和开工仪式。

6月22日，受市商务委委托，组织院校会展专业教授、展览主（承）办和展示工程部分1级资质企业总经理在东浩集团召开"中国博览会会展综合体项目设计方案"听取意见会。业内专家对项目设计方案和总体规划提出了真知灼见，协会及时将意见和建议汇总，报市商务委有关部门。

3．加强会议、展览统计工作，为政府决策提供数据参考。10月中旬，恢复对会展项目实行"双轨制"统计，得到大多数会员单位的支持，尤其是展览主（承）办企业的支持。11月，在浦东新区商务委和统计局的支持下，取得新区内星级酒店、会议场所举办会议的相关统计数据，从而为科学、正确测定全市会议（论坛）数量、参会人数、会议收入等统计指标体系建设、为政府相关部门提供更完整的上海大会展数据资料奠定了基础。

二、精心打造协会品牌，提升协会影响力

1．2011上海会展论坛的圆满成功，为协会增添品牌效应。以"建设创意城市，推进会展创新"为主题的2011上海会展论坛，由协会自主设计演绎、策划和市场化运营，在东浩集团等单位的支持下成功举办，得到业内人士的高度赞赏和评价，也为将上海会展论坛打造成国际品牌论坛奠定基础和树立信心。上海新闻综合频道播报了论坛新闻，多家报刊、网络等媒体也报道和转载论坛信息。"上海会展论坛"受到政府、社会和专业人士的空前重视。

2．与浦东新区战略合作，共同打造会展创意园区和设计制作中心建设。根据浦东新区会展业发展需要，应浦东新区邀请，8月，协会搬迁入驻浦东。为落实"十二五"期间上海建成国际会展中心城市的目标，与浦东新区商务委签订战略合作协议，着力打造浦东会展集聚区建设，业内不少企业为建设会展创意园出谋划策，该项工作正积极筹划中。

三、通过多种渠道和形式为会员服务，提升协会凝聚力

1．努力发挥桥梁纽带作用，积极应对税改。中央批准上海"先行先试营业税改增值税"，这给本市会展行业既带来机遇，又带来压力和挑战。协会积极应对，通过调查研究，请浦东新区税务局为业内财务人员解读，并组织企业就营业税改增值税后税收变化情况进行测算比较后，汇总成书面报告，分别送市经信委、市委宣传部、市商务委等决策部门，市政府对协会反映的情况十分重视，并采纳部分意见，使税改在行业中能较顺利执行。

2．"引进来，走出去"，创造条件开展业内境外交流。8月17日、9月20日，分别与台北世界贸易中心、亚洲展览会联盟（AFECA）在上海共同举办"两岸会展产业合作及交流会议"和"会展业信息交流推介会"，收到良好的效果。6月，组织会员企业赴台湾开展两岸交流。12月，赴美国参加IAEE年会活动，并与IAEE协会签署战略合作互惠协议，旨在共同推进国际展览与会议活动产业。5月，与韩国会展行业合作社签订合作意向书，就共同组织一些展览项目达成意向。

协会作为长三角城市会展联盟的理事长单位，积极推进区域交流和合作，相继为杭州、郑州、南京及广州等会展城市组织推介交流活动。

3．召开新会员交流会。年内新入会单位72户，目前会员单位共有478户。为使新入会会员迅速了解、融入协会，5月30日，组织新老会员进行交流，让新会员对业内情况有所了解，也为会员间开展业务交流和项目合作提供机会。

4．推动会展综合风险管理工作。经过多方调研，根据会展产业链特点，5月，委托上海仁信保险经纪有限公司开展会展综合风险推广实施活动，对展览主（承）办企业、展示工程企业、展馆和展览运输等展览相关配套服务企业的风险进行分级管理，包括轨道交通技术展、家具展、宠物展、海事展、食品展览等12个展会参与实施风险管理。分级风险管理既降低展览主（承）办企业风险，减少不安全隐患，也保护了会展产业链中各类企业的合法权益。

5．组织会员单位参加招聘会。年初，组织上海环球、现代国际、外经贸商展等33户会员单位参加由浦东新区劳动和社会保障局组织的"2011年春季会展人才招聘会"，共有400余人应聘。此项公益活动较好地提升会展企业社会形象，受到浦东新区政府、会员企业、学校和应聘者的好评。

6．加强行业培训工作，会展人才认证已被长三角地区确定。为配合市职业能力考试院对高、中、初级会展师的职级考试，作为合作单位，承接报名资料审核和开展考前培训。年内共有22人通过（会展管理）高级会展师的认证，其中12人来自长三角地区会展城市。

7．积极处理会员单位的诉求。作为行业协调部门，及时对会员单位提出的展会侵权、费用拖欠纠纷问题进行协调处理。特别在阻燃地毯使用上，因阻燃地毯不规范，价格偏高等，企业反响很大。为解决矛盾，多次召开展馆、会员企业座谈会，与消防局等相关部门协商、沟通和反映，并委托会员单位上海荣济实业发展有限公司对阻燃地毯市场进行调查，落实阻燃地毯供应商，稳定阻燃地毯的供应渠道，找到符合质量标准的一手供应商，为企业降低成本，保证展会安全努力。

8．推荐会员单位参加相关评选活动。推荐部分企业参加市中小企业“品牌产品／服务”申报、市企业管理现代化创新成果申报、市领军人才申报。百文、现代等企业经市职能机构评审通过，成为市名牌企业；点意空间集团的《体现展览业“绿色展示”理念的模式创建》论文，获得2011年上海市企业管理现代化创新成果三等奖。

四、加强组织建设，推进行业发展，协会管理日益规范提高

1．成立专家咨询委员会，提升整个行业的理论水平。吸收大专院校教师、理论工作者和专家，参与对会展理论的研究，推进产学研结合，提升整个行业的理论水平。5月18日，成立协会专家咨询委员会，召开第一次工作会议。年内承接撰写《上海跨国采购中心基地发展战略研究》项目报告，共119页，约7万字。

2．上海会展研究院的成立，开设由政府与院校、协会联手合作的会展研究机构。11月，上海大学与市商务委合作成立上海会展研究院，协会作为支持单位，会同探讨和研究会展业发展中的理论和实践问题。

3．为加强场馆规范管理，对本市主要展览场馆展开管理与服务水平测评。7月，在陆家嘴集团、上海新国际博览中心有限公司支持下，委托第三方评估公司对新博、光大、国展中心、上海世贸商城、展览中心等5个场馆开展客户满意度测评。通过问卷调查、客户回访、信息采集、核实、分析等方式，对本市主要展览场馆的管理与服务水平进行测评，将于2012年2月完成测评报告。

4．推进专业委员会工作，加强会展资质企业的宣传推广力度。展览主（承）办机构专业委员会工作：根据上海建设“大会展”的要求，以及行业实际情况，年初，向市商务委和社团局申请将原名主（承）办机构专业委员会更改为“展览主（承）办机构专业委员会”。更名后，该专业委员会的工作内容更为清晰。5月，在展览主（承）办机构副主任以上工作会议上通过二级企业资质的评审标准，并完成对展览主（承）办机构第二批资质等级的评定工作。并分别在1月24日、9月20日的《解放日报》、《青年报》刊登广告，对获得资质的企业进行宣传。展示工程企业专业委员会工作，调整和增加展示工程专业委员会成员。3月，召开展示工程专业委员会会议，会议通过吸纳设计类院校教授担任展示工程专委会成员，并讨论修订展示工程企业资质等级评定标准和开展资质复评工作。完成展示工程企业第一批资质等级的复评工作。经过第三方评估机构评审和专家评审会的评定，第一批59户企业通过资质复评，其中10户企业经整改通过资质复评。对获得资质的企业在9月20日的解放日报刊登广告，编制出版《上海展示工程资质企业名册》，同时在新国际博览中心、光大会展中心、上海国际展览中心醒目位置，制作展示工程资质企业名录进行宣传推广。开展展览会优秀展台评选工作。在协升公司的支持下，对自行车展会上的60多个特装展位进行评选，评出4个一等奖，6个二等奖，10个三等奖，评选有助于规范参展企业展台的设计制作、保护原创设计，倡导推广低碳、绿色、环保材料的运用。会议专业委员会：年初，走访市政府外事办、市旅游局等顾问单位及相关会议企业，就设立会议专业委员会筹备工作进行大量调研和商讨。4月，市社团局批准协会成立会议专业委员会，现因会议类的会员企业不多，先以会议专业委员会联席会议来开展工作。

五、党建工作

深入开展“创先争优”活动，充分发挥基层党组织战斗堡垒作用和共产党员模范作用。年初，完成党委成员增补工作，充实配齐协会党委领导班子；为保证党建工作责任到位，实行党委委员分工负责制，增强党建工作的有效性；建立党建联络员制度，不断扩大党建覆盖率；以建党90周年为契机，积极开展“五个一”系列纪念活动；以“创先争优”活动为抓手，促进党支部组织建设；组织推进党务公开等一系列党建工作。第三党支部（百文公司）荣获上海市两新组织“五好党组织”光荣称号。

（上海市会展行业协会）

2012 · 上海工业年鉴

SHANGHAI
INDUSTRIAL
YEARBOOK

2011 年上海经济和信息化大事记

1 月

5 日 市经信工作党委在嘉定区召开区县经信委书记工作例会。党委书记潘志纯主持会议并讲话。会议对市经信工作党委 2010 年工作总结和 2011 年工作要点征求意见。市经信工作党委副书记张金康、纪工委书记黄肇达、秘书长陈更、副巡视员汪仲华出席会议。

7 ~ 8 日 市经信工作党委、市经信委召开工作会议，传达、学习市经济工作会议和九届市委十四次全会精神，总结 2010 年产业和信息化发展工作，部署 2011 年工作任务和落实措施。副市长艾宝俊、市政府副秘书长肖贵玉出席会议，市经信工作党委书记潘志纯出席会议并讲话，市经信工作党委副书记、市经信委主任王坚，市经信工作党委副书记张金康分别作工作报告。

10 日 市委常委、常务副市长杨雄召开专题会议，研究本市法人信息共享与应用工作，市政府秘书长姜平出席会议，市政府办公厅、市发展改革委、市经信委等 23 个部门的负责人参加会议。会上，市经信委副主任刘健就法人信息共享与应用工作进展情况作汇报。会议要求，法人信息系统要在（一期）建设和应用的基础上，加快推进法人信息共享与应用系统（二期）建设，并进一步深化基于法人信息的业务应用。

11 日 市经信工作党委书记潘志纯主持召开中心组学习会，传达学习中央纪律检查委员会第六次全会精神。纪工委书记黄肇达传达胡锦涛总书记重要讲话精神，对《关于实行党风廉政建设责任制的规定》和《中国的反腐败和廉政建设》白皮书进行解读。

12 日 王坚主任主持召开 2011 年第 1 次市经信委主任办公会议，听取综合规划处处长史文军关于对口支援新疆喀什地区四县工业发展规划编制工作的汇报、节能与综合利用处处长原清海关于工业节能目标 2010 年完成情况及 2011 年计划安排的汇报、人事教育处处长高静华关于事业单位调整方案反馈意见的汇报、高新工程处处长韦平关于 2011 年全国国防科技工业工作会议的通报、技术进步处处长柳靖国关于赴北京和深圳考察技术创新等调研情况的汇报。

12 日 市农村信息化培训普及工程工作小组召开工作小组会议。会上，市经信委介绍“千村万户”农村信息化培训普及工程三年总结工作的开展情况。市工作小组成员对工程 2008 ~ 2010 年度先进评选结果进行讨论，并商讨 2011 年农村信息化培训普及工作。

13 日 市经信委召开区县工业和信息化工作会议，贯彻落实全国工业和信息化工作会议和市经济工作会议精神，总结 2010 年、部署 2011 年产业发展和信息化建设相关任务。市经信委主任王坚出席会议并讲话。会上，市经信委副主任尚玉英传达副国务院总理张德江、工信部部长苗圩等在全国工业和信息化工作会议上的讲话精神，浦东新区经信委、闵行区经委、嘉定区经委、闸北区信息委、长宁区信息委负责人作交流发言。

20 日 市经信委召开本市部分区县工业投资工作会议。市经信委副主任尚玉英出席会议并讲话。会上播放市经济工作会议的“创新驱动、转型发展案例片”，介绍上海市产业发展工作的成果。奉贤区、金山区经委和临港产业园等与会单位交流产业投资的先进经验和做法。市统计局和市规划国土资源局的有关负责人作交流发言。

25 日 市政府与华为技术公司签署云计算战略合作协议。市委副书记、市长韩正出席仪式，并与华为技术公司总裁任正非共同为“上海云计算应用示范中心”揭牌。副市长艾宝俊和华为技术公司企业业务总裁徐文伟代表合作双方签约。市政协副主席、浦东新区区长姜樑及市经信委副主任邵志清等有关委办负责人出席签约仪式。仪式后，市领导在华为上海研究所察看产品展示和云计算数据中心。

25 日 上海推进“两化融合”研究中心和重点实验室第四次工作会议在同济大学逸夫楼召开。市经信委副主任刘健出席会议并讲话，市经信委信息化推进处作“2010 年工作总结和 2011 年任务报告”，同济大学作题为“两化融合促进企业节能减排”的报告，上海焦化、上海泛亚汽车和自仪院等三家重点实验室分别作工作报告。会议印发《上海市推进信息化与工业化融合研究中心和重点实验室 2011 年工作指导计划》。

25 日 市经信工作系统召开 2011 年党的工作会议。市委常委、常务副市长杨雄，副市长艾宝俊出席会议并讲话。市政府副秘书长肖贵玉出席会议。市经信工作党委书记潘志纯作工作报告；党委副书记、市经信委主任王坚主持会议，党委副书记张金康等出席会议。总部在沪央企、部分经信行业协会和非公企业代表应邀出席会议。系统中央在沪单位和直属单位有关领导、区县经济和信息化委党政主要领导、市九次党代会代表、基层联系点党组织负责人及市经济和信息化委党政领导、机关处室负责人参加会议。

30 日 市经信工作系统法宣办召开“上海市经济和信息化工作系统‘五五’普法总结表彰暨‘六五’普法工作座谈会”，交流系统“五五”普法工作先进经验，研究探讨系统“六五”普法开局工作，市经信工作党委纪工委书记黄肇达、市经信委秘书长戎之勤出席会议并向系统“五五”普法先进单位和表扬单位颁发奖状奖牌。会上，宣读《关于表彰上海市经济和信息化工作系统“五五”普法工作先进单位和先进个人等的决定》。

30 日 市经信委主任王坚主持召开 2011 年第 2 次市经济信息化委主任办公会议，听取办公室关于贯彻落实市政府常务会议精神，委重点工作任务分解的汇报、经济运行处关于本市 2010 年产业经济运行和 2011 年预测的汇报、产业结构调整联席会议办公室发关于调整淘汰落后产能 2010 年工作情况和 2011 年工作方案的汇报、信息基础设施处关于本市光纤到户建设的汇报。王坚通报委 2011 年“两会”期间书面意见和提案受理情况，并对近期工作作出部署。

2 月

11 日 市经信工作党委召开职能处室例会。党委书记潘志纯主持会议，并对系统年度七项重点专题工作作出部署。

15 日 上海贝尔宣布与中国移动签署谅解备忘录(MOU)，共同发展下一代无线接入网（RAN）。根据协议，上海贝尔与中国移动将联合启动技术和经济研究，还将对建立集成化、协作式的基于云计算的无线接入网（C-RAN）所必需的关键技术进行调研，以便确定成本效益、网络智能和节能（绿色）新标准。

17 日 市经信工作党委召开系统部分单位纪念建党 90 周年工作座谈会。党委书记潘志纯主持会议，并对系统纪念建党 90 周年活动提出要求。党委副书记张金康通报党委纪念建党 90 周年活动的初步方案，党委秘书长陈更出席会议。

18 日 上海电子书产业发展领导小组召开工作会议，市委常委、宣传部长、领导小组组长杨振武，副市长、领导小组副组长艾宝俊出席会议并讲话。会议研究分析电子书产业发展形势，对下一步工作作出部署。市经信委副主任邵志清及市委宣传部、市科委、市发革委、市教委、市新闻出版局等成员单位领导参加会议。

18 日 上海外高桥第三发电有限责任公司宣布：公司两台 100 万千瓦超超临界发电机组在上年负荷率仅为 74.3% 的情况下，实现供电煤耗 279.39 克／千瓦时（含脱硫、脱硝），成为世界上第一个冲破实际运行供电煤耗 280 克／千瓦时整数关口的电厂，再度刷新此前由自己创造的世界纪录，为世界火电行业树起节能减排新的标杆。

21 日 市经信委主任王坚主持召开 2011 年第 3 次市经济信息化委主任办公会议，听取技术进步处关于积极培育战略性新兴产业、大力推进高新技术产业化 2010 年工作总结和 2011 年工作计划的汇报、产业投资处关于 2011 年工业投资和技术改造工作的汇报、信息基础设施管理处关于“智慧城市”建设推进工作的汇报、人事教育处关于加强继续教育工作及加强机关内部制度建设和报送事业单位岗位设置方案的汇报、中小企业办关于实施“专、精、特、新”中小企业培育工程的汇报、外经处关于 2011 上海国际信息化博览会筹备情况的通报。

22 日 由上海市经济团体联合会、上海科技开发交流中心、上海新能源行业协会牵头并邀请欧洲光伏工业协会、中国可再生能源学会等 15 家国际机构和组织联合主办的 2011 国际太阳能光伏工程（上海）展览会在新国际博览中心开幕。为期 3 天的展会以“发展新能源、造福全人类”为主题，聚焦展示太阳能光伏工程、创新技术和实际应用，1838 家国内外企业参展。副市长艾宝俊出席开幕式并致辞，全国政协常委蒋以任及市经信委副主任尚玉英等出席开幕式。

在同日开幕的“第五届国际太阳能光伏大会”上，国内外业内知名专家、学者、业界精英就新能源发展的前沿话题及光伏产业的热点问题等深入交流。

23 日 市经信工作党委召开创先争优活动领导小组会议。会议强调，2011 年系统创先争优活动围绕“创新转型促发展”、“服务群众转作风”、“基层党建上水平”、“纪念建党 90 周年”等四个方面，继续深化岗位行动、家园行动、志愿行动，以上海产业和信息化工作创新发展、融合发展、改革发展、开放发展、调整发展和集约发展的实效纪念建党 90 周年。党委副书记、创先争优活动领导小组组长张金康主持会议，纪工委书记黄肇达、党委秘书长陈更等领导小组成员出席会议。

24 日 市经信工作党委召开第 16 次党委会（扩大）。研究领导班子绩效考核工作方案及纪念建党 90 周年系列活动方案，传达上海市深入开展创先争优活动动员大会精神，研究贯彻落实意见；传达上海市信访维稳工作会议精神，研究贯彻落实意见；研究加强机关内部制度建设工作；通报近期重要会议精神和重点工作。党委书记潘志纯主持会议。

24 日 市经信委召开全市中小企业改制培育工作会议。会议要求加大力度推动 2011 年本市中小企业改制培育和上市工作，以切实推动上海产业经济创新驱动、转型发展。市委常委、统战部长杨晓渡，副市长艾宝俊出席会议并讲话。会上，市经信委、上海证监局介绍全市中小企业改制培育工作情况，闵行、嘉定及4家企业进行交流发言。会上，聘请来自交易所、投行、法律、会计、资产评估等领域的22位资深专家，组建第一批中小企业改制讲师团，为企业提供改制辅导。

3月

1日 市经信工作党委召开系统2011年信访稳定工作会议。会议总结2010年信访维稳工作，分析近期系统维稳形势，部署2011年信访维稳任务。党委委员、市经信委副主任刘健，党委秘书长陈更出席会议并讲话。

1日 2010～2011年度上海市重点工程实事立功竞赛设备赛区表彰动员大会隆重召开。市经信委副主任尚玉英出席会议并讲话。上海电气电站设备有限公司上海发电机厂、中船江南重工股份有限公司、上海建通工程建设有限公司、上海宝钢建设监理有限公司等83个荣誉集体和152名荣誉个人受到表彰。

2日 市经信委召开上海市工业区工作会议，部署“十二五”工业区工作。艾宝俊副市长出席会议并讲话，市经信息委副主任尚玉英主持会议并作工作报告。会上，为获得第一批、第二批“国家新型工业化产业示范基地”称号的园区授牌。闵行区政府、金桥出口加工区管委会、临港经济发展（集团）公司、上海国际汽车城（集团）公司负责人作交流发言。漕河泾开发区与松江区、临港产业区与奉贤区签署战略合作协议。市经信息委与新疆喀什地区经贸委签订《开发区合作共建框架协议》。

3～4日 市经信委召开年度第一次区县信息化工作会议。市经信委副主任刘健、副巡视员施兴德出席会议并讲话。会上，市卫生局介绍居民电子健康档案的相关情况。各区县就2010信息化工作进展情况、2010年重点工作安排及推进智慧城市建设的工作构想进行交流。

9日 市经信委主任王坚、副主任刘健率委相关处室负责人赴虹口区调研。虹口区区长吴清、副区长华东平及区有关部门负责同志陪同调研。王坚一行实地调研虹口区社区行政事务综合服务“一口受理、协同处理”工作平台，现场观看由虹口区组织研发的“上海市数字电视公共服务平台”功能演示，并听取区信息委有关情况的汇报。

9日 市经信工作党委召开系统创先争优活动推进会。党委副书记、创先争优活动领导小组组长张金康出席会议并讲话。会议要求，系统创先争优活动要注重四个结合，并在四个方面下功夫。系统各单位创先争优活动负责人、系统创先争优活动领导小组办公室工作人员参加会议。

11日 日本地震灾害导致部分日本至美国和中国电信途经日本的海底光缆先后发生中断。为确保各类国际业务的正常运行，中国电信上海公司立即启动临时应急预案，组织力量对受影响的业务展开昼夜不停紧急抢通。截至3月17日，共恢复8条10G、3条2.5G电路，两条622M和8条155M电路，80%的电路得到迅速恢复，通信基本保持畅通。

15日 市委组织部、市委宣传部联合召开“学习型党组织建设工作座谈会暨部委办、区县局党委（党组）中心组学习交流会”。市经信工作党委中心组《立足“三个坚持”，推进学习型领导班子建设》学习实践创新成果在会上受到表彰。所报送的《注重创新，讲究实效，深入推进学习型领导班子建设》总结材料在会上交流。

15日 由市经信委、浦东新区人民政府共同主办，国际半导体设备与材料协会（SEMI）、慕尼黑国际博览集团（MMI）、中国印制电路行业协会（CPCA）联合承办的国内信息化领域最大的博览会——2011上海国际信息化博览会在上海新国际博览中心开幕。工信部副部长刘利华、上海市副市长艾宝俊出席开幕式。开幕式由市经信委主任王坚主持。本次博览会由2000余家参展商、6个专业展、21个论坛及研讨会组成，将开辟10个展馆，总规模将达到11万平方米。

16日 市经信委召开2011年度积极培育战略性新兴产业，大力推进高新技术产业化工作会议。会议传达市推进高新技术产业化领导小组第一次工作会议精神，总结2010年高新技术产业化推进情况，部署2011年重点工作。市经信委主任王坚出席会议并讲话，纪工委书记黄肇达，市经信委副主任邵志清、总工程师马静出席会议。副主任刘健主持会议。

16日 市经信工作党委创先争优活动领导小组召开系统窗口单位和服务行业创先争优公开承诺工作会议。党委委员、市经信委副主任周敏浩出席会议并讲话，党委秘书长陈更主持会议。市经济和信息化工作系统11家窗口单位党政分管领导出席会议。

17日 市国资委和市经信委联合召开市国资委系统企业信息化工作推进会。市国资委副主任胡宏伟、市经信委副主任刘健出席会议并讲话。市国资委系统各单位、区县国资委信息化工作分管领导和信息化管理工作负责人参加会议。会上举行国有资产监管信息系统试运行开通仪式。电气（集团）、纺织（集团）、国际港务集团、城投公司、上汽股份交流企业信息化工作的做法和经验。

17日 市经信委主任王坚、副主任邵志清率委相关处室负责人就智慧城市建设赴闸北区进行实地调研。闸北区政府主要领导及区有关部门负责同志陪同调研。王坚一行先后考察卡斯柯公司的“两化融合”项目、闸北区卫生信息化建设以及龙软科技园区综合节能管理远程信息控制系统，并听取虹口区信息委的工作汇报，与虹口区领导就智慧闸北建设的相关内容进行深入交流。

21日 市经信委主任王坚主持召开2011年第4次市经济信息化委主任办公会议，听取研究室关于《2011年第二季度工作要点》编制情况的汇报、综合规划处关于2011年委部门预算安排情况及下步工作计划的汇报、综合规划处关于本市贯彻落实《国务院关于促进企业兼并重组的意见》的实施意见制定情况的汇报、信息基础设施管理处《关于加快推进本市光纤到户建设的若干意见》（送审稿）编制情况的汇报、办公室关于《市委常委会2011年工作要点》委相关工作分解情况的通报。会上，副主任刘健通报参与配合市委开展的“加快政府部门公共信息资源向社会开放以促进信息服务业发展”课题调研情况；副主任周敏浩通报参与配合市委开展的“关于进一步吸引跨国公司在沪发展地区总部及功能性机构策略和政策”课题调研情况；总工程师马静通报市张江高新区领导小组会议精神；王坚通报市领导带队近日赴京拜访部委领导和央企有关沟通情况，并部署近期工作。

24日 市经信委副主任刘健率委相关处室负责同志前往上海市气象局调研智能气象工程建设，参观上海市气象局预报和气象公共服务平台，并围绕上海智慧城市建设对上海市气象局业务骨干进行培训和座谈。上海市气象局党组书记、局长汤绪参与接待和交流。

24日 市经信工作党委召开一季度央企书记例会，贯彻落实市委重点关注的12项工作，部署系统重点工作。党工委书记潘志纯出席会议并讲话。系统中央在沪单位和直属单位党组织负责人、党委职能处室负责人参加会议。

28日 上海市推进“两化融合”研讨会暨中国商飞数字化客户服务系统发布仪式在中国商飞客户服务中心召开。工信部信息化推进司副司长董宝青出席会议并讲话，市经信委副主任刘健、副巡视员施兴德，以及“两化融合”研究中心、重点实验室、试验区的专家学者参加研讨会。

29日 市经信委召开上海产业园区品牌建设推进大会暨上海品牌园区授牌仪式。市政府副秘书长肖贵玉出席会议并讲话，市经信委副主任刘健、上海市开发区协会会长张耀伦、市商务委副巡视员胡文君出席会议。与会领导向获得第一批、第二批上海品牌园区和上海品牌建设优秀园区称号的园区授牌。漕河泾开发区、临港产业区和市北高新服务业园区负责人作交流发言。

31日 市经信委信息化推进处和节能与综合利用处在同济大学联合召开“两化融合”促进节能减排工作研讨会。宝钢、上海石化、上汽集团、烟草等企业以及市能效中心围绕企业节能减排领域信息化情况进行交流。会上，还启动“两化融合促进节能减排相关技术研究与推广”课题，并就下阶段搭建相关沟通交流平台机制进行研讨。

31日 市经信工作党委召开党务公开试点工作专题会议。党委书记潘志纯出席会议并讲话，党委委员、纪工委书记黄肇达主持会议。系统13家试点单位党务公开领导小组组长和办公室主任参加会议。

4月

1日 市经济和信息化企业文化研究会举行成立大会。潘志纯当选为企业文化研究会会长。企业文化研究会由市经信工作系统19家单位负责人发起筹建，系统企业自愿组成的、大力倡导和开展企业文化创新研究、促进企业和谐发展的学术性非营利社会团体。

2日 市经信委主任王坚主持召开2011年第5次市经济信息化委主任办公会议，听取综合规划处关于《上海市工业发展“十二五”规划》（送审稿）、《上海市国民经济和社会信息化“十二五”规划》（送审稿）编制情况的汇报、经济运行处关于当前产业经济运行和二季度经济形势分析的汇报、都市产业处关于2010年度创意产业集聚区年检和推进创意设计产业发展工作的汇报。会上，副主任陈跃华通报国务院第四次廉政工作会议精神。王坚对近期工作作出部署。

7日 上海市成人教育协会经济和信息化工作委员会2011年第一次工作例会在中国商飞上海飞机制造有限公司召开。市经信委副主任陈跃华出席会议并讲话。中国商飞公司人力资源部副部长肖云致辞。市成教协会常务副会长张持刚、市教委职业教育处及有关负责人参加会议。

17～21日 工信部副部长苏波在沪调研上海装备制造业发展情况。在沪期间，苏波一行赴上海临港装备产业区、上海电气临港重型装备制造基地、中船三井造船柴油机有限公司、正泰集团理想能源设备（上海）有限公司、中国商飞公司进行调研与考察。苏波还专门召开座谈会，市经信委、临港集团、电气集团、上汽集团相关企业负责人等参加座谈。

19～20日 市经信工作党委举办系统基层党务公开工作培训班。纪工委书记、党务公开工作领导小组副组长黄肇达出席并讲话。在培训班上，市纪委和市委党校相关专家进行了专题辅导，系统13家试点单位党务公开工作人员和党委有关处室联系人参加培训。

21日 由国家科技部和意大利公共管理与创新部共建，作为中意两国政府间合作的国家级设计创新研发中心和服务平台——“中意设计创新中心”在同济大学揭牌成立。全国政协副主席、科技部部长万钢，意大利公共管理与创新部部长雷纳托·布鲁内塔等出席致辞，并共同为该中心揭牌。“中意设计创新中心”落户于同济大学四平路东校区、由同济大学与杨浦区共同策划建设的。会上，科技部国际合作司、同济大学、湖南省工业设计协会，与意大利创新推广署、“意大利价值”基金会、意大利工业设计协会等中意六方共同签署《中意设计创新中心框架协议》。

21日 市经信工作党委召开经济责任审计工作领导小组第一次会议，学习贯彻《党政主要领导干部和国有企业领导人员经济责任审计规定》和市经济责任审计分类管理工作座谈会精神，通报2010年度经济责任审计工作情况，研究2011年度经济责任审计工作。党工委副书记张金康、纪工委书记黄肇达、市经信委副主任尚玉英等参加会议。

27日 市人力资源社会保障局、市总工会、团市委、市教委、市经济信息化委、市国资委等单位联合召开上海市职业技能竞赛活动总结动员大会。会议总结2010年上海市职业技能竞赛活动情况，对市级一类竞赛获奖单位和个人进行了表彰，同时启动“2011上海市职业技能竞赛活动”。

29日 市经信委主任王坚主持召开2011年第6次市经济信息化委主任办公会议，听取节能与综合利用处关于一季度工业节能目标完成情况及下一步工作安排的汇报、市产业结构调整联席会议办公室关于2011年产业结构调整近期工作和下一步工作打算的汇报、技术进步处关于加强产业技术创新工作的汇报、军工配套处关于“军民融合”工作的汇报、央企服务处关于吸引央企总部入驻世博园区工作的汇报。会上，副主任陈跃华通报市编委《关于暂停本市事业单位机构编制审批和人员招录的通知》文件精神；副主任尚玉英通报温家宝总理在江浙沪考察时的讲话精神、韩正市长在市政府工作会议上的讲话精神和工信部副部长苏波在沪调研情况；王坚通报随市委主要领导近期出访欧洲四国推进吸引跨国公司总部落户上海情况。

29日 市经济和信息化工作系统召开庆祝“五一”国际劳动节座谈会。党委书记潘志纯出席会议并作重要讲话。

5月

4日 市经信工作党委召开2011年第5次中心组学习会，学习习近平同志在全国党史工作会议上的讲话，观看《系统党史和爱国主义教育基地网上实景巡展》第一批案例，并进行讨论。

4日 市政府召开上海2011年全市社会诚信体系建设工作推进会议。副市长艾宝俊出席会议并讲话；市政府副秘书长肖贵玉主持会议并宣读“2010年度上海市社会诚信体系建设优秀成果奖”25家单位的29个获奖项目名单；市经信委主任王坚总结2010年本市社会诚信体系建设工作情况，部署2011年工作安排。市食品药品监管局、上海证监局、浦东生产力促进中心等单位作交流发言。市经信委副主任陈跃华及相关委办局、区县政府、中央在沪单位的分管负责人出席会议。

5日 市经信委召开“《上海市工业和信息化人才继续教育行动纲要（2011～2013年）》和《上海市工业和信息化人才继续教育行动计划（2011～2013年）》，《继续教育行动纲要、行动计划（2011～2013年）》”任务分解会。市经信委相关业务处室、直属事业单位、行业协会及教培机构等有关工作负责同志参加会议。

6日 浦东新区为上海松下等离子SP3项目在内的55个战略性新兴产业项目举行了集中开工仪式。

9日 市政府召开宣传贯彻《上海市促进中小企业发展条例》暨全市中小企业服务工作会议。市委常委、统战部部长杨晓渡，市人大常委会副主任杨定华，副市长艾宝俊，市政协副主席王新奎及工信部中小企业司副司长邱东出席会议并讲话，《上海市促进中小企业发展条例》宣传月正式拉开帷幕。会上，市人大常委会副主任杨定华和市政协副主席王新奎为18个区县中小企业服务中心集中揭牌。市经信委副主任、市促进中小企业发展工作领导小组办公室主任傅新华介绍全市中小企业工作情况，浦东新区等有关负责人作交流发言。6月1日，《上海市促进中小企业发展条例》将正式施行，同时市、区县服务中心将全部开始正常运行。

9日 上海松下等离子显示器有限公司SP3新型等离子显示屏项目奠基仪式在浦东新区金桥出口加工区南区隆重举行。

10日 上海商学院与东方财富信息股份有限公司签订战略合作协议，共建上海商学院“东方财富传媒与管理学院”。市经信工作党委书记潘志纯、市经信委副主任陈跃华出席签约仪式。

11日 市经信工作党委召开系统城乡党组织结对帮扶工作推进会，总结前一阶段工作，提出下一步帮扶工作要求。

16日 市经信委主任王坚主持召开2011年第7次市经济信息化委主任办公会议，听取电力处关于2011年本市电力迎峰度夏工作方案的汇报、人事教育处关于市节能监察中心“三定”方案编制情况的汇报、信息安全处关于组建“上海市网络与信息安全应急管理中心”的汇报、生产性服务业处关于2011年电子商务“双推对接”工作及关于生产性服务业功能区建设情况的汇报、产业投资处关于第一季度工业投资和重点项目推进情况的通报。

16～18日 市经信工作党委举办2011年第二期党支部书记培训班。系统60名党支部书记参加培训。

20日 市经信工作系统召开共青团创先争优活动推进会暨表彰大会。党工委副书记张金康、共青团上海市委副书记徐未晚出席会议并讲话。会议表彰系统共青团先进组织和先进个人。中国电信股份有限公司上海分公司团委代表五四红旗团委、上海航天局第八设计部第七研究室团支部代表五四红旗团支部、上海市无线电管理局台站管理处代表全国青年文明号作交流发言。

23 日　2011 年度上海市推动电子商务企业创新发展、推动中小企业应用电子商务工作（简称“双推”工作）启动会议在浦东新区举行。

25 日　市经信工作党委在市经济党校召开保密形势报告会暨“系统保密教育培训基地”揭牌仪式。

30 日　市经信委主任王坚主持召开 2011 年第 8 次市经济信息化委主任办公会议，听取工业区管理处关于推进高新技术产业化绿色通道项目落地工作机制情况的汇报、节能与综合利用处关于合同能源、清洁生产专项扶持资金第一批项目安排和“2011 年节能宣传周”活动方案的汇报、信息基础设施管理处关于“智慧城市”三年行动计划编制情况的汇报、信息安全处关于“第一届上海市信息安全活动周”实施方案编制情况的汇报。会上，副主任邵志清通报韩正市长在市食品安全会议讲话精神；秘书长戎之勤通报市经济责任专项审计有关情况。

30 日　第十届“上海 IT 青年十大新锐”评选活动正式启动。

31 日　市经信委召开法人库联席会议第一次联络员会议，会上，介绍对全市 42 家委办局的行政审批事项和行政处罚事项进行梳理的结果，讨论市法人信息共享应用系统（二期）建设范围和建设方案。会议明确法人信息共享与应用系统二期的建设内容及相关工作情况，确定下一步编制可行性研究报告及启动项目建设的工作计划。

6 月

1 日　市经信工作党委召开系统党务公开试点单位座谈会，交流党务公开试点工作开展情况。

2-3 日　市经信委副主任周敏浩主持召开本市供电热点区域电力迎峰度夏有序用电工作专题会议，逐一落实宝山、杨浦、虹口、闸北、奉贤、金山、闵行、松江、青浦等区的夏季高峰期间有序用电措施，进一步细化各项有序用电预案，确保居民生活用电。

10 日　市政府召开 2011 年全国电力迎峰度夏电视电话会议上海分会场会议暨 2011 年上海电力迎峰度夏工作动员大会，市委常委、常务副市长杨雄出席会议并讲话，市经信委主任王坚主持上海分会场会议。

10 日　市经信工作党委召开第 21 次党委会（扩大）。党委书记潘志纯主持会议，委党政领导出席会议。会议传达市党政负责干部会议和撤销黄浦区、卢湾区建制建立新的黄浦区工作大会精神；研究系统纪念建党 90 周年大会及文艺调演活动方案；听取系统“两优一先”评审工作汇报；听取系统纪检监察“双先”暨申报上海市纪检监察“双先”评选情况汇报；研究建党 90 周年前夕走访慰问工作方案。

10 日　宝山区信息化宣传周活动开幕。宣传周活动以“智慧城市、智慧宝山，服务发展、惠及民生”为主题，旨在全力打造“智慧宝山”，推动信息化在经济社会发展各领域的广泛应用，进一步提升全区信息化的管理和应用水平。

10 日　市经信工作党委召开第 21 次党委会（扩大），听取相关部门关于纪念建党 90 周年大会及文艺调演活动方案的汇报。会议要求文艺调演要紧紧围绕“产业工人心向党”这一主题，体现经济和信息化系统的特点特色，全面展示产业工人风采。

11 日　以“节能我行动，低碳新生活”为主题的“2011 年上海市节能宣传周”隆重开幕。市人大常委会副主任杨定华、市政协副主席蔡威出席开幕式，市政府副秘书长肖贵玉在开幕式上致辞。市经信委主任王坚主持开幕式，市经信委副主任尚玉英、虹口区区长吴清及有关委办分管领导出席开幕式。开幕式上，市领导为本市第二批备案的合同能源管理节能服务公司颁发备案证书，本市中小学生代表发出了有关节能低碳的倡议。开幕式后，与会领导还参观了“节能超市”。

13 日　市经信委主任王坚主持召开 2011 年第 9 次市经济信息化委主任办公会议，听取工业区管理处《关于推进上海规划产业区块外产业结构调整转型的指导意见》编制情况的汇报、技术进步处关于市高新技术产业化重大项目专项审计情况的汇报、中小企业服务办公室关于中小企业服务体系建设情况的汇报、综合规划处关于产业和信息化“十二五”规划衔接和发布的工作方案情况汇报。会上，信用管理处通报了关于 2011 年上海市工程建设领域项目信息公开和诚信体系建设工作实施计划相关情况。副主任刘健通报了委研究修订有关专项资金管理办法的进展情况和今年市级财政资金信息公开工作的情况。

13 日、16 日　市工信继续教育办公室分两次召开“本市工业和信息化人才继续教育师资队伍建设”座谈会。上海交通大学、华东师范大学、华东理工大学等知名高校的相关人员，部分高校继续教育学院的负责人及有关专家出席了会议。会议主题是深入贯彻《上海市工业和信息化人才继续教育行动纲要（2011 ～ 2013 年）》和《上海市工业和信息化人才继续教育行动计划（2011 ～ 2013 年）》，扎实推进本市工业和信息化人才继续教育工作。

16 日　市经信工作党委书记潘志纯一行赴中石化上海石油分公司调研。潘志纯要求就油品市场以及外来务工人员管理等问题进行深入探讨和专题分析，梳理思路，形成更加完善的工作方法和举措。

16 日　市经信委主任王坚带队到古美社区卫生中心、区应急联动中心就闵行区信息化建设情况进行视察调研，参观古美社区卫生中心自助健康小屋、远程会诊中心、应急联动中心指挥大厅等，并听取闵行区社区卫生信息化、应急联动信息化建设情况及闵行区“十二五”信息化规划的汇报。

17 日 市经信工作党委书记潘志纯一行赴上海移动公司调研，考察移动视频运营中心，并对该公司创先争优活动和无线城市建设等工作表示充分肯定。

6 月 17 日～7 月 15 日 在市经信委、市商务委、市工商局的领导下，由市开发区协会和市商标协会共同举办，上海品牌园区推选工作办公室组织的 2011 年度“上海市品牌战略管理人才培训（研修）班”在上海商学院开班。

23 日 市经信工作党委召开系统党外代表人士纪念中国共产党成立 90 周年座谈会。党委书记潘志纯主持会议并讲话。党委副书记张金康、纪工委书记黄肇达、党委秘书长陈更出席座谈会。系统党外知名人士出席会议，并作交流发言。

24 日 2011 中国（上海）制造业信息化论坛在浦东新区举行。论坛是在市经信委、浦东新区政府的指导下，由浦东新区经信委主办。工信部信息化推进司副司长董宝青、市经信委副主任刘健、浦东新区政府领导出席论坛并讲话。论坛围绕“信息化与工业化融合促进制造业转型”这一主题展开。来自国家信息化专家咨询委员会、上海交大、宝钢集团、上海通用、IBM 等国内外著名专家、学者、企业代表和业界精英发表主题演讲。同时，受市经信委委托，上海市互联网经济咨询中心根据对全市 1216 家企业抽样调查结果，并综合全市产业发展和信息化宏观数据，发布 2010 年上海市“两化融合”发展水平指数为 72.3，比 2009 年提高 2.92。

24 日 市经信工作党委、市经信委领导班子召开上半年工作务虚会，进一步统一思想认识，明确下半年工作思路。党委书记潘志纯主持会议。

26 日 市经信工作系统召开庆祝建党 90 周年大会，对系统 50 个先进基层党组织、100 名优秀共产党员和 50 名优秀党务工作者进行表彰。市委常委、常务副市长杨雄，党委书记潘志纯出席会议并讲话。党委副书记、市经信委主任王坚主持会议；党委副书记张金康宣读“两优一先”表彰决定。委党政领导班子成员、系统中央在沪单位和直属单位有关领导、市第九次党代会代表、基层联系点党组织负责人、系统“两优一先”代表及机关处室代表等参加会议。会后，进行了“产业工人心向党”文艺调演。

28 日 由市经信委主办的上海生产性服务业联盟成立大会暨首届生产性服务业发展论坛在浦东新区召开。市政府副秘书长肖贵玉出席会议并为上海生产性服务业联盟揭牌。市经信委主任王坚、工信部政策法规司副司长范斌、浦东新区副区长朱嘉骏分别讲话，市经信委副巡视员施兴德出席大会和论坛。市经信委副主任刘健主持开幕式。会议主旨是体现“创新驱动、转型发展”的总体要求，促进和推动上海生产性服务业发展，营造学习、交流、创新、探索、合作的氛围。在论坛上，国务院发展研究中心市场经济研究所所长任兴洲、上海市政府研究室副巡视员沈瑞良、复旦大学管理学院产业经济系主任芮明杰、上海社科院港澳研究中心主任尤安山等专家、学者分别发表主题演讲。

28 日 市经信委主任王坚为“CJ-1000A”大型客机发动机首台 1：2 金属模型揭幕。此次活动是中航工业商发向建党 90 周年的献礼，亦是大型客机发动机第一阶段方案设计成果的展示和阶段工作完成的重要标志。

29 日 我国大型客机发动机项目总承担单位和总设计师单位——中航商用飞机发机有限责任公司大型客机发动机金属模型揭幕暨走近“中国心”航空科普进社区活动启动仪式在闵行区隆重举行。市经信委副主任傅新华、闵行区副区长程向民、中航商用飞机发动机有限责任公司总经理王之林等出席启动仪式。

7 月

1 日 市经信机关党委召开“学习胡锦涛总书记‘七一’重要讲话暨庆祝中国共产党成立 90 周年座谈会”。党委书记潘志纯出席会议并讲话。

1 日 市政府召开“2011 年度上海市无线电管理委员会全体会议”。市政府副秘书长肖贵玉、市经信委主任王坚出席会议并讲话。市经信委副主任刘健主持会议。市无线电管理局局长刘卫东作工作报告。会议要求，深化后世博无线电长效管理机制，贯彻落实市政府常务会议审议通过的“上海市公用移动通信基站站址布局专项规划”，维护城市运行管理中的无线电安全，确保做好即将在本市召开的世界游泳锦标赛的无线电保障工作。

6 日 市经信工作党委召开党委会（扩大）暨中心组学习会，会议学习胡锦涛总书记在庆祝中国共产党成立 90 周年大会上的重要讲话精神。党委书记潘志纯主持会议。

6 日 由国家商务部主办、上海亚太地区经济和信息化人才培训中心承办的为期三周的 2011 年第二期援外培训班——“发展中国家信息化发展研修班”在上海举行开学典礼。市经信委副主任陈跃华、市商务委对外经济合作处等有关领导出席开学典礼并致辞。参加研修班的学员来自亚洲、非洲、欧洲、拉丁美洲、加勒比海、南太平洋等地区的 25 个发展中国家和地区的 39 名学员。

6 日 市经信工作党委召开第 23 次党委会（扩大）暨中心组学习会。传达周永康在上海调研时的讲话精神，学习胡锦涛总书记在庆祝中国共产党成立 90 周年大会上的重要讲话精神。党委书记潘志纯主持会议。

12日 市经信工作党委召开第24次党委会（扩大）。党委书记潘志纯主持会议。党委副书记、市经信委主任王坚传达7月11～12日召开的九届市委十五次全会精神，并研究系统贯彻落实意见。

14日 市经信工作党委召开央企书记例会，深入学习贯彻胡锦涛同志“七一”重要讲话精神和九届市委十五次全会精神，总结上半年工作，部署下半年任务。党委书记潘志纯出席并讲话。

15日 市经信工作党委书记潘志纯带领部分归口央企领导赴江阴市学习考察创新转型的经验做法。

18日 市经信工作党委、市经信委召开年中工作会议，传达九届市委十五次全会精神，总结上半年工作，部署下半年任务。党委书记潘志纯主持会议并传达全会精神，党委副书记、市经信委主任王坚，党委副书记张金康分别就经济和信息化委、经济和信息化工作党委上下半年工作进行总结部署。

18日 市经信委根据智慧城市建设要求，近期先后完成上海市法人信息共享与应用系统（二期）建设方案和法人网上身份统一认证系统建设方案等事项，向市委常委、常务副市长杨雄进行专题汇报。二期项目建设与法人主体相关的资质类信息涉及33个委办局，共495项，与法人主体相关的监管类信息涉及22个委办局，共686项。

19日 市建交委就《上海市推进智慧城市建设2011～2013年行动计划》与市经信委进行工作衔接。双方就《行动计划》涉及市建交委单独牵头的、与其他委办共同牵头的各项任务的工作内容、时间节点等进行充分的沟通和交流，明确近期工作安排和进度。

19～20日 上海市成人教育协会经济和信息化工作委员会第二次工作例会暨职业教育（校企合作）工作交流会、上海商贸职业教育集团一届五次会议在崇明举行。会议围绕“开展职业教育、促进校企合作”主题展开交流。百联集团和上海商学院高等技术学院签订《校企合作共建师资培训基地协议》、百联崇明商城总公司和上海市工程技术管理学校签订《校企合作人才培养协议》。

20日 宝钢、中国商飞、国家电网等三家首批入驻世博园区中央企业签约仪式在世博中心隆重举行。中共中央政治局委员、上海市委书记俞正声出席仪式，市委副书记、市长韩正出席仪式并讲话。市委常委、常务副市长杨雄，市委常委、浦东新区区委书记徐麟，中国商用飞机责任有限公司董事长张庆伟、总经理金壮龙，宝钢集团党委书记刘国胜，国家电网公司总会计师李汝革等出席仪式。副市长艾宝俊主持签约仪式。市经信委主任王坚、副主任周敏浩及有关部门负责人参加签约仪式。

20日 工信部印发《首批国家级“两化融合”试验区总结工作评价报告（2009～2011）》，其中上海以综合得分90.81排名8个试验区首位，“两化融合”推进工作得到工信部的肯定。

21～22日 市国资委与市经信委联合举办“国有企业信息化管理与应用高级培训班”。本次培训围绕“两化融合”，推进企业信息化的相关理念、政策、技能和企业实践经验等，邀请相关研究机构、院校专家和著名企业负责人进行集中讲课。市国资委系统企业和区县国资委的信息化工作负责人参加培训。

25日 亚洲首条柔性直流输电示范工程——上海南汇风电场柔性直流输电工程投入正式运行。作为我国第一条拥有完全自主知识产权的柔性直流输电线路，它的成功投运标志着我国在智能电网高端装备方面取得了重大突破，国家电网公司也成为继ABB、西门子之后全球第三个掌握该项技术的公司。

25～26日 市经信委在奉贤区召开本年度第二次区县信息化工作例会，沟通“智慧城市”相关工作情况，交流2011年上半年信息化重点工作进展情况以及下半年工作计划。

26日 为进一步加强本市电力运行工作，切实落实本市电力迎峰度夏各项措施暨有序用电预案，确保电力迎峰度夏工作的平稳有序，市经信委召开专题会议，同时下发《上海市经济信息化委关于切实做好当前高温天气下本市电力供应工作的通知》，要求各单位高度认识当前形势，以确保安全平稳度夏为核心目标，并布置落实电力迎峰度夏期间各项工作。

26日 国内最大的功能性薄膜产业基地二期项目与金山区签约并开工建设。该产业基地由凯鑫森（上海）功能性薄膜产业有限公司投资建设，一期6条TFTLCD光学膜生产线已建成投产，二期项目将再建19条TFT-LCD光学膜生产线，计划于2012年6月完成。全部建成后，凯鑫森将成为全球第4家能够生产全系列4个光学膜的企业。副市长艾宝俊出席项目签约仪式。

29日 在中共中央政治局委员、上海市委书记俞正声陪同下，以贵州省委书记、省人大常委会主任栗战书，省委副书记、省长赵克志率领的贵州省党政代表团一行前往上海花园坊参观上海高新技术产业化展。市经信委总工程师马静向代表团介绍上海培养和发展战略性新兴产业和高新技术产业化的思路和取得的成果。陪同参观的还有市委常委、市委秘书长丁薛祥及相关委办局的负责人。

29日 市经信工作党委创先争优活动领导小组召开系统窗口单位、服务行业主要负责人会议，研究部署巡查暗访工作。党委副书记、创先争优活动领导小组组长张金康主持会议并讲话。市经济和信息化工作系统10家窗口单位、服务行业的分管领导和创先争优办公室、客户服务部门的主要负责人参加会议。

8 月

1 日　市经信委机关党委、机关工会组织举办“再塑辉煌——我为国防科工发展建功立业”纪念“八一”建军节主题活动。

2 日　市经信工作党委、市经信委召开第 9 次党政联席会议。传达全国工业和信息化座谈会精神，通报严肃换届纪律保证换届风清气正工作要求及近期保密工作，通报高温慰问走访情况。党委书记潘志纯主持会议。

3 日　市经信工作党委召开直属单位工作会议。传达《严肃换届纪律，保证换届风清气正》有关精神，通报上半年纪检信访案件审计和专项治理情况，布置学习“两优一先”和纪检工作先进典型工作。党委书记潘志纯主持会议并讲话。

5 日　市经信委主任王坚主持召开 2011 年第 11 次市经济信息化委主任办公会议，听取并原则同意工业区管理处关于 2011 年国家新型工业化产业示范基地创建工作的汇报、技术进步处关于高新技术产业化专项工作的情况汇报、都市产业处关于创意产业集聚区评审情况的汇报、信息化推进处关于上海市法人信息共享与应用系统（二期）工作的汇报、人事教育处关于建立高新技术产业化人才引进特殊通道工作的汇报。会上，副主任尚玉英通报市住房保障建设工作会议和贯彻中央水利工作会议精神；秘书长戎之勤通报委贯彻落实市行政审批制度改革工作会议有关情况。

5 日　市经信工作党委创先争优活动领导小组召开专题会议，研究部署下半年创先争优工作。

5 日　市政府与中移动在沪签署共建智慧城市合作框架协议。市委副书记。市长韩正，中移动党组书记奚国华共同为“中国移动上海无线城市综合应用平台”揭牌。副市长艾宝俊与中移动总裁李跃签署战略合作框架协议。市政府副秘书长肖贵玉、市经信委主任王坚出席签约仪式。

8 日　中国华能集团、中国华电集团、中国铝业公司、中国建材集团、中国外运长航集团、中国黄金集团、中国国新控股有限公司、中国电信集团、招商局集团有限公司与上海世博发展（集团）有限公司正式签约，入驻世博园 B 片区。市委副书记、市长韩正出席仪式。市委常委、常务副市长杨雄与上述 10 家企业负责人出席仪式并讲话。上海市副市长艾宝俊主持签约仪式。市政府秘书长洪浩，副秘书长周波、肖贵玉，以及市经信委主任王坚、副主任周敏浩等领导出席会议。

9 日　市综治办、市经信委、市公安局、市电力公司联合召开打击防范盗窃破坏电力设备犯罪局际联席会议暨平安建设实施项目推进会。市综治办副主任乐伟中、市经信委副主任周敏浩，以及市公安局、市电力公司相关领导出席会议。

19 日　市委常委、常务副市长杨雄、副市长姜平主持召开专题会议，研究推进本市法人信息共享与应用系统二期建设工作。市政府秘书长洪浩、副秘书长王伟，以及市发改委、市经信委、市编办、市地税局、市工商局、市质监局、市监察局等 22 个部门的负责人参加会议。会议听取市经信委关于本市法人信息共享与应用系统二期建设方案的汇报，市工商局、市建交委、市规土局、市文广局、市公安局等单位作交流发言。

9 月

2 日　市经信委主任王坚主持召开 2011 年第 13 次市经济信息化委主任办公会议，听取节能与综合利用处关于本市节能技改专项（电机、锅炉、S7 变压器）进展情况的汇报、生产性服务业处关于总集成总承包专项资金 2011 年第一批项目安排的汇报、综合规划处关于行业协会政府购买服务专项资金项目安排的汇报、综合规划处关于委与市工商联共同促进非公经济发展工作方案的汇报、市中小企业办关于上海市中小企业发展专项资金 2011 年第一批项目安排情况的汇报。

7 日　市委、市政府召开推进智慧城市建设动员大会。市委书记俞正声出席会议，市委副书记、市长韩正，工业和信息化部副部长杨学山出席会议并讲话，市委副书记殷一璀、市人大常委会副主任蔡达峰、市政协副主席王新奎等出席会议。市委常委、常务副市长杨雄主持会议并宣读上海市智慧城市建设领导小组成员名单，副市长艾宝俊在会上作关于本市推进智慧城市建设工作报告。市经信委主任王坚和市建设交通委、闵行区及中国电信上海公司负责人在会上作交流发言。会上，还发布《上海市推进智慧城市建设 2011 ~ 2013 年行动计划》。市政府秘书长洪浩及市委、市政府有关副秘书长，市委、市政府有关部委办局主要负责人和职能部门负责人，各区县党委、政府主要负责人、分管负责人和区县信息化主管部门负责人，智慧城市建设专家委员会成员及相关单位负责人等参加会议。

7 日　工业和信息化部电信研究院华东分院（上海华东电信研究院）在上海科技京城揭牌。工信部副部长杨学山、上海市副市长艾宝俊为工信部电信研究院华东分院揭牌。工信部电信研究院院长曹淑敏和上海市经信委主任王坚为上海华东电信研究院揭牌。黄浦区区委书记徐逸波和上海市科委副主任陆晓春为上海市通信技术中小企业服务中心揭牌。该院由工信部电信研究院、上海市经信委、上海市黄浦区政府合作筹建，它将面向上海及长三角地区提供信息通信技术的研发支撑、产品检测认证、开放实验室及相关产业技术咨询等服务。

7 日　工信部和上海市政府签署协同开展中国软件名城创建工作合作备忘录，上海成为首个部市共建中国软件名城的直辖市。工信部副部长杨学山、上海市副市长艾宝俊出席签约仪式并讲话。上海市经信委主任王坚、副主任邵志清等出席签字仪式。根据签署的协同开展中国软件名城创建工作合作备忘录，双方将在产业促进政策、园区基地建设、两化融合试点、产业化项目支持、标准体系建设等方面，就先行先试的对口试点、共建国家级国产软件应用示范区和体验中心、推动云计算服务创新发展试点示范、建设国家新型工业化示范基地和软件产业基地、建设上海智慧岛数据产业园、建设云海数据中心、联合支持重点项目等重点内容开展广泛的合作。

7 日　市政府召开市光纤到户建设工作推进会议暨联席会议第一次会议。副市长艾宝俊出席会议并讲话，同时为国内首家新建住宅建筑通信配套设施第三方专业维护公司—上海市建筑通信网络有限公司成立揭牌。市经信委主任王坚、副主任刘健等出席会议。

9 日　市经信工作党委书记周国雄一行到市经济团体联合会调研。全国政协常委、市经团联会长蒋以任等领导出席调研会。周国雄在充分肯定市经团联的工作业绩后，希望市经团联更加注重体制、机制创新，充分发挥联合会的协调、统筹作用，真正成为行业协会党建工作、业务工作和合作交流的枢纽式平台。

9 日　市经信委在宝山区主持召开“两化融合”促进节能减排高级研讨会，解析当前国家和上海“两化融合”促进节能减排的工作形势，发布本市《两化融合促进节能减排研究报告》。会上，市经信委节能与综合利用处介绍本市“十二五”期间节能减排规划目标及相关政策，宝山区交流区域节能减排实施路径研究。同时，邀请中国商飞、上海电气、宝信软件等企业代表围绕“两化融合”促进节能减排交流经验。

15 日　市经信委副主任刘健带队到付费通公司调研电子账单公共服务平台建设工作。电子账单公共服务平台项目列入《上海市推进智慧城市建设 2011 ～ 2013 年行动计划》，平台已基本搭建完成，上海电力公司的电子账单已经上线试运行。

19 ～ 20 日　市经信工作党委书记周国雄一行赴市电力公司和中国电信上海公司调研。周国雄表示，市经信工作党委、市经信委将一如既往地为中央在沪企业服务，做好跨行业、跨地区、跨部门的协调工作，全力支持央企在上海的发展。周国雄一行还参观电力调度大厅、上海电力展示厅和上海电信信息生活体验馆。

20 日　市经信工作党委书记周国雄一行赴市互联网经济咨询中心等直属单位调研。周国雄鼓励中心全体员工要大胆地做、大胆地闯，为上海经济社会发展作出应有的贡献。

22 日　市经济和信息化工作党委召开系统重点单位等三季度信访稳定研判会，通报中央巡视组交办信件和网上来信处理情况，传达近期市委有关文件精神，部署“国庆”期间信访稳定工作。党委秘书长陈更出席会议并讲话。

26 日　市经信委重点研究并推出《制造业改造提升双提计划》。《双提计划》框架提出力争通过 5 年持续推进使上海制造业转型改造步伐明显提速，产业国际竞争力显著提升。

26 日　市经信工作党委书记周国雄一行赴上海移动公司调研。周国雄希望上海移动公司以“创先争优”活动为契机，着力加强党的建设，维护党的形象和企业社会形象；以“智慧城市”建设为契机，着力打造“无线城市”，成为“智慧城市”建设的生力军、主力军和突击队；以“十二五”发展为契机，实现全面发展，做大、做强、做精，不断提升企业能级。

28 日　海德堡印刷机械股份公司全面完成其在上海青浦区工厂扩建的第三期工程。海德堡公司 2006 年开始在上海青浦区设厂生产，短短 5 年内工厂规模扩大 8 倍。目前，海德堡销售给中国市场的印刷机中有 1/3 产自青浦。在青浦生产的印刷设备已出口亚洲国家。

28 日　市经信工作党委召开第 27 次党委会（扩大），传达市委、市政府主要领导到区县调研时的讲话精神和市委、市政府重要会议精神；研究 2011 年党员领导干部民主生活会方案；学习解读民主生活会材料；研究加强系统各单位党委班子自身建设的实施意见；听取近期有关会议安排建议的汇报。党委书记周国雄主持会议。

30 日　市经信委主任王坚主持召开 2011 年第 14 次市经济信息化委主任办公会议，听取研究室关于委《2011 年第四季度工作要点（送审稿）》编制情况的汇报、节能与综合利用处关于发布《上海产业能效指南》（2010 版）的汇报、人事教育处关于两委 2011 ～ 2012 年度公务员公开选调和招录职位计划方案编制情况的汇报、人事教育处关于《高新技术产业化重点领域人才开发目录》编制情况的汇报。会上，产业投资处通报国务院副总理张德江在哈尔滨召开的工信部部分省市技术改造工作座谈会上的讲话精神。王坚通报市委常委扩大会议领导讲话精神，并就近期工作作出部署。

10 月

10 日　市经信工作党委召开系统中央在沪单位党委书记

例会，通报近期中央和市委重要会议精神，部署安排第四季度工作。党委书记周国雄主持会议并讲话。

10 日　市政府在崇明举行上海智慧岛数据产业园揭牌仪式。副市长艾宝俊出席启动仪式并讲话，市经信委主任王坚，以及崇明县和市政府相关部门、企业、专家等出席启动仪式。

10 日　市经信工作党委召开系统全面推进党的基层组织党务公开工作会议。党委书记周国雄出席会议并讲话。

12 日　市经信委与中国电信上海公司联手举办“城市光网用户突破百万暨中小企业公共服务平台开通”仪式。副市长艾宝俊、市经信委主任王坚等领导出席开通仪式并讲话。

12 日　市经信工作党委书记周国雄一行赴市长兴岛开发办、开发公司调研。周国雄同志一行观看长兴岛总体规划模型及专题介绍片，参观在建的 40 公里城市道路及其绿化林带、青草沙水源地、100 万平方米保障性住房等，听取工作情况的汇报，并对做好下一步工作提出相应要求。

13 日　市经信工作党委书记周国雄一行赴上海化工区调研，听取关于园区经济发展和党建工作的汇报。

13 日　市经信委召开第四季度行政工作例会，贯彻落实市政府第四季度工作会议要求，回顾前三季度的工作进展情况，部署第四季度工作要求，确保完成年初确定的九项重点工作并实现全年各项目标。市经信委主任王坚出席会议并讲话。

14 日　市经信工作党委召开第 29 次党委会（扩大），传达全国加强和创新社会管理工作电视电话会议和上海分会场会议精神；研究系统重大事项社会稳定风险评估实施办法；研究市经济和信息化工作党委、市经济和信息化委第四季度工作要点。党委书记周国雄主持会议。

17 日　由工信部信息安全协调司指导，市网络与信息安全协调小组办公室主办的“2011 信息安全技能大赛”决赛暨颁奖仪式在东方网演播厅举行。市经信委副主任陈跃华、团市委副书记徐未晚等领导出席，为获奖选手颁奖并为大赛专家颁发聘书。大赛从 9 月 14 ～ 24 日进行两轮 16 场比拼，10 名选手跻身最后决赛。最后经过重重闯关，产生大赛一等奖 1 名、二等奖两名、三等奖 3 名、优胜奖 4 名。一等奖获得者，来自北京锐安科技有限公司的宋博文被授予“网络安全守护者”盾牌。

19 日　市经信工作党委书记周国雄等一行赴市核电办调研指导工作。周国雄在听取核电办领导班子的工作汇报后，肯定核电办积极参与本市核电产业发展规划制定、抓项目落地和服务企业等项工作并提出三点希望。

19 日　市经信工作党委书记周国雄、副书记张金康等一行赴市工业合作联社调研。周国雄肯定，市工业合作联社多年来为推动上海集体经济发展、满足人民群众消费需求、扩大就业、促进社会安定和谐所做的工作，并对下一步工作提出要求。

21 日　市经信工作党委召开系统部分归口单位党委书记座谈会，学习党的十七届六中全会精神。党委书记周国雄主持座谈会并讲话。会上，中国医药工业研究总院、中国电信号百公司、农业部东海渔政局、海诚科技公司、电信一所、市经济党校等单位作交流发言。

月 27 日　市经信工作党委书记周国雄一行赴中国联通上海市分公司调研指导工作。周国雄肯定该公司改革、发展和党建工作所取得的成绩，并对下一阶段工作提出要求。

27 日　市经信工作党委、市经信委召开推进智慧城市建设动员大会。党委书记周国雄出席会议，并就进一步推进智慧城市建设提出具体要求。市经信委主任王坚对前一阶段的智慧城市建设工作给予充分肯定，要求进一步增强自觉性、紧迫感和责任性，聚焦重点、形成合力、明确责任、创新机制，推进智慧城市建设取得新的进展。会议由副主任尚玉英主持。副主任刘健就推进智慧城市建设工作进行部署。

28 日　市经信委主任王坚主持召开 2011 年第 15 次市经济信息化委主任办公会议，听取经济运行处关于当前本市产业经济运行和全年目标完成预期情况的汇报、节能与综合利用处关于 2012 年度市节能减排专项资金预算需求计划编制情况的汇报、节能与综合利用处关于合同能源管理工作进展情况及 2011 年第二批合同能源管理项目专项资金使用计划的汇报、信息化推进处关于申报 2012 年市政府实事项目“走近低碳生活，推广电子账单”的汇报、产业结构调整处关于“高桥石化”提升调整项目进展情况的汇报。会上，通报工信部在沪召开的全国技术改造工作等会议精神、“上海工业博物馆”和“2012 年第十四届中国国际工业博览会”筹备工作等情况。

28 日　由国家商务部主办，上海亚太地区经济和信息化人才培训中心承办的 2011 年第 4 期援外培训班——“发展中国家信息技术应用培训班”在上海顺利开学。市商务委副秘书长桑琦等领导出席开学典礼并致辞。来自亚洲、非洲、欧洲、拉丁美洲等发展中国家和地区的 25 名学员参加培训班。

10 月 28 日～ 11 月 28 日　上海市促进中小企业发展工作领导小组办公室会同市政府相关委办局，市、区中小企业发展服务中心，中小企业公共服务平台，部分园区、行业协会、中介机构等单位，联合举办“2011 上海市中小企业服务月”活动。本次“服务月”活动，采取“统一组织、协同推进、分头实施”的原则。在为期一个月内，全市共举行 149 场服务中小企业的活动，平均每天达到 5 场。“服务月”活动，体现三个特点：一是参与主体广泛。二是活动覆盖面广。三是服务形式多样。

11月

1日 2011中国国际工业博览会在上海新国际博览中心隆重开幕。工博会的主题是“创新转型与战略性新兴产业”。中共中央政治局委员、上海市委书记俞正声出席开幕式并宣布开幕。工信部部长苗圩，上海市委副书记、市长韩正，国家发改委副主任刘铁男，商务部国际贸易谈判副代表崇泉在开幕式上致辞。开幕式前，苗圩、韩正等领导在上海新国际博览中心察看数控机床与金属加工展、信息与通信技术应用展、科技创新展、工业自动化展、新能源与电力电工展、环保技术与设备展、航空航天技术展等项目。开幕式由上海市委常委、常务副市长杨雄主持。工信部副部长苏波，教育部副部长杜占元，中科院党组成员、秘书长邓麦村，中国贸促会副会长王锦珍，科技部高科技中心副主任袁建湘、中国工程院办公厅副主任易建、中国机械工业联合会副秘书长向辉等出席开幕式。上海市领导徐麟、艾宝俊、姜樑和安徽省副省长黄海嵩、河北省副省长张杰辉、河南省副省长陈雪枫、重庆市副市长童小平、四川省副省长刘捷、西藏自治区副主席董明俊、新疆维吾尔自治区政协副主席王永明、黑龙江省省长助理赵杰、辽宁省政协原副主席张成伦、中国商用飞机有限责任公司总经理金壮龙等部分兄弟省区市及央企领导出席开幕式。2011中国工博会从11月1日起至5日举行，本届工博会以8个展区、13个展馆、15万平方米展示面积、6222个参展展位再创历史新高，工博会同期将举办系列论坛60多场。参展企业1869家，其中上海本地441家，外省市858家，境外企业570家。

1日 市经信工作党委书记周国雄一行赴上海电力股份有限公司调研指导工作。周国雄肯定上海电力股份有限公司为上海经济社会发展作出的重要贡献，对下一阶段工作提出要求。

2日 市政府举行“物联网助力智慧城市建设～2011年物联网产业发展（上海）论坛”。本次论坛以“物联网助力智慧城市建设”为主题，总结上海物联网发展成果，对接智慧城市建设需求，探索物联网技术和模式创新的路径和方法。本次论坛邀请国家物联网规划编制组成员、中国电子技术标准化研究所副总工程师卜凡金对国家物联网产业发展规划作详细解读；市经信委副主任邵志清介绍本市智慧城市建设规划及物联网产业发展情况；长宁区副区长杲云就长宁区打造“智慧高地”作主题演讲。同时，邵志清、杲云为长宁区“上海市物联网创新与应用示范基地”揭牌。

5日 2011中国国际工业博览会金银铜奖在沪揭晓。本届“中国工博会”搭建高端制造展示平台、构筑新兴产业战略高地，在5天时间内集中展示全球装备工业高端展品。蛟龙号载人潜水器，先进高强度薄带钢产品、工艺及设备，紧凑型多边折弯中心P2Xe3项展品摘得本届中国工博会金奖。全国政协常委蒋以任，工博会组委会副主任、市委常委、常务副市长杨雄，工博会组委会副主任兼秘书长、副市长艾宝俊，市政府副秘书长沙海林、肖贵玉等为获奖单位代表颁奖。本届“中国工博会”评奖自8月启动以来，秉承“产业创新转型”和“发展战略性新兴产业”的主导思想，经历展品初审、材料评审、实物评审和评奖工作指导委员会终审的层层筛选，共评出39项获奖展品，其中金奖3项，银奖10项，铜奖14项，创新奖12项。

9日 市经信工作党委书记周国雄一行赴市城镇工业合作联社调研指导工作。周国雄肯定市城镇工业合作联社为服务上海城镇集体经济发展所作出的重要贡献，并对下一阶段工作提出要求。

11日 市经信委主任王坚主持召开2011年第16次市经济信息化委主任办公会议，听取产业投资处关于拟列入2012年全市重大项目建设计划和市级建设财力项目投资计划编制情况的汇报、软件和信息服务业处关于《上海市信息服务业发展“十二五”规划（草案）》编制情况的汇报、信息化推进处关于2011年上海市信息化发展专项资金项目计划编制情况的汇报、软件和信息化处关于2011年软件和集成电路产业发展专项资金使用计划编制情况的汇报、综合规划处关于委2012年部门预算“二上”建议安排情况的汇报、人事教育处关于调整2011～2012年度机关公务员选调和招录职位计划方案的汇报。会议通报上海增值税扩围试点工作有关情况和委启动谋划2012年重点工作的方案。

15日 市经信工作党委召开第30次党委会（扩大）。传达九届市委十六次全会精神，研究系统贯彻落实意见；研究2011年系统党风廉政建设责任制、党建责任制检查工作方案；研究2011年度党员领导干部民主生活会整改方案。党委书记周国雄主持会议。

17日 上海市电力公司召开“第八届长三角能源论坛”。“十二五”期间，上海将重点建设以特高压输电为基础，集中体现上海特点并具国际领先水准的坚强智能电网，重点做好虹桥商务区、奉贤南桥新城、杨浦江湾新城和崇明陈家镇等区域智能电网建设工作。上海通过坚强智能电网建设，预计在2010～2020年每年带动GDP100亿元，增加就业岗位8000个；2020年上海电网将减少用电需求12.6亿千瓦时，节约标准煤60万吨，减少二氧化碳排放160万吨。

23日 由市经信委牵头推进，各公用事业单位、付费通共同参与建设的上海电全国首家电子账单公共服务平台（www.ezhangdan.com）开通试运行。作为《上海市推进智慧城市建设2011～2013年行动计划》第一个完成建设并投入试运行的项目，上海市电子账单公共服务平台为市民提供公用事业电子账单的申请、推送、查询、支付和管理的

“一站式”服务，实现账单“查得到”、“付得掉”、“理得清”的便捷功能。

25 日　市经信工作党委书记周国雄一行到上海航天局调研指导工作。周国雄肯定上海航天系统为经济社会发展作出的重要贡献，指出“十二五”期间航天事业发展机遇难得，要高度关注，全力助推，作出新的更大贡献。

25 日　市经信委主任王坚主持召开 2011 年第 17 次市经济信息化委主任办公会议，听取装备产业处关于 2011 年度上海市重大技术装备研制专项资金、技术进步处关于 2011 年企业自主创新专项资金、生产性服务业处关于 2011 年（第二批）总集成总承包专项资金和信用管理处关于 2011 年上海市社会诚信体系建设专项资金等项目及资金安排的汇报、信息化推进处关于《上海市信息化与工业深度融合发展“十二五”规划（草案）》编制情况的汇报、电子信息产业处关于《上海市电子信息制造业发展“十二五”规划（草案）》编制情况的汇报、都市产业处关于委贯彻落实市委全会精神，积极推进上海文化创意产业发展工作举措的汇报、人事教育处关于开展推进高新技术产业化先进集体和先进个人评选表彰工作的情况汇报。会议通报市领导关于设立外资中小企业园区及工作机构的指示精神以及委相关工作设想。

25 日　市经信工作党委召开系统第四季度党委（党组）中心组联组学习会，邀请市委宣传部副部长、市党的十七届六中全会精神宣讲团成员潘世伟对十七届六中全会精神和九届市委十六次全会精神作专题宣讲。党委书记周国雄主持会议并讲话。

12 月

9 日　市经信委主任王坚主持召开 2011 年第 18 次市经济信息化委主任办公会议，听取研究室关于《2011 年工作总结和 2012 年工作要点框架》编制起草情况的汇报、信息化推进处关于法人网上身份统一认证系统建设有关情况的汇报、中小企业办公室关于 2011 年第二批上海市中小企业发展专项资金项目安排的汇报、政策法规处关于《上海市知识产权优势企业认定办法（草案）》编制情况和技术进步处关于 2011 年上海市知识产权优势企业认定情况的汇报、生产性服务业处关于 2011 年上海市加快自主品牌建设专项资金项目安排的汇报、信用管理处关于《上海市社会诚信体系发展“十二五”规划（草案）》编制情况的汇报、办公室关于市经济信息化“两委”春节前主要活动安排的通报。王坚传达韩正市长在市政府工作会议上的讲话精神，对“岁末年初”工作提出要求并作出部署。

13 日　市经信工作党委书记周国雄一行赴上海贝岭股份有限公司调研指导工作。周国雄肯定上海贝岭为集成电路行业发展作出的贡献和党建工作取得的成绩，希望继续坚持管理创新，抓好党员、干部和人才队伍建设，在市场竞争中发挥长期积累的技术和品牌优势，实现企业战略发展目标。

16 日　“中国产学研合作公共服务平台战略联盟”成立大会在上海举行，会议确定各理事单位的组成、联盟章程等，并将联盟秘书处设在上海。联盟由中国产学研合作促进会协同创新平台中心、上海研发公共服务平台管理中心、西安科技大市场、广东省计算中心、重庆市科学技术研究院（重庆市应用技术有限公司）、新疆农垦科学院、黑龙江北方技术转移中心、安徽省中小企业服务中心八家单位共同发起建立，旨在整合资源，进一步发挥组合优势、提高整体运行效率，推动区域产业发展。

16 日　市经信工作党委书记周国雄一行赴中国海洋石油东海石油管理局调研指导工作。周国雄肯定东海石油管理局为上海经济社会发展作出的重要贡献，并对下一阶段工作提出新的要求。

17 日　中国产学研合作创新大会暨 2011 中国产学研合作促进会年会在上海举行。全国人大常委会副委员长陈至立出席大会开幕式并讲话，市人大常委会主任刘云耕，工信部副部长杨学山，科技部副部长陈小娅，文化部副部长励小捷，中国工程院副院长干勇，全国妇联副主席孟晓驷，中国科协书记处书记、党组成员张勤，副市长艾宝俊及中国产学研合作促进会、上海交通大学等部门领导出席大会开幕式。来自全国各省、市、自治区与产学研合作相关的政府主管部门领导和产学研界代表，大中型企业、中小科技型企业、大学、科研院所、高新区、经开区、大学科技园、金融机构、行业协会负责人，中国产学研合作促进会理事及会员代表和新闻媒体记者齐聚上海，共商“整合资源，创新驱动，转型发展”大计。大会宣读并通过《上海宣言》。开幕式后，与会各界代表以“产学研合作　经济转型”和“整合资源　创新驱动”为主题，进行了深入探讨和互动。

17 日　“上海市中小企业融资市场”在长宁区揭牌启动。该机构是由上海市促进中小企业发展协调办、上海市中小企业发展服务中心和长宁区国资委、商务委、金融办联合发起，由长宁国有资产经营投资有限公司独立运作的金融服务机构。工信部中小企业司巡视员狄娜，市经信委、长宁区政府、有关金融机构领导等出席并讲话。

17 日　全国首家“国家科技兴海产业示范基地”在浦东临港新城揭牌，上海由此正式成为国家“科技兴海”试点城市。同时，随着高新技术的注入，浦东海洋经济发展也将迈入“深海时代”。当日，九大海洋高新项目也与基地正式签约，成为浦东发展海洋经济的龙头企业。

19 日　全国“两化”融合深度行（上海站）活动在上海拉开帷幕，上海市推进“两化”深度融合工作会议同时召开。工信部副部长杨学山、副市长艾宝俊出席大会并讲话，会议由市政府副秘书长肖贵玉主持。会上，认定“大型客机供应商研制符合性管理”等30个项目为本市推进信息化与工业化融合示范项目，认定临港产业区、漕河泾新兴技术开发区、市北高新技术服务业园区、浦东软件园、杨浦科技创业中心等为本市首批“数字园区”。2010年，上海“两化融合”发展水平指数达到72.3，具备向深度融合继续推进的基础。

19日 市经信工作党委书记周国雄一行到中储粮上海分公司调研。周国雄肯定中储粮上海分公司在确保上海粮食供应和安全等方面作出的重要贡献，并对下一阶段工作提出要求。

20日 市经信工作党委召开为民服务创先争优座谈会。党委书记周国雄肯定各窗口单位在为民服务创先争优工作中取得的成绩，并对下阶段工作提出具体意见。党委副书记、创先争优领导小组组长张金康对为民服务创先争优工作进行总结，并提出继续坚持主题鲜明、责任明确、坚持特色、重心下移等要求。系统11家窗口单位党政主要负责人参加会议。

21日 市经信工作党委召开职能处室务虚会，研究2011年工作总结和2012年工作要点。党委书记周国雄主持会议，并就当前工作提出要求。

23日 市经信委主任王坚主持召开2011年第19次市经济信息化委主任办公会议，学习传达在市党政负责干部会议上关于中央经济工作会议的有关精神，通报市委常委会上主要领导的讲话精神，传达全国发展和改革工作会议有关精神。同时听取研究室关于《2011年工作总结和2012年工作要点》和《2012年第一季度工作要点》编制情况的汇报、电力处和经济运行处关于2011年上海电力迎峰度和煤油保障情况的汇报、生产性服务业处关于《上海市生产性服务业发展“十二五”规划（草案）》编制情况的汇报、人事教育处关于事业单位清理调整方案的情况汇报、产业投资处、研究室关于赴外省市学习考察的情况通报。

27日 市经信工作党委召开2012年系统宣传文化工作务虚会。党委委员、纪工委书记黄肇达出席会议并讲话。

27日 市经信工作党委信访办召开四季度信访、综治研判暨培训会，党委秘书长陈更出席会议并讲话。

27日 市经信党委组织召开系统第四季度信访、综治研判暨培训会，总结全年系统信访维稳工作情况，提出2012年工作思路。市信访办接访处处长凌波作新时期下做好信访工作的辅导报告。22家重点大单位信访、综治部门负责同志参加会议，党委秘书长陈更到会并讲话。

28日 市经信工作党委书记周国雄出席外高桥造船公司第二届党代会第一次全体会议。周国雄赞扬外高桥造船公司在发展中取得的成绩，希望外高桥造船公司新一届领导班子团结带领广大党员干部职工，抓住机遇，迎接挑战，为把外高桥造船公司建成“国内领先、世界一流”的造船企业贡献力量。

29日 市经信工作党委、市经信委召开领导班子务虚会。传达学习中央经济工作会议、九届市委第十七次全会、全国工业和信息化工作会议精神，对照市委、市政府对产业发展和信息化建设的工作要求，总结回顾2011年工作，深入分析和研判2012年产业发展和信息化建设面临的新形势，认真谋划2012年工作思路。党委书记周国雄主持会议。

29日 市经信工作党委、市经信委召开第10次党政联席会议，听取外经处关于委2012年加强因公出国（境）和赴台管理工作的汇报并研究年度出访计划、干部处关于做好2011年度市管党政领导班子和领导干部年度（绩效）考核准备工作，以及机关年度考核工作和系统直属单位考核工作的汇报，研究节前走访慰问工作方案。党委书记周国雄主持会议。

1～12月，全市规模以上工业完成总产值31987.44亿元，同比增长6.4%；完成工业增加值6798.28亿元，可比增长7.4%；实现工业利润2176.13亿元，同比下降1.3%；完成工业投资1283亿元，同比略有增长。工业税收达到2276.6亿元，同比增长10.3%。全市软件和信息服务业营业收入达到3075亿元，同比增长21.5%。国际出口带宽扩容至450GB，国内出口带宽扩容至2000GB；光纤到户覆盖超过400万户，光纤上网用户超过100万户；“两化融合”指数达到75。

（王耀鑫、刘芸）

2012·上海工业年鉴

SHANGHAI
INDUSTRIAL
YEARBOOK

2011年主要法律法规目录

军工关键设备设施管理条例

（国务院、中华人民共和国中央军事委员会第598号令2011年6月24日发布）

中华人民共和国招标投标法实施条例

（国务院令第613号2011年12月20日发布）

上海市促进中小企业发展条例

（2011年4月12日市人大常委会第二十六次会议表决通过）

上海市人民政府办公厅关于本市“十二五”期间加快推进光纤到户建设的意见

（沪府办发[2011]20号2011年5月19日发布）

上海市人民政府办公厅转发市经济信息化委等12部门关于进一步加强本市涉烟非法经营行为综合治理实施意见的通知

（沪府办发[2011]42号2011年8月4日发布）

上海市人民政府贯彻《国务院关于促进企业兼并重组的意见》的实施意见

（沪府发[2011]55号2011年9月10日发布）

上海市人民政府办公厅转发市经济信息化委等四部门制订的《关于推进上海规划产业区块外产业结构调整转型的指导意见》的通知

（沪府办发[2011]51号2011年10月18日发布）

上海市知识产权优势企业认定办法

（沪经信法[2011]846号2011年12月13日发布）

上海市经济信息化委等12部门关于促进本市创意设计业发展的若干意见

（沪经信都[2011]282号2011年5月27日发布）

军工关键设备设施管理条例

国务院、中华人民共和国中央军事委员会第598号令 2011年6月24日发布

第一条 为了保持和提高国防科研生产能力，加强军工关键设备设施的管理，保障军工关键设备设施的安全、完整和有效使用，制定本条例。

第二条 本条例所称军工关键设备设施，是指直接用于武器装备科研生产的重要的实验设施、工艺设备、试验及测试设备等专用的军工设备设施。

军工关键设备设施的目录，由国务院国防科技工业主管部门会同军队武器装备主管部门、国务院国有资产监督管理机构和国务院有关部门制定。

第三条 国家对军工关键设备设施实行登记管理，对使用国家财政资金购建的用于武器装备总体、关键分系统、核心配套产品科研生产的军工关键设备设施的处置实行审批管理。

第四条 国务院国防科技工业主管部门会同国务院有关部门依照本条例规定，对全国军工关键设备设施进行管理。

省、自治区、直辖市人民政府负责国防科技工业管理的部门会同同级有关部门依照本条例规定，对有关军工关键设备设施进行管理。

第五条 军工关键设备设施管理，应当遵循严格责任、分工负责、方便有效的原则。

第六条 占有、使用军工关键设备设施的企业、事业单位（以下简称企业、事业单位）及其工作人员，负责军工关键设备设施管理的部门、单位及其工作人员，对知悉的国家秘密和商业秘密负有保密义务。

第七条 中央管理的企业负责办理所属单位军工关键设备设施的登记。国务院教育主管部门负责办理所属高等学校军工关键设备设施的登记。中国科学院负责办理所属科研机构军工关键设备设施的登记。

省、自治区、直辖市人民政府负责国防科技工业管理的部门负责办理本行政区域内前款规定以外的企业、事业单位军工关键设备设施的登记。

第八条 企业、事业单位应当自军工关键设备设施投入使用之日起30日内向负责登记的部门、单位提交载明下列内容的文件材料，办理登记手续：

（一）企业、事业单位的名称、住所等基本情况；

（二）军工关键设备设施的名称、产地、价值、性能、状态、资金来源、权属等基本情况。

企业、事业单位应当对其提交的文件材料的真实性负责。

第九条 负责登记的部门、单位应当自收到提交的文件材料之日起30日内办结登记，并对军工关键设备设施赋予专用代码。

第十条 军工关键设备设施登记的具体内容和专用代码，由国务院国防科技工业主管部门统一规定和分配。

第十一条 企业、事业单位占有、使用的军工关键设备设施损毁、报废、灭失或者权属发生变更的，应当自上述事实发生之日起30日内向负责登记的部门、单位报告。负责登记的部门、单位应当及时变更登记信息。

第十二条 负责登记的部门、单位应当按照国务院国防科技工业主管部门的规定将登记信息报送国务院国防科技工业主管部门。

国务院国防科技工业主管部门和负责登记的部门、单位可以根据需要，对登记信息进行核查。

第十三条 企业、事业单位应当建立健全军工关键设备设施使用管理制度，保证军工关键设备设施的安全、完整和有效使用，并对其占有、使用的军工关键设备设施的名称、规格、性能、状态、数量、权属等基本情况作完整记录。

第十四条 企业、事业单位应当按照国务院国防科技工业主管部门的规定，在需要特殊管控的军工关键设施外围划定安全控制范围，并在其外沿设置安全警戒标志。

第十五条 企业、事业单位改变其占有、使用的军工关键设备设施的用途的，应当向负责登记的部门、单位提交有关文件材料，办理补充登记。负责登记的部门、单位应当按照国务院国防科技工业主管部门的规定向国务院国防科技工业主管部门报送补充登记信息。

企业、事业单位改变使用国家财政资金购建的军工关键设备设施的用途，影响武器装备科研生产任务完成的，国务院国防科技工业主管部门应当及时予以纠正。

第十六条 企业、事业单位拟通过转让、租赁等方式处置使用国家财政资金购建的用于武器装备总体、关键分系统、核心配套产品科研生产的军工关键设备设施，应当经国务院国防科技工业主管部门批准。申请批准应当提交载明下列内容的文件材料：

（一）军工关键设备设施的名称、数量、价值、性能、使用等情况；

（二）不影响承担武器装备科研生产任务的情况说明；

（三）处置的原因及方式；

（四）受让人或者承租人的基本情况。

第十七条 国务院国防科技工业主管部门应当自收到处置申请之日起30日内，作出批准或者不予批准的决定。作出批准决定的，国务院国防科技工业主管部门应当向申请人颁发批准文件；作出不予批准决定的，国务院国防科技工业主管部门应当书面通知申请人，并说明理由。

国务院国防科技工业主管部门作出批准或者不予批准的决定，应当征求军队武器装备主管部门、国务院国有资产监督管理机构和国务院有关部门的意见。涉及国防科研生产能力、结构和布局调整的，应当按照国家有关规定会同军队武器装备主管部门、国务院国有资产监督管理机构和国务院有关部门，作出批准或者不予批准的决定。

企业、事业单位取得批准文件后，应当依照本条例第十一条的规定及时向负责登记的部门、单位报告。

第十八条 国有资产监督管理机构等有关部门依照法定职责和程序决定企业、事业单位合并、分立、改制、解散、申请破产等重大事项，涉及使用国家财政资金购建的用于武器装备总体、关键分系统、核心配套产品科研生产的军工关键设备设施权属变更的，应当征求国防科技工业主管部门的意见。

第十九条 企业、事业单位未依照本条例规定办理军工关键设备设施登记，或者其占有、使用的军工关键设备设施损毁、报废、灭失或者权属发生变更未及时向负责登记的部门、单位报告的，责令限期改正；逾期未改正的，处以1万元以上2万元以下罚款。

第二十条 企业、事业单位提交虚假文件材料办理登记的，责令改正，处以1万元以上2万元以下罚款。

第二十一条 企业、事业单位违反本条例规定，未经批准处置使用国家财政资金购建的用于武器装备总体、关键分系统、核心配套产品科研生产的军工关键设备设施的，责令限期改正，处以50万元以上100万元以下罚款，对直接负责的主管人员和其他直接责任人员处以5000元以上2万元以下罚款；有违法所得的，没收违法所得。

第二十二条 企业、事业单位以欺骗、贿赂等不正当手段取得有关军工关键设备设施处置的批准文件的，处以5万元以上20万元以下罚款；对违法取得的批准文件依法予以撤销。

第二十三条 本条例规定的行政处罚，由国务院国防科技工业主管部门决定。但是，对本条例第七条第二款规定的企业、事业单位有本条例第十九条规定的违法行为的行政处罚，由省、自治区、直辖市人民政府负责国防科技工业管理的部门决定。

第二十四条 负责军工关键设备设施登记管理、处置审批管理的部门、单位的工作人员滥用职权、玩忽职守、徇私舞弊的，依法给予处分；构成犯罪的，依法追究刑事责任。

第二十五条 本条例自2011年10月1日起施行。

中华人民共和国招标投标法实施条例

国务院令第613号　2011年12月20日发布

第一章　总则

第一条 为了规范招标投标活动，根据《中华人民共和国招标投标法》（以下简称招标投标法），制定本条例。

第二条 招标投标法第三条所称工程建设项目，是指工程以及与工程建设有关的货物、服务。

前款所称工程，是指建设工程，包括建筑物和构筑物的新建、改建、扩建及其相关的装修、拆除、修缮等；所称与工程建设有关的货物，是指构成工程不可分割的组成部分，且为实现工程基本功能所必需的设备、材料等；所称与工程建设有关的服务，是指为完成工程所需的勘察、设计、监理等服务。

第三条 依法必须进行招标的工程建设项目的具体范围和规模标准，由国务院发展改革部门会同国务院有关部门制订，报国务院批准后公布施行。

第四条 国务院发展改革部门指导和协调全国招标投标工作，对国家重大建设项目的工程招标投标活动实施监督检查。国务院工业和信息化、住房城乡建设、交通运输、铁道、水利、商务等部门，按照规定的职责分工对有关招标投标活动实施监督。

县级以上地方人民政府发展改革部门指导和协调本行政区域的招标投标工作。县级以上地方人民政府有关部门按照规定的职责分工，对招标投标活动实施监督，依法查处招标投标活动中的违法行为。县级以上地方人民政府对其所属部门有关招标投标活动的监督职责分工另有规定的，从其规定。

财政部门依法对实行招标投标的政府采购工程建设项目的预算执行情况和政府采购政策执行情况实施监督。

监察机关依法对与招标投标活动有关的监察对象实施监察。

第五条 设区的市级以上地方人民政府可以根据实际需要，建立统一规范的招标投标交易场所，为招标投标活动提供服务。招标投标交易场所不得与行政监督部门存在隶属关系，不得以营利为目的。

国家鼓励利用信息网络进行电子招标投标。

第六条 禁止国家工作人员以任何方式非法干涉招标投标活动。

第二章 招标

第七条 按照国家有关规定需要履行项目审批、核准手续的依法必须进行招标的项目，其招标范围、招标方式、招标组织形式应当报项目审批、核准部门审批、核准。项目审批、核准部门应当及时将审批、核准确定的招标范围、招标方式、招标组织形式通报有关行政监督部门。

第八条 国有资金占控股或者主导地位的依法必须进行招标的项目，应当公开招标；但有下列情形之一的，可以邀请招标：

（一）技术复杂、有特殊要求或者受自然环境限制，只有少量潜在投标人可供选择；

（二）采用公开招标方式的费用占项目合同金额的比例过大。

有前款第二项所列情形，属于本条例第七条规定的项目，由项目审批、核准部门在审批、核准项目时作出认定；其他项目由招标人申请有关行政监督部门作出认定。

第九条 除招标投标法第六十六条规定的可以不进行招标的特殊情况外，有下列情形之一的，可以不进行招标：

（一）需要采用不可替代的专利或者专有技术；

（二）采购人依法能够自行建设、生产或者提供；

（三）已通过招标方式选定的特许经营项目投资人依法能够自行建设、生产或者提供；

（四）需要向原中标人采购工程、货物或者服务，否则将影响施工或者功能配套要求；

（五）国家规定的其他特殊情形。

招标人为适用前款规定弄虚作假的，属于招标投标法第四条规定的规避招标。

第十条 招标投标法第十二条第二款规定的招标人具有编制招标文件和组织评标能力，是指招标人具有与招标项目规模和复杂程度相适应的技术、经济等方面的专业人员。

第十一条 招标代理机构的资格依照法律和国务院的规定由有关部门认定。

国务院住房城乡建设、商务、发展改革、工业和信息化等部门，按照规定的职责分工对招标代理机构依法实施监督管理。

第十二条 招标代理机构应当拥有一定数量的取得招标职业资格的专业人员。取得招标职业资格的具体办法由国务院人力资源社会保障部门会同国务院发展改革部门制定。

第十三条 招标代理机构在其资格许可和招标人委托的范围内开展招标代理业务，任何单位和个人不得非法干涉。

招标代理机构代理招标业务，应当遵守招标投标法和本条例关于招标人的规定。招标代理机构不得在所代理的招标项目中投标或者代理投标，也不得为所代理的招标项目的投标人提供咨询。

招标代理机构不得涂改、出租、出借、转让资格证书。

第十四条 招标人应当与被委托的招标代理机构签订书面委托合同，合同约定的收费标准应当符合国家有关规定。

第十五条 公开招标的项目，应当依照招标投标法和本条例的规定发布招标公告、编制招标文件。

招标人采用资格预审办法对潜在投标人进行资格审查的，应当发布资格预审公告、编制资格预审文件。

依法必须进行招标的项目的资格预审公告和招标公告，应当在国务院发展改革部门依法指定的媒介发布。在不同媒介发布的同一招标项目的资格预审公告或者招标公告的内容应当一致。指定媒介发布依法必须进行招标的项目的境内资格预审公告、招标公告，不得收取费用。

编制依法必须进行招标的项目的资格预审文件和招标文件，应当使用国务院发展改革部门会同有关行政监督部门制定的标准文本。

第十六条 招标人应当按照资格预审公告、招标公告或者投标邀请书规定的时间、地点发售资格预审文件或者招标文件。资格预审文件或者招标文件的发售期不得少于 5 日。

招标人发售资格预审文件、招标文件收取的费用应当限于补偿印刷、邮寄的成本支出，不得以营利为目的。

第十七条 招标人应当合理确定提交资格预审申请文件的时间。依法必须进行招标的项目提交资格预审申请文件的时间，自资格预审文件停止发售之日起不得少于 5 日。

第十八条 资格预审应当按照资格预审文件载明的标准和方法进行。

国有资金占控股或者主导地位的依法必须进行招标的项目，招标人应当组建资格审查委员会审查资格预审申请文件。资格审查委员会及其成员应当遵守招标投标法和本条例有关评标委员会及其成员的规定。

第十九条 资格预审结束后，招标人应当及时向资格预审申请人发出资格预审结果通知书。未通过资格预审的申请人不具有投标资格。

通过资格预审的申请人少于 3 个的，应当重新招标。

第二十条 招标人采用资格后审办法对投标人进行资格审查的，应当在开标后由评标委员会按照招标文件规定的标准和方法对投标人的资格进行审查。

第二十一条 招标人可以对已发出的资格预审文件或者招标文件进行必要的澄清或者修改。澄清或者修改的内容可能影响资格预审申请文件或者投标文件编制的，招标人应当在提交资格预审申请文件截止时间至少 3 日前，或者投标截止时间至少 15 日前，以书面形式通知所有获取资格预审文件或者招标文件的潜在投标人；不足 3 日或者 15 日的，招标人应当顺延提交资格预审申请文件或者投标文件的截止时间。

第二十二条 潜在投标人或者其他利害关系人对资格预审文件有异议的，应当在提交资格预审申请文件截止时间两日前提出；对招标文件有异议的，应当在投标截止时间 10 日前提出。招标人应当自收到异议之日起 3 日内作出答复；作出答复前，应当暂停招标投标活动。

第二十三条 招标人编制的资格预审文件、招标文件的内容违反法律、行政法规的强制性规定，违反公开、公平、公正和诚实信用原则，影响资格预审结果或者潜在投标人投标的，依法必须进行招标的项目的招标人应当在修改资格预审文件或者招标文件后重新招标。

第二十四条 招标人对招标项目划分标段的，应当遵守招标投标法的有关规定，不得利用划分标段限制或者排斥潜在投标人。依法必须进行招标的项目的招标人不得利用划分标段规避招标。

第二十五条 招标人应当在招标文件中载明投标有效期。投标有效期从提交投标文件的截止之日起算。

第二十六条 招标人在招标文件中要求投标人提交投标保证金的，投标保证金不得超过招标项目估算价的 2%。投标保证金有效期应当与投标有效期一致。

依法必须进行招标的项目的境内投标单位，以现金或者支票形式提交的投标保证金应当从其基本账户转出。

招标人不得挪用投标保证金。

第二十七条 招标人可以自行决定是否编制标底。一个招标项目只能有一个标底。标底必须保密。

接受委托编制标底的中介机构不得参加受托编制标底项目的投标，也不得为该项目的投标人编制投标文件或者提供咨询。

招标人设有最高投标限价的，应当在招标文件中明确最高投标限价或者最高投标限价的计算方法。招标人不得规定最低投标限价。

第二十八条 招标人不得组织单个或者部分潜在投标人踏勘项目现场。

第二十九条 招标人可以依法对工程以及与工程建设有关的货物、服务全部或者部分实行总承包招标。以暂估价形式包括在总承包范围内的工程、货物、服务属于依法必须进行招标的项目范围且达到国家规定规模标准的，应当依法进行招标。

前款所称暂估价，是指总承包招标时不能确定价格而由招标人在招标文件中暂时估定的工程、货物、服务的金额。

第三十条 对技术复杂或者无法精确拟定技术规格的项目，招标人可以分两阶段进行招标。

第一阶段，投标人按照招标公告或者投标邀请书的要求提交不带报价的技术建议，招标人根据投标人提交的技术建议确定技术标准和要求，编制招标文件。

第二阶段，招标人向在第一阶段提交技术建议的投标人提供招标文件，投标人按照招标文件的要求提交包括最终技术方案和投标报价的投标文件。

招标人要求投标人提交投标保证金的，应当在第二阶段提出。

第三十一条 招标人终止招标的，应当及时发布公告，或者以书面形式通知被邀请的或者已经获取资格预审文件、招标文件的潜在投标人。已经发售资格预审文件、招标文件或者已经收取投标保证金的，招标人应当及时退还所收取的资格预审文件、招标文件的费用，以及所收取的投标保证金及银行同期存款利息。

第三十二条 招标人不得以不合理的条件限制、排斥潜在投标人或者投标人。

招标人有下列行为之一的，属于以不合理条件限制、排斥潜在投标人或者投标人：

（一）就同一招标项目向潜在投标人或者投标人提供有差别的项目信息；

（二）设定的资格、技术、商务条件与招标项目的具体特点和实际需要不相适应或者与合同履行无关；

（三）依法必须进行招标的项目以特定行政区域或者特定行业的业绩、奖项作为加分条件或者中标条件；

（四）对潜在投标人或者投标人采取不同的资格审查或者评标标准；

（五）限定或者指定特定的专利、商标、品牌、原产地或者供应商；

（六）依法必须进行招标的项目非法限定潜在投标人或者投标人的所有制形式或者组织形式；

（七）以其他不合理条件限制、排斥潜在投标人或者投标人。

第三章　投标

第三十三条　投标人参加依法必须进行招标的项目的投标，不受地区或者部门的限制，任何单位和个人不得非法干涉。

第三十四条　与招标人存在利害关系可能影响招标公正性的法人、其他组织或者个人，不得参加投标。

单位负责人为同一人或者存在控股、管理关系的不同单位，不得参加同一标段投标或者未划分标段的同一招标项目投标。

违反前两款规定的，相关投标均无效。

第三十五条　投标人撤回已提交的投标文件，应当在投标截止时间前书面通知招标人。招标人已收取投标保证金的，应当自收到投标人书面撤回通知之日起5日内退还。

投标截止后投标人撤销投标文件的，招标人可以不退还投标保证金。

第三十六条　未通过资格预审的申请人提交的投标文件，以及逾期送达或者不按照招标文件要求密封的投标文件，招标人应当拒收。

招标人应当如实记载投标文件的送达时间和密封情况，并存档备查。

第三十七条　招标人应当在资格预审公告、招标公告或者投标邀请书中载明是否接受联合体投标。

招标人接受联合体投标并进行资格预审的，联合体应当在提交资格预审申请文件前组成。资格预审后联合体增减、更换成员的，其投标无效。

联合体各方在同一招标项目中以自己名义单独投标或者参加其他联合体投标的，相关投标均无效。

第三十八条　投标人发生合并、分立、破产等重大变化的，应当及时书面告知招标人。投标人不再具备资格预审文件、招标文件规定的资格条件或者其投标影响招标公正性的，其投标无效。

第三十九条　禁止投标人相互串通投标。

有下列情形之一的，属于投标人相互串通投标：

（一）投标人之间协商投标报价等投标文件的实质性内容；

（二）投标人之间约定中标人；

（三）投标人之间约定部分投标人放弃投标或者中标；

（四）属于同一集团、协会、商会等组织成员的投标人按照该组织要求协同投标；

（五）投标人之间为谋取中标或者排斥特定投标人而采取的其他联合行动。

第四十条　有下列情形之一的，视为投标人相互串通投标：

（一）不同投标人的投标文件由同一单位或者个人编制；

（二）不同投标人委托同一单位或者个人办理投标事宜；

（三）不同投标人的投标文件载明的项目管理成员为同一人；

（四）不同投标人的投标文件异常一致或者投标报价呈规律性差异；

（五）不同投标人的投标文件相互混装；

（六）不同投标人的投标保证金从同一单位或者个人的账户转出。

第四十一条　禁止招标人与投标人串通投标。

有下列情形之一的，属于招标人与投标人串通投标：

（一）招标人在开标前开启投标文件并将有关信息泄露给其他投标人；

（二）招标人直接或者间接向投标人泄露标底、评标委员会成员等信息；

（三）招标人明示或者暗示投标人压低或者抬高投标报价；

（四）招标人授意投标人撤换、修改投标文件；

（五）招标人明示或者暗示投标人为特定投标人中标提供方便；

（六）招标人与投标人为谋求特定投标人中标而采取的其他串通行为。

第四十二条　使用通过受让或者租借等方式获取的资格、资质证书投标的，属于招标投标法第三十三条规定的以他人名义投标。

投标人有下列情形之一的，属于招标投标法第三十三条规定的以其他方式弄虚作假的行为：

（一）使用伪造、变造的许可证件；

（二）提供虚假的财务状况或者业绩；

（三）提供虚假的项目负责人或者主要技术人员简历、劳动关系证明；

（四）提供虚假的信用状况；

（五）其他弄虚作假的行为。

第四十三条 提交资格预审申请文件的申请人应当遵守招标投标法和本条例有关投标人的规定。

第四章 开标、评标和中标

第四十四条 招标人应当按照招标文件规定的时间、地点开标。

投标人少于3个的，不得开标；招标人应当重新招标。

投标人对开标有异议的，应当在开标现场提出，招标人应当当场作出答复，并制作记录。

第四十五条 国家实行统一的评标专家专业分类标准和管理办法。具体标准和办法由国务院发展改革部门会同国务院有关部门制定。

省级人民政府和国务院有关部门应当组建综合评标专家库。

第四十六条 除招标投标法第三十七条第三款规定的特殊招标项目外，依法必须进行招标的项目，其评标委员会的专家成员应当从评标专家库内相关专业的专家名单中以随机抽取方式确定。任何单位和个人不得以明示、暗示等任何方式指定或者变相指定参加评标委员会的专家成员。

依法必须进行招标的项目的招标人非因招标投标法和本条例规定的事由，不得更换依法确定的评标委员会成员。更换评标委员会的专家成员应当依照前款规定进行。

评标委员会成员与投标人有利害关系的，应当主动回避。

有关行政监督部门应当按照规定的职责分工，对评标委员会成员的确定方式、评标专家的抽取和评标活动进行监督。行政监督部门的工作人员不得担任本部门负责监督项目的评标委员会成员。

第四十七条 招标投标法第三十七条第三款所称特殊招标项目，是指技术复杂、专业性强或者国家有特殊要求，采取随机抽取方式确定的专家难以保证胜任评标工作的项目。

第四十八条 招标人应当向评标委员会提供评标所必需的信息，但不得明示或者暗示其倾向或者排斥特定投标人。

招标人应当根据项目规模和技术复杂程度等因素合理确定评标时间。超过1/3的评标委员会成员认为评标时间不够的，招标人应当适当延长。

评标过程中，评标委员会成员有回避事由、擅离职守或者因健康等原因不能继续评标的，应当及时更换。被更换的评标委员会成员作出的评审结论无效，由更换后的评标委员会成员重新进行评审。

第四十九条 评标委员会成员应当依照招标投标法和本条例的规定，按照招标文件规定的评标标准和方法，客观、公正地对投标文件提出评审意见。招标文件没有规定的评标标准和方法不得作为评标的依据。

评标委员会成员不得私下接触投标人，不得收受投标人给予的财物或者其他好处，不得向招标人征询确定中标人的意向，不得接受任何单位或者个人明示或者暗示提出的倾向或者排斥特定投标人的要求，不得有其他不客观、不公正履行职务的行为。

第五十条 招标项目设有标底的，招标人应当在开标时公布。标底只能作为评标的参考，不得以投标报价是否接近标底作为中标条件，也不得以投标报价超过标底上下浮动范围作为否决投标的条件。

第五十一条 有下列情形之一的，评标委员会应当否决其投标：

（一）投标文件未经投标单位盖章和单位负责人签字；

（二）投标联合体没有提交共同投标协议；

（三）投标人不符合国家或者招标文件规定的资格条件；

（四）同一投标人提交两个以上不同的投标文件或者投标报价，但招标文件要求提交备选投标的除外；

（五）投标报价低于成本或者高于招标文件设定的最高投标限价；

（六）投标文件没有对招标文件的实质性要求和条件作出响应；

（七）投标人有串通投标、弄虚作假、行贿等违法行为。

第五十二条 投标文件中有含义不明确的内容、明显文字或者计算错误，评标委员会认为需要投标人作出必要澄清、说明的，应当书面通知该投标人。投标人的澄清、说明应当采用书面形式，并不得超出投标文件的范围或者改变投标文件的实质性内容。

评标委员会不得暗示或者诱导投标人作出澄清、说明，不得接受投标人主动提出的澄清、说明。

第五十三条 评标完成后，评标委员会应当向招标人提交书面评标报告和中标候选人名单。中标候选人应当不超过3个，并标明排序。

评标报告应当由评标委员会全体成员签字。对评标结果有不同意见的评标委员会成员应当以书面形式说明其不同意见和理由，评标报告应当注明该不同意见。评标委员会成员拒绝在评标报告上签字又不书面说明其不同意见和理由的，视为同意评标结果。

第五十四条 依法必须进行招标的项目，招标人应当自收到评标报告之日起3日内公示中标候选人，公示期不得少于3日。

投标人或者其他利害关系人对依法必须进行招标的项目的评标结果有异议的，应当在中标候选人公示期间提出。招标人应当自收到异议之日起3日内作出答复；作出答复前，应当暂停招标投标活动。

第五十五条 国有资金占控股或者主导地位的依法必须进行招标的项目，招标人应当确定排名第一的中标候选人为中标人。排名第一的中标候选人放弃中标、因不可抗力不能履行合同、不按照招标文件要求提交履约保证金，或者被查实存在影响中标结果的违法行为等情形，不符合中标条件的，招标人可以按照评标委员会提出的中标候选人名单排序依次确定其他中标候选人为中标人，也可以重新招标。

第五十六条 中标候选人的经营、财务状况发生较大变化或者存在违法行为，招标人认为可能影响其履约能力的，应当在发出中标通知书前由原评标委员会按照招标文件规定的标准和方法审查确认。

第五十七条 招标人和中标人应当依照招标投标法和本条例的规定签订书面合同，合同的标的、价款、质量、履行期限等主要条款应当与招标文件和中标人的投标文件的内容一致。招标人和中标人不得再行订立背离合同实质性内容的其他协议。

招标人最迟应当在书面合同签订后5日内向中标人和未中标的投标人退还投标保证金及银行同期存款利息。

第五十八条 招标文件要求中标人提交履约保证金的，中标人应当按照招标文件的要求提交。履约保证金不得超过中标合同金额的10%。

第五十九条 中标人应当按照合同约定履行义务，完成中标项目。中标人不得向他人转让中标项目，也不得将中标项目肢解后分别向他人转让。

中标人按照合同约定或者经招标人同意，可以将中标项目的部分非主体、非关键性工作分包给他人完成。接受分包的人应当具备相应的资格条件，并不得再次分包。

中标人应当就分包项目向招标人负责，接受分包的人就分包项目承担连带责任。

第五章 投诉与处理

第六十条 投标人或者其他利害关系人认为招标投标活动不符合法律、行政法规规定的，可以自知道或者应当知道之日起10日内向有关行政监督部门投诉。投诉应当有明确的请求和必要的证明材料。

就本条例第二十二条、第四十四条、第五十四条规定事项投诉的，应当先向招标人提出异议，异议答复期间不计算在前款规定的期限内。

第六十一条 投诉人就同一事项向两个以上有权受理的行政监督部门投诉的，由最先收到投诉的行政监督部门负责处理。

行政监督部门应当自收到投诉之日起3个工作日内决定是否受理投诉，并自受理投诉之日起30个工作日内作出书面处理决定；需要检验、检测、鉴定、专家评审的，所需时间不计算在内。

投诉人捏造事实、伪造材料或者以非法手段取得证明材料进行投诉的，行政监督部门应当予以驳回。

第六十二条 行政监督部门处理投诉，有权查阅、复制有关文件、资料，调查有关情况，相关单位和人员应当予以配合。必要时，行政监督部门可以责令暂停招标投标活动。

行政监督部门的工作人员对监督检查过程中知悉的国家秘密、商业秘密，应当依法予以保密。

第六章 法律责任

第六十三条 招标人有下列限制或者排斥潜在投标人行为之一的，由有关行政监督部门依照招标投标法第五十一条的规定处罚：

（一）依法应当公开招标的项目不按照规定在指定媒介发布资格预审公告或者招标公告；

（二）在不同媒介发布的同一招标项目的资格预审公告或者招标公告的内容不一致，影响潜在投标人申请资格预审或者投标。

依法必须进行招标的项目的招标人不按照规定发布资格预审公告或者招标公告，构成规避招标的，依照招标投标法第四十九条的规定处罚。

第六十四条 招标人有下列情形之一的，由有关行政监督部门责令改正，可以处10万元以下的罚款：

（一）依法应当公开招标而采用邀请招标；

（二）招标文件、资格预审文件的发售、澄清、修改的时限，或者确定的提交资格预审申请文件、投标文件的时限不符合招标投标法和本条例规定；

（三）接受未通过资格预审的单位或者个人参加投标；

（四）接受应当拒收的投标文件。

招标人有前款第一项、第三项、第四项所列行为之一的，对单位直接负责的主管人员和其他直接责任人员依法给予处分。

第六十五条　招标代理机构在所代理的招标项目中投标、代理投标或者向该项目投标人提供咨询的，接受委托编制标底的中介机构参加受托编制标底项目的投标或者为该项目的投标人编制投标文件、提供咨询的，依照招标投标法第五十条的规定追究法律责任。

第六十六条　招标人超过本条例规定的比例收取投标保证金、履约保证金或者不按照规定退还投标保证金及银行同期存款利息的，由有关行政监督部门责令改正，可以处5万元以下的罚款；给他人造成损失的，依法承担赔偿责任。

第六十七条　投标人相互串通投标或者与招标人串通投标的，投标人向招标人或者评标委员会成员行贿谋取中标的，中标无效；构成犯罪的，依法追究刑事责任；尚不构成犯罪的，依照招标投标法第五十三条的规定处罚。投标人未中标的，对单位的罚款金额按照招标项目合同金额依照招标投标法规定的比例计算。

投标人有下列行为之一的，属于招标投标法第五十三条规定的情节严重行为，由有关行政监督部门取消其1～2年内参加依法必须进行招标的项目的投标资格：

（一）以行贿谋取中标；

（二）3年内2次以上串通投标；

（三）串通投标行为损害招标人、其他投标人或者国家、集体、公民的合法利益，造成直接经济损失30万元以上；

（四）其他串通投标情节严重的行为。

投标人自本条第二款规定的处罚执行期限届满之日起3年内又有该款所列违法行为之一的，或者串通投标、以行贿谋取中标情节特别严重的，由工商行政管理机关吊销营业执照。

法律、行政法规对串通投标报价行为的处罚另有规定的，从其规定。

第六十八条　投标人以他人名义投标或者以其他方式弄虚作假骗取中标的，中标无效；构成犯罪的，依法追究刑事责任；尚不构成犯罪的，依照招标投标法第五十四条的规定处罚。依法必须进行招标的项目的投标人未中标的，对单位的罚款金额按照招标项目合同金额依照招标投标法规定的比例计算。

投标人有下列行为之一的，属于招标投标法第五十四条规定的情节严重行为，由有关行政监督部门取消其1年至3年内参加依法必须进行招标的项目的投标资格：

（一）伪造、变造资格、资质证书或者其他许可证件骗取中标；

（二）3年内两次以上使用他人名义投标；

（三）弄虚作假骗取中标给招标人造成直接经济损失30万元以上；

（四）其他弄虚作假骗取中标情节严重的行为。

投标人自本条第二款规定的处罚执行期限届满之日起3年内又有该款所列违法行为之一的，或者弄虚作假骗取中标情节特别严重的，由工商行政管理机关吊销营业执照。

第六十九条　出让或者出租资格、资质证书供他人投标的，依照法律、行政法规的规定给予行政处罚；构成犯罪的，依法追究刑事责任。

第七十条　依法必须进行招标的项目的招标人不按照规定组建评标委员会，或者确定、更换评标委员会成员违反招标投标法和本条例规定的，由有关行政监督部门责令改正，可以处10万元以下的罚款，对单位直接负责的主管人员和其他直接责任人员依法给予处分；违法确定或者更换的评标委员会成员作出的评审结论无效，依法重新进行评审。

国家工作人员以任何方式非法干涉选取评标委员会成员的，依照本条例第八十一条的规定追究法律责任。

第七十一条　评标委员会成员有下列行为之一的，由有关行政监督部门责令改正；情节严重的，禁止其在一定期限内参加依法必须进行招标的项目的评标；情节特别严重的，取消其担任评标委员会成员的资格：

（一）应当回避而不回避；

（二）擅离职守；

（三）不按照招标文件规定的评标标准和方法评标；

（四）私下接触投标人；

（五）向招标人征询确定中标人的意向或者接受任何单位或者个人明示或者暗示提出的倾向或者排斥特定投标人的要求；

（六）对依法应当否决的投标不提出否决意见；

（七）暗示或者诱导投标人作出澄清、说明或者接受投标人主动提出的澄清、说明；

（八）其他不客观、不公正履行职务的行为。

第七十二条　评标委员会成员收受投标人的财物或者其他好处的，没收收受的财物，处3000元以上5万元以下的罚款，取消担任评标委员会成员的资格，不得再参加依法必须进行招标的项目的评标；构成犯罪的，依法追究刑事责任。

第七十三条　依法必须进行招标的项目的招标人有下列情形之一的，由有关行政监督部门责令改正，可以处中标项目金额10‰以下的罚款；给他人造成损失的，依法承担赔偿责任；对单位直接负责的主管人员和其他直接责任人员依法给予处分：

（一）无正当理由不发出中标通知书；

（二）不按照规定确定中标人；

（三）中标通知书发出后无正当理由改变中标结果；

（四）无正当理由不与中标人订立合同；

（五）在订立合同时向中标人提出附加条件。

第七十四条 中标人无正当理由不与招标人订立合同，在签订合同时向招标人提出附加条件，或者不按照招标文件要求提交履约保证金的，取消其中标资格，投标保证金不予退还。对依法必须进行招标的项目的中标人，由有关行政监督部门责令改正，可以处中标项目金额10‰以下的罚款。

第七十五条 招标人和中标人不按照招标文件和中标人的投标文件订立合同，合同的主要条款与招标文件、中标人的投标文件的内容不一致，或者招标人、中标人订立背离合同实质性内容的协议的，由有关行政监督部门责令改正，可以处中标项目金额5‰以上10‰以下的罚款。

第七十六条 中标人将中标项目转让给他人的，将中标项目肢解后分别转让给他人的，违反招标投标法和本条例规定将中标项目的部分主体、关键性工作分包给他人的，或者分包人再次分包的，转让、分包无效，处转让、分包项目金额5‰以上10‰以下的罚款；有违法所得的，并处没收违法所得；可以责令停业整顿；情节严重的，由工商行政管理机关吊销营业执照。

第七十七条 投标人或者其他利害关系人捏造事实、伪造材料或者以非法手段取得证明材料进行投诉，给他人造成损失的，依法承担赔偿责任。

招标人不按照规定对异议作出答复，继续进行招标投标活动的，由有关行政监督部门责令改正，拒不改正或者不能改正并影响中标结果的，依照本条例第八十二条的规定处理。

第七十八条 取得招标职业资格的专业人员违反国家有关规定办理招标业务的，责令改正，给予警告；情节严重的，暂停一定期限内从事招标业务；情节特别严重的，取消招标职业资格。

第七十九条 国家建立招标投标信用制度。有关行政监督部门应当依法公告对招标人、招标代理机构、投标人、评标委员会成员等当事人违法行为的行政处理决定。

第八十条 项目审批、核准部门不依法审批、核准项目招标范围、招标方式、招标组织形式的，对单位直接负责的主管人员和其他直接责任人员依法给予处分。

有关行政监督部门不依法履行职责，对违反招标投标法和本条例规定的行为不依法查处，或者不按照规定处理投诉、不依法公告对招标投标当事人违法行为的行政处理决定的，对直接负责的主管人员和其他直接责任人员依法给予处分。

项目审批、核准部门和有关行政监督部门的工作人员徇私舞弊、滥用职权、玩忽职守，构成犯罪的，依法追究刑事责任。

第八十一条 国家工作人员利用职务便利，以直接或者间接、明示或者暗示等任何方式非法干涉招标投标活动，有下列情形之一的，依法给予记过或者记大过处分；情节严重的，依法给予降级或者撤职处分；情节特别严重的，依法给予开除处分；构成犯罪的，依法追究刑事责任：

（一）要求对依法必须进行招标的项目不招标，或者要求对依法应当公开招标的项目不公开招标；

（二）要求评标委员会成员或者招标人以其指定的投标人作为中标候选人或者中标人，或者以其他方式非法干涉评标活动，影响中标结果；

（三）以其他方式非法干涉招标投标活动。

第八十二条 依法必须进行招标的项目的招标投标活动违反招标投标法和本条例的规定，对中标结果造成实质性影响，且不能采取补救措施予以纠正的，招标、投标、中标无效，应当依法重新招标或者评标。

第七章 附则

第八十三条 招标投标协会按照依法制定的章程开展活动，加强行业自律和服务。

第八十四条 政府采购的法律、行政法规对政府采购货物、服务的招标投标另有规定的，从其规定。

第八十五条 本条例自2012年2月1日起施行。

上海市促进中小企业发展条例

2011 年 4 月 12 日市人大常委会第二十六次会议表决通过

第一章　总则

第一条　为了优化本市中小企业发展环境，保护中小企业公平竞争的权利，促进中小企业健康发展，扩大城乡就业，发挥中小企业在国民经济和社会发展中的重要作用，根据《中华人民共和国中小企业促进法》等法律、行政法规，结合本市实际，制定本条例。

第二条　本市促进中小企业发展工作适用本条例。

本条例所称中小企业，是指在本市行政区域内依法设立的有利于满足社会需要，增加就业，符合国家产业政策，生产经营规模符合国家中小企业划分标准的各种所有制和各种形式的企业。

第三条　市和区、县人民政府应当加强对促进中小企业发展工作的领导，将中小企业发展纳入国民经济和社会发展规划，为促进中小企业的创立和发展创造有利环境。

市和区、县人民政府应当根据本市转变经济发展方式和产业发展方向的要求，确定扶持的重点行业和领域，并制定相应政策措施，引导中小企业发展。

第四条　市人民政府设立的促进中小企业发展议事协调机构，应当加强对中小企业工作的统筹规划和政策协调。

市人民政府负责促进中小企业发展工作的主管部门（以下简称“市中小企业工作主管部门”）应当履行下列职责：

（一）组织拟订本市促进中小企业发展规划和有关政策措施；

（二）综合协调、督促本市有关部门落实国家和本市促进中小企业发展的各项政策措施；

（三）发布相关政策信息，指导、促进中小企业发展，协调处理中小企业发展中遇到的困难和问题；

（四）推动建立和完善中小企业服务体系，扶持中小企业服务机构发展；

（五）会同市有关部门负责市中小企业发展专项资金的使用管理；

（六）市人民政府赋予的其他职责。

区、县人民政府负责促进中小企业发展工作的部门（以下简称“区、县中小企业工作部门”）在市中小企业工作主管部门指导下，做好本行政区域内的促进中小企业发展工作。

市和区、县有关部门应当在各自职责范围内，为中小企业提供指导和服务，落实有关政策措施。

第五条　中小企业应当守法经营、依法纳税、诚实守信、公平竞争，不得损害国家利益和社会公共利益，不得侵犯本企业职工的合法权益。

中小企业应当在国家产业政策的指导下，加快技术进步，增强自我创新发展能力。

第二章　创业扶持

第六条　本市鼓励自然人、法人或者其他组织投资创办中小企业。法律、行政法规未禁止进入的领域，中小企业与其他企业同样具有平等进入的权利。

第七条　市和区、县人民政府应当采取措施，鼓励创办科技型、资源综合利用型、节能环保型等中小企业，支持中小企业发展高新技术产业、战略性新兴产业和现代服务业。

本市鼓励经营管理人员、科技人员、高校毕业生等创办中小企业，引导各类专业人才向中小企业流动。

市和区、县人民政府及其有关部门应当主动为中小企业创业提供服务，建立和完善扶持中小企业创业的政策体系，按照规定在中小企业开业贷款、创业场地、招用人员等方面给予支持。

第八条　市人力资源社会保障行政管理部门应当会同市中小企业工作主管部门加强创业指导工作，为创业人员提供政策咨询、创业培训等指导和服务，并发挥创业指导专家团队和行业协会在创业咨询和培训等方面的作用。

第九条　市和区、县人民政府应当在城乡规划中根据中小企业发展的需要，合理安排必要的场地和设施，支持创办中小企业。

本市鼓励和支持各类资本利用开发区、高新产业园以及闲置厂房等存量房产投资建设中小企业创业园区，为中小企业提供生产、经营场所和相关配套服务。

第十条 在本市创办小企业，符合本市促进就业等规定的，可以向所在地的区、县开业指导服务部门申请一定额度的开业贷款担保和贴息。

第十一条 本市创立18个月内的小企业按照本企业吸纳就业情况，可以向所在地的区、县开业指导服务部门申请创业场地房租补贴。

第十二条 市和区、县人民政府鼓励中小企业创造就业岗位。招用本市就业困难人员，签订一年以上劳动合同并为其缴纳社会保险费的中小企业，可以向区、县人力资源社会保障行政管理部门申请一定期限的资金支持。

第十三条 中小企业因生产特点、工作特殊需要等原因，经与职工协商可以向人力资源社会保障行政管理部门申请实行不定时工作制或者综合计算工时制。

第三章 资金支持

第十四条 市财政预算安排中小企业发展专项资金，并逐步加大资金投入力度，用于支持本市中小企业发展、改善中小企业发展环境。市中小企业发展专项资金用于小企业的资金比例应当不低于1/3。

本市支持企业发展的其他相关专项资金应当适当向中小企业倾斜，用于中小企业的资金比例原则上不低于1/3。

区、县人民政府应当根据实际情况，为中小企业提供财政支持。

第十五条 市和区、县人民政府应当引导和支持有条件的中小企业上市融资。

市中小企业工作主管部门应当会同市有关部门、商会、行业协会和中介服务机构等加强本市中小企业上市资源培育工作，推动中小企业完善法人治理结构、实施股份制改造。

市金融服务部门应当会同市有关部门加强与国家有关部门的联系沟通，协调解决本市中小企业上市的有关问题。

第十六条 本市支持中小企业发行集合债券和集合票据。

中小企业发行集合债券和集合票据所承担的评级、审计、担保和法律咨询等中介服务费用，可以向市中小企业工作主管部门申请资金支持。

第十七条 本市建立的产权交易市场和非上市企业股权托管登记中心，应当为中小企业产权交易和股权登记、托管、转让等提供指导和服务。

第十八条 本市建立创业投资引导基金，引导社会资本创办创业投资企业，发展股权投资基金，支持高新技术产业等领域的中小企业发展。

本市鼓励融资租赁、典当、信托等机构为中小企业提供融资服务。

第十九条 市人民政府及其有关部门应当支持金融机构建立小企业金融服务专营机构，并配合国家金融管理部门建立专门考核指标体系，引导金融机构提高对小企业贷款的规模和比重。

本市建立小企业贷款风险补偿机制，鼓励金融机构向小企业提供贷款。

第二十条 本市设立市和区、县联动的中小企业融资担保专项资金。鼓励各区、县人民政府结合本地区实际，主导设立主要为本辖区内中小企业提供融资担保服务的政策性担保机构，并及时补充资本金，逐步提高担保能力。

本市鼓励各类资本参与本市中小企业融资担保体系建设，鼓励中小企业依法、自愿开展多种形式的互助性融资担保。

各类担保机构为中小企业融资提供担保，符合有关条件的，可以向市中小企业工作主管部门申请资金支持。

第二十一条 市人民政府及其有关部门应当配合国家金融管理部门、金融机构完善面向中小企业的财产抵押制度和贷款抵押物认定办法。

工商、商务、知识产权等行政管理部门应当为中小企业以动产、股权、仓单、应收账款和知识产权等设定担保提供便利。

第二十二条 本市鼓励金融机构面向中小企业开展产品、业务、服务等金融创新。

市人民政府设立的金融创新奖，应当对面向中小企业的金融创新活动予以支持。

第二十三条 市和区、县人民政府应当推动中小企业诚信建设，引导中小企业守法诚信经营、提升信用等级。

本市有关行政管理部门以及司法机关、公用事业服务机构应当建立中小企业信用信息共享机制，依法提供相关信用信息查询服务。

第四章 创新推动

第二十四条 本市鼓励中小企业开展创新活动。中小企业开发新技术、新产品、新工艺发生的研究开发费用，可以依法在计算应纳税所得额时加计扣除。

中小企业开展技术创新活动，符合国家和本市技术创新等规定的，可以向科技等行政管理部门申请中小企业创新资金支持。

第二十五条 中小企业建立的技术研究开发机构、设计机构等被国家或者本市认定为工程技术研究中心、企业技术中心或者企业设计中心的，可以享受国家和本市规定的税收、财政资金支持等政策。

第二十六条　市中小企业工作主管部门应当会同市教育、科技等行政管理部门组织本市中小企业、高等院校和科研机构开展产学研项目交流合作。

第二十七条　市中小企业工作主管部门应当会同市有关部门定期组织中小企业创新推荐会，向创业投资机构、金融机构和融资担保机构推荐中小企业自主知识产权项目、产学研合作项目、科技成果产业化项目等。

第二十八条　本市鼓励中小企业研发拥有自主知识产权的技术和产品，创建自主品牌。

本市知识产权行政管理部门应当对中小企业申请专利加强指导，为中小企业办理专利检索提供便利，并对中小企业申请和维持专利给予资金支持。

本市有关部门应当加强对中小企业保护知识产权的指导和服务，依法保护中小企业的知识产权。

第五章　市场开拓

第二十九条　本市政府采购的采购人和采购代理机构应当公开发布采购信息，为中小企业参与政府采购提供指导和服务。符合条件的中小企业，可以享受投标保证金等费用减免。

规定预算金额内的政府采购项目，中小企业能够提供并符合采购要求的，采购人应当从中小企业采购；超出规定预算金额的政府采购项目，在同等条件下，采购人应当优先从中小企业采购。

第三十条　本市商务等行政管理部门、商会、行业协会等应当加强对中小企业在投资、开拓市场等方面的指导和服务。

中小企业参加展览展销活动，可以按照规定向商务行政管理部门申请资金支持。

第三十一条　市中小企业工作主管部门应当定期组织开展大企业和中小企业之间的项目、技术、供需等交流活动，为大企业和中小企业开展经济技术合作提供便利。

中小企业为大企业产品配套的技术改造项目，可以向市中小企业工作主管部门申请资金支持。

第三十二条　本市实施中小企业信息化应用推广工程，引导中小企业利用信息技术提高研发、管理、制造和服务水平，鼓励中小企业应用电子商务平台和公共信息平台开拓国内外市场。

第三十三条　本市质量技术监督等行政管理部门应当鼓励中小企业通过质量管理体系认证、环境管理体系认证和产品认证等国际标准认证，支持中小企业采用国内外先进标准提升产品和服务质量。

第六章　服务保障

第三十四条　市中小企业工作主管部门应当收集、汇总国家和本市有关中小企业发展的产业政策、扶持措施、行业动态、办事程序、专项资金等信息，并集中在“上海中小企业网”上发布。本市有关部门应当配合及时提供信息。

第三十五条　市和区、县人民政府设立的中小企业综合服务机构应当在市中小企业工作主管部门和区、县中小企业工作部门的指导下，为中小企业提供政策咨询、信息传递等公共服务，联系和引导中介服务机构为中小企业提供服务。

第三十六条　本市鼓励和支持创业指导、融资服务、技术支持、法律服务、知识产权服务、信息服务、管理咨询、职业技能培训等各类中介服务机构发展。

市中小企业工作主管部门应当会同市有关部门采取措施，引导中介服务机构提高为中小企业服务的质量，对服务质量和信誉良好的中介服务机构给予扶持。

第三十七条　本市支持各级工商业联合会参与促进中小企业发展工作，参与中小企业服务体系建设。

商会、行业协会等社会组织应当加强行业自律管理，按照法律、法规的规定，在中小企业咨询服务、宣传培训、政策建议、权益保障以及行业信息发布等方面发挥作用。

第三十八条　财政、税务行政管理部门应当落实国家扶持中小企业发展的财政、税收优惠政策，对符合条件的小型微利企业、中小企业投资国家鼓励类项目等，依法给予税收减免优惠。

第三十九条　市统计行政管理部门和市有关部门应当会同市中小企业工作主管部门，定期对本市规模以上中小企业进行分类统计、监测和相关统计信息的分析、发布，并加强对规模以下中小企业的统计分析工作。

第四十条　市中小企业工作主管部门应当会同市有关部门和区、县中小企业工作部门编制中小企业年度发展报告，反映中小企业发展状况、服务保障开展情况等，并向社会公布。

第四十一条　本市各级行政机关应当优化行政程序，简化审批环节，为中小企业、中介服务机构、商会、行业协会等提供公开透明和便捷高效的行政服务。

第七章　权益保护

第四十二条　中小企业合法经营权受法律保护，任何单位和个人不得利用职权非法占有或者无偿使用企业财产。

有关部门在办理中小企业申请的登记注册、行政审批、年检等事项时，不得在法律、法规规定之外增设条件，不得违反规定逾期办理。

第四十三条 任何单位和个人不得有下列行为：

（一）强制或者变相强制中小企业购买产品或者接受指定服务；

（二）强制或者变相强制中小企业提供赞助；

（三）违反法律、法规规定，要求中小企业出资参加评比或者培训；

（四）违反法律、法规规定，向中小企业收费或者罚款；

（五）其他违反法律、法规规定，增加中小企业负担的行为。

中小企业对违反上述规定的行为，有权拒绝并有权举报、控告。

第四十四条 中小企业对行政机关侵犯其合法权益的行为有权向侵权机关的上一级机关或者行政监察部门举报。上一级机关或者行政监察部门应当依法查处。

对行政机关作出的具体行政行为不服的，中小企业可以依法申请行政复议或者提起行政诉讼。

行政机关及其工作人员对提出举报、复议、诉讼的中小企业不得打击报复。

第四十五条 国家机关工作人员在工作中滥用职权、玩忽职守、徇私舞弊侵犯中小企业合法权益的，由其所在单位或者上级主管部门依法给予行政处分；构成犯罪的，依法追究刑事责任。

第八章 附则

第四十六条 本条例中的小企业、小型微利企业、规模以上中小企业、规模以下中小企业的认定标准，依照国家有关规定执行。

第四十七条 本条例自 2011 年 6 月 1 日起施行。

上海市人民政府办公厅 关于本市“十二五”期间加快推进光纤到户建设的意见

沪府办发 [2011] 20 号 2011 年 5 月 19 日发布

各区、县人民政府，市政府各委、办、局：

推进光纤到户建设是城市光纤宽带网建设的关键和基础，是构建宽带、泛在、融合、安全的城市信息基础设施体系的重要组成部分，对上海创建面向未来的智慧城市、加快建设“四个中心”和社会主义现代化国际大都市、实现“创新驱动、转型发展”，具有重要意义。为了更好地满足市民日益增长的信息通信服务需求，推动体制机制创新，充分发挥各方积极性，进一步改善服务和加强监管，经市政府同意，现就本市“十二五”期间加快推进光纤到户建设提出如下意见：

一、推进光纤到户建设的总体目标和基本原则

（一）总体目标。到“十二五”期末，本市基本完成光纤到户建设任务，基本实现家庭宽带百兆接入能力全覆盖，使上海成为国内通信质量、带宽和服务最具竞争力的地区之一。其中，2011 年，完成光纤到户改造覆盖 180 万户，累计覆盖超过 300 万户；2012 年，完成光纤到户改造覆盖 250 万户，累计覆盖 550 万户，基本实现本市城镇化地区的家庭覆盖。

（二）基本原则。加快建设，充分发挥电信运营企业的主力军作用；集约建设，建立公平有序的市场环境；分类推进，不断健全相关技术标准和管理规范；机制创新，切实保障用户对信息通信业务的选择权；加强监管，确保光纤到户建设快速、规范、有序、健康发展。

二、推进光纤到户建设的主要任务和分工

（一）组织编制光纤到户相关规划。以城市光纤宽带网建设为重点，编制本市信息基础设施“十二五”发展专项规划；组织编制本市信息基础设施布局专项规划并纳入各地区控制性详细规划，满足并保障城市光纤宽带网及光纤到户建设的技术要求和发展需求（责任部门：市经济信息化委、市规划国土资源局、市通信管理局）。

（二）实行新的新建住宅建筑通信配套技术标准。根据光纤到户和集约化建设对新建住宅建筑通信配套的新要求，抓紧修订本市《住宅建筑通信配套工程技术规范》，并在规划、设计、审图、施工、监理、验收和安全质量监督等环节中严格贯彻执行（责任部门：市建设交通委、市通信管理局、市住房保障房屋管理局、市经济信息化委等）。

（三）制订既有住宅建筑光纤到户改造的技术规范。研究制订各种类型的既有住宅建筑光纤到户改造的技术规范和操作流程，各电信运营企业要加强执行力度，最大程度地减小对用户正常生活的干扰和对原有住房装修的影响。由相关部门加强指导并协调解决改造过程中出现的有关问题（责任部门：市建设交通委、市通信管理局、市经济信息化委、市住房保障房屋管理局等）。

（四）探索推行第三方专业维护模式。按照统筹建设、统一维护、规范管理的原则，推行第三方专业维护模式，由专业维护单位承担本市新建住宅建筑通信配套设施的维护工作，维护价格政策由市有关职能部门研究制定。住宅建设单位、通信配套建设单位在方案设计时，要听取专业维护单位意见；专业维护单位要按照有关验收规范参与通信配套工程的质量验收，并出具验收意见作为住宅建设单位向主管部门申请相关合格证明的附件材料；专业维护单位要与各电信运营企业建立必要的工作机制，确保为各电信运营企业提供公平、优质的维护服务，保障最终用户的选择权；用户发展、用户家庭内的设施安装及日常维护等工作由各电信运营企业各自负责，专业维护单位不直接面向用户。专业维护单位可适时开展商业楼宇、公共建筑和既有住宅建筑等通信配套设施专业维护工作（责任部门：市通信管理局、市经济信息化委、市住房保障房屋管理局、市发展改革委＜市物价局＞）。

（五）开放共享既有住宅建筑通信等公用配套设施资源。进一步加大对既有住宅建筑通信配套设施资源开放共享的监管力度，确保各电信运营企业平等接入。先期组织实施光纤到户改造建设的电信运营企业要预留足够的通信管道或光纤资源，满足后期进入的电信运营企业的接入需求（责任部门：市通信管理局、市住房保障房屋管理局、市经济信息化委）。

（六）规范光纤到户建设（改造）的收费行为。新建住宅建筑通信配套费用要严格执行市价格主管部门核定的收费标准；既有住宅建筑物业服务企业要积极支持配合各电信运营企业开展光纤到户改造建设，确有相关费用发生的，按照成本补偿原则协商确定，并通过合同约定方式收取。加强对住宅建设单位和通信配套建设单位对通信配套费支付、收取等执行情况的监督和检查，切实加大对物业服务企业收费行为的监管力度，禁止并查处不规范收费行为（责任部门：市发展改革委（市物价局）、市住房保障房屋管理局、市通信管理局）。

（七）实现宽带上网资费总体水平稳步下降。加强资费政策指导和市场监管，及时研究和解决信息通信服务中出现的问题。各电信运营企业要不断提高用户接入带宽和服务质量，促进宽带上网平均每兆带宽价格明显下降，切实增强各类通信资费套餐的透明度（责任部门：市通信管理局、市发展改革委（市物价局）、市经济信息化委）。

三、推进光纤到户建设的主要措施

（一）加强组织领导。市政府建立“上海市光纤到户工作推进联席会议”制度，由市政府分管领导任召集人，市发展改革委（市物价局）、市经济信息化委、市财政局、市建设交通委、市规划国土资源局、市文广影视局、市住房保障房屋管理局、市政府法制办、市政府新闻办、市通信管理局等部门负责同志为成员。联席会议办公室设在市经济信息化委。各区县政府要建立相应推进机制，上下联动，共同推进。

（二）完善政策保障。在探索实践的基础上，研究制定本市住宅建筑光纤到户建设管理的相关规定，明确相应的管理要求和部门职责，进一步规范房产开发、物业管理、电信运营、建设施工、专业维护等单位以及业主（用户）等相关各方的权利、义务。

（三）明确区县政府责任。各区县政府要按照全市统一部署，加强协调推进和监督管理，加大对本行政区域光纤到户建设的组织推进力度。要根据区域特点，会同各电信运营企业组织编制住宅建筑光纤到户改造实施计划，支持电信运营企业加快光纤到户改造建设，监督住宅建筑通信配套设施的开放共享，监管光纤到户建设和改造过程中的收费行为，协调解决遇到的困难和问题。要广泛发动，组织各街道、乡镇和居委会、村委会等共同推进，引导各物业服务企业积极支持光纤到户改造。

（四）营造良好建设环境。市有关部门和各电信运营企业要积极组织开展面向社会的宣传普及，各新闻单位要配合做好舆论引导，加大宣传力度，提高公众认知度。鼓励内容开发商制作丰富多样的应用内容，促进电信运营企业与内容开发商加强合作，满足市民日益丰富的信息消费需求，带动本市数字内容产业发展。

本意见自印发之日起实施，有效期为5年。

上海市人民政府办公厅
二〇一一年五月十九日

上海市人民政府办公厅转发市经济信息化委等 12 部门关于进一步加强本市涉烟非法经营行为综合治理实施意见的通知

沪府办发 [2011] 42 号　2011 年 8 月 4 日发布

各区、县人民政府，市政府各委、办、局：

市经济信息化委、市发展改革委、市商务委、市公安局、市财政局、市建设交通委、市工商局、市质量技监局、市绿化市容局、市交通港口局、市政府新闻办、市烟草专卖局《关于进一步加强本市涉烟非法经营行为综合治理的实施意见》已经市政府同意，现转发给你们，请认真按照执行。

2000 年 1 月《上海市人民政府办公厅转发市经委等十一部门关于本市严厉打击制售假冒商标卷烟活动坚决制止非法生产卷烟行为实施意见的通知》(沪府办发 [2000] 7 号）同时废止。

上海市人民政府办公厅

二〇一一年八月四日

关于进一步加强本市涉烟非法经营行为综合治理的实施意见

为了维护国家利益和消费者合法权益，依法严厉打击涉烟非法经营行为，根据《中华人民共和国烟草专卖法》等法律法规，结合实际，现就进一步加强本市涉烟非法经营行为综合治理（以下简称“综合治理”）提出如下实施意见：

一、明确目标和要求

（一）目标。依法坚决制止非法生产、销售卷烟的行为，依法严厉打击制售假冒商标卷烟的活动，落实国家烟草专卖制度，维护上海卷烟市场的正常秩序。

（二）要求。采取“条块结合、以块为主”的方法，由各区县政府对辖区的综合治理工作负责，组织开展打击涉烟非法经营行为专项行动，积极推行长效监管措施，确保综合治理取得实效。落实综合治理责任制，各区县政府要明确一名负责人，负责综合治理的组织协调。

二、明确各有关部门责任分工

（一）对无烟草专卖品准运证运输烟草专卖品，无烟草专卖批发许可证批发烟草专卖品，销售非法生产的烟草专卖品，取得烟草专卖零售许可证未在当地烟草专卖批发企业进货等违反烟草专卖法及其他相关法律法规的，由烟草专卖部门依法查处。

（二）对涉烟非法经营行为人涉嫌犯罪的，由公安部门及时移送相关司法机关依法追究其刑事责任。

（三）对侵犯注册商标专用权，非法印制和销售烟草制品商标标识，在卷烟、雪茄烟、有包装烟丝商品上使用未注册商标，在固定场所内无烟草专卖零售许可证经营烟草制品零售业务的，由工商部门依法查处。

（四）对本市卷烟生产企业伪造卷烟产地，伪造或者冒用他人厂名厂址，在生产过程中掺杂、掺假、以假充真、以次充好的，由质量技监部门依法查处。

（五）对在本市陆上道口、铁路、公路、机场、码头、汽车货运站、停车场等处和物流仓储环节发现挟运假冒卷烟的，由交通港口、商务等部门及时移送烟草专卖部门依法查处。

（六）对擅自占用道路非法经营卷烟的，由城管执法部门依法进行行政处罚，并将暂扣的卷烟移送烟草专卖部门依法处置。

（七）对查获的假冒卷烟商标和假冒商标卷烟，送交烟草专卖部门统一处理。

各有关部门要坚持依法行政，各司其职，加强配合，对涉烟制假窝点、售假团伙实施重点打击。

对以暴力、威胁方法阻碍执法人员依法执行公务或者煽动群众暴力抗拒执法的，依法追究其刑事责任。

三、加强协调、管理和监督

（一）商务部门要把综合治理作为本市进一步整顿和规范市场经济秩序的重要内容，加强协调和执法协作，形成卷烟领域打假合力。

（二）财政部门要配合搞好卷烟领域打假的相关经费保障，确保财政资金及时拨付，并加强对财政资金使用的监督管理。

（三）新闻部门要配合做好有关新闻发布工作，并协调新闻媒体加强对涉烟重大案件查处情况的报道，充分利用各种宣传形式，营造良好的舆论环境。

四、鼓励社会力量参与

对举报、协助查处制售假冒商标卷烟等涉烟非法经营行为有功的单位或个人，按照有关规定酌情给予奖励。

市烟草专卖局举报电话为“12313”。

本实施意见自印发之日起施行，有效期为5年。

上海市经济和信息化委员会
上海市发展和改革委员会
上海市商务委员会
上海市公安局
上海市财政局
上海市城乡建设和交通委员会
上海市工商行政管理局
上海市质量技术监督局
上海市绿化和市容管理局
上海市交通运输和港口管理局
上海市人民政府新闻办公室
上海市烟草专卖局
二○一一年七月二十五日

上海市人民政府贯彻《国务院关于促进企业兼并重组的意见》的实施意见

沪府发 [2011] 55 号　2011 年 9 月 10 日发布

各区、县人民政府，市政府各委、办、局：

本市企业兼并重组，对提高产业集中度、推进产业结构调整、优化资源配置、深化体制机制改革发挥了重要作用。在资源环境约束日益加剧、产业竞争日趋激烈的形势下，大力促进企业兼并重组，具有重要的现实意义。为贯彻《国务院关于促进企业兼并重组的意见》（国发 [2010] 27 号），结合本市实际，现提出如下实施意见：

一、企业兼并重组的总体要求

（一）指导思想。深入贯彻落实科学发展观，把促进企业兼并重组作为率先转变经济发展方式和实现创新驱动、转型发展的重要举措，坚持开放性、市场化导向，抓住新一轮全球产业结构调整机遇，以企业为主体，切实发挥资本市场和产权市场功能，以优化资源配置为核心，与调整产业结构、优化空间布局和培育新的经济增长点相结合，处理好局部与整体、当前与长远的关系，增强抵御市场风险的能力，提升企业核心竞争力、产业集中度和城市运行安全水平，提高经济发展质量和效益。

（二）基本原则。坚持市场主导，发挥企业主体作用。遵循市场经济规则，发挥市场的基础性作用，尊重企业意愿，充分调动企业的积极性、主动性，引导企业通过平等协商自主开展兼并重组。

坚持开放推进，提高资源整合能力。鼓励企业跨国界、跨区域、跨行业、跨所有制兼并重组，实现企业在技术、管理、人才、资金和市场等方面的协同效应，利用资本市场和产权市场，促进资源有效配置，形成大中小企业优势互补、各类所有制企业协调发展的产业组织结构。

坚持依法合规，维护社会和谐稳定。严格执行相关法律法规和规章制度，规范企业兼并重组行为。妥善解决企业兼并重组中的资产债务处置、职工安置等问题，维护各方合法权益，促进企业、职工队伍、社会的和谐稳定。

（三）主要目标。通过兼并重组，促进企业深化体制机制改革，建立健全现代企业制度，不断提高企业核心竞争力，发展壮大一批拥有自主知识产权和知名品牌、具有国际竞争力的企业集团；促进产业结构、组织结构和布局结构调整优化，提高产业规模化、集约化和集聚发展水平，加快发展总部经济；促进转让交易、中介服务、金融支持、信息咨询等相关功能日趋完善，使本市成为企业兼并重组功能最全、服务最优、效率最高的地区之一，努力打造立足上海、服务全国的企业兼并重组交易中心。

（四）重点方向。着眼于构建服务经济时代的产业体系，推进金融、航运物流、现代商贸、信息服务、文化创意、旅游会展等重点行业企业开展兼并重组，拓展新领域新业态，提升网络化经营和集聚辐射能力；支持新一代信息技术、高端装备制造、生物、新能源、新材料、新能源汽车、节能环保等战略性新兴产业企业实施兼并重组，引入关键技术、核心专利、领军人才及团队，在重要领域取得突破，以示范应用带动产业发展；聚焦装备、汽车、电子信息、钢铁、石化、轻纺等先进制造业企业实施改制重组、主辅分离和国内外收购兼并，实现制造业改造转型提速，国际竞争力提升；引导资源型企业通过兼并重组获取战略性能源和资源，更好地保障城市运行安全；推进高能耗、高污染、高危险、低效率的劣势企业、劣势产品和落后工艺通过兼并重组加快调整淘汰。

二、消除企业兼并重组的制度障碍

（五）取消限制企业兼并重组的规定。认真清理废止各种阻碍企业兼并重组、妨碍企业公平竞争的规定，特别是限制市外企业对本市企业实施兼并重组和本市企业跨区县兼并重组的不合理规定（责任部门：市经济信息化委、市国资委、市政府法制办等）。

（六）理顺跨区域利益分配关系。本市与外省市政府可签订企业跨省市兼并重组后的财税利益分成协议；妥善解决企业跨省市、跨区县兼并重组后的增加值等统计数据归属问题，实现企业兼并重组成果共享。各区县政府可参照企业跨区迁移的有关规定，处理企业跨区县兼并重组后的财税利益分成问题；除另有协议外，不得要求企业返还已享受的扶持政策利益（责任部门：市财政局、市发展改革委、市地税局、市统计局等）。

（七）放宽非公资本和中小企业的市场准入。切实向民营资本开放法律法规未禁止的行业和领域，并放宽在股权比例等方面的限制。鼓励民营企业参与竞争性领域国有企业的改制重组，支持民营资本进入基础设施、公共事业、金融服务和社会事业等领域。鼓励和规范外资以参股、并购方式参与本地企业改组改造和兼并重组。支持中小企业通过兼并重组向“专精特新”方向发展（责任部门：市经济信息化委、市发展改革委、市国资委、市商务委等）。

三、加强对企业兼并重组的引导和政策扶持

（八）落实税收优惠政策。完善支持企业兼并重组的财税政策。对企业兼并重组涉及的资产评估增值、债务重组收益、土地房屋权属转移等给予税收优惠，具体按照国家有关所得税、契税的规定处理。兼并重组后新设立的企业经税务部门确认后仍符合条件的，可按有关规定继续享受原有企业的税收优惠。企业兼并重组过程中变更或移用受海关监管的减免税进口货物和进口设备，符合政策规定的，经海关批准可享受相应的税收优惠政策（责任部门：市财政局、市地税局、市规划国土资源局、市住房保障房屋管理局、上海海关等）。

（九）加大财政扶持力度。在市本级国有资本经营预算中安排资金，通过技改贴息、职工安置补助等方式，支持市属国有企业兼并重组。通过财政贴息、信贷奖励补助、贷款担保等方式，激励商业银行加大对企业兼并重组的信贷支持力度。支持兼并重组公共服务平台建设，鼓励中介服务机构发展。对制造业分离生产性服务业符合条件的，给予相应的财政政策扶持。鼓励有条件的区县加大对企业兼并重组的资金支持力度（责任部门：市财政局、市国资委、市经济信息化委、市发展改革委、市商务委、市金融办等）。

（十）完善土地管理政策。兼并重组涉及的划拨土地符合划拨用地条件的，经批准可继续以划拨方式使用；不符合划拨用地条件的，采取土地出让、土地租赁、作价出资（入股）、授权经营等有偿使用方式进行处置；以国家作价出资（入股）、授权经营方式配置土地的，经批准可办理资本金转增手续；企业使用国有划拨土地，因历史原因导致房地产权证书不全的，在兼并重组中可根据本市房地产登记条例等有关规定申请办理房地产登记。鼓励企业在兼并重组中，通过补缴土地出让金的方式处置原空转土地的使用权（责任部门：市规划国土资源局、市住房保障房屋管理局、市财政局、市国资委等）。

（十一）支持企业自主创新和技术进步。对兼并重组企业符合产业政策的技术改造项目优先立项，优先安排技术改造资金。支持有条件的兼并重组企业建立企业技术中心、国家重点实验室、工程实验室、工程（技术）研究中心等，提高研发水平和自主创新能力，加快推进高新技术产业化（责任部门：市经济信息化委、市发展改革委、市科委、市财政局等）。

（十二）妥善解决企业债权债务问题。严格依照有关法律规定和政策，妥善分类处置兼并重组中的债权债务关系，落实清偿责任，确保债权人、债务人的合法利益。研究债务重组的政策措施，鼓励资产管理公司、创业投资企业、股权投资基金、产业投资基金等参与被兼并重组企业的债务处置和不良资产处理（责任部门：市国资委、市财政局、市发展改革委、市金融办、上海银监局等）。

（十三）妥善解决职工安置问题。严格依法处理兼并重组中的职工劳动关系，向工会或职工说明企业兼并重组情况并征询对职工分流安置方案的意见。切实保障职工享受社会保险待遇，依法稳妥解决职工的社会保险关系接续、工资支付等问题。对预先提取的职工安置费用，鼓励采用委托第三方机构监管的方式，确保其合理使用。指导和帮助兼并重组企业的富余人员实现市场化就业，对个人自谋职业、自主创业和企业组织转岗技能培训的，按有关规定给予政策扶持（责任部门：市人力资源社会保障局、市财政局、市国资委等）。

（十四）深化企业体制改革和管理创新。鼓励兼并重组企业建立健全规范的法人治理结构，转换企业经营机制，创新管理理念、管理机制和管理手段，加强和改善生产经营管理。鼓励企业在兼并重组中保护和发展具有市场竞争力的自主品牌、知识产权等核心要素。鼓励企业在兼并重组中加强文化融合，以文化融合提升兼并重组成效（责任部门：市国资委、市经济信息化委、市知识产权局、市文广影视局等）。

四、加强企业兼并重组的金融支持

（十五）鼓励金融机构加强服务。缓解企业兼并重组的融资难问题，鼓励商业银行积极稳妥开展并购贷款业务，扩大并购贷款规模，完善贷款期限等贷款政策，及时支持合理的并购融资需求，重点支持企业获取研发能力、关键技术与工艺、商标和特许经营权等；鼓励在大型兼并重组项目中，采取银团贷款等多种支持方式；鼓励对兼并重组后的企业实行综合授信。支持证券公司、资产管理公司、股权投资基金、产业投资基金等参与企业兼并重组，向企业提供直接投资、委托贷款、过桥贷款等融资支持。鼓励金融机构设立并购融资中心或专营窗口，提供多样化、高层次的并购融资服务，积极探索企业跨国并购的金融服务（责任部门：市金融办、上海银监局、上海证监局、人民银行上海总部、市发展改革委、市经济信息化委、市财政局等）。

（十六）支持设立并购基金。鼓励有条件的机构发起设立并购基金，探索政府引导资金参与并购基金的设立和运作；发挥并购基金在拓宽并购融资渠道、并购方案设计、并购咨询、组织社会资金进行并购投资等方面的作用，提高企业兼并重组能力。鼓励设立面向战略性新兴产业和促进中小企业发展等领域的并购基金（责任部门：市金融办、上海证监局、市发展改革委、市经济信息化委、市财政局等）。

（十七）充分发挥多层次资本市场作用。发挥证券市场、产权市场等在企业兼并重组中的作用，完善张江高新技术产业开发区非上市公司代办股份转让系统和上海股权托管交易中心在企业兼并重组中的融资和价值发现功能。鼓励各类所有制企业通过资产置换、股权转让、债务重组、引入战略投资者等方式提高运营效率，推动企业集团整体或核心业务资产上市。鼓励民营企业利用产权市场组合民间资本，鼓励上市公司以股权、现金及其他金融创新方式作为兼并重组的支付手段。支持符合条件的企业通过发行股票、债券、可转换债等方式，为兼并重组融资（责任部门：上海证监局、市金融办、市国资委、市经济信息化委、市发展改革委、上海银监局等）。

五、完善企业兼并重组的行政管理和服务

（十八）切实提高行政服务水平。按照“行政效率最高、行政透明度最高、行政收费最少”的要求，深化行政审批制度改革，发挥市、区县网上行政审批管理和服务平台作用，不断完善企业兼并重组中的行政管理与服务。编制《上海市企业兼并重组工作指引》，梳理政策，剖析案例，总结经验，促进相关行政服务科学化、规范化和透明化，切实降低企业兼并重组成本（责任部门：市审改办、市电子政务办、市经济信息化委、市国资委等）。

（十九）完善工商行政管理服务。改革企业注册登记办法，允许以股权投资方式直接申请设立集团母公司和办理集团登记证。企业因兼并重组办理工商登记，无需提交货币出资比例证明；开辟工商“绿色通道”等专项服务。企业因兼并重组实施合并、分立，属于同一登记机关管辖范围的，可同时申请办理注销、新设或变更登记；不属于同一登记机关管辖范围的，先行受理的登记机关要帮助企业搞好工作衔接；企业合并、分立前有对外投资或设立分支机构的，可在企业注销后办理相应的变更登记（责任部门：市工商局等）。

（二十）简化行政许可等手续。企业兼并重组涉及项目立项、环境评价、工程施工等的批准文件和资质证书，经审核符合条件的，可按照规定变更企业名称。对兼并重组涉及的壳体企业，鼓励通过司法裁定破产的方式，申请办理相关注销手续（责任部门：市发展改革委、市环保局、市建设交通委、市工商局、市地税局等）。

六、营造企业兼并重组的良好环境

（二十一）发挥产权市场的公共服务平台作用。加强本市产权市场在企业兼并重组相关信息发布、集中推介、有效竞价、规范操作等方面的优势，扩展产权市场的交易主体、交易对象、交易方式和交易规模，发挥知识产权、环境能源产权、文化产权等各类产权市场在企业兼并重组中的专业性作用。推动产权市场成为各类所有制企业并购重组、产权结构优化和资源要素流动国际化的公共服务平台（责任部门：市国资委、市发展改革委、市经济信息化委、市知识产权局、市文广影视局等）。

（二十二）发展中介服务机构。落实本市促进中介服务业发展的有关政策，大力发展与兼并重组相关的鉴证、评估、代理、经纪、交易咨询、仲裁等中介服务。发挥社会组织的作用，促进兼并重组相关中介服务机构集聚和人才培养，加强中介服务机构及其从业人员的信用建设，推动中介服务专业化、规范化发展（责任部门：市工商局、市经济信息化委、市国资委、市发展改革委、市商务委、市征信办、人民银行上海总部等）。

（二十三）加强风险监控。督促企业严格执行有关法律法规和政策，规范操作流程，加强信息管理和披露，依法打击和有效防控内幕交易和市场操纵行为，防范道德风险和信用风险。防止恶意收购和国有资产流失，防止偷逃税款、逃废债务。深入研究、妥善解决企业兼并重组中可能出现的各种矛盾和问题，对兼并重组中涉及的企业改制、不良资产处置、重大债务重组、中小股东利益保护等事项加强风险评估，制定相应的应对预案和措施，切实维护企业、社会的和谐稳定。发挥各类中介机构在企业跨国并购中的尽职调查等咨询服务作用，帮助企业防范境外并购风险（责任部门：市国资委、上海证监局、市经济信息化委、市财政局、市商务委、市人力资源社会保障局、市金融办、市地税局等）。

（二十四）维护产业安全。实施企业兼并重组的产业政策符合性审核制度，维护产业安全。对达到经营者集中法定申报标准的企业兼并重组，督促相关企业依法主动申报，依法进行经营者集中审查。落实外国投资者并购境内企业安全审查制度的有关规定（责任部门：市经济信息化委、市发展改革委、市国资委、市商务委、上海证监局等）。

（二十五）加强对企业兼并重组工作的指导和协调。建立上海市促进企业兼并重组工作联席会议，由分管市领导担任召集人，相关部门和单位参加，办公室设在市经济信息化委。联席会议的主要职责是统筹协调企业兼并重组工作，研究解决企业兼并重组工作中的重大问题，细化有关政策和配套措施，落实相关要求，协调做好组织实施工作（责任部门：市经济信息化委、市国资委等）。

上海市人民政府

二〇一一年九月十日

上海市人民政府办公厅转发市经济信息化委等四部门制订的《关于推进上海规划产业区块外产业结构调整转型的指导意见》的通知

沪府办发[2011] 51号　2011年10月18日发布

各区、县人民政府，市政府各委、办、局：

市经济信息化委、市发展改革委、市规划国土资源局、市环保局制订的《关于推进上海规划产业区块外产业结构调整转型的指导意见》已经市政府同意，现转发给你们，请认真按照执行。

上海市人民政府办公厅

二〇一一年十月十八日

关于推进上海规划产业区块外产业结构调整转型的指导意见

本市“两规合一”后明确的104个规划产业区块外，还存在位于规划集中建设区内和规划集中建设区外的现状工业用地。为加强对这两种类型现状工业用地的分类指导和合理利用，加快产业结构调整转型，促进产业升级，提高资源节约集约利用水平，特制定本指导意见。

一、明确指导思想

坚持以科学发展观为指导，以“创新驱动、转型发展”为主线，以“发展调整中提升”为核心，按照“新账不欠，老账逐步还”的总体要求，科学规划工业用地布局，加大规划产业区块外产业结构调整力度，淘汰高能耗、高污染企业，提升现有企业技术能级，支持发展高附加值、低资源消耗的产业，通过关停、复垦、转移、稳定、转型、改造等方式，积极稳妥、分类推进规划产业区块外产业结构调整，促进产业转型升级，优化区域环境质量，走资源集约型和环境友好型的发展道路。

二、确定基本原则

（一）规划引导，合理布局。科学规划产业区块外工业用地，推进规划产业区块外产业规划与土地利用规划、城乡总体规划、生态网络规划以及环境保护规划的充分衔接，从空间上优化产业布局，引导工业向园区集中。

（二）节约资源，保护环境。以坚持资源节约为重，环境保护为先，注重用好存量用地与推进土地节约集约利用相结合，注重环境保护和产业发展相协调，完善规划产业区块外环境基础设施，加强环境管理，推进节能减排。

（三）分类指导，有序推进。根据不同区域、产业和企业情况，加强分类指导，在规划集中建设区外重点推进关停、复垦、转移；在规划集中建设区内重点推进转型、改造、提升。严格控制规划产业区块外新建项目。中心城区要结合新一轮城市建设和更新改造，郊区要结合新城和新市镇发展规划，积极有序推进产业调整转型。

（四）转型升级，融合发展。推进规划产业区块外重点企业通过实施技术改造，提升产业能级，加强环境保护。支持利用存量资源转型发展战略性新兴产业、都市产业、生产性服务业、创意产业等。通过调整转型，提高资源综合利用效率，促进产业与城市融合协调发展。

三、制订规划产业区块外产业调整转型规划

按照《上海重点产业定位指南》、《“十二五”上海淘汰劣势产业导向目录》，制订全市规划产业区块外产业结构调整转型规划，推动区县发展经济效益好、资源消耗小、环境影响少的战略性新兴产业、都市产业、生产性服务业、创意产业等，禁止发展国家及本市明确禁止及与周边区域环境不相协调的产业。支持中心城区利用存量工业用地转型发展，引导近郊及城镇周边区域企业进行技术改造和产业升级，加大规划集中建设区外水源保护区、生态廊道等区域企业关停淘汰和土地整理复垦力度。各区县要制定本地区规划产业区块外现状工业用地产业调整转型规划，分阶段实施。

四、加快劣势企业淘汰关停

加快淘汰关停现有落后产品、工艺和劣势企业以及影响环境、安全的工业企业。全面调整和关停一级水源保护区内的企业；调整和关停外环线以内、二级水源保护区、准水源保护区、崇明生态岛等区域中的污染企业和重大风险企业。重点推进能耗高、污染重的零星化工（含危险化学品生产）、橡胶塑料制品、纺织印染、皮革鞣制、金属表面处理、金属冶炼及压延、金属锻造加工、非金属矿物制品等行业的企业淘汰关停和调整退出。各区县要结合生态廊道建设，加快淘汰生态敏感区、环境敏感区的污染企业和落后产能，制定年度淘汰关停计划。对列入计划的项目和区域，给予专项补贴。

五、推进规划集中建设区外现状工业用地整理复垦

对规划集中建设区外的现状工业用地，要采取多种手段，推进整理复垦。按照《上海市基本生态网络规划》，搞好生态空间内零星工业用地的搬迁、土地整理复垦开发与综合整治。各区县要结合实际，制定年度整理复垦计划。对复垦实施情况较好的区县，在年度土地利用计划安排上给予倾斜。对复垦实施情况较差的区县，在年度土地利用计划安排上作相应扣减。

六、引导企业向园区转移

对规划产业区块外符合产业导向、成长性好、需要快速

扩张的企业，积极引导其到园区发展，支持其改扩建时向园区转移。对上述企业新建项目，支持其在园区建设，形成产业集聚，提高产业能级。各区县要根据产业导向要求和企业发展需要，制定年度转移工作计划。市、区县两级将在土地指标、产业政策等方面给予支持。

七、稳定企业正常生产经营

妥善处理企业调整转型与稳定正常生产经营的关系，对规划产业区块外符合产业导向、就业量大、符合环保和安全要求、合法经营但短期内不具备关停、复垦、转移条件的工业企业，各区县在规划实施的过程中，要按照“尊重历史、积极稳妥、逐步推进”的要求，稳定企业正常生产经营。同时，根据企业发展情况和区域功能定位，研究制定中长期调整转型计划，积极引导企业有序调整转型升级。

八、鼓励转型发展生产性服务业

对规划集中建设区内区位条件较好、紧邻城区或产业基地的区块，要结合地区规划，积极引导产城融合发展，明确生产性服务业发展功能，鼓励和支持具备一定发展规模的集中区块优先建设生产性服务业功能区，重点发展研发、设计、检测、营销、物流、总部等生产性服务业。支持中心城区工业企业在“三个不变”的原则下，建设创意产业集聚区，推进创意产业发展，积极支持以划拨方式取得土地的单位利用工业厂房、仓储用房等存量房产、土地资源，兴办信息服务、研发设计、创意产业等现代服务业。各区县要结合本区域生产性服务业和创意产业发展规划，制定年度转型工作计划，推进产业转型发展。

九、允许重点企业实施技术改造

对符合产业发展导向和先进制造业发展要求、承担战略性新兴产业和高新技术产业化任务、属于产业链重要配套环节的重点企业，在符合区域环评和污染物总量控制的前提下，各区县要允许其重点围绕产品升级换代、优化工艺流程、升级生产技术和装备、提高能源综合利用效率、改善环境设施等方面开展技术改造，加快企业改造升级步伐。

十、加强规划产业区块外环境管理

要做好“十二五”期间规划产业区块外环境基础设施建设规划，不断完善规划产业区块外现状工业用地特别是集中工业区块的环境基础设施。加大政府引导和支持力度，加快建设污水处理管网，在相对集中区域建设绿化隔离带，推进规划产业区块外工业企业污水纳管排放。

十一、建立规划产业区块外产业结构调整转型的工作机制

建立市、区县两级联合推进规划产业区块外产业结构调整的工作机制，积极稳妥地推进产业结构调整转型。充分发挥区县和企业的积极性，加强对规划产业区块外企业的指导服务，定期对规划产业区块外工业用地的产业发展、土地利用、环境保护等情况进行评估，严格土地利用，切实加强监督。

十二、加快规划产业区块外产业结构调整转型推进工作

各区县要按照关停、复垦、转移、转型、改造等不同方式，制定规划产业区块外产业结构调整转型年度工作计划。各有关部门要按照职责分工，加强指导，进一步研究制定相关配套政策，加快推进产业调整转型。

本指导意见自印发之日起实施，有效期5年。

上海市经济和信息化委员会
上海市发展和改革委员会
上海市规划和国土资源管理局
上海市环境保护局
二○一一年九月二十八日

上海市知识产权优势企业认定办法

沪经信法[2011]846号　2011年12月13日发布

第一条　制定目的

为了加快培育和发展战略性新兴产业，进一步促进知识产权优势集聚，全面提升本市企业知识产权创造、发展的实力和水平，规范知识产权优势企业认定工作，制订本办法。

第二条　定义

本办法所称的知识产权优势企业，是指属于国家和本市重点发展的产业领域，能承接国家和本市重大、重点产业发展项目，具备自主知识产权能力，积极开展知识产权保护和运用，建立全面的知识产权管理制度和机制，具有知识产权综合实力的企业。

第三条　管理部门

市经济信息化委、市国资委、市财政局、市工商局、市知识产权局、市版权局联合组成上海市知识产权优势企业创建工程推进委员会（以下简称市优势企业推进委），负责本市知识产权优势企业认定工作的组织领导和重大决策。

市优势企业推进委下设上海市知识产权优势企业认定办公室（以下简称市优势企业认定办），设在市经济信息化委。市优势企业认定办由市经济信息化委、市国资委、市财政局、市工商局、市知识产权局、市版权局派员组成，具体负责知识产权优势企业的认定和考核，组织开展创建培育、宣传示范等活动，总结推广知识产权优势企业的经验。

各区（县）政府、控股（集团）公司负责知识产权优势企业创建工作的部门，应当在市优势企业认定办的指导下，根据本办法的规定，组织推进所属企业做好知识产权优势企业的申报工作。

第四条 申请条件

申请认定知识产权优势企业，须同时满足以下条件：

（一）属于国家和本市重点发展的产业领域、在本市注册的独立法人企业，经营状况良好，拥有自主注册商标，工商信用二类以上（含二类）、纳税信用 B 级以上（含 B 级）；

（二）承担国家战略性新兴产业、国家科技重大专项或者本市高新技术产业化重大、重点项目，开展项目相关知识产权分析研究，并且落实到自主创新工作之中，按照要求完成目标任务，拥有一批自主知识产权技术并实现产业化，自主知识产权产品销售额连续三年保持增长；

（三）具备较强的持续创新能力，主导产品具有授权发明专利，近三年内申请或者取得的知识产权不少于 30 件（含专利、商标、著作权等），其中有效的授权发明专利不少于 6 件；

（四）拥有较为完善的技术创新和研发体系，年研发投入占年销售额的 3% 以上，确立了知识产权归属与利益分配机制，将知识产权的取得和运用纳入管理人员和专业技术人员的评价指标体系；

（五）具有明确的知识产权发展战略以及健全的知识产权管理体制、激励机制和培训制度，设立企业主要负责人挂帅的知识产权管理机构，配备具有资质的知识产权专职工作人员，企业中高层管理人员和专业技术人员的知识产权受训率达到 80% 以上；

（六）近三年内无违反法律、法规和规章受处罚的纪录。

第五条 优先条件

符合本办法第四条规定的条件，并具备以下条件之一项或者多项的，可以优先认定为上海市知识产权优势企业：

（一）拥有中国驰名商标或者上海市著名商标 1 件以上、境外注册商标 5 件以上；

（二）近三年内参与过国家或者行业技术标准的制订、修订，或者国际标准的制订；

（三）有其他知识产权方面的国家级、省部级获奖证明。

第六条 申请材料

申请知识产权优势企业认定，须提交以下材料：

（一）上海市知识产权优势企业申请表；

（二）企业知识产权发展规划及发展战略、知识产权工作管理办法、知识产权奖励制度及实施情况；

（三）企业知识产权管理机构设置及人员配置情况；

（四）企业知识产权工作总结，近三年内承担国家和本市重大、重点产业发展项目过程中实施知识产权管理的情况；

（五）专利证书、商标注册证、著作权登记的证明文件、计算机软件著作权登记证书、集成电路布图设计专有权的证明文件等复印件；

（六）企业营业执照、税务登记证、组织机构代码证书等复印件，会计师事务所出具的近两年度财务审计报告；

（七）自主知识产权产品销售额连续三年保持增长、年研发投入占年销售额 3% 以上的相关证明；

（八）近三年内无违反法律、法规和规章受处罚记录的声明。

符合本办法第五条所列优先条件的企业，还应当提交相关的证明。

第七条 通知

市优势企业认定办每年在市经济信息化委网站上发布通知，公布本年度上海市知识产权优势企业认定的申请范围、申请条件、申请程序、受理部门等信息。

第八条 推荐和预审

各区（县）政府、控股（集团）公司负责知识产权优势企业创建工作的部门应当根据市优势企业认定办通知的要求，组织所属符合条件的法人企业通过知识产权优势企业申报受理平台（以下简称受理平台）进行网上申报及提交书面申报材料，并对申报企业提出推荐意见。中央在沪企业可以直接向市优势企业认定办申报。

市优势企业认定办对企业提交的申请材料进行预审核，并提供相关的信息和政策咨询服务。

第九条 专家评审

上海市知识产权优势企业认定采用网上专家评审的方式，由市优势企业认定办通过受理平台抽取专家库内有关知识产权、技术、经济、管理等方面的专家开展评审工作。

专家评审以申报条件为基础，对申报企业的知识产权创造、保护、运用和管理等方面的工作成效进行综合评价。

评审专家应当遵守有关评审制度，对企业的申报材料承担保密义务。

第十条 复核和公示

市优势企业认定办召开全体成员会议对专家评审结果进行复核，必要时可以要求申报企业进行陈述和答辩，或者组织专家对申报企业进行实地考察。

在综合评议的基础上，由市优势企业认定办择优提出知识产权优势企业候选名单，每年不超过20家，在市经济信息化委等部门的网站上予以公示，公示期为自候选名单公布之日起的5个工作日。

第十一条 认定和颁证

公示期满无异议的，由市优势企业认定办上报市优势企业推进委全体会议审议，经审议通过的企业，由市优势企业认定办颁发统一印制的《上海市知识产权优势企业认定证书》。

第十二条 复审

上海市知识产权优势企业资格自认定证书颁发之日起有效期为两年。有效期届满前三个月，企业可以提出复审申请，并提交近两年开展知识产权工作的相关报告，由市优势企业认定办组织专家组进行复审。合格者，重新颁发认定证书。

不提出复审申请的，其上海市知识产权优势企业资格到期自动失效。复审不合格的企业，需提出一年内整改措施，同时停止享受扶持政策；次年再复审仍不合格的企业，取消其上海市知识产权优势企业资格。

第十三条 企业更名

上海市知识产权优势企业更名的，在知识产权权属相应变更后，经市优势企业认定办确认并进行公示，报市优势企业推进委审议通过后重新颁发认定证书，编号与有效期不变。

第十四条 扶持政策

经认定的上海市知识产权优势企业，可以申请享受专项资金补贴。对知识产权优势企业的专项资金补贴申请，依据市财政局公布的具有审计资质的会计师事务所的审计结果，按照被认定前三年和被认定后至复审合格的两年内知识产权资金投入总额的50%（总额不超过100万元）核定补贴金额，分两次拨付。

前款所指的知识产权资金投入，包括知识产权的申请、注册、登记、维护、诉讼、信息咨询利用、实施、培训、奖励，以及知识产权战略和规划研究、知识产权信息化建设、项目的知识产权调研、技术标准制订或者修订、中国驰名商标和上海市著名商标的创建等方面的经费。

上海市知识产权优势企业专项资金管理办法另行制定。

原上海市知识产权示范企业不再享受同类扶持政策。

第十五条 优势企业的义务

上海市知识产权优势企业应当承担以下义务：

（一）深化知识产权工作，继续完善知识产权制度和推进机制建设；

（二）做好每年度相关统计和总结工作，并按要求及时提交知识产权工作材料；

（三）配合做好有关知识产权的调查、分析、研究和专题活动；

（四）配合推广知识产权工作经验。

第十六条 法律责任

企业提交的申请材料应当真实有效。对提供虚假申请材料的行为，市优势企业认定办应当记录相关信息并向社会公开，同时纳入本市企业信用联合征信系统。

对提供虚假申请材料骗取知识产权优势企业资格或者在复审中弄虚作假的，取消其上海市知识产权优势企业资格，收回已经拨付的专项资金补贴，并按照《财政违法行为处分处罚条例》（国务院令第427号）等有关规定予以行政处罚；涉嫌犯罪的，移交司法机关依法处理。

骗取知识产权优势企业资格的企业，三年内不得再申请认定。

第十七条 实施日期

本办法自发布之日起施行，有效期5年。2008年10月9日发布的《上海市知识产权示范企业认定办法》同时废止。

上海市经济信息化委等12部门关于促进本市创意设计业发展的若干意见

沪经信都[2011]282号 2011年5月27日发布

各区县经委（经信委）、发展改革委、教委、科委、财政局、人力资源社会保障局、商务委、税务局、统计局、知识产权局、金融办（局）、工商分局，市税务直属分局：

为贯彻落实《国务院关于加快发展服务业的若干意见》（国发[2007] 7号）以及工业和信息化部等部门《关于促进工业设计发展的若干指导意见》（工信部联产业[2010] 390号），促进本市经济发展方式转变和城市发展转型，推进重点产业的设计创新，提升产业核心竞争力，打造更具创新活力和国际影响力的“设计之都”，现就促进本市创意设计业发展提出如下意见。

一、充分认识促进创意设计业发展的重要意义

创意设计是综合运用科技成果和工学、美学、心理学、经济学等知识，对产品的内容、功能、结构、形态及包装等进行整合优化的创新活动。促进创意设计业发展，加快全市设计创新体系建设，有助于提升产品附加值，扩大消费需求；有助于提高企业竞争力，创建自主品牌；有助于转变经济发展方式，加快形成以服务经济为主的产业结构；有助于促进创意设计更加贴近群众生活，提高人们的生活品质；有助于增强城市软实力，扩大上海城市影响力，促进创新型城市建设。

二、明确指导思想、基本原则、发展目标和重点支持领域

1．指导思想。坚持以科学发展观为指导，围绕上海加快推进“四个率先”、建设“四个中心”的工作大局，以加入联合国教科文组织“创意城市网络”、建设“设计之都”为契机，不断提高企业设计创新能力，营造设计创新氛围，优化设计创新服务体系，完善政策措施，全面推动创意设计业快速发展，进一步促进产业转型升级，提升城市竞争力和文化软实力。

2．基本原则。坚持专业化发展和在企业内发展相结合，扩大设计产业规模，提升设计创新水平；坚持全面提升与重点突破相结合，聚焦本市重点产业领域，推进创意设计业与相关产业的融合发展，发挥创意设计的高端引领作用；坚持走出去与引进来相结合，提升设计国际化水平；坚持政府引导和市场调节相结合，为设计创新营造良好环境。

3．发展目标。形成5～8家具有国际竞争力的设计企业和一批“专、精、特、新”设计企业；打造20～30家企业设计中心，力争2～3家成为国家级企业设计中心；建设2～3个辐射力强、带动效应显著的国家级工业设计示范园区；扶持一批设计创新示范项目；建成一批创意设计类人才实训基地，培育一批创意设计类领军人才和青年高端创意人才，吸引一批海外设计人才和设计大师；引进一批国际著名设计组织、机构。到2015年，使上海设计产业知识产权保护环境更加完善，基本形成创意设计要素资源集聚、市场主体活跃、产业布局合理、带动效应显著的设计创新体系，使企业设计创新能力显著增强，创意设计业对全市经济和社会的贡献度进一步提高，使上海成为更具国际影响力的“设计之都”。

4．重点支持领域。结合上海产业发展重点和优势，选择工业设计、时尚设计、建筑设计、多媒体艺术设计等产业规模较大、产业带动效应强、在国内外具有一定影响力、具有较好发展基础和潜力的创意设计行业给予重点支持。

三、提升产业设计创新能力

1．鼓励有条件的企业建立设计中心，不断提升其创意设计水平，创新业务流程和组织架构，促进企业技术、设计、管理创新的有效结合。对符合条件的企业设计中心由市经济信息化委组织认定，并向工业和信息化部等国家有关部门推荐，争取成为国家级企业设计中心。

2．鼓励专业设计企业加强设计和服务能力建设，加大信息技术产品等软硬件投入，加强人才队伍建设，创新服务模式，提高专业化服务水平。对符合相应条件的企业由市经济信息化委组织开展设计创新示范企业认定。

3．鼓励专业设计企业和机构间加强资源整合，优化产业组织结构，支持一批拥有自主知识产权和知名品牌、具有较强竞争力的、成长性好的创意设计类龙头企业。加强创意

设计类中小企业服务体系建设，重点培育一批行业内基础较好、潜力较大、具有一定行业带动性的中小企业，促进其向“专、精、特、新”发展。

4. 鼓励社会培训机构开展重点企业负责人创意设计类培训项目，加强企业设计创新典型案例宣传，提高企业对于设计创新的重视程度和认识水平。

5. 鼓励企业将可外包的设计业务发包给专业设计企业或设计机构，提升企业竞争力，扩大设计服务市场。支持在先进重大装备、汽车、船舶和海洋工程装备、消费品等重点领域实施一批投资规模大、科技含量高、产出效益好、拉动能力强的设计创新示范项目。

6. 鼓励科研机构、工业企业、设计单位、高等院校间加强合作，开展产学研联合攻关，加强基础性、通用性、前瞻性的创意设计理论与技术研究，实施一批产学研合作项目。

四、加快培养和引进高素质设计创新人才

1. 完善创意设计教育体系。探索建立有利于创意设计业人才成长的教育体系和人才培养模式，培养适应产业发展需求的复合型设计人才。加强高等院校的创意设计类学科建设，加大对创意设计类专业教学、科研、实验的软硬件支持，提升教师水平，支持聘用有实践经验的设计人员任教。完善创意设计的基础教育，在中小学加强相关启蒙教育和基本素质教育。

2. 建立健全创意设计人才的培训机制。鼓励企业、高等院校、科研机构和社会中介组织共建人才实训基地。支持符合条件的创意产业集聚区、创意设计类企业设立博士后科研工作站。支持有条件的单位选送优秀设计师出国培训，学习借鉴国外先进设计经验。鼓励行业协会、高等院校、科研机构和企业联合开展创意设计类培训。

3. 建立健全优秀设计人才认定、选拔和激励机制。将创意设计业列入上海市领军人才选拔、培养的范围。进一步完善创意设计业的人才开发目录。进一步完善创意设计业职业资格制度，在已开展的工业产品造型设计师、时装设计师、包装设计师等相关职业资格鉴定的基础上，继续研发创意设计业职业培训项目，完善培训计划与大纲。组织实施青年高端创意人才促进计划，对入选人才给予媒体宣传、培训交流、产业政策扶持等方面的优先支持。

4. 积极引进优秀创意设计人才。鼓励海内外优秀创意设计人才来沪创业和从事创意设计类研究、教学工作。鼓励企业招聘海内外优秀创意设计人才，完善技术入股等激励机制，妥善解决社会保障和工作生活待遇等问题，为海内外优秀创意设计人才来沪工作创造良好条件。

五、推动创意设计业集聚发展

1. 促进创意设计业在重点产业基地和工业园区的配套布局。引导先进重大装备、汽车、船舶和海洋工程装备等领域的配套设计企业在临港装备制造业基地、长兴岛造船基地、嘉定汽车工业基地等相关产业基地内部或周边集聚，推动产业升级。

2. 优化创意设计业在创意产业集聚区的建设布局。鼓励创意产业集聚区加强园区环境和设施建设，提高园区管理和服务水平，引导经认定的设计创新示范企业、企业设计中心向园区集聚。

3. 对提供工业设计等相关服务的企业和机构集聚并达到一定产业规模、在提升相关制造业产业竞争力及发展区域经济方面成效明显、具有一定示范和带动效应的园区或基地，由市经济信息化委组织开展工业设计示范园区认定，并向工业和信息化部等有关部门推荐，争取成为国家级工业设计示范园区。

六、推进创意设计类公共服务平台建设

1. 建立完善创意设计信息化服务平台。依托上海市创意产业展示与服务平台网站，深化服务功能，加强创意设计产业信息与相关专业行业网站和在线交易平台的交互对接，加强创意设计产业基础数据库建设。

2. 建立完善创意设计产业化服务平台。重点推进设计服务外包对接、设计创新成果展示交易、设计创新材料展示交易、设计资源共享等方面的服务平台建设。

3. 建立完善创意设计产业投融资服务平台。探索推进创意设计产业种子基金、孵化基金和创业投资基金建设，鼓励政策性担保机构和商业性融资担保公司为创意设计企业提供担保业务，改善创意设计产业的投融资环境。

4. 建立完善创意设计产业孵化器。鼓励创意产业集聚区、设计企业、高等院校、科研机构及社会力量建设创意设计产业孵化器，支持创意设计的专业化、市场化发展，提升科技条件、技术转移、专业咨询、投融资和市场推广等方面的专业服务能力，完善创业孵化功能，为大学生创业就业创造条件，推动中小设计企业集聚和成长。

七、加强创意设计业的知识产权保护和应用

1. 鼓励企业和个人加强创意设计成果保护，及时进行专利申请和著作权登记。将知识产权保护与企业诚信体系建设相结合，建立知识产权信用公示制度和纠纷预警机制，依法打击知识产权违法行为，处理侵犯知识产权行为。鼓励行业协会加强行业知识产权保护自律。

2. 建立完善提供创意设计业知识产权和设计成果的交易、托管等服务的综合性公共服务平台，促进知识产权和设计成果的有效流通。

3. 鼓励和支持公民、法人以知识产权作价出资形式创办企业。鼓励在产品或包装等相关物品上标注设计机构或设计者名称。鼓励权利人充分利用知识产权维护自身的合法权益。

八、加强创意设计业的展示、宣传和交流合作

1. 加强创意设计的国际交流合作。充分依托联合国教科文组织“创意城市网络”以及国内创意产业联盟组织，吸引跨国公司和国外著名设计机构来沪设立设计研发总部或分支机构。鼓励上海设计企业开拓海外市场，积极承接国际创意设计类外包业务。鼓励有条件的企业在境外建立设计研发中心。鼓励设计企业、机构和设计师参与国际设计领域的市场竞争，扩大国际影响力。

2. 围绕“设计之都”建设，进一步丰富上海国际创意产业活动周的内涵，完善活动筹办机制，逐步将其打造成为集展览展示、论坛和奖项评选等于一体的综合性品牌活动。

3. 积极支持和鼓励参与包括中国国际工业博览会、中国国际动漫游戏博览会、上海时装周、上海国际服装文化节、上海国际室内设计节、国际黄金珠宝展等在内的一批创意设计类大型活动，为创意设计业发展提供成果展示、发布和交易的平台。

4. 建立完善对“设计之都”整体形象和相关资源的宣传机制，在电视频道、主流报刊媒体、网络媒体中，开设创意设计类专题栏目。鼓励企业和社会中介组织创办创意设计类刊物和专题网站。

5. 开展创意设计全民参与计划。组织创意设计类展览走进社区，鼓励相关行业中介组织与社区联合开展创意设计类活动，丰富居民文化生活，宣传和推广设计理念。

九、优化创意设计业发展的政策环境

1. 加大财政资金投入。加大市服务业发展引导资金、市中小企业发展专项资金等财政性资金对创意设计业的扶持力度，创新资金使用方式，重点用于支持设计创新示范企业、示范项目、公共服务平台和工业设计示范园区等的建设。放大财政性资金的杠杆效应，吸引社会资本投入，推动设立一批创意设计类产业基金。有条件的区县应安排设计创新专项资金。

2. 落实税收扶持政策。企业用于工业设计的研究开发费用，按照税法规定享受企业所得税前加计扣除政策，鼓励企业加大设计研发投入。鼓励符合条件的设计企业参与高新技术企业、技术先进型服务企业认定，经认定的企业可按国家规定享受相关税收优惠政策。

3. 加强对创意设计业的金融服务。引导金融机构开发适合创意设计类企业需求的综合金融产品和特色金融服务。鼓励金融机构开展创意设计类企业知识产权质押融资业务试点，加大信贷支持。发展面向创意设计类企业的融资租赁业务、经营性租赁业务。鼓励信用担保机构为创意设计类企业提供贷款担保。将创意设计类企业纳入科技型中小企业信贷政策支持范围。鼓励风险投资等各类社会资本加大对创意设计业的投资。支持符合条件的创意设计类企业在境内外资本市场上市融资。

4. 健全创意设计业的人才政策。将创意设计人才纳入本市紧缺人才目录。制定和完善吸引国内外高端创意设计人才来上海创业、就业、居住以及子女就学、保险等方面的优惠政策。对符合条件的高端创意设计人才，优先推荐其参与“劳动模范”、“三八红旗手”等荣誉的评选。

5. 加强创意设计产品和服务的政府采购。对于经认定纳入政府采购自主创新产品目录的创意设计产品和服务，在本市重点工程和公共事业项目的政府采购中予以优先。

十、健全工作推进机制

1. 加强组织领导，形成推进合力。市经济信息化委负责促进本市创意设计业发展工作。本市各有关部门按照各自职责，协同做好促进创意设计业发展的有关工作。

2. 完善创意设计业统计分析制度。探索便于统计的创意设计类企业注册登记办法。建立完善创意设计业统计制度和统计指标体系，及时准确跟踪、监测和分析创意设计业的发展状况，把握产业运行态势，及时发现产业发展中的矛盾和问题，做好产业经济运行的预警预报工作。

3. 各区县经济主管部门要会同有关部门，加强本地区创意设计业发展的调研、分析和管理工作，可结合本地区实际，制定并实施贯彻本意见的具体办法。

4. 支持相关行业中介组织建设，充分发挥上海创意设计联席会议以及各相关行业中介组织在服务企业、规范行业、发展产业方面的协调促进作用。

上海市经济和信息化委员会
上海市发展和改革委员会
上海市教育委员会
上海市科学技术委员会
上海市财政局
上海市人力资源和社会保障局
上海市商务委员会
上海市地方税务局
上海市统计局
上海市知识产权局
上海市金融服务办公室
上海市工商行政管理局
二〇一一年五月二十七日

2012·上海工业年鉴

SHANGHAI INDUSTRIAL YEARBOOK

历年上海工业总产值及指数

单位：亿元

年份	工业总产值（亿元）			工业总产值指数（以 1978 年为 100）		
	合计	轻工业	重工业	总指数	轻工业	重工业
1978	514.01	266.02	247.99	100.0	100.0	100.0
1979	556.30	290.78	265.52	108.6	109.7	107.6
1980	598.75	331.13	267.62	115.7	123.4	108.3
1981	620.12	360.12	260.00	120.0	135.9	104.6
1982	634.65	359.62	275.03	125.6	139.9	111.9
1983	663.53	363.92	299.61	134.4	147.6	121.8
1984	728.12	395.60	332.52	147.7	163.3	132.7
1985	862.73	456.59	406.14	167.7	184.3	151.9
1986	952.21	493.09	459.12	177.0	192.2	162.6
1987	1073.84	556.96	516.88	188.9	206.3	172.4
1988	1304.66	679.17	625.49	208.8	227.2	191.4
1989	1524.67	789.57	735.10	215.0	233.6	197.3
1990	1642.75	846.63	796.12	223.6	241.8	206.7
1991	1947.18	976.34	970.84	255.2	269.2	241.9
1992	2429.96	1132.75	1297.21	306.7	306.4	306.6
1993	3327.04	1401.33	1925.71	368.2	352.7	380.1
1994	4255.19	1890.12	2365.06	435.3	429.9	437.6
1995	5349.53	2432.67	2916.86	510.9	504.2	513.9
（1995）	（4547.47）	（2092.89）	（2454.57）			
1996	5126.22	2334.29	2791.73	590.1	568.7	606.4
1997	5649.93	2528.19	3121.74	675.7	640.4	704.1
1998	5763.67	2527.56	3236.11	728.5	657.7	788.7
1999	6213.24	2679.71	3533.53	805.1	709.1	887.5
2000	7022.98	2903.40	4119.59	913.7	782.2	1027.7
2001	7806.18	2986.59	4819.59	1063.8	865.2	1234.8
2002	8730.00	3169.30	5560.70	1219.1	934.7	1463.2
2003	11708.49	3550.80	8157.68	1601.9	1063.9	2061.3
2004	14595.29	3871.33	10723.97	1927.1	1268.2	2492.2
2005	16876.78	4299.31	12577.48	2195.0	1395.0	2873.5
2006	19631.23	4747.28	14883.94	2500.1	1494.0	3341.9
2007	23108.63	5318.85	17789.78	2892.6	1641.9	3926.7
2008	25968.38	5839.41	20128.96	3126.9	1770.0	4244.8
2009	24888.08	5663.34	19224.74	3227.0	1716.9	4457.0
2010	31038.57	6692.35	24346.22	3966.0	2025.9	5540.1
2011	33834.44	7420.92	26413.52	4227.8	2194.0	5878.0

注：从 1996 年开始，工业总产值按新规定计算，括号内数为 1995 年新规定数。以下同。

资料来源：上海市统计局。

2011 年上海规模以上工业企业主要经济指标（一）

单位：万元

类　别	单位数	从业人员年平均人数	工业总产值现价	工业销售产值	出口交货值
总计	**9962**	**2693432**	**324451452**	**320848173**	**85240000**
按登记注册类型分					
内资	5419	1083073	125958137	124677842	12146336
国有	191	85136	12851254	12799314	297134
集体	172	33427	2054605	2000667	33645
股份合作	115	14223	710269	685921	29151
国有联营	6	1412	113284	112918	
集体联营	10	2894	191990	187935	1042
国有与集体联营	33	6136	471390	476895	17311
其他联营	6	891	60500	58303	
国有独资公司	55	56952	18039618	17973776	2759652
其他有限责任公司	782	225702	24876702	24602455	3027151
股份有限公司	144	99638	31038598	30916101	2733571
私营独资	279	36261	2438899	2416296	152575
私营合伙	79	9314	523042	507412	20807
私营有限责任公司	3330	466551	29205672	28626005	2403361
私营股份有限公司	187	39076	2620643	2576626	580368
其他内资	30	5460	761673	737220	90568
港澳台商投资	1276	445569	54732030	54134861	26994884
合资经营（港或澳、台资）	351	111537	7590692	7606547	2245866
合作经营（港或澳、台资）	116	30569	1645924	1602753	627533
港澳台商独资	776	273081	35418697	34948094	23304086
港澳台商投资股份有限公司	31	30018	10060812	9961561	815099
其他港澳台商投资	2	364	15905	15905	2300
外商投资	3267	1164790	143761286	142035471	46098781
中外合资经营	847	326805	62331406	61876635	8207210
中外合作经营	161	46071	3796468	3768080	886149
外商独资企业	2216	759539	72408753	71123093	34553929
外商投资股份有限公司	42	32336	5218407	5261412	2451493
其他外商投资	1	39	6252	6252	
按控股情况分					
国有控股	806	471720	122564353	121906945	10218744
集体控股	405	85658	5441912	5376701	489265
私人控股	4443	686613	44797217	43928440	4629373
港澳台控股	1112	363419	41987630	41498660	25875268
外商控股	2901	995328	100541411	99185565	42603814
其他控股	295	90694	9118930	8951863	1423537
按企业规模分					
大型企业	319	919142	175267827	173610226	60306261
中型企业	1589	872847	72198268	70787254	13989669
小型企业	8054	901443	76985357	76450693	10944071

资料来源：上海市统计局。

2011年上海规模以上工业企业主要经济指标（二）

单位：万元

类　别	主营业务收入	主营业务成本	销售费用	主营业务税金及附加	利润总额
总计	**342999504**	**289118793**	**11787632**	**7276551**	**22538224**
按登记注册类型分					
内资	133983477	113442494	2947644	5191332	8674008
国有	13420100	12695358	165529	48203	283432
集体	2060383	1885636	23407	6166	85778
股份合作	695541	618698	16915	1719	39525
国有联营	114798	99903	3020	236	4214
集体联营	186619	172048	707	489	8407
国有与集体联营	488208	435304	7442	622	27592
其他联营	57727	50821	1091	84	2404
国有独资公司	17824815	10736374	138938	4138308	2131583
其他有限责任公司	27244272	24072543	613637	84120	1257279
股份有限公司	36243713	32149624	848419	829760	2926582
私营独资	2472120	2064262	74520	5673	196273
私营合伙	509758	437864	14843	997	27434
私营有限责任公司	29329990	25275848	940526	67363	1386107
私营股份有限公司	2599872	2098637	82842	6653	260101
其他内资	735562	649576	15809	940	37297
港澳台商投资	54770015	49001354	1383847	648617	2305824
合资经营（港或澳、台资）	7845066	6561400	273610	19501	620910
合作经营（港或澳、台资）	1614861	1333879	74348	2356	112054
港澳台商独资	35349545	32424093	930755	24287	1258125
港澳台商投资股份有限公司	9944640	8669588	104787	602378	314058
其他港澳台商投资	15904	12394	346	95	677
外商投资	154246011	126674945	7456141	1436602	11558392
中外合资经营	71154864	56359115	2864279	1316858	7679703
中外合作经营	3901965	3264946	211847	15148	214852
外商独资企业	73945983	62290226	4191672	94471	3505188
外商投资股份有限公司	5236727	4756764	188133	10102	157056
其他外商投资	6472	3895	211	24	1594
按控股情况分					
国有控股	137611566	113680528	2848860	6935411	11437958
集体控股	5481087	4837595	100913	14679	317198
私人控股	45253419	38253903	1639773	108297	2669834
港澳台控股	42101753	38067884	1199094	33382	1795264
外商控股	102527307	85945066	5646242	155429	5478828
其他控股	10024372	8333816	352750	29353	839141
按企业规模分					
大型企业	189494609	159991355	5747855	6919272	13053890
中型企业	73916038	61853542	3275848	170918	4629890
小型企业	79588857	67273895	2763929	186362	4854443

资料来源：上海市统计局。

2011年上海规模以上工业企业主要经济指标（三）

单位：万元

类别	税金总额	亏损企业亏损额	固定资产原价	其中：生产经营用	固定资产净值
总计	**15618608**	**1812460**	**154201260**	**123922697**	**79955886**
按登记注册类型分					
内资	9081011	809695	83421987	71017310	44450273
国有	487739	110718	24473948	23605790	13878521
集体	56840	4803	361849	212038	188462
股份合作	21694	1667	195010	121651	99377
国有联营	3461	114	72016	63344	27512
集体联营	5443	1081	35628	25186	20043
国有与集体联营	15060	169	178908	152336	73314
其他联营	1083	62	8703	5251	4021
国有独资公司	5295247	36685	8177758	6760575	5015439
其他有限责任公司	704066	292956	12965668	8313835	7566875
股份有限公司	1559961	243048	28653759	27024923	12117418
私营独资	71331	7122	482626	276064	321385
私营合伙	14541	1524	125819	66271	85748
私营有限责任公司	749444	99657	6970338	4002226	4555796
私营股份有限公司	79157	7010	601838	309198	423477
其他内资	15945	3080	118120	78625	72885
港澳台商投资	1484768	166939	16535052	11819429	8011925
合资经营（港或澳、台资）	220029	53676	3768721	2533143	2219872
合作经营（港或澳、台资）	39962	7493	574426	339204	239812
港澳台商独资	341425	105258	7731744	4642991	3824611
港澳台商投资股份有限公司	882533	512	4456549	4302627	1725398
其他港澳台商投资	818		3612	1464	2232
外商投资	5052829	835825	54244221	41085958	27493689
中外合资经营	3538226	195836	20766848	17678070	9950449
中外合作经营	101740	24298	1592128	1187666	654692
外商独资企业	1306975	605263	28608669	19216205	14975593
外商投资股份有限公司	105504	10428	3276523	3003977	1912921
其他外商投资	384		53	40	34
按控股情况分					
国有控股	11431958	625542	89051202	80767324	44734183
集体控股	161127	18196	1212072	697170	617163
私人控股	1218264	159870	10782416	6379337	6958760
港澳台控股	497030	141698	10003824	6117240	4928578
外商控股	2002644	788456	39895796	27721383	20865822
其他控股	307585	78697	3255951	2240242	1851381
按企业规模分					
大型企业	11560973	630006	95159476	84469572	46208741
中型企业	2081708	521276	29308687	21305353	16033230
小型企业	1975926	661178	29733097	18147771	17713915

资料来源：上海市统计局。

2011 年上海规模以上工业企业主要经济指标（四）

单位：万元

类　别	流动资产合计	存货	其中：产成品	资产总计	流动负债合计
总计	**172653520**	**42486673**	**13776108**	**294542952**	**133971173**
按登记注册类型分					
内资	75748072	17992140	5583729	146875347	58588208
国有	5218673	1065331	360113	21933178	6453646
集体	931831	222195	111564	1265575	613752
股份合作	357210	69273	32348	490452	229376
国有联营	49341	9284	740	86617	39990
集体联营	89092	32841	13386	119719	71187
国有与集体联营	219512	77012	34978	316177	167351
其他联营	27361	9296	3909	31782	20755
国有独资公司	13623804	2183159	240728	22084633	7252886
其他有限责任公司	16570142	4685815	1506224	28287796	13780561
股份有限公司	18242788	4491978	1175501	42751574	13955773
私营独资	1357339	325618	102857	1892492	1006705
私营合伙	267361	79384	31375	393829	215770
私营有限责任公司	16335395	4308992	1829742	23543544	13274682
私营股份有限公司	2022182	352651	123353	3119785	1166087
其他内资	436041	79313	16913	558196	339687
港澳台商投资	22126165	5173925	1785189	35127300	18367233
合资经营（港或澳、台资）	4400039	1121021	401718	7580386	3690815
合作经营（港或澳、台资）	941554	251289	102789	1280913	622762
港澳台商独资	14449014	3032264	1095013	19729834	11955731
港澳台商投资股份有限公司	2325575	763361	185479	6523512	2088359
其他港澳台商投资	9983	5991	190	12656	9566
外商投资	74779282	19320607	6407190	112540305	57015733
中外合资经营	31360030	6986127	2919819	46625098	24179719
中外合作经营	2067727	607757	206191	2902582	1311925
外商独资企业	35610482	9812664	3083631	54053023	27495250
外商投资股份有限公司	5736540	1913783	197549	8955065	4025600
其他外商投资	4503	276		4537	3238
按控股情况分					
国有控股	64348614	14397075	4452219	135523791	52480495
集体控股	3013912	785427	344901	4410574	2096072
私人控股	27675295	6670425	2723536	40223620	21145770
港澳台控股	18573604	4048009	1491709	25912734	14573185
外商控股	52304093	14822713	4399957	78901741	38958533
其他控股	6738002	1763025	363784	9570493	4717119
按企业规模分					
大型企业	84326840	19061482	5354086	156787694	69009174
中型企业	41008269	11034912	3986746	64466248	30717258
小型企业	47318411	12390279	4435275	73289010	34244742

资料来源：上海市统计局。

2011 年上海规模以上工业企业主要经济指标（五）

单位：万元

类 别	长期负债合计	负债合计	所有者权益	成本费用总额
总计	**18541365**	**153995347**	**140547605**	**318335416**
按登记注册类型分				
内资	10666169	70049308	76826039	123666586
国有	1375510	7870297	14062880	13536851
集体	21414	673591	591984	2010940
股份合作	5085	247450	243002	678125
国有联营	6653	51991	34626	108399
集体联营	4063	79560	40159	180514
国有与集体联营	8716	185254	130924	473191
其他联营		20755	11026	55735
国有独资公司	2858762	10111648	11972985	11596594
其他有限责任公司	2651065	16644076	11643720	26292233
股份有限公司	3137223	17107691	25643883	34773863
私营独资	44638	1076040	816452	2297658
私营合伙	3586	226159	167670	482953
私营有限责任公司	467924	14138591	9404953	28120294
私营股份有限公司	60712	1252098	1867687	2358034
其他内资	20820	364107	194089	701203
港澳台商投资	1558872	20199761	14927540	52261008
合资经营（港或澳、台资）	336219	4068789	3511597	7346034
合作经营（港或澳、台资）	26708	688135	592777	1506967
港澳台商独资	534861	12683828	7046006	34235467
港澳台商投资股份有限公司	660960	2749320	3774192	9157288
其他港澳台商投资	123	9689	2967	15252
外商投资	6316324	63746278	48794027	142407823
中外合资经营	2241947	26512615	20112482	62736667
中外合作经营	88025	1412287	1490295	3687655
外商独资企业	2759511	30553009	23500014	70782329
外商投资股份有限公司	1226841	5265129	3689935	5196294
其他外商投资		3238	1300	4879
按控股情况分				
国有控股	11794717	64413455	71110336	122855845
集体控股	88348	2245842	2164732	5253791
私人控股	1141088	22795428	17428192	42913458
港澳台控股	714431	15554115	10358619	40551217
外商控股	4563871	43877873	35023868	97539348
其他控股	238910	5108635	4461858	9221758
按企业规模分				
大型企业	11155488	80402793	76384901	172909032
中型企业	3614617	34640254	29825994	69876172
小型企业	3771261	38952300	34336710	75550212

资料来源：上海市统计局。

2011 年上海规模以上工业企业主要经济指标（六）

单位：万元

类　别	管理费用	财务费用	累计折旧	其中：本年折旧
总计	**16563296**	**865696**	**74245374**	**8922136**
按登记注册类型分				
内资	6536137	740311	38971715	4489798
国有	610914	65051	10595428	1503681
集体	94478	7419	173387	19845
股份合作	39595	2917	95633	12208
国有联营	4791	685	44504	1991
集体联营	6941	818	15584	1875
国有与集体联营	28545	1899	105594	7381
其他联营	3476	348	4682	540
国有独资公司	731608	-10326	3162319	442477
其他有限责任公司	1398621	207432	5398793	641248
股份有限公司	1641630	134190	16536341	1329125
私营独资	139251	19626	161241	31811
私营合伙	26960	3286	40071	9152
私营有限责任公司	1625394	278527	2414542	444249
私营股份有限公司	154524	22032	178361	35479
其他内资	29411	6407	45235	8737
港澳台商投资	1835104	40703	8523127	928587
合资经营（港或澳、台资）	448880	62144	1548849	194664
合作经营（港或澳、台资）	93163	5577	334614	44179
港澳台商独资	944996	-64377	3907133	486353
港澳台商投资股份有限公司	345722	37191	2731151	203208
其他港澳台商投资	2343	169	1380	183
外商投资	8192054	84682	26750532	3503752
中外合资经营	3540667	-27394	10816400	1299700
中外合作经营	207483	3378	937436	95610
外商独资企业	4186284	114148	13633076	1920543
外商投资股份有限公司	256836	-5440	1363601	187885
其他外商投资	784	-10	19	13
按控股情况分				
国有控股	6093718	232738	44317019	4751051
集体控股	297643	17641	594910	68028
私人控股	2561643	458139	3823657	679850
港澳台控股	1317062	-32823	5075246	627821
外商控股	5802378	145662	19029974	2614777
其他控股	490853	44339	1404569	180610
按企业规模分				
大型企业	7319719	-149897	48950736	5399610
中型企业	4285499	461283	13275457	1746777
小型企业	4958077	554310	12019182	1775749

资料来源：上海市统计局。

2011 年上海国有控股工业企业主要指标

单位：万元

指 标	国有控股企业	其 中	
		大型企业	中型企业
单位数（个）	806	96	208
＃亏损企业单位数	147	17	34
工业总产值	122564353	92384509	20433791
工业销售产值	121906945	92011062	20258519
＃出口交货值	10218744	8465653	1257699
从业人员年平均人数（人）	471720	285712	118706
年末资产总计	135523791	104301961	18741489
流动资产合计	64348614	48425446	10401540
＃存货	14397075	10101624	2873577
＃产成品存货	4452219	2757430	1169277
固定资产合计	46741007	35797001	6075734
固定资产原价	89051202	70460093	11147011
＃生产经营用	80767324	67005596	9134428
累计折旧	44317019	36461665	5235971
＃本年折旧	4751051	3806757	580002
固定资产净值	44734183	33998428	5911040
无形资产	2840013	2144284	396163
年末负债合计	64413455	46704458	11073607
＃流动负债	52480495	38874460	9139946
长期负债	11794717	7796397	1911380
年末所有者权益	71110336	57597503	7667882
＃实收资本	25134615	16062910	5095459
国家资本	9806593	5384963	2957873
法人资本	10803798	7342735	1403139
集体资本	178083	83309	42798
个人资本	1030435	769842	154864
外商资本	2881490	2158425	471901
港澳台资本	434215	323635	64885
主营业务收入	137611566	105329555	21509532
主营业务成本	113680528	84960366	19203396
销售费用	2848860	2252979	396490
主营业务税金及附加	6935411	6832236	63047
管理费用	6093718	4557802	988779
财务费用	232738	-62066	167966
利息支出	925504	578815	185417
营业外支出	181416	92175	78463
营业外收入	662235	430014	137703
营业利润	10937539	9606403	842992
利润总额	11437958	9946564	907370
税金总额	11431958	10561027	584833
亏损企业亏损总额	625542	382211	149931
应缴所得税	1981160	1706227	172837
本年应缴增值税	4496547	3728791	521786

资料来源：上海市统计局。

2011 年上海工业企业经济效益指数

类别	工业经济效益综合指数	总资产贡献率(%)	资本保值增值率(%)	资产负债率(%)	流动资产周转率(次)	成本费用利润率(%)	工业全员劳动生产率(元/人)	工业产品销售率(%)
总计	**257.84**	**13.39**	**112.14**	**52.28**	**2.03**	**6.93**	**241280**	**98.89**
国有控股	523.23	17.26	109.53	47.53	2.21	9.02	651806	99.46
按轻重工业分								
轻工业	264.13	20.64	112.96	46.60	1.70	9.38	219338	98.47
重工业	259.62	11.36	111.87	53.88	2.14	6.35	252429	99.00
按隶属关系分								
中央工业	775.16	14.89	104.28	45.00	2.33	5.01	1098894	99.79
地方工业	226.16	12.85	115.99	54.92	1.97	7.42	187937	98.64

资料来源：上海市统计局。

2011 年上海六个重点发展工业行业主要指标

单位：万元

行业	单位数(个)	从业人员年平均人数(人)	工业总产值	工业销售产值	其中：出口交货值	年末资产总计	主营业务收入	利润总额	税金总额
总计	**4080**	**1402769**	**215933129**	**213582449**	**66318135**	**185174763**	**230814151**	**14974794**	**7552999**
占全市比重(%)	41.0	53.1	66.6	66.6	77.8	62.9	67.3	66.4	48.4
电子信息产品制造业	599274	599274	71666823	70767111	50434713	42926240	72239748	1725324	361321
汽车制造业	219702	219702	41295754	40902605	1739527	39332426	50861214	7954887	3060883
石油化工及精细化工制造业	125588	125588	39540143	39380446	2402982	24575781	40376698	1169141	2468974
精品钢材制造业	24267	24267	18131622	18114374	1457764	21194782	22359388	615326	283544
成套设备制造业	349650	349650	38888171	38313949	9361038	49337261	38541518	2735668	1026827
生物医药制造业	84288	84288	6410616	6103964	922112	7808275	6435585	774448	351450
在总计中：信息产品制造业									
通信设备制造	70	73129	9182391	9150904	6654839	6262518	9278133	307576	44084
雷达制造业	1	259	8189	9273		10797	8480	609	586
广播电视设备制造	10	2663	127646	126176	55943	102683	126909	7314	2188
电子计算机制造	54	181637	37635313	36969148	31048708	12618026	37740801	206060	10540
家用视听设备制造	25	16526	2284936	2287394	1391018	1112540	2355272	48529	11214
电子测量仪器制造	99	18554	1413201	1408243	500592	1235026	1452422	179374	28392
电子专用设备制造	167	34102	1671131	1641058	403563	1770120	1666084	143189	42204
电子元件制造	266	123273	6180376	6091591	3654227	5357775	6194067	353240	80029
电子器件制造	121	81292	6033327	5958460	4256368	8167858	6030850	292312	49412
电子机电产品制造	257	64305	6716008	6726213	1790090	5811674	6936069	155345	86740
电子专用材料制造	14	3534	414307	398651	162429	477223	450663	31774	5931

资料来源：上海市统计局。

上海市高技术产业主要情况（2010～2011年）

单位：万元

类　别	工业总产值	工业销售产值	产品销售率(%)	年末资产总计	主营业务收入	利润总额	税金总额
2011年总计	**70604688**	**69506652**	**98.4**	**44691236**	**71062340**	**2250745**	**571709**
占全市比重(%)	**21.8**	**21.7**		**15.2**	**20.7**	**10.0**	**3.7**
按登记注册类型分							
国有	680330	672573	98.9	1109377	686450	54416	23649
集体	15875	15786	99.4	53815	24130	2526	1403
股份合作企业	38587	36717	95.2	44291	39339	2681	3358
股份制企业	4385932	4296011	97.9	6775482	4583118	394691	174372
外商投资企业	65099185	64125256	98.5	36360214	65357840	1785568	354913
其他经济	384779	360309	93.6	348057	371462	10862	14013
按技术领域分							
#信息化学品制造	390940	374851	95.9	469515	426724	31042	5754
医药制造业	4489548	4244786	94.5	5721301	4492377	576588	280744
航空航天器制造	599426	593564	99.0	1490410	587390	20523	6212
电子及通信设备制造业	23216890	23020304	99.2	20555845	23375035	988242	161387
电子计算机及办公设备制造业	38060113	37450603	98.4	12951541	38219864	231894	16995
医疗设备及仪器仪表制造业	3847771	3822544	99.3	3502624	3960950	402457	100617
2010年总计	**69580113**	**68326144**	**98.2**	**40367861**	**70356757**	**2467428**	**561082**
占全市比重(%)	**23.2**	**23.0**		**14.7**	**22.0**	**11.1**	**4.1**
按登记注册类型分							
国有	797927	835727	104.7	1421291	871643	132117	41994
集体	26052	25694	98.6	67657	31838	2119	1890
股份合作企业	88720	94000	106.0	111213	100106	11413	10822
股份制企业	3903715	3772526	96.6	5928975	4055375	340238	153063
外商投资企业	64364492	63219864	98.2	32488192	64916565	1956412	342428
其他经济	399208	378333	94.8	350535	381230	25130	10885
按技术领域分							
#信息化学品制造	396637	406782	102.6	524428	388486	55320	3366
医药制造业	4131640	3882520	94.0	4968114	4134831	567006	262787
航空航天器制造	359437	360305	100.2	1176291	373196	15266	5823
电子及通信设备制造业	21760413	21172314	97.3	19209046	21576597	1117694	154328
电子计算机及办公设备制造业	39229489	38837627	99.0	11071804	40067624	269795	31001
医疗设备及仪器仪表制造业	3702497	3666597	99.0	3418178	3816023	442347	103777

资料来源：上海市统计局。

2011 年上海市各区、县工业企业主要指标

单位：万元

地　区	单位数（个）	从业人员（万人）	工业总产值	出口交货值	年末资产总计	主营业务收入	利润总额	税金总额
总计	**9962**	**264.11**	**324451452**	**85240000**	**294542952**	**342999504**	**22538224**	**15618608**
浦东新区	1993	65.48	92929060	24017391	93933253	103178319	7940422	3935759
黄浦区	35	1.50	1840743	359088	2437310	2692168	112109	60994
徐汇区	193	4.87	6327771	1701544	5204566	7107544	517931	132672
长宁区	47	1.12	812500	87076	1242368	948121	113084	32165
静安区	8	0.13	163069	13744	398798	170721	45445	19784
普陀区	139	3.45	2288265	239070	2812134	2685112	295332	116418
闸北区	74	2.19	1586442	210242	2932053	1692135	49057	47731
虹口区	47	0.77	525076	78862	882471	621903	67184	32009
杨浦区	104	3.66	9638719	719399	12603980	9704002	1777551	5174795
闵行区	1255	34.49	37584850	13089762	32881374	38295774	2428639	1034254
宝山区	556	12.60	26744520	3225804	29089003	31141156	1258465	528653
嘉定区	1338	34.24	39702955	5099309	27194686	40530512	4095393	1924114
金山区	731	14.01	17024002	1278602	10691852	16890834	506085	1067837
奉贤区	1032	19.06	14895591	3576987	13817512	15029263	764172	306096
松江区	1340	38.88	40790358	25455063	27156655	40752747	1412583	471285
青浦区	890	20.77	14193697	3773219	12183228	14057769	771010	385546
崇明县	145	5.11	4307982	1459188	5859813	4114337	108762	81934
其他	35	1.77	13095853	855654	13221896	13387086	274999	266563

资料来源：上海市统计局。

2011 年上海市工业企业主要指标

单位：亿元

类　别	单位数（个）	工业总产值	工业销售产值	从业人员（万人）	主营业务收入	利润总额
2011 年总计	**53666**	**33834.44**	**33497.03**	**351.53**	**35673.29**	**2291.88**
轻工业	22657	7420.92	7298.87	131.30	7668.09	600.48
重工业	31009	26413.52	26198.16	220.23	28005.20	1691.40
在总计中：私营工业合计	39940	4514.07	4465.43	118.31	4514.99	224.79
轻工业	17061	1541.08	1509.64	50.65	1523.45	73.48
重工业	22879	2972.99	2955.79	67.67	2991.54	151.30
2010 年总计	59510	31038.57	30696.83	367.63	33011.29	2322.65
轻工业	24894	6692.35	6583.37	140.80	6928.74	573.29
重工业	34617	24346.22	24113.45	226.83	26082.55	1749.37
在总计中：私营工业合计	46325	4300.92	4184.20	138.01	4334.46	221.00
轻工业	19634	1451.14	1432.09	60.88	1462.56	66.94
重工业	26692	2849.78	2752.12	77.13	2871.90	154.05

资料来源：上海市统计局。

2011 年上海市都市型工业基本情况

单位：万元

类别	单位数（个）	从业人员年平均人数（人）	工业总产值	工业销售产值	其中：出口交货值	年末资产总计	主营业务收入	利润总额	税金总额
总计	**2082**	**570173**	**34411437**	**33958479**	**7677444**	**28912779**	**36489620**	**2392860**	**1211423**
按登记注册类型分									
内资	1040	207455	12585490	12429580	1037971	10332869	13941211	923248	425728
国有	30	7368	320503	318112	10866	452735	409248	26421	14916
集体	19	2336	81947	78991	5816	73317	88347	2884	3191
股份合作	20	2481	107730	106525	7964	91549	108801	4956	2644
集体联营	1	1	8719	8669		4616	6046	-253	207
国有与集体联营	8	1050	56742	57633	3783	62455	59089	3149	2088
其他联营	2	151	24955	24918		5908	24481	-40	223
国有独资公司	2	2237	213637	226013	4867	229161	234693	40510	16560
其他有限责任公司	148	40883	3683573	3636592	255630	2349914	4297325	197114	79634
股份有限公司	26	23224	2204372	2172608	61762	2927215	2884623	324719	139997
私营独资	55	10949	543220	537307	41816	362334	529138	55644	21705
私营合伙	18	2560	86838	84138	11343	59443	82685	3575	5622
私营有限责任公司	669	102834	4472427	4405724	580647	3156288	4459066	200038	116298
私营股份有限公司	35	9833	457589	450688	38777	454492	436076	46884	16854
其他内资	7	1548	323239	321663	14700	103443	321594	17647	5790
港澳台商投资	347	117619	6685727	6488015	2299965	5703484	6673908	571740	199176
与港澳台商合资经营	101	38851	1917595	1878956	454266	1542910	1927914	174416	62758
与港澳台商合作经营	33	12878	464757	455462	246306	475647	468468	27955	10724
港澳台商独资	208	59629	3322741	3239170	880498	3001772	3300490	304873	123497
港澳台商投资股份有限公司	5	6261	980635	914428	718895	683155	977036	64496	2198
外商投资	695	245099	15140219	15040884	4339508	12876426	15874502	897872	586519
中外合资经营	166	51311	2890279	3034252	984798	2675271	3213247	164111	78866
中外合作经营	52	20976	1179098	1182630	376689	986670	1281515	73001	44559
外资企业	470	170489	10910811	10654809	2977564	9022840	11174197	643617	453376
外商投资股份有限公司	7	2323	160032	169192	457	191646	205543	17143	9718
按企业规模分									
大型企业	63	147770	10111641	10053866	2977398	8348491	11020952	890550	463006
中型企业	419	226312	12305986	11966840	2428726	10041991	12778918	811193	450067
小型企业	1600	196091	11993810	11937773	2271319	10522297	12689750	691117	298350
按行业分									
服装服饰业	588	158583	5648588	5554874	1586154	5013966	5896204	501115	213009
食品加工制造业	358	106428	9254938	9099446	293612	7442563	10115966	542328	480124
包装、印刷业	258	49330	2671954	2638566	303959	3045225	2824296	218572	95350
室内装饰用品制造业	359	84109	4597562	4564818	1357544	3616125	4627080	359933	96270
化妆品及清洁洗涤用品制造业	152	31808	3380417	3396637	350943	3256943	3502652	223728	205484
工艺美术品、旅游用品制造业	207	60300	4390728	4283308	1158946	2852130	5009445	268220	67283
小型电子信息产品制造业	160	79615	4467249	4420829	2626287	3685827	4513979	278964	53904

（续表）

类　别	单位数（个）	从业人员年平均人数（人）	工业总产值	工业销售产值	其中：出口交货值	年末资产总计	主营业务收入	利润总额	税金总额
按地区分：									
浦东新区	349	125149	8816807	8797829	2056885	7558230	9309308	855749	311401
黄浦区	13	2713	522395	480433	19948	276279	639075	17098	14273
徐汇区	46	11415	2293332	2278354	144618	1057878	2899209	74327	35128
长宁区	10	3905	134354	133049	42731	193589	136490	32020	5166
静安区	2	622	19912	19912		8353	19912	2583	1714
普陀区	43	12773	702827	695948	49743	996990	826892	109302	43004
闸北区	21	3212	151704	152691	40811	282243	162270	9323	3433
虹口区	10	2602	227962	227809	48235	339193	252764	53701	12403
杨浦区	24	4229	236670	232804	24486	303642	245597	10521	8801
闵行区	314	89495	6033292	5785815	872021	5020655	6373374	396375	339230
宝山区	95	19507	1035462	1038704	181044	912370	1053600	51322	42235
嘉定区	241	77551	4388292	4442540	1490084	3312831	4582203	284197	88046
金山区	175	38867	1596258	1593802	443292	1337234	1687071	72432	47930
奉贤区	220	50191	2047877	2011206	453764	1724665	2085793	114869	66450
松江区	320	70782	3833462	3759501	932169	3503036	3894153	218556	119613
青浦区	184	55376	2269747	2208783	862099	1982553	2221936	84230	68438
崇明县	11	1706	70969	69303	15221	76718	69806	2000	2022

资料来源：上海市统计局。

2011年上海市主要工业产品生产、销售和库存

产品名称	年初库存	生产量	销售量	年末库存
天然原油（吨）	28801	81070	87157	22714
发电量（万千瓦小时）	0	9469634	7660724	0
精制食用植物油（吨）	68609	845573	854387	59795
配混合饲料（吨）	7048	921399	919254	7232
乳制品（吨）	3594	457451	455629	3161
罐头（吨）	3640	38999	40011	2566
啤酒（千升）	16241	508822	508507	15749
黄酒（千升）	10517	104167	105251	9433
软饮料（吨）	98090	2681671	2694945	70036
卷烟（万支）	276254	8960977	9013511	218952
化学纤维（吨）	23278	513449	492920	41518
#合成纤维（吨）	23278	513449	492920	41518
纱（吨）	2844	39398	32736	2710
布（万米）	1684	17222	17100	1806
棉布（万米）	123	4020	3989	153
棉混纺布（混纺交织布）（万米）	207	149	149	207
化学纤维布（纯化纤布）（万米）	1354	13054	12962	1446
毛机织物（呢绒）（万米）	157	390	389	158
服装（万件）	7251	50569	49447	8214
皮鞋（万双）	184	2348	2389	142
人造板（立方米）	8824	229736	232094	6467
实木地板（木地板）（万平方米）	130	491	486	134
复合地板（万平方米）	232	2869	2974	201
机制纸及纸板（吨）	29735	872764	804130	38023
#新闻纸（吨）	819	137247	136878	1171
汽油（吨）	29473	2743710	2588007	56530
煤油（吨）	37649	1501168	1296190	62975
柴油（吨）	60455	7988512	7995533	49895
润滑油（吨）	32894	472256	518508	32243
燃料油（吨）	10357	293306	215786	224
焦炭（吨）	39372	6406234	958176	41644
硫酸（折100%）（吨）	5449	279788	231173	9273
浓硝酸（折100%）（吨）	133	151	161	122
氢氧化钠（烧碱）（折100%）（吨）	13145	625230	650424	5168
农用氮、磷、钾化学肥料总计（吨）	528	26209	25568	1144
氮肥（折含N100%）（吨）	99	21112	21022	164
磷肥（折合P2O5100%）（吨）	429	5097	4546	980
化学农药原药（折有效成分100%）（吨）	2150	13850	14317	1683
乙烯（吨）	10193	1975322	410076	18430
纯苯（吨）	11356	834223	562057	8474

（续表）

产 品 名 称	年初库存	生产量	销售量	年末库存
冰醋酸（吨）	11723	589087	529459	10169
涂料（油漆）（吨）	103782	1465053	1482247	85682
染料（吨）	7941	39437	40824	5678
初级形态的塑料（塑料树脂及共聚物）（吨）	90766	3245550	3253420	76425
合成橡胶（吨）	5698	266596	258633	6192
合成纤维单体（吨）	39558	1589000	868311	35766
合成纤维聚合物（吨）	47119	1425813	1310334	66305
合成洗涤剂（吨）	23756	290229	295707	18277
化学药品原药（化学原料药）（吨）	1826	26124	22656	1882
中成药（吨）	1337	13828	13383	1783
橡胶轮胎外胎（轮胎外胎）（条）	1195004	9082622	9098720	1176122
塑料制品（吨）	117255	1934950	1878204	127751
农用薄膜（吨）	1356	40248	39341	1982
水泥（吨）	146319	8055572	8038024	163867
生铁（吨）	0	19474840	15520	0
粗钢（吨）	3741	22254756	349091	442
钢材（吨）	527026	24828132	24948777	392009
#中板（吨）	89741	2024307	2069953	44095
冷轧薄板（吨）	7651	417703	415998	9356
中厚宽钢带（吨）	40763	4471760	4488667	23796
热轧薄宽钢带（吨）	11452	1537825	1531215	18062
冷轧薄宽钢带（吨）	41136	4602907	4596163	47880
镀层板（带）（吨）	66592	4139466	4147969	58089
涂层板（吨）	2643	607158	606957	2844
电工钢板（带）（吨）	15918	1242231	1243130	15019
无缝钢管（吨）	36217	771631	783177	24671
日用不锈钢制品（吨）	4943	18353	19078	4217
十种有色金属（吨）	3206	167233	169469	923
#精炼铜（铜）（吨）	1385	113781	115048	71
铅（吨）	1767	53262	54183	846
铜材（铜加工材）（吨）	14747	379300	373155	14225
铝材（吨）	10282	277369	276075	12070
家用燃气热水器（台）	58566	1044426	1043563	56781
电站锅炉（蒸发量吨）	60376	65723	73583	52516
发动机（千瓦）	4081576	163488672	73886743	4079743
金属切削机床（台）	1599	14813	14502	1842
#数控金属切削机床（台）	830	7041	7019	786
缝纫机（台）	70284	1087770	1071607	86670
大中型拖拉机（台）	981	8344	8662	659
汽车（辆）	29976	1915747	1898768	46025

（续表）

产 品 名 称	年初库存	生产量	销售量	年末库存
＃客车（辆）	17	3526	3532	3
基本型乘用车（轿车）（辆）	29958	1742031	1725861	45272
摩托车（辆）	72072	926466	937882	60656
两轮自行车（自行车）（辆）	261246	4419800	4448585	232461
民用钢质船舶（载重吨）	0	13346945	13346945	0
发电设备（千瓦）	13763100	28895850	23800600	18858350
交流电动机（千瓦）	1419001	22318254	21723006	2014250
电力电缆（千米）	87391	994160	971502	107963
光缆（芯千米）	27619	3323094	3073261	277452
家用洗衣机（台）	129725	2189600	2163610	154798
家用吸尘器（台）	7045	99201	105422	824
家用电冰箱（台）	171744	1851920	1862118	161546
家用电风扇（台）	48242	672675	649607	71310
房间空气调节器（台）	240654	6199070	6103718	336262
吸排油烟机（台）	6126	56230	54864	6501
微波炉（台）	35831	3914743	3914809	33578
电饭锅（个）	772107	4891942	4749548	914449
移动通信基站设备（信道）	1867	4904027	4904028	1866
程控交换机（万线）	0	164	164	0
数字程控交换机（万线）	0	164	164	0
移动通信手持机（手机）（台）	37172	10058989	9903944	192217
微型电子计算机（台）	3947080	101625332	100770269	4802143
显示器（台）	0	1175426	1175426	0
集成电路（万块）	75892	1663143	1653687	84171
集成电路圆片（万片）	11	268	270	8
彩色电视机（台）	35505	2246310	2265205	16571
＃液晶电视机（台）	16294	1289121	1300357	5019
组合音响（台）	128837	7436445	7093530	471752
光学仪器（台）	63	16837	16900	0
表（万只）	0	45	45	0

资料来源：上海市统计局。

2011年度上海名牌名录

序号	品牌	产品	企业名称
		一、产品类	
		A、生产资料类	
1	恒大	涤纶短纤维	上海德福伦化纤有限公司
2	申安纺织	特殊再生纤维素纤维混纺纱	上海申安纺织有限公司
3	爱普	香精香料	爱普香料集团股份有限公司
4	DEUCHEM	丙烯酸树脂，涂料用助剂	德谦（上海）化学有限公司
5	鳄鱼 ALLIGATOR	内外墙涂料	鳄鱼制漆（上海）有限公司
6	喜登	烟用香精	华宝食用香精香料（上海）有限公司
7	MFE	乙烯基酯树脂	华东理工大学华昌聚合物有限公司
8	长春藤 IVY	油漆，水性涂料	庞贝捷涂料（上海）有限公司
9	ANOKY（安诺其）	纺织用染料	上海安诺其纺织化工股份有限公司
10	Bairun 百润	香精香料	上海百润香精香料股份有限公司
11	申泰	JCTA 系列粘合剂	上海曹杨建筑粘合剂厂
12	CYG	热收缩套管	上海长园电子材料有限公司
13	大通	DT22 凉凉隔热胶系列	上海大通高科技材料有限责任公司
14	德润宝	S50 半合成切削液，US620 抗燃液压液	上海德润宝特种润滑剂有限公司
15	onwings	汽车修补漆	上海东来科技有限公司
16	富臣	涂料	上海富臣化工有限公司
17	经典	涂料	上海富臣化工有限公司
18	HH 鸿辉	ZLT-280-A 型光缆阻水填充膏	上海鸿辉光通材料有限公司
19	兆丰	草甘膦	上海沪江生化有限公司
20	孔雀	食用香精	上海华宝孔雀香精香料有限公司
21	华峰超纤	聚氨酯超细纤维合成革	上海华峰超纤材料股份有限公司
22	飞铃	40% 乙烯利水剂	上海华谊集团华原化工有限公司
23	回天	有机硅胶粘剂	上海回天化工新材料有限公司
24	HUIDE	聚氨酯树脂系列	上海汇得化工有限公司
25	汇丽 Huili	防火涂料，木器涂料，地坪涂料	上海汇丽集团有限公司
26	奔驰	焦亚硫酸钠	上海嘉定马陆化工厂有限公司
27	SJ	甲醇，邻苯二甲酸酐	上海焦化有限公司
28	图案（杰事杰）	合成树脂塑料	上海杰事杰新材料（集团）股份有限公司
29	光明	船舶漆，重防腐蚀涂料	上海开林造漆厂
30	力卡	塑料平托盘	上海力卡塑料托盘制造有限公司
31	申峰	烧碱系列，聚氯乙烯系列	上海氯碱化工股份有限公司
32	牡丹牌	印刷油墨	上海牡丹油墨有限公司
33	派瑞特	塑料托盘	上海派瑞特塑业有限公司
34	图案（SUNNY）	PP 改性专用料	上海日之升新技术发展有限公司
35	三乐	聚丙烯专用涂膜料	上海三乐高分子材料有限公司
36	VIVID	聚羧酸超塑化剂（高效减水剂）	上海三瑞高分子材料有限公司
37	图案（三银）	墙面涂料，木器涂料	上海三银制漆有限公司
38	图案（生农）	杀菌剂戊唑醇	上海生农生化制品有限公司
39	振泰	特种氧化镁	上海实业振泰化工有限公司

（续表）

序号	品牌	产品	企业名称
40	泗联	印刷油墨，印花涂料色浆，有机颜料	上海泗联实业有限公司
41	天坛牌	助剂（分散剂系列，匀染剂系列，乳化剂系列）	上海天坛助剂有限公司
42	JCC	纺织品用共聚酰胺（PA）热熔胶	上海天洋热熔胶有限公司
43	图案（图博可特）	涂层（油漆），底漆，漆	上海图博可特石油管道涂层有限公司
44	飞虎	聚酯型漆，卷材涂料系列，苯丙乳胶漆	上海涂料有限公司振华造漆厂
45	网讯	通信电缆光缆用金属塑料复合带	上海网讯新材料科技股份有限公司
46	WENLONG	涤纶工业长丝	上海温龙化纤有限公司
47	吴泾	工业冰乙酸，高纯度乙酸乙酯，工业硫酸	上海吴泾化工有限公司
48	图案（物豪）	塑料周转箱	上海物豪塑料有限公司
49	图案（ECH）	ECH 工业循环冷却水复合水处理剂	上海洗霸科技有限公司
50	图型铁锚	胶粘剂	上海新光化工有限公司
51	点石	不饱和聚酯树脂	上海新天和树脂有限公司
52	馨源	软质聚氨酯泡沫塑料	上海馨源海绵有限公司
53	雅格素	活性染料	上海雅运纺织化工有限公司
54	均可灵（Inkkol）	均可灵（Inkkol）染色助剂	上海雅运纺织助剂有限公司
55	亚虹模具	塑料模具	上海亚虹塑料模具制造有限公司
56	一品 Yipin	氧化铁系颜料	上海一品颜料有限公司
57	眼睛牌	聚氨酯类漆，丙烯酸类漆，过氯乙烯类漆	上海造漆厂
58	S&L	DSH 悬臂双螺旋锥形混合机	双龙集团有限公司
59	双钱	汽车轮胎	双钱集团股份有限公司
60	回力	汽车轮胎	双钱集团股份有限公司
61	维龍	双向拉伸聚丙烯薄膜系列	维龙（上海）包装工业有限公司
62	桥牌	过氧化二异丙苯	中国石化集团资产经营管理有限公司上海高桥分公司
63	三化牌	聚醚系列产品	中国石化集团资产经营管理有限公司上海高桥分公司
64	三人	工业用乙烯，工业用丁二烯，工业用纯苯，车用汽油，轻柴油、液化石油气，3# 喷气燃料，工业环氧乙烷，工业用乙二醇，工业用乙酸乙烯酯，聚乙烯醇树脂，工业氰化钠，纤维级聚酯切片，涤纶工业长丝，涤纶短纤维，缝纫线用涤纶短纤维，聚乙烯树脂，聚丙烯树脂，给水管道系统用聚乙烯（PE）专用料，腈纶丝束，腈纶短纤维，碳五化学品（异戊烯、异戊二烯、间戊二烯、双环戊二烯、戊烷）	中国石化上海石油化工股份有限公司
65	DESRAN	355KW 以下压缩机及空气干燥器	德斯兰压缩机（上海）有限公司
66	南缆	电线电缆	南洋电缆集团有限公司
67	浦大	交联聚乙烯绝缘电力电缆	浦大电缆集团有限公司
68	PEOPLE	12-40.5KV 高压开关成套设备	人民电器集团上海有限公司
69	PEOPLE	聚氯乙烯绝缘电力电缆，交联聚氯乙烯绝缘电力电缆	人民电器集团上海有限公司
70	SASSIN（三信）	漏电断路器，交流接触器，小型断路器	三信国际电器上海有限公司
71	爱登堡	乘客客梯	上海爱登堡电梯有限公司
72	安字牌	抽芯铆钉	上海安字实业有限公司
73	百富勤	风机盘管空调机组，组合式空调机组，柜式风机盘管机组（变风量空调机组），大温差风机盘管机组	上海百富勤空调制造有限公司

（续表）

序号	品牌	产品	企业名称
74	长顺	电梯电缆及配件	上海长顺电梯电缆有限公司
75	图案	全电脑印刷开槽机	上海朝昌包装机械有限公司
76	崇磁	漆包圆绕组线	上海崇明特种电磁线厂
77	上华	高低压开关设备	上海大华电器设备有限公司
78	RMM	瓦楞辊	上海大松瓦楞辊有限公司
79	大速	电动机	上海大速电机有限公司
80	图案（德惠空调）	组合式空调机组	上海德惠空调设备有限公司
81	DELIXI 德力西	电力变压器，预装式变电站，交流低压成套开关设备，户内交流金属铠装中置式开关设备，户外交流高压真空断路器，电线电缆	上海德力西集团有限公司
82	上海	φ200 规格系列外圆磨床	上海第三机床厂
83	上缆	高压充油电缆，交联电缆，裸电线	上海电缆厂有限公司
84	图案（上海电气）	1000MW、600MW、300MW 级汽轮发电机，F、E 级燃气轮机，1000MW、600MW、300MW 级以下系列汽轮机，1000MW、600MW、300MW 级高压加热器、低压加热器，1000MW、600MW、300MW 凝汽器	上海电气电站设备有限公司
85	图案（上海电气）	风力发电机组	上海电气风电设备有限公司
86	图案（SEC）	Y 系列异步电机，z 系列直流电机，TDZBS 交流调速同步电动机	上海电气集团上海电机厂有限公司
87	图案（SD）	Y 系列异步电机，z 系列直流电机，TDZBS 交流调速同步电动机	上海电气集团上海电机厂有限公司
88	图案（金峰）	液压柱塞泵，液压柱塞马达	上海电气液压气动有限公司
89	鼎龙	全自动高速印刷开槽模切机	上海鼎龙机械有限公司
90	EAST	离心泵，成套供水设备	上海东方泵业（集团）有限公司
91	东富龙	真空冷冻干燥机	上海东富龙科技股份有限公司
92	DONSUN	电焊机	上海东升焊接集团有限公司
93	图案 (ERHUAJIE)	板式换热器	上海尔华杰机电装备制造有限公司
94	FEHE	单螺杆空气压缩机	上海飞和实业集团有限公司
95	图案（飞洲电气）	低压成套开关设备	上海飞洲电气股份有限公司
96	图案（上海富士）	电梯	上海富士电梯有限公司
97	铁锚＋图案	钢质无缝气瓶	上海高压容器有限公司
98	上工	麻花钻、丝锥、硬质刀具	上海工具厂有限公司
99	上鼓	电站轴流式、离心式风机组	上海鼓风机厂有限公司
100	冠龙	给排水阀门	上海冠龙阀门机械有限公司
101	CGD	电线电缆	上海光大电缆有限公司
102	CGD	高低压成套开关柜	上海光大科技（集团）有限公司
103	翼鹰 YIYING	单张纸平版印刷机	上海光华印刷机械有限公司
104	图案（广电电气）	高低压成套开关设备	上海广电电气（集团）股份有限公司
105	汉钟 HANBELL	空气压缩机	上海汉钟精机股份有限公司
106	图案（航星电器）	40.5KV 以下智能化成套配电设备	上海航星通用电器有限公司
107	图案（SHQC）	电力电缆	上海红旗电缆（集团）有限公司
108	沪工	电焊机	上海沪工电焊机集团有限公司
109	HG（沪工）	阀门	上海沪工阀门厂

（续表）

序号	品牌	产品	企业名称
110	HD（华电）	工业阀门	上海华电阀门集团有限公司
111	SMC 实迈	35kv 及以下交联聚乙烯绝缘电力电缆	上海华普电缆有限公司
112	图案（上机）	磨床	上海机床厂有限公司
113	佳力士	单螺杆空气压缩机	上海佳力士机械有限公司
114	山宝	破碎机	上海建设路桥机械设备有限公司
115	上探	SD 系列多功能钻机	上海金泰工程机械有限公司
116	精星	自动化立体仓库系统	上海精星仓储设备工程有限公司
117	图案（K）	工业阀门	上海开维喜阀门集团有限公司
118	凯泉	水泵	上海凯泉泵业（集团）有限公司
119	旋腾	水泵，阀门，环保设备	上海康大泵业制造有限公司
120	图案(上一)	带式输送机	上海科大重工集团有限公司
121	图案（快鹿）	聚氯乙烯绝缘护套阻燃动力电缆	上海快鹿电线电缆有限公司
122	ROXZ 雷博司	中高压电气用绝缘件	上海雷博司电器有限公司
123	连成	SLZ 低噪音系列离心泵	上海连成（集团）有限公司
124	图案（工）	闸阀，截止阀，止回阀	上海良工阀门厂有限公司
125	SNaiji	高低压成套开关设备	上海耐吉输配电设备有限公司
126	图案（NANDA)	电线电缆	上海南大集团有限公司
127	图案	换热器系列产品	上海南华换热器制造有限公司
128	图案（南华兰陵）	高、低压成套开关设备	上海南华兰陵电气有限公司
129	南变	110KV 等级以下电力变压器（站）	上海南桥变压器有限责任公司
130	图案（南）	10KV 及以下电气装备备用电缆	上海南洋电材有限公司
131	南洋	电动机	上海南洋电机有限公司
132	图案（南洋）	电线电缆	上海南洋电缆有限公司
133	巨力	履带式推土机，履带式挖掘机	上海彭浦机器厂有限公司
134	品星	2.2kw 以上电动机	上海品星防爆电机有限公司
135	李尤	调节阀	上海平安高压调节阀门有限公司
136	海立 HIGHLY	空调压缩机	上海日立电器有限公司
137	KEN 锐奇	电动工具	上海锐奇工具股份有限公司
138	上城	高强度螺栓连接副	上海申光高强度螺栓有限公司
139	申光	工业洗涤设备	上海申光洗涤机械集团有限公司
140	图案（申）	储气罐	上海申江压力容器有限公司
141	图案（飞达）	QZK 系列微机控制切纸机	上海申威达机械有限公司
142	新昕	采煤机低烟低卤屏蔽橡套软电缆，塑料绝缘安全清洁电缆	上海胜华电缆（集团）有限公司
143	图案（施耐德日盛）	螺杆式空气压缩机	上海施耐德日盛机械(集团)有限公司
144	双高	金属阀门	上海双高阀门（集团）有限公司
145	图案（SPG）	泵	上海水泵集团有限公司
146	斯可络	双螺杆空气压缩机	上海斯可络压缩机有限公司
147	图案(四通)	高、低压开关柜	上海四通电力设备（集团）有限公司
148	SOONTRUE（松川）	食品包装机械	上海松川远亿机械设备有限公司

（续表）

序号	品牌	产品	企业名称
149	soco 索谷	电线电缆	上海索谷电缆集团有限公司
150	上微牌	精密微型深沟球轴承，角接触球轴承	上海天安轴承有限公司
151	TENGEN 天正	高、低压成套开关设备	上海天正机电（集团）有限公司
152	图案	豆制品设备	上海旺欣豆制品设备有限公司
153	图案（HT）	信息安防线缆	上海新海腾电缆有限公司
154	MECO	连铸自动火焰切割机	上海新中冶金设备厂
155	图案（大鹏）	起重设备	上海雄风起重设备厂有限公司
156	图案（熊猫）	离心泵	上海熊猫机械(集团)有限公司
157	熊猫	环保型建筑用电线电缆	上海熊猫线缆股份有限公司
158	亚龙	1 ~ 35kv 挤包绝缘电力电缆及附件	上海亚龙工业股份有限公司
159	图案 CNEKE	高低压输配电开关设备	上海一开投资（集团）有限公司
160	图案（固）	电力金具	上海永固电力器材有限公司
161	裕生	漆包圆绕组线，聚氯乙烯绝缘电缆（电线），不可拆线插头电源线	上海裕生企业发展有限公司
162	柘中（图案）	40.5KV 及以下高低压开关柜	上海柘中（集团）有限公司
163	正丰 ZHENGFENG	阀门	上海正丰阀门制造有限公司
164	置信	非晶合金变压器	上海置信电气股份有限公司
165	ZONGFA（中发）	高低压开关成套装置	上海中发电气（集团）股份有限公司
166	ECC	高、低压开关柜，智能开关柜	上海中科电气（集团）有限公司
167	图案（上重）	大重型系列数控卧式车床	上海重型机床厂有限公司
168	图案（上海电气）	HP 型碗式磨煤机	上海重型机器厂有限公司
169	追日	电动机软起动控制产品	上海追日电气有限公司
170	Purlux	圆盘包本机，骑马装订联动机，平装胶订自动线，商用表格印刷机	上海紫光机械有限公司
171	Powerlink	柴油发电机组	威尔徕德电力设备（上海）有限公司
172	CHNT 正泰	220KV 以及以下电力变压器，252KV 及以下气体绝缘金属封闭开关设备，35kv 及以下高低压开关设备，500KV 及以下金属氧化物避雷器	正泰电气股份有限公司
173	ZBB	变压器	中变集团上海变压器有限公司
174	富春 FORCHN	混凝土、加气混凝土砌块，加气混凝土板材	富春控股集团有限公司
175	DEGAO（德高）	铝合金门窗	上海德高门窗有限公司
176	FMG 福莱特	太阳能电池面板用玻璃	上海福莱特玻璃有限公司
177	ERA 公元	埋地排水用硬聚氯乙烯管材，聚乙烯管材	上海公元建材发展有限公司
178	华源	铝塑复合板	上海华源复合新材料有限公司
179	杰佳	人造板	上海杰天装饰材料有限公司
180	崛荣	通用硅酸盐水泥	上海崛荣实业有限公司
181	瑞河	塑料管材、管件	上海瑞河管业有限公司
182	上丰	塑料管道	上海上丰集团有限公司
183	TOMSON（汤臣）	建筑用塑料给（排）水管道，雨落水管，电工管，化工管，埋地管道系统	上海汤臣塑胶实业有限公司
184	天力	建筑用聚丙烯管道系统	上海天力实业（集团）有限公司
185	伟星	新型塑料管道	上海伟星新型建材有限公司

（续表）

序号	品牌	产品	企业名称
186	图案（GH）	塑料管材、管件	上海新光华塑胶有限公司
187	图案	燃气用埋地聚乙烯（PE）管材	上海亚大塑料制品有限公司
188	耀皮	浮法，彩釉，中空，钢化，镀膜，汽车玻璃	上海耀华皮尔金顿玻璃股份有限公司
189	ZDOON	铝合金建筑型材	上海浙东建材有限公司
190	中桩	离心法预应力混凝土空心方桩	上海中技桩业股份有限公司
191	图案（蝴蝶）	汽车换挡变速器	德韧干巷汽车系统（上海）有限公司
192	上圈	乘用车钢制车轮	上海宝钢车轮有限公司
193	TOPSEAL	汽车轮胎气门嘴	上海保隆汽车科技股份有限公司
194	图案（北特）	高精度轿车保安杆件	上海北特科技股份有限公司
195	东风 / 上柴动力	114、121、135/G128 系列柴油机	上海柴油机股份有限公司
196	SDE	轿车组合仪表	上海德科电子仪表有限公司
197	图案（沪工）	汽车车身电子控制器	上海沪工汽车电器有限公司
198	图案	汽车隔音隔振产品（NVH 系列）	上海华特汽车配件有限公司
199	SONGZ（松芝）	客车空调	上海加冷松芝汽车空调股份有限公司
200	嘉仕久	汽车转向节	上海嘉仕久企业发展有限公司
201	KF（坤孚）	化油器、汽化器供油装置	上海坤孚企业（集团）有限公司
202	骆氏 LUOSHI	发动机悬置	上海骆氏减震件有限公司
203	SDS	汽车传动轴总成	上海纳铁福传动轴有限公司
204	普利特 PRET	汽车用塑料复合材料	上海普利特复合材料股份有限公司
205	上齿牌	汽车变速器总成	上海汽车变速器有限公司
206	SSB 易通	汽车空调压缩机	上海三电贝洱汽车空调有限公司
207	申豪	城市客车，旅游客车	上海申沃客车有限公司
208	申沃	城市客车，旅游客车	上海申沃客车有限公司
209	图案（SSF）	汽车曲轴铸件	上海圣德曼铸造有限公司
210	声佳牌	电喇叭，电动玻璃升降器	上海实业交通电器有限公司
211	JTD 坦达	高速列车座椅	上海坦达轨道车辆座椅系统有限公司
212	上海牌	SH500/504 拖拉机	上海拖拉机内燃机有限公司
213	SK	汽车灯具	上海小糸车灯有限公司
214	图案（三环）	悬架弹簧	上海中国弹簧制造有限公司
215	图案（申雅）	车用橡胶密封件	申雅密封件有限公司
216	延锋	汽车饰件产品	延锋伟世通汽车饰件系统有限公司
217	上工	工业缝纫机	上工申贝（集团）股份有限公司
218	盾牌	金属、非金属网筛	上海盾牌矿筛有限公司
219	贵衣	工业缝纫机	上海贵衣缝纫设备有限公司
220	图案（环球）	BOPP 封箱胶粘带	上海环城包装制品有限公司
221	海菱	工业用缝纫机	上海惠工缝纫机三厂
222	ZHONGDA	圆平网感光制版材料	上海洁润丝新材料股份有限公司
223	图案	平板印刷工艺制品	上海界龙实业集团股份有限公司
224	金杨	电池钢壳、配件及电池材料	上海金杨金属表面处理有限公司
225	图案（LC）	工业脚轮	上海林春企业发展（集团）有限公司
226	LX	真空镀铝纸	上海绿新包装材料科技股份有限公司

（续表）

序号	品牌	产品	企业名称
227	纳尔	车身贴，单透膜，网格布，刀刮布	上海纳尔数码喷印材料股份有限公司
228	欧本	钢桁架	上海欧本钢结构有限公司
229	图案（新树）	金属包装桶	上海新树金属制品有限公司
230	图案（沃施）	园艺工具、园艺用品	上海益森园艺用品有限公司
231	永冠	超市货架	上海永冠商业设备有限公司
232	紫日	激光模压防伪喷铝纸及纸板	上海紫江喷铝包装材料有限公司
233	图案（紫泉）	PVC 聚氯乙烯热收缩薄膜标签，OPP 绕贴标签，高透明聚乙烯热收缩印刷膜	上海紫泉标签有限公司
234	士仓	金属支架，陈列架等	士仓货架制造（上海）有限公司
235	图案	采油筛管	思达斯易能源技术（集团）有限公司
236	AURORA 震旦	钢制办公家具	震旦（中国）有限公司
237	图案（宝田）	矿渣微粉	上海宝田新型建材有限公司
238	TIGER（虎牌）	高纯阴极铜	上海大昌铜业有限公司
239	奉钢	精密无缝钢管	上海奉贤钢管厂
240	图案（海亮）	铜及铜合金管材	上海海亮铜业有限公司
241	图案（佳艺）	结构用冷弯型钢	上海佳艺冷弯型钢厂
242	图案（南亚）	覆铜箔板	上海南亚覆铜箔板有限公司
243	上上	流体输送用不锈钢无缝钢管 0Cr18Ni9	上海上上不锈钢管有限公司
244	申花	异形高频焊管	上海申花钢管有限公司
245	飞机	有色金属焊接材料	上海斯米克焊材有限公司
246	图案	铜锭，铜棒	上海天申铜业集团有限公司
247	TianYang	精密无缝钢管	上海天阳钢管有限公司
248	YADELIN	铝锭金锭，铝合金铸件	上海亚德林有色金属有限公司
249	亚泰	不锈钢圆钢	亚泰特钢集团有限公司
250	XUFA	1-20ml 西林瓶洗、烘、灌全自动生产联动线	上海旭发制药机械有限公司
251	玉兔	血压计、表，益生系列治疗和抢救设备	上海医疗器械股份有限公司
252	飞鸽	高低速离心机	上海安亭科学仪器厂
253	SafBon	凝结水精处理系统	上海巴安水务股份有限公司
254	图案（宝迪）	自镇流荧光灯	上海宝迪电器有限公司
255	贝岭	集成电路芯片	上海贝岭股份有限公司
256	WAY-ON 维安	高分子 PTC 热敏电阻器	上海长园维安电子线路保护股份有限公司
257	上联	万能式断路器，塑料外壳式断路器	上海电器股份有限公司人民电器厂
258	SEARI 上電科	SEITS 道路交通信息智能化系统	上海电器科学研究所（集团）有限公司
259	SEARI 上電科	3S-Net 智能网络配电与控制系统	上海电器科学研究所（集团）有限公司
260	光辉 Beme 贝依明	室外灯具	上海东升电子（集团）股份有限公司
261	飞乐（FEILO）	电容器，电极箔，布线系统，扬声器	上海飞乐股份有限公司
262	古鳌	点钞机	上海古鳌电子科技股份有限公司
263	Grangdway 光维	光通信仪器仪表及设备	上海光维通信技术股份有限公司
264	SVA	彩色电视接收机（液晶、等离子、背投影），导航雷达，LED 显示屏及控制系统，直播卫星数字电视接收机，DLP 数字微镜光学引擎，多功能专业平板显示设备（含大屏幕拼接显示系统），通信终端，数字电视接收终端，多媒体显示终端（内置式、网络式、便携式）	上海广电信息产业股份有限公司

（续表）

序号	品牌	产品	企业名称
265	图案 Greatway）	应急快速电瓶启动线	上海广为电器工具有限公司
266	HUAJIAN（华建）	微机型综合保护监控装置，微机型低压电动机保护监控装置	上海华建电力设备股份有限公司
267	和成牌（HC） 国盾（GD）	单、三相电能表	上海金陵智能电表有限公司
268	棱光	可见分光光度计，紫外 - 可见分光光度计，原子吸收分光光度计	上海精密科学仪器有限公司
269	雷磁	电化学仪器	上海精密科学仪器有限公司
270	黑猫	HA、DW17B、DW15 系列万能式断路器，HM3-R 系列剩余电流断路器，小型断路器，DZ20、HM3 系列塑料外壳式断路器	上海精益电器厂有限公司
271	图案（科油）	石油综合录井仪	上海科油石油仪器制造有限公司
272	RENLE（雷诺儿）	电机软启动器	上海雷诺尔科技股份有限公司
273	普天（P&T）	自动售检票系统	上海普天邮通科技股份有限公司
274	图案（上海三菱）	微机网络控制变压变频调速电梯，自动扶梯及自动人行道	上海三菱电梯有限公司
275	三思	LED 显示屏	上海三思电子工程有限公司
276	Sieyuan	电力电容器及其成套装置	上海思源电力电容器有限公司
277	TAYEE（天逸）	信号灯，电开关	上海天逸电器有限公司
278	UNITY	数控激光切割机	上海团结普瑞玛激光设备有限公司
279	图案（吴淞电气）	互感器	上海吴淞电气实业有限公司
280	STEP 新时达	电梯控制系统	上海新时达电气股份有限公司
281	1923	金属卤化物灯，高压钠灯，荧光高压汞灯，陶瓷金卤灯	上海亚明灯泡厂有限公司
282	亚	金属卤化物灯，高压钠灯，荧光高压汞灯，普通照明灯泡，镇流器，电子触发器，灯具	上海亚明灯泡厂有限公司
283	耀华	XK3190 系列称重指示器	上海耀华称重系统有限公司
284	UPUN	电气连接模块电度表接线盒开关信号灯	上海友邦电气（集团）股份有限公司
285	图案（上仪）	自动化仪表及控制系统	上海自动化仪表股份有限公司
286	Sieyuan	6kV~66kV 级铁心电抗器	思源电气股份有限公司
287	Minol 米诺	水表，热量表，热量分配器	真诺测量仪表（上海）有限公司
288	中达电通	变频器，电源系统，大屏幕显示系统	中达电通股份有限公司
		B、日用消费类	
1	恒源祥	绒线，羊毛衫，羊绒衫，内衣，床上用品，衬衫，西服，西裤，茄克衫，童装，袜子，羊毛裤	恒源祥（集团）有限公司
2	春竹 SPRINGBAMBOO	羊毛、羊绒衫裤	上海春竹企业发展有限公司
3	图案（DS）	针织服装面料	上海德桑印染有限公司
4	风雪	PP 纺粘无纺布	上海枫围服装辅料有限公司
5	福沁	床上用品	上海福沁卧室用品制造有限公司
6	海欣	针织人造毛皮毛绒玩具，经编拉舍尔毛毯，涤纶高强度丝	上海海欣集团股份有限公司
7	金兔	羊毛衫，羊绒衫	上海金兔企业发展有限公司
8	开开	衬衫，西服，西裤，羊毛衫，针织内衣	上海开开实业股份有限公司
9	恐龙	床上用品	上海恐龙纺织装饰品有限公司
10	民光	床上用品	上海龙头家纺有限公司

（续表）

序号	品牌	产品	企业名称
11	罗莱	床上用品	上海罗莱家用纺织品有限公司
12	图案	被子，套件	上海南方寝饰用品有限公司
13	水星	床上用品	上海水星家用纺织品股份有限公司
14	上卧	床上用品	上海卧室用品有限公司
15	小绵羊	床上用品	上海小绵羊实业有限公司
16	图案（粉红玛琍）	服装	裘格（上海）服饰有限公司
17	宝鸟 BONO	西服衬衫	上海宝鸟服饰有限公司
18	双羽	羽绒服	上海波司登国际服饰有限公司
19	古今	文胸内衣系列产品	上海古今内衣有限公司
20	海螺	海螺衬衫，海螺西服	上海海螺服饰有限公司
21	一见棒	西裤	上海华日服装有限公司
22	图案（JS）	学生服	上海健生实业股份有限公司
23	BAIAISHEN 百爱神	衬衫	上海开开实业股份有限公司
24	杰灵	羽绒服装	上海兰剑服装厂
25	笑咪咪	童装	上海良友服饰有限公司
26	培罗蒙	西服	上海培罗蒙西服公司
27	福太太	中老年服装	上海浦东嘉事达制衣有限公司
28	全泰	中老年女上衣	上海全泰服饰鞋业总公司
29	人立	男茄克，休闲服	上海人立服饰有限公司
30	博士蛙	童装	上海荣臣博士蛙（集团）有限公司
31	LILY	女装	上海丝绸集团股份有限公司
32	斯尔丽	女大衣	上海斯尔丽服饰有限公司
33	YESHON 雁皇	羽绒服装	上海雁皇羽绒制品有限公司
34	TEENIEWEENIE	休闲女装	衣念（上海）时装贸易有限公司
35	E · LAND	休闲女装	衣念（上海）时装贸易有限公司
36	SCOFIELD	淑女装	衣念（上海）时装贸易有限公司
37	VANCOM（万虹）	自行车内外胎	上海天马万虹胶制品有限公司
38	JIANGHE	建筑幕墙	上海江河幕墙系统工程有限公司
39	泛美	实木地板	上海泛美木业有限公司
40	菲林格尔	强化地板，实木复合地板	上海菲林格尔木业股份有限公司
41	广日	实木地板	上海广日地板有限公司
42	好力家	实木地板	上海好力家木业有限公司
43	宏星 HONGXING	实木地板	上海宏星建材有限公司
44	骏牌 JUN	实木地板	上海华泾地板有限公司
45	图案（基田）	防盗安全门	上海基田门业有限公司
46	康隆	实木地板，实木复合地板	上海康隆地板有限公司
47	肯诺	人造板（实木地板）	上海肯诺木业有限公司
48	林	实木地板	上海昆昊木业有限公司
49	图案（RODDEX）	陶瓷片密封水嘴	上海劳达斯洁具有限公司
50	乐洋羊	实木复合地板	上海黎众木业有限公司

（续表）

序号	品牌	产品	企业名称
51	图案（ ）	铝合金门窗塑料门窗	上海平安门窗有限公司
52	R & F	给水用聚丙烯管材管件	上海日高科技集团有限公司
53	CIMIC（斯米克）	瓷砖	上海斯米克建筑陶瓷股份有限公司
54	HU[1] Made 华明地板	实木地板，多层实木地板	上海益明木业有限公司
55	颖创	实木地板	上海颖创木业有限公司
56	誉丰	木地板	上海誉丰实业有限公司
57	瑞斯乐	铝合金门窗	上海振兴铝业有限公司
58	图案（正昊）	木质防火门，钢木防盗防火门	上海正昊实业有限公司
59	图案（斯柯达）	明锐轿车，昊锐轿车，晶锐轿车	上海大众汽车有限公司
60	图案（大众）	帕萨特，朗逸，桑塔纳，途观，波罗和途安	上海大众汽车有限公司
61	Englon	海景系列轿车	上海华普汽车有限公司
62	SCCP	汽车地毯	上海汽车地毯总厂
63	MG	MG 系列，轿车	上海汽车集团股份有限公司
64	荣威	荣威系列，桥车	上海汽车集团股份有限公司
65	别克	林荫大道，君威，君越，凯越，英朗 XT，英朗 GT，GL8 豪华商务车，GL8 商务车	上海通用汽车有限公司
66	雪佛兰	景程，赛欧，乐风，爱唯欧，克鲁兹	上海通用汽车有限公司
67	班尔奇	定制整体衣柜、移门	班尔奇家具（上海）有限公司
68	美素	化妆品	伽蓝（集团）股份有限公司
69	图案（美家生活）	衣架	嘉华金属（上海）有限公司
70	凤凰	自行车，电动自行车	金山开发建设股份有限公司
71	爱舒	床垫	上海爱舒床垫有限公司
72	中华	牙膏	上海白猫股份有限公司
73	美加净 MAXAM 上海	美加净牙膏，上海防酸牙膏	上海白猫股份有限公司
74	白象	电池	上海白象天鹅电池有限公司
75	晨光	中性笔	晨光控股（集团）有限公司
76	图案（城隍珠宝）	黄金、铂金首饰，翡翠、白玉饰品	上海城隍珠宝有限公司
77	飞鹰牌	碳钢双面刀片，不锈钢双面刀片，单面刀片，FII 双层刀架，ER21D 双面刀架	上海刀片厂有限公司
78	YCC	金属拉链，注塑拉链，尼龙拉链	上海东龙服饰有限公司
79	图案	电冰箱	上海杜氏实业有限公司
80	海鸥	单镜头反光照相机	上海海鸥数码影像股份有限公司
81	HAOBO	体育场馆座椅	上海浩博椅业有限公司
82	白猫	洗衣粉，洗洁精，洗涤用品，佳美洗衣粉	上海和黄白猫有限公司
83	红双喜	乒乓器材	上海红双喜股份有限公司
84	红心	电烫斗，挂烫机，电饭煲	上海红心器具有限公司
85	万象	日用保温容器	上海宏晨家庭用品有限公司
86	得才	学生套装文具盒	上海宏达文教用品有限公司
87	蜂花	洗发精、护发素系列产品	上海华银日用品有限公司
88	图案（华印）	聚酯筛网	上海华印筛网制造有限公司
89	奇美	女皮鞋	上海淮海企业发展有限公司

（续表）

序号	品牌	产品	企业名称
90	回力	运动鞋，休闲鞋	上海回力鞋业有限公司
91	高夫	系列化妆品	上海家化联合股份有限公司
92	清妃	系列化妆品	上海家化联合股份有限公司
93	佰草集	系列化妆品	上海家化联合股份有限公司
94	美加净	系列化妆品	上海家化联合股份有限公司
95	六神	系列洗浴产品	上海家化联合股份有限公司
96	图案（JS）	学生簿册	上海健生实业股份有限公司
97	杰宝 · 大王	电动自行车	上海杰宝大王企业发展有限公司
98	杰宝 · 大王	保险箱（柜）	上海杰宝大王企业发展有限公司
99	海克 HECMAC	厨房设备	上海酒店设备股份有限公司
100	蓝棠 - 博步	皮鞋	上海蓝棠 - 博步皮鞋有限公司
101	老凤祥	金银铂饰品，钻、翠、珠、玉等珠宝首饰及工艺品摆件	上海老凤祥有限公司
102	老庙	黄金、铂金、钻石镶嵌、翡翠、玉器等首饰	上海老庙黄金有限公司
103	真彩 TRUECOLOR	书写笔，美术用品	上海乐美文具有限公司
104	天宝龙凤	金银珠宝	上海龙凤金银珠宝有限公司
105	绿亮	电动自行车	上海绿亮电动车有限公司
106	OTONG（欧通）	电动自行车	上海欧通电动车有限公司
107	火车	篮、排、足球	上海皮革有限公司
108	花牌	女皮鞋	上海皮鞋厂
109	兴尔达	女皮鞋	上海浦东新区兴尔达皮鞋厂
110	倩女	女皮鞋	上海倩女鞋业有限公司
111	SHIMIZU	日用保温容器	上海清水日用制品有限公司
112	马利 Marie's	美术颜料	上海实业马利画材有限公司
113	双鹿牌	家用冰箱	上海双鹿电器有限公司
114	思乐得	不锈钢真空保温产品	上海思乐得不锈钢制品有限公司
115	索伊	电冰箱	上海索伊电器有限公司
116	TaJima	卷尺，美工刀	上海田岛工具有限公司
117	故事会	期刊	上海文艺出版（集团）有限公司
118	文正	圆珠笔	上海文正笔业有限公司
119	小绵羊	电热毯、垫	上海小绵羊电器有限公司
120	图案	壁纸	上海欣旺壁纸有限公司
121	兄妹猫	童鞋	上海兄妹猫儿童用品有限公司
122	雪豹	皮鞋油	上海雪豹日用化学有限公司
123	雪豹	皮夹克油	上海雪豹日用化学有限公司
124	亚一	黄金、铂金、钻石饰品	上海亚一金店有限公司
125	图案	家具	上海亚振家具有限公司
126	熊猫	熊猫牌卷烟	上海烟草集团有限责任公司
127	中华，红双喜，牡丹	卷烟	上海烟草集团有限责任公司
128	绿林 GREENWOOD	PS 塑料艺术仿木框类产品	上海英科实业有限公司
129	英雄	自来水笔	上海英雄（集团）有限公司
130	英雄	墨水	上海英雄（集团）有限公司

（续表）

序号	品牌	产品	企业名称
131	正章	日用洗涤剂产品	上海正章洗染有限公司
132	达芙妮 DAPHNE	女鞋	永恩实业（上海）有限公司
133	永久	自行车，电动自行车	中路股份有限公司
134	生物	脏器生化类注射剂系列（胰岛素注射液、注射用糜蛋白酶、注射用二丁酰环磷腺苷钙、注射用三磷酸腺苷辅酶胰岛素、肝素钠注射液）	上海第一生化药业有限公司
135	沪药	丹参酮 IIA 磺酸钠注射液	上海第一生化药业有限公司
136	公谊	兽药	上海公谊兽药厂
137	古华	中药饮片	上海古华药业有限公司
138	上药牌	麝香保心丸，胆宁片，生脉注射液，首乌延寿片，消肿片	上海和黄药业有限公司
139	上虹	中药饮片，参茸制品	上海虹桥中药饮片有限公司
140	沪光牌	中药材、饮片及相关的加工品复制品	上海华宇药业有限公司
141	佰备	玻璃酸钠注射液	上海景峰制药有限公司
142	安普莱士	人血白蛋白	上海莱士血液制品股份有限公司
143	伽玛莱士	静注人免疫球蛋白（pH4）	上海莱士血液制品股份有限公司
144	神象	参茸产品	上海雷允上药业有限公司神象参茸分公司
145	上生	人血白蛋白，水痘减毒活疫苗，静注人免疫球蛋白（pH4），流感病毒裂解疫苗，麻疹腮腺炎风疹联合减毒活疫苗	上海生物制品研究所
146	雷氏	炮天红酒，杞菊地黄胶囊，强力天麻杜仲胶囊，三七伤药片，金果饮，板蓝根颗粒，复方丹参片，感冒退热颗粒，丹参片，六神丸，珍珠粉，半夏糖浆，珍菊降压片，猴头菌片，牛黄解毒片，珍合灵片，金丹片，复方紫荆消伤膏，柘木糖浆，补肾强身胶囊，左归丸，乌鸡白凤丸，萆薢分清丸，贝羚胶囊，藿胆滴丸，银翘片，蟾乌巴布膏，龙荟丸，苏冰滴丸	上海市药材公司
147	双鸽	一次性使用无菌注射器，一次性使用输液器	上海双鸽实业有限公司
148	童涵春堂	中药	上海童涵春堂中药饮片有限公司
149	三花	注射用头孢哌酮钠，注射用头孢他啶，注射用头孢哌酮钠舒巴坦钠	上海新先锋药业有限公司
150	新亚	注射用头孢曲松钠，注射用头孢呋辛钠，注射用果糖二磷酸钠，注射用头孢噻肟钠，复方酮康唑软膏，林可霉素利多卡因凝胶（绿药膏）	上海新亚药业有限公司
151	百路达	银杏叶胶囊	上海信谊百路达药业有限公司
152	信谊	双歧杆菌三联活菌系列（培菲康），雷贝拉唑钠肠溶片，辅酶 Q10 胶囊，格列吡嗪片，地高辛片，法莫替丁片，利巴韦林气雾剂，盐酸二甲双胍片，氨麻美敏片（III），华法林钠片，氯氮平片，盐酸胺碘酮片，盐酸地尔硫卓（缓释）片，盐酸地尔硫卓片，异维 A 酸软胶丸，维生素 E 软胶囊，陈香露白露片，赖诺普利片，奥美拉唑肠溶胶囊，红霉素肠溶胶囊，盐酸氨溴索口服液，氯化钾注射液，法莫替丁注射液，甲硫酸新斯的明注射液，银黄含片，替米沙坦片，柳氮磺吡啶肠溶片，厄贝沙坦胶囊，硫酸沙丁胺醇粉雾剂，丙酸倍氯米松粉雾剂，多潘立酮片，硝苯地平缓释片（Ⅱ），复方木香铝镁片	上海信谊药厂有限公司
153	杏灵	银杏叶片（斯泰隆），杏灵颗粒，银杏酮酯	上海杏灵科技药业股份有限公司
154	图案（龙虎）（天坛）	清凉油，龙虎人丹，龙虎花露水，风油精，清凉工坊（怡神露、沁肤膏）	上海中华药业有限公司

（续表）

序号	品牌	产品	企业名称
155	图案（纷乐）	硫酸羟氯喹片	上海中西制药有限公司
156	图案（中西）	丹香冠心注射液	上海中西制药有限公司
157	图案（奥派 / 奥斯平 / 奥麦伦）	精神类药品系列：阿立哌唑片，盐酸度洛西汀肠溶片，盐酸氟西汀胶囊	上海中西制药有限公司
158	MicroPort 微创	冠脉雷帕霉素洗脱钴基合金支架系统	微创医疗器械（上海）有限公司
159	Feidiao 飞雕	开关，插座	飞雕电器集团有限公司
		二、服务类	
1	图案(博海)	餐饮	上海博海餐饮有限公司
2	图案（DFG）	大众小吃	上海大富贵酒楼
3	丰收日	餐饮	上海丰云餐饮有限公司
4	石库門	餐饮	上海虹口鼎源石库门餐饮管理有限公司
5	凯司令	餐饮	上海凯司令食品股份有限公司
6	绿波廊	餐饮	上海绿波廊酒楼
7	梅龙镇	餐饮	上海梅龙镇酒家股份有限公司
8	小绍兴	餐饮	上海小绍兴餐饮连锁有限公司
9	红房子	西式餐饮	上海新亚富丽华餐饮股份有限公司
10	新雅	餐饮	上海杏花楼（集团）股份有限公司新雅粤菜馆
11	珍鼎	餐饮配送，餐厅托管	上海珍鼎餐饮服务有限公司
12	杏花楼	餐饮	杏花楼食品餐饮股份有限公司
13	大众交通	客运出租汽车服务	大众交通（集团）股份有限公司
14	图案（南站长途）	省际客运服务	上海南站长途客运有限公司
15	图案	客运出租汽车服务	上海强生出租汽车有限公司
16	万兴汽车	机动车维修服务	上海万兴汽车实业有限公司
17	JM	室内装潢	上海吉美建筑装饰工程有限公司
18	欧坊	家居装饰	上海欧坊装饰设计有限公司
19	SINGO 星杰设计装饰	室内装潢	上海星杰设计装饰工程有限公司
20	图案（ZF）	家居装饰	上海正飞装饰工程有限公司
21	不夜城国旅	东瀛假期，畅行南亚，中南半岛之旅	上海不夜城国际旅行社有限公司
22	春秋之旅	黄山、北京、桂林、海南、张家界、重庆、华东五市	上海春秋国际旅行社有限公司
23	春秋假期	海岛度假系列：首尔济州岛品质游系列，菲律宾长滩岛 + 马尼拉，普吉岛纯玩团，巴厘岛尊爵游 & 蜜月游；文化休闲系列：东京大阪京都长野富士山 6 日深度游，尽情香港迪士尼 4 日纯玩团，法国瑞士意大利游系列，柬埔寨吴哥窟全景纵览系列，“萤之光”新马纯玩团	上海春秋国际旅行社有限公司
24	全线旅游	动感厦门系列产品，直通车系列产品	上海大通之旅旅行社有限公司
25	乐趣	中国文化风光之旅入境旅游，世界游系列	上海国旅国际旅行社有限公司
26	上航旅游	润航之旅：日本本州 6 日游，文莱沙巴 5 日游，澳大利亚东部 10 日游）；博航之旅：法瑞意 10 日游，普吉岛 4 晚 6 日游，首尔釜山济州 5 日游，英国 10 日游，东欧 10 日游，美国西海岸 8 日游，俄罗斯舒心 7 日游，台湾环岛升级版 8 日游；奇航之旅：斐济潜水 6 晚 8 日游	上海航空国际旅游（集团）有限公司
27	上航假期	上航假期纯玩游	上海航空假期旅行社有限公司

（续表）

序号	品牌	产品	企业名称
28	鹰之旅	鹰之旅高尔夫	上海航空假期旅行社有限公司
29	同行江南	同行江南	上海航空假期旅行社有限公司
30	图案（江南旅游）	会务旅行特色	上海江南旅游服务有限公司
31	锦悦	菲律宾宿雾薄荷之旅	上海锦江旅行有限公司
32	锦旅	桂林山水深度游	上海锦江旅行有限公司
33	锦粹	放眼台湾——净享纯玩之旅	上海锦江旅行有限公司
34	上海科技馆	科普游览	上海科技馆
35	图案	联航之旅——三色青浦	上海联航国际旅行社有限公司
36	旅	古镇一日游	上海旅游集散中心
37	强生旅游	西南旅游系列	上海强生旅游有限公司
38	时空之旅	超级多媒体梦幻剧《ERA—时空之旅》	上海时空之旅文化发展有限公司
39	图案（Oriental Land）	景区服务	上海市青少年校外活动营地 - 东方绿舟
40	图案（XTD）	厦门永定土楼之旅	上海新天地国际旅行社有限公司
41	图案	旅游景区服务	上海野生动物园发展有限责任公司
42	走天下	妈咪宝贝游澳洲——澳大利亚海豚岛 8 日游等 7 条线路	上海中国青年旅行社
43	CTS	1. 澳大利亚悉尼海豚岛尽享欢乐 7 日游；2. 畅游云霄“新马”4 晚 6 日游；3. 埃及（经典游轮）、迪拜 10 日超值别样体验之旅——一半是海水、一半是沙漠；4. 台湾精致环岛——赏鲸 8 日游；5. 香港海洋公园清新 4 日之旅；6. 海洋绿洲号尊贵 14 日之旅（西加勒比海）；7. 泰国（曼谷 + 沙美岛 + 芭提雅）精品之旅 6 日游；8. 澳大利亚大堡礁五星纯玩 7 日游；9. 南非全体验（花园大道）、迪拜 10 日游；10. 台湾魅力 6 日游（东西半岛精华游）；11. 新“马”意足纯玩 6 日游；12. 纵情泰国——纯玩之旅 6 天 5 晚；13. 新马泰经典游轮 6 日游	上海中旅国际旅行社有限公司
44	华联家维	家电服务	上海百联电器科技服务有限公司
45	图案	展览服务	上海百文会展有限公司
46	JHT	创意集成服务	上海金汇通创意设计发展股份有限公司
47	申申江服务	报刊广告（周报类）	上海申报传媒经营有限公司
48	唐神	广告传媒	上海唐神广告传播有限公司
49	同昆	印刷服务	上海同昆数码印刷有限公司
50	NCG	文化传媒创意	上海新文化传媒集团股份有限公司
51	图案（杨浦创业）	科技企业孵化服务	上海杨浦科技创业中心有限公司
52	图案（伊诺尔）	印刷服务	上海伊诺尔印务有限公司
53	正章	洗、烫、织、补，皮革保养	上海正章实业有限公司
54	图案（百联集团）	汽车销售	上海百联汽车服务贸易有限公司
55	图案（大众交通）	汽车销售	上海大众交通汽车销售有限公司
56	SCTG	汽车销售	上海华星众捷汽车销售有限公司
57	开隆	汽车销售	上海开隆汽车贸易有限公司
58	安吉	汽车销售	上海汽车工业销售有限公司
59	怡通	汽车销售	上海怡通汽车服务有限公司
60	CTCAI 中进汽贸	汽车销售	中进汽贸上海进口汽车贸易有限公司

（续表）

序号	品牌	产品	企业名称
61	宝钢汽贸	汽车销售	上海宝钢住商汽车贸易有限公司
62	FESCO	人力资源外包服务	北京外企德科人力资源服务上海有限公司
63	巾帼园	人才服务	巾帼园
64	图案（东浩人力资源）	人力资源服务	上海东浩人力资源有限公司
65	图案（东方国际）	人才外包，人才中介，顾问咨询	上海国际服务贸易（集团）有限公司
66	图案（人才）	人力资源服务	上海浦东新区人才市场
67	外服	人力资源服务	上海市对外服务有限公司
68	中企人力	人力资源外包服务	上海中企人力资源咨询有限公司
69	中智 CIIC	人力资源线全方位服务	中智上海经济技术合作公司
70	宝大祥	百货零售	宝大祥青少年儿童购物（上海）有限公司
71	东方爵士	商业零售	东方商厦有限公司
72	NGS	商业零售	农工商超市（集团）有限公司
73	舒馨	服装零售	上海百联集团股份有限公司上海时装商店
74	百联	商业零售	上海百联中环购物广场有限公司
75	图案（CITY）	超市零售	上海城市超市有限公司
76	图案（第一食品）	食品零售	上海第一食品连锁发展有限公司第一食品商店
77	HOCRES 海克瑞斯	酒店用品销售	上海海客瑞斯酒店用品有限公司
78	恒隆	零售	上海恒邦房地产开发有限公司
79	图案（来伊份）	休闲食品零售	上海来伊份股份有限公司
80	老庙	黄金、铂金、钻石镶嵌、翡翠、玉器零售	上海老庙黄金有限公司
81	美罗	商业零售	上海美罗城文化娱乐有限公司
82	群力	中药零售	上海群力草药店
83	邵万生	商业零售	上海邵万生食品公司
84	童涵春堂	中药零售	上海童涵春堂药业连锁经营有限公司
85	图案（新世界）	百货零售	上海新世界股份有限公司
86	图案（亚细亚）	商业零售	上海亚细亚食品（集团）公司
87	徐重道	中药零售	上海药房股份有限公司
88	图案（安吉）	现代物流	安吉汽车物流有限公司
89	上港集团	现代物流	上港集团物流有限公司
90	图案	现代物流	上海东方久信集团有限公司
91	图案	现代物流	上海恒荣国际货运有限公司
92	图案	现代物流	上海会成物流有限公司
93	图案	现代物流	上海锦江国际低温物流发展有限公司
94	精裕捷星 LINKSTAR	现代物流	上海精裕捷星物流有限公司
95	图案（乾通）	现代物流	上海乾通投资发展有限公司
96	新大洲 SUNDIRO	现代物流	上海新大洲物流有限公司
97	SPDC	现代物流	上海医药物流中心有限公司
98	顺丰	现代物流	顺丰速运集团（上海）速运有限公司
99	远成	现代物流	上海远成实业有限公司
100	图案	物业服务	上海科瑞物业管理发展有限公司

（续表）

序号	品牌	产品	企业名称
101	图案 SHLP	物业管理服务	上海陆家嘴物业管理有限公司
102	图案（99+1）	物业服务	上海上房物业管理有限公司
103	图案（上实）	不动产管理	上海上实物业管理有限公司
104	图案（上置）	物业管理服务	上海上置物业管理有限公司
105	ZHONGQIWUYE（中企物业）	物业管理	上海中企物业管理有限公司
106	紫泰物业	物业服务	上海紫泰物业管理有限公司
107	爱姆意在线	信息服务	上海爱姆意机电设备连锁有限公司
108	我爱我家	信息服务	上海鸿洋电子商务有限公司
109	SHGBIT	数字会议系统服务	上海金桥信息股份有限公司
110	信令引擎	通信网信息安全与网络安全综合管控	上海梁江通信系统股份有限公司
111	齐家网	互联网服务	上海齐家网信息科技股份有限公司
112	启明软件	软件服务	上海启明软件股份有限公司
113	图案	IT 技术服务	上海天玑科技股份有限公司
114	图案（WICRESOFT）	信息技术外包	上海微创软件股份有限公司
115	延华	信息服务	上海延华智能科技股份有限公司
116	众恒科技 TRIMAN	信息服务	上海众恒信息产业股份有限公司
117	图案（WONDERS）	信息服务	万达信息股份有限公司
118	VELO | 维络城	信息服务	维鹏信息技术（上海）有限公司
119	希姆通	信息技术外包	希姆通信息技术（上海）有限公司

2012·上海工业年鉴

SHANGHAI INDUSTRIAL YEARBOOK

企 业 形 象

（排列不分先后）

申能（集团）有限公司
宝钢集团有限公司
上海汽车集团股份有限公司
中国石化上海石油化工股份有限公司
中国石化股份有限公司上海高桥分公司
上海化学工业区发展有限公司
上海新兴技术开发区联合发展有限公司
上海市工业区开发总公司
上海烟草（集团）公司
宝钢发展有限公司上海新型材料分公司
上海桦厦实业有限公司
上海鼎信投资（集团）有限公司
上海世顺不锈钢设备制造有限公司
上海石洞口冶金设备修造有限公司
上海钢联电子商务股份有限公司
上海威克迈龙川汽车发动机零件有限公司
上海大众汽车有限公司
上海光裕汽车空调压缩机有限公司
上海胜华波汽车电器有限公司
上海延锋江森座椅有限公司
科世达（上海）管理有限公司
丽清汽车科技（上海）有限公司
上海捷众汽车冲压件有限公司
上海安吉星信息服务有限公司
精进百思特电动（上海）有限公司
上海航盛实业有限公司
上海信耀电子有限公司
华峰铝业股份有限公司
上海华东电器（集团）有限公司
上海索谷电缆集团有限公司
索肯和平（上海）电气有限公司
上海阿波罗机械股份有限公司
上海晋拓金属制品有限公司
伯利休斯（上海）工程技术有限公司
思达斯易能源技术（集团）有限公司
上海第一机床厂有限公司
上海振华重工（集团）股份有限公司
上海三一精机有限公司
上海日立电器有限公司
不莱梅贝克集团公司
上海裕生特种线材有限公司
上海爱知锻造有限公司
上海世达尔现代农机有限公司
上海邦浦实业集团有限公司
上海中隆轴承有限公司
上海施耐德日盛机械（集团）有限公司
上海源盛机械电气制造有限公司
上海三洋电梯有限公司
上海电气凯士比核电泵阀有限公司
上海一开电气集团有限公司
特富麦克（上海）不中断供电系统磁性器件有限公司
中国石油天然气股份有限公司华东化工销售分公司
中国石油西气东输管道公司
中化中石化上海东方石化储运有限公司
上海华谊集团装备工程有限公司
上海康达化工新材料股份有限公司
上海恒安聚氨酯有限公司
上海继润石化科技有限公司
上海华林工业气体有限公司
上海高桥捷派克石化工程建设有限公司
上海蓝滨石化设备有限责任公司
上海医药工业研究院
上海凯宝药业股份有限公司
上海汉飞生化科技有限公司
沪东中华造船（集团）有限公司
上海外高桥造船有限公司
申佳船厂
中国船舶工业物资华东有限公司
江苏太平洋造船集团股份有限公司上海分公司
中船第九设计研究院工程有限公司
上海时代航运有限公司
中船勘察设计研究院有限公司
沪东重机有限公司
上海衡平仪器仪表厂
上海航天电子有限公司
上海航天汽车机电股份有限公司
中国航空无线电电子研究所
上海仪电控股（集团）公司
上海自动化仪表股份有限公司
上海大恒光学精密机械有限公司
上海竞天科技股份有限公司
上海泰捷通信技术有限公司

上海富欣通信技术发展有限公司
新好耶信息技术（上海）有限公司
上海中移通信技术工程有限公司
中国移动通信集团上海有限公司
上海文华财经资讯有限公司
上海麦杰科技股份有限公司
上海天玑科技股份有限公司
光驰科技（上海）有限公司
上海诺诺信息技术有限公司
上海安畅网络科技有限公司
上海市信息管线有限公司
上海方正数字出版技术有限公司
上海神州数码有限公司
上海润欣科技股份有限公司
上海科旭网络技术有限公司
上海全景数字技术有限公司
上海新阳半导体材料股份有限公司
上海海勃物流软件有限公司
上海斐讯数据通信技术有限公司
上海银晨智能识别科技有限公司
上海新华传媒电子商务有限公司
上海建筑通信网络有限公司
上海华虹集成电路有限责任公司
上海信息安全工程技术研究中心
上海长宁国有资产经营投资有限公司
上海数龙计算机科技有限公司
上海邮电设计咨询研究院有限公司
分享传媒（上海）有限公司
上海索日新能源科技有限公司
映瑞光电科技（上海）有限公司
上海亚明灯泡厂有限公司
奥瑟亚（中国）投资有限公司
上海扬盛印务有限公司
挪信能源技术（上海）有限公司
上海神舟新能源发展有限公司
上海正泰太阳能科技有限公司
晶澳太阳能
上海太阳能科技有限公司
上海缔安软件技术有限公司
上海中鑫营销发展有限公司
上海电力修造总厂有限公司
上海华明电力设备制造有限公司
上海联能置信非晶合金变压器有限公司
上海上电漕泾发电有限公司
上海浦城热电能源有限公司
上海金联热力供应有限公司
中电投铝业国际贸易有限公司
上海诺雅克电气有限公司
上海外高桥第二发电有限责任公司
理光（中国）投资有限公司
上海运安制版有限公司
上海东原投资咨询有限公司
能率（中国）投资有限公司
中国海诚工程科技股份有限公司
上海民族乐器一厂
上海回力鞋业有限公司
上海相宜本草化妆品股份有限公司
上海老凤祥有限公司
上海协升展览有限公司
上海建筑材料（集团）总公司
中联重科股份有限公司上海分公司
上海华晖新材料科技有限公司
上海正欧实业有限公司
上海振兴铝业有限公司
上海飞士工贸实业总公司
上海鸿泰房地产有限公司
上海金桥出口加工区管理委员会
上海金桥（集团）有限公司
上海市莘庄工业区
嘉定工业区
上海远中实业有限公司
上海金山第二工业区投资有限公司
上海东浩国际服务贸易（集团）有限公司
上海浦东新区曹路投资管理有限公司
普陀区国有资产经营公司
上海青浦出口加工区开发有限公司
上海富盛经济开发区管委会
上海青浦工业园区发展（(集团）有限公司
上海市工业综合开发区有限公司
上海老港工业区
上海联东金熠投资有限公司
上海张江高新技术产业开发区青浦园区（集团）有限公司
上海市奉贤区南桥镇杨王工业园区
上海崇明工业园区管理委员会
远纺工业（上海）有限公司
上海洗霸科技股份有限公司
中铁快运股份有限公司上海分公司

上海临港燃气电厂一期工程

申能（集团）有限公司

>> 申能（集团）有限公司于1996年经上海市政府批准成立，注册资本60亿元，是上海市国有资产监督管理委员会出资监管的国有独资有限责任公司。

>> 公司成立以来，秉持“锐意开拓、稳健运作”的经营理念，基本形成了“电气并举、产融结合”的发展格局。2011年公司全口径发电量698亿千瓦时，权益发电量314亿千瓦时，天然气供应量54.6亿立方米。截止2011年底，公司总资产968亿元，当年实现主营业务收入292亿元。目前公司下属控股企业9家，参股15家。

>> 2011年是“十二五”开局之年，也是加快创新转型的重要一年，公司在能源保障供应、重大项目建设、产融结合发展、科技创新与节能减排等多个方面取得了优异成绩。

上海液化天然气项目一期工程

>> 电、气保障供应和世游赛安保任务圆满完成。系统发电企业加强设备维护，确保高峰期间稳发、满发，临港燃机与外高桥二发电分别获得上海电网“迎峰度夏”优胜和奖励单位。2011年春季本市天然气需求量再创历史新高，燃气企业克服困难，增加液化天然气现货约3.4亿立方米，落实西气东输一线增量8000多万立方米保障供应。公司继续发扬世博精神，圆满完成第十四届世游赛燃气安全供应和服务保障工作。

上海临港风电项目

>> 重大项目推进取得积极突破。临港燃气电厂工程3台机组完成建设并网发电；石洞口燃气生产和能源储备基地项目一期施工全部结束；崇明燃气电厂、安徽平山电厂、崇明陆域排管工程、青草沙风电等一批前期项目分别获国家能源局或市发改委“路条”或核准。

>> 产融结合发展步伐加快。2011年公司进一步优化金融股权布局，完成东方证券配股、太保寿险和产险增资。积极打造产业链延伸的投资平台，年内完成了诚毅新能源创投公司和成都新申创投公司的设立工作。进一步探索建设能源要素市场，于上海石油交易所推出精制液化气等新的交易品种。

上海石洞口燃气生产与能源储备基地

>> 科技创新和节能减排卓有成效。《百万千瓦超超临界机组系统综合优化和节能减排关键技术》荣获2011年国家科学技术进步奖二等奖。申欣环保公司、外高桥三发电和石油天然气公司被评为上海市高新技术企业。申能能源科技公司正式揭牌，首个节能改造项目有序推进中。2011年公司控股电厂供电煤耗295克/千瓦时，较全国平均低35克，其中外三供电煤耗降至276克/千瓦时，刷新了火电机组供电煤耗世界纪录。

>> 展望未来，公司将深入推进创新驱动、转型发展，紧密对接“十二五”发展规划的目标，把握机遇、稳重求进，为上海经济、社会转型发展而作出贡献。

宝钢集团有限公司
地址：上海市浦电路370号宝钢大厦　邮编：200122　电话:86 21 58350000　传真：86 21 68404832　网址：www.baosteel.com

1万吨年异戊烯联合装置

中国石化上海石油化工股份有限公司（简称上海石化）位于上海市金山区，占地面积 9.4 平方公里，是中国最大的炼油化工一体化综合性石油化工企业之一，是中国最重要的成品油、中间石化产品、合成树脂和合成纤维生产企业。

上海石化具有一次加工原油 1400 万吨/年（综合加工原油 1200 万吨/年）、乙烯 84.5 万吨/年、有机化工原料 326 万吨/年、塑料树脂 97 万吨/年、合纤原料 114 万吨/年、合纤聚合物 59 万吨/年、合成纤维 34 万吨/年的生产能力，并拥有独立的公用工程、环境保护系统，及海运、内河航运、铁路运输、公路运输配套设施。

“三人”商标为上海石化注册的主要商品专用商标，是市场上的著名商标；“三人”产品被评为上海市名牌产品和“信得过”产品。上海石化 2010 年获中华环保联合会授予的中华环境友好企业称号；2011 年获全国模范劳动关系和谐企业称号、连续第三次获全国文明单位称号。

上海石化前身为创建于 1972 年的上海石油化工总厂。1993 年作为中国第一批股份制规范化改制试点企业之一，改制为上海石油化工股份有限公司，是我国第一家股票在上海、香港、纽约三地同时上市的国际上市公司。2000 年 10 月，更名为现名。

中国石化上海石油化工股份有限公司

上海石化灌区

上海石化炼油部

高桥石化

高桥石化成立于 1981 年 11 月，是我国第一个跨行业、跨部门的特大型经济联合体，隶属于中国石油化工集团公司。

公司位于浦东新区，占地面积 4.2 平方公里，共有 75 套生产装置，主要产品有汽油、航空煤油、柴油、润滑油基础油、石蜡、合成橡胶、有机化工原料、合成塑料以及精细化工产品等，公司拥有炼油能力 1250 万吨 / 年、化工产品生产能力 100 万吨 / 年，自备电厂具有装机容量 17.5 万千瓦。2011 年底，公司资产总额为 216 亿元，年销售收入超过 700 亿元。

公司积极开展对外合作交流，分别与德国巴斯夫公司、美国加德士公司、韩国 SK 公司、日本三井石化株式会社等世界著名企业合作，成立合资公司。

公司加大对上海化学工业区的投资力度，已建成 20 万吨 / 年苯酚丙酮、10 万吨 / 年丁苯橡胶、20 万吨 / 年 ABS 装置以及合资 12 万吨 / 年双酚 –A 等项目。

上海化学工业区

(1)

(2)

(3)

(7)

(4)

(6)

(5)

(1)中石化三井双酚A装置

(2)化工区管理服务中心区域

(3)上海漕泾电厂

(4)工业废弃物焚烧炉

(5)拜耳一体化化工生产基地

(6)上诲化工区全景

(7)化工液体码头

(8)赢创德固赛多用户基地

(9)上海华谊华胜烧碱和二氯乙烷装置

(10)高桥石化苯酚丙酮装置

(11)巴斯夫一体化化工基地

(8)

(9)

(10)

(11)

上海漕河泾新兴技术开发区是国务院批准设立的经济技术开发区、高
区。现规划面积 14.28 平方公里。

目前开发区拥有中外高科技企业 1500 多家，其中外商投资企业 500 多
司在区内设立 90 多家高科技企业。2011 年开发区实现销售收入完成 2331
元，地区生产总值(GDP)752.5 亿元，进出口总额 179 亿美元，单位面积经济

区域位置▼

漕河泾新兴技术开发区位于上海西南部，地跨徐汇区和闵行区两个行
厂)，南至漕宝路(含中科院生命科学研究院)、西至新泾港，北至蒲汇塘。毗邻
周边交通网络完善，火车站南站及虹桥机场均近在咫尺。

已通车的 9 号地铁线在开发区内有 3 个站点，在建的 12 号地铁线、规
交线路为漕河泾带来非常便捷的公共交通。中环线作为城市快速路横穿漕河
进出上海的主要高速公路和其他城市快速路。

人才现状▼

上海是中国多元化人才最集中的城市，不仅劳动力素质高，劳动力费用
工业领域的人力资源尤为优秀。漕河泾开发区依托周边 20 多所高等院校和
良好的居住环境，能很容易吸引较高素质的劳工和专业人员。

开发区周边的学校有：交通大学、华东理工大学、上海师范大学、上海应
华大学、上海工程技术大学、上海大学、复旦大学(医学院)、上海中医药大学

科研院所：各类研究所 120 多个，其中较著名的有：中科院上海生命
与信息技术研究所、华东计算技术研究所、上海市计量测试技术研究院、工
所、航空 615 研究所、航天 801 研究所、航天 803 研究所、航天 807 研究所
究所、航天第八设计部、电子科技集团 21 研究所、上海核工程研究设计院、
电中央研究院等等。

开发区内有留学生回国交流站和留学生公寓，为留学生来开发区工作
的首要和根本资源，漕河泾开发区的这一人才优势对开发区内外商投资企业
用。根据 2011 年统计，开发区目前共有从业人员约 14.05 万人，其中从事高
归国人员 5624 名，外籍人士 7000 余名，已成为上海乃至全国高学历、高素

产业现状▼

上海漕河泾新兴技术开发区创建 20 多年来，拥有中外高科技企业及研
代服务业为支撑产业的产业集群框架。

地址：上海市宜山路868号漕河泾开发区总公司　邮编：2002

上海市漕河泾

技术产业开发区和出口加工

50 多家世界 500 强跨国公
元，工业总产值 1178.8 亿
在全国开发区名列前茅。

，东至桂林路(含邮通设备
汇休闲、购物及娱乐中心，

的 15 号地铁线以及多条公
发区，快捷连接着每一条

际上有竞争力，而且高科技
多所研究开发机构，以及

术学院、华东师范大学、东
余所高等院校。
研究院、中科院上海微系统
生物研究所、激光技术研究
811 研究所、航天 812 研
劳动保护科学研究所、上广

方便。人才是企业经营发展
营发展起着推波助澜的作
术产业的员工约 11.25 万人，占总数的 80%；大专及以上学历人员数超过 8 万人，约占总数的 50%，其中博士 4539 名，硕士 13499 名，留学
才最为集聚的人才高地之一。

服务机构 1500 多家，已形成了以电子信息为支柱产业，以新材料、生物医药、航天航空、环保新能源、汽车研发配套为重点产业，以高附加值现

电话：+86-21-64850000　传真：+86-21-64850523　招商热线：+86-21-64859900　服务热线：400-8215151

新兴技术开发区发展总公司

上海市工业区
万力都市数字园区

上海市工业区开发总公司
桃浦热力公司

万力滨阳都市工业园

Shanghai Industrial Park
Development Corporation

上海市工业区开发总公司

上海市工业区开发总公司于 1986 年由上海市人民政府批准成立，直属上海市经济委员会领导，是受政府委托，承担全市工业区开发建设任务的企业，2009 年 10 月根据上海实施国资监管全覆盖的精神，划转上海市国有资产监督管理委员会管理。

总公司成立以来，由经营管理走向市场运作，先后完成了漕河泾微电子工业区、桃浦地区重污染综合治理改造等项目。在普陀、杨浦等地区建成了三个都市型工业园区；以控股和参股等形式开发建设住宅商品楼盘，建设了徐汇区的徐汇新城小区、杨浦区的三湘四季花城小区、君欣豪庭小区、松江三湘四季花园小区、闸北紫兰苑小区(二期)、普陀区桃浦新村小区、静安区四季公寓和闸北志园公寓等共计 208 万平方米房产的房地产板块；在桃浦工业区建立两座公益性的集中供热中心，在普陀区桃浦建立了涉及仓储、理货、停车及货物配载等功能的物流板块；以主要代甲方管理、投资咨询、招商引资、招标投标、工程建设、园区管理、物流配送等服务的中介服务板块。构成了四大产业板块，形成了完整工业产业链，具备了为上海工业战略性结构调整和工业区开发建设提供优质配套服务的整体功能，同时为总公司创造了比较稳定持久的经济收益。

协力　进取

至诚　图强

Shanghai Industrial Park
Development Corporation

中華
做中国人自己最好的香烟
中国烟草
上海市烟草专卖局
上海烟草集团有限责任公司
DOUBLEHAPPINESS
爱我中华
Sci-tech Renovate Life
中南海LIGHTS
科技创新生活
走向世界的国际品牌
CHUNGHWA
中華
中國上海卷煙廠出品
上海烟草集团有限责任公司出品
吸烟有害健康
戒烟可减少对健康的危害
CHUNGHWA
THE LEGENDARY
CHINESE HERITAGE
5000
China
尽早戒烟有益健康
上海烟草

快樂一起來
红双喜晶派
晶于心·派于形
DOUBLE HAPPINESS
SINCE 1906
璀璨“金牌”，城市气派
“金牌”中刻画了大都市的建筑群象，象征城市万千气派。
“金牌”四角为抽象的城市历史建筑轮廓，演绎城市人文内涵。
整体包装内外辉映，完美诠释城市魅力的精髓所在。

到凌云处
总虚心

中華
过滤嘴香烟
有限责任公司出品
中華
上海烟草集团有限责任公司出品
吸烟有害健康
戒烟可减少对健康的危害
Chunghwa
SHANGHAI TOBACCO GROUP CO.,LTD.
20
吸烟有害健康
尽早戒烟有益健康

按照“绿色+精品”的战略，巩固新型建材重点优势产业地位；按照“新建+并购”思路，优化产业区域布局；培育钢渣、再生油、用后耐材产业化发展，巩固上下游产业链，落实产业化项目推进；强化新能源、新材料领域的前期研究，提升产业化利用水平。

新产品：

为确保公司矿渣微粉业务按“重点发展技术含量高、市场前景好的超细化、复合化中高档矿渣微粉精品”的商业计划要求实施，我公司多品种资源综合利用基地将逐步推出以下超细矿渣微粉、钢矿渣复合掺合料和干粉砂浆等三个系列的新产品。

目前公司主要产品分为三类：

1、环保型建材：粒化高炉水渣、矿渣微粉、粉煤灰、钢渣、脱硫石膏、混凝土掺合料等；

2、综合利用材料：耐火材料、净化油、基础油；

3、深加工钢材：冷拔钢管等。

宝钢发展有限公司上海新型材料分公司创立于2007年12月，前身为宝钢生产协力公司。

公司主要从事冶金固废综合利用以及废油再生、用后耐材、冷拔钢管制品等业务。

近年来为支撑宝钢“一体化”的推进和宝钢钢铁主业的发展，公司发挥整体协同优势，加快做大、做强宝钢资源再生产业的步伐，以适应宝钢新一轮发展战略，确保宝钢资源再生产业与钢铁主业同步发展。

公司先后荣获“2004－2006年度上海市文明单位”、“2004至2006年度宝钢集团用户满意文明单位”等光荣称号，并被认定为“上海专利示范企业”、“上海市科技小巨人企业”。有3个科研项目（水渣微粉、海工混凝土掺和料、长江隧桥专用掺和料）获得“上海市高新技术成果转化”项目，长江隧桥专用掺和料获得第二十一届优秀发明选拔赛金奖，在东海大桥、长江隧桥工程等国家重点工程中应用。

鼎信集团 DECENT

鼎信总部

二十年前，一群志同道合于发展中国不锈钢产业的年轻人在项光达先生带领下，开始了岁月如歌的创业征程。期间，企业高速发展，队伍不断扩大，但我们始终不渝地将全部力量，一切资源聚焦在不锈钢产业上，孜孜不倦的追求，从不旁顾的执着、群策群力的创新，奠定了我们在不锈钢产业的领先地位。

2007 年，年销售额已超百亿人民币的青山控股集团公司为进一步解放生产力，进一步适应企业发展的需要，进行了新的重组。创始人项光达先生作为第一大股东设立了上海鼎信（投资）集团有限公司，上海鼎信集团作为青山企业群体的投资主体，直接、间接持有青山企业群体全部 50 多家企业的部分股权。鼎信系企业 2011 年底已具备年产 230 万吨不锈钢的生产能力。2011 年生产不锈钢 180 万吨，产品销售收入 320 亿人民币。从镍矿开采、镍铁冶炼、不锈钢冶炼到不锈钢制品加工，完整的产业链及为此配套的生产服务业已具备相当的规模和竞争实力。

2010 年秋，建筑面积逾二万平方米，位于上海浦东金桥出口加工区的鼎信总部大楼（Decent Park）落成投入使用，以极具人性化的建筑风格体现了青山文化的内涵，吸引着众多有志有才之士加盟鼎信，在此福地共创辉煌。

上海鼎信正立足上海，面向世界，
书写着青山钢铁发展历程的崭新篇章。

上海世顺不锈钢设备制造有限公司

公司简介

上海世顺不锈钢设备制造有限公司成立于2004年，主要是为外资企业制造不锈钢设备和承接制造和组装工程，熟悉欧洲、日本、美国等国家的图纸细节要求，并分别于2007年取得了美国ASME U 钢印证书，欧洲PED证书，2008年取得ISO9001证书。一直以来凭借精湛的加工技术和过硬的产品质量在业内树立了良好的口碑。多年发展积累，业务范围迅速扩大，现以全面为食品、石油化工、环保、涂装、日化、制药等行业，配套提供非标不锈钢设备及结构件，如干燥塔，过滤器，真空罐，旋风分离器，流化床，大型投料站，存储罐，风管等等。

厂房车间面积4000平方米，有剪刀机、折弯机，三星卷板设备，车床、钻床、水刀切割机、熔化极气体保护焊机、自动氩弧焊机、压机、行业16吨1部、5吨3部，10吨1台，自动切割设备1台，开平机2台等等。目前由于客户定单的不断增加，正在增添一系列的新设备。

The American Society of Mechanical Engineers

CERTIFICATE OF AUTHORIZATION

This certificate certifies the named company as authorized to use the indicated symbol of the American Society of Mechanical Engineers (ASME) for the scope of activity shown below in accordance with the applicable rules of the ASME Boiler and Pressure Vessel Code. The use of the Code symbol and the authority granted by this Certificate of Authorization are subject to the provisions of the agreement set forth in the application. Any construction stamped with this symbol shall have been built strictly in accordance with the provisions of the ASME Boiler and Pressure Vessel Code.

COMPANY

Shanghai Shishun Stainless Equipment Co., Ltd.
No. 1948-51 Zhennan Road
Shanghai, 200331
People's Republic of China

SCOPE

Manufacture of pressure vessels at the above location only

AUTHORIZED: October 26, 2010
EXPIRES: September 21, 2013
CERTIFICATE NUMBER: 36,946

Vice President
Conformity Assessment

Director, Accreditation and Certification

美国ASME规范"U"钢印证书

ABS Quality Evaluations

CERTIFICATE OF CONFORMANCE

上海世顺不锈钢设备制造有限公司
上海耐实金属材料制造有限公司

ISO 9001:2000

ISO9001质量管理体系

地址：上海市真南路1948弄51号厂房

电话：86-21-62508285

传真：86-21-62508387

联系人：邓小姐

E-mail：callideng@shishun.net

上海石洞口冶金设备修造有限公司

Shanghai Shidongkou Metallurgy Equipment Repairing & Manufacturing CO.,LTD

上海石洞口冶金设备修造有限公司于 2005 年 8 月由上海宝山石洞口设备修造厂转制而成，是上海市新材料协会硬面行业分会理事及市焊接学会团体会员单位、上海市高新技术企业。公司创建于 1995 年 5 月，地处上海宝钢六号门西侧，占地面积 65 亩，厂房面积 10000 多平方米。固定资产 5000 余万元，年产值超过 7000 万元，且以每年大于 25% 的速度增长。

公司拥有各类堆焊、喷涂、喷焊设备及专用工装二十多套，以及以 5M 数显立车、CW61160*9000 卧车、Φ1000*12000 深孔镗床、Φ800*5000 外圆磨床为代表的二十多台金属切削机床形成了强大的机械加工能力。从美国林肯公司购置的明弧摆动焊机，氩弧焊机，以及引进的国家专利技术电熔爆机床均已吸收消化，成为不可或缺的重要设备。

十多年来，公司通过高层次专业技术人才的引进，不断引进新技术、新设备，不断研制具有自主知识产权的新材料、新工艺，使企业硬面技术的综合开发达到了新的层次。所从事的业务覆盖面不断扩展，主要产品从磨煤辊、耐磨衬板、导料板发展到热轧支承辊、托辊、助卷辊、穿孔机硬面精密衬板等，尤其是自主研制的 HRC62 的堆焊材料取得国家发明专利，走出高硬度辊类堆焊、修复的新路。在产品中，大型风机叶轮的堆焊修复，大型液压缸内孔堆焊修复，都取得了良好效果，建材行业的水泥挤压辊堆焊修复使用寿命达到国内领先水平。几年来公司对电力、冶金、建材、化工及铸管等各个行业的设备、零部件的技术开发和制作修复进行了开拓和发展都达到了预期目标。

公司作为宝钢无库存备件供应单位，先后通过了 ISO9001：94 版及 ISO9001：2000 版的国际质量体系认证。

近年来公司在大型热轧支承辊的堆焊修复工作中取得了工艺、材料、工装设备、操作技能上的重大突破。产品已形成单重 30T、40T、52T、72T、78T、108T 的系列化。由此，无论在数量上、规模上、辊子的吨位上及加工的能力上均在国内处于领先地位。在取得社会效益的同时创造了良好的经济效益。

2004 年度《堆焊修复大型支承辊》和《高硬度焊丝修复硬面辊》被评为“上海市新材料优秀产品”。

本公司技术力量雄厚、服务周到、管理科学、质量一流、工艺先进、装备精良，愿与社会各界有识之士真诚合作，共同努力推进硬面、耐磨、耐蚀、耐热、抗粘技术的发展，为我国的各行各业更好地服务。

油缸内孔堆焊修复

油缸缸筒内孔磨损失效，采用内孔堆焊 + 镀铬工艺修复，达到新品的使用性能

层流冷却辊校正修复

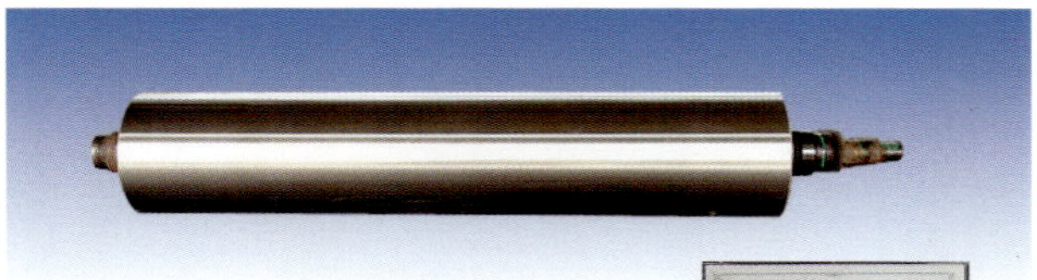

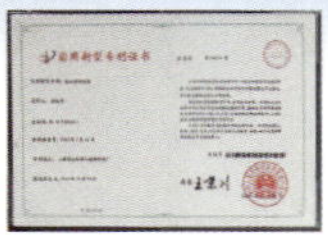

使用我公司专利校正喷焊设备，可以校正修复层流冷却辊，也可制造新品辊。（专利号 ZL03228200.1）

高硬度轧辊修复

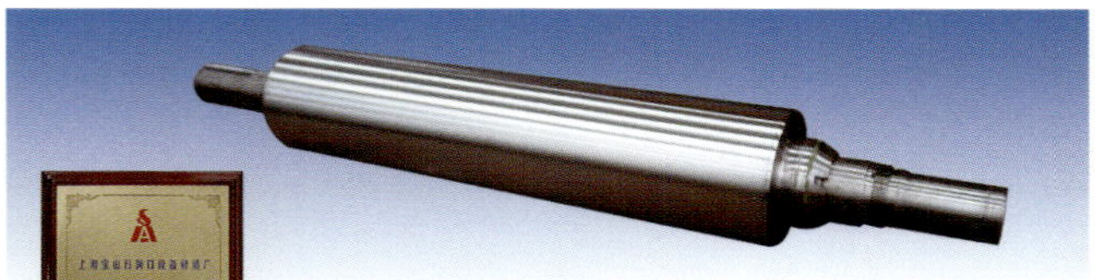

热轧精整机夹送辊、张力辊等高硬度轧辊的埋弧堆焊修复是我公司的专利技术，硬度 HRC60–64，无裂纹、气孔、夹渣等缺陷。被评为 2004 年上海市新材料优秀产品

热轧冷轧支承辊堆焊修复

堆焊修复冷、热轧支承辊系列，被评为 2004 年上海市新材料优秀产品。以浦钢厚板厂Φ2000?3400 精整机支承辊为例，辊重 107.7T，辊面剥落、磨损、裂纹失效，采用堆焊修复辊面，并已上机正常使用，得到用户认可。目前该大型轧辊的辊面堆焊修复为世界之首，已刊登在《宝钢日报》。我厂承修的同类产品还有安阳钢厂 78T、柳州钢厂 72T、新余钢厂 56T、无锡兆顺 40T 等不同规格的支承辊

风机叶轮修复

炼钢、高炉、煤焦除尘风机，主要失效形式为叶片磨损严重导致动平衡破坏，引起震动。更换堆焊耐磨叶片，使用寿命是超音速喷涂的 3 倍，粘陶瓷片的 2 倍以上，有效地改善平衡状态

上海钢联电子商务股份有限公司（SZ300226）

立足大宗商品行业，打造世界一流的三大平台：大宗商品资讯平台、大宗商品研究平台与大宗商品交易平台。

上海钢联电子商务股份有限公司(SZ300226)是我国领先的从事钢铁、矿石、有色金属、煤炭、石油、化工等工业原材料类大宗商品商业信息服务、数据研究服务、电子商务服务及其增值服务的互联网平台综合运营商。

公司现为国内第一的钢铁行业商业信息与电子商务服务商，拥有员工近千人，每天向大宗商品产业链以及金融政府机构提供行情报价、库存产量、价格指数等信息，以客观、公正、及时享誉业界。此外，公司还提供钢铁在线交易服务、行业研究、产业数据库、会务培训等服务。

2011 年 6 月，上海钢联正式登陆深交所创业板，成为资本市场上一颗新星。上海钢联正努力打造世界一流的大宗商品三大服务平台——大宗商品资讯平台、大宗商品研究平台、大宗商品交易平台。

大宗商品资讯平台

公司在 2000 年成立之初就致力于促进市场透明、高效地运作，如今，“我的钢铁”的行情报价已被广泛应用于大宗商品的现货交易结算市场。“我的钢铁”铁矿石价格指数(Mylpic)作为国内铁矿石指数的先行者，是普氏指数、环球钢讯 TSI 指数、金属导报 MBIO 指数这三大铁矿石指数外的又一主流指数。目前，超过 70% 的印度矿以“我的钢铁”的 Mylpic 指数作为定价依据，在国内钢铁企业和贸易商中的认可度较高。在未来 3–5 年，公司计划将人员扩张至 3000–5000 人，届时将成为全球规模最大的大宗商品信息采集基地。

大宗商品研究平台

经过长达 11 年的经营，上海钢联已经积累了大量丰富、精细的钢铁及相关行业数据。公司目前正在建立的钢铁及相关行业数据库——钢联云终端，为行业信息数据需求者提供专业化的高质量服务，并为公司进一步的数据挖掘和行业研究提供基础数据。

公司提供的数据库服务和专业性深度咨询、研究报告被商务部、工信部等国家权威部门，新华社、第一财经等权威新闻媒体，宝钢、三一重工等大型企业，各大国内券商、摩根斯坦利、星展银行等金融机构以及各研究机构定期采用，在行业内确立了权威地位，使得客户数量保持快速增长。

大宗商品交易平台

公司的控股子公司——上海钢银电子商务有限公司，在 2011 年增资到了 1.5 亿元的注册资本，将陆续对现有交易系统进行升级改造，建设多种服务模式的钢铁现货电子商务服务平台。

公司计划在多年电子商务平台运营的基础上，推出钢材现货 B2B 网上交易平台，向商业谈判、合同签订、订单下达、资金支付、运输物流等商务活动的第二阶段延伸，并将发展成为交易、在线融资、物流、结算一体化的电子交易平台。

上海威克迈龙川汽车发动机零件有限公司

上海威克迈龙川公司为中德合资企业，由上海龙川与德国 WPC 合资成立，注册资金人民币 3800 万元，总投资额人民币 7600 万元。公司新工厂地点位于闵行区浦江镇江潮路 96 号，占地面积 25 亩，建筑面积 $14002m^2$，其中厂房面积 $7500\ m^2$，生产辅楼约 $5500\ m^2$，总投资 8000 万元。公司共有 7 个部门、2 个车间，现有员工 382 人，主要生产汽车零件燃油分配管，2011 年实现销售 3.14 亿元，上缴税收 6400 万元。2009 年，公司被认定为上海市高新技术企业；2010 年获得闵行区科技小巨人企业认定和闵行区研发机构的认定；2011 年获得上海市科技小巨人企业的认定。

跟随心灵追随梦想 Tiguan 途观策动征服之旅

绿树阴浓夏日长。在这个莺飞草长的季节里，空气中弥漫着欢愉而自由的气息，而心怀远游的旅人对远方风景的渴望也在逐渐升腾。作为上海大众重磅打造的 SUV 车型，Tiguan 途观让平日里背负沉重压力的年轻白领冲破灰暗的城市天际线，投入青山绿水的大自然之中。实际上，选择途观就是选择不一样的生活态度和人生哲学，一种拒绝循规蹈矩，勇于征服未来的气魄。途观所展现出来的自由不羁气质以及完美越野能力突破城市 SUV 的传统格局，树立了中国智能化高端都市 SUV 新标准。

【超凡越野性能】

快节奏的都市生活，超负荷的工作压力让无数年轻人渴望远离城市的喧嚣，感受放逐心灵的恬静。Tiguan 途观深刻洞察这类人群的内在需求，依托先进设计理念和尖端造车科技，为敢于探索未知世界的征服者量身打造充满智趣的越野利器。

打开超大面积的全景天窗，让阳光尽情洒入，轻轻踩下油门，远处风景刹那眼前。途观凝聚了大众汽车集团先进的悬挂和底盘调校技术，并且配备德国专业 SACHS 减震器，面对砾石、山野的复杂路况，途观也能干净利落地处理路面的坑洼不平，实现在崎岖颠簸道路行驶的平稳性。即使眼前是急剧升高的斜坡，途观也能从容不迫、游刃有余，让驾驭者在马达轰鸣声中获得征服的快感。此外，途观四驱版还配置钢制发动机底部防护板，防止地面凸起或石子飞溅对发动机及传动系统造成损害，帮助车辆应对恶劣路面的挑战。

如果遇到连绵阴雨，那也不要紧。途观配备先进的 4MOTION 智能全时四驱系统，能够实现四轮驱动力智能转换，保证每个车轮都获得最大的抓地力，帮助车辆在泥泞湿滑的路面上具备无往不能的通过能力。驾驶者尽可安心领略沿途的风景和内心的感受，体验雨季里的另一番风味。

【不惧未知险境】

无限风光在险峰。越野是勇敢者的游戏，想要深度体验绝美风景，需要有过人的智慧和胆识。作为出游时值得信赖的最佳拍档，途观为驾驶者竖起数道保护屏障，即使驾驶者身处险境，也能轻松化解。

在国内 ESP 车身稳定系统尚未普及时，途观就已经全系配备 TRW 最新版 ESP，驾驶者在高速转弯时能够更加得心应手，紧急制动时则信心十足。而借助先进的 EPB 电子驻车制动系统，只要速度为零，车辆会自动保持刹车状态，防止车辆溜动。此外，途观还配有感应地球磁场的电子指南针，可以为驾驶者提供方便实用的方向指示，保证在体验畅快淋漓的越野乐趣之后，能准确找到归路。

当夜间行驶在大弧度弯道或没有路灯的山路上，驾驶者往往无法觉察弯道内侧的未知风险，途观装备 AFS 动态转角辅助照明系统，当速度大于 15 公里每小时，该系统可以根据转弯角度和车辆的行驶速度，自动将前大灯向弯角内侧偏转，使驾驶者更容易看清前方弯道内侧的路况，提早作出判断，避免危险的发生。

“途有境，而观无垠”，人生就像是一场旅途，唯有拥有一颗自由的心，前途才会更加宽广。途观完美的越野能力弥补了都市精英内心深处缺失的那份简单与纯粹，在面对漫漫人生路时，获得一种能者千里、跨度无限的精神与态度。

上海光裕汽车空调压缩机有限公司位于上海市嘉定北开发区新甸路 220 号， 作为一家民营股份制企业， 公司成立于 2002 年 8 月， 专门从事汽车空调压缩机的设计、 制造和销售， 属于机械制造业。产品广泛应用重型卡车、轻型卡车、工程车、乘用车等领域。公司于 2008 年公司通过中汽认证中心产品认证，2009 年通过德国 TüV 汉德公司 ISO/TS16949 ： 2009 质量体系认证 ； 2009 年经国家质检总局批准，获得“ 汽车空调压缩机工业生产许可证 “。同时，客户对我们也给予了很高的评价，如 ： 2009 豫新优秀供应商、2010 金旅客车合格供应商、2010 江苏创导优秀供应商等。

公司具备核心技术的创新优势， 公司股东董荣镛先生是我国较早（1979 年）开始组织研究和设计上海牌轿车空调系统（含压缩机）的行业先驱者之一，并获得了 “2010 中国车用空调行业十大风云人物 ”。退休以后作为上海光裕的技术领军人物， 开辟了覆盖全球各大企业如日本电装、 日本三电、日本法雷奥等强势企业的同等性能产品，以较高的性价比打开了国内的汽车空调市场。

在新产品的开发工作中， 我们坚持以自主创新为主， 同时借鉴国内外同行业的先进技术及理念，不断开拓进取。目前已授权和申请受理的专利共计 23 项，使公司提高了技术的核心竞争力。产品类型覆盖了现有市场上通用的所有类型，同时在此基础上也开发了部分公司特有的种类。

质量是企业生存的基石， “ 以质量求生存 ” 是公司一贯坚持的理念。以 ISO/TS16949 质量管理体系为基础，以严谨、认真为工作准则，以先进设备为保障。从研发、生产到销售、服务等全面实施质量管理，使光裕产品成为用户信得过产品。

上海光裕汽车空调压缩机有限公司

上海胜华波汽车电器有限公司

上海胜华波汽车电器有限公司隶属胜华波集团，创建于 2002 年，坐落在上海国际汽车城零部件配套工业园区内，注册资本人民币 3000 万。公司主要生产汽车座椅电机系列，雨刮器产品主要出口到美国、加拿大、法国、德国等地，先后与美国通用公司、克莱斯勒公司、宝马、法国标志公司、雷诺、德国大众 PQ35 平台、宝马等世界巨头的汽车制造厂家配套。

公司秉承质量是企业的生命线，拥有较完善的质保体系和监测、检测设备。十分注重质量管理工作，于 2006 年先后通过 ISO/TS16949 质量体系认证和 ISO14001 环境管理体系认证。

公司拥有一支专业力量强、团队合作精神强、创新意识和实践强的科研、设计队伍。随着汽车市场的不断扩大，零部件行业竞争越来越剧烈，公司高层明白公司必须拥有自主创新能力，打造自己的品牌、拥有自己的专利技术，保持向高新技术发展的方向，才能拥有强大的技术和市场开发能力。2008 年公司创建了研发实验中心，同时引进 2 位留学回国精英，他们带领 57 人的中高级科研技术团队拥有较强新产品开发能力以及较强质量控制能力。五年来，有 13 项产品申请获得国家专利，其中实用新型专利 9 项，外观专利 4 项，其中公司自主研发生产的 322-LA 抬高电机、322-DOS 水平电机获“上海市重点新产品”，2008 年度被中小企业品牌建设评为“品牌产品”，公司被评为“品牌企业”。2006 至 2011 年连续 6 年均被评为“上海市嘉定区小巨人企业”。2008-2011 年连续 3 年均被评为“上海市嘉定区先进制造业银奖”。2009-2011 年连续两年被评为“上海市嘉定区文明单位”、2011 年被评为“高新企业”、“上海市嘉定区劳动关系和谐模范企业”、合同信用等级为 AA 级。

延锋江森为中国几乎所有汽车制造商服务，是中国汽车座椅行业的领跑者。公司分布在全国的 1 万 3 千余名员工提供包括座椅总成、金属件和机械装置、发泡、面套和头枕在内的创新座椅系统，以及灵活、经济高效的顶饰解决方案。延锋江森在全国拥有超过 35 家工厂，哪里有客户需求，我们就在哪里。借助先进的运作系统和管理体系，延锋江森不断追求精益化，始终以质量为核心、创新为动力，持续超越客户不断增长的期望。

Yanfeng Johnson Controls is almost an industrial leader serving of all automobile manufacturers in China. Yanfeng Johnson Controls' s 13000 employees create innovative seating system, including complete seat, metal & mechanism, foam, trim and headrest as well as flexible and cost effective overhead solutions. Yanfeng Johnson Controls has more than 35 footprints around China, close to customer needs. With advanced operating and management system, Yanfeng Johnson Controls pursues lean manufacturing, always takes the quality as the core, innovation as a driving force, and continually exceeds customers' increasing expectations.

上海延锋江森座椅有限公司

Yanfeng Jonhson Controls descriptors

上海安吉星信息服务有限公司

上海安吉星信息服务有限公司成立于 2009 年 10 月 28 日，由通用汽车、上汽集团和上海通用共同出资组建。上海安吉星信息服务有限公司是为上海通用汽车在华制造、生产和销售的系列车型提供行车安全保障和车载信息服务的行业领先供应商。

通过尖端的信息集成技术，安吉星为中国用户提供了“碰撞自动求助”、“紧急救援”、“安全保障”、“导航系统”、“车况检测”和“全音控免提电话”六大类十五项随车服务。车主可通过一键式沟通界面迅速连接专业的安吉星客户服务顾问，享受一年 365 天、每天 24 小时的全天候安全保障、通讯导航和安心便利服务。安全护航、实时在线、即时互动、精简易用的专属尊崇服务将为上海通用汽车车主提供更多贴心可靠的高科技体验，开启真正的人车对话服务。

2011 年全年，安吉星呼叫中心共处理了 1350 多万个客户来电，累计为用户提供了约 1377 万次客户交互服务，其中包括 123,120 次紧急救助服务，超过 12,070,000 次导航服务和 310,000 次的远程诊断服务，赢得了用户的广泛好评。

迄今为止，安吉星已经挽救了 700 多位在事故中受伤的客户，凭借安吉星先进快速的救助平台以及全天候 24 小时的服务，确保客户生命安全时刻受到呵护保障。安吉星已经帮助到了 8 个省 11 个城市的公检法机关协助调查了 549 起案件，极大的挽回了车主的经济损失，保证了随车人员的人身安全，提高了警方的办案效率。

driving the next

精进电动

为新能源汽车做最好的电机

精进电动是我国新能源汽车电机产业的领军企业，致力于“三电”核心技术之一电机系统的研发和产业化。公司产品包括电动汽车、增程电动汽车、混合动力汽车，插电混合动力汽车等新能源汽车的驱动电机系统。精进电动目标是“为汽车电动化做世界上最好的电机”，公司是中国第一个把新能源汽车电机技术推向批量产业化的团队。目前，精进电动已签订并开始执行的驱动电机产业化合同总额5亿美元，已经中标的合同总额超过10亿美元，产品主要出口欧美发达国家。在中国汽车关键技术和核心零部件依赖进口和合资的的今天，精进电动为新能源汽车产业树立了“中国创造+中国制造”核心零部件的旗帜。

公司有代表性的产品包括目前国际上功率最大的车用永磁同步驱动电机，国际上第一个直接耦合的商用柴油机ISG混合动力电机，国内第一套插电混合动力汽车的油冷双电机系统，国内第一代动力分流式强混合动力变速箱用双电机系统，以及国内第一套完全自主开发的BSG电机和控制系统。公司正在开发国际上功率最高的并联混合动力电机，以及国际上转矩最大的电动大客车直驱电机。所有这些创新都以国际、国内知名车企为客户，具有清晰的产业化目标。

精进百思特电动（上海）有限公司是我国第一个大批量生产新能源汽车驱动电机的产业化基地和研发中心，坐落在上海市新能源汽车及核心零部件产业基地（嘉定），总投资额一亿元人民币，占地30亩，厂房面积15,000平方米，按年产能20万台新能源汽车电机规划建设。2011年已经完成一期（6万台/年）的建设，目前已完成产值1亿元以上，产品全部出口欧美高端市场。2012年完成二期工程建设，最终形成总计20万台/年的产能。率先在我国建成大批量、汽车级、高性能、高性价比的电动汽车和增程电动汽车驱动电机的产业化基地。

在十二五期间，精进电动将主持或参加多项国家863项目。公司被推选作为我国电机企业的唯一代表参加由胡锦涛主席和奥巴马总统共同发起的中美清洁能源汽车联合研究项目。公司也被汽车行业的权威媒体《中国汽车报》评选为2010年中国电动汽车“优秀驱动电机供应商”。

精进百思特电动（上海）有限公司

上海市嘉定区外冈镇恒永路518弄1号　邮编：201806

电话：（86）21　59581555传真：（86）21　39117566

http://www.jjecn.com

Jing-Jin Electric (Shanghai) Co., Ltd.

No. 1, Lane 518, Hengyong Road,Waigang Town, Jiading District,Shanghai 201806,China

Tel: (86) 21 59581555　Fax: (86) 21 39117566

http://www.jjecn.com

上海航盛实业有限公司是国内汽车电子龙头企业——航盛集团的全资子公司，目前，航盛集团品牌价值已跃升至29.89亿元，国内销售额前20位车厂中有18家为公司的客户，国内市场覆盖率达90%，市场占有率达30%。在国际市场上，公司强势挺进北美、南亚、中东、俄罗斯、日本等国际市场，实现了产品出口额的高速增长。国际十大汽车制造公司中，航盛进入了其中六家的全球采购体系。

上海航盛实业有限公司公司自成立以来一直致力于汽车车载电子集成系统的研发、生产与销售，为国内外各大汽车生产厂商和运输企业提供产品配套和技术服务。并在此基础上，通过构建先进完善的现代化车载信息服务平台，实现车载终端系统的全面配套，在进驻车联网领域的战略中取得显著成就。

公司目前经营"HSAE"、"BRAINY"和"安途宝"三个品牌的汽车电子系列产品，主要产品包括：车载影音娱乐系统(高清、高端与普及型)、车载安全控制系统(如行车记录仪、倒车监控、电子油门踏板、集中润滑、油控系统、车联网和轮胎压力监测系统等)，公司的产品得到了市场充分的肯定，已经具备了适应和开拓国内汽车配套市场的强大能力，公司与国内众多的汽车生产厂商包括宇通客车、苏州金龙、厦门金龙、江淮汽车、金旅客车、中通客车、安凯客车、青年尼奥普兰、东风汽车、东风柳汽、北汽福田、北奔重卡、中国重汽、上汽集团等建立了长期友好、稳定合作的战略伙伴关系。目前，公司产品在国内商用车前装市场拥有30%的份额，市场覆盖率达90%。

公司的发展得到了客户和社会各界的认可。先后成为上海市交通电子行业协会副秘书长单位、上海市企业联合会／上海市企业家协会理事单位、车载信息服务产业应用联盟副理事长单位、上海市科技小巨人企业家联盟会员单位、汽车电子标准工作委员会理事单位，并获评为上海市高新技术企业、上海市科技小巨人企业和上海市知识产权试点企业等。

上海航盛秉承"科技领航、盛行天下"的宗旨，重视研发队伍的建设，成立独立的研发中心，拥有一支业务素质高、严谨求实、勇于创新的强大研发团队；公司与交通大学、同济大学等国内知名高等学府建立了长期合作的战略伙伴关系，多次承担政府建设性项目的研发工作并参与汽车电子行业标准的制定；此外，公司已通过ISO/TS 16949：2002认证。国内设有200余家服务网点，售后服务网络遍布全国各大中城市。

上海航盛将用三到五年时间完成由零部件供应商向系统集成供应商的转化，为客户提供系统匹配和集成整体解决方案，力争成为国内技术领先、质量一流、性价比最优的车载系统集成供应商。

上海信耀电子有限公司

上海信耀电子有限公司成立于2002年4月，2009年7月15日工商、税务关系正式迁入嘉定工业园区。公司前身为“上海汽车电子工程中心”1998年9月在上海市府领导的推动下，由上海轿车国产办公室，上海汽车工业(集团)公司与中国科学院上海冶金研究所(现改名为上海微系统和信息技术研究所)联合共建的“上海汽车电子工程中心”，是上海最早的产学研试点单位。

诚信、创新、优质、高效作为公司的发展方针，始终以高科技为主导，注重自主知识产权的研发。公司的主要研发方向是LED汽车前照灯、LED信号灯具其配套电子控制模块，HID(气体放电灯)镇流器的研发、智能灯光控制系统(AFS)的研究。

国家“十五”期间，参与863攻关项目：其中“LED汽车灯具的自主研发”项目获得市科技进步二等奖，“汽车电子信号灯的自主开发”获得“汽车工业科技进步奖励基金委员会”三等奖。06年公司参与了市科委的“高亮度LED白光在汽车灯具上应用”项目。同年，参与了市登山计划“应用于清洁能源汽车的超高亮度LED汽车灯具研发”。2010年10月完成上海市科技小巨人培育企业验收工作。2010年11月完成上海市经委《智能汽车LED灯光驱动模块的研究与产业化》项目验收工作。

2010年申报上海市高新技术产业化重大项目《汽车智能灯光系统(ILS)》已获得。

公司多项产品获得上海市专利新产品的称号。公司现有授权专利11项，其中实用新型专利8项，外观专利3项，软件著作权4项，另有数个专利在申请中。公司研发生产的LED汽车灯具广泛应用于上海通用、上海大众、上海汽车、一汽大众、一汽轿车、丰田汽车、长安福特马自达汽车、神龙汽车、奇瑞汽车、广汽汽车等国内主要的车厂的汽车LED灯具。

自2004年以来，连续被评为上海市高新技术企业。2008年被评为上海市小巨人培育企业。公司每年投入研究开发项目的经费占公司销售额的7%以上，先后研究开发的项目超过60多项。

公司从转制成立以来不断的壮大发展，从一家专业从事研究开发的机构逐步转变成以市场为主导的产学研一体化高新技术企业，从年产值800万的小企业发展成年产销1.2亿的中等企业。特别是近两年收益于国家发展清洁能源汽车产业的导向，公司研发的多款节能产品的相继投产，市场反映良好。使公司的产值大幅增加上缴国家税收同步增长，2008年度公司产销5,736万元，上缴各项税费381万元，2009年度产销1.26亿元，上缴各项税费509万元，2010年度产销3.1亿元，上缴各项税费1,109万元，2011年度1–9月产销3.19亿元，上缴各项税费500多万元，预计全年产销超4亿元。

2011年公司取得了自成立以来的最好成绩，公司将一如既往秉承诚信、创新、优质、高效作为公司的发展方针，始终以高科技为主导，注重自主知识产权的研发，用科学的管理方法管理企业，坚定走产学研一体化的道路。

上海华东电器（集团）有限公司

上海华东电器（集团）有限公司（以下简称“华东电器”）创始于 1997 年，是国内规模较大的超高压电气设备研发及生产企业。集团以超特高压电气设备为核心业务，并涉及能源开发、商业房产、高新技术、文化传播、金融理财等多元产业，已发展成为具有自主进出口权的大型综合性企业集团。华东电器总部设在上海黄浦区，现辖 8 大专业公司，现有员工 5000 余人，在全国各重点省市设有 300 多家销售公司和办事机构，营销及服务网络遍及全国，致力于为客户提供可靠安全的优质产品和专业的服务。

华东电器以上海金山电气产业基地为研发中心，并在温州乐清设有电器元件生产基地，同时还与俄罗斯全俄列宁电工研究院、维依埃龙源电工研究院等 50 余家国内外重点科研机构、大型知名企业建立了战略合作伙伴关系。产品及其解决方案已广泛应用于电力、冶金、机械、石化和民用建筑等国家重点建设领域，并远销全球 30 多个国家和地区。

华东始终坚持“电器产业为基础，商业地产为支柱，能源开发为中心，高新技术为方向”的多元化发展战略，经过十多年的拼搏努力，已逐步打响了企业知名度和美誉度。专业从事超高压电气设备研发与生产的金山电气产业基地，通过引进俄罗斯全俄列宁电工研究院的国际先进技术并加以自主开发，使华东具备超高压电气设备的规模化生产能力，其产品线拓展到超高压输配电的多个领域，致力于培育民族电气制造业的“航母”；上海圣德娜珠宝礼品商厦、上海名品商厦、西安西北商贸中心等商业地产，实现了华东商业运营模式从单一性向多元化的跨越式发展，解决了上万人员的就业问题，产生了巨大的市场影响和积极效应；斥资数亿元开发的青海焦煤产业，是华东进军能源领域的重要举措，支援中西部建设，助推中西部发展，实现了与中西部地区的合作双赢。

“十年开拓进取，成就华东辉煌”。华东凭借雄厚的实力、先进的管理、可靠的质量和优质的服务进入上海 100 强企业和上海民营 50 强企业，赢得了社会各界同仁和客户的普遍赞赏。华东先后荣膺“上海市大型企业”、“上海市 AAA 级资信企业”、“上海市优秀企业”、“上海市百强私营企业”、“上海市高新技术企业”、“上海市文明单位”等称号，产品多次荣获“上海市名牌产品”、“上海市品牌产品 100 强”等荣誉。2001 年以来，“KIRTUN（科腾）”商标在海外十多个国家注册，并连续被评为上海市著名商标。

华东电器秉承“第二就是落后”的企业管理理念，以“集华东电器精华，创民族工业品牌”为己任，用强大的研发能力及优质的产品质量，全身心地打造高新电器产品，竭诚为广大客户服务，为振兴中国的民族电器品牌而不懈努力。

上海阿波罗机械股份有限公司，是一家致力于开拓高端泵产品的高新技术企业。在“创建卓越精英团队，打造百年盛世品牌”的长期愿景下，公司获得了由国家核安全局颁发的《民用核安全设备设计／制造许可证》、“上海市质量金奖”、“上海市企业技术中心”、“上海市名牌产品”等众多荣誉称号。

公司成立于2001年，现占地面积80余亩，拥有各类数控机加工设备百余台套。公司现有专业的水泵开发、设计、制造团队350余人，大中专以上学历的人员总数占职工总数65%以上。在核电设备国产化目标的指引下，国内一大批核泵设计生产制造行业的精英加盟公司，他们在开发设计、组织生产、计划调度、外协管理、工艺指导、装箱发运、安装调试等方面有着丰富经验。

公司采用AutoCad、UG、CFX等与国际同步的研究设计、生产管理系统，并实施用友软件CRM和ERP系统对销售过程和生产物流过程进行管理和控制。公司具有丰富的外部资源，与多家大学和科研院校（上海交通大学、上海同济大学、江苏大学、上海理工大学）成立产学研合作模式，建立了长期的技术合作关系，研发了多项具有高科技含量的科技成果。

公司建立有计量室、理化室、光谱分析室、机械性能检测室、水泵全性能试验中心、混凝土蜗壳海水循环泵盘车试验台架、焊接中心等，使得从原材料进厂到成品泵出厂全过程都得到严格的质量控制。公司新增投资的试验台架和试验回路技术改造，将成为国内先进的泵类检测平台之一，它能够涵盖所有核2、3级泵的性能试验和大型锅炉给水泵的全体性能试验，功率将超过10000kW。

公司目前已拥有混凝土蜗壳海水循环泵、核三级电动辅助给水泵、核三级汽动辅助给水泵、核三级安全厂用水泵、核三级设备冷却水泵等世界级高端产品的设计开发能力和核心制造管理能力，同时也成为了世界上少数有能力生产这几类产品的企业之一，并且是国内第一家能够同时具备设计制造上述产品的企业。

上海阿波罗机械股份有限公司

上海晋拓金属制品有限公司于2004年成立，是一家民营企业，企业占地面积 35000 平方米，建筑面积 25000 平方米，总投资 2.5 亿人民币，职工人数 1000 人，拥有一支独立的科研研发团队。

上海晋拓金属制品有限公司属上海市压铸协会定点单位，理事单位，松江区工商联合会理事单位、铸造协会理事单位，公司已通过 ISO9001：2008 质量管理体系、TS16949 质量管理体系的认证和 ISO14001 环境管理体系的认证。

主要经营项目：模具设计、开发、制作，铝合金、锌合金专业压铸，精密 CNC 加工，流水线组装、表面处理等。

主要产品范围：机械电机、伺服电机、3C 通讯部品、家用电器、汽车电子电器、汽车零部件。

晋拓公司秉持为社会创造效益，为顾客创造价值，为员工创造机会的经营理念，持续改进质量管理体系的有效性与过程的效率，不断满足全球客户对产品与服务的满意度，并在环境保护提出环境政策即大家一起行动，致力环保，使美好地球长存于未来。在经营活动中晋拓注重环保、积极推动 8S 等活动，营造干净明亮的工作场所，公司积极推动节能减排和资源不落地等活动。

公司注重精神文明建设，加强民主管理，积极发挥党团和工会组织的作用，定期组织员工座谈活动、娱乐活动、技能竞赛活动、安全卫生宣讲、禁毒教育活动、人文教育等，在保障员工合法权益的同时丰富员工的生活。

公司注重文化建设和诚信体系建设，多年来被区人民政府评为《先进单位》《文明单位》《先进企业》《平安单位》，同时被多家客户评比为《优秀供应商》，获得多项荣誉证书。企业信用资质等级被评定为 AAA+，2010 年被农村商业银行评为《诚信企业》。公司还先后被评为《松江区重点骨干企业》、《松江区企业技术中心》，公司是一家高新技术企业，高新技术产品被授予《高新技术转化成果项目证书》、《火炬计划项目证书》、《高新技术企业》、《科技创新型企业》、《科技小巨人企业》等荣誉称号，2011 年先后被区人民政府、新浜人民政府、客户等部门评为《先进企业》、《年度优秀供应商》、《科技创新优秀企业》、《2010-2011 年度低碳发展倡议活动支持发起单位》，2011 年还被评为《上海特种铸造工程技术研究中心》。

晋拓公司科研研发团队在张东总经理领导下积极研发新工艺、新技术，不但使传统压铸技术得到延续，且在不断创新、导入新技术，使公司的产值、利润、税收连年上升，2010 年-2011 年上交国家税收 2 千多万元。晋拓公司注重知识产权的保护，每年计划 5-6 个项目的专利申请，仅 2011 年专利项目申请 6 个，已获得实用新型专利 3 个，发明专利 1 个。目前公司主要技术核心有：

汽车发动机悬臂的生产，专精技术为特殊模具设计、铝合金半凝固挤压压铸，主要技术水平，铸件孔隙率≤0.86，抗拉强度 828500 次，为国际先进水平，这项技术，弥补了中国压铸行业的一项空白。

电子精密部件，Pickup 精密成型，成型精度达到 0.015mm，是电脑，VCD 专用的磁头部件。

卫星天线下变频器为卫星直播系统最重要的部件，其 F 面平面度 0.05mm 以下，通过本公司自制机械和模具所生产的卫星天线下变频器，其噪声系数≤0.6，交叉极化鉴别率≥23，工作电流≤50mA，经上海市科学技术研究中心查新分析该成果达到国际先进，国内领先水平，并具有新颖性。

汽车滤清器部件，精密压铸、精密加工，100% 通过 7.5MPa 的泄漏检测。

公司积极履行社会责任，积极投身于社会公益事业建设与发展，2 年来，公司先后为社会公益事业捐款 30 万元，用于抚恤开发，区运动会筹办等公益事业。为促进社会公益及慈善事业发展，维护社会稳定和谐，作出自己的一份贡献。

上海晋拓金属制品有限公司

企业法人代表：何文英　主要负责人：张东　联络人：王红梅

地址：上海市松江区新浜工业园区胡角路368号

电话：021-57894780　传真：021-57894781

Email:webmaster@sh-jintuo.com

Polysius　　**ThyssenKrupp**

伯利休斯（上海）工程技术有限公司

伯利休斯（上海）工程技术有限公司是伯利休斯德国公司在华全资子公司， 隶属于德国蒂森克虏伯集团。伯利休斯（上海）工程技术有限公司由蒂森克虏伯（中国）投资有限公司投资，伯利休斯德国公司负责伯利休斯（上海）的经营管理。

伯利休斯德国公司是蒂森克虏伯集团旗下的一家公司， 拥有 150 多年历史，是世界第一流的工程设备制造商之一， 主要从事水泥、矿产工业领域装备的制造，以其高质量的产品和服务著称。伯利休斯德国公司结合蒂森克虏伯集团的专业技术与中国市场情况，竭诚为中国客户提供最优质的服务、先进的技术及产品。由此，蒂森克虏伯（中国）投资有限公司在 2006 年上海浦东投资设立了外商独资的伯利休斯（上海）贸易有限公司。由于水泥、矿产工业的发展，伯利休斯（上海）贸易有限公司设想在原有的经营范围上扩展到水泥、矿产工业领域的装备制造、工厂设计、土建施工、机电设备安装、研究和开发。因此，伯利休斯（上海）贸易有限公司已在 2008 年将公司从浦东搬迁至宝山，更名为伯利休斯（上海）工程技术有限公司，并在上海宝山工业园区建造新的水泥和矿业装备制造工厂，以继续原有的经营业务并扩展新的经营业务。

伯利休斯（上海）工厂选址上海宝山区宝山工业园区内， 位于潘川路 1505 号， 面积 约为 30 亩。 伯利休斯（上海）工厂项目于 2009 年 7 月开工，2010 年 8 月完成设备调试及开始试运行，2011 年 9 月正式投入生产。项目投产后，设备制造能力将达到每年 5000 吨，年主营收入将达到 4.8 亿元，纳税 3400 万元。伯利休斯（上海）组织机构为总经理室、人力资源部、合同管理部、制造部、采购部、技术服务部、销售部、质量部、财务部等部门。目前共有员工 130 名，其中 60% 人员拥有大学及大学以上学历，从事技术开发，工程管理，质量控制，合同管理，采购以及财务管理等工作。

伯利休斯（上海）的主要产品，内销主要是立式磨，煤磨、高压辊磨机、选粉机、燃烧部件，外销主要为冷却机、磨机部件和钢结构。伯利休斯（上海）工厂将有能力生产所有伯利休斯产品的主要零部件， 并且达到与 伯利休斯德国同等的质量水平。公司引入了大型精密数控机床， 伯利休斯德国 150 年的成熟的生产计划和质量控制管理将被引入 伯利休斯上海新工厂。生产计划管理和生产准备工作将直接复制伯利休斯德国工厂， 并运用与德国中心服务器上相同的管理软件。伯利休斯（上海）员工在德国接受培训并得到德国同事的全力支持。从生产一始， 伯利休斯质量控制程序将会被严格执行。公司的 首要目标是德国质量，伯利休斯（上海）制造。

伯利休斯（上海）工程技术有限公司将在新工厂试生产的基础上，进一步开展生产加工，同时加强对工厂的内部管理。公司将继续加强与德国 总部的联系， 在原有的基础上壮大加工贸易。与此同时， 公司针对目前的国内市场形势， 结合自身产品特点，深入开发国内市场， 在回转窑，高压辊磨机等拳头产品方面进一步拓展市场， 同时着重开发售后服务市场。伯利休斯（上海）在纳米比亚参建了日产 2100 吨水泥生产线，取得了丰富经验，该项目于 2008 年开始筹建，2011 年初已经顺利投产。公司 2010 年已取得了海外承包工程资质，公司已作好充分内部准备，结合已有的经验，继续大力开发海外承包项目。

伯利休斯集团是全球领先的生产水泥及基础工业设备的工程公司之一，这一地位的取得归功于它优异的产品质量和服务水平，作为其在中国的子公司伯利休斯（上海）工程有限公司将秉承集团的经营理念和企业精神，以上海宝山为基地，面向全国及海外市场，创造更美好的企业未来！

Address:Polysius (Shanghai) Co., Ltd., No.1505 Panchuan Road,
Baoshan District, 200949 Shanghai, P.R.China
Phone: +86-21 6181 7588 Telefax: +86-21 6094 7409 E-Mail: cn.polysius@thyssenkrupp.com
Internet: www.polysius.com
伯利休斯（上海）工程技术有限公司 中国上海宝山区潘川路1505号 邮编 200949
电话：+86-21 6181 7588 传真：+86-21 6094 7409 电子信箱：cn.polysius@thyssenkrupp.com
网址：www.polysius.com

POLYSIUS

思达斯易能源技术（集团）有限公司

思达斯易能源技术(集团)有限公司是一家集采油机械装备、石油工具、流量计量仪表研发与制造、技术服务、资源投资为一体的综合性国际化公司。注册于上海，总部设在北京，全面统筹管理整体运营。

集团公司由苍南众星实业有限公司、上海思达斯易石油设备有限公司、上海思达斯易仪器仪表有限公司、思达斯易(北京)油田技术服务有限公司、浙江思达斯易石油机械有限公司组成；主要经营石油机械设备、井下工具、仪器仪表、钻完井工程、油田技术服务、资本运作和国际贸易等的集团企业。

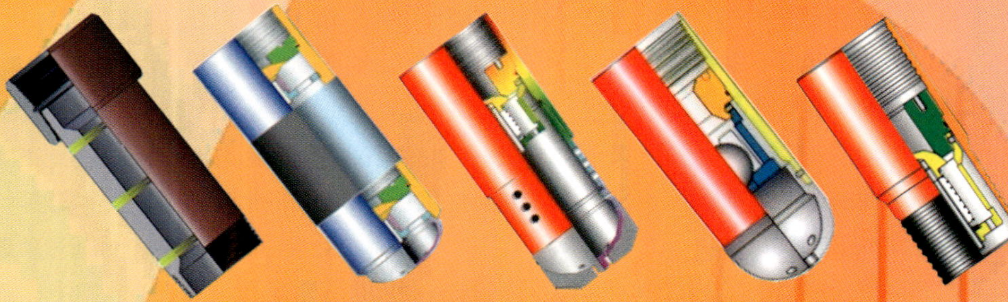

生产制造基地位于上海松江和浙江温州，拥有先进的自动化生产设备和雄厚的技术研发力量，特别是随着上海5万多平米生产基地投入使用，极大的提高了生产能力；由中科院、美国 Tulsa 大学、清华大学、西南石油大学、浙江大学等多人专家教授组成高级顾问团队和各专业高级工程师的研发队伍，凝聚温州的创业精神、上海的区位优势、北京的信息资源，在“简易完井”、“适度防砂”的完井理念优化和实践上，开发出具有针对性的专利采油机械装备、完井工具和技术服务，并在多个油田广泛推广和成功应用，其中中海油蓬莱 19－3 项目采用筛管专利产品实现产能巨大突破，2007 年 4 月获中海油总公司授予“渤海自营油田第一口千方井 LD10-1A11”荣誉奖牌。此外，生产的星孔筛管 3D-E 和复合 2008 筛管为国家科技重大专项攻关成果，在多个油田应用中取得良好的效益。

自创业以来，一直注重技术进步，不仅在技术研发和产品制造上取得 20 多项专利的累累硕果，而且在企业规模化、产品多样化、管理规范化等方面也取得长足发展。2000 年导入 QHSG 体系持续稳定的运行，获得 DNV 船级社 ISO9001、ISO14001、OHSAS 18001 管理体系认证证书，使生产过程稳定控制、产品质量水平进一步提高；员工的质量、环境和健康安全意识及管理理念有了进一步提升；售后服务得到客户的高度赞誉。2010 年 12 月被评为上海市高新技术企业；2011 年 11 月被松江区经委认定为区级企业技术中心；2011 年被评为上海市名牌称号；2011 年通过美国 API 认证；

企业注重标准化建设，2010 年 5 月被上海市质量技术监督局列为 2010 年度第一批上海市企业标准体系试点单位，完成了技术、管理、工作标准体系中的国家和行业标准 1100 多个的收集，820 多个企业标准的制定和标准体系表的编制。

在立足核心业务的同时，积极拓展多元化发展之路，在资本运作和石油工程技术服务上取得丰硕成果。投资项目涉及山东房地产、加拿大、印度尼西亚石油开采，新疆金矿、铜矿、煤矿、钼矿等多个领域；钻完井工程项目连年有大幅度的增长，工程技术水平和质量多次获得客户高度评价。

我们秉承企业“创一流产品，行优质服务”的一贯宗旨，发扬“团结、拼搏、创新、图强、开拓、进取”的企业精神，执行“追求创新、打造优质产品，持续发展、提供高效服务，提高意识、强化保护环境，以人为本、保障健康安全”的管理方针，奉行“以诚信为本、以效益为中心”的经营理念，不断去迎接新的挑战，全体员工上下一心、团结一致共同推动思达斯易集团走向一个更加辉煌的明天。

上海电气
SHANGHAI ELECTRIC

上海第一机床厂有限公司

上海第一机床厂有限公司是由原上海第一机床厂核电板块和上海先锋电机厂核电、军工板块于 2005 年组建而成，成为我国核反应堆堆芯主设备 --- 堆内构件和控制棒驱动机构二项设备的专业生产厂。两厂各自四十多年的发展历程为公司积累了丰富的制造经验，从上世纪七十年代为秦山一期工程提供主设备开始，先后为秦山、岭澳、巴基斯坦恰希玛等核电站；提供了优质产品，形成了压水堆 300MW、600MW、1000MW 系列生产，也是国内唯一具有系列生产业绩的企业；出色的完成了高温气冷堆、中国实验快堆、中国先进研究堆等四代堆等科研项目，从而形成了多种堆形生产；累计为国家的核能装备制造事业创下了“ 十二个国内第一 ”,从而奠定了在核电设备制造行业的领先地位。

上海第一机床厂有限公司在国家新一轮核电发展中已获得了红沿河、宁德、阳江、福清、方家山、桃花江、石岛湾等项目，累计 50 多个机组的堆内构件和控制棒驱动机构合同，目前市场占有 100%；同时公司在 2010 年完成了临港扩能任务，2011 年开始公司产能将达到 8 个机组以上，基本满足市场需求。

多年来公司坚持以科技进步推动企业发展，以自主创新成果转化为核心竞争力，一手抓好两代加核电产业化工作，一手抓好第三代核电技术引进、吸收和消化工作。公司已承担了国家重大专项中 AP1000 的堆内构件和控制棒驱动机构六项课题，届时将形成新的核心技术，在以后的第三代核电站建设中实现产业化并达到国际先进水平奠定基础。

在创建世界级工厂的过程中，在完成各项经济任务的同时，我们还相继荣获了上海市人民政府颁发的上海市文明单位、上海市五一劳动奖状、上海市政府质量金奖等光荣称号。谱写了一曲经济建设与精神文明建设同步和谐发展的乐章。

上海第一机床厂有限公司正以实践科学发展观活动为契机，聚焦国家战略，发挥自身独特优势，主动跟踪四代核电，不断为国家新一轮的核电事业作出新的贡献。

地　址：上海市浦东新区临港新城重装备区倚天路 185 号

电　话：(021) 38221002

传　真：(021) 38221001

邮　编：201308

自主创新 振兴中国装备制造

上海振华重工（集团）股份有限公司

上海振华重工（集团）股份有限公司 (ZPMC) 成立于 1992 年，是全球重型装备制造行业的知名企业，为国有控股 A、B 股上市公司，控股方为世界 500 强之一的中国交通建设股份有限公司。

振华重工总部设在上海，并在上海本地及南通、江阴等地设有 8 个生产基地，占地总面积 1 万亩，总岸线 10 公里，特别是长江口的长兴基地有深水岸线 5 公里，承重码头 3.7 公里，是全国也是世界上最大的重型装备制造商。公司拥有 22 艘 6 万吨 ~ 10 万吨级整机运输船，可将大型产品跨海越洋运往全世界。目前，振华重工已具备集重型装备设计、制造、销售、售后于一体的全产业运营链运行能力，主产品分为五类，一是港口用大型集装箱机械和矿石煤炭等散货装卸机械。如遍布全世界 80 个国家和地区主要集装箱码头的岸桥、场桥，产量已占世界市场 75% 以上份额；散货装卸设备如装卸船机、斗轮堆取料机、环保型链斗卸船机等也居本行业前列。二是海上重工产品，如巨型浮吊、铺管船和各种工程船、各种平台以及动力定位装置和平台抬升装置等。曾自主设计制造时为亚洲第一的 4000 吨全回转起重船“华天龙”，建造世界单机起重量最大的 7500 吨全回转起重船“蓝鲸”，为韩国三星建造世界最大的 8000 吨固定式双臂架起重船，振华重工已成为世界上唯一能设计、制造大型起重船的三大企业之一；成功研发海工装备关键配套件，如大型锚绞机、张紧器、平台抬升系统等，填补国家空白。三是大型钢构钢桥梁。振华重工拥有年产各种钢构 100 万吨的能力，曾成功建造世界顶级制造难度的美国旧金山 – 奥克兰海湾大桥；成功制造港珠澳大桥岛隧工程钢圆筒与钢模板。四是能源环保设备，包括海上风电、海水淡化和污水处理等设备。设计建造了海上风电 800 吨全回转起重船。五是工程（矿石）机械。

公司厉行“自主创新”，曾获国家科技进步一等奖。建有国家级企业技术中心和博士后工作站。现有 2400 名从事机、电、液设计研发的工程技术人员，获得国家和市级科技成果奖 50 余项，申请国家专利达 300 件。振华重工被国家工信部和财政部授予全国首批的全国技术创新示范企业称号，2011 年被评选为“年度十大创新型企业”。

SANY

致力于为全球用户提供一流的机床及集成技术解决方案

关于三一精机 >>>

上海三一精机有限公司由三一集团投资创建于 2009 年，总部坐落于上海川沙产业园，拥有昆山、无锡两大生产制造基地。按世界一流标准在建的临港产业园，总投资 26 亿元，占地 1000 余亩，即将于 2012 年 5 月建成投产。

三一精机主要从事精密机床的研发、制造、销售，产品规划包括金切机床、成型机床、集成技术、功能部件四大类，涵盖龙门加工中心、卧式加工中心、立式加工中心、车削系列、钣金系列、镗铣系列、齿轮系列、磨床系列、重型压力机、行业专机、物流自动化、数控系统及功能部件十三大系列。

秉承“品质改变世界”的企业使命，三一精机将年销售收入的 7%—10% 投入研发，致力于缔造世界最高品质。目前，拥有一支由业界领军人物带领的全球顶尖级研发阵容。公司现有机床研究院、数控研究院、德国研究院，共计 600 余名研发人员(其中硕士及以上学历占 85% 以上)。此外，三一精机是惟一一家在德国、日本建立研发中心的中国机床企业。

质量，是惟一不能妥协的事。通过生产过程的精细化管理、标准化的作业流程和严格的产品质量检测体系，保证了产品的高可靠性。世界一流的临港产业园生产车间采用全数字化生产线，按照“金鸡下金蛋”的思路，投入超一流设备，实现了生产过程自动化控制，打造了恒温、绿色花园式样板工厂，形成了独特的 SPS 精益生产模式。

一切为了客户，创造客户价值。三一精机以客户需求为中心，通过标准化、差异化、超值化的服务，实现“超越客户期望，超越行业标准”的服务目标，帮助客户成功，引领行业服务新潮流。

追求卓越，引领变革。三一精机致力于为中国贡献一个世界级机床品牌。

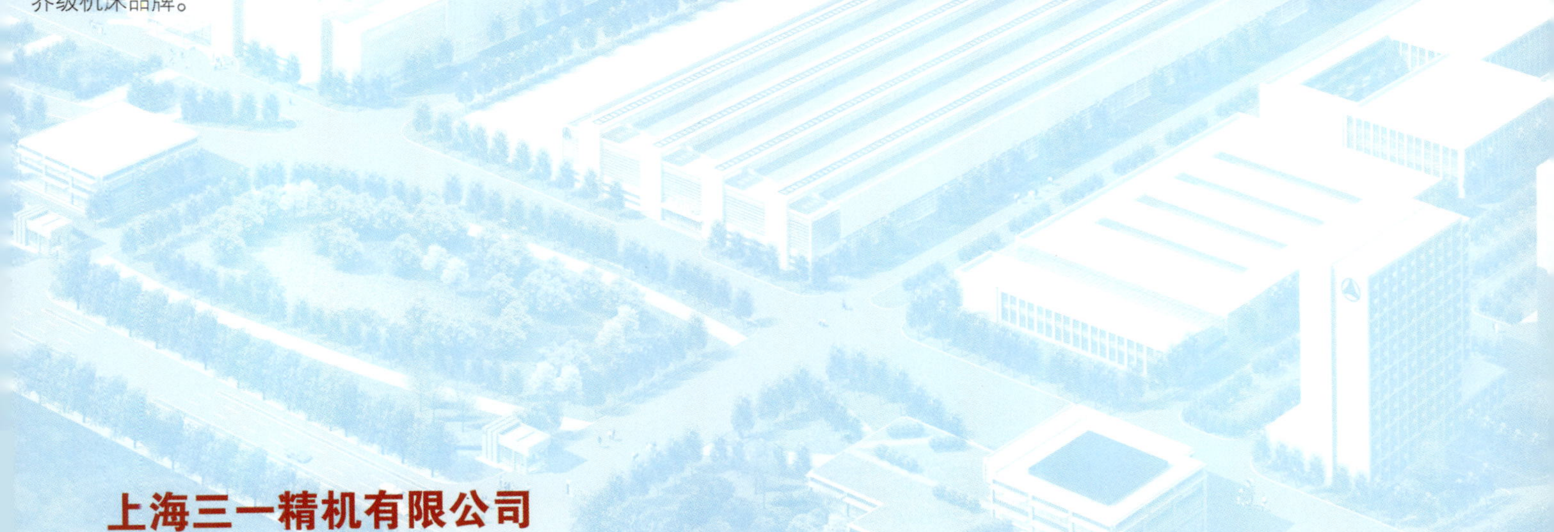

上海三一精机有限公司

德国不莱梅贝克集团是一个拥有 80 多年发展历史的德国跨国集团，它有多个自动化分公司和办事处分布在欧洲和亚洲。拥有 3 个业务领域（工业自动化控制，工业设备维护服务和工业贸易）为工业自动化及贸易公司提供全套服务。自 1922 年成立以后，已经逐渐成为德国的工业先锋之一。2009 年，整个集团公司的全球年销售额就超过了 1.2 亿欧元。随着在中国业务的蓬勃发展，不莱梅贝克更加重视在中国的发展，并在 2003 年年底进入中国设立分公司。主要从事工业自动化控制系统的开发、设计、安装、调试及售后服务工作。不莱梅贝克集团在汽车、机械、轻工、冶金等领域有着丰富的项目实施经验（涉及生产过程自动化控制、流水线、输送系统、工业废水及生活污水处理工程的自动控制系统等）。从系统初步设计、技术交流到设备安装、调试、培训、售后服务等方面，提供一条龙服务。

不莱梅贝克集团公司在中国有三个注册公司：不莱梅贝克史必驰（上海）自动化系统有限公司、不莱梅贝克（上海）自动化控制系统有限公司、不莱梅贝克（青岛）机电设备有限公司。分别主要从事：自动化控制工程方案设计、软件编程、电柜组装、现场电气安装、系统调试及工业机器人调试；电气柜成套；工业设备售后服务和进出口机电设备部件及高档五金工具。

不莱梅贝克史必驰（上海）自动化系统有限公司的主要市场是中国地区汽车整车行业，在汽车行业各种生产线自动化控制系统开发和实践方面，有很好经验及成功的业绩。可以提供汽车发动机装配生产线、焊装工艺、涂装工艺、总装工艺、输送系统等各种生产线的自动控制系统，以及焊接机器人、涂胶机器人的在线调试。在汽车部件生产厂方面不莱梅贝克可以提供机器人焊接中心等生产线的自动控制系统和焊接机器人调试。同时，不莱梅贝克史必驰（上海）自动化系统有限公司冶金设备自动控制系统方面也有很好的技术，为中国钢铁行业提供了数套自动化设备。

不莱梅贝克（上海）自动化控制系统有限公司主要开展电气柜成套业务，产品品质达到德国质量标准。中国地区不仅承接了德国总部在中国的业务，还开拓了食品饮食、冶金、船舶等行业客户。并在天津开设了分公司承接北方地区业务。电气柜成套销售额从 2007 年的几十万增长到 2011 年数千万。

不莱梅贝克（青岛）机电设备有限公司主要从事工业设备售后服务和进出口机电设备部件、劳动防护产品及高档五金工具。

与全球企业一样，不莱梅贝克中国也经历了金融危机的考验，业务量明显减少，面对不好的市场，狄总带领公司全体员加强企业内功、降低管理成本、完善质量控制及管理环节，通过一系列的调整使企业能力增强了，为迎接经济春天的到来做好准备。2009 年中国下半年工业形势开始转好，在狄总有效组织下积极参与市场竞争，工程部 2011 年销售额增加到几千万销售额，电柜成套完成品销售额增加了五倍，并在半年内组建了天津新生产车间，完成千万元产值。2011 年不莱梅贝克中国完成的销售额为 2009 年的四倍多，公司的经营状况有了明显的好转，改变了以往公司亏损状况。目前自动化领域竞争越来越激烈，为了能在竞争中赢得得胜利，狄总强调成本管理，引进外国的成本管理控制思想，使每一个项目都在进行有效的控制中运行。在狄总及全体公司同仁的共同努力下，不莱梅贝克中国通过近四年的奋力拼搏，已经进入了良好的运营。相信不莱梅贝克中国在狄巧玲总经理的主持下在 2012 年有更好的发展。

不莱梅贝克集团公司

SEC SHANGHAI ELECTRIC

SEC-KSB Pumps and Valves Co., Ltd.,
上海电气凯士比核电泵阀有限公司

KSB

为了配合中国核电的快速发展，实现核电站用泵、阀设备的国产化，提供中国生产的技术先进、质量可靠的核电站用泵阀设备，2008年10月，上海电气，中国最大的装备制造业集团之一，与德国KSB，拥有先进技术的、实力雄厚的、专业的知名一流核电泵阀生产厂商，合作组建了上海电气凯士比核电泵阀有限公司。该合资企业由中方控股，主要从事核主泵、核二、三级泵以及核一、二、三级阀门的生产制造以及KSB集团中国所有核电站用泵、阀的销售活动。上海电气凯士比核电泵阀有限公司所有的核一级、二级、三级泵产品的技术由德国KSB转让并与德国KSB的技术同步更新，同时SEC-KSB拥有研发和自主创新的能力。

技术转化方KSB AG公司创立于1871年，是世界核电站用泵的主要生产厂家，也是世界上唯一能为所有类型核反应堆提供主泵的厂家。KSB是当今世界上技术最先进、产品质量最高的泵阀供应商之一。在过去的20年间，世界上超过80~90%的核电站使用KSB的泵阀，其中超过60%的核电站使用KSB的主泵。自1960年开始，KSB为世界范围内的压水堆、沸水堆、重水堆核电站提供了大约300台主泵和超过300台的核二、三级泵。KSB在25年前为中国第一座核电站，秦山一期核电站提供了反应堆冷却剂泵，该泵已经在秦山核电站安全、可靠、高效的运行了20年，公认为国内核电站运行最好的反应堆冷却剂泵。

KSB也是美国西屋公司AP1000第三代核电站的主泵的合格供应商。2008年，KSB为AP1000机组研制的无密封湿转子核主泵通过了美国西屋公司设计审查和产品验收。同时KSB已经研发完成适于中国市场的CAP1000，CAP1400第三代核电站的核主泵。

2011年3月，正式开始生产的上海电气凯士比核电泵阀有限公司将在技术转让的基础上，自主研发，成为国内唯一一家可以同时提供用于二代加核主泵和三代核主泵以及所有辅助系统相关泵的厂家。

(SEC-KSB)可为我国二代，二代加以及三代核电站提供核一、二、三级泵和核二、三级阀门。现已具备年产50台核二、三级泵的生产能力。目前在手主泵订单包括二代加海南昌江核电站的主泵合同以及于近期签订的三代 CAP1400 石岛湾核电站主泵供货合同。目标于2013年形成年产5到10台的主泵生产能力。

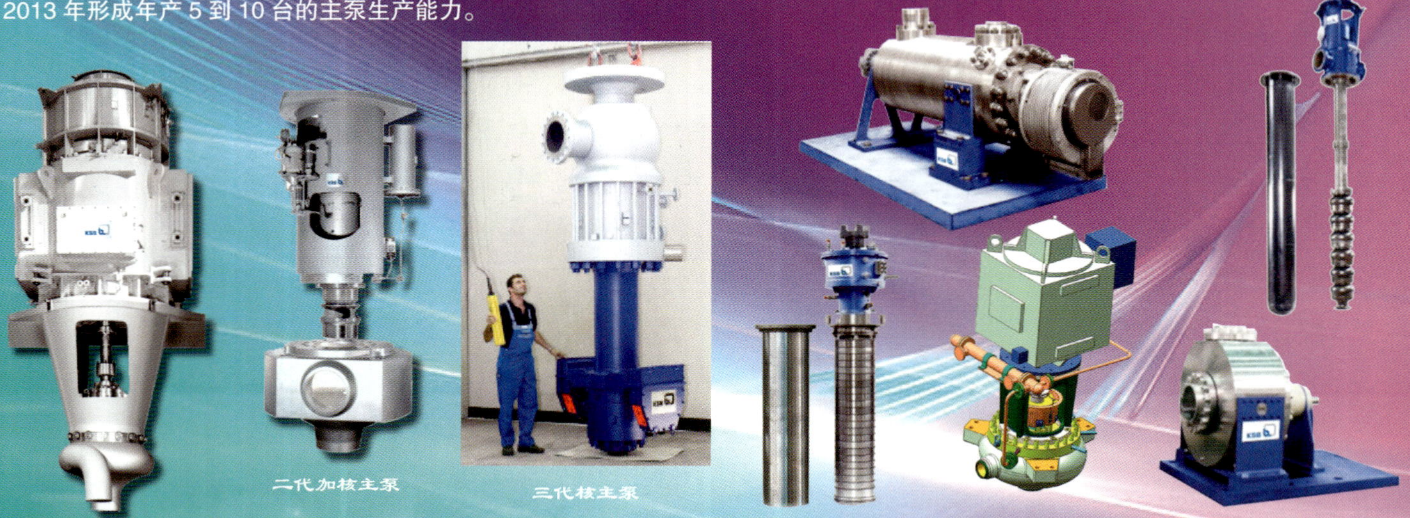
二代加核主泵　二代加核主泵　三代核主泵　核二、三级泵

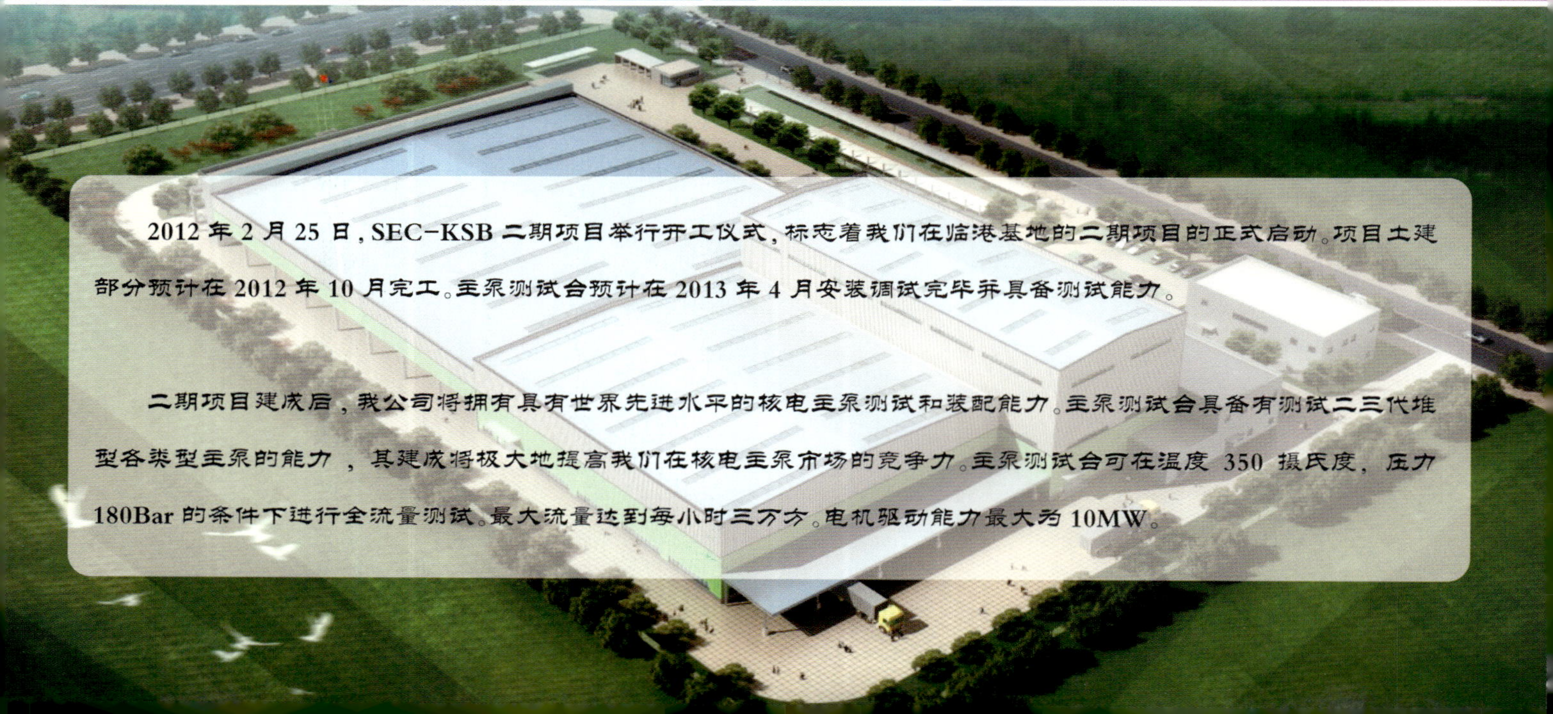

2012年2月25日，SEC-KSB二期项目举行开工仪式，标志着我们在临港基地的二期项目的正式启动。项目土建部分预计在2012年10月完工。主泵测试台预计在2013年4月安装调试完毕并具备测试能力。

二期项目建成后，我公司将拥有具有世界先进水平的核电主泵测试和装配能力。主泵测试台具备有测试二三代堆型各类型主泵的能力，其建成将极大地提高我们在核电主泵市场的竞争力。主泵测试台可在温度350摄氏度，压力180Bar的条件下进行全流量测试。最大流量达到每小时三万方。电机驱动能力最大为10MW。

公司总经理、党委副书记 丛瑜滋

公司党委书记、副总经理 肖华

中国石油天然气股份有限公司
华东化工销售分公司

中国石油天然气股份有限公司华东化工销售分公司（简称“中国石油华东化工销售公司”）成立于2005年12月2日，是按照中国石油化工统销战略部署，在始建于2000年7月12日的原中国石油天然气股份有限公司化工与销售华东分公司基础上整合升级而来。公司作为中国石油天然气股份有限公司所属地区公司，主要负责中国石油所属企业生产的石油化工产品在华东区域的统一销售业务，负责中国石油在上海的石化专业要素市场的建设与管理。公司总部位于上海市浦东新区。

公司主要经销中国石油生产的合成树脂、合成橡胶、合成纤维和部分有机原料（含液体化工产品），销售区域覆盖上海、江苏、浙江、安徽、江西四省一市，是一个以化工营销为主营业务，集内外贸、仓储、技术服务、信息、石化要素市场建设与管理等业务为一体的综合性地区公司。2011年，公司实现化工产品销售量220万吨、营业收入248亿元，营业收入同比增长12.5%；贸易业务实现销售量16万吨，销售收入15亿元，创汇283万美元，继续保持连年盈利。公司拥有固体仓库2座，库容5万平方米，年存储能力85万吨。公司所属上海中油石油交易中心有限公司招商在册会员215家，2011年市场交易额603亿元，会员纳税2.09亿元。

公司目前下设6个业务处、7个职能处、3个直属单位及上海中油石油交易中心有限公司，在上海、南京、杭州、宁波、合肥、南昌设有6个销售分公司及余姚、上海2个仓储分公司。目前公司有员工307人，员工整体知识层次较高，年轻化、专业化特征比较突出。

公司坚持科学发展、和谐发展，秉承中国石油“爱国、创业、求实、奉献”的企业精神，践行“诚信、创新、业绩、和谐、安全”的经营管理理念，以建设适应综合性国际能源公司要求的地区化工销售企业为目标，以做大市场、做强销售为己任，以开拓市场、增创效益、优质服务为宗旨，发扬大庆精神铁人精神，艰苦创业，开拓进取，为中国石油化工产品在华东开辟了广阔市场，综合实力和竞争力显著增强，实现了经营业绩持续稳定快速增长；认真履行国有企业三大责任，实现与利益相关方的互利双赢、共同发展；努力打造有凝聚力、战斗力、执行力的和谐团队，保持了安全、稳定、和谐发展的良好态势，为促进地区经济繁荣、构建和谐社会，促进中国石油建设综合性国际能源公司做出了积极贡献。

2012年是“十二五”发展承上启下的重要一年，公司上下将坚定信心，开拓进取，积极转变发展方式，全力以赴完成好各项工作任务，以优异的业绩迎接党的十八大胜利召开，为建设绿色、国际、可持续的中石油而努力奋斗！

公司地址： 上海市浦东新区东方路969号中油阳光大酒店9层

邮政编码： 200122

电　　话： 021-50581555　　**传　　真：** 021-68757679

中国石油西气东输管道（销售）公司（以下简称公司）是中国石油天然气股份有限公司直属的地区公司，主要负责西气东输管道生产运营管理、天然气市场开发与销售业务及管道支线工程建设。

颁发竣工验收鉴定书

“十一五”期间，公司运营管道总长度由4188公里增至8959公里，站场由35座增至102座，压缩机组由12套增至63套，销售与分输用户由35家增至144家。管输商品气量累计实现809.77亿立方米，天然气销售量累计实现771.43亿立方米。先后建成冀宁、淮武、沁水煤层气、金坛—镇江、江都—如东、甪直—宝钢等管道，总长超过2500公里。西气东输二线中卫至黄陂段投产试运行。开展增输工程建设，干线年输气能力由西段120亿立方米、东段90亿立方米增至全线170亿立方米，淮武管道年输气能力由15亿立方米增至22亿立方米。金坛储气库累计造腔190多万立方米，形成地下库容4.7亿立方米，基本满足应急调峰要求。

在下游供气十分紧张的情况下，公司还承担了保证首都北京供气的任务，五年累计向陕京二线分输天然气69.97亿立方米。目前，西气东输已成为长江三角洲、中原地区、华中地区的主供气源和环渤海地区的补充气源，使天然气在我国一次能源消费结构中的比例提高了一个百分点，占近5年我国新增天然气消费量的50%以上，使110多个城市、3000多个大中型企业、近3亿人口从中受益。

秦书记慰问一线员工

加强巡检确保平稳供气

公司荣获国家科学技术进步一等奖

2010年，公司切实履行经济、政治和社会三大责任，科学组织输气生产和安全管理，全年输送天然气245亿立方米，用气高峰时日均输气8000万立方米以上。全年为上海供气24亿立方米，为保障上海能源供应和“绿色世博”提供强有力支持。公司不断深化经营管理，全面加强计划管理，强化绩效考核和薪酬激励，优化人力资源配置，抓好业务流程管理，保证了内控体系持续有序运行。2010年，西气东输工程通过国家竣工验收，《西气东输工程技术及应用》获国家科学技术进步一等奖，公司获“上海市职工最满意企业”称号，获上海市“精神文明单位”称号。

中国石油西气东输管道公司

Linde
华林气体

公司简介
Company introduction

上海华林工业气体有限公司位于中国上海化学工业区目华路 82 号，与拜耳上海一体化基地相邻，是上海华谊集团所属的上海焦化有限公司与林德气体（香港）有限公司双方各投资 50% 的合资企业，成立于 2004 年 9 月 13 日，公司总注册资本超过 4000 万美元。目前公司已完成并投运 I 期和 II 期扩建项目，工程总投资超过 1.1 亿美元。

华林 I 期是 2006 年 5 月投产供气的第一套合成气分离净化制 CO 和 H_2 生产装置，其原料气为上海焦化有限公司通过专设管道提供的合成气。生产能力为 CO 6000 Nm^3/h，H_2 4770 Nm^3/h。

为配合客户的发展需求，华林在 2008 年完成了相应的 II 期扩建工程：第一套烃水蒸气转化制氢装置和第二套合成气分离净化制 CO 与 H2 装置。并于当年 8 月全面投产。第二套合成气净化分离制 CO 与 H2 装置的原料气仍是来自于上海焦化。烃水蒸气转化制氢装置既可以液化石油气，也可用天然气或它们的混合气为原料，所出产品为 H2 和副产蒸汽。

华林 I–II 期工程均采用林德集团的核心技术与设备，具备世界一流的先进性与可靠性。公司目前的综合生产能力达到：CO 13000 Nm^3/h，H2 30000 Nm^3/h。所有的产品均通过专用管道输送给相邻的拜耳上海一体化基地。

上海华林工业气体有限公司
Shanghai Hualin Industrial Gases Co., Ltd

上海高桥捷派克石化工程建设有限公司

SHANGHAI GAOQIAO SGPEC PETROCHEMICAL ENGINEERING&CONSTRUCTION CO.,LTD.

董事长、总经理：

上海高桥捷派克石化工程建设有限公司是一支集装置运行维护、装置检维修和工程项目管理为一体的特大型专业维修公司。公司汇集了机械、仪表、电气、工程和设备制造各类高素质技能人才，具有丰富的装置运保、检维修和项目管理经验，以先进的装备设施和雄厚的技术实力，立足出色的质量和服务，长期承担各类大中型石化生产装置的日常维护保养和特种设备的专业保养，在石化工程检维修行业中赢得了良好的声誉。

上海高桥捷派克石化工程建设有限公司凭借对石化用户群体和市场的长期深刻了解，确定了以装置运行维护为基础，形成装置检维修、工程项目总（分）包、项目管理、设备制造等众多业务为一体的综合型格局。捷派克将以用户的需求为第一动力，运用其长期服务于石化行业的丰富的实践经验、出色的技术和质量、完善的应急响应体系以及强大的专家资源网络，为用户群体带来长期稳定的高附加值的服务。

公司长期致力于与用户建立稳定互利的合作关系，并为用户提供及时、高质量、高附加值的服务。

抓住机遇，全力拓展漕泾化学工业园区内的各类业务，建立长期稳固的综合型基地，做大做强运保四分公司，形成漕泾地区和高桥地区两翼齐飞的格局，并依托上述两个基本据点，逐步形成辐射型覆盖整个上海地区的业务网络。

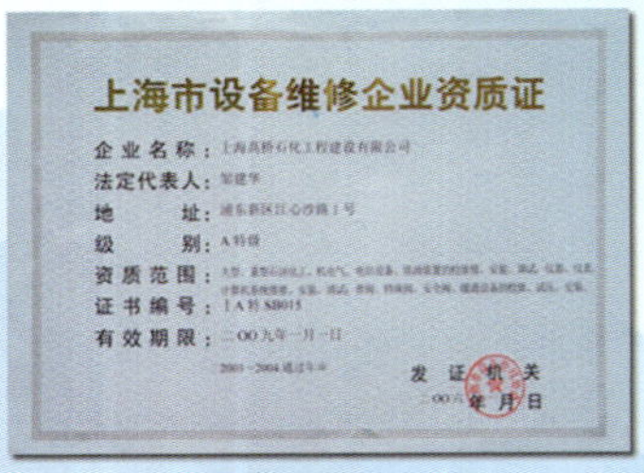
上海市设备维修企业资质证

企业名称：
法定代表人：
地　　址：
级　　别：A特级
资质范围：
证书编号：
有效期限：
发证机关

维修特A级

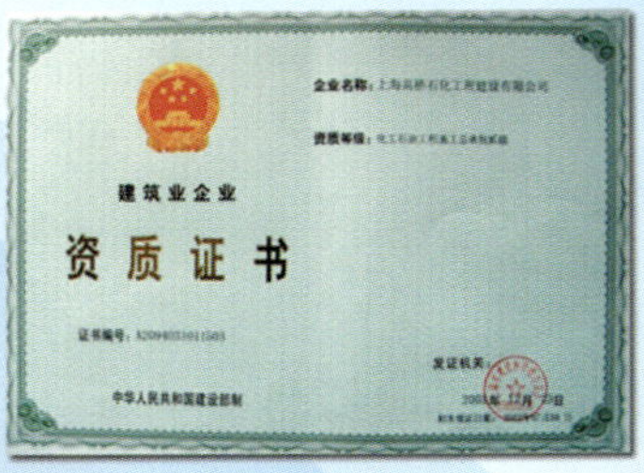
建筑业企业

资质证书

中华人民共和国建设部制

总包二级

地 址：上海浦东新区大同路1250号

邮 编：200137

电 话：86-21-51786139

传 真：86-21-58610593

http：//www.sinoqpc_ecc.com

E-mail：fanweilin@sinoqpc.com

KAI BAO

"诚信做药、良药救人"是上海凯宝永恒的追求！

上海凯宝药业股份有限公司成立2000年，主要从事清热解毒类中成药痰热清注射液的研发、生产和销售，是上海市生物医药重点企业、上海市高新技术企业。公司于2010年1月8日成功登陆深圳A股市场，为公司今后的可持续发展提供了坚实的基础。先后与浙江大学、重庆大学、北京中医药大学、上海中医药大学、天津中医药大学、复旦大学、中国药科大学等科研机构联合，搭建具有较强研发、生产能力成果转化的高科技平台，以迅速适应市场需求的变化。

目前公司已拥有8项国家发明专利，已经受理的发明专利8项。痰热清注射液是国家现代中药高科技产业化示范工程项目，2011年，被评为中药工业主营业务收入前50强、中药成长型10强企业，呼吸系统疾病类中药10强第一位。

凭借独树一帜的创新成果，上海凯宝显示出强大的核心竞争力。

目前，公司独家拥有痰热清注射液的生产批文和生产经营权，专利保护期、中药保护期20年。随着市场占有率和经济效益的不断提高，上海凯宝目前已经成为业内细分市场国内当之无愧的排头兵。

2011年被认定为上海市企业技术中心，是上海市院士专家工作站。通过外聘和引进高科技人才，组成了包括博士6人、硕士9人在内的研发队伍。2011年与上海市药检所和重庆大学联合完成了痰热清"689"物质基础研究，总固体中结构明确成分达到80.8%，总固体中可测成分达80.80%，指纹图谱可指认成分达到93%，各项指标均高于国家中药注射剂最新标准。和中国药科大学合作完成了痰热清主份成分药代动力学研究，明确在体内动态代谢规律，为临床合理、安全用药提供了科学依据。为保证质量，公司的生产线参照欧盟GMP标准进行设计，2011年成为全国首家通过新版GMP认证的中药注射剂企业，使中药注射剂的生产过程控制和质量保证能力，与世界先进水平接轨。公司关键设备选用世界一流品牌，通用设备选用国内著名品牌，全面提升生产、质控装备水平。同时，公司还是较早采用国际公认的中药质控模式——"指纹图谱技术"的企业之一，通过在生产过程中进行全程数字化控制、近红外质量在线检测以及超滤和全自动异物侦检等先进技术设备的应用，减少了人为操作的误差，保证产品质量稳定可控。

德国博世洗灌封联动线

中药提取现代化智能控制中心

中药行业一直是国家鼓励发展的重点行业，中药注射剂是现代中药创新所取得的重要成果，在我国医疗卫生事业中发挥着不可替代的作用，与传统的西药抗生素相比，痰热清注射液的优势在于治疗效果显著、副作用小。

伴随着国内清热解毒类中药注射剂市场规模的增长，以及人民生活水平显著提升而不断增加的药量，痰热清注射液的市场需求正在快速增加。近几年来，非典、人禽流感、手足口病、甲型H1N1型流感等流行性疾病在世界各地传播，给人类的正常生活乃至生存带来巨大挑战，而痰热清注射液在治疗这些流行疾病方面具有显著的效果，在控制疫情，保障人民生命安全方面做出了独特的贡献。

目前，痰热清注射液年生产规模已达1亿支，预计十二五末可实现年销售收入20亿元。扬帆新征程，风云再启航。

面向未来，凯宝人没有沉湎于过去的辉煌，而是全力提速，向着自己的战略目标不断迈进——创建具有卓越竞争力的高新技术制药企业，成为中国中药现代化的一流企业。

地址：上海市工业综合开发区程普路88号　总机：021—37572030　传真：021—37572050　邮编：201401

上海汉飞生化科技有限公司

Shanghai Hanfei Biochemical Technology Co., Ltd.

上海汉飞生化科技有限公司是一家以市场需求为先导，以科研开发为龙头，集研发、生产、销售于一体的民营股份制高新技术企业，成立于 2002 年 6 月。本公司在生物医药中间体行业内研发能力和技术水平首屈一指，自公司成立以来，始终把握市场的发展方向，寻找有发展潜力的高科技产品，并重点攻关，在上海乃至长三角地区都处于行业领先地位，。

公司拥有现代化的实验室，设备一流的生产厂房，和一批科研开发能力强，生产实践经验丰富的科技人才队伍。自 2004 年 8 月以来多次通过 ISO9001：2000 质量体系认证。2003-2004 年，公司连续两年被评为“上海最具发展潜力科技型企业(五星级)”；2004 年 12 月，公司被上海市科委认定为上海市高新技术企业，2007 年 9 月，公司再次通过高新技术企业的认定；2006 年 6 月，公司被评为 2006 年度长三角最具发展潜力科技型企业(五星级)。2008 年，公司信用等级评估结果为 AA+。公司于 2008 年再一次被上海市科委评为“上海市高新技术企业”和“上海市小巨人(培育)企业”。

公司的研发和经营策略是在世界范围内寻找具有市场潜力、技术壁垒高，但合成路线仍可进一步改进生物医药中间体产品，进行重点科技攻关，研发出低成本、低污染、高质量的新型合成路线和工艺，并实施产业化和申请专利保护。基于这种理念，本公司研发生产了 HF 氨基－甲基－氧代－正丙基-S 三氮唑嘧啶催吐剂、结晶型 L－瓜氨酸－苹果酸、鸟氨酸系列产品、α－酮戊二酸等主打产品，这些产品的都突破了国外专利保护，其合成路线完全不同于原有路线，具有步骤简化、生产成本低、环境压力小等优点，已经形成了 6 项发明专利，填补了国内空白。由于产品的综合优势明显，已经逐步替代同类进口产品和国产低质产品，并开始出口，深受用户欢迎。因此公司的销售额增长迅速，2005 年公司销售额为 3039.84 万元，2006 年销售额为 5591.44 万元，2007 年销售额首次突破亿元大关，达 10089.90 万元。3 年来平均销售额增长率为 82%。

经过公司全体员工的辛勤努力，已成功开发和生产出 7 大类、37 种产品，主要为高分子固相合成载体，医药中间体，生化药物中间体及农药中间体，产品技术含量高，获得国家重点新产品、上海市重点新产品、上海市高新技术成果转化认定项目等奖项。本公司各系列产品是许多药物和新型高效农药的重要原料，目前已远销日本、韩国、加拿大及欧美等地。

公司在 2005 年被中国中轻产品质量保障中心授予“质量、信誉双保障示范单位”。为进一步提高公司产品质量，公司于 2007 年 10 月申请并获得上海检验检疫局颁发的氨基酸类食品添加剂的卫生登记许可证。

公司在上海金山拥有生产基地，主要生产瓜氨酸、酮戊二酸等氨基酸系列产品。并参资控股宁波奉化市巨丰化工有限公司，改名为宁波奉化市汉飞巨丰生化科技有限公司(控股 65%)，作为另一个生产基地。

今后，公司将继续坚持贯彻“力求尽善尽美，重在推陈出新”的经营理念，以生物化学技术的研究和产品的系列化为主干，树立公司品牌，瞄准世界一流前沿技术，不断提升产品的科技含量和附加值，形成核心竞争力，为全面提升我国生化产品的水平而努力。

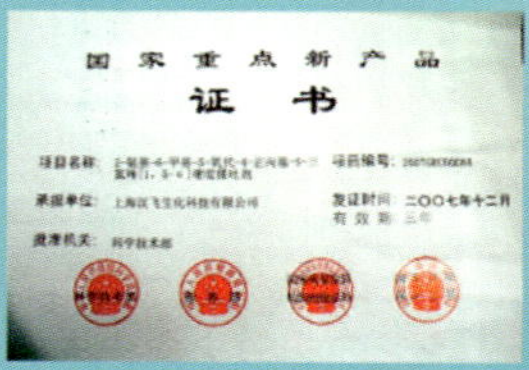

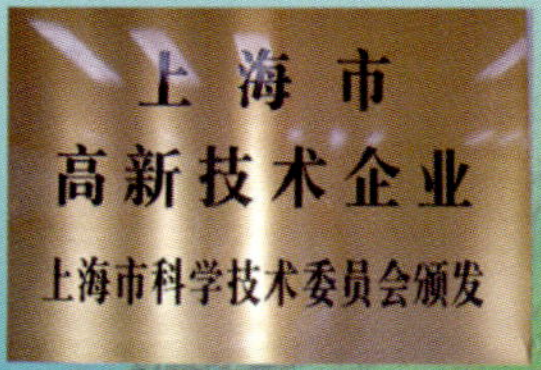

地址：上海市曹杨路 450 号绿地和创大厦 608－609 室　邮编：200063　电话：021－52363300 54960111

传真：021－54960222　http://www.hanfeibc.com　E-mail: sales@hanfeibc.com

沪东中华造船（集团）有限公司

转变发展方式，提高效率效益，努力“做强做大”

由原沪东造船厂与原中华造船厂于 2001 年 4 月合并重组成立，是中国船舶工业集团公司下属既建造军、民用船舶，又制造船舶和船用柴油机配套件的综合型集团公司。公司总部位于上海浦东新区，主要生产区域分布在上海市东部的黄浦江两岸。

公司具有雄厚的造船实力和丰富的造船经验，为国内外船东建造过 LNG 船、LPG 船、大中型集装箱船、化学品船、滚装船、油船、散货船、军舰和军辅船等多类军、民用船舶。产品除满足国内用户需要外，还远销亚洲、欧洲、美洲、非洲、大洋洲等 40 多个国家和地区，深受国内外船东的好评。公司首制 LNG 船于 2008 年 3 月 31 日完工交船，打破了少数先进造船国家在 LNG 船建造上的垄断局面，填补了国家空白，标志着公司的生产技术和能力达到国际一流水平。

公司拥有国家级的技术中心，科研开发力量强大。公司信息化技术先进，在普遍使用瑞典 TRIBON、美国 PTC/CADDS 船舶设计系统软件和 CAD/CAM 技术的基础上，自主研发了具有完全知识产权的 SPD 船舶设计软件，全面建立沪东中华 HZ-CIMS 技术。公司具有可靠的质量、管理体系，先后通过中国新时代质量认证中心 GJB9001A-2001 军品质量认证和美国 ABS 船级社 ISO9001 民品质量认证；公司以先进的造船理念，全面推进“HSE（职业安全健康）”管理，通过了英国劳氏质量认证公司的 GB/T24001-ISO14001 环境管理体系、OHSAS180011 职业健康安全管理体系的审核认证。

公司努力建设“具有造船行业特色、新时代特征、沪东中华特点”的企业文化，确定了“团结拼搏、争创一流”的企业精神和“自觉奉献、追求卓越”等企业基本理念。公司全面实施“数字造船、绿色造船”发展战略，努力建设世界一流造船基地。

20000t 重吊

17300t 多用途

8888 箱 TEU

[2011 年经济工作情况] 2011 年，公司继续贯彻执行中船集团公司“保交船、抢订单、强管理、降成本、防风险、谋发展”十八字方针，按照公司“先做强、再做大”的工作思路，抓好成本工程和各项管理工作，进一步优化体制、机制，推进工艺、技术进步，全面提高公司运行效率和经济效益。

全年完工船舶 28 艘 178 万吨，完成工业总产值 133.44 亿元，完成工业增加值 19.6 亿元，实现营业收入 131.6 亿元，实现利润总额 3.5 亿元，超额完成了年初制定的各项生产经营和经济技术指标。

面对严峻的市场形势，公司加大高技术船舶产品的研发，不断优化主流船型和成熟产品，积极调整产品结构，有力地支撑了经营承接。公司自主研发了 16 万 ~22 万立方系列 LNG 船，并成功接获美孚公司 2+2 艘 LNG 船的建造订单，这是中国制造 LNG 船首次获得国外船东订单，实现了出口零的突破。中海集运 4+2 艘 10000TEU 集装箱船的承接，更进一步巩固和提升公司在国内外超大型集装箱船建造领域的领先地位。

面对设备、材料价格的上涨和人民币升值所造成的成本压力，以及低价船的开工建造，公司进一步深化降本增益工作。首先，进一步优化公司的成本体系，继续完善成本一级核算，深化工时管理体系，加强预算管理；其次，大力推进成本工程建设，强化责任考核，切实落实成本责任制；第三，加强资金运作，降低财务成本和汇率风险。

在船舶市场持续低迷，市场竞争激烈和新船订单需求不足，承接船舶订单越来越困难的恶劣环境下，公司研究、制定了船舶配套、钢结构等非船经营生产的有关制度，积极向配套产品市场拓展，进一步扩大经济总量和经济效益。

体制优化方面，公司通过对调整后的新体制进一步进行磨合和完善，使新的生产体制顺利运行，并发挥出应有的优势。同时，按照中船集团公司关于沪东中华对长兴二期管理“一体化、全覆盖”的要求，公司成立了长兴二期体制工作小组，就长兴二期的体制、机制和生产流程进行前期的策划、设计。

新工艺新技术方面，公司年初推广策划了 15 项课题，并得到顺利实施和推进。精度管理方面，通过实施攻关，无余量率得到改进，三大主力船型无余量率进一步提高。通过体制优化和先进制造技术的不断推进，公司造船生产效率得到了提高。

技术改造方面，国土资源部批准长兴二期工程后，整个工程逐步推进，以船舶配套基地技术改造一期项目为重点的技改工作也同时得到了积极的推进。

另外，通过改善员工管理、深化教育培训、加强劳务监管，人力资源建设逐步完善；通过健全制度，强化考核，落实责任，安全生产局面保持稳定；通过强化过程质量控制，全面实现公司质量方针目标。

[2012 年发展趋向] 工作指导思想：以科学发展为主题，以加快造船发展方式转变为主线，以提高效率、效益为中心，坚持“保军、精常、攀高、扩非”八字方针，加强产品研发和市场营销，大力推进先进制造技术的应用，继续深化成本工程建设，积极推进 5S 管理，做大投资企业，全面完成“26135”目标，为企业“做强做大”，实现“十二五”发展规划奠定基础。

主要经济指标： 完成造船 26 艘 168 万吨；完成工业总产值 135 亿元；完成营业收入 128 亿元；实现利润总额 3.3 亿元；经营承接 143 亿元。

主要工作目标： 1、开拓高端市场，确保军品任务，扩大配套业务，多渠道承接订单。2、深化精度管理，加强工法研究，改进工艺技术，更好地提高效率。3、优化成本体制，真正形成倒逼机制，强化责任考核，多方面降本增益。4、开拓外部市场，勇于探索实践，做大配套产业，为主业多作贡献。5、以 LNG 船为契机，推进 5S 管理、落实安全责任，建设安全新文化。

上海外高桥造船有限公司
SHANGHAI WAIGAOQIAO SHIPBUILDING CO.,LTD

外高桥造船

上海外高桥造船有限公司是中国船舶工业集团公司旗下上市公司中国船舶工业股份有限公司的全资子公司，至 2011 年造船规模已连续七年位居同行业全国第一，并跻身世界造船企业三强行列。在全球倡导"可持续发展"的理念下，公司积极履行环境保护、经济建设、慈善帮困等社会责任，不断加强自身的长期能力建设，加深与利益相关方的沟通交流，在倾力打造"中国领先、世界一流"造船企业的同时，为推动国家船舶工业发展、构建和谐美好社会做出积极努力。

上海外高桥造船有限公司以成为世界一流造船企业为战略目标，以为顾客建造优质产品为己任，积极承担社会、经济与环境三者协调发展的责任。公司相继制定了"顾客、管理、品牌、效益"的质量方针，"绿色造船、资源优化、持续改进"的环境方针和"以人为本、以法为准、以防为先"的职业安全健康方针。

在公司发展中我们坚持科学规划、循序渐进、全员参与、软硬件并重和创新思路的原则，以科学发展观为指导思想，秉承"绿色造船"的经营理念，以"资源节约型、环境友好型"企业为总体建设目标，将创建工作全方位纳入企业整体经营战略。2010 年 12 月 27 日，工信部、财政部和科技部联合公布了第一批"两型"试点企业名单，上海外高桥造船有限公司成为获得上海试点资格的五家企业之一。在公司生产中我们着力发展船舶制造与海洋工程装备制造两大领域的同时，以"零碳创意、低碳设计、减碳制造"为引领，以技术创新体系、精益管理体系和节能节约网络为核心，建立企业社会责任体系。在公司管理中我们以质量、环境和安全管理体系为基础管理网络，依托技术创新、管理创新、制度创新与产品创新，通过重点项目与核心项目的实施，力争实现"效益领先、规模领先、科技水平领先、管理水平领先、人才队伍领先"五个世界领先的要求，完成产业结构调整，使企业发展模式实现"规模速度型"向"规模与质量效益并举型"的转变。公司通过追求的价值型增长，努力实现企业价值、员工价值、股东价值和社会价值和谐发展。从而为中国船舶工业的发展作出更大的贡献，为构建和谐社会发挥良好的示范和引导作用。

2011 年，公司在海洋工程产品研发、建造上实现了巨大突破——圆满完成了 3,000 米钻井平台"海洋石油 981"项目的建造、调试及其相关国家"863"计划和上海市重大科技专项的结题工作。该平台于 5 月 23 日命名，5 月 26 日离开码头试航，12 月 2 日海试完工，仅用 180 余天就顺利完成钻井系统试验等各项钻井前联调任务并交付船东使用。并于 2012 年 5 月 9 日在南海荔湾 6-1 区域 1500 米深的水下首次探入地层，使我国成为第一个在南海以一己之力进行深水勘探开发的国家。

地址：上海市浦东新区洲海路3001号　邮编：200137　电话：86-21-3886 4500
传真：86-21-5848 3393　邮箱：office@chinasws.com　网址：www.chinasws.com

申佳船厂

（中国人民解放军四八〇五工厂）

申佳船厂（中国人民解放军四八〇五工厂）地处上海市浦东新区，毗邻杨浦大桥，占地面积 30 万平方米，拥有万吨级干船坞、3000 吨垂直升降船台、600 吨船排，码头岸线 1000 余米，拥有包括五轴加工中心在内的各类主要生产设备设施 1200 多台套，是一家以修造船为主、军民品结合的国家大二型企业。

工厂现有员工 2100 余人，其中各类专业技术人员 500 余人。工厂具有完善的质量保证体系，取得了军内造船 GJB9001B 质量体系认证和法国 BVQI 质量体系认证，2002 年列入海军武器装备合格承制方名录，质量保证体系覆盖军民品各类产品。工厂还获得了一类甲级渔船建造资质和钢结构制造企业一级资质，通过了总装组织的保密资格认证。

工厂主营军民品船舶的建造、修理、改装，兼营大型钢结构件制作，化工、冶金、食品、包装等行业设备制造，青铜艺术品铸造和拥有自主知识产权 39.2Mpa 电动空压机制造。工厂能承接各种类型船只批量建造和改装，近年来已形成了双相不锈钢化学品船、拖船、油船、消防艇、游览船等多种船只生产线。

工厂还多次获得上海市文明单位称号，是上海市“五一劳动奖状”获得单位，上海市“双拥”模范单位，海军新装备技术保障先进单位，海军装备备件研制先进单位、全国和上海市设备管理先进单位，国家质量信用 AAAA 级单位，全国“安康杯”竞赛优胜企业。

中国船舶工业物资华东有限公司

中国船舶工业物资华东有限公司系中国船舶工业物资总公司设在上海的具有独立法人资格的国有地区性船舶物资流通企业。公司注册资金为5000万元。主要经营黑色、有色金属，建材，木材及制品，化轻纺产品，机电仪产品，汽车及各类零部件，销售船舶配套产品，船舶设备工程系统成套配套安装，系统内燃油，技术开发、服务，自营或代理各类商品和技术的进出口等。

近年来，公司在船用钢板集中订货代理上，取得了重钢、南钢、沙钢等钢铁公司的代理权。在为船舶配套的柴油发电机组及电站成套的调试、安装和服务以及油船应急拖带装置的开发、生产、安装、服务工作上，在探索水上安全、救生专业产品、船舶物料打包供应上，在海外进出口贸易方面，取得了一定成绩。

近年来，公司相继获得国家军工产品质量体系认证、二级保密资格认证、总装备部武器装备承制资格和武器装备科研生产许可证等系列证书和资格。

本公司长期来与船舶配套设备生产企业建立了密切的合作关系，产品远销欧、美、亚、太、非等地区和国家。我们热忱欢迎国内外朋友来公司洽谈业务！

地址：上海市永和路318弄14号船舶楼　　**邮编：200072**

电话：021-66839898　　**传真：021-36392350**

网址：http://www.hd-csemc.com.cn

公司主要经营的材料有黑色、有色金属，成品油，木材以及其他非金属材料等

经营应急拖带装置、拖曳设备、船用五金、船用灯具、堵漏用具、消防器材、救生产品、橡胶、航海仪器

SINOPACIFIC
SHIPBUILDING GROUP
太平洋造船集团

CROWN 63 Ultramax

Length overall : 199.99m
Breadth: 32.26m
Depth: 18.50m
Scantling Draft :13.30m
Deadweight : 63,500 mt
Service speed : 14.50knots

SPA 80 AHTS

Length overall : 65.75m
Breadth, mould : 16.00 m
Depth mould : 6.00m
Design Draft : 4.30m
Max Draft : 5.07m
Generator power: 6,000ekw
Deadweight : 1,800mt
Service speed : 12.00knots
Bollard pull: 80mt

SINOPACIFIC Shipbuilding Group (SINOPACIFIC) is a ship enterprise which integrates ship design, shipbuilding and international trade. SINOPACIFIC is committed to creating value for customers and is the best strategic partner for shipowners around the world.

SINOPACIFIC's main products include bulk carriers, container ships and offshore support vessels. As of the end of 2011, SINOPACIFIC delivered a total of 263 ships to customers worldwide, and its production value exceeded US$ 1.8 billion during that year.

As a technology-driven organization, SINOPACIFIC has mastered the full cycle of ship design and onsite technical support capabilities ranging from conceptual design, basic design, detailed design to production design of ships. It can independently design bulk carriers, container ships and middle level offshore support vessels. SINOPACIFIC now owns more than 10 types of self-designed products whose main indicators have reached world-class levels. In addition to establishing a 550-person design team, SINOPACIFIC also cooperates with many of the world's top design companies, constantly and consistently providing ship products meeting different market needs and personalized client demands.

With its designated vision in "becoming the consistent leader of the target market segments", SINOPACIFIC has, according to different strategic orientations, forged its two shipyards – Yangzhou Dayang Shipbuilding Co., Ltd. (Dayang Shipbuilding) and Zhejiang Shipbuilding Co., Ltd.(Zhejiang Shipbuilding) – into one of the China's most efficient and finest commercial ships builder and the world's largest builder of offshore support vessels respectively.

Both Dayang Shipbuilding and Zhejiang Shipbuilding possess modern hardware facilities, advanced process layouts and experienced management teams. With regard to HSE, they have both received several international certifications, including ISO 14001 and OHSAS-18001. SINOPACIFIC makes "quality first, safety first" its top priority. Through the constant improvement of its technology and design capabilities and development of its management level, SINOPACIFIC aims to provide its customers with satisfactory products and tailor made solutions.

太平洋造船集团是一家集船舶设计、建造及贸易于一体的船舶企业。太平洋造船集团致力于为客户创造价值，是全球船东最佳的战略合作伙伴。

太平洋造船集团的主要产品包括散货船、集装箱船以及海洋工程辅助船等，截至 2011 年年底，共交船 263 艘，2011 年产值逾 18 亿美元。

作为一家技术驱动型企业，太平洋造船集团掌握了从概念设计、基础设计、详细设计到生产设计的全周期设计和现场技术支持能力，自主设计能力已涵盖散货船、集装箱船及中档以下海洋工程辅助船。目前太平洋造船集团拥有超过 10 型自主设计产品，主要性能指标达到世界一流水平。除了组建自有 550 人设计团队外，太平洋造船集团还与多家全球行业顶级设计公司合作，不断推出满足不同市场及个性化客户需求的船舶产品。

太平洋造船集团以“成为目标细分市场持续领导者”为目标，根据不同的战略定位，将其旗下两个造船基地——扬州大洋造船有限公司（大洋造船）、浙江造船有限公司（浙江造船）分别打造成了中国最高效、最优质商船建造基地之一和全球最大的海洋工程辅助船建造基地。

大洋造船和浙江造船拥有现代化的硬件设施、先进的流程布局和经验丰富的管理团队，并在 HSE 方面获得了包括 ISO14001 和 OHSAS-18001 在内的多项国际认证。太平洋造船集团以“质量第一，安全至上”为行为准绳，不断提高技术与设计能力，通过持续管理提升，向客户提供满意的产品和个性化解决方案。

中船第九设计研究院工程有限公司

中船第九设计研究院工程有限公司是中国船舶工业集团公司下属的大型综合性设计院工程公司，成立于 1953 年 5 月，由初建时期的第一机械工业部船舶设计室逐步发展成为六机部、中国船舶工业集团总公司、中国船舶工业集团公司的第九设计研究院工程有限公司，沿革近 60 年的发展历史，取得辉煌的业绩，为中国船舶工业建设和国防海军事业的发展做出了积极的和重要的贡献，成为中国船舶工业行业独一无二的大型综合型的骨干设计院，在船舶工业一直处于行业龙头地位。从 2001 年到 2006 年，九院公司完成了改企建制，经历了由事业单位改为企业，又改制为工程公司的重要发展阶段，明确了走国际工程公司道路的发展目标，形成了以设计咨询为龙头、做大做强工程承包的生产经营管理模式。在中国创建世界第一造船大国中，承担着践行环渤海湾地区、长三角地区、珠三角地区的船舶工业规划设计“国家队”的角色。九院公司具有适应企业发展和船舶工业建设领域新技术新工艺研发的技术创新能力，建立了较完善的创新体制和运行机制，近年来公司技术开发和科研业务建设辐射面更加宽泛，依托公司综合优势，开展多方面、多层次的技术研发。研发成果使九院公司在造船工艺规划设计、大型船坞建设、大型船厂起重机和坞门、船厂环境治理新技术等方面持续保持国内领先水平，甚至达到国际先进水平。不但为企业的发展提供技术支持，也为整个行业的发展建立了新坐标。

2007 年 1 月，九院按照现代企业制度的管理模式正式成立了“中船第九设计研究院工程有限公司”。新公司集船舶集团知名的造船企业、科研单位于一体，形成较有利的科研、建设和管理的优势。同时新组建的九院工程公司在现代企业制度建设的过程中注重生产流程的再造，注重企业组织机构的调整，不断适应新的科研、生产和管理工作的需要。九院公司已逐步形成了较为完善的工程公司管理模式和运行体系。九院公司目前除职能管理部门外，有 10 个生产所、1 个科研所和 7 家全资及控股的子公司。

九院公司主营业务是从事工程咨询、工程设计、工程项目管理和工程总承包业务，承担着船舶工业建设和国防保障工程建设的任务，具备船舶、军工、机械、水运、建筑、电子、环境、工程咨询、工程监理、工程总承包等 26 个甲级设计资质和对外工程总承包、国外设计顾问及施工图审查的资质。2009 年公司获得国家建设部颁发的工程设计综合甲级资质，取得了涉及多个行业的多领域开拓发展的资格。2010 年公司获得了由商务部颁发的承接援外工程的资格，真正跻身援外工程设计领域，为九院公司拓展海外市场提供了必备的条件。2011 年 3 月公司取得国家建筑企业房屋建筑工程施工总承包一级资质，7 月取得上海市安全生产许可证，具备独立承接施工总承包业务的能力和资质。此外公司还具备国家武器装备科研生产单位一级保密资质。公司在多年的发展和建设中积淀了雄厚的专业技术和企业文化，已获得“全国设计百强单位”、“ENR 中国承包商和工程设计企业双 60 强”（由美国《工程新闻纪录》ENR）和中国《建筑时报》联合评选）、“全国优秀企业形象单位”、“上海市文明单位”、“上海市优秀工业企业形象单位”、“国家高新技术企业单位”、“上海市企业技术中心”、“国家火炬计划重点高新技术企业”“上海市创新型企业”等称号。

九院公司从 1994 年开始，按照 GB/T19001 质量保证模式要求建立和实施公司的质量管理体系，并于 1998 年起获得质量管理体系认证至今。2008 年公司获方圆标志认证中心 GB/T24001-2000 环境管理体系标准认证证书、GB/T28001-2000 职业健康安全管理体系标准认证证书和国际认证联盟（IQNET）的环境管理体系认证证书及职业健康安全管理体系认证证书。九院公司目前现有职工 998 人，其中各类专业技术人员 874 人（其中研究员 98 人、高级工程师 241 人、工程师 300 人；注册建筑师、注册结构师、注册造价师、注册建造师、注册监理工程师等各类注册工程师 303 人）。公司先后有 30 多位专家荣获国家特殊贡献或者享受国家特殊津贴，相继有 4 位工程技术人员获中国工程设计大师称号，1 位获中国工程监理大师称号。

上海时代航运有限公司

上海时代航运有限公司系 2001 年由中国华能集团公司与中国海运(集团)总公司共同发起组建，总部位于中国上海，目前注册资金为 12 亿元人民币。中国华能集团是以电为核心，煤为基础，电煤路港运一体化的具有国际竞争力的能源集团；中国海运(集团)总公司是一个跨地区、跨部门、跨所有制和跨国经营的大型航运企业集团。公司依此强大后盾，进军航运市场，发展中国海上运输事业。

公司立足为华能集团沿海电厂的生产用煤提供安全、优质、经济、高效的运输保障，并以此为依托，进一步拓展电煤和各类干散货物的运输市场空间，逐步向以国内外干散货运输为主的现代综合物流企业发展。

目前，公司自有船队为 41 艘（包括投入运营和在建工程），运力达 228 万载重吨，运力规模和市场份额在国内沿海散货运输行业排名前列。

公司将充分把握市场机遇、努力将时代航运打造成为实力雄厚、管理先进、运作规范、具备竞争优势和可持续发展的一流水平的专业干散货航运公司。

中船勘察设计研究院有限公司由原中船勘察设计院改制而来，是中国船舶工业集团公司系统唯一一家工程勘察单位，成立于 1953 年。本公司是国家综合甲级工程勘察单位，同时具有工程测绘、工程监理甲级资质和工程咨询、对外承包工程、地质灾害评估等资质，本公司拥有工程地质、工程测量、岩土工程设计施工和监测、工程监理、工程测试、水文地质勘察与凿井、工程总承包、地球物理勘探、勘察设备制造与维修、勘察技术研究与咨询等专业。在半个多世纪的历史进程中，公司承担了大量前期性、基础性的勘察、测绘工作，足迹遍及全国和东南亚、非洲等地。

公司是"全国工程勘察百强企业"、"全国工程勘察先进单位"、"上海市文明单位"、"上海市高新技术企业"、"上海市科技小巨人培育企业""全国守合同重信用企业"、"十佳企业文化建设先进企业"。公司已获得国家优秀工程勘察金奖 1 项、银奖 5 项、铜奖 9 项，100 多项勘察工程获省部级以上工程勘察奖和科技进步奖。

公司现有在职职工 279 人，拥有大批经验丰富的专业技术人员，具备注册资质人员共 48 名。公司先后有 7 位专家获得国务院"政府特殊津贴"，2 位获得中国勘察大师称号。

公司坚持"自强奋斗，精益求精"的企业精神，以岩土工程勘察及工程测绘为主业，工程咨询、基础施工为两翼方向发展，通过"三步走"战略目标实施及精细化的管理手段不断提高企业核心竞争能力，立足市场，更加专业的服务广大客户，为国防工业和现代化建设做出更多贡献。

中船勘察设计研究院有限公司

上海航天电子有限公司

上海航天电子有限公司，其前身上海科学仪器厂，成立于 1957 年 5 月，原隶属于中国科学院上海分院，1967 年划转至中国空间技术研究院，2002 年 12 月整建制划至中国航天时代电子公司（现中国航天科技集团公司第九研究院），并以资产重组的形式进入长征火箭技术股份有限公司（现航天时代电子技术股份有限公司）。

公司是我国最早从事航天产品研制，集研究、设计、试制、生产以及环模试验为一体的航天高新技术企业之一，在我国所有重大航天工程项目中均载有公司产品，公司产品先后荣获 150 余项省部级以上科研成果奖，其中国家级科技进步特等奖 5 项，一等奖 16 项，荣获“航天部重大贡献单位”称号。公司现参与了国家中长期科技和技术发展规划 16 个重大专项中 3 个专项的攻关工作，为我国的航天事业、国防建设、国民经济发展作出了重要贡献。

公司是国家武器装备科研生产一级保密资格单位，也是上海市首批高新技术企业，连续 8 年被评为上海市诚信企业，是上海市百家“重合同、守信用”优秀单位，被国家工商行政总局评为 全国 1000 家“守合同、重信用”优秀单位，2001 年起连续获得“上海市 AAA 级诚信企业”荣誉称号，2010 年获“上海市文明单位”荣誉称号，并被授予“上海市认定企业技术中心”称号。公司通过了质量管理体系和职业健康安全管理体系认证，拥有档案目标管理国家二级单位资质。

公司坐落于上海市嘉定区，占地面积 120000 多平方米，总资产规模近 8 亿元，现有职工 900 余人，其中工程技术人员占 60% 左右。拥有 8 个职能部门、4 个电子事业部、1 个电子制造部、1 个机械制造部，配备有完整的设计开发仿真设备及实验室，拥有国内先进的环境试验、力学试验等仪器设备设施及检测手段，产品涉及宇航领域测控、通信、天线及微波、信号处理、数据处理、计算机控制、综合电子系统集成等专业技术产品以及天馈系统、精密机械产品等，并逐步向航天技术应用领域拓展，相关技术一直处于国内领先水平；公司综合研制生产能力每年可为我国各 型号卫星配套研制生产近千套电子产品和 800 余套机械产品。目前，公司二期工程正筹建中，规划建筑面积 32000 平方米左右，主要用于专业生产线的建设，预计建成后年生产配套能力可翻一 番。

经过近几年的发展，企业资产规模逐年递增，从 2008 年的 4.71 亿元增长到 2011 年的 7.34 亿元；通过各类招聘，人员规模从 2008 年的 747 人增长到 2011 年的 940 人；产品销售收入从 2008 年的 2.6 亿元增长到 2011 年的 4.9 亿元，利润总额从 2008 年的 4804 万元增长到 6125 万元，职工人均年收入由 2008 年的 6.18 万元增长到 9.43 万元。

公司注重与地方政府相应关系的建设，是地方的“小巨人”企业，并享受到政府包括优秀人才住房配售政策在内的地方相关政策，企业的空间仪器中心已成为嘉定区的实验中心，得到了地方政府的大力支持。

近年来，公司与国内著名高校建立专业稳定的产学研合作模式。与国防科技大学、解放军理工大学、哈尔滨工业大学、上海交通大学、西安邮电学院等进行了紧密的合作，先后完成了多项国防关键设备的技术攻关任务，实现了科研成果的迅速转化，同时培养出大批的科研人才。

上海航天汽车机电股份有限公司

上海航天汽车机电股份有限公司（简称“航天机电”）成立于 1998 年 5 月 28 日，同年 6 月 5 日在上海证券交易所挂牌上市，股票代码 600151，是中国首家以“航天”命名的上市公司，是航天技术应用产业化的重要平台。

公司依托央企资源，凭借航天高新技术，拥有了新能源光伏、高端汽配和新材料应用三大产业，形成了上海、内蒙古、江苏三大产研基地，拥有六家国家高新技术企业和六个国家、市级、院级技术研发中心。

目前公司的光伏产业已经建成垂直一体化的航天光伏产业链，具备了 500MW 的全产业链生产规模；主要从事多晶硅、太阳能电池、电池组件及光伏电站系统集成的研发、生产和销售。汽配产业成功建成了集研发、制造、营销一体的产业平台，与大众、通用、宝马、标致等知名整车企业建立了全球采购合作关系；主要产品为车用空调、传感器、电机、控制器。新材料应用产业形成了军民融合的产业平台，并助力航天型号的发展；主要研发、生产和销售航天复合材料结构件、新材料轨道交通应用、特种高压气瓶等产品。

下属各公司先后通过了 ISO/TS16949、ISO9000 等质量管理体系认证、OHSAS18001 职业健康安全管理体系认证、ISO14000 环境管理体系认证、CE/T ü V/UL 等国际产品认证，旗下品牌享有国际国内市场盛誉，与众多世界知名企业建立了战略合作伙伴关系。

在未来的发展中，航天机电将继续秉承“用心创造未来”的企业文化，以“诚信、创新、和谐”的经营理念，致力于航天技术应用产业发展，为社会提供优质产品和服务，努力打造“可持续发展，有社会责任感，给股东合理回报的一流上市公司”。

中国航空无线电电子研究所，于1957年在上海成立，是中国航空工业集团公司的成员单位，是一家为企业和政府提供优秀的航空电子和通讯产品的专业供应商。

研究所在航空电子综合、座舱显示控制、机载核心处理、综合信息管理、空中交通管理、无线通信导航、无人机测控指挥、计算机软硬件等专业技术领域拥有核心技术能力，现正为多种军民用机型提供显示设备、通讯和监视系统、飞行管理系统和机载网络产品。不仅在航空，其业务还涉及到船舶导航、汽车电子、滤波器等领域，通过提供品质卓越的产品和服务为用户提供安全的商业环境和生活环境。目前，研究所拥有员工 1400 余人，专业技术人员在 70% 以上，2011 年度销售额超过 20 亿元。

中国航空无线电电子研究所

上海仪电控股(集团)公司是上海市国资委所属的具有独立法人资格的国有独资的控股集团公司。仪电控股通过建立产业集团，加快电子制造和信息服务业、商务不动产业、非银行金融服务业“三大主业”的联动发展。通过“三个做好”：把产业做好、把业绩做好、把资产质量做好。实现“三步走”的发展目标：第一步：2009 年到 2011 年，进行集团内部资源整合；第二步：2012 年到 2015 年，进行国内资源整合；第三步：2016 年到 2020 年，进行国际资源整合。

INESA 是对仪电控股以及旗下众多历史悠久品牌的阶段性描述；是仪电控股以“产业清晰、经营稳健、创新发展、富有社会责任感的国际化大型企业集团”为目标的雄心展示。

INESA 是仪电人“命运、责任、荣誉、利益”共同体核心价值观、“两个为荣”文化认同和“精诚致远”理念的体现。

INESA 是上海仪电控股（集团）公司英文表述“Instruments and Electronics (Shanghai) Associates”的缩写，是对“专注•砺业”核心定位和“品质、专业主义、坚持、卓越”品牌特质的诠释。

INESA 就是“仪电控股”。

上海仪电控股（集团）公司所属产业集团

※电子制造业	上海仪电电子(集团)有限公司
※信息服务业	上海仪电信息(集团)有限公司
※商务不动产业	华鑫置业(集团)有限公司
※非银行金融服务业	华鑫证券有限责任公司
※资产经营业	上海仪电资产经营管理(集团)有限公司

上海竞天科技股份有限公司

竞天科技是一家国内领先的网络化视频系统行业解决方案提供商，注册资本5200万元。自1998年成立至今，致力于不断提升自身的技术研发和系统实施能力，向政府、公用、电信、教育的用户提供领先的网络化视频应用系统和专业服务。

竞天科技融合了数据通讯、产品开发、工程设计与实施方面的专业技术和经验，积聚了具有工程项目管理、软件工程、视频技术的高技术人才，可以提供精准感知的前端设备、广泛互联的网络化平台、深度挖掘的数据处理的一整套核心产品，为公安、轨道交通、智慧城市等众多行业提供了度身定制的解决方案和“交钥匙”工程。

持续快速发展的竞天科技，已获得了行业内外的普遍认可，成为了上海2010年世博会园区监控系统的建设者，并获得了世博局和上海市总工会的表彰；竞天科技承建的上海市四条地铁(7、8、11、13号)的监控项目和上层监控平台，上海市15个公安分局和交警总队的网络化视频监控系统等，都彰显了竞天科技不凡的实力。

竞天科技是通过了ISO9000:2008质量体系认证企业，是上海市高新技术企业，并具有国家工信部的计算机信息系统集成企业(二级)、上海市公共安全防范工程设计施工单位(一级)等多项专业资质。

“物竞天择，客户为尊”是竞天科技持续发展的核心动力。通过管理和技术创新，推动公司的发展；通过站在客户立场的思考，为客户提供优质完善的个性化服务和产品；并为建设国内智慧城市作出贡献。

上海泰捷通信技术有限公司

上海泰捷通信技术有限公司(以下简称泰捷通信),是业界领先的第三方检测实验室,主要从事通信电子产品的测试及技术研发、技术咨询等;拥有多种国内和国际认可的检测资质,与多个国家和地区的权威国际认证机构有良好的合作关系,能够为客户提供快捷、全面的产品认证服务。泰捷通信坐落在环境优美、交通便捷的张江高科技园区。

为了帮助客户的新产品快速成功地进入国内、国际市场,泰捷通信可根据客户的需求量身定做测试认证解决方案,向客户提供"一站式"服务,客户通过泰捷通信就能够取得世界各国的各种认证,诸如:CE、FCC、GCF、PTCRB及运营商定制测试等认证。泰捷通信拥有世界一流的电子类和通信类终端测试系统,具有经验丰富的测试团队,实行本地化的测试服务,并提供专家级的测试认证技术咨询。

公司设立伊始就坚持"三高"标准(高起点规划、高标准要求、高质量动作),每年的营业额与利润额保持30%以上的增长率。

公司的服务既直接面向移动通信终端厂商,也面向厂商委托的其他认证测试代理机构,通过与国际顶级移动运营商的合作并得到其认可,从而打开国际高端市场。

上海富欣通信技术发展有限公司

上海富欣通信技术发展有限公司成立于 1993 年 2 月，现隶属于中国华信邮电经济开发中心，是一家以信息技术为核心，以通信行业为主导的控股型集团公司。经过十多年的发展，公司已成为总资产、净资产、年销售收入均超 10 亿元人民币，拥有 10 多家控股（参股）子公司的企业集团。公司现任董事长为袁欣先生，总经理为管景志先生。

公司的发展依托于中国通信产业的高速发展，并始终追随中国通信产业的领导者，以一流企业为企业发展的标杆。公司投资成立的上海欣国信息技术有限公司、上海欣泰通信技术有限公司、上海欣民通信技术有限公司、上海欣丰电子有限公司、南京欣网视讯科技股份有限公司、上海欣方智能系统有限公司、上海科泰信息技术有限公司、上海埃德电子股份有限公司、上海贝曼元脉信息技术有限公司等多家高科技企业均发展成为业界有一定影响力的企业。

公司注重企业产品和技术创新，下属子公司均具有较强的研发实力和产品创新能力，有 7 家子公司被评为上海市高新技术企业。其中，上海欣泰通信技术有限公司产品荣获 2005 年度上海市科技进步一等奖，南京欣网视讯科技股份有限公司被评为国家火炬重点技术企业。2008 年度公司下属 4 家子公司被评为上海市级或区级“科技小巨人”培育企业。产品和技术创新已经成为推动公司持续发展的重要动力源泉。公司也十分重视企业经营机制的创新，以灵活高效的经营机制来焕发企业发展的持续活力。

展望未来，在国务院国资委和上级公司的领导下，上海富欣将努力从控股型实业集团公司逐步发展成为以信息技术为核心的知名投资集团。公司将以传统通信业务为基石，探索产业与金融资本的有效融合，以置业和股权投资为新的战略平台，不断提升公司的资产证券化水平，形成不同产业、不同运作模式、且相互补充的产业集团。

地址：上海市浦东新区
陆家嘴环路 1000 号 25 楼
电话：86-21-68413988
传真：86-21-68413998
网址：www.sh-fortune.com.cn

好耶

中国领先的数字互动营销综合解决方案提供商

好耶的历史

好耶成立于1998年10月，2000年初获得国际著名风险投资商IDGVC的投资，在之后的五年里，好耶保持了每年超过50%的高速增长。2005年9月，IDGVC与OAK投资合伙基金对好耶追加投资3千万美金。2005~2010年好耶连续6年业务额排名第一。2010年银湖资本控股好耶，以投资人身份全面支持好耶在技术和管理上的独立运营。

目前好耶集团在上海、北京、深圳、广州、西安、杭州、南京、美国都设有分支机构，共拥有超过900名的雇员。

好耶的服务

好耶作为中国领先的数字互动营销综合解决方案提供商，提供以下几个方面的服务：

1. 网络营销技术提供商

好耶源初，针对中国用户自主研发的 iDigger 广告监测数据分析系统及 iMedia 媒体广告管理系统两大系列软件产品，分别为广告主、网站媒体和代理商提供基于 ROI 的全面网络营销技术支持。

iDigger 系统是集广告投放监控和网站分析于一体，实现对网络广告以及网站平台进行全方位的跟踪分析，以提升在线广告效果。

iMidea 则是针对媒体网站的广告发布与管理系统，包括广告投放管理、广告定向功能、广告创意模板提供、广告排期提供和数据分析报表等功能。该软件产品已被数百家商业网站和广告公司使用，在中国的网络广告软件市场占有超过70%的份额。

2. 数字整合营销服务商

好耶诠释，是目前中国网络广告行业中最大的数字整合营销服务商。好耶诠释拥有网络营销资深的策划和服务团队，专注于为品牌提供数字整合营销服务，服务范畴包括策略制定、创意制作、媒介计划、媒介投放、数据监测、移动互联网营销、社会化媒体营销、电子商务广告网络、SEM等。好耶诠释服务的广告主包括sony、招商银行、多美滋、淘宝、诺基亚、百事可乐等等。

3. 精准营销平台提供商

好耶宽通，精准营销平台供应商，成立于2004年，是国内最早也是最大的广告网络投放平台。经过数年的努力，已经为全球众多知名品牌企业、广告代理公司及媒体合作伙伴提供服务，客户数量逾千，几乎涵盖所有行业。

好耶宽通提供 SMARTcreative 富媒体发布协作平台及 SMARTmedia 智能展示广告网络二大服务，通过时间定向、地域定向、创意定向、频次定向、场景定向、语言定向、重定向、追身定向、语义定向等多维度精准定向技术，好耶宽通帮助广告主实现跨网络整合性投放，持续提升广告投放 ROI。

4. 数字媒体运营商

好耶互信，数字媒体广告运营商，成立于2005年。成立至今，好耶互信一直是 MSN(中国)唯一的独家广告销售商，主要从事 cn.msn.com 的网站及 Windows Live 中国市场有关的广告销售服务。

2008年10月至2011年5月，好耶互信是百度 MP3 频道的独家广告销售商，在与百度 MP3 两年半的合作中，创造约8000万的广告销售收入。

上海中移通信技术工程有限公司

上海中移通信技术工程有限公司是中国移动通信集团上海有限公司全资子公司，于 2010 年 4 月正式完成注册，注册资金 9000 万，肩负突破上海公司现有业务领域，拓展创新综合信息服务，成为上海公司全面通信业务能力和用户个性化信息需求集成商的重任。公司对内是上海公司系统集成部，对外承担独立法人责任。公司具备电信工程专业承包贰级、通信信息网络系统集成乙级施工资质和第二类电信增值业务资质，通过 ISO9001 质量管理体系认证，主攻系统集成、软硬件开发、信息服务、通信工程四大业务板块，专业从事通信工程专业承包及通信设备和铁塔、天馈系统维护；通信网络系统集成、计算机信息系统集成及工程设计、技术咨询、技术开发、技术服务；传输带系统工程、空调、电源、设备安装，为工程配套金属件装潢；设计、制作广告，利用自有媒体发布广告；电子、通信、信息技术及软件的研制、开发；通讯器材和产品的批发。

上海中移通信技术工程有限公司现有自有员工 141 位，技术合作人员 260 余人，项目管理团队规模达百人，联合施工班组规模达 300 余人，全业务支撑人员近 200 人。公司内设综合部、财务部、市场业务部、项目管理部、工程施工部、信息集成部 6 个职能部门，并结合上海公司深化属地经营的战略指导，设立浦东、南区、西区、北区、核心网与重大工程五处区域项目部，贴近服务，支撑属地。通过不懈努力，上海中移通信技术工程有限公司目前已成为上海通信建设领域中的重要力量。

公司曾多次被上海通信管理局、团市委、市安监局、中国移动上海公司、中国网通集团上海市分公司评为或授予"上海市通信建设市场管理先进单位"、"上海市青年安全生产示范岗"、"上海市优秀青年突击队"、"TD 施工项目组优秀团队"、"迎奥运基础网络整治工程优秀团队"、"上海移动工程建设优秀施工合作方"、"2008 年接入网工程建设优胜奖"等。公司所承担施工的工程项目有多项被原上海邮电管理局、上海通管局、中国移动公司评为优质工程。

自成立以来，公司先后研发了无线视频监控系统、ATM 防诈骗干扰器、WLAN 业务自动拨测系统等多项适应市场需求的信息化产品，其中部分产品已成功商用。2011 年，公司成功夺标第 14 届国际泳联世界锦标赛新闻中心网络及通信工程、大师杯赛通信及报障工程等国家重点项目，在世游赛各大新闻中心、大师杯赛现场成功打造集 WLAN、有线宽带、IMS 多功能语音业务、传真等在内的全业务通信网络，并出色完成世游赛、大师杯赛通信保障工作，赢得了世游赛组委会、大师杯赛组委会及各大媒体记者的一致好评，荣获由第十四届世游赛组委会颁发的荣誉证书。

公司近年参与建设的重大工程包括：中国移动扩大的 TD-SCDMA 试验网核心网工程、中国移动长途 7 号信令网工程、京沪高铁 DK1282.115 段移动光缆搬迁、浙江移动 G14 期设备安装工程、中国网通集团上海申环大厦 CNCC 工程、上海世博园区高架布道移动通信覆盖工程、中国网通闵行区 D 环管线优化工程、环球金融中心大厦室内覆盖设备安装工程、上海移动世博 TD-LTE 演示网核心网建设工程、上海移动垃圾短信监控平台扩容工程、上海移动世博园区传输汇聚环配套光缆新建工程、上海移动长江隧道过江光缆新建工程、上海移动钦册 93 号七楼局房开局建设工程、虹桥枢纽西航站楼室内覆盖 GSM 主设备工程、M7 线祁连山路站光缆搬迁工程、上海市西藏南路隧道集约化光缆工程、中国移动上海有限公司 09 年抗灾超级基站工程、上海市公安局专线工程等。公司曾先后承建中国移动集团一级干线、南沿海光缆、京津沪一级干线、上海移动本地通信、浦东国际机场、金茂大厦、浦东国际会议中心等标志性通信信息网络工程。

历年来，公司还承接了如上海奥运场馆通信建设工程、2010 年上海世博会通信网络建设、第十四届世游赛通信建设等重大国际活动的通信建设及保障工程。同时，公司与中国电信、中国移动、中国联通、中国网通等多家大型通信运营商，以及上海贝尔阿尔卡特、中兴公司、华为公司、大唐、诺基亚、西门子、爱立信等企业合作开展工程建设。

上海中移通信技术工程有限公司以"成为卓越的全业务集成与用户个性化信息集成的企业"为战略指引，以成为上海首屈一指的、具备超强社会化服务能力的信息服务企业为目标，全面培育全国化和国际化运作能力，为有力支撑上海移动全业务发展，全面助力上海"两个中心"建设积极贡献力量。

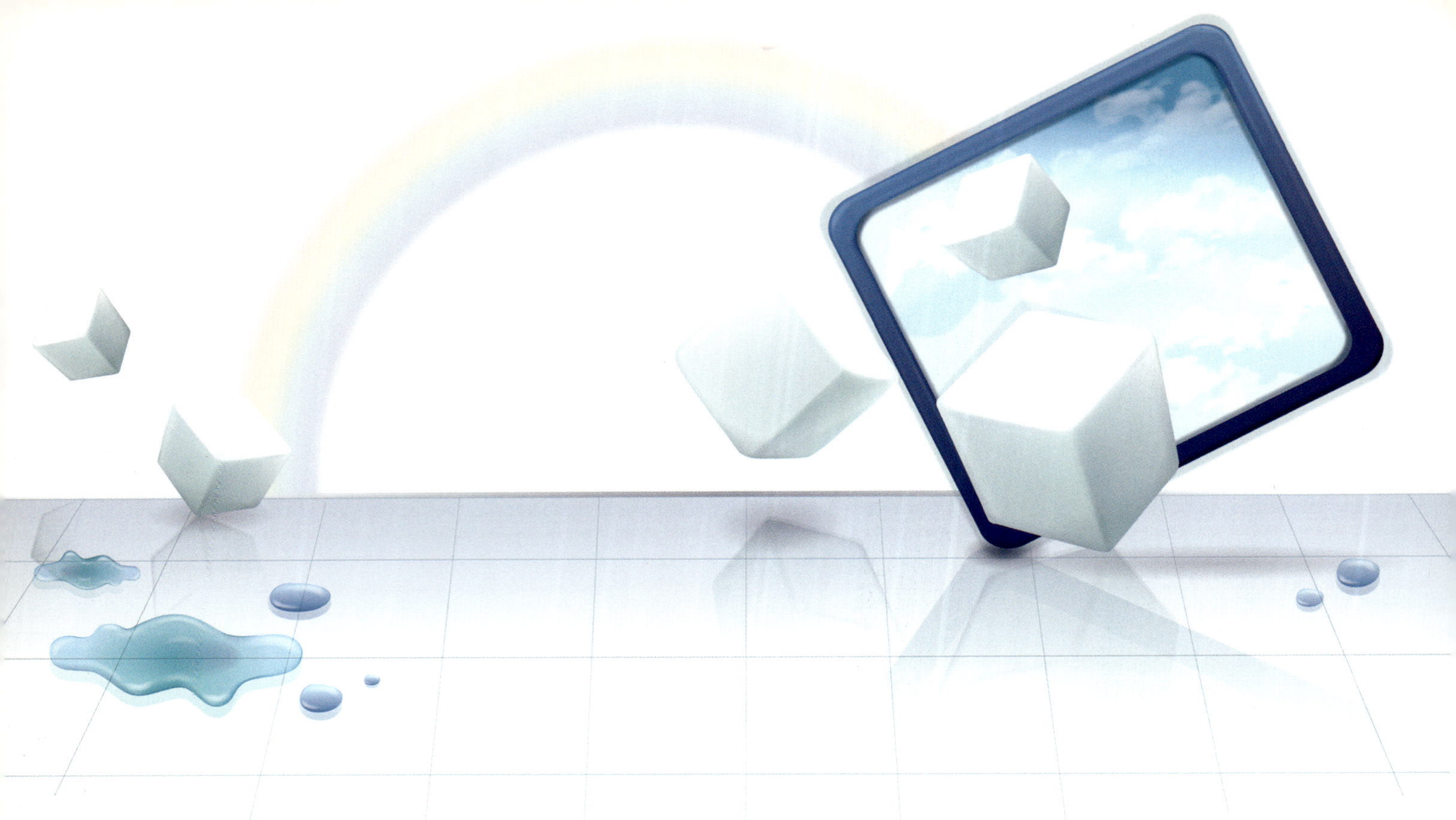

中国移动通信集团上海有限公司是中国移动（香港）有限公司下属全资子公司，主要经营上海地区的移动电话、IP 电话、互联网接入业务及相关的信息服务、技术开发、技术服务等业务。

目前，上海公司客户规模达到 1375 万户，全年通话时长、净增话务量市场份额、运营收入等指标均在大都市成熟市场上保持良好发展态势，为企业的全业务运营奠定了坚实的基础。

上海公司的出色表现得到了政府和社会各方高度认可，先后荣获 2008“ 中国最佳 100 人力资源典范企业 ”、通信行业管理创新先进企业等诸多荣誉称号，获得世博合作明星奖、上海市“ 电信企业服务公开评议活动 ”第一名，通过了两年一度的“ 全国质量奖 ”复评确认，作为唯一的电信企业获得首届“ 上海慈善奖 ”。公司在科技进步与业务服务创新方面处于集团前列，多个项目获得较好名次。

中国移动通信企业文化的核心内涵是“ 责任 ”和“ 卓越 ”，即要以“ 正身之德 ”而“ 厚民之生 ”，做兼济天下、善尽责任、不断进步的优秀企业公民。

诺诺镑客—中国领先的金融信息服务平台

诺诺镑客是中国领先的金融信息服务平台，创办于 2009 年 6 月，总部位于上海，由上海诺诺信息技术有限公司开发及运营。

诺诺镑客核心团队来自毕马威会计师事务所、工商银行、交通银行、招商银行、平安银行、民生银行、中信集团、万得数据等知名机构，均具备金融或互联网行业从业经验。

诺诺镑客借鉴国外的成功经验，结合中国国情，通过整合金融供应链，研发了一系列不断完善的核心技术，其中 12 项软件著作权被中科院认定为“ 国内领先，国际先进 ”，并摸索出一种清晰的盈利模式，创造了一套行之有效的运营方法，建立了一套切实可行的风险控制流程，找到了一条快速扩张且可持续发展的路径。

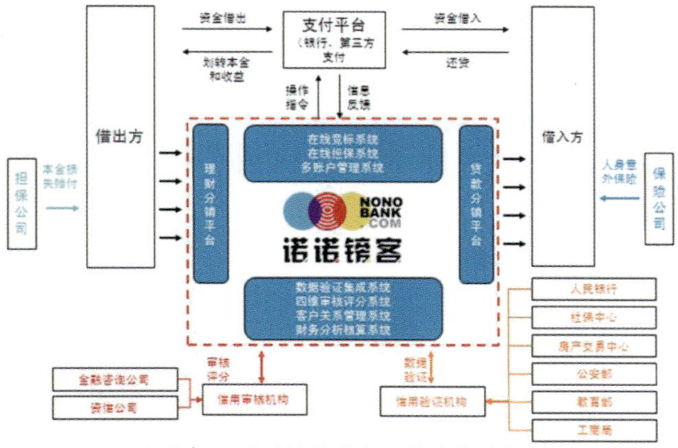

（图表1–诺诺镑客平台运作结构图）

平台理念：

诺诺镑客的理念来源于 2006 年度诺贝尔和平奖得主尤努斯小额贷款经济思想及其实践的基础，通过运用互联网技术进行平台的设计和开发，基本实现了资金脱媒，体现了中国国情和未来银行业小额借贷的发展趋势。

资金脱媒是指“ 金融非中介化 ”，随着信息技术的革新，信息不对称的格局被打破，使得资金脱媒成为可能，从而帮助企业降低融资成本、获得更便利的融资渠道。资金脱媒是资本市场的必然趋势，直接融资将主导未来。另外，借助互联网的便捷性，诺诺镑客平台通过全程在线形式，完成借贷信息的收集、整理、验证、发布、对接、分析和借贷资金的核算、结算、支付等服务，突破了时间及地域限制，实现覆盖全国、24h*7d 的融资贷款信息服务。

诺诺镑客通过其经中国国家版权局认定的 12 项计算机软件著作权，包括但不限于浮动 / 固定利率竞标系统、在线担保系统、信用评级管理系统等，增加了中小微企业的融资渠道、降低了中小微企业的融资成本，为利率市场化的推进贡献了一份力量。

截止至 2012 年 1 月 31 日，诺诺镑客贷款交易额上千万，收到贷款需求资金过亿，累计服务中小微企业近千家。

属性\渠道	银行	小贷公司	民间借贷	诺诺镑客
贷款性质	需抵押	需抵押	不确定	无需抵押
审批时间	1个月左右	1周左右	不确定	3-5天
准入门槛	非常严格	严格	无标准	灵活处理
服务地域	网点覆盖区域	资质所限区域	不限	覆盖全国

（图表2–诺诺镑客与传统融资方式比较：）

企业事迹与资质：

诺诺镑客是上海市双软认定企业、上海信息化理事会理事单位、金融信息服务专业委员会理事单位、上海市企业联合会会员单位、中国小额信贷联盟会员单位。

截至 2011 年 10 月，诺诺镑客已申请 2011 年度地方级科技型中小企业技术创新基金、2011 年度国家级科技型中小企业技术创新基金，已申请加入 2011 年上海市科技创新行动计划。

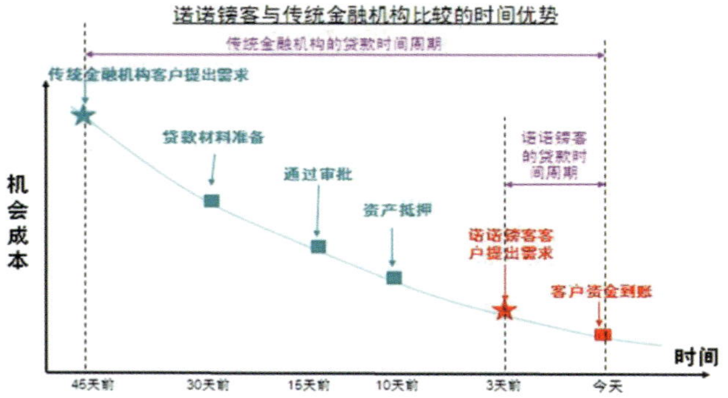

（图表3–在贷款资料齐全的情况下，一般三天即可资金到账）

企业事迹与资质：

诺诺镑客是上海市双软认定企业、上海信息化理事会理事单位、金融信息服务专业委员会理事单位、上海市企业联合会会员单位、中国小额信贷联盟会员单位。

截至 2011 年 10 月，诺诺镑客已申请 2011 年度地方级科技型中小企业技术创新基金、2011 年度国家级科技型中小企业技术创新基金，已申请加入 2011 年上海市科技创新行动计划。

企业文化与愿景：

诺诺镑客秉承“ 责任诚信，激情创新，自省制衡，多方共赢 ”的核心价值观，通过建立透明、高效、优质的资源调剂平台，致力于打破借贷市场信息不对称的壁垒，搭建一个公平公正的成就梦想的“ 舞台 ”，让任何一位正直、勤奋、有责任心的中国公民都能成为“ 银行家 ”、“ 企业家 ”、“ 慈善家 ”。

（图表4–诺诺镑客受邀参展2011上海金融博上海金融博览会）

公司地址：上海市徐汇区肇嘉浜路798号坤阳国际商务广场13F 邮编：200030
电话：021-64663832 传真：021-64181771-813 邮箱：service@nonobank.com

上海市信息管线有限公司
Shanghai Information Pipeline Co.,Ltd.

公司简介
Company Introduction

为适应国家电信体制改革的要求和加入 WTO 后中国电信业开放的趋势，上海市人大常委会在 2000 年 8 月 1 日颁布了《关于加强本市基础通信管线管理的决定》，决定对本市基础通信管线建设实行统一规划、统一建设、统一管理，为各通信、有线电视和信息服务运营商公平公正地开展业务创造良好的网络资源环境，更好地满足上海经济和社会发展的需要，更合理地利用地下管位资源，减少城市道路的重复开挖。上海市信息管理有限公司（以下简称公司或 SIP）应运而生。

公司由上海市信息投资股份有限公司投资设立，成立于 2000 年 9 月，现注册资本 2. 1818 亿元人民币。公司主要从事上海集约化信息管线的投资建设和经营管理，主要经营范围包括通信管道、通信机房和光纤线路的建设、销售和出租、运营维护及工程抢修、集约化信息管线专业领域的工程设计，技术承包、开发、咨询。

10 年来，公司在上海以集约化建设的方式建成 5500 公里以上信息通信管道，接入各类商务楼宇、居住小区、移动基站 3000 多处，利用地铁、黄浦江越江隧道等城市基础设施同步建设城市公共光纤网，敷设光缆 1400 多皮长公里，集约化信息管线已覆盖全市所有区县和主要新城，传输接入网络基本覆盖上海主要商圈和工业园区（开发区），为各通信、有线电视和信息服务运营商公平地提供基础管网和光纤，满足了上海经济和社会发展的需要。与此同时，公司自身也得到了快速发展。

目前，公司正按照企业“十二五”发展战略和规划纲要的指引，从一个上海地区专业从事信息管道、城市光纤、共用机房等公共信息基础设施投资建设和运营管理的主要企业，朝着发展成为向各类用户提供公共信息基础传输资源及其第三方专业服务提供商的方向迈进。

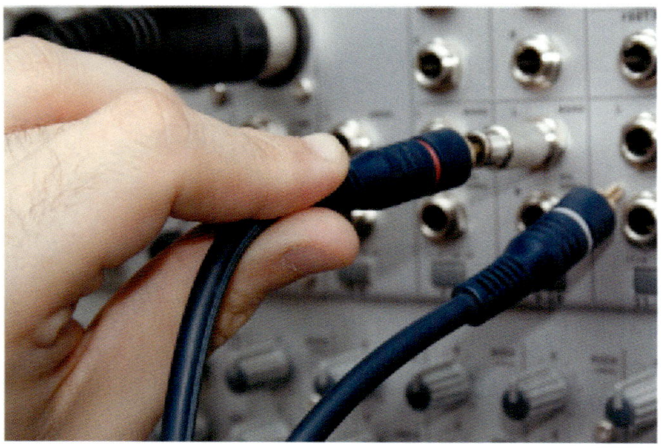

上海市徐汇区小木桥路681号上海外经大厦12F　　邮编：200032
电话：（86 21）6132 5200
传真：（86 21）6132 5300
网址：www.sip.sh.cn

FOUNDER 方正

正 在 你 身 边

上海方正数字出版技术有限公司

上海方正数字出版技术有限公司是由方正集团与上海张江集团共同投资2.85亿元于2010年4月成立，注册资金1亿元。公司坐落于上海张江高科技园区盛夏路608号国家数字出版基地内，上海本部现有员工110余人（不含下属子公司）。公司控股两家子公司，占股一家子公司，合计员工总数四百余人。秉承方正持续创新理念，公司的愿景是成为业内首屈一指技术服务商。公司目前下设两大事业部：数字引擎事业部、POD按需印刷事业部。其中数字引擎事业部以自主研发的分布式XML数据库为基础，面向媒体、教育、医疗等行业提供核心产品与解决方案。POD按需印刷事业部则通过以信息服务平台为基础，结合物理印刷实体店向客户提供B2B+C的商务印刷和个性印刷服务，打造中国按需印刷第一品牌。

在上海市各级政府的关怀和鼎力支持下，凭借方正集团多年在数字出版领域的技术积累，我公司将致力于数字出版核心基础技术研究，积极进行新产品研发，深度挖掘数字出版相关领域市场潜力，推动数字出版走向一个新的高度。

- 国家主席胡锦涛亲切接见集团董事长魏新
- 集团董事长魏新随同国务院总理温家宝访问韩国
- 张江集团与方正集团合作框架协议签约仪式

方正IT

正在你身边...

神州数码
Digital China
10th Digital China 2001-2011

中国智慧城市专家

一、数字化中国

从神州数码诞生的第一天起，我们就确定了自己的理想——“数字化中国”，也因此命名为神州数码。我们要打造一家百年老店，让神州数码成为中国最具价值的IT服务供应商，通过持续创新，为客户提供卓越的全面整合服务，以实现数字化中国的理想。

郭为
神州数码控股有限公司董事局主席

神州数码控股有限公司2000年从原联想集团分拆成立，2001年在香港联合交易所主板上市(股票代码00861.HK)，是中国最大整合IT服务商。

通过集合全球信息产业资源，神州数码将丰富的技术解决方案和全线IT产品整合，满足行业、企业及个人消费用户多样的信息技术服务需求。目前，神州数码已构建起完整的IT服务价值链，服务涉及IT规划咨询、解决方案设计与实施、IT系统运维外包、系统集成、IT分销和维保等领域，为客户提供端到端的整合IT服务。

数字化中国是我们的名字，更是我们的使命。2010年，神州数码提出了“智慧城市”发展战略，将继续推进“以客户为中心，以服务为导向”的转型，融合城市化和信息化进程，着力打造具有区域特色的“智慧城市”产业链，以在中国IT服务领域多年的积累引领“智慧城市”时代发展。

过去十年，神州数码始终在行业保持着领先地位，并因其持续高速成长，获得了业界认可。

- IT分销和系统集成服务连续10年位居市场第1；
- 在行业软件应用服务领域，政府行业位居第1，金融行业位居第2，电信行业名列第4；
- 在国家工信部公布的“中国软件业务收入百强企业”中，2009、2010、2011年，神州数码连续三年进入前三甲。
- 2010、2011连续两年进入财富中国500强，2011年名列第73位；
- 2009年—2010年，连续两年入选《福布斯(Forbes)》“亚太地区最佳大型上市公司50强”；
- 亚太地区城市信息化合作办公室“2010中国城市信息化杰出供应商”；
- 荣获国家信息化评测中心评选的“最佳企业信息化整体解决方案提供商奖”、中国软件行业协会评选的“2008中国10大软件创新企业”、《信息周刊(Information Week)》2008年度“中国商业科技100强”排名第1。

二、业务布局

神州数码在中国和世界之间架起桥梁，十年间，神州数码的IT合作厂商发展到接近300家，产品领域发展到超过400个。

销售网络覆盖860个城市、有634家数码港、13000多家经销渠道和6000多家增值合作伙伴，拥有中国IT领域最广泛的市场覆盖。

已在全国范围内建立4个区域中心、3个物流中心和1个数据中心，业务网络拓展至19个平台，近50个办事处及分支机构，同时在5个城市设立了“智慧城市”子公司。

神州数码在过去十年中，积累了来自电信、金融、政府、能源及交通行业的重要客户，成为他们值得信赖的合作伙伴，为他们提供大量可借鉴和可执行的行业解决方案。

三、战略发展

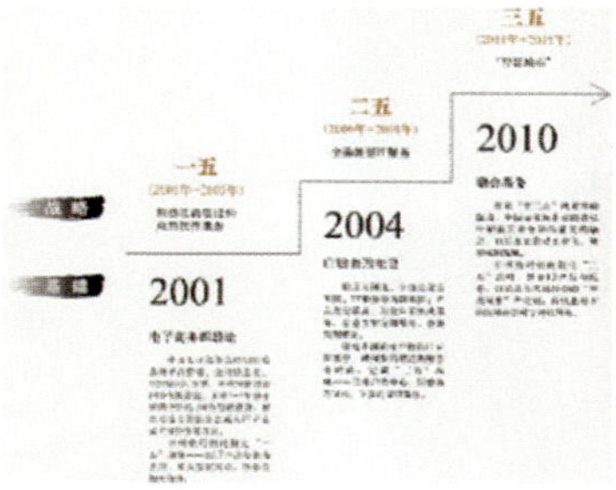

作为中国信息化的见证者和建设者，神州数码的发展历程就是中国IT服务发展史的缩影。

在过去的“一五”、“二五”和刚刚启幕的“三五”，神州数码前进道路上的每一次战略转型，都是与国家发展的主旋律、信息产业发展的主脉搏相结合，顺势而为，释放信息技术的力量，与用户共同创造和分享数字化中国的辉煌未来。

四、智慧城市

神州数码经过前十年的发展，蓄积了强大的势能。面对今天城市化与信息化融合的新趋势，神州数码进入了以融合服务为中心的“三五”发展阶段，2010年发布“智慧城市”战略，藉此战略实现新的跨越。

在神州数码的智慧城市总体设计中，政府职能与信息技术充分融合，提供“以人为本”融合便捷的公共服务——解决医疗、交通、能源供给、社会保障等一系列社会管理及服务的问题。在提升城市管理服务水平的同时，打造新型城市产业群与生态圈。

神州数码的智慧城市战略，就是以社会经济的繁荣为目标，以社会和谐稳定为前提，以民生和人民幸福为考核目标，通过以云计算为代表的信息技术手段进行融合创新，推进新型城市化进程。

神州数码智慧城市全景图

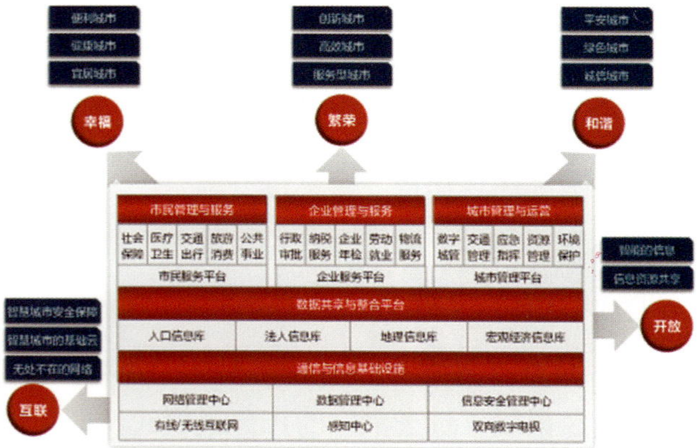

神州数码构筑的“中国智慧城市蓝图”，将通过完善通信与信息基础设施，构建数据共享与整合平台，为城市提供包括市民管理与服务、企业管理与服务、城市管理与运营，从而实现城市的幸福、繁荣与和谐，全力打造以便利城市、健康城市、高效城市、平安城市、绿色城市等为特征的智慧城市。

五大业务领域全面发力

神州数码基于“智慧城市”战略蓝图，在五大业务领域全面发力，支撑“智慧城市”战略，实现企业高速发展。

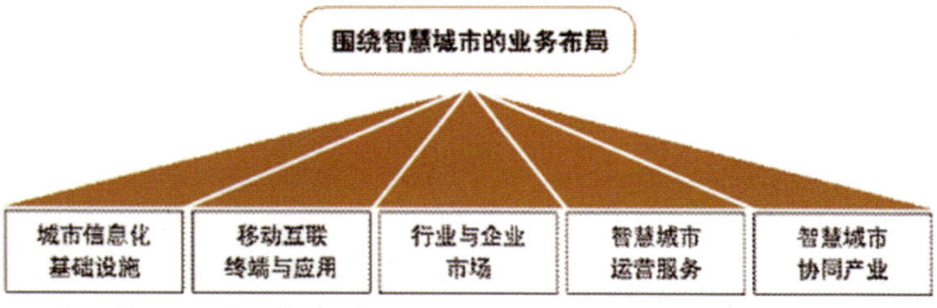

神州数码基于“智慧城市”战略，围绕五个业务领域，集合全球IT资源，为客户提供丰富的解决方案，以满足客户独特、多样的IT服务需求。

小身材大智慧

上海全景数字技术有限公司
Shanghai DigiVision Technology Co.,Ltd

海勃 为卓越的码头与港口物流营运商提供IT服务

公司简介

上海海勃物流软件有限公司（Shanghai Harbor e-logistics software Co., Ltd.)是上海国际港务（集团）股份有限公司旗下高科技企业。公司业务范围涵盖软件开发、系统集成、运营维护、网络通信、项目监理和信息规划等方面，具有国内、外各类型物流企业信息化建设的丰富经验，能够为港口物流企业提供完整的业务信息化解决方案。

资质荣誉

- 高新技术企业、浦东新区技术研发机构
- 上海市科技小巨人培育企业
- 国家规划布局内重点软件企业（2009）
- 计算机信息系统集成企业资质三级
- 三级上海市公共安全防范工程设计施工单位
- 上海市明星软件企业（2010）
- 2008年度上海市科技进步奖二等奖
- 2008年度中国港口科技进步奖二等奖
- 2009年度中国港口科技进步奖三等奖
- 2007年度上海市重点新产品（TOPS-C v4.0）
- 2008年度国家重点新产品（TOPS-C v4.0）
- 2008年度上海市重点新产品（TOPS-B v1.0）

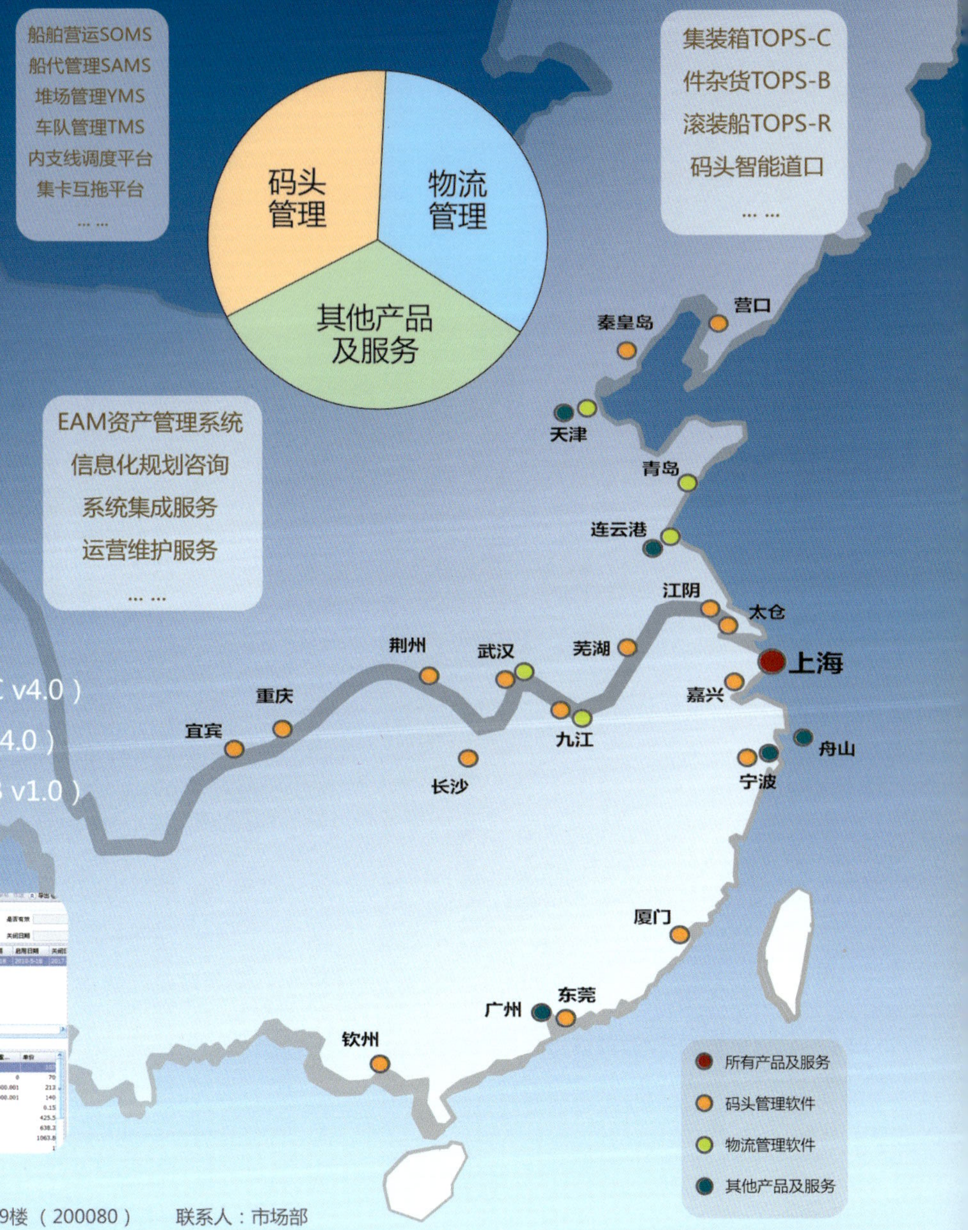

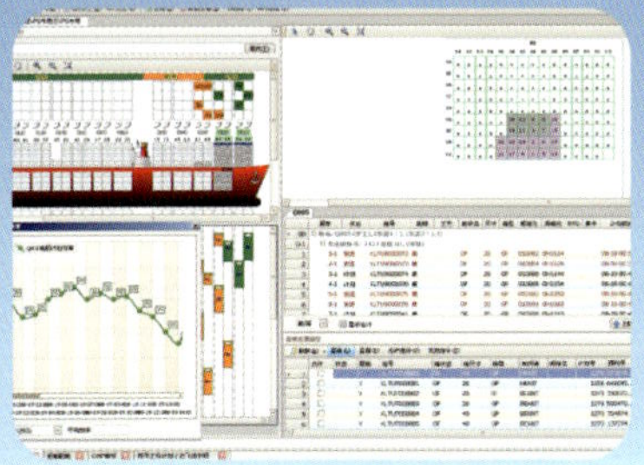

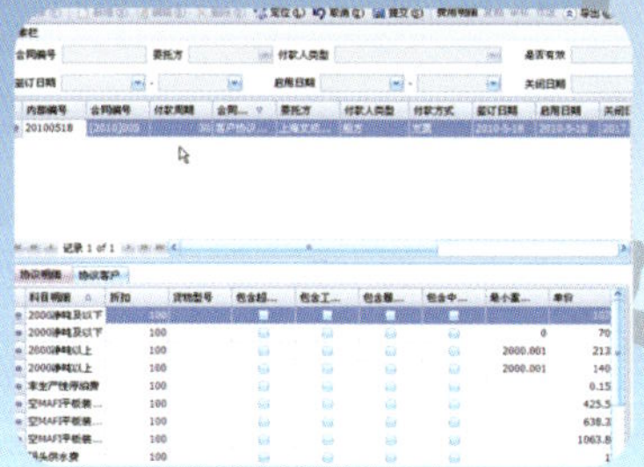

上海海勃物流软件有限公司
Shanghai Harbor e-logistics software Co.,Ltd.

地址：上海市虹口区东大名路358号国际港务大厦9楼（200080）　联系人：市场部
电话：021-35129966　传真：021-35129963　邮箱：webmaster@hb56.com　网址：http://www.hb56.com　维护热线：800-988-1556

feixun 斐讯

上海新华传媒电子商务有限公司（以下简称为“新华电商”）成立于2008年，位于上海黄浦区四川中路133号，注册资本一个亿，是一家专注于预付卡发行和受理的企业。新华电商是上海新华传媒股份有限公司（简称新华传媒，股票代码600825）的全资子公司。新华传媒是中共中央宣传系统上海市委宣传部掌控的一家拥有百年历史的国有企业，也是中国出版发行行业第一家上市公司。目前已形成图书发行、报刊经营、广告代理、电子商务及传媒投资等业务板块。其中公司拥有上海书城、新华书店门市等直营网点近200家，《解放日报》、《新闻晨报》、《申江服务导报》等报刊的广告总代理商。

作为预付卡发行企业，新华电商的技术部门与风险管理设置齐全，公司非常重视系统的研发投入，定期组织公司研发人员、技术骨干进行培训、学习，不断提升自身的专业水平。

经过两年多的发展，新华电商已经建立起完善的内部管理体系和规范的管理制度，具备了从发卡到售后维护整个过程的控制能力。并拥有高效可靠的交易处理平台和专业的营销和技术服务团队，在上海预付卡服务市场中始终保持自身的文化特色。目前公司特约商户已遍布上海书城、新华书店、教育培训机构、票务影院、网上商城、公共事业缴费等各类泛文化类商户。网点交易金额过亿元人民币。

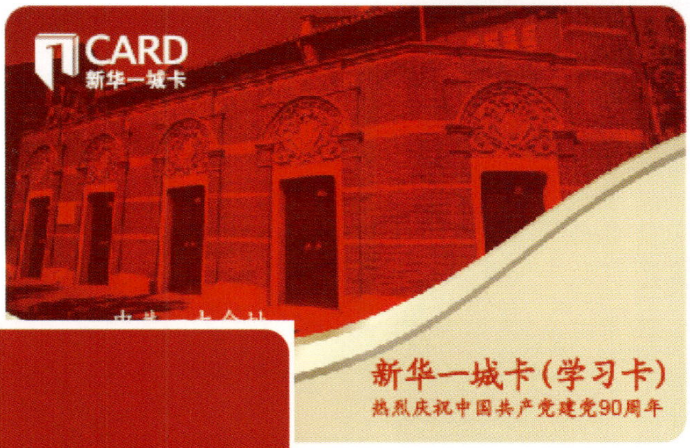

新华传媒
XINHUA MEDIA

上海建筑通信网络有限公司

2011年9月7日，艾宝俊副市长为上海市通信网络有限公司揭牌

2011年9月7日，艾宝俊副市长为上海市通信网络有限公司揭牌

2011年9月7日，上海市光纤到户建设工作推进会议暨联席会议第一次会议，艾宝俊副市长出席并讲话

上海市光纤到户建设工作推进会议暨联席会议第一次会议，艾宝俊副市长出席并讲话

公司总经理陈峰参加上海市光纤到户建设工作推进会暨联席会议第一次会议，并作发言

上海市建筑通信网络有限公司首届一次股东会、董事会、监事会召开，股东双方签署合作协议书

上海市建筑通信网络有限公司首届一次股东会、董事会、监事会召开，股东双方签署合作协议书

11月17日，市经信委副主任刘健一行到上海建通公司，现场了解第三方专业维护工作进展情况

11月17日，市经信委副主任刘健一行到上海建通公司，现场了解第三方专业维护工作进展情况并讲话

上海华虹集成电路有限责任公司
Shanghai Huahong Integrated Circuit Co.,Ltd.

上海华虹集成电路有限责任公司（华虹设计）是专业的智能卡与信息安全芯片解决方案供应商，是中央直接管理的国有独资特大型集团公司、中国最大的国有 IT 企业中国电子信息产业集团有限公司（CEC）的二级子公司，是中国“909 工程”的重要 IC 设计公司。其产品包括非接触式 IC 卡芯片、接触式 CPU 卡芯片、接触式逻辑加密 IC 卡芯片、双界面卡芯片、USBKEY 芯片、多媒体芯片等，并能提供 RFID、公交一卡通、社会保障、金融安全、电信、手机移动支付、高端证照等解决方案。

华虹设计是 IC 卡技术的国内领头羊，是国内综合实力最强的芯片供应商。公司芯片年出货量已超过 6 亿颗，拥有十多年在智能卡与信息安全芯片的丰富经验，业务遍及国内，并远销埃及、印度、印尼、伊朗、韩国、缅甸、尼泊尔、越南、尼日利亚、新加坡、澳大利亚、卢森堡、德国、俄罗斯等国。

EXPO 2010 SHANGHAI CHINA　华虹 HUAHONG
中国 2010 年上海世博会高级赞助商
senior sponsor of expo 2010 Shanghai China

国家信息安全工程技术研究中心（以下简称“安全中心”）成立于 2001 年 10 月，是受国家科技部领导，由国家密码管理局、国家保密局、公安部、国家安全部、工业和信息化部、上海市科委等部委共同指导的专事信息安全工程技术研究与系统集成的研究机构，是我国国家级信息安全规划设计、实施部署、应急响应、运行维护的专业机构。按照属地化管理原则，经上海市机构编制委员会批准，国家信息安全工程技术研究中心在上海注册成立了“上海信息安全工程技术研究中心”，为独立运行的经济实体，具有一级法人资格。

安全中心组建以来，根据《国家信息安全工程技术研究中心组建方案》的任务要求，认真分析与研究国家信息化建设的信息安全需求和发展方向，在抓好内部基础建设的同时，以国内信息安全领域的多位院士、知名专家作为学科带头人，重点开展了面向电子政务的关键密码技术产品研发、安全性检测和评估技术研究、信息安全技术标准拟制以及信息安全重点工程的建设和监理工作。作为信息安全的“国家队”，安全中心已具备以下十大方面的能力：高级别的战略研究能力、高水准的科学研究能力、高规格的标准制定能力、高标准的方案制定能力、高质量的工程监理能力管理、高层次的系统集成能力、高效益的安全运维能力、高水平的安全服务能力、高层面的产品研发能力、高起点的教育培训能力，逐步形成了信息安全科技成果工程化、产品化的整合优势。

安全中心组建十年来，取得了令人瞩目的成就。2005 年 12 月，国家信息安全工程技术研究中心在验收中被国家科技部评为“优秀工程技术研究中心”，2011 年 1 月被新华社等国内 10 家媒体联合评为“转型 · 2010 中国经济十大领军企业”。2011 年 11 月在上海圆满召开了首届中国制造业数据安全一体化防护论坛。

上海信息安全工程技术研究中心

上海长宁国有资产经营投资有限公司
上海市中小企业融资市场

上海市中小企业融资市场，是根据上海市关于"推进小企业信贷网络服务平台建设"的精神，在上海市经信委、长宁区政府的支持指导下，由上海市中小企业发展服务中心、长宁区商务委员会和上海长宁国有资产经营投资有限公司主办，由上海长宁国有资产经营投资有限公司独资承办并负责具体运作的一个金融服务机构。

一、市场的功能目标：

目标之一：建立融资供需信息集聚平台

融资市场将通过 www.RZZG.CN 这个网络平台，集聚来自金融机构的各类金融产品和来自中小企业的各类融资需求，构建一个资金供求信息发布和集聚的线上平台；并及时通报产业政策、金融政策、投资动向、企业项目动态等信息，以便资金供需双方更加高效、优质地配置和使用金融资源。

目标之二：提供银企融资配对服务

进一步针对，有融资需求的中小企业与金融机构之间信息不对称的问题，融资市场承担为双方牵线搭桥的服务。对中小企业递交的融资需求，我们市场将按一比三的比例推荐给适合的合作银行。当然，由受理银行审核、审批，并最终决定是否为企业提供融资服务。

另外，我们融资市场将为中小企业提供财务、法律、会计、人力资源等第三方服务，帮助中小企业逐步改善经营管理，规范财会制度，熟悉信贷流程，增进银企之间的互动互信。

同时，在为金融机构推荐有融资的企业外，我们的融资市场会将中小企业一手融资需求与特点反馈给金融机构，有助于金融机构创新产品，满足不同行业企业的不同需求。

目标之三：进行优惠政策宣传、政策兑现服务

我们的融资市场将同时通过线上线下的平台宣传有关中小企业融资的优惠政策，并且提供相关政策兑现服务。我们的融资市场网站励志建设成为一个政府部门、中小企业、金融机构三方的政策、信息、产品的集聚地。

二、市场的服务特色：

◆ 特色之一：公信力强。该市场是一家具有国资背景的金融服务机构，并且承诺提供阶段性公益服务。

◆ 特色之二：选择面广。截至目前，已与该市场签约或有签约意向的各银行上海分行已达 30 多家，接下来，市场还将与各种金融服务机构、上海市各行业协会建立合作关系，并携手第三方服务机构，共同为中小企业提供融资服务。

◆ 特色之三：效率高。中小企业一旦在 www.rzzg.cn 网站上进行注册，6 小时内必会接到客服人员的回访电话；融资申请一旦提交，3 天内必会收到客户经理的专业意见服务。这其中的 6 小时和 3 天两个时间节点，就是我们对广大中小企业的服务效率承诺。

◆ 特色之四：探索创新。该市场在建立中小企业信用评比机制基础上，积极探索制订中小企业资信评估体系雏形方案，以期突破融资瓶颈，逐步缓解中小企业融资难现状，优化中小企业发展环境。

如果您有融资需求，请登录我们的网站 **www.rzzg.cn** 注册申请，或者拨打我们的服务热线 4001-513-983（4001- 我要财 - 就发财），我们会在最短的时间内，帮您联系金融机构，助您融资成功！

盛大游戏有限公司(NASDAQ: GAME)是中国领先的网络游戏开发商、运营商和发行商，致力于打造国际化的网游平台。盛大游戏有限公司拥有两千多名研发和运营人员，并与两万多名游戏开发者展开合作，一直勇于创新和开放，坚持优秀和丰富多样的产品线，向用户提供基于 PC 客户端、浏览器以及智能移动终端等多平台 70 多款大型网络游戏产品，以及四万余款 Flash 休闲游戏，连续多年赢得金翎奖、金凤凰等重量级行业奖项，居行业之首。

盛大游戏正在运营的产品结构

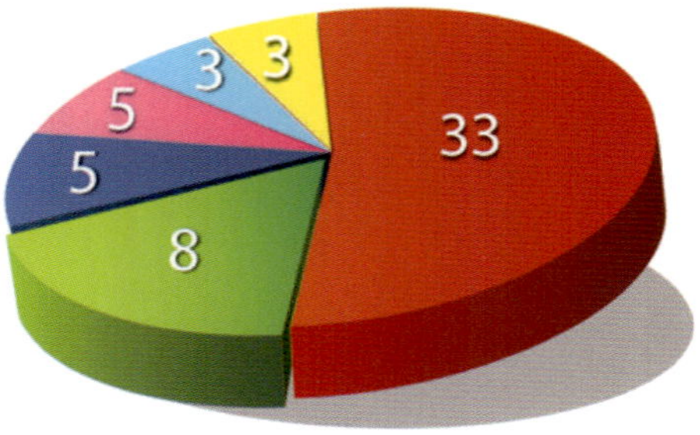

盛大游戏海外业务分布

上海索日新能源科技有限公司

上海索日新能源科技有限公司，于 2009 年 6 月 19 日落户枫泾工业园区，公司地址：枫泾工业园区建贡路 99 号，注册资本人民币壹亿元，系上海市金山区重点招商引资引进项目，是金山区新能源产业的龙头企业，一期占地面积 208.5 亩，总投资 5 亿元人民币，建筑面积 68315 平方米。产品经使用检测太阳能电池的平均转化效率在 18.2% 以上，最高转化效率达到 19.2%，计划在一年内批量产品转化效率达到 19% 以上。公司非常注重科技创新与知识产权管理，2011 年，申请并受理专利 15 件，被定为金山区专利试点单位。2012 年元月，通过 ISO9001:2008、ISO14001:2004 与 OHSMS (GB/T28001:2001) 之三体系认证。2012 年元月，光伏发电示范区建成并投入使用，运营情况符合预期。产值最终目标为年产能晶硅电池片 500MW，太阳能电池组件 500MW，光伏系统安装 500MW。

上海索日新能源科技有限公司，是索日新能源股份有限公司控股子公司，索日新能源股份有限公司，是一家集太阳能电池设计、研发、制造，太阳能电池组件制造、销售，光伏工程设计承建和技术服务于一体的高新技术企业。成立于 2005 年 9 月，位于浙江省台州市路桥区泰隆街 358 号，注册资本 15800 万元，法人代表吴海滨，公司拥有一流的制造设备、技术工艺检测设备、研究技术中心、高级营销管理团队，产品严格执行 IEC、ISO9001/14001/18001、UL、TUV、CE 等质量标准。年产单 / 多晶电池片各 200MW，太阳能电池组件 400MW。产品远销海外 10 多个国家，主销欧美，并在欧美等多个国家相继成立了合作公司和办事处，建立了友好的合作伙伴关系。公司先后获得年度太阳能新能源发展公司企业、浙商 500 强、高新技术企业、最具投资价值企业等荣誉。

映瑞光电科技（上海）有限公司成立于 2010 年 7 月，是一家从事 LED 及相关产业链设计、研发与制造的中外合作的高科技企业。2010 年 7 月 29 日与上海临港集团签署了 LED 光电项目战略合作框架协议，双方共同在上海临港产业区打造国家级 LED 产业化示范基地，中共中央政治局委员、市委书记俞正声出席了签约仪式。

公司主要致力于蓝宝石衬底材料及图形化、外延片、芯片的制造、封装和测试。在浦东临港地区项目总投资规模超过 27 亿，占地面积 147 亩，力争在浦东打造 LED 产业示范基地，建设 LED“衬底－外延片－芯片－封装－应用”完整的产业链。

自 2011 年 1 月项目动工，映瑞在不到半年的时间里点亮了第一片蓝光外延片，一周后又成功点亮了第一片绿光外延片。2011 年 12 月，办公楼和厂房主体完工，10 台 MOCVD 设备投入试生产，并且成功点亮了 AC-LED。同时，映瑞生产的大尺寸背光用 LED 芯片也通过康佳的技术评估，成为中国内地第一家能够供应大尺寸背光用 LED 芯片的厂商。2012 年初，映瑞团队成功研制了 HV-LED，成为世界上少数几个能够制造 HV-LED 的高科技企业，创造了一个又一个映瑞奇迹。

映瑞光电的核心技术团队和管理团队主要来自美国、大陆及中国台湾，是专业从事 LED 及半导体产业研发、生产制造的精英团队，曾创造了中国大陆半导体产业发展的奇迹，在短短的几年时间内，将中国大陆半导体生产制造的技术水平与世界主流先进水平的差距缩短了 20 年。

目前公司已经拥有世界级 LED 设计、研发、制造技术等方面的多项专利，同时与中下游封装、LED 背光源电视制造商等合作伙伴建立了良好的合作关系，为构建完整的 LED 产业链创造了优势条件。

作为上海市重大项目，在十二五规划的开年之际，在节能减排政策推动的关键时期，映瑞光电将竭力打造国内最优秀的 LED 设计、研发和制造团队，海纳百川，博采众长，通过产品、服务创新，优质服务和科学管理，把企业做大做强，为中国 LED 行业的崛起、为绿色环保新能源的应用推广贡献自己的力量。

照亮世界，点亮生活

——映瑞光电科技（上海）有限公司

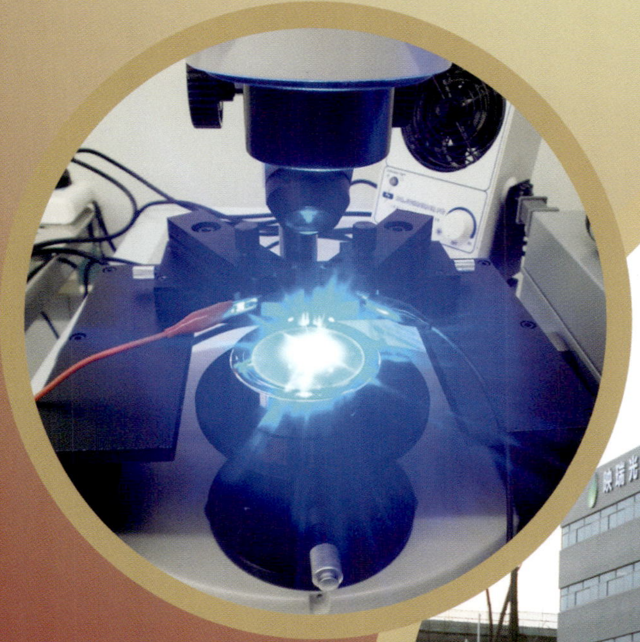

地址：上海市浦东新区
鸿音路1889号
邮编：201306
电话：（021）60352000
传真：（021）60450309

上海亚明照明有限公司（原上海亚明灯泡厂有限公司）创建于1923年，是中国第一家民族照明企业，也是中国第一只灯泡的制造者。"亚"字品牌，更是近一个世纪家喻户晓的著名民族品牌。历经几十年的发展和壮大，公司业已成为集研发、制造、营销和工程服务为一体的专业照明企业，形成了光源、电器、灯具、零部件产品系列，并以技术雄厚、规格齐全、质量上乘、服务优质而享誉海内外市场。

进入21世纪后，公司以发展绿色照明产业为已任，传承历史、重铸辉煌，借鉴国际先进的管理理念，结合传统的文化思想，形成了完整的现代企业管理模式；在ISO9000和14000体系的基础上，公司把达到国家质量奖要求的《卓越绩效评价准则》作为质量管理的战略目标；国际一流的SAP系统的运用，实现了企业资源管理（ERP）的升级换代；持续的科技投入，不断扩充了公司知识产权宝库，使公司综合竞争能力达到了一个新的历史水平。为适应国际化发展的需要，公司以技术领先为依托，于2004年隆重推出了"1923"品牌。高效节能的"1923"牌HID光源系列产品，以其优越的性价比，已经获得了用户的广泛赞誉。更多"1923"牌的各类照明产品，将满足国内外用户对优质照明产品的需求。

作为上海照明电器协会名誉会长单位、上海市光电子行业协会理事长单位，重庆照明学会理事单位，公司积极推动中国照明事业的发展。公司还联合高校和科研院所，通过多种形式支持人才的培养、开展科研合作项目。公司将一如既往地为绿色照明事业作贡献。

传承百年诚信，保持科技领先，公司以"倡导绿色照明，写意精彩生活"为使命，秉承"质量 · 诚信"之核心价值观，正努力实现"成为中国一流的照明企业"的愿景，公司愿与广大业界同行共创新世纪的辉煌。

SHANGHAI YAMING LIGHTING CO., LTD., established in 1923, was the first lamp manufacturer in China. After 88 years of development, SHANGHAI YAMING LIGHTING CO., LTD. has grown into a professional lighting listed company with several subsidiary companies Located in Shanghai and Jiangsu Province, which has more than 4000 employees, covers 323,495 square meters and owns advanced level technology R&D department with more than 400 engineers.

SHANGHAI YAMING Lighting CO., LTD. is engaging in producing a succession of lighting products by following, HID LAMPS, CFL, CONTROL GEAR, FIXTURES, LED LIGHTING And other lighting components.

SHANGHAI YAMING Lighting CO., LTD. achieves ISO9001 and ISO14000 system standards, as well as CE, UL, CUL, SASO, ENEC, and RoHs certificates, etc.

SHANGHAI YAMING LIGHITING CO., LTD. is devoted to exporting and overseas investments. Products have been exported to over 40 countries and regions worldwide including North America, South America, Europe, Australia, Africa, the Middle East, and Asia.

SHANGHAI YAMING LIGHTING CO., LTD. is working closely with many universities and technology institutes to further educate talented individuals as well as cooperate on many research projects.

SHANGHAI YAMING LIGHTING CO., LTD. has shouldered the mission of development of Chinese lighting industry and piloted the green lighting, insisting on core value" Quality and Honesty" as a guideline to service and product provided. SHANGHAI YAMING LIGHTING CO., LTD. has created numerous NO.1 in the history of Chinese lighting industry.

挪宝新能源集团

挪宝新能源集团是在地源热泵清洁能源领域集研发、咨询、设计、生产、销售、安装及能源服务于一体的大型综合节能服务企业。作为目前国内最大的从事地源热泵合同能源管理的节能服务公司，挪宝新能源集团的全资子公司——挪信能源技术(上海)有限公司本着“为客户节约金钱，为国家节约能源，为后代维护环境”的发展理念，大力实施低碳节能环保的挪宝品牌地源热泵中央空调系统的合同能源管理，为各类商用及民用客户提供完全适合中国国情的集制冷、采暖、生活热水于一体的高效节能解决方案，综合节能效率达到60%-70%，其核心竞争力以及技术和管理水平处于全国同行业前列，取得显著社会经济效益。

一、当今世界对地源热能开发利用的总体情况

今年4月25—30日，全球地热大会在印尼巴厘岛召开。85个国家的政要和专家与会。这次大会的主题是“地热——改变世界之能源”。会后发表的《巴厘岛宣言》由四部分组成：(1)能源是人类发展的基础；(2)人类需要清洁的地热能源；(3)各国应加强对地热开发的力度；(4)地热是21世纪改变世界的能源。

当前，世界对地热研究开发的重点方向主要有两个方面：

一是增强型地热系统。增强型地热系统(EGS)是指从地下3千米~1万米低渗透性岩体中开采深层地热的人工热能系统，具有能量蕴藏巨大、利用效率极高、供给系统稳定但造价十分昂贵等特点。目前，我国增强型地热系统研究尚处于空白，但美、俄、德、法、澳、日、瑞等国耗巨资研发和建设了一批试验性增强型地热系统，其关键技术——地球深钻技术被列为21世纪核心技术之一。

二是浅层地能的应用。浅层地能利用的主要载体是地源热泵技术。“地源热泵”概念最早出现在1912年瑞士的一份专利文献中。1927年，世界第一台地源热泵诞生。20世纪50年代，北欧国家为抵御严寒出现了研究地源热泵的热潮。20世纪70年代初全球遭遇第一次能源危机后，地源热泵的研究和利用在欧洲得到重视和发展。

20世纪90年代，根据科学预测，国际上将地源热泵列入21世纪最有发展前途的50项新技术之一。美国能源部、美国环保署共同认定地源热泵为最高效的供暖和制冷空调系统。1998年，美国能源部颁布法规，要求在全国政府机构的建筑中推广应用地源热泵空调系统。为支持这一技术的推广运用，美国前总统布什在他的得克萨斯州的别墅中也更换采用了地源热泵空调系统。从2009年开始，美国联邦政府推出专项补贴政策，给予采用地源热泵技术的项目按照总投资额的30%进行补贴，补贴以年底的税收抵扣形式进行。该政策原打算持续至2011年底，现延期至2016年。2009年，美国能源部还专门拨出3.38亿美元专项资金，用于支持地热技术的研发和地源热泵技术的推广应用。在政府政策引导下，2009年5月，投资约7000万美元、迄今全球最大的地源热泵项目在美国印第安纳州动工，将为40多栋建筑同时提供空调、暖气和热水。

近年来，由于能源价格普遍高于美国和劳动力价格极其低廉，地源热泵进入我国后得到快速发展。一是政府大力支持，二是民间资本强势参与。我们几乎是用几年的时间走完了欧美国家几十年走过的路。迄今，我国地源热泵的安装已超过风力发电和太阳能发电的总和。与风电和太阳能产业相比，地源热泵是一个百分之百的中国生产、中国受益的产业。在地源热泵上投入的资源和劳动力，将完全变成我国本土的清洁能源项目，使我国国民能受益于其对环境的改善。同时，地源热泵是一个劳动密集型产业，它除了给资本带来丰厚回报外，还给大量劳动力带来就业机会，这对我国尤为重要。基于这些原因，未来若干年，地源热泵在我国的发展机会要远远超过全球其它任何地方。

二、挪宝地源热泵技术的核心优势

地源热泵是利用地球表面浅层地热资源作为冷热源进行能量转换的既能供热又能制冷的高效节能环保型空调系统。从地源热泵工作原理看，地表浅层是一个巨大的太阳能集热器，收集了47%的太阳能量，比人类每年利用能量总和的500倍还多。这种储存于地表浅层近乎无限的可再生能源，使得地表浅层的温度一年四季相对稳定，冬季比环境空气温度高，夏季比环境空气温度低，是理想的、可循环利用的空调冷热源。地源热泵通过输入少量的高品位能源(如电能)，在冬季，把地能中的热量“取”出来，提高温度后，供给室内采暖；夏季，把室内的热量取出来，释放到地下去，从而达到高效节能的目的。

挪宝地源热泵的主要优点是：(1)节能。地源热泵的制冷、制热系数达3.5—4.4，比传统空调系统效率要高40%—60%。通常，采用地源热泵输入1KW电能可获得5KW以上的冷量或4KW以上的热能。挪宝地源热泵的节能效率达到60%—70%。(2)省地。不需要冷却水塔、锅炉等耗电设备。没有外机，没有任何外露的管道。挪宝地源热泵由于采用独创的模块化并联系统主机而更加省地。(3)环保。没有燃烧，没有排烟，没有噪音，也没有污染物排放。无需堆放燃料废物的场地，无需远距离输送热量，无需向周围环境排热，没有热岛效应。(4)省钱。一机多用，可用于供暖、空调以及制取生活热水。同时可以进行新风配送，机组以及系统均可实现高度自动化控制。(5)寿命长。机械运动部件很少，所有部件不是埋在地下就是装在室内，避免了室外恶劣气候影响。挪宝地源热泵系统的地下换热器可保证可靠运行50年以上，地上部分可达25年以上。

挪宝地源热泵技术的核心优势主要体现在：(1)模块化并联系统主机。提供和应用独创的地源热泵中型模块机，多台模块机并联组成；通过智能控制系统达到效率最大化，能耗最小化；根据实际使用量自动卸载主机，如果空调使用面积增加，可随时加装模块，智能便捷。(2)无缝切换衔接技术。独创的老建筑旧系统与新系统切换无缝衔接技术，实现改造项目新、老系统即时切换只需几分钟。此项技术确保挪宝在旧系统翻新改造项目市场中占据绝对优势。(3)基坑埋管技术。在新建大楼桩基阶段就介入打孔铺管，管道直接接入建成后的机房，有效节省打孔面积及施工时间，且不受地域限制。(4)多种节能技术的整合利用。研发出地源热泵系统与其他节能技术联合使用关键技术“Know How”，为每一个建筑量身定制，达到更理想的综合节能效果。

挪宝在技术上、经济上、管理上以及资金运作模式上的独特优势，使得挪宝产品在国内合同能源管理市场上占据领先地位。

三、挪宝实施合同能源管理(EMC)节能服务取得的成效

合同能源管理(EMC)是一种新型的市场化节能机制，其实质是以通过节能减少的能源费用来支付节能项目本身成本、从而实现双赢的商业模式。这种节能商业模式使得客户有可能用未来的节能收益为目前建筑用能系统升级并降低目前的运行成本。

近年来，挪宝已投入近3亿元人民币实施挪宝品牌地源热泵中央空调系统的合同能源管理。先后完成的上海地区项目有东郊宾馆、东湖宾馆、龙柏饭店、新苑宾馆、闵行饭店、金沙江大酒店、天马俱乐部、达华宾馆、东方环球总部、意邦国际建材品牌中心等，此外还有外地项目——江西共青开放开发区、昆明上海东盟大厦等。其中大部分项目已经完成并投入运营，综合节能效果十分理想。例如，上海东湖宾馆，原中央空调系统采用的是冬季柴油锅炉供应暖气，夏季冷水机组和冷却塔供应冷气，柴油锅炉供应全年生活热水的方式。在挪宝对东湖宾馆采用地源热泵系统进行改造后，全年共节省锅炉燃油300吨、节省冷却塔用水量2万立方米、减少机房运行管理人员14人、节约设备维修费约人民币20万元、节省机房使用面积300平方米，带来了明显的社会经济效益。综合统计，挪宝节能项目的实施共计年节省标煤26760吨。

四、下一步发展战略

2009年底温家宝总理在哥本哈根全球气候变化大会上代表中国政府承诺，到2020年单位GDP碳排放量减少40%-45%。而对于碳排放量几乎占全国碳排放总量50%的建筑业而言，大力建设绿色低碳建筑势在必行，低碳建筑将是未来我国房地产市场发展的趋势。建筑的能耗和碳排放主要涉及传统能源，而其中又以中央空调系统的能耗为最大。据统计，2006年我国既有建筑总面积为400亿平方米，每年新建建筑20亿平方米，到2020年我国建筑总面积将达700亿平方米。因此，降低建筑能耗是打造低碳建筑的重要环节，而地源热泵节能产品的应用为低碳建筑的建设和发展提供了良好的基础和保障，以每年2亿平方米使用地源热泵计算，未来几年市场份额可达600亿元人民币。

下一阶段，我司将紧紧抓住历史性发展机遇，奋力拼搏，开拓创新，加快拓展国际国内两个市场，努力使挪宝尽快成长为在国内同行业保持领先地位并具有国际影响力的先进企业。一是要积极争取政府对节能服务企业的政策扶持和资金奖励，进一步扩大国内市场份额；二是要创造条件积极参与美国、新加坡、香港等国家和地区大型节能示范项目建设和拓展乌克兰、白俄罗斯等能源短缺国家的节能市场；三是要进一步加大研发力度，特别是在21世纪地热利用的一些关键技术领域，要努力抢占科学技术制高点，进一步提升我们的国际竞争力。

上海神舟新能源发展有限公司成立于 2006 年 1 月，是上海航天汽车机电股份有限公司（股票代码 600151）全资子公司，是一家集研发、生产制造、销售服务于一体的太阳能电池片专业厂商，是航天新能源光伏产业链重要产业基地。注册资本 7.86 亿元，位于上海市闵行区浦江镇江月路 505 号（上海国家民用航天产业基地），占地 90 亩。在职员工 1400 余人。2010 年公司完成 200MW 晶体硅太阳能电池片生产线建设，并提前实现“当年建成、当年达产、当年盈利”的目标，2011 年公司将建成 500MW 电池片产能，“十二五”规划产能达 1.5GW。依托航天光伏优势，本着“诚实、谦虚、精进”的企业文化精神，努力打造国内最具综合竞争力的光伏企业。

公司主要产品为 125 ㎜ × 125 ㎜、156 ㎜ × 156 ㎜单晶硅电池片和 156 ㎜ × 156 ㎜多晶硅电池片，其中，单晶硅电池片平均转换效率 18.3%，最高效率达 19% 以上；多晶硅电池片平均转换效率 16.8%，最高效率达 17.2% 以上。

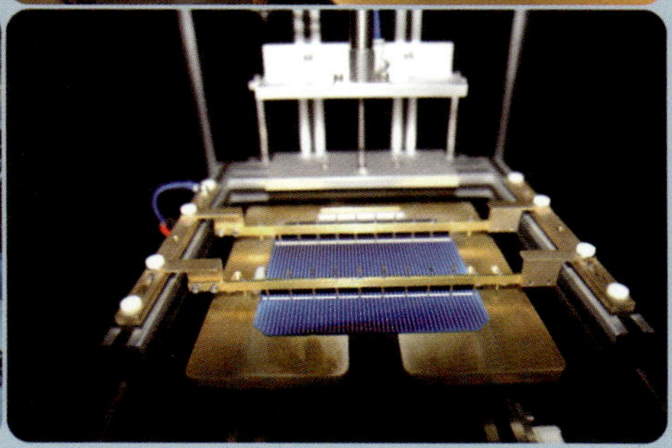

ASTROnergy
SOLAR

We Do Quality

上海正泰太阳能科技有限公司是由浙江正泰太阳能科技有限公司全资控股，2010 年 8 月注册于上海市南汇工业园区的一家专业从事太阳能电池组件的研发、生产、运营和销售的新能源公司。正泰太阳能的电池片平均转换效率均达到了行业领先水平，产品远销美国、德国、意大利、西班牙、澳大利亚、韩国等海外市场，其中德国旭格集团(SCHüCO)、康能公司(Conergy)、美国美商休斯电子材料公司(MEMC)公司等数十家世界著名公司均为我司主要客户。

为满足日益增长的国际市场需求，在公司总经理李永辉的带领下，公司已于 2011 年 2 月实施技改扩增项目，并于 2011 年 5 月完成了注册资本扩充至人民币 10500 万元的增资事宜，投产后将达到年产 550MW 晶硅太阳能电池组件的规模。

母公司浙江正泰太阳能科技有限公司注册于杭州高新技术产业开发区，控股股东正泰集团股份有限公司是国内工业电器行业产销量最大的制造企业之一。

正泰集团董事长南存辉先生，是第九、十、十一届全国人大代表，同时担任全国工商联常委、中国工业经济联合会主席团主席、中国机械工业联合会副会长、中国电器工业协会副会长等社会职务。

浙江正泰太阳能科技有限公司总裁杨立友博士，兼公司管理及技术团队的负责人，曾任职于世界著名的太阳能电池厂商 BP Solar 公司，发明了纳米硅隧道结技术，从而制成当时（1994 年）世界上能量转换效率最高（11.3%）的大面积多结非晶硅薄膜太阳能电池，并于此后直接领导了该技术产业化的工作。以杨博士为核心的一流的技术研发团队将确保公司建立完备的光伏发电系统技术工艺及管理体系。

上海市南汇工业园区作为上海市浦东新区新能源产业化基地，承载着浦东新区建设“国家新能源高新技术产业化基地”的重任，而作为浦东新区新能源产业联盟理事长单位的上海正泰太阳能科技有限公司将积极促进上海市新能源产业链上下游企业之间合作与支持，更高效地推进上海市新能源产业的蓬勃发展。

精工良建　品臻致远

上海电力修造总厂有限公司

上海电力修造总厂有限公司是世界500强企业中国电力建设集团有限公司旗下集产品研发、设备制造、工程成套和技术服务四大功能为一体的全资子公司。现已成为全球专业制造高效清洁燃煤电站锅炉调速给水泵最多的厂家和配套最多的供应商。公司主导产品调速给水泵组、液力偶合器、高温高压电站阀门和“电力”牌焊接材料广泛运用于国内外各类大型火电站、核电站。公司肩负着创建精品、创造价值、创新发展、共赢未来的企业使命，积极实施“双百”战略、国际化战略、创新驱动战略、人才强企战略、品牌战略和企业文化战略，着力打造国际一流先进电力装备制造现代企业。

公司现有员工800余名，拥有世界一流水平的各类制造加工设备、监测设备600多台；建立了完善的质量管理、安全生产和环境保护体系。以科学发展观为指导，按照集团化运作、精细化管理、精益化生产、标准化作业的要求，加快实现产品设计虚拟化、零件制造数控化、检验试验智能化、企业管理信息化和市场商务电子化建设。

上海电力修造总厂有限公司秉承精工良建、品臻致远，致力于清洁能源发展的理念，坚定不移地走集约型、创新型发展之路，努力为社会经济的可持续发展奉献高科技、高性能、高品质的产品，为我国电力建设的发展再续新的辉煌。

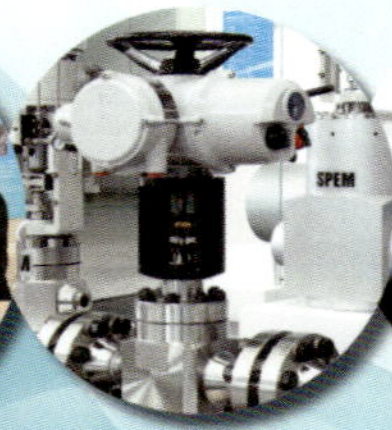

地址：上海市浦东新区航都路80号　邮编：201316　电话：33758800　传真：33758818　网址：http://www.spem.com.cn

上海华明电力设备集团有限公司（简称华明）是中国电力变压器分接开关领导企业。华明致力于以“中国自主科技装备电力工业”，是集变电站高压电力设备的研究、开发、生产、销售为一体的高新技术企业。主要产品为变压器有载分接开关、无励磁分接开关和高压电器等。

伴随着中国电力工业的改革和发展，在原机械工业部、原电力部、原国家电力公司及国家电网公司、南方电网公司等有关部门领导的大力支持下，依靠华明人的不懈努力，华明已经发展成为拥有1000余名员工，多家下属企业和海外分公司，2个大型现代化生产制造基地的现代化电力装备集团公司。

在“创新不止，自强不息”的企业文化感召下，华明人凭借着不断的科技创新和技术改革，使华明有载分接开关从行业内的无名小卒，成长为了具有国际竞争力的中国民族品牌，华明也成为了国内第一，世界领先的分接开关全产业链自主生产企业。华明自主研发的油浸式变压器的真空有载分接开关和三相1000A大电流有载分接开关，在全球有载分接开关领域处于领先地位。华明研制、生产的500千伏系列分接开关，填补了国产超高压分接开关应用的“空白”，标志着我国变压器有载开关技术已达到国际先进水平，具备产业化生产能力，打破了跨国公司对超高压分接开关长达50年的技术垄断。

华明产品广泛应用于电力及能源工业、化工、冶炼和铁路工程等，在国内，华明有7万余套产品在国家骨干电网上运行；在海外，华明产品远销美洲、亚洲、欧洲、非洲、大洋洲的90余个国家和地区，从最低气温低至零下50摄氏度的黑河，到高海拔地区的西藏，从美国风力发电厂到挪威海上石油钻井平台，华明的产品都可靠、出色地担负着电力供应的稳压、调压使命。华明已成为多个跨国集团公司如GE和ALSTOM（原AREVA）的合格战略供应商。

华明秉持“诚信治业，仁德待人”的治企理念，引导每一位员工以认真负责、精益求精的工作态度为企业树立诚信形象，同时全力为员工营造良好的工作和生活氛围。华明出资上亿元建造单位租赁房，以解决外地员工的居住问题，大到厂区环境、小到员工用餐，近到员工保障，远到员工发展，华明都十分关注企业和员工共同成长，华明努力把公司打造成员工温暖的“家”。

二十余年来，华明先后获得上海市“品牌企业”、上海市“劳动关系和谐企业”、上海市“专利示范企业”、上海市“科技小巨人”，上海市“高新技术企业”、上海市“科技企业创新奖”、上海市“守合同、重信用”企业，华明分接开关也被评为了“上海名牌”，如今，华明已跻身上海市“百强民营企业”行列。

上海华明电力设备集团有限公司

上海上电漕泾发电有限公司由上海电力股份有限公司和申能股份有限公司按照总股本的 65% 与 35% 比例合资成立，负责上海漕泾电厂 2×1000MW 工程建设和电厂生产运营。

电厂坐落于上海化学工业区西端，毗邻金山区漕泾镇，紧靠杭州湾北岸，是上海能源规划中的五大发电基地之一——漕泾发电基地内建成的一期工程。该工程是上海市委、市政府优化电源结构，提高能源利用效率，减少污染物排放的“上大压小”建设项目，也是 2010 年上海世博会配套工程之一。工程于 2007 年 12 月 18 日正式开工，两台百万机组分别于 2010 年 1 月 20 日和 2010 年 4 月 6 日投入商业运行。

电厂三大主机设备均由上海电气集团公司供货，配套建设一座 3.5 万吨级卸煤码头，同步建设烟气脱硝装置和 SCR 脱硫装置，建有国内首座 210 米高度异型烟囱。电厂采用 500kV GIS 配电装置，以两条 500kV 线路接入上海电网。

工程以“争创国家优质工程金奖，创建中电投集团百万等级燃煤机组示范工程”为总体质量目标，采取专业化委托建设管理模式，在电力行业中率先开展质量评价工作，实现了锅炉水压试验、汽轮机扣缸、厂用电倒送、锅炉点火、汽轮机冲转、发电机并网和 168 试运行等七个一次成功。性能试验各项性能、技术指标全部达到或优于设计值。工程先后获得“2011 年度中国电力优质工程奖”和“2010–2011 年度国家优质工程金质奖”。

漕泾工程的建成投产对上海能源结构调整以及节能减排意义重大。中央电视台《新闻联播》节目，在节能减排专题板块中进行了报道。工程是在关停杨树浦、闵行发电厂共 13 台高能耗小机组的基础上建设起来的节能环保机组。在同等燃煤量的情况下，可多发电量 70% 以上，SO2、烟尘以及 NOX 等主要污染物排放量均减少 78% 以上。灰渣石膏 100% 综合利用，废水实现零排放。

工程投产当年（2010 年），两台机组累计发电量 88.2 亿千瓦时，实现售电收入 31.47 亿元。由于在世博会期间出色表现，被国家电监会授予“世博保电先进单位”称号。漕泾工程的建成投产为缓解上海市用电压力，推动上海经济发展做出了贡献。

在中国电力投资集团公司和上海电力股份有限公司的正确领导和大力支持下，上海上电漕泾发电有限公司将深入贯彻落实科学发展观，抓住历史发展机遇，团结带领广大员工，本着“透明、规范、高效、绿色、和谐”的管理理念，为创建中国电力投资集团公司燃煤标杆电厂努力奋斗。

上海浦城热电能源有限公司

主控室

垃圾焚烧炉炉排

上海浦城热电能源有限公司是一家垃圾资源化的综合运营企业，管理国内首座千吨级生活垃圾焚烧发电厂——御桥生活垃圾发电厂和负责浦东城区垃圾收集与清运的上海浦发环境服务有限公司，实现了浦东生活垃圾收集、清运、焚烧和发电的产业链管理。

上海浦城热电能源有限公司为上海浦东发展（集团）有限公司和德国费赛亚巴高克环境工程公司共同出资经营管理的一家环保能源企业。该合作开拓了在城市基础设施领域的跨国合作先例，为开拓环保产业市场化道路进行了有益的探索。

公司依靠完善的管理和现代化的流程，实现了垃圾处理的减量化、资源化和无害化操作。2003 年－2006 年年均处理垃圾约 45 万吨，售电约 8680 万度。

采用拥有专利技术的炉排，通过使垃圾沿炉排表面向前移动、翻转、混合，使垃圾充分燃烧。

垃圾焚烧产生的热能通过加热余热锅炉中的水，并将水转化为水蒸汽，由水蒸汽推动汽轮机叶片，快速旋转的汽轮机带动发电机进行电磁转化，产生电能。

拥有一套先进的环保控制设备，确保生产的无害化和排放达标。

建成日处理能力 300 吨的渗沥水处理站，采用国际先进的专业渗沥水处理工艺，处理后达到上海市《污水综合排放标准》中三级标准排放，进一步改善环境质量体现，为中国生活垃圾发电厂的渗沥水就地处理树立了典范，也为同类项目再建提供良好的借鉴作用。

2006 年，通过 ISO9001 质量管理体系和 ISO14001 环境管理体系认证，进一步完善了标准化管理体系的建设，确立了绿色浦城的发展目标。

作为环保示范型工程和环保教育实践基地，我们积极承担起环保宣传和先进工艺展示的社会责任。每年接待约 2000 人次的参观访问。

伴随着浦东环保事业的发展，我们将继续为建设更美好的环境而努力。

主厂房

地址：浦东北蔡御桥路 869 号　　邮编：201204　　电话：68931581

上海金联热力供应有限公司

上海金联热力供应有限公司位于金山工业区中部，北沿金山工业区大道，西临长浂港，南面九工路，占地面积157.2亩。公司成立于2007年3月，是由金山工业区管理委员会和杭州热电集团有限公司共同发起组建的、致力于节能减排事业的区域性集中供热企业。公司以环保理念，积极打造工业区绿色品牌。公司成立来，始终坚持“保安全、保供应，优质服务”的两保一优的经营理念，取得了良好的社会效应，公司曾获得“上海市节水型企业”、“上海市平安单位”、“金山区文明单位”等荣誉称号，公司的除氧器排汽回收项目荣获2011年上海市资源综合利用优秀成果。

公司一期工程3台130t/h高温高压循环流化床锅炉，于2009年5月建成投产，成为金山工业区内基础配套供给企业，满足园区内各企业的用热需求。投产三年多来，公司热网已覆盖金山工业区及周边区域（亭林工业区、漕泾化工分区），纳管用户达100余家，合同签订供汽量307.5t/h。

公司二期工程热电联产技改项目正在筹备，预计2013年可并网发电，金联人将继续秉承“四千精神”，求真务实、不断进取，为企业可持续发展和环保事业不懈努力！

中电投铝业国际贸易有限公司是中国电力投资集团公司的控股子公司，由中国电力投资集团公司、中电投蒙东能源集团有限责任公司、中电投宁夏青铜峡能源铝业集团有限公司、黄河上游水电开发有限责任公司共同出资设立，注册在上海市虹口区，注册资本5亿元人民币，主要业务包括：铝业原材料采购、铝产品销售、进出口业务、相关产品贸易及相应业务的套期保值等。

公司成立两年来，两年两大步，销售收入和利润总额迅猛增长，2011年，实现销售收入147.09亿元，较2010年增长380.55%，利润总额1.66亿元，较2010年增长1101.28%，顺利实现了两年内“销售收入过百亿，利润总额超亿元”目标，为2015年销售收入超500亿元，盈利水平显著提高奠定了良好的基础。

作为中电投集团的铝业贸易服务平台，铝业贸易公司除上海本部外，还将在已有深圳、沈阳分公司的基础上，在重庆、银川、武汉和香港设立分支机构，构建全国性的营销网络，通过集约化、专业化、市场化运作，努力推进价值创造，进一步树立中电投集团铝业的品牌形象，提升中电投集团铝业的市场竞争力和影响力。

上海运安制版有限公司
Shanghai Yunan plate-Making Co.,Ltd.

上海运安制版有限公司，是由山西运城制版集团股份有限公司控股的跨国企业。山西运城制版集团目前是全球规模最大、产品种类最全、技术含量最高、行业管理经验丰富、人才梯队齐备、专业化的凹印制版企业。

公司先后获得〝上海市高新技术企业〞、〝上海市嘉定区科技小巨人企业〞、〝上海市嘉定区企业技术中心〞、〝上海市专利工作培育企业〞、〝上海市科技小巨人培育企业〞等称号。

公司主要生产是凹印印刷辊筒以及辊筒印花机。辊筒系列产品广泛应用于食品、饮料、医药、日化、个人护理、服装、家纺、装饰壁纸、高档瓷砖、激光防伪等行业领域。

公司生产的激光雕刻高清三维瓷砖印刷辊筒，是国际先进的激光雕刻制版技术在瓷砖印刷辊筒领域的创新应用，拥有完全自主知识产权，技术达到国际先进水平。通过该技术激光雕刻的瓷砖印刷辊筒，实现了能够在凹凸的瓷砖表面上印刷，清晰度甚至超过了喷墨印刷技术，而且在生产应用成本上相比喷墨印刷技术大幅度降低，对高档瓷砖印刷辊筒产品的国产化和产业化产生很大的影响。

公司是目前国内在规模、客户、品牌、销售网络、技术等方面最具竞争力的专业生产高档激光雕刻瓷砖印刷辊筒的龙头企业，并在佛山、印尼、越南建立子公司，在山东、福建、四川等地建立分支机构，国内市场占有率位居第一位（50—60% 左右）。客户主要面向斯米克、宏宇陶瓷、诺贝尔、东鹏、亚细亚、蒙娜丽莎、冠军、马可波罗等国内外高端瓷砖品牌企业。

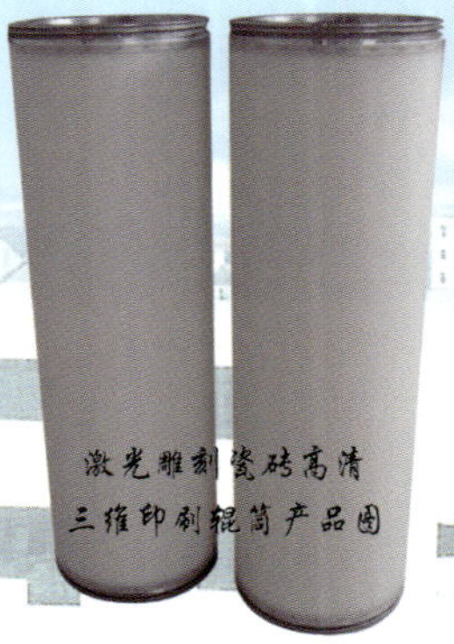
激光雕刻瓷砖高清三维印刷辊筒产品图

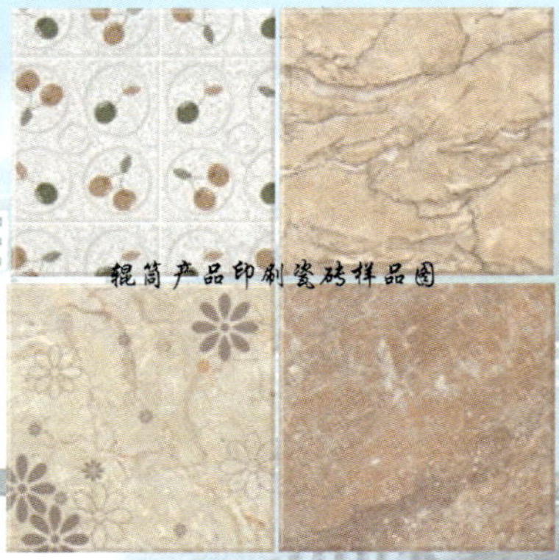
辊筒产品印刷瓷砖样品图

产品应用效果案例

装饰效果

安莉芳（上海）有限公司（以下简称安莉芳上海公司）系香港安莉芳集团（以下简称集团）在国内投资建立的全资子公司，注册地为上海市杨浦区昆明路 508 号北美广场 B 楼——安莉芳大厦。集团将上海公司定位于中国总部，担当集团在大陆地区投资企业的战略、统筹、指导的角色，凸显其在战略规划、运营决策、人才集聚、技术支撑方面的总部功能。

2011 年，安莉芳大厦营运第一年累计上缴国家税收超过人民币 1 亿元，预计 2012 年度税收将超过 2 亿元，税收贡献的年度增长幅度将达 80% 以上。安莉芳大厦的入驻及总部功能的发挥，与大连路总部研发集聚区的影响力交相辉映。

安莉芳上海公司自 2009 年 10 月注册成立以来，得到投资人及集团领导层的高度重视，在办公大楼建设、发展规划制定、组织架构确立、人才招募计划实施、公司运维管理等各方面给了上海公司大力支持，并重金聘请世界领先的国际级的商业战略顾问机构——波士顿顾问有限公司（Boston Consulting Group International GmbH），为集团制定总部建设及未来发展战略规划，也为安莉芳上海公司的建设和发展制定了精准的战略实施路径图。

2010 年 12 月 1 日，集团在上海隆重举行安莉芳 35 周年庆典活动暨大厦落成仪式，集团创始人郑敏泰先生宣布安莉芳（上海）有限公司正式开业。开业以来，在上海市、区各级领导及集团总部和战略顾问的关心和支持下，上海公司在人才招募、制度建设、业务发展等方面取得了优异的成绩。先后组建了人力资源行政、品牌和市场营销、设计和研

发以及财务、审计、运营、战略等管理团队，充分利用上海的人才优势，汇集了一批具备博士、硕士、MBA 等学历的青年才俊服务于上海公司。集团的高端品牌 LC 的品牌团队已进驻上海公司，从品牌策划、设计研发、样品制作，到市场推广和精品陈列等项品牌运作，正以上海总部为中心辐射全国。来自两岸三地的研发人员汇集上海，从材料开发、产品设计、工艺研究、制造准备等各个环节入手，为各生产工厂提供技术服务和支持。总部旗舰店以近 2000 平方的陈列与展示规模为国内同行之翘楚。目前，在公司总部大楼办公的员工已逾 300 人，集团领导及香港、深圳、常州、山东等地公司管理和业务人员也频繁往来各地和上海之间，上海公司已逐渐形成集团举办各项重要活动和会议中心。

通过一年的努力，安莉芳（上海）有限公司的业务发展也取得了长足进步。截止到 2011 年末，上海公司的销售业务已经达到约 6.7 亿元规模，纳税额达到约 1.1 亿元，所辖从业人员已近 4000 人。

2012 年是集团稳健进取之年，也是实现现代化安莉芳的关键之年，上海公司将在集团统一的战略规划部署下，统筹协调各地公司为达成集团战略目标共同努力。

Embry Form
安莉芳（上海）有限公司
EMBRY (SHANGHAI) COMPANY LIMITE
上海市昆明路508号 电话：021-2505-88

敦煌牌
上海民族乐器一厂

上海民族乐器一厂创建于1958年，是目前我国规模最大、品种最齐全、技术和综合实力最强的民族乐器制造企业。旗下拥有全国著名品牌“敦煌牌”以及三家控股子公司——上海敦煌乐器有限公司、上海瑰宝乐器有限公司、兰考县上海牡丹民族乐器有限公司。主要生产古筝、琵琶、二胡、柳琴、月琴、阮、笛、笙、箫等100多种民族乐器，产品销往全国30个省市及香港、台湾地区，并远销日本、美国、加拿大、新加坡、马来西亚等国家。自2001年起，“敦煌牌”商标持续荣获“上海市著名商标”称号。产品多次获国家银质奖、轻工业部优质产品奖、上海市优质产品奖和上海名牌、全国用户满意产品称号。企业获得全国实施用户满意工程先进单位、中华老字号、国家级非物质文化遗产传承单位等荣誉称号。

王国振 厂长

近十年来，企业以品牌建设为核心，推行文化营销战略。建立民族乐器博物馆、举办民族乐器大赛、组建“敦煌新语”女子乐队，创建敦煌艺术学校等，将民族乐器渗透到文史馆展、社会公益、文化、演艺、教育等领域。企业坚持创新发展，以“传承经典，引领时尚”为理念，在新产品开发中导入科技、文化、艺术、时尚等元素，不但继承了中国民族乐器制作之精髓，更为弘扬中国的民族文化竭尽全力。

↑赠送给新加坡总统纳丹小古筝

↓厂貌

上海民族樂器一廠

回力
Warrior
回力鞋业
1927 - 2012
85年历史传承，你我 足奋进！

85年历史传承，回力 你共奋进！

回力鞋业诞辰85周年纪

1927-2012

影视新星 周冬雨

老鳳祥
老鳳祥
SINCE1848
老凤祥创建于公元1848年（清道光28年），距今已有163年的历史，老凤祥银楼几经变迁，历经沧桑，已发展成为中国首饰业历史最久、规模最大、珠宝门类最全、文化底蕴最深的珠宝首饰龙头企业。
老凤祥品牌已连续囊括所有国家级的品牌荣誉，不仅获得“中国驰名商标”、“中国名牌”、“中国商业名牌”、“中国商业服务名牌”、“中华老字号百强”、“苏浙皖赣沪名牌产品50佳”等称号，还曾经被国际品牌权威机构评为“中国500最具价值品牌”、“亚洲品牌500强”、“全球珠宝100强”，其品牌价值达60.79亿元，在国内珠宝首饰企业名列前茅。2009年，老凤祥金银细工工艺荣列国家非物质文化遗产名录，2010年老凤祥被中国黄金协会授予“中国黄金首饰第一品牌”称号。2011年，老凤祥首次荣登“中国企业500强”！
上海老凤祥有限公司长期坚持品牌发展战略和品牌营销的市场策略，以品牌为先导，拓展全国市场，完善营销网络布局。目前，老凤祥在全国范围内拥有银楼分号600余家，15个地区实行总经销，销售网点1000余家。企业的跨越式发展战略成效显著，全国的总销售额从2001年的7.5亿元已上升到2010年的140多亿元，在行业处于领先地位。
上海老凤祥有限公司长期致力于人才机制创新和科技创新，以中国工艺美术大师领先的100多位融设计、科研、制作为一体的专业技术队伍，成为企业的核心竞争力。历年来不仅在国内外重大设计制作大赛上摘得150余个大奖，每年均有300多个项目上报国家专利，而且成为企业新产品的开发之源。由此，老凤祥产品不仅有金、银、铂、钻，还有翠、玉、珠、宝和象牙、旅游工艺品、纪念品等涵盖十大门类。
老凤祥拥有一条完整的产业链，既有首饰研究所、大师创意工作室，珠宝首饰分公司，还有钻石加工中心，既有象牙、玉石、翡翠的专业分厂、礼品加工厂，又有企业营销专业公司，还有拍卖行，典当行等服务产业。
老凤祥被誉为中国珠宝首饰业的金凤凰、常青树和航空母舰。
经典新时尚
百年老凤祥
老凤祥形象代言人：赵雅芝
地址：上海市漕溪路260号 邮编：200235 电话：86 21 64833388

第二十二届中国国际自行车展览会

THE 22ND CHINA INTERNATIONAL BICYCLE & MOTOR FAIR

一年一度，享有"全球最具规模自行车展"美誉的中国国际自行车展览会（简称：中国展、CHINA CYCLE），于2012年4月26日至29日在上海新国际博览中心隆重举行。由中国自行车协会主办，上海协升展览有限公司承办的中国国际自行车展览会，至今已成功举办了22届。

第22届中国国际自行车展览会的三大数据表明，"中国展"在搭建两个市场平台和充分发挥引擎作用上的成功。2012年4月26日开幕的"中国展"，展览规模、国际化水平以及文化创意上都实现了历史性突破，展会以12万平方米的展览面积、1288家展商、6018个展位，创造了中国国际自行车展览会历史上的又一佳绩。

本届展会以"骑行，演绎生活新时尚"为主题，配合了国家对传统自行车产业的转型升级和节能减排，绿色出行的战略要求，引导企业更加关注低碳节能、倡导绿色出行、健康骑行，并以此来加大科技创新和投入力度，使"低碳、创新"成为自行车产业转型升级的新引擎，让"骑行、休闲、健身"的自行车骑行文化成为新时尚。为此，本届展会除设立了"创新示范馆"外，还举办"2012 CHINA CYCLE创新产品评选活动"（第二届），助推企业由"中国制造"向"中国创造"转型，带动企业走品牌建设之路，借助这个平台让世界认识和了解中国自行车产业的创新产品和自主品牌。

本届展会上除欧、美及亚洲地区的重要国家，包括意大利、荷兰、法国、德国、西班牙、英国、美国、日本、印尼及印度等国的自行车知名企业全部继续参展外；一些钟情"中国展"看好中国自行车市场的欧美知名品牌，如BIANCHI（比安奇）、SHIMANO（禧玛诺），SRAM（速连）、BH（比驰）、SIGMA（西格玛）、GH0ST（德亨达）、DT SWISS（德杰）等，提前半年就预定好了展位；美国的SPECIALIZED（闪电）、HUFFY（哈飞）、FIVE-TEN、英国的ENDURA、荷兰的AXA、日本的CAT EYE（猫眼）、韩国的JK6、马来西亚的TAN LAN、美国的Cannondale、GT、TREK等国际知名品牌纷至沓来。本届与上届相比，国际参展商增幅最大,增长高达55.2%。其中尤以欧美国家参展商增加最为明显。欧美等发达国家自行车知名企业，纷纷携带著名品牌想方设法挤进"中国展"，提前布局中国市场，这充分说明了一点：中国在1-3年的时间里，将成为全球最大的中高档自行车消费市场。

第23届中国国际自行车展览会将于2013年5月6日至9日在上海新国际博览中心举办。规模：120000平方米，5500个展位。

www.e-chinacycle.com

中联重科
ZR360A

ZOOMLION 中联
ZDG550

ZOOMLION

上海华晖新材料科技有限公司

地址：上海市松江佘山工业区陶干路 1228 号　　电话：021-57793232　　传真：021-57792727

南京南站

上海华晖新材料科技有限公司（前身上海华晖幕墙制作工程有限公司）成立于 2002 年，是由上海华旭幕墙制作有限公司和上海凌旺实业有限公司强强组合而成。公司业务范围涵盖幕墙材料——烤瓷铝板、氟碳板、蜂窝板、仿木纹板、仿大理石板等的制作及安装等领域；室内外各类装饰工程的施工；铝合金及塑钢门窗的制作及安装；金属制品加工及安装等。上海华晖新材料有限公司以“美即质量、美的实践者”为企业文化理念，公司自成立以来一直实施严格的质量控制和管理制度，致力于品牌建设，本着以人为本、科技兴业的理念，十分重视人才的培养和科技进步，已经在国内外树立起良好的公司形象和产品品牌；拥有由各类专业人才组成的管理、研发、设计团队；技术熟练、训练有素的生产团队和经验丰富、装备精良的施工安装团队。为了掌握核心技术，保证自己的研发能力，我公司建立了自己的研发中心，并与国内部分高校和科研机构建立了长期合作关系。

上海地铁九号线

作为我国较早生产烤瓷板的企业，我公司自主研制的“lingwang（凌旺）”牌烤瓷板（2004 年获国家发明专利）凭借技术优势和品牌知名度，在高端产品应用领域具有较强的市场竞争力和较高的市场占有率，已在国内享有崇高的声誉，并在诸多大型标志性工程项目竞标中脱颖而出，承担了北京奥运会倒计时牌、人民大会堂上海厅改建、上海地铁三号四号九号等线、上海南站扩建工程、南京地铁一号线二号线等一系列国家重点建设项目，并获得用户的一致好评。我公司从法国和日本引进的国际一流的自动化涂装生产线和数控设备，形成了年生产烤瓷板 60 万平方米的生产能力。随着我国全面启动各大城市地铁及高铁建设工程，烤瓷板作为低碳、环保、安全、美观的新一代装饰材料，在我国地铁领域应用快速扩张，且与我国地铁建设同步，必将拥有广阔的市场前景。未来的时间里，我们华晖公司将秉承“环保、低碳”等社会理念，全面推出我公司的自主产品------凌旺牌烤瓷板，并进一步加大技术研发的投入力度，以市场需求和行业发展为导向进行高效的产品研发，强化技术研发、市场营销、生产制造三大重要支柱建设，“凌旺牌”烤瓷板将领跑行业及生产的科技革命。

济南西站

上海华晖新材料科技有限公司经过多年的奋斗和创造，正迈进崭新的发展阶段。面对新的市场形势和未来挑战，公司以“客户第一、质量第一、信誉第一”为服务宗旨，将依托科技，勇于创新，以市场为导向，以一流的质量保证和全方位的服务为保障，为广大用户提供更多更新的高品质产品。上海华晖新材料科技有限公司将立足国内、服务全球，立志成为世界一流的研发、生产企业，为社会做出更大的贡献。

公司简介

上海正欧系列企业，是研制和生产新型化学建材并提供相应工程服务的专业公司。并通过了ISO9001质量管理体系认证及ISO14001环境管理体系认证。公司被评为“国家建材AAA级质量服务信用”企业，并荣获国家轻工部"质量、信誉双保障示范单位"证书，是中国质量检测协会会员单位。

公司注册资金为6500万元，建有先进的生产基地和设施完备的实验中心。主要产品有地坪材料、建筑涂料、无机保温材料等系列产品。公司施工人员多，机械设备先进，尤其善于大项目突击作业。公司生产的地坪性能优良，品种全。完成的产品表现效果好，在广大客户中有良好的口碑。曾施工过的一些知名客户：如比亚迪、富士康、施耐德、上汽集团、广电股份、电气集团、宝钢集团、海尔集团等。

公司努力传播先进涂装理念，为客户创造价值，引领行业健康发展。公司有施工资质，具有一批施工经验丰富的专业人员，以保障产品的成功应用，用较少的代价获得理想的效果。

公司和一些科研院所有合作关系，及时吸收先进的研发成果。并将不断增加研发投入，寻求能提供超级技术的合作者，一如既往的诚实守信，和用户保持密切联系，服务好每位客户。努力使“正欧”成为国际品质商标的象征。

公司主要产品：

混凝土液态硬化剂、氟硅地坪漆、水性环氧地坪漆、水性聚氨酯地坪漆、无溶剂聚氨酯自流平地坪漆

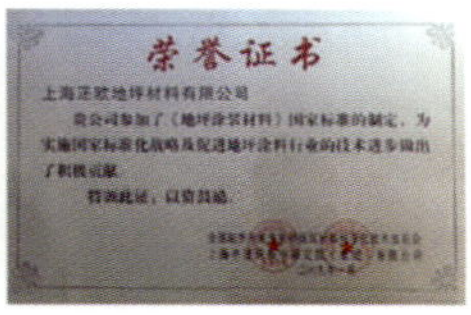

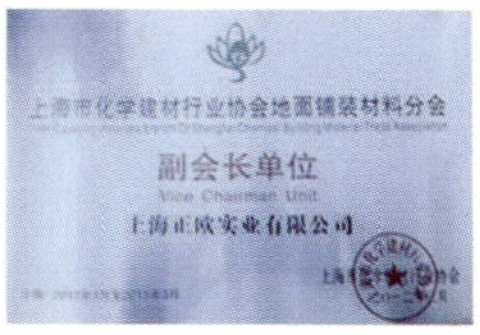

混凝土渗透染色地坪：

我们致力于混凝土地坪固化剂，地坪染色系列产品的开发和应用。

成品染色剂有20多种，用专用密封剂作保护配合使用，能有效地加重、提高和保护颜色，使之不褪色，有效减弱自然界的长久日晒，风吹雨淋以及酸雨等的侵蚀，是颜色丰富绚丽，纹路天然的彩色混凝土染色地坪。是采用了第三代锂基水溶液为基本原料，并使之纳米化的先进技术，与地面机械抛光工艺相结合，能够创出坚固、耐磨、持久、光鉴照人的染色混凝土。可以说是时尚美观，古朴自然，经久弥新的新潮地坪。

上海正欧化工有限公司
上海正欧涂料有限公司
上海正欧实业有限公司

地址：上海嘉定区宝钱公路1958号
免费服务电话：400-779-2199
网址：www.zheng.cc

www.　.中国

上海振兴集团

上海振兴铝业有限公司成立于1986年，2001年转制为民营股份制企业，经过20多年的快速发展已成为上海市及华东地区著名的铝合金门窗、安全进户门、铝合金型材、换热器、多孔微通道管等五大产品的高新技术企业和五个行业的龙头或领先企业。公司企业员工有1000余人，注册资金为5773万元，厂房占地100亩，厂房建筑面积6.4万平方米。现“振兴铝业”已形成了包括欣狮铝业（上海）有限公司、上海瑞斯乐复合金属材料有限公司等多家企业的专业化、集团化运作。

公司及产品先后获得上海市高新技术企业、上海民营百强企业、上海市名牌产品、上海市节能产品、上海市建材业名优产品。法人代表周秋芳董事长先后获得全国乡镇企业家，上海市质量金奖、上海科技创业领军人物、徐光启科技金质、银质奖章，徐汇区拔尖人才等。

上海振兴铝业有限公司现具备年生产150万平方建筑门窗生产能力并始终瞄准国际国内先进水平，不断研发高、新、尖产品，先后获得4项国际博览会金奖、30余项国家专利。

上海瑞斯乐复合金属材料有限公司

——瑞斯乐多孔微通道扁管

上海瑞斯乐复合金属材料有限公司是上海振兴集团旗下的一家专业生产微通道铝扁管的高新技术企业。公司秉承了二十多年生产管带式空调扁管的经验，在引进国际国内先进设备的基础上，自主成功研发了一系列在世界上领先的成套工艺技术，并快速实现了成果转化，使瑞斯乐不仅成为该产品目前产能最大的国内生产企业，而且成为国内唯一自主完成模具设计制造、挤压、喷锌、精整、钎料辊涂的生产企业。瑞斯乐微通道管被国家发改委列为2010年度国家级重点技术改造项目。

瑞斯乐在松江生产基地目前拥有3600吨、1800吨、1650吨热挤压机生产线各一条及相配套的精整、模具、钎料辊涂生产线共14条，具有同时挤压16支多孔微通道，年产微通道管10000吨的规模，为目前世界上最大的微通道铝扁管生产基地。

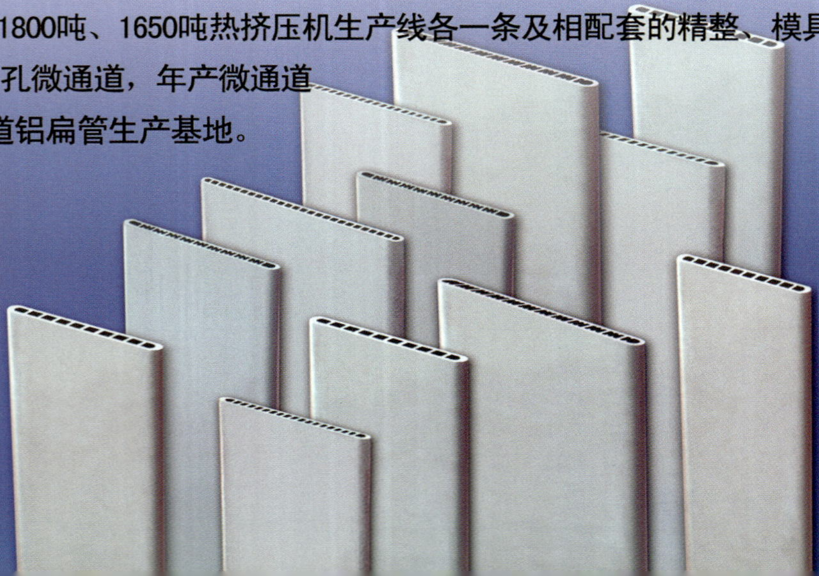

宝山有宝·罗泾有金·投资罗泾·前程似锦
培育1000个
千万富翁的五星之家
5星之家
奉献
执着
开拓
和谐
上海宝山经济发展区
SHANGHAI BAOSHAN PRIVATE ECONOMIC ZONE

创新节能模式，打造绿色建筑

——“浦江国际金融广场”低碳足迹掠影

上海鸿泰房地产有限公司

INTRODUCTION

◆ 上海鸿泰房地产有限公司(以下简称“鸿泰公司”)建设的“浦江国际金融广场”项目，是由新黄浦置业股份有限公司、上海临江控股(集团)有限公司、长江联合置地有限公司联合投资的项目，地处北外滩临江第一层级。项目总建筑面积约12万平方米，定位于打造为北外滩国际航运服务集聚区提供高端金融服务的超5A级甲级写字楼。该项目于2009年正式开工，预计于2013年竣工。

◆ 项目在设计之初，就聘请了美国GENSLER设计公司担任建筑方案设计，引入美国绿色建筑LEED标准并聘请香港柏诚LEED专家团队担任LEED顾问，紧跟国际前沿，力图转变建筑设计、建造上资源浪费、粗放的传统方式。在绿色、节能理念的指导下，项目设计使用了大量节能技术，如玻璃幕墙外遮阳、主要设备变频技术、地源热泵、利用晚间低谷电蓄热、电梯设备启用绿色电梯新概念等。

◆ 绿色建筑是当今建设“智慧城市”理念要求的题中之义。“智慧城市”概念的提出，顺应了当前全球先进城市技术变革的时代潮流，也是中国新一轮城市发展和转型的客观要求。作为智慧城市核心要素之一的智能楼宇，仅满足于达到既有的认证标准是远远不够的，更重要的是要实现建筑全生命周期的低碳足迹。从既有建筑节能改造采用合同能源管理模式的实践中受到启发后，鸿泰公司便开始了探索和实践新建建筑全生命周期能源管理可持续发展的创新之路，提出了以建筑物的“全生命周期”的各个环节来全面考量能源管理。通过对新建建筑全生命周期的设计、施工、运营三个阶段分别设定节能标准和考核机制：在设计阶段，以国家节能建筑标准为基准，根据现有LEED全年能耗模拟数据，提出更优设计方案，确定项目节能增量指标。在施工阶段，以建立能耗监控为核心的智能化信息管理平台为起点，建立并完善项目智能能源管理系统的全局系统解决方案。在运营阶段，以同期、同类建筑能耗水平为基准，采用能源费用第三方托管服务的形式，以最终实现在同类建筑中能耗最低的目标。这些技术上的支撑，为新建项目合同能源管理创新模式铺平了道路。在市经信委、虹口区政府的大力支持和指导下，2011年11月13日，鸿泰公司成功举办了与国内外多家节能服务公司合作的新建项目合同能源管理创新模式战略合作协议签约仪式。

◆ 鸿泰公司从新建建筑的“全生命周期”的各个环节来考量能源管理，将过去的“末端”治理提升为“源头”管理，采用新能源技术、改变粗放型的发展方式，运用经济的、科学的、法律的多种手段综合治理，该新建项目合同能源管理创新模式开启了建筑行业“节能”、“低碳”新商业模式。

◆ 在实践创新模式的道路上，为实现项目建设期间零排放，鸿泰公司主动盘查了项目建设期间全部碳排放量，向上海一家医疗机械厂购买了2012吨碳排放指标，在上海环境能源交易所完成了中国新建建筑领域首例碳交易，走出了践行可持续发展之路的第一步。

◆ 转眼间，《京都议定书》的签定已有七个春秋，全球温室气体减排已成为国际社会愈来愈关心的核心问题之一。在我国，由于建筑总量不断增加，人们对舒适度要求不断提高，作为我国一次能源消耗的三大部分之一的建筑能耗正呈现出急剧上升的趋势。降低建筑能耗，正是破解当前温室气体减排困局的关键。技术需要持续地改进才能始终满足节能减排的要求，技术的创新需要持续的动力。如何找到这一动力之源？纵观社会的发展变革，无不是制度上的创新、模式上的创新所造就的，惟有建立起一种全新的、符合事物发展规律的商业模式，才能为行业节能减排、为社会的可持续发展提供不竭的动力。问渠哪得清如许，为有源头活水来。

◆ 鸿泰公司打造的全新节能商业模式，完美地诠释了可持续发展在建筑行业的发展道路，而“浦江国际金融广场”正是鸿泰公司实践这一模式，运用这一模式所创造的必然产物，它润物无声却给我们以启迪，开启了绿色建筑的未来。

签约仪式

坚持"优二进三"战略

2011年，金桥开发区坚持科学发展主题和"优二进三"战略，准确把握在浦东新区"7+1"生产力布局中的使命与责任，统筹协调和联动推进"一区二园"经济发展，努力打造全国一流、行业领先、具有国际竞争力的新兴产业与高端产业创新园区。

2011年，金桥开发区完成工业总产值2407.84亿元，同比增长10.04%；吸引合同外资4.01亿美元、实到外资2.53亿美元；注册内资企业367家，吸引注册资本24.9亿元；实现税收收入86.67亿元、地方财政收入20.75亿元；完成固定资产投资88.03亿元。

2011年，金桥开发区工作呈现八大特点。一是产业结构调整速度加快。推进国家新型工业化信息通信产业示范基地、上海市知识产权保护试点园区等创建工作；设立高技术服务业、生产性服务业、移动视讯业等园区产业信息库；启用"中国服务外包示范城市（上海）金桥示范园区"并把第三方电子支付作为园区运行的主体功能；参与组建并成立"上海生产性服务业发展联盟"。二是重点项目建设推动有力。完善项目引进制度，解决项目推进中的问题，大力推进欧姆龙、华虹科技园、康宁三期等项目的签约落户和项目建设。三是战略招商机制逐步形成。发挥南汇工业园区招商一中心、金桥投资服务中心的平台作用，建立开发区招商引资项目数据库，实现项目资源信息共享，推进南北统筹兼顾的一体化招商服务协调机制。四是产业联动发展逐步完善。建立企业层面和区域块面经济运行分析推进与重点产业及重点企业双月例会制度、与市区相关主管部门季度交流制度、与各专业部门沟通合作机制等，形成每月简析，每季分析，每半年综合报告制度。五是产业政策研究初显成果。聚焦重点优先发展战略性新兴产业项目，研究制定《关于金桥开发区支持推进调整产业结构、转变增长方式、提升经济能级的若干意见》及实施细则和操作口径。六是规划编制工作有序开展。组织开展金桥现代产业园四期、上海浦东新区新能源高新技术产业基地控规等的编制工作。研究开发区综合配套服务、产业结构调整中涉及的规划问题。加快编制金桥出口加工区11#～33#地块详规调整和金桥现代产业园二期规划编制。编制完成《上海浦东新区国家新能源高新技术产业化基地核心区产业发展规划》、《上海南汇工业园区生产性服务业功能区发展规划》初稿。七是品牌培育优化持续推进。巩固和扩大国家生态工业示范园区品牌创建成果，指导南汇工业园区开展生态工业示范园区创建，举办"6.5"世界环境日暨首届金桥生态文化节活动和碧云国际社区长跑比赛等独具金桥特色的文化体育活动。八是安全稳定和谐把控到位。加强对园区重点骨干企业跟踪服务，建立完善企业政府事务联络专员制度，落实重点节点、重点企业矛盾排查机制，抓好建筑市场调查整顿和安全生产监管。

推进开发区转型发展

——上海金桥出口加工区

1月25日下午，市委常委、浦东新区区委书记徐麟到南汇工业园区调研，实地察看了正泰太阳能科技有限公司、上海瑞纽机械装备制造有限公司等园区新能源产业重点企业，现场参观了南汇工业园区现代企业社区规划展示中心，提出了创新和完善服务企业机制、加快园区三大主导产业的集聚、推动园区产业高端、高效发展、推进产城融合等要求。

5月6日，中央政治局委员、市委书记俞正声，市委副书记、市长韩正出席新区以“创新驱动、转型发展”为主题的战略性新兴产业项目集中开工仪式并启动开工装置，市委常委、新区区委书记徐麟，副市长艾宝俊，市政协副主席、新区区长姜樑出席，戴海波同志主持。本次集中推进开工的产业项目共55个，投资总额超过200亿元。其中，电子信息制造、新能源、先进重大装备、民用空、新能源汽车、软件和信息业、生物医药等战略性新兴产业项目共计33个，投资额占项目总量的/3。

4月10日上午，2011年金桥碧云国际社区第十届主题长跑活动隆重举行。此次长跑活动的主题是“绿色环保陶冶身心健康，生态文明建设美好家园”，来自开发区内70多家企业员工和碧云国际社区外籍住户以及美格菲俱乐部外籍人士等3000多名长跑爱好者参加了2公里趣味跑和8公里长跑比赛。

上海市金桥出口加工区（以下简称金桥）是1990年经国务院批准成立的国家级经济技术开发区，总规划面积27.38平方公里，分为18.48平方公里的金桥北区和8.9平方公里的金桥南区。在"二次开发、再造金桥"战略中，金桥重点构建以高端生产性服务业为主导，以战略性新兴产业为重点，以先进制造业为支撑的新型产业体系，坚持探索创新，坚持"优二进三"，努力打造集"智造"、"服务"与城市化功能于一体的现代产业新城。

2011年是"十二五"发展的开局之年，金桥根据"创新驱动，转型发展"的要求，注重开发区的经济增长、结构调整和质量效益。全年完成工业总产值2275.66亿元，比上年增长10.2%，占浦东新区的25%，占上海市的7%；营业收入3557.68亿元，比上年增长10%；利润总额354.57亿元，比上年增长20.4%；税金总额291.15亿元，比上年增长15.6%；已建成工业用地产出强度达到230.5亿元/平方公里；园区产值过亿企业125家，其中超过50亿的有8家，超过100亿的有2家；区内从业人员超过16万人。至2011年底，金桥累计实现工业总产值1.74万亿元，营业收入2.36万亿元，利润总额1744亿元，税金总额1373亿元。

上海金桥（集团）有限公司

金桥先进制造业的能级和水平不断提升，四大支柱产业全年实现工业总产值2015.93亿元，比上年增长8.1%，占金桥工业产值总量的近九成。其中，汽车及零部件业继续保持强势地位，产值突破千亿大关，实现1048.37亿元，比上年增长11.1%；电子信息业紧随其后，产值604.18亿元，比上年增长15.6%，两大产业的产值规模占园区总产值的73%，是金桥工业经济发展规模、速度和效益的重要支撑。现代家电业因日本海啸波及略微受到影响，产值237.43亿元，比上年增长3.4%；生物医药及食品业产值125.95亿元，比上年增长5.7%。

金桥在产业结构调整和升级转型中，把发展重点放在以网络文化、总部经济、研发设计、信息服务等产业为主生产性服务业上。制造业领域生产性服务环节实现的营业收入成为拉动区内生产性服务业发展的重要力量。生产性服务业全年完成营业收入414.51亿元，比上年增长12.1%；利润总额28.69亿元，比上年增长62.9%；税金总额7.38亿元，比上年增长64%。1月，金桥被市商务委员会评为"上海市金桥研发设计服务外包专业园区"；12月，金桥网络文化产业基地经市委宣传部、市经信委、市文广局、市新闻出版局批准成为第二批上海市文化产业园区。

随着产业结构调整的深入，金桥经济发展的质量效益和创新指标持续提升。区内当年专利授权数首次突破千件，达到1131个，增长50.8%；86家高新技术企业全年实现工业总产值963.11亿元，比上年增长8.8%；高技术产业实现工业总产值723.95亿元，比上年增长12.7%，高于工业总产值增速2.5个百分点；新产品产值达到1300亿元，占工业总产值的57%；区内研发人员近2万人，科技活动经费49.7亿元，其中R&D经费48.85亿元。创新突破引领金桥的产业向高端、高新、高效发展。

［战略聚焦，加快开发区产业的升级转型］ 2011年，承担金桥出口加工区开发建设任务的上海金桥（集团）有限公司重点围绕四个用地面积超过100亩的大项目，梳理、解决项目交地中遇到的各种难点问题，确保项目落地。进一步改进招商服务工作，营造良好的环境，促进开发区产业结构调整，为"十二五"可持续发展打好基础。

战略招商取得新成效。全年实现合同外资3.04亿美元；实到外资2.06亿美元；新增内资注册资本19.8亿人民币。1-12月集团系统累计新引进项目26个，增资项目28个。新项目中生产性服务类企业20家，占比76.9%。

引进项目质量不断提升。围绕汽车、ICT、网络文化等主导产业，把引进重点放在高端、高附加值项目上。2011年引进的高端先进制造项目有欧姆龙汽车电子、法雷奥汽车项目；引进的总部项目包括商务部认定的惠而浦地区总部，立邦投资性总部、拜耳材料科技（上海）管理总部。此外，还引进了中国新闻社国际传播基地、威茨曼新能源科技公司、上海通用销售有限公司等先进"智造"和高端生产性服务业项目。

企业服务得到加强。日本发生311地震海啸后，集团领导带队集中走访22家区内日资企业，主动上门慰问与关心，帮助他们解决因突发灾难带来的困难。集团招商部门全年共走访区内企业102家，深入了解企业需求和发展动态。通过组织"老总早餐会"、"开发区企业家沙龙"等活动，搭建区内企业与政府部门沟通的桥梁，反映企业呼声，协助政府解决企业的困难与问题。

招商机制与政策进一步优化完善。对集团内部招商体制进行整合。调整、健全招商领导小组、工作小组和工作制度，组织招商团队前往兄弟工业园区进行调研学习，提升集团整体招商合力和协同效应。建立招商项目信息库，及时更新集团系统的招商信息，做好项目储备。配合开发区管委会完成金桥开发区"十二五"产业扶持政策的制定与出台，努力为园区产业提升与转型提供政策支持和保障。

金桥建区以来，共引进项目1514个，累计吸收投资总额201.5亿美元，其中合同外资80.04亿美元。每平方公里累计吸引投资8.5亿美元，平均每个外资项目吸引超过2417万美元。据2011年《财富》统计，61家世界500强公司在金桥投资了107个项目。

［围绕转型，大力推进园区创新基地建设］ 为了加快开发区转型发展，集团通过多种渠道积极争取国家、市和新区的帮助支持，大力推进具有金桥特色的产业创新基地和产业平台建设，2011年创建工作成效明显。

金桥开发区创建"国家新型工业化产业示范基地（电子信息）"获得国家工信部公示；金桥网络文化产业基地获得批准成为上海市文化产业园区；金桥开发区通过市经信委批准获得"上海品牌园区"授牌；金桥开发区获市政府批准成为上海市首批服务业综合改革试点区域；T28-由度工坊获市商务委批准成为中国服务外包示范城市（上海）金桥示范园区；金桥碧云国际社区获得"智慧社区"试点；金桥开发区正式获得了国家生态工业示范园区授牌，并成为上海市第一批低碳发展实践区试点区域。

上海市莘庄工业区
上海莘庄高新技术产业园

上海市莘庄工业区于1995年8月5日经上海市人民政府批准为市级工业区，由闵行区直属管理，目前总规划面积为17.88平方公里。截至2011年底，园区常住人口约2万人，外来人口约4万余人，总人口达6万余人。

2011年，莘庄工业区完成增加值209.46亿元，同比增长12.7%；实现财政总收入60.59亿元，同比增长21.37%；地方财政收入13.4亿元，同比增长15.34%。引进合同外资2.23亿美元，到位资金1.53亿美元，内资注册资本24.4亿元人民币。

截至2011年底，园区共吸引外商投资总额69.4亿美元，合同外资31.1亿美元，到位外资20.5亿美元，落户园区的外资企业有376家，主要是欧美企业和日本企业（占80%左右），其中世界500强投资的企业47家，投资额1000万美元以上企业102家；研发企业37家（含内设研发部门的企业）；内资方面，共有包括航天、船舶等国有大中型企业、科研院所128家，投资总额约148亿元人民币。

在过去的几年里，工业区先后通过了国际标准的环境管理体系、质量管理体系以及职业健康安全管理体系认证，成为全国首家同时拥有这三项资格认证的“三优”工业园区。经过几年的努力，国家生态工业示范园区创建工作通过国家有关部门的验收，成为了全国第7家、上海市首家国家生态工业示范园区。最近，还被认定为上海市知识产权试点园区，并获批成为市级高新技术产业园。

经过十多年的发展，园区“4+2”产业格局基本形成：4个重点产业——电子信息行业、机械及汽车零部件、重大装备制造、新材料及精细化工，产业集聚度达80%；2个产业高地——平板显示产业基地和航天研发新区。今后还将大力发展新能源和生物医药。

目前正在积极推动产业结构调整，规划西区2平方公里，充分利用已落户的企业资源，依托四大支柱产业和两大产业高地，引进商务服务业、跨国公司与民营企业总部、保税营销中心、研发中心、高科技产业项目等，以智慧、生态、集约的理念，实施生产性服务业集聚区建设。

上海嘉定工业区管理委员会

2011年是实施“十二五”规划的开局之年，同时也是国际国内形势复杂多变、园区发展经历多方面考验和不平凡的一年。嘉定工业区按照区委、区政府提出“十二五”发展的各项目标任务，围绕“创新驱动 · 转型发展”的总体要求，结合工业区实际，积极应对发展中遇到的各种困难和挑战，坚定信心，狠抓落实，攻坚克难，圆满地完成了全年各项目标任务。

（一）经济指标保持快速增长 2011年嘉定工业区完成规模以上工业总产值620亿，同比增长14%；实现税收总额45亿元，同比增长25.2%；实现地方财政收入10.2亿元，同比增长28.5%。以上各项指标均超额完成了全年制定的各项目标任务。

（二）产业转型取得新的突破 按照区委、区政府提出的“产业转型全市率先”的目标要求，我们始终把“调结构、促转型”作为工作重点，进一步提高招商引资的质量，进一步加快产业结构调整，推动了产业转型升级。以先进制造业、现代服务业、战略性新兴产业为重点的产业体系逐步形成。2011年共完成合同外资2.6亿美元，占年度计划的130%，引进项目总投资80亿元；新增内资注册资本30亿元，新增项目总投资超过100亿元。一批国内外著名企业相继落户园区，沃尔沃地区总部和研发中心、迅达电梯、华谊兄弟、本特勒、深圳联合金融、国美电子商务、麦格纳、萨帕技术中心，以及中科院声学研究所等一批高新技术产业项目以及地区总部也先后入驻，为产业转型升级奠定了扎实的基础。

（三）园区各项建设扎实推进 2011年以来，面对建设项目审批流程增加、审批周期加长以及建筑市场规范整顿要求高等带来的压力，我们围绕项目建设审批的要求，加大协调和服务工作力度。全年共有新开工项目25个，项目总投资超过100亿元，竣工投产项目18个，目前还有30多个项目正在办理开工建设的前期各项手续。开展了园区新一轮控制性详细规划调整修编，确保了园区发展规划更加合理，也便于项目开工建设的顺利推进。

菲亚特大楼

管委会大楼

上海远中实业有限公司是一家以集体所有制为主，多种经济成分并存的企业。远中产业园隶属该公司。

近几年来，为适应经济转型需要，园区成立了民润投资管理有限公司负责园区日常运转。目前，一个面积达 15 万平方米，以写字楼租赁为主，各种服务功能齐全的园区建筑群已初具规模。

园区地处虹梅路西面，宜山路两侧，东面紧贴中环线，地铁 9 号线漕河泾开发区站座落其中。周边分布的公交线路达 6 条之多，出行十分方便。

由于园区位于漕河泾开发区内，得益于开发区从人文环境到政策的全方位辐射效应的影响，吸引了众多 IT 研发、信息科技、网络科技、设计研发、电子设备研发等现代服务业和科技类企业，随着园区入驻率逐年攀升，园区商业价值也初步显现。公司将充分发挥人文资源和地域优势，不断更新观念，进一步加大招商引资力度，竭诚为广大客户服务，欢迎更多企业和个人来园区创业。

上海远中实业有限公司

[基本概况]

上海精细化工产业园位于东海之滨、杭州湾畔，东临上海化学工业区，南依上海石油化工股份有限公司，西与浙江省平湖市接壤，规划面积 10.78 平方公里，是上海市政府规划的全市唯一的精细化工产业园区。园区被授予“上海国家生物医药产业基地”和“上海国家新材料产业基地”，已列为上海市循环经济试点园区，上海市自主知识产权试点园区，上海精细化工产业发展促进中心，并已通过 ISO9001 和 ISO14001 双体系认证。

园区现有企业 167 家，投资总额 130 亿元，其中已投产企业 120 家，竣工待投产 5 家，在建 25 家。2011 年，园区实现工业总产值 66.65 亿元，完成税收 2.88 亿元，分别同比增长 47.5% 和 63.22%，合同利用外资 5564 万美元，同比增长 21.67%。

[招商引资]

园区承接了上海化学工业区和上海石化两大化工基地的丰富资源，具有独特的原料优势，形成上下游结合，产业互补，利益共享格局。

园区聚焦新材料，生物医药等重点领域，立足园区自身优势，瞄准重点领域，行业高端，聚焦行业龙头企业，夯实产业基础。凭借明确的产业定位，完善的配套设施，园区已被越来越多的国内外知名企业所关注，涂料、油墨、改性工程塑料、剂类产业特色明显。特别是涂料产业的集聚优势突显，已有立邦、紫荆花、嘉宝莉、巴德士、东方雨虹等多家涂料及配套企业入驻园区。产品更是想着多样化发展，以家具涂料、建筑涂料为主，辐射至汽车涂料、船舶涂料、新型的环保型涂料等。

[交通优势]

园区地处沪、杭、甬及舟山群岛经济发达的城市群中心地带，是上海西南的门户，江、浙、沪经济交流的重要区域，占有上海的原料、市场、金融、人才和海陆空交通等区位优势。G15 和 S19 高速公路在园区相交并有出入口，可零距离上高速，至上海虹桥、浦东国际机场仅需 45 分钟左右；距杭州湾跨海大桥北岸口不足 30 公里……四通八达的水、陆、空交通网络，极大地节约了商业运行成本。

[基础设施]

园区生产性配套已基本完善。“七通一平”基本实现，园区内有蒸汽供应站、污水处理厂、固废物处理厂、110KV 变电站、消防站等配套设施。同时，为加强落户企业的配套服务，已在园区东侧规划了生产性服务集聚区，着力发展企业总部、仓储物流中心、会展商贸中心、交易市场等新的商业平台。市郊最大的 30 万平方米的公租房年内开工建设。

[政策支持]

园区内生物医药和新材料两大支柱产业，是上海市政府出台的《关于加快推进上海高新技术产业化的实施意见》中明确支持的九个产业领域中的两大产业，并提供政策支持。针对这两大主导产业，金山区人民政府也配套出台了财政扶持、科技支撑和人才支持等一系列政策。同时，园区根据项目的产出、效益情况，对贡献大的企业给予一定的财政扶持。

上海东浩国际服务贸易(集团)有限公司

上海东浩国际服务贸易（集团）有限公司（简称东浩集团）是经上海市人民政府批准，由市国有资产监督和管理委员会、上海世博土地控股公司、上海文化广播影视集团、东方国际（集团）有限公司等单位共同出资组建的大型国有服务业企业集团，注册资本为22亿元人民币。东浩集团积极投入上海世博会筹办工作，负责世博中心、主题馆在世博会期间的运营管理及世博会后主题馆的后续利用，在展览展示、人力资源、贸易物流等方面也为上海世博会提供了大量服务。

在发展主营业务上，东浩集团坚持立足上海城市功能定位，整合集团内外资源，建立了多元化、多板块、灵活多样的市场化运作模式，致力于打造以完整产业链为标志、全国布局合理的人力资源服务和国际化、品牌化、专业化的会展、传播、贸易服务，主营业务突出，成为上海市加快发展现代服务业的重要企业集团。2011年东浩集团完成营业收入550亿元人民币。集团在中国企业联合会公布的2011中国企业500强中排名第200位，在中国服务业企业500强中排名第68位，在上海企业100强中排名第21位。

上海浦东新区曹路投资管理有限公司

董事长 徐忠东

总经理 卫永平

上海浦东新区曹路投资管理有限公司是曹路镇一家全资信用体系 AAA 级企业，主要进行实业投资和负责全镇集体资产的经营投资管理及服务。公司注册资金 1 亿元，2011 年工业产值完成 160 亿，销售收入完成 200 亿，税收完成 12.5 亿。公司下属各类企业 300 余家，主要为汽车板块、电子板块和包装板块。税收 500 万以上企业 26 家，其中达到 2000 万以上 10 家。

公司自 2000 年组建至今，以发展为第一要务，实行科学的现代化管理，坚持以人为本，树立全面协调的可持续发展观，勇于开拓，大胆创新，实现了工作有新举措，发展有新突破的目标，信守发展是硬道理的理念。

伴随浦东开发快速发展的大好形势，公司开展全方位的招商引资，在镇政府统一部署下，投入大量资金不断改善投资环境，建成了设施齐全各类规格的标准厂房。东海长江口还有 7.1 公里的黄金海岸线相继落户了航油码头、粮油码头、极地码头。正在向周边地区开发建设进军，通过几年的勤奋和努力，使公司步入了跨越式发展的轨道，实现了年年有突破、年年创新高。

近年来，公司在管理上不断提升能级，已建有一套完整、科学的管理体系，在招商引资上不断创新思想和加大力度，在市区建有办事机构和招商窗口。如在金桥建银大厦、现代通讯大厦和宝钢工贸大厦设立了招商窗口，已有近 100 多家中外企业进驻落户。另外还成立三信交大科技园为科技项目入驻落户打好基础。优惠的政策，优质的服务，优越的环境是公司的特色。公司坚持以“三优”为入驻的各类企业全力打造发展平台，凡落户的投资项目，涉及工商、税务、消防、环保以及水、电、通讯、报建、办证、劳工暂住等均能尽力与各职能部门的衔接和协调，实行多年来客商有口皆碑的“保姆式”一条龙服务。

公司所处的曹路镇地理位置十分优越，东临长江口岸，西连金桥出口加工区，北靠外高桥保税区，南近浦东国际机场仅十公里。公路交通与周边的空港、海港形成了立体式网络，横向有金海路、上川路、巨峰路，纵向有外环线、华东路、远东大道、凌空路，又有轨道交通 9 号线、12 号线贯穿全镇，可谓纵横交叉、四通八达，为投资者提供了便捷的交通与运输条件。由于公司的不断壮大和品位的不断提升，已成为中外客商投资开发的理想合作伙伴。目前众多大中型企业、高科技单位甚至世界上有相当知名度的财团、大型企业、高等学府纷纷慕名而至，如上汽赛科利、延锋伟世通、台达能源、中达斯米克、新加坡大道、杉杉科技、赫比公司、浦航油公司、宝钢资源公司、宝井公司等纷纷落户曹路，又有上海第二工业大学、杉达大学、上海金融学院的入驻增强了地区的文化气息和人力资源，又能将先进的科学技术融入经济领域，形成促进发展的强大合力。

面对未来，曹路投资管理有限公司充满信心，随着中央关于进一步促进长江三角洲和长江经济带的发展战略部署，催生着沪陕高速及宁启沿海铁路的快速建设，以及长征医院和建平中学的入驻，加快曹路新市镇建设的实施，公司将凭借优越的地理位置、一流的投资环境、诚信的服务、优惠的政策吸引更多的海内外客商携手合作、同谋发展、共创美好的未来。

生态环境优美　　文化特色鲜明　　服务设施先进

长风生态商务区

上海普陀

上海首批重点推进的现代服务业集聚区之一，上海首批服务业综合改革试点区域之一。

东起长风公园，南临苏州河，北以金沙江路为界，西至真北路中环线。实际可规划开发的土地面积 2.2 平方公里，开发总量 290 余万平方米，其中，办公楼和商业娱乐设施 200 万平方米；酒店式公寓、高尚住宅 70 余万平方米；社区中心、学校、幼儿园、医院、体育馆等公建配套设施 20 余万平方米。地块沿河岸线长 2.7 公里，整体绿化率超过 50%。

“水、绿、建筑”完美组合，景观功能、生态功能、经济服务功能和谐统 一，商、旅、文联动发展。

1 个会展中心，1 个社区中心，2 个大型商业中心，3 个五星级酒店，3 个游 艇码头，10 个专题博物馆 ......

围绕“商贸会展、金融服务、文化旅游、高新科技”四大产业板块，全力打造跨国采购中心基地、“长风金融港”、长风景畔影视主题娱乐中心和“一园十馆”为引领的苏州河文化长廊、现代汽车服务业集聚区、生态智能科技应用五大平台，凸现“生态、文化、智慧”三大特色。

从传统老工业基地到国际化现代服务业集聚区，长风，已成为上海现代服务业新高地，苏州河生态景观长廊的新景观，是上海转型发展的成功典范。

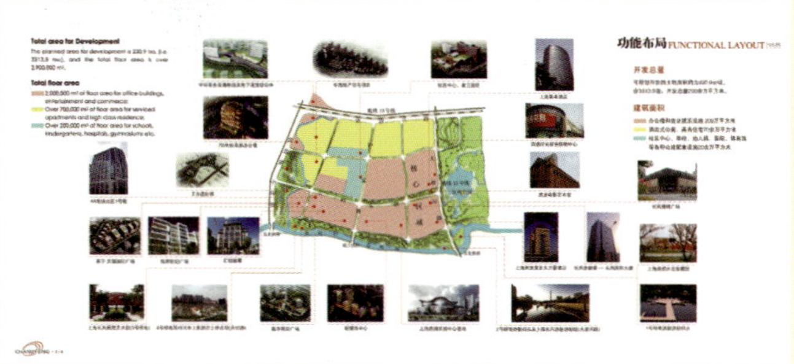

上海青浦出口加工区2003年3月10日经国务院批准设立，同年11月23日正式封关运行，总规划面积3平方公里，一期开发1.6平方公里。2010年6月，青浦区委、区政府为了加快加工区发展，在原3平方公里规划面积的基础上，向东南扩大13平方公里，东至通波塘、南至318国道、西至油墩港及绕城高速、北至章泾江及S26，总规划面积16平方公里。

上海青浦出口加工区新规划区域分为功能区和产业区。功能区规划面积3平方公里，为海关特殊监管区域，主要为出口型加工制造以及保税物流、检测、维修等业务拓展为主的高科技含量、高附加值的企业提供投资服务。产业区规划面积13平方公里，主要为现有落户企业和未来主导产业企业提供投资服务。

2011年是实施"十二五"规划的开局之年，也是青浦出口加工区紧紧围绕"创新驱动、转型发展"、推进二次开发的起步之年。青浦出口加工区紧紧围绕年初确定的目标任务，以创新为驱动加快转型发展，大力推进产业结构调整，全力抓好招商引资工作，扎实推进重点项目建设，切实加强服务企业能力，各项工作按照既定目标节点顺利推进，区域经济保持良好发展势头，为全面完成全年目标任务和实现"十二五"开门红奠定了良好基础。

2011年青浦出口加工区共完成合同外资1.1亿美元，到位资金5517.4万美元。引进内资实体型项目29个，完成注册型项目招商132个。全年完成闲置厂房出租约70812.81平方米，引进总部型企业7家。完成全口径工业总产值180亿元，79家规模以上企业共完成工业产值162.2亿元，同比增长16%。全年完成税收收入7.48亿元，完成全年指导性计划6.113亿元的122.4%。全年功能区(海关特殊监管区)完成进出口总额30.9亿美元，同比增长61.6%。其中保税物流完成8亿美元，同比增长161.2%；维修业务完成17.9亿美元，同比增长21.4%。规模以上企业万元产值能耗为6.3%，顺利完成区下达的5.5%的指标。节水型工业园区创建取得成效，被命名为上海市节水型工业园区。全年为企业申报科技项目20件，有高新技术企业13家、科技"小巨人"企业3家、新材料企业15家；完成468件专利申报，2家企业上市，储备计划上市企业8家。

上海富盛经济开发区

【概况】上海富盛经济开发区（以下简称开发区）为市级开发区，总规划面积 5.91 平方公里，重点发展港口机械、船舶制造配套制造、现代通信技术工程、生物科技工程、绿色食品深加工等产业，适时培养和发展物流、商务等生产性服务业。园区东部毗邻新河镇；西部接壤崇明新城；南部濒临浩瀚长江，拥有岛内唯一一座千吨级的国际货运码头；北部衔接岛内交通主干道——陈海公路。投资环境优越，水陆物流运输便捷，区位优势突出。开发区以服务为本的发展理念，以高效的办事效率、热情的服务态度，以完善的基础设施、良好的投资环境，吸引各方投资者。2011 年实现税收 6.06 亿元，比上年增长 6.86%；引进注册企业 190 家，比上年增长 4.4%；引进注册资金 6.1 亿元，比上年增长 41.2%；引进落户企业 3 家。

【富盛开发区召开 2010 年度纳税百强企业表彰暨招商恳谈会】3 月 16 日，富盛开发区假座上海东郊宾馆隆重召开 2010 年度纳税百强企业表彰暨招商恳谈会。县人大常委会副主任黄铁军、副县长李志宏、县政协副主席袁佳平等领导出席会议，参加这次会议的还有工商、税务等县职能部门的领导，以及九十多家税收超百万企业的企业家们。会上，富盛开发区管委会对上海福澄实业有限公司等 97 家合法经营、依法纳税，引领我开发区经济持续、快速、稳定发展的纳税百强企业进行了表彰并颁发了奖牌。丁海东主任、沈忠礼副主任代表富盛开发区管委会向荣获“2010 年度纳税百强企业 ”荣誉称号的企业表示热烈祝贺，同时对县委、县府及关心支持开发区发展的各职能部门表示感谢。

【市经信委一行赴富盛开发区调研】10 月 19 日下午，市经信委工业管理处处长周强等一行 6 人，在县经委领导的陪同下赴富盛开发区指导工作。开发区领导丁海东、沈忠礼、施俊龙参加此次调研。会上，市经委通报了富盛开发区 2010 年综合评价报告，报告从综合发展指数、园区分项指数、园区专业指数、综合评价整体性等几大项对我开发区进行了详细分析，并从产业发展、资源利用、创新发展、投资环境四个方面，对我开发区提出了未来提升的方向及建议。

【普洛斯公司来富盛开发区考察】10 月 26 日，普洛斯公司一行 4 人，来开发区考察。普洛斯公司是全球最大的工业及物流基础设施提供商和服务商，业务遍及北美、欧洲、亚洲 20 个国家 121 个市场，在国内 20 个城市投资、建设并管理了 60 多个物流园。普洛斯公司表示，这次来开发区考察，是想在上海浦东、崇明岛、江苏启东三地在长江口形成一条完整的南北向越江大通道之际，结合利用开发区独有的集装箱码头资源优势，实地考察能否在上海和江苏之间建成物流平台，接轨上海，连接江苏，发展产业链，辐射周边，服务长三角，融入长三角经济圈。

【富景名城三期顺利回搬】富景名城三期住宅小区顺利通过住房保障局住宅验收，并完成小区大产证办理，前期会同县住房保障局、新河镇政府、好锦拆迁公司多次商讨，制定回搬方案及应急事件处置预案。于 2011 年 11 月 21 日开始实施回搬，本次预计共涉及 145 本农村宅基地权证，选取 278 套房屋，签订购房合同 255 套。

【上海久洲金属制品有限公司顺利落成】上海久洲金属制品有限公司是我开发区在 2005 年引进的企业，专业从事金属制品、塑料制品、电子产品及配件、汽车零配件、通讯器材、五金冲压件生产、加工、销售等。久洲金属制品有限公司厂房项目于总建筑面积 21920 平方米，总投资 2157 万元，于 2010 年 5 月开工建设，2011 年底完成建设，预计 2012 年投产。

【富盛开发区召开 2011 年度企业管理总结表彰会】2011 年 12 月 26 日下午，上海富盛经济开发区在四楼会议室召开了 2011 年度企业管理工作总结表彰会，开发区领导、园区各企业法人代表及安全生产管理干部等 70 余人出席了大会。会议对 2010-2011 年度评选产生的 5 家企业颁发了“ 企业管理先进单位 ”铜牌，并对 6 位优秀安全生产管理干部颁发了奖励证书。会议总结了 2011 年度企业管理、生产安全、职业卫生预防、特种设备管理、综合治理等方面的工作，并对 2012 年的工作进行了部署。

【“ 上海协通众明汽车销售服务有限公司 4S 店 ”开业】“ 上海协通众明汽车销售服务有限公司 4S 店 ”于 12 月 28 日举行隆重的开业典礼。协通众明 4S 店是协通集团 2011 年投资兴建的一大项目，是继别克汽车 4S 店落户我开发区后，又一家落户富盛园区的汽车知名品牌授权专卖店。该 4S 店是按照上海大众汽车有限公司的品牌标准建设而成，是集汽车展示、销售、售后服务和配件供应为一体的 4S 标准授权店，建筑面积近 4600 平米，投资总额 3000 多万元。它的落成和开业，标志着我开发区的汽车服务产业又向崇明市场迈出了拓展的一步。

上海青浦工业园区

上海青浦工业园区成立于 1995 年 11 月 25 日，是经市政府批准设立的九大市级工业开发区之一，目前规划范围 16.1 平方公里。十六年来，青浦工业园区在市委市府、区委区府的正确领导下，以科学发展观为统领，深入贯彻区委、区政府关于建设先进制造业基地的战略部署，从招商引资逐步向科学选资转变，有效地推进了工业集中、土地集约、产业集聚的进程，呈现出经济总量不断扩大，产业结构逐步优化，技术水平不断提高，经济效益明显快速发展的良好态势，成为上海市发展先进制造业的重要基地。截止到 2011 年底，青浦工业园区已累计引进外资企业 577 家，外资注册资本 31.86 亿美元，实到外资 24.6 亿美元；引进世界 500 强企业 12 家，行业著名企业 98 家，初步形成了信息电子、精密机械及汽车零部件、纺织新材料和印刷传媒产业等四大主导产业。

2010 年以来，园区充分利用虹桥枢纽港和青浦新城开发建设的契机，坚持“一芯两极”的总体工作思路，加快转变经济发展方式，推进产业结构优化升级，进一步做强、做优、做精新的青浦工业园区，打造成为集总部、商务、制造为一体的精品区，力争成为上海和长三角区域先进制造业和生产性服务业的重要基地，成为上海郊区“产城融合”发展的示范区和推动上海城市化发展的重要区域。

上海老港工业区

老港是中国第一枚火箭升空的地方。老港工业区是 1995 年经原南汇县人民政府批准的区级工业区，占地面积4平方公里。经过几年的努力，园区历经了从无到有、从小到大的发展轨迹，并于2006年经国家发改委第66号公告正式成为市级工业区“浦东空港工业区”的重要板块之一。2010年1月，老港工业区划入金桥出口加工区实施联动发展。

随着“两个中心”建设的逐渐深入，老港工业区的区位优势日趋凸显，北有浦东国际航空港，南有洋山国际深水港，距中国商飞总装基地仅3公里，与临港综合产业园隔河相望。随着两港大道、拱极路、沪南公路等一系列建设工程的推进以及S32高速与拱极路的对接，老港将成为连接两港枢纽通道上的交通要塞，区位优势将带来更大的发展优势。

完善的基础设施，独特的地理位置，全程“保姆式”服务，将使老港工业区既能充分利用现有的各类资源，又能依托大金桥的平台及张江高新区的各项优惠政策，积极培育节能环保、大飞机项目配套产业。相信在园区上下的共同努力和社会各界的关心下，老港工业区的未来更美好。

上海张江高新技术产业开发区
青浦园区

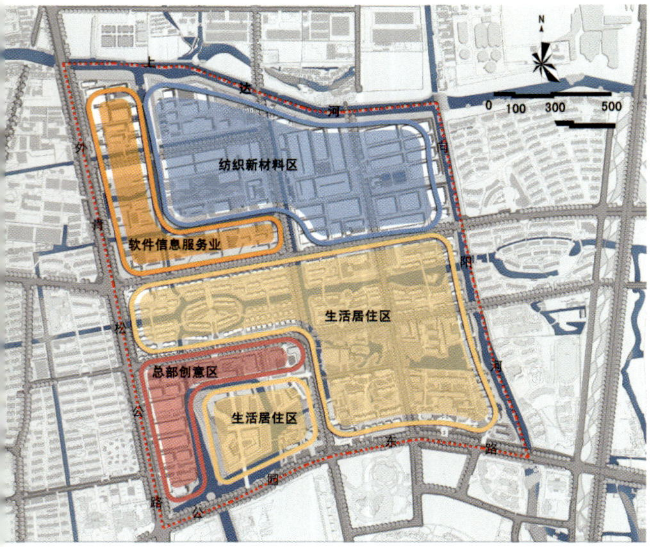

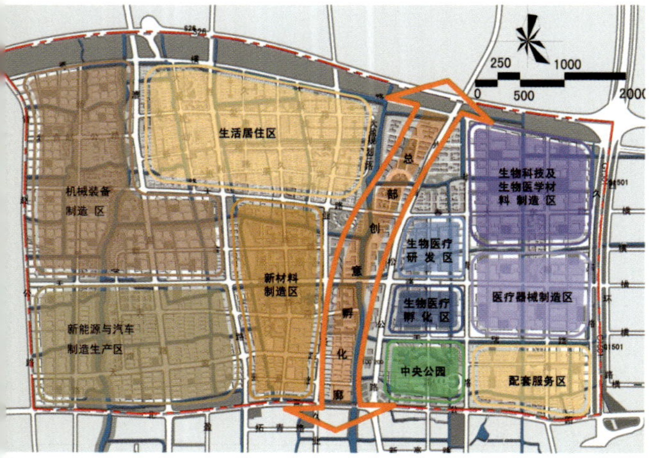

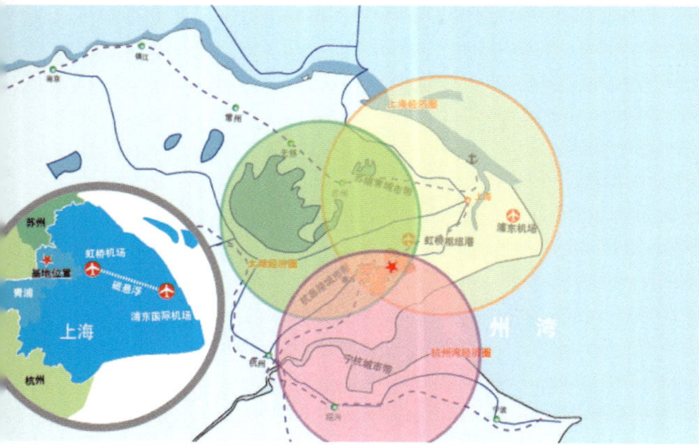

上海张江高新技术产业开发区青浦园区是上海张江高新区最早的“一区六园”之一，开发面积 25 平方公里，是 2010 年 6 月为了实现高新区二次创业、加快把高新区建设成为有引领示范作用和可持续发展的产业集聚区、城市功能区，青浦区在中纺科技城的基础上，将青浦工业园区部分区域扩展而成。

园区经济实力稳步增强。现有实地型企业共 384 户，其中规模以上工业企业 106 户。2011 年，园区扩区后实地型企业规模以上产值、税收分别比去年增长 278% 和 257%，呈现出良好的发展势头。

园区产业集聚充分显现。已基本形成先进重大装备、现代纺织及新材料、生物医药三大主导产业的相对集聚，三大主导产业规模以上企业数量占比 87%；工业总产值占比 90.3%；税收占比 53.1%。

园区创新能力不断提升。园区积极落实科技政策，注重创新能力的培育和创新企业的集聚，鼓励企业通过自主创新提升竞争力。园区获得了“国家知识产权战略推进工程中小企业集聚区”光荣称号，企业知识产权申请量从去年的 250 件迅速上升到今年的 520 件。

园区布局框架初步形成。园区已初步形成南北分区、远近结合的开发格局。南区指中纺城区域，面积 2.13 平方公里，与青浦城区紧密融合，重点发展软件信息产业和新材料高端产业。北区指扩展区域，面积约 23 平方公里，其中东部规划生物医药区，西部规划装备产业区。

园区发展环境不断优化。园区地处虹桥商务区连接长三角的枢纽位置，交通区位优势明显。在硬件设施环境和服务环境等方面都实现较大优化改善。

园区将抓住有利时机，充分发挥优势，不断凸显张江品牌效应、政策效应和创新带动效应，按照“产城一体、创新集群、聚焦优势、可持续发展”原则，坚持产业结构转型，集聚优势产业和新兴领域；坚持发展动力转型，增强创新能力和开放活力；坚持空间布局转型，突出集中集聚和资源整合；坚持综合环境转型，强化配套完善和服务创新。顺应新形势新趋势，加快张江高新青浦园区自身发展转型，主动融入大张江发展格局，全面提升张江高新青浦园区的创新能力和竞争力，成为以新材料、生物医药、先进装备等为特色的市级先进制造业和战略性新兴产业基地之一，在打造“上海智造”品牌中发挥亮点支撑作用；成为青浦战略性新兴产业和生产性服务业发展的核心载体，在青浦转变经济发展方式中发挥重要的动力支撑和创新引领作用；成为青浦产城融合的先行实践区，在青浦建设上海西部综合性生态宜居城市中发挥重要的载体支撑和创新示范作用，建设生态宜业的现代特色产业园区。

上海市奉贤区南桥镇杨王工业园区

杨王村地理位置优越，位于南桥镇东南 3 公里，市一级公路莘奉金高速公路、金海公路、平庄公路形成了“井”字架。东与金汇港相依，南邻柘林镇东方红村，西与六墩村毗连，北与曙光村隔河相望，东西长约 3500 米，南北长约 1680 米，合计 5.75 平方公里，全村总面积 8415 亩，其中耕地面积 2661.93 亩，工业园区用地面积 2840 亩，全村总户数 1216 户，共有 8 个村民联组，总人口 3250 人，流动人口 6550 人。2010 年 6 月经区委、镇党委批准建立了杨王村党委，成了市内第二家、区内首家村级党委。现已下设 47 个党支部，共有党员 319 名。

2011 年，杨王村先后取得了全国文明村、中国名村影响力排行榜 300 佳（第 42 位）、中国村歌十大金曲提名奖、市文明村、市先进基层党组织、市生态村、市“我最喜爱的十大乡村”等荣誉称号。曾被评为全国幸福村、中国十佳小康村，巩固了中国特色村、全国民主法治示范村、市先进基层党组织、市五好村党组织、市文明村、市优秀人民调解委员会、区新农村建设领头羊村、区党建工作先进集体、区科普示范村等。

村党委书记孙跃明 2008 年被中华人民共和国农业部《中国小康村纪实丛书》编委会编授予共和国村官荣誉称号、区五一劳动奖章；2007 年—2009 年度奉贤区先进工作者；2009 年被全国“村长”论坛组委会授予“十大杰出村官”；2011 年被评为奉贤区“辉煌十年——十大典型人物”。

●经济建设

杨王村党委在领导经济工作中坚持在创新中转型，在转型中发展，经济保持又好又快发展，经济运行质量显著提高，呈现工业特强，多业并举的态势。2011 年我村一、二、三产业实现经济规模突破了百亿元的大关，税收突破了 3 亿元的大关，全年村可支配收入达到 4370 万元，人均可支配收入达到 23000 元。产业结构不断优化，能级水平不断提升，杨王工业园区被上级定位为区管镇级园区和市 104 个产业园区之一。农业生产组织化程度得到提升，两个农业生产合作社在产前、产中、产后发挥积极作用，500 亩设施蔬菜基地管理运行良好，“上海杨王现代农业种源创意园”已被区、镇两级列为现代农业重点建设项目，保持了农业稳定增长的好态势。服务业经济规模达到 37 亿元，产业水平持续提升，现代服务业集聚区初见雏形。以转方式调结构为抓手，提升产业能级水平，大力发展新兴产业。“十一五”期间村经济总量年平均增长 31%，税收年平均增长 27.84%，村可支配收入年平均增长 8.9%，全村人均可支配收入年平均增长 12.7%。

●文化建设

村党委、村委会在抓物质文明的同时十分注重精神文明和政治文明建设，重视村文化建设和生态文明建设，开展了乡风文明建设的“星级户”活动，取得了明显成效，许多新农村建设中的难事、频发事得到了有效克服和解决，引起了中央文明办的重视和关注，2011 年 1 月央视专程来拍摄反映乡风文明建设“星级户”活动的电视节目《追星记》，并向全国播放，杨王村的“星级户”活动成了全国农村乡风文明建设的一个亮点。同时村成立了十支文化队伍（年骑游队、老年文艺队、青年文艺队、健身舞队、丝网花队、折纸队、腰鼓队、足球队、空竺队和棋牌队），发动村民写了村训、家训，开展精神文明创建的“星级户”评定活动。2005 年底起创办了《新杨王》导刊，设立了四个宣传画廊，加强对村民和员工的社会主义荣辱观宣传教育、法律法规教育。投资 300 余万元建成了占地面积约 2000 平方米的足球场、篮球场、羽毛球场、网球场、门球场和百姓大舞台等文体设施，方便村民开展各项文体活动。

●社会事业建设

在大力发展村级经济的同时，村党委始终坚持“群众利益无小事，要让老百姓享受到改革发展的成果。”围绕村民最关心、最直接、最现实的利益问题，尽力而为、量力而行、突出重点、统筹兼顾，着力保障和改善民生，努力提高村民生活质量。建设了农村新型社区，使 85% 的村民住上了环境优美、配套完善、治安良好、服务周到的联体别墅。为村民落实了镇保、村保、农保、低保为主要手段的村民生活保障机制，实现了保障全覆盖。对退休老人每人每月免费发放 10 公斤大米；80 周岁以上老人年终一次性发放营养补助 500 元；年末一次性发放每位村民实物福利；对烈军属、退伍军人、五保户、困难户、四残人员，做好优扶照顾工作，每逢过年村干部定期慰问；为考取大学的村民子女发放奖学金。

杨王村广大干部群众决心在十七大精神鼓舞下，以科学发展观统领新农村建设，在上级党委、政府的领导和支持下，不骄傲、不自满，在建设社会主义新农村一伟大而艰辛的工程中，继续发奋图强、努力拼搏，取得更好的成绩。

崇明工业园区

崇明工业园区原为 1994 年 3 月成立的县外商投资开发区，1996 年 2 月经上海市人民政府批准，成为第一批批准建设的综合性市级工业园区，并享受海岛所特有的“自收自支、以岛养岛”优惠政策。

园区规划总面积 9.97 平方公里，地理位置优越，东与城桥新城毗邻，紧靠中心城区，南依崇明最大港口南门港，北连岛上交通大动脉陈海公路，周边交通极为便利。

建园十多年来，园区严格按照“高起点规划、高标准建设、高速度推进”的总体要求，坚持“突出重点、集中力量、分步实施”的原则，大力实施基础设施建设，区内道路宽敞、环境优美，先后荣获“上海市高科技产业基地”和“上海市科技园区”称号，2003 年又通过 ISO 质量管理与环境管理两项认证。2003 年起，连续四届被授予“上海市文明单位”称号。为招商引资工作的顺利开展做好了准备，为落户企业的发展创造有利条件。目前，共引进注册企业 5000 多家、落户企业 45 家，已成为促进崇明经济发展的重要增长点和崇明岛重要的工业集聚地之一。

随着崇明国家级生态岛建设的不断推进和上海隧桥的通车，园区将根据崇明建设发展成为现代化生态岛的总体定位，将加快招商引资步伐，通过引进国内外高新技术项目，调整、优化崇明现有工业结构，推动全县工业企业实现科学管理，并充分利用自身特有的地理位置和资源优势，依托城市大工业，致力于发展技术含量高、附加值大、无污染的劳动密集型项目，积极打造汽车零部件生产基地和总部经济园，为建设和发展有崇明本土特色的生态工业园区而努力。

远纺工业（上海）有限公司

Far Eastern Industries (Shanghai) CO, LTD.

远纺公司是台湾远东新世纪股份有限公司在上海的子公司，创建于 1996 年，现在总投资为 5.26 亿美元。公司位于上海浦东陆家嘴金融贸易区，下属工厂坐落在奉贤区、星火开发区。工厂占地面积 643，600 平方米。

制造、加工聚酯瓶级切片、高功能聚酯薄（胶）片、涤纶差别化短纤维、涤纶差别化长丝、弹力丝，并销售公司自产产品；同时从事自产产品上下游产品（如 PTA、MEG 等）的进出口业务。

2000 年被评为上海市外商投资先进技术企业。2001~2004 先后通过 DNV（挪威船级社）ISO 9001: 2000 国际质量管理体系认证，ISO-14000 环境管理体系认证，ISO-CHSAS-18000 职业健康安全管理体系认证。2001-2008 年多次被评为上海市外商投资企业 50 强、100 强，上海市企业 100 强，上海市进出口企业 100 强。全国外商投资双优企业、对外贸易企业 500 强、制造业企业 500 强。

产品、产能

产品名称	产能（吨/年）
聚酯瓶级切片	500，000
聚酯薄（胶）片	36，000
涤纶短纤维	110，000
涤纶长丝	43，000

立业精神

诚、勤、朴、慎、创新

公司地址：上海市浦东东方路 800 号宝安大厦 31-33，21 楼
电话：021-68751888 传真：021-68764775 邮编：200122
工厂地址：上海市浦东星火开发区白沙路 198 号
电话：021-57501888 传真：021-57503241 邮编：201419

ECH 上海洗霸科技股份有限公司

水处理我们更专业

Shanghai Emperor of Cleaning Hi-Tech Co.,LTD.

水处理化学品技术整体解决方案服务商与产品制造商

高新技术企业

高薪诚聘
◎资深水处理技术研发及应用工程师
◎资深水处理技术营销工程师及区域经理

我们提供全方位的水处理化学品技术服务

服务的行业 冶金钢铁、石油化工、煤化工、制浆造纸、光伏多晶硅、火力发电、食品加工、医药等工业；机场、酒店、写字楼、商务建筑及大型公共建筑等民用设施。

服务的领域 循环水处理，锅炉水处理，工业废水和市政污水处理，污水深度处理与中水回用，电站化学水处理，中央空调系统水处理，游泳池及景观水处理等。

服务的内容 水处理技术方案的设计、优化与实施，环境污染治理设施的运营与管理、水处理药剂配方的研发与应用、水质的检测与监控、水处理药剂的现场使用与管理、全自动智能控制在线加药保障系统的设计与应用等。

公司地址：上海市中山北一路1230号柏树大厦B座5楼 邮编：200437
电话：021-65424668 传真：021-65446350 网址：www.china-xiba.com